Mayer/Bonefeld
Testamentsvollstreckung

Mayer/Bonefeld (Hrsg.)

Testamentsvollstreckung

Bearbeitet von

Dr. Michael Bonefeld
Rechtsanwalt, FAErbR und FAFamR, München

Dr. Jörg Mayer
Notar, Simbach am Inn

Peter Neubauer
Steuerberater, München

Dr. Anja Vassel-Knauf, LL.M. (Eur.)
Rechtsanwältin und Steuerberaterin, München

Dr. Dietmar Weidlich
Notar, Roth

4. Auflage

zerb verlag

Hinweis:
Die Formulierungsbeispiele in diesem Buch wurden mit Sorgfalt und nach bestem Wissen erstellt, sie stellen jedoch lediglich Anregungen für die Lösung typischer Fallgestaltungen dar. Autoren und Verlag übernehmen keine Haftung für die Richtigkeit und Vollständigkeit der in dem Buch enthaltenen Ausführungen und Formulierungsmuster.

Die Deutsche Bibliothek – CIP Einheitsaufnahme
Mayer/Bonefeld
Testamentsvollstreckung, 4. Auflage 2015
zerb verlag, Bonn

ISBN: 978-3-95661-018-9

zerb verlag GmbH
Wachsbleiche 7
53111 Bonn

Copyright 2015 by zerb verlag

Das Werk einschließlich aller seiner Teile ist urheberrechtlich geschützt. Jede Verwertung, die nicht ausdrücklich vom Urheberrechtsgesetz zugelassen ist, bedarf der vorherigen Zustimmung des Verlages. Das gilt insbesondere für Vervielfältigungen, Bearbeitungen, Übersetzungen, Mikroverfilmungen sowie Einspeicherung und Verarbeitung in elektronischen Systemen.

Satz: Cicero Computer GmbH, Bonn
Druck: Druckhaus Nomos, Sinzheim

Das Werk liegt auch als Lizenzausgabe im
Verlag Neue Wirtschafts-Briefe, Herne vor.

ISBN 978-3-482-63632-5

Vorwort

„Everybodies Darling" oder „natürlicher Feind der Erben" – zwischen diesen Polen bewegt sich oftmals die schwierige Aufgabe des Testamentsvollstreckers. Auch die Rechtswissenschaft steht dem Testamentsvollstrecker nicht immer gerade positiv gegenüber, wie die kritischen Äußerungen von *Röthel* anlässlich des 68. Deutschen Juristentags belegen, die der Testamentsvollstreckung zumindest ihrem Grundansatz nach kritisch gegenübersteht und forderte, die Einsetzung eines Verwaltungsvollstreckers an besondere Voraussetzungen zu knüpfen, um das Risiko „unbewusster oder auf Fehlvorstellungen beruhender Einsetzungen zu vermindern" (68. DJT (2010) I A 1, 92 f.).

Seit fast 15 Jahren will das nunmehr in der aktuellen Neuauflage vorliegende Handbuch sowohl dem Erblasser bei seiner schwierigen Entscheidung, ob und in welcher Weise er eine Testamentsvollstreckung anordnen soll, als aber auch dem nach dem Erbfall amtierenden Testamentsvollstrecker für seine tägliche Arbeit die notwendigen Hilfestellungen geben.

Die positive Resonanz, die unser Buch in der Praxis, Wissenschaft und auch Rechtsprechung fand, hat uns in diesem Anliegen bestärkt, mehr als die anderen zu diesem Rechtsgebiet mittlerweile vorliegenden Publikationen die praktische Seite darzustellen. Aber da das tägliche Leben die besten und schwierigsten Fälle immer wieder neu erfindet, sind wir für Anregungen und Ergänzungen aufgeschlossen und dankbar.

Auch wenn sich seit der Vorauflage im eigentlichen Erbrecht keine Gesetzesänderungen ergeben haben, so galt es doch viele neue Entscheidungen und Entwicklungen einzuarbeiten, insbesondere im Bereich des Behinderten- und Bedürftigentestaments, dem Einfluss der neuen Medien und des Steuerrechts.

Aufgrund seiner vielfältigen Verpflichtungen musste leider Dr. *Eckhard Wälzholz* seine Mitarbeit an diesem Buch beenden. Wir danken ihm für seine bisherige Arbeit und sein Engagement im Bereich der Testamentsvollstreckung. Statt seiner dürfen wir Herrn Steuerberater Peter Neubauer neu im Autorenteam begrüßen.

Simbach am Inn/München

im November 2014

Dr. Jörg Mayer   *Dr. Michael Bonefeld*

Inhaltsübersicht

Vorwort V
Musterverzeichnis XI
Literaturverzeichnis XVII

1. Teil: Einführung in das erforderliche Wissen 1

§ 1 Gesetzesübersicht, gesetzliche Neuregelungen 1
Dr. Jörg Mayer

§ 2 Grundsätzliches zur Stellung des Testamentsvollstreckers und zum Zweck der Anordnung 5
Dr. Jörg Mayer

§ 3 Arten der Testamentsvollstreckung 15
Dr. Jörg Mayer

§ 4 Die Anordnung der Testamentsvollstreckung 19
Dr. Jörg Mayer

§ 5 Ernennung des Testamentsvollstreckers, die Person des Testamentsvollstreckers 23
Dr. Jörg Mayer

§ 6 Der Beginn des Amtes 39
Dr. Jörg Mayer

§ 7 Nachweis des Amtes 43
Dr. Jörg Mayer

§ 8 Die Konstituierung des Nachlasses 65
Dr. Jörg Mayer

§ 9 Die ordnungsgemäße Nachlassverwaltung durch den Testamentsvollstrecker 75
Dr. Jörg Mayer

§ 10 Eingehung von Verbindlichkeiten durch den Testamentsvollstrecker 115
Dr. Jörg Mayer

§ 11 Prozessführung durch den Testamentsvollstrecker 123
Dr. Jörg Mayer

§ 12 Informationspflichten: Benachrichtigung, Auskunft, Rechnungslegung 139
Dr. Jörg Mayer

§ 13 Beendigung der Testamentsvollstreckung 157
Dr. Jörg Mayer

§ 14 Möglichkeiten von abweichenden Anordnungen des Erblassers 177
Dr. Jörg Mayer

§ 15 Testamentsvollstreckung und Vollmachten 183
Dr. Jörg Mayer

§ 16 Erbteilsvollstreckung 191
Dr. Jörg Mayer

§ 17	Testamentsvollstreckung und Verfügung über Grundbesitz	199
	Dr. Jörg Mayer	
§ 18	Die Auseinandersetzung des Nachlasses	211
	Dr. Jörg Mayer	
§ 19	Testamentsvollstreckung im Unternehmensbereich	223
	Dr. Dietmar Weidlich	
§ 20	Die Haftung des Testamentsvollstreckers	257
	Dr. Jörg Mayer	
§ 21	Die Vergütung des Testamentsvollstreckers	269
	Dr. Jörg Mayer	
§ 22	Testamentsvollstreckung und Nacherbschaft	319
	Dr. Jörg Mayer	
§ 23	Der Rechtsanwalt als Testamentsvollstrecker	385
	Dr. Michael Bonefeld	
§ 24	Der Notar als Testamentsvollstrecker	389
	Dr. Jörg Mayer	
§ 25	Der Steuerberater als Testamentsvollstrecker	395
	Dr. Jörg Mayer	
§ 26	Der Alltag des Testamentsvollstreckers	399
	Dr. Jörg Mayer	
	2. Teil: Die praktische Tätigkeit des Testamentsvollstreckers anhand von Beispielen und Formulierungsvorschlägen	407
§ 27	Allgemeines	407
	Dr. Michael Bonefeld	
§ 28	Die ersten Tätigkeiten als Testamentsvollstrecker	409
	Dr. Michael Bonefeld	
§ 29	Die Sicherung und Ermittlung des Nachlasses	433
	Dr. Michael Bonefeld	
§ 30	Kündigungen, weitere Mitteilungen, Anfragen und Sicherungsmaßnahmen	459
	Dr. Michael Bonefeld	
§ 31	Kontaktaufnahme mit den Erben, Vermächtnisnehmern oder Auflagenbegünstigten	479
	Dr. Michael Bonefeld	
§ 32	Weitere Korrespondenz (Nachlassgericht)	487
	Dr. Michael Bonefeld	
§ 33	Die Erstellung des Nachlassverzeichnisses	489
	Dr. Michael Bonefeld	
§ 34	Kontaktaufnahme mit den Gläubigern des Erblassers	509
	Dr. Michael Bonefeld	
§ 35	Verwaltung des Vermögens und Geldanlage	515
	Dr. Michael Bonefeld	

§ 36 Der Testamentsvollstrecker im Prozess *Dr. Michael Bonefeld*	527
§ 37 Der Testamentsvollstrecker in der Zwangsvollstreckung *Dr. Michael Bonefeld*	537
§ 38 Die Erfüllung von Vermächtnissen, Auflagen und Pflichtteilsansprüchen *Dr. Michael Bonefeld*	543
§ 39 Die Abgabe der Steuererklärungen *Dr. Michael Bonefeld*	555
§ 40 Die Auseinandersetzung des Nachlasses *Dr. Michael Bonefeld*	573
§ 41 Die Beendigung des Testamentsvollstreckeramtes *Dr. Michael Bonefeld*	599
§ 42 Entlastung des Testamentsvollstreckers und Möglichkeiten der Haftungsbeschränkung *Dr. Michael Bonefeld*	605
§ 43 Testamentsvollstreckung und Kollisionsrecht *Dr. Michael Bonefeld*	629
§ 44 Anwaltliche Angriffsstrategien gegen den Testamentsvollstrecker und Verteidigungsstrategien des Testamentsvollstreckers *Dr. Michael Bonefeld*	637
3. Teil: Die Testamentsvollstreckung im Steuerrecht	675
§ 45 Die Vergütung des Testamentsvollstreckers im Steuerrecht *Peter Neubauer/Dr. Anja Vassel-Knauf, LL.M.*	675
§ 46 Steuerliche Folgen der Testamentsvollstreckung *Peter Neubauer/Dr. Anja Vassel-Knauf, LL.M.*	705
Stichwortverzeichnis	777
Benutzerhinweise für die CD-ROM	793

Musterverzeichnis

§ 2 Grundsätzliches zur Stellung des Testamentsvollstreckers und zum Zweck der Anordnung

2.1. Darlegung der Testamentsvollstreckerfunktion 8

§ 3 Arten der Testamentsvollstreckung

3.1. Einfache Abwicklungsvollstreckung 16
3.2. Vermächtnisvollstreckung 17

§ 7 Nachweis des Amtes

7.1. Antrag auf Erteilung eines Testamentsvollstreckerzeugnisses 48

§ 9 Die ordnungsgemäße Nachlassverwaltung durch den Testamentsvollstrecker

9.1. Außerkraftsetzen einer Anordnung eines Erblassers nach § 2216 Abs. 2 S. 2 BGB 113

§ 11 Prozessführung durch den Testamentsvollstrecker

11.1. Antrag auf Aussetzung eines Rechtsstreits bei Beendigung der Testamentsvollstreckung 127
11.2. Umschreibung der Vollstreckungsklausel gegen den Testamentsvollstrecker 136

§ 12 Informationspflichten: Benachrichtigung, Auskunft, Rechnungslegung

12.1. Obligatorische Gruppenvertretung in der Verfügung von Todes wegen über die Anordnung der Testamentsvollstreckung 154

§ 13 Beendigung der Testamentsvollstreckung

13.1. Abstrakte Regelung zu Beginn und Ende der Testamentsvollstreckung 158
13.2. Freigabeerklärung bezüglich eines Grundstücks 174

§ 14 Möglichkeiten von abweichenden Anordnungen des Erblassers

14.1. Anordnung eines Schiedsgerichts 181

§ 15 Testamentsvollstreckung und Vollmachten

15.1. Vollmacht zur Verstärkung der Position des Testamentsvollstreckers .. 188

§ 19 Testamentsvollstreckung im Unternehmensbereich

19.1. Handelsregisteranmeldung Firmenfortführung aufgrund Treuhandlösung 230

19.2. Testamentsvollstreckung an einem einzelkaufmännischen
       Unternehmen 234
19.3. Testamentsvollstreckung nur am GmbH-Anteil 246
19.4. Ausschluss der Verwaltungsrechte des Testamentsvollstreckers in der
       Satzung der GmbH 246
19.5. Begründung eines mit dem Geschäftsanteil verbundenen Sonder-
       rechts zur Geschäftsführung in der Satzung 247
19.6. Postmortale Spezialvollmacht für eine Kapitalerhöhung gegen
       Einlagen 249
19.7. Ruhen des Stimmrechts 251
19.8. Einschränkung der Befugnisse des Testamentsvollstreckers im
       Hinblick auf die Kernbereichslehre 252

§ 22   Testamentsvollstreckung und Nacherbschaft
22.1. Kombination Nacherbentestamentsvollstreckung/Testaments-
       vollstreckung für die Nacherbschaft 327
22.2. Erbeinsetzung des Überschuldeten mit Motivangabe 332
22.3. Erbschaftslösung 344
22.4. Leibrentenvermächtnis 374

§ 28   Die ersten Tätigkeiten als Testamentsvollstrecker
28.1. Erstes Anschreiben an das Nachlassgericht 411
28.2. Eidesstattliche Versicherung 412
28.3. Bestätigungsschreiben 413
28.4. Testamentsvollstreckerzeugnis 413
28.5. Ernennung eines Nachfolgers 415
28.6. Ernennung eines Nachfolgers bei gleichzeitiger Kündigung des
       Amtes 416
28.7. Ernennung eines Mittestamentsvollstreckers durch den Testaments-
       vollstrecker 417
28.8. Anregung der Einziehung eines Erbscheins ohne Testaments-
       vollstreckervermerk 418
28.9. Berichtigung des Grundbuchs 419
28.10. Berichtigung des Handelsregistereintrags 421
28.11. Postnachsendeauftrag für privaten Zustelldienst 431

§ 29   Die Sicherung und Ermittlung des Nachlasses
29.1. Fragebogen an die Anlaufstelle Schweizer Banken 436
29.2. Kontenermittlung über den Bankenverband 447
29.3. Bankenanschreiben 447

29.4.	Identitätsbestätigung	448
29.5.	Schreiben an die Rentenrechnungsstelle	452
29.6.	Anschreiben an Lebensversicherung	454
29.7.	Schreiben an Bestattungsinstitut	455
29.8.	Schreiben an Krankenhaus	455
29.9.	Antrag auf Bestellung eines Nachlasspflegers	458

§ 30 Kündigungen, weitere Mitteilungen, Anfragen und Sicherungsmaßnahmen

30.1.	Kündigungsschreiben Mietverhältnis	461
30.2.	Kündigungsschreiben an Versorgungsunternehmen	467
30.3.	Abmeldung bei dem ARD ZDF Deutschlandradio Beitragsservice	467
30.4.	Mitteilungsschreiben	468
30.5.	Kündigungsschreiben an die Versicherung	471
30.6.	Kündigungsschreiben Zeitungsabonnement	472
30.7.	Schreiben an den Arbeitgeber	473
30.8.	Anschreiben an das Finanzamt	474
30.9.	Schreiben an den Träger der gesetzlichen Rentenversicherung	475
30.10.	Anschreiben an das Katasteramt	477

§ 31 Kontaktaufnahme mit den Erben, Vermächtnisnehmern oder Auflagenbegünstigten

31.1.	Kontaktaufnahme mit den Erben	480
31.2.	Vergütungsvereinbarung	483
31.3.	Auslegungsvereinbarung	484

§ 32 Weitere Korrespondenz (Nachlassgericht)

32.1.	Korrespondenz mit dem Nachlassgericht	487

§ 33 Die Erstellung des Nachlassverzeichnisses

33.1.	Nachlassverzeichnis	490
33.2.	Übersendungsschreiben mit Nachlassverzeichnis	495
33.3.	Ausführliches Nachlassverzeichnis mit Anlagen	499
33.4.	Anlage 1 zum Nachlassverzeichnis: Inventarliste	CD
33.5.	Anlage 2 zum Nachlassverzeichnis: Kapitalbeteiligungen	CD

§ 34 Kontaktaufnahme mit den Gläubigern des Erblassers

34.1.	Anschreiben an Gläubiger	509
34.2.	Anschreiben an Gläubiger (Dreimonatseinrede)	512
34.3.	Antrag auf Nachlassinsolvenz durch den Testamentsvollstrecker	513

§ 35 Verwaltung des Vermögens und Geldanlage

35.1. Kontoauflösungsantrag 516
35.2. Verwaltungsvereinbarung 517
35.3. Geschäftsordnung der Erbengemeinschaft 522

§ 36 Der Testamentsvollstrecker im Prozess

36.1. Herausgabeklage (inklusive Auskunft) 530
36.2. Zustimmungsklage 532
36.3. Anschreiben mit Einverständniserklärung 532
36.4. Klauselumschreibung (für Testamentsvollstrecker) 534
36.5. Klauselumschreibung (gegen Testamentsvollstrecker) 534

§ 37 Der Testamentsvollstrecker in der Zwangsvollstreckung

37.1. Antrag auf Umschreibung einer Zwangsvollstreckungsklausel 537
37.2. Umschreibung einer vollstreckbaren Ausfertigung für Erben nach Beendigung der Testamentsvollstreckung 537
37.3. Klarstellung im Kostenfestsetzungsverfahren 540
37.4. Klage auf Duldung der Zwangsvollstreckung 540

§ 38 Die Erfüllung von Vermächtnissen, Auflagen und Pflichtteilsansprüchen

38.1. Anschreiben an Vermächtnisnehmer 543
38.2. Klage wegen Vollziehung einer Auflage 546
38.3. Auskunftsbegehren des Testamentsvollstreckers an einen Erben 551
38.4. Anschreiben an Pflichtteilsberechtigten wegen erhaltener Schenkungen und Vorempfänge 552
38.5. Einholung der Zustimmung 552
38.6. Klageantrag gegen Erben und Testamentsvollstrecker 554

§ 39 Die Abgabe der Steuererklärungen

39.1. Anschreiben an das Finanzamt wegen unrichtiger Einkommensteuererklärungen aus der Vergangenheit 556
39.2. Anschreiben an Finanzamt wegen vermuteter fehlender Verpflichtung zur Einkommensteuerzahlung 557
39.3. Anschreiben an Finanzamt wegen vermuteter fehlender Verpflichtung zur Erbschaftsteuerzahlung 558
39.4. Stundung 568
39.5. Einspruch gegen Erbschaftsteuerbescheid bei vorliegender Vollmacht des Testamentsvollstreckers 569
39.6. Klage beim Finanzgericht 570
39.7. Tatsächliche Verständigung zwischen Finanzbehörde und Erben 571

§ 40 Die Auseinandersetzung des Nachlasses

40.1. Anhörung der Erben zum Auseinandersetzungsplan 575
40.2. Auseinandersetzungsplan 575
40.3. Änderungen im Auseinandersetzungsplan 578
40.4. Klage auf Mitwirkung 579
40.5. Sehr ausführlicher Auseinandersetzungsplan bei Teilungsanordnungen, Ausgleichung etc. 581
40.6. Auseinandersetzungsvertrag 593
40.7. Auseinandersetzungsvertrag mit Grundstücksübertragung 596

§ 41 Die Beendigung des Testamentsvollstreckeramtes

41.1. Kündigungsschreiben des Testamentsvollstreckers 599
41.2. Löschungsantrag 600
41.3. Abschlussschreiben an das Nachlassgericht 601
41.4. Rückforderung des Testamentsvollstreckerzeugnisses 602
41.5. Freiwillige Freigabe von einem Nachlassgegenstand 604

§ 42 Entlastung des Testamentsvollstreckers und Möglichkeiten der Haftungsbeschränkung

42.1. Vertraglicher Verzicht auf die Haftung eines Testamentsvollstreckers . . 611
42.2. Vertraglicher Haftungsverzicht mit „pactum de non petendo" 611
42.3. Abschlussschreiben an Erben mit gleichzeitiger Rechenschaftslegung und Aufforderung zur Entlastung 624
42.4. Negative Feststellungsklage 626
42.5. Positive Feststellungsklage 627

§ 43 Testamentsvollstreckung und Kollisionsrecht

43.1. Internationale Nachlassvollmacht (deutsche Fassung) 631
43.2. Internationale Nachlassvollmacht (englische Fassung) 633

§ 44 Anwaltliche Angriffsstrategien gegen den Testamentsvollstrecker und Verteidigungsstrategien des Testamentsvollstreckers

44.1. Stellungnahme zur Ernennung einer Person zum Testamentsvollstrecker durch das Gericht 642
44.2. Stellungnahme zur Absicht der Erteilung eines bestimmten Testamentsvollstreckerzeugnisses 643
44.3. Einziehung eines falschen Testamentsvollstreckerzeugnisses 644
44.4. Anschreiben an den Testamentsvollstrecker wegen eines fehlerhaften Nachlassverzeichnisses 645
44.5. Auskunftsbegehren gegenüber dem Testamentsvollstrecker 646

44.6.	Feststellungsantrag auf Feststellung der Unwirksamkeit eines Auseinandersetzungsplans eines Testamentsvollstreckers.	647
44.7.	Klageantrag des Testamentsvollstreckers zur Ausführung seines Auseinandersetzungsplans	648
44.8.	Antrag nach § 2216 Abs. 2 BGB	649
44.9.	Klage auf Einhaltung einer Verwaltungsanordnung nach § 2216 Abs. 2 BGB	650
44.10.	Klage auf Vornahme einer Handlung gem. § 2216 Abs. 1 BGB	651
44.11.	Erlass einer einstweiligen Verfügung auf Unterlassung einer vom Testamentsvollstrecker vorgesehenen Handlung	652
44.12.	Vereinbarung mit den Erben wegen einer Kapitalanlageentscheidung.	654
44.13.	Klage auf Rückzahlung zu viel entnommener Vergütung durch den Testamentsvollstrecker	655
44.14.	Erlass einer einstweiligen Verfügung auf Unterlassung einer vom Testamentsvollstrecker vorgesehenen Entnahme einer Vergütung	656
44.15.	Negative Feststellungsklage des Testamentsvollstreckers gegen die Erben wegen angeblicher Zuvielvergütung.	659
44.16.	Klageantrag bei Vergütungsklage des Testamentsvollstreckers	659
44.17.	Abrechnung und Erläuterung der vom Testamentsvollstrecker geforderten Vergütung für die Erben	660
44.18.	Entlassungsantrag nach § 2227 BGB.	671

§ 46 Steuerliche Folgen der Testamentsvollstreckung

46.1.	Nominalwertansatz (1. Beispiel)	772
46.2.	Ansatz des Grundbesitzwertes nach §§ 176 ff. BewG (2. Beispiel)	773

Literaturverzeichnis

Kommentare

Armbrüster/Preuß/Renner, Beurkundungsgesetz und Dienstordnung für Notarinnen und Notare, 6. Auflage 2013

Alternativkommentar zum Bürgerlichen Gesetzbuch, Band 6 Erbrecht, 1990

Bamberger/Roth, Kommentar zum Bürgerlichen Gesetzbuch, Band 3, 3. Auflage 2012

Bauer/von Oefele, GBO – Grundbuchordnung, 3. Auflage 2013

Baumbach/Hopt, HGB, 36. Auflage 2014

Baumbach/Hueck, GmbHG, 20. Auflage 2013

Blümich, EStG, KStG, GewStG, 124. Auflage, Stand 8/2014

Bunjes/Geist, Umsatzsteuergesetz: UStG, 13. Auflage 2014

Damrau, Praxiskommentar Erbrecht, 2. Auflage 2011

Daragan/Halaczinsky/Riedel, Praxiskommentar ErbStG und BewG, 2. Auflage 2012

Demharter, Grundbuchordnung: GBO, 29. Auflage 2014

Ebenroth/Boujong/Joost/Strohn, HGB, 3. Auflage 2013

Erman, Handkommentar zum BGB, 2. Band, 14. Auflage 2014

Eylmann/Vaasen, Bundesnotarordnung Beurkundungsgesetz, 3. Auflage 2011

Fischer/Jüptner/Pahlke/Wachter, ErbStG Kommentar, 5. Auflage 2014

Frotscher, Kommentar zum Einkommensteuergesetz (EStG), Loseblatt

Grube/Wahrendorf, SGB XII, Sozialhilfe mit Asylbewerberleistungsgesetz, 5. Auflage 2014

Hübschmann/Hepp/Spitaler, Kommentar zur Abgabenordnung und Finanzgerichtsordnung, Loseblatt, 228. Ergl, Stand 7/2014

Kapp/Ebeling, ErbStG, Erbschaft- und Schenkungsteuergesetz, 63. Ergl. Stand 5/2014

Kirchhof, Einkommensteuergesetz, 13. Auflage 2014

Keidel, FamFG, 18. Auflage 2014

Korn/Carlé/Stahl, EStG, Loseblatt, Stand 3/2009

Kuntze/Ertl/Herrmann/Eickmann, Grundbuchrecht, 6. Auflage 2006 (zit. KEHE/*Bearbeiter*)

Linhart/Adolph, SGB II, SGB XII, Asylbewerberleistungsgesetz, Loseblatt, 87. Ergl., Stand 6/2014

Littmann/Bitz/Pust, Das Einkommensteuerrecht (ESt), Loseblatt, Stand 7/2014

Löns/Herold-Tews, SGB II, Grundsicherung für Arbeitsuchende, 3. Auflage 2011

Lutter/Hommelhoff, GmbH-Gesetz, 18. Auflage 2012

Meikel, Grundbuchrecht, 10. Auflage 2008

Meincke, Erbschaftsteuer- und Schenkungsteuergesetz: ErbStG, 16. Auflage 2012

Moench/Weinmann, Erbschaft- und Schenkungsteuer, Loseblatt

Münchener Kommentar zum Bürgerlichen Gesetzbuch, Band 9: Erbrecht, 6. Auflage 2013

Musielak, Zivilprozessordnung: ZPO, 11. Auflage 2014

NomosKommentar BGB, Band 5: Erbrecht, hrsg. v. Kroiß/Ann/Mayer, 4. Auflage 2014 (zit. NK-BGB/*Bearbeiter*)

Oestreicher, SGB II/SGB XII, Loseblatt, 72. Auflage 2014

Pahlke/Koenig, Abgabenordnung – AO, 2. Auflage 2009

Palandt, Bürgerliches Gesetzbuch, 73. Auflage 2014

Prütting/Wegen/Weinreich, BGB Kommentar, 9. Auflage 2014

Reimann/Bengel/Mayer, Testament und Erbvertrag, 5. Auflage 2006

RGRK, Das Bürgerliche Gesetzbuch mit besonderer Berücksichtigung der Rechtsprechung des Reichsgerichts und des Bundesgerichtshofs, Kommentar, Band V, 12. Auflage 1974 ff.

Rowedder/Schmidt-Leithoff, GmbHG, 5. Auflage 2013

Schäfer, Wertpapierhandelsgesetz, 1999

Schippel/Bracker, Bundesnotarordnung: BNotO, 9. Auflage 2011

Schmidt, Einkommensteuergesetz: EStG, Kommentar, 32. Auflage 2013

Schöner/Stöber, Grundbuchrecht, 15. Auflage 2012

Scholz, GmbHG, 11. Auflage 2012/2015

Schwarz, Kommentar zur Abgabenordnung (AO), Loseblatt

Schwintowski, Bankrecht, 4. Auflage 2014

Soergel, Kommentar zum Bürgerlichen Gesetzbuch, Band 22, 13. Auflage 2003

Sölch/Ringleb, Umsatzsteuergesetz (UStG), Loseblatt, 72. Auflage 2014

Staudinger, Kommentar zum BGB, Buch 5: Erbrecht, Bearbeitungen Stand 2008 bis 2015

Stein/Jonas, Kommentar zur Zivilprozessordnung, 22. Auflage 2002 ff.

Tipke/Kruse, Abgabenordnung – Finanzgerichtsordnung, Loseblatt, Stand 06/2014

Troll/Gebel/Jülicher, Erbschaftsteuer- und Schenkungsteuer (ErbStG), 47. Auflage 2014

Viskorf/Knobel/Schuck/Wälzholz, Erbschaftsteuer- und Schenkungsteuer (ErbStG), Bewertungsgesetz (Auszug), 4. Auflage 2012

Wilms/Jochum, Erbschaft- und Schenkungsteuergesetz, Loseblatt

Zimmermann, Praxiskommentar Erbrechtliche Nebengesetze, 2013

Zöller, Zivilprozessordnung, 30. Auflage 2014

Lehrbücher, Handbücher, Monographien

Adams, Interessenkonflikte des Testamentsvollstreckers, 1997

Assmann/Schütze, Handbuch des Kapitalanlagerechts, 3. Auflage 2007

Balzer, Vermögensverwaltung durch Kreditinstitute, Diss. Köln, 1998

Beck'sches Formularbuch Bürgerliches, Handels- und Wirtschaftsrecht, 11. Auflage 2013

Beck'sches Mandatshandbuch Erbrechtliche Unternehmensnachfolge, 2002

Bengel/Reimann, Handbuch der Testamentsvollstreckung, 5. Auflage 2013

Birk, Vergütung und Aufwendungsersatz des Testamentsvollstreckers, 2003

Bonefeld/Wachter, Der Fachanwalt für Erbrecht, 3. Auflage 2014

Cramer/Rudolph, Handbuch für Anlageberatung und Vermögensverwaltung, 1995

Damrau, Der Minderjährige im Erbrecht, 2. Auflage 2010

Dörrie, Testamentsvollstreckung im Recht der Personenhandelsgesellschaften und der GmbH, 1994

Ebenroth, Erbrecht, 1992

Engelmann, Verfügungen zugunsten Verschuldeter oder Sozialhilfebedürftiger, 2. Auflage 2001

Firsching/Graf, Nachlassrecht, 10. Auflage 2014

Fritz/Bünger, Praxishandbuch Erbrecht, Stand 2009

Garlichs, Passivprozesse des Testamentsvollstreckers. Erkenntnisverfahren und Zwangsvollstreckung gegen den Testamentsvollstrecker und den durch Testamentsvollstreckung belasteten Erben, 1996

Groll, Praxis-Handbuch Erbrechtsberatung, 3. Auflage 2010

Hartmann, Testamentsvollstreckung, Nießbrauch und Vorerbschaft zur Sicherung der Nachfolge des Einzelunternehmens in Zivil- und Steuerrecht, 2. Auflage 1983

Hausmann/Hohloch, Handbuch des Erbrechts, 2. Auflage 2010

Heinz-Grimm/Krampe/Pieroth, Testamente zugunsten von Menschen mit geistiger Behinderung, 3. Auflage 1997

Jendralski/Oehlenschläger, Vermögensverwaltung und -beratung, 1992

Kerscher/Krug/Spanke, Das erbrechtliche Mandat, 5. Auflage 2014

Kerscher/Riedel/Lenz, Pflichtteilsrecht in der anwaltlichen Praxis, 3. Auflage 2002

Kersten/Bühling, Formularbuch und Praxis der Freiwilligen Gerichtsbarkeit, 24. Auflage 2014

Kipp/Coing, Erbrecht, 14. Auflage 1990

Kirnberger, Die steuerliche Behandlung der Testamentsvollstreckervergütung, Diss. 1998

Klingelhöffer, Vermögensverwaltung in Nachlasssachen, 2002

Krauß, Vermögensnachfolge in der Praxis, 3. Auflage 2012

Krug/Rudolf/Kroiß/Bittler, Anwaltformulare Erbrecht, 4. Auflage 2010

Lange/Kuchinke, Lehrbuch des Erbrechts, 5. Auflage 2001

Lange/Werkmüller, Der Erbfall in der Bankpraxis, 2002

Langenfeld, Testamentsgestaltung, 4. Auflage 2010

Lieb, Die Vergütung des Testamentsvollstreckers, 2004

Lorz, Testamentsvollstreckung und Unternehmensrecht, 1995

v. Lübtow, Erbrecht, 1972

Mayer/Süß/Tanck/Bittler/Wälzholz, Handbuch Pflichtteilsrecht, 3. Auflage 2013

Münchener Anwaltshandbuch Erbrecht, hrsg. v. Scherer, 4. Auflage 2014

Münchener Vertragshandbuch, Band 6: Bürgerliches Recht II, 6. Auflage 2010

Muscheler, Die Haftungsordnung der Testamentsvollstreckung, 1994

Muscheler, Erbrecht, 2010

Nagler, Die zweckmäßige Nachfolge im GmbH-Vertrag, 1998

Nieder/Kössinger, Handbuch der Testamentsgestaltung, 4. Auflage 2011

Pickel, Die Haftung des Testamentsvollstreckers und seine Versicherung, 1986

Reimann, Testamentsvollstreckung in der Wirtschaftsrechtspraxis, 3. Auflage 1998

Rißmann, Die Erbengengemeinschaft, 2. Auflage 2013

Rott/Kornau/Zimmermann, Testamentsvollstreckung, 2. Auflage 2012

Ruby/Schindler/Wirich, Das Behindertentestament, 2. Auflage 2014

Schäfer, Anlegerschutz und die Sorgfalt eines ordentlichen Kaufmanns bei der Anlage von Sondervermögen durch Kapitalanlagegesellschaften, Diss. 1987

Schiffer/Rott/Pruns, Die Vergütung des Testamentsvollstreckers, 2014

Schimansky/Bunte/Lwowski, Bankrechts-Handbuch, 4. Auflage 2011

Schlüter, Erbrecht, 16. Auflage 2007

Schmitz, Kapitalanlageentscheidungen des Testamentsvollstreckers, 2002

Schmucker, Testamentsvollstrecker und Erbe, Diss. 2002

Schulz, Handbuch Nachlasspflegschaft, 2013

Tanck/Krug, Anwaltformulare Testamente, 4. Auflage 2010

Tanz, Das dingliche Verwaltungsrecht des Testamentsvollstreckers, 2000

Unsöld, Die Testamentsvollstreckung an Aktien, Diss. 2009

Weidlich, Die Testamentsvollstreckung im Recht der Personengesellschaften, Diss. 1993

Weirich, Erben und Vererben, 6. Auflage 2010

Winkler, Der Testamentsvollstrecker nach bürgerlichem, Handels- und Steuerrecht, 21. Auflage 2013

Zeising, Pflichten und Haftung des Testamentsvollstreckers bei der Verwaltung von Großvermögen, 2004

Zimmer, Testamentsvollstrecker. Ratgeber für Testamentsvollstrecker, Erben und Erblasser, 1989

Zimmermann, Die Testamentsvollstreckung, 4. Auflage 2014

1. Teil: Einführung in das erforderliche Wissen

§ 1 Gesetzesübersicht, gesetzliche Neuregelungen

Dr. Jörg Mayer

Inhalt:	Rn		Rn
A. Gesetzesübersicht	1	I. Die Testamentsvollstreckung und die Neuregelungen im FamFG	2
B. Neue gesetzliche Regelungen zum Recht der Testamentsvollstreckung	2	II. Neuerungen durch die Erbrechtsreform	4

A. Gesetzesübersicht

Zur Einführung in das komplexe Recht der Testamentsvollstreckung werden die entsprechenden Vorschriften des BGB und deren Systematik vorgestellt, um die Arbeit mit den gesetzlichen Vorschriften zu erleichtern. Denn noch immer gilt: Der Blick ins Gesetz beantwortet viele Fragen.

Wegweiser durch den Paragrafendschungel

1	Ernennung des Testamentsvollstreckers	
1.1	Allgemeine Voraussetzungen	
	– durch den Erblasser durch Testament	§ 2197 BGB
	– Bestimmung durch Dritten	§ 2198 BGB
	– Bestimmung durch den Testamentsvollstrecker selbst für Nachfolger oder Mitvollstrecker	§ 2199 BGB
	– durch das Nachlassgericht	§ 2200 BGB
1.2	Unwirksamkeit der Ernennung	
	– Geschäftsunfähigkeit u.Ä.	§ 2201 BGB
1.3	Antritt des Amtes	
	– Annahme und Ablehnung	§ 2202 BGB
2	Aufgabe des Testamentsvollstreckers	
2.1	Regelfall: Abwicklungsvollstreckung	
	– Ausführung letztwilliger Verfügungen	§ 2203 BGB
	– Auseinandersetzung des Nachlasses	§ 2204 BGB
2.1.1	Befugnisse hierfür – jedoch beschränkt durch seine Aufgabe	
	– nur bis zur Ausführung der Erblasseranordnungen und Erbauseinandersetzung:	
	Standardmäßig kraft Gesetzes:	
	– Verwaltung des Nachlasses hierfür	§ 2205 BGB
	– Eingehung von Verbindlichkeiten	§ 2206 BGB
2.1.2	Änderung der Befugnisse durch Anordnung des Erblassers:	
	– Anordnung erweiterter Verpflichtungsbefugnisse durch den Erblasser	§ 2207 BGB
	– Anordnung von Beschränkungen der Rechte durch den Erblasser	§ 2208 BGB

2.2	Verwaltungsvollstreckung	
	– nur Verwaltung des Nachlasses ohne Auseinandersetzung, Aufgabe nicht Erbauseinandersetzung!	§ 2209 S. 1 Hs. 1 BGB
	– Befugnisse entsprechend der Zwecksetzung wie 2.1.1.	
2.3	Dauervollstreckung	
	– Verwaltung und Erledigung sonst zugewiesener Aufgaben, insbesondere die Auseinandersetzung	§ 2209 S. 1 Hs. 2 BGB
	– Befugnisse wie 2.1.1.	
3	Zeitliche Grenze	
	– nur für Verwaltungs- bzw. Dauertestamentsvollstreckung nach § 2209 BGB: grundsätzlich 30 Jahre	§ 2210 BGB
4	Verfügungsbeschränkung des Erben	
	– keine Verfügungsbefugnis des Erben	§ 2211 BGB
	– Schutz des gutgläubigen Erwerbers:	§§ 2211 Abs. 2, 932 ff., 892 f., 1207 BGB
5	Prozessführungsbefugnis des Testamentsvollstreckers	
	– bei Aktivprozessen	§ 2212 BGB
	– für Passivprozesse	§ 2213 BGB
6	Eigengläubiger des Erben	
	– keine Pfändung bezüglich verwalteten Nachlass	§ 2214 BGB
7	Pflichten gegenüber den Erben	
	– Nachlassverzeichnis	§ 2215 BGB
	– ordnungsgemäße Nachlassverwaltung	§ 2216 BGB
	– Überlassung von Nachlassgegenständen	§ 2217 BGB
	– Rechnungslegungspflicht, Rechtsverhältnis zum Erben	§§ 2218, 664, 666–668, 670, 673 S. 2, 674 BGB
	– Haftung	§ 2219 BGB
	– Abdingbarkeit	§ 2220 BGB
	– Vergütung	§ 2221 BGB
8	Besondere Arten der Testamentsvollstreckung	
	– Nacherbenvollstreckung	§ 2222 BGB
	– Vermächtnisvollstreckung	§ 2223 BGB
	– Mehrheit von Testamentsvollstreckern	§ 2224 BGB
9	Beendigung des Amtes	
	– erloschen durch Tod, Geschäftsunfähigkeit	§ 2225 BGB
	– Kündigung	§§ 2226, 671 Abs. 2, 3 BGB
	– Entlassung	§ 2227 BGB
10	Akteneinsicht	
	– hinsichtlich bestimmter Erklärungen	§ 2228 BGB.

J. Mayer

B. Neue gesetzliche Regelungen zum Recht der Testamentsvollstreckung

I. Die Testamentsvollstreckung und die Neuregelungen im FamFG

Mit Wirkung zum 1. September 2009 wurde das bislang geltende FGG durch die Bestimmungen des FamFG abgelöst. Dabei enthält das FamFG einige, für die Testamentsvollstreckung wichtige, Verfahrensvorschriften:
- zur örtlichen Zuständigkeit des Nachlassgerichts die Vorschrift des § 343 FamFG, die im Wesentlichen dem bisherigen § 73 FGG entspricht
- die internationale Zuständigkeit der deutschen Nachlassgerichte bestimmt sich nunmehr allein nach der örtlichen (§ 105 FamFG). Der bisher von der Rechtsprechung angewandte Gleichlaufgrundsatz wurde aufgegeben
- die Regelung der Beteiligteneigenschaft in Verfahren zur Ernennung eines Testamentsvollstreckers und zur Erteilung eines Testamentsvollstreckerzeugnisses nach § 345 Abs. 3 FamFG
- Verfahrensvorschriften im Zusammenhang mit der Erteilung und der Einziehung eines Testamentsvollstreckerzeugnisses nach § 354 i.V.m. §§ 352, 353 FamFG
- besondere Bestimmungen im Zusammenhang mit der Testamentsvollstreckung, insbesondere bezüglich der Fristsetzung zur Erklärung über die Ernennung des Testamentsvollstreckers und zur Entscheidung von Meinungsverschiedenheiten zwischen mehreren Testamentsvollstreckern nach § 2224 Abs. 1 BGB nach § 355 FamFG.

Zahlreiche Einzelheiten zur Anwendung des FamFG im Kontext mit einer Testamentsvollstreckung finden sich bei *W. Zimmermann*, ZErb 2009, 86.

II. Neuerungen durch die Erbrechtsreform

Durch das **Gesetz zur Änderung des Erb- und Verjährungsrechts** vom 24.9.2009 (BGBl I 3142) wurden die im BGB enthaltenen Vorschriften über die Testamentsvollstreckung (§§ 2197 ff. BGB) **nur im § 2204 BGB** geändert. Danach hat der Testamentsvollstrecker bei der Auseinandersetzung des Nachlasses auch die Ausgleichungspflicht bei besonderen Leistungen eines Abkömmlings nach dem ebenfalls geänderten § 2057a BGB zu berücksichtigen. Es steht ihm jetzt auch ausdrücklich bezüglich der bei der Ausgleichung zu berücksichtigenden Vorempfänge und Leistungen ein Auskunftsrecht entsprechend § 2057 BGB zu.[1] Zum **Übergangsrecht** siehe Art. 229 § 23 EGBGB.

Jedoch ergeben sich mit dem Inkrafttreten dieser Erbrechtsreform zum 1.1.2010 auch für das Recht der Testamentsvollstreckung durch die Änderung allgemeiner Vorschriften weitere wichtige Neuerungen. Hervorzuheben sind dabei insbesondere
- die Aufhebung der langen 30-jährigen Verjährung nach § 197 Abs. 1 Nr. 2 BGB a.F., die seit der Schuldrechtsreform allgemein für die Ansprüche zwischen Testamentsvollstrecker und Erben galt und die der BGH ausdrücklich bestätigt hatte.[2] Nunmehr gilt die kurze **dreijährige Regelverjährung** nach § 195 BGB mit dem Verjährungsbeginn nach § 199 Abs. 1 BGB (sog. Silvesterverjährung) und bei Schadensersatzansprüchen mit der Verjährungshöchstfrist nach § 199 Abs. 3 BGB (nicht nach § 199 Abs. 3a BGB), vgl. dazu nachstehend § 20 Rn 26.
- die Neuregelung und **Vereinfachung des § 2306 BGB:** Auch wenn ein pflichtteilsberechtigter Erbe, der mit einem Erbteil bedacht wird, der die Hälfte seines gesetzlichen

---

1 Zur gesetzlichen Neuregelung siehe auch BT-Drucks 16/8954, S. 18 f.
2 BGH ZErb 2007, 260 = ZEV 2007, 322.

Erbteils nicht übersteigt, mit einer Testamentsvollstreckung belastet wird, so ist diese entgegen der früheren Rechtslage nicht automatisch unwirksam. Vielmehr muss der pflichtteilsberechtigte Erbe immer ausschlagen um sich der Testamentsvollstreckung zu entziehen, erhält dann aber nur den Pflichtteil, wenn auch – vom Sonderfall des § 2338 BGB abgesehen[3] – unbelastet von der Testamentsvollstreckung (eingehend dazu § 2 Rn 20 ff.). Dadurch wurden insbesondere die Gefahren beseitigt, die sich aus der sog. Unwirksamkeitslösung des § 2306 Abs. 1 S. 1 BGB a.F. bei einem für den Pflichtteilsberechtigten zu niedrig dotierten Erbteil bei einem Behindertentestament ergaben, eingehend dazu § 22 Rn 69 ff.

---

3 Dazu etwa MüKo/*Lange*, § 2338 Rn 24 ff.

§ 2 Grundsätzliches zur Stellung des Testamentsvollstreckers und zum Zweck der Anordnung

Dr. Jörg Mayer

Inhalt:

	Rn		Rn
A. Zwecke der Testamentsvollstreckung: Vor- und Nachteile	2	III. Das Verhältnis des Testamentsvollstreckers zum Nachlassgericht	12
B. Die Aufgabenstellung bestimmt die Befugnisse	4	IV. Das Verhältnis des Testamentsvollstreckers zum Familiengericht und Betreuungsgericht	14
C. Rechtsstellung des Testamentsvollstreckers	6	V. Die Verpflichtung zur ordnungsgemäßen Verwaltung	19
I. Treuhänder und Inhaber eines privaten Amtes	6	D. Der Schutz des Erbenpflichtteils und die Anordnung der Testamentsvollstreckung	20
II. Das Verhältnis des Testamentsvollstreckers zu den Erben	9		

Die Anordnung der Testamentsvollstreckung ermöglicht dem Erblasser eine weit reichende Einflussnahme über seinen Tod hinaus. Dies kann aus den verschiedensten Motiven geschehen, zum Nutzen, aber vielleicht auch zum Nachteil der Erben und Nachkommen: im wohlverstandenen Interesse des Nachlasses oder in Anbetracht eines ungeeigneten Erben, aber mitunter auch aus Herrschsucht über den Tod hinaus und aus „hämischer Gesinnung".[1] Wie bei jeder Rezeptur kommt es – frei nach *Paracelsus* – auf die richtige Dosis und Zusammenstellung an. Daher muss sich der Erblasser der mit dieser einschneidenden Gestaltung verfolgten Ziele und Auswirkungen klar bewusst sein. Nicht zu Unrecht aber gewinnt die Testamentsvollstreckung in der Praxis – auch angesichts immer stärker wachsender rechtlicher Probleme und immer größerer Nachlässe – ständig an Bedeutung.[2] *Walter Zimmermann* hat hierzu in der Festschrift für *Spiegelberger* einen interessanten Beitrag veröffentlicht, der sich mit der Testamentsvollstreckung hinsichtlich der prominenten Nachlässe von *Axel Springer*, *Hohenzollern*, *Tengelmann* und dem Versandhausinhaber *Baur* befasst.[3]

1

A. Zwecke der Testamentsvollstreckung: Vor- und Nachteile

In den folgenden Fällen ist die Anordnung einer Testamentsvollstreckung sinnvoll, ja mitunter sogar notwendig, um die vom Erblasser mit seiner Verfügung von Todes wegen verfolgten Ziele auch zu erreichen:[4]
– Schutz des Nachlasses **gegen** den Zugriff durch den **ungeeigneten, den böswilligen oder geschäftsunerfahrenen Erben**
– bei **minderjährigen Erben**: Schutz vor der Verwaltung durch den gesetzlichen Vertreter der hierfür als ungeeignet angesehen wird, so vor allem beim **Geschiedenentestament**

2

---

[1] *Lange/Kuchinke*, § 31 II 2; *Kipp/Coing*, § 66 vor I.
[2] *Bengel/Dietz*, in: Bengel/Reimann, I Rn 5 ff.; *Lange/Kuchinke*, § 31 II 2; so wie bereits 1934: OLG Hamburg JW 1934, 2247 Nr. 9.
[3] FS Spiegelberger, 2009, S. 1143 ff.
[4] *Groll/Groll*, C IX Rn 2 ff.; *Muscheler*, Erbrecht II Rn 2700 ff.; *Nieder/Kössinger*, § 15 Rn 4; *Zimmermann*, Testamentsvollstreckung, Rn 2.

- **zur Umgehung güterrechtlicher Beschränkungen,** so gelten etwa die Verfügungsbeschränkungen der §§ 1365, 1369 BGB nicht für den Testamentsvollstrecker[5]
- Einräumung einer **bevorzugten Verwaltungsstellung** für einen von mehreren Miterben (z.B. für den Ehegatten als Miterben)
- **Vereinfachung** der **Abwicklung** (Erbauseinandersetzung) und Vereinfachung der **Verwaltung** (Verwaltungsvollstreckung) bei einer größeren Anzahl von Miterben oder wenn diese nur schwer zu erreichen sind
- Sicherung der **Erfüllung von Vermächtnissen**[6] **und Auflagen**
- **Schutz vor** dem Vollstreckungszugriff der **Eigengläubiger des Erben** (§ 2214 BGB)
- Schaffung eines „erbrechtlichen Dispositionsnießbrauchs" durch Kombination von Nießbrauchsvermächtnis und Testamentsvollstreckung
- Einbringung von Sachkunde und **Kompetenz** durch einen guten Testamentsvollstrecker bei schwierigen Nachlassabwicklungen
- Sicherung der **Unternehmensnachfolge**
- Zulässige Umgehung des § 2065 BGB (keine Vertretung im Willen) durch Schaffung einer weitgehenden **Drittbestimmung der letztwilligen Vermögenszuwendung** mittels Verteilungsvermächtnis nach § 2151 BGB, kombiniert mit einem Anteilsbestimmungsrecht nach § 2153 BGB und einem Zweckvermächtnis nach § 2156 BGB oder aber eine Bestimmung des Auflagebegünstigten nach § 2193 BGB, wobei die Bestimmungsbefugnis jedes Mal dem Testamentsvollstrecker eingeräumt wird
- Sicherung und **Perpetuierung des Erblasserwillens** mit Schaffung „fideikommissartiger Bindungen" über Jahrzehnte hinaus durch Anordnung mehrfacher, je auf den Tod des jeweiligen Vorerben aufschiebend bedingter Nacherbfolgen, bei gleichzeitiger Verwaltungsvollstreckung zu Lasten des Vorerben und einer Nacherbentestamentsvollstreckung (§ 2222 BGB), wobei aber die 30-Jahresgrenze des § 2210 S. 1 BGB zu beachten ist.[7]

3 Daneben dürfen aber auch die **Nachteile der Testamentsvollstreckung** nicht verkannt werden:[8]
- die **Machtfülle des Testamentsvollstreckers** führt dazu, dass den Erben die Verfügungs- und Verwaltungsbefugnis ganz entzogen werden kann. Jedoch kann der Erblasser im sehr weit reichenden Umfang diese Befugnisse und Rechte ausgestalten (siehe § 14)
- der Testamentsvollstrecker unterliegt keiner direkten **gerichtlichen Kontrolle** (siehe dazu Rn 12 f.), überhaupt sind die Kontrollmöglichkeiten, die das Gesetz den Erben zur Verfügung stellt, gering
- das Amt des Testamentsvollstreckers beginnt **erst mit seiner förmlichen Annahme** (§ 2202 BGB). Bis dahin kann erhebliche Zeit vergehen, was den Nachlass gerade in der besonders kritischen Anlaufphase partiell handlungsunfähig machen kann. Abhilfe ist durch entsprechende Vollmachten möglich.

B. Die Aufgabenstellung bestimmt die Befugnisse

4 Aber der Erblasser entscheidet nicht nur, **ob** eine Testamentsvollstreckung über seinen Nachlass stattfindet. Er kann auch die zeitlichen und gegenständlichen Grenzen und auch

---

[5] Vgl. etwa *Muscheler*, Erbrecht II Rn 2704 m.w.N., dort auch zu Überlegungen im Zusammenhang mit der heute kaum mehr gebräuchlichen Gütergemeinschaft und der noch selteneren fortgesetzten Gütergemeinschaft.
[6] Dazu jetzt ausf. *Halding-Hoppenheit*, RNotZ 2005, 311, 325.
[7] Dazu etwa *Edenfeld*, DNotZ 2003, 4, 11.
[8] Vgl. etwa *Zimmermann*, Testamentsvollstreckung, Rn 3.

weitere Einzelheiten, also das **"wie"** der Testamentsvollstreckung, in sehr großem Umfang nach seinen Vorstellungen bestimmen. Dazu stellt ihm das Gesetz verschiedene Grundtypen der Testamentsvollstreckung zur Verfügung (Abwicklungs-, Dauer- und Verwaltungsvollstreckung), eingehend dazu § 3.

Ein großer **Teil der praktischen Probleme** der Testamentsvollstreckung resultieren daraus, dass die Befugnisse (§§ 2203–2209 BGB) des Testamentsvollstreckers im Gesetz nur sehr allgemein beschrieben sind. Die konkrete Zulässigkeit der Maßnahmen bestimmt sich immer erst aufgrund der vom Erblasser hierzu getroffenen Anordnungen und – da solche meist fehlen – durch Rückgriff auf die vom Erblasser mit der Testamentsvollstreckung verfolgten Zwecke. Angesichts der Vielfalt von Aufgaben ist im Einzelfall also fast durchweg eine Rückbesinnung auf die dem Testamentsvollstrecker übertragene Aufgabenwahrnehmung und Zweckverfolgung erforderlich. Erst durch diese **funktionale Betrachtungsweise** kann in vielen Fällen der konkrete Umfang der Verwaltungsrechte des Testamentsvollstreckers ermittelt werden. Für den praktischen Vollzug der Testamentsvollstreckung sind daher die folgenden Überlegungen maßgebend:

– Aufgabe der Testamentsvollstreckung?
– Allgemein?
– Konkret?
– Welche Maßnahmen sind dazu geeignet, erforderlich und – bei mehreren – auch verhältnismäßig?

Es gilt daher sowohl bei der Gestaltung der Testamentsvollstreckung als auch bei der praktischen Durchführung folgende **Handlungsmaxime: Die Aufgabenstellung bestimmt die Befugnisse.**

> **Zentrale Gestaltungsempfehlung**
> Das Gesetz ermöglicht, dem „Testamentsvollstrecker Rechtsmacht vom weitesten Bereich bis zu den engsten Begrenzungen einzuräumen".[9] Der Erblasser hat die Chance und nutze sie auch!

C. Rechtsstellung des Testamentsvollstreckers

I. Treuhänder und Inhaber eines privaten Amtes

Nach heute h.M. hat der Testamentsvollstrecker die „Stellung eines Treuhänders und ist Inhaber eines privaten Amtes".[10] Weder die sog. **Vertretertheorie**, nach der der Testamentsvollstrecker als Vertreter des Nachlasses oder der Erben handelt, noch die reine **Treuhandtheorie** haben sich durchgesetzt.[11] Dieses private Amt ist dem Testamentsvollstrecker vom Erblasser übertragen. Er übt kraft eigenen Rechts ein Verwaltungs- und Verfügungsrecht über den Nachlass aus,[12] und zwar unabhängig vom Willen der Erben, aber gemäß dem Willen des Erblassers (daher fremdnützig) und nach dem Gesetz. Der Testamentsvollstrecker ist wegen dieser selbstständigen Rechtsstellung nicht der Vertreter des Erben oder des

---

9 *Lange/Kuchinke*, § 31 II 2 (S. 634).
10 BGHZ 25, 275, 279 = NJW 1957, 1916; Palandt/*Weidlich*, Einf. 2 v § 2197; *Bengel/Dietz*, in: Bengel/Reimann, I Rn 11; umfassend zum Diskussionsstand und den verschiedenen Meinungen mit allen Facetten *Muscheler*, Erbrecht II Rn 2721 ff., der selbst die Amtstheorie befürwortet (Rn 2722 f.).
11 *Bengel/Dietz*, in: Bengel/Reimann, I Rn 11; zum Theorienstreit ausführlich *Lange/Kuchinke*, § 31 III 2 (S. 630 ff.).
12 Palandt/*Weidlich*, Einf. 2 v § 2197; *Lange/Kuchinke*, § 31 III 2 (S. 634).

J. Mayer

Erblassers, auch wenn durch die Annahme des Amtes ein gesetzliches **Pflichtenverhältnis eigener Art** begründet wird,[13] das im Gesetz in den §§ 2216–2219 BGB näher geregelt wird.

7 Als **Träger eines eigenen Amtes** hat er gegenüber den Erben eine weitgehend freie Stellung.[14] Man spricht auch von der Machtfülle des Testamentsvollstreckers.[15] Er darf aber umgekehrt nicht nach subjektiven Beurteilungen entscheiden, sondern allein nach objektiven Gesichtspunkten[16] und dem Willen des Erblassers (**Richtschnur:** wohlverstandener Erblasserwille). Diese Rechtsstellung des Testamentsvollstreckers verbietet aber nicht, dass er Vereinbarungen mit den Erben über die Art und Durchführung seiner Aufgaben trifft (etwa einen Auseinandersetzungsvertrag), wenn er dadurch nur nicht seine **Unabhängigkeit** und Selbstständigkeit verliert.[17]

8 Jedoch ist ungehindert dieser Amtsfunktion die Rechtsstellung des Testamentsvollstreckers der eines **gesetzlichen Vertreters** angenähert:[18] Eigentümer des Nachlasses ist der Erbe. Im Rahmen der vom Testamentsvollstrecker vorgenommenen Verwaltung treffen die daraus resultierenden Rechte und Pflichten letztlich auch den Erben. Es gelten daher die Bestimmungen der §§ 181, 207, 278, 254 BGB und § 241 ZPO für den Testamentsvollstrecker entsprechend.[19] Wie ein Vertreter hat der Testamentsvollstrecker auch bei seinen Handlungen offen zu legen, dass er in dieser Funktion handelt, da er sonst persönlich haftbar gemacht werden kann (arg. § 164 Abs. 2 BGB).[20] Im Eingang notarieller Urkunden wird daher regelmäßig wie folgt formuliert:

Muster: Darlegung der Testamentsvollstreckerfunktion

Herr Franz Xaver Hecht, geb. am ▓▓▓▓▓▓, wohnhaft ▓▓▓▓▓▓, hier handelnd als Testamentsvollstrecker des Nachlasses des am ▓▓▓▓▓▓ verstorbenen Hans Zander, aufgrund des heute in Ausfertigung vorgelegten, dieser Urkunde in beglaubigter Abschrift beigehefteten Testamentsvollstreckerzeugnisses des Amtsgerichts Schönstadt vom ▓▓▓▓▓▓, AZ.: ▓▓▓▓▓▓.

II. Das Verhältnis des Testamentsvollstreckers zu den Erben

9 Das Verhältnis zwischen dem Testamentsvollstrecker und den Erben[21] lässt sich wie folgt charakterisieren:
- Es besteht kein Auftragsverhältnis, sondern ein **gesetzliches Schuldverhältnis**.
- Die Verfügungsbefugnis des Testamentsvollstreckers schließt die des Erben aus (§ 2211 BGB), weshalb die Anordnung einer Testamentsvollstreckung eine **Beschränkung** der Rechtsstellung der **Erben** darstellt.

---

13 BGHZ 25, 275, 280 = NJW 1957, 1916.
14 RGZ 133, 128, 134.
15 *Reimann*, FamRZ 1995, 588. Teilweise werden auch die Eingriffsmöglichkeiten des Testamentsvollstreckers sehr subjektiv gefärbt betrachtet und von einer „übermäßigen Selbstherrlichkeit und Beharrlichkeit" gesprochen (MüKo/*Zimmermann*, Vor § 2197 Rn 2).
16 *Bengel/Dietz*, in: Bengel/Reimann, I Rn 11.
17 BGHZ 25, 275, 280 = NJW 1957, 1916 (unzulässige Vereinbarung, nur solche Handlungen vorzunehmen, denen die Erben zuvor zugestimmt haben); *Bengel/Dietz*, in: Bengel/Reimann, I Rn 13.
18 Bereits RGZ 144, 399; *Bengel/Dietz*, in: Bengel/Reimann, I Rn 12; Staudinger/*Reimann*, Vorbem. 15 zu §§ 2197 ff.
19 Staudinger/*Reimann*, Vorbem. 15 zu §§ 2197 ff. m.w.N.; vgl. auch Palandt/*Weidlich*, Einf. vor § 2197 Rn 2.
20 Palandt/*Weidlich*, Einf. vor § 2197 Rn 2.
21 Vgl. etwa Staudinger/*Reimann*, Vorbem. 16 ff. zu §§ 2197 ff.

- Der Testamentsvollstrecker hat gegenüber den Erben das Recht, die Herausgabe des Nachlasses (§ 2205 S. 1 BGB), den Ersatz seiner notwendigen Aufwendungen (§§ 2218, 670 BGB) und eine angemessene Vergütung zu verlangen (§ 2221 BGB).
- Die **Pflichten** des Testamentsvollstreckers gegenüber den Erben ergeben sich im Wesentlichen aus den §§ 2215–2219 BGB und sind bezüglich der Anordnungen des Erblassers gem. § 2220 BGB zwingend.

Unvollständig, ja eigentlich überhaupt nicht im Gesetz geregelt sind die Fälle eines **Interessenkonflikts** zwischen Erben und Testamentsvollstrecker: eine dem § 1796 BGB entsprechende Vorschrift fehlt. Die Rechtsprechung weicht viel zu oft bei einem dauerhaften Interessengegensatz auf eine Entlassung nach § 2227 BGB aus. Jedoch haben sich im Lauf der Zeit auch andere Instrumentarien zur Regelung des Interessenkonflikts herausgebildet. Hierfür lassen sich nennen:[22]

- **echte Inkompatibilität** bei bestimmten Kombinationen der Testamentsvollstreckung mit der Anordnung der **Vor- und Nacherbschaft**: unzulässig ist, den alleinigen Vorerben zum Nacherbentestamentsvollstrecker (§ 2222 BGB) einzusetzen oder den alleinigen Vorerben zum einzigen Testamentsvollstrecker (siehe dazu unten § 22 Rn 29 ff.)
- bei **Interessenkonflikten** hinsichtlich einzelner Rechtsgeschäfte oder Prozesse:
  - die **analoge Anwendung des § 181 BGB**.[23] Soweit davon bestimmte Fallkonstellationen nicht erfasst werden (Veräußerung an nahe stehende Personen), wird mitunter eine dinglich wirkende Verfügungsbeschränkung i.S.v. § 2208 Abs. 1 BGB angenommen[24]
  - durch Anwendung der **Grundsätze über den Missbrauch der Vertretungsmacht**.[25]

Die Rechtsfolge ist in den beiden zuletzt genannten Fällen wie folgt: Sind mehrere Testamentsvollstrecker ernannt und liegt bei einem von ihnen ein Interessengegensatz vor, so gilt er bezüglich dieser Angelegenheit als „weggefallen" i.S.v. § 2224 Abs. 1 S. 2 BGB, so dass die anderen ohne ihn handeln können.[26] Wenn von zwei Testamentsvollstreckern einer Nachlassschuldner ist, gilt dieser bezüglich der Geltendmachung der Forderung wegen sachlicher Verhinderung als weggefallen, so dass der andere Vollstrecker allein die Forderung beitreiben kann.[27] Ist nur ein Testamentsvollstrecker vorhanden, so geht das Recht zur Geltendmachung einer Nachlassforderung oder zur Führung eines Rechtsstreits hierüber auf den Erben über, wenn der Testamentsvollstrecker Schuldner dieser Forderung ist.[28]

III. Das Verhältnis des Testamentsvollstreckers zum Nachlassgericht

Da der Testamentsvollstrecker sein Amt und seine selbstständige Rechtsstellung vom Erblasser ableitet, unterliegt er im Allgemeinen nicht der Aufsicht des Nachlassgerichts. Das Gesetz kennt **keine gerichtliche** oder behördliche **Dauerkontrolle** des Testamentsvollstre-

---

22 Nach *Muscheler*, AcP 197 (1997), 226, 292. Zu diesem Problemkreis siehe auch *Adams*, Interessenkonflikte des Testamentsvollstreckers, 1997.
23 Dazu BGHZ 30, 67, 69 = NJW 1959, 1429.
24 RGZ 61, 139, 143; RG JW 1938, 1454; MüKo/*Zimmermann*, § 2205 Rn 83 i.V.m. § 2208 Rn 6.
25 Etwa BGH NJW-RR 1989, 42, 643; Lange/Kuchinke, § 31 VI 3 c.
26 Staudinger/*Reimann*, § 2224 Rn 36; MüKo/*Zimmermann*, § 2224 Rn 19 m.w.N. A.A. *Adams*, 1997, S. 65 f.
27 RGZ 61, 139, 143; 98, 174; KG OLGE 30, 209.
28 RGZ 138, 132, 135; RG LZ 1914, 1714.

ckers.²⁹ Das gilt selbst dann, wenn der Erblasser dies anordnet.³⁰ Der liberale Gesetzgeber des BGB hat vielmehr großes Gewicht auf die rein private Ausgestaltung der Testamentsvollstreckung gelegt.³¹ Demgegenüber handelt es sich bei den Befugnissen des Nachlassgerichts um öffentliche, die keiner privaten Disposition zugänglich sind.³² Daher kann das Nachlassgericht ihm auch nicht durch **einstweilige Anordnung** ein konkretes Handeln untersagen³³ oder durch Ordnungsstrafen zur Führung seiner Geschäfte anhalten.³⁴ Daran hat sich auch nach dem Inkrafttreten des **FamFG nichts** geändert. Wenn dieses die früher nur richterrechtlich anerkannte Möglichkeit des Erlasses einer einstweiligen Anordnung in den §§ 49 ff. FamFG ausdrücklich normiert, so ist damit noch keine inhaltliche Erweiterung der Eingriffsbefugnisse in die Rechte des Testamentsvollstreckers verbunden.³⁵ Auch kann das Nachlassgericht im Allgemeinen nicht über Streitigkeiten zwischen den Erben und dem Testamentsvollstrecker entscheiden, etwa über die richtige Verwaltung oder ob das Amt etwa wegen Aufgabenerledigung beendet ist. Erst auf Antrag eines Beteiligten hat das Nachlassgericht über eine **Entlassung** aus wichtigem Grund zu entscheiden (§ 2227 BGB), wodurch eine gewisse Überwachung ermöglicht wird.³⁶

13 Das Gesetz enthält aber eine ganze Reihe von Tätigkeiten, die das Nachlassgericht im Zusammenhang mit der Testamentsvollstreckung vornehmen kann oder die zumindest diesem gegenüber abzugeben sind:³⁷
– **Ernennung eines Testamentsvollstreckers**, wenn der Erblasser darum ersucht hat, § 2200 BGB
– **Erklärungszugang gegenüber dem Nachlassgericht** bezüglich der Bestimmung des Testamentsvollstreckers durch Dritte, § 2198 BGB
– **Erklärungszugang über die Annahme des Amtes** nach § 2202 Abs. 2 S. 1 BGB
– Erteilung eines **Testamentsvollstreckerzeugnisses** (§ 2368 BGB) bzw. Vermerk im Erbschein, dass Testamentsvollstreckung angeordnet ist
– **außer Kraft setzen** von Anordnungen des Erblassers über die Verwaltung auf Antrag eines Beteiligten, wenn dadurch der Nachlass erheblich gefährdet würde (§ 2216 Abs. 2 S. 2 BGB)
– Entscheidung über **Meinungsverschiedenheiten mehrerer Testamentsvollstrecker** (§ 2224 BGB)
– Zugangserfordernis an das Nachlassgericht bei **Kündigung** (§ 2226 BGB)
– **Entlassung** des Testamentsvollstreckers auf Antrag eines Beteiligten, wenn ein **wichtiger Grund** vorliegt (§ 2227 BGB).

---

29 Eingehend *Reimann*, FamRZ 1995, 588, 589 ff.; vgl. auch den Überblick bei Palandt/*Weidlich*, Einf. 4 vor § 2197.
30 BayObLGZ 1953, 357, 361; *Reimann*, FamRZ 1995, 588, 590; zum Konzept des BGB-Gesetzgebers in diesem Kontext *Muscheler*, Erbrecht, 2010, II Rn 2712.
31 *Muscheler*, Erbrecht II Rn 2712 m.w.N. auch zur Entstehungsgeschichte.
32 BayObLGZ 1953, 357, 361; *Reimann*, FamRZ 1995, 588, 590.
33 OLG Köln OLGZ 1987, 280.
34 OLG Zweibrücken NJW-RR 2004, 941; Staudinger/*Reimann*, Vorbem. 22 zu §§ 2197 ff.
35 OLG Karlsruhe ZEV 2013, 205, 206 m. abl. Anm. *Reimann* = ZErb 2012, 336 m. abl. Anm. *W. Zimmermann*; ausf. zur Problematik und dem OLG Karlsruhe zust. *J. Mayer*, ZEV 2013, 469; ebenso Bumiller/*Harders*, § 355 FamFG Rn 10; a.A. *W. Zimmermann*, ZEV 2010, 368; Staudinger/*Reimann*, Vorbem. 30 ff. zu §§ 2197; diff. als „flankierende Maßnahme" bei einem bereits anhängigen Entlassungsverfahren zulässig, wenn die Entlassung sehr wahrscheinlich ist, *W. Zimmermann*, ZEV 2009, 53, 58; MAH-ErbR/*Scherer/Lorz*, § 59 Rn 37.
36 Vgl. auch Palandt/*Weidlich*, Einf. vor § 2197 Rn 4.
37 Vgl. etwa Staudinger/*Reimann*, Vorbem. 23–38 zu §§ 2197 ff.

Umgekehrt ist das für die Bestellung eines **Nachlasspflegers** erforderliche Fürsorgebedürfnis (§ 1960 BGB) i.d.R. nicht gegeben, wenn ein Testamentsvollstrecker mit umfassenden Rechten zur Verwaltung des Nachlasses vorhanden ist, es sei denn, dass eine konkrete Gefährdung der Rechte des Erben, insbesondere wegen einer Interessenkollision zwischen dem Testamentsvollstrecker und dem Erben, in Betracht kommt.[38]

IV. Das Verhältnis des Testamentsvollstreckers zum Familiengericht und Betreuungsgericht

Auch wenn Erben minderjährig sind, braucht der Testamentsvollstrecker für Rechtshandlungen über den Nachlass oder einzelne Gegenstände hieran **nicht** die sonst nach allgemeinen Vorschriften erforderliche **familiengerichtliche Genehmigung**, denn er handelt aus eigenem Recht. Auch kann er in solchen Fällen der Kontrolle durch das Familiengericht nicht durch ausdrückliche Anordnung unterstellt werden. Dies wäre ein Eingriff in das insoweit zwingende öffentliche Recht.[39] Wird zum Testamentsvollstrecker jedoch ein **Elternteil**, ein Vormund oder ein Betreuer des Erben bestellt, so erhält dieser eine Doppelstellung als gesetzlicher Vertreter und Testamentsvollstrecker. Daher stellt sich die Frage, ob der gesetzliche Vertreter rechtlich gehindert ist, den Erben in Bezug auf die Wahrung von dessen Rechten gegenüber dem Testamentsvollstrecker zu vertreten (§§ 1629 Abs. 2, 1795 Abs. 2, 1796, 1908 i, 181 BGB). Nach der Ansicht mehrerer Oberlandesgerichte liegt in diesen Fällen i.d.R. ein Interessengegensatz i.S.v. § 1629 Abs. 2 S. 3 i.V.m. § 1796 BGB vor, der so erheblich ist, dass dies die Wahrnehmung beider Ämter durch ein und dieselbe Person ausschließt.[40] Denn der Testamentsvollstrecker habe gegenüber den Erben die in den §§ 2215 bis 2218 BGB bestimmten Pflichten und könne sich ihnen gegenüber unter den Voraussetzungen des § 2219 BGB schadensersatzpflichtig machen. Daher wird dann ein entsprechender Pfleger bestellt, der den Testamentsvollstrecker überwachen soll (**Überwachungspfleger**).

14

Für Eltern eines **Minderjährigen** sah dies das **OLG Zweibrücken**[41] anders, da diese die natürlichen Verwalter der Vermögensinteressen ihrer minderjährigen Kinder seien. Die Wahrnehmung der Aufgaben als alleiniger gesetzlicher Vertreter des minderjährigen erbenden Kindes einerseits und als Testamentsvollstrecker andererseits in einer Person, begründe deshalb für sich allein keinen Interessengegensatz, der ohne konkreten Anlass die Anordnung einer Ergänzungspflegschaft erfordert. Der **BGH** hat diese Entscheidung mit Beschl. v. 5.3.2008[42] bestätigt und sich damit, entgegen der ganz überwiegenden Auffassung der Oberlandesgerichte, der im Schrifttum ganz herrschenden Auffassung angeschlossen. Er hat dabei ausgeführt, dass § 1796 BGB – anders als § 1795 BGB – einen sich aus dem Einzelfall ergebenden Interessengegensatz voraussetze. Dabei werde nicht verkannt, dass

15

---

38 LG Stuttgart, ZEV 2009, 397 m. Anm. *Storz*.
39 Palandt/*Weidlich*, Einf. 4 vor § 2197; Staudinger/*Reimann*, Vorbem. 42 zu §§ 2197 ff.
40 BayObLG Rpfleger 1977, 440; OLG Nürnberg FamRZ 2002, 272 = ZEV 2002, 158 m. abl. Anm. *Schlüter*; ebenso OLG Hamm OLGZ 1993, 392 = FamRZ 1993, 1122 = MittRhNotK 1993, 119 = Rpfleger 1993, 340 = MittBayNot 1994, 53 m. abl. Anm. *Reimann*; OLG Schleswig OLGR 2007, 442; MüKo/*Zimmermann*, 4. Aufl. 2005, § 2215 Rn 9. A.A. – zumindest für Entgegennahme und Prüfung des Nachlassverzeichnisses: Staudinger/*Reimann*, § 2215 Rn 8; MüKo/*Brandner*, 3. Aufl. 2002, § 2215 Rn 9; *Klumpp*, in: Bengel/Reimann, III Rn 39; Soergel/*Damrau*, § 2215 Rn 7; *Damrau*, ZEV 1994, 1, 2; *Winkler*, Testamentsvollstrecker, Rn 491; *Kirchner*, MittBayNot 2002, 368.
41 ZEV 2007, 333 = MittBayNot 2008, 55.
42 NJW-RR 2008, 963 = ZEV 2008, 330 m. Anm. *Muscheler* = MittBayNot 2008, 297; dazu auch zust. *Becker*, jurisPR-FamR 14/2008 Anm. 8.

ein „typischer" Interessengegensatz im **Regelfall** die **Annahme** rechtfertigen wird, dass es auch im **Einzelfall** zu **Konfliktsituationen kommen** kann, denen durch die Bestellung eines Pflegers rechtzeitig vorgebeugt werden soll. Diese **Risikogeneigtheit** eines „typischen" **Interessengegensatzes führe** indes **nicht zwangsläufig** zur Anordnung einer **Pflegschaft**. Vielmehr liege es auch hier im Rahmen tatrichterlicher Verantwortung, nach einer Abwägung aller Umstände zu entscheiden, ob eine vorbeugende Pflegschaftsanordnung geboten oder ein Zuwarten – auch im wohlverstandenen Interesse des Vertretenen – ratsam erscheine. Letzteres könne sich für den Tatrichter namentlich dann anbieten, wenn ein minderjähriger Erbe von seinem zugleich zum Testamentsvollstrecker berufenen Elternteil gesetzlich vertreten wird und wenn aufgrund der **bisherigen Erfahrungen** und des engen persönlichen Verhältnisses der Beteiligten keinerlei Anlass zu der Annahme besteht, der Vertreter werde – unbeschadet seiner eigenen Interessen – die Belange des Vertretenen nicht im gebotenen Maße wahren und fördern. Zu Recht kritisiert *Muscheler* diese Ausführungen des BGH, die zu erheblicher Rechtsunsicherheit führen dürften. Denn damit wird den gesetzlichen Vertretern eine **Art Beweislast** dafür aufgebürdet, dass ihr bisheriges Verhalten ein **Zuwarten** durch das Familiengericht ratsam erscheinen lasse. Im Hinblick auf Art. 6 Abs. 2 GG sollte stattdessen ein erheblicher Interessengegensatz nur dann angenommen werden, wenn dieser bereits zu einer Pflichtverletzung des Sorgeberechtigten geführt hat oder mit einiger Sicherheit zu führen droht.[43]

16 **Praxistipp**
Auch wenn die Entscheidung des BGH für die Praxis sehr zu begrüßen ist, darf nicht verkannt werden, dass nur schwer vorhersehbar sein wird, wie die vom BGH hervorgehobene „tatrichterliche Würdigung im Einzelfall" ausfallen wird. Die Praxis wird daher nach wie vor den sichersten Weg gehen müssen und versuchen, diese Problematik zu vermeiden. Zur **Praxislösung** wird Folgendes empfohlen:
– Die eine Überlegung geht dahin, den gesetzlichen Vertreter erst aufschiebend bedingt mit Beendigung dieser Funktion zum Testamentsvollstrecker zu ernennen.[44]
– Zur Vermeidung der i.d.R. nicht gewollten Pflegerbestellung sollte bei Konstellationen, bei denen es zu einer Personenidentität zwischen Testamentsvollstrecker und gesetzlichem Vertreter/Vormund/Betreuer des Erben kommen kann, vorsorglich eine **„Nebenvollstreckung"** angeordnet werden, und zwar mit dem Aufgabenkreis Wahrnehmung von Auskunfts- und Rechenschaftsrechten des Erben und all derjenigen Angelegenheiten, an denen der eigentliche Testamentsvollstrecker aus Rechtsgründen gehindert ist.[45]

So formuliert etwa *Bonefeld*:[46]

„Zudem ermächtige ich den Testamentsvollstrecker, einen oder mehrere Mitvollstrecker gemäß § 2199 Abs. 1 BGB zu ernennen. Jedoch beschränke ich gemäß §§ 2208, 2224 Abs. 1 S. 3 BGB den Aufgabenkreis und die Rechte des jeweiligen Mitvollstreckers auf die Bereiche, die dem ernennenden Testamentsvollstrecker aufgrund einer Interessenkollision von der Verwaltung rechtlich entzogen sind bzw. bei denen er an seiner Amtsausübung gehindert ist."

17 Dabei wird jedoch m.E. an der falschen Seite angesetzt: Denn es wird übersehen, dass auch ein solcher Nebenvollstrecker im hier bestehenden gesetzlichen Schuldverhältnis zwischen

---

43 *Muscheler*, ZEV 2008, 333.
44 *Kirchner*, MittBayNot 1997, 203, 207 ff.
45 So bereits der Vorschlag von *Reimann*, MittBayNot 1994, 55, 56.
46 ZErb 2007, 2, 4.

dem Erben und dem Testamentsvollstrecker nach wie vor die Rechte des Testamentsvollstreckers wahrzunehmen hat, während demgegenüber das aus der Sicht des Minderjährigen unter Umständen bestehende Defizit der Wahrnehmung seiner Rechte durch eine andere Person vorzunehmen ist, die eben auf der anderen Seite, nämlich der des gesetzlichen Vertreters steht.

Zu Einzelproblemen in diesem Zusammenhang siehe auch § 8 Rn 19. Wird nach **§ 1638 BGB** ein **Ergänzungspfleger** bestellt, so ist der Testamentsvollstrecker dagegen nicht beschwerdebefugt: Denn da es allein Aufgabe des Testamentsvollstreckers ist, den Nachlass zu verwalten, wird er in eigenen materiellen Rechten durch die Bestellung eines Ergänzungspflegers nicht berührt.[47]

V. Die Verpflichtung zur ordnungsgemäßen Verwaltung

Die Stellung des Testamentsvollstreckers als fremdnütziger Treuhänder zeigt sich besonders deutlich in der in § 2216 Abs. 1 BGB niedergelegten Verpflichtung zur ordnungsgemäßen Verwaltung des Nachlasses. Dabei kann der Erblasser dem Testamentsvollstrecker besondere Anweisungen geben, die für diesen bindend sind und deutlich machen, dass der Erblasser noch quasi über den Tod hinaus regiert (§ 2216 Abs. 2 S. 1 BGB). Solche **Verwaltungsanordnungen** spielen bei vielen erbrechtlichen Gestaltungen eine besondere Rolle; hingewiesen sei hier insbesondere auf ihre Bedeutung beim sog. Behinderten-Testament (siehe § 22 Rn 81 ff.). Eingehend zu den Anforderungen an die ordnungsgemäße Nachlassverwaltung siehe § 9 Rn 1 ff.

D. Der Schutz des Erbenpflichtteils und die Anordnung der Testamentsvollstreckung

Die segensreichen Wirkungen der Anordnung einer Testamentsvollstreckung können dann zunichte gemacht werden, wenn ein Pflichtteilsberechtigter mit der Testamentsvollstreckung beschwert wird. Denn durch § 2306 BGB wird der Pflichtteil des mit einer Testamentsvollstreckung beschwerten pflichtteilsberechtigten Erben geschützt. Für die ab dem **1.1.2010 eintretenden Erbfälle** gilt aufgrund der Erbrechtsreform (siehe § 1 Rn 5) die Neufassung des § 2306 BGB. Unabhängig von der Höhe des dem Pflichtteilsberechtigten hinterlassenen Erbteils hat er nur die Wahlmöglichkeit, ob er die Erbschaft ausschlägt und dann den gesetzlichen Pflichtteil erhält, oder aber die mit der Testamentsvollstreckung belastete Erbschaft annimmt.[48]

Demgegenüber gilt für die **Altfälle**, also wenn der Erbfall vor dem 1.1.2010 eintrat, noch die differenzierte und im Einzelnen sehr komplizierte frühere Regelung des § 2306 BGB a.F.: Da jedem **Pflichtteilsberechtigten** wenigstens sein **Mindesterbteil** in Höhe des gesetzlichen Pflichtteils erhalten bleiben sollte, bestimmte § 2306 Abs. 1 S. 1 BGB a.F. Folgendes: **Überstieg** der dem Pflichtteilsberechtigten **hinterlassene Erbteil nicht die Hälfte des gesetzlichen Erbteils**, so galt die beschränkende Ernennung des **Testamentsvollstreckers** (automatisch) als **nicht angeordnet**, sie entfiel also ersatzlos. War der **hinterlassene Erbteil größer**, so konnte der Pflichtteilsberechtigte wegen der beschränkenden Wirkung der Testamentsvollstreckung den **Erbteil ausschlagen** und abweichend von den allgemeinen Grundsätzen

---

47 OLG München FamRZ 2008, 1549 = MittBayNot 2009, 236 m. zust. Anm *Weidlich*.
48 Vgl. etwa *Schwarz*, § 2 Rn 16 ff.; *Lange*, in: Bonefeld/Kroiß/Lange, § 8 Rn 8 ff.; *J. Mayer*, in: Mayer/Süß/Tanck/Bittler/Wälzholz, § 3 Rn 7 ff.

trotzdem noch seinen ungekürzten **Pflichtteil verlangen**(§ 2306 Abs. 1 S. 2 BGB a.F.). Man nennt dies auch die **taktische Ausschlagung**.[49] Unterblieb jedoch die Ausschlagung, so bestand die belastende Testamentsvollstreckung fort. Dieser Zwang zur Ausschlagung zur Erlangung des unbelasteten Pflichtteils, der früher nur bei der Zuwendung eines Erbteils galt, der über der Hälfte des gesetzlichen Erbteils lag, ist jetzt der einzige **gesetzliche Regelfall.** Erschwert wurde die Vorhersehbarkeit der Gefahren, die von § 2306 BGB a.F. für die Testamentsgestaltung drohten, dadurch, dass umstritten war, ob für die Bestimmung des Vergleichsmaßstabs „Hälfte des gesetzlichen Erbteils" auf den tatsächlichen Wert des gesetzlichen Pflichtteils abzustellen war, wenn Anrechnungs- und Ausgleichspflichten nach den §§ 2050 ff., 2315 f. BGB eingriffen (sog. **Werttheorie**), oder aber immer auf die reine Erbquote.[50]

22 Zumindest dieser Theorienstreit zwischen Quoten- und Werttheorie ist aber durch die Neuregelung entfallen. Durch die nach wie vor bestehende Wahlmöglichkeit kann aber jede noch so gut gemeinte Anordnung der Testamentsvollstreckung unterlaufen werden, in dem der Pflichtteilsberechtigte den mit der Testamentsvollstreckung belasteten Erbteil ausschlägt, seinen Pflichtteil verlangt und diesen dann „versilbert". Nur wenn die Anordnung wegen einer **Pflichtteilsbeschränkung in guter Absicht** (§ 2338 BGB) getroffen wird – also bei Überschuldung des Erben oder Verschwendungssucht – bietet diese Bestimmung hiergegen Schutz, weil die nach § 2338 BGB zulässig angeordnete Testamentsvollstreckung auch nach der Ausschlagung bezüglich des dann entstehenden Pflichtteilsanspruchs bestehen bleibt.[51]

> **Praxistipp**
> Die sich aus § 2306 BGB ergebenden Unsicherheiten für die Gestaltung letztwilliger Verfügungen lassen sich vermeiden, wenn der betroffene Pflichtteilsberechtigte zu notarieller Urkunde einen beschränkten **Pflichtteilsverzicht** abgibt.[52]

---

49 Ausdruck von *Kerscher/Tanck*, Pflichtteilsrecht, 1999, § 6 Rn 69 ff.
50 Vgl. zur früheren Rechtslage etwa Palandt/*Edenhofer*, bis zur 68. Aufl., § 2306 Rn 5; RGZ 113, 48; BayObLGZ 1959, 80. Das OLG Hamm ZEV 1996, 307, 308 m. zust. Anm. *Skibbe*, wendet demgegenüber die Werttheorie nur bei dem Erben an, der selbst anrechnungs- und ausgleichspflichtig ist; der BGH hat die Revision zu dieser Entscheidung nicht angenommen.
51 Vgl. dazu auch nach der Reform des Erb- und Pflichtteilsrechts MüKo/*Lange*, § 2338 Rn 24 ff.
52 Palandt/*Weidlich*, § 2346 Rn 15. Muster hierfür *J. Mayer*, ZEV 2000, 263, 266.

§ 3 Arten der Testamentsvollstreckung

Dr. Jörg Mayer

Inhalt:

	Rn		Rn
A. Abwicklungsvollstreckung (§§ 2203, 2204 BGB)	2	D. Nacherbentestamentsvollstreckung (§ 2222 BGB)	5
B. Dauertestamentsvollstreckung (§ 2209 S. 1 Hs. 2 BGB)	3	E. Vermächtnisvollstreckung (§ 2223 BGB)	6
C. Schlichte Verwaltungsvollstreckung (§ 2209 S. 1 Hs. 1 BGB)	4	F. Testamentsvollstreckung mit beschränktem Aufgabenkreis (§ 2208 BGB)	7

Üblicherweise unterscheidet man zwischen folgenden Arten der Testamentsvollstreckung: 1
- **Abwicklungsvollstreckung** (Regelfall, §§ 2203, 2204 BGB)
- **Dauertestamentsvollstreckung** (§ 2209 S. 1 Hs. 2 BGB)
- **Verwaltungsvollstreckung** (§ 2209 S. 1 Hs. 1 BGB)
- **Vermächtnisvollstreckung** (§ 2223 BGB)
- **Nacherbenvollstreckung** (§ 2222 BGB)
- Testamentsvollstreckung mit **beschränktem Aufgabenkreis** (§ 2208 BGB), insbesondere die beaufsichtigende Vollstreckung

A. Abwicklungsvollstreckung (§§ 2203, 2204 BGB)

Sie ist der gesetzliche Regelfall. Immer dann, wenn der Erblasser zu den Aufgaben des 2 Testamentsvollstreckers nichts anderes bestimmt hat und sich auch durch Auslegung nichts anderes ergibt, hat der Testamentsvollstrecker die letztwilligen Anordnungen des Erblassers (Vermächtnis, Auflagen, Teilungsanordnung) auszuführen (§ 2203 BGB) und bei Miterben den Nachlass auseinander zu setzen (§ 2204 BGB). Der Testamentsvollstrecker hat auch die Nachlassverbindlichkeiten zu erfüllen.[1] Die Erbauseinandersetzung hat der Testamentsvollstrecker, sofern sie vom Erblasser nicht ausgeschlossen oder eingeschränkt wurde, alsbald zu bewirken. Geschieht dies nicht, kann er sich unter Umständen schadenersatzpflichtig machen.[2] Eine solche Verzögerung kann auch einen Entlassungsantrag nach § 2227 BGB rechtfertigen.[3] Soweit die Anordnung der Testamentsvollstreckung reicht, richtet sich der Anspruch des Miterben auf Erbauseinandersetzung allein gegen den Testamentsvollstrecker.[4] Bestehen für die Durchführung der Erbauseinandersetzung keine Anordnungen des Erblassers, so hat der Testamentsvollstrecker diese nach den gesetzlichen Bestimmungen vorzunehmen (§§ 2204, 2042, 2046 ff., 2050 ff., 752, 755 ff. BGB). Die in Natur nicht teilbaren Sachen sind somit zu veräußern und zwar bewegliche Sachen nach den Vorschriften über den Pfandverkauf und Grundstücke durch Zwangsversteigerung; es ist aber auch ein freihändiger Verkauf zulässig.[5] Zu Einzelheiten siehe unten § 18 Rn 1 ff.

Mit der vollständigen Abwicklung des Nachlasses endet diese Art der Testamentsvollstreckung automatisch.[6]

---

1 MüKo/*Zimmermann*, § 2203 Rn 10.
2 Staudinger/*Reimann*, § 2204 Rn 9.
3 MüKo/*Zimmermann*, § 2203 Rn 5.
4 Staudinger/*Reimann*, § 2204 Rn 9.
5 § 753 BGB wird hier durch § 2205 Satz 2 BGB verdrängt, vgl. RGZ 108, 289, 290 f.; Staudinger/*Reimann*, § 2204 Rn 18.
6 MüKo/*Zimmermann*, § 2203 Rn 5.

Muster: Einfache Abwicklungsvollstreckung

Ich ordne Testamentsvollstreckung an. Aufgabe des Testamentsvollstreckers ist es, die von mir angeordneten Auflagen und Vermächtnisse zu erfüllen, den Nachlass zwischen den Erben entsprechend den gesetzlichen Bestimmungen auseinander zu setzen und bis dahin zu verwalten (Abwicklungsvollstreckung). Die Erbauseinandersetzung soll spätestens drei Jahre nach meinem Tod abgeschlossen sein.

Zum Testamentsvollstrecker ernenne ich mit dem Recht einen Nachfolger zu benennen, Herrn ▇▇▇. Sollte dieser Testamentsvollstrecker vor oder nach Annahme des Amtes wegfallen, ohne einen Nachfolger zu benennen, so ernenne ich zum Ersatztestamentsvollstrecker mit den gleichen Befugnissen Herrn ▇▇▇.

Der Testamentsvollstrecker erhält für seine Tätigkeit eine einmalige Vergütung in Höhe von 2% des Reinwerts meines Nachlasses zuzüglich der gesetzlichen Mehrwertsteuer, die zur Hälfte nach Konstituierung des Nachlasses, zur anderen Hälfte nach Beendigung der Auseinandersetzung zur Zahlung fällig ist.[7]

B. Dauertestamentsvollstreckung (§ 2209 S. 1 Hs. 2 BGB)

3 Sie erweitert den Aufgabenkreis der Testamentsvollstreckung insoweit, als nach Durchführung der ausdrücklichen Anordnungen der Nachlass zu verwalten ist.[8] Anders als bei der Abwicklungsvollstreckung führt die Erledigung der sonst zugewiesenen Aufgaben hier nicht zur Beendigung der Testamentsvollstreckung, da die Testamentsvollstreckung hier auch die Aufgabe der Nachlassverwaltung in einem weiteren Sinne beinhaltet und insoweit fortdauert. Es bedarf daher der Anordnung einer Höchstdauer für die Testamentsvollstreckung (§ 2210 BGB).

C. Schlichte Verwaltungsvollstreckung (§ 2209 S. 1 Hs. 1 BGB)

4 Hier besteht die Aufgabe des Testamentsvollstreckers allein in der Verwaltung des Nachlasses. Typische Fälle sind die Verwaltung bis zur Volljährigkeit des Erben oder bei der Pflichtteilsbeschränkung in guter Absicht (§ 2338 BGB).

Abbildung: Verhältnis von Abwicklungs-/Verwaltungs- und Dauertestamentsvollstreckung

D. Nacherbentestamentsvollstreckung (§ 2222 BGB)

5 Sie soll der Wahrung der Rechte der Nacherben gegenüber dem Vorerben sichern, vgl. § 22 Rn 25 ff. mit Formulierungsvorschlag.

---

7 Vgl. auch die Vorschläge bei *Langenfeld*, Rn 518; MAH Erbrecht/*Lorz*, § 21 Rn 40; *Tanck/Krug*, § 18 Rn 9 und 15.
8 Eingehend hierzu, auch in rechtspolitischer Hinsicht, *J. Mayer*, Hereditare 3 (2013), 37.

E. Vermächtnisvollstreckung (§ 2223 BGB)

Die Anordnung der Testamentsvollstreckung dient hier dem Zweck, für die Ausführung einer dem Vermächtnisnehmer auferlegten Beschwerung (Untervermächtnis, Auflagen, Nachvermächtnis) zu sorgen. Der Erblasser kann aber auch den Vermächtnisgegenstand einer Verwaltungsvollstreckung (§ 2209 S. 1 Hs. 1 BGB) unterstellen,[9] was aber gerade keine Vermächtnisvollstreckung i.S.v. § 2223 BGB ist.

Muster: Vermächtnisvollstreckung[10]

Meine gesamte Kunstsammlung in ▇▇▇▇ vermache ich meinem Freund Dr. Josef Müller-Huber zu Alleineigentum, ersatzweise seinem Sohn Jürgen. Ich beschwere jedoch den Vermächtnisnehmer mit dem Untervermächtnis, folgende Gegenstände auf die Dauer von 10 Jahren den nachstehend genannten Museen als Exponate zu Ausstellungszwecken unentgeltlich und leihweise zur Verfügung zu stellen, wobei die Kosten für den An- und Abtransport zu den jeweiligen Ausstellungsstätten samt den notwendig werdenden Versicherungen vom Nachlass zu tragen sind:

| das Bild | ▇▇▇▇ | leihweise | dem Museum für ▇▇▇▇ |
| | ▇▇▇▇ | leihweise | dem Museum in ▇▇▇▇ |

Zur Sicherung der Durchführung dieses Untervermächtnisses ernenne ich, beschränkt auf diesen Aufgabenkreis und mit dem Recht einen Nachfolger zu benennen, meinen Alleinerben und Sohn Franz Xaver, ersatzweise meine Tochter Friederike Sieglinde, zum Testamentsvollstrecker (Vermächtnisvollstreckung).

Der Testamentsvollstrecker erhält keine Vergütung, sondern nur Ersatz seiner Auslagen.

F. Testamentsvollstreckung mit beschränktem Aufgabenkreis (§ 2208 BGB)

Der Erblasser kann den Aufgabenkreis des Testamentsvollstreckers erheblich einschränken und zwar auch dinglich.[11] Eingehend dazu § 14 Rn 3 ff.

---

9 MüKo/*Zimmermann*, § 2223 Rn 2, 4.
10 In Anlehnung an Formularkommentar/*Prausnitz*, Form. 6.418.
11 BGH NJW 1984, 2464, zu einer Erblasseranordnung, nur in bestimmter Weise zu verfügen: Bei solchen Anordnungen des Erblassers ist die Befugnis des Testamentsvollstreckers zu Verfügungen, die dazu in Widerspruch stehen, i.d.R. auch dinglich ausgeschlossen.

§ 4 Die Anordnung der Testamentsvollstreckung

Dr. Jörg Mayer

Inhalt:	Rn		Rn
A. Der Unterschied von Testamentsvollstreckung und Testamentsvollstrecker	2	C. Wirksamkeit der Anordnung, Nachlassplanung	6
B. Die Anordnung der Testamentsvollstreckung	3	D. Die zweckmäßige Anordnung	8

Wie sich aus dem Nachstehenden ergibt, ist bei der Anordnung einer Testamentsvollstreckung eine Vielzahl von Gesichtspunkten zu beachten.[1] 1
Dabei kann die folgende **Checkliste** Hilfestellung geben:
1. Ausdrückliche **Anordnung der Testamentsvollstreckung**, und zwar des Amtes als solches und zunächst unabhängig von der zur Ausführung berufenen Person („ich ordne Testamentsvollstreckung an").
2. **Ernennung** der Person des **Testamentsvollstreckers**
   - selbst durch den Erblasser; Ersatzvollstrecker vorsehen (§ 2197 BGB)
   - aufgrund Ermächtigung durch einen Dritten (§ 2198 BGB)
   - auf Ersuchen durch das Nachlassgericht (§ 2200 BGB)
   - Ernennung eines Mitvollstreckers oder Nachfolgers durch den dazu ausdrücklich ermächtigten Testamentsvollstrecker (§ 2199 BGB).
3. Festlegung des **Aufgabenkreises des Testamentsvoll**streckers
   - Abwicklungsvollstreckung (§§ 2203, 2204 BGB)
   - Dauervollstreckung (§ 2209 S. 1 Hs. 2 BGB)
   - Verwaltungsvollstreckung (§ 2209 S. 1 Hs. 1 BGB)
   - Klare Aufgabenzuweisung, besonders bei Anordnung der Vor- und Nacherbschaft (bereits Vorerbe belastet? nur Nacherbentestamentsvollstreckung nach § 2222 BGB)
   - Vermächtnisvollstrecker (§ 2223 BGB).
4. **Gegenständlicher** (sachlicher) **Umfang der Testamentsvollstreckung:** nur einzelne Nachlassgegenstände (§ 2208 Abs. 1 S. 2 BGB) oder nur Erbanteile von bestimmten Miterben
5. **Personelle Aufgabenverteilung** bei mehreren Testamentsvollstreckern (sonst Grundsatz der Gesamtvollstreckung, § 2224 BGB)
6. Besondere **Verwaltungsanordnungen** (§ 2216 Abs. 2 S. 1 BGB), wichtig besonders beim Behinderten-Testament und beim Testament des verschuldeten Erben
7. **Einschränkung** der gesetzlichen **Befugnisse des Testamentsvollstreckers** (§ 2208 BGB) mit ausdrücklicher Klarstellung, ob dies dinglich oder nur mit schuldrechtlicher Wirkung geschieht
8. **Erweiterung** der **Befugnisse** des Testamentsvollstreckers im gesetzlichen Rahmen, insbesondere Erweiterung der Verpflichtungsbefugnis (§ 2207 S. 1 BGB, nicht möglich für Schenkungsversprechen, § 2220 BGB).
9. Zuweisung von **Sonderfunktionen:** Einsetzung als Schiedsrichter, postmortale Vollmachten
10. Bei einzelkaufmännischem **Unternehmen** oder **Beteiligung an Personengesellschaft** ist für die hier nicht mögliche direkte Testamentsvollstreckung eine Ersatzlösung vorzusehen:

---

[1] *Nieder/Kössinger*, § 15 Rn 169; *J. Mayer*, in: Reimann/Bengel/J. Mayer, Formularteil, Checklisten Rn 17.

- Vollmachtslösung
- Treuhandlösung
- Mitbestimmung nur im Innenverhältnis
- Umstrukturierungsanordnung.
11. Regelung der Vergütung
12. Beendigung der Testamentsvollstreckung: Regelung der damit verbundenen Probleme.

A. Der Unterschied von Testamentsvollstreckung und Testamentsvollstrecker

2   Im Testamentsvollstreckerrecht ist zwischen der Anordnung der Testamentsvollstreckung (dem **Amt im abstrakt-funktionellen Sinne**) und der Ernennung des Testamentsvollstreckers (Bestimmung einer bestimmten Person, also des Amtsinhabers) zu unterscheiden.[2] Jedoch ist bereits der Wortlaut des Gesetzes insoweit nicht präzise. § 2197 BGB betrifft unmittelbar nur die Ernennung des Testamentsvollstreckers, was aber als notwendige Bedingung wiederum die Anordnung der Testamentsvollstreckung voraussetzt. Die Norm selbst bestimmt zum einen die **Form** der Ernennung des Testamentsvollstreckers durch den Erblasser. Zum anderen wird klargestellt, dass der Erblasser einen oder mehrere Testamentsvollstrecker ernennen kann, auch einen **Ersatztestamentsvollstrecker** (§ 2197 Abs. 2 BGB).[3]

B. Die Anordnung der Testamentsvollstreckung

3   Hier gilt zunächst der **Grundsatz:** Kein Testamentsvollstrecker ohne eine Anordnung der Testamentsvollstreckung. Diese Anordnung ist also logisch immer der Ernennungen des individuellen Testamentsvollstreckers vorgelagert. Die Anordnung der Testamentsvollstreckung ist eine Verfügung von Todes wegen; sie muss dabei immer durch den Erblasser selbst erfolgen (**Grundsatz der Eigenanordnung,** § 2065 BGB). Eine Vertretung im Willen scheidet dabei aus.[4] Die Anordnung der Testamentsvollstreckung kann unter einer **aufschiebenden Bedingung** erfolgen,[5] aber auch unter einer aufschiebenden **Befristung.** Dies bewirkt aber **keine Vorwirkung** dahingehend, dass bei Eintritt der aufschiebenden Bedingung oder Befristung alle seit dem Erbfall bis dahin getätigten Verfügungen des Erben unwirksam würden oder auch die Zugriffssperre nach § 2214 BGB rückwirkend eintritt, jedoch in Analogie zu §§ 2041, 2111 BGB eine Surrogation, denn sonst könnten die vom Erblasser mit der Testamentsvollstreckung verfolgten Ziele nicht erreicht werden, die gerade bei Eintritt der Bedingung oder des Anfangstermins eine Separierung des Nachlasses von dem sonstigen Vermögen des Erben gebieten.[6]

4   Nur die Bestimmung der Person des Testamentsvollstreckers kann nach Maßgabe der §§ 2198–2200 BGB einem anderen überlassen werden (siehe dazu § 5 Rn 3 ff.). Die Anordnung der Testamentsvollstreckung geschieht in der **Form** eines **Testaments;** dieses braucht keine weiteren Bestimmungen zu enthalten. Sie kann wie jede einseitige Verfügung auch

---

2   Staudinger/*Reimann,* § 2197 Rn 1.
3   MüKo/*Zimmermann,* § 2197 Rn 1.
4   Staudinger/*Reimann,* § 2197 Rn 10.
5   NK-BGB/*Kroiß,* § 2197 BGB, Rn 5; Palandt/*Weidlich,* § 2197 Rn 1; Soergel/*Damrau,* § 2197 Rn 15; Staudinger/*Reimann,* § 2197 BGB, Rn 33; C. Hartmann, RNotZ 2008, 150 f. mit Hinw. aus der Gestaltungspraxis.
6   C. *Hartmann,* RNotZ 2008, 150, 152 f.

J. Mayer

jederzeit wieder widerrufen werden (§§ 2253 ff. BGB). Die Anordnung durch **Rechtsgeschäft unter Lebenden** ist nicht möglich.[7] Hierin kann jedoch u.U. ein Auftrag und eine aufgrund desselben erteilte Vollmacht (§ 168 BGB) gesehen werden, die zwar über den Tod hinaus fortdauern (§ 672 BGB), dann jedoch durch den Erben widerrufen werden können (§ 671 BGB).[8]

Die Anordnung der Testamentsvollstreckung kann auch in einem **gemeinschaftlichen Testament** (§§ 2265 ff. BGB) oder einen Erbvertrag aufgenommen werden, dort aber nicht die besondere Qualität einer wechselbezüglichen (vgl. § 2270 Abs. 3 BGB) oder vertragsmäßigen Verfügung (§§ 2299 Abs. 1, 2278 Abs. 2 BGB) erhalten. Daher kann sie auch dann jederzeit und nur unter Beachtung der §§ 2253 ff. BGB vom verfügenden Erblasser widerrufen werden.[9]

5

C. Wirksamkeit der Anordnung, Nachlassplanung

Da die Anordnung der Testamentsvollstreckung durch Verfügung von Todes wegen erfolgt, kommen als Unwirksamkeitsgründe all diejenigen in Betracht, die bei einer Verfügung von Todes wegen möglich sind. Eine Unwirksamkeit kann sich ergeben bei[10]
- **Nichtigkeit** der Verfügung von Todes wegen nach § 138 BGB (siehe zum sog. Behinderten-Testament unten § 22 Rn 60 ff.)
- **Widerruf** einer Verfügung von Todes wegen[11]
- Verstoß gegen eine **erbrechtliche Bindung** (§§ 2270 Abs. 2, 2289 BGB)[12]
- Unwirksamkeit aufgrund handels- oder gesellschaftsrechtlicher Vorgaben im **Unternehmensbereich** (siehe dazu § 18 Rn 3 ff.)
- **Spar- und Lebensversicherungen**, soweit es sich um **Verträge zugunsten Dritter** (§ 331 BGB) handelt, weil dann die Zuwendung außerhalb des Nachlasses erfolgt und daher nicht von der Testamentsvollstreckung erfasst wird (eingehender zu dieser Problematik § 26 Rn 14 ff.).

6

Gerade die beiden letztgenannten Gesichtspunkte machen deutlich, dass zur richtigen Anordnung der Testamentsvollstreckung auch eine Planung der Nachlasszusammensetzung gehört, das sog. **Estate Planning**.[13]

7

Demgegenüber ist in den seit dem 1.1.2010 eintretenden Erbfällen auch bei einer Erbeinsetzung, welche die Hälfte des gesetzlichen Erbteils nicht übersteigt, der Unwirksamkeitsgrund des § 2306 Abs. 1 S. 1 BGB a.F. entfallen (siehe § 2 Rn 20).

---

7 *Reimann*, in: Bengel/Reimann, II Rn 15. § 2 Rn. 22 § 2 Rn. 22
8 Palandt/*Weidlich*, § 2197 Rn 1; *Reimann*, in: Bengel/Reimann, II Rn 15; MüKo/*Zimmermann*, § 2197 Rn 18.
9 MüKo/*Zimmermann*, Rn 5, Staudinger/*Reimann*, Rn 15 je zu § 2197.
10 *Reimann*, in: Bengel/Reimann, II Rn 17 ff. § 2 Rn 32 ff
11 Dazu OLG Frankfurt/M. ZFE 2003, 288.
12 Vgl. dazu etwa OLG Frankfurt/M. ZFE 2004, 95, wo die Änderungsmöglichkeit versäumt und vergessen wurde, für den Fall des Todes beider Elternteile die Testamentsvollstreckung i.R. des klassischen Behindertentestaments anzuordnen.
13 Dazu *Reimann*, ZEV 1997, 129; *Reimann*, in: Bengel/Reimann, II Rn 44 ff. § 2 Rn 59 ff

D. Die zweckmäßige Anordnung

8 Aber nicht nur die Struktur des Nachlasses muss „stimmen", auch die Anordnung selbst muss funktionell richtig getroffen werden. Hierzu gehören:[14]
– Die richtige **Aufgabenzuweisung**
– Die dementsprechende Einräumung von **Befugnissen,** etwa erweiterte Verpflichtungsbefugnis nach § 2207 BGB, Befreiung von § 181 BGB, evtl. besondere Aufgabenzuweisung in besonderen Situationen, gegebenenfalls auch außerhalb des eigentlichen Testamentsvollstreckeramtes, etwa Vollmachten, Bestimmungsrechte nach §§ 2151 ff. BGB beim vorzeitigen Unternehmertestament, Schiedsgutachter- oder Schiedsrichterfunktion. Die **Zweck-Mittel-Relation** muss stimmen.
– Die richtige, d.h. **leistungsgerechte Vergütung**
– Die **richtige Kontrolle** des Testamentsvollstreckers[15] (Mitvollstrecker, § 2224 BGB, evtl. zusammen mit Miterben; besondere Rechenschaftspflichten gegenüber den Erben; regelmäßige Kontrolle durch Wirtschaftsprüfer; aber keine „**Megavollstreckung**" durch dinglich wirkende Verfügungsbefugnis für andere Institutionen, etwa Wirtschaftsprüfungsgesellschaft, außerhalb des Testamentsvollstreckeramtes).
– Die richtige **Dauer**: nicht länger als nötig.

> **Weiterführende Formulierungsvorschläge**
> Anordnung der Testamentsvollstreckung
> *Reimann/Bengel/J. Mayer*, Formularteil, Rn 36 ff. (verschiedene Varianten); *Winkler*, Der Testamentsvollstrecker, Rn 831; *Prausnitz*, Formularkommentar, Form. 6.402; *Reimann* in Bengel/Reimann, Handbuch II, Rn 5, 7 (unter Bedingung/Beschränkung), 130.

---

14 *Reimann*, in: Bengel/Reimann, II Rn 51 ff.
15 Vgl. *Reimann*, FamRZ 1995, 588.

§ 5 Ernennung des Testamentsvollstreckers, die Person des Testamentsvollstreckers

Dr. Jörg Mayer

Inhalt:

	Rn		Rn
A. Die Ernennung des Testamentsvoll-		3. Grenzen der Ermächtigung	17
streckers	1	4. Ernennung eines Mitvollstreckers	18
I. Überblick	1	5. Ernennung eines Nachfolgers	20
II. Bestimmung durch einen Dritten	3	IV. Ernennung durch das Nachlassgericht	22
1. Voraussetzung des Bestimmungsrechts	4	1. Ersuchen des Erblassers	22
2. Durchführung der Bestimmung	5	2. Verfahren	23
3. Dauer des Bestimmungsrechts, Setzung		3. Rechtsmittel	29
einer Bestimmungsfrist	9	B. Die Person des Testamentsvollstreckers	31
4. Entscheidungen über die Wirksamkeit	12	I. Grundsätze	31
III. Ernennung eines Mitvollstreckers oder Nach-		II. Rechtsdienstleistungsgesetz, berufsrechtliche	
folgers durch den Testamentsvollstrecker		Beschränkungen	34
selbst	13	III. Der Erbe als Testamentsvollstrecker	38
1. Ermächtigungsanordnung	14	C. An der Person hängt (fast) alles	41
2. Ausübung der Ermächtigung	15	D. Der vermeintliche Testamentsvollstrecker	42

A. Die Ernennung des Testamentsvollstreckers

I. Überblick

Die allg. Anordnung des Amtes der Testamentsvollstreckung (die Testamentsvollstreckung im „abstrakten" Sinn) muss durch die Ernennung eines bestimmten Testamentsvollstreckers umgesetzt werden. Eine namentliche Bezeichnung des Testamentsvollstreckers ist dabei nicht vorgeschrieben, sie kann sich auch hier durch Auslegung ergeben.[1] Die Person des Testamentsvollstreckers kann ernannt werden: 1

– durch den **Erblasser** selbst (§ 2197 BGB), dazu § 4 Rn 3 ff.
– durch einen von ihm dazu **ermächtigten Dritten** (§ 2198 BGB)

> **Weiterführende Formulierungsvorschläge**
> Zur Anordnung selbst in der Verfügung von Todes wegen: *Winkler*, Rn 832.
> Zur Ernennung durch den Dritten: *Prausnitz*, Formularkommentar, Form. 6.405;
> *Littig* in Krug/Rudolf/Kroiß/Bittler, Anwaltformulare Erbrecht, § 13 Rn 32;
> *Reimann* in Bengel/Reimann, Handbuch II, Rn 146

– durch den zunächst berufenen Testamentsvollstrecker selbst, der einen **Mitvollstrecker** oder **Nachfolger** ernennt (§ 2199 BGB), was aber zunächst die Annahme des Amtes voraussetzt

> **Weiterführende Formulierungsvorschläge**
> *Prausnitz*, Formularkommentar, Form. 6.407; *Littig* in Krug/Rudolf/Kroiß/Bittler, Anwaltformulare Erbrecht, § 13 Rn 33, 34; *Reimann* in Bengel/Reimann, Handbuch II, Rn 164 (Mitvollstrecker)

oder

– durch das Nachlassgericht, das im Testament vom Erblasser hierum ersucht wurde (§ 2200 BGB).

---

1 Staudinger/*Reimann*, § 2197 Rn 45; zu einem Sonderfall in einem gemeinschaftliches Testament RG BayZ 1921, 148.

> **Weiterführender Formulierungsvorschlag**
> Zur Anordnung des Ersuchens in der Verfügung von Todes wegen: *Winkler*, Der Testamentsvollstrecker, Rn 835, 836; *Uricher* in Tanck/Krug, Anwaltformulare Testamente, § 17 Rn 64, 66.
> Für den Ernennungsbeschluss: *Firsching/Graf*, Nachlassrecht, Rn 4.442; *Reimann* in Bengel/Reimann, Handbuch II, Rn 172.

2 Der Erblasser kann für den Fall, dass der zunächst ernannte Testamentsvollstrecker vor oder nach der Annahme des Amtes wegfällt, einen **Ersatztestamentsvollstrecker** ernennen (§ 2197 Abs. 2 BGB), ja auch mehrere solcher hintereinander berufen.[2] Eine (hier aus Rechtsgründen) unwirksame Testamentsvollstreckerbenennung durch den Erblasser kann – nach ergänzender Testamentsauslegung – ein konkludentes Ersuchen auf Benennung eines Testamentsvollstreckers durch das Nachlassgericht enthalten;[3] Gleiches gilt, wenn der zunächst berufene Testamentsvollstrecker die Übernahme des Amtes ablehnt.[4]

II. Bestimmung durch einen Dritten

3 § 2198 BGB ermöglicht dem Erblasser, zwar nicht die Anordnung der Testamentsvollstreckung im Allgemeinen, wohl aber die Bestimmung der Person des Testamentsvollstreckers einem **Dritten** zu überlassen.

1. Voraussetzung des Bestimmungsrechts

4 Erforderlich ist wegen des Grundsatzes der Eigenanordnung, dass der Erblasser selbst die Anordnung der Testamentsvollstreckung im Allgemeinen verfügt hat. Jedoch ergibt eine wohlwollende Auslegung (§ 2084) eines bloßen Bestimmungsrechts i.d.R., dass der Erblasser auch die Testamentsvollstreckung als solche anordnen wollte.[5] Dabei kann zum Bestimmungsberechtigten **jeder** geschäftsfähige Dritte berufen werden, auch eine juristische Person oder der Leiter einer Behörde[6] und zwar als Amtsperson oder aber auch privat, aber auch der Alleinerbe, der sich dann allerdings nicht selbst zum Testamentsvollstrecker ernennen kann.[7]

2. Durchführung der Bestimmung

5 Soweit der Erblasser keine besondere Einschränkungen verfügt, kann zum Testamentsvollstrecker **jede Person** ernannt werden, die auch der Erblasser selbst hätte ernennen können (dazu Rn 31 ff.).[8] Der Bestimmungsberechtigte kann dabei weder vom Nachlassgericht noch vom Erben im Wege der Klage zur Ausübung seines Rechts gezwungen werden. Auch **haftet** er weder den Erben noch sonstigen Nachlassbeteiligten für die Auswahl des Testamentsvollstreckers, außer in einem Fall von § 826 BGB.[9] Dabei darf der Bestimmungsberechtigte – wenn der Erblasser dies nicht ausschließt – den Testamentsvollstrecker mit

---

2 Staudinger/*Reimann*, § 2197 Rn 47.
3 OLG Zweibrücken NJWE-FER 1999, 278.
4 BayObLG NJW-RR 2003, 224 = FamRZ 2003, 789.
5 *Greiser*, DFG 1939, 216; MüKo/*Zimmermann*, § 2198 Rn 2.
6 KG JW 1938, 1900: Präsident der Anwaltskammer; OLG Hamm DNotZ 1965, 487: Direktor des Amtsgerichts.
7 RGZ 92, 68, 72.
8 MüKoBGB/*Zimmermann* § 2198 Rn 4.
9 Staudinger/*Reimann*, § 2198 Rn 4; MüKo/*Zimmermann*, § 2198 Rn 5.

J. Mayer

Einschränkungen berufen, also unter Bedingungen, auf Zeit oder nur für bestimmte Nachlassteile.[10]

Die Bestimmungserklärung muss als amtsempfangsbedürftige Erklärung dem zuständigen Nachlassgericht (§ 343 FamFG) zugehen, wobei § 130 BGB analog gilt, und ist dann unwiderruflich,[11] jedoch nach §§ 119, 123 BGB anfechtbar.[12] Die Erklärung gegenüber dem sachlich unzuständigen Gericht ist unwirksam, die gegenüber dem örtlich unzuständigen Amtsgericht fristgerecht abgegebene ist wirksam, auch wenn sie erst nach dem Ablauf der Frist des § 2198 Abs. 2 BGB beim örtlich zuständigen Gericht durch Weiterleitung eingeht.[13] Eine Vertretung im Willen ist nicht möglich.[14] Nimmt der zunächst Ernannte das Amt nicht an oder ist die Ernennung aus anderem Grunde unwirksam, so kann das **Bestimmungsrecht nochmals ausgeübt** werden, denn das deutsche Zivilrecht kennt keinen Grundsatz, dass eine Gestaltungsbefugnis durch die unwirksame Ausübung eines ermächtigenden Gestaltungsrechts erlischt.[15]

Weiter ist eine **öffentliche Beglaubigung** der Bestimmungserklärung erforderlich (§ 2198 Abs. 1 S 2, § 129 BGB); dies genügt aber auch dann, wenn der Erblasser Beurkundung ausdrücklich vorschrieb.[16] Die Bestimmung kann wohl auch in einer öffentlichen Verfügung von Todes wegen getroffen werden, wenn sie nur mit Willen des Erblassers dem Nachlassgericht zugeht.[17] Keiner Beglaubigung bedürfen **öffentliche Urkunden,** die im Rahmen ihrer Zuständigkeit von Gerichten, Ämtern, Amtsinhabern und Behörden errichtet werden, wie die in amtlicher Form erfolgte Bestimmung des Testamentsvollstreckers durch den Präsidenten des OLG[18] oder durch einen Notar mittels einer Eigenurkunde.[19] Entscheidend für die Entbehrlichkeit einer gesonderten Beglaubigung muss sein, dass die Bestimmung des Testamentsvollstreckers vom Leiter einer öffentlichen Behörde (hieran fehlt es bei der IHK) als Teil seiner amtlichen Aufgabe wahrgenommen wird.[20]

Auch wenn die **Kosten** der Beglaubigung und der für die Entgegennahme der Erklärung bei Gericht anfallenden Gebühr (für Letzteres gilt eine Gebühr von 15 EUR nach Nr. 12410 Abs. 1 Nr. 4 KV GNotKG) zunächst der Erklärende zu tragen hat, so fallen diese letztlich allein dem Nachlass als Nachlassverwaltungsschulden zur Last (§§ 2218, 670 BGB).

---

10 Soergel/*Damrau*, § 2198 Rn 3; *Reimann*, in: Bengel/Reimann, II Rn 139.
11 NK-BGB/*Kroiß*, § 2198 Rn 4; einschränkend *Zimmermann*, Testamentsvollstreckung, Rn 61: bis zur Amtsannahme widerruflich.
12 NK-BGB/*Kroiß*, § 2198 Rn 4; jurisPK/*Heilmann*, § 2198 Rn 6.
13 NK-BGB/*Kroiß*, § 2198 Rn 4; MüKo/*Zimmermann*, § 2198 Rn 6.
14 Staudinger/*Reimann*, § 2198 Rn 11.
15 NK-BGB/*Kroiß*, § 2198 Rn 4; ausf. *Säcker*, ZEV 2006, 288, 292; jetzt auch Palandt/*Weidlich*, § 2198 Rn 2; a.A. *Damrau*, FamRZ 2004, 421; *Reimann*, in: Bengel/Reimann, II Rn 149.
16 Soergel/*Damrau*, § 2198 Rn 4; MüKo/*Zimmermann*, § 2198 Rn 7; *Winkler*, Testamentsvollstrecker, Rn 46 Fn 3; Palandt/*Weidlich*, § 2198 Rn 2; a.A. Staudinger/*Reimann*, § 2198 Rn 13; RGRK/*Kregel*, § 2198 Rn 5.
17 MüKo/*Zimmermann*, § 2198 Rn 7; *Reimann* in: Bengel/Reimann, II Rn 156; eingehend Staudinger/*Reimann*, § 2198 Rn 13; str.
18 OLG Stuttgart NJW-RR 1986, 7.
19 OLG Neustadt DNotZ 1951, 339.
20 Soergel/*Damrau*, § 2198 Rn 5; dies ist weit auszulegen. A.A. MüKo/*Zimmermann*, § 2198 Rn 7: auch ein Behördenleiter handle hier als Privatperson; ebenso einschränkend *Zimmermann*, Testamentsvollstreckung, Rn 64, der darauf hinweist, dass auch die Ernennung von Schiedsrichtern zum Aufgabenkreis eines Gerichtspräsidenten gehört.

J. Mayer

3. Dauer des Bestimmungsrechts, Setzung einer Bestimmungsfrist

9 Das Bestimmungsrecht ist grundsätzlich **unbefristet**. Allerdings kann der Erblasser eine entsprechende Ausübungsfrist setzen, die vom Nachlassgericht auch verkürzt oder verlängert werden kann.[21] Zudem kann das Nachlassgericht auf Antrag eines Beteiligten eine Frist zur Ausübung des Bestimmungsrechts setzen (§ 2198 Abs. 2 BGB). Hierfür ist jeder **antragsberechtigt**, der ein rechtliches Interesse an der Klarstellung hat,[22] also der Erbe, Vor- oder Nacherbe, Pflichtteilsberechtigte, Vermächtnisnehmer, Nachlassgläubiger[23] oder der Auflagebegünstigte.[24] Daneben ergibt sich aus §§ 345, 7 FamFG, wer formell an dem Verfahren zu beteiligen ist; dies sind insbes. der Antragsteller (§ 7 FamFG) und derjenige, dem die Frist zur Bestimmung gesetzt wurde (§ 345 Abs. 4 S. 1 Nr. 3 FamFG).[25]

10 **Funktionell** zuständig ist der **Rechtspfleger** (§ 3 Nr. 2c RPflG), der durch Beschluss entscheidet. Die Gebühr bestimmt sich nach Nr. 12411 Nr. 5 KV GNotKG und beträgt 25 EUR.[26] Jedoch erlischt das Bestimmungsrecht, wenn bis zum Fristablauf nicht beim Nachlassgericht die entsprechende Erklärung eingeht oder schon vorher die Bestimmung verweigert wird. Dann wird die Anordnung der Testamentsvollstreckung hinfällig, sofern nicht Vorsorge dagegen getroffen, etwa eine Bestimmung nach § 2200 BGB[27] oder ein Ersatztestamentsvollstrecker für diese Fallgestaltung angeordnet wurde.

11 Die **Fristbestimmung** durch das Nachlassgericht ist in entsprechender Anwendung der §§ 567 bis 572 ZPO mit der sofortigen **Beschwerde** anfechtbar (§ 355 Abs. 1 FamFG). Wird die **Fristbestimmung abgelehnt** ist dagegen die befristete Beschwerde nach den §§ 58 ff. FamFG statthaft.[28]

4. Entscheidungen über die Wirksamkeit

12 Die Entscheidungen über die Wirksamkeit der Ernennung trifft das Prozessgericht. Das Nachlassgericht entscheidet hierüber nur mittelbar im Rahmen der Erteilung eines Testamentsvollstreckerzeugnisses (§ 2368 BGB).[29]

III. Ernennung eines Mitvollstreckers oder Nachfolgers durch den Testamentsvollstrecker selbst

13 Nach § 2199 BGB kann der Erblasser den **Testamentsvollstrecker** ermächtigen, einen **Mitvollstrecker** oder einen **Nachfolger** zu ernennen. Die damit übertragene Entscheidung

---

21 Anders Staudinger/*Reimann*, § 2198 Rn 19 und Palandt/*Weidlich*, § 2198 Rn 4: Anpassung nur bei unangemessener Frist; nach MüKo/*Zimmermann*, § 2198 Rn 10 ist nur Verkürzung möglich.
22 BGHZ 35, 296, 299 = NJW 1961, 1717; MüKo/*Zimmermann*, § 2198 Rn 12; Staudinger/*Reimann*, § 2198 Rn 23.
23 BGHZ 35, 296, 299 = NJW 1961, 1717; OLG Düsseldorf ZEV 2004, 67 m. Anm. *Damrau*.
24 Letzteres str., so wie hier Staudinger/*Reimann*, § 2198 Rn 24; RGRK/*Kregel*, § 2198 Rn 5; *Zimmermann*, Testamentsvollstreckung, Rn 69; jetzt auch Palandt/*Weidlich*, § 2198 Rn 4; a.A. LG Verden MDR 155, 231.
25 *Maluche*, ZEV 2010, 551; Staudinger/*Reimann*, § 2198 Rn 24a.
26 *Kroiß*, ZEV 2013, 413, 418.
27 Soergel/*Damrau*, § 2198 Rn 7; was auch stillschweigend geschehen kann, *Winkler*, Testamentsvollstrecker, Rn 47.
28 Keidel/*Zimmermann*, § 355 FamFG Rn 14.
29 Staudinger/*Reimann*, § 2198 Rn 28.

betrifft hier nicht nur die Person des zu ernennenden Testamentsvollstreckers, sondern auch die Frage, ob ein Nachfolger oder Mitvollstrecker überhaupt ernannt wird.

1. Ermächtigungsanordnung

Die Ermächtigung des Erblassers muss in einer wirksamen einseitigen **Verfügung von Todes wegen** vom Erblasser selbst angeordnet sein. Einem Dritten kann der Erblasser das Ermächtigungsrecht nicht einräumen, so dass eine Subdelegierung nicht möglich ist. Die Ermächtigung setzt zum einen die allgemeine Anordnung einer Testamentsvollstreckung voraus, die durch den Erblasser immer persönlich getroffen werden muss. Zum anderen ist erforderlich, dass die Ernennung zum Testamentsvollstrecker wirksam ist; andernfalls kann der unwirksam Ernannte trotz der Ermächtigung keinen Nachfolger oder Mitvollstrecker ernennen. Es kann aber dann immer noch ein konkludentes Ersuchen i.S.d. § 2200 BGB vorliegen.[30] Die Ermächtigung kann unter **Bedingungen** ausgesprochen werden, dass etwa bestimmte Ereignisse für die Benennung eines Nachfolgers eingetreten sein müssen. Jedoch kann die Ermächtigung nicht über den von § 2199 BGB gezogenen Rahmen hinausgehen, so dass der bereits ernannte Testamentsvollstrecker nicht berechtigt ist, den von ihm bereits ernannten Mitvollstrecker oder Nachfolger wieder abzusetzen oder abweichende Anordnungen nach § 2224 Abs. 1 S. 3 BGB zu treffen.[31]

14

2. Ausübung der Ermächtigung

Es steht im **freien Ermessen** des Testamentsvollstreckers, ob er von der Ermächtigung Gebrauch macht.[32] Die bloße Ermächtigung begründet daher keine Verpflichtung hiervon Gebrauch zu machen. Diese kann sich auch nicht mittelbar dadurch ergeben, dass bei einem dahin gehenden Willen des Erblassers, einen Mitvollstrecker zu ernennen, das Unterlassen ein wichtiger Grund zur Entlassung nach § 2227 BGB oder ein Haftungstatbestand (§ 2219 BGB) wäre. Denn dies wäre eine unzulässige Erweiterung des Pflichtenkreises des Testamentsvollstreckers.[33] Jedoch kann sich der ermächtigte Testamentsvollstrecker durch Vertrag mit dem Erblasser oder den Erben zur Vornahme der Ernennung verpflichten.[34] Sind **mehrere Testamentsvollstrecker** zur Ernennung berufen, ist es eine Frage der Auslegung, ob die Ausübung der Ermächtigung durch Mehrheits- oder durch einstimmigen Beschluss erfolgen muss. Eine Entscheidung nach § 2224 Abs. 1 S. 1 Hs. 2 BGB durch das Nachlassgericht ist aber nicht möglich.[35]

15

Die Ernennung erfolgt durch **öffentlich beglaubigte Erklärung** gegenüber dem Nachlassgericht und wird mit dem dortigen Eingang wirksam (§§ 2199 Abs. 3, 2198 Abs. 1 S. 2 BGB). Hierfür fällt eine Gebühr von 15 EUR an (Nr. 12410 Abs. 1 Nr. 4 KV GNotKG); Kostenschuldner hierfür ist zwar gegenüber dem Nachlassgericht der Testamentsvollstre-

16

---

30 BayObLG Rpfleger 1988, 67; OLG Zweibrücken FamRZ 2000, 323, 324 = ZEV 2001, 27 m. Anm. *Damrau*; *Winkler*, Testamentsvollstrecker, Rn 76.
31 MüKo/*Zimmermann*, § 2199 Rn 2.
32 MüKo/*Zimmermann*, § 2199 Rn 3; Soergel/*Damrau*, § 2199 Rn 3.
33 MüKo/*Zimmermann*, § 2199 Rn 4; a.A. Soergel/*Damrau*, § 2199 Rn 3; Staudinger/*Reimann*, § 2199 Rn 8.
34 Soergel/*Damrau*, § 2199 Rn 3; MüKo/*Zimmermann*, § 2199 Rn 3.
35 OLG Hamburg OLGE 44, 96; Staudinger/*Reimann*, § 2199 Rn 4; Soergel/*Damrau*, § 2199 Rn 3; diff. und a.A. KG Recht 1914 Nr. 1117; MüKo/*Zimmermann*, § 2199 Rn 2: § 2224 Abs. 1, wenn mehrere Testamentsvollstrecker gemeinsam entscheiden sollen, dagegen dann nicht, wenn bei mehreren Vollstreckern einer allein ermächtigt ist.

cker, jedoch kann er Ersatz von den Erben nach §§ 2218, 670 verlangen. Eine Fristbestimmung nach § 2198 Abs. 2 ist hier nicht möglich.[36] § 2198 Abs. 2 darf hier auch nicht analog angewandt werden.[37] Das **Ernennungsrecht** des Testamentsvollstreckers **beginnt** frühestens mit seiner Amtsannahme, bei abweichender Anordnung des Erblassers auch später. Es **endet** mit dem Erlöschen seines Amts.[38] Jedoch kann die Auslegung des Erblasserwillens ergeben, dass der Testamentsvollstrecker auch **nach Beendigung** seines Amtes zur Ernennung eines Nachfolgers berechtigt sein soll. Dies beruht aber nicht auf einer Nachwirkung seines Amtes,[39] sondern auf der Annahme eines Bestimmungsrechts nach § 2198 in solchen Fällen.[40] Auch wenn der Ernannte das **Amt nicht annimmt** oder die Ernennung aus anderem Grunde unwirksam ist, so kann das Bestimmungsrecht nochmals ausgeübt werden, denn das deutsche Zivilrecht kennt keinen Grundsatz, dass eine Gestaltungsbefugnis durch die unwirksame Ausübung des Gestaltungsrechts erlischt.[41] Auf die Ernennungserklärung findet **§ 130 Abs. 2 BGB** Anwendung, so dass es genügt, wenn der Ernennungsberechtigte bis zu seinem Tod alles getan hat, was von ihm aus zu tun war, um die Wirksamkeit der Erklärung herbeizuführen, auch wenn die Erklärung erst später beim Nachlassgericht eingeht.[42]

3. Grenzen der Ermächtigung

17 Soweit keine abweichende Anordnung des Erblassers vorliegt, kann der Testamentsvollstrecker **jede Person** als Nachfolger oder Mitvollstrecker ernennen, die auch der Erblasser ernennen könnte (dazu Rn 31 ff.). Jedoch **haftet** der Testamentsvollstrecker – anders als der Dritte nach § 2198 – nach § 2219 für eine **sorgfältige Auswahl**.[43] Als **Grenze des Ernennungsrechts** lässt sich angeben, dass der Testamentsvollstrecker nicht berechtigt ist, ohne die Kündigung seines Amtes seine Aufgaben und Pflichten als Ganzes und dauernd unmittelbar auf einen anderen, gleichsam als seinen Nachfolger, zu übertragen; daran ändert auch die Zustimmung der Erben nichts.[44] Vielmehr muss er erst einen Nachfolger benennen und dann kündigen; in der Zeit zwischen Kündigung und Annahme des Amtes durch den Nachfolger besteht die Testamentsvollstreckung im abstrakten Sinne fort, das Amt des konkreten Testamentsvollstreckers ist aber „verwaist".[45]

---

36 Soergel/*Damrau*, § 2199 Rn 6; MüKo/*Zimmermann*, § 2199 Rn 5; *Muscheler*, Erbrecht II, Rn 2728.
37 *Muscheler*, Erbrecht II, Rn 2728.
38 Staudinger/*Reimann*, § 2199 Rn 7, 12.
39 So aber Staudinger/*Reimann*, § 2199 Rn 12.
40 Im Ergebnis ebenso NK-BGB/*Kroiß*, § 2199 Rn 2; MüKo/*Zimmermann*, § 2199 Rn 6; Erman/ *M. Schmidt*, § 2199 Rn 2; hiergegen Soergel/*Damrau*, § 2199 Rn 5.
41 NK-BGB/*Kroiß*, § 2198 Rn 4; *Säcker*, ZEV 2006, 288, 292; ebenso für den Fall der Benennung des Nachfolgers auch *Winkler*, Testamentsvollstrecker, Rn 51a, weil es bereits einen Testamentsvollstrecker gibt; a.A. *Damrau*, FamRZ 2004, 421; *Reimann* in: Bengel/Reimann, II Rn 149.
42 KG HRR 1936 Nr. 953; anders bei bewusster Zugangsverzögerung, *Haegele*, BWNotZ 1974, 112, wenn also etwa bestimmt wurde, dass die Erklärung erst nach dem Tode zugehen soll, NK-BGB/ *Kroiß*, § 2199 Rn 3; MüKo/*Zimmermann*, § 2199 Rn 5; problematisch daher der Ratschlag von *Winkler*, Testamentsvollstrecker, Rn 51a, die Nachfolgerbenennung zunächst in den Akten des Testamentsvollstreckers zu belassen und den späteren rechtzeitigen Zugang zu „sichern".
43 Staudinger/*Reimann*, § 2199 Rn 8; Soergel/*Damrau*, § 2199 Rn 4.
44 RGZ 81, 166, 170; KGJ 41, 75, 78; Staudinger/*Reimann*, § 2199 Rn 12.
45 Staudinger/*Reimann*, § 2199 Rn 12.

4. Ernennung eines Mitvollstreckers

Möglich ist, dass nach dem Willen des Erblassers der zunächst berufene Testamentsvollstrecker sein Amt **nur gemeinschaftlich** mit dem von ihm erst noch zu berufenden Mitvollstrecker ausüben soll.[46] Hierfür bedarf es aber besonderer Anhaltspunkte. Sind sie vorhanden, so besteht zwar von Anfang an eine wirksame Testamentsvollstreckung, was für §§ 2211, 2214 BGB bedeutsam ist, die Aufgabe des Testamentsvollstreckers erschöpft sich jedoch zunächst in der Ernennung des Mitvollstreckers.[47] Wird von dem Ernennungsrecht kein Gebrauch gemacht, so kann der dann eintretende Schwebezustand regelmäßig nur durch eine Entlassung (§ 2227 BGB) behoben werden.[48] Die gegenteilige Auffassung will in unnötiger Komplizierung zunächst nur ein Benennungsrecht nach § 2198 BGB annehmen und erst mit der Ausübung dieses Rechts den zur Ernennung Berechtigten zum Testamentsvollstrecker machen, was die Möglichkeit der Fristsetzung nach § 2198 Abs. 2 BGB schafft.[49]

18

Ohne besondere Anordnung des Erblassers ist der ermächtigte Testamentsvollstrecker zur **Aufgabenabgrenzung** zwischen den Mitvollstreckern nicht befugt, insbesondere kann er sich nicht zum „Obervollstrecker" berufen oder sich besonders genehme Tätigkeitsbereiche vorbehalten.[50]

19

5. Ernennung eines Nachfolgers

Eine Nachfolgerernennung setzt begrifflich voraus, dass der ermächtigte Testamentsvollstrecker zunächst einmal das **Amt angetreten** hat, aber dieses auch noch ausübt. Dann kann der Nachfolger für den Fall des Erlöschens des eigenen Amts bestimmt werden (§§ 2225 bis 2227 BGB), falls er hierzu nicht nur für den Fall des Vorliegens **bestimmter Erlöschensgründe** befugt sein soll. So kann die Auslegung der Verfügung von Todes wegen ergeben, dass ihm kein Ernennungsrecht für den Fall seiner Entlassung wegen einer **Pflichtverletzung** zustehen soll, weil er dadurch das in ihn vom Erblasser gesetzte Vertrauen enttäuscht hat. Vor einer Entlassung muss ihm daher dann das Nachlassgericht keine Möglichkeit zur Benennung eines Nachfolgers geben.[51] Kein Nachfolger kann mehr ernannt werden, wenn die Testamentsvollstreckung, etwa wegen Zweckerreichung, beendet ist.[52] Ein **Splitting des Testamentsvollstreckeramtes** dergestalt, dass der ermächtigte Testamentsvollstrecker sein Amt teilweise niederlegt und für diesen „frei" werdenden Aufgabenbereich einen Nachfolger bestimmt, ist nach den zur Zulässigkeit einer Teilkündigung des Testamentsvollstreckeramtes entwickelten Grundsätzen (siehe § 13 Rn 11) dann möglich, wenn ein entsprechender Wille des Erblassers wenigstens durch Auslegung feststellbar ist.[53] Der ermächtigte Testamentsvollstrecker kann auch den Aufgabenkreis des Nachfolgers einschränken.[54] Denn dies stellt gegenüber der umfassenden Nachfolgerbenennung ein zu-

20

---

46 *Kipp/Coing* § 67 I 5 c.
47 NK-BGB/*Kroiß*, § 2199 Rn 5; Staudinger/*Reimann*, § 2199 Rn 9; MüKo/*Zimmermann*, § 2199 Rn 7.
48 NK-BGB/*Kroiß*, § 2199 Rn 6; Damrau/*Bonefeld*, § 2199 Rn 5; MüKo/*Zimmermann*, § 2199 Rn 7.
49 *Kipp/Coing* § 67 I 5 c; Soergel/*Damrau*, § 2199 Rn 3.
50 Staudinger/*Reimann*, § 2199 Rn 10; MüKo/*Zimmermann*, § 2199 Rn 7.
51 OLG München ZEV 2008, 533, 535 = NJW-RR 2008, 1690.
52 MüKo/*Zimmermann*, § 2199 Rn 8.
53 KGJ 43 A 88, 90; KG JW 1939, 421; OLG Hamm OLGZ 1991, 388 = NJW-RR 1991, 837, 838 = FamRZ 1992, 113 m. Anm. *Reimann*; vgl. auch RGZ 81, 166, 170; NK-BGB/*Kroiß*, § 2199 Rn 10; Damrau/*Bonefeld*, § 2199 Rn 8; ohne Abstellen auf den Erblasserwillen Staudinger/*Reimann*, § 2199 Rn 14; *Winkler*, Testamentsvollstrecker, Rn 49; RGRK/*Kregel*, § 2199 Rn 3. MüKo/*Zimmermann*, § 2199 Rn 9 verlangt offensichtlich eine ausdrückliche Ermächtigung.
54 *Winkler*, Testamentsvollstrecker, Rn 49.

lässiges **Minus** des Ernennungsrechts dar. Der so ernannte Nachfolger kann seinerseits **wiederum** einen **Nachfolger** nur dann ernennen, wenn auch ihm eine solche Ermächtigung gewährt wurde, was zumindest im Wege der Auslegung feststellbar sein muss.[55] Hierfür spricht nicht nur, dass sonst die Gefahr einer zu großen zeitlichen Ausdehnung der Testamentsvollstreckung bestünde, denn die Zeitgrenze des § 2210 BGB gilt nur bei der Dauer- und Verwaltungsvollstreckung, sondern vor allem die systematische Überlegung, dass immer zunächst eine Ermächtigung für ein Benennungsrecht vorhanden sein muss.

21 Bei **mehreren Testamentsvollstreckern** kann grundsätzlich jeder Ermächtigte seinen eigenen Nachfolger alleine und ohne Zustimmung der anderen wählen.[56] Auch eine Mehrzahl von Nachfolgern kann ernannt werden, wobei auch die Möglichkeit besteht, die Aufgabenverteilung in dem künftigen Testamentsvollstreckergremium festzulegen.[57]

IV. Ernennung durch das Nachlassgericht

1. Ersuchen des Erblassers

22 Nach § 2200 BGB kann der Erblasser auch das Nachlassgericht ersuchen, einen Testamentsvollstrecker zu ernennen. Ein entsprechendes Ersuchen eines anderen Beteiligten genügt aber nicht.[58] Vielmehr hat dies durch den Erblasser selbst in der Form eines **Testaments** zu geschehen und muss dort wenigstens irgendwie zum Ausdruck kommen. Fehlt es an einer ausdrücklichen Erklärung, so kann sich ein solches auch durch **Auslegung,** und zwar auch durch ergänzende, ergeben.[59] Die Rechtsprechung ist hierbei relativ großzügig und nimmt einen dahingehenden Erblasserwillen bei einem Wegfall des Testamentsvollstreckers, etwa durch Kündigung, Nichtannahme des Amtes oder Tod des Amtsinhabers ohne Ersatztestamentsvollstrecker bereits dann an, wenn der Erblasser – hätte er die Veränderung vorhergesehen – vermutlich die Ernennung durch das Nachlassgericht gewünscht hätte, insbesondere weil die mit der Testamentsvollstreckung verfolgten Ziele noch nicht erreicht sind.[60] Dies ist nicht unproblematisch.[61] Daher wird zu Recht angemahnt, dass angesichts des Ausnahmecharakters des § 2200 BGB eine „größere Zurückhaltung" der Nachlassgerichte geboten ist.[62] Eine nach § 2198 BGB unzulässige Berufung des Nachlassrichters als Bestimmungsbe-

---

55 NK-BGB/*Kroiß*, § 2199 Rn 10; MüKo/*Zimmermann*, § 2199 Rn 10; Staudinger/*Reimann*, § 2199 Rn 15; a.A. *Winkler*, Testamentsvollstrecker, Rn 50, Erman/*M. Schmidt*, § 2199 Rn 2: bereits im Zweifel sei dies möglich.
56 KG DFG 1942, 45; NK-BGB/*Kroiß*, § 2199 Rn 10; Staudinger/*Reimann*, § 2199 Rn 16; MüKo/*Zimmermann*, § 2199 Rn 8.
57 Staudinger/*Reimann*, § 2199 Rn 17.
58 BayObLGZ 16, 128; Staudinger/*Reimann*, § 2200 Rn 5; Soergel/*Damrau*, § 2200 Rn 2.
59 BayObLG FamRZ 1987, 98; NJW-RR 1988, 387, 388; KG OLGZ 1992, 138; OLG Hamm OLGZ 1976, 20; NK-BGB/*Kroiß*, § 2200 Rn 3; Staudinger/*Reimann*, § 2200 Rn 7.
60 BayObLG NJW-RR 2003, 224, 225; NJW-RR 1988, 387; BayObLG ZEV 1997, 338, 338; OLG Düsseldorf MDR 1957, 421; OLG Hamm OLGZ 1976, 20; ZEV 2001, 271, 272: in concreto verneint, weil restliche Aufgabenerfüllung ohne gerichtliche Auseinandersetzung nach Auffassung des zuletzt amtierenden Testamentsvollstreckers nicht mehr möglich; OLG Zweibrücken ZEV 2001, 27 m. krit. Anm. *Damrau*: bei Unwirksamkeit der Testamentsvollstreckerernennung; OLG Zweibrücken FamRZ 2006, 891 = FGPrax 2006, 169; dazu Staudinger/*Reimann*, § 2200 Rn 7 f.; *Horn*, ZEV 2007, 521; *Winkler*, Testamentsvollstrecker, Rn 75 ff., jew. m. Rechtsprechungs-Beispielen; bei der Auslegung ist aber zu beachten, dass die Abwicklungs- und nicht die Verwaltungsvollstreckung der Regelfall ist, i.E. BayObLG ZEV 2001, 284, 285.
61 Krit. dazu Bamberger/Roth/*J. Mayer*, § 2200 Rn 2 m.w.N.
62 *Muscheler*, Erbrecht II, Rn 2729; *ders.*, AcP 197 (1997), 226, 255 f.

rechtigten kann in ein Ersuchen nach § 2200 BGB umgedeutet werden.⁶³ Das Ersuchen kann auch bedingt gestellt werden, etwa dass der zunächst Ernannte das Amt nicht annimmt oder ein Benennungsrecht nach §§ 2198 f. nicht ausgeübt wird.⁶⁴

2. Verfahren

gew. Aufenthalt

Örtlich zuständig ist das Amtsgericht des letzten ~~Wohnsitzes~~ des Erblassers (§ 343 FamFG) als Nachlassgericht, also nicht das Prozessgericht oder gar Grundbuchamt.⁶⁵ **Funktionell** ist grundsätzlich der Richter **zuständig** (§ 16 Abs. 1 Nr. 2 RPflG), sofern nicht die betreffende Landesregierung von der Möglichkeit zur Aufhebung des Richtervorbehalts aufgrund der Öffnungsklausel des § 19 Abs. 1 S 1 Nr. 4 n.F. RPflG Gebrauch gemacht hat. Das Nachlassgericht hat von Amts wegen zu prüfen, ob ein das die Ernennung rechtfertigendes Ersuchen vorliegt.⁶⁶ Nach § 2200 Abs. 2 BGB soll das Nachlassgericht vor der Entscheidung die **Beteiligten hören**, jedoch mit der Einschränkung, dass dies ohne erhebliche Verzögerungen und ohne unverhältnismäßige Kosten geschehen kann.⁶⁷ Wegen Art 103 GG wird jedoch nur im Ausnahmefall von der Anhörung abzusehen sein. Wer **Beteiligter** ist, bestimmt sich danach, ob durch die Entscheidung seine Rechte und Pflichten unmittelbar betroffen werden, so dass ein **materieller Beteiligungsbegriff** gilt,⁶⁸ der dem des § 2198 BGB entspricht.⁶⁹ Hierzu sollte nach überkommener Auffassung (vor dem FamFG) der zu ernennende Testamentsvollstrecker nicht gehören,⁷⁰ jedoch war dessen Anhörung bereits nach früherem Recht zweckmäßig⁷¹ und schon deswegen geboten, weil oftmals nur so das Nachlassgericht seine notwendige Qualifikation feststellen kann.⁷² Nach § 345 Abs. 3 S. 1 FamFG ist nunmehr **zwingender**, und daher hinzuziehender, Beteiligter derjenige, dessen Ernennung als Testamentsvollstrecker das Nachlassgericht in Betracht zieht. Im Übrigen erscheint die Vorschrift des § 2200 Abs. 2 BGB nach dem Inkrafttreten des FamFG entbehrlich.⁷³ Denn nach § 345 Abs. 3 S. 2 FamFG kann das Nachlassgericht die in diesem Ernennungsverfahren Beteiligten hinzuziehen, dies sind insbesondere die Erben, und zwar nur die, welche mit der Testamentsvollstreckung belastet sind, und etwaige Mitvollstrecker. Auf deren Antrag hin sind diese als förmliche Beteiligte hinzuziehen (§ 345 Abs. 3 S. 3 FamFG); über dieses Antragsrecht sind sie rechtzeitig zu belehren (§ 7 Abs. 4 S. 2 FamFG). Ihrem Zuziehungsantrag muss entsprochen werden.⁷⁴

Das Nachlassgericht hat dann zu prüfen, ob ein wirksames Ernennungsersuchen vorliegt. Ist dies der Fall, so steht es nach h.M. im **pflichtgemäßen Ermessen** des Gerichts („kann"), **ob** unter Berücksichtigung der Lage des Nachlasses, der Interessen der Beteiligten und vor allem des mit der Testamentsvollstreckung vom Erblasser verfolgten Zwecks ein Testa-

---

63 OLG Hamm DNotZ 1965, 487.
64 KG OLGE 40, 132; Palandt/*Weidlich*, § 2200 Rn 2; Staudinger/*Reimann*, § 2200 Rn 4.
65 Staudinger/*Reimann*, § 2200 Rn 9.
66 BayObLGZ 16, 128.
67 NK-BGB/*Kroiß*, § 2200 Rn 8.
68 BayObLG ZEV 2001, 284; Damrau/*Bonefeld*, § 2200 Rn 6; Staudinger/*Reimann*, § 2200 Rn 12.
69 NK-BGB/*Kroiß*, § 2200 Rn 8; MüKo/*Zimmermann*, § 2200 Rn 8.
70 NK-BGB/*Kroiß*, § 2200 Rn 8; Staudinger/*Reimann*, § 2200 Rn 12.
71 Vgl. etwa MüKo/*Zimmermann*, § 2200 Rn 8.
72 KK-Erbrecht/*Rott*, § 2200 Rn 8.
73 Anders MüKo/*Zimmermann*, § 2200 Rn 8, der eine Erweiterung der „Kann-Beteiligten" des § 345 FamFG durch § 2200 Abs. 2 annimmt.
74 Keidel/*Zimmermann*, § 345 FamFG Rn 57 m. weiteren Einzelheiten.

mentsvollstrecker zu ernennen ist.[75] Abgelehnt werden kann aber, wenn alle dem Testamentsvollstrecker zugewiesenen Aufgaben bereits erfüllt wurden oder sich sonst erledigt haben.[76] Auch Zweckmäßigkeitsgründe können berücksichtigt werden.[77]

25 Bei der **Auswahlentscheidung** für den Testamentsvollstrecker ist das Nachlassgericht so gestellt, wie der Erblasser selbst bei dieser Entscheidung. Es hat daher die Auswahl nach pflichtgemäßem Ermessen zu treffen. Jedoch ist es an die Weisungen des Erblassers, nicht aber an die Vorschläge und Wünsche der anderen Beteiligten gebunden,[78] mögen sich auch die Erben auf einen ihnen genehmem Testamentsvollstrecker verständigt haben.[79] I.d.R. wird ein **Fachanwalt für Erbrecht** in Betracht kommen oder wer sich durch entsprechende **Zertifizierungslehrgänge** als Testamentsvollstrecker qualifiziert hat.[80]

26 Eine **fehlerhafte Testamentsvollstreckerernennung** kann in den Fällen des Ermessensnichtgebrauchs oder des fehlerhaften Ermessensgebrauchs einen Amtshaftungsanspruch auslösen nach § 839 BGB, Art 34 GG.[81] Eine ohne entsprechendes Ersuchen erfolgte Ernennung ist gegenstandslos.[82] Der dadurch hervorgerufene Rechtsschein kann aber mit Hilfe des übergeordneten Gerichts beseitigt werden.[83]

27 Das Nachlassgericht entscheidet durch **Beschluss**, der inhaltlich eine Ernennung oder Ablehnung ist. Dieser wird dadurch wirksam, dass er dem Ernannten zu Protokoll bekannt gemacht oder förmlich zugestellt wird (§ 40 FamFG);[84] er muss dabei allen Beteiligten bekannt gemacht werden. Er ist eine rechtsgestaltende Verfügung der freiwilligen Gerichtsbarkeit.[85] Hierfür fällt eine **Gebühr** von 0,5 aus 10 % des Nachlasswertes im Zeitpunkt des Erbfalls an, ohne Abzug der Nachlassverbindlichkeiten (§ 65 GNotKG, Nr. 12420 KV GNotKG).[86] Kostenschuldner sind die Erben (§ 24 Nr. 7 GNotKG).

28 Mit der Bekanntgabe wird die Ernennungsverfügung wirksam. Damit tritt eine **Bindung** ein: Das Nachlassgericht kann die wirksame Ernennung nicht mehr von Amts wegen aufheben[87] und nicht im Erbscheinsverfahren mit den gleichen Beteiligten abermals überprüfen.[88] Als rechtsgestaltender Akt der freiwilligen Gerichtsbarkeit ist er aber ab dann

---

75 BayObLGZ 2003, 306 = FamRZ 2004, 1406, 1407; OLG Hamm OLGZ 1984, 272, 288 = Rpfleger 1984, 316; KG OLGE 30, 208 Anm. 1; NK-BGB/*Kroiß*, § 2200 Rn 5; KK-Erbrecht/*Rott*, § 2200 Rn 6; Palandt/*Weidlich*, § 2200 Rn 4; *Reimann* in: Bengel/Reimann, II Rn 162; Staudinger/*Reimann*, § 2200 Rn 10; *Winkler*, Testamentsvollstrecker, Rn 79; MüKo/*Zimmermann*, § 2200 Rn 5; a.A. *Brandner*, in: MüKo, 3. Aufl. 2002 § 2200 Rn 5: Pflicht zur Ernennung; in Fällen der Ermessensreduzierung auf „Null" ist der Streit bedeutungslos.
76 BGHZ 41, 23 = NJW 1964, 1161; hier endet das Amt bereits kraft Gesetzes.
77 Soergel/*Damrau*, § 2200 Rn 5; MüKo/*Zimmermann*, § 2200 Rn 5.
78 KG OLGE 40, 132; OLG Hamm Rpfleger 1959, 53; NK-BGB/*Kroiß*, § 2200 Rn 6.
79 KK-Erbrecht/*Rott*, § 2200 Rn 8.
80 KK-Erbrecht/*Rott*, § 2200 Rn 7; eingehend zur Auswahlentscheidung des Nachlassgerichts, die dem einzelnen Bewerber nur eine „faire Chance" geben muss, Zimmermann, W., ZEV 2007, 313.
81 MüKo/*Zimmermann*, § 2200 Rn 7; NK-BGB/*Kroiß*, § 2200 Rn 7.
82 NK-BGB/*Kroiß*, § 2200 Rn 9.
83 BayObLG NJW-RR 1995, 711 = ZEV 1995, 24 m. Anm. *Klumpp*; dazu krit. *Leipold*, JZ 1996, 287, 295; a.A. – als rechtsgestaltende Verfügung wirksam, aber aufhebbar – MüKo/*Zimmermann*, § 2200 Rn 11; Soergel/*Damrau*, § 2200 Rn 9; OLG Hamburg NJW 1965, 968.
84 MüKo/*Zimmermann*, § 2200 Rn 9; Staudinger/*Reimann*, § 2200 Rn 14. BayObLGZ 1985, 233.
85 *Firsching/Graf*, Rn 4.442; NK-BGB/*Kroiß*, § 2200 Rn 9.
86 Für überhöht hält dies *Kroiß*, ZEV 2013, 413, 417.
87 Anders aber bei wirksamer Anfechtung, OLG Köln FamRZ 1993, 1124.
88 OLG Karlsruhe NJW-RR 1996, 652; MüKo/*Zimmermann*, § 2200 Rn 11; NK-BGB/*Kroiß*, § 2200 Rn 9.

J. Mayer

auch für **andere** Behörden, das **Prozessgericht**, das Grundbuchamt und das Registergericht bindend, wenn er nicht nichtig ist.[89] Diese Bindung greift jedoch nur hinsichtlich der Tatsache der Ernennung ein. Andere **Unwirksamkeitsgründe**, wie fehlende oder unwirksame Anordnung der Testamentsvollstreckung oder Beendigung der Testamentsvollstreckung wegen Erledigung der Aufgaben werden hiervon nicht erfasst.[90] Für den Fall des fehlenden Ernennungsersuchens ist dies allerdings strittig.

3. Rechtsmittel

Sowohl gegen die **Ablehnung** der Ernennung, wie aber auch gegen die Ernennung selbst, ist nunmehr die befristete Beschwerde nach den §§ 58 ff. FamFG gegeben, über die nunmehr das OLG entscheidet (§ 119 Abs. 1 Nr. 1b GVG). Bei einer **Ernennung** sind gem. § 59 FamFG beschwerdeberechtigt die Erben, die **Miterben** – jedoch nur, wenn die Testamentsvollstreckung auch zu ihren Lasten angeordnet ist,[91] dann aber auch nach Pfändung ihrer Anteile –,[92] die Mitvollstrecker, die Nachlassgläubiger,[93] die Vermächtnisnehmer[94] und die Pflichtteilsberechtigten,[95] nicht aber der ernannte Testamentsvollstrecker selbst, da er das Amt nicht annehmen muss.[96] Die Beschwerde kann auch darauf gestützt werden, dass von Anfang an ein Entlassungsgrund (§ 2227 BGB) bestanden hat.[97] Wird die Ernennung eines Testamentsvollstreckers auf die befristete Beschwerde aufgehoben, so wird sie auch dann rückwirkend beseitigt, wenn die Ernennung durch Mitteilung an den Testamentsvollstrecker wirksam geworden und das Testamentsvollstreckerzeugnis erteilt ist. **Gegen** die **Ablehnung** der Ernennung kann jeder die einfache Beschwerde erheben, der dadurch unmittelbar in seinen **Rechten** betroffen ist (§ 59 FamFG), daher auch der **Vermächtnisnehmer**, wenn es zu den Aufgaben des Testamentsvollstreckers gehört, dieses Vermächtnis zu erfüllen, da er einen dann gegen den Testamentsvollstrecker durchsetzbaren Anspruch besitzt,[98] nicht jedoch Nachlassgläubiger, die keinen Vollstreckungstitel besitzen.[99]

29

Wird die **Ernennung** im Beschwerdeverfahren **aufgehoben,** so steht dem Testamentsvollstrecker, sofern er das Amt angenommen hatte, die **Rechtsbeschwerde** nach den §§ 70 ff. FamFG zum BGH zu,[100] die aber einer besonderen Zulassung bedarf. Die zwischenzeitlich vorgenommenen Rechtsgeschäfte des Testamentsvollstreckers bleiben nach § 47 FamFG wirksam. Seine Rechtsstellung gegenüber den Erben bestimmt sich bei unwirksamer Ernennung nach den Grundsätzen des vermeintlichen Testamentsvollstreckers (siehe Rn 42 ff.).

30

---

89 OLG Hamburg NJW 1965, 968; Staudinger/*Reimann*, § 2200 Rn 23; MüKo/*Zimmermann*, § 2200 Rn 11.
90 NK-BGB/*Kroiß*, § 2200 Rn 9; MüKo/*Zimmermann*, § 2200 Rn 13; eingehend dazu Staudinger/*Reimann*, § 2200 Rn 24 f.
91 OLG Hamm NJW-RR 2009, 155 = MittBayNot 2008, 390 m. Anm. *Reimann*.
92 Palandt/*Weidlich*, § 2200 Rn 8.
93 KG OLGE 40, 132 Fn 1 b.
94 KG RJA 8, 189.
95 BayObLGZ 16, 128; KG OLGZ 40, 132 Fn 1b.
96 *Winkler*, Testamentsvollstrecker, Rn 84; Staudinger/*Reimann*, § 2200 Rn 17; MüKo/*Zimmermann*, § 2200 Rn 14.
97 Ausf. zum Prüfungsmaßstab Staudinger/*Reimann*, § 2200 Rn 18.
98 BGH NJW-RR 2013, 905 = FamRZ 2013, 1035 m. Anm. *W. Zimmermann;* Staudinger/*Reimann*, § 2200 Rn 20.
99 OLG Düsseldorf ZEV 2004, 67; offenlassend BayObLG FamRZ 2002, 641, 642 = ZEV 2001, 284.
100 KG OLGZ 1992, 139, 141; NK-BGB/*Kroiß*, § 2200 Rn 11; MüKo/*Zimmermann*, § 2200 Rn 14.

B. Die Person des Testamentsvollstreckers

I. Grundsätze

31 Das Gesetz enthält nur in § 2201 BGB (Geschäftsunfähigkeit u.Ä.) eine Einschränkung der Fähigkeit, Testamentsvollstrecker zu werden. Daher kann im Prinzip **jedermann Testamentsvollstrecker** werden,[101] sofern nicht besondere Hinderungsgründe im Einzelfall bestehen. So sind etwa auch hier vorsorglich die Verbotsnorm des § 14 HeimG bzw. die an dessen Stelle tretenden landesrechtlichen Bestimmungen zu beachten, und es ist die Einsetzung des Heimleiters oder eines anderen der Verbotsadressaten dieser Norm zu vermeiden.[102] Demgegenüber muss der Testamentsvollstrecker grundsätzlich keine besondere Eignung besitzen.[103] Auch **juristische Personen** können Testamentsvollstrecker sein (arg. § 2210 S. 3 BGB) sowie die Personenhandelsgesellschaften OHG und KG (§§ 124, 161 Abs. 1 HGB),[104] die EWIV und die freiberufliche Partnerschaftsgesellschaft nach dem PartGG.[105]

32 Ein nichtrechtsfähiger Verein und – nach bislang h.M. – auch eine Gesellschaft bürgerlichen Rechts kann als solche nicht Testamentsvollstrecker werden; soweit es sich hierbei aber um einen überschaubaren Personenkreis handelt (Rechtsanwaltssozietät als GbR) kann nach dieser Auffassung aber die Verfügung i.d.R. dahingehend ausgelegt werden, dass die einzelnen Mitglieder derselben gemeinsam und persönlich zur Testamentsvollstreckung berufen sind.[106] Nach der neueren Rechtsprechung des 2. Senats des BGH[107] besitzt jetzt jedoch die **Gesellschaft bürgerlichen Rechts** entgegen der früher überwiegend vertretenen individualistischen Auffassung zur Gesamthand **Rechtsfähigkeit**, soweit sie als Außengesellschaft durch Teilnahme am Rechtsverkehr eigene Rechte und Pflichten begründet. Dies muss dazu führen, dass man die GbR nunmehr auch als fähig ansieht, selbst und als solches der Träger für eine Testamentsvollstreckung zu sein,[108] jedoch um den Preis einer zusätzlichen weit reichenden, akzessorischen und persönlichen Haftung der Gesellschafter analog § 128 HGB.[109] Gleiches wird für den nichtrechtsfähigen Verein zu gelten haben.[110]

33 Aus der **Natur der Sache** oder besonderen gesetzlichen Bestimmungen können sich jedoch **Beschränkungen** ergeben.[111] Eine **Behörde** (§ 1 Abs. 4 BVwVfG) kann nicht Testamentsvollstrecker werden, weil dies zu einer Erweiterung des gesetzlich festgelegten öffentlichen

---

101 *Lange/Kuchinke*, § 31 IV 3 a.
102 So geht etwa *Rossak*, MittBayNot 1997, 407, davon aus, dass als geldwerte Leistung i.S.d. § 14 HeimG auch die Einsetzung eines Testamentsvollstreckers angesehen werden kann; eingehend dazu *Everts*, ZEV 2006, 544.
103 *Lange/Kuchinke*, § 31 IV 3 b.
104 Schlegelberger/*K. Schmidt*, § 124 HGB Rn 1; MüKo/*Zimmermann*, § 2197 Rn 9.
105 Staudinger/*Reimann*, § 2197 Rn 50.
106 MüKo/*Zimmermann*, § 2197 Rn 9 (jedoch ohne Diskussion der neueren Rspr. zur GbR); für entsprechende Umdeutung *Lange/Kuchinke*, § 31 IV 3 b Fn 91. Zur Umsatzsteuerpflicht der Sozietät siehe aber BFH NJW 1988, 224.
107 BGHZ 146, 341 = NJW 2001, 1056; BGH NJW 2002, 1207; dazu etwa Palandt/*Sprau*, § 705 Rn 24 u. eingehend zu der neueren Rspr. MüKo/*Ulmer/Schäfer*, Vor § 705 Rn 9 ff.; krit. dagegen *Heil*, NZG 2001, 300; *Beuthien*, JZ 2003, 715.
108 So jetzt ausdrücklich NK-BGB/*Kroiß*, § 2197 Rn 10; Staudinger/*Reimann*, § 2197 Rn 50; Palandt/*Weidlich*, § 2197 Rn 5; dem zuneigend *Damrau/Bonefeld*, § 2197 Rn 32; wohl eher ablehnend Soergel/*Damrau*, § 2197 Rn 8.
109 Dazu Palandt/*Sprau*, § 714 Rn 12 ff.
110 NK-BGB/*Kroiß*, § 2197 Rn 10; Staudinger/*Reimann*, § 2197 Rn 50.
111 Staudinger/*Reimann*, § 2197 Rn 49.

Wirkungskreises durch privatrechtliche Verfügung führt.[112] Die Auslegung kann aber ergeben, dass einer ihrer Amtsinhaber aufgrund seiner berufstypischen Sachkompetenz, etwa der gerade amtierende Leiter der Behörde oder der gerade amtierende Notar, zum Testamentsvollstrecker berufen sein soll.[113] Diese **institutionalisierende Bezeichnung** führt auch dazu, dass zugleich eine Ersatztestamentsvollstreckerbestimmung vorliegt, da der jeweils amtierende Amtsinhaber zur Vollstreckung berufen wird.[114] Auch das **Nachlassgericht** oder der zuständige Nachlassrichter können aus dem gleichen Grund nicht ernannt werden.[115] Jedoch wird hier oftmals eine Auslegung ergeben, dass wenigstens nach § 2200 BGB verfahren werden kann.

II. Rechtsdienstleistungsgesetz, berufsrechtliche Beschränkungen

Nach § 5 Abs. 2 Nr. 1 des zum 1.7.2008 in Kraft getretenen **Rechtsdienstleistungsgesetzes** (RDG) gelten als erlaubte Nebenleistungen Rechtsdienstleistungen, die im Zusammenhang mit einer Testamentsvollstreckung erbracht werden. Daraus ergibt sich, dass die **Testamentsvollstreckung als solche nicht** als **Rechtsdienstleistung** angesehen wird und zwar unabhängig davon, um welche Art von Testamentsvollstreckung (z.B. Abwicklungs-, Verwaltungs- oder Dauertestamentsvollstreckung) es sich dabei handelt.[116] Darüber hinausgehend sind aber auch alle mit der Testamentsvollstreckung im Zusammenhang stehenden **Rechtsdienstleistungen** als Nebentätigkeit erlaubt, so dass der Vollstrecker Erbquoten ermitteln, die Gültigkeit von Verfügungen von Todes wegen prüfen und diese auch auslegen darf. Für die Feststellung, ob die Tätigkeit erlaubt ist, kommt es daher nur noch darauf an, dass sie im Zusammenhang mit der Testamentsvollstreckung steht; demgegenüber ist es unerheblich, ob es sich um eine Nebenleistung i.S.v. § 5 Abs. 1 RDG handelt, oder ob ein Nichtjurist diesbezüglich anwaltlichen Rat eingeholt hätte.[117] Ein gewisses Korrektiv ergibt sich allerdings durch die Haftungsnorm des § 2219 BGB:[118] So kann im Einzelfall der Testamentsvollstrecker verpflichtet sein, bei mangelnder eigener Rechtskenntnis anwaltlichen Rat einzuholen, andernfalls kann er sich haftbar machen.[119] Nicht zu den erlaubten Rechtsdienstleistungen gehören zudem solche, die das Amt des Testamentsvollstreckers erst begründen, wie z.B. Fragen der Testamentsgestaltung.[120]

Demgegenüber war es unter der Geltung des früheren Rechtsberatungsgesetzes lange Zeit heftig umstritten, ob die Tätigkeit eines Testamentsvollstreckers eine grundsätzlich erlaubnispflichtige Tätigkeit nach Art 1 § 1 RBerG darstellte. Nach dieser Bestimmung durfte die Besorgung fremder Angelegenheiten, einschließlich der Rechtsberatung, geschäftsmäßig nur von Personen betrieben werden, denen dazu von der zuständigen Behörde die entspre-

---

112 MüKo/*Zimmermann*, § 2197 Rn 9; Staudinger/*Reimann*, § 2197 Rn 51; Soergel/*Damrau*, § 2197 Rn 9; *Lange/Kuchinke*, § 31 IV a Fn 93; a.A. RGRK/*Kregel*, § 2197 Rn 4.
113 BayObLGZ 20, 55; Staudinger/*Reimann*, § 2197 Rn 51.
114 Staudinger/*Reimann*, § 2197 Rn 51, der hierauf die zeitliche Beschränkung der §§ 2210 S. 3, 2163 Abs. 2 anwenden will.
115 MüKo/*Zimmermann*, § 2197 Rn 9.
116 Begr. zum Gesetzentwurf der BReg, BT-Drs 16/6634, S. 55; *Römermann/Kusiak*, ZErb 2008, 266, 269; *Muscheler*, ErbR II Rn 2748.
117 *Grunewald*, ZEV 2008, 257, 259; vgl. auch *Römermann/Kusiak*, ZErb 2008, 266, 269; zum Letzteren anders *Hirtz*, in: Grunewald/Römermann, § 5 RDG Rn 220.
118 Eingehend dazu *Römermann/Kusiak*, ZErb 2008, 266, 269.
119 Begr. zum Gesetzentwurf der BReg, BT-Drs 16/6634, S. 55.
120 Begr. zum Gesetzentwurf der BReg, BT-Drs 16/6634, S. 55; *Römermann/Kusiak*, ZErb 2008, 266, 269; vgl. hierzu auch, wenn auch noch nach dem RBerG, LG Freiburg, MittBayNot 2000, 342 m. Anm. *Muscheler*.

chende Erlaubnis erteilt wurde. Diese Streitfrage betraf insbesondere die Übernahme der Testamentsvollstreckung durch Banken, Steuerberater, aber auch Wirtschaftsprüfer. Erst der Wettbewerbssenat des BGH hatte in zwei Entscheidungen vom 11.11.2004 zu Recht und entsprechend der vom Verfasser bereits in den früheren Auflagen vertretenen Auffassung ausdrücklich festgestellt, dass die Tätigkeit eines Testamentsvollstreckers keine Besorgung fremder Rechtsangelegenheiten i.S.v. Art 1 § 1 Abs. 1 S. 1 RBerG ist.[121] Die gesetzliche Neuregelung ist daher eine konsequente Weiterentwicklung der höchstrichterlichen Rechtsprechung. Durch sie hat sich die bisherige Streitfrage erledigt.[122]

36 Bei einer Testamentsvollstreckung durch **Banken** und **Sparkassen** sind zum einen die sich aus § 181 BGB ergebenden Probleme zu beachten.[123] Zum anderen ist zu berücksichtigen, dass auch das Substitutionsverbot Grenzen setzt.[124] Die sich hier ergebenden praktischen Probleme dürfen nicht unterschätzt werden. So wird nunmehr sogar gefordert, dass es eine gegen § 2216 BGB verstoßende Verwaltungsmaßnahme darstellt, wenn Nachlassvermögen durch eine Bank in bankeigene Kapitalanlagen oder solche ihrer Tochterunternehmen investiert wird.[125] Neuerdings wird sogar davor gewarnt, dass die Bank die „Testamentsvollstreckung verkaufen" könnte, indem sie einen Nachfolger benennt und dann ihr Amt niederlegt. Daher sollte man ihr kein Nachfolgerbenennungsrecht zusprechen.[126]

37 Zum **Notar** als Testamentsvollstrecker siehe § 24.

III. Der Erbe als Testamentsvollstrecker

38 Bei der Einsetzung eines **Erben zum Testamentsvollstrecker** sind ebenfalls Beschränkungen zu beachten: Hier gilt der **Grundsatz**: Eine Testamentsvollstreckung ist nur zulässig, wenn die mit der Erbschaft an sich verbundenen Verwaltungs- und Verfügungsrechte wenigstens teilweise zwischen Erben und Testamentsvollstrecker aufgeteilt sind und sich diese durch **checks and balances** gegenseitig kontrollieren **(kein Richter in eigener Sache!)**. Ein **Alleinerbe** darf daher nach h.M. grundsätzlich nicht der einzige Testamentsvollstrecker sein, weil er sich nicht selbst in seiner Herrschaftsmacht beschränken kann.[127] Davon hat der BGH zu Recht eine Ausnahme dahingehend gemacht, dass ein Alleinerbe oder alleiniger Vorerbe aber dann zugleich Erbentestamentsvollstrecker sein kann, wenn sich die Testamentsvollstreckung auf die sofortige Erfüllung eines Vermächtnisses beschränkt und das Nachlassgericht bei groben Pflichtverstößen einen anderen Testamentsvollstrecker bestimmen kann.[128] Möglich ist aber auch den Testamentsvollstrecker als Vermächtnisvollstrecker einzusetzen (§ 2223 BGB), da damit der Vermächtnisnehmer belastet wird, oder seine Einsetzung neben mehreren anderen Testamentsvollstreckern, die das Amt gemeinschaftlich führen.[129] Ein **Miterbe** kann Testamentsvollstrecker werden, weil er dadurch mehr Rechte

---

121 Für Steuerberater BGH NJW 2005, 968 = ZEV 2005, 123 m. Anm. *Stracke*; für Banken BGH NJW 2005, 969 = ZEV 2005, 122; dazu etwa *J. Lang*, ZfIR 2005, 353; *J. Mayer*, MittBayNot 2005, 366.
122 *Muscheler*, ErbR II Rn 2748.
123 Staudinger/*Reimann*, § 2197 Rn 66; eingehend, wenn auch teilweise polemisch *Zimmermann*, ZErb 2007, 278, 283 ff.
124 Allgemein dazu Bamberger/Roth/*J. Mayer*, § 2218 Rn 4 f.
125 *A. Schmitz*, ZErb 2005, 74; siehe auch Bamberger/Roth/*J. Mayer*, § 2216 Rn 13.
126 *Zimmermann*, ZErb 2007, 278, 288 f.
127 RGZ 77, 177, 178; 163, 57, 58; MüKo/*Zimmermann*, § 2197 Rn 11.
128 BGH, FamRZ 2005, 614 = ZErb 2005, 101 = ZEV 2005, 205 m. Anm. *Adams*.
129 RGZ 163, 57, 58; KG JFG 11, 121, 125 = JW 1933, 2915 m. Anm. *Löning*; Staudinger/*Reimann*, § 2197 Rn 53; Soergel/*Damrau*, § 2197 Rn 10.

erlangt als durch die Erbenstellung.¹³⁰ Auch **alle Miterben** können zu Testamentsvollstreckern berufen werden, weil dann bei Meinungsverschiedenheiten das Nachlassgericht (§ 2224 Abs. 1 S. 1 BGB) entscheiden kann und nicht die Mehrheit nach § 2038 Abs. 2 BGB.¹³¹

Der alleinige **Vorerbe** kann – vom Sonderfall der alleinigen Aufgabenstellung der sofortigen Vermächtniserfüllung abgesehen (siehe Rn 38) – nicht zum einzigen Testamentsvollstrecker berufen werden,¹³² auch nicht zum Nacherbentestamentsvollstrecker nach § 2222 BGB, da dadurch die Kontrollrechte der Nacherben ausgeschaltet werden können. Möglich sind jedoch **verschiedene Kombinationen** der Berufung des Erben zum Testamentsvollstrecker bei der **Vor- und Nacherbschaft**. Eingehend dazu § 22 Rn 29. 39

Gegen das „Dogma" der h.M., wonach der Alleinerbe nicht der einzige Testamentsvollstrecker sein dürfe, werden in neuerer Zeit zutreffend Bedenken erhoben und, ausgehend von dem auch vom BGH gemachten Ausnahmefall (Rn 38), gefordert, dass dieses uneingeschränkt aufzugeben sei. Die im Einzelfall entstehenden Abgrenzungsprobleme, ob der Erbe als Testamentsvollstrecker oder Erbe handle, seien dadurch zu lösen, dass im Zweifel der Erben-Vollstrecker als Testamentsvollstrecker handle.¹³³ 40

C. An der Person hängt (fast) alles

Der Erfolg der Testamentsvollstreckung hängt ganz entscheidend von der Person des Testamentsvollstreckers ab. Dies wird oftmals nicht ausreichend berücksichtigt. Der Testamentsvollstrecker sollte „**idealiter**" folgendem **Anforderungsprofil** genügen:¹³⁴ 41
– volles **Vertrauen** des Erblassers
– **menschliche Qualifikation,** um die zu erwartenden Schwierigkeiten bewältigen zu können (z.B. Standfestigkeit, um die Erblasserwünsche auch gegen den Widerstand der Erben durchzusetzen)
– ausreichende **Kenntnis** der wirtschaftlichen und rechtlichen Zusammenhänge; bei besonderen Aufgabenstellungen (etwa im Unternehmensbereich) ist hierauf besonderer Wert zu legen
– ein **Alter,** dass die Aufgabenerfüllung noch während der voraussichtlichen Dauer der Testamentsvollstreckung erhoffen lässt
– ausreichende **Zeit.**

D. Der vermeintliche Testamentsvollstrecker

Die Anordnung der Testamentsvollstreckung oder zumindest die Ernennung des Testamentsvollstreckers kann von Anfang an unwirksam sein oder werden (etwa durch Zeitab- 42

---

130 BGHZ 30, 67 = NJW 1959, 1429; *MüKo/Zimmermann,* § 2197 Rn 11; *Staudinger/Reimann,* § 2197 Rn 53; *Soergel/Damrau,* § 2197 Rn 13.
131 *Soergel/Damrau,* § 2197 Rn 3; *Palandt/Weidlich,* § 2197 Rn 5; *MüKo/Zimmermann,* § 2197 Rn 11.
132 RGZ 77, 177; OLG Karlsruhe MDR 1981, 943; *Staudinger/Reimann,* § 2197 Rn 54; *D. Mayer,* in: Bengel/Reimann, V Rn 308; a.A. *Rohlff,* DNotZ 1971, 527 ff.
133 *Muscheler,*Erbrecht II, Rn 2751.
134 *Reimann,* in: Bengel/Reimann, II Rn 124; *Winkler,* Testamentsvollstrecker, Rn 89; *Esch/Baumann/Schulze zur Wiesche,* Handbuch der Vermögensnachfolge, 5. Aufl. 1997, I Rn 576; *Kapp,* BB 1981, 115; *Groll/Groll* C IX Rn 14.

lauf, Aufgabenbeendigung). Zur Lösung der entstehenden Probleme[135] bei einem vermeintlichen Testamentsvollstrecker wird teilweise befürwortet, hierfür den § 177 BGB entsprechend anzuwenden.[136] Richtigerweise muss man differenzieren: Für die **Vergütung** und den Aufwendungsersatz kommt es nach der Rechtsprechung darauf an, ob die Erben der Testamentsvollstreckung von Anfang an widersprochen haben (eingehend dazu § 21 Rn 104 ff.).[137] Für das **Außenverhältnis** richtet sich die Wirksamkeit von Verfügungen und Verpflichtungen nach den allgemeinen Gutglaubensvorschriften. Hier kommt vor allem dem Testamentsvollstreckerzeugnis eine besondere Bedeutung zu. Denn ist es erteilt, so gelten die Vorschriften über den Erbschein entsprechend (§§ 2368, 2365 BGB), und zwar auch dann, wenn der im Zeugnis benannte Testamentsvollstrecker in Wahrheit keiner war.[138] Weist sich der Testamentsvollstrecker in anderer Weise aus (Vorlage des öffentlichen Testaments und Ausfertigung der Annahmeerklärung) so gelten die Grundsätze der Anscheinsvollmacht.[139]

43 Für das **Innenverhältnis** zum Erben besteht eine gesetzliche Regelung nur in dem Fall, dass die zunächst bestehende Testamentsvollstreckung später erloschen ist (§§ 2218 Abs. 1, 674 BGB). Zu Gunsten des Testamentsvollstreckers wird die Fortdauer des Amtes so lange unterstellt, bis er vom Erlöschen des Amtes Kenntnis erlangt oder das Erlöschen zumindest kennen musste, wobei bereits leichte Fahrlässigkeit schadet. Die anderen Fallgestaltungen sind gesetzlich nicht geregelt. Die Vorschriften über die Geschäftsführung ohne Auftrag können nicht direkt angewandt werden, weil der vermeintliche Testamentsvollstrecker hier ja gerade glaubt, ein eigenes Geschäft zu führen.[140] Eine Analogie zu §§ 2218, 674 BGB wird jedoch bejaht, wenn der Testamentsvollstrecker im guten Glauben an die Innehabung des Amtes handelte; ausf. § 21 Rn 104 ff.[141] Für die Haftung des vermeintlichen Testamentsvollstreckers gilt § 2219 BGB zum Schutze der Erben entsprechend; zu seinem Vergütungsanspruch ausführlich unten § 21 Rn 104 ff.

---

135 Ausf. *Muscheler*, Erbrecht II, Rn 2744 ff.
136 Eingehend dazu *Naegele*, Das vermeintliche Testamentsvollstreckeramt, Diss. Konstanz 1986.
137 BGHZ 69, 235, 239 = NJW 1977, 1726 (wo offengelassen wird, ob bei fehlendem Widerspruch ein Anspruch aus Geschäftsführung ohne Auftrag bestanden hätte); *Winkler*, Testamentsvollstrecker, Rn 632.
138 *Bengel/Dietz*, in: Bengel/Reimann, I Rn 240; Staudinger/*Reimann*, § 2197 Rn 75.
139 *Bengel/Dietz*, in: Bengel/Reimann, I Rn 241; Staudinger/*Reimann*, § 2197 Rn 75. Soweit auch die Duldungsvollmacht gelten soll, ist dies nur in den Fällen des vom Erben veranlassten Rechtsscheins richtig.
140 *Bengel/Dietz*, in: Bengel/Reimann, I Rn 236.
141 *Bengel/Dietz*, in: Bengel/Reimann, I Rn 238; Soergel/*Damrau*, § 2218 Rn 20; *Winkler*, Testamentsvollstrecker, Rn 632; i.E. *Tilling*, ZEV 1998, 331, 339 (für Vergütungsanspruch).

§ 6 Der Beginn des Amtes

Dr. Jörg Mayer

Inhalt:

	Rn		Rn
A. Voraussetzungen	1	IV. Form der Annahmeerklärung	8
B. Annahme des Amtes	4	V. Zeitpunkt der Annahmeerklärung	9
I. Erklärungsempfänger	4	VI. Kosten	10
II. Annahmefähigkeit	5	C. Rechtsgeschäfte vor Amtsbeginn	11
III. Inhalt	6		

A. Voraussetzungen

Nicht bereits der Erbfall macht den dazu Berufenen zum Testamentsvollstrecker. Der Beginn des Amtes des konkret berufenen Testamentsvollstreckers setzt vielmehr kumulativ voraus:[1]
- Anordnung der Testamentsvollstreckung durch den Erblasser (in der Verfügung von Todes wegen)
- Ernennung des Testamentsvollstreckers
  - durch den Erblasser selbst
  - durch einen von ihm ermächtigten Dritten (§ 2198 BGB)
  - durch den schon im Amt befindlichen Testamentsvollstrecker nach § 2199
  - durch das ersuchte Nachlassgericht (§ 2200 BGB)
- Annahme des Amtes durch den Ernannten (§ 2202 Abs. 1 BGB).

Zu beachten ist aber, dass in dem **Zeitraum zwischen** dem **Erbfall** und der Annahme des Amtes durch den konkret berufenen Testamentsvollstrecker die **Testamentsvollstreckung im abstrakt-funktionellen Sinn** mit allen damit verbundenen Verfügungsbeschränkungen **besteht**.[2] Der bis dahin bestehende Schwebezustand ist die **Zeit der Vollmacht,** also von transmortalen oder postmortalen Vollmachten.[3] Umstritten ist, nach welchen Vorschriften während dieser Zwischenzeit bei einem entsprechenden Fürsorgebedürfnis eine Pflegerbestellung für den noch unbekannten Testamentsvollstrecker erfolgen muss, etwa nach § 1913 BGB durch das Betreuungsgericht (früher Vormundschaftsgericht)[4] oder in Analogie zu § 1960 BGB durch das Nachlassgericht.[5]

Eine **Annahmeverpflichtung** besteht nicht (arg. § 2226 BGB).[6] Der Amtsbeginn ist unabhängig von der Annahme der Erbschaft und von der Eröffnung des Testaments.[7]

---

1 *Reimann*, in: Bengel/Reimann, II Rn 224 ff.
2 Soergel/*Damrau*, § 2202 Rn 10.
3 Hierzu etwa *Bengel/Dietz*, in: Bengel/Reimann, I Rn 35–60; *Damrau*, ZEV 1996, 81.
4 Dafür *Damrau*, in: FS Hermann Lange, 1992, S. 797; *Damrau*, ZEV 1996, 81, 83; Soergel/*Damrau*, § 2202 Rn 10.
5 So *Bengel/Dietz*, in: Bengel/Reimann, I Rn 16; *Winkler*, Testamentsvollstrecker, Rn 111a.
6 Palandt/*Weidlich*, § 2202 Rn 2.
7 Palandt/*Weidlich*, § 2202 Rn 1.

B. Annahme des Amtes

I. Erklärungsempfänger

4 Die Annahme des Amtes wie auch seine Ablehnung erfolgt durch amtsempfangsbedürftige Erklärung gegenüber dem **Nachlassgericht** (§ 2202 Abs. 2 S. 1 BGB). Örtlich zuständig ist dabei das nach der allgemeinen Bestimmung des § 343 FamFG zuständige Gericht.[8]

II. Annahmefähigkeit

5 Die Erklärung der Annahme oder ihrer Ablehnung setzt Geschäftsfähigkeit des Testamentsvollstreckers voraus.[9] Soweit eine Beschränkung in der Geschäftsfähigkeit vorliegt, ist eine Annahme durch gesetzlichen Vertreter möglich, wenn die Ernennung aufschiebend bedingt oder befristet angeordnet ist und bis zum Amtsantritt mit der vollen Geschäftsfähigkeit zu rechnen ist.[10]

III. Inhalt

6 Ein besonderer Inhalt der Annahmeerklärung ist nicht vorgeschrieben. Jedoch muss der Wille zur Amtsübernahme deutlich zum Ausdruck kommen. Im Antrag auf Erteilung eines Testamentsvollstreckerzeugnisses liegt konkludent die Annahme des Amtes.[11] **Muster siehe § 28 Rn 7.**

7 Die Annahme- oder Ablehnungserklärung ist als Verfahrenshandlung **bedingungsfeindlich, unwiderruflich** und kann auch unter keiner Zeitbestimmung abgegeben werden (§§ 2202 Abs. 2 S. 2, 130 Abs. 1 S. 2 BGB). Nach einer Ablehnung des Amtes ist daher eine Annahme nicht mehr möglich.[12] Neuerdings sprechen sich *Grunsky/Hohmann*[13] für die Möglichkeit einer **Teilannahme** des Amtes für einen sachlich beschränkten Teil des vom Erblasser festgelegten Aufgabenkreises aus, wenn dies dem (zumindest hypothetischen) Willen des Erblassers entspricht, insbesondere wenn ansonsten kein (Ersatz-)Testamentsvollstrecker zum Zuge kommt. Eine Aufteilung des Testamentsvollstreckeramtes durch eine Teilannahme zwischen dem zunächst berufenen Testamentsvollstrecker und dem im Übrigen nachrückenden Ersatztestamentsvollstrecker entspreche dagegen regelmäßig nicht dem Erblasserwillen, weil eine Aufgabensplitting i.d.R. zu einer Aufgabenerschwernis führe. Dabei wird jedoch bereits im Ansatz verkannt, dass eine solche Teilannahme eine unzulässige Bedingung ist und daher zur Unwirksamkeit der Annahmeerklärung führt. Anders liegt es nur, wenn der Erblasser, und sei es nur stillschweigend, eine Anordnung von Nebenvollstreckern (§ 2224 BGB) mit verschiedenen Aufgabenbereichen verfügt hat.

---

8 MüKo/*Zimmermann*, § 2202 Rn 5.
9 *Reimann*, in: Bengel/Reimann, II Rn 230.
10 Palandt/*Weidlich*, § 2202 Rn 1.
11 BGH WM 1961, 479.
12 Jedoch ist eine erneute Benennung durch einen Dritten oder das Nachlassgericht möglich, wenn der Erblasser eine solche Möglichkeit in der Verfügung von Todes wegen vorgesehen hat (*Reimann*, in: Bengel/Reimann, II Rn 226).
13 ZEV 2005, 41, 43 ff.; zust. NK-BGB/*Kroiß*, § 2202 Rn 6.

IV. Form der Annahmeerklärung

Es genügt privatschriftliche Form. Wegen § 2228 BGB reicht eine rein mündliche Erklärung nicht.[14] Eine mündliche Annahmeerklärung ist daher zu Protokoll des Nachlassgerichts oder zu Protokoll der Geschäftsstelle eines jeden beliebigen Amtsgerichts abzugeben (§ 25 Abs. 2 FamFG). Jedoch ist erst mit Eingang beim zuständigen Nachlassgericht die Erklärung wirksam.[15]

V. Zeitpunkt der Annahmeerklärung

Die Annahmeerklärung kann erst nach dem Eintritt des Erbfalls abgegeben werden (§ 2202 Abs. 2 S. 2 Hs. 1 BGB). Das **Nachlassgericht** kann auf Antrag eines Beteiligten eine **Frist zur Erklärung** über die Annahme bestimmen (§ 2202 Abs. 3 BGB).[16] Nach Ablauf dieser Frist gilt die Annahme als abgelehnt, wenn sie nicht vorher ausdrücklich erklärt wurde. Zuständig zur Fristbestimmung ist der Rechtspfleger (§§ 3 Nr. 2c, 16 RPflG). Eine Fristsetzung ist auch ohne entsprechenden Antrag eines Beteiligten zulässig.[17]

VI. Kosten

Für die **Entgegennahme** der Annahme- oder Ablehnungserklärung fällt eine Festgebühr von 15 EUR nach Nr. 12410 KV Abs. 1 Nr. 4 GNotKG an.[18] Kostenschuldner sind die Erben (§ 24 Nr. 8 GNotKG). Für die **Fristbestimmung** fällt eine Festgebühr von 25 EUR nach Nr. 12411 KV Nr. 5 GNotKG an;[19] Kostenschuldner ist der Antragsteller (§ 22 Abs. 2 GNotKG).

> **Weiterführende Formulierungsvorschläge**
> **Annahmeerklärung**: *Reimann* in Bengel/Reimann, Handbuch II, Rn 234; *Winkler*, Der Testamentsvollstrecker, Rn 864; *Littig* in Krug/Rudolf/Kroiß/Bittler, Anwaltformulare Erbrecht, § 13 Rn 74; *Prausnitz*, Formularkommentar, Form. 6.408.
> **Ablehnungserklärung**: *Winkler*, Der Testamentsvollstrecker, Rn 866; *Littig* in Krug/Rudolf/Kroiß/Bittler, Anwaltformulare Erbrecht, § 13 Rn 75.
> **Antrag auf Setzung einer Erklärungsfrist durch das Nachlassgericht nach § 2202 Abs. 3 BGB**: *Winkler*, Der Testamentsvollstrecker, Rn 865; *Littig* in Krug/Rudolf/Kroiß/Bittler, Anwaltformulare Erbrecht, § 13 Rn 76, 77; *Prausnitz*, Formularkommentar, Form. 6.409.
> **Beschluss des Nachlassgerichts über die Fristsetzung zur Annahmeerklärung**: *Firsching/Graf*, Nachlassrecht, Rn 4.447; *Reimann* in Bengel/Reimann, Handbuch II, Rn 239

---

14 Str., a.A. Palandt/*Weidlich*, § 2202 Rn 1.
15 Staudinger/*Reimann*, § 2202 Rn 6.
16 Muster hierfür *Firsching/Graf*, Rn 4.447.
17 *Reimann*, in: Bengel/Reimann, II Rn 238.
18 *Kroiß*, ZEV 2013, 413, 417.
19 *Kroiß*, ZEV 2013, 413, 418.

C. Rechtsgeschäfte vor Amtsbeginn

11 Rechtsgeschäfte vor Amtsbeginn sind unwirksam. Sie werden auch nicht durch die spätere Amtsannahme ohne weiteres wirksam.[20] Ein einseitiges Rechtsgeschäft ist daher immer nichtig (§§ 180, 141 BGB). Im Übrigen kann der Testamentsvollstrecker nach Annahme des Amtes die vorher vorgenommenen Rechtsgeschäfte nach den §§ 177, 184 BGB genehmigen, ebenso vorher als Nichtberechtigter getätigte Verfügungen nach § 185 Abs. 2 S. 1, 1. Alt. BGB.[21] Dies wirkt allerdings nicht zurück (vgl. § 184 BGB). Eine ausdrückliche Genehmigung der früheren Verfügungen ist aber auf jeden Fall erforderlich, denn diese werden nicht **ipso jure** mit dem Amtsbeginn wirksam.[22]

---

20 OLG Colmar OLGE 26, 349; KGJ 40, 196, 200; Staudinger/*Reimann*, § 2202 Rn 32 m.w.N.; *Muscheler*, Erbrecht II, Rn 2741 mit Hinw. auf die Entstehungsgeschichte des BGB in Fn 80. A.A. *Lange/Kuchinke*, § 31 V 3, die § 1959 Abs. 2 analog anwenden; hiergegen ausf. *Muscheler*, Erbrecht II, Rn 2742.

21 *Reimann*, in: Bengel/Reimann, II Rn 242; Staudinger/*Reimann*, § 2202 Rn 32; *Muscheler*, Erbrecht II, Rn 2743 lässt zu Recht auch bei Verfügungen die Genehmigung analog § 177 BGB genügen.

22 Erman/*M. Schmidt*, § 2202 Rn 4; *Winkler*, Testamentsvollstrecker, Rn 109; so wohl auch Soergel/*Damrau*, § 2202 Rn 5; vgl. dazu BGH WM 1999, 746 = ZEV 1999, 282: Die Verfügung einer nicht verfügungsberechtigten Gebietskörperschaft wird nicht dadurch (automatisch) wirksam, dass diese die Verfügungsmacht später erlangt. – Demgegenüber wird teilweise § 185 Abs. 2 Satz 1, 2. Alt. BGB entsprechend angewandt (der nachträgliche Erwerb des Verfügungsrechts ist dem nachträglichen Erwerb des Verfügungsgegenstands gleichzustellen), so dass mit der Amtsannahme eine Verfügung automatisch wirksam wird, so Staudinger/*Reimann*, § 2202 Rn 32 (unter Bezug auf RGZ 111, 247, 250; 149, 19, 22, die aber beide nicht die Testamentsvollstreckung betrafen); MüKo/*Zimmermann*, § 2202 Rn 4 (unter Betonung der geringen praktischen Relevanz des Theorienstreits); v. *Lübtow*, II S. 938 (die aber für den schuldrechtlichen Vertrag ebenfalls ausdrücklich Genehmigung verlangen) und OLG München ZEV 2006, 173, 174 ohne jede Problemerörterung; hiergegen zu Recht *Muscheler*, Erbrecht II, Rn 2742 f.

§ 7 Nachweis des Amtes

Dr. Jörg Mayer

Inhalt:

	Rn		Rn
A. Testamentsvollstreckerzeugnis (§ 2368 BGB)	2	a) Bisheriges Kostenrecht	27
		b) Neues Kostenrecht	28
I. Aufgabe, Wirkung	3	VI. Inhalt des Testamentsvollstreckerzeugnisses	32
II. Arten von Testamentsvollstreckerzeugnissen	7	B. Verlautbarung im Erbschein	36
III. Verfahren	8	I. Grundsätzliches	36
1. Zuständigkeit	8	II. Ausnahmen	40
2. Antrag	10	C. Eintragung in das Handelsregister	43
a) Antragsrecht	11	I. Eintragungsfähigkeit der Testamentsvollstreckung	43
b) Antragsbegründung und förmliche Nachweispflicht	12	1. Kommanditbeteiligung	43
c) Nachweise	13	2. GmbH	46
IV. Beurkundung	14	II. Erfüllung der Anmeldepflichten durch den Testamentsvollstrecker	47
V. Gang des Erteilungsverfahrens, Rechtsmittel	16	1. Anmeldebefugnis	47
1. Ermittlung von Amts wegen	16	2. Nachweise	48
2. Rechtliches Gehör	17	D. Eintragung im Grundbuch	49
3. Prüfungsumfang	18	E. Sonstige Bekanntmachungen	50
4. Entscheidungsmöglichkeiten	19	F. Sonstige Zeugnisse im Zusammenhang mit der Testamentsvollstreckung	51
a) Sachentscheidung	19	I. Eingangsbestätigung über die Annahme des Amtes	52
b) Zwischenverfügung, Aussetzung des Verfahrens	23	II. Negativzeugnis	53
c) Kein Vorbescheid mehr	24	III. Annahmezeugnis	54
5. Beschwerde, Rechtsbeschwerde	25	IV. Zeugnis über die Fortdauer	55
6. Kosten, Abschriften	27	V. Zeugnis über das erloschene Amt	56

Das Amt beginnt bereits mit Vorliegen der gesetzlichen Voraussetzungen (siehe § 6 Rn 1 ff.). Dann bestehen die Verfügungs- und Verpflichtungsbefugnis des Testamentsvollstreckers und alle mit dem Amt verbundenen Rechte und Pflichten.[1] Zur Erleichterung des Rechtsverkehrs bedarf es jedoch der Publizierung des Amtes, des Amtsinhabers und der damit verbundenen Befugnisse in verschiedenen Registern und Zeugnissen, die z.T. auch einen gutgläubigen Erwerb ermöglichen, wenn entgegen der dort getroffenen amtlichen Verlautbarung keine Testamentsvollstreckung besteht, ein anderer Testamentsvollstrecker oder eine Testamentsvollstreckung mit anderen Befugnissen berufen ist.

A. Testamentsvollstreckerzeugnis (§ 2368 BGB)

Das eigentliche Zeugnis zur Verlautbarung der Befugnisse des Testamentsvollstreckers ist das Testamentsvollstreckerzeugnis.

I. Aufgabe, Wirkung

Es dient dem Testamentsvollstrecker im Rechtsverkehr zum Nachweis seiner Rechte, der gutgläubige Dritte kann sich auf die Richtigkeit seines Inhalts verlassen (§§ 2368 Abs. 3, S. 2 2365–2367 BGB). Die Legitimation des Testamentsvollstreckers kann allerdings auch in anderer Weise erfolgen. Insbesondere wenn die Anordnung der Testamentsvollstreckung in einer öffentlichen Urkunde erfolgte, genügt im **Grundbuchverkehr** die Vorlage einer beglaubigten Abschrift derselben zusammen mit der Niederschrift über deren Eröffnung

---

1 *Reimann*, in: Bengel/Reimann, II Rn 243.

(§ 35 Abs. 2 Hs. 2 i.V.m. Abs. 1 S. 2 GBO). Geht aus letzterer die Annahme der Testamentsvollstreckung nicht hervor, so ist darüber ein gesondertes Zeugnis vorzulegen (siehe dazu ausführlicher Rn 54).[2] Die Bestätigung des Nachlassgerichts über die Annahme der Testamentsvollstreckung macht die Erteilung des Testamentsvollstreckerzeugnisses nicht entbehrlich, da sich deren Beweiskraft nur im Vorliegen einer Annahmeerklärung erschöpft. Liegt kein Testamentsvollstreckerzeugnis vor, sondern legitimiert sich der Testamentsvollstrecker nur durch Vorlage des notariellen Testaments und Ausfertigung der Eröffnungsniederschrift, so ist ein gutgläubiger Erwerb nach den Grundsätzen der Duldungs- und Anscheinsvollmacht möglich (siehe bereits oben § 5 Rn 42).[3]

4 Die **Vermutungswirkung** (= öffentlicher Glaube) des Testamentsvollstreckerzeugnisses geht dahin,[4] dass
– der als Testamentsvollstrecker dort Bezeichnete rechtsgültig Testamentsvollstrecker wurde, insbesondere das Amt angenommen hat,
– ihm das Amt in seinem regelmäßigem Umfang zusteht,
– der Testamentsvollstrecker durch keine anderen als die dort angegebenen Anordnungen beschränkt ist.

5 Liegt eine **Erweiterung** seiner Befugnisse vor, so wird nur das Bestehen der dort angegebenen vermutet, nicht aber dass keine weiteren bestehen.

Das Testamentsvollstreckerzeugnis **bezeugt nicht**,[5]
– wer Erbe ist,
– dass die Gegenstände, über die der Testamentsvollstrecker verfügt, wirklich zum Nachlass oder zumindest zu dem der Testamentsvollstreckung unterliegenden Nachlassteil gehören[6]
– dass die dort angegebenen Beschränkungen der Befugnisse tatsächlich bestehen[7]
– dass das Amt des Testamentsvollstreckers noch besteht, weil gem. § 2368 Abs. 3 Hs. 2 BGB das Testamentsvollstreckerzeugnis mit Beendigung des Amtes automatisch kraftlos wird (Abweichung vom Erbschein, bei dem erst ab Einziehungsverlangen der gute Glaube entfällt).[8] So ist bei der Abwicklungsvollstreckung mit der vollständigen Erbauseinandersetzung das Amt automatisch erloschen. Die vom Erblasser selbst verfügten **Beschränkungen der Amtsdauer** müssen aber im Testamentsvollstreckerzeugnis angegeben sein, da sonst die Vermutung besteht, dass solche nicht vorliegen und daher auch ihr Eintritt nicht zur Unwirksamkeit des Testamentsvollstreckerzeugnisses führt.[9] **Problematisch bleibt** jedoch für den Rechtsverkehr, wenn der Testamentsvollstrecker entlassen wird (§ 2227 BGB), sein Amt kündigt (§ 2226 BGB) oder aber eine auflösende Bedingung zur Beendigung des Amtes führt, deren Eintritt nicht jedem erkennbar ist.

---

2 KGJ 28, 28, 283; 38, 136; *Schaub*, in: Bauer/v. Oefele, § 52 GBO Rn 16.
3 Staudinger/*Reimann*, § 2197 Rn 75; *Bengel/Dietz*, in: Bengel/Reimann, I Rn 241.
4 Staudinger/*Herzog*, § 2368 Rn 25; Palandt/*Weidlich*, § 2368 Rn 8; vgl. auch *Zimmermann*, Die Testamentsvollstreckung, Rn 274.
5 *Zimmermann*, Die Testamentsvollstreckung, Rn 275.
6 Staudinger/*Herzog*, § 2368 Rn 28.
7 Palandt/*Weidlich*, § 2368 Rn 8; *Winkler*, Testamentsvollstrecker, Rn 703; *Lange/Kuchinke*, § 39 VIII 3 b.
8 Staudinger/*Herzog*, § 2368 Rn 30. Auch ein Dritter kann sich grundsätzlich nicht darauf berufen, dass er sich im Irrtum über die Tatsache befunden hat, die zum Erlöschen des Amtes führte.
9 RGZ 83, 348, 352; MüKo/*J. Mayer*, § 2368 Rn 41 i.V.m. Rn 50; Palandt/*Weidlich*, § 2368 Rn 10; *Lange/Kuchinke*, § 39 VIII 4; *Winkler*, Testamentsvollstrecker, Rn 704; *Zahn*, MittRhNotK 2000, 89, 103; Staudinger/*Herzog*, § 2368 Rn 26. A.A. nur *Bestelmeyer*, ZEV 1997, 316, 319 f.; verkürzte Problemdarstellung bei *Reimann*, in: Bengel/Reimann, II Rn 277.

Das Testamentsvollstreckerzeugnis schützt nur den Dritten im Rechtsverkehr; es gilt daher nicht zwischen Testamentsvollstrecker und den Erben, insbesondere **nicht** für **Erbprätendentenstreitigkeiten**.[10]

II. Arten von Testamentsvollstreckerzeugnissen

Man kann folgende Arten unterscheiden:[11]
- das **normale Testamentsvollstreckerzeugnis**, das insbesondere dann erteilt wird, wenn nur ein Testamentsvollstrecker vorhanden ist. Da seit dem Inkrafttreten des FamFG zum 1.9.2009 die deutschen Nachlassgerichte bereits immer dann auch **international** zuständig sind, wenn ihre örtliche Zuständigkeit gegeben ist (vgl. § 105 FamFG), kann abweichend zum früheren Recht auch bei Anwendbarkeit von ausländischem Erbrecht von einem deutschen Nachlassgericht ein Testamentsvollstreckerzeugnis erteilt werden, das dann Weltgeltung beansprucht[12]
- das **gemeinschaftliche Testamentsvollstreckerzeugnis**, wenn mehrere Testamentsvollstrecker ernannt sind und dadurch das Recht aller bezeugt wird
- ein **Teil-Testamentsvollstreckerzeugnis**, wenn mehrere Testamentsvollstrecker ernannt sind, aber nur das Recht eines oder einzelner Testamentsvollstrecker bezeugt wird; auch hier sind die Mitvollstrecker anzugeben
- ein **gegenständlich beschränktes Testamentsvollstreckerzeugnis**. Hierbei ist zu beachten, dass seit dem Inkrafttreten der Änderung des § 2369 BGB n.F. zum 1.1.2009 ein auf die im Inland belegenen Nachlassgegenstände beschränktes Testamentsvollstreckerzeugnis nicht nur dann möglich ist, wenn ein ausländisches Erbstatut (Art. 25 EGBGB) anwendbar ist, sondern **auch** wenn **deutsches Sachrecht** für die Beerbung maßgeblich ist. Trotzdem bleibt das Fremdrechts-Testamentsvollstreckerzeugnis der Hauptanwendungsfall eines gegenständlich beschränkten Testamentsvollstreckerzeugnisses.[13] Für das Verfahren des Nachlassgerichts gilt deutsches Recht als lex fori aber auch dann, wenn ausländisches Erbrecht zur Anwendung kommt.[14]

III. Verfahren

1. Zuständigkeit

Sachlich zuständig ist das Nachlassgericht,[15] § 2368 BGB; die örtliche Zuständigkeit bestimmt sich nach § 343 FamFG; funktionell zuständig ist grundsätzlich der Richter, § 16 Abs. 1 Nr. 6 RPflG. Aufgrund des **landesrechtlichen Vorbehalts** nach § 19 Abs. 1 S. 1 Nr. 5 RPflG sind jedoch die Länder ermächtigt, diesen Richtervorbehalt aufzuheben, so dass dann der Rechtspfleger zuständig ist.

Aus der örtlichen Zuständigkeit (§ 343 FamFG) ergibt sich nach § 105 FamFG auch die internationale Zuständigkeit des deutschen Nachlassgerichts, und zwar auch dann, wenn

---

10 MüKo/*J. Mayer*, § 2368 Rn 43.
11 Dazu etwa MüKo/*J. Mayer*, § 2368 Rn 22 ff.
12 Dazu MüKo/*J. Mayer*, § 2368 Rn 27 m.w.N.
13 Eingehend dazu MüKo/*J. Mayer*, § 2368 Rn 26 ff.
14 *Firsching/Graf*, Rn 4.451; *Haas/Sieghörtner*, in: Bengel/Reimann, IX Rn 452 i.V.m. Rn 420. Zur Erteilung eines Testamentsvollstreckerzeugnisses, wenn infolge einer Rechtswahl nach Art. 25 Abs. 2 EBGB für das in Deutschland belegene unbewegliche Vermögen deutsches Recht gewählt wurde: BayObLGZ 1999, 296, 301 ff. = ZEV 1999, 485.
15 Dazu etwa *Zimmermann*, Die Testamentsvollstreckung, Rn 256.

materiell-rechtlich ausländisches Erbrecht anwendbar ist. Demnach beansprucht auch ein von einem deutschen Nachlassgericht erteiltes Testamentsvollstreckerzeugnis „Weltgeltung".[16]

2. Antrag

10 Wie der Erbschein wird das Testamentsvollstreckerzeugnis nur auf Antrag erteilt (§ 2368 Abs. 1 BGB). Er muss daher auch den allgemeinen Voraussetzungen des § 23 FamFG entsprechen, ist also insbesondere zu begründen. Es gilt auch hier die **Dispositionsmaxime**.[17] Weiter muss der Antrag so auf Erteilung eines **bestimmten** Testamentsvollstreckerzeugnisses gerichtet sein, dass das Nachlassgericht dieses ohne weitere Ergänzungen und Einschränkungen erteilen kann.[18] Dabei sind die **unterschiedlichen Aufgaben** und Befugnisse, die dem Testamentsvollstrecker verliehen sein können, zu beachten. Hat etwa der Testamentsvollstrecker nur die Aufgabe, für die Erfüllung der Vermächtnisse zu sorgen und den Vermächtnisgegenstand bis zur Erfüllung des Vermächtnisses zu verwalten, so kann das Nachlassgericht nicht dem Antrag auf Erteilung eines unbeschränkten Testamentsvollstreckerzeugnisses entsprechen.[19] Umgekehrt ist das Nachlassgericht an den Antrag gebunden.[20] Jedoch sind auch hier Hilfsanträge zulässig.[21]

a) Antragsrecht

11 Ein eigenes **Antragsrecht** hat der **Testamentsvollstrecker**, allerdings erst nach Annahme seines Amtes. Jedoch liegt im Antrag auf Erteilung des Testamentsvollstreckerzeugnisses konkludent die Annahme des Amtes.[22] Analog § 2357 Abs. 1 S. 2 BGB kann das **gemeinschaftliche Vollstreckerzeugnis** durch jeden Mitvollstrecker einzeln beantragt werden.[23] Ist die Testamentsvollstreckung unter einer **aufschiebenden Bedingung oder Befristung** angeordnet, so besteht vor Eintritt des Ereignisses oder Termins das Amt des Testamentsvollstreckers noch nicht, ein Zeugnis kann bis dahin noch nicht erteilt werden.[24] Das umstrittene **Antragsrecht des Erben** auf Erteilung eines Testamentsvollstreckerzeugnisses ist zu bejahen:[25] In den in der Praxis nicht so seltenen Zweifelsfällen hat auch er als materiell

---

16 *Fröhler*, BWNotZ 2008, 183, 186 f.; *Zimmermann*, FamFG, 2. Aufl. 2011, Rn 924; MüKo/*J. Mayer*, § 2368 Rn 27.
17 Dazu MüKo/*J. Mayer*, § 2353 Rn 66.
18 Soergel/*Zimmermann*, § 2368 Rn 7; allg. dazu MüKo/*J. Mayer*, § 2353 Rn 69 f.
19 OLG Düsseldorf FamRZ 2014, 423, 424.
20 OLG Zweibrücken OLGZ 1989, 153, 155; *Winkler*, Testamentsvollstrecker, Rn 696; Staudinger/*Herzog*, § 2368 Rn 23; Soergel/*Zimmermann*, § 2368 Rn 7; Palandt/*Weidlich*, § 2368 Rn 6.
21 *Zimmermann*, Testamentsvollstreckung, Rn 253; zur Parallelproblematik beim Erbschein siehe MüKo/*J. Mayer*, § 2353 Rn 72.
22 Vgl. etwa BGH WM 1961, 479; Staudinger/*Herzog*, § 2368 Rn 5.
23 *Winkler*, Testamentsvollstrecker, Rn 698; *Reimann*, in: Bengel/Reimann, II Rn 281; RGRK/*Kregel*, § 2368 Rn 7; *Zimmermann*, Testamentsvollstreckung, Rn 253.
24 KG JFG 10, 73; *Winkler*, Testamentsvollstrecker, Rn 685; *Zimmermann*, Testamentsvollstreckung, Rn 254.
25 Wie hier *Winkler*, Testamentsvollstrecker, Rn 687; *v. Lübtow*, II 976; *Lange/Kuchinke* § 39 VIII 2 Fn 272; Soergel/*Zimmermann*, § 2368 Rn 7 Fn 27; *Zimmermann*, Testamentsvollstreckung, Rn 253; a.A. OLG Hamm NJW 1974, 505 (unter Leugnung der Beteiligtenstellung des Erben); OLG Hamm FamRZ 2000, 487, 488; BayObLG FamRZ 1995, 124 = ZEV 1995, 22, 23 m. abl. Anm. *Klumpp*, ZEV 1995, 24; BayObLG MDR 1978, 142 (LS); NK-BGB/*Kroiß*, § 2368 Rn 2; Bamberger/Roth/*Siegmann/Höger*, § 2368 Rn 4; *Firsching/Graf*, Rn 4.453; *Reimann*, in: Bengel/Reimann, II Rn 281; Erman/*Schlüter*, § 2368 Rn 1; PWW/*Deppenkemper*, § 2368 Rn 2; Staudinger/*Herzog*, § 2368 Rn 17; Palandt/*Weidlich*, § 2368 Rn 5.

Betroffener[26] ein berechtigtes Interesse an der Klärung, wer zum Testamentsvollstrecker mit welchen Befugnissen berufen ist und darf hierfür nicht auf den Zivilprozess verwiesen werden.[27] **Nachlassgläubiger** können unter den Voraussetzungen der §§ 792, 896 ZPO das Testamentsvollstreckerzeugnis selbstständig beantragen;[28] der **Titel** kann sich gegen den Erblasser, gegen den Erben oder gegen den Testamentsvollstrecker in dieser Eigenschaft richten.

b) Antragsbegründung und förmliche Nachweispflicht

Für den Antragsteller eines Testamentsvollstreckerzeugnisses gelten die **Substantiierungs- und Nachweispflichten,** wie sie beim Antrag auf Erteilung eines Erbscheins bestehen[29] mit einigen **sinngemäßen Abwandlungen** und nur, soweit davon das Bestehen des Amtes abhängt. Der Antrag muss daher enthalten (§§ 2368 ~~Abs. 3,~~ 2354, 2355 BGB):[30]

- die Tatsachen, die im Testamentsvollstreckerzeugnis zu verlautbaren sind, insbesondere über den Umfang der Befugnisse des Testamentsvollstreckers; insoweit ist zu beachten, dass das Testamentsvollstreckerzeugnis nur antragsgemäß erteilt wird
- die Zeit des Todes des Erblassers
- die Verfügung von Todes wegen, mit der die Testamentsvollstreckung angeordnet wurde und die Erklärung, durch die die Benennung erfolgte
- ob und welche weiteren Verfügungen von Todes wegen vorhanden sind
- ob ein Rechtsstreit über die Ernennung anhängig ist
- eine Begründung nach § 23 FamFG
- wenn eine Person weggefallen ist, durch die er von dem Amte ausgeschlossen oder in der Rechtsstellung gemindert würde, in welcher Weise sie weggefallen ist.[31]

12

c) Nachweise

Der Nachweis der ersten drei und des letzten Punktes ist durch Urkunden zu führen, im Übrigen durch eidesstattliche Versicherung, die aber u.U. erlassen werden kann (§ ~~2356 Abs. 2 S. 2~~ BGB).

13

IV. Beurkundung

Zur **Beurkundung der eidesstattlichen Versicherung** (die mit dem formlosen Antrag auf Zeugniserteilung verbunden werden kann) sind außer den Notaren i.d.R. auch die Amtsgerichte berufen (§§ 2368 ~~Abs. 3,~~ ~~2356 Abs. 2 S. 1~~ BGB), wobei hier der Rechtspfleger funktionell zuständig ist.

14

Allerdings können die einzelnen Bundesländer aufgrund der Länderöffnungsklausel des Art. 239 EGBGB bestimmen, dass der Antrag auf Erteilung eines Erbscheins der notariellen Beurkundung bedarf und die entsprechende eidesstattliche Versicherung nicht mehr vor

15

---

26 Zur Herleitung des Antragsrechts aus der materiell-rechtlichen Betroffenheit siehe MüKo/*J. Mayer*, § 2353 Rn 75.
27 Zutr. *Zimmermann*, Testamentsvollstreckung, Rn 253.
28 AllgM, BGH NJW 1964, 1905; *Winkler*, Testamentsvollstrecker, Rn 702; Soergel/*Zimmermann*, § 2368 Rn 7.
29 Dazu und insbesondere über deren verfahrensrechtliche Bedeutung siehe MüKo/*J. Mayer*, § 2354 Rn 3, § 2356 Rn 1, § 2358 Rn 13 ff.
30 Vgl. etwa *Zimmermann,* Die Testamentsvollstreckung, Rn 255.
31 *Firsching/Graf*, Rn 4.454.

Gericht, sondern nur noch vor einem Notar abgegeben werden kann.³² Da für die Erteilung eines Testamentsvollstreckerzeugnisses nach § 2368 Abs. 3 Hs. 1 BGB die Vorschriften über den Erbschein entsprechende Anwendung finden, gilt diese Möglichkeit auch für das Verfahren auf Erteilung des Testamentsvollstreckerzeugnisses.³³

Muster: Antrag auf Erteilung eines Testamentsvollstreckerzeugnisses³⁴

Heute am

erschien vor mir, Notar

[allg. Urkundeneingang für eine protokollierte Urkunde]

Am   ist in   der Erblasser   verstorben. Er war im Erbfall allein deutscher Staatsangehöriger. Sein letzter Wohnsitz war

Der Erblasser hat folgende Verfügungen hinterlassen:
1. das privatschriftliche Testament vom
2. das Testament vom

Das Amtsgericht   hat diese Verfügungen unter AZ.   eröffnet.

Der Erblasser hat mich in seinem o.g. Testament vom   zum Testamentsvollstrecker für den Nachlass ernannt. Es handelt sich um eine Dauertestamentsvollstreckung, bis der Erbe das 25. Lebensjahr vollendet hat. Mir wurde die Befugnis eingeräumt, unbeschränkt für den Nachlass Verbindlichkeiten einzugehen.

Sonstige Verfügungen von Todes wegen hat der Erblasser nicht hinterlassen. Ein Rechtsstreit über die Gültigkeit dieses Testaments oder meine Ernennung ist nicht anhängig.

Ich nehme das Amt des Testamentsvollstreckers an.

Über die Bedeutung einer eidesstattlichen Versicherung und über die Strafbarkeit unrichtiger eidesstattlich versicherter Angaben belehrt, versichere ich hiermit an Eides statt, dass mir nichts bekannt ist, was der Richtigkeit meiner Angaben entgegensteht.

Ich beantrage entsprechend meinen vorstehenden Angaben, mir ein Testamentsvollstreckerzeugnis nach § 2368 BGB zu erteilen.

Der Wert des Nachlasses ohne Schuldenabzug beträgt   .

Da es sich um eine Dauertestamentsvollstreckung handelt, wird sie mehrere Jahre andauern.

Als Beteiligte im Sinne des § 349 Abs. 3 FamFG gebe ich an: .

V. Gang des Erteilungsverfahrens, Rechtsmittel

1. Ermittlung von Amts wegen

16 Für das Verfahren³⁵ gelten über die Verweisung des § 2368 Abs. 3 Hs. 1 BGB dieselben Bestimmungen **wie im Erbscheinsverfahren**. Dabei hat das Nachlassgericht den Sachverhalt **von Amts wegen** zu ermitteln (§§ 2358 f., 2368 Abs. 3 BGB, § 26 FamFG),³⁶ Streng- und Freibeweis sind zulässig.³⁷ Allerdings ist dem Strengbeweis der Vorzug zu geben, wenn es

---

32 Dazu etwa *W. Zimmermann*, FamRZ 2014, 11, 12.
33 A.A. *W. Zimmermann*, FamRZ 2014, 11, 12 (ohne Begr.).
34 Kersten/Bühling/*Wegmann*, § 102 Rn 86 M.
35 Eingehend *Firsching/Graf*, Rn 4.456 ff.
36 Allg. M., *Firsching/Graf*, Rn 4.463; *Zimmermann*, FamFG, 2. Aufl., Rn 925.
37 Eingehend zu den zu beachtenden Verfahrensgrundsätzen siehe MüKo/*J. Mayer*, § 2358 Rn 26 ff.

auf die Beweisbarkeit von Einzeltatsachen ankommt, wie etwa die Errichtung und den Inhalt der die Anordnung der Testamentsvollstreckung enthaltenen Verfügung von Todes wegen.[38]

Während eine Darlegungs- oder formelle Beweislast in diesem Verfahren der freiwilligen Gerichtsbarkeit nicht besteht, trägt die **materielle Beweislast** der Antragsteller des Testamentsvollstreckerzeugnisses für die Tatbestandsumstände, die seine Stellung als Testamentsvollstrecker begründen.[39] **Beteiligter** im Verfahren zur Erteilung eines Testamentsvollstreckerzeugnisses ist der Testamentsvollstrecker (§ 345 Abs. 3 S. 1 FamFG), der von Amts wegen hinzuziehen ist (§ 7 Abs. 2 Nr. 2 FamFG).[40] Dies wäre eine reine Platitude, wenn nur auf dessen Antrag hin das Testamentsvollstreckerzeugnis zu erteilen wäre,[41] macht aber dann Sinn, wenn nach der hier vertretenen Auffassung (siehe Rn 11) auch der Erbe antragsberechtigt ist. Daneben kann das Gericht als sog. „Kann-Beteiligte" die Erben hinzuziehen, wobei darunter entsprechend dem Zweck des Testamentsvollstreckerzeugnisses nur diejenigen zu verstehen sind, die mit der Testamentsvollstreckung auch materiell-rechtlich belastet sind,[42] sowie etwaige Mitvollstrecker (§ 345 Abs. 3 S. 2 FamFG). Werden sie nicht von Amts wegen beteiligt, so sind sie auf ihren Antrag hin, dem entsprochen werden muss,[43] zu beteiligen (§ 345 Abs. 3 S. 3 FamFG). Damit sie dieses Antragsrecht wahrnehmen können, sind sie vom Nachlassgericht darauf hinzuweisen (§ 7 Abs. 4 S. 2 FamFG).

2. Rechtliches Gehör

Auch für das Verfahren auf Erteilung eines Testamentsvollstreckerzeugnisses gilt der verfassungsrechtliche Grundsatz des rechtlichen Gehörs **unmittelbar** (Art. 103 GG). Der frühere § 2368 Abs. 2 BGB, der vorsah, dass vor der Erteilung eines Zeugnisses der Erbe tunlichst gehört werden sollte, wenn die Ernennung nicht in einer dem Nachlassgericht vorliegenden öffentlichen Urkunde enthalten war, wurde durch Art. 50 Nr. 69 FGG-RG vom 17.12.2008, BGBl I 2586 mit Wirkung zum 1. September 2009 ersatzlos aufgehoben. Näheres zur Gewährung des rechtlichen Gehörs ergibt sich nunmehr aus **§ 34 FamFG**. Geht es dagegen um eine persönliche Anhörung eines Beteiligten zur Aufklärung des Sachverhalts so ist § 33 FamFG anzuwenden.[44] Desweiteren können Erben und Mit-Testamentsvollstrecker einen Antrag stellen, am Verfahren beteiligt zu werden; diesem Antrag hat das Nachlassgericht zu entsprechen (§ 345 Abs. 3 S. 3 FamFG).[45]

17

3. Prüfungsumfang

Das Nachlassgericht hat vor Erteilung des Testamentsvollstreckerzeugnisses insbesondere die Gültigkeit der Anordnung der Testamentsvollstreckung und der Ernennung zu prüfen. Vor allem ist **zu prüfen**:[46]
– Die **Zuständigkeit,** und zwar die sachliche und örtliche, § 343 FamFG, gegebenenfalls auch die internationale

18

---

38 *Zimmermann*, Die Testamentsvollstreckung, Rn 257a unter Bezug auf BayObLG NJW-RR 1992, 653.
39 Vgl. etwa *Zimmermann*, Testamentsvollstreckung, Rn 258.
40 *Tschichoflos*, in: Schulte-Bunert/Weinreich, § 352 FamFG Rn 3.
41 MüKo-FamFG/*J. Mayer*, § 345 FamFG Rn 12.
42 MüKo-FamFG/*J. Mayer*, § 345 FamFG Rn 22.
43 MüKo-FamFG/*J. Mayer*, § 345 FamFG Rn 22..
44 *Brinkmann*, in: Schulte-Bunert/Weinreich, § 34 FamFG Rn 1 i.V.m. § 33 FamFG Rn 1.
45 MüKo-FamFG/*J. Mayer*, § 345 Rn 22.
46 *Firsching/Graf*, Rn 4.456; *Winkler*, Testamentsvollstrecker, Rn 689; *Zimmermann*, Testamentsvollstreckung, Rn 260.

- die **Gültigkeit** der **Verfügung von Todes wegen,** mit der die Testamentsvollstreckung angeordnet wurde, insbesondere wegen eines Verstoßes gegen erbrechtliche Bindungen (§§ 2289, 2271 BGB) oder die Wirksamkeit einer erklärten Anfechtung (§§ 2078 ff. BGB), bei konkreten Anhaltspunkten auch die Testierfähigkeit (§ 2229 Abs. 4 BGB)
- die **Wirksamkeit** der Ernennung zum Testamentsvollstrecker (§§ 2197 ff. BGB)[47]
- **Annahme** des Amtes durch den Testamentsvollstrecker (§ 2202 BGB)
- ob die **Testamentsvollstreckung** bereits **gegenstandslos** oder das Amt aus einem sonstigen Grund schon erloschen ist. Denn grundsätzlich wird kein Zeugnis erteilt, das von Anfang an wieder eingezogen werden müsste; deshalb ist auch über den etwaigen Wegfall der Testamentsvollstreckung, auch durch ihre Erledigung, von Amts wegen zu ermitteln, wenn sich ein Anhalt dafür ergibt.[48] Ist die Testamentsvollstreckung schon wieder beendet, nachdem sie bestanden hatte, kommt die Erteilung eines Zeugnisses hierüber mit dem Vermerk der Beendigung in Betracht. Eine öffentliche Aufforderung nach § 2358 Abs. 2 ist der Sache nach kaum anwendbar, aber nicht ausgeschlossen.[49]

4. Entscheidungsmöglichkeiten

a) Sachentscheidung

19 Hierfür gilt aufgrund der Verweisung in § 354 FamFG die Bestimmung des § 352 FamFG entsprechend.[50] Wie bei der Erteilung des Erbscheins ist zwischen **unstreitigen** und **streitigen Verfahren** zu unterscheiden:[51]

20 (1) Hat kein Beteiligter (dazu § 345 FamFG) dem beantragten Testamentsvollstreckerzeugnis widersprochen und hält das Nachlassgericht die zur Begründung des Antrags erforderlichen Tatsachen für erwiesen (§ 2359 BGB) erlässt es zunächst einen entsprechenden Feststellungsbeschluss (§ 352 Abs. 1 S. 1 FamFG), für dessen formelle Seite § 38 FamFG gilt.[52] Dieser wird abweichend von § 40 FamFG bereits mit seinem Erlass wirksam und ist nicht bekannt zu geben (§ 352 Abs. 1 S. 2 und 3 FamFG). Einer Kostenentscheidung bedarf es nicht, da sich die Kostentragung aus dem GNotKG ergibt. Dieser Feststellungsbeschluss wird in einem solchermaßen unstreitigen Verfahren sofort vollzogen. Dies geschieht dadurch, dass eine Ausfertigung oder (in manchen Bundesländern) auch die Urschrift des Testamentsvollstreckerzeugnisses dem Antragsteller „körperlich" ausgehändigt wird. Beteiligte i.S.d. § 345 FamFG, die zum Verfahren nicht zugezogen wurden, werden vom Ausgang des Verfahrens formlos verständigt (§ 15 Abs. 3 FamFG).

21 (2) Liegt eine **streitige Sache** vor, weil der nach § 352 Abs. 1 FamFG zu erlassende Feststellungsbeschluss dem erklärten Willen eines Beteiligten (§ 345 FamFG) widerspricht, **setzt** das Nachlassgericht die **sofortige Wirksamkeit** des Beschlusses **aus** und stellt die Erteilung des Testamentsvollstreckerzeugnisses bis zur Rechtskraft des Feststellungsbeschlusses zu-

---

47 Zu Unwirksamkeitsgründen siehe etwa Staudinger/*Reimann*, § 2197 Rn 18 ff.; Genehmigungsvorbehalte nach Beamten- oder Richterrecht (vgl. etwa § 65 BBG, Art. 74 Abs. 1 Nr. 2a BayBG) für die Annahme des Amtes betreffen nur das dienstrechtliche Innenverhältnis, nicht die Wirksamkeit der Ernennung, Bamberger/Roth/*Siegmann/Höger*, § 2368 Rn 8; *Firsching/Graf*, Rn 4.456.
48 Allg. hierzu z.B. BayObLG MDR 1978, 142; BayObLGZ 1956, 186, 190; *Firsching/Graf*, Rn 4456; *Winkler*, Testamentsvollstrecker, Rn 689; Soergel/*Zimmermann*, § 2368 Rn 8.
49 Generell ablehnend Staudinger/*Herzog*, § 2368 Rn 21.
50 *Zimmermann*, Die Testamentsvollstreckung, Rn 263 ff.; s. dazu auch die entsprechenden Erläuterungen in MüKo/*J. Mayer*, § 2353 Rn 102 ff.
51 *Zimmermann*, Die Testamentsvollstreckung, Rn 263 ff.; *Tschichoflos*, in: Schulte-Bunert/Weinreich, § 352 FamFG Rn 3 ff.
52 *Zimmermann*, FamFG, 2. Aufl., Rn 927.

rück (§§ 352 Abs. 2 S. 2, 354 FamFG).[53] Eine Kostenentscheidung nach den §§ 81 ff. FamFG ist möglich. Der Beschluss ist zu begründen (§ 38 Abs. 3 S. 1 FamFG) und den Beteiligten bekannt zu geben (§ 352 Abs. 2 S. 1 FamFG). Demjenigen, der widersprochen hat, ist der Beschluss sogar zuzustellen (§ 41 Abs. 1 S. 2 FamFG). Anschließend hat das Nachlassgericht den Ablauf der Beschwerdefrist (§ 63 FamFG: ein Monat) abzuwarten, und zwar auch dann, wenn der Widerspruch nicht begründet ist oder ohne jeden Grund widersprochen wurde. Wird der Feststellungsbeschluss mangels Beschwerdeeinlegung durch Fristablauf rechtskräftig, wird dieser vollzogen. Wird fristgerecht Beschwerde eingelegt, wird das Verfahren dem nunmehr hierfür zuständigen **OLG** (§ 119 Abs. 1 Nr. 1b GVG) vorgelegt und dessen Entscheidung abgewartet.[54] Das Nachlassgericht kann aber auch der Beschwerde selbst abhelfen (§ 68 Abs. 1 S. 1 FamFG). Zum Inhalt des Testamentsvollstreckerzeugnisses siehe Rn 32 ff.

Liegen nach Auffassung des Nachlassgerichts die formellen oder materiellen Voraussetzungen für die Erteilung des Zeugnisses nicht vor und sind sie auch nicht demnächst behebbar, erfolgt die **Zurückweisung** als unzulässig oder unbegründet durch Beschluss (§ 38 FamFG). Dieser ist zu begründen (§ 38 Abs. 3 S. 1 FamFG) und mit einer Rechtsbehelfsbelehrung zu versehen (§ 39 FamFG). Er ist den Beteiligten bekannt zu geben (§ 352 Abs. 2 S. 1 FamFG); dem, der widersprochen hat, ist der Beschluss zuzustellen (§ 41 Abs. 1 S. 2 FamFG). Rechtsmittel dagegen ist die befristete Beschwerde (§§ 58 ff. FamFG). Da diese nur innerhalb der Monatsfrist des § 63 FamFG zulässig ist, erwächst die Abweisung des Erteilungsantrags – anders als nach dem FGG – in **formelle Rechtskraft**, sobald die Beschwerdefrist abgelaufen ist. Wird der **gleiche Antrag,** gestützt auf den gleichen Sachverhalt, nochmals gestellt, so steht dem daher die formelle Rechtskraft des früheren Zurückweisungsbeschlusses entgegen.[55] Ebenso wie im Erbscheinsverfahren besteht auch hier eine strenge Bindung an den Antrag. Soweit ein Zeugnis als alleiniger Testamentsvollstrecker beantragt wird, kann keines für mehrere Mitvollstrecker erteilt werden.[56] Eine **Kostenentscheidung** nach § 81 FamFG kann in Betracht kommen.[57]

b) Zwischenverfügung, Aussetzung des Verfahrens

Leidet der Antrag an behebbaren Mängeln, etwa noch fehlenden Unterlagen, so hat das Nachlassgericht dem Antragsteller unter Setzung einer angemessenen Frist Gelegenheit zu geben, die genau zu bezeichnenden Mängel zu beseitigen.[58] Ist zwischen den Beteiligten schon ein Zivilprozess über die Testamentsvollstreckung anhängig, kann das Gericht das Verfahren auch aussetzen (§ 21 FamFG).[59]

c) Kein Vorbescheid mehr

Soweit widersprechende Anträge vorliegen oder die Sach- oder Rechtslage schwierig ist, konnte früher unter der Geltung des FGG das Nachlassgericht entsprechend den zum

---

53 *Zimmermann,* FamFG, 2. Aufl., Rn 928; *Zimmermann,* Die Testamentsvollstreckung, Rn 266 f.; zur Parallelproblematik beim Erbscheinsantrag ebenso *Tschichoflos,* in: Schulte-Bunert/Weinreich, § 352 FamFG Rn 9.
54 Zur Entscheidung des OLG ausf. *Zimmermann,* Die Testamentsvollstreckung, Rn 281 ff.
55 *Zimmermann,* FamFG, 2. Aufl. 2011, Rn 977 zur Parallelproblematik beim Erbscheinsantrag.
56 Palandt/*Weidlich,* § 2368 Rn 6; *Zimmermann,* Das neue FamFG, Rn 654.
57 *Zimmermann,* Testamentsvollstreckung, Rn 264.
58 Vgl. etwa *Zimmermann,* Testamentsvollstreckung, Rn 265.
59 Soergel/*Zimmermann,* § 2368 Rn 8; *Zimmermann,* Testamentsvollstreckung, Rn 261.

Erbschein entwickelten Grundsätzen[60] auch nur einen beschwerdefähigen Vorbescheid zur Klärung der Rechtslage im Beschwerdeverfahren erlassen.[61] Da sich das FamFG nunmehr bei streitigen Verfahren für einen anderen Weg zur Klärung der Rechtslage entschieden hat, ist ein Vorbescheid nach ganz h.M. im Erbscheinsverfahren **nicht mehr zulässig**;[62] entsprechendes muss für das Testamentsvollstreckerzeugnis gelten.[63]

5. Beschwerde, Rechtsbeschwerde

25 Gegen die **Zurückweisung** des Erteilungsantrags ist die befristete Beschwerde (§§ 58 ff. FamFG) statthaft, über die das **OLG** entscheidet (§ 119 Abs. 1 Nr. 1b GVG). Beschwerdeberechtigt ist nur, wer dadurch in seinen Rechten beeinträchtigt ist (§ 59 Abs. 1 FamFG) und zusätzlich in erster Instanz einen Antrag gestellt hat (§ 59 Abs. 2 FamFG) oder einen solchen jedenfalls potenziell hätte stellen können.[64] Bejaht man das Antragsrecht des Erben auf Erteilung eines Testamentsvollstreckerzeugnisses, dann steht ihm gegen die Ablehnung oder, mit dem Ziel der Neuerteilung, auch gegen dessen vollzogene Einziehung das Beschwerderecht zu.[65]

26 Dagegen ist der **Feststellungsbeschluss** nur solange mit der befristeten Beschwerde (§§ 58 ff. FamFG) anfechtbar, als er nicht durch die Erteilung des Testamentsvollstreckerzeugnisses, also durch Aushändigung oder Zusendung einer Ausfertigung oder der Urschrift, vollzogen ist (Gegenschluss aus §§ 354, 352 Abs. 3 FamFG). Danach ist die Beschwerde gegen den Feststellungsbeschluss nur noch mit dem Ziel der Einziehung zulässig (§§ 354, 352 Abs. 3 FamFG).[66] **Beschwerdebefugt** ist hier jeder, dessen Recht durch die Erteilung des Testamentsvollstreckerzeugnisses beeinträchtigt wird (§ 59 Abs. 1 FamFG), also der Testamentsvollstrecker bei unrichtiger Ausstellung des Testamentsvollstreckerzeugnisses,[67] bei mehreren auch solche, die den Antrag nicht gestellt haben, aber potenziell hätten stellen können,[68] bei der Vermächtnisvollstreckung (§ 2223 BGB) der damit beschwerte Vermächtnisnehmer.[69] Die demnach erforderliche materielle Beschwer besitzt weiter der mit der Testamentsvollstreckung belastete **Erbe**, jedoch genügt die bloße Möglichkeit seines Erbrechts für die Zulässigkeit der Beschwerde nicht, sondern das behauptete Erbrecht muss wirklich

---

60 Dazu etwa MüKo/*J. Mayer*, § 2353 Rn 109 ff.
61 BGH NJW 1996, 1284 = ZEV 1996, 110; BayObLG FamRZ 1991, 111, 112; OLG Düsseldorf NJW-RR 1994, 906 = FamRZ 1994, 1556; OLGR Hamm 2000, 66 = FamRZ 2000, 487; *Winkler*, Testamentsvollstrecker, Rn 689; *Reimann*, in: Bengel/Reimann, II Rn 288; Soergel/*Zimmermann*, § 2368 Rn 8; ausführlich *Zimmermann*, Testamentsvollstreckung, Rn 266 f.
62 Eingehend dazu etwa MüKo/*J. Mayer*, § 2353 Rn 107.
63 Ebenso Palandt/*Weidlich*, § 2368 Rn 6; vgl. auch *Zimmermann*, Die Testamentsvollstreckung, Rn 285: Ein Feststellungsbeschluss, der die Erteilung des Testamentsvollstreckerzeugnisses nur ankündigt, ist unzulässig.
64 *Zimmermann*, Testamentsvollstreckung, Rn 282; NK-BGB/*Kroiß*, § 2368 Rn 38; siehe dazu auch MüKo/*J. Mayer*, § 2353 Rn 124.
65 Vgl. *Winkler*, Testamentsvollstrecker, Rn 687, 700; *Lange/Kuchinke*, § 39 VIII 2 Fn 289; a.A. BayObLG ZEV 1995, 22, 23 m. abl. Anm. *Klumpp*; BayObLG MDR 1978, 142; OLG Hamm NJW 1974, 505; *Reimann*, in: Bengel/Reimann, II Rn 303; Staudinger/*Herzog*, § 2368 Rn 47; Palandt/*Weidlich*, § 2368 Rn 7 a.E.; Soergel/*Zimmermann*, § 2368 Rn 13.
66 Vgl. etwa BayObLGZ 1986, 34, 36 = NJW-RR 1986, 629; *Winkler*, Testamentsvollstrecker, Rn 700; ausführlich *Zimmermann*, Testamentsvollstreckung, Rn 283; zur Parallelproblematik beim Erbschein eingehend MüKo/*J. Mayer*, § 2353 Rn 127.
67 KG OLGE 43, 198.
68 *Reimann*, in: Bengel/Reimann, II Rn 302.
69 BayObLGZ 1986, 34, 36.

bestehen,[70] es sei denn, dass es als sog. **doppelrelevante Tatsache**[71] zugleich auch Gegenstand der Sachprüfung ist.[72] Ist nur der Vorerbe mit einer Testamentsvollstreckung belastet, so ist auch der Nacherbe gegen die Erteilung des Testamentsvollstreckerzeugnisses beschwerdeberechtigt, weil der Testamentsvollstrecker ihm gegenüber weitere Befugnisse als der Vorerbe hat (§§ 2113 ff. BGB).[73] **Kein** Beschwerderecht hat dagegen ein Pflichtteilsberechtigter[74] und ein Mitgesellschafter, der die Unzulässigkeit der Testamentsvollstreckung über einen **Gesellschaftsanteil** aus gesellschaftsrechtlichen Gründen rügt, weil die sich daraus ergebenden Beschränkungen nicht in das Testamentsvollstreckerzeugnis einzutragen sind.[75] Gegen die Beschwerdeentscheidung des OLG ist die – allerdings zulassungsgebundene – **Rechtsbeschwerde** zum BGH nach den §§ 70 ff. FamFG gegeben.

6. Kosten, Abschriften

a) Bisheriges Kostenrecht

Nach § 81 Abs. 1 FamFG kann das Nachlassgericht die Kosten des Verfahrens, also sowohl die gerichtlichen wie außergerichtlichen, nach billigem Ermessen ganz oder teilweise den Beteiligten auferlegen, wofür § 81 Abs. 2 FamFG einige Regelbeispiele nennt. Für die Erteilung des Testamentsvollstreckerzeugnisses fiel nach früherem Kostenrecht eine 10/10 Gebühr nach § 109 Abs. 2 Nr. 1 KostO an, wobei sich der Wert nach § 30 Abs. 2 KostO bestimmte.[76] Kostenschuldner war der Antragsteller (§ 2 Nr. 1 KostO), darüber hinaus waren es die Erben (§ 3 Nr. 3 KostO).[77]

~~b)~~ Neues Kostenrecht *neu ab. 1.1.2021*

Für die ab dem 1.8.2013 beantragten Testamentsvollstreckerzeugnisse gelten nunmehr in kostenrechtlicher Hinsicht die Bestimmungen des Gerichts- und Notarkostengesetzes (GNotKG).[78] Danach fällt für die Erteilung des Testamentsvollstreckerzeugnisses weiterhin eine volle Gebühr (1,0) an (Nr. 12210 KV GNotKG). Bei vorzeitiger Beendigung des Verfahrens ohne Feststellungsbeschluss nach § 352 Abs. 1 FamFG und ohne Endentscheidung oder durch Zurücknahme des Antrags vor Ablauf des Tages, an dem der Beschluss nach § 352 Abs. 1 FamFG oder die Endentscheidung der Geschäftsstelle übermittelt wird, wenn die Entscheidung nicht bereits durch Verlesen der Entscheidungsformel bekannt gegeben worden ist, ermäßigt sich die Gebühr auf 0,3 (Nr. 12211 KV GNotKG), höchstens aber 200 EUR. Bei Beendigung des Verfahrens ohne Erteilung des Zeugnisses in anderen Fällen beträgt die Gebühr 0,5, höchstens 400 EUR.

---

70 BayObLG NJW-RR 2002, 873; KG FamRZ 2001, 658, 659 = FGPrax 2001, 26 m. Anm. *Krug*; NK-BGB/*Kroiß*, § 2368 Rn 37; Soergel/*Zimmermann*, § 2368 Rn 13.
71 Dazu MüKo/*J. Mayer*, § 2353 Rn 123.
72 Palandt/*Weidlich*, § 2368 Rn 7; so offenbar der Fall von BayObLG Rpfleger 1988, 531, 532 = FamRZ 1988, 1321.
73 OLG Karlsruhe MDR 1981, 943; Soergel/*Zimmermann*, § 2368 Rn 13.
74 OLG Hamm OLGZ 1977, 422; OLG Celle NJW-RR 2004, 872; *Winkler*, Testamentsvollstrecker, Rn 700; *Zimmermann*, Die Testamentsvollstreckung, Rn 285.
75 So richtig *Zimmermann*, Testamentsvollstreckung, Rn 285 in Konsequenz der Entscheidung von BGH NJW 1996, 1284 = FamRZ 1996, 409; a.A. OLG Hamm OLGZ 1991, 388, 391 = NJW-RR 1991, 837.
76 Zu zahlreichen Einzelfragen siehe *Korintenberg/Lappe*, in: Bengel/Reimann, § 109 KostO Rn 16 ff.
77 *Korintenberg/Lappe*, in: Bengel/Reimann, § 109 KostO Rn 34; *Reimann*, in: Bengel/Reimann, II Rn 304.
78 Enthalten ist dies als Art. 1 des Zweiten Gesetzes zur Modernisierung des Kostenrechts (2. Kostenrechtsmodernisierungsgesetz – 2. KostRMoG) vom 23.7.2013, BGBl I 2013, 2586.

29 Für das Verfahren über den Antrag auf Erteilung eines **weiteren Testamentsvollstreckerzeugnisses** bezüglich desselben Nachlasses oder desselben Teils des Nachlasses beträgt die Gebühr 0,3 (Nr. 12213 KV GNotKG).

30 Die Bestimmung des **Geschäftswerts** erfolgt nunmehr nach § 40 Abs. 5 GNotKG. Abweichend zum früheren Recht richtet sich der Geschäftswert dabei nicht mehr nach dem Reinwert des Nachlasses; maßgeblich ist nun vielmehr 20 % des Bruttowerts des Nachlasses. Dies gilt entsprechend für die Verfahren zur **Abnahme der eidesstattlichen Versicherung** im Zusammenhang mit der Erteilung des Testamentsvollstreckerzeugnisses und für die **Kraftloserklärung** desselben.

31 Durch das GNotKG ist es zu einer **versteckten Erhöhung** der gerichtlichen Gebühren gekommen: Denn nun ist keine Verrechnung der Gebühren mit den Gebühren für das Verfahren über die Ernennung eines Testamentsvollstreckers mehr vorgesehen. Nach Ansicht des Gesetzgebers ist dies deswegen sachgerecht, weil beide Verfahren eine eigenständige Bedeutung haben und die Interessen der Beteiligten in beiden Verfahren sehr unterschiedlich sein könnten. Deshalb seien insoweit auch unterschiedliche Kostenentscheidungen denkbar.[79]

VI. Inhalt des Testamentsvollstreckerzeugnisses

32 Das Testamentsvollstreckerzeugnis muss enthalten:[80]
   – die Bezeichnung des **Erblassers**
   – den Namen des Testamentsvollstreckers
   – **Abweichungen** von der **gesetzlichen Verfügungsmacht**, sowie Beschränkungen und Erweiterungen, die für den Rechtsverkehr von Bedeutung sind.[81] Hierunter fallen Verwaltungsbeschränkungen, Freistellung bei der Eingehung von Verbindlichkeiten, Übertragung der Verwaltung als selbstständige Aufgabe (Verwaltungs- oder Dauervollstreckung), besondere Anordnungen über die Dauer der Testamentsvollstreckung, Regelung der Befugnisse mehrerer Testamentsvollstrecker, soweit von § 2224 BGB abweichend, besondere Aufgabenkreise (etwa nach §§ 2222, 2223 BGB), Beschränkung auf negative Anordnung (Untersagung der Veräußerung von Nachlassgegenständen), gegenständliche Beschränkungen. Nicht aufzunehmen sind nur interne Beschränkungen. Es besteht (wie beim Erbschein) eine **negative Vermutung**, wonach keine anderen als die im Testamentsvollstreckerzeugnis angegebenen Beschränkungen vorhanden sind.[82] Soweit eine Erweiterung der gesetzlichen Befugnisse des Testamentsvollstreckers bezeugt wird, gilt hierfür das Prinzip der positiven Publizität.[83]
   – Zum **Formulierungsvorschlag** Testamentsvollstreckerzeugnis siehe § 28 Rn 11.

33 Im Testamentsvollstreckerzeugnis sind aber gesetzliche Beschränkungen der Befugnisse des Testamentsvollstreckers, die sich aus dem **Gesellschaftsrecht** ergeben, nicht anzugeben.[84]

---

79 Dazu *Kroiß*, ZEV 2013, 413, 416.
80 Vgl. etwa *Firsching/Graf*, Rn 4.461 f.; *Zahn*, MittRhNotK 2000, 89, 102 f.
81 BayObLG ZEV 1999, 67 = FamRZ 1999, 474 (mit Zweifeln, ob insoweit eine Bezugnahme auf das öffentliche Testament zulässig ist); *Reimann*, in: Bengel/Reimann, II Rn 291; *Firsching/Graf*, Rn 4.462; MüKo/*J. Mayer*, § 2368 Rn 34 ff.
82 MüKo/*J. Mayer*, § 2368 Rn 43; *Firsching/Graf*, Rn 4.449.
83 MüKo/*J. Mayer*, § 2368 Rn 39.
84 BGH NJW 1996, 1284 = ZEV 1996, 110 m. Anm. *Lorz* = NJW 1996, 1284 zur Testamentsvollstreckung über einen Anteil an einer BGB-Gesellschaft. Vgl. auch OLG Stuttgart ZIP 1988, 1335 zur Testamentsvollstreckung über KG-Anteil.

Auch nach Beendigung der Testamentsvollstreckung kann dem Testamentsvollstrecker ein **Zeugnis über das bereits erloschene Amt** erteilt werden (eingehender siehe Rn 56). Ein solches Zeugnis hat die Tatsache und den Zeitpunkt der Beendigung des Amtes zu enthalten, um den zeitlichen Rahmen der bestehenden Verfügungsbefugnis des Testamentsvollstreckers in der für den Rechtsverkehr notwendigen und verlässlichen Weise zu verlautbaren.[85] Dieses hat jedoch keine Rückwirkung i.S.v. §§ 2366 f. BGB auf die in der Vergangenheit abgeschlossenen Rechtsgeschäfte.

Wichtiger ist die Frage, ob ein Zeugnis über die **Fortdauer des Testamentsvollstreckeramtes** erteilt werden kann. Denn nach § 2368 Abs. 3 Hs. 2 BGB wird das Testamentsvollstreckerzeugnis automatisch mit der Beendigung des Amtes des Testamentsvollstreckers kraftlos und vermag dann keinerlei gutgläubigen Erwerb mehr zu vermitteln. Ein größerer Verkehrsschutz besteht nur bei den vom Erblasser selbst verfügten zeitlichen Beschränkungen der Amtsdauer (Befristung, Bedingungen), die in das Testamentsvollstreckerzeugnis einzutragen sind (vgl. dazu Rn 5, dritter Absatz). In der Literatur wird teilweise ein solches Fortbestandszeugnis für zulässig gehalten.[86] Welche Rechtswirkungen sich an ein solches knüpfen, ist jedoch noch weitgehend ungeklärt.[87] Eine gefestigte nachlassgerichtliche Praxis besteht offenbar nicht,[88] so dass dies in der Praxis regelmäßig kein gangbarer Weg zur Problemlösung ist. Eingehender zu diesen Fragen siehe Rn 55.

34

Eine **Berichtigung** bei offenbarer Unrichtigkeit nach § 42 FamFG ist zulässig.[89] Auch eine Berichtigung infolge eines Wechsels eines Mitvollstreckers ist zulässig.[90] Bei sonstigen Unrichtigkeiten ist das Testamentsvollstreckerzeugnis einzuziehen und für kraftlos zu erklären.[91]

35

---

[85] BayObLGZ 1990, 51, 56 = FamRZ 1990, 669 = NJW-RR 1990, 906 = DNotZ 1991, 546; KGJ 28 A 200, 201 f.; KG NJW 1964, 1905, 1906; OLG Stuttgart DNotZ 1981, 294 f.; AG Starnberg FamRZ 1999, 743, 744; *Reimann*, in: Bengel/Reimann, II Rn 297; MüKo/*J. Mayer*, § 2368 Rn 61; *Bestelmeyer*, ZEV 1997, 316. Davon zu unterscheiden ist ein reines „Negativtestat" über den Wegfall der Testamentsvollstreckung, das nicht möglich ist, OLG München NJW 1951, 74; *Firsching/Graf*, Rn 4.472.

[86] MüKo/*Promberger*, 3. Aufl. 2002, § 2368 Rn 13; Palandt/*Weidlich*, § 2368 Rn 11; *Firsching/Graf*, Rn 4.472; *Winkler*, Testamentsvollstrecker, Rn 708 (der auch ein eigenes Antragsrecht des Testamentsvollstreckers bejaht); *Zahn*, MittRhNotK 2000, 89, 104 aus Gründen der Bedürfnisse der Praxis. A.A. KG OLGE 40, 158 Fn 1; MüKo/*J. Mayer*, § 2368 Rn 60 m.w.N.; *Bestelmeyer*, ZEV 1997, 316, 317 f., der nur eine formlose nachlassgerichtliche Bestätigung für zulässig hält, wonach aus den Nachlassakten sich keine Hinweise auf eine Beendigung des Amtes ergäben; in diesem Sinn abschwächend nunmehr auch Soergel/*Zimmermann*, § 2368 Rn 5.

[87] Weitreichend MüKo/*Promberger*, 3. Aufl. 2002, § 2368 Rn 13, der auch diesem Zeugnis die Gutglaubenswirkung der §§ 2365 f. BGB beilegt, was aber gerade der Wertung des § 2368 Abs. 3 Hs. 2 BGB widerspricht.

[88] *Zahn*, MittRhNotK 2000, 89, 104 mit Bericht über eine entsprechende, durchgeführte Umfrage.

[89] Vgl. zum Erbschein Palandt/*Weidlich*, § 2361 Rn 5.

[90] KG RJA 5, 37; MüKo/*J. Mayer*, § 2368 Rn 53; *Firsching/Graf*, Rn 4.467.

[91] OLG Zweibrücken FamRZ 2000, 323 = NJWE-FER 1999, 278.

B. Verlautbarung im Erbschein

I. Grundsätzliches

36 Auch in einem Erbschein ist die Ernennung eines Testamentsvollstreckers anzugeben (§ 2364 BGB), da sich hieraus eine Verfügungsbeschränkung des Erben ergibt.[92] Daher kann der Erbe, aber auch der Erbeserbe die Unrichtigkeit des Erbscheins mit der Behauptung geltend machen, sein Erbrecht sei zu Unrecht mit Testamentsvollstreckung belastet.[93]

37 Abweichend vom Gesetzeswortlaut wird der Name des Testamentsvollstreckers jedoch dort nicht angegeben, sondern nur die Anordnung der Testamentsvollstreckung als solches. Ist ein Testamentsvollstrecker noch nicht ernannt (§§ 2198, 2199 BGB), so ist die Tatsache der Anordnung trotzdem bereits zu verlautbaren.[94] Die Formulierung im Erbschein lautet häufig: „Es ist Testamentsvollstreckung angeordnet."

38 Die Person des Testamentsvollstreckers ergibt sich erst aus dem Testamentsvollstreckerzeugnis. Beschränkungen des Verfügungsrechts des Testamentsvollstreckers sind im Erbschein nicht anzugeben, wenn die Testamentsvollstreckung den Erben nur insgesamt in irgendeiner einer Weise beschränkt (siehe auch Rn 40 ff.).[95]

39 Bei **Nichteintritt der Testamentsvollstreckung oder Erledigung nach Erbscheinserteilung** wird der Erbschein unrichtig[96] und ist daher dann einzuziehen,[97] wozu es keines förmlichen Antrags bedarf.

II. Ausnahmen

40 Folgende Besonderheiten sind zu beachten:[98]
– Bei **Vermächtnisvollstreckung** ist die Testamentsvollstreckung nicht im Erbschein anzugeben, da dadurch nur der Vermächtnisnehmer in seiner Verfügungsbefugnis eingeschränkt wird, dieser aber nur einen schuldrechtlichen Erfüllungsanspruch gegen den Erben hat.[99]
– Betrifft die Testamentsvollstreckung nur einen **Miterben,** so ist sie nur in dem diesen betreffenden Teil-Erbschein anzugeben oder in einem gemeinschaftlichen Erbschein mit dem Vermerk der Beschränkung auf den entsprechenden Erbteil.[100]
– Eine **Nacherbentestamentsvollstreckung** nach § 2222 BGB ist im Erbschein anzugeben.[101]
– Ist die Testamentsvollstreckung erst **nach Eintritt des Nacherbfalls** angeordnet, so wird im Erbschein des Vorerben die Testamentsvollstreckung noch nicht ausgewiesen, da dieser ja damit noch nicht belastet ist. Nach Eintritt des Nacherbfalls ist ein neuer

---

92 Der Testamentsvollstrecker kann auf den Namen des Erben einen Erbschein beantragen, vgl. etwa BayObLGR 1999, 27.
93 BayObLG FamRZ 2003, 777 = ZEV 2003, 288; vgl. auch BayObLGZ 1966, 343, 345.
94 Palandt/*Weidlich*, § 2364 Rn 1.
95 Staudinger/*Herzog*, § 2364 Rn 19; MüKo/*J. Mayer*, § 2364 Rn 12.
96 KGJ 50 A 103; BayObLG DNotZ 1984, 52, 53; OLG Hamm OLGZ 1983, 59.
97 KGJ 50 A 103; OLG Köln Rpfleger 1984, 102; FamRZ 1993, 1124; MüKo/*J. Mayer*, § 2364 Rn 17, nach a.A. nur durch Streichung des Testamentsvollstreckerzusatzes zu berichtigen (Staudinger/*Herzog*, § 2364 Rn 24 m.w.N.).
98 Vgl. auch den Überblick bei *Reimann*, in: Bengel/Reimann, II Rn 250 ff.; *Firsching/Graf*, Rn 4.305 ff.
99 MüKo/*J. Mayer*, § 2364 Rn 4.
100 Staudinger/*Herzog*, § 2364 Rn 18.
101 Staudinger/*Herzog*, § 2364 Rn 9.

Erbschein für den Nacherben zu erteilen, in dem die Testamentsvollstreckung anzugeben ist.
- Bei **aufschiebend bedingter oder befristeter Anordnung der Testamentsvollstreckung** wird die Testamentsvollstreckung erst mit Eintritt des entsprechenden Zeitpunktes oder Ereignisses vermerkt.[102] Sie kann allerdings auch früher dort angegeben werden, wenn die aufschiebende Bedingung oder Befristung dann ebenfalls dort genau bezeichnet wird.
- Bei einer **gegenständlichen Beschränkung der Testamentsvollstreckung** auf bestimmte Nachlassobjekte ist diese im Erbschein anzugeben. Dies gilt sowohl, wenn der Testamentsvollstrecker nur über bestimmte Gegenstände verfügen darf (§ 2208 Abs. 1 S. 2 BGB), wie auch für den Fall, dass nur bestimmte Gegenstände von seiner Verfügungsbefugnis ausgenommen sind.[103] „Testamentsvollstreckung ist angeordnet, wobei folgende Nachlassgegenstände von der Verfügungsbefugnis des Testamentsvollstreckers ausgenommen sind: ...".

Bewirkt die angeordnete Testamentsvollstreckung **keine Beschränkung der Befugnisse** des Erben, so etwa bei einer rein beaufsichtigenden Wirkung der Testamentsvollstreckung (§ 2208 Abs. 2 BGB), ist im Hinblick auf den Normzweck dies im Erbschein nicht anzugeben.[104]

41

Enthält die Anordnung der Testamentsvollstreckung zwar eine Beschränkung der Erbenbefugnisse und **zugleich aber** auch eine solche der **Verfügungsbefugnisse des Testamentsvollstreckers** gegenüber den gesetzlichen Regelbefugnissen, so ist nur die Anordnung der Testamentsvollstreckung im Erbschein anzugeben, nicht aber weiter die Einschränkung der Rechte des Testamentsvollstreckers, da hierüber nur das Testamentsvollstreckerzeugnis Auskunft gibt.[105]

42

C. Eintragung in das Handelsregister

I. Eintragungsfähigkeit der Testamentsvollstreckung

1. Kommanditbeteiligung

Ob die Testamentsvollstreckung im Handelsregister verlautbart werden kann, war sehr umstritten. Zwar ist die Testamentsvollstreckung über einen **Anteil eines Kommanditisten** nach nunmehr gefestigter Rechtsprechung zulässig und führt auch zu einer dinglich wirkenden Beschränkung der Rechtsmacht seines Inhabers (eingehend dazu unten).[106] Ausgehend von einem ganz anderen Verständnis hatte zunächst das RG[107] die Eintragungsfähigkeit verneint. Die wohl überwiegende Meinung in der Literatur bejaht dagegen unter Bezug auf die Wirkungen der Testamentsvollstreckung über den Kommanditanteil nach §§ 2211, 2114

43

---

102 MüKo/*J. Mayer*, § 2364 Rn 9; Palandt/*Weidlich*, § 2364 Rn 1.
103 MüKo/*J. Mayer*, § 2364 Rn 15.
104 MüKo/*J. Mayer*, § 2364 Rn 4.
105 MüKo/*J. Mayer*, § 2364 Rn 15.
106 BGHZ 108, 187, 191 ff. = NJW 1989, 3152.
107 RGZ 132, 138, 140 ff.

BGB die Eintragungsfähigkeit.[108] Demgegenüber verneinte das KG[109] die Eintragungsfähigkeit, weil zum einen die Eintragung nicht gesetzlich angeordnet ist und zum anderen kein dringendes Bedürfnis bestehe, den Kreis der kraft Gesetzes eintragungsfähigen Vermerke zu erweitern.

44 Der **BGH**[110] hat nunmehr mit der wohl bislang überwiegenden h.M. die **Eintragungsfähigkeit** eines Testamentsvollstreckervermerks bei einer Kommanditbeteiligung **bejaht**, nimmt aber keine Eintragungspflicht an. Er begründet dies damit, dass ein schutzwürdiges Interesse des Rechtsverkehrs an einer solchen Eintragung bestehe, durch die Eintragung über die angeordnete Dauertestamentsvollstreckung informiert zu werden. Denn aufgrund dieser Anordnung ergibt sich, dass
- allein der Testamentsvollstrecker nach §§ 2205, 2211 BGB die **Rechte** und Pflichten der Erben bezüglich des Kommanditanteils **auszuüben** hat,
- daraus Folgerungen für die **Haftungsverhältnisse** resultieren, weil die Eigengläubiger des Gesellschafter-Erben wegen § 2214 BGB nicht auf den der Testamentsvollstreckung unterliegenden Nachlass zugreifen können, insbesondere auch nicht auf den betreffenden KG-Anteil,
- der Testamentsvollstrecker **nicht** berechtigt ist, die **Haftsumme** des Kommanditisten zu erhöhen,
- die **Publizitätsfunktion** des Handelsregisters diese Eintragung erfordert. Denn danach hat das Register über die **Personen** Auskunft zu geben, die an der Gesellschaft beteiligt sind und den entscheidenden **Einfluss** auf deren Geschicke nehmen. Hierzu gehören aber auch die Kommanditisten, die ein Widerspruchsrecht (§ 164 S. 1 HGB) haben und an Änderungen des Gesellschaftsvertrags mitwirken müssen. Deren Rechte werden aber bei der Dauertestamentsvollstreckung gerade von dem Testamentsvollstrecker ausgeübt, so dass es deren Verlautbarung bedarf.

45 **Offen** ist damit aber noch, ob ein Testamentsvollstreckervermerk bei einem **Einzelhandelskaufmann** oder bei einer OHG eintragungsfähig ist. Dies bereitet schon deswegen Schwierigkeiten, weil nach h.M. über einzelkaufmännische Unternehmen, bei denen eine volle persönliche Haftung des Firmeninhabers besteht, eine direkte verwaltende Testamentsvollstreckung nicht möglich ist; ausführlich dazu unten § 19 Rn 3 ff.

2. GmbH

46 Demgegenüber hat das OLG München in seinem Beschl. v. 15.11.2011[111] die Eintragungsfähigkeit eines Testamentsvollstreckervermerks in die nach § 40 GmbHG zum Handelsregis-

---

108 NK-BGB/ *Kroiß*, § 2205 Rn 84; Schlegelberger/*K. Schmidt*, § 177 HGB Rn 14; *Rowedder*, EWiR 1989, 991; *Ulmer*, NJW 1990, 73, 82; siehe *Plank*, ZEV 1998, 325; Groll/*Groll*, PraxisHandbuch, Rn 77; *Pauli*, in: Bengel/Reimann, V Rn 215; *Reimann*, DNotZ 1990, 190, 194; *Schaub*, ZEV 1994, 71; *Winkler*, Testamentsvollstrecker, Rn 288; für „deklaratorischen Eintrag": MüKo/*Zimmermann*, 5. Aufl., § 2205 Rn 37 i.V.m. Rn 23 (in Gegensatz zu seiner Auffassung zum Kommanditanteil); dem zuneigend *Reimann*, in: Bengel/Reimann, II Rn 270. A.A. etwa Soergel/*Damrau*, § 2205 Rn 44; *Damrau*, BWNotZ 1990, 69; *Krafka/Kühn*, Rn 642; *Zimmermann*, Testamentsvollstreckung Rn 248; *Marotzke*, EWiR 1992, 981.
109 ZEV 1996, 67 m. abl. Anm. *Schaub* = NJW-RR 1996, 227 = MittBayNot 1996, 53 m. abl. Anm. *Weidlich*; ebenso wie das KG MüKo/*Zimmermann*, 5. Aufl., § 2205 Rn 46; Soergel/*Damrau*, § 2205 Rn 44.
110 NJW-RR 2012, 730 = ZEV 2012, 335 m. krit. Anm. *Zimmermann* = ZNotP 2012, 148 = MittBayNot 2012, 304; dazu auch *R. Werner*, GmbHR 2012, 512.
111 31 Wx 274/11, FamRZ 2012, 1009, 1011; dazu auch *Zinger/Usch-Erber*, NZG 2011, 286; *Wachter*, DB 2009, 159.

ter einzureichende **Gesellschafterliste** einer **GmbH abgelehnt**.[112] Denn der Inhalt der Gesellschafterliste ermöglicht zwar den Erwerb eines Geschäftsanteils vom Nichtberechtigten, schützt jedoch gerade nicht den guten Glauben in Bezug auf die Verfügungsbefugnis des Gesellschafters, die durch die Testamentsvollstreckung (§ 2111 BGB) eingeschränkt wird.

II. Erfüllung der Anmeldepflichten durch den Testamentsvollstrecker

1. Anmeldebefugnis

Anmeldeberechtigt aber auch -verpflichtet zur Bewirkung der Eintragung eines Gesellschafter-Erben in das Handelsregister ist der Testamentsvollstrecker, soweit seine Verwaltungsaufgabe reicht.[113] Angesichts der vielfältigen Ausgestaltungsmöglichkeiten bei einer Testamentsvollstreckung und der nur begrenzten Zulässigkeit der Testamentsvollstreckung im handels- und gesellschaftsrechtlichen Bereich (dazu unten § 19 Rn 3 ff.) ergibt sich daraus ein sehr differenziertes Bild hinsichtlich der Anmeldebefugnis:

Diese kann dem **Testamentsvollstrecker allenfalls** bei einer **Dauer- oder Verwaltungsvollstreckung** zustehen, **nicht** aber bei einer nur beaufsichtigenden Testamentsvollstreckung oder bei einer reinen **Abwicklungsvollstreckung**,[114] wenn nicht diesbezüglich noch vom Testamentsvollstrecker weitere Auseinandersetzungsmaßnahmen vorzunehmen sind, wie etwa eine Vermächtniserfüllung.[115] Das Ausscheiden des Erblassers kann der Testamentsvollstrecker dagegen für die Erben auch dann anmelden, wenn er nur die eingeschränkte Aufgabe der Abwicklungsvollstreckung wahrnimmt.[116] Ansonsten kommt es darauf an, in welcher Art und Weise die Fortführung des Handelsgeschäfts bzw. der Beteiligung eines vollhaftenden Gesellschafters durch den Testamentsvollstrecker erfolgt, insbesondere welche der sog. Ersatzlösungen (§ 19 Rn 9 ff.) dafür gewählt werden. **(1)** Erfolgt dies aufgrund der sog. **Vollmachtslösung**, so führt der Testamentsvollstrecker das Geschäft bzw. die Beteiligung im Namen der Erben und als deren Bevollmächtigter fort. Daher sind die Erben Inhaber des Geschäfts bzw. der Beteiligung und demnach auch allein anmeldepflichtig.[117]

(2) Führt dagegen aufgrund der **Treuhandlösung** der Testamentsvollstrecker das Geschäft oder die Gesellschaftsbeteiligung nach außen im eigenen Namen und unter eigener unbeschränkter Haftung fort, so ist allein er der Inhaber des Handelsgeschäfts bzw. der Beteiligung. Jedoch bedarf es hierfür zunächst einer (treuhänderischen) Übertragung des Handelsgeschäfts oder der Gesellschaftsbeteiligung. Daher ist zunächst der Erbe in das Handelsregister einzutragen und anschließend der Testamentsvollstrecker, wobei der Testamentsvollstrecker als **persönlicher Inhaber** des Handelsgeschäfts oder der Beteiligung eingetragen wird, nicht aber in seiner **Amtseigenschaft**, da es sich eben gerade nicht um eine direkte Testamentsvollstreckung handelt.[118] Für die zunächst erforderliche Eintragung des

---

112 Für die Eintragungsfähigkeit jetzt aber dezidiert *Beutel*, NZG 2014, 646.
113 BGHZ 108, 187, 190 = NJW 1989, 3152 (für Kommanditbeteiligung); NK-BGB/*Kroiß*, § 2205 Rn 81; *Winkler*, Testamentsvollstrecker, Rn 288.
114 KG OLGZ 1991, 262 = NJW-RR 1991, 835 = FamRZ 1991, 1109; OLG Hamm FamRZ 2011, 1253 = ZEV 2011, 200 = NZG 2011, 437; OLG München RNotZ 2009, 666 = MittBayNot 2010, 144 m. abl. Anm. *Tersteegen*; ebenso *Damrau*, BWNotZ 1990, 69; *Marotzke*, EWiR 1992, 981.
115 NK-BGB/*Kroiß*, § 2205 Rn 82; *Pauli*, in: Bengel/Reimann, V Rn 214.
116 KG OLGZ 1991, 262; *Reimann*, in: Bengel/Reimann, II Rn 274; anders aber OLG München NJW-RR 2010, 15 = ZEV 2009, 475 bezüglich des Eintritts des Kommanditisten im Wege der erbrechtlichen Sonderrechtsnachfolge nach dem Erblasser.
117 *Krafka/Kühn*, Rn 563; *Schaub*, ZEV 1994, 71, 72; *Zimmermann*, Testamentsvollstreckung, Rn 502.
118 *Winkler*, Testamentsvollstrecker, Rn 301; *Zimmermann*, Testamentsvollstreckung, Rn 506.

Erben ist nur dieser allein zu dieser Anmeldung berechtigt und verpflichtet (vgl. auch unten § 19 Rn 20).[119] Da aber dann die Übertragung des Unternehmens bzw. der Beteiligung hieran im Handelsregister einzutragen ist, sind sowohl der Erbe wie der Testamentsvollstrecker zu dieser Anmeldung berechtigt und verpflichtet. **(3)** Bei einer **Kommanditbeteiligung** ist eine direkte Testamentsvollstreckung dann zulässig, wenn die übrigen Gesellschafter dieser zugestimmt haben (siehe § 19 Rn 44 f.). In diesem Fall ist allein der Testamentsvollstrecker zur Registeranmeldung berechtigt und verpflichtet.[120] Dann besteht aber kein eigenes Anmelderecht der Erben.[121] Davon muss man aber dann eine **Ausnahme** machen, wenn durch die Handlung des Testamentsvollstreckers die Gefahr einer unmittelbar persönlichen Haftung des Gesellschaftererben entsteht, etwa wenn er nach § 139 HGB die Stellung eines Kommanditisten gewählt hat und der Testamentsvollstrecker diese Eintragung verzögert[122] oder eine Erhöhung der Hafteinlage angemeldet wird.[123]

2. Nachweise

48

Der **Nachweis** der Anordnung der Testamentsvollstreckung ist gegenüber dem Handelsregister gem. § 12 Abs. 2 S. 2 HGB soweit tunlich durch öffentliche Urkunden zu führen. Werden die Nachlassakten bei demselben Gericht geführt, kann hierauf Bezug genommen werden.[124] Ergibt sich die Anordnung der Testamentsvollstreckung aus einer **öffentlichen Urkunde** (notarielles Testament oder Erbvertrag), so genügt als Nachweis die Vorlage einer entsprechenden Ausfertigung derselben mit einer beglaubigten Abschrift über die Eröffnungsniederschrift und – sofern darin die Annahme des Amtes durch den Testamentsvollstrecker nicht erklärt wurde – eine Bestätigung des Nachlassgerichts über die Annahme des Amtes. Ansonsten ist ein Testamentsvollstreckerzeugnis erforderlich.[125] Zum Nachweis der einzutragenden **Erbfolge** ist grundsätzlich auch ein entsprechender Erbschein in Ausfertigung vorzulegen. Jedoch kann der Erbfolgenachweis durch eine notariell beurkundete Verfügung von Todes wegen zusammen mit der Niederschrift über deren Eröffnung durch das Nachlassgericht analog § 35 Abs. 1 GBO nach dem pflichtgemäßen Ermessen des Registergerichts als ausreichend angesehen werden.[126] Auch wenn die Anmeldung durch einen Bevollmächtigten des verstorbenen Kommanditisten aufgrund einer über den Tod hinaus erteilten Generalvollmacht erfolgt, bedarf es eines Nachweises der zur Eintragung beantragten Erbfolge, denn die Vollmachtsurkunde verleiht allenfalls die Anmeldebefugnis, sagt aber über die Erbfolge selbst nichts aus.[127]

---

119 NK-BGB/*Kroiß*, § 2205 Rn 81; *Brandner*, in: FS W. Stimpel, 1985, S. 991, 1004; *Krug*, ZEV 2001, 52; *Schaub*, ZEV 1994, 71, 72, Staudinger/*Reimann*, § 2205 Rn 96; *Winkler*, Rn 301; a.A. *Krafka/Kühn*, Rn 563: nur Anmeldung durch den Testamentsvollstrecker; ebenso auch NK-BGB/*Kroiß*, § 2205 Rn 83 für die Beteiligung eines voll haftenden Gesellschafters einer OHG oder KG, weil der Unterschied zur Kommanditbeteiligung, bei der der Testamentsvollstrecker allein anmeldebefugt ist, nur auf den unterschiedlichen Haftungsstrukturen beruhe; ebenso für die „Erstanmeldung" über die Eintragung der Gesellschaftererben *Grigas*, BWNotZ 2002, 25, 32. Offen lassend *Zimmermann*, Testamentsvollstreckung, Rn 506.
120 BGHZ 108, 187. 190 = NJW 1989, 3152; NK-BGB/*Kroiß*, § 2205 Rn 82; *Schaub*, ZEV 1994, 71, 78.
121 *Schaub*, ZEV 1994, 71, 78; offen lassend BGHZ 108, 187.
122 NK-BGB/*Kroiß*, § 2205 Rn 82.
123 *Pauli*, in: Bengel/Reimann, V Rn 212 f.; a.A. *Schaub*, ZEV 1994, 71, 78: Registergericht hat Erben nur anzuhören.
124 BayObLG WM 1983, 1092; *Winkler*, Testamentsvollstrecker, Rn 288.
125 *Reimann*, in: Bengel/Reimann, II Rn 271; *Winkler*, Testamentsvollstrecker, Rn 288.
126 KG FGPrax 2000, 249 = NJW-RR 2000, 1704.
127 KG NJW-RR 2003, 255 = ZEV 2003, 204.

D. Eintragung im Grundbuch

Gemäß § 52 GBO ist ein Testamentsvollstreckervermerk in das Grundbuch einzutragen um den sonst nach §§ 2211 Abs. 2, 892 BGB möglichen gutgläubigen Erwerb zu verhindern. Zu Einzelheiten siehe unten § 17 Rn 3 ff.

49

E. Sonstige Bekanntmachungen

Zur Eintragung des Testamentsvollstreckervermerks in das Schiffs- und Luftfahrzeugregister siehe *Reimann* in Bengel/Reimann, Handbuch II, Rn 259 ff.

50

F. Sonstige Zeugnisse im Zusammenhang mit der Testamentsvollstreckung

Neben dem Testamentsvollstreckerzeugnis finden sich noch verschiedene andere Arten von Bescheinigungen im Zusammenhang mit einer Testamentsvollstreckung, die zwar im Gesetz nicht ausdrücklich geregelt, aber von der Praxis entwickelt wurden und im Alltag verwendet werden.[128]

51

I. Eingangsbestätigung über die Annahme des Amtes

Wurde die Testamentsvollstreckung in einem öffentlichen Testament oder einem Erbvertrag angeordnet, so kann sich das Grundbuchamt anstelle des Testamentsvollstreckerzeugnisses auch mit der Vorlage einer beglaubigten Abschrift dieser Verfügung und des Eröffnungsprotokolls des Nachlassgerichts begnügen (§ 35 Abs. 1 S. 2 GBO). Jedoch muss dann immer noch die Annahme des Amtes des Testamentsvollstreckers gegenüber dem Nachlassgericht in öffentlicher oder öffentlich beglaubigter Urkunde gesondert nachgewiesen werden. Dies kann durch das Protokoll darüber in den Nachlassakten oder durch die öffentlich beglaubigte Annahmeerklärung geführt werden.[129] Daneben kann das Nachlassgericht auf Antrag den Empfang der Annahmeerklärung bestätigen. Darin liegt keine Bescheinigung mit einer sachlichen Prüfung über die Annahme wie beim Annahmezeugnis (siehe Rn 54), sondern nur ein Zeugnis über einen tatsächlichen Vorgang.[130] Auf die Erteilung der Bescheinigung hat der Testamentsvollstrecker einen Anspruch,[131] sie ist kostenfrei zu erteilen.[132]

52

II. Negativzeugnis

Es gibt kein Zeugnis des Nachlassgerichts, dass eine Testamentsvollstreckung fortgefallen oder beendet ist oder dass aus anderem Grund überhaupt keine Testamentsvollstreckung

53

---

[128] Eingehend dazu MüKo/*J. Mayer*, § 2368 Rn 56 ff.
[129] Vgl. etwa *Winkler*, Testamentsvollstrecker, Rn 717.
[130] *Firsching/Graf*, Rn 4.457 f; Staudinger/*Herzog*, § 2368 Rn 5; *Zimmermann*, Testamentsvollstreckung, Rn 309.
[131] *Winkler*, Testamentsvollstrecker, Rn 717 i.V.m. Rn 106.
[132] Zimmermann, Testamentsvollstreckung, Rn 309.

besteht (Negativzeugnis).[133] Ein etwa erforderlicher Nachweis in dieser Richtung ist mittelbar durch den Erbschein ohne Testamentsvollstreckervermerk[134] oder durch das Testamentsvollstreckerzeugnis, in dem der Wegfall mit angegeben ist, möglich.[135] Gegebenenfalls ist ein alter Erbschein, in dem der Testamentsvollstreckervermerk eingetragen ist, einzuziehen (§ 2361 BGB) und dann ein neuer ohne diesen Vermerk zu beantragen und zu erteilen, was u.U. ein sehr teurer Weg ist.

III. Annahmezeugnis

54 Der Testamentsvollstrecker erhält auf Antrag eine Bescheinigung des Nachlassgerichts über die Annahme des Amtes;[136] sie ist ein Zeugnis über die Rechtswirksamkeit der Annahme[137] und dient z.B. als Nachweis gegenüber dem Grundbuchamt, wenn die sonstigen Voraussetzungen des Testamentsvollstreckeramtes nach § 35 Abs. 1 S. 2, Abs. 2 Hs. 2 GBO nachgewiesen werden können. Diese Bescheinigung hat – für die Frage der Annahme – den Charakter eines Testamentsvollstreckerzeugnisses,[138] kostet genauso viel,[139] ist verfahrensmäßig als solches zu behandeln und erfordert die entsprechenden Angaben nach §§ 2354 ff. BGB,[140] besagt jedoch nichts über den Umfang der Aufgaben und die Dauer des Amtes und unterliegt der Einziehung nach § 2361 BGB.[141]

IV. Zeugnis über die Fortdauer

55 Da das Testamentsvollstreckerzeugnis grundsätzlich nicht den guten Glauben an das Fortbestehen der Testamentsvollstreckung schützt (siehe Rn 5), gehen hiervon für den Rechtsverkehr erhebliche Gefahren aus. Diese könnten dann vermieden werden, wenn ein nachlassgerichtliches Zeugnis über den Fortbestand der Testamentsvollstreckung möglich wäre, das diesbezüglich auch mit einem entsprechenden Gutglaubensschutz ausgestattet ist.[142] Zulässigkeit, Voraussetzungen und Wirkungen eines solchen Fortbestandszeugnisses sind bislang noch nicht endgültig geklärt, wenngleich es im Schrifttum überwiegend für zulässig

---

133 KGJ 50, 103, 104; *Winkler*, Testamentsvollstrecker, Rn 724; *Firsching/Graf*, Rn 4.472; RGRK/*Kregel*, § 2368 Rn 13 m.w.N.; Soergel/*Zimmermann*, § 2368 Rn 15 u. § 2364 Rn 2; Keidel/*Zimmermann*, § 345 Rn 63; a.A. *Planck/Greiff*, § 2364 Anm. 4 (Bescheinigung ohne Zeugnischarakter) und *Zimmermann*, Testamentsvollstreckung, Rn 306 für „zweifelsfreie Fälle", wenn für die Erteilung ein Bedürfnis besteht (etwa für Zwangsvollstreckung), und um die Kosten der Ersatzlösungen (siehe sogleich oben im Text) zu sparen.
134 BayObLGZ 1990, 51, 56 = NJW-RR 1990, 906; *Winkler*, Testamentsvollstrecker, Rn 724.
135 BayObLGZ 1990, 51, 56 = NJW-RR 1990, 906.
136 Z.B. OLG München JFG 17, 282, 284; KG KGJ 28 A 283; 38, 129, 136; *Winkler*, Testamentsvollstrecker, Rn 106, 717; *Firsching/Graf*, Rn 4.459; Staudinger/*Reimann*, § 2202 Rn 23; Staudinger/*Herzog*, § 2368 Rn 5; Soergel/*Zimmermann*, § 2368 Rn 5; *Demharter*, § 35 GBO Rn 63.
137 Soergel/*Zimmermann*, § 2368 Rn 5.
138 So zutr. Staudinger/*Herzog*, § 2368 Rn 55; KGJ 38, 129, 136.
139 So zum früheren Kostenrecht *Korintenberg/Lappe/Bengel/Reimann*, § 109 KostO Rn 36.
140 Soergel/*Zimmermann*, § 2368 Rn 5; offen lassend *Zimmermann*, Testamentsvollstreckung, Rn 308.
141 KGJ 38 A 129, 136 f.; Soergel/*Zimmermann*, § 2368 Rn 5, 14; *Zimmermann*, Testamentsvollstreckung, Rn 308.
142 Dazu *Zahn*, MittRhNotK 2000, 89, 104 mit dem rechtstatsächlichen Hinweis, dass dieses in der Praxis der rheinischen Nachlassgerichte offenbar kaum erteilt wird.

gehalten wird;[143] zu Recht hat jedoch das OLG Köln die Erteilung eines solchen Zeugnisses abgelehnt,[144] denn es fehlt an einer ausdrücklichen gesetzlichen Regelung. Die für den Schutz des Rechtsverkehrs erforderliche Gutglaubenswirkung ließe sich nur auf eine **Analogie zu §§ 2368 Abs. 3 Hs. 1, 2365 ff. BGB** stützen. Selbst wenn man insoweit die erforderliche Regelungslücke im Gutglaubensschutz bejahen sollte,[145] so würde ein solches Fortbestandszeugnis doch gerade der Wertung des § 2368 Abs. 3 Hs. 2 BGB widersprechen, wonach der Gesetzgeber nach der Beendigung der Testamentsvollstreckung grundsätzlich keinen gutgläubigen Erwerb mehr zulassen wollte (zur Ausnahme siehe Rn 5).[146] Ein Fortbestandszeugnis könnte daher nur auf einer richterlichen Rechtsfortbildung beruhen, die jedoch ihrerseits berücksichtigen müsste, dass die meisten Beendigungsgründe auf tatsächlichem Gebiet liegen, deren Überprüfung dem Nachlassgericht meist ohnehin nicht möglich ist.[147]

V. Zeugnis über das erloschene Amt

Auch **nach der Beendigung der Testamentsvollstreckung** kann dem Testamentsvollstrecker ein Zeugnis über sein erloschenes Amt erteilt werden, wenn hierfür ein Bedürfnis besteht, um die Wirksamkeit von früheren Rechtshandlungen während der bereits abgelaufenen Amtszeit im Nachhinein noch zu beweisen.[148] Dieses Zeugnis wird durch die Praxis gerechtfertigt, nach der ein nach § 2368 Abs. 3 Hs. 2 BGB kraftlos gewordenes Testamentsvollstreckerzeugnis mit einem Vermerk über die Beendigung im Verkehr bleiben darf.[149] Es kann nicht nur vom früheren Amtsinhaber, sondern auch von seinem Nachfolger beantragt werden.[150]

56

---

143 *Greiser*, DFG 1936, 248; *Winkler*, Testamentsvollstrecker, Rn 708 (nur zum Antragsrecht, nicht zur Reichweite); *Firsching/Graf*, Rn 4.472 (o. Begr.); abschwächend Soergel/*Zimmermann*, § 2368 Rn 5 u. *Zimmermann*, Testamentsvollstreckung, Rn 305 (mit missverständlichen Hinw. auf LG Köln Rpfleger 1977, 29, das nicht einschlägig); *Wirth*, WürttNV 1952, 8, 11: zulässig zumindest als Bescheinigung mit dem Inhalt, dass sich aus den Nachlassakten keine Umstände ergäben, die auf eine Amtsbeendigung hindeuten; letztlich offen lassend *Zahn*, MittRhNotK 2000, 89, 104 und jetzt auch Palandt/*Weidlich*, § 2368 Rn 4; abl. Staudinger/*Herzog*, § 2368 Rn 34; *Bestelmeyer*, ZEV 1997, 316, 318 ff., der nur die von *Zimmermann* genannte Bescheinigung für zulässig hält.
144 MittBayNot 2011, 322, abl. dazu aber etwa *Jerome Lange*, jurisPR-FamR 17/2011 Anm. 6.
145 So ausdrücklich *Zahn*, MittRhNotK 2000, 89, 104 ohne jedoch das Analogieproblem im Übrigen zu erkennen.
146 Zutr. *Bestelmeyer*, ZEV 1997, 316, 321. Das von MüKo/*Promberger*, 3. Aufl. 2002, § 2368 Rn 13 gebrachte Argument für die Zulässigkeit ist unzutreffend. Denn dort wird behauptet, dass schon in einem später erteilten Zeugnis (konkludent) bezeugt werde, dass das Amt bei Erteilung noch bestehe; jedoch ist dies wegen § 2368 Abs. 3 Hs. 2 BGB gerade nicht der Fall, richtig aber *Bestelmeyer*, ZEV 1997, 316, 318.
147 *Zimmermann*, Testamentsvollstreckung, Rn 305; *Bestelmeyer*, ZEV 1997, 316, 319.
148 BayObLGZ 1990, 51, 56 = NJW-RR 1990, 906; KG KGJ 28 A 200, 201 f.; OLG Stuttgart DNotZ 1981, 294, 295; KG NJW 1964, 1905; AG Starnberg FamRZ 1999, 743 = ZEV 1999, 311 (LS); *Winkler*, Testamentsvollstrecker, Rn 709 Fn 4; *Lange/Kuchinke*, § 39 VIII 2; RGRK/*Kregel*, § 2368 Rn 11; Palandt/*Weidlich*, § 2368 Rn 10; *Reimann*, in: Bengel/Reimann, II Rn 297; Staudinger/*Herzog*, § 2368 Rn 6; *Zimmermann*, Testamentsvollstreckung, Rn 304.
149 KG NJW 1964, 1905, 1906.
150 AG Starnberg FamRZ 1999, 743 = ZEV 1999, 311 (Leitsatz).

§ 8 Die Konstituierung des Nachlasses

Dr. Jörg Mayer

Inhalt:	Rn		Rn
A. Grundsätzliches	1	C. Sonstige Verpflichtungen bei der Konstituierung	20
B. Erstellung des Nachlassverzeichnisses	2	D. Weitere Konstituierungshandlungen	23

A. Grundsätzliches

Die Konstituierung schafft das **Fundament der Testamentsvollstreckung**. Zur Konstituierung des Nachlasses gehört, dass der Testamentsvollstrecker
– den seiner Verwaltung unterliegenden **Nachlass ermittelt** und in Besitz nimmt
– das **Nachlassverzeichnis** erstellt
– die vom Erblasser herrührenden **Verbindlichkeiten** regelt
– die **Erbschaftsteuerschuld** begleicht.[1]

Nach Übernahme des Amtes muss sich dabei der Testamentsvollstrecker umfassende Kenntnis über den zu verwaltenden Nachlass verschaffen; dazu gehört allerdings nicht zwingend die Kenntnis solcher Nachlassunterlagen, die für die künftige Verwaltung des Nachlasses keine Rolle spielen, weil sie jahrelang zurückliegen.[2] Die Konstituierung gilt als beendet, wenn der Testamentsvollstrecker diese Arbeiten für den Nachlass erledigt und dadurch die ordnungsgemäße Grundlage für seine weitere laufende Verwaltung geschaffen hat.[3]

1

B. Erstellung des Nachlassverzeichnisses

Zweck: Das Nachlassverzeichnis stellt die Basis für eine ordnungsgemäße Amtsführung des Testamentsvollstreckers dar; hierauf baut seine ordnungsgemäße Verwaltung auf. Insbesondere ergibt sich die Verpflichtung zur Herausgabe des Nachlasses und zur Rechnungslegung nach den §§ 2218, 666, 667 BGB aus dem Nachlassverzeichnis. Weiter ist es für die Haftung des Testamentsvollstreckers nach § 2219 BGB relevant, da dadurch Vermögensänderungen dokumentiert werden.[4] Die Erstellung eines umfassenden Nachlassverzeichnisses dient daher schon dem **Selbstschutz** des Testamentsvollstreckers.

2

> **Praxistipp**
> Der Testamentsvollstrecker kann bei der Erstellung des Nachlassverzeichnisses nicht genau genug vorgehen.

Verpflichtung: Aufgrund seiner besonderen Bedeutung ist die Erstellung des Nachlassverzeichnisses und seine Übermittlung an die Erben eine der zentralen Pflichten des Testa-

3

---

1 *Eckelskemper*, in: Bengel/Reimann, X Rn 19; *Klumpp*, in: Bengel/Reimann, III Rn 80 ff.; *Winkler*, Testamentsvollstrecker, Rn 577.
2 OLG Düsseldorf FGPrax 1999, 154 = ZEV 1999, 226 (nur Leitsatz).
3 RG JW 1936, 338; *Winkler*, Testamentsvollstrecker, Rn 577 m.w.N.
4 BayObLG FamRZ 1998, 325 = ZEV 1997, 381; OLG Hamm OLGZ 1986, 1, 5; *Klumpp*, in: Bengel/Reimann, III Rn 14; Staudinger/*Reimann*, § 2215 Rn 4 f.

mentsvollstreckers. Ein Verstoß dagegen stellt eine grobe Pflichtverletzung dar.[5] Nach der Annahme des Amtes und der dann gebotenen Inbesitznahme des Nachlasses[6] ist der Testamentsvollstrecker verpflichtet, dem Erben unverzüglich ein Nachlassverzeichnis vorzulegen (§ 2215 Abs. 1 BGB), einer Aufforderung durch den Erben bedarf es hierfür nicht.[7] Diese Verpflichtung endet mit der Kündigung des Amtes, und zwar auch dann, wenn bisher noch gar kein Verzeichnis erstellt wurde.[8] Die **Verpflichtung** besteht **gegenüber**[9]
– dem Erben, bei einer Erbengemeinschaft gegenüber jedem Miterben, gegenüber einem Nacherben nach Eintritt des Nacherbfalls[10]
– einem Pfändungsgläubiger des Erbteils
– dem Nießbrauchsberechtigten an einem Erbteil oder an der Erbschaft.

Demgegenüber können **Vermächtnisnehmer** oder **Pflichtteilsberechtigte** eine solche Aufstellung **nicht** verlangen. Jedoch kann sich aus der allgemeinen Schadensersatzverpflichtung des Testamentsvollstreckers nach § 2219 BGB die mittelbare Verpflichtung ergeben, dem Vermächtnisnehmer im Einzelfall ein Nachlassverzeichnis vorzulegen, wenn dies zur ordnungsgemäßen Vermächtniserfüllung erforderlich ist.[11] Von der Verpflichtung zur Erstellung des Nachlassverzeichnisses kann der Erblasser den Testamentsvollstrecker nicht befreien (§ 2220 BGB). Jedoch kann der Erbe auf den dadurch für ihn bezweckten Schutz verzichten.[12]

4   **Umfang und Inhalt der Verpflichtung**: Das Nachlassverzeichnis des Testamentsvollstreckers hat nur die seiner Verwaltung unterliegenden Vermögensgegenstände und -rechte[13] und die ihm bekannten Nachlassverbindlichkeiten zu erfassen (Grundsatz der Funktionsbezogenheit der Pflichten des Testamentsvollstreckers). Die Pflichtaufgabe umfasst die Erfassung aller hierzu gehörenden Nachlassgegenstände und -rechte und Nachlassverbindlichkeiten (Aktiva und Passiva): Es gilt der „**Grundsatz der Vollständigkeit der Nachlasserfassung**".

5   Allerdings wird eine **genaue Beschreibung** der Nachlassgegenstände ebenso wenig geschuldet wie dass der Testamentsvollstrecker deren Wert selbst oder gar durch einen Sachverständigen feststellen lässt.[14] Jedoch kann dies natürlich hilfreich sein. Daher sind wenigstens solche pauschalen Wertangaben empfehlenswert, dass die Gerichtsgebühren für die Erbscheinserteilung und Testamentseröffnung geschätzt werden können.[15] Soweit **Wertpapiere** zum Nachlass gehören, ist eine Einzelaufführung nicht notwendig; der Testamentsvollstre-

---

5   LG Frankfurt BWNotZ 1981, 117; OLG Hamm OLGZ 1986, 1 = Rpfleger 1986, 16 (für Rechtsanwalt); OLG Koblenz NJW-RR 1993, 462 = FamRZ 1993, 1370.
6   Dazu eingehend *Schaub*, in: Bengel/Reimann, IV Rn 7 ff.
7   Anders als beim Nachlassverzeichnis des Vorerben nach § 2121 BGB.
8   OLG Koblenz NJW-RR 1993, 462 = FamRZ 1993, 1370.
9   Palandt/*Weidlich*, § 2215 Rn 1.
10 Nicht aber vorher KG OLGE 18, 344.
11 *Klumpp*, in: Bengel/Reimann, III Rn 36.
12 Staudinger/*Reimann*, § 2215 Rn 7; Soergel/*Damrau*, § 2215 Rn 1; OLG Hamburg OLGE 43, 403.
13 *Winkler*, Testamentsvollstrecker, Rn 485.
14 Staudinger/*Reimann*, § 2215 Rn 13; *Klumpp*, in: Bengel/Reimann, III Rn 6; *Winkler*, Testamentsvollstrecker, Rn 487; *Sarres*, ZEV 2000, 90, 92.
15 *Reimann*, Rn 633, 635; *Klumpp*, in: Bengel/Reimann, III Rn 7.

J. Mayer

cker kann sich mit der Angabe der Bank und Depotnummer begnügen.[16] Die genaue Auflistung erfordert eine sorgfältige Erfassung des betroffenen Nachlasses, der daher vom Testamentsvollstrecker zu sichten und genau zu ermitteln ist. Hier helfen bei Grundbesitz vorhandene Grundbuchauszüge und Urkundenausfertigungen, bei Betriebsvermögen die Handelsbilanz. Der Testamentsvollstrecker ist verpflichtet, alle ihm zugänglichen Erkenntnismöglichkeiten auszuschöpfen.[17]

> **Praxistipp**
> Im Hinblick auf die weit reichenden Funktionen des Nachlassverzeichnisses wird sich der Testamentsvollstrecker gerade **im Wirtschaftsbereich** zur Erfüllung seiner Verpflichtungen aus § 2215 BGB der für das betroffene Unternehmen vorhandenen Zahlenwerke und Bilanzen bedienen. Hier sollte er lieber zu viel als zu wenig tun. Die Erstellung einer handelsrechtlichen (nicht steuerlichen) Zwischenbilanz auf den Tag der Amtsannahme auf Kosten des Nachlasses ist zwar gesetzlich nicht notwendig, aber aus Gründen der Beweissicherung dringend angezeigt.[18] Gerade im unternehmerischen Bereich ist eine möglichst detaillierte Vermögensübersicht zu fertigen.[19] Die zum Zwecke der Gebührenbewertung dem Nachlassgericht einzureichenden Nachlassverzeichnisse reichen i.d.R. nicht aus, da sie häufig nur pauschale Angaben enthalten.[20]

Abgrenzungsprobleme ergeben sich regelmäßig bei Schenkungen auf den Todesfall (§ 2301 BGB) sowie unbedingten Schenkungen unter Lebenden mit einer lediglich auf den Todesfall hinausgeschobenen Erfüllung. Hierzu ist festzuhalten, dass echte **Schenkungsversprechen auf den Todesfall** (die unter einer entsprechenden Überlebensbedingung des Beschenkten getroffen werden, vgl. § 2301 Abs. 1 BGB) den Vorschriften über die Verfügung von Todes wegen unterliegen und damit auch dem Verwaltungsrecht des Testamentsvollstreckers, solange sie noch nicht vollzogen sind.[21]   6

Form: Aus § 2215 Abs. 2 BGB, wonach das Nachlassverzeichnis mit der Angabe des Tages der Aufnahme zu versehen und zu unterschreiben ist, ergibt sich mittelbar das Schriftformerfordernis.[22] Die **Unterschrift** hat durch den Testamentsvollstrecker selbst zu erfolgen, eine Vertretung durch andere ist nicht möglich.[23]   7

> **Weiterführende Formulierungsvorschläge**
> *Klumpp* in Bengel/Reimann III Rn 56;
> Allgemein zum notariellen Nachlassverzeichnis *Wegmann* in Kersten/Bühling § 112 Rn 2 M; *Wegerhoff* in KölnerFormBErbR Kap. 14 Rn 371 M.

---

16 *Klumpp*, in: Bengel/Reimann, III Rn 7. M.E. muss jedoch eine genaue Aufstellung auch hier gemacht werden, was in der Praxis keine Schwierigkeit darstellt, da die Banken ohnehin wegen der Erbschaftsteuer eine solche Aufstellung auf den Erbfall machen. Bei *Reimann*, Testamentsvollstreckung in der Wirtschaftspraxis, Rn 635, wird nicht richtig deutlich, ob die dort geforderte möglichst detaillierte Vermögensübersicht nur aus Zweckmäßigkeitsgesichtspunkten erfolgen soll oder weil dies gesetzlich erforderlich ist.
17 BGH NJW 1981, 1271 = FamRZ 1981, 765 zum gutgläubigen Erwerb eines Nachlassgegenstands durch den Testamentsvollstrecker.
18 *Reimann*, Testamentsvollstreckung in der Wirtschaftspraxis, Rn 634; die Kosten für einen Bestätigungsvermerk für eine solche Bilanz sind nach *Reimann* aber nicht vom Nachlass zu tragen.
19 Mit Saldenbestätigungen, Kurswertberechnungen, Wertgutachten und Handelsbilanzen.
20 *Reimann*, Testamentsvollstreckung in der Wirtschaftspraxis, Rn 635.
21 Eingehend hierzu *Klumpp*, in: Bengel/Reimann, III Rn 10 ff.; *Winkler*, Testamentsvollstrecker, Rn 488.
22 *Klumpp*, in: Bengel/Reimann, III Rn 24.
23 OLG Schleswig, FamRZ 2007, 307, 308 f. = ZErb 2007, 16.

J. Mayer

8   **Stichtag:** § 2215 Abs. 2 BGB regelt nicht den Stichtag, zu dem das Nachlassverzeichnis zu erstellen ist. Richtiger Ansicht nach kann der Testamentsvollstrecker den Vermögensstatus nur auf den Zeitpunkt seiner Amtsannahme erstellen,[24] da sich ein früherer Vermögensbestand seiner gesicherten Kenntnis entzieht. Daher kann der Tag des Erbfalls gerade nicht der maßgebliche Stichtag sein.[25] Soweit der Testamentsvollstrecker jedoch erkennen kann, dass sich seit dem Erbfall Veränderungen ergeben haben, sollte er dies im Verzeichnis vermerken.[26] Umgekehrt kann das Nachlassverzeichnis nicht bereits vor der Annahme des Amtes aufgestellt werden.[27]

9   **Beweisfunktion:** Trotz der wichtigen Funktion des Nachlassverzeichnisses hat es nur die Wirkung einer frei zu würdigenden Urkunde; es hat insbesondere keine Vollständigkeitsvermutung i.S.v. § 2009 BGB. Es beweist also nur, dass die aufgeführten Gegenstände im Zeitpunkt der Errichtung nach dem Wissen des Testamentsvollstreckers zum Nachlass gehörten. Dagegen ist ein einfacher Gegenbeweis zulässig.[28] Ein solcher ist sogar dann möglich, wenn ein amtliches Nachlassverzeichnis aufgenommen wurde; dies hat zwar eine höhere Richtigkeitsvermutung als ein privates Verzeichnis, ist aber grundsätzlich auch widerleglich.[29] Zu einer Ergänzung des Nachlassverzeichnisses ist der Testamentsvollstrecker nur auf Antrag eines Erben verpflichtet.[30]

10 **Inventarerrichtungsfrist:** Hierfür gilt nicht die des § 1994 BGB. Vielmehr ist des Nachlassverzeichnis „unverzüglich", zu errichten (§ 121 Abs. 1 BGB).

11 **Amtliches Nachlassverzeichnis:** Nach § 2215 Abs. 4 BGB ist der Testamentsvollstrecker berechtigt, das Verzeichnis durch die zuständige Behörde oder durch einen zuständigen Beamten oder Notar aufnehmen zu lassen; auf Verlangen des Erben ist er sogar verpflichtet, dies zu tun). Ein besonderes Rechtsschutzbedürfnis oder ein begründetes Misstrauen gegen den Testamentsvollstrecker ist nicht Voraussetzung für ein solches Verlangen.[31] Wichtig ist, dass dies durch die sachlich zuständige Stelle geschieht, die örtliche ist nicht maßgebend.[32] Nach § 20 Abs. 1 BNotO ist der Notar zur Aufnahme solcher Verzeichnisse zuständig. Der **Notar** ist auch zur Vornahme der **Beurkundung verpflichtet** (§ 15 Abs. 1 BeurkG, § 4 BeurkG). Zur Zuständigkeit anderer Stellen in den einzelnen Bundesländern siehe *Klumpp*.[33] Nach der Rechtsprechung liegt ein i.S.d. § 2215 Abs. 4 BGB **durch einen Notar aufgenommenes Nachlassverzeichnis** nur vor, wenn der **Notar den Nachlassbestand selbst ermit-**

---

24 Staudinger/*Reimann*, § 2215 Rn 9; *Klumpp*, in: Bengel/Reimann, III Rn 17; offen lassend *Schwarz*, § 3 Rn 204.
25 So aber ohne jede Problemdiskussion OLG Schleswig, FamRZ 2007, 307 = ZErb 2007, 16; *Zimmermann*, Testamentsvollstreckung, Rn 353.
26 *Klumpp*, in: Bengel/Reimann, III Rn 18.
27 BayObLG FamRZ 1998, 325 = ZEV 1997, 381.
28 *Klumpp*, in: Bengel/Reimann, III Rn 21.
29 OLG Oldenburg NJW-RR 1993, 782 = FamRZ 1993, 857 zu einem notariellen Verzeichnis zur Berechnung des Pflichtteilsanspruchs.
30 *Winkler*, Testamentsvollstrecker, Rn 490.
31 *Zimmermann*, Testamentsvollstreckung, Rn 348.
32 *Klumpp*, in: Bengel/Reimann, III Rn 27.
33 Bengel/Reimann, III Rn 28 f.; dazu auch ausf. Keidel/*Engelhart*, § 486 FamFG Rn 3 ff.

telt hat[34] und durch Unterzeichnung des Bestandsverzeichnisses als von ihm aufgenommen zum Ausdruck bringt, dass er für dessen **Inhalt verantwortlich** ist. Darin liege eine höhere Richtigkeitsgewähr eines durch den Notar selbst aufgenommenen Nachlassverzeichnisses. Es genügt also nicht – wie in den Fällen der §§ 1993, 2002 BGB – dass der Notar dem zur Verzeichnung Verpflichteten lediglich mit seiner Rechtskenntnis beisteht und ihn belehrt, ohne verpflichtet zu sein, die Angaben des Verpflichteten auf ihre sachliche Richtigkeit zu überprüfen.

Daher hat der Notar die vorhandenen Vermögensgegenstände sorgfältig festzustellen und seine **Feststellung** in einer von ihm zu unterzeichnenden berichtenden Urkunde (§ 37 Abs. 1 S. 1 Nr. 2 BeurkG) niederzulegen.[35] Andererseits ist er in der **Ausgestaltung des Verfahrens** zur Ermittlung der Vermögensmasse und zur Niederlegung des Ergebnisses dieser Ermittlungen in der Urkunde in seinem Ermessen weitgehend frei.[36] Allerdings setzt nach Auffassung des OLG Koblenz die Aufnahme eines Nachlassverzeichnisses durch einen Notar im Regelfall voraus, dass der **Verpflichtete persönlich** anwesend ist und für Belehrungen, Nachfragen und Erläuterungen zur Verfügung steht. Eine Vertretung, z.B. durch den Prozessbevollmächtigten, soll grundsätzlich nicht möglich sein.[37]

12

Neuerdings wird jedoch von einer vereinzelten **Mindermeinung** vertreten, dass den Notar keine Ermittlungspflichten treffen, sondern grundsätzlich die Aufgabe des Notars zunächst **nur** darin bestehe, den Testamentsvollstrecker auf den notwendigen Inhalt des zu erstellenden Verzeichnisses und die diesem obliegende Pflicht zur wahrheitsgemäßen Angabe hinzuweisen. Soweit der Notar den Eindruck gewinnt, dass möglicherweise weitere Ermittlungen anzustellen sind, kann er die Beteiligten um die Einholung weiterer Auskünfte bitten. Ist der Auskunftsverpflichtete dazu nicht in der Lage, muss der Notar im Rahmen seiner Möglichkeiten selbst Auskünfte einholen und in einem solchen Fall auch der Bitte nachkommen, den Nachlass in Augenschein zu nehmen. Eine eigenmächtige Ermittlung des Nachlasses durch den Notar ohne Aufforderung durch den Auskunftsverpflichteten habe aber nicht stattzufinden.[38] Dies wird jedoch den hier vom Gesetz dem Notar zugewiesenen Aufgaben nicht gerecht. Vielmehr ist der Notar aufgrund **seiner Verantwortung** für den Inhalt des Verzeichnisses über die Entgegennahme dieser Auskünfte und Angaben der Beteiligten hinaus grundsätzlich zur Vornahme von eigenen Ermittlungen berechtigt und verpflichtet.[39] Dabei entscheidet er nach **eigenem Ermessen** und unter Berücksichtigung der Umstände des Einzelfalls, welche zusätzlichen Ermittlungen er dabei vornimmt. Soweit weitere Er-

13

---

34 Vgl. OLGR Düsseldorf 1995, 299; Beschl. v. 31.7.2007, I-7 W 60/07, 7 W 60/07, RNotZ 2008, 105 (dort als ständige Rspr. des Senats bezeichnet); OLGR Celle 1997, 160; OLG Celle DNotZ 2003, 62 m. Anm. *Nieder*, ZErb 2002, 166 (LS); LG Aurich vom 7.7.2004, 5 O 367/04, NJW-RR 2005, 1464; ebenso aus der Literatur *Nieder*, ZErb 2004, 60; *Sarres*, FAErbR, Kap. 14 Rn 170; zur entsprechenden Problematik im Pflichtteilsrecht (§ 2314 Abs. 1 S. 1 BGB): OLG Schleswig ZEV 2011, 376 = NJW-RR 2011, 946 ff. (dazu *Jerome Lange*, jurisPR-FamR 9/2011 Anm. 5); OLG Saarbrücken FamRZ 2010, 2026 = MittBayNot 2011, 245 m. Anm. *G. Müller* = ZEV 2010, 416 (dazu *Birkenheier*, jurisPR-FamR 23/2010 Anm. 6); vgl. auch Gutachten DNotI-Report 2003, 137; ausf. *Schreinert*, Das notarielle Nachlassverzeichnis, RNotZ 2008, 61; Siehe *S. Braun*, MittBayNot 2008, 351; Damrau/*Riedel*, § 2314 Rn 24; krit. dagegen *Zimmer*, zuletzt ZEV 2008, 365.
35 OLG Celle OLG-Report 1997, 160.
36 OLG Celle, OLG-Report 1997, 160; *Limmer*, in: Eylmann/Vaasen, § 20 BNotO Rn 23.
37 OLG Koblenz, ZEV 2007, 493 = RNotZ 2007, 414 m. zu Recht abl. Anm. *Sandkühler*; dazu auch *Jülicher/Klinger*, NJW-Spezial 2007, 567 f.
38 *Zimmer*, NotBZ 2005, 208, 211; ders., ZEV 2008, 365 m. Beispielen.
39 BGHZ 33, 373, 377 = MDR 1961, 217; OLG Celle OLG-Report 1997, 160; *Limmer*, in: Eylmann/Vaasen, § 20 BNotO Rn 23.

mittlungen nicht möglich oder zumindest nicht erfolgversprechend sind (z.B. nach Auflösung der Erblasserwohnung), muss er sich notfalls mit den Angaben und Auskünften der Beteiligten begnügen.[40] Dabei kann sich der Notar aber in nicht unbeträchtlichem Maß auch auf die Auskünfte des Testamentsvollstrecker stützen, da er im Einzelfall ohne derartige Auskünfte nicht unbedingt wissen oder in Erfahrung bringen wird, ob und wo beispielsweise Grundbesitz oder Spar- oder Girokonten des Erblassers vorhanden sind. Es ist daher zulässig wenn der Notar bei der Aufnahme des Nachlassverzeichnisses zunächst von einer vom Testamentsvollstrecker erstellten Liste bzw. von dessen Informationen (oder denen des Pflichtteilsberechtigten) ausgeht[41] und unter deren Hinzuziehung weitere Ermittlungen anstellt. Der Notar muss den Nachlass auch dann nicht mehr selbst in Augenschein nehmen, wenn der Erbfall bereits längere Zeit zurückliegt und die Erbauseinandersetzung weitgehend abgeschlossen ist.[42]

14 In einem ausführlichen Beitrag in ZErb 2004, 60 setzt sich *Nieder* mit den Anforderungen an ein Nachlassverzeichnis i.S.v. § 2314 BGB auseinander,[43] die für ein notarielles Nachlassverzeichnis nach § 2215 Abs. 4 BGB entsprechend gelten dürften. Er betont dabei zu Recht, dass der Notar nur wenige Ermittlungsmöglichkeiten zur Verfügung hat. Am Rechtshilfeverkehr der Gerichte und Amtshilfeverkehr der Verwaltungsbehörden kann er nicht teilnehmen. Regelmäßig angebracht ist es jedoch, die örtlichen Kreditinstitute und Grundbuchämter anzuschreiben, ob bei ihnen Vermögensgegenstände des Erblassers registriert sind. Die Beauftragung eines **Privatdetektivs** ist jedoch nicht erforderlich.[44]

15 **Fehlerhaft** ist es aber,
– wenn der Notar – wie bei der Niederschrift einer Willenserklärung – **lediglich** die **Erklärungen des Testamentsvollstreckers** über den Bestand beurkundet. Allerdings kann und sollte der Notar auch dessen Angaben über den Nachlassbestand festhalten, weil diese Gegenstand der eidesstattlichen Versicherung sind, welche sich in einem selbstständigen Verfahren (siehe Rn 17) an die Erstellung des Nachlassverzeichnisses anschließen kann.[45] Verfahrensrechtlich geschieht die Beurkundung der Willenserklärung nach § 37 Abs. 1 S. 1 Nr. 2 BeurkG[46]
– wenn im Urkundeneingang ausschließlich formuliert wird „auf Ansuchen des Erschienenen beurkunde ich ...", denn es handelt sich bezüglich der durchgeführten Ermittlungen des Notars nicht um die Beurkundung einer Willenserklärung, sondern um eine **Tatsachenbeurkundung** der Wahrnehmungen des Notars nach §§ 36 ff. BeurkG.
– wenn anschließend eine **eidesstattliche Versicherung** des Erben aufgenommen wird, denn hierfür ist der Notar nicht befugt, da sich das Verfahren nach § 260 Abs. 2 BGB und damit die Zuständigkeit allein nach § 410 Nr. 1 FamFG, § 23a Abs. 1 GVG bestimmt.

---

40 OLG Oldenburg NJW-RR 1993, 782 = FamRZ 1993, 857; *Nieder*, DNotZ 2003, 63, 64; *Peters*, in: Kersten/Bühling, 21. Aufl. 2001, § 20 BNotO Rn 37; Schippel/Bracker/*Reithmann*, § 20 BNotO Rn 65; *Sandkühler*, in: Arndt/Lerch/Sandkühler, 5. Aufl. 2003, § 20 BNotO Rn 57.
41 Gutachten DNotI-Report a.a.O., S. 138.
42 *Zimmer*, NotBZ 2005, 208, 211.
43 Zahlreiche Praxishinweise auch bei *W. Roth*, ZErb 2007, 402 ff.
44 *Nieder*, ZErb 2004, 60, 63.
45 Dazu Bamberger/Roth/*J. Mayer*, § 2314 Rn 15; insoweit zutr. *Zimmer*, NotBZ 2005, 208, 211; die Aufnahme der Angaben des Auskunftsverpflichteten empfiehlt auch *Nieder*, ZErb 2004, 64.
46 Die Beurkundung von „Wissenserklärungen" ist bei sonstigen Beurkundungen zulässig, *Winkler*, BeurkG, § 36 Rn 6.

Daher ist dafür allein das Amtsgericht zuständig.⁴⁷ Soweit dies nicht freiwillig, sondern aufgrund eines Urteils erfolgt – ist das **Vollstreckungsgericht** zuständig (§ 889 ZPO). Der Notar besitzt hierfür keinerlei Kompetenz.⁴⁸ Zur Abnahme und Aufnahme berufen ist vielmehr allein der **Rechtspfleger** beim zuständigen Amtsgericht des Wohnsitzes des Erben. Eine Zuständigkeit zur Aufnahme derartiger Versicherungen im Rahmen der Erstellung des Nachlassverzeichnisses lässt sich entgegen einer Mindermeinung auch nicht aus der allgemeinen Norm des § 22 Abs. 2 BNotO herleiten, die nur die Aufnahme einer solcher Versicherung regelt, nicht aber die nach § 260 Abs. 2 BGB geschuldete Abgabe derselben. Wird dennoch eine solche eidesstattliche Versicherung erklärt und ist sie unrichtig, so kann allerdings keine Strafbarkeit nach §§ 156, 163 Abs. 1 StGB eintreten, da es an einer „zuständigen Behörde" i.S. dieser Straftatbestände fehlt; vgl. dazu auch nachstehend Rn 17.

Die Erstellung eines amtlichen Nachlassverzeichnisses kann der Erbe auch noch nach **längerer Zeit** verlangen.⁴⁹ Liegt jedoch bereits ein ordentliches Nachlassverzeichnis des Testamentsvollstreckers vor, so kann es sein, dass ein späteres amtliches Nachlassverzeichnis zu keiner größeren Klarheit oder Übersichtlichkeit führt und damit keine höhere Richtigkeitsvermutung erzielt.⁵⁰

16

> **Praxistipp**
> – In Fällen, in denen der Testamentsvollstrecker damit rechnen muss, dass seine Amtsführung von den Erben beanstandet und **kritisiert** wird, sollte er auf alle Fälle ein amtliches Nachlassverzeichnis errichten lassen.
> – Bislang überhaupt noch nicht diskutiert wurden die **praktischen Schwierigkeiten** bei der Erstellung von Nachlassverzeichnissen. Es ist fast nicht möglich, mit Worten umfangreiches Inventar, Hausrat, Schmuck und Kunstgegenstände zu beschreiben. Doch dies muss auch nicht sein. Auch **Bilder** und **Fotos** können als Anlage der notariellen Niederschrift nach § 9 Abs. 1 S. 3 BeurkG beigefügt werden,⁵¹ was in vielen Fällen der einzig gangbare Weg ist und im Übrigen so bereits von Nachlasspflegern bei der Erstellung ihrer Verzeichnisse seit vielen Jahren praktiziert wird.

Eidesstattliche Versicherung: Bestehen Anhaltspunkte dafür, dass der Testamentsvollstrecker nicht mit der erforderlichen Sorgfalt das Nachlassverzeichnis erstellt hat, so kann der Erbe verlangen, dass dessen Vollständigkeit und Richtigkeit eidesstattlich versichert wird (§§ 2218 Abs. 1, 666, 260 Abs. 2, 261 BGB). Die freiwillige Abgabe der Versicherung durch den Testamentsvollstrecker erfolgt nach § 410 Nr. 1 FamFG, wobei sich die örtliche Zuständigkeit nach § 411 FamFG bestimmt.⁵² Ist jedoch die klagweise Erzwingung erforderlich, so ist das Prozessgericht zuständig,⁵³ in keinem Fall der Notar (siehe bereits Rn 15).

17

---

47 MüKo-FamFG/*Zimmermann*, § 410 FamFG Rn 1 i.V.m. Rn 3; *Klumpp*, in: Bengel/Reimann, III Rn 33; zum Parallelproblem im Pflichtteilsrecht auch § 2314 MüKo/*Lange*, § 2314 Rn 28; bereits früher ausdrücklich LG Oldenburg ZErb 2009, 1 m. Anm. *Wirich; Nieder*, ZErb 2004, 60, 65; *Winkler*, BeurkG, 17. Aufl, § 1 Rn 31 und § 38 Rn 8.
48 *Nieder*, ZErb 2004, 60, 65; *Winkler*, BeurkG, 17. Aufl. 2011, § 1 Rn 31 und § 38 Rn 8; ausführlich hierzu *Schindler*, BWNotZ 2004, 73, 75 ff.; a.M. *Limmer*, in: Eylmann/Vaasen, § 22 BNotO Rn 8; zweifelnd *Heyn*, DNotZ 1998, 177, 183.
49 RG JW 1916, 673; MüKo/*Zimmermann*, § 2215 Rn 5.
50 OLG Köln NJW-RR 1992, 8 = FamRZ 1992, 1104 zu einem Nachlassverzeichnis im Pflichtteilsrecht.
51 Siehe allgemein dazu Gutachten DNotI-Report 2007, 60; *Brambring*, DNotZ 1980, 281, 302; *Lichtenberger*, NJW 1980, 864, 870; *Winkler*, BeurkG, § 9 Rn 40.
52 MüKo/*Zimmermann*, § 2215 Rn 6.
53 *Winkler*, Testamentsvollstrecker, Rn 493; *Klumpp*, in: Bengel/Reimann, III Rn 33.

J. Mayer

18 **Kosten,** die für Aufnahme und Beglaubigung anfallen, trägt der Nachlass (§ 2215 Abs. 5 BGB). Wird jedoch der Testamentsvollstrecker kostenpflichtig verurteilt, ein Nachlassverzeichnis vorzulegen oder dem Erben die geschuldete Beihilfe zu leisten weil dies bislang nicht ordnungsgemäß geschah, so hat er die Kosten des Rechtsstreits persönlich zu tragen, weil der Nachlass nicht mit den Lasten aus der Pflichtverletzung des Testamentsvollstreckers belastet werden darf.[54]

19 **Eltern als Testamentsvollstrecker:** Sind die Eltern minderjähriger Kinder zugleich Testamentsvollstrecker und gesetzliche Vertreter, so wird teilweise die Ansicht vertreten, zur Prüfung des vorgelegten Nachlassverzeichnisses müsse ein Ergänzungspfleger bestellt werden, der gesetzliche Vertreter sei hiervon nach §§ 1629, 1795 Abs. 2, 181 BGB ausgeschlossen, oder es sei ihm zumindest nach § 1796 BGB die gesetzliche Vertretungsmöglichkeit insoweit zu entziehen.[55] Dem kann nicht gefolgt werden. Vielmehr ist die Bestellung eines Ergänzungspflegers gerade nicht erforderlich: Die Entgegennahme des Nachlassverzeichnisses wird zu Recht nur als geschäftsähnliche,[56] die Überprüfung desselben als eine reine Realhandlung angesehen. Jedoch muss der Testamentsvollstrecker–Elternteil das von ihm zu erstellende Nachlassverzeichnis nach § 1640 BGB dem Familiengericht vorlegen, wenn er nicht ausnahmsweise nach § 1640 Abs. 2 BGB hiervon befreit ist, etwa weil der Vermögenserwerb 15.000 EUR nicht übersteigt. Dadurch ist der Minderjährige ausreichend geschützt,[57] zumal die bloße Übermittlung und Entgegennahme des Verzeichnisses nur die Erfüllung einer gesetzlichen Pflicht ist und § 181 BGB dies gerade gestattet. Differenzierend demgegenüber nunmehr der BGH: Die Bestellung eines Überwachungspflegers nach § 1796 BGB setzt voraus, ein konkreter Interessengegensatz besteht, was an Hand der Umstände des zu beurteilenden Einzelfalls festzustellen sei;[58] vgl. zur Problematik § 2 Rn 14 ff.[59]

C. Sonstige Verpflichtungen bei der Konstituierung

20 **Unterstützung der Erben bei der Inventaraufnahme:** Da der Testamentsvollstrecker ja den Nachlass in Besitz zu nehmen hat, besteht umgekehrt eine Pflicht für ihn (§ 2215 Abs. 1 a.E. BGB), bei der vom Erben nach den gesetzlichen Bestimmungen vorzunehmenden Aufnahme des Inventars mitzuwirken (§§ 1993 ff., 2001 ff. BGB). Denn die Errichtung

---

54 *Klumpp*, in: Bengel/Reimann, III Rn 42.
55 OLG Hamm OLGZ 1993, 392–398 = FamRZ 1993, 1122 = MittRhNotK 1993, 119–121 = Rpfleger 1993, 340–342 = MittBayNot 1994, 53 m. abl. Anm. *Reimann* (wobei das Gericht im Wesentlichen auf eine Entziehung der Vertretungsmacht nach § 1796 abgestellt hat); MüKo/*Zimmermann*, § 2215 Rn 9; ebenso allg. für Auskunfts- und Rechnungslegungsrechte OLG Nürnberg FamRZ 2002, 272 = ZEV 2002, 158 m. abl. Anm. *Schlüter*.
56 Soergel/*Leptien*, § 104 Rn 16.
57 Staudinger/*Reimann*, § 2215 Rn 8; MüKo/*Brandner*, 3. Aufl. 2002, § 2215 Rn 9; *Klumpp*, in: Bengel/ Reimann, III Rn 39; *Damrau*, ZEV 1994, 1, 2; Soergel/*Damrau*, § 2215 Rn 7 (unter Bezug auf die Entstehungsgeschichte); *Winkler*, Testamentsvollstrecker, Rn 491; *Kirchner*, MittBayNot 2002, 368; jetzt auch *Bengel/Dietz*, in: Bengel/Reimann, V Rn 414; tendenziell gegen einen zu starken Eingriff in die elterliche Sorge durch Maßnahmen des Familiengerichts auch jetzt BGH, ZEV 2008, 330 m. Anm. *Muscheler* = NJW-RR 2008, 963.
58 BGH, NJW-RR 2008, 963 = ZEV 2008, 330 m. Anm. *Muscheler* = MittBayNot 2008, 297; dazu auch zust. *N. Becker*, jurisPR-FamR 14/2008 Anm. 8.
59 Siehe zum Muster eines Nachlassverzeichnisses *Winkler*, Testamentsvollstrecker, Rn 882; *Littig*, in: Krug/Rudolf/Kroiß/Bittler, § 13 Rn 103; *Klumpp*, in: Bengel/Reimann, III Rn 55 ff.; *Sarres*, ZEV 2000, 90, 93.

des Nachlassverzeichnisses ersetzt nicht die Errichtung des Inventarverzeichnisses.[60] Die Hilfeleistung des Testamentsvollstreckers besteht dabei im Wesentlichen:[61]
- in der genauen Beschreibung der Nachlassgegenstände, gegebenenfalls deren Vorlage
- Auskunft zur und Unterstützung bei der Wertermittlung.[62] Die Pflicht trifft den Testamentsvollstrecker vor allem dann, wenn der Erbe dem Pflichtteilsberechtigten nach § 2314 BGB oder wegen eines Pflichtteilsergänzungsanspruchs auskunfts- und wertermittlungspflichtig ist.

Genügt das Nachlassverzeichnis bereits diesen gesteigerten Anforderungen eines Inventarverzeichnisses (mit ausreichender Beschreibung und Wertangaben) und wurde es auch beim Nachlassgericht eingereicht, so kann der Erbe sich zur Erfüllung der ihm obliegenden Pflichten darauf berufen; es genügt in diesem Fall zur **Wahrung der Inventarerrichtungsfrist** seine rechtzeitige Erklärung, dass das Nachlassverzeichnis als das von ihm eingereichte Inventar gelten soll (§ 2004 BGB).[63]

21

Wird vom Testamentsvollstrecker die geschuldete Beihilfe trotz Aufforderung nicht geleistet, so hat der Erbe einen selbstständig einklagbaren **Erfüllungsanspruch**.[64]

22

D. Weitere Konstituierungshandlungen

An weiteren solchen Handlungen können erforderlich werden:[65]

23

Sicherung des Nachlasses, und zwar insbesondere
- bezüglich der **Bankkonten** siehe § 26 Rn 9 ff.
- bei **Grundbesitz:** Überwachung der **Eintragung des Testamentsvollstreckervermerks** im Grundbuch (§ 52 GBO), was zwar von Amts wegen mit der Grundbuchberichtigung auf die Erben erfolgen soll, aber auch vom Testamentsvollstrecker überwacht werden sollte
- gegebenenfalls **Herausgabeklage** zur Durchsetzung des Anspruchs auf Besitzeinräumung
- Überwachung der Berichtigung des **Handelsregisters** (wobei hier nach h.M. wohl ein Testamentsvollstreckervermerk nicht eingetragen werden kann) und sonstiger Register
- Vornahme der sonstigen, evtl. nach öffentlichem Recht, aufgrund des Erbfalls vorgeschriebenen Anträge und Handlungen

---

60 Das Nachlassverzeichnis muss ja keine Beschreibung der Nachlassgegenstände enthalten und keine Wertangaben, anders das Inventarverzeichnis, § 2001 Abs. 2 BGB, dazu MüKo/*Küpper*, § 2001 Rn 2.
61 Vgl. *Klumpp*, in: Bengel/Reimann, III Rn 72 ff.
62 Soweit erforderlich, muss der Testamentsvollstrecker den Wert der Nachlassgegenstände auf Kosten des Nachlasses ermitteln lassen (MüKo/*Zimmermann*, § 2215 Rn 10; einschränkend *Winkler*, Testamentsvollstrecker, Rn 487).
63 *Klumpp*, in: Bengel/Reimann, III Rn 78; Staudinger/*Reimann*, § 2215 Rn 15.
64 OLGE 16, 269; Staudinger/*Reimann*, § 2215 Rn 3; MüKo/*Zimmermann*, § 2215 Rn 10; siehe zum Muster einer Klage des Erben gegen den Testamentsvollstrecker auf Beihilfe bei der Inventarerrichtung *Littig*, in: Krug/Rudolf/Kroiß/Bittler, § 13 Rn 104.
65 *Klumpp*, in: Bengel/Reimann, III Rn 80 ff.

- Verpflichtung zur Stellung eines **Insolvenzantrags,** falls sich herausstellt, dass durch Nachlassverbindlichkeiten der Nachlass überschuldet oder gefährdet ist.[66]

24 Dem Testamentsvollstrecker steht gegen die Erben, die mit dem Erbfall kraft Gesetzes den Besitz erlangt haben, ein **Anspruch auf Besitzeinräumung** zu.[67] Notfalls kann er diesen klageweise durchsetzen. Hierfür ist das Prozessgericht und nicht das Nachlassgericht zuständig; bei mehreren Erben ist die Klage gegen diese alle zu richten, da sie den Besitz gemeinsam ausüben und die Gegenstände nur gemeinschaftlich herausgeben können (§ 2040 BGB); diese sind notwendige Streitgenossen (§ 62 ZPO). Soweit der Testamentsvollstrecker vom Umfang des Nachlasses keine genaue Kenntnis hat, hat er einen **vorbereitenden Auskunftsanspruch** gegen die Erben, der sich aus § 260 Abs. 1 BGB ergibt.[68] Dabei kann er die klageweise Geltendmachung des Auskunftsanspruchs mit dem Herausgabeanspruch im Wege einer **Stufenklage** (§ 254 ZPO) verbinden. **Muster** siehe § 36 Rn 10.

---

[66] Ob der Testamentsvollstrecker gegenüber den Nachlassgläubigern zur Stellung des Insolvenzantrags verpflichtet ist, ist umstr. (verneinend Staudinger/*Reimann*, § 2205 Rn 152; Gottwald/*Arnold*, § 104 Rn 13; *Klumpp*, in: Bengel/Reimann, V Rn 503; a.A. *Winkler*, Testamentsvollstrecker, Rn 170). Jedoch empfiehlt sich schon zur Vermeidung der eigenen Haftung für den Testamentsvollstrecker, rechtzeitig einen entsprechenden Antrag zustellen.
[67] *Bengel/Dietz*, in: Bengel/Reimann, I Rn 65 ff.
[68] *Reimann*, WPK-Mitt., Sonderheft 1996, 24; Staudinger/*Reimann*, § 2205 Rn 30; *Schaub*, in: Bengel/Reimann, IV Rn 14. Der Anspruch auf Besitzeinräumung ergibt sich aus § 2205 Satz 2 BGB. Die allg. Besitzschutzrechte stehen dem Testamentsvollstrecker erst zu, wenn er tatsächlich den unmittelbaren Besitz erlangt hat, Staudinger/*Reimann*, § 2205 Rn 31.

§ 9 Die ordnungsgemäße Nachlassverwaltung durch den Testamentsvollstrecker

Dr. Jörg Mayer

Inhalt:

	Rn
A. Keine besonderen Anordnungen des Erblassers zur Verwaltung vorhanden	1
I. Grundsätze	1
1. Festlegung der Verwaltungsziele	1
2. Ermessensspielraum bei besonders strukturierten Nachlässen	9
3. Leitbilder zur Konkretisierung der Pflichten des Testamentsvollstreckers	10
a) Der dynamische Geschäftsführer	10
b) Grundsätze der Anlageberatung durch Banken	13
c) Grundsätze der Pflichten von Organmitgliedern einer Kapitalgesellschaft	14
d) Verhaltenspflichten von Vermögensverwaltern	15
II. Einzelheiten zur ordnungsgemäßen Nachlassverwaltung	18
1. Kapitalanlageentscheidungen des Testamentsvollstreckers	18
a) Anlageziele	19
aa) Vermögenserhaltung	21
bb) Vermögensmehrung – Rendite	24
cc) Liquidität	25
b) Anforderungen an eine ordnungsgemäße Vermögensverwaltung	27
aa) Vermögensanalyse	28
bb) Bedürfnisanalyse, Formulierung einer Portfoliostrategie	29
cc) Strukturierung des Vermögens und Ausrichtung der Anlagen	30
dd) Verwaltung und Überwachung (Portfoliorevision)	34
c) Vermögensverwaltungs- und Kapitalanlagetheorien	35
d) Grundsätze der ordnungsgemäßen Nachlassverwaltung	38
aa) Grundsätze der Wirtschaftlichkeit	39
bb) Gebot der produktiven Verwaltung	40
cc) Grenzen bei spekulativen Geschäften und das Gebot der Diversifikation	43

	Rn
dd) Vermeidung von Interessenkonflikten	53
ee) Früheres Anlageverhalten des Erblassers, Pflicht zur Umschichtung	56
ff) Keine Haftung für die wertmäßige Erhaltung des Nachlasses	58
gg) Gesamtwirtschaftliche Entwicklung	59
hh) Beurteilung der Pflichtwidrigkeit: Einzel- oder Gesamtanlageverhalten, zum Prognoserisiko	60
2. Die einzelnen Anlageformen	61
a) Effektengeschäfte	61
b) Sparanlagen, Festgeldanlagen	64
c) Derivate oder Finanz-(Warentermin-)geschäfte	65
d) Investmentfonds	71
e) Erwerb einer Gesellschaftsbeteiligung – Venture-Capital-Beteiligungen	75
f) Immobilien	76
g) Edelmetalle	78
h) Kunstgegenstände und Antiquitäten	79
3. Auskunfts-, Benachrichtigungs- und Rechenschaftspflichten	80
a) Benachrichtigungspflicht, insbesondere nach Wertverlusten	83
b) Rechenschaftspflicht	91
c) Auskunftspflichten	94
4. Übertragung der Anlagetätigkeit auf Dritte	96
5. ABC weiterer Nachlassverwaltungsmaßnahmen	101
III. Rechtsfolgen ordnungswidriger Verwaltung	115
B. Verwaltungsanordnungen	116
I. Begriff und Inhalt	116
II. Form der Verwaltungsanordnung	123
III. Rechtsfolgen, Außerkraftsetzung durch das Nachlassgericht	124

Literatur

Assmann/Schütze, Handbuch des Kapitalanlagerechts, 3. Aufl. 2007; *Balzer*, Vermögensverwaltung durch Kreditinstitute, Diss. Köln 1999; *Cramer/Rudolph*, Handbuch für Anlageberatung und Vermögensverwaltung, 1995; *Coing*, Die Anlagevorschriften des Deutschen Erbrechts, FS Heinz Kaufmann, 1972, S. 127; *Farkas-Richling*, Ordnungsgemäße Verwaltung des Nachlassvermögens im Wertpapierbereich nach § 2216 BGB, ZEV 2007, 310; *Jendralski/Oehlenschläger*, Vermögensverwaltung und -beratung, 1992; *Lange/Werkmüller*, Der Erbfall in der Bankpraxis, 2002; *Lindmeyer*, Geldanlage und Steuer, 2005; *Schmitz*, Kapitalanlageentscheidungen des Testamentsvollstreckers, 2002; *ders.*, Testamentsvollstreckungen und Kapitalanlagen – Richtlinien für die Anlage von Nachlassvermögen durch den Testamentsvollstrecker, ZErb 2003, 3; *Roth, M.*, Unternehmerisches Ermessen und Haftung des Vorstands, Handlungsspielräume und Haftungsrisiken insbesondere in der wirtschaftlichen Krise, Diss. München 2001; *Schwintowski/Schäfer*, Bankrecht: Commercial Banking – Investment Banking,

2. Aufl. 2004; *Zeising*, Pflichten und Haftung des Testamentsvollstreckers bei der Verwaltung von Vermögen, 2004.

A. Keine besonderen Anordnungen des Erblassers zur Verwaltung vorhanden

I. Grundsätze

1. Festlegung der Verwaltungsziele

1 Nach § 2216 Abs. 1 BGB hat der Testamentsvollstrecker i.d.R. allein über die Art der Nachlassverwaltung zu entscheiden, wenngleich er zur ordnungsgemäßen Verwaltung verpflichtet ist. Dieser Grundsatz wird durch § 2216 Abs. 2 S. 1 BGB eingeschränkt: Anordnungen des Erblassers, die dieser durch Verfügungen von Todes wegen getroffen hat, sind vom Testamentsvollstrecker zu befolgen.

2 Was unter ordnungsgemäßer Nachlassverwaltung zu verstehen ist, richtet sich somit:[1]
– nach den **Anordnungen** des Erblassers in der Verfügung von Todes wegen
– nach dem **Zweck** der Verwaltung und
– den **Umständen des Einzelfalls**.

3 Der **Zweck der Anordnung** der Testamentsvollstreckung ist dabei von besonderer Bedeutung (funktionsbezogene Betrachtung). Die ordnungsgemäße Verwaltung bei einer **Abwicklungsvollstreckung** (§ 2203 BGB) ist eine andere als bei einer **Verwaltungsvollstreckung** (§ 2209 BGB).[2] Ist die Verwaltung reiner Selbstzweck, so ist die Nutzbarmachung des Nachlasses nach den allgemein gültigen Regeln über die Vermögensverwaltung zu beurteilen, jedoch immer noch i.S.d. Erblassers unter Berücksichtigung der besonderen Interessen der Erben.[3]

4 Die Rechtsprechung betont immer wieder, dass die ordnungsmäßige Verwaltung (§ 2216 Abs. 1 BGB) den Testamentsvollstrecker zu besonderer Gewissenhaftigkeit und Sorgfalt anhält.[4] Der Testamentsvollstrecker müsse das ihm anvertraute Vermögen erhalten und sichern, Verluste verhindern und für die Nutzungen Gewähr leisten. Dabei sind an die Ordnungsmäßigkeit der Verwaltung stets **strenge Anforderungen** gestellt worden.[5]

5 Inhalt und Umfang der Verwaltungspflicht werden in erster Linie durch die vom Erblasser in der Verfügung von Todes wegen festgelegte **Aufgabe** bestimmt. Innerhalb des so vorgegebenen Bindungsrahmens werden die Verwalterpflichten konkretisiert durch das **objektive Nachlassinteresse** und besonders durch die allgemeinen **Regeln der Wirtschaftlichkeit**.[6]

6 Fehlen besondere Verwaltungsanordnungen, so werden **Inhalt und Grenzen** einer ordnungsgemäßen Nachlassverwaltung in erster Linie durch objektive Maßstäbe bestimmt. Der Testamentsvollstrecker muss in jedem Einzelfall wirtschaftlich, vernünftig und aus allgemein nachvollziehbaren Gründen handeln. Der Testamentsvollstrecker darf sich daher

---

1 Staudinger/*Reimann*, § 2216 Rn 4 ff.
2 MüKo/*Zimmermann*, § 2216 Rn 2.
3 Staudinger/*Reimann*, § 2216 Rn 4.
4 Grundlegend RGZ 130, 131, 135.
5 Z.B. BGH, LM § 2205 BGB Nr. 3/4/5 = NJW 1959, 1820; BGH, NJW 1967, 443 = LM § 3 ZPO Nr. 31 = WM 1967, 25, 27.
6 BayObLG ZEV 1998, 348, 350; BGH NJW 1987, 1070.

nicht von seinen persönlichen Interessen und Neigungen leiten lassen;[7] auch genügt nicht, wenn er nur entsprechend seiner persönlichen Möglichkeiten und Fähigkeiten handelt, die Amtsführung aber trotzdem nicht objektiven Wirtschaftlichkeitsanforderungen entspricht (also lediglich subjektive Mühewaltung).[8] Der Testamentsvollstrecker darf sich gerade nicht mit einem mäßigen Erfolg begnügen, wenn die Möglichkeit zu einer besseren Ergebniserzielung besteht (etwa für einen höheren Kaufpreis) und nach seiner Veranlagung und seinen Kenntnissen er diese Möglichkeit zu erkennen und zu verwirklichen weiß.[9] Insoweit spielen nach dieser Rechtsprechungsformel allerdings doch wieder **subjektive Merkmale**, wie seine Fähigkeiten und Fertigkeiten, eine gewisse Rolle,[10] wirken sich aber nur **haftungsverschärfend** aus. Das Reichsgericht hatte dabei sogar den Begriff der Ordnungsgemäßheit der Nachlassverwaltung noch rein subjektiv gefasst.[11] Eine solche subjektive Mühewaltung allein kann aber im Interesse der Erben nicht ausreichend sein. Die **Ordnungsgemäßheit** der Nachlassverwaltung ist daher **primär objektiv** zu bestimmen, insbesondere auch nach den allgemeinen Regeln der Wirtschaftlichkeit.[12] Umgekehrt folgt hieraus, dass die Ordnungsmäßigkeit des Verhaltens des Testamentsvollstreckers unabhängig davon ist, ob er sich dabei nicht auch noch zusätzlich von persönlichen Interessen hat leiten lassen. Entscheidend ist vielmehr, ob er auch bei pflichtgemäßem Verhalten so hätte handeln dürfen.[13]

Die Beurteilung der Ordnungsmäßigkeit der Verwaltung hat anhand **aller Umstände** des Einzelfalls zu erfolgen. Auch eine **Unter-Wert-Veräußerung** kann daher gerechtfertigt sein, wenn eine bessere Verwertungsmöglichkeit nicht besteht und der Erlös für eine erforderliche Sanierung des übrigen Nachlasses dringend benötigt wird und dies nach einer wirtschaftlichen Vergleichsberechnung immer noch wirtschaftlich vorteilhafter für den Nachlass ist, als die Aufnahme von Krediten auf dem Kapitalmarkt.[14]

7

Die Pflicht zur ordnungsgemäßen Verwaltung gibt dem Erben sogar das Recht, den Testamentsvollstrecker auf deren Einhaltung unmittelbar zu **verklagen**,[15] ja sogar einstweiligen Rechtsschutz in Anspruch zu nehmen.[16]

8

2. Ermessensspielraum bei besonders strukturierten Nachlässen

Bei länger dauernder Nachlassverwaltung und besonders strukturierten Nachlässen, die eine abweichende Beurteilung des Verwaltungshandelns erfordern, so bei Unternehmen und größeren Kapitalanlagevermögen mit Anlageentscheidungen, wird vom Testaments-

9

---

7 Ein Nachgeben dieser persönlichen Wünsche ist allerdings nach den Grundsätzen des rechtmäßigen Alternativverhaltens dann keine Pflichtwidrigkeit, wenn der Testamentsvollstrecker auch bei pflichtmäßigem Verhalten im Ergebnis genauso hätte handeln können (*Schaub*, in: Bengel/Reimann, IV Rn 25).
8 *Schaub*, in: Bengel/Reimann, IV Rn 22.
9 BGH WM 1967, 25, 27; AG Bremen WM 1993, 1959.
10 Darauf weist zu Recht Staudinger/*Reimann*, § 2216 Rn 7 hin, während bei *Schaub*, in: Bengel/Reimann, IV Rn 22, dieser Widerspruch unbemerkt bleibt.
11 RGZ 73, 26: Soweit der Testamentsvollstrecker subjektiv nach bestem Können handle, dürften seine Maßnahmen nicht mit der Begründung beanstandet werden, dass sie objektiv verfehlt seien.
12 BGHZ 25, 275, 280 = NJW 1957, 1916; BGH WM 1967, 25, 27; BayObLGZ 1976, 67, 87, 1990, 177, 182 f.; Staudinger/*Reimann*, § 2216 Rn 7 f.; *Schaub*, in: Bengel/Reimann, IV Rn 22; MüKo/*Zimmermann*, § 2216 Rn 2: Palandt/*Weidlich*, § 2216 Rn 2; *Zeising*, Rn 141.
13 Staudinger/*Reimann*, § 2216 Rn 7; *Zeising*, Rn 142.
14 *Schaub*, in: Bengel/Reimann, IV Rn 24.
15 OLG Düsseldorf OLG-Report 1996, 71.
16 Soergel/*Damrau*, § 2216 Rn 2 m.w.N.

vollstrecker zwar einerseits ein besonderes Maß an **Eigeninitiative** verlangt.[17] Hier wird aber auch andererseits in Berücksichtigung der damit verbundenen Schwierigkeiten dem Testamentsvollstrecker ein nicht zu engherzig zu bemessender **Ermessensspielraum** zugebilligt, der genügend Raum lässt für wirtschaftlich sinnvolle Eigeninitiative und auch die Eingehung eines wirtschaftlich kalkulierten Risikos nicht ausschließt.[18] Der Testamentsvollstrecker handelt erst dann pflichtwidrig, wenn er die Grenzen dieses Ermessens überschreitet.[19] Dabei werden die **Grenzen** des wirtschaftlichen Ermessens durch die allgemeinen Grundsätze der Wirtschaftlichkeit gezogen (siehe dazu unten Rn 39 ff.),[20] wobei hieran strenge Anforderungen gestellt werden.[21]

3. Leitbilder zur Konkretisierung der Pflichten des Testamentsvollstreckers

a) Der dynamische Geschäftsführer

10 Als Leitbild für das Ausmaß des zulässigen Ermessens dient der **dynamische Geschäftsführer**, der unter entsprechender Abwägung auch Risiken eingeht, um neue Chancen zu nutzen.[22] Die Rechtsprechung verlangt also „**Solidität und Dynamik**".[23] Damit sind auch spekulative Anlagen nicht grundsätzlich ausgeschlossen, wenn sie zwar mit besonderem Risiko aber mit großer Renditeerwartung verbunden sind. Allerdings dürfen sie nicht den gesamten Nachlass oder große Teile erfassen.[24] Dabei ist der Testamentsvollstrecker grundsätzlich nicht verpflichtet, diese Nachlasswerte mündelsicher oder in bestimmter Weise anzulegen und Wertpapiere zu hinterlegen. Für ihn gelten weder die für einen Vormund noch die für einen Vorerben bestehenden besonderen Pflichten.[25] An den Grundsatz des „sichersten Wegs" ist er dabei nicht gebunden.[26] Somit hat der BGH in begrenztem Umfang auch spekulative Anlagen als ordnungsgemäße Verwaltung angesehen. Er hat dazu ausgeführt:[27]

> „Allerdings darf der Testamentsvollstrecker sich nach der höchstrichterlichen Rspr. aber auch nicht mit mäßigem Erfolg seiner Tätigkeit begnügen, sondern muss Möglichkeiten zu besserem Erfolg wahrnehmen (...). Das schließt es aus, den Testamentsvollstrecker, der ein erhebliches Vermögen verwaltet, bei Anlageentscheidungen zugleich an den so genannten sichersten Weg zu binden, ... Das Gesetz schreibt, wo es den Gesichtspunkt der Sicherheit ganz in den Vordergrund rückt, so genannte mündelsichere Anlagen vor ...,

---

17 Staudinger/*Reimann*, § 2216 Rn 7; *Schaub*, in: Bengel/Reimann, IV Rn 26; *Lang*, in: Lange/Werkmüller, § 25 Rn 115.
18 BGHZ 25, 275, 280, 283 f.; BGH WM 1967, 25, 27; BGH NJW 1987, 1070, 1071; BGH ZEV 1995, 110; BayObLGZ 1976, 67, 87, 1990, 177, 182 f.; BayObLG ZEV 1998, 348, 350 = FamRZ 1998, 987; LG München I, WM 2006, 1073 = WuB IV A § 2219 BGB 1.06 *(Gerhard Ring)*; Staudinger/*Reimann*, § 2216 Rn 9; *Schaub*, in: Bengel/Reimann, IV Rn 26; MüKo/*Zimmermann*, § 2216 Rn 2; *Muscheler*, AcP 1997, 226, 249; *Reimann*, Rn 600.
19 BGH NJW 1987, 1070, 1071; BayObLGZ 1990, 181 f.; MüKo/*Zimmermann*, § 2216 Rn 1 f.; *Winkler*, Testamentsvollstrecker, Rn 167.
20 BayObLG ZEV 1998, 348, 350; BayObLGZ 1976, 67, 87.
21 BayObLG ZEV 1998, 348, 350; Palandt/*Weidlich*, § 2216 Rn 2.
22 BGH NJW 1987, 1070, 1071; Staudinger/*Reimann*, § 2216 Rn 9; *Winkler*, Testamentsvollstrecker, Rn 169; BGH WM 1967, 25, 27; *Schmidt-Kessel*, WM Sonderbeilage 1988, 13; *Schaub*, in: Bengel/Reimann, IV Rn 27.
23 *Winkler*, Testamentsvollstrecker, Rn 169.
24 BGH NJW 1987, 1070, 1071.
25 BGH NJW 1987, 1070, 1071; Staudinger/*Reimann*, § 2216 Rn 13; MüKo/*Zimmermann*, § 2216 Rn 8.
26 *Winkler*, Testamentsvollstrecker, Rn 169.
27 Urt. vom 23.12.1986 = NJW 1987, 1070, 1071 = EWiR 1987, 595 m. Anm. *Reimann*.

nicht jedoch für den Testamentsvollstrecker. Er genießt – als Person und als Institution – das besondere Vertrauen des Erblassers. Im Vordergrund steht deshalb ... ein Ermessen ... Eine äußerste Grenze seines Ermessens bildet § 2205 Satz 3 BGB, der ihm unentgeltliche (und nicht voll entgeltliche) Verfügungen grundsätzlich verbietet. Im Übrigen aber steht er ähnlich wie der Erblasser und bei größerem Vermögen unter Umständen ähnlich wie ein Unternehmer. ... Er muss vielmehr in eigener Verantwortung selbstständig entscheiden, und zwar unter Umständen gegen den Willen aller Erben. Mit Recht wird deshalb auf allg. wirtschaftliche Gesichtspunkte (...) abgestellt. Die Grundsätze der Wirtschaftlichkeit legen bei Anlageentscheidungen aber gerade nicht stets den vorsichtigen sichersten Weg nahe; damit wäre die Initiative des Testamentsvollstreckers zu sehr eingeengt. Im Vordergrund steht vielmehr das Bild eines zwar umsichtigen und soliden, aber dynamischen Geschäftsführers, der die Risiken und Chancen kalkuliert und dann eingeht/nutzt oder nicht. ... ihm sind deshalb nur solche Anlagen verwehrt, die nach Lage des Falles den Grundsätzen einer wirtschaftlichen Vermögensverwaltung zuwiderlaufen. Diese Grundsätze schließen die Eingehung eines kalkulierten Wagnisses nicht ohne weiteres aus."

Damit wird der Testamentsvollstrecker letztlich einem gewissen **Erfolgszwang** unterworfen.[28] Der Testamentsvollstrecker steht also in einem Spannungsfeld zwischen Substanzerhaltung und Nutzbarmachung des Vermögens.[29] Er soll sich mit mündelsicheren Anlagen daher dann nicht zufrieden geben können, wenn bessere Anlagemöglichkeiten bestehen.[30] Dies setzt **Kenntnis** der verschiedenen **Anlageformen** voraus.[31]

Die von der Rechtsprechung immer wieder verwendete Figur des **dynamischen Geschäftsführers** erscheint zwar zunächst überzeugend, ermöglicht jedoch nur in einem **geringen Umfang** eine Konkretisierung der Pflichten des Testamentsvollstreckers, insbesondere bei Anlageentscheidungen. Daher sollen nachfolgend noch andere Leitbilder untersucht werden, die hierfür herangezogen werden können.

b) Grundsätze der Anlageberatung durch Banken

Insbesondere *Klumpp* hat vorgeschlagen, für die Beurteilung von Anlageentscheidungen des Testamentsvollstreckers die einschlägige Rechtsprechung des Bundesgerichtshofs zur Haftung von Banken bei **nicht anlagegerechter Beratung** für die Konkretisierung der Pflichten des Testamentsvollstreckers entsprechend heranzuziehen.[32] Dabei begründet der BGH die Haftung in erster Linie mit der Verletzung von Informationspflichten, insbesondere mit der von Aufklärungs- und Beratungspflichten.[33] **Gegen** die **Vergleichbarkeit** mit der Stellung des Testamentsvollstreckers spricht jedoch, dass dieser grundsätzlich gegenüber den Erben keine derartigen Aufklärungs- oder Beratungspflichten wie ein solcher Anlageberater hat. Denn er ist gerade nicht an Anweisungen der Erben gebunden, sondern muss eigenständig aufgrund seiner Funktion als Treuhänder für die Verwaltung des Nachlasses selbst und in eigener Verantwortung sorgen.[34] Auch ist die Anlageberatung regelmäßig kein auf Dauer angelegtes Rechtsverhältnis, sondern endet mit der Erteilung des entsprechenden Rates. Demgegenüber ist gerade die Verwaltungsvollstreckung auf viele Jahre angelegt. Für

---

28 Staudinger/*Reimann*, § 2216 Rn 15; *Klumpp*, in: Bengel/Reimann, V Rn 554.
29 MüKo/*Zimmermann*, § 2216 Rn 8.
30 Soergel/*Damrau*, § 2216 Rn 3.
31 Dazu *Klumpp*, in: Bengel/Reimann, V Rn 580 ff.
32 ZEV 1994, 65 ff.
33 Dazu etwa *Balzer*, WM 2000, 441; Überblick bei *Ellenberger*, WM 2001, Beil. 1, S. 1 ff.
34 *Zeising*, Rn 221.

eine Übertragbarkeit der zur Anlageberatung entwickelten Grundsätze lässt sich daher allenfalls anführen, dass auch dort eine Konkretisierung der Pflichten durch Ausrichtung an den Interessen des Vermögensinhabers erfolgt.

c) Grundsätze der Pflichten von Organmitgliedern einer Kapitalgesellschaft

14 Nicht zuletzt die vom BGH verwendete Figur des dynamischen Geschäftsführers lässt daran denken, zur Konkretisierung der Sorgfaltspflichten und der Grenzen des Ermessens des Testamentsvollstreckers auf die entsprechenden Pflichten der Organmitglieder von Kapitalgesellschaften abzustellen. Diese Verpflichtungen haben in den letzten Jahren eine grundsätzliche Neubestimmung erfahren.[35] Dadurch wurde insbesondere der bisher in diesem Bereich allgemein gebräuchliche Begriff des „pflichtgemäßen Ermessens" durch den des **„unternehmerischen Ermessens"** ersetzt und die Grenzen des Ermessens deutlich erweitert.[36] Jedoch wird die Übernahme dieser Kriterien nur in den Fällen möglich sein, in denen auch die Verwaltungshandlung des Testamentsvollstreckers auf einer **unternehmerischen Handlung** beruht, also insbesondere bei sehr großen Nachlässen oder bei der Testamentsvollstreckung im Unternehmensbereich, denn nur dann erscheint eine Vergleichbarkeit gegeben.[37]

d) Verhaltenspflichten von Vermögensverwaltern

15 Die Stellung eines Vermögensverwalters ähnelt in vielen Beziehungen der des Testamentsvollstreckers. Der Vermögensverwalter verwaltet ebenfalls Vermögen, das ihm wirtschaftlich nicht als eigenes zusteht, und zwar wiederum für eine gewisse Dauer. Er entscheidet dabei über die Anlage von Geld und anderen Vermögenswerten im Interesse des Anlegers. Dabei trifft er seine Entscheidungen selbstständig im eigenen Ermessen. Insbesondere bei der privaten oder „individuellen Vermögensverwaltung" ist der Verwalter grundsätzlich berechtigt und verpflichtet, fortlaufend über das Vermögen des Kunden zu disponieren, ohne im Einzelfall dessen Weisungen einzuholen.[38] Allerdings ist die **Verwaltungsvollstreckung** nach ganz einhelliger Ansicht **keine Wertpapierdienstleistung** i.S.v. § 2 Abs. 3 WpHG. Dies beruht jedoch darauf, dass es sich bei einer derartigen Testamentsvollstreckung nicht um die Verwaltung einzelner in Wertpapieren angelegter Vermögenswerte handelt, sondern in erster Linie der Wille des Erblassers umzusetzen und der Nachlass insgesamt zu verwalten ist.[39] Dies hindert jedoch nicht, im Wege einer **Analogie** den Grundkanon der Pflichten derartiger Vermögensverwalter auch für die Anlageentscheidungen des Testamentsvollstreckers und deren Beurteilung für die Ordnungsgemäßheit seines Verhaltens nutzbar zu machen.[40] Denn in beiden Fällen geht es um eine treuhänderische Vermögensverwaltung. Zwar besteht insofern ein Unterschied, als der Vermögensverwalter aufgrund einer entsprechenden Vereinbarung mit dem Vermögensinhaber tätig wird, die i.d.R. Art und Umfang seiner Tätigkeit beschreibt, insbesondere die Anlageziele und -richtlinien festlegt. Doch treten bis zu einem gewissen Grad an deren Stelle die Anordnungen des Erblassers über die Durchführung der Testamentsvollstreckung und die damit verfolgten Ziele (siehe Rn 3 ff.).

---

35 Dazu *Henze*, NJW 1998, 3309; *Horn*, ZIP 1997, 859.
36 *Roth*, S. 42 ff.
37 Zu undifferenziert *Zeising*, Rn 218.
38 *Zeising*, Rn 226.
39 Vgl. Schäfer/*Schäfer*, WpHG, 1999, § 2 Rn 36; *Zeising*, Rn 227.
40 *Zeising*, Rn 261 ff., der darauf hinweist, dass in der bankrechtlichen Literatur die weitgehende Deckungsgleichheit des Pflichtenkreises von Vermögensverwalter und Testamentsvollstrecker betont wird, so etwa bei Schäfer/*Schäfer*, WpHG, § 2 Rn 36.

Als **Grundpflichten des Vermögensverwalters,** die auch auf den Testamentsvollstrecker 16
angewandt werden können, lassen sich dabei nennen:[41]
– Ermittlung der **Anlageziele** und der **Risikoakzeptanz,** wobei hier primär auf die Vorstellungen des Erblassers abzustellen ist, sowie die Entwicklung einer **Anlagestrategie**
– sorgfältige **Auswahl und Überprüfung** der einzelnen Anlageobjekte
– **Einhaltung** der Anlagerichtlinien; soweit sich solche nicht feststellen lassen, ist dem Gebot der **Risikodiversifikation** und dem mutmaßlichen Willen des Vermögensinhabers zu entsprechend
– ständige **Überwachung der Vermögensentwicklung**
– Rechenschafts- und **Informationspflichten** entsprechend § 666 BGB (eingehend dazu unten Rn 80 ff.).

§ 31 WpHG mit den dort normierten allgemeinen Verhaltenspflichten ist jedoch nicht 17
anwendbar. Insbesondere ist der Testamentsvollstrecker nicht verpflichtet, von den Erben Auskunft über ihre finanziellen Verhältnisse, ihre Erfahrungen und Kenntnisse mit Wertpapiergeschäften und über die mit der Vermögensanlage verfolgten Ziele zu verlangen. Dies ergibt sich aus der unabhängigen Stellung des Testamentsvollstreckers, der eigenständig entsprechend den Vorstellungen des Erblassers die Vermögensverwaltung vornehmen muss und ein Sondervermögen verwaltet, für das die sonstigen finanziellen Verhältnisse der Erben ohne Belang sind. Aus der Stellung des Testamentsvollstreckers als **Treuhänder des Nachlasses** ergibt sich aber, dass er sich **nachlassgerecht** verhalten muss. Die Anordnungen des Erblassers, die mit der Testamentsvollstreckung verfolgten Ziele, Umfang, Zusammensetzung und Struktur des Nachlasses bestimmen daher die Anlageentscheidung des Testamentsvollstreckers. Sein Handeln hat **erfolgsorientiert** zu sein.[42]

II. Einzelheiten zur ordnungsgemäßen Nachlassverwaltung

1. Kapitalanlageentscheidungen des Testamentsvollstreckers

Checkliste und Überblick: Kapitalanlageentscheidungen des Testamentsvollstreckers[43] 18
1. Grundsätze der ordnungsgemäßen Verwaltung bei Kapitalanlageentscheidungen
    – Gebot der produktiven Verwaltung
    – Verbot der Spekulation und Gebot der Diversifikation
2. Formulierung einer nachlassgerechten Portfoliostrategie: Diese enthält Aussagen über
    – das Renditeziel des Nachlasses
    – seine Risikotoleranz
    – dessen Liquidierbarkeitsbedürfnis.
Dies bestimmt sich an den Interessen des Erblassers, der Erben/Vermächtnisnehmer des Nachlasses und wird durchfolgende Aspekte konkretisiert, und zwar in dieser Reihenfolge:
    – den einzelnen, ausdrücklich getroffenen Erblasseranordnungen
    – der vom Erblasser mit der Anordnung der Testamentsvollstreckung verfolgten Zwecke
    – Anzahl und Art der Erben und Vermächtnisnehmer
    – der finanziellen Bedürfnisse der Erben/Vermächtnisnehmer
    – der steuerlichen Stellung der Erben und Vermächtnisnehmer
    – der Werthaltigkeit des Nachlasses

---

41 Vgl. *Zeising,* Rn 258.
42 *Klumpp,* ZEV 1994, 65, 70; zust. *Zeising,* Rn 267.
43 Vgl. auch die Übersicht von *Farkas-Richling,* ZEV 2007, 310, 313.

- der Struktur des Nachlasses und der Art der im Nachlass enthaltenen Werte
- der Dauer der angeordneten Testamentsvollstreckung.
3. Umsetzung: Auswahl und Zusammenstellung der Kapitalanlagen zu einem effizienten Portfolio, das der entwickelten Portfoliostrategie entspricht. Hierbei ist zu beachten:
   - erwartete Rendite
   - Risiko im Hinblick auf die diversifizierte Anlage des Nachlassvermögens
   - Inflationsbeständigkeit, hier insbesondere Beachtung bei Vor- und Nacherbschaft oder Vor- und Nachvermächtnis
   - Kosten und Steuern
   - Liquidität und Marktfähigkeit
   - Beachtung allgemeiner wirtschaftlicher Entwicklungen
4. Periodische Revision von Portfoliostrategie und -zusammensetzung.

a) Anlageziele

19   Da der Testamentsvollstrecker den Nachlass ordnungsgemäß zu verwalten hat, gelten für ihn im Wesentlichen die allgemeinen **Grundsätze** wie für einen **Vermögensverwalter** (siehe oben Rn 15 f.).[44] Anstelle der Vorstellungen und Vereinbarungen des Vermögensinhabers treten bei der Testamentsvollstreckung aber die Anordnungen des Erblassers und seiner Motive (siehe Rn 15). Dieser hat sich aber an den **klassischen Anlagezielen** zu orientieren, die wegen ihrer innerlichen Gegensätzlichkeiten auch als „magisches Dreieck" der Kapitalanlage bezeichnet werden.[45] Dies sind
- Vermögenserhaltung
- Vermögensmehrung (Rendite)
- Liquidität.

20   Davon zu unterscheiden sind die **Anlagerichtlinien**. Diese werden von dem betreffenden Kunden und dem Vermögensverwalter vereinbart und orientieren sich an den vorstehend genannten Anlagezielen. Die Anlagerichtlinien definieren dabei die Einstellung des Anlegers zu den mit der Anlage verbundenen Risiken und konkretisieren die Art der von dem Vermögensverwalter auszuwählenden Anlageformen. Die Risikobereitschaft des Anlegers wird dabei oftmals unter dem Stichwort der Anlageziele miterfasst. Dabei kann man drei **Gruppen von Anlegern** unterscheiden:
- konservative Anleger
- den mit kalkulierbarem Risiko disponierenden Investor
- den Spekulanten.

Dazwischen gibt es natürlich verschiedene Abstufungen.

aa) Vermögenserhaltung

21   Das Ziel einer jeden Vermögensverwaltung muss es sein, dass Vermögen jedenfalls in seiner Substanz zu erhalten. Dabei geht es nicht nur um die rein nominelle Vermögenserhaltung, sondern gerade um die wertmäßige.[46] Dabei ist zu beachten, dass der ursprüngliche Nachlassbestand durch die Inflation, aber auch durch die entsprechenden **Steuerbelastungen** und die **Kosten**, insbesondere auch durch die Testamentsvollstreckung, erheblich vermindert werden können. Der wertmäßige Erhalt des Vermögens ist aber nicht gleichzusetzen mit dem Erhalt des Vermögens in seiner ursprünglichen, gegenständlichen Zusammenset-

---

44 Dazu und zum Folgenden *Zeising*, Rn 37 ff.
45 *Arends*, S. 21.
46 *Coing*, in: FS H. Kaufmann, S. 131.

zung. Andererseits ist der wertmäßige Erhalt des Vermögens untrennbar mit dem Begriff der **Sicherheit** verbunden. Erhaltung und Verwaltung bedeutet dabei vor allem, dem **Sicherungsbedürfnis** des Vermögensinhabers Rechnung zu tragen.[47] Dabei lässt sich der Begriff der Sicherheit einer Anlage nur im Kontext mit ihrem Risiko definieren. Die Sicherheit einer Anlage ist jedoch umso größer, je kleiner die mit ihr verbundenen Risiken sind. Im üblichen, allgemeinen Sprachgebrauch wird unter dem Begriff des Risikos die Gefahr eines Verlustes verstanden, also eine **negative Abweichung**. Demgegenüber wird eine positive Abweichung als Chance formuliert. Die von *Markowitz*[48] begründete und mittlerweile allgemein anerkannte **Portfoliotheorie** begreift das Risiko dagegen anhand der **Volatilität**, also nach dem Risiko der Schwankungen der Wertentwicklungen im Zeitablauf. Dabei ist das Risiko die Folge einer unvollkommenen Information über die Zukunft, bei der als Folge hiervon die Möglichkeit besteht, dass es besser oder schlechter kommt, als erwartet. Dieser **weite Risikobegriff** findet sich vor allem im Investmentbereich. Demgegenüber ist das „Risiko im engeren Sinn" als sog. Verlustgefahr vor allem im Risikomanagementbereich gebräuchlich. Nachstehend wird der Begriff des Risikos im weitesten Sinn verwandt, sowohl hinsichtlich der Gefahren, wie aber auch der Chancen.

Dabei kann die Unsicherheit über den Ertrag einer Anlage dadurch quantifiziert werden, indem die Wahrscheinlichkeit der Erträge bestimmt wird und hieraus der Erwartungsgewinn, d.h. der Mittelwert der verschiedenen Renditegeschäfte, errechnet wird.

Der **rational handelnde Anleger** gilt dabei als risikoscheu in dem Sinne, dass er eine maximale Rendite anstrebt und ein Risiko nur insoweit billigend in Kauf nimmt, wie ihm hierfür eine angemessene Risikoprämie in Aussicht gestellt wird.[49] Dabei wird er unter zwei Anlagen, die den gleichen Ertrag versprechen, diejenige wählen, die bei gleichem Erwartungsgewinn die geringere Volatilität aufweist.

22

Der Vermögenserhalt setzt umgekehrt voraus, dass **typische Verlustgefahren** vermieden werden. Dabei besteht eine Vielzahl von **Risikofaktoren** für eine Vermögensanlage. Als Wichtigste seien genannt:
- **Kursschwankungen**, insbesondere bei Aktien
- **Änderungen der Zinsen**. Die Zinsen bestimmen auch maßgeblich den Kurs festverzinslicher Wertpapiere
- **Preisschwankungen**, insbesondere bei Immobiliengeschäften, dem Handel mit Edelmetallen und Kunst- und Antiquitäten
- die **Inflation**. Dies wird häufig unterschätzt, insbesondere bei langfristigen Anlagen
- **Währungsschwankungen**, wenn grenzüberschreitend investiert wird
- **Veränderungen der wirtschaftlichen Rahmenbedingungen**, insbesondere auch durch Änderung der Steuer- und Haushaltspolitik oder politische Krisen.

23

bb) Vermögensmehrung – Rendite

Über den wertmäßigen Erhalt hinaus ist es Ziel eines jeden Anlegers, einen angemessenen Ertrag (auch Rendite, Rentabilität, Verzinsung, Performance oder Ähnliches bezeichnet) zu erwirtschaften. Die Gewinnerwartungen privater Anleger liegen häufig sehr weit auseinander. Als Erfahrungswert kann dabei gelten, dass Personen mit zunehmendem Vermögen konservativer werden und eine geringere Risikobereitschaft besitzen. Die Mehrung tritt also neben dem wertmäßigen Erhalt – unter Berücksichtigung von Inflation und Steuern –

24

---

47 *Zeising*, Rn 41.
48 Portofolio Selection, Journal of Finance Vol. 7 (1952), 77 ff.; *Markowitz*, Portofolio Selection, 1959.
49 Cramer/Rudolph/*Steiner/Tebroke*, S. 307.

des Vermögens in den Hintergrund.[50] Demgegenüber wird berichtet, dass die „Generation der Erben" eine regelrechte Lust an der Spekulation besitzt. Jüngere Klienten haben offenbar ein höheres Risikobewusstsein und räumen der Rentabilität einen höheren Stellenwert ein.[51] Es lässt sich daher **kein verbindlicher Mindestertrag** festlegen, der für alle Gruppen von Vermögensanlegern gleichermaßen als angemessen anzusehen ist.

cc) Liquidität

25 Aber auch eine ausreichende Liquidität ist im Rahmen der Vermögensverwaltung zu beachten und anzustreben. So gehört zur ordnungsgemäßen Verwaltung des Nachlasses bei einem Testamentsvollstrecker im Rahmen einer Verwaltungsvollstreckung, dass er mangels einer abweichenden Erblasseranordnung den Erben die Nachlasserträge zumindest insoweit herauszugeben hat, wie die Erben diese für ihren angemessenen Unterhalt und die Erfüllung ihrer gesetzlichen Unterhaltspflichten benötigen.[52] Im Regelfall der Testamentsvollstreckung, der Abwicklungsvollstreckung, steht sogar das Liquiditätsinteresse im Vordergrund, da der Testamentsvollstrecker bereite Mittel benötigt, um die ihm unverzüglich obliegende Auseinandersetzung zu bewirken.[53]

26 Neben der Erzielung des ausreichenden Ertrags stellt sich daher zur Erfüllung der Aufgaben des Testamentsvollstreckers auch die Frage der **ausreichenden Liquidität** der Anlage, also der Verfügbarkeit des investierten Vermögens. Entscheidend ist dabei die **Frist,** in der das Engagement zu angemessenen Kursen wieder in Bargeld verwandelt werden kann. Die Zulässigkeit einzelner Anlageformen richtet sich daher auch nach dem **Anlagehorizont,** ob also die Anlage lang- oder kurzfristig erfolgen kann. Dies wird bei der Testamentsvollstreckung entscheidend auch durch deren Dauer beeinflusst. Für die Frage der Liquidität der Anlage ist aber auch entscheidend, ob ein funktionierender Markt für deren Veräußerung besteht. Aber auch eine ausdrücklich vereinbarte Rücknahmeverpflichtung kann dies sichern. Dauert die Testamentsvollstreckung **nur** noch **kurze Zeit,** so scheiden Wertpapiere mit einem hohen Aufschlag (Agio) oder marktenge Papiere mit hoher Volatilität als Anlageform aus.[54]

b) Anforderungen an eine ordnungsgemäße Vermögensverwaltung

27 Hinsichtlich der Anforderungen an eine ordnungsgemäße Vermögensverwaltung kann man folgende Anhaltspunkte geben:

aa) Vermögensanalyse

28 Erste Aufgabe des gewissenhaften Vermögensverwalters ist es, sich einen Überblick über den **Ist-Zustand** des Vermögens zu verschaffen. Dazu ist das Vermögen nach den vorhandenen Gattungen zu unterteilen (Aktien, Renten, Immobilien, Renditeimmobilien, Unternehmensbeteiligungen, etc.). Die so ermittelten Gattungen sind nach den **Kriterien** Werterhalt (Sicherheit), Rentabilität (Rendite), Liquidität, Wertzuwachspotenzial, Steueraspekte, Diversifikation und Crash-Potenzial zu **analysieren.** Aufgrund des so ermittelten Vermögensbestandes und des aktuellen Anlagehorizontes ist so dann ein **Risikoprofil** zu erstellen. Die

---

50 Cramer/Rudolph/*Aichinger*, S. 110.
51 *Jendralski/Oehlenschläger*, S. 27.
52 MüKo/*Zimmermann*, § 2216 Rn 7 m.w.N.; Staudinger/*Reimann*, § 2216 Rn 9.
53 *Zimmermann*, Testamentsvollstreckung, Rn 422.
54 *Zeising*, Rn 55.

realistische Bestandsaufnahme mit Analyse der Einnahmen und Ausgaben des Vermögens ist Ausgangspunkt für eine verbesserte Vermögensstruktur.

bb) Bedürfnisanalyse, Formulierung einer Portfoliostrategie

In einem zweiten Schritt sind die **Bedürfnisse,** und zwar die aktuellen wie die zukünftigen, des Vermögensinhabers zu ermitteln. Bei der allgemeinen Vermögensverwaltung sind hierbei insbesondere der Liquiditätsbedarf sowie die individuellen Bedürfnisse und Neigungen und die sich hieraus ergebenden Besonderheiten wichtig. Bei der **Testamentsvollstreckung** treten anstelle dieser Überlegungen die Erblasseranordnungen sowie etwaige sonstige Ziele, die mit der Testamentsvollstreckung verfolgt werden. Hat etwa die Testamentsvollstreckung in erster Linie die **Versorgung** des Vollerben zum Ziel, so ist regelmäßig eine **ertragsorientierte Strategie** anzustreben. Dient die Testamentsvollstreckung dagegen dazu, das Nachlassvermögen den **Nacherben** zu erhalten, so ist eine wachstumsorientierte, den **Substanzwert steigernde Konzeption** erforderlich.[55] Soll nur der Substanzwert erhalten bleiben, so ist die Strategie darauf auszurichten.[56] Wird die Zahlung eines bestimmten Einkommens oder einer genau **festgelegten Rente** vom Erblasser angeordnet, so müssen Erträge in dieser Höhe erwirtschaftet werden. Dabei spielt natürlich auch die Zahl und Art der begünstigten Erben oder Vermächtnisnehmer eine Rolle sowie ihre finanziellen Bedürfnisse, soweit es Aufgabe des Testamentsvollstreckers ist, diese zu erfüllen.[57] Daneben dürfen auch **steuerliche Aspekte** nicht außer Acht gelassen werden: Sind Zahlungen zur Versorgung der Erben zu erbringen, so muss bedacht werden, was bei diesen „nach Steuern" für ihren Lebensunterhalt aus den Erträgen des Nachlasses verbleibt.

29

cc) Strukturierung des Vermögens und Ausrichtung der Anlagen

In einem dritten Schritt ist aufgrund der gewonnenen Daten das Vermögen zu strukturieren. Insbesondere stellen sich größere Vermögen oftmals als Ergebnis einer Vielzahl von Einzelentscheidungen dar, die eine strategische Ausrichtung, selbst wenn sie ursprünglich bestand, kaum noch erkennen lässt.[58] Es ist daher eine optimale Strukturierung und Diversifikation des Vermögens anzustreben. Dabei ist zu beachten, dass die optimale Strukturierung des Vermögens bis zu 90 % des Anlageerfolgs ausmachen kann. Die vorzunehmende Anlageentscheidung darf nicht Ergebnis einer mehr oder weniger zufälligen Einzelentscheidung des Testamentsvollstreckers sein, sondern Ergebnis einer **planvollen Strategie**.[59] Hierbei sind daher wiederum die mit der Testamentsvollstreckung verfolgten Ziele zu beachten. Besteht etwa der Nachlass zu 50 % aus unbebautem Grundbesitz und ist dem Erben aus dem Nachlass ein für den Lebensunterhalt genügendes Einkommen zu zahlen, müssen die übrigen 50 % des Nachlassvermögens in entsprechend ertragsfähige Anlagen investiert werden.[60]

30

Die erforderliche Zusammenstellung des Ausgangsportfolios erfolgt im Rahmen der sog. strategischen **Asset Allocation**. Dies ist eine systematische Verteilung der Vermögenseinheiten auf unterschiedliche Assets, wobei als Asset ein Einzeltitel zu verstehen ist, der sich anhand verschiedener Kriterien wie Klasse (z.B. Immobilien, Aktien), des Herkunftslandes, Frist oder Währung zuordnen lässt. Dabei vollzieht sich der Investitionsentscheidungspro-

31

---

55 *Klumpp*, in: Bengel/Reimann, V Rn 561.
56 *Schmitz*, ZErb 2003, 3, 5 f.
57 Diese Einschränkung fehlt bei *Schmitz*, ZErb 2003, 3, 6.
58 Cramer/Rudolph/*Rupf*, S. 295.
59 *Zeising*, Rn 80.
60 *Schmitz*, ZErb 2003, 3, 6.

zess vor allem bei Aktienportfolios im traditionellen Portfoliomanagement im sog. „Top-Down" oder „Bottom-Up" Ansatz. Beim **„Top-Down-Ansatz"** werden in einem ersten Schritt gewisse Prognosegrößen (etwa makroökonomische Prognose, bei internationaler Orientierung der Portfolios die Einschätzung der Wechselkursrisiken) bestimmt und geschätzt. Dann werden die erwarteten Erträge einzelner Wertpapiere bestimmt. Anschließend folgt die Festlegung des Risikos, das heißt der Volatilität und der Korrelation der potenziellen Anlagetitel. Danach wird bei gegebenem Risikoniveau der erwartete Ertrag maximiert oder bei vorgegebenem Ertragsniveau das Risiko minimiert.

32 Beim **„Bottom-Up-Ansatz"**, den der Testamentsvollstrecker i.d.R. wählen wird, ist demgegenüber Ausgangspunkt der Analyse ein Einzelwert und dessen erwartete Rendite. Dabei werden nur Einzelwertselektionsentscheidungen getroffen. Auf makroökonomische Prognoseaussagen wird verzichtet.

33 Ziel ist es, die ermittelte Portfoliostrategie mit dem geringstmöglichen Mitteleinsatz zu erreichen. Dies erfordert eine **Optimierung der Zweck-Mittel-Relation** mit Analyse der in Betracht kommenden Anlageformen.[61]

dd) Verwaltung und Überwachung (Portfoliorevision)

34 Nach der strategischen Ausrichtung und Strukturierung des Portfolios muss das Vermögen anschließend verwaltet und überwacht werden. Hierzu ist eine ständige Kontrolle der Anlagen und der damit verbundenen Zahlungsvorgänge erforderlich. Anpassungsbedarf kann sich dabei nicht nur aus einer Veränderung der wirtschaftlichen Verhältnisse ergeben. Bezweckt die Testamentsvollstreckung die Versorgung eines Erben, so ergibt sich entsprechender Korrekturbedarf auch bei einer Veränderung seiner wirtschaftlichen oder steuerlichen Verhältnisse.

c) Vermögensverwaltungs- und Kapitalanlagetheorien

35 Für den Testamentsvollstrecker als Vermögensverwalter ist auch die Kenntnis der wichtigsten Vermögensverwaltungstheorien interessant. Dies gilt insbesondere für die auf *H.-P. Markowitz* zurückgehende Portfolio-Theorie[62] (auch **„Moderne Portfoliotheorie"**).[63] Diese beschäftigt sich mit der Frage, auf welche Art und Weise ein bestimmter verfügbarer Geldbetrag auf die einzelnen Anlagemöglichkeiten aufgeteilt werden soll, damit der Anleger seine Ziele am besten erreicht. Anstelle einer intuitiven und individuellen Kapitalanlagenauswahl tritt zum einen eine **konsequente Bewertung von Kapitalanlagen** an Hand der erwarteten Rendite und des Risikos, diese erwartete Rendite zu verfehlen, und zum anderen die gezielte Bildung von Portfolios zur möglichst weitgehenden Vernichtung der unsystematischen, anlagespezifischen Risiken.[64] Ausgangspunkt derselben sind dabei zwei Hauptmerkmale von Wertpapiergeschäften: Dies ist einerseits die **Unsicherheit** derartiger Geschäfte. Andererseits stehen die Erträge aus Wertpapiergeschäften in Wechselbeziehung zueinander. *Makrowitz* spricht hier von **Kovarianz**. Dies bedeutet, dass Erträge aus Wertpapiergeschäften dazu neigen, gemeinsam zu sinken und zu steigen; man spricht auch von einem **systematischen Risiko**. Dieses lässt sich durch **Diversifikation** reduzieren, aber nicht völlig ausschließen. Zur Reduzierung des Risikos ist erforderlich, dass ein Portfolio aus Wertpapieren zusammengesetzt wird, die möglichst wenig in Wechselbeziehung zueinander

---

61 *Schmitz*, ZErb 2003, 3, 6.
62 Portofolio Selection, Journal of Finance Vol. 7 (1952), 77 ff.; *Markowitz*, Portofolio Selection, 1959.
63 Ausführlich hierzu *Schmitz*, Kapitalanlageentscheidungen, S. 108 ff.; vgl. auch *Zeising*, Rn 67 ff.
64 *Schmitz*, Kapitalanlageentscheidungen, S. 108.

stehen, also aus Wertpapieren von Unternehmen aus verschiedenen Branchen oder Ländern. Quantifiziert wird das Risiko durch die Volatilität oder Standardabweichung. Nach der **Portfolio-Theorie** wird das Risiko einer Aktie aus einem spezifischen, aktienbezogenen und dem systematischen, marktbezogenen Risiko bestimmt. Das **spezifische Risiko einer Aktie** lässt sich durch Diversifikation des Portfolios reduzieren und durch das Halten eines Marktportfolios gänzlich beseitigen. Dagegen lässt sich das systematischen Risiko durch eine Diversifikation nur teilweise vermeiden, in dem man bei der Portfoliobildung Aktien wählt, deren Korrelation nicht so stark ausgeprägt ist. Aus der **Grunderkenntnis** der Portfolio-Theorie, dass **höhere Renditen nur durch höheres Risiko erkauft** werden können, ergibt sich, dass dieses Risiko aber eingegangen werden muss, um eine größere Rendite zu erzielen. Es lassen sich also höhere Renditen nur durch eine Erhöhung des systematischen Risikos erzielen.[65] Aus diesen Grundsätzen der Portfolio-Theorie kann man daher heute mit Hilfe der Wahrscheinlichkeitsrechnung das Anlagerisiko einigermaßen zutreffend quantifizieren. Aus der Portfolio-Theorie ergeben sich auch **Verhaltensmaximen** für den Vermögensverwalter. Hierzu herrscht in der wirtschaftswissenschaftlichen Anlageforschung der Grundkonsens, dass die Höhe des Anlagerisikos nicht auf einzelne Wertpapiere bezogenen ist, sondern auf das Portfolio in seiner Gesamtheit zu beziehen ist und damit der Erfolg einer Anlagestrategie nicht nur am Ertrag, sondern am Ertrag unter Berücksichtigung des Risikos zu bemessen ist.[66] Hieraus müssen auch die entsprechenden Konsequenzen hinsichtlich der **Beurteilung der Ordnungsmäßigkeit** von Anlageentscheidungen des **Testamentsvollstreckers** gezogen werden.

Diese Grundsätze sind auch bei der **Beurteilung** des Verhaltens des **Testamentsvollstreckers zu beachten:** Risiko und Ertrag einer Vermögensanlage stehen in einem unmittelbaren Zusammenhang: Höhere Renditen lassen sich nur durch ein höheres Risiko erkaufen.[67] 36

Von der Portfolio-Theorie ist die **Wertpapieranalyse** zu unterscheiden, deren Ziel es ist, die **zukünftige Ertragskraft einzelner Wertpapiere** an Hand einer umfassenden Analyse zu bestimmen. Hierzu gehören insbesondere die Fundamentalanalyse wie aber auch die Technische Analyse (auch „chart-reading-method" oder Trend-Analyse). Letztere versucht, die Kursentwicklung durch Beobachtung des Marktes vorherzusagen. Sie geht davon aus, dass sich Angebot- und Nachfrageverhalten wiederholen und versucht hieraus bestimmte Ablaufmuster, die sog. **Trends** zu prognostizieren. Demgegenüber will die fundamentale Analyse den „inneren" oder wahren Wert eines Wertpapiers an Hand von bestimmten Daten, wie Gewinnentwicklung, Managementfähigkeiten und Cashflow zu bestimmen, um diese mit dem aktuellen Preis der Aktie zu vergleichen. Ist die Aktie an der Börse im Moment unterbewertet, so liegt der innere Wert über dem Börsenkurs, die Aktie ist zu erwerben bzw. zu halten. 37

d) Grundsätze der ordnungsgemäßen Nachlassverwaltung

Im Folgenden sollen einige Grundsätze für die ordnungsgemäße Verwaltung von Vermögen dargestellt werden. 38

---

65 *Zeising*, Rn 70.
66 *Zeising*, Rn 71; *Schwintowski/Schäfer*, § 12 Rn 66.
67 *Zeising*, Rn 80.

aa) Grundsätze der Wirtschaftlichkeit

39 Immer wieder weist die Rechtsprechung bei der Beurteilung des Verhaltens von Vermögensverwaltern auf die Grundsätze der Wirtschaftlichkeit hin.[68] Eine genaue und eindeutige Definition dessen, was hierunter zu verstehen ist, fehlt jedoch. In einer älteren Entscheidung hat das Kammergericht die Ordnungsmäßigkeit daran gemessen, ob sich ein „verständiger Mann, ein **ordentlicher Hausvater**, im gleichen Falle" genauso verhalten hätte.[69] Angesichts der gewandelten sozialen Verhältnisse erscheint dieser Begriff nicht mehr aussagekräftig. Immerhin kann ihm entnommen werden, dass nicht allein die subjektive Mühewaltung genügt, sondern ein objektiver Sorgfaltsmaßstab anzulegen ist.[70] Der Bundesgerichtshof betont in einer Entscheidung[71] zum Begriff der Wirtschaftlichkeit, dass der Testamentsvollstrecker „alles zu tun hat, was von einem nicht im eigenen Interesse tätigen Verwalter verlangt werden kann, und alles und zu unterlassen hat, was sich für Erben oder Vermächtnisnehmer nachteilig auswirken würde". Hieraus lassen sich ebenso wenig konkrete Handlungsrichtlinien entnehmen wie aus der Aussage in einem späterem Urteil, dass der Testamentsvollstrecker bei der Anlage von Nachlassvermögen grundsätzlich so freistehe, „wie der Vormundschaftsrichter den Vormund äußerstenfalls stellen darf."[72] Nach § 1811 BGB sind aber von den Betreuungs-, früher Vormundschaftsgerichten auch schon die Anlagen in- und ausländischer Investmentanteile genehmigt worden.

bb) Gebot der produktiven Verwaltung

40 Dies bedeutet zunächst entsprechend dem eigentlichen Wortlaut des Gebots die Verpflichtung, dass der Testamentsvollstrecker **tätig werden** muss.[73] Er darf sich dabei aber nicht darauf beschränken, den Nachlass nur unverändert zu erhalten, sondern er ist verpflichtet, am allgemeinen wirtschaftlichen Verkehr teilzunehmen und für dessen **Nutzung und Mehrung** nach allgemein gültigen wirtschaftlichen Regeln zu sorgen.[74] Dabei muss er sowohl den Grundsatz der Substanzerhaltung (siehe Rn 21) beachten wie aber auch das Prinzip der Nutzbarmachung und Gewinnerzielung.[75] Daraus folgt auch die Pflicht, dem Nachlass eine den sich ständig ändernden Rahmenbedingungen entsprechende optimale Struktur zu geben.[76] Der Testamentsvollstrecker hat daher **planvoll** vorzugehen. Der einzelnen Anlageentscheidung muss daher zumindest bei der Verwaltung von Großvermögen eine **Anlagestrategie** zugrunde liegen. Die Struktur des Nachlasses darf daher nicht allein auf einer Summe von Einzelentscheidungen, die u.U. willkürlich getroffen werden, beruhen.[77]

41 Dieses Gebot beinhaltet daher auch den Grundsatz, dass der Testamentsvollstrecker das ihm anvertraute Vermögen nur in Vermögenswerte anlegt, hinsichtlich derer er **hinreichende Kenntnisse** besitzt.[78] Hierzu zählen die mit der Anlage verbundenen Risiken[79] ebenso wie

---

68 So etwa BGH NJW 1987, 1070, 1071.
69 KG OLGE 30, 184 zum gleichen Begriff in § 2038 BGB.
70 I.E. *Zeising*, Rn 163.
71 BGH NJW 1967, 443 = WM 1967, 25, 27.
72 BGH NJW 1987, 1070, 1071.
73 BGHZ 32, 67, 70 allg. zur Pflicht eines Treuhänders.
74 BGH NJW 1967, 443 = WM 1967, 25, 27; *Klumpp*, in: Bengel/Reimann, V Rn 560.
75 MüKo/*Zimmermann*, § 2216 Rn 8; *Coing*, in: FS H. Kaufmann, 1972, S. 127, 132; *Klumpp*, in: Bengel/Reimann, V Rn 560 ff.
76 *Balzer*, S. 104; *Zeising*, Rn 470.
77 *Zeising*, Rn 470 ff.
78 *Lang*, in: Lange/Werkmüller, § 25 Rn 119.
79 *Schäfer*, in: Assmann/Schütze, § 28 Rn 22.

die Fähigkeiten, diese Risiken in das Gesamtrisiko des Portfolios in angemessener Weise zu integrieren.[80] Weiter hat der Testamentsvollstrecker grundsätzlich nur solche Anlagen zu tätigen, die er selbst ausreichend beurteilen kann, und die den ihm bekannten Erwartungen des Erblassers oder gar den ausdrücklich getroffenen Verwaltungsanordnungen entsprechen.[81] Zur u.U. gebotenen Übertragung der Anlageentscheidungen auf Dritte siehe Rn 96 ff. Ist der Testamentsvollstrecker eine Bank, kann sie die von ihr im Allgemeinen bevorzugte **Theorie der Kursprognose** grundsätzlich nach freiem Ermessen auswählen.[82] Sie muss sich jedoch an dem aktuellen und gesicherten Stand der wissenschaftlichen Diskussion ausrichten.[83]

Noch nicht abschließend geklärt ist, ob und inwieweit der Testamentsvollstrecker auch **steuerliche Gesichtspunkte** bei seinen Vermögensentscheidungen berücksichtigen muss. Bei **lebzeitigen Vermögensverwaltungen** soll dies von der Art der getätigten Anlage abhängen.[84] Ergibt sich dabei, dass die Anlage unter steuerlichen Gesichtspunkten erfolgte, so soll nach einer Meinung die vermögensverwaltende Bank verpflichtet sein, die steuerlichen Auswirkungen, die sich wegen privater Veräußerungsgeschäfte nach § 23 Einkommensteuergesetz ergeben können, zu beachten. Die Gegenmeinung lehnt das ab, falls nicht eine ausdrückliche Absprache über die Berücksichtigung steuerlicher Folgen getroffen wurde. Denn steuerliche Pflichten obliegen grundsätzlich dem Kunden, der auch die Möglichkeit hat, einen Steuerberater einzuschalten.[85] Demgegenüber wird dies im Rahmen einer **Testamentsvollstreckung** anders gesehen. Hier wird i.d.R. eine Pflicht bejaht, steuerliche Aspekte bei den entsprechenden Vermögensanlagen zu berücksichtigen.[86] 42

cc) Grenzen bei spekulativen Geschäften und das Gebot der Diversifikation

Aus dem Begriff der Vermögensverwaltung wird das **Verbot der Spekulation**[87] abgeleitet. Denn die Verwaltung ist gerade das Gegenteil jeder spekulativen Tätigkeit. Jedoch ist nicht jeder Erwerb risikobehafteter Anlageformen direkt und unmittelbar als Spekulation anzusehen, denn sonst würde nahezu jedes Geschäft, das in Erwartung einer Kurs- oder Wertsteigerung oder eines unsicheren Ertrags getätigt wird, hierunter fallen.[88] Dann wäre vielmehr der Testamentsvollstrecker letztlich allein auf mündelsichere Anlageformen beschränkt, was der BGH ausdrücklich verneint hat.[89] Und es gilt zudem der oben (Rn 35) genannte wirtschaftliche Grundsatz, dass sich höhere Renditen nur durch ein höheres Risiko erkaufen lassen. 43

Ausgehend von seiner Vorstellung, dass der Testamentsvollstrecker wie ein solider, aber dynamischer Geschäftsführer zu handeln habe, hat der BGH in seiner Grundsatzentschei- 44

---

80 *Lang*, in: Lange/Werkmüller, § 25 Rn 119; *Schäfer*, in: Assmann/Schütze, § 28 Rn 23; *Schwintowski/ Schäfer*, § 12 Rn 48.
81 *Lang*, in: Lange/Werkmüller, § 25 Rn 119; *Balzer*, Anm. zu LG Stuttgart v. 13.11.1996 – O 426/96 = WM 1997, 163, EWiR 1997, 295, 296.
82 *Schäfer*, in: Assmann/Schütze, § 28 Rn 23; *Lang*, in: Lange/Werkmüller, § 25 Rn 120.
83 *Lang*, in: Lange/Werkmüller, § 25 Rn 120; *Schäfer/Müller*, Rn 276.
84 Dazu *Schödermeier*, WM 1995, 2053, 2057.
85 *Lang*, in: Lange/Werkmüller, § 25 Rn 121; *Balzer*, S. 196; anders wohl *Schade*, in: Vortmann, § 7 Rn 138, 141.
86 *Lang*, in: Lange/Werkmüller, § 25 Rn 122; *Schmitz*, ZErb 2003, 3, 8.
87 BGH ZIP 1994, 693 = WM 1994, 834; *Balzer*, S. 108; *Schäfer*, in: Assmann/Schütze, § 28 Rn 24; *Schwintowski/Schäfer*, § 12 Rn 46.
88 *Schäfer/Müller*, Rn 274.
89 NJW 1987, 1070, 1071.

dung unter Hinweis auf *Coing*[90] und die Beratungen zu § 2219 BGB zu Recht ausdrücklich darauf hingewiesen, dass auch spekulative Anlagen nicht zwingend den Grundsätzen ordnungsgemäßer Verwaltung zuwiderlaufen.[91] Maßgebend seien insoweit vielmehr in erster Linie die Grundsätze der vernünftigen Wirtschaftlichkeit. Rein spekulative Anlagen, mit denen bei großem Risiko eine hohe Wertsteigerung oder eine besonders hohe Rendite erstrebt wird, seien aber jedenfalls dann ausgeschlossen, wenn sie den gesamten Nachlass oder einen sehr hohen Teil davon erfassen. Der Testamentsvollstrecker darf daher bei der Vermögensanlage nicht „alles auf eine Karte setzen." Pflichtwidrig handelt daher der Testamentsvollstrecker, wenn er bei einer spekulativen Anlage den gesamten Nachlass oder einen wesentlichen Teil desselben einsetzt und dem Risiko eines **Totalverlustes** preisgibt.[92]

45 Diese Grundsätze der Wirtschaftlichkeit verbieten auch den Erwerb von Wertpapieren oder anderen Anlagen in der bloßen vagen Hoffnung auf den Zufallserfolg des Risikos.[93] Von einem in diesem Sinne verstandenen Begriff der **Spekulation**[94] unterscheidet sich eine Anlage jedoch dadurch, dass sie rational begründbar ist, auf einer Anlagestrategie aufbaut und entsprechend der ihrem Erwerb zugrunde liegenden Motive auch überprüfbar ist. Demgegenüber ist es dem Testamentsvollstrecker grundsätzlich untersagt, ein nicht akzeptables Maß an Risiko in der bloßen Hoffnung auf ungewöhnliche Gewinne einzugehen.[95] Die Grenze des dem Testamentsvollstrecker bei Anlagenentscheidungen zustehenden Ermessens besteht auf alle Fälle bei einer **absehbaren Schädigung** des Nachlasses[96] und nicht mehr abwägbaren Risiken.[97]

46 In diesem Zusammenhang ist wichtig zu beachten, dass das Spekulationsverbot mit dem **Gebot der Diversifikation** korrespondiert.[98] Danach ist der Testamentsvollstrecker verpflichtet, das ihm anvertraute Vermögen in unterschiedliche Anlageobjekte mit verschiedenem Risikogehalt anzulegen, und dadurch das Risiko eines Verlustes so weit wie möglich zu minimieren.[99] Hierbei gilt als Grundsatz, dass der Grad und der Umfang der erforderlichen Streuung sowohl von der in der letztwilligen Verfügung und der dort zu Tage getretenen Risikoneigung des Erblassers als auch vom Risikogehalt der entsprechenden Anlageformen abhängt.[100] Dabei wird man allerdings nicht von vornherein ausschließlich auf die Höhe des verwalteten Nachlasses abstellen dürfen, sondern zutreffenderweise auch den (bekannten oder zumindest mutmaßlichen) Erblasserwillen zu berücksichtigen haben.[101] Allgemein-

---

90 FS für H. Kaufmann, 1972, S. 132 f.
91 NJW 1987, 1070, 1071; zu weit reichend daher *Schäfer/Giesberts*, in: Hellner/Steuer, Bd. 5, Rn 11, 206, die wohl spekulative Anlageformen für den Testamentsvollstrecker generell ausschließen.
92 *Klumpp*, ZEV 1994, 65, 67.
93 *Schäfer*, Anlegerschutz, S. 55; *Zeising*, Rn 175, 206.
94 Vgl. zum Begriff der Spekulation auch *Schäfer/Müller*, Rn 274: „eine auf Mutmaßungen beruhende Erwartung".
95 *Zeising*, Rn 175; für einen einschränkenden Spekulationsbegriff auch *Lang*, in: Lange/Werkmüller, § 25 Rn 123, der aber zu sehr allein darauf abstellt, ob die Nachlassverwaltung sich im Rahmen der mit dem Erblasser getroffenen Anlagevereinbarungen hält; an solchen – oder ersatzweise dafür an konkreten Verwaltungsanordnungen des Erblassers fehlt es aber regelmäßig.
96 BGHZ 25, 275, 284.
97 Staudinger/*Reimann*, § 2216 Rn 9; vgl. eingehend *Schaub*, FamRZ 1995, 845.
98 *Lang*, in: Lange/Werkmüller, § 25 Rn 124; *Schäfer*, in: Assmann/Schütze, § 28 Rn 24; *Schwintowski/Schäfer*, § 12 Rn 46.
99 *Lang*, in: Lange/Werkmüller, § 25 Rn 124; *Schäfer*, in: Assmann/Schütze, § 28 Rn 24; *Zeising*, Rn 178; *Schäfer/Müller*, Rn 275, 286; siehe auch *Klumpp*, in: Bengel/Reimann, V Rn 570.
100 *Lang*, in: Lange/Werkmüller, § 25 Rn 124; *Schäfer/Müller*, Rn 275; zust. auch *Klumpp*, in: Bengel/Reimann, V Rn 527.
101 *Lang*, in: Lange/Werkmüller, § 25 Rn 125; *Balzer*, S. 107.

verbindliche Rahmenrichtlinien hierfür können aber auch bei Berücksichtigung der anlegerspezifischen Daten nicht aufgestellt werden. Dispositionen in riskante Anlageformen sollten aber 5 % des gesamten Depotwertes nicht überschreiten,[102] manche ziehen die Grenze sogar erst bei 10 %.[103]

Das Gebot der Diversifikation wird auch übersehen, wenn teilweise vertreten wird, dass sich der vermögensverwaltende Testamentsvollstrecker bei seiner Anlagepolitik dem **Trend anschließen könne** – also auch Aktien moderner Technologien und des neuen Marktes kaufen dürfe, wenn alle professionellen Vermögensverwalter solche erwerben würden, mag sich dies im Nachhinein auch als eine grobe Fehlspekulation herausstellen.[104] Demnach kann der Testamentsvollstrecker unter Beachtung des Grundsatzes der Diversifikation auf spekulative Anlageformen zurückgreifen, wobei es im Einzelfall allerdings durchaus problematisch sein kann, wenn für die Beurteilung der Richtigkeit seines Verhaltens allein auf das quantitative Kriterium der Größe des Gesamtnachlasses abgestellt wird (siehe dazu Rn 46). Andererseits geht es zu weit, wenn vertreten wird, dass die Anlagepolitik des Testamentsvollstreckers im Bereich der spekulativen Anlageformen durch dessen Know-how mit der jeweils einschlägigen „spekulativen" Anlageklasse als auch den zur Verfügung stehenden Mittel bestimmt wird, um rechtzeitig und in geeigneter Weise Gefahren und Verlusten begegnen zu können.[105] Eine bloße subjektive Mühewaltung kann ausreichend dafür sein, um die Haftung für einen später eintretenden Vermögensverlust auszuschließen. 47

Ob außerhalb des Bereichs der spekulativen Anlagen eine **grundsätzliche Pflicht zur Risikodiversifikation** besteht, wird teilweise verneint,[106] ist aber grundsätzlich zu bejahen[107] (siehe auch Rn 15 zu den allgemeinen Grundzügen). Der BGH hat in seiner Grundsatzentscheidung vom 3.11.1986 allerdings nur klargestellt, dass eine bloße Streuung bei der Kapitalanlage für die Annahme einer Pflichtverletzung nicht ausreicht, weil dies eine durchaus sinnvolle Vorsichtsmaßnahme ist.[108] Auf alle Fälle ist jedoch eine Risikostreuung mit der beste Weg, den Vorwurf der Pflichtwidrigkeit und damit eine Haftung zu vermeiden. 48

Auch im **Stiftungsrecht,** bei dem oberstes Gebot die Bestandserhaltung des Stiftungsvermögens ist, wird zur Risikoreduzierung eine Streuung der Anlageformen empfohlen, und zwar sowohl hinsichtlich der Verteilung auf die einzelnen Vermögensarten als auch der Anlage innerhalb einer Vermögensart. So nennt etwa *Henß*[109] folgende Anlagegrenzen: Das liquide Vermögen soll bestehen aus 49
- mindestens **50 %** aus **festverzinslichen Wertpapieren**. Eine Anlage in EUR sei auch dann nicht zu beanstanden, wenn die Ausgaben der Stiftung in einer anderen Währung erfolgen
- maximal **50 %** aus **Aktien** und zu maximal 20 % aus Alternativen Investments (Hedge Fonds, Private Equity), wobei die Quote für die Alternativen Investments auf die Aktienquote anzurechnen sei. Aktien und Alternative Investments sollten daher zusammen 50 % nicht übersteigen.

---

102 *Lang,* in: Lange/Werkmüller, § 25 Rn 125; *Schäfer/Müller,* Rn 275 Fn 164; vgl. auch die Vorgaben des KAGG.
103 Für vertretbar halten dies *Balzer,* S. 108; *Zimmermann,* Testamentsvollstreckung, Rn 425; *Klumpp,* ZEV 1994, 65, 67.
104 So aber *Zimmermann,* Testamentsvollstreckung, Rn 422.
105 So aber *Farkas-Richling,* ZEV 2007, 310, 312.
106 So *Zeising,* Rn 208, andernorts aber anders.
107 Vgl. etwa *Schmitz,* ZErb 2003, 3, 6 f.
108 NJW 1987, 1070, 1071.
109 ZSt 2004, 83, 90.

Der zentrale Grundsatz des Stiftungsrechts, dass das Stiftungsvermögen in seinem Bestand zu erhalten ist, kann auch auf die Verwaltung durch einen Testamentsvollstrecker übertragen werden. Bei wertpapiergebundenem Nachlassvermögen darf daraus allerdings nicht der Schluss gezogen werden, dass dieses mit „ruhiger Hand" zu verwalten wäre. Dies wäre angesichts der Inflationsentwicklung und der durch die Nachlassverwaltung entstehenden Kosten mit dem Gebot des BGH, dass sich der Testamentsvollstrecker wie ein dynamischer Geschäftsführer zu verhalten hat (siehe Rn 10), nicht vereinbar.[110]

50 **Derivative Instrumente** (Optionen, Futures, Swaps, [Devisen]-Termingeschäfte etc.) dürfen nur zur Absicherung oder mit dem Ziel der Erwirtschaftung zusätzlicher Erträge eingesetzt werden. Dadurch darf auf alle Fälle das Risiko nicht erhöht werden.

51 Die von Banken und **Sparkassen empfohlene Anlageform** lautete in Deutschland früher über viele Jahre hinweg: $1/3$ Pfandbriefe (oder Kommunalobligationen oder Teilschuldverschreibungen), $1/3$ Aktien und $1/3$ Immobilien.[111]

52 Besser für den Testamentsvollstrecker ist es natürlich, wenn er entweder bereits zu Lebzeiten mit dem Erblasser oder aber nach dem Erbfall mit dem Erben hinreichend klare **Anlagerichtlinien** vereinbart, die genau festlegen, welche Anlageformen in welchen prozentualen Anteilen im Rahmen der Nachlassverwaltung gewählt werden sollen. Dabei sollte sich der Testamentsvollstrecker aber auch einen ausreichend großen **Handlungsspielraum** einräumen lassen.[112]

dd) Vermeidung von Interessenkonflikten

53 Insbesondere wenn eine Bank die Testamentsvollstreckung ausübt, kann es zu Interessenkonflikten kommen. Hierbei gilt im Ansatz der Grundsatz des Vorrangs der Erbeninteressen vor den eigenen Interessen der testamentsvollstreckenden Bank.[113] Kommt es zu Interessenkonflikten, weil auch von anderen Kunden bestimmte Papiere in größerer Anzahl erworben oder veräußert werden sollen, und daraus u.U. größere Kursschwankungen resultieren können, so gilt jedoch der Gleichbehandlungsgrundsatz, da die Bank gegenüber verschiedenen Kunden zur gleichmäßigen Berücksichtigung von deren Interessen verpflichtet ist.[114]

54 *Zimmermann*[115] kritisiert, dass die testamentsvollstreckende Bank „möglichst viel verdienen will" und daher ihre Interessen darin liegen, „durch häufige Umschichtungen der Wertpapiere des Nachlasses Provisionen zu verdienen" oder bei Festgeldern versuchen würde, „das als Testamentsvollstrecker verwaltete Geld geringer zu verzinsen als das Geld sonstiger Kunden, die die Bank wechseln könnten". Dabei wird jedoch verkannt, dass das „Spesenschinden" („**Churning**")[116] bereits nach § 32 Wertpapierhandelsgesetz ausdrücklich verboten ist, und diese Bestimmung auch für die testamentsvollstreckende Bank gilt.[117]

---

110 *Farkas-Richling*, ZEV 2007, 310, 313.
111 Dazu etwa *Raeschke/Kessler*, WM 1993, 1830; *Klumpp*, in: Bengel/Reimann, V Rn 581.
112 *Lang*, in: Lange/Werkmüller, § 25 Rn 125.
113 *Lang*, in: Lange/Werkmüller, § 25 Rn 126; eingehend zur ordnungsgemäßen Verwaltung des Nachlasses durch Banken in diesem Zusammenhang *Zimmermann*, ZErb 2007, 278, 282 f.; *Müller/Tolksdorf*, ErbStB 2006, 284; *Grunsky/Theiss*, WM 2006, 1561.
114 *Balzer*, S. 113; *Lang*, in: Lange/Werkmüller, § 25 Rn 127; *Schäfer*, in: Assmann/Schütze, § 28 Rn 79.
115 Testamentsvollstreckung, Rn 103.
116 Zu Indizien, um dies zu erkennen, siehe *Farkas-Richling*, ZEV 2007, 310, 311.
117 *Zeising*, Rn 257; krit. gegen *Zimmermann* auch aus anderen Gründen *Lang*, in: Lange/Werkmüller, § 25 Rn 128 ff.

Problematischer ist es jedoch für die testamentsvollstreckende Bank, wenn sich ergibt, dass 55
Konkurrenzunternehmen erheblich bessere Anlagerenditen bieten. Dann ist die testamentsvollstreckende Bank nach dem Gebot der produktiven Vermögensverwaltung verpflichtet, dort bei dem Konkurrenzinstitut das Nachlassvermögen anzulegen. Eine für sie sicherlich nicht immer leichte Entscheidung. Des Weiteren ergeben sich Probleme aus der Unzulässigkeit von Insichgeschäften.[118]

ee) Früheres Anlageverhalten des Erblassers, Pflicht zur Umschichtung

Aus dem Grundsatz, dass der Testamentsvollstrecker sich nicht mit mäßigem Erfolg seiner 56
Tätigkeit begnügen kann, sondern Möglichkeiten zum besseren Erfolg wahrnehmen muss,[119] wird gefolgert, dass ein Verstoß gegen die Grundsätze ordnungsgemäßer Nachlassverwaltung vorliegt, wenn der Testamentsvollstrecker den Nachlass völlig unverändert lässt, Umschichtungen aber wirtschaftlich geboten wären.[120] Gegebenenfalls muss daher der Testamentsvollstrecker auch den Nachlass umstrukturieren. Wenn daher die Ausübung eines Bezugsrechts für junge Aktien für die Entwicklung des Wertes des Nachlasses günstig ist, muss der Testamentsvollstrecker andere Papiere verkaufen.[121] Besaß der Erblasser **Immobilienbeteiligungen** (meist an geschlossenen Immobilienfonds) allein aus Gründen der **Steuerersparnis,** so tritt oftmals das Problem auf, dass nach dem Erbfall für die Erben keinerlei Steuervorteile mehr bestehen, aber der Schuldendienst den Nachlass erheblich belastet.[122] Auch hier besteht die Verpflichtung des Testamentsvollstreckers, die nicht mehr sachgemäße, weil durch die tatsächliche Entwicklung überholte, Anlageentscheidung des Erblassers durch einen entsprechenden Verkauf zu korrigieren, wenn die entsprechende Beteiligung überhaupt verkäuflich ist und damit wenigstens die bestehenden Verbindlichkeiten abgedeckt werden können. Aus all diesem darf man jedoch nicht den Schluss ziehen, dass das frühere Anlageverhalten des Erblassers völlig irrelevant ist. Insbesondere wenn es um die Feststellung der Anlageziele geht, wird man in diesem früheren Anlageverhalten eine erhebliche Bedeutung und Richtungssetzung zubilligen müssen.[123]

Tritt eine negative Entwicklung der vom Testamentsvollstrecker getätigten Anlage ein, so 57
kann zudem im Rahmen der schadensrechtlichen Ermittlung nach dem Grundsatz des **Vorteilsausgleichs** berücksichtigt werden, dass auch die vom Erblasser stammenden Vermögenswerte sich nicht besser entwickelt hätten.[124]

ff) Keine Haftung für die wertmäßige Erhaltung des Nachlasses

Aus dem Vergleich mit den Vorschriften über die Vor- und Nacherbschaft, insbesondere 58
im Hinblick darauf, dass die Verpflichtung zur mündelsicheren Anlage nach § 2119 BGB nicht gilt, ergibt sich, dass der Testamentsvollstrecker nicht dafür einstehen muss, dass der Wert des Nachlasses während der Dauer der Testamentsvollstreckung tatsächlich erhalten wird.[125] Dies wird nochmals durch die Rechtsprechung des BGH bestätigt, wonach keine

---

118 *Zimmermann,* ZErb 2007, 278, 283 ff.
119 OGHZ 3, 242, 247; BGH NJW 1987, 1070, 1071.
120 *Zeising,* Rn 194; *Klumpp,* in: Bengel/Reimann, V Rn 572.
121 BGH NJW 1967, 443 = WM 1967, 25, 27; ebenso etwa *Klingelhöffer,* Vermögensverwaltung, Rn 212; *Zimmermann,* Testamentsvollstreckung, Rn 424.
122 *Klingelhöffer,* Rn 212.
123 So auch *Lang,* in: Lange/Werkmüller, § 25 Rn 125 im Rahmen der Bestimmung der erforderlichen Diversifikation.
124 *Klumpp,* in: Bengel/Reimann, V Rn 575; ähnlich bereits BGH NJW 1987, 1070, 1071.
125 Eingehend *Zeising,* Rn 180 ff.

Verpflichtung zur mündelsicheren Anlage besteht.[126] Daraus ergibt sich, dass eine etwaige **Haftung** des Testamentsvollstreckers aufgrund der Vermögensverwaltung nicht erfolgs-, sondern allenfalls **handlungsbezogen** sein kann.

gg) Gesamtwirtschaftliche Entwicklung

59 Die gesamtwirtschaftliche Entwicklung gehört zu den Rahmendaten der Vermögensverwaltung und ist insbesondere für die Wertentwicklung von Wertpapieren von ganz erheblicher Bedeutung. Für den Testamentsvollstrecker ergibt sich daher die Verpflichtung, die Entwicklung der wirtschaftlichen Verhältnisse besonders zu berücksichtigen.[127] Damit stellt sich die Frage, ob bei sinkenden Aktienkursen oder einer sich abzeichnenden „Hausse" der Testamentsvollstrecker verpflichtet ist, die entsprechenden Aktien zu verkaufen. Das OLG Köln hat dies verneint.[128] Es begründet dies damit, dass es sich bei den betreffenden Papieren um solche bekannter deutscher Unternehmen handelte, die einen gewissen unveränderlichen Substanzwert haben und deshalb für langfristige Kapitalanlagen trotz der sich abzeichnenden Entwicklung besonders geeignet erscheinen, zumal Aktien immer gewissen Schwankungen unterworfen sind. Dahinter steht die zutreffende Auffassung, dass es für die Beurteilung der Pflichtgemäßheit der Testamentsvollstreckung auf die damit **verfolgte Anlagestrategie** ankommt.[129]

hh) Beurteilung der Pflichtwidrigkeit: Einzel- oder Gesamtanlageverhalten, zum Prognoserisiko

60 Bei der Beurteilung, ob die Anlageentscheidungen des Testamentsvollstreckers ordnungsgemäß sind, ist auf das **gesamte Anlageverhalten** abzustellen, nicht aber auf eine einzelne, vielleicht im Einzelfall verunglückte Anlageentscheidung.[130] Dies beruht zum einen auf dem Grundsatz der Vorteilsausgleichung, der es gebietet, auch andere Anlagemaßnahmen des Testamentsvollstreckers, die sich als erfolgreich erwiesen, zu seinen Gunsten zu berücksichtigen.[131] Zum anderen ergibt sich dies aus Grundsätzen der sachgemäßen Vermögensverwaltung. Demnach kann insbesondere wegen einer nachteiligen Entwicklung der allgemeinen Verhältnisse sich eine noch so gut geplante Einzelentscheidung im Nachhinein als ungünstig darstellen. Zum anderen werden Anlageentscheidungen immer im Zusammenhang mit dem gesamten Portfolio getroffen. Dies verbietet, Einzelentscheidungen allein selektiv zu bewerten.[132] Dies lenkt zugleich auch den Blick auf die **zeitliche Dimension** der Problematik. Anlageentscheidungen sind immer zukunftsorientierte Entscheidungen. Sie beinhalten daher systemimmanent ein **Prognoserisiko**. Damit stellt sich die Frage, wer dieses tragen soll. *Pickel* schlägt hierzu vor, für die Problemlösung die Rechtsprechung zur Geltendmachung von Nachlassrechten durch den Testamentsvollstrecker heranzuziehen. Danach kommt es auf die **Erkennbarkeit** des Fehlverhaltens an.[133] Das Abstellen auf dieses Kriterium erhielt

---

126 BGH NJW 1987, 1070, 1071.
127 *Coing*, in: FS H. Kaufmann, S. 134; *Zeising*, Rn 197.
128 AG 1964, 308; zust. etwa *Klumpp*, in: Bengel/Reimann, V Rn 573.
129 *Zeising*, Rn 201 f.
130 *Klumpp*, in: Bengel/Reimann, V Rn 574; *Zeising*, Rn 186 ff.; Erman/*M. Schmidt*, § 2216 Rn 3; *Schmitz*, Kapitalanlageentscheidungen, S. 165; die in diese Richtung gehende Aussage des BGH (NJW 1987, 1070, 1071) betrifft bei genauer Betrachtung aber nur die Frage des Vorteilsausgleichs.
131 *Klumpp*, in: Bengel/Reimann, V Rn 574.
132 Zutr. *Schmitz*, Kapitalanlageentscheidungen, S. 165 unter Bezug auf die moderne Portfoliotheorie; siehe auch oben Rn 121.
133 *Pickel*, Die Haftung des Testamentsvollstreckers und seine Versicherung, Diss. Köln 1986, S. 154.

überwiegend Zustimmung.[134] Daran ist richtig, dass von einem **Verschulden** nur die Rede sein kann, wenn der Testamentsvollstrecker bei seiner Entscheidungsfindung nicht alle Erkenntnismöglichkeiten ausgeschöpft hat. Für die Beurteilung seines Verhaltens ist daher auf die „ex-ante-Situation" abzustellen.[135] Damit wird auch der Tatsache Rechnung getragen, dass der Natur der Sache nach solche Entscheidungen immer mit einem **Unsicherheitsfaktor** belastet sind. Demgegenüber vermag das Kriterium der „Evidenz" nicht zu überzeugen. Denn wenn eine Pflichtverletzung erkennbar ist, so muss natürlich der Testamentsvollstrecker diese vermeiden.[136]

2. Die einzelnen Anlageformen

a) Effektengeschäfte

Effekten sind **Wertpapiere,** die an einer Börse oder einem anderen organisierten Markt gehandelt werden (vgl. zum Begriff auch § 1 Abs. 1 S. 2 Nr. 4 KWG). Aktien, aber auch festverzinsliche Wertpapiere, die derart gehandelt werden, unterliegen Kursschwankungen. Sie werden daher grundsätzlich als Risikopapiere bezeichnet. Für die Ermittlung der Gesamtrendite ist sowohl auf die Kursveränderungen wie auch auf die laufenden Erträge zu achten. Bei Aktien bilden die **Gesamtrendite** die Kursveränderungen zuzüglich der vereinnahmten Dividenden, bei Renten die Kursveränderungen zuzüglich der laufenden Couponzahlungen. Bei den **Aktien** ist zu beachten, dass die Kursentwicklung nicht nur von der Entwicklung des betreffenden Unternehmens abhängt (spezifisches Risiko), sondern darüber hinaus auch von den allgemeinen wirtschaftlichen Entwicklungen. Für den Erfolg der Anlagen in Aktien entscheidet gerade bei einem kurzfristigen Engagement der Zeitpunkt des Ein- oder Ausstiegs (**Timing**). Aber auch bei der Anlage in **Renten** ist zu beachten, dass deren Kurs Schwankungen unterliegt, insbesondere wenn der Fälligkeitstermin noch weit entfernt liegt. Je näher jedoch der Fälligkeitstermin rückt, desto mehr ähnelt diese Anlageform der Festzinsanlage. Das Risiko des Totalverlustes ist jedenfalls bei deutschen, börsenorientierten festverzinslichen Wertpapieren zu vernachlässigen. Sie gelten als die Sichersten der Welt.[137] Vergleicht man die Renditen von Aktien und Anleihen in Deutschland für den Zeitraum von 1875 bis 1993 so ergibt sich bei Aktien eine Durchschnittsrendite von jährlich 12,54 %, bei Anleihen von 5,35 %. Für die Zeit nach dem Zweiten Weltkrieg ergibt sich sogar noch eine wesentlich bessere Differenz zugunsten der Aktien.[138] So ergibt sich seit dem Jahr 1948 bis zum Jahr 1997 eine durchschnittliche jährliche Aktienrendite (vor Steuern) von 14,5 %.[139] Doch hat sich die Renditemöglichkeit seitdem deutlich verringert. Beim Kauf von DAX-Werten Ende des Jahres 1998 konnte bis 2011 nur eine jährliche Rendite von 1 % erzielt werden.[140] Hinzu kommt, dass seit dem Jahr 2011 nunmehr auch die Kursgewinne durch die sog. Abgeltungsteuer unabhängig von der Haltedauer versteuert werden. Andererseits hat die Aktie in den letzten Jahren wieder erheblich an Attraktivität gewonnen, da mit fast allen anderen Anlageformen angesichts der seit Jahren andauernden

---

134 *Winkler*, Testamentsvollstrecker, Rn 559; Staudinger/*Reimann*, § 2219 Rn 5; RGRK/*Kregel*, § 2219 Rn 2.
135 NK-BGB/*Kroiß*, § 2219 Rn 5; Staudinger/*Reimann*, § 2219 Rn 7; *Klumpp*, in: Bengel/Reimann, V Rn 573; *Farkas-Richling*, ZEV 2007, 310; *J. Müller*, in: Bengel/Reimann, XII Rn 53.
136 Richtig *Zeising*, Rn 155.
137 *Zeising*, Rn 276; *Klumpp*, ZEV 1994, 65, 68.
138 Vgl. *Connen/Hartmann*, in: Cramer/Rudolph, S. 367: Aktien jährlich 17,6 % gegenüber 6,37 % bei Anleihen.
139 FAZ v. 22.3.2000, S. 32.
140 *Klumpp*, in: Bengel/Reimann, V Rn 589 unter Bezug auf FAZ vom 28.12.2011.

Niedrigzinsphase nur noch Renditen im Bereich unter einem Prozent zu erzielen sind, die aber durch die Inflationsentwicklung und die Einkommensteuerbelastung mehr als aufgezehrt werden. Daher muss der Testamentsvollstrecker in die Anlage von hochpreisigen **Sachwerten** wie Immobilien, Bildern, Münzen oder Briefmarken **ausweichen**, bei denen u.U. zwar keine so großen aktuellen Renditen zu erzielen sind, aber keine laufende Ertragsbesteuerung anfällt und mitttelfristig doch bei einem Verkauf nach Ablauf der Spekulationsfrist des § 23 EStG erhebliche Veräußerungserlöse zu erreichen sind.

62 Vergleicht man die **Erträge** nach **Steuern**, so ergibt sich, dass die Aktien durch die bereits erwähnte Einführung der Abgeltungssteuer auf Kursgewinne seit dem 1.1.2009 unabhängig von der Haltedauer (§§ 20 Abs. 2 Nr. 1, 32a EStG i.d.F. des Unternehmensteuerreformgesetzes von 2007) nicht mehr so profitabel wie früher sind, denn bei Aktien resultiert der überwiegende Teil der Rendite aus der Kursveränderung bei einem Verkauf. Zudem weisen Aktien gegenüber den Renten über längere Zeitabschnitte hinaus erheblich größere Schwankungen in der Wertentwicklung aus, so dass hieraus ein größeres **Risiko** resultiert.[141] Allerdings muss man dem gegenüberstellen, dass bei Rentenpapieren, insbesondere wenn diese wie bei Bundesanleihen relativ sicher sind, sich nach dem aktuellen Stand nach Steuern und Inflationsbereinigung nicht nur keine Rendite ergibt, sondern sogar ein erhebliches Minus.

63 Aufgrund dieser Vorgabe ergibt sich, dass Aktien im Regelfall nur bei **mittel- und langfristigen Anlagen** empfehlenswert sind. Nur dann versprechen sie eine angemessene Rendite, während bei kurzfristigen Anlagen, wenn schnell Liquidität benötigt wird, dies zu ganz erheblichen Verlusten führen kann.[142] Im Übrigen ist der Testamentsvollstrecker auch hier zur **produktiven Vermögensverwaltung** verpflichtet und darf daher **spekulative Anlagen** nur unter Berücksichtigung des **Gebots der Diversifikation** tätigen.[143] Entsprechend den hierzu entwickelten Grundsätzen (siehe Rn 46 ff.) darf er allenfalls 10 % des anzulegenden Kapitals in riskante Anlageformen investieren, also in stark volatile Nebenwerte, Aktien am Neuen Markt oder aus dem Tec-Dax.[144] Wenn der Testamentsvollstrecker jedoch sein Portfolio auf der Grundlage der **Portfolio-Theorie** zusammenstellt und dementsprechend Papiere auswählt, die wenig miteinander korrelieren, so ist nach *Zeising* die Pflichtmäßigkeit der Anlageentscheidung unter Berücksichtigung der Gesamtanlagesituation zu bestimmen. Er könne dann ein Portfolio wählen, das einen Anteil von bis zu 20 % an Hochrisiko-Papieren enthält.[145] Daneben könne der Nachlass einen Anteil von mindestens 30 % Standardwerten enthalten, so dass insgesamt ein **Aktienanteil von 50 %** am gesamten Nachlass zulässig sein dürfte (siehe auch Rn 49 zum Stiftungsrecht). Weiter verlangt *Zeising* für die ordnungsgemäße Nachlassverwaltung, dass der Testamentsvollstrecker eine klare Anlagestrategie verfolge und der Stand seiner **Kenntnisse** hinsichtlich der **Kapitalanlagetheorien** im Wesentlichen dem Stand der wissenschaftlichen Diskussion entspreche.[146] Zumindest letzteres wird man allenfalls bei der Verwaltung von Großvermögen verlangen können. Auf alle Fälle hat der Testamentsvollstrecker jedoch die Entwicklung auf den Wertpapiermärkten ständig zu beobachten und auf negative Entwicklungen entsprechend zu reagieren.

---

141 Überblick der jährlichen Durchschnittswerte der Brutto- und Nettorendite und des Risikos alternativer Anlagen bei *Zeising*, Rn 280 m.w.N.
142 In diese Richtung auch *Klumpp*, in: Bengel/Reimann, V Rn 589.
143 *Zeising*, Rn 285; *Schäfer*, in: Assmann/Schütze, § 28 Rn 23; a.A. *Zimmermann*, Testamentsvollstreckung, Rn 424: Testamentsvollstrecker muss sich auf börsenorientierten Papiere größerer Gesellschaft der führenden Industrieländer beschränken.
144 *Zeising*, Rn 288.
145 *Zeising*, Rn 289 unter Bezug auf OLG Frankfurt/M. WM 1996, 665, 668.
146 *Zeising*, Rn 285.

b) Sparanlagen, Festgeldanlagen

Sparanlagen weisen zwar eine große Sicherheit, jedoch geringe Rendite aus. Da der Testamentsvollstrecker dazu verpflichtet ist, den Nachlass nutzbringend anzulegen, wird verlangt, dass er sich mit einer größeren **Sparbuchanlage** nicht begnügen darf, wenn andere Anlageformen mit höheren Renditen bei vertretbarem Risiko zu haben sind.[147] In einem vom BGH entschiedenen Fall hatte der Testamentsvollstrecker den Erlös eines Grundstückskaufvertrages in Höhe von 760.000 DM, der letztlich zur Tilgung anderer Nachlassverbindlichkeiten verwendet werden sollte, für 10 Monate auf ein monatlich abrufbares Festgeldkonto angelegt. Dabei rügten die Erben, dass der dort erzielte Zins geringer gewesen wäre als der, der bei einer anderen Bank hätte erzielt werden können. Dadurch wäre ein Zinsschaden von 6.371 DM entstanden. Nach Ansicht des BGH handelte der Testamentsvollstrecker jedoch nicht ermessensfehlerhaft, wenn er nicht aufgrund eines besonderen Insiderwissens oder anderer geschäftlicher Erfahrungen bessere Anlagemöglichkeiten kannte oder nicht wenigstens von den Erben ausdrücklich auf die bessere Anlagemöglichkeit aufmerksam gemacht wurde.[148]

64

c) Derivate oder Finanz-(Warentermin-)geschäfte[149]

Unter **Derivaten** versteht man Verträge, die sich auf originäre Finanzierungsinstrumente wie Aktien und Schuldverschreibungen beziehen (vgl. auch § 2 Abs. 2 WpHG). Durch diese Finanzierungsinstrumente sollen Risiken des ihnen zugrunde liegenden Finanzgeschäfts an einem Kassamarkt abgesichert werden. Dabei gelten Derivate als Oberbegriff für alle Termingeschäfte, mit denen zukünftige Finanzgeschäfte in allen ihren Bedingungen, den zukünftigen Ansprüchen und Verpflichtungen der Vertragsparteien im Voraus vereinbart werden.[150] Die wichtigsten sind **Optionen, Futures und Swaps**. Dabei wird unterschieden zwischen den sog. bedingten Termingeschäften (z.B. Optionen), bei denen der Käufer das Recht, nicht aber die Pflicht, hat die Vereinbarung zu erfüllen, und den sog. **Fixgeschäften** (z.B. **Futures**), die in jedem Fall erfüllt werden müssen.

65

Optionen zählen zu den bedingten Termingeschäften. Dadurch erwirbt der Käufer einer **Kaufoption (call)** das Recht gegen Zahlung einer Prämie vom Vertragspartner die Lieferung von Wertpapieren zum vereinbarten Basispreis zu verlangen. Der Erwerber einer **Verkaufsoption (put)** erwirbt gegen Zahlung der Prämie das Recht, während der Optionsfrist von dem Vertragspartner die Abnahme von Wertpapieren zum Basispreis zu verlangen. Bei dem sog. „amerikanischen Typ" wird dem Optionsnehmer das Recht eingeräumt, die Option innerhalb einer festgelegten Laufzeit auszuüben, beim sog. „europäischen Typ" bis zu einem bestimmten Zeitpunkt. Beide Optionstypen werden an der Deutschen Terminbörse gehandelt. Gegenstand des Optionsgeschäfts können entweder Werte des **Kassamarkts** (Aktien, festverzinsliche Wertpapiere, Edelmetalle, Devisen) oder fiktive Werte (wie z.B. Optionen auf den Deutschen Aktienindex [DAX]) sein.

66

Futures sind besondere Formen des Fixgeschäfts und verpflichten die Vertragsparteien zu einem bestimmten Zeitpunkt einen Gegenstand zu einem festgelegten Preis zu liefern oder abzunehmen. Hierbei wird häufig vereinbart, dass nur die Differenz aus dem vereinbarten

67

---

147 *Klumpp*, ZEV 1994, 65, 69; AG Bremen WM 1993, 1959; *Zimmermann*, Testamentsvollstreckung, Rn 426.
148 BGH ZEV 1995, 110.
149 Eingehend zu den Warentermingeschäften des Testamentsvollstreckers *Werkmüller*, WM 2000, 1361, jedoch z.T. durch die zwischenzeitlich erfolgten Gesetzesänderungen überholt.
150 *Breuer*, in: Cramer/Rudolph, S. 234.

Preis und dem Marktpreis im Erfüllungszeitpunkt auszugleichen ist, so dass gar kein Austausch von Leistungen und Gegenleistungen im eigentlichen Sinne erfolgt. Hierbei besteht die Verpflichtung den Vertrag zu erfüllen. Dabei finden sich Differenzierungen hinsichtlich des zugrunde liegenden Gegenstandes des Geschäfts.

68 Hinsichtlich der Zulässigkeit solcher Anlagen durch den **Testamentsvollstrecker** gilt:[151] Der Bereich von Termingeschäften kann vom Testamentsvollstrecker grundsätzlich zu Absicherung von **Kursrisiken** genutzt werden. Begrenzt wird der zulässige Umfang dieser Geschäfte dadurch, dass der Einsatz des Termininstruments in einem ausgewogenen Verhältnis zur Kassaposition stehen muss. Der Einsatz von Termininstrumenten ist daher insbesondere zulässig, wenn der Testamentsvollstrecker nach den Grundsätzen der **Portfoliotheorie** investiert. Denn dann ist es möglich, dass das der Option immanente Risiko quantifiziert werden kann und dadurch negativ korrelierende Wertpapiere kompensiert werden.[152]

69 Der Erwerb von Optionen oder Futures zu **Spekulationszwecken** ist grundsätzlich ebenfalls zulässig, soweit die allgemeinen **Grenzen** für spekulative Anlagen eingehalten werden. Wegen des hohen Risikos darf das spekulativ eingesetzte Kapital jedoch insgesamt nur einen geringen Teil des Nachlasses ausmachen.[153] Bei der Anlage von Großvermögen wird unter Beachtung des Grundsatzes der Diversifikation ein Einsatz von maximal 10 % des Nachlasses zulässig sein.[154]

70 Unzulässig ist aber der Erwerb von Waren- und Devisenterminoptionen an **ausländischen Börsen**. Denn hier werden von den Vermittlern sehr hohe Aufschläge auf die Börsenterminprämien erhoben,[155] die das erforderliche ausgewogene Verhältnis von Gewinn- und Verlustmöglichkeit stören, so dass ein ganz erheblicher Kursausschlag notwendig wird, um aus dem Geschäft einen angemessenen Gewinn zu erzielen. Dies lässt sich aber regelmäßig nicht vorhersehen.

d) Investmentfonds

71 Ein Investmentfonds wird von folgenden drei Grundprinzipien beherrscht:
– Risikodiversifizierung
– Fremdverwaltung mit Bildung eines Sondervermögens
– Kollektive Kapitalanlage.[156]

Die Verwaltung erfolgt durch eine besondere Kapitalanlagegesellschaft, welche die Gelder der Anleger im eigenen Namen für deren gemeinschaftliche Rechnung in Wertpapieren, Immobilien oder anderen Vermögensgegenständen anlegt. Dafür erhält der Anleger ein **Wertpapierzertifikat**. Es wird nicht an der Börse gehandelt. Die Fondsverwaltung bietet jedoch eine Rücknahme zu einem bestimmten **Rücknahmepreis** an. Die Gesellschaft unterliegt seit dem 22.7.2013 dem Kapitalanlagegesetzbuch (KAGB, Gesetz vom 4.7.2013, BGBl I

---

151 Das Folgende nach *Zeising*, Rn 303 ff.
152 *Schäfer*, Anlegerschutz, S. 108.
153 Anders möglicherweise *Werkmüller*, WM 2000, 1361, 1366, der der Bank empfiehlt, bei ihrer „Kalkulation nur den Nettobestand des Nachlasses zugrunde zu legen, „weil die Erben mit ihrem Privatvermögen ggf. nicht haften." Krit. dagegen zu Recht *Zimmermann*, Testamentsvollstreckung, Rn 425 Fn 1202.
154 *Zeising*, Rn 304; vgl. auch *Balzer*, S. 109; für viel weniger als 10 % *Zimmermann*, Testamentsvollstreckung, Rn 425; völlig ablehnend dagegen *Klumpp*, ZEV 1994, 69; Staudinger/*Reimann*, § 2216 Rn 16.
155 Vgl. den Fall von BGH WM 1994, 149, 150, bei dem der Vermittler einen Aufschlag von 81,82 % verlangte.
156 *Canaris*, Bankvertragsrecht, 2. Aufl. 1981, Rn 2325 ff.

1981). Dadurch wird eine Risikomischung hergestellt, die eine Anlagemöglichkeit mit eingeschränktem Risiko und ordentlicher Rendite gewährleistet, wobei aber durch die Mischung mit verschiedenen Anlagen auch die Gewinnerwartung abgeschwächt sein kann.[157]

Nach Untersuchungen liegen jedoch die **Wertentwicklungen** auch der besten Fonds regelmäßig unter der allgemeinen Entwicklung der Indizes der Aktienmärkte, etwa des DAX.[158] Daneben ist zu berücksichtigen, dass Verwaltungsgebühren anfallen oder bei der Ausgabe Aufschläge auf den Rücknahmepreis verlangt werden. Anderseits ist zu berücksichtigen, dass bei grenzüberschreitenden Anlagen ein gut gemanagter Fonds wesentlich besser und kostengünstiger arbeitet, als dies einem Vermögensverwalter durch Einzelanlagen möglich ist. Daneben besteht nunmehr zum Schutze der Anleger eine umfassende **gesetzliche Prospekthaftung** aufgrund des Gesetzes über **Vermögensanlagen** (VermAnlG) vom 6.12.2011 (BGBl I 2481), ergänzt durch die für den Vertrieb von Anteilen an offenen und geschlossenen Investmentvermögen gelten Bestimmungen des KAGB.[159]

Daneben werden von größeren Kreditinstituten und deren Kapitalanlagegesellschaften auch Vermögensverwaltungen mit **Fonds-Baustein (Fonds-picking)** angeboten. Dabei bestimmt der Anleger die Anlagevorgabe und den Anlagehorizont. Ausgehend davon wird von dem Vermögensverwalter unter Berücksichtigung der individuellen Vermögensverhältnisse das Portfolio aus verschiedenen anderen Fonds zusammengestellt und an die allgemeinen Entwicklungen angepasst.

72

Trotz der anfallenden **Verwaltungsgebühr** oder der Aufschläge beim Ankauf ist der Einsatz von entsprechenden Investmentfonds für den **Testamentsvollstrecker** grundsätzlich als zulässig anzusehen. Dies gilt insbesondere unter dem Gesichtspunkt der **Risikodiversifizierung,** aber auch durch die Möglichkeit zu günstigen grenzüberschreitenden Anlagen und eines relativ einfachen Zugangs zu Wachstumsmärkten. Als standardisierte Vermögensverwaltung trägt sie natürlich nicht den Besonderheiten der Verwaltung des einzelnen Nachlasses Rechnung. Daher wird bei der Verwaltung von **Großvermögen** die Forderung aufgestellt, dass es dem Testamentsvollstrecker untersagt sei, die Verwaltung des gesamten Nachlasses oder eines erheblichen Teils davon einer Kapitalanlagegesellschaft zu übertragen.[160] Bei **kleineren Nachlässen** dürfte es genau andersherum liegen, so dass hier oftmals gerade die Anlage in einem Investmentfonds angezeigt ist.

73

Die Beteiligung an **geschlossenen Immobilienfonds** ist dagegen äußerst problematisch, da diese meist überhaupt nicht oder nur unter großem Wertverlust wieder veräußert werden können. Sie „rechnen" sich daher nur unter Berücksichtigung der steuerlichen Vorteile. Daher wird der Testamentsvollstrecker in der Regel eine solche Anlage nicht vornehmen können.

74

e) Erwerb einer Gesellschaftsbeteiligung – Venture-Capital-Beteiligungen

Die Beteiligung an einer Personengesellschaft oder einer nicht börsennotierten Kapitalgesellschaft[161] ist für einen Testamentsvollstrecker mit einem hohen Risiko verbunden und kann u.U. einen Totalverlust des eingesetzten Kapitals zur Folge haben. Da es sich somit

75

---

157 *Lindmayer*, Geldanlage und Steuer, 2005, S. 201.
158 *Schäfer*, Anlegerschutz, S. 77.
159 Grundzüge hierzu etwa bei Palandt/*Grüneberg*, § 311 Rn 68 ff.; vgl. dazu auch Soergel/*Harke* § 311 Rn 35, 126 ff.
160 *Zeising*, Rn 312.
161 Eingehender zu den verschiedenen Anlageformen siehe *Zeising*, Rn 313 ff.; Assmann/Schütze/*Wagner*, § 16 Rn 1 ff.; Assmann/Schütze/*Sagasser/Schlösser*, § 26 Rn 12 ff.

um ein **Spekulationsgeschäft** handelt, sind die hierfür geltenden Grundsätze zu beachten (siehe Rn 43 ff.).[162] Der Testamentsvollstrecker darf zudem eine solche Beteiligung nur erwerben, wenn er selbst über die notwendigen Kenntnisse und Fähigkeiten verfügt, das Risiko in diesem Bereich abzuschätzen, oder einen sachkundigen Dritten beauftragt. Zudem wird eine solche Anlageform nur bei größeren Nachlässen in Frage kommen.

f) Immobilien

76 Immobilien gehören immer noch zu den klassischen Anlageformen.[163] Dies beruht insbesondere auf dem hohen **Inflationsschutz** den diese wegen der natürlichen Bodenknappheit besitzen, aber auch auf den **steuerlichen Anreizen** die damit verbunden sind. Dabei ist jedoch zu beachten, dass die üblicherweise in Deutschland zu erzielenden Renditen erst dann konkurrenzfähig zu anderen Kapitalanlageformen werden, wenn steuerliche Vorteile in größerem Umfang genutzt werden können. Diese unterliegen jedoch Veränderungen durch die politischen Verhältnisse. Weiter ist zu berücksichtigen, dass bei einer Verwaltung durch Dritte ganz erhebliche Kosten anfallen können und die Qualität auch professioneller Hausverwaltungen teilweise sehr unterschiedlich ist. Auch wenn sich in den letzten Jahren die Immobilienpreise doch wieder deutlich nach oben bewegt haben, darf nicht vergessen werden, dass es auch schon andere Zeiten gab und insbes. in den neuen Bundesländern oder bei Gewerbeimmobilien eine gewinnerzielende Veräußerung u.U. nicht einfach ist. Wird in **ausländische Immobilien** investiert, so treten noch weitere Risiken hinzu, insbesondere wegen der Wechselkurse, aber auch wegen noch stärkerer Unsicherheiten aufgrund möglicher politischer und geldpolitischer Änderungen und Besonderheiten durch das ausländische Rechts- und Gesellschaftssystem.[164]

77 Auch wenn daher Immobilien dem **Testamentsvollstrecker** als Anlageformen offen stehen, so wird er in der Regel nur in inländische Immobilien investieren dürfen. Dabei hat er darauf zu achten, dass die **durchschnittlichen Renditen** bei Immobilien nur dann gegenüber anderen Anlagenformen wettbewerbsfähig sind, wenn besondere Steuervorteile hinzukommen, und die langfristige Anlage im Vordergrund steht. Auch bei Immobilien sind **spekulative Anlagen** dem Grundsatz nach möglich, jedoch hat der Testamentsvollstrecker auch hier die oben dargelegten Kriterien (siehe Rn 43 ff.) zu beachten und zudem die nunmehr verlängerte **Spekulationsfrist** nach § 23 EStG. Weiter ist zu berücksichtigen, dass der Erwerb von Immobilien eine sehr sorgfältige und **komplexe Entscheidungsfindung** voraussetzt. Der Testamentsvollstrecker hat daher die einschlägigen Parameter ausführlich zu prüfen und muss dafür entweder selbst die eigene notwendige Sachkunde besitzen und/oder sich hierfür sachkundiger Personen bedienen.[165] Keine geordnete Nachlassverwaltung liegt vor, wenn die **Finanzierung** des Immobilienerwerbs **nicht** gesichert ist.[166]

g) Edelmetalle

78 Edelmetalle, wie Gold und Silber und vor allem Platin wurden vor allem früher im Allgemeinen als äußerst inflations- und krisensicher angesehen. Sie unterlagen jedoch gerade in den letzten Jahren ganz erheblichen Kursschwankungen. Trotzdem wird in letzter Zeit wieder

---

162 *Zeising*, Rn 337 ff.; zurückhaltend auch *Klumpp*, in: Bengel/Reimann, V Rn 586: Vorsichtsgebot zu beachten.
163 Dazu etwa Assmann/Schütze/Strohm, § 21 Rn 1 ff.
164 Vgl. etwa *Zeising*, Rn 350.
165 *Zeising*, Rn 352.
166 BayObLG ZEV 1998, 348, 350.

vermehrt eine Zumischung von Gold oder auch Platin bei einer Vermögensverwaltung in einer Größenordnung von 5 bis 10 % empfohlen.[167]

Da der Testamentsvollstrecker einem gewissen Erfolgszwang unterworfen ist und nach Möglichkeit höhere Erträge erzielen soll, wird man dem **Testamentsvollstrecker** nur in einem **beschränkten Umfang** eine Anlage in Edelmetalle zugestehen können. In Betracht kommt eine solche Anlage nur bei größeren Nachlässen und auch dann nur bis zu einem Wert von ca. 5 %.[168]

h) Kunstgegenstände und Antiquitäten

Kunstgegenstände und Antiquitäten können bei längerfristiger Anlage zu ganz erheblichen Wertsteigerungen führen. Doch unterliegen sie einer ganz erheblichen Wertschwankung. So waren bei **Impressionisten** nach einer ursprünglich sehr boomenden Entwicklung in der Zeit von 1980 bis 1990 bei Auktionen im Jahr 1991 Preiseinbrüche bis zu 70 Prozent festzustellen.[169] Eine Anlage in Kunst und Antiquitäten setzt daher eine **hervorragende Sach- und Marktkenntnis** voraus.[170] Ansonsten handelt es sich um eine reine Spekulation, die mit einer planvollen Vermögensanlage nichts mehr zu tun hat, und daher dem Testamentsvollstrecker verwehrt ist. Zudem wird man fordern müssen, dass der Erwerb solcher Gegenstände nur zur sinnvollen Ergänzung einer im Nachlass bereits vorhandenen Sammlung möglich ist.[171]

79

3. Auskunfts-, Benachrichtigungs- und Rechenschaftspflichten

Auch bei der Verwaltung von Kapitalanlagen gelten diesbezüglich die sich aus §§ 2218, 662 ff. BGB ergebenden Pflichten (allg. hierzu siehe § 12 Rn 1 ff.). Danach ist die testamentsvollstreckende Bank auf entsprechendes Verlangen der Erben verpflichtet, über den Stand der Geschäfte Auskunft zu geben (**Auskunftspflicht**, § 666, 2. Fall BGB) und in periodischen Zeitabständen auf Verlangen Rechenschaft abzulegen (**Rechenschaftspflicht**, § 666, 3. Fall BGB). Diese allgemeine Rechenschaftspflicht wird regelmäßig zum Schluss des Kalenderjahres vorgenommen. Des Weiteren besteht unabhängig von einem entsprechenden Verlangen auch die Verpflichtung des Testamentsvollstreckers zur Mitteilung der „erforderlichen Nachrichten" (sog. **Benachrichtigungspflicht** nach § 666, 1. Fall BGB). Diese Pflichten sind graduell unterschiedliche Ausgestaltungen einer einheitlichen Informationspflicht des Testamentsvollstreckers im weitesten Sinne.[172] Sie bestehen auch **während** der Verwaltungszeit, ja es kommt ihnen gerade hier bei länger dauernden Testamentsvollstreckungen besondere Funktion zu. Jedoch lässt das Gesetz die Frage der Reichweite der Informationspflichten weitgehend offen, so dass hier im Einzelnen vieles umstritten ist. Bei der **erforderlichen Konkretisierung** ist von der **Funktion dieser Informationspflichten** im weitesten Sinn auszugehen, die dem Berechtigten diejenigen Informationen bringen sollen, die er benötigt, damit er sich über seine Rechtsstellung, etwaige (tatsächliche) Veränderungen und die sich für ihn hieraus ergebenden Konsequenzen klar wird.

80

---

167 Kirchhof, in: *Cramer/Rudolph*, S. 199.
168 *Zeising*, Rn 358; *Klumpp*, in: Bengel/Reimann, V Rn 594.
169 *Schmitz-Morkramer*, in: Cramer/Rudolph, S. 225; vgl. dazu auch die Hinw. bei *Klumpp*, in: Bengel/ Reimann, V Rn 596 zur Entwicklung anderer Gemälde.
170 *Klumpp*, in: Bengel/Reimann, V Rn 554; *Zeising*, Rn 362; zur schwierigen Bewertung von Kunstgegenständen siehe etwa *Heuer*, NJW 2008, 689 im Anschluss an OLG Köln, ZEV 2006, 77 m. Anm. Oertzen; dazu auch *Lehmann/Schulz*, ZEV 2009, 28, 30 f.
171 *Zeising*, Rn 363.
172 *Klumpp*, in: Bengel/Reimann, VI Rn 240; zust. *Zeising*, Rn 438.

81 Die **Nichtbeachtung** dieser Verpflichtungen kann Schadensersatzansprüche (§ 2219 BGB) auslösen und auch einen Entlassungsgrund (§ 2227 BGB) bilden. Des Weiteren ist aber auch die Erfüllung dieser Hauptpflichten, mit Ausnahme der spontan entstehenden zu erfüllenden Benachrichtigungspflicht, selbstständig einklagbar. Daneben benötigt der Erbe die entsprechenden Informationen auch, um entscheiden zu können, ob er einen **Antrag nach § 2216 Abs. 2 S. 2 BGB** stellen soll.

82 Soweit diese Ansprüche einer Erbengemeinschaft zustehen, kann diese jeder Miterbe allein geltend machen (§ 2039 BGB). Dabei kann der Miterbe jedoch grundsätzlich nur Leistung an alle Miterben beanspruchen. Eine Ausnahme wird hiervon nur dann gemacht, wenn die Mitglieder der Erbengemeinschaft über viele Orte verstreut sind oder in ihrer Gesamtheit noch nicht feststehen (siehe auch unten § 12 Rn 4).[173]

a) Benachrichtigungspflicht, insbesondere nach Wertverlusten

83 Anders als die Auskunfts- und Rechenschaftspflicht besteht die Benachrichtigungspflicht unabhängig von einem entsprechenden Verlangen des Berechtigten.[174] Zweck der Benachrichtigungspflicht ist es, den Anleger in die Lage zu versetzen, jederzeit seine Rechte wahrzunehmen (siehe Rn 80) und dadurch sachgerechte Entscheidungen treffen zu können. Dies gilt grundsätzlich auch für einen Testamentsvollstrecker. Dabei ist jedoch zu beachten, dass im allgemeinen Auftragsrecht die Benachrichtigungspflicht vor allem dazu dient, dem Auftraggeber die notwendigen Informationen zu geben, damit er von seinen Weisungsmöglichkeiten nach § 665 BGB Gebrauch machen kann. Jedoch liegt die Sachlage beim Testamentsvollstrecker anders. Denn dieser ist aufgrund seiner selbstständigen Amtsstellung an die Weisungen der Erben gerade nicht gebunden, § 665 BGB ist daher zu Recht in § 2218 Abs. 1 BGB nicht genannt. Die Informationspflichten des Testamentsvollstreckers dienen hier gerade nicht dazu, den Erben dazu zu befähigen, den Handlungsspielraum des Testamentsvollstreckers durch entsprechende Weisungen zu begrenzen und ihn „an die kurze Leine zu legen".[175]

84 Im Grundsatz ist davon auszugehen, dass **keine allgemeine Benachrichtigungspflicht** des Testamentsvollstreckers besteht, den Erben vor dem Abschluss eines jeden Geschäftes zu informieren.[176] Maßgebend für das Entstehen der Benachrichtigungspflicht ist vielmehr die „jeweilige objektive Lage eines einzelnen Geschäfts, die einen umsichtigen und objektiven Testamentsvollstrecker gebietet, den Erben zu benachrichtigen", und zwar unabhängig davon, ob dieser um eine Information bittet.[177] Entscheidend sind vielmehr die Umstände des Einzelfalls (siehe eingehender § 12 Rn 12). Eine Benachrichtigungspflicht ergibt sich insbesondere immer dann, wenn die Gefahr eines Missbrauchs des Verwaltungsrechts des Testamentsvollstreckers nahe liegt, etwa weil die Verwaltungsmaßnahme zu einer Begünstigung des Testamentsvollstreckers oder eines Miterben führen könnte.

85 Bei besonders **bedeutsamen Anlageentscheidungen**, insbesondere wenn von der bisherigen Anlagestrategie abgewichen wird, oder wenn umfangreiche oder besonders risikoträchtige Maßnahmen ergriffen werden, besteht eine vorherige Informations- und sogar Anhörungs-

---

173 BGH NJW 1995, 656; *Lang*, in: Lange/Werkmüller, § 25 Rn 137.
174 Hierzu etwa Staudinger/*Reimann*, § 2218 Rn 17 m.w.N.
175 Treffend *Zeising*, Rn 458.
176 Staudinger/*Reimann*, § 2218 Rn 17 *Klumpp*, in: Bengel/Reimann, VI Rn 62; vgl. auch RGZ 130, 131, 139.
177 *Klumpp*, in: Bengel/Reimann, VI Rn 55; MüKo/*Seiler*, § 666 Rn 2.

pflicht des Testamentsvollstreckers.[178] Wenn dies gelegentlich deshalb verneint wird, weil der Erbe kein Weisungsrecht gegen den Testamentsvollstrecker habe,[179] so berücksichtigt dies zu wenig die immer noch bestehenden rechtlichen Möglichkeiten des Erben zur Verhinderung der ihn beeinträchtigenden Maßnahmen. So kann der Erbe versuchen, die Ausführung der Verwaltungsmaßnahme durch eine einstweilige Verfügung oder durch eine Anordnung des Nachlassgerichts nach § 2216 Abs. 2 S. 2 BGB zu verhindern oder bei schweren Verfehlungen einen Entlassungsantrag nach § 2227 BGB zu stellen. Jedoch kann man diese Rechte nur dann effektiv und präventiv geltend machen, wenn der Erbe ausreichend informiert ist.

Eine Benachrichtigungspflicht wird auch dann angenommen, wenn der Nachlass **erhebliche Verluste** erlitten hat. Hierbei sollen die gleichen Grundsätze gelten, wie bei einer lebzeitigen Vermögensverwaltung.[180] Dort hat der BGH einen Verstoß gegen die Benachrichtigungspflicht in einem Fall bejaht, nachdem der Vermögensverwalter das ihm anvertraute Vermögen in einen Wert investiert und nach fünf Monaten einen Verlust von 21 % realisiert hatte.[181] Der BGH hat seine Entscheidung insbesondere damit begründet, dass sonst der Vermögensinhaber nicht in der Lage wäre, seine Möglichkeit zur fristlosen Kündigung des Vermögensverwaltungsvertrages wahrzunehmen. Dieser Gesichtspunkt kann auch auf die Testamentsvollstreckung übertragen werden, denn auch hier besteht die – insoweit vergleichbare – Möglichkeit des Erben, einen Entlassungsantrag nach § 2227 BGB zu stellen nur, wenn er auch ausreichend informiert ist.[182]

86

In der Literatur wird das **Eingreifen der Benachrichtigungspflicht** bereits bei einem Verlust von **5 %** des Portfolios angenommen,[183] teilweise aber auch erst bei 20 bis 30 %.[184] Zutreffender erscheint es, nach der **Struktur des Nachlasses** zu differenzieren. Genau entgegen *Zeising*[185] wird man jedoch bei einem Portfolio, dass ausschließlich **konservative Werte** enthält, die Benachrichtigungspflicht erst bei einem Verlust von 20 % oder mehr annehmen müssen, während bei **risikobehafteten Anlageformen** des Nachlasses bereits bei 10 % die Grenze zu ziehen ist, weil hier die Gefahr des Totalverlustes insoweit größer ist, als sich auch bei dem Restnachlass kurzfristig erhebliche Vermögensverluste ergeben können.

87

Dabei ist anerkannt, dass nicht nur die Realisierung von Verlusten durch einen tatsächlichen Verkauf der verwalteten Vermögenswerte die Benachrichtigungspflicht auslöst, sondern bereits der **Eintritt der bloßen Buchverluste**, also z.B. durch einen Kursrückgang der Wertpapiere.[186] Denn die aktuellen Kurse verkörpern den eigentlichen Wert der entsprechenden Wertpapiere. Für das Bestehen der Benachrichtigungspflicht kommt es allerdings

88

---

178 *Lang*, in: Lange/Werkmüller, § 25 Rn 139; allgem. hierzu *Klumpp*, in: Bengel/Reimann, VI Rn 63 ff., 69 unter Analyse der bisherigen Rspr.; *Winkler*, Testamentsvollstrecker, Rn 477.
179 *Zeising*, Rn 460 f., der betont, dass pflichtwidrige Handlungen ohnehin vom Testamentsvollstrecker zu unterlassen wären.
180 *Lang*, in: Lange/Werkmüller, § 25 Rn 140; *Schäfer/Müller*, Rn 313.
181 BGH ZIP 1994, 693 m. Anm. Schäfer = WM 1994, 834; dazu auch *Meinhold-Herlein*, WiB 1994, 488.
182 *Zeising*, Rn 464.
183 *Balzer*, S. 108; *Schäfer/Müller*, Rn 275.
184 *Vortmann*, WM 1995, 1745, 1749.
185 Rn 465.
186 *Schäfer*, in: Assmann/Schütze, § 28 Rn 34; *Balzer*, S. 124; *Lang*, in: Lange/Werkmüller, § 25 Rn 141; *Schäfer*, WM 1995, 1009, 1011; *Zeising*, Rn 467.

J. Mayer

nach überwiegender Auffassung nicht auf den einzelnen Wert, sondern nur auf die **Wertentwicklungen des gesamten Nachlasses** an.[187]

89 Die Benachrichtigung hat **unverzüglich** zu erfolgen, nachdem die Verluste realisiert wurden. Denn dadurch soll der Erbe in die Lage versetzt werden, seine Rechte in möglichst umfassender Weise wahrzunehmen.[188] Dabei wird eine Frist von maximal 14 Tagen als angemessen angesehen,[189] was m.E. zu lang ist.[190] Auch wenn eine bestimmte Form nicht vorgeschrieben ist, ist doch wegen der Frage der Beweisbarkeit eine schriftliche Mitteilung einer solchen per Fax oder per E-Mail vorzuziehen. Inhaltlich muss sie unmissverständlich und klar sein. Überschreitet der Verlust während verschiedener Abrechnungsperioden die Grenze für die Benachrichtigungspflicht mehrfach, so besteht jeweils eine eigenständige neue Pflicht zur Information.[191]

90 Neuerdings wird vereinzelt vertreten, dass der Testamentsvollstrecker entsprechend § 34 Abs. 1 WpHG verpflichtet ist, sein Vorgehen, insbesondere die von ihm gewählte Anlagestrategie und seine Umsetzung, genau zu **dokumentieren**.[192] Soweit jedoch der Testamentsvollstrecker nicht selbst ein Wertpapierdienstleistungsunternehmen im engeren Sinne ist (also etwa eine Bank oder Sparkasse) kann diese Auffassung nur auf einer analogen Anwendung dieser Vorschrift beruhen (zur Anwendbarkeit des WpHG auf den Testamentsvollstrecker siehe bereits Rn 17). Hierfür besteht aber kein Bedürfnis. Vielmehr ist eine derartige **Dokumentationspflicht** lediglich im Interesse des **Selbstschutzes** des Testamentsvollstreckers, insbesondere bei einem Haftungsprozess, geboten.

b) Rechenschaftspflicht

91 Die Rechenschaftspflicht geht über die reine Auskunftspflicht hinaus, weil sie den Blick in die Zukunft richtet, also ein prognostisches Element enthält.[193] Nach ganz h.M. besteht die Pflicht zur Rechnungslegung für den Testamentsvollstrecker erst auf **entsprechendes Verlangen** des Erben.[194] Demgegenüber nimmt eine Mindermeinung eine entsprechende Verpflichtung auch ohne ausdrückliche oder stillschweigende Aufforderung durch den Erben an. Dies wird zum einen mit dem Wortlaut des § 666 BGB begründet, wonach sich das dort enthaltene Tatbestandsmerkmal des Verlangens nicht auf die Rechenschaftspflicht bezieht, und zum anderen damit, dass dies regelmäßig aus der Natur der Testamentsvollstreckung folge, die eine treuhänderische Vermögensverwaltung über einen längeren Zeitraum ist.[195] Beide Argumente vermögen nicht zu überzeugen, jedoch ist der Mindermeinung zuzugeben, dass die h.M. dazu führt, oftmals im Wege einer zweifelhaften Fiktion von einem stillschweigenden Verlangen der Rechnungslegung auszugehen.[196] Da es sich bei der hier vorliegenden Verwaltung um eine handelt, die mit Einnahmen und Ausgaben verbunden ist, besteht die Verpflichtung zur Rechnungslegung in der Form des § 259 Abs. 1

---

187 *Schäfer*, in: Assmann/Schütze t, § 28 Rn 34; *Lang*, in: Lange/Werkmüller, § 25 Rn 141; *Zeising*, Rn 69; *Balzer*, S. 125 f. (m. Einschränkung bei erheblichen Verlusten, damit Möglichkeit des Überdenkens und der Neufestlegung der Anlagestrategie besteht); a.A. OLG Bamberg BKR 2002, 155.
188 *Schäfer/Müller*, Rn 321.
189 *Lang*, in: Lange/Werkmüller, § 25 Rn 143.
190 Auch *Balzer*, S. 128 geht eher von einer einwöchigen Frist aus.
191 *Balzer*, S. 129; *Schäfer*, WM 1995, 1009, 1012; *Lang*, in: Lange/Werkmüller, § 25 Rn 143.
192 *Zeising*, Rn 472 ff.
193 *Klumpp*, in: Bengel/Reimann, VI Rn 239.
194 *Klumpp*, in: Bengel/Reimann, V Rn 241; *Zeising*, Rn 435; für das Auftragsrecht etwa Staudinger/*Wittmann*, § 666 Rn 8; MüKo/*Seiler*, § 666 Rn 11.
195 So vor allem *Lang*, in: Lange/Werkmüller, § 25 Rn 150.
196 MüKo/*Seiler*, § 666 Rn 11.

BGB.¹⁹⁷ Daher hat die Rechnung eine geordnete Zusammenstellung der Einnahmen und Ausgaben zu enthalten. Soweit Belege erteilt zu werden pflegen, sind diese vorzulegen.

Hinsichtlich der Frage, wie **detailliert** die **Rechnungslegung** zu erfolgen hat, ist vieles streitig. Schlagworte, wie Aktualität, Übersichtlichkeit, Transparenz und Belegbarkeit,¹⁹⁸ helfen bei der konkreten Problemlösung wenig weiter. Als **Richtschnur** wird man jedoch geben können, dass die Rechnungslegung so umfassend und vollständig sein muss, dass sich unter Zugrundelegung des Nachlassverzeichnisses und der bisher gelegten Rechnungen der Stand des Nachlasses mit sämtlichen Gegenständen, Einnahmen und Ausgaben sowie Veränderungen in der Zusammensetzung ergibt und daher unter Zuhilfenahme allgemein zugänglicher Informationen der Wert des Nachlasses durch die Erben bestimmt werden kann. Eine bloße Übersicht, aus der sich nur ein allgemeines Bild ergibt, ist insbesondere bei größeren Vermögensverwaltungen nicht ausreichend.¹⁹⁹ 92

Die Rechnungslegung hat in **regelmäßigen Abständen**, mindestens aber jährlich zu erfolgen (vgl. auch § 2218 Abs. 2 BGB).²⁰⁰ Ebenso wie die Auskunftpflicht wird auch die Pflicht zur Rechnungslegung durch das Schikaneverbot und den Verhältnismäßigkeitsgrundsatz begrenzt. Allerdings wird bei der Rechnungslegungspflicht eine Einschränkung aus Gründen der Unzumutbarkeit selten anzunehmen sein.²⁰¹ 93

Besonders wichtig ist die Rechnungslegungspflicht **nach Beendigung** der Testamentsvollstreckung. Der Testamentsvollstrecker ist dann verpflichtet, insbesondere nach Abschluss der Erbauseinandersetzung, über den Verbleib und die Entwicklung des Nachlasses sowie der erzielten Erträge Rechnung zu legen.²⁰²

c) Auskunftspflichten

Auch diese bestehen nur auf Verlangen des Erben und beziehen sich auf den Stand der Vermögensverwaltung. Schon in seinem eigenen Interesse und zur Vermeidung von Streit wird sich der Testamentsvollstrecker im Zweifelsfall nicht bloß auf eine einfache Beantwortung der konkret erbetenen Auskunft beschränken, sondern möglichst umfassend über die Zusammenhänge informieren.²⁰³ 94

Alle sich aus § 666 BGB ergebenden Pflichten (Auskunft, Rechenschaft, Benachrichtigung) können **nach Eintritt des Erbfalles** durch Vereinbarung zwischen dem Testamentsvollstrecker und dem Berechtigten, also den Erben, ausgestaltet oder völlig abbedungen werden. Dies kann auch durch schlüssiges Verhalten geschehen. Jedoch kann allein aus dem Umstand, dass der Testamentsvollstrecker nach freiem Ermessen und ohne vorherige Einholung von Weisungen der Erben verfügen darf, noch keine Freistellung von diesen Pflichten gesehen werden.²⁰⁴ Soweit eine Regelung dieser Pflichten in **Allgemeinen Geschäftsbedingungen,** insbesondere der von Banken und Versicherungen, erfolgt, sind jedoch die Beschränken der §§ 307 ff. BGB zu beachten. 95

---

197 *Zeising*, Rn 435.
198 So *Sarres*, ZEV 2000, 90, 92.
199 *Zeising*, Rn 452, 447.
200 *Zimmermann*, Testamentsvollstreckung, Rn 320; *Reimann*, Testamentsvollstreckung in der Wirtschaftspraxis, Rn 637.
201 *Klumpp*, in: Bengel/Reimann, VI Rn 283.
202 *Zimmermann*, Testamentsvollstreckung, Rn 322; *Balzer*, S. 130.
203 *Lang*, in: Lange/Werkmüller, § 25 Rn 144.
204 *Lang*, in: Lange/Werkmüller, § 25 Rn 153 unter Bezug auf den Fall von BGH NJW 1994, 1861, 1862, der einen allg. Beauftragten betraf.

4. Übertragung der Anlagetätigkeit auf Dritte

96 Angesichts der Komplexität von Anlageentscheidungen und der damit verbundenen Haftungsgefahren erscheint es für den Testamentsvollstrecker nahe liegend und sogar **regelmäßig geboten**, diese auf andere, auf derartige Aufgaben spezialisierte Dritte, etwa Fondsgesellschaften oder Banken, als Vermögensverwalter zu übertragen.[205] Gibt der Testamentsvollstrecker damit sowohl die Anlageplanung wie auch die eigentliche Vermögensverwaltung insgesamt oder bezüglich einzelner Bereiche aus der Hand, so liegt darin eine **Substitution** im Rechtssinne. Diese ist aber nur zulässig, wenn sie entweder vom Erblasser ausdrücklich gestattet wurde (§ 664 Abs. 1 S. 2 BGB) oder nach den Grundsätzen der ordnungsgemäßen Nachlassverwaltung geboten ist. Diese Problematik wird bisher kaum diskutiert.

97 *Zeising* vertritt hierzu die Auffassung, dass die Übertragung nur bei **Teilbereichen der Vermögensverwaltung** zulässig sei, der Testamentsvollstrecker aber nicht die Entscheidungsbefugnis aus der Hand geben dürfe und die konkreten Anlageentscheidungen vielmehr von ihm selbst getroffen oder jedenfalls kontrolliert werden müssten. Der Testamentsvollstrecker handle vielmehr pflichtwidrig, wenn er die Verwaltung des gesamten Nachlasses oder eines wesentlichen Teils davon einem professionellen Vermögensverwalter übertrage und diesen hinsichtlich der Anlageplanung und/oder aber auch der einzelnen Anlageentscheidungen selbstständig entscheiden ließe. Für die Festlegung der Anlagestrategie und deren Umsetzung im Rahmen der Nachlassverwaltung sei daher erforderlich, dass der Testamentsvollstrecker die Ertragsziele und das Risiko selbst bestimmen muss sowie die Bereiche, in denen investiert werde. Im Übrigen sei eine Übertragung der Aufgaben an Dritte nur im Rahmen der ordnungsgemäßen Nachlassverwaltung zulässig. Dabei sei zu berücksichtigen, dass durch die Einschaltung Dritter der Nachlass mit doppelten **Verwaltungsgebühren** belastet werde. Die Übertragung sei demnach nur zulässig, wenn die aus der Übertragung resultierenden Vorteile die Nachteile, also die Kosten, mindestens aufwiegen. Das sei aber bei einer Kapitalanlagegesellschaft der Fall, die für einen entsprechenden Markt spezialisiert ist.[206]

98 Demgegenüber hält offensichtlich *Schmitz* gerade bei Nachlässen mit geringerer Werthaltigkeit eine Substitution für zulässig und geboten, weil nur so der Testamentsvollstrecker seiner Pflicht zur Diversifizierung und damit Streuung des Risikos genügen könne. Dies könne durch eine Anlage in Investmentfonds unterschiedlichen Typs oder durch Einschaltung des von einzelnen Kreditinstituten angebotenen standardisierten Depotmanagements geschehen.[207] Angesichts der heute herrschenden wirtschaftlichen Verhältnisse erscheint dies zutreffend, aber nicht nur auf den Bereich der kleineren Nachlässe beschränkt. Daher meint *Klumpp* zu Recht, der Testamentsvollstrecker sei bei der Verwaltung größerer Geld- und Wertpapiervermögen gut beraten, wenn er diese einer professionellen Vermögensverwaltung überträgt und dabei Anlagevorgaben macht (konservativ-ausgewogen, ertragsorientiert oder spekulativ, wobei letzteres für den Testamentsvollstrecker grundsätzlich nicht ratsam ist). Sein besonderes Augenmerk solle er dabei aber auf die unterschiedlichen Gebühren richten, die hierfür verlangt werden.[208]

---

205 Hierzu raten etwa bei größerem Geld- und Wertpapiervermögen *Klumpp*, in: Bengel/Reimann, V Rn 590; *Schmitz*, ZErb 2003, 3, 7.
206 *Zeising*, Rn 418 ff.
207 *Schmitz*, ZErb 2003, 3, 7.
208 *Klumpp*, in: Bengel/Reimann, V Rn 590.

Zugleich muss aber der Testamentsvollstrecker auch beachten, dass sich u.U. durch eine derartige Einschaltung von Vermögensverwaltungen und Anlageberatern auch eine **Reduzierung der angemessenen Testamentsvollstreckervergütung** ergeben kann, und zwar in dem Fall, dass der Erblasser den Testamentsvollstrecker gerade deswegen auswählte, weil er annahm, dieser werde diese Aufgaben selbst erledigen und damit dem Nachlass Kosten sparen.

99

Für den Testamentsvollstrecker verbleibt aber immer noch die **Verpflichtung** zur ordnungsgemäßen **Auswahl und Überwachung**, einschließlich der anfallenden Kosten. Als Entscheidungshilfen können hier aber die sog. **Fonds-Rankings** oder **Ratings** dienen, die von einzelnen Analysten auf der Grundlage der Rendite- und Risikowerte der vergangenen Jahre berechnet werden.[209] Im **Wertpapierbereich** hat der Testamentsvollstrecker dabei insbesondere darauf zu achten, dass der Vermögensverwalter die vereinbarten **Anlagerichtlinien** einhält und kein „Churning" betreibt, also kein durch das Interesse der Vermögensverwaltung nicht gerechtfertigtes Umschichten des Depots mit entsprechenden Provisionseinnahmen zu seinen Gunsten und zu Lasten des Nachlasses.[210]

100

> **Praxistipp**
> Zur Vermeidung der Haftung des Testamentsvollstreckers empfiehlt es sich
> – bereits in der **letztwilligen Verfügung Richtlinien** für die Vermögensanlage zu erarbeiten[211]
> – eine **offensive Informationspolitik** durch den Testamentsvollstrecker zu betreiben,[212] mittels derer er die Erben vor jeder bedeutsamen Verwaltungshandlung rechtzeitig informiert und ihnen Gelegenheit zur Stellungnahme gibt
> – die Gründe für die gewählte Verwaltungshandlung, insbesondere wenn es sich um weitreichendere handelt, zu **dokumentieren**.

5. ABC weiterer Nachlassverwaltungsmaßnahmen

Die folgende Darstellung orientiert sich an den Zusammenfassungen bei *Reimann*[213] und *Zimmermann*[214] und behandelt allein die Fallkonstellation, dass keine besondere Verwaltungsanordnung des Erblassers (§ 2261 Abs. 2 S. 1 BGB) vorliegt, aber eine länger andauernde Verwaltungs- oder Dauertestamentsvollstreckung. Zu weiteren Einzelfällen siehe auch die Darstellung bei *Bengel*.[215] **Zu beachten ist**: Es handelt sich nur um allgemeine Aussagen dahingehend, dass die genannten Maßnahmen nur generell fähig sind, Grundlage einer ordnungsgemäßen Verwaltung zu sein; ob im konkreten Einzelfall die betreffende Maßnahme wirklich zulässig ist, richtet sich insbesondere nach der jeweils mit der Testamentsvollstreckung verfolgten Zielsetzung (**funktionelle Betrachtungsweise!**), bei Rechtsgeschäften aber auch nach ihrer konkreten Ausgestaltung.

101

Ausführung von Verfügungen von Todes wegen: Vor deren Ausführung (§ 2203 BGB) hat der Testamentsvollstrecker deren Rechtswirksamkeit zu prüfen und in eigener Verantwortung auszulegen.[216] Bei einer Erbauseinandersetzung sind bestehende Ausgleichspflich-

102

---

209 *Schmitz*, ZErb 2003, 3, 7 unter Hinw. auf *http://www.funds-sp.com*, wo sich aktuelle Hinw. finden.
210 *Farkas-Richling*, ZEV 2007, 310, 311 mit Hinw., wann dies der Fall sein kann.
211 *Reimann*, Testamentsvollstreckung in der Wirtschaftspraxis, Rn 596.
212 *Klumpp*, in: Bengel/Reimann, V Rn 578 i.V.m. VI Rn 61 f.
213 Staudinger/*Reimann*, § 2216 Rn 9 ff.
214 MüKo/*Zimmermann*, § 2216 Rn 4 ff.
215 In: Bengel/Reimann, I Rn 80 f.
216 MüKo/*Zimmermann*, § 2216 Rn 5.

ten (§§ 2050 ff. BGB) zu beachten. Besteht Unklarheit über die Wirksamkeit oder Auslegung der Verfügung von Todes wegen kann der Testamentsvollstrecker auch entsprechende Feststellungsklage gegen die Erben zur Klärung der Rechtslage erheben.[217]

103 **Auskehrung von Erträgen:** Wie hoch und wann diese an die Erben auszuzahlen sind, ist nicht nach § 2217 BGB zu entscheiden, sondern allein nach § 2216 BGB.[218] Sie sind dann herauszugeben, wenn dies zur Bestreitung eines **angemessenen Unterhalts** des Erben erforderlich ist.[219] Soweit die Einkünfte ausreichen, hat der Testamentsvollstrecker dem Erben auch die zur Erfüllung von dessen gesetzlicher Unterhaltspflicht notwendigen Mittel auszukehren.[220] Auch hier gehen aber besondere Anordnungen des Erblassers vor, so etwa beim **Behindertentestament**.

104 **Betriebsbedingte Kündigung:** Die Entscheidung des Testamentsvollstreckers, sämtlichen Haushandwerkern zu kündigen und zukünftig die zu erledigenden Arbeiten an den Mietshäusern an externe Firmen zu vergeben, ist eine unternehmerische Entscheidung, die vom Arbeitsgericht in einem Kündigungsschutzverfahren nur dahingehend überprüft werden kann, ob sie offensichtlich willkürlich, unvernünftig oder unsachlich ist.[221]

105 **Eingehung von Dauerschuldverhältnissen:** Dies kann auch dann eine ordnungsgemäße Nachlassverwaltung sein, wenn sie die Laufzeit der Testamentsvollstreckung überschreiten.[222] Wichtig ist, dass sie nach Art und eben auch der Dauer zur Verwirklichung der Zwecke der Testamentsvollstreckung erforderlich sind. So kann etwa der Abschluss eines langfristigen Mietvertrages sinnvoll sein, wenn er der Anmietung gewerblicher Räume zur angeordneten Fortführung des hinterlassenen Handelsgeschäfts dient; liegt dagegen eine reine Abwicklungsvollstreckung vor, so ist dies nicht zulässig.

106 **Geltendmachung von Nachlassrechten:** Solche jeder Art sind unbedingt geltend zu machen, insbesondere sind Forderungen einzuziehen, Rechtsmittel einzulegen.[223] Die Führung überflüssiger, insbesondere aussichtsloser Prozesse ist jedoch zu vermeiden.[224] Sofern keine Zweifel an der Berechtigung von Erbschaftsteuerbescheiden bestehen, ist ein Testamentsvollstrecker nicht berechtigt, einen Rechtsanwalt zu beauftragen, um Einsprüche gegen die Bescheide einzulegen; zur u.U. erforderlichen Fristwahrung genügt es, wenn er selbst „vorsorglich" und ohne nähere Begründung den Einspruch einlegt.[225]

107 **Geschäftsbetrieb:** Hier kann es erforderlich sein, im Rahmen der ordnungsgemäßen Nachlassverwaltung die Erträgnisse, die nicht zum Lebensunterhalt der Erben benötigt werden, in den Betrieb einer zum Nachlass gehörenden Fabrik zu investieren.[226]

108 **Grundschuldbestellung:** Die Bestellung eines Grundpfandrechts für Dritte oder die Abtretung einer Eigentümergrundschuld ist nur dann eine ordnungsgemäße Nachlassverwaltung,

---

217 MüKo/*Zimmermann*, § 2203 Rn 7; Staudinger/*Reimann*, § 2203 Rn 12 f. Vgl. auch RGZ 106, 46, 47 f.; RG JW 1909, 52.
218 Zur Vor- und Nacherbschaft BGH Rpfleger 1986, 434; differenzierend MüKo/*Zimmermann*, § 2217 Rn 4, § 2216 Rn 7; ausf. nunmehr *Reimann*, ZEV 2010, 8 der auf § 2216 BGB und § 2217 BGB abstellt.
219 RG Recht 1922 Nr. 615; Staudinger/*Reimann*, § 2216 Rn 9; MüKo/*Zimmermann*, § 2216 Rn 7; *Winkler*, Testamentsvollstrecker, Rn 178.
220 RG LZ 1918, 1267, 1268.
221 LAG Berlin ZFSH/SGB 2003, 105.
222 MüKo/*Zimmermann*, § 2216 Rn 6; *Bengel*, in: Bengel/Reimann, I Rn 82.
223 OLG Düsseldorf OLG-Report 1996, 71 f.
224 MüKo/*Zimmermann*, § 2216 Rn 4 unter Bezug auf BGH WM 1967, 25.
225 BGH ZEV 2000, 195, 196 (bei Einspruch gegen 65 Erbschaftsteuerbescheide!).
226 RG Recht Nr. 615; Staudinger/*Reimann*, § 2216 Rn 10.

wenn die gesamte Darlehensvaluta dafür wieder in den Nachlass gelangt,[227] keine unübliche Sicherheitsgewährung darstellt[228] und die zugrunde liegende Darlehensaufnahme für die Nachlassverwaltung – ausgehend vom Zweck der Testamentsvollstreckung – objektiv erforderlich war.

Grundstückserwerb: Das Zur Verfügung stellen von Geld an den Vormund des minderjährigen Erben durch den Testamentsvollstrecker zum Erwerb eines Grundstücks kann eine Freigabe i.S.v. § 2217 BGB darstellen, weshalb der Erwerb nicht mehr zum Nachlass gehört. Es kommt für die Abgrenzung auf die konkreten Vorstellungen der Beteiligten bei den Verhandlungen an.[229]

Grundstücksverwaltung: Der Testamentsvollstrecker hat die Kosten derselben, auch wenn sie im Einverständnis mit dem Bedachten von einem Dritten ausgeübt wird, auf ihre Angemessenheit zu prüfen.[230]

Haftungsbeschränkungen, Insolvenz: Bei Kenntnis der Nachlassüberschuldung ist der Testamentsvollstrecker berechtigt, ein Insolvenzverfahren zu beantragen (§ 317 InsO),[231] jedoch trifft den Testamentsvollstrecker nicht eine Haftung aus § 1980 BGB. Er kann auch einen erforderlichen Antrag auf Nachlassverwaltung nach § 1981 BGB stellen und ein Aufgebotsverfahren zum Gläubigerausschluss nach §§ 1970 ff. BGB[232] einleiten und muss dies im Rahmen seiner Pflicht zur ordnungsgemäßen Nachlassverwaltung auch tun. Ein Inventarerrichtungsrecht (§ 1993 BGB) hat der Testamentsvollstrecker nicht, auch kann ihm keine Inventarfrist (§ 1994 BGB) bestimmt werden.[233]

Prüfung der Wirksamkeit von Veräußerungen: Soweit solche Rechtsgeschäfte nichtig sind, gehören das Eigentum oder zumindest etwaige daraus resultierende Ansprüche noch zum Nachlass. Die ordnungsgemäße Nachlassverwaltung erfordert daher die Prüfung des Testamentsvollstreckers hinsichtlich Bestehen und Durchsetzbarkeit solcher Ansprüche und – soweit dies gegeben erscheint – auch deren Geltendmachung.[234] Dabei wird man aber nur dann eine solche Prüfungspflicht für erforderlich halten, wenn sich dem Testamentsvollstrecker konkrete Anhaltspunkte hierfür im Laufe seiner Tätigkeit ergeben. Eine besondere Fehlersuche muss er nicht betreiben.

Veräußerung und Belastung von Nachlassgrundstücken: Auch hier kann die ordnungsgemäße Verwaltung solche Verfügungen nach der konkret vorliegenden Situation erfordern. Der BGH[235] hat dabei auch einen Verkauf ohne Mehrung des Nachlasswertes für zulässig gehalten. Zur ordnungsgemäßen Nachlassverwaltung gehört in diesem Zusammenhang auch die Belastung des Verkaufsobjekts mit Grundpfandrechten zur Kaufpreisfinanzierung.[236]

Verkehrssicherungs- und Überwachungspflichten: Dies gehört zur ordnungsgemäßen Nachlassverwaltung, da dadurch Haftpflichtansprüchen gegen den Nachlass vorgebeugt

---

227 *Bengel,* in: Bengel/Reimann, I Rn 118.
228 Soergel/*Damrau,* § 2205 Rn 83.
229 Staudinger/*Reimann,* § 2216 Rn 11.
230 BGH NJW-RR 1999, 574 = ZEV 1999, 26.
231 Eingehend dazu *Winkler,* Testamentsvollstrecker, Rn 170 bei Fn 5. Die Verpflichtung zur Antragstellung obliegt dem Testamentsvollstrecker aber nicht im Interesse der Nachlassgläubiger (Soergel/*Damrau,* § 2216 Rn 5).
232 MüKo/*Zimmermann,* § 2216 Rn 10; *Winkler,* Testamentsvollstrecker, Rn 174.
233 MüKo/*Zimmermann,* § 2216 Rn 10.
234 BayObLGZ 27, 78; Staudinger/*Reimann,* § 2216 Rn 16.
235 NJW-RR 1989, 642 = WM 1989, 1068.
236 *Bengel,* in: Bengel/Reimann, I Rn 95.

wird. Zu erfüllen sind daher Räum- und Streupflichten. Aber auch die Aufsichtspflicht über einen Geschäftsführer einer GmbH, an der der Nachlass beteiligt ist, ist auszuüben, weshalb die Informationsrechte nach § 51a GmbHG wahrzunehmen sind.[237]

III. Rechtsfolgen ordnungswidriger Verwaltung

115   Ein Verstoß gegen § 2216 Abs. 1 BGB hat folgende Wirkungen:[238]
– eine schuldhafte Pflichtverletzung führt zu einer **Haftung** des Testamentsvollstreckers nach § 2219 BGB gegenüber den dadurch geschädigten Erben oder Vermächtnisnehmern
– die Missachtung dieser Grundsätze kann zu einer **Entlassung** des Testamentsvollstreckers durch das Nachlassgericht nach § 2227 BGB führen (eingehend hierzu § 13 Rn 14 ff.)
– auch ordnungswidrige **Verfügungen** sind nach außen hin grundsätzlich gegen den Nachlass **wirksam**. Anderes gilt nur dann, wenn der **Missbrauch** des Verwaltungsrechts auch dem Geschäftsgegner erkennbar oder sogar bekannt war[239]
– **Verbindlichkeiten**, die der Testamentsvollstrecker eingeht, sind grundsätzlich nur dann gegen den Nachlass wirksam, wenn sie zur ordnungsgemäßen Nachlassverwaltung erforderlich waren (§ 2206 BGB, sog. **kausale Beschränkung**), es sei denn, der Erblasser hat insoweit nach § 2207 BGB etwas anderes bestimmt oder es greift eine der anderen zu § 2206 BGB entwickelten Ausnahmen ein (siehe dazu § 10 Rn 2).

B. Verwaltungsanordnungen

I. Begriff und Inhalt

116   Der Testamentsvollstrecker ist an Anordnungen des Erblassers über die Nachlassverwaltung gebunden (§ 2216 Abs. 2 S. 1 BGB).[240] Es trifft ihn insoweit eine Befolgungspflicht; dabei hat er die Verwaltungsanordnung auch gegen den Willen der Erben zu beachten.[241] Umgekehrt können aber auch die Erben gegen ihn Klage auf deren Beachtung erheben.

> **Weiterführender Formulierungsvorschlag**
> Klage des Erben gegen den Testamentsvollstrecker auf Befolgung einer Verwaltungsanordnung nach § 2216 Abs. 2 S. 1 BGB
> *Littig* in Krug/Rudolf/Kroiß/Bittler, Anwaltsformulare Erbrecht, § 13 Rn 121.

117   Verstößt der Testamentsvollstrecker gegen eine Verwaltungsanordnung, so führt dies allerdings nicht zur Unwirksamkeit des betreffenden Rechtsgeschäfts. Es entstehen in diesem Zusammenhang bezüglich Erblasseranordnungen, die die konkrete Verwaltungshandlung des Testamentsvollstreckers betreffen, allerdings erhebliche Abgrenzungsprobleme,[242] insbesondere auch hinsichtlich der „Auseinandersetzungsverbote": Handelt es sich um

---

237 MüKo/*Zimmermann*, § 2216 Rn 9; BayObLGZ 1997, 1, 19 = FamRZ 1997, 905.
238 Staudinger/*Reimann*, § 2216 Rn 17.
239 BGH DNotZ 1959, 480.
240 Zur Auslegung einer solchen Anordnung im Zusammenhang mit der Verwaltung von Geschäftsanteilen an einem Unternehmen: BayObLGZ 1997, 1, 13 ff. = FamRZ 1997, 507.
241 RGZ 74, 216, 218; OLG Düsseldorf ZEV 1994, 302, 303; NK-BGB/*Kroiß*, § 2216 Rn 20.
242 *Keim*, ZEV 2002, 132, 135; ausführlich Soergel/*Damrau*, § 2208 Rn 1.

- eine **dinglich wirkende Einschränkung der Verfügungsbefugnis** des Testamentsvollstreckers nach § 2208 Abs. 1 S. 1 BGB mit der Folge, dass dagegen verstoßende Rechtsgeschäfte unwirksam sind (§ 134 BGB),[243]
- lediglich eine **Verwaltungsanordnung** nach § 2216 Abs. 2 S. 1 BGB, deren Verletzung das dagegen verstoßende Rechtsgeschäft unberührt lässt, und die sogar vom Nachlassgericht nach § 2216 Abs. 2 S. 2 BGB außer Kraft gesetzt werden kann,
- reine Wünsche und Bitten, die letztlich keine rechtlichen Auswirkungen haben sollen?

Im Rahmen der Verwaltungsanordnung – also ohne dingliche Beschränkung der Rechtsmacht des Testamentsvollstreckers i.S.v. § 2208 BGB – kann der Erblasser auch bestimmen, dass der Testamentsvollstrecker die Weisungen Dritter (etwa eines Schiedsgerichts) oder der Erben zu befolgen hat, etwa in den Fällen, bei denen ein Vorerbe der Zustimmung des Nacherben bedarf (§ 2216 Abs. 2 S. 1 BGB). Auch kann angeordnet werden, dass der Testamentsvollstrecker bestimmte Maßnahmen nur durchführen darf, wenn vorher eine einfache oder qualifizierte Mehrheit von Erben dem innerhalb einer vorgegebenen Frist zugestimmt hat (sog. **Demokratieklausel**).[244] Soweit jedoch den Erben oder Dritten neben dem Testamentsvollstrecker eine **dingliche Mitberechtigung** eingeräumt werden soll, entstehen dogmatische Schwierigkeiten, da dadurch die Gefahr besteht, dass den Erben/Dritten de facto die Stellung eines Mitvollstreckers (§ 2224 BGB, u.U. mit eingeschränkten Befugnissen) eingeräumt werden könnte oder – wenn dies gerade nicht gewollt ist – fraglich erscheint, ob es daneben noch eine andere Gestaltungsmöglichkeit unterhalb der Mitvollstreckung gibt. Eine dinglich wirkende Beschränkung der Testamentsvollstreckung außerhalb der Berufung zum Mitvollstrecker wird man nur zulassen können, wenn die Testamentsvollstreckung in ihrem Gesamtgepräge unangetastet bleibt, die Mitwirkungsbefugnisse nur den Erben hinsichtlich der Verfügungsbefugnis eingeräumt werden und auch für diese nur **punktueller Natur** sind, etwa wenn der Testamentsvollstrecker an deren Zustimmung nur wie ein Vorerbe gebunden ist.[245] Im Übrigen müssen die Verwaltungs- und Verfügungsbefugnisse des Testamentsvollstreckers unangetastet bleiben.

Die Einräumung weitergehender Zustimmungs- oder Genehmigungsvorbehalte für **Dritte** (Wirtschaftsprüfer, Stiftungen, Treuhandgesellschaften) würde gegen § 137 S. 1 BGB verstoßen.[246] Eine solche „Mega-Testamentsvollstreckung" ist dem deutschen Recht fremd. Eine derartige Gestaltung ist nur dann zulässig, wenn sie letztlich in den Formen einer Mitvollstreckung (§ 2224 BGB), u.U. mit eingeschränkten Verwaltungsbefugnissen einzelner Testamentsvollstrecker konzipiert wird.[247]

In Betracht kommen als **Verwaltungsanordnungen** etwa Bestimmungen über die Verwendung von Nachlasserträgen (siehe etwa beim „Behindertentestament" § 22 Rn 81 ff.) oder das Verbot, über bestimmte Nachlassgegenstände zu verfügen,[248] wobei hier klarzustellen

---

243 Sehr weit reichend OLG Zweibrücken ZEV 2001, 274 = DNotZ 2001, 399 m. Anm. *Winkler* = RNotZ 2001, 589 m. Anm. *Lettmann* für Vermächtnisanordnung.
244 Staudinger/*Reimann*, Vorbem. zu §§ 2197 ff. Rn 49.
245 Staudinger/*Reimann*, Vorbem. zu §§ 2197 ff. Rn 50.
246 Soergel/*Damrau*, § 2208 Rn 1 Fn 8. Die Testamentsvollstreckung bildet zu § 137 Satz 1 BGB im weiteren Sinne eine Ausnahme. Vgl. auch KGJ 31 A 94, 98 f., wo die Anordnung, dass der Testamentsvollstrecker im Einvernehmen mit der Ehefrau den Nachlass verwalten sollte, nur als Verpflichtung im Innenverhältnis angesehen wurde, die nach außen seine Verfügungsmacht nicht einschränkte. Siehe auch KGJ 44, 81, 83 ff. zur zulässigen Anordnung, dass der Erbe nur mit Zustimmung des Testamentsvollstreckers über Nachlassgegenstände verfügen darf.
247 Staudinger/*Reimann*, Vorbem. zu §§ 2197 ff. Rn 51; Soergel/*Damrau*, § 2208 Rn 1 Fn 8.
248 MüKo/*Zimmermann*, § 2216 Rn 15; Staudinger/*Reimann*, § 2216 Rn 22 ff.

wäre, ob dies nicht auch eine dinglich wirkende Beschränkung der Verfügungsbefugnis des Testamentsvollstreckers nach § 2208 BGB ist.

121   Demgegenüber braucht der Testamentsvollstrecker die Anordnungen von Erben nicht befolgen, es sei denn, der Erblasser hat entsprechende Weisungsrechte in einer Verfügung von Todes wegen ausdrücklich begründet.[249] Der Testamentsvollstrecker hat die Anordnungen und erkennbaren Wünsche des Erblassers auch und gerade **gegen den Willen der Erben** zu beachten.[250]

122   Von derartigen Verwaltungsanordnungen des Erblassers zu unterscheiden[251] sind reine **Weisungen** an den Testamentsvollstrecker, die durch **Auftrag** unter Lebenden erteilt werden, und die auch noch der Erbe jederzeit widerrufen kann (§§ 672, 671 BGB).[252] Ebenso sind davon zu unterscheiden reine **Wünsche** des Erblassers für die Nachlassverwaltung, die nicht verbindlich sind und keine Befolgungspflicht des Testamentsvollstreckers auslösen. Für die Abgrenzung ist darauf abzustellen, ob mit der Anordnung eine rechtliche Bindung des Testamentsvollstreckers bezweckt ist, was dann anzunehmen ist, wenn andernfalls der Zweck der Testamentsvollstreckung verfehlt würde.[253] Wünsche, Hoffnungen und Bitten können aber dadurch eine mittelbare rechtliche Bedeutung erlangen, dass sie den eigentlichen Zweck der Testamentsvollstreckung deutlich machen.[254]

II. Form der Verwaltungsanordnung

123   Nur die in einer **letztwilligen Verfügung** getroffenen Anordnungen sind nach dem ausdrücklichen Gesetzeswortlaut für den Testamentsvollstrecker verbindlich (§ 2216 Abs. 2 S. 1 BGB). Dabei müssen bei einem privatschriftlichen Testament die Grundsätze und Richtlinien der Verwaltungsanordnung in der handschriftlichen Testamentsurkunde selbst aufgenommen sein.[255]

Die Einhaltung des Formgebots wird allerdings z.T. dadurch relativiert, dass auch die Nichtbefolgung mündlicher oder sonstiger Anordnungen (etwa in Briefen) einen Entlassungsgrund nach § 2227 BGB darstellen soll,[256] weil sich aus solchen der **Zweck** der Testamentsvollstreckung herleiten lässt, der letztlich die Kriterien festlegt, was im vorliegenden Fall unter einer ordnungsgemäßen Verwaltung zu verstehen ist.[257]

III. Rechtsfolgen, Außerkraftsetzung durch das Nachlassgericht

124   Derartige Verwaltungsanordnungen nach § 2216 Abs. 2 S. 1 BGB wirken – anders als Verfügungsbeschränkungen nach § 2208 BGB – nur schuldrechtlich. Setzt sich der Testamentsvollstrecker daher über solche hinweg, so ist grundsätzlich die betreffende Verfügung trotzdem wirksam, es sei denn, der Geschäftspartner hat den Missbrauch der Verfügungsmacht

---

249 Staudinger/*Reimann*, § 2216 Rn 19.
250 RGZ 74, 215, 218.
251 Zur Abgrenzung von letztwilligen Verfügungen anderer Art, wie Vermächtnis und Übernahmerecht eingehend Soergel/*Damrau*, § 2216 Rn 9.
252 Staudinger/*Reimann*, § 2216 Rn 19; Soergel/*Damrau*, § 2216 Rn 8.
253 BayObLGZ 1976, 67, 76 = NJW 1976, 1692; Soergel/*Damrau*, § 2216 Rn 8.
254 BayObLGZ 1976, 67, 76 = NJW 1976, 1692.
255 Staudinger/*Reimann*, § 2216 Rn 21; allg. zu diesen Fragen Staudinger/*Baumann*, § 2247 Rn 58 ff.
256 Staudinger/*Reimann*, § 2216 Rn 21 unter Bezug auf *Planck/Flad*, § 2216 Anm. 4 (zweifelhaft).
257 BayObLGZ 1976, 67, 76 = BayObLG NJW 1976, 1692; MüKo/*Zimmermann*, § 2216 Rn 15.

J. Mayer

grob fahrlässig nicht erkannt oder sogar erkannt.[258] Im Verhältnis zum Erben kann jedoch eine Schadensersatzverpflichtung nach § 2219 BGB bei einer schuldhaften Pflichtverletzung entstehen. Zudem kann sich aus einem solchen Verhalten ein Entlassungsgrund ergeben.

Die Bindung an die Verwaltungsanordnung ist keine absolute. Ihre Befolgung kann infolge zwischenzeitlich eingetretener Veränderungen nicht mehr dem mutmaßlichen Willen des Erblassers entsprechen und durch **ergänzende Auslegung** beseitigt werden. Mitunter ist auch eine Anfechtung (§ 2078 BGB) möglich. Zusätzlich sieht das Gesetz vor, dass auf Antrag des Testamentsvollstreckers oder eines anderen Beteiligten die Verwaltungsanordnung vom Nachlassgericht außer Kraft gesetzt werden kann (§ 2216 Abs. 2 S. 2 BGB).[259]

125

> **Weiterführende Formulierungsvorschläge**
> Antrag auf Außerkraftsetzung einer Verwaltungsanordnung:
> *Littig* in Krug/Rudolf/Kroiß/Bittler, Anwaltformulare Erbrecht, § 13 Rn 119;
> Tenorierungsvorschlag bei *Schaub* in Bengel/Reimann, Handbuch IV, Rn 43.

Hat demnach das Nachlassgericht auf Antrag des Erben ein vom Erblasser als Verwaltungsanordnung getroffenes befristetes Verfügungsverbot außer Kraft gesetzt, benötigt der Erbe für die vom Nachlassgericht gestattete Verfügung, etwa eine Grundschuldbestellung, nicht die Mitwirkung des Testamentsvollstreckers. Diese wird durch den Beschluss des Nachlassgerichtes ersetzt.[260] Hierfür fällt eine **Gebühr** von 0,5 nach Nr. 12420 KV GNotKG an.

126

Muster: Außerkraftsetzen einer Anordnung eines Erblassers nach § 2216 Abs. 2 S. 2 BGB[261]

9.1

Beschluss

In der Nachlasssache ▬▬▬▬ AZ. ▬▬▬▬, ergeht folgender Beschluss:

Die Anordnung des Erblassers xy in seinem privatschriftlichen Testament vom 5.10.1999, die lautet: „Die zum Nachlass gehörenden Grundstücke dürfen nicht vor Ablauf von 10 Jahren verkauft werden", wird außer Kraft gesetzt.

Gründe

Gegen den **stattgebenden Beschluss** des Nachlassgerichts findet die befristete **Beschwerde** zum OLG nach den §§ 58 ff., 63 FamFG statt. **Beschwerdeberechtigt** i.S.v. § 59 FamFG ist jeder, der durch diesen Beschluss beeinträchtigt ist; bei Vorhandensein von mehreren Testamentsvollstreckern ist jeder von ihnen zur selbstständigen Einlegung der Beschwerde befugt (§ 355 Abs. 3 FamFG). Gegen die ablehnende Entscheidung ist nur der Antragsteller zur Einlegung der Beschwerde befugt (§ 59 Abs. 2 FamFG).[262] Ob bei mehreren Testamentsvollstreckern in Analogie zu § 355 Abs. 3 FamFG jeder von ihnen zur selbstständigen Beschwerde berechtigt ist, ist umstritten, wird jedoch von der h.M. zu Recht verneint.[263]

127

---

258 Soergel/*Damrau*, § 2216 Rn 17.
259 Zu Einzelheiten in formeller wie materieller Hinsicht siehe etwa Staudinger/*Reimann*, § 2216 Rn 26 ff.; Firsching/*Graf*, Rn 4.478.
260 LG Bonn RNotZ 2002, 234.
261 Firsching/*Graf*, Rn 4.479.
262 Vgl. nur MüKo-FamFG/*J. Mayer*, § 355 FamFG Rn 30.
263 Keidel/*Zimmermann*, § 355 FamFG Rn 40; MüKo-FamFG/*J. Mayer*, § 355 FamFG Rn 30 m.w.N.

§ 10 Eingehung von Verbindlichkeiten durch den Testamentsvollstrecker

Dr. Jörg Mayer

Inhalt:
A. Grundzüge des § 2206 BGB und der Verpflichtungsbefugnis ... 1
B. Die Verpflichtungsbefugnis des Testamentsvollstreckers ... 3
  I. Reine Verpflichtungsgeschäfte ... 4
  II. Verpflichtung zur Verfügung über einen Nachlassgegenstand ... 6
  III. Rechtsfolge, Haftung der Erben ... 9
C. Einwilligung der Erben (§ 2206 Abs. 2 BGB) ... 11
D. Beweislast ... 13
E. Die erweiterte Verpflichtungsbefugnis (§ 2207 BGB) ... 14
  I. Begründung, Grenzen ... 15
  II. Rechtsfolgen ... 17
F. Reaktionsmöglichkeiten der Erben ... 18

A. Grundzüge des § 2206 BGB und der Verpflichtungsbefugnis

§ 2206 BGB ergänzt § 2205 S. 1 BGB. Denn zur Erfüllung der Verwaltungsaufgabe des Testamentsvollstreckers ist es meist erforderlich, dass er auch Verbindlichkeiten für den Nachlass eingehen kann. Während das Gesetz dem Testamentsvollstrecker aber eine unbeschränkte Verfügungsbefugnis gibt, begrenzt es grundsätzlich die Verpflichtungsbefugnis entsprechend dem Zweck der Testamentsvollstreckung auf das, was zur ordnungsgemäßen Nachlassverwaltung erforderlich ist (§ 2206 Abs. 1 S. 1 BGB). Die auf dem Innenverhältnis zum Erben beruhende Verpflichtung des § 2216 Abs. 1 BGB des Testamentsvollstreckers schlägt somit auf sein rechtliches Können im Außenverhältnis durch (**kausale Beschränkung**).[1] Dies ist eine dem deutschen Zivilrecht, insbesondere dem Vertretungsrecht, sonst nicht geläufige Regelung. 1

Jedoch macht das Gesetz von der Beschränkung der Verpflichtungsbefugnis **zwei Ausnahmen**: 2
– Verpflichtungsgeschäfte, die auf eine **Verfügung** über einen Nachlassgegenstand gerichtet sind, sind immer schon dann wirksam, wenn der Testamentsvollstrecker zur entsprechenden Verfügung berechtigt ist (§ 2206 Abs. 1 S. 2 BGB). Damit wird die unbeschränkte Verfügungsbefugnis des § 2205 S. 2 BGB mit der zunächst beschränkten Verpflichtungsbefugnis harmonisiert.
– bei **Verwaltungsvollstreckung** und Dauertestamentsvollstreckung (§ 2209 S. 2 BGB): Die Beschränkung der Verpflichtungsbefugnis nach § 2206 Abs. 1 S. 1 BGB ist nur beim Regeltypus der Abwicklungs- und Auseinandersetzungsvollstreckung sachgerecht. Bei der komplexen **Verwaltungsvollstreckung** mit regelmäßig zahlreichen Verpflichtungsgeschäften ist daher im Zweifel anzunehmen, dass der Testamentsvollstrecker die erweiterte Verpflichtungsbefugnis des § 2207 BGB besitzt.

---

1 MüKo/*Zimmermann*, § 2206 Rn 1.

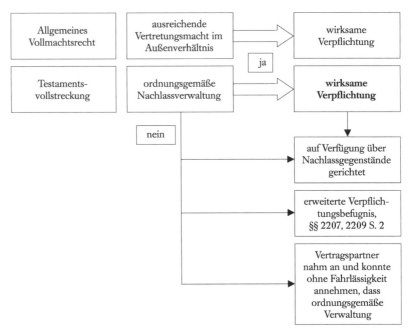

Abbildung: Verpflichtungsbefugnis des Testamentsvollstreckers

B. Die Verpflichtungsbefugnis des Testamentsvollstreckers

3 § 2206 Abs. 1 BGB unterscheidet zunächst zwischen zwei unterschiedlichen Arten von Verpflichtung. Die sich dadurch gegenüber dem allgemeinen Vertretungsrecht ergebenden Besonderheiten werden durch die von der Rechtsprechung hierzu vorgenommene Fortentwicklung der Norm (siehe Rn 5) im praktischen Ergebnis aber wieder weitgehend beseitigt.[2]

I. Reine Verpflichtungsgeschäfte

4 Zur Eingehung von Verbindlichkeiten, deren Erfüllung keine Verfügung über Nachlassgegenstände erfordert, ist der Testamentsvollstrecker grundsätzlich nur befugt, wenn dies zur **ordnungsgemäßen Nachlassverwaltung** erforderlich ist (§ 2206 Abs. 1 S. 1 BGB) oder eine erweiterte Verpflichtungsbefugnis nach §§ 2207, 2209 S. 2 BGB vorliegt. Zu dieser Art von Rechtsgeschäften gehören Miet-, Dienst- und Darlehensverträge, die Eingehung von Wechselverbindlichkeiten für den Nachlass,[3] Schuldanerkenntnisse, das Ausbieten einer Nachlasshypothek[4] sowie die Führung eines Prozesses mit dem Abschluss von Vergleichen und Anerkenntnissen,[5] wegen § 2213 Abs. 1 S. 3 BGB aber nicht die Anerkennung streitiger

---

2 Soergel/*Damrau*, § 2206 Rn 1.
3 RGZ 60, 30, 32.
4 KG JW 1932, 1398.
5 *Lange/Kuchinke*, § 31 VI 3 e.

Pflichtteilsforderungen (eingehend dazu unten § 38 Rn 9 ff.).[6] **Gesellschaftsverträge** kann der Testamentsvollstrecker nur dann für den Nachlass abschließen, wenn diese keine verfügende Wirkung haben und dadurch ausschließlich der Nachlass und nicht das Eigenvermögen der Erben verpflichtet wird.[7]

Nach dem Wortlaut des § 2206 Abs. 1 S. 1 BGB ist allein das **objektive Vorliegen** einer ordnungsgemäßen Nachlassverwaltung dafür entscheidend, ob eine Verbindlichkeit für den Nachlass wirksam eingegangen wird, vgl. hierzu § 9. Aus Gründen des Verkehrsschutzes genügt es aber für das Entstehen einer Nachlassverbindlichkeit bereits, wenn der Geschäftspartner bei Vertragsabschluss **angenommen hat und ohne Fahrlässigkeit annehmen konnte**, dass die Eingehung der Verbindlichkeiten zur ordnungsgemäßen Nachlassverwaltung erforderlich sei, auch wenn dies objektiv nicht der Fall war.[8] Dabei schadet allerdings bereits leichte Fahrlässigkeit, eine Prüfungspflicht des Vertragsgegners besteht jedoch nicht.[9] Konnte der Dritte erkennen, dass der Testamentsvollstrecker seine Befugnisse überschreitet, so kann er keine Rechte gegen den Nachlass herleiten. Eine persönliche Haftung des Testamentsvollstrecker nach § 179 BGB, die überwiegend angenommen wird,[10] scheitert hier an § 179 Abs. 3 BGB, denn die Erkennbarkeit der Ordnungswidrigkeit bedingt zugleich die fehlende Verpflichtungsmacht.[11]

II. Verpflichtung zur Verfügung über einen Nachlassgegenstand

Hier **entspricht** nach § 2206 Abs. 1 S. 2 BGB die **Verpflichtungsbefugnis der Verfügungsbefugnis** des § 2205 S. 2 BGB. Die Verpflichtungsbefugnis ist also nur beschränkt:
- durch das Schenkungsverbot des § 2205 S. 3 BGB
- etwaige Anordnungen des Erblassers (§ 2208 BGB).

Unter § 2206 Abs. 1 S. 2 BGB fallen etwa Veräußerung oder Belastung eines Grundstücks, nicht aber eine Kreditaufnahme, die durch ein Grundpfandrecht abgesichert wird, da das Sicherungsgeschäft von der rein schuldrechtlichen Darlehensaufnahme zu trennen ist (Trennungsprinzip).[12] Für die Wirksamkeit der Verpflichtung nach außen kommt es hier zunächst nicht darauf an, ob deren Eingehung zur ordnungsgemäßen Verwaltung des Nachlasses erforderlich war. Die ordnungswidrige Verwaltung kann allenfalls Schadensersatzansprüche der Nachlassberechtigten gegen den Testamentsvollstrecker auslösen (§ 2219 BGB).[13] Jedoch wird hier zum Schutze des Nachlasses der im allgemeinen Vertretungsrecht entwickelte Rechtsgedanke zur **rechtsmissbräuchlichen Ausübung der Vertretungsmacht** angewandt: Kannte der Dritte die rechtsmissbräuchliche Ausübung der Befugnisse des Vertreters oder musste er dies zumindest erkennen, so kann er keine Rechte gegen den Nachlass geltend

---

6 BGH 51, 125, 127 = NJW 1969, 424; zustimmend MüKo/*Zimmermann*, § 2206 Rn 3; Erman/ *M. Schmidt*, § 2206 Rn 1; ablehnend *Lange/Kuchinke*, § 31 VI 3 e Fn 275.
7 Staudinger/*Reimann*, § 2206 Rn 4.
8 RGZ 83, 348, 353; NJW 1983, 130, 131, 134; BGH NJW 1983, 40, 41 = JuS 1983, 309 m. Anm. *Hohloch*; Staudinger/*Reimann*, § 2206 Rn 11; *Lange/Kuchinke*, § 31 VI 3 c; Soergel/*Damrau*, § 2206 Rn 3.
9 Soergel/*Damrau*, § 2206 Rn 3; *Lange/Kuchinke*, § 31 VI 3 c. MüKo/*Zimmermann*, § 2206 Rn 7 bejaht eine Prüfungspflicht demgegenüber desto eher, je mehr die konkreten Verhältnisse einen Verdacht der Ordnungswidrigkeit der Verwaltungsmaßnahme nahe legen; dem zustimmend Staudinger/*Reimann*, § 2206 Rn 11.
10 So etwa Staudinger/*Reimann*, § 2206 Rn 12.
11 *Lange/Kuchinke*, § 31 VI 3 c; MüKo/*Zimmermann*, § 2206 Rn 8; *Muscheler*, Haftungsordnung, S. 190; jetzt auch Palandt/*Weidlich*, § 2206 Rn 1.
12 MüKo/*Zimmermann*, Rn 4; Soergel/*Damrau*, Rn 2 je zu § 2206.
13 BGH NJW-RR 1989, 642.

machen;¹⁴ auch die diesbezügliche Verfügung, durch welche die missbräuchlich eingegangene Verpflichtung vollzogen wird, ist unwirksam.¹⁵ Der Dritte kann allenfalls den Testamentsvollstrecker nach § 179 BGB persönlich in Anspruch nehmen.¹⁶ Dabei trifft den Vertragspartner **keine** besondere **Prüfungspflicht**, ob und inwieweit der Vertreter im Innenverhältnis gebunden ist, von einer nach außen unbeschränkten Vollmacht nur beschränkten Gebrauch zu machen. Nur dann, wenn der Bevollmächtigte in ersichtlich verdächtiger Weise von seiner Vollmacht Gebrauch macht, kann der Einwand der Arglist (oder der unzulässigen Rechtsausübung) begründet sein.¹⁷ In Ausnahmefällen kommt auch eine Nichtigkeit des Vertrages nach § 138 Abs. 1 BGB in Betracht, wenn der Testamentsvollstrecker und der Dritte bewusst zum Nachteil des Nachlasses zusammengewirkt haben (**Kollusion**); hierzu bedarf es aber eines Treuebruchs durch den Testamentsvollstrecker und einer bewussten Ausnutzung desselben durch den Vertragspartner selbst.¹⁸

8   Nicht geschützt wird aber der **gute Glaube** des Vertragspartners an das **Bestehen der Verfügungsbefugnis**, die Grundlage für die Verpflichtungsmacht ist.¹⁹ Bei Beschränkung der allgemeinen Verfügungsbefugnis des Testamentsvollstreckers aus Anordnungen nach § 2208 BGB wird der Dritte aber i.d.R. durch § 2368 BGB geschützt, weil derartige Beschränkungen in das Testamentsvollstreckerzeugnis eingetragen werden müssen,²⁰ und ein solches meist vorliegt. Problematischer ist ein Verstoß gegen das Schenkungsverbot des § 2205 S. 3 BGB, denn hier kommt es nach h.M. nicht darauf an, dass der Dritte die Unentgeltlichkeit erkennen konnte.²¹ Und die Rechtsprechung nimmt schon bei der kleinsten Divergenz von Leistung und Gegenleistung eine Unentgeltlichkeit an.²²

III. Rechtsfolge, Haftung der Erben

9   Soweit der Testamentsvollstrecker im Rahmen seiner Verpflichtungsbefugnis und unter Offenlegung seiner Amtseigenschaft (§ 164 Abs. 2 BGB) handelt, entsteht für die Erben eine **Nachlassverbindlichkeit** (§ 1967 BGB). Sie haften dafür nach den allgemeinen Grundsätzen mit der Möglichkeit der Haftungsbeschränkung auf den Nachlass. Für die Haftung mit dem gesamten Nachlass ist es unerheblich, dass die Testamentsvollstreckung nur auf bestimmte **Nachlassgegenstände beschränkt** ist.²³ Liegt eine **Erbteilsvollstreckung** vor, so gelten jedoch Besonderheiten, weil die allgemeine Verpflichtungsbefugnis des Testamentsvollstreckers durch die besonderen Bestimmungen des § 2038 BGB überlagert wird (eingehender dazu § 16 Rn 3).²⁴

---

14 RGZ 75, 299, 301; 83, 348, 353; 130, 131, 134; BGH NJW 1983, 40; NJW-RR 1989, 642 f.; *Lange/Kuchinke*, § 31 VI 3 c; *Winkler*, Testamentsvollstrecker, Rn 193; MüKo/*Zimmermann*, § 2206 Rn 5.
15 MüKo/*Zimmermann*, § 2206 Rn 5.
16 So die gängige Formulierung, vgl. etwa *Winkler*, Testamentsvollstrecker, Rn 193; einschränkend zur Haftung nach § 179 zu Recht *Muscheler*, Haftungsordnung, S. 190 f.
17 BGH NJW-RR 1989, 642.
18 BGH NJW-RR 1989, 642 f.
19 Staudinger/*Reimann*, Rn 12; MüKo/*Zimmermann*, Rn 5 je zu § 2206.
20 Palandt/*Weidlich*, § 2368 Rn 2.
21 RGZ 105, 246, 250; BGH NJW 1963, 1614; KG OLGZ 1992, 139; MüKo/*Zimmermann*, § 2205 Rn 72 m.w.N.
22 Krit. hiergegen *Muscheler*, Haftungsordnung, S. 191.
23 Soergel/*Damrau*, § 2206 Rn 6; Staudinger/*Reimann*, § 2208 Rn 7.
24 *Muscheler*, AcP 195 (1995) 35, 60 f.; Soergel/*Damrau*, § 2206 Rn 6.

Das gegen den Testamentsvollstrecker ergehende Urteil bedarf aber nicht des Vorbehalts der beschränkten Erbenhaftung (§ 780 Abs. 2 ZPO).[25] Im Nachlassinsolvenzverfahren sind diese Verbindlichkeiten Masseschulden (§ 324 Abs. 1 Nr. 5 InsO). Der Testamentsvollstrecker haftet für die im Rahmen seiner Befugnisse eingegangenen Verbindlichkeiten nicht persönlich.[26] Jedoch kommt es für das Vorliegen von Willensmängeln, der Gutgläubigkeit und der Kenntnis oder Nichtkenntnis von Umständen allein auf die Person des Testamentsvollstreckers an, da er der Vertragspartner ist.[27] Für ein Verschulden des Testamentsvollstreckers bei Erfüllung einer Nachlassverbindlichkeit haften die Erben nach § 278 BGB, ebenso für ein Verschulden bei Vertragsverhandlungen (**culpa in contrahendo**, § 280 Abs. 1 i.V.m. § 311 Abs. 2 und Abs. 3 BGB). Eine eigene Haftung des Testamentsvollstreckers für c.i.c. besteht nur, soweit er bei den Verhandlungen besonderes persönliches Vertrauen in Anspruch genommen hat (§ 280 Abs. 1 i.V.m. § 311 Abs. 3 S. 2 BGB).[28]

C. Einwilligung der Erben (§ 2206 Abs. 2 BGB)

Dadurch soll Klarheit darüber geschaffen werden, ob eine wirksame Nachlassverbindlichkeit begründet wurde, was bei § 2206 Abs. 1 S. 1 BGB besonders problematisch sein kann, aber auch bei anderen Verpflichtungen, wenn eine Verfügungsbeschränkung nach § 2208 BGB anzunehmen ist. Damit kann der Testamentsvollstrecker auch sein Haftungsrisiko (§ 2219 BGB) minimieren. Die Verpflichtung des Erben besteht nur gegenüber dem Testamentsvollstrecker, nicht aber gegenüber dem Vertragspartner.[29] Einwilligungspflicht trifft nur den Erben und Vorerben, nicht aber den Nacherben.[30] Jedoch besteht der **Anspruch auf Einwilligung** nur, wenn die Eingehung der Verbindlichkeit zur ordnungsgemäßen Nachlassverwaltung erforderlich ist.

Die **Wirkung der Einwilligung** besteht primär darin, dass sie den Testamentsvollstrecker von einer Haftung nach § 2219 BGB entlastet. Die Haftungsbeschränkung verliert der Erbe dadurch nicht (§ 2206 Abs. 2 Hs. 2 BGB). Daneben lässt die Einwilligung das Verpflichtungsgeschäft gegenüber dem Geschäftspartner auch dann wirksam werden, wenn hierfür zunächst keine Verpflichtungsbefugnis bestand. Dies gilt auch dann, wenn der Testamentsvollstrecker offenkundig über seine Verpflichtungsbefugnis hinausgegangen ist, etwa ein unzulässiges Schenkungsversprechen abgab.[31] Denn die Einschränkung der Verpflichtungsbefugnis erfolgt allein im **Interesse der Erben** und gehört nicht zu den institutionellen Schranken; auf diesen Schutz können daher die Erben verzichten.[32]

---

25 Staudinger/*Reimann*, § 2206 Rn 17.
26 RGZ 80, 416, 418; Staudinger/*Reimann*, Rn 17.
27 Staudinger/*Reimann*, Rn 18; MüKo/*Zimmermann*, Rn 15 je zu § 2206.
28 MüKo/*Zimmermann*, § 2206 Rn 15. Weiter gehend *Muscheler*, Haftungsordnung, S. 199 ff.
29 Staudinger/*Reimann*, § 2206 Rn 13.
30 OLG Neustadt NJW 1956, 1881.
31 Für diesen Fall wird ein Wirksamwerden teilweise verneint: RGZ 74, 217, 219; Staudinger/*Reimann*, § 2206 Rn 16; Erman/*M. Schmidt*, § 2206 Rn 3. Nach *v. Lübtow*, II 956 kann der Erbe erst nach Beendigung der Testamentsvollstreckung durch Verzicht auf die Geltendmachung der Unwirksamkeit die Heilung herbeiführen.
32 Lange/*Kuchinke*, § 31 IV 3 f.; MüKo/*Zimmermann*, § 2206 Rn 12; *Muscheler*, Haftungsordnung, S. 194; einschränkend *K. Müller*, JZ 1981, 371, 379: keine Heilung bei eindeutig aus dem Rahmen fallenden Geschäften.

Weiterführende Formulierungsvorschläge
Leistungsklage auf Zustimmung des Erben zu Verpflichtungsgeschäften des Testamentsvollstreckers
Littig in Krug/Rudolf/Kroiß/Bittler, Anwaltformulare Erbrecht, § 13 Rn 122; *Schaub* in Bengel/Reimann, Handbuch IV, Rn 112.

Praxistipp
Zur Minimierung der Haftung des Testamentsvollstreckers: Bei allen „kitzligen Fragen", nicht verzagen, die Erben fragen.

D. Beweislast

13   Im Streitfall ist der Vertragspartner, wenn er den Erben in Anspruch nimmt, sowohl im Rahmen des § 2206 Abs. 1 S. 1 BGB wie auch in den Fällen des Missbrauchs des Vollstreckeramts **beweispflichtig** dafür, dass er ohne Fahrlässigkeit von der (objektiv aber nicht bestehenden) Ordnungsmäßigkeit des Handelns des Testamentsvollstreckers ausgehen konnte.[33] Dies gilt auch für den Einwand der unzulässigen Rechtsausübung in diesem Zusammenhang.[34]

E. Die erweiterte Verpflichtungsbefugnis (§ 2207 BGB)

14   Als Ausnahme zu § 2206 Abs. 1 BGB ermöglicht § 2207 BGB eine **Erweiterung der Verpflichtungsbefugnis** des Testamentsvollstreckers im **Interesse des Vertragspartners,** der einen wirksamen Anspruch auch dann erhält, wenn dies nicht einer ordnungsgemäßen Nachlassverwaltung entspricht.

I. Begründung, Grenzen

15   Die Anordnung der erweiterten Verpflichtungsbefugnis erfolgt durch **letztwillige Verfügung** des Erblassers, in der dies ausdrücklich oder aber sinngemäß durch die Art der vom Testamentsvollstrecker durchzuführenden Aufgaben bestimmt wird.[35] Besteht eine **Verwaltungsvollstreckung,** so ist die Erweiterung der Verpflichtungsbefugnis im Zweifel anzunehmen (§ 2209 S. 2 BGB). Jedoch handelt es sich insoweit nur um eine Auslegungsregel,[36] so dass wegen des Vorrangs der individuellen Auslegung die Kautelarjurisprudenz immer eine ausdrückliche Regelung hierzu treffen sollte. Als für den Rechtsverkehr wesentliche Veränderung der Befugnisse des Testamentsvollstreckers ist die erweiterte Verpflichtungsbefugnis in das **Testamentsvollstreckerzeugnis** aufzunehmen (§ 2368 Abs. 1 S. 2 BGB).[37]

16   Die **Grenzen** der erweiterten Verpflichtungsermächtigung sind:
– **Schenkungsversprechen,** die über eine Pflicht- oder Anstandsschenkung hinausgehen (§§ 2207 S. 2, 2205 S. 3 BGB) und zu denen nicht ermächtigt werden kann

---

[33] Staudinger/*Reimann,* § 2206 Rn 12; Palandt/*Weidlich,* § 2206 Rn 1; *Baumgärtel/Schmitz,* § 2206 Rn 1. Für die Beweispflicht des Erben *Muscheler,* Haftungsordnung, S. 190.
[34] BGHR BGB § 2206 Abs. 1 S. 2 Beweislast 1; *Baumgärtel/Schmitz,* § 2206 Rn 2.
[35] Erman/*M. Schmidt,* § 2207 Rn 1.
[36] Staudinger/*Reimann,* § 2209 Rn 18.
[37] Staudinger/*Reimann,* § 2207 Rn 2.

– auch kann der Erblasser den Testamentsvollstrecker nicht ermächtigen, den Erben mit seinem **Privatvermögen unbeschränkbar** zu verpflichten, also ihm die erbrechtliche Haftungsbeschränkung auf den Nachlass zu nehmen[38]
– die Grundsätze des **Missbrauchs der Verpflichtungsbefugnis**, da auch hier der Vertragspartner bei erkennbarem Ermächtigungsmissbrauch nicht schützenswert ist.[39] Jedoch wird es hier oftmals an der Evidenz der Erkennbarkeit der Überschreitung der internen Befugnisse des Testamentsvollstreckers fehlen; insbesondere kommt hier eine **Prüfungspflicht** kaum in Betracht.

II. Rechtsfolgen

Die erweiterte Verpflichtungsbefugnis wirkt nur im **Außenverhältnis** des Testamentsvollstreckers zu seinem Vertragspartner, weil damit eine wirksame Verpflichtung begründet wird, auch wenn diese keine ordnungsgemäße Nachlassverwaltung darstellt. Ein solcher Einwand ist sowohl dem Erben wie auch dem Testamentsvollstrecker abgeschnitten. Für das **Innenverhältnis** zum Erben bleibt es jedoch nach wie vor dabei, dass der Testamentsvollstrecker für die ordnungsgemäße Verwaltung des Nachlasses verantwortlich ist (§ 2216 Abs. 1, bei Verstoß Haftung nach § 2219 BGB); hiervon kann der Erblasser nicht befreien (§ 2220 BGB). Auch hier hat aber der Testamentsvollstrecker einen Anspruch auf die **Einwilligung der Erben** nach § 2206 Abs. 2 BGB, aber auch nur, wenn die Eingehung der Verbindlichkeit zur ordnungsgemäßen Nachlassverwaltung erforderlich war.[40]

17

> **Weiterführender Formulierungsvorschlag**
> Anordnung in einer Verfügung von Todes wegen, dass der Testamentsvollstrecker in der Eingehung von Verbindlichkeiten für den Nachlass nicht beschränkt ist
> NK-BGB/*Kroiß*, § 2207 Rn 5.

F. Reaktionsmöglichkeiten der Erben

Die Erben haben durchaus die Möglichkeit, sich gegen Verpflichtungsgeschäfte zur Wehr zu setzen, wenn diese nicht den Grundsätzen der ordnungsgemäßen Nachlassverwaltung (§ 2216 BGB) entsprechen. Sie können dabei gegen den Testamentsvollstrecker Klage auf Unterlassung eines bestimmten Rechtsgeschäfts erheben, aber auch nach dessen Abschluss Klage gegen den Testamentsvollstrecker und den Dritten auf Feststellung der Unwirksamkeit des Rechtsgeschäfts (§ 256 ZPO).[41] Auch eine einstweilige Verfügung kommt insoweit in Betracht.[42]

18

> **Weiterführende Formulierungsvorschläge**
> Klage gegen den Testamentsvollstrecker auf Unterlassung des Eingehens eines Verpflichtungsgeschäfts

---

38 BGHZ 12, 100, 103 = NJW 1954, 636.
39 MüKo/*Zimmermann*, § 2207 Rn 3. Soergel/*Damrau*, § 2207 Rn 2 verneint den Drittschutz hier nur dann, wenn der Vertragspartner die Überschreitung der internen Befugnisse erkannte oder grob fahrlässig nicht kannte.
40 MüKo/*Zimmermann*, § 2207 Rn 7; Soergel/*Damrau*, § 2207 Rn 2; Staudinger/*Reimann*, § 2207 Rn 5 ff. Ohne die Differenzierung nach der Ordnungsmäßigkeit Lange/Kuchinke, § 31 VI 3 g Fn 282.
41 NK-BGB/*Kroiß*, § 18; Staudinger/*Reimann*, § 2206 Rn 13 f.
42 NK-BGB/*Kroiß*, § 2206 Rn 18.

Littig in Krug/Rudolf/Kroiß/Bittler, Anwaltformulare Erbrecht, § 13 Rn 123.
Antrag auf Erlass einer einstweiligen Verfügung gegen den Testamentsvollstrecker *Klinger/W. Zimmermann*, MPFErbR Form. R. III. 3.

§ 11 Prozessführung durch den Testamentsvollstrecker

Dr. Jörg Mayer

Inhalt:

	Rn		Rn
A. Aktivprozesse des Testamentsvollstreckers	2	I. Grundzüge	22
I. Normzweck des § 2212 BGB	2	II. Passivprozesse gegen den Nachlass	23
II. Rechtsstellung des Testamentsvollstreckers im Aktivprozess	3	1. Begriff	23
		2. Testamentsvollstreckung umfasst den gesamten Nachlass	30
III. Prozessführungsrecht für Aktivprozesse	5	3. Gegenständlich beschränkte Testamentsvollstreckung (§ 2208 Abs. 1 S. 2 BGB)	31
1. Grundsatz	5		
2. Ausnahme: letztwillige Anordnung, gewillkürte Prozessstandschaft	9	4. Kein Verwaltungsrecht des Testamentsvollstreckers	33
3. Umfang des Prozessführungsrechts	10	5. Geltendmachung besonderer Ansprüche	34
4. Einschränkung des Prozessführungsrechts	12	III. Stellung des Testamentsvollstreckers im Passivprozess, Verfahrensfragen	38
5. Verjährung, Unterbrechung des Prozesses	14	IV. Rechtskraft, Klauselumschreibung	40
		V. Zwangsvollstreckung	44
6. Rechtskrafterstreckung, Klauselumschreibung	17	1. Vollstreckungstitel gegen den Erblasser	44
7. Kosten des Rechtsstreits, Risiken des Testamentsvollstreckers	21	2. Durchführung der Vollstreckung	45
B. Prozessführungsrecht bei Passivprozessen (§ 2213 BGB)	22		

Siehe hierzu auch die Übersichten in § 36 Rn 4 f. 1

A. Aktivprozesse des Testamentsvollstreckers

I. Normzweck des § 2212 BGB

Die grundsätzlich umfassende Verwaltungs- und Verfügungsbefugnis gebietet, dem Testamentsvollstrecker auch in prozessualer Hinsicht besondere Befugnisse einzuräumen. § 2212 BGB regelt dabei die Prozessführungsbefugnis für Aktivprozesse, § 2213 BGB die für Passivprozesse. Ergänzt wird dies durch Bestimmungen der ZPO, nämlich § 327 ZPO zur Rechtskraft und den §§ 748, 749, 779 Abs. 2, 780 Abs. 2 ZPO zur Zwangsvollstreckung. 2

II. Rechtsstellung des Testamentsvollstreckers im Aktivprozess

Der Testamentsvollstrecker ist als Prozesspartei nicht Vertreter der Erben oder des Nachlasses, sondern **Partei kraft Amtes** (§ 116 S. 1 Nr. 1 ZPO),[1] klagt also im eigenen Namen und auch auf Leistung an sich. Er kann daher als Partei vernommen werden (§§ 445 ff. ZPO), der Erbe dagegen als Zeuge (§§ 373 ff. ZPO), sofern er nicht Streitgenosse des Testamentsvollstreckers ist.[2] Der Erbe kann weiter in dem Prozess als Nebenintervenient (§§ 66, 69 ZPO) auftreten, ja sogar als Hauptintervenient (§ 64 ZPO), wenn das Recht des Testamentsvollstreckers bestritten ist.[3] Ihm kann auch der Streit verkündet werden (§§ 72 ff. ZPO), etwa wenn dem Testamentsvollstrecker ein Haftungsregress nach § 2219 BGB droht. Unter den Voraussetzungen des §§ 114, 116 Abs. 1 Nr. 1 ZPO ist dem Testamentsvollstrecker **Prozesskostenhilfe** zu gewähren, wenn zur Prozessführung erforderliche Mittel weder aus 3

---

1 BGHZ 51, 125, 128 = NJW 1969, 424; RGZ 68, 257; *Tiedtke*, JZ 1981, 429; *Winkler*, Testamentsvollstrecker, Rn 432.
2 OLG Hamburg OLGE 4, 122.
3 Staudinger/*Reimann*, § 2212 Rn 16,

dem verwalteten Nachlass noch von den Erben oder den sonstigen an der Prozessdurchführung interessierten Personen aufgebracht werden können und die sonstigen Voraussetzungen hierfür vorliegen.[4]

4 Im **eigenen Namen** (und damit nicht nach § 2212 BGB, also quasi „privat") klagt dagegen der Testamentsvollstrecker, wenn es um seine persönlichen Rechte und Pflichten geht, etwa um Aufwendungsersatz (§§ 2218, 670 BGB), Vergütung (§ 2221 BGB) sowie seine Verteidigung gegen Schadensersatzansprüche (§ 2219 BGB),[5] aber auch, wenn es um die Rechtsstellung des Testamentsvollstreckers selbst geht, also etwa darum, ob er wirksam ernannt wurde oder sein Amt bereits beendet ist.[6] Er trägt deshalb hier die durch ein etwaiges Unterliegen entstehenden Kosten allein und persönlich.[7]

III. Prozessführungsrecht für Aktivprozesse

1. Grundsatz

5 § 2212 BGB betrifft ausschließlich **Aktivprozesse**, also die Geltendmachung von Rechten, die den Nachlass betreffen. Als Ausfluss des Verwaltungs- und Verfügungsrechts weist § 2212 BGB dem Testamentsvollstrecker das Prozessführungsrecht hierfür insoweit zu, als das betreffende Recht seiner Verwaltung unterliegt, wobei es allein darauf ankommt, ob dieses konkrete Recht der Testamentsvollstreckung unterfällt.[8] Die rechtzeitige Anmeldung vermögensrechtlicher Ansprüche durch den Testamentsvollstrecker wirkt in analoger Anwendung des § 2205 BGB zugunsten der Erben auch dann, wenn der Erbfall bereits vor dem Inkrafttreten des **Vermögensgesetzes** eingetreten war und daher der vermögensrechtliche Anspruch eigentlich unmittelbar in der Person des Rechtsnachfolgers des verstorbenen Geschädigten entstanden ist.[9] Da derartige Ansprüche aber erst in der Person des Erben entstehen, kann er diese auch bei angeordneter Testamentsvollstreckung selbstständig geltend machen.[10]

> **Hinweis**
> Grundsatz: Die Prozessführungsbefugnis folgt i.d.R. dem materiell-rechtlich bestehenden Verfügungsrecht[11] (Ausnahme etwa § 265 ZPO sowie die Teilverwaltung nach § 2213 Abs. 1 S. 2 BGB, siehe dazu Rn 31), beim Testamentsvollstrecker aber seiner Verfügungsbefugnis nach § 2205 BGB.[12]

6 Je nach den Anordnungen des Erblassers hierzu kann die Prozessführungsbefugnis für den Testamentsvollstrecker oder den Erben bestehen. Möglich ist auch, dass wegen eines gemeinschaftlichen Verfügungsrechts das Prozessführungsrecht den Erben und dem Testamentsvollstrecker gemeinschaftlich zusteht,[13] so dass beide notwendige Streitgenossen sind (§ 62 Abs. 1 Alt. 2 ZPO). Die Einsetzung eines „**executors**" durch einen deutschen Erblasser

---

4 *Grunsky*, NJW 1980, 2041, 2044.
5 BGH NJW-RR 1987, 1090 = DNotZ 1987, 768; MüKo/*Zimmermann*, § 2212 Rn 11.
6 *Lange/Kuchinke*, § 31 VI 4 e.
7 Soergel/*Damrau*, § 2212 Rn 12.
8 BGH NJW-RR 1987, 1090.
9 BVerwG VIZ 2003, 473 = ZEV 2003, 519 (LS.).
10 BVerwG NJW 2006, 458.
11 BGHZ 31, 279, 281 = NJW 1960, 523. Zur Prozessführungsbefugnis vgl. etwa *Rosenberg/Schwab/Gottwald*, § 46 I 3; Musielak/*Weth*, § 51 ZPO Rn 14 ff.
12 BGHZ 51, 125, 129.
13 Staudinger/*Reimann*, § 2212 Rn 6.

ist in diejenige eines Testamentsvollstreckers umzudeuten, dem dann die Befugnis aus § 2212 BGB zukommt.[14]

Auch **mehrere Testamentsvollstrecker** sind grundsätzlich notwendige Streitgenossen (§ 61 Abs. 1 Alt. 2 ZPO), sofern sie gemeinsam zur Vollstreckung berufen sind (§ 2224 Abs. 1 BGB).[15] Dagegen kann einer von mehreren Mitvollstreckern allein klagen, wenn er insoweit zur alleinigen Verwaltung des betroffenen Rechts berufen ist (§ 2224 Abs. 1 S. 3 BGB) oder die Prozessführung zur Erhaltung eines Nachlassgegenstands erforderlich ist (§ 2224 Abs. 2 BGB).[16]

Fehlt das Prozessführungsrecht, so ist die entsprechende Klage nicht wegen fehlender Aktivlegitimation als unbegründet, sondern wegen einer fehlenden **Prozessvoraussetzung** als unzulässig abzuweisen.[17]

2. Ausnahme: letztwillige Anordnung, gewillkürte Prozessstandschaft

§ 2212 BGB ist nicht zwingend,[18] so dass der Erblasser durch entsprechende Anordnung das Prozessführungsrecht den Erben zuweisen kann (§ 2208 Abs. 1 S. 1 BGB), denn das Prozessführungsrecht ist Teil des Verwaltungsrechts des Testamentsvollstreckers.[19] Auch kann der prozessführungsberechtigte Testamentsvollstrecker die Erben zur Prozessführung im Wege der **gewillkürten Prozessstandschaft** wirksam ermächtigen.[20] Diese weist hier die Besonderheit auf, dass ein eigenes Recht, das jedoch der Verfügungsbefugnis durch den Rechtsinhaber entzogen ist, im eigenen Namen geltend gemacht wird. Die prozessualen Voraussetzungen hierfür liegen i.d.R. vor, insbesondere ergibt sich das schutzwürdige Interesse für die Geltendmachung durch den Erben aus seiner eigenen Rechtsinhaberschaft. Jedoch darf der Testamentsvollstrecker die Ermächtigung nur im Rahmen einer ordnungsgemäßen Verwaltung erteilen (§ 2216 Abs. 1 BGB), wozu auch gehört, dass das durch den Prozess Zugesprochene auch seiner Verwaltung unterworfen bleibt.[21] Dies muss der Testamentsvollstrecker nur dann nicht beachten, wenn er zur Freigabe nach § 2217 Abs. 1 BGB befugt wäre.

3. Umfang des Prozessführungsrechts

Besteht keine ausdrückliche Einschränkung des Erblassers (§ 2208 BGB), so ist der Testamentsvollstrecker grundsätzlich zu **jeder Art der gerichtlichen Geltendmachung** des seiner Verwaltung unterliegenden Nachlasses berechtigt. Er kann also Klage (auch Feststellungs- und Widerklage) erheben, eine Aufrechnung erklären, Einreden geltend machen, Vollstreckungsgegenklage nach § 767 ZPO erheben,[22] Arrest oder einstweilige Verfügung

---

14 LG Hamburg IPRspr 1994, 290.
15 RGZ 98, 173; MüKo/*Zimmermann*, § 2224 Rn 6 u. § 2212 Rn 3.
16 OLG Saarbrücken NJW 1967, 1137; Staudinger/*Reimann*, § 2212 Rn 6.
17 BGHZ 1, 65, 68 = NJW 1951, 311; *Kipp/Coing*, § 71 I 1; *Leipold*, in: Stein/Jonas, Vorbem. § 50 ZPO Rn 19, 27.
18 BGHZ 38, 281, 286 = NJW 1963, 297 zur ähnlichen Situation beim Nachlassverwalter.
19 Staudinger/*Reimann*, § 2212 Rn 7; MüKo/*Zimmermann*, § 2212 Rn 3.
20 BFHE 153, 504 = DStR 1989, 103; Staudinger/*Reimann*, § 2212 Rn 8; MüKo/*Zimmermann*, § 2212 Rn 18; *Kipp/Coing*, § 71 I 1; *Lange/Kuchinke*, § 31 VI 4 f.; BGHZ 35, 180, 183 = NJW 1961, 1528 (zum Konkursverwalter); BGHZ 38, 281, 286 = NJW 1963, 297 für Nachlassverwalter; BFH BB 1988, 2024 für Steuererstattungsansprüche; a.A. *Koch*, JZ 1984, 809, 812.
21 MüKo/*Zimmermann*, § 2212 Rn 18.
22 MüKo/*Zimmermann*, § 2212 Rn 6; a.A. *Garlichs*, Rn 7, 301: dies sei als Geltendmachung einer Einwendung ein Passivprozess (dann also § 2213 BGB anwendbar).

beantragen, Mahn- oder Vollstreckungsbescheid erwirken oder den Nachlass in einer Patentnichtigkeitsklage vertreten.[23] Die Prozessführung kann sowohl die ordentliche Zivilwie auch die Verwaltungsgerichtsbarkeit betreffen,[24] ein Schiedsverfahren,[25] aber auch ein finanzgerichtliches Verfahren oder ein solches der freiwilligen Gerichtsbarkeit (z.B. Antrag auf Berichtigung des Grundbuchs).[26] Bei Erbfällen, welche vor dem Inkrafttreten des Vermögensgesetzes am 29.9.1990 eingetreten sind, zählen die Ansprüche nach dem Vermögensgesetz nicht zum Nachlass und können daher vom Testamentsvollstrecker im Verwaltungsprozess nicht geltend gemacht werden. Vielmehr gehört bereits der aufgrund von Unrechtsmaßnahmen i.S.d. Vermögensgesetzes entzogene Vermögensgegenstand bei Erbfällen vor Inkrafttreten des Vermögensgesetzes am 29.9.1990 weder bei gesetzlicher noch bei testamentarisch angeordneter Erbfolge dem Nachlass an. Auch die Restitutionsansprüche nach dem Vermögensgesetz sind nicht Bestandteile des Nachlasses, diese öffentlich-rechtlichen Ansprüche entstehen vielmehr originär in der Person des Rechtsnachfolgers.[27][28]

11 Prozessrechtlich ist der Testamentsvollstrecker an sich auch zur Abgabe von Verzichten, Anerkenntnissen und Vergleichen berechtigt (§§ 306, 307 ZPO, § 779 BGB). Zu beachten ist jedoch, dass diese Erklärungen auch eine materiell-rechtliche Seite haben und Anordnungen des Erblassers (§ 2208 BGB) und das **Schenkungsverbot** (§ 2205 S. 3 BGB) derartigen Verfügungen Grenzen setzen. Wird hiergegen verstoßen, so schlägt die Nichtigkeit der materiell-rechtlichen Seite nach der von der h.M. vertretenen Theorie über die **Doppelnatur** dieser Prozesshandlungen[29] auch auf die Wirksamkeit der prozessualen Seite durch, so dass dann keine Verfahrensbeendigung eintritt.[30]

4. Einschränkung des Prozessführungsrechts

12 Ein Prozessführungsrecht des Testamentsvollstreckers fehlt, wenn er das **Verwaltungsrecht** über den Nachlassgegenstand **verliert**, etwa durch eine Freigabe oder wenn der Testamentsvollstrecker selbst Schuldner des Nachlasses ist, denn niemand kann sich selbst verklagen.[31] Daher können die Erben auch **Schadensersatzansprüche** (§ 2219 BGB) gegen den Testamentsvollstrecker geltend machen, solange nicht ein anderer als Vollstrecker berufen ist.[32] Auch besteht kein Prozessführungsrecht des Testamentsvollstreckers für Rechtsstreitigkeiten über den Kreis der Gesellschafter, auch wenn deren Anteile an einer Personengesellschaft zum Nachlass gehören, weil die Befugnisse, die unmittelbar die Mitgliedschaftsrechte der Erben berühren, nicht der Testamentsvollstreckung unterliegen.[33]

---

23 BGH NJW 1966, 2059 = GRUR 1967, 56 m. krit. Anm. *Pietzcker*: Klage ist jedoch gegen den Erben zu richten (§ 81 Abs. 1 S. 2 PatG).
24 MüKo/*Zimmermann*, § 2212 Rn 7. Aber keine Berechtigung zur Stellung von Beihilfeanträgen bei einem verstorbenen Beamten, BayVGH BayVBl. 1983, 698 (zweifelhaft).
25 Eingehend hierzu Staudinger/*Reimann*, § 2212 Rn 30 ff.
26 RGZ 61, 145; BayObLGZ 1951, 454.
27 VG Magdeburg VIZ 2002, 292.
28 BGHZ 131, 22, 28; BVerwG Buchholz 112 § 2 VermG Nr. 13; VIZ 1996, 710; VIZ 1999, 215; zuletzt auch KG VIZ 2001, 519.
29 BGHZ 79, 71, 74 (zum Prozessvergleich); Rosenberg/Schwab/Gottwald, § 131 III 1 c; Musielak/*Lackmann*, § 794 ZPO Rn 3.
30 Staudinger/*Reimann*, § 2212 Rn 2; a.A. Soergel/*Damrau*, § 2212 Rn 8.
31 RG LZ 1914, 1714; BGH NJW-RR 2003, 217 = ZEV 2003, 75; Staudinger/*Reimann*, § 2212 Rn 11.
32 Soergel/*Damrau*, § 2212 Rn 5.
33 BGH NJW 1998, 1313 = ZEV 1998, 72 (Gesellschaftsrechtssenat).

Weil das **Erbrecht** als solches nicht der Testamentsvollstreckung unterliegt, ist der Testamentsvollstrecker zur prozessualen Feststellung des Erbrechts als solches grundsätzlich nicht berechtigt.[34] Dieser Streit ist zwischen den Erbprätendenten selbst auszutragen. Der Testamentsvollstrecker hat jedoch dann eine Klagebefugnis auf Feststellung des Bestehens oder Nichtbestehens eines von einem Erbanwärter in Anspruch genommenen Erbrechts, wenn er in dieser Eigenschaft ein rechtliches Interesse hat; Indiz hierfür ist, dass er **Klarheit** benötigt, um sich nicht selbst schadensersatzpflichtig nach § 2219 BGB zu machen[35] oder um eine ihm obliegende Erbauseinandersetzung durchzuführen,[36] oder vom Bestehen des Erbrechts einer bestimmten Person seine Rechtsstellung als Testamentsvollstrecker abhängt.[37] Ein solches Urteil nimmt aber an der erweiterten Rechtskraftwirkung des § 327 Abs. 1 ZPO nicht teil, weil das Erbrecht als solches der Verwaltung nicht unterliegt, und wirkt daher nicht für und gegen die (anderen oder wahren) Erben.[38] Der Erbschaftsanspruch gegen den Erbschaftsbesitzer nach § 2018 BGB unterliegt demgegenüber auf alle Fälle der Testamentsvollstreckung.[39]

13

5. Verjährung, Unterbrechung des Prozesses

Für Ansprüche des Nachlasses wie aber auch für solche, die hiergegen gerichtet sind, ist die **Verjährungshemmung** nach § 211 n.F. (früher § 207) BGB zu beachten. Zum Schutze des Nachlasses, aber auch seiner Gläubiger wird die Verjährung nicht vor Ablauf von sechs Monaten seit der Amtsannahme durch den Testamentsvollstrecker beendet, soweit der Anspruch der Testamentsvollstreckung unterliegt.[40]

14

Bei einem **Wechsel der Person** des Testamentsvollstreckers gelten § 241 ZPO (Unterbrechung kraft Gesetzes) und § 246 ZPO[41] (Aussetzung auf Antrag, bei Vertretung durch einen Prozessbevollmächtigten) entsprechend.[42] Fällt die Testamentsvollstreckung insgesamt weg oder zumindest das Verwaltungsrecht an dem geltend gemachten Recht, so finden die §§ 239, 246 ZPO Anwendung.[43]

15

Muster: Antrag auf Aussetzung eines Rechtsstreits bei Beendigung der Testamentsvollstreckung   **M 1**

An das

Landgericht

Aussetzungsantrag

In der Sache ▉▉▉

wird mitgeteilt, dass die Testamentsvollstreckung durch Zeitablauf beendet ist. Hierzu wird auf die Nachlassakten des Amtsgerichts – Nachlassgericht – A-dorf, AZ. ▉▉▉ Bezug genommen.

---

34 RG LZ 1922, 198; Staudinger/*Reimann*, Rn 25; Soergel/*Damrau*, Rn 6 je zu § 2212.
35 BGH NJW-RR 1987, 1090; Soergel/*Damrau*, § 2212 Rn 6.
36 Staudinger/*Reimann*, § 2212 Rn 26; MüKo/*Zimmermann*, § 2212 Rn 10.
37 MüKo/*Zimmermann*, § 2212 Rn 10.
38 RG JW 1919, 724; *Löwisch*, DRiZ 1971, 273; MüKo/*Zimmermann*, § 2212 Rn 10.
39 Staudinger/*Reimann*, § 2212 Rn 28; *Kipp/Coing*, § 71 I 3.
40 RGZ 100, 279, 281; MüKo/*Zimmermann*, § 2212 Rn 5.
41 § 246 ZPO geht dem § 241 ZPO bei Vertretung durch einen Prozessbevollmächtigten immer vor, BGH NJW-RR 1994, 542; Musielak/*Stadler*, § 241 ZPO Rn 1.
42 RG WarnR 1913 Nr. 330.
43 Soergel/*Damrau*, § 2212 Rn 9; RGZ 155, 350, 353; BGH NJW 1964, 2301; Musielak/*Stadler*, § 239 ZPO Rn 3.

J. Mayer

Nach § 246 ZPO wird beantragt,

die Aussetzung des Verfahrens anzuordnen.

Sobald mir die Stellungnahme des von mir vertretenen Erben, der zzt. im Ausland weilt, über seine weiteren Prozessabsichten vorliegt, werde ich die Aufnahme des Rechtsstreits anzeigen.

Rechtsanwalt

16   Ein vom Erblasser geführter und durch seinen Tod unterbrochener Rechtsstreit kann aber auch gegen den Testamentsvollstrecker wieder aufgenommen werden, sofern das Recht seiner Verwaltung unterliegt (§§ 243, 241 ZPO).[44] Bei einer zunächst nach dem Tod einer Partei erfolgten Aussetzung des Prozesses kann über die Frage, ob der Testamentsvollstrecker zur Prozessführung berechtigt ist, in einem weiteren Verfahren nach Aussetzungsende entschieden werden.[45] Bei einem Aktivprozess ist die Aufnahme des Prozesses durch den Erben mangels Prozessführungsrechts ausgeschlossen,[46] soweit das Prozessführungsrecht des Testamentsvollstreckers reicht.

6. Rechtskrafterstreckung, Klauselumschreibung

17   Nach § 327 Abs. 1 ZPO wirkt ein Urteil, das zwischen dem Testamentsvollstrecker und einem Dritten über ein der Verwaltung unterliegendes Recht nach § 2212 BGB ergeht, **für und gegen den Erben**. Hierzu gehören auch Feststellungsurteile.[47] Will nach Beendigung der Testamentsvollstreckung der Erbe aus einem solchen Urteil die Zwangsvollstreckung betreiben, so muss er sich nach §§ 728 Abs. 2, 727 ZPO eine vollstreckbare Ausfertigung erteilen lassen (Umschreibung der Vollstreckungsklausel auf den Erben). Hierzu muss er seine Erbenstellung und aber auch die Beendigung der Testamentsvollstreckung in der Form des § 727 Abs. 1 ZPO nachweisen.

18   Urteile, die zwischen dem Erben und einem Dritten ergehen, wirken nur dann für und gegen den Testamentsvollstrecker, wenn eine **gewillkürte Prozessstandschaft** (siehe Rn 9) vorlag.[48] Für Klagen des Testamentsvollstreckers auf Feststellung des Erbrechts gilt § 327 ZPO nicht (siehe Rn 38).

19   Ist für den **Erblasser** bereits ein Urteil oder sonstiger **Vollstreckungstitel** (etwa nach § 794 ZPO) **vorhanden,** so wirkt dies auch für den Testamentsvollstrecker, so dass dieser sich eine vollstreckbare Ausfertigung erteilen lassen kann (§§ 749, 727 ZPO; sog. **Umschreibung der Vollstreckungsklausel**). Jedoch muss er dazu nachweisen, dass das betreffende Recht seiner Verwaltung unterliegt,[49] dass er zum Testamentsvollstrecker ernannt und das Amt angenommen hat; all dies kann auch durch Testamentsvollstreckerzeugnis geschehen.[50]

> **Weiterführender Formulierungsvorschlag**
> Umschreibung der Vollstreckungsklausel vom Erblasser auf den Testamentsvollstrecker
> Zöller/*Stöber*, § 749 ZPO, Rn 8.

20   Nach **Beendigung der Testamentsvollstreckung** kann für die Erben nach den §§ 728 Abs. 2, 727 ZPO eine vollstreckbare Ausfertigung des vom Testamentsvollstrecker bereits

---

44   Staudinger/*Reimann*, § 2212 Rn 18.
45   BGH VersR 1983, 666.
46   BGHZ 104, 1, 3 = NJW 1988, 1390.
47   RG Gruchot 50, 387.
48   Staudinger/*Reimann*, § 2212 Rn 21; *Kipp/Coing*, § 71 I 1; MüKo/*Zimmermann*, § 2212 Rn 19.
49   Staudinger/*Reimann*, § 2212 Rn 22; *Münzberg*, in: Stein/Jonas, § 749 Rn 5.
50   NK-BGB/*Kroiß*, § 2212 Rn 31.

erstrittenen Urteils erteilt werden.[51] Erforderlich ist hier der Nachweis der Erbenstellung und der Beendigung der Testamentsvollstreckung.

> **Weiterführender Formulierungsvorschlag**
> Umschreibung der Vollstreckungsklausel vom Testamentsvollstrecker auf die Erben nach Beendigung der Testamentsvollstreckung
> *Scheel*, NotBZ 2000, 146, 153.

7. Kosten des Rechtsstreits, Risiken des Testamentsvollstreckers

Soweit der Testamentsvollstrecker einen nach § 2212 BGB geführten Rechtsstreit verliert, wird er zwar zur **Kostentragung** nach §§ 91 ff. ZPO verurteilt, jedoch trägt diese – soweit keine Pflichtwidrigkeit des Testamentsvollstreckers vorliegt[52] – der Nachlass, in den auch allein aus dem Kostenfestsetzungsbeschluss vollstreckt werden kann.[53] Der Einwand der Erben, die Anrufung des Gerichts sei zur ordnungsgemäßen Verwaltung des Nachlasses nicht erforderlich gewesen, ist gegenüber der gesetzlichen Kostenhaftung des Nachlasses unbeachtlich.[54] Aus einer pflichtwidrigen Prozessführung resultiert jedoch eine Verpflichtung des Testamentsvollstreckers, den Erben den dadurch entstandenen Schaden zu ersetzen (§ 2219 BGB).[55]

21

B. Prozessführungsrecht bei Passivprozessen (§ 2213 BGB)

I. Grundzüge

Wenn Ansprüche gegen den Nachlass gerichtlich geltend gemacht werden, ist der Erbe, der die Erbschaft angenommen hat (§ 1958 BGB), immer prozessführungsberechtigt, d.h., er kann von den Nachlassgläubigern verklagt werden. Denn der Erbe haftet für Nachlassverbindlichkeiten auch persönlich. Daher muss den Gläubigern die Möglichkeit offen stehen, auch auf das **Eigenvermögen der Erben zuzugreifen**, unbeschadet des Rechts des Erben, die Beschränkung der Erbenhaftung zu erklären (§§ 780 Abs. 1, 781, 785 ZPO). Soweit jedoch das Verwaltungsrecht des Testamentsvollstreckers besteht, ist für den Nachlassgläubiger ein allein gegen den Erben ergangenes Urteil nur von beschränktem Wert, weil zur Zwangsvollstreckung in den Nachlass nach § 748 ZPO noch ein Titel gegen den Testamentsvollstrecker erforderlich ist.[56] Daher ist auch der Testamentsvollstrecker passiv prozessführungsbefugt, so dass es für den Gläubiger i.d.R. empfehlenswert ist, **Erben und Testamentsvollstrecker** zu verklagen, sofern ein entsprechendes Verwaltungsrecht des Testamentsvollstreckers noch besteht.[57]

22

---

51 NK-BGB/*Kroiß*, § 2212 Rn 32.
52 Dazu RG JW 1936, 3368: Bei überflüssiger, leichtfertiger oder durch persönliche Interessen beeinflusster Prozessführung.
53 RG JW 1901, 183; MüKo/*Zimmermann*, § 2212 Rn 13; eingehend Soergel/*Damrau*, § 2212 Rn 12; damit handelt es sich auch nicht um das Problem, ob der Testamentsvollstrecker von der Erben Ersatz dieser Kosten nach §§ 2218, 670 BGB verlangen kann, was bei *Lieb*, Rn 308 nicht recht deutlich wird.
54 OLGR Celle 2002, 292.
55 MüKo/*Zimmermann*, § 2212 Rn 13.
56 MüKo/*Zimmermann*, § 2213 Rn 1.
57 Soergel/*Damrau*, § 2213 Rn 3.

II. Passivprozesse gegen den Nachlass

1. Begriff

23 Hierunter fallen **alle gerichtlichen Streitigkeiten,** in denen wegen einer Nachlassverbindlichkeit (siehe §§ 1967, 1968 BGB) eine Leistung aus dem Nachlass verlangt oder deren Feststellung beansprucht wird,[58] auch Besitzverschaffungsansprüche gegen die Testamentserben, die dem Besitzer den Besitz durch verbotene Eigenmacht entzogen haben,[59] auch solche aus einem vom Testamentsvollstrecker geschlossenen Vertrag (§ 2206 BGB).[60] Auf die Art der Gerichtsbarkeit (etwa Finanz-[61] oder Verwaltungsgerichtsbarkeit)[62] und Verfahrensart, etwa Angelegenheiten i.S.v. § 43 WEG, für die das Wohnungseigentumsgericht zuständig ist,[63] kommt es nicht an. Daher gehören hierzu auch eine negative Feststellungsklage gegen einen Dritten, der sich eines Anspruchs gegen den Nachlass berühmt, oder eine Wiederaufnahme durch eine Restitutionsklage (§ 580 ZPO). Für das Vorliegen eines **Passivprozesses** kommt es nicht formell auf die Parteirolle im Prozess an (formelle Beklagteneigenschaft), sondern allein **materiell** darauf, ob ein gegen den Nachlass gerichteter Anspruch **abgewehrt** wird, was auch durch eine Anfechtungsklage gegen einen Leistungsbescheid (Erschließungskosten) geschehen kann.[64] Aus § 2213 Abs. 1 BGB leitet die finanzgerichtliche Rechtsprechung her, dass auch **Steuerbescheide** gegen den Testamentsvollstrecker **bekannt gegeben** werden können, wenn der Testamentsvollstrecker im Rahmen seiner Verwaltung des gesamten Nachlasses nach § 2213 Abs. 1 BGB zur Erfüllung von Nachlassverbindlichkeiten verpflichtet ist und er zur Begleichung der Steuerschuld aus dem verwalteten Nachlass herangezogen werden soll.[65] Eine Anfechtungsbefugnis wird dem Testamentsvollstrecker aber abgesprochen,[66] was nicht konsequent ist.

24 **Nicht** unter § 2213 BGB fallen Streitigkeiten der Erbanwärter um das Erbrecht oder der Miterben untereinander über das Bestehen einer Ausgleichspflicht (§§ 2050 ff. BGB) oder eine Patentnichtigkeitsklage[67] oder eine Klage wegen des Erbschaftsanspruchs gegen den Testamentsvollstrecker (§ 2018 BGB), weil dieser den Nachlass nicht aufgrund eines zu Unrecht behaupteten Erbrechts in Besitz hat.[68]

25 Ebenfalls nicht zu § 2213 BGB gehört die Geltendmachung von **Ansprüchen gegen den Testamentsvollstrecker persönlich,** wenn also gerade keine Amtshandlung von ihm begehrt wird. Hierbei ist allerdings die theoretische Abgrenzung im Einzelnen noch strittig. *Keßler*[69]

---

58 MüKo/*Zimmermann*, § 2213 Rn 2; Staudinger/*Reimann*, § 2213 Rn 1.
59 LG Köln ZErb 2003, 193 m. Anm. *Mettlach-Plutte*.
60 OLG Koblenz OLGR 1997, 260.
61 BFH BFHE 179, 222 = NJW-RR 1996, 1025.
62 OVG Münster NVwZ-RR 1997, 62: Anfechtungsklage gegen einen Leistungsbescheid.
63 OLG Hamburg ZMR 2003, 134 = OLGR Hamburg 2003, 355.
64 OVG Münster NVwZ-RR 1997, 62; offen lassend für die Anfechtung eines Erbschaftsteuerbescheids BFHE 153, 504 = DStR 1989, 103.
65 BFH BStBl II 1988, 120 = NJW 1989, 936; BStBl II 1989, 792 = BB 1989, 1817. – Bei der Geltendmachung von Erschließungsbeiträgen nach §§ 127 ff. BauGB soll dagegen eine Bekanntgabe an den Testamentsvollstrecker nicht möglich sein, da das Entstehen der damit verbundenen persönlichen Beitragspflicht einen Zugang des Bescheids an den Grundstückseigentümer selbst erfordere (HessVGH NVwZ-RR 1992, 322).
66 BFH BStBl II 1974, 100 = BB 1974, 74; BStBl II 1996, 322 = NJW-RR 1996, 1025; *Piltz*, in: Bengel/Reimann, VIII Rn 33.
67 BGH NJW 1966, 2059.
68 RGZ 81, 151; OLG München OLGE 40, 134.
69 *Keßler*, DRiZ 1967, 299, 301.

bejaht eine Amtsklage dann, wenn aus dem Titel gegen den Nachlass vollstreckt werden soll und wenn der Testamentsvollstrecker seine Anwalts- und Gerichtskosten aus dem Nachlass bezahlen darf. *Garlichs* differenziert zutreffend danach, gegen wen das Urteil im Fall des Todes des Testamentsvollstreckers wirken soll: gegen den Amtsnachfolger, dann Amtsklage, gegen die Erben des Testamentsvollstreckers, dann wird er privat verklagt; siehe auch Rn 28.[70]

Um **persönliche Klagen** handelt es sich in folgenden Fällen:
- **Schadensersatzansprüche** nach § 2219 BGB wegen einer Verletzung einer Amtspflicht[71]
- Ansprüche auf **Herausgabe** von Gegenständen, die der vermeintliche Testamentsvollstrecker an sich genommen hat[72]
- die Erstattung von Beträgen, die der Testamentsvollstrecker zu Unrecht dem Nachlass entnahm, so etwa als vermeintlicher Vermächtnisnehmer[73]
- Ansprüche auf Herausgabe der Erbschaft nach Beendigung der Testamentsvollstreckung (§§ 2218, 667 BGB)[74]
- Vergütungsansprüche des Testamentsvollstreckers (§ 2221 BGB)[75]
- Rückerstattung einer zu hoch erhaltenen Vergütung[76]
- die Klärung, ob er wirksam ernannt[77] oder sein Amt nicht schon beendet ist,[78] ja immer, wenn seine **Amtsstellung** und seine Befugnisse strittig sind.[79]

Daher hat der Testamentsvollstrecker auch zunächst die **Kosten des Rechtsstreits** (Prozesskosten) zu tragen. Jedoch kann er Ersatz derselben nach den §§ 2218, 670 BGB bzw. §§ 2218, 674, 670 BGB vom Nachlass verlangen, wenn er unter Beachtung der Grundsätze der ordnungsgemäßen Nachlassverwaltung den Prozess für erforderlich halten durfte, um den letzten Willen des Erblassers zu verteidigen.[80] Dies gilt auch dann, wenn sich der Prozess gegen den oder die Erben richtet und die an sich berechtigte Prozessführung im Ergebnis ohne Erfolg bleibt.[81] Dabei sind keine zu strengen Anforderungen an die Ersatzfähigkeit dieser Kosten zu stellen, weil sich sonst der Testamentsvollstrecker oftmals wegen der

26

---

70 *Garlichs*, ZEV 1996, 447, 448 f.;*ders.*, Passivprozesse des Testamentsvollstreckers, Rn 130 f.
71 BGH NJW-RR 1988, 386 = WM 1988, 125, 126; WM 1987, 564; BGHZ 41, 23, 30; Soergel/*Damrau*, § 2313 Rn 8; MüKo/*Zimmermann*, § 2313 Rn 3; *Garlichs*, ZEV 1996, 449.
72 KG OLGE 25, 16; Soergel/*Damrau*, § 2213 Rn 8.
73 KG OLGE 25, 16; Soergel/*Damrau*, § 2213 Rn 8; *Garlichs*, ZEV 1996, 449.
74 BGH NJW-RR 1988, 386 = FamRZ 1988, 279; Palandt/*Weidlich*, § 2213 Rn 5; a.A. NK-BGB/*Kroiß*, § 2213 Rn 18; *Zimmermann*, Testamentsvollstreckung, Rn 616.
75 BGH WM 1987, 564, 565; NK-BGB/*Kroiß*, § 2213 Rn 19.
76 OLG Köln BeckRS 2012, 5825.
77 MüKo/*Zimmermann*, § 2213 Rn 3.
78 Soergel/*Damrau*, § 2213 Rn 8.
79 Vgl. hierzu BGH NJW-RR 1987, 1090; OGHZ 2, 45, 47; *Garlichs*, Rn 78 ff.; *Garlichs*, ZEV 1996, 449; Staudinger/*Reimann*, § 2212 Rn 4; Soergel/*Damrau*, § 2213 Rn 8 m.w.N.
80 RG Recht 1910, Nr. 724 (Auslegung unter Anwendung der obliegenden Sorgfalt); RG JW 1936, 3388, 3390 (Bestehen des Amtes); OLG Oldenburg NJW-RR 1996, 582 = FamRZ 1996, 762 (Entlassungsverfahren); NK-BGB/*Kroiß*, § 2213 Rn 20; *Garlichs*, ZEV 1996, 449; Staudinger/*Reimann*, § 2212 Rn 4; Soergel/*Damrau*, § 2218 Rn 13; *Lieb*, Rn 309 ff. (m. verschiedenen Details). Für weite Auslegung der §§ 670, 674 BGB in diesem Zusammenhang *Zeuner*, in: FS Mühl, S. 721 ff.; demgegenüber hält *Zimmermann*, Testamentsvollstreckung, Rn 617 die Kosten aus Schadensersatz- und Vergütungsprozessen generell für nicht erstattungsfähig, während dies bei Kosten für Verfahren i.R.d. Amtsführung sogar dann der Fall sein soll, wenn der Testamentsvollstrecker „eine nicht gänzlich abwegige Rechtsmeinung vertrat" (zust. NK-BGB/*Kroiß*, § 2213 Rn 20), was aber zu weit geht.
81 BGHZ 69, 235, 241 = NJW 1977, 1726 = DNotZ 1978, 490 m. Anm. *Schelter* = LM Nr. 6 zu § 2218 BGB (*Johannsen*); dazu auch *Möhring*, JurBüro 1978, 145.

drohenden persönlichen Kostenhaftung von einer aus der Sicht der Nachlassverwaltung an sich notwendigen gerichtlichen Klärung abhalten lassen könnte.[82] Soweit jedoch der Testamentsvollstrecker durch eine erkennbar aussichtslose, überflüssige, leichtfertige oder durch eigene persönliche Interessen beeinflusste Prozessführung das Entstehen von Kosten verursacht hat, kann er keinen Aufwendungsersatz verlangen.[83] Hat er die Kosten hierfür aber bereits dem Nachlass entnommen, so haftet er nach § 2219 BGB auf deren Rückzahlung.[84]

27 Um **Amtsklagen**, die sich gegen den Nachlass richten, handelt es sich jedoch
– wenn er ein Nachlassverzeichnis erstellen oder Rechnung legen soll,[85] da auch der Nachfolger des Testamentsvollstreckers zur Vornahme dieser Amtshandlungen verpflichtet ist
– wenn ein Anspruch auf Freigabe nach § 2217 Abs. 1 BGB verfolgt wird,[86] denn die Überlassung der Nachlassgegenstände ist ebenfalls eine Amtspflicht und steht nicht im freien Ermessen
– bei Ansprüchen aus § 2216 BGB wegen ordnungsgemäßer Nachlassverwaltung, da dies eine Amtspflicht des Testamentsvollstreckers ist[87]
– bei Geltendmachung des Auseinandersetzungsanspruchs des Erben nach § 2042 BGB gegen den Testamentsvollstrecker (siehe eingehender § 16 Rn 6)
– bei Geltendmachung einer gegen den Nachlass gerichteten Forderung durch den Erben selbst;[88] wegen der Anordnung der Testamentsvollstreckung tritt hier auch keine Konfusion von Forderung und Schuld ein
– bei Feststellungsklagen eines Erbprätendenten gegen den Testamentsvollstrecker auf Anerkennung des Erbrechts[89]
– um eine Freigabe nach § 2217 BGB.[90]

28 In all diesen Fällen ist der Testamentsvollstrecker in seiner **Amtseigenschaft** zu verklagen. Wenn teilweise angenommen wird, es handle sich um persönliche Klagen, weil der Testamentsvollstrecker persönlich die Kosten eines verlorenen Rechtsstreits zu tragen hat, so kann dieser Gesichtspunkt nicht zwingend sein. Geht der Prozess verloren, weil der Testamentsvollstrecker zu Unrecht die begehrte Amtshandlung nicht vornahm, so ist er dem Nachlass nach § 2219 BGB zum Ersatz des entstandenen Schadens verpflichtet.[91] Dies ändert aber nichts daran, dass streitgegenständlich reine Fragen der Amtsführung sind und ein ergehendes Urteil auch gegen den Nachfolger des Testamentsvollstreckers und z.T. auch deswegen in den Nachlass vollstreckt werden muss.

---

82 *Lieb*, Rn 310.
83 BGH WM 1967, 25, 29; *Lieb*, Rn 311.
84 Staudinger/*Reimann*, § 2218 Rn 31; *Zimmermann*, Testamentsvollstreckung, Rn 612.
85 OLG Koblenz NJW-RR 1993, 462; *Garlichs*, ZEV 1996, 447, 448; Soergel/*Damrau*, § 2213 Rn 8c. A.A. die h.M., vgl. etwa KG OLGE 10, 303.
86 NK-BGB/*Kroiß*, § 2213 Rn 18; OLG Frankfurt ZEV 2011, 605; *Garlichs*, ZEV 1996, 447, 448; Soergel/*Damrau*, § 2213 Rn 8c, a.A. OGHZ 2, 45, 48.
87 *Garlichs*, ZEV 1996, 447, 449; Soergel/*Damrau*, § 2213 Rn 6. A.A. MüKo/*Zimmermann*, § 2213 Rn 3.
88 BGHZ 48, 214, 215; *Garlichs*, ZEV 1996, 447, 449; jetzt auch Palandt/*Weidlich*, § 2213 Rn 5.
89 *Garlichs*, Passivprozesse, Rn 67; BGH bei *Kessler*, DRiZ 1967, 299. Wird gleichzeitig (quasi hilfsweise) Schadensersatz nach § 2219 BGB begehrt (also persönliche Klage), so müssen die Ansprüche im Prozess so behandelt werden, als ob sie sich gegen verschiedene Personen richten.
90 OLG Frankfurt ZEV 2011, 605 = DNotZ 2012, 217.
91 Staudinger/*Reimann*, § 2212 Rn 4, § 2218 Rn 31; *Kessler*, DRiZ 1967, 299, 301; *Garlichs*, ZEV 1996, 447, 448; missverständlich, wonach den Erben ein „Erstattungsanspruch" nach § 2219 BGB zusteht NK-BGB/*Kroiß*, § 2213 Rn 20.

Bei Streitigkeiten über die richtige Klageeinordnung kann auch eine **Zwischenfeststellungsklage** zur Klärung der Verhältnisse erhoben werden.[92]

29

2. Testamentsvollstreckung umfasst den gesamten Nachlass

In diesem Regelfall der Testamentsvollstreckung kann der Nachlassgläubiger den **Testamentsvollstrecker allein** oder **nur den Erben** oder **beide gleichzeitig** auf Leistung oder Feststellung verklagen (§ 2213 Abs. 1 S. 1 BGB). Er kann aber auch gegen den Erben auf Leistung und gegen den Testamentsvollstrecker auf Duldung der Zwangsvollstreckung klagen, und zwar gemeinsam wie auch getrennt, da er zur Zwangsvollstreckung in den Nachlass einen Titel gegen den Testamentsvollstrecker benötigt (§ 748 Abs. 1 ZPO) und zu der in das Eigenvermögen des Erben einen gegen diesen.[93] **Vor der Annahme der Erbschaft** kann gegen den Erben keine Klage erhoben werden (§ 1958 BGB), wohl aber bereits gegen den Testamentsvollstrecker (§ 2213 Abs. 2 BGB), wenn er das Amt angenommen hat (§ 2202 Abs. 1 BGB) und im Übrigen die passive Prozessführungsbefugnis besitzt.[94]

30

3. Gegenständlich beschränkte Testamentsvollstreckung (§ 2208 Abs. 1 S. 2 BGB)

Dann kann der Nachlassgläubiger **nur gegen** den Erben **Leistungsklage** erheben, nicht aber gegen den Testamentsvollstrecker (§ 2213 Abs. 1 S. 2 BGB). Gegen den **Testamentsvollstrecker** ist **nur Klage auf Duldung der Zwangsvollstreckung** zulässig (§ 2213 Abs. 3 BGB), aber auch erforderlich, wenn der Gläubiger in den dem Verwaltungsrecht des Testamentsvollstreckers unterliegenden Nachlass vollstrecken will (§ 748 Abs. 2 ZPO);[95] ansonsten kann nur in das Eigenvermögen des Erben oder in den nicht der Testamentsvollstreckung unterworfenen Nachlass vollstreckt werden.[96] Dies gilt auch für dingliche Ansprüche.[97] Diese **Zweititeltheorie** führt dazu, dass der Erbe auf eine Leistung verklagt wird, zu deren Erfüllung er wegen § 2211 BGB rechtsgeschäftlich gar nicht in der Lage ist.[98] Zudem besteht **keine Rechtskrafterstreckung** zwischen dem Erbentitel und dem Duldungstitel gegen den Testamentsvollstrecker: das Leistungsurteil wirkt nicht gegen den Testamentsvollstrecker, weil dies in § 327 ZPO nicht vorgesehen ist, der Duldungstitel gegen den Testamentsvollstrecker nicht auf den Leistungsstreit gegen den Erben, weil der Testamentsvollstrecker wegen der einschränkten Verwaltungsbefugnis nach h.M. „nicht zur Führung des Rechtsstreits" i.S.v. § 327 Abs. 2 ZPO befugt ist.[99] Testamentsvollstrecker und Erbe können aber gemeinsam als Streitgenossen in einem Verfahren verklagt werden.

31

---

[92] NK-BGB/*Kroiß*, § 2213 Rn 20; eingehender dazu Soergel/*Damrau*, § 2213 Rn 8b.
[93] Soergel/*Damrau*, § 2213 Rn 3 m.w.N.
[94] MüKo/*Zimmermann*, § 2213 Rn 4.
[95] RG HRR 1932 Nr. 1453; KG NJW 1963, 1553; OLG Hamm Rpfleger 1977, 306; *Münzberg*, in: Stein/Jonas, § 748 ZPO Rn 4; Musielak/*Lackmann*, § 748 ZPO Rn 5; RGRK/*Kregel*, § 2213 Rn 7; Soergel/*Damrau*, § 2213 Rn 4; *Winkler*, Testamentsvollstrecker, Rn 440; *Ebenroth*, Rn 674; AK/*Finger*, § 2213 Rn 7. A.A. *Baumbach/Lauterbach/Albers/Hartmann*, § 748 ZPO Rn 4; *Garlichs/Mankel*, MDR 1998, 511, 514 ff.; *Garlichs*, Passivprozesse, Rn 29 ff.
[96] Soergel/*Damrau*, § 2213 Rn 4.
[97] Planck/*Flad*, Anm. § 2213 2b.
[98] Krit. hiergegen *Garlichs/Mankel*, MDR 1998, 511, 513 ff., die auch hier § 2213 Abs. 1 Satz 1 BGB anwenden und dann ein neues Verständnis der Wirkung des § 748 Abs. 2 ZPO entwickeln, wonach gegen Testamentsvollstrecker und Erben nur zwei vollstreckbare Ausfertigungen erforderlich sind, wobei das erfolgreiche Leistungsurteil gegen den Testamentsvollstrecker zu einer entsprechenden Klauselumschreibung nach § 728 Abs. 2 ZPO berechtigen soll.
[99] MüKo/*Zimmermann*, § 2313 Rn 11; AK/*Finger*, § 2313 Rn 9; Staudinger/*Reimann*, § 2313 Rn 13. Vgl. auch RGZ 109, 166 zum Pflichtteilsanspruch.

32 Eine **unzulässige Leistungsklage** gegen den Testamentsvollstrecker kann als zulässige Duldungsklage angesehen werden, und zwar auch noch in der Revisionsinstanz.[100] Gegen die Duldungsklage hat der Testamentsvollstrecker alle materiellen Einwendungen und Einreden des Erben.[101]

4. Kein Verwaltungsrecht des Testamentsvollstreckers

33 Hier ist nur gegen den Nachlass zu klagen; ein Duldungstitel gegen den Testamentsvollstrecker ist für die Zwangsvollstreckung nicht erforderlich.[102] Umgekehrt ist auch nur der Erbe zur Führung von Rechtsstreitigkeiten berechtigt, die sich auf Ansprüche gegen den Nachlass beziehen.[103]

5. Geltendmachung besonderer Ansprüche

34 **Pflichtteilsansprüche** können nur gegen den Erben geltend gemacht werden, und zwar auch dann, wenn dem Testamentsvollstrecker die Verwaltung des ganzen Nachlasses zusteht (§ 2213 Abs. 1 S. 3 BGB). Hierzu gehören auch die eine Pflichtteilszahlung vorbereitenden Ansprüche, etwa auf Auskunft oder Wertermittlung (§ 2314 BGB).[104] Auch die Zwangsvollstreckung des Pflichtteilsberechtigten nach § 888 ZPO aus einem Auskunftstitel gegen den Erben setzt – trotz § 748 ZPO – einen Duldungstitel gegen den Testamentsvollstrecker nicht voraus.[105]

35 Will der **Pflichtteilsgläubiger** jedoch in den vom Testamentsvollstrecker verwalteten Nachlass oder Nachlassteil vollstrecken, so bedarf es hierfür noch eines Duldungsurteils gegen ihn (§ 748 Abs. 3 ZPO).[106] In welcher Reihenfolge die Urteile erstritten werden, ist jedoch unerheblich.[107] Im Verhältnis Leistungsurteil gegen den Erben und Duldungsurteil gegen den Testamentsvollstrecker tritt auch hier **keine Rechtskrafterstreckung** ein.[108]

36 Aus § 2213 Abs. 1 S. 3 BGB ergibt sich auch, dass der Testamentsvollstrecker gegen den Willen des Erben eine **Pflichtteilsforderung nicht** mit Wirkung gegen diese rechtsgeschäftlich **anerkennen** darf.[109] Zur Erfüllung von Pflichtteilsansprüchen ist der Testamentsvollstrecker nur berechtigt, wenn es sich um unstreitige handelt;[110] er ist zur Erfüllung einer unstreitigen Pflichtteilsforderung den Erben gegenüber aber nur verpflichtet, wenn dies die Grundsätze einer ordnungsgemäßen Nachlassverwaltung gebieten und sonst eine Haftung droht (§§ 2216, 2219 BGB).[111] Streitig ist eine Verbindlichkeit nicht erst dann, wenn sie rechtshängig ist; es genügt, wenn über Bestehen, Höhe, Fälligkeit oder sonstige Punkte

---

100 RG HRR 1932 Nr. 1453; MüKo/*Zimmermann*, § 2213 Rn 10.
101 MüKo/*Zimmermann*, § 2213 Rn 10.
102 Soergel/*Damrau*, § 2213 Rn 5; Staudinger/*Reimann*, § 2213 Rn 15.
103 Staudinger/*Reimann*, § 2213 Rn 15.
104 RGZ 50, 224; JW 1910, 189; Staudinger/*Reimann*, § 2213 Rn 17.
105 OLG Dresden ZEV 2003, 289.
106 LG Heidelberg NJW-RR 1991, 969.
107 RGZ 109, 166.
108 BGHZ 51, 125, 130; RGZ 109, 166 f.; MüKo/*Zimmermann*, § 2213 Rn 14.
109 BGHZ 51, 125, 131 = NJW 1969, 424.
110 BGHZ 51, 125.
111 Staudinger/*Reimann*, § 2213 Rn 19. Von der Verpflichtung zur Erfüllung unstreitiger Pflichtteilsansprüche spricht demgegenüber MüKo/*Zimmermann*, § 2213 Rn 13 wegen § 2046 BGB; *W. Roth/Maulbetsch*, NJW-Spezial 2008, 711; in diese Richtung auch BGHZ 51, 125, 127. Misst man dies an § 2206 BGB, so kann der Testamentsvollstrecker ebenfalls nur unbestrittene Pflichtteilsansprüche erfüllen, eingehend hierzu siehe § 38 Rn 9 ff. Zur Problematik auch *Klingelhöffer*, ZEV 2000, 261.

zwischen Gläubiger und Schuldner ernsthafte Meinungsverschiedenheiten zu Tage getreten sind.[112] Wird trotz § 2213 Abs. 1 S. 3 BGB ein streitiger Pflichtteilsanspruch durch den Testamentsvollstrecker erfüllt oder ein prozessuales Anerkenntnis abgegeben (§ 307 ZPO), so ist dieses ebenfalls gegenüber dem Nachlass nicht wirksam.[113]

Soweit der **Testamentsvollstrecker selbst der Gläubiger** ist, so ist gegen den Erben zu klagen. Dann genügt zur Vollstreckung in den Nachlass auch nur ein Titel gegen den Erben.[114] Hierher gehören etwa Streitigkeiten, ob dem Testamentsvollstrecker ein Vermächtnis zusteht oder über die Höhe seiner Vergütung (§ 2221 BGB).

III. Stellung des Testamentsvollstreckers im Passivprozess, Verfahrensfragen

Der Testamentsvollstrecker ist auch hier (wie bei den Fällen des § 2212 BGB, siehe oben) selbst **Prozesspartei**, nämlich Partei kraft Amtes. Ist nur der Erbe oder der Testamentsvollstrecker verklagt, so kann der jeweils andere als Streithelfer beitreten (§ 66 ZPO) oder es kann ihm der Streit verkündet werden (§ 72 ZPO). Mangels Rechtskrafterstreckung sind in einem gegen den Erben gerichteten Verfahren Erbe und Testamentsvollstrecker **keine** notwendigen **Streitgenossen**.[115] Die gegen den Erben erhobene Leistungs- oder Feststellungsklage und die gegen den Testamentsvollstrecker erhobene Klage (auf Leistung, Feststellung oder Duldung) können als einheitlicher Rechtsstreit (§ 59 ZPO) oder aber auch getrennt verfolgt werden.[116] Sowohl der Erbe wie der Testamentsvollstrecker können am **Gerichtsstand** der Erbschaft (§§ 27, 28 ZPO) verklagt werden.[117] Bei unterschiedlichem Gerichtsstand kann nach § 36 Nr. 3 ZPO die Bestimmung eines zuständigen Gerichts beantragt werden.

Nach **Unterbrechung eines Prozesses** durch den Tod einer Partei kann bei einem Passivprozess sowohl der verwaltungsberechtigte Testamentsvollstrecker wie aber auch der Erbe das Verfahren wieder aufnehmen (§ 239 ZPO). Hat der Erbe das Verfahren wieder aufgenommen, so kann der gegnerische Kläger den Testamentsvollstrecker auch gegen dessen Willen durch Anzeige seiner Fortsetzungsabsicht in den Prozess hineinziehen.[118]

IV. Rechtskraft, Klauselumschreibung

Ein **gegen den Erblasser** ergangenes Urteil oder ein sonstiger Vollstreckungstitel (z.B. § 794 ZPO) wirkt auch gegen den Testamentsvollstrecker, jedoch bedarf es einer entsprechenden Umschreibung der Vollstreckungsklausel (§§ 749, 727, 795 ZPO).

---

112 BGHZ 51, 125, 127.
113 So *Leipold*, in: Stein/Jonas, § 306 ZPO Rn 26. A.A. Soergel/*Damrau*, § 2213 Rn 10, der den Nachlass nur auf Schadensersatzansprüche verweist (§ 2219 BGB).
114 Soergel/*Damrau*, § 2213 Rn 6; *Münzberg*, in: Stein/Jonas, § 748 ZPO Rn 2.
115 BFH BStBl II 1996, 322 = NJW-RR 1996, 1025. Anderes muss bei einer Klage gegen den Testamentsvollstrecker gelten, wenn wegen § 327 Abs. 2 ZPO das Urteil gegen den Erben wirkt, Musielak/*Werth*, § 62 ZPO Rn 4 m.w.N. (allerdings ohne diese Differenzierung); MüKo/*Schilken*, § 62 Rn 7; Rosenberg/Schwab/Gottwald, § 49 II 1 c.
116 MüKo/*Zimmermann*, § 2213 Rn 15.
117 MüKo/*Zimmermann*, § 2213 Rn 17; Staudinger/*Reimann*, § 2213 Rn 25.
118 BGHZ 104, 1, 5 = NJW 1988, 1390.

11.2

Muster: Umschreibung der Vollstreckungsklausel gegen den Testamentsvollstrecker[119]

Vorstehende mit der Urschrift übereinstimmende Ausfertigung wird hiermit ▬▬▬ zum Zwecke der Zwangsvollstreckung gegen Herrn Franz Hinterhuber als Testamentsvollstrecker des Nachlasses des am ▬▬▬ verstorbenen Edgar Hartmann auf Antrag erteilt. Die Zwangsvollstreckung ist nur in diesen vom Testamentsvollstrecker verwalteten Nachlass zulässig.

Gründe: Herr Franz Hinterhuber ist der Testamentsvollstrecker des am ▬▬▬ verstorbenen Edgar Hartmann. Dies ist nachgewiesen durch die Vorlage einer Ausfertigung des vom Amtsgericht ▬▬▬ ausgestellten Testamentsvollstreckerzeugnisses, von dem beglaubigte Abschrift beigefügt wird. Der Testamentsvollstrecker haftet jedoch nur mit dem seiner Testamentsvollstreckung unterliegenden Nachlass, nicht jedoch mit seinem eigenen Vermögen.

41 Das im Prozess **gegen den Testamentsvollstrecker** ergangene Leistungsurteil über ein seiner Verwaltung unterliegendes Nachlassrecht hat auch Rechtswirkungen für und gegen den Erben (§ 327 Abs. 2 ZPO). Daraus kann in den Nachlass vollstreckt werden (§ 748 Abs. 1 ZPO). Jedoch wirken Duldungstitel gegen den Testamentsvollstrecker nicht gegen den Erben bei einer Vollstreckung in sein Eigenvermögen.[120] Das gegen den Testamentsvollstrecker ergangene Leistungsurteil kann jederzeit gegen den Erben **umgeschrieben** werden, sofern der Titel gegen ihn nach § 327 Abs. 2 ZPO wirkt (§ 728 Abs. 2 ZPO).[121] Dass die Testamentsvollstreckung bereits beendet ist, ist dabei nicht erforderlich (§ 728 Abs. 2 S. 2 ZPO).

> **Weiterführender Formulierungsvorschlag**
> *Scheel*, NotBZ 2000, 146, 153.

42 Aus dem umgeschriebenen Titel ist auch eine Zwangsvollstreckung in das Eigenvermögen des Erben möglich; jedoch kann der Erbe hier die Beschränkung seiner Haftung geltend machen, auch wenn dies in dem Urteil nicht vorbehalten war (§ 780 Abs. 2 ZPO).[122] Eine auf die Haftungsbeschränkung gestützte Vollstreckungsgegenklage ist aber unbegründet, wenn der Erbe unbeschränkbar haftet (etwa nach § 2013 BGB).[123]

43 Die **Rechtskraft** eines den **Erben verurteilenden Leistungsurteils** wirkt nicht gegen den Testamentsvollstrecker.[124] Eine § 327 Abs. 2 ZPO entsprechende Regelung fehlt. Jedoch kann der Testamentsvollstrecker sich auf die Rechtskraft eines **zugunsten des Erben** ergangenen **klageabweisenden Urteils** berufen, was als Prozessvoraussetzung eine Klage unzulässig macht. Denn könnte der Testamentsvollstrecker wegen der gleichen Nachlassverbindlichkeiten verurteilt werden, so würde dieses neue Urteil nach § 327 Abs. 2 ZPO gegen den Nachlass wirken und damit der Rechtskraft des ersten Urteils widersprechen.[125]

---

119 Dazu *Wolfsteiner*, in: Kersten/Bühling, § 19 Rn 185 M; vgl. auch *Scheel*, NotBZ 2000, 146, 153.
120 Soergel/*Damrau*, § 2213 Rn 14; Staudinger/*Reimann*, § 2213 Rn 13; MüKo/*Zimmermann*, § 2213 Rn 11.
121 Eingehend zur Titelumschreibung: *Winkler*, Testamentsvollstrecker, Rn 455 ff.
122 Soergel/*Damrau*, § 2213 Rn 14.
123 Staudinger/*Reimann*, § 2213 Rn 9; *Kipp*/*Coing*, § 71 II 2 a.
124 RGZ 109, 166, 167; MüKo/*Zimmermann*, Rn 7; Staudinger/*Reimann*, Rn 6 je zu § 2213.
125 Musielak/*Musielak*„ § 327 ZPO Rn 3; MüKo/*Zimmermann*, § 2213 Rn 7; *Leipold*, in: Stein/Jonas, § 327 ZPO Rn 8; Staudinger/*Reimann*, § 2213 Rn 6.

V. Zwangsvollstreckung

1. Vollstreckungstitel gegen den Erblasser

Liegt bereits ein Vollstreckungstitel gegen den Erblasser vor, so gilt: Wurde die **Zwangsvollstreckung im Erbfall bereits begonnen,** so kann sie auch nach der Ernennung des Testamentsvollstreckers fortgeführt werden, ohne dass es einer neuen Vollstreckungsklausel bedarf (§ 779 Abs. 1, Abs. 2 S. 2 ZPO). Hatte die Zwangsvollstreckung noch nicht begonnen, so bedarf es einer Klauselumschreibung: **Gegen die Erben,** wenn der Nachlass keiner Verwaltung durch den Testamentsvollstrecker unterliegt (§ 727 ZPO), gegen den Testamentsvollstrecker, wenn er den Nachlass verwaltet (§ 749 ZPO), gegen beide bei Teilverwaltungen (§§ 749, 748 Abs. 2 ZPO).[126]

44

2. Durchführung der Vollstreckung

Für die Durchführung der Zwangsvollstreckung während bestehender Testamentsvollstreckung ist § 748 ZPO zu beachten: Aus einem **gegen den Erben** gerichteten Titel kann die Zwangsvollstreckung nur in dessen **Eigenvermögen** erfolgen, der Erbe kann aber die beschränkte Haftung geltend machen,[127] soweit er sich noch hierauf berufen kann; dann geht natürlich die Vollstreckung ins Leere. Unterliegt der **gesamte Nachlass** der Testamentsvollstreckung, so ist zur Zwangsvollstreckung ein Titel gegen den Testamentsvollstrecker erforderlich und genügend (§ 748 Abs. 1 und 2 ZPO). Liegt ein (Leistungs-)titel gegen den Erben vor, so genügt ein Duldungstitel gegen den Testamentsvollstrecker.[128] Bei mehreren Testamentsvollstreckern mit gemeinschaftlicher Verwaltung ist ein Titel gegen jeden erforderlich;[129] der Vorbehalt der beschränkten Erbenhaftung ist hier nicht erforderlich, um dem Erben die Möglichkeit der Haftungsbeschränkung zu erhalten (§ 780 Abs. 2 ZPO).

45

Bei einer **Teilverwaltung** (§ 2208 Abs. 1 S. 2 BGB) bedarf es eines Leistungsurteils/-titels gegen den Erben, der sich die Haftungsbeschränkung vorbehalten muss (§ 780 Abs. 1 ZPO), und zur Zwangsvollstreckung in das verwaltete Nachlassobjekt eines Duldungsurteils gegen den Testamentsvollstrecker (§ 748 Abs. 2 ZPO, § 2213 Abs. 1 S. 2, Abs. 3 BGB).[130] Der Duldungstitel muss die der Testamentsvollstreckung unterliegenden Gegenstände nicht im Einzelnen aufführen.[131] Zur Vollstreckung wegen eines **Pflichtteilsanspruchs** bedarf es gem. § 748 Abs. 3 ZPO eines Leistungstitels gegen Erben und eines Duldungstitels gegen den Testamentsvollstrecker, und zwar auch, wenn der Erbe den Pflichtteilsanspruch anerkannt hat.[132]

46

---

126 MüKo/*Zimmermann*, § 2213 Rn 19; *Münzberg*, in: Stein/Jonas, § 749 ZPO Rn 1; Musielak/*Lackmann*, § 748 ZPO Rn 5.
127 Soergel/*Damrau*, § 2213 Rn 16; unvollständig *Klumpp*, in: Bengel/Reimann, V Rn 473, wonach nur bei fehlendem Verwaltungsrecht des Testamentsvollstreckers Vollstreckung in den Eigennachlass möglich ist.
128 Musielak/*Lackmann*, § 748 ZPO Rn 4; Zöller/*Stöber*, § 748 ZPO Rn 3.
129 Musielak/*Lackmann*, § 748 ZPO Rn 4.
130 MüKo/*Zimmermann*, § 2213 Rn 21.
131 Musielak/*Lackmann*, § 748 ZPO Rn 4; MüKo/*Arnold*, § 748 Rn 22 m.w.N.
132 OLG Celle MDR 1967, 46; Musielak/*Lackmann*, § 748 ZPO Rn 6.

> # § 12 Informationspflichten: Benachrichtigung, Auskunft, Rechnungslegung

Dr. Jörg Mayer

Inhalt:	Rn		Rn
A. Allgemeines zu den Informationspflichten	1	V. Folgen ungenügender Benachrichtigung	22
I. Überblick	1	C. Auskunftspflicht	23
II. Die Anspruchsberechtigten	2	I. Grundsatz	23
III. Verjährung	10	II. Inhalt und Umfang der Auskunftspflicht	26
B. Benachrichtigungs- und Anhörungspflicht (Aufklärungspflicht)	11	III. Vorlage eines Bestandsverzeichnisses	29
I. Grundsätzliches	11	IV. Kosten der Auskunft, Einzelheiten	32
II. Zweck und Umfang der Informationspflicht	12	V. Abgabe einer eidesstattlichen Versicherung	37
III. Inhalt	16	D. Rechnungslegung	39
IV. Form	21	I. Allgemeines	39
		II. Jährliche Rechnungslegung	53
		III. Kosten, Verjährung, Sanktionen	60

A. Allgemeines zu den Informationspflichten

I. Überblick

Treuhänderische Rechtsverhältnisse sind dadurch gekennzeichnet, dass im Innenverhältnis sehr weitreichende Informationspflichten, insbesondere zur Erteilung der erforderlichen Benachrichtigungen, Auskünfte und zur Rechnungslegung, bestehen. Für das Recht der Testamentsvollstreckung verweist diesbezüglich § 2218 BGB auf das Auftragsrecht, und zwar auf den § 666 BGB. Danach bestehen für den Testamentsvollstrecker drei Arten von Informationspflichten, die als Auskunftserteilung im weiteren Sinne bezeichnet werden:[1]
– die Benachrichtigungs-[2] und Anhörungspflicht (auch Aufklärungspflicht)
– die Auskunftspflicht
– die Rechenschaftspflicht.

1

II. Die Anspruchsberechtigten

Die gesetzliche Grundlage für diese Informationspflichten ergibt sich aus den §§ 2218, 666 BGB. Diese begründen insoweit ein gesetzliches Schuldverhältnis zwischen dem Testamentsvollstrecker einerseits und den Erben andererseits. Dabei ist Anspruchsberechtigter der **Erbe** selbst.[3] Steht ein Erbe unter **Vormundschaft** (§ 1773 BGB) oder Betreuung (§ 1896 BGB) mit Aufgabenkreis Vermögensfürsorge, so können Vormund oder Betreuer Auskunft und Rechenschaft verlangen; der Anspruch ist auch ihnen gegenüber und nicht gegenüber dem Betreuungsgericht (oder Familiengericht) zu erfüllen.[4] Entsprechendes gilt, wenn ein Erbe unter **elterlicher Sorge** steht; dann können dessen Eltern die Erfüllung dieser Verpflichtungen des Testamentsvollstreckers verlangen.

2

Bei **mehreren Miterben** kann jeder von ihnen diesen Anspruch geltend machen, allerdings kann jeder von ihnen nur Leistung an alle Miterben verlangen, was überwiegend mit § 2039

3

---

1 *Klumpp*, in: Bengel/Reimann, VI Rn 54.
2 Auch Mitteilungspflicht, *Winkler*, Testamentsvollstrecker, Rn 477.
3 *Klumpp*, in: Bengel/Reimann, VI Rn 31.
4 Staudinger/*Reimann*, § 2218 Rn 22; *Klumpp*, in: Bengel/Reimann, VI Rn 51 f.

BGB, der Ausdruck einer „actio pro socio" an die Erbengemeinschaft ist, begründet wird.[5] Demgegenüber verneint die Gegenansicht die Anwendbarkeit des § 2039 BGB mangels Nachlasszugehörigkeit des Anspruchs, und wendet stattdessen § 432 BGB an,[6] was aber im Ergebnis ohne praktische Bedeutung ist.

Anerkannt ist, dass auch gegen den Widerspruch eines der übrigen Miterben ein anderer die Auskunftsklage erheben kann.[7] Auch ist möglich, dass Miterben einen von ihnen bevollmächtigen, die Auskunft mit Wirkung für alle entgegenzunehmen.[8]

4 Demgegenüber kann die **Erfüllung** der Auskunftspflicht gegenüber allen Erben **praktische Schwierigkeiten** bereiten. Dabei wird teilweise angenommen, es sei dem zur Rechenschaft Verpflichteten zuzumuten, jedem Berechtigten einen Rechenschaftsbericht zukommen zu lassen, wenn dies keine zu großen Mühen und Kosten verursacht.[9] Angesichts der heute bestehenden Möglichkeiten des schnellen und kostengünstigen Kopierens und Scannens wird man i.d.R. dem Testamentsvollstrecker eine Mitteilung an jeden Erben zumuten können,[10] zumindest wenn die Anschrift derselben bekannt ist (eingehender siehe Rn 59).

5 Ist Vor- und **Nacherbschaft** angeordnet, so ist zu beachten, dass vor Eintritt des Nacherbfalls der eigentliche Erbe allein der Vorerbe ist und daher bis dahin die Informationspflichten grundsätzlich nur gegenüber dem Vorerben erfüllt werden können.[11] Allerdings hat der Nacherbe seinerseits im „Innenverhältnis" zum Vorerben vor Eintritt des Nacherbfalls einen gesetzlichen Auskunftsanspruch (§ 2127 BGB). Daher wird unter Berufung auf § 2127 BGB im Wege eines „Durchgriffsanspruchs" dem Nacherben ein Auskunftsanspruch gegenüber dem Testamentsvollstrecker hinsichtlich des Bestands der Erbschaft zugebilligt, wenn durch die Verwaltung eine erhebliche Verletzung der Rechte des Nacherben zu besorgen ist.[12]

6 Der **Nacherben-Testamentsvollstrecker** (§ 2222 BGB) hat aber den Nacherben schon vor dem Nacherbfall und auch dann, wenn er zugleich als Testamentsvollstrecker zur Verwaltung des Nachlasses während der Vorerbschaft eingesetzt ist, auf Verlangen Auskunft zu erteilen
– über den bei Übernahme des Amtes des Testamentsvollstreckers vorhandenen Bestand des Nachlasses
– nach Erteilung dieser Auskunft über den späteren Bestand nur, wenn die Nacherben eine erhebliche Verletzung ihrer Rechte durch die Verwaltung des Nachlasses dartun
– sowie über den Verbleib von Nachlassgegenständen, bezüglich derer der Nacherben-Testamentsvollstrecker Rechte der Nacherben gem. §§ 2113 ff. und 2116 ff. BGB wahrgenommen hat.[13]

---

5 BGH NJW 1965, 396 = DNotZ 1965, 621; Staudinger/*Reimann*, Rn 4, 21; *Winkler*, Testamentsvollstrecker, Rn 483; *Klumpp*, in: Bengel/Reimann, VI Rn 46.
6 MüKo/*Zimmermann*, § 2218 Rn 3, 14; ohne Nennung der Anspruchsgrundlage Palandt/*Weidlich*, § 2218 Rn 3.
7 *Klumpp*, in: Bengel/Reimann, Handbuch VI Rn 47.
8 *Klumpp*, in: Bengel/Reimann, Handbuch VI Rn 47; *Klumpp*, ZEV 1999, 305, 307; *Reimann*, Testamentsvollstreckung in der Wirtschaftspraxis, Rn 642 ff.
9 MüKo/*Krüger*, § 259 Rn 26; BGH WM 1981, 991, 992.
10 *Klumpp*, in: Bengel/Reimann, VI Rn 255 besonders bezüglich des Schlussberichts.
11 *Klumpp*, in: Bengel/Reimann, VI Rn 31.
12 RG Recht 1913 Nr. 221; MüKo/*Zimmermann*, § 2218 Rn 4.
13 BGZ 127, 360, 365 = NJW 1995, 456 = ZEV 1995, 69 m. Anm. *Skibbe* = LM BGB § 2218 Nr. 7 (*Harder*) = JR 1996, 60 m. Anm. *Schubert*.

Vermächtnisnehmer und **Pflichtteilsberechtigte** haben im Regelfall keinen Anspruch auf Erteilung derartiger Informationen.[14] Ein solcher Anspruch ergibt sich aber dann, wenn einem Vermächtnisnehmer ein Nießbrauch am Nachlass oder einem Erbteil zugewandt wurde (hier aus §§ 1035, 1068 BGB); daneben kann einem Vermächtnisnehmer ein derartiger Anspruch auch **ausdrücklich** vermacht werden.[15] Bei einem Erbschaftskauf (§ 2371 BGB) oder einem diesem gleichgestellten Vertrag (§ 2385 BGB) erhält der Erwerber sämtliche Informationsrechte und Auskunftsansprüche gegen den Testamentsvollstrecker mit der dinglichen Übertragung des Erbteils oder mit der Einzelübertragung der zur Erbschaft gehörenden Sachen und Rechte (analog §§ 413, 401 BGB).[16] Eine isolierte Übertragung der Rechte aus dem gesetzlichen Schuldverhältnis ist wegen § 664 Abs. 2 BGB nicht möglich.

7

Mit der **Pfändung eines Erbteils** eines Miterben nach § 859 Abs. 2 ZPO erhält der Pfändungsgläubiger zugleich die Hilfsansprüche auf Auskunft, Benachrichtigung und Rechenschaft, und zwar auch dann, wenn diese nicht ausdrücklich mitgepfändet werden und auch, wenn die gepfändete Forderung wertmäßig hinter dem des Erbteils zurückbleibt.[17] Liegen **mehrere Pfändungen** vor, so wird vereinzelt vertreten, dass dann das „Prioritätsprinzip" anzuwenden sei, was dazu führe, dass der Auskunftsanspruch vom Testamentsvollstrecker bereits dann erfüllt wäre, wenn er dem erstrangigem Pfändungsgläubiger die Auskunft erteilt habe.[18] Dem ist entgegen zu halten, dass das Prioritätsprinzip hier nicht anwendbar ist, da durch die Auskunftserteilung gegenüber einem Gläubiger – anders als bei der Erfüllung eines Leistungsanspruchs – der Auskunftsanspruch nicht untergeht, sondern auch noch gegenüber den nachrangigen anderen Gläubigern erfüllt werden kann.

8

Eine **isolierte Pfändung** dieser Rechte ist aber **nicht** möglich (§ 851 ZPO).[19]

Der Testamentsvollstrecker ist seinem **Amtsnachfolger** gegenüber ebenfalls auskunftsverpflichtet; für das Verhältnis zwischen dem früheren Testamentsvollstrecker und seinem Nachfolger ist § 2218 Abs. 1 BGB entsprechend anzuwenden.[20]

9

III. Verjährung

Aufgrund des Gesetzes zur Änderung des Erb- und Verjährungsrechts vom 24.9.2009 (BGBl I 3142) richtet sich die **Verjährung** des Anspruchs auf **Benachrichtigung**, **Auskunft** wie aber auch auf **Rechenschaftslegung** nach den allgemeinen Bestimmungen. Es gilt daher die **dreijährige Regelverjährung** des § 195 BGB,[21] jedoch mit der kenntnisunabhängigen Höchstfrist des § 199 Abs. 3 Nr. 1 BGB, allerdings nicht die längere 30-jährige Höchstfrist des § 199 Abs. 3a BGB. Denn letztere greift nur für solche Ansprüche ein, die auf dem Erbfall selbst beruhen oder deren Geltendmachung die Kenntnis einer Verfügung von Todes wegen voraussetzen, nicht aber allgemein für erbrechtliche Ansprüche, die sich erst aus

10

---

14 RGZ 50, 224, 225 (zum Pflichtteilsberechtigten unter Hinw. auf § 2314 BGB); *Klumpp*, in: Bengel/Reimann, VI Rn 34; Staudinger/*Reimann*, § 2218 Rn 6; Soergel/*Damrau*, § 2218 Rn 17; MüKo/*Zimmermann*, § 2218 Rn 4; Palandt/*Weidlich*, § 2218 Rn 8.
15 BGH WM 1964, 950, 953; *Winkler*, Testamentsvollstrecker, Rn 475; Palandt/*Weidlich*, § 2218 Rn 8; *Klumpp*, in: Bengel/Reimann, VI Rn 36 (dort auch zur Frage, inwieweit entsprechende Auskunftsansprüche stillschweigend mitvermacht sein können).
16 *Klumpp*, in: Bengel/Reimann, VI Rn 43 f.; Staudinger/*Reimann*, § 2218 Rn 15.
17 RG LZ 1916, 1473; KG JW 1929, 869 m. Anm. *Kipp*; Staudinger/*Reimann*, § 2218 Rn 15.
18 *Klumpp*, in: Bengel/Reimann, VI Rn 41.
19 RG JW 1931, 525.
20 BGH NJW 1972, 1660 = DNotZ 1973, 107; Staudinger/*Reimann*, § 2218 Rn 8; MüKo/*Zimmermann*, § 2218 Rn 4; Palandt/*Weidlich*, § 2218 Rn 3.
21 *Klumpp*, in: Bengel/Reimann, VI Rn 124, 330; Palandt/*Weidlich*, § 2218 Rn 1.

Handlungen oder Rechtsgeschäften bei der Abwicklung des Erbfalls ergeben,[22] wie die hier in Rede stehenden Ansprüche.

Für die **vor dem 1.1.2010** entstandenen Ansprüche siehe zum Übergangsrecht im Einzelnen Art. 229 § 23 Abs. 1 bis 3 EGBGB. Demgegenüber galt **früher** bis zum Inkrafttreten des neuen Rechts für diese Ansprüche die lange 30-jährige Verjährung des nunmehr aufgehobenen § 197 Abs. 1 Nr. 2 BGB.[23]

B. Benachrichtigungs- und Anhörungspflicht (Aufklärungspflicht)

I. Grundsätzliches

11 Die Benachrichtigungspflicht ist vom Testamentsvollstrecker immer **unaufgefordert** zu erfüllen,[24] also aus eigener Initiative des Testamentsvollstreckers.[25] Entscheidend und **Maßstab** ist, ob die jeweilige **objektive wirtschaftliche** oder sonstige **Situation des Nachlasses** und der darauf bezogenen Geschäfte für einen **umsichtigen** und gewissenhaften **Testamentsvollstrecker** eine Information des Erben gebietet, damit der Erbe seine Rechte wahrnehmen, Pflichten erfüllen und sachgerechte Entscheidungen treffen kann.[26] Zu einer vorherigen **Anhörung** ist der Testamentsvollstrecker jedoch nicht grundsätzlich, sondern nur nach Lage des Einzelfalls verpflichtet.[27]

II. Zweck und Umfang der Informationspflicht

12 Da die Informationspflicht umso größer wird, je stärker die Bindung des Beauftragten an die Weisungen des Auftraggebers ist, ergibt sich aus der weisungsfreien und weitgehend unabhängigen Stellung des Testamentsvollstreckers eine doch inhaltlich **abgeschwächte Informationspflicht**. Entsprechend dem **Zweck der Informationspflicht** hat jedoch der Testamentsvollstrecker dem Erben alle die Informationen zu geben, die diesem bis dahin noch nicht bekannt sind, aber für ihn bedeutsame Maßnahmen betreffen. Er muss die Übersicht über das Geschehen be- und erhalten,[28] um insbesondere auch die Frage prüfen zu können, ob der Testamentsvollstrecker sein Amt ordnungsgemäß ausübt. Insbesondere über wichtige Einzelfragen und vor bedeutsameren Entscheidungen, die über den „**Alltag**" **der Testamentsvollstreckung hinausgehen**, hat er bereits im Vorfeld zu informieren[29] und muss bestrebt sein, den Erben „auf dem Laufenden" zu halten. Ob eine Pflicht zur unaufgeforderten Benachrichtigung besteht, beurteilt sich allein nach der jeweiligen Lage

---

22 Dazu Palandt/*Ellenberger*, § 199 Rn 45a.
23 NK-BGB/*Kroiß*, § 2218 Rn 12 (Auskunft), Rn 18 (Rechnungslegung); Damrau/*Bonefeld*, Praxiskommentar Erbrecht, § 2218 Rn 35; offenbar auch Palandt/*Heinrichs*, 68. Aufl., § 197 Rn 8; allgemein auch BGH NJW 2007, 2174; a.A. *Löhnig*, ZEV 2004, 267, 272; OLG Karlsruhe ZErb 2006, 1 = ZFE 2006, 158.
24 RG JW 1916, 673, Nr. 4; Recht 1920 Nr. 2372; RGZ 130, 131, 139; BayObLG vom 18.12.1997 = ZEV 1998, 348, 349; *Winkler*, Testamentsvollstrecker, Rn 477.
25 *Sarres*, ZEV 2000, 90.
26 Staudinger/*Reimann*, § 2218 Rn 17; *Sarres*, ZEV 2000, 90, 91. Allgemein für das Auftragsrecht MüKo/*Seiler*, § 666 Rn 5.
27 RGZ 130, 131, 139 für die Ausführung letztwilliger Verfügungen.
28 BGHZ 109, 260, 266 = NJW 1990, 510 (für Insolvenzverwalter); *Klumpp*, in: Bengel/Reimann, VI Rn 58.
29 NK-BGB/*Kroiß*, § 2218 Rn 13.

der Dinge und danach, ob ein „umsichtiger Testamentsvollstrecker" die Erben informiert hätte.[30]

Schon im eigenen Interesse wird ein Testamentsvollstrecker **kontinuierlich** die Erben unterrichten.[31] Denn durch Kommunikation kann ein Konflikt vermieden, eine reibungslose und effektive Abwicklung der Testamentsvollstreckung gewährleistet und auch sein eigenes Haftungsrisiko ganz erheblich minimiert werden.[32] Eine „**offensive Informationspolitik**" zahlt sich letztlich aus.[33]

13

Aus der Rechtsprechung[34] lassen sich folgende Grundsätze entnehmen: Eine Benachrichtigungs- und eine diese ergänzende Anhörungspflicht bezüglich bloß **vorbereitender Verwaltungsmaßnahmen** besteht nicht grundsätzlich, kann sich aber aus den besonderen Umständen des Einzelfalls ergeben.[35] Die Intensität dieser Pflicht steigert sich immer dann, wenn über die gewöhnliche Amtsführung hinaus objektiv die Gefährdung von Interessen der Erben möglich erscheint, besonders bei Geschäften, die nur für einzelne der Erben vorteilhaft erscheinen (ungerechtfertigte Bevorzugung) oder gar bei „Insichgeschäften" des Testamentsvollstreckers. Auch bei risikobehafteten Geschäften, insbesondere spekulativer Art, die besonders vor- aber auch nachteilig für den Nachlass sein können, wird man eine solche Pflicht bejahen müssen. Gleiches gilt, wenn eine **wesentliche Abweichung** der Verwaltung von dem vom Erblasser angenommenen Lauf der Dinge beabsichtigt ist.[36] Bereits zu Beginn der Testamentsvollstreckung kann eine Benachrichtigungspflicht bestehen, wenn sich für den Testamentsvollstrecker Anhaltspunkte ergeben, dass für den Erben die Ausschlagung der Erbschaft angezeigt sein kann.[37]

14

Zur Benachrichtigungspflicht bei **Anlageentscheidungen** siehe § 9 Rn 83 ff.

Eine spezialgesetzlich geregelte Anhörungspflicht besteht bei der Aufstellung des **Auseinandersetzungsplans** zur Vorbereitung der Erbauseinandersetzung (§ 2204 Abs. 2 BGB, siehe § 18 Rn 15).

15

III. Inhalt

Hinsichtlich des Inhalts der Informationspflichten lassen sich nur schwer allgemeine Aussagen geben. Jedoch richtet sich der Inhalt der Benachrichtigungspflicht nach der auftragsrechtlichen Treuepflicht, die Bestandteil des gesetzlichen Schuldverhältnisses zwischen Testamentsvollstrecker und Erben ist. Je nach der konkreten Lebenssituation kann es sich um eine **Aufklärungs-, Beratungs-** und auch **Warnpflicht** handeln.[38] Die Benachrichtigungspflicht kann sich auch auf Beziehungen zu Dritten erstrecken, etwa auf die Geschäftsbeziehungen zu anderen. Die Information muss genügend ausführlich und verständlich sein und unverzüglich erfolgen.[39]

16

---

30 Staudinger/*Reimann*, § 2218 Rn 17.
31 *Klumpp*, in: Bengel/Reimann, VI Rn 61; Staudinger/*Reimann*, § 2218 Rn 17.
32 NK-BGB/*Kroiß*, § 2218 Rn 14; *Littig*, in: Krug/Rudolf/Kroiß/Bittler, § 13 Rn 129.
33 *Klumpp*, in: Bengel/Reimann, VI Rn 62; *Winkler*, Testamentsvollstrecker, Rn 477.
34 Zusammenfassung siehe *Klumpp*, in: Bengel/Reimann, VI Rn 63 ff., dem auch die folgende Darstellung folgt.
35 *Winkler*, Testamentsvollstrecker, Rn 477.
36 RGZ 130, 131, 139.
37 *Schmidl*, ZErb 2010, 251.
38 Staudinger/*Wittmann*, § 666 Rn 1; *Klumpp*, in: Bengel/Reimann, VI Rn 73.
39 *Winkler*, Testamentsvollstrecker, Rn 477.

17 Besondere Benachrichtigungspflichten können sich für den Testamentsvollstrecker ergeben, wenn er besonderen **berufsspezifischen Pflichten** unterliegt, etwa als Steuerberater oder Rechtsanwalt. Hier überlagern diese besonderen Pflichten die allgemeinen, die sonst jeden „normalen" Testamentsvollstrecker treffen.[40] Dies ergibt sich aus der Überlegung, dass der Erblasser i.d.R. den Rechtsanwalt oder Steuerberater deswegen zum Testamentsvollstrecker berufen hat, weil er sich dessen besondere Sachkunde und die damit verbundene besondere Pflichterfüllung für seine Nachlassverwaltung zu Nutze machen wollte.

18 Ein **Rechtsanwalt** war nach der bis zum 15.12.2004 geltenden Rechtslage verpflichtet, seinen Mandanten auf mögliche, gegen ihn gerichtete Schadensersatzansprüche wegen einer fehlerhaften Beratung hinzuweisen. Unterließ er dies, obgleich er seinen Fehler zu einer Zeit entdeckte, in welcher der Regressanspruch noch nicht verjährt war, so haftete er für diese neue Pflichtverletzung (§ 280 BGB) wegen „positiver Vertragsverletzung" („**sekundäre Schadensersatzverpflichtung**"). Daher hatte er den Mandanten so zu stellen, als sei der Primäranspruch (= Regressanspruch) noch nicht verjährt, und konnte sich nicht auf die Verjährung des Primäranspruchs berufen.[41] Mit der Neuregelung der Verjährung der Anwaltshaftung durch das Gesetz zur Anpassung von Verjährungsvorschriften (BGBl 2004 I, 3214) ist das Bedürfnis für diese Sekundärhaftung ohnehin entfallen, da nunmehr die kenntnisabhängige Regelverjährung gilt.[42]

19 Auch einen **Steuerberater** traf früher die gleiche Hinweispflicht, wenn er seinen Mandanten wegen eines Irrtums über seine (primäre) Belehrungspflicht nicht auf eine drohende Verjährung einer gegen ihn selbst gerichteten Schadensersatzforderung hinwies.[43] Auch § 68 StBerG wurde jedoch durch das Gesetz zur Anpassung von Verjährungsvorschriften (BGBl 2004 I, 3214) aufgehoben, so dass jetzt auch hier eine kenntnisabhängige Verjährungsfrist besteht. Die von der Rechtsprechung entwickelten Grundsätze zum sog. Sekundäranspruch gelten daher nur noch für Altfälle.[44]

20 Auch einen **Architekten** treffen gesteigerte Hinweis- und Benachrichtigungspflichten; insbesondere ist er verpflichtet, den Bauherrn bei der Verfolgung von Gewährleistungsansprüchen umfassend zu beraten und zu informieren, und zwar auch dann, wenn sich solche gegen ihn selbst richten können (Planungsfehler).[45]

IV. Form

21 Für die Benachrichtigung ist eine bestimmte Form gesetzlich nicht vorgeschrieben.[46] Allerdings empfiehlt sich aus Gründen der Beweissicherung eine schriftliche Benachrichtigung oder eine solche per E-Mail oder Telefax.

---

40 *Klumpp*, in: Bengel/Reimann, VI Rn 75.
41 BGHZ 94, 380 (386) = NJW 1985, 2250 = LM § 51 BRAO Nr. 8; BGH NJW 1996, 48; NJW 1993, 2747, 2751; BGH NJW 1987, 326 = LM § 51 BRAO Nr. 11; NJW 1992, 836 (837) = LM H. 7/1992 § 51 BRAO Nr. 17; Palandt/*Ellenberger*, Überbl. 21 f. vor § 194.
42 *Klumpp*, in: Bengel/Reimann, VI Rn 76; allgemein hierzu FA-ErbR/*Frieser* I Rn 503; *Mansel/Budzikiewz*, NJW 2005, 326.
43 BGHZ 83, 17 = NJW 1982, 1285; BGHZ 96, 290, 298 = NJW 1986, 1162 = LM SteuerberatungsG Nr. 29; BGH NJW-RR 1987, 86.
44 *Klumpp*, in: Bengel/Reimann, VI Rn 77; Palandt/*Ellenberger*, Überbl. v. § 194 Rn 21 f.
45 Demgegenüber lehnt *Klumpp*, in: Bengel/Reimann, VI Rn 78 nunmehr das Fortbestehen einer Haftung aufgrund der Sekundäransprüche ab.
46 *Klumpp*, in: Bengel/Reimann, VI Rn 79; einschränkend u.U. BayObLG ZEV 1998, 348, 349: „bis zum ersten Auskunftsverlangen" (ebenso *Winkler*, Testamentsvollstrecker, Rn 477).

> **Weiterführender Formulierungsvorschlag**
> Ausführliches Informationsschreiben des Testamentsvollstreckers
> *Littig* in Krug/Rudolf/Kroiß/Bittler, Anwaltformulare Erbrecht, § 13 Rn 155.

V. Folgen ungenügender Benachrichtigung

Anders als der Anspruch auf Rechnungslegung kann die Benachrichtigungspflicht nicht eingeklagt werden.[47] Jedoch kann sich aus der Verletzung der Benachrichtigungspflicht zum einen ein Schadensersatzanspruch gegen den Testamentsvollstrecker ergeben (§ 2219 BGB)[48] und zum anderen kann dies ein Grund für die Entlassung des Testamentsvollstreckers (§ 2227 BGB) sein.[49] Ein unter Verletzung dieser Pflicht abgeschlossenes Rechtsgeschäft macht dieses selbst aber nicht unwirksam.[50]

22

C. Auskunftspflicht

I. Grundsatz

Im Gegensatz zur Benachrichtigungspflicht erfordert das Entstehen der Auskunftspflicht immer ein entsprechendes **Verlangen des Berechtigten**, also des Erben (§§ 2218 Abs. 1, 666 Alt. 2. BGB).[51] Dieses bestimmt zunächst den Inhalt der Auskunftspflicht.[52] Das Auskunftsrecht ist jedoch nicht schrankenlos. Es wird begrenzt durch den **Zweck**, dem Berechtigten die Nachrichten und den Kenntnisstand zu verschaffen, den er benötigt, um seine jeweilige Rechtsposition und seine tatsächliche Stellung während der Dauer der Testamentsvollstreckung richtig und vollständig beurteilen zu können.[53] Er soll dadurch also in die Lage versetzt werden, immer „up to date" zu sein.

23

Beschränkungen des Auskunftsbegehrens ergeben sich aus dem allgemeinen Schikaneverbot und dem Grundsatz von Treu und Glauben. Missbräuchlich wäre es etwa, wenn es so häufig gestellt und mit dem Zweck erfolgt, einen Testamentsvollstrecker derart zu nerven, dass er sein Amt letztlich zur Verfügung stellt.[54] Allerdings kann es im Einzelfall durchaus so sein, dass der Testamentsvollstrecker seine Auskunftserteilung wiederholen muss.[55] Auch gilt für das Auskunftsverlangen der **Verhältnismäßigkeitsgrundsatz**, weshalb es dann ausgeschlossen ist, wenn das Interesse des Erben hieran von so untergeordneter Bedeutung ist, dass es in keinem angemessenen Verhältnis zum Aufwand für die Erfüllung dieser Verpflichtung steht.[56] Die Auskunftspflicht entfällt auch nicht dann, wenn der Nachlass

24

---

47 NK-BGB/*Kroiß*, § 2218 Rn 14.
48 BGHZ 30, 67, 73 = NJW 1959, 1429; BGH DB 1959, 706; MüKo/*Zimmermann*, § 2218 Rn 10; Soergel/*Damrau*, § 2218 Rn 4.
49 BayObLG ZEV 1998, 348, 349 = FamRZ 1998, 987; NK-BGB/*Kroiß*, § 2218 Rn 14; Winkler, Testamentsvollstrecker, Rn 477; Soergel/*Damrau*, § 2218 Rn 4.
50 *Klumpp*, in: Bengel/Reimann, VI Rn 81, zu Sonderfällen Rn 68.
51 OLG Hamm Rpfleger 1959, 53; Soergel/*Damrau*, § 2218 Rn 5.
52 MüKo/*Seiler*, § 666 Rn 7.
53 *Klumpp*, in: Bengel/Reimann, VI Rn 83 unter Bezug auf BGHZ 109, 260, 266 zum Auskunftsanspruch bei Unterhalt.
54 *Klumpp*, in: Bengel/Reimann, VI Rn 84.
55 BGH NJW-RR 1988, 1073.
56 MüKo/*Seiler*, § 666 Rn 7.

durch angeordnete Vermächtnisse und Auflagen ausgezehrt wird.[57] Auch befreit die Mitteilung des Nachlassverzeichnisses nicht von der Auskunftspflicht.[58]

25 Soweit ein Auskunftsanspruch dem Grunde nach besteht, ist er umfassend, also **absolut**. Dem Testamentsvollstrecker steht insoweit kein Auskunftsverweigerungsrecht, etwa i.S.d. Strafprozessordnung oder der ZPO zu. Die Offenbarungspflicht besteht also auch dann, wenn er damit eine eigene Straftat aufdecken würde.[59] Ansonsten könnte gerade bei schweren Verstößen der Normzweck des § 666 BGB nicht erfüllt werden.[60] Der Rechtsschutzanspruch des betroffenen Erben hat insoweit Vorrang vom dem Schutz des Auskunftsverpflichteten vor Selbstbezichtigung.[61] Dies gilt auch dann, wenn der Testamentsvollstrecker, etwa als Steuerberater oder Rechtsanwalt, zu besonderer Berufsverschwiegenheit verpflichtet ist. Die dadurch gebotene Schweigepflicht greift erst dann ein, wenn es um die Wahrung von Geheimnissen Dritter, besonders des Auftraggebers geht.[62]

II. Inhalt und Umfang der Auskunftspflicht

26 Inhalt und Umfang der Auskunftspflicht bestimmen sich zunächst nach dem Verlangen des Erben unter Beachtung der Besonderheiten des zwischen ihm und dem Testamentsvollstrecker bestehenden Rechtsverhältnisses.[63] Dabei ist auch der Zweck des Auskunftsrechts zu berücksichtigen (siehe Rn 12). Sie erfasst auch **zukünftige Geschäfte**.[64] Auch Teilauskünfte können die Gesamtauskunft ersetzen.[65]

27 Hinsichtlich des **Umfangs** lässt sich sagen, dass präzise und genaue Einzelfragen knapp aber zutreffend beantwortet werden können. Geht es um weitreichendere Entscheidungen, insbesondere prognostischer oder planender Art, so erfordert dies eine umfangreichere Darlegung, insbesondere der Motive und der Abwägungskriterien. Das Auskunftsbegehren kann sich im Übrigen durchaus auf die gesamte Amtsführung und alle damit zusammenhängenden Fragen beziehen.[66] Auch besteht ein Auskunftsanspruch insbesondere dann und in u.U. weit reichendem Umfang, wenn der Erbe die Information zur Festigung oder Durchsetzung seiner eigenen Rechtsstellung benötigt.[67] Umgekehrt besteht er nicht, wenn die Auskunft unter keinen Gesichtspunkten den Anspruch des Berechtigten berühren kann.[68] Zum Umfang der Auskunftspflicht des Nacherbentestamentsvollstreckers siehe oben Rn 6 sowie das BGH-Urteil v. 9.11.1994.[69]

28 Der Anspruch kann im Einzelfall auch so weit gehen, dass der Testamentsvollstrecker verpflichtet ist, über sein eigenes Wissen hinaus sich die notwendigen Kenntnisse zu ver-

---

57 RG Recht 1930 Nr. 1520.
58 Soergel/*Damrau*, § 2218 Rn 5; Staudinger/*Reimann*, § 2218 Rn 18.
59 *Klumpp*, in: Bengel/Reimann, VI Rn 86; *Winkler*, Testamentsvollstrecker, Rn 480; *Sarres*, ZEV 2000, 90, 92.
60 BGHZ 41, 318, 323 = NJW 1964, 1459 zur Auskunftspflicht eines Architekten.
61 *Klumpp*, in: Bengel/Reimann, VI Rn 87.
62 BGH NJW 1990, 510, 511.
63 *Klumpp*, in: Bengel/Reimann, VI Rn 89; *Winkler*, Testamentsvollstrecker, Rn 480; MüKo/*Seiler*, § 666 Rn 7.
64 Prot. V 315; Soergel/*Damrau*, § 2218 Rn 5.
65 BGH NJW 1962, 245; Soergel/*Damrau*, § 2218 Rn 5.
66 *Klumpp*, in: Bengel/Reimann, VI Rn 98: gesamte Palette des Schuldverhältnisses.
67 BGH NJW 1983, 2243 (zum Unterhaltsrecht); OLG Hamm NJW-RR 1992, 1029.
68 BGH NJW 1982, 573.
69 BGHZ 127, 360 = NJW 1995, 456 = ZEV 1995, 67 m. Anm. *Skibbe*.

schaffen (**Wissensverschaffungspflicht**).[70] So hat er etwa zur Ermittlung des Verkehrswertes eines Grundstücks bei einem geplanten Verkauf bei eigener Unkenntnis ein Sachverständigengutachten einzuholen.[71]

III. Vorlage eines Bestandsverzeichnisses

Eine Sonderregelung des Auskunftserteilungsanspruchs findet sich in § 260 Abs. 1, 2. Alt. BGB hinsichtlich des **Bestands eines Sachinbegriffs** oder Sondervermögens; zu letzterem gehört der Nachlass. Hier ist ein Verzeichnis des Bestands vorzulegen. Diese Verpflichtung trifft den Testamentsvollstrecker bereits bei Übernahme des Amtes, weil er dann ein Nachlassverzeichnis den Erben vorzulegen hat. Aber auch danach ist es möglich, dass der Testamentsvollstrecker bei der Ausführung seines Amtes eine solche Verpflichtung auf besonderes **Verlangen** zu erfüllen hat, etwa bei **Umstrukturierung des Nachlasses**, Neuerwerb des Bestands.[72] Wird einige Zeit nach Beginn der Testamentsvollstreckung die Vorlage eines Bestandsverzeichnisses vom Erben verlangt, kann sich der Testamentsvollstrecker für die Erfüllung dieser Verpflichtung nicht auf das gem. § 2215 BGB erstellte Nachlassverzeichnis berufen.[73] Es handelt sich nämlich um zwei verschiedene Verpflichtungen.

29

> **Weiterführende Formulierungsvorschläge**
> Klage des Erben auf Auskunft und Vorlage eines Bestandsverzeichnisses
> *Bonefeld* in Bonefeld/Kroiß/Tanck, Der Erbprozess, VIII, Rn 87; *Littig* in Krug/Rudolf/Kroiß/Bittler, Anwaltformulare Erbrecht, § 13 Rn 158.

Das Bestandsverzeichnis muss ähnlich wie das Nachlassverzeichnis gegliedert sein, also insbesondere nach Aktiven und Passiven, und mit einer Untergliederung nach einzelnen Sachgruppen.[74] Seit Erstellung des Nachlassverzeichnisses eingetretene Veränderungen sind auf alle Fälle zu dokumentieren. Das Bestandsverzeichnis kann vom Testamentsvollstrecker auch abschnittsweise erstellt werden, wenn nur die einzelnen Teilverzeichnisse in ihrer Gesamtheit den Auskunftsanspruch erfüllen.[75]

30

Belege müssen bei der Auskunftserteilung über eine Sachgesamtheit – anders als bei der Rechenschaftslegung nach § 259 BGB – nicht vorgelegt werden. Etwas anderes gilt nur, wenn
– die bisherigen Angaben unvollständig waren oder
– der Besitz solcher Belege (Steuerbescheide, Verwaltungsakte, Urteile, Urkundsausfertigungen) für den Erben erforderlich ist, um seine Lage richtig einschätzen und danach handeln zu können.[76]

31

---

70 *Klumpp*, in: Bengel/Reimann, VI Rn 102 mit eingehender Darstellung, inwieweit ein dem Testamentsvollstrecker zustehender Auskunftsanspruch (etwa gegen die Bank) an den Erben abgetreten werden kann. Vgl. auch BGHZ 107, 104, 108 = NJW 1989, 1601 für das Verhältnis Erbe/Pflichtteilsberechtigter.
71 RGZ 130, 131, 135, 140; *Winkler*, Testamentsvollstrecker, Rn 481.
72 *Klumpp*, in: Bengel/Reimann, VI Rn 106.
73 Soergel/*Damrau*, § 2218 Rn 5; anders MüKo/*Zimmermann*, § 2218 Rn 9, der ohne Einschränkung „evtl. Bezugnahme auf das schon mitgeteilte Nachlassverzeichnis" für möglich hält.
74 *Klumpp*, in: Bengel/Reimann, VI Rn 108.
75 BGH NJW 1962, 245, 246.
76 *Klumpp*, in: Bengel/Reimann, VI Rn 111.

J. Mayer

IV. Kosten der Auskunft, Einzelheiten

32 Die **Kosten** der Auskunft trägt nach allgemeinen Grundsätzen an sich der Verpflichtete. Eine Sonderbestimmung hierzu enthält § 2314 Abs. 2 BGB. Aus dieser und einer analogen Anwendung des § 2215 Abs. 5 BGB (Nachlassverzeichnis) wird teilweise gefolgt, dass im Verhältnis Testamentsvollstrecker zum Erben der Nachlass die Kosten zu tragen habe.[77] Rechtsprechung hierzu scheint zu fehlen. Kommt es zu einem Rechtsstreit und der Testamentsvollstrecker wird zur Auskunftserteilung verurteilt, weil er diese zu Unrecht bislang verweigert oder nur eingeschränkt erbracht hat, so trägt die Kosten des Rechtsstreits natürlich der Testamentsvollstrecker.[78]

33 Ein **Zurückbehaltungsrecht** hinsichtlich seines Vergütungs- oder Aufwendungsanspruchs steht dem Testamentsvollstrecker gegen den Auskunftsanspruch nicht zu. Der Testamentsvollstrecker ist insoweit vorleistungspflichtig.[79]

34 Ebenso wie bei der Benachrichtigungspflicht ist für die Auskunftserteilung eine besondere Form nicht gesetzlich vorgeschrieben.[80] Aber auch hier empfiehlt sich aus Gründen der Beweissicherung für den Testamentsvollstrecker die Wahrung der Schriftform, und zwar bei wichtigen Auskunftsfällen wegen einer abweichenden obergerichtlichen Entscheidung die persönliche Unterschrift durch den Testamentsvollstrecker.[81]

35 Zur **Verjährung** siehe Rn 10.

36 Auch der Testamentsvollstrecker, der zugleich **Miterbe** ist, bleibt auskunftspflichtig, auch wenn Miterben untereinander grundsätzlich nicht auskunftspflichtig sind.[82] Insoweit überlagern auch hier die besonderen Pflichten aus dem gesetzlichen Schuldverhältnis Testamentsvollstrecker/Erbe die allgemeinen Rechtsbeziehungen.[83]

V. Abgabe einer eidesstattlichen Versicherung

37 Soweit ein Grund zu der Annahme besteht, dass ein Verzeichnis nicht mit der erforderlichen Sorgfalt aufgestellt wurde, so hat der Verpflichtete nach § 260 Abs. 2 BGB (über §§ 2218, 666 BGB gilt das auch für den Testamentsvollstrecker) auf Verlangen zu Protokoll die Richtigkeit an Eides statt zu versichern. Auch wenn nach dem Gesetzeswortlaut diese Pflicht nur bei Vorlage eines Verzeichnisses besteht, so ist es heute doch allgemeine Meinung, dass für jede Auskunftsverpflichtung, auch eine Einzelauskunft, eine solche eidesstattliche Versicherung verlangt werden kann.[84] Sie ist nur bei Angelegenheiten von geringer Bedeutung ausgeschlossen (§ 259 Abs. 3 BGB).

38 Zu beachten ist allerdings, dass bei einer **lückenhaften Auskunft,** insbesondere hinsichtlich der Zeitabschnitte, der Erfüllungsanspruch hinsichtlich der noch nicht erbrachten Teile

---

77 *Klumpp*, in: Bengel/Reimann, VI Rn 113 f.; NK-BGB/*Kroiß*, § 2218 Rn 12.
78 *Klumpp*, in: Bengel/Reimann, VI Rn 115; hat er pflichtwidrig diese Kosten dem Nachlass entnommen, so muss er sie ihm wieder zurückführen, *Garlichs*, ZEV 1996, 447, 448.
79 BGH LM Nr. 1 zu § 2221 BGB; Soergel/*Damrau*, § 2218 Rn 9; Staudinger/*Reimann*, § 2218 Rn 21; *Winkler*, Testamentsvollstrecker, Rn 480.
80 *Klumpp*, in: Bengel/Reimann, VI Rn 117; a.A. OLG München FamRZ 1995, 737: schriftlich und persönlich zu unterschreiben – daher genügt Mitteilung in Anwaltsschriftsatz nicht.
81 Dies empfiehlt *Sarres*, ZEV 2000, 90, 91 im Hinblick auf die vorstehend genannte Entscheidung des OLG München zu Recht.
82 Hierzu *Sarres/Afraz*, ZEV 1995, 433.
83 *Klumpp*, in: Bengel/Reimann, VI Rn 122 f.
84 OLG Hamburg NJW-RR 1993, 829; Palandt/*Grüneberg*, § 260 Rn 19.

fortbesteht. Dann besteht aber noch kein Anspruch auf Abgabe einer eidesstattlichen Versicherung, sondern es ist der Erfüllungsanspruch geltend zu machen[85] und eine Ergänzung der ursprünglichen Auskunft zu verlangen. Zu weiteren Einzelheiten bezüglich der eidesstattlichen Versicherung siehe *Klumpp*.[86]

> **Weiterführender Formulierungsvorschlag**
> Klage gegen den Testamentsvollstrecker auf Ergänzung des Bestandsverzeichnisses
> *Littig* in Krug/Rudolf/Kroiß/Bittler, Anwaltformulare Erbrecht, § 13 Rn 159.

D. Rechnungslegung

I. Allgemeines

Die Verpflichtung des Testamentsvollstreckers zur Rechnungslegung ergibt sich ebenfalls aus §§ 2218, 666 BGB. Dabei ist zu beachten, dass die Benachrichtigung, die Auskunft und die Rechenschaft nur graduell unterschiedliche, auch in der Pflichtentstehung und dem Zeitpunkt ihrer Erfüllung verschiedene Ausgestaltungen einer einheitlichen Auskunftsverpflichtung im weiteren Sinne sind.[87] Die Auskunfts- und Rechenschaftspflicht ist nach vorne gerichtet, sie soll Informationen über dem Erben noch unbekannte Umstände geben, damit er neue Dispositionen treffen kann. Die Aufklärungspflicht ist demgegenüber retrospektiv, gerichtet auf früheres Verhalten und Aufklärung von Umständen, die dem Erben bislang verborgen geblieben sind.[88]

39

Art	Betrachtungsweise	Ziel
Rechnungslegungspflicht, Auskunftspflicht	nach vorne gerichtet, auf künftiges Verhalten	Informationen über unbekannte Verhältnisse und Umstände, damit eigene Dispositionen getroffen werden können
Benachrichtigungs- oder Aufklärungspflicht	retrospektiv	Aufklärung über bislang verborgen gebliebene, entscheidungserhebliche Umstände, spontan

Die Rechnungslegungspflicht besteht nach ganz h.M. nur **auf Verlangen** (zum Streitstand siehe § 9 Rn 91).[89] Sie erfordert genauere Informationen als die Auskunftspflicht[90] mit Darstellung des gesamten Ablaufs und aller Ergebnisse der Geschäftstätigkeit.[91] Hinsichtlich des **Zeitpunkts** gilt: Der Erbe kann die Rechnungslegung (§ 259 BGB) grundsätzlich schon fordern, wenn die Aufgaben des Testamentsvollstreckers zwar noch nicht völlig, aber doch in der Hauptsache erledigt sind oder wenn ein Teil seiner Verwaltungstätigkeit (etwa teilweise Auseinandersetzung) abgeschlossen ist, während sich die Verwaltungsvollstreckung

40

---

85 OLG Oldenburg NJW-RR 1992, 777 = FamRZ 1992, 1104 (zum Pflichtteilsrecht).
86 In: Bengel/Reimann, VI Rn 128–157.
87 MüKo/*Seiler*, § 666 Rn 2; *Klumpp*, in: Bengel/Reimann, VI Rn 240.
88 *Klumpp*, in: Bengel/Reimann, VI Rn 239.
89 BayObLG ZEV 1998, 348, 349 = FamRZ 1998, 987; NK-BGB/*Kroiß*, § 2218 Rn 15; Staudinger/*Reimann*, § 2218 Rn 16; Soergel/*Damrau*, § 2218 Rn 5, 6.
90 BGHZ 39, 87, 92, 94 = NJW 1963, 950.
91 *Klumpp*, in: Bengel/Reimann, VI Rn 242.

noch anschließt.⁹² Bei **länger dauernder Verwaltung**, also einer solchen, die länger als ein Jahr währt, kann der Erbe sogar **jährliche Rechnungslegung** verlangen (§ 2218 Abs. 2; siehe näher Rn 53).

Die **Rechenschaft** muss folgende Anforderungen erfüllen: Sie muss⁹³
– **vollständig** sein, also alle erheblichen Tatsachen enthalten
– soweit wie möglich **richtig** sein, also mit größtmöglicher Sorgfalt erfüllt werden
– übersichtlich und **verständlich** sein⁹⁴ und
– sie muss **verifizierbar**, also nachprüfbar sein.

41 **Art und Ausmaß** der Rechenschaftslegung sind immer auf den Einzelfall bezogen und nicht statisch festgelegt zu beurteilen. Folgende Faktoren sind insbesondere bedeutsam:⁹⁵
– Umfang des Nachlasses
– Anzahl der Nachlasspositionen und Gegenstände
– Aufwand der Dokumentation von Aktiva und Passiva
– Umfang der Geschäftstätigkeit, Informationsinteresse des Erben.

42 Als – i.d.R. (anders bei Verwaltungsvollstreckung) – **Schlussabrechnung** muss sie alles enthalten, was Relevanz zum Nachlass hat oder auch nur haben kann.⁹⁶ Die Rechenschaftsablegung muss den Erben die Prüfung ermöglichen, ob und in welcher Höhe ihnen Ansprüche gegen den Testamentsvollstrecker zustehen; das Erforderliche bestimmt sich nach den Umständen des Einzelfalls.⁹⁷ Handelt es sich bei der Testamentsvollstreckung um eine mit Einnahmen und Ausgaben verbundene Verwaltung, so muss eine geordnete Zusammenstellung derselben in der Abrechnung erteilt werden. Dies gilt grundsätzlich auch bei umfangreichen Verwaltungen; jedoch wird es hier im Allgemeinen genügen, wenn die Einnahmen und Ausgaben in großen Posten angegeben und erläutert werden und wegen der Einzelbeträge auf die vorhandenen Bücher Bezug genommen wird.⁹⁸

43 Soweit üblicherweise Belege erteilt zu werden pflegen, sind diese vorzulegen.⁹⁹ Sind erforderliche Belege verloren gegangen, so sind sie zu rekonstruieren oder Ersatz zu beschaffen.¹⁰⁰ Man spricht hier von der **Rechnungslegung** als Spezialfall der Rechenschaftsablegung.¹⁰¹ Überhaupt ist für den Umfang der Rechenschaftsablegung in solchen Fällen § 259 Abs. 1 BGB neben § 666 BGB anzuwenden, wobei § 259 BGB weiter reicht.¹⁰² Der dem Testamentsvollstrecker obliegenden Pflicht ist nicht genügt, wenn Belege ohne eine übersichtliche Aufstellung lediglich mehr oder minder ungeordnet vorgelegt werden mit dem Angebot, diese mündlich zu erläutern.¹⁰³ Zu Einzelheiten über Umfang und Form der Rechenschaftsablegung siehe *Klumpp*.¹⁰⁴

---

92 RG WarnR 1914 Nr. 8; Staudinger/*Reimann*, § 2218 Rn 19; *Klumpp*, in: Bengel/Reimann, VI Rn 291.
93 Nach *Klumpp*, in: Bengel/Reimann, VI Rn 242; MüKo/*Seiler*, § 666 Rn 8. *Sarres*, ZEV 2000, 90, 92: Übersichtlichkeit, Transparenz, Belegbarkeit.
94 *Winkler*, Testamentsvollstrecker, Rn 483.
95 *Sarres*, ZEV 2000, 90, 92 f.; *Voss*, ZEV 2007, 363.
96 *Klumpp*, in: Bengel/Reimann, VI Rn 296.
97 *Winkler*, Testamentsvollstrecker, Rn 551.
98 Staudinger/*Reimann*, § 2218 Rn 20; *Winkler*, Testamentsvollstrecker, Rn 483; eine ins Einzelne gehende Darstellung verlangt auch in solchen Fällen *Klumpp*, in: Bengel/Reimann, VI Rn 300.
99 *Winkler*, Testamentsvollstrecker, Rn 483; *Klumpp*, in: Bengel/Reimann, VI Rn 244.
100 *Klumpp*, in: Bengel/Reimann, VI Rn 271.
101 MüKo/*Seiler*, § 666 Rn 10.
102 *Klumpp*, in: Bengel/Reimann, VI Rn 246.
103 BGHZ 39, 87, 95 = NJW 1963, 950; OLG Köln NJW-RR 1989, 568.
104 Bengel/*Reimann*, Handbuch VI Rn 267 ff.

Der Rechenschaftsablegungsanspruch ist eine **unselbstständige Nebenpflicht** i.R.d. gesetzlichen Schuldverhältnisses. Er kann nur zusammen mit dem zugrunde liegenden Hauptanspruch (Erbteilsübertragung) abgetreten werden; umgekehrt wird er im Zweifel mit dem Hauptanspruch mit abgetreten.[105] Gleiches gilt für die Pfändung.

Die **Erben des Testamentsvollstreckers** sind verpflichtet, die Erben, deren Nachlass verwaltet wird, vom Tod des Testamentsvollstreckers unverzüglich zu unterrichten (§§ 2218, 673 S. 2 BGB). Sie haben sogar unaufschiebbare Maßnahmen so lange vorzunehmen, bis der Erbe oder der neue Testamentsvollstrecker handeln kann.[106] Da sich der Testamentsvollstrecker-Erbe erst in die ganze – u.U. komplexe – Angelegenheit einarbeiten muss und sich meist nur auf die vorhandenen schriftlichen Unterlagen stützen kann, ist für die Erfüllung seiner Rechenschaftspflicht ein weniger strenger Sorgfaltsmaßstab anzulegen, als für den eigentlichen Testamentsvollstrecker.[107]

Ein **Verzicht** auf die Rechenschaftsablegung kann nicht durch den Erblasser erfolgen, sondern allein durch den Erben.[108] Die Rechenschaftsablegungspflicht trifft auch den Testamentsvollstrecker, der Miterbe ist.

Soweit der Testamentsvollstrecker zugleich gesetzlicher Vertreter eines **Minderjährigen** ist, stellt sich die Frage, ob zur Wahrnehmung der Rechte des Minderjährigen hinsichtlich der **Rechnungslegungspflicht** des Testamentsvollstreckers eine Pflegschaft angeordnet werden muss, weil die §§ 1629 Abs. 2, 1795 Abs. 2, 181 BGB insoweit anzuwenden sind, was umstritten ist. Jedoch bedarf es keiner generellen Bestellung eines entsprechenden Überwachungspflegers, vgl. dazu bereits oben § 2 Rn 14 f.

Das Verlangen zur Abgabe einer eidesstattlichen Versicherung nach § 259 Abs. 2 BGB ist das einzige Zwangsmittel, um eine richtige Rechnungslegung zu erzwingen.[109]

Für das Verhältnis zur Auskunftserteilung gilt: Nach der Rechenschaftsablegung besteht kein Anspruch auf Auskunftserteilung mehr bezüglich des gleichen Sachverhalts, da die Rechenschaftspflicht in ihrer Intensität weiter geht als der einfache Auskunftsanspruch. Vielmehr ist der Auskunftsanspruch damit quasi verbraucht.[110]

Hinsichtlich der **Beschränkungen des Rechenschaftsanspruchs** gelten die gleichen Überlegungen wie für die Beschränkung des besonderen Auskunftsanspruchs (siehe Rn 24). Desweiteren kann der Rechenschaftsablegungsanspruch nach Beendigung der Testamentsvollstreckung auch durch zu langes Zuwarten **verwirkt** sein.[111] Im Einzelfall ist es auch möglich, dass es für die Geltendmachung des Rechenschaftsanspruchs auch an dem erforderlichen **Rechtsschutzbedürfnis** fehlt.

Für den Anspruch auf Rechnungslegung bestehen **zeitliche Grenzen**: Nach § 666 BGB ist die Rechenschaft nach Ausführung des Auftrags zu erteilen. Der Testamentsvollstrecker muss dies also auf alle Fälle nach Beendigung seines Amtes tun, aber auch dann **nur,** wenn

---

105 *Klumpp*, in: Bengel/Reimann, VI Rn 249 f.
106 *Klumpp*, in: Bengel/Reimann, VI Rn 258.
107 *Klumpp*, in: Bengel/Reimann, VI Rn 260.
108 *Winkler*, Testamentsvollstrecker, Rn 142; Staudinger/*Reimann*, § 2220 Rn 5.
109 *Klumpp*, in: Bengel/Reimann, VI Rn 279.
110 Vgl. auch BGHZ 93, 327 = NJW 1985, 1693; *Klumpp*, in: Bengel/Reimann, Handbuch VI Rn 280.
111 Dazu *Klumpp*, in: Bengel/Reimann, VI Rn 286 ff.; BGHZ 39, 87, 92.

dies von den Erben **verlangt** wird.[112] Da dieses Verlangen auch konkludent gestellt werden kann, sollte der Testamentsvollstrecker zumindest immer dann, wenn die Testamentsvollstreckung die Erzielung von Einnahmen und Ausgaben zur Folge hatte, von sich aus die Rechenschaftsablegung vornehmen.[113]

> **Weiterführender Formulierungsvorschlag**
> Verlangen des Erben auf jährliche Rechnungslegung bei länger dauernder Verwaltung
> *Littig* in Krug/Rudolf/Kroiß/Bittler, Anwaltformulare Erbrecht, § 13 Rn 156.

52 Wird der Anspruch auf Rechenschaftslegung vom Erben geltend gemacht, so hat der Testamentsvollstrecker innerhalb einer **angemessenen Frist** diesen Anspruch erfüllen. Einer besonderen Fristsetzung hierfür bedarf es nicht.[114] Welche Frist als angemessen anzusehen ist, hängt von den Umständen des Einzelfalls ab, insbesondere vom Umfang des Nachlasses, seiner Zusammensetzung und Übersichtlichkeit, Zahl und Art der vom Testamentsvollstrecker durchgeführten Geschäfte.[115] Für den Beginn einer vorwerfbaren Verzögerung ist dabei nicht der Amtsantritt, sondern der Zeitpunkt maßgebend, in dem der Erbe die Rechenschaftsablegung verlangt.[116]

II. Jährliche Rechnungslegung

53 Der Erbe kann eine jährliche Rechnungslegung verlangen, wenn es sich um eine **länger andauernde Testamentsvollstreckung** handelt, (§ 2218 Abs. 2 BGB). Dies ist dann der Fall, wenn die Vollstreckung länger als ein Jahr dauert. Dabei spielt es **keine Rolle**, ob es sich um eine Verwaltungs- oder reine Abwicklungsvollstreckung handelt.[117] Das Vollständigkeitserfordernis gilt grundsätzlich auch für diese Art der Rechnungslegung. Sie muss jedoch von ihrem Zweck her nicht so umfassend sein, wie die Schlussabrechnung, ist sie doch nur eine Art Zwischenbilanz. Zudem wird bei umfangreichen Verwaltungen teilweise eine Einschränkung dahingehend befürwortet, dass für die näheren Details die Bezugnahme auf die vorhandenen, entsprechenden Bücher genügen soll.[118]

54 Soweit umfangreiche Bestände unverändert sind, wie z.B. Bibliotheken, Sammlungen, müssen diese nicht stets neu aufgelistet werden; es genügt die Bezugnahme auf früher erstellte Verzeichnisse, etwa das Nachlassverzeichnis nach § 2215 BGB. Jedoch sind alle **jährlichen Einnahmen und Ausgaben** genau anzugeben. Zu- und Abflüsse von Vermögen sind in einer zeitlich-chronologischen Aufstellung darzustellen. Zum Jahresende ist eine geordnete Vermögensübersicht (Vermögensstatus) zu erstellen, aus dem der Erbe die Entwicklung und das Ergebnis der vermögensbezogenen Vorgänge des vergangenen Jahres erkennen

---

112 Auskunft und Rechenschaftsablegung sind immer nur auf Verlangen zu erteilen, *Klumpp*, in: Bengel/Reimann, VI Rn 241; *Zimmermann*, Testamentsvollstreckung, Rn 322 (ausdrücklich auch für Schlussabrechnung); Palandt/*Weidlich*, § 2218 Rn 3; Staudinger/*Reimann*, § 2218 Rn 16; Soergel/*Damrau*, § 2218 Rn 5 f.; für das Auftragsrecht (§ 666 BGB): Palandt/*Sprau*, § 666 Rn 4; *Wittmann*, in: Staudinger, § 666 Rn 8; MüKo/*Seiler*, § 666 Rn 11; ebenso BayObLG ZEV 1998, 348, 349 = FamRZ 1998, 987 für die jährliche Rechnungslegungspflicht nach § 2219 Abs. 2 BGB, jedoch für die Schlussabrechnung offenbar anders („obiter dictum").
113 In diese Richtung wohl auch *Klumpp*, in: Bengel/Reimann, VI Rn 294.
114 MüKo/*Seiler*, § 666 Rn 11.
115 *Klumpp*, in: Bengel/Reimann, VI Rn 293.
116 BayObLG vom 18.12.1997 = ZEV 1998, 348, 349; dort auch zu Kriterien für die Bemessung der Fristlänge.
117 Staudinger/*Reimann*, § 2218 Rn 36.
118 Staudinger/*Reimann*, § 2218 Rn 20; *Winkler*, Testamentsvollstrecker, Rn 483.

kann.[119] Die Bestimmungen der §§ 1840 f. BGB über die Berichterstattung und Rechnungslegung des Vormunds sind nach zutreffender Ansicht **nicht** ohne weiteres auf den Testamentsvollstrecker anwendbar,[120] während vereinzelt eine vorsichtige analoge Anwendung der inhaltlichen Kriterien dieser Vorschrift und eine Abmilderung zu weitreichender Folgen über ein allgemeines Zumutbarkeitskriterium gefordert wird.[121]

An **Mindesterfordernissen,** die erfüllt sein müssen, lassen sich hierzu nennen:[122]
- **Auflistung von Einnahmen und Ausgaben:** lückenlos mit Datumsangabe
- **Getrennte Einnahmen-/Ausgabenaufstellung** für mehrere Gebäude (Mieteinnahmen, Reparaturaufwendungen, Nebenkostenabrechnung, Steuern, Erschließungskosten, Versicherungen)
- **Bezugnahme auf kaufmännische Buchführung, Handelsbilanz:** möglich, soweit diese nach handelsrechtlichen Vorschriften erstellt werden (bei reiner Steuerbilanz nicht möglich). Insoweit genügt Verweisung auf den Jahresabschluss (Bilanz nach §§ 266 ff. HGB, Gewinn- und Verlustrechnung
- Eine **Einnahme-/Überschussabrechnung** bei nicht buchführungspflichtigen Unternehmen genügt, insbesondere bei Freiberuflern.

55

Eine solche nach dem Objekt der Verwaltung differenzierende, detaillierte jährliche Rechnungslegung ist schon deshalb erforderlich, weil die Erben diese i.d.R. für die Abgabe ihrer **Einkommensteuererklärung** brauchen.[123]

56

Auch hier gilt wie bei der Schlussabrechnung, dass die Rechenschaftslegung innerhalb einer angemessenen Frist zu erfolgen hat; eine gesetzliche Regelung fehlt. Für den Beginn einer vorwerfbaren Verzögerung ist auch hier nicht auf den Amtsantritt, sondern auf das entsprechende Verlangen der Erben auf Rechenschaftslegung abzustellen.[124] Hinsichtlich des Zeitpunkts der Rechenschaftsablegung ist weiter zu beachten, dass diese so erfolgen muss, dass der Erbe ohne Zeitdruck und ohne Fristverlängerung seine jährliche Einkommensteuererklärung abgeben kann (je zum 31. Mai eines jeden Jahres, § 149 Abs. 2 AO), für deren Erstellung er i.d.R. die Jahresabrechnung benötigt. Untersteht eine Kapitalgesellschaft der Testamentsvollstreckung, so muss die Jahresabrechnung innerhalb der Frist des § 264 HGB erstellt werden.[125]

57

Beginnt die Testamentsvollstreckung während eines **laufenden Kalenderjahres,** so hat der Testamentsvollstrecker für das erste Jahr bis spätestens Anfang Mai des folgenden Jahres Rechenschaft abzulegen;[126] man kann von einer Art **Rumpfgeschäftsjahr** sprechen.

58

> **Beispiel**
> Beginn der Testamentsvollstreckung zum 25.7.1999. Abrechnungszeitraum: 25.7.1999 bis 31.12.1999. Frist zur Abgabe der Rechnungslegung: Anfang Mai 2000.

Der Anspruch auf Rechnungslegung steht **jedem Miterben** einzeln zu, wobei jedoch immer nur Leistung an alle Erben verlangt werden kann (§ 2039 BGB), vgl. bereits Rn 3. Dies kann

59

---

119 Staudinger/*Reimann*, § 2218 Rn 36; *Klumpp,* in: Bengel/Reimann, VI Rn 297.
120 RG WarnR 1936 Nr. 159; RG SeuffA 90 Nr. 172.
121 *Klumpp,* in: Bengel/Reimann, VI Rn 300.
122 Nach *Klumpp,* in: Bengel/Reimann, VI Rn 301–305.
123 *Klumpp,* in: Bengel/Reimann, VI Rn 306.
124 BayObLG ZEV 1998, 348, 349.
125 *Klumpp,* in: Bengel/Reimann, VI Rn 308; Staudinger/*Reimann*, § 2218 Rn 38. Umstritten ist, ob auf ein etwa abweichendes Wirtschaftsjahr Rücksicht zu nehmen ist (bejahend *Reimann,* a.a.O.; ablehnend *Klumpp,* in: Bengel/Reimann, VI Rn 308).
126 Staudinger/*Reimann*, § 2218 Rn 38.

u.U. zu einer Behinderung der Arbeit des Testamentsvollstreckers führen (Rechnungsverlangen zu verschiedenen Zeiten) und zu Schwierigkeiten bei der einheitlichen Willensbildung unter diesen Miterben. Für die Praxis der Testamentsgestaltung ist daher die Frage wichtig, ob der Erblasser ohne gegen § 2220 BGB zu verstoßen, bestimmen kann, der jährliche Rechnungslegungsanspruch dürfe nur durch einen gemeinsamen Vertreter geltend gemacht werden (gleiches gilt wohl für den Auskunftsanspruch). In Anlehnung zur Zulässigkeit einer obligatorischen Gruppenvertretung im Gesellschaftsrecht wird eine solche **Vertreterklausel** z.T. bejaht.[127] Der Erblasser kann dabei allerdings keinen bestimmten Vertreter bestimmen, er kann jedoch anordnen, dass sich die Erben zur Wahrnehmung dieser ihrer Rechte auf einen bestimmten Vertreter einigen müssen. Da dies nur eine Modifizierung der gesetzlichen Rechte der Erben und kein Ausschluss ist, wird man dies für zulässig halten können.[128] Können sich die Erben aber nicht auf einen solchen Vertreter einigen oder bleibt dieser untätig, so stehen ihnen wieder ihre Rechte selbst zu.[129]

12.1 Muster: Obligatorische Gruppenvertretung[130] in der Verfügung von Todes wegen über die Anordnung der Testamentsvollstreckung

Hinsichtlich des zu meinem Nachlass gehörenden Unternehmens verpflichte ich den Testamentsvollstrecker über die gesetzliche Verpflichtung zur Rechnungslegung hinaus, die Erben im halbjährlichen Abstand über die wirtschaftliche Entwicklung desselben zu unterrichten und dabei die aufgrund des Rechenwerks meines Unternehmens verfügbaren Daten vorzulegen und zu erläutern. Dabei sind aber die Betriebsgeheimnisse und das sonstige berechtigte Geheimhaltungsinteresse des Unternehmens zu wahren. Die zu leistende Information hat sich dabei an dem zu orientieren, was bei börsennotierten Banken und Unternehmen in dieser Art gegenüber den Aktionären mittlerweile üblich ist.

Der Testamentsvollstrecker kann die Erfüllung dieser gesteigerten Rechnungslegungspflicht aber davon abhängig machen, dass die Erben auf Verlangen des Testamentsvollstreckers einen Repräsentanten (Gruppenvertreter) aus ihrer Mitte bestimmen, dem gegenüber dann allein diese Pflicht zu erfüllen ist.

Soweit binnen zwei Monaten nach der Aufforderung des Testamentsvollstreckers kein entsprechender Repräsentant durch die Erben ernannt wurde, entfällt die vorstehend angeordnete Verpflichtung zur gesteigerten, halbjährlichen Rechenschaftslegung ersatzlos; es verbleibt dann bei der gesetzlichen Verpflichtung zur Rechenschaftslegung (§ 2218 Abs. 1 BGB).

Ein **Formulierungsvorschlag** für einer detaillierten Rechenschaftsablegung findet sich bei *Klumpp*[131] und unten § 42 Rn 62.

III. Kosten, Verjährung, Sanktionen

60 Die **Kosten** der Rechenschaftsablegung sind vom Nachlass zu tragen. Allerdings erhält der Testamentsvollstrecker für diese von ihm zu erfüllende Amtspflicht eine Vergütung (§ 2221 BGB) und Ersatz seiner Auslagen. Deshalb wird man ihm das Recht zubilligen müssen, die Kosten der Rechenschaftsablegung, insbesondere der jährlichen, dem Nachlass zu entnehmen.[132]

61 Nach h.M. besitzt der Testamentsvollstrecker keinen Anspruch gegen die Erben auf Abgabe einer **Entlastungserklärung,** nicht einmal am Ende seiner Amtszeit bezüglich der Schluss-

---

127 Staudinger/*Reimann*, § 2218 Rn 37; *Klumpp*, in: Bengel/Reimann, VI Rn 315.
128 *Reimann*, Rn 645.
129 *Klumpp*, in: Bengel/Reimann, VI Rn 316 m.w.N.
130 Nach *Reimann*, in: Bengel/Reimann, II Rn 96.
131 In: Bengel/Reimann, VI Rn 317–327.
132 *Klumpp*, in: Bengel/Reimann, VI Rn 328. Rspr. hierzu scheint zu fehlen.

abrechnung (siehe § 42 Rn 2 f.).[133] Bezüglich einzelner Verpflichtungsgeschäfte kann der Testamentsvollstrecker aber bereits vor deren Abschluss von den Erben deren Zustimmung nach § 2206 Abs. 2 BGB verlangen und notfalls einklagen (siehe § 10 Rn 11). Des Weiteren wird auch die Zulässigkeit einer Feststellungsklage des Testamentsvollstreckers gegen die Erben bejaht, dass diesen nach der Rechenschaftsablegung keine weiteren Ansprüche mehr gegen den Testamentsvollstrecker zustehen, oder dass er bei Ausführung einzelner Geschäfte seine Pflichten ordnungsgemäß erfüllt hat; Formulierungsvorschlag siehe § 42 Rn 64.[134]

Bei **Meinungsverschiedenheiten** zwischen den Erben und dem Testamentsvollstrecker über die ordnungsgemäße Erledigung von Einzelgeschäften kann der Testamentsvollstrecker auf alle Fälle auf Feststellung klagen, dass er diese ordnungsgemäß erfüllt hat und daher keine Schadensersatzansprüche gegen ihn bestehen. Dies gilt auch während noch bestehender Amtszeit, da ein Rechtsschutzinteresse daran besteht, dass seine zukünftige Tätigkeit nicht mit solchen Ungewissheiten belastet wird.[135] 62

Hat der Erbe den Grund zur Annahme, dass die Angaben der Rechnungslegung über die Einnahmen oder Ausgaben nicht mit der erforderlichen Sorgfalt gemacht wurden, so kann er nach § 260 Abs. 2 BGB vom Testamentsvollstrecker die Abgabe einer **eidesstattlichen Versicherung** verlangen; dies ist das einzige Druckmittel zur Erzwingung einer vollständigen Rechenschaftsablegung.[136] 63

Soweit der Testamentsvollstrecker seine Rechenschaftsablegungspflicht gar nicht oder zumindest nicht den formellen Anspruch nach erfüllt, so kann der Erbe diesen klageweise durchsetzen, da der Erfüllungsanspruch in diesen Fällen noch fortbesteht.[137] 64

Zur effektiven Durchsetzung seines Rechenschaftsablegungsanspruchs kann dabei der Erbe mittels einer **Stufenklage** wie folgt vorgehen:[138] 65
1. Verurteilung des Testamentsvollstreckers zur Rechenschaftsablegung
2. Antrag zur Abgabe einer eidesstattlichen Versicherung
3. Herausgabe des sich aus der eidesstattlichen Rechenschaftsablegung ergebenden Bestandes oder zumindest der Differenz gegenüber dem, was der Testamentsvollstrecker bisher bereits herausgegeben hat.

---

133 *Winkler*, Testamentsvollstrecker, Rn 554; Palandt/*Weidlich*, § 2118 Rn 3; Staudinger/*Reimann*, § 2218 Rn 21; grds. auch Soergel/*Damrau*, § 2218 Rn 7; jetzt auch MüKo/*Zimmermann*, § 2218 Rn 15; dafür aber Erman/*M. Schmidt*, § 2218 Rn 4; Planck/*Flad*, § 2218 Anm. 2 b; *Klumpp*, in: Bengel/Reimann, VI Rn 338 ff (aufgrund der Notwendigkeit der Streitvermeidung); *Voss*, ZEV 2007, 363 mit eingehender Darstellung.
134 RG WarnR 1909 Nr. 245 = JW 1909, 75; Staudinger/*Reimann*, § 2218 Rn 21.
135 MüKo/*Zimmermann*, § 2218 Rn 15.
136 *Klumpp*, in: Bengel/Reimann, VI Rn 347 f.
137 MüKo/*Seiler*, § 666 Rn 13; *Klumpp*, in: Bengel/Reimann, VI Rn 346.
138 *Klumpp*, in: Bengel/Reimann, VI Rn 349 ff., dort auch zu den näheren Einzelheiten der Durchsetzung dieser Ansprüche.

§ 13 Beendigung der Testamentsvollstreckung

Dr. Jörg Mayer

Inhalt:

	Rn		Rn
A. Vorbemerkung	1	bb) Feindschaft	31
I. Gesetzliche Regelungen	2	cc) Interessengegensatz	32
II. Gestaltungsüberlegungen	3	d) Versagungsermessen?	33
B. Beendigungsgründe	6	VI. Endtermin, Verwaltungs- und Dauer-	
I. Tod des Testamentsvollstreckers	6	testamentsvollstreckung	34
II. Eintritt der Amtsunfähigkeit	8	1. Endtermin	34
III. Verlust der Rechtsfähigkeit juristischer		2. Sonderfall der Verwaltungs- und Dauer-	
Personen	10	testamentsvollstreckung – ewige	
IV. Kündigung des Testamentsvollstreckers		Testamentsvollstreckung	35
(§ 2226 BGB)	11	a) Der Fall	36
1. Kündigungsbefugnis	11	b) Problemstellung – Entscheidung des	
2. Wirksamwerden, Wirksamkeit	12	BGH	37
3. Form	13	c) Die Überprüfung der BGH-Entschei-	
V. Entlassung (§ 2227 BGB)	14	dung durch das BVerfG	40
1. Verfahren	15	d) Die Folgeentscheidung des KG: Die	
a) Entlassungsantrag, Schiedsgericht	15	Amtsdauer der weiteren Ersatz-	
b) Entlassungsverfahren	18	testamentsvollstrecker	41
c) Rechtsmittel	22	VII. Erledigung aller Aufgaben	43
d) Internationale Zuständigkeit	24	VIII. Veräußerung des Erbteils	44
2. Entlassungsgrund	25	IX. Gegenständlich beschränkte Beendigung	45
a) Grobe Pflichtverletzung	26	1. Freigabe	46
b) Unfähigkeit zur ordnungsgemäßen		2. Wirksame Veräußerung von Erbschafts-	
Amtsführung	28	gegenständen	47
c) Entlassung aus anderen wichtigen		3. Partielles Hinauswachsen aus dem	
Gründen	29	Nachlass	48
aa) Objektiv gerechtfertigtes			
Misstrauen	30		

A. Vorbemerkung

Zu unterscheiden ist – ebenso wie bei der Anordnung der Testamentsvollstreckung – zwischen der **Beendigung des Amtes des Testamentsvollstreckers** insgesamt (**Testamentsvollstreckung im abstrakten oder funktionellen Sinn**) und der Beendigung der Testamentsvollstreckung durch eine bestimmte, dadurch berufene Person (**Testamentsvollstreckung im konkreten Sinn**).[1] Das Ende der Testamentsvollstreckung durch die zunächst konkret hierzu berufene Person (etwa durch den Tod derselben) muss noch nicht zur Beendigung der Testamentsvollstreckung im Allgemeinen, also des Amtes des Testamentsvollstreckers im funktionellen Sinne, führen.

1

I. Gesetzliche Regelungen

Für die Dauer der Testamentsvollstreckung sind zunächst die Anordnungen des Erblassers maßgebend, jedoch zieht ihnen § 2210 BGB eine zwingende zeitliche Grenze, die jedoch nur für die Verwaltungs- und die Dauertestamentsvollstreckung gilt, nicht aber für die reine Abwicklungsvollstreckung.[2] Das BGB regelt weiter Fälle der vorzeitigen Beendigung der

2

---

1 *Reimann*, in: Bengel/Reimann, VII Rn 1.
2 Vgl. etwa Damrau/*Bonefeld*, Praxiskommentar Erbrecht, § 2210 Rn 1.

Testamentsvollstreckung in den §§ 2225–2227 BGB. Die gesetzliche Regelung ist unvollständig.[3]

II. Gestaltungsüberlegungen

3 **Gestaltungshinweis**
Wegen der unvollständigen gesetzlichen Regelung empfiehlt es sich, in der Verfügung von Todes wegen genaue Bestimmungen über das Ende der Testamentsvollstreckung zu treffen.[4]

4 Insbesondere ist dabei zwischen dem Testamentsvollstrecker im konkreten Sinn, also dem jeweiligen Amtsinhaber, und im funktionellen Sinn, also dem Amt des Testamentsvollstreckers im Allgemeinen, zu unterscheiden. Folgenschweren Missverständnissen kann durch eine klare Formulierung vorgebeugt werden. Etwa nach dem Schema:

Muster: Abstrakte Regelung zu Beginn und Ende der Testamentsvollstreckung
Ich ordne Testamentsvollstreckung an. Die Testamentsvollstreckung endet _____.
Zum Testamentsvollstrecker berufe ich _____, ersatzweise _____.

5 Ist der Erbfall bereits eingetreten, so ist zu beachten, dass die gesetzlichen Bestimmungen **Vereinbarungen zwischen** dem **Testamentsvollstrecker und den Erben** über die vorzeitige **Beendigung** der Testamentsvollstreckung nicht vorsehen. Jedoch ist es grundsätzlich möglich, dass zwischen den Erben und dem Testamentsvollstrecker vereinbart wird, dass sich der Testamentsvollstrecker zur **Kündigung** seines Amtes (§ 2226 BGB) verpflichtet. Diese Vereinbarung ist dann auch einklagbar. Jedoch erlischt mit der Kündigung nicht zwingend die Testamentsvollstreckung insgesamt (also die im abstrakten Sinn, siehe Rn 1). Denn es besteht die Möglichkeit, dass aufgrund einer ausdrücklichen Anordnung des Erblassers oder einer Bestimmung des Nachlassgerichts nach § 2200 BGB ein Nachfolger ernannt wird, der dann das Amt fortführen kann. Soweit Vereinbarungen zwischen dem Testamentsvollstrecker und den Erben hinsichtlich des **Innenverhältnisses** getroffen werden, sind diese nur wirksam, wenn sie die Unabhängigkeit des Amtes des Testamentsvollstreckers unberührt lassen.[5]

B. Beendigungsgründe

I. Tod des Testamentsvollstreckers

6 Das Amt des Testamentsvollstreckers erlischt mit seinem Ableben, § 2225 BGB. Das Amt ist nicht vererblich.[6] Der Erbe des Testamentsvollstreckers ist jedoch gem. §§ 2218, 673 S. 2 BGB anzeige- und einstweilen auch besorgungspflichtig,[7] was zu i.d.R. nicht bekannten Haftungsgefahren führen kann.

7 Der Tod des Testamentsvollstreckers beendet jedoch zunächst nur die Testamentsvollstreckung im konkreten Sinne; ist ein Ersatztestamentsvollstrecker vorgesehen oder zulässiger-

---

3 *Reimann*, in: Bengel/Reimann, VII Rn 2.
4 *Reimann*, in: Bengel/Reimann, VII Rn 3.
5 Eingehend und anschaulich zu den verschiedenen Vereinbarungsmöglichkeiten siehe *Reimann*, NJW 2005, 789.
6 Palandt/*Weidlich*, § 2225 Rn 1.
7 MüKo/*Zimmermann*, § 2225 Rn 4.

weise ein Nachfolger benannt (§ 2199 Abs. 2 BGB), so setzt dieser die Testamentsvollstreckung fort, die Testamentsvollstreckung im abstrakten oder funktionellen Sinne wird dann durch den Tod des zunächst berufenen Testamentsvollstreckers nicht beendet (zur Unterscheidung zwischen beiden Begriffen siehe Rn 1).

II. Eintritt der Amtsunfähigkeit

Nach § 2225 2. Alt. BGB erlischt das Amt des Testamentsvollstreckers wenn ein Fall eintritt, in welchem die Ernennung nach § 2201 BGB unwirksam ist, also wenn
- der Testamentsvollstrecker geschäftsunfähig wird (§ 104 BGB)
- in der Geschäftsfähigkeit beschränkt wird (§ 106 BGB); dass dies nachträglich eintritt, ist nach dem Wegfall der Entmündigung nicht mehr denkbar
- wenn der Testamentsvollstrecker nach § 1896 BGB zur Besorgung seiner Vermögensangelegenheiten einen Betreuer erhalten hat. Bereits die Bestellung eines vorläufigen Betreuers nach § 300 FamFG führt zur Amtsbeendigung.[8]

8

Die Testamentsvollstreckung für den ursprünglich berufenen Testamentsvollstrecker lebt bei Wegfall eines Unfähigkeitsgrunds auch nicht wieder auf.[9] Andernfalls käme es zu schwer lösbaren Problemen insbesondere dann, wenn zwischenzeitlich bereits ein anderer Testamentsvollstrecker das Amt übernommen hätte.[10] Soweit ein Ersatztestamentsvollstrecker berufen ist, kommt aber dieser zum Zuge.

9

III. Verlust der Rechtsfähigkeit juristischer Personen

Wie beim Tod einer natürlichen Person beendet der Verlust der Rechtsfähigkeit der zur Vollstreckung berufenen juristischen Person das Amt des Testamentsvollstreckers.[11] Bei einer **handelsrechtlichen Umwandlung** ist nach den einzelnen Tatbeständen des Umwandlungsgesetzes zu unterscheiden.[12] Bei Verschmelzung durch Neugründung (§§ 36 Abs. 1 S. 1, 20 Abs. 1 Nr. 2 S. 1 UmwG) erlischt die Testamentsvollstreckung, bei einem Formwechsel (§§ 190 ff. UmwG) dauert das Amt fort, bei Verschmelzung durch Aufnahme (§ 20 Abs. 1 Nr. 1 UmwG) nur, wenn der aufnehmende Rechtsträger der Testamentsvollstrecker war.[13]

10

IV. Kündigung des Testamentsvollstreckers (§ 2226 BGB)

1. Kündigungsbefugnis

Der Testamentsvollstrecker kann jederzeit das Amt kündigen (§ 2226 BGB). Die Fortführung des Amtes ist genauso freiwillig wie die Übernahme selbst.[14] Der Erblasser kann das Kündigungsrecht nicht ausschließen. Jedoch ist ein vertraglicher Kündigungsverzicht

11

---

8 BayObLG ZEV 1995, 63 m. Anm. *Damrau*. Krit. dagegen zu Recht MüKo/*Zimmermann*, § 2201 Rn 2, da dadurch endgültig die Amtsunfähigkeit eines Testamentsvollstreckers durch eine vorläufige Anordnung eintritt.
9 MüKo/*Zimmermann*, § 2225 Rn 5; *Muscheler*, Erbrecht II, Rn 2733; a.A. Staudinger/*Reimann*, § 2201 Rn 7.
10 *Muscheler*, Erbrecht II, Rn 2733.
11 Palandt/*Weidlich*, § 2225 Rn 1.
12 *Reimann*, in: Bengel/Reimann, VII Rn 6.
13 *Reimann*, in: Bengel/Reimann, VII Rn 6; *Reimann*, ZEV 2000, 381; Damrau/*Bonefeld*, Praxiskommentar Erbrecht, § 2225 Rn 7; siehe auch NK-BGB/*Kroiß*, § 2225 Rn 9.
14 Palandt/*Weidlich*, § 2226 Rn 1.

J. Mayer

möglich, hindert jedoch dann nicht an der Kündigung, wenn ein wichtiger Grund (Krankheit, Arbeitsüberlastung, Verfeindung) vorliegt (§§ 2226 S. 3, 671 Abs. 3 BGB).[15] Erfolgt ohne einen solchen wichtigen Grund entgegen der Abrede über den Kündigungsverzicht eine Kündigung, so ist umstritten, ob die abredewidrige Kündigung unwirksam ist, der Testamentsvollstrecker sich hierauf zumindest nicht berufen darf, oder aber die Kündigung nach außen zwar wirksam ist, aber den Testamentsvollstrecker nach § 2219 BGB zum Schadensersatz verpflichtet.[16] Auch ohne besondere Vereinbarung darf jedoch der Testamentsvollstrecker nicht zur Unzeit kündigen (§§ 2226 S. 3, 671 Abs. 2 BGB). Die Kündigung kann nur dann auf einen Teil der Aufgaben beschränkt werden, wenn sich dies aus der Anordnung der Testamentsvollstreckung entnehmen lässt.[17]

2. Wirksamwerden, Wirksamkeit

12 Die Kündigung ist gegenüber dem Nachlassgericht zu erklären (§ 2226 S. 2 BGB, sog. amtsempfangsbedürftige Willenserklärung) und wird mit dem Eingang dort wirksam (§ 130 Abs. 3 BGB). Die Festlegung eines späteren Zeitpunkts, zu dem die Kündigung wirksam werden soll, ist möglich.[18] Ein Widerruf der Kündigung ist nicht zulässig, wohl aber ist sie nach § 119 BGB anfechtbar.[19] Ein solcher Anfechtungsgrund kann etwa sein, dass der Testamentsvollstrecker glaubt, durch seine Kündigung werde die Testamentsvollstreckung insgesamt beendet, während tatsächlich dadurch nur ein Ersatztestamentsvollstrecker zum Zuge kommt.[20]

3. Form

13 Eine besondere Form für die Kündigung ist nicht vorgeschrieben. Es ist daher auch eine stillschweigende Kündigung möglich, wenn auch nicht zweckmäßig.[21]

V. Entlassung (§ 2227 BGB)

14 Nach § 2227 BGB kann auf Antrag eines Beteiligten ein Testamentsvollstrecker vom Nachlassgericht entlassen werden, wenn ein wichtiger Grund hierzu vorliegt.

1. Verfahren

a) Entlassungsantrag, Schiedsgericht

15 Die Entlassung erfolgt nur auf (formlosen) Antrag (**Antragsverfahren**). Das Nachlassgericht kann nicht von Amts wegen tätig werden.[22] Der Antrag ist beim zuständigen Nachlassgericht zu stellen (§ 343 FamFG). Er kann bis zur Rechtskraft der Entscheidung jederzeit zurückgenommen werden.[23] Streitigkeiten über die Entlassung des Testamentsvollstreckers,

---

15 Palandt/*Weidlich*, § 2226 Rn 1.
16 Zum Streitstand MüKo/*Zimmermann*, § 2226 Rn 4.
17 KGJ 43 A 88; Staudinger/*Reimann*, § 2226 Rn 3; bei unzulässiger Teilkündigung Erlöschen in vollem Umfang, Staudinger/*Reimann*, a.a.O.; a.M. OLG Hamm OLGZ 1991, 388.
18 *Reimann*, in: Bengel/Reimann, VII Rn 8.
19 Palandt/*Weidlich*, § 2226 Rn 1.
20 *Reimann*, in: Bengel/Reimann, VII Rn 9.
21 *Reimann*, in: Bengel/Reimann, VII Rn 9.
22 Staudinger/*Reimann*, § 2227 Rn 21.
23 RGZ 133, 128, 133; Staudinger/*Reimann*, Rn 21; MüKo/*Zimmermann*, Rn 2 je zu § 2227.

J. Mayer

die auf einer letztwilligen Verfügung gem. § 1066 ZPO, und nicht auf einer zwischen dem Testamentsvollstrecker und den Erben und sonstigen Beteiligten vereinbarten Schiedsklausel beruhen, können allerdings nicht dem **Schiedsgericht** zugewiesen werden.[24] Die h.M. begründet dies mit einer entsprechenden Anwendung des § 2210 BGB und dem Gedanken, dass der Erblasser den Erben nicht schutzlos der „Machtfülle" des Testamentsvollstreckers aussetzen dürfe. Die Erben und der Testamentsvollstrecker können sich aber dahingehend „vergleichen", dass der Testamentsvollstrecker sich zur Amtsniederlegung verpflichtet.[25]

Weiterführender Formulierungsvorschlag
Entlassungsantrag gegen einen Testamentsvollstrecker
Bonefeld, ZErb 2002, 98.
Checkliste zu Entlassungsmöglichkeiten siehe *Frieser*, ZFE 2002, 246.

Ein **Minderjähriger** kann wegen einer etwaigen Kostenpflicht bei seinem Unterliegen den Antrag nicht persönlich stellen (kein lediglich rechtlicher Vorteil, § 107 BGB);[26] er bedarf daher in den Fällen des § 1638 BGB[27] oder wenn der gesetzliche Vertreter selbst der Testamentsvollstrecker ist (§ 1795, 181 BGB)[28] eines Ergänzungspflegers (§ 1913 BGB). **Antragsberechtigt** ist nach Abs. 1 jeder „Beteiligte". Dabei gilt der sog. **materielle Beteiligtenbegriff**. Hierunter fallen somit nur diejenigen, deren Rechte und Pflichten durch die Entscheidung, ob und wie der Testamentsvollstrecker sein Amt ausübt, unmittelbar betroffen werden.[29] Ein bloß wirtschaftliches Interesse genügt aber nicht. Den Entlassungsantrag können daher stellen:[30] der Erbe, jeder **Miterbe**, auch wenn er seinen Anteil mittlerweile veräußert hat (§ 2033 BGB) oder dieser verpfändet ist (die Erbenhaftung besteht fort),[31] und zwar auch dann, wenn sein **Anteil nicht** mit der Testamentsvollstreckung belastet ist, da sich die Erbteilsvollstreckung auch auf ihn während der gemeinsamen Nachlassverwaltung rechtlich wie wirtschaftlich auswirkt;[32] der Nacherbe, der Vermächtnisnehmer,[33] der Mitvollstrecker,[34] der Pflichtteilsberechtigte,[35] und zwar auch dann, wenn eine in ihrer Wirk-

16

---

24 OLG Karlsruhe NJW 2010, 688 = ZEV 2009, 466 = MittBayNot 2010, 214 m. Anm. *Reimann*, dazu auch *Heintze*, RNotZ 2009, 661; RGZ 133, 128, 135 f.; str., a.M. etwa *Muscheler*, ZEV 2009, 317 m.w.N. zur Gegenansicht.
25 Soergel/*Damrau*, § 2227 Rn 13.
26 BayObLGZ 1967, 230, 239; Soergel/*Damrau*, § 2227 Rn 16.
27 BGHZ 106, 96, 99 = NJW 1989, 984. Jedoch besteht die Möglichkeit zur Genehmigung der bereits erfolgten Verfahrenshandlung, OLG Frankfurt DNotZ 1965, 482.
28 BayObLGZ 1967, 230; Staudinger/*Reimann*, § 2227 Rn 24.
29 BGHZ 35, 296, 300 = NJW 1961, 1717; KG JFG 5, 154; MüKo/*Zimmermann*, § 2227 Rn 4; *Baur*, JZ 1962, 123.
30 Vgl. etwa Staudinger/*Reimann*, Rn 22 ff.; Palandt/*Weidlich*, Rn 7 f. je zu § 2227; *Muscheler*, AcP 197 (1997), 226, 238 f.
31 KG Recht 1929, Nr. 1232; OLG Hamm OLGZ 1986, 1, 2 = Rpfleger 1986, 16; BayObLGZ 16, 68, 69. Es ist nicht einmal die Zustimmung des Pfandgläubigers erforderlich.
32 Zutr. OLG Hamm ZEV 2009, 565; *Reimann*, ZEV 2006, 32; aM aber OLG München, ZEV 2006, 31 = NJW-RR 2006, 14 = ZErb 2005, 426 m. ebenfalls abl. Anm. *Muscheler*.
33 BGHZ 35, 296, 300 = NJW 1961, 1717; KG JFG 5, 154; OLG Hamm OLGZ 1986, 1, 2 = Rpfleger 1986, 16.
34 Nicht aber der frühere Testamentsvollstrecker hinsichtlich des jetzt amtierenden, OLG Köln NJW-RR 1987, 1098.
35 KG JFG 5, 154, 155 f.; KG OLGE 40, 136; NJW 1963, 1552; BayObLGZ 1967, 239; BayObLGZ 1997, 1; a.A. AG Berlin-Schöneberg ZEV 2000, 32; *Muscheler*, AcP 197 (1997), 226, 240 f., der zu Recht kritisiert, dass der Pflichtteilsberechtigte gegenüber dem gewöhnlichen Nachlassgläubiger bevorzugt wird.

samkeit zweifelhafte Pflichtteilsentziehung vorliegt;[36] der bestimmungsberechtigte Dritte i.S.v. § 2198 BGB,[37] der Auflagenberechtigte (§ 2194 BGB), nicht aber der Auflagenbegünstigte.[38]

17 **Nicht antragsberechtigt** sind aber: der normale Nachlassgläubiger (da sein Interesse wirtschaftlicher Art ist und durch die Beantragung der Nachlassverwaltung ausreichend geschützt wird),[39] auch nicht Eigengläubiger des Erben, die seinen Erbteil gepfändet haben[40] oder die Staatsanwaltschaft, eine Devisenstelle oder eine sonstige Behörde.[41] Der Testamentsvollstrecker selbst hat kein Antragsrecht, da er das Amt jederzeit kündigen kann (§ 2226 BGB).[42]

b) Entlassungsverfahren

18 Sachlich zuständig ist das Nachlassgericht (§ 343 FamFG), funktionell der Richter (§§ 16 Abs. 1 Nr. 5, 19 Abs. 1 Nr. 3 RPflG). Dabei gilt der Amtsermittlungsgrundsatz (§ 26 FamFG).[43] Es besteht keine Bindung an die von den Beteiligten vorgebrachten Entlassungsgründe.[44] Im Entlassungsverfahren **muss** der **Testamentsvollstrecker** als Beteiligter hinzugezogen werden (§ 345 Abs. 4 S. 1 Nr. 1 FamFG) und ist daher anzuhören, wenn auch nicht zwingend persönlich (vgl. § 34 FamFG).[45] § 2227 Abs. 2 BGB, der früher bestimmte, dass der Testamentsvollstrecker vor der Entlassung gehört werden sollte, wenn dies „tunlich" ist, wurde durch das FGG-ReformG mit Wirkung zum 1.9.2009 aufgehoben. Im Übrigen gilt hinsichtlich der Notwendigkeit der Zuziehung der **anderen Beteiligten** die gegenüber § 7 FamFG speziellere Regelung des § 345 Abs. 4 S. 2 FamFG: Danach „**kann**" das Gericht alle Übrigen, deren Recht durch das Verfahren **unmittelbar** betroffen wird, als Beteiligte hinzuziehen.[46] Auf deren Antrag hin müssen sie hinzugezogen werden. Soweit sie dem Nachlassgericht bekannt sind, sind sie vor der Einleitung des Verfahrens zu benachrichtigen (§ 7 Abs. 4 S. 1 FamFG) und über ihr Antragsrecht zu belehren (§ 7 Abs. 4 S. 2 FamFG). Unabhängig davon ergibt sich bereits verfassungsunmittelbar aus Art. 103 Abs. 1 GG die Verpflichtung, auch den anderen Beteiligten rechtliches Gehör zu gewähren, und zwar allen Miterben.[47] Die Anhörung kann formlos erfolgen.[48] Bei Bedenken gegen die Zulässigkeit des Antrags hat der Richter darauf hinzuweisen.[49]

19 Nach allerdings umstrittener Auffassung kann im Rahmen des Entlassungsverfahrens das Nachlassgericht auch **einstweilige Anordnungen** nach § 49 FamFG treffen, und den beste-

---

36 OLG Hildesheim MDR 1964, 849.
37 KGJ 41, 30; a.A. Soergel/*Damrau*, § 2227 Rn 15.
38 LG Verden MDR 1955, 231; Soergel/*Damrau*, § 2227 Rn 15.
39 BGHZ 35, 296, 300 = NJW 1961, 1717; MüKo/*Zimmermann*, § 2227 Rn 6; a.A. früher BayObLGZ 21, 206.
40 LG Stuttgart BWNotZ 1992, 59.
41 MüKo/*Zimmermann*, § 2227 Rn 6; Soergel/*Damrau*, § 2227 Rn 16; Palandt/*Weidlich*, § 2227 Rn 8; Lange/*Kuchinke*, § 31 VIII 2 b; Firsching/*Graf*, Rn 4.484; a.A. KG JFG 16, 74 (für Devisenstelle); differenzierend Staudinger/*Reimann*, § 2227 Rn 27.
42 Staudinger/*Reimann*, § 2227 Rn 25; MüKo/*Zimmermann*, § 2227 Rn 6.
43 BayObLGZ 34, 311; 1957, 317.
44 MüKo/*Zimmermann*, § 2227 Rn 13.
45 OLG Köln, NJW-RR 2005, 94; MüKo/*Zimmermann*, § 2227 Rn 15.
46 Zu Einzelheiten siehe etwa Keidel/*Zimmermann*, § 345 FamFG Rn 100 f.
47 OLG Hamm Rpfleger 1994, 213; Soergel/*Damrau*, § 2227 Rn 17.
48 BayObLG ZEV 1997, 381, 382.
49 BGZ 106, 96 = NJW 1989, 984.

henden Zustand zu regeln und zu sichern.⁵⁰ Jedoch ist eine „vorläufige Entlassung" nicht zulässig, weil das Nachlassgericht keine Möglichkeit hat, während dieser Zeit anderweitig Vorsorge für den Nachlass zu treffen, so dass ungewiss bliebe, wem während dieser Zeit die Verwaltung und Verfügung über den Nachlass zustünde.⁵¹

Die **Entscheidung** über den Entlassungsantrag ergeht durch Beschluss (§ 38 FamFG).⁵² Sie wird mit der Bekanntgabe (§ 15 FamFG) an den zu entlassenden Testamentsvollstrecker unabhängig von der Rechtskraft der Entscheidung wirksam (§ 40 Abs. 1 FamFG). Die dagegen statthafte befristete Beschwerde (§§ 58 ff. FamFG) hat keine aufschiebende Wirkung, bis das Beschwerdegericht die Entlassungsverfügung aufhebt.⁵³ Jedoch kann das Beschwerdegericht durch einstweilige Anordnung die Vollziehung aussetzen (§ 64 Abs. 3 FamFG), also die Fortführung des Amtes vorläufig gestatten.⁵⁴ Die in der Zwischenzeit bis zur Aufhebung des Entlassungsbeschlusses vom Testamentsvollstrecker getätigten Rechtsgeschäfte gelten dann als wirksam (§ 47 FamFG analog).⁵⁵ Wird das Amt des Testamentsvollstreckers in anderer Weise beendet, so ist das Verfahren erledigt.⁵⁶ 20

Die **Gerichtskosten** bestimmen sich nach KV Nr. 12420 GNotKG; demnach fällt eine Gebühr von 0,5 an; der Geschäftswert bestimmt sich nach § 65 GNotKG.⁵⁷ Eine Kostenerstattung kann nach § 81 FamFG angeordnet werden. Ob der Testamentsvollstrecker die ihm entstandenen oder auferlegten Kosten des Verfahrens dem Nachlass entnehmen kann, hängt davon ab, ob er das Verfahren für erforderlich halten durfte, um den Erblasserwillen zu verteidigen.⁵⁸ Bei Erledigung des Verfahrens gilt § 91a ZPO entsprechend.⁵⁹ 21

c) Rechtsmittel

Gegen den Beschluss des Nachlassgerichts, durch den der Testamentsvollstrecker **entlassen** wird, hat er und jeder andere Beteiligte, der dadurch in seinen Rechten beeinträchtigt wird (§ 59 Abs. 1 FamFG), die **befristete Beschwerde** (§§ 58 ff. FamFG), über die nunmehr das OLG entscheidet (§ 119 Abs. 1 Nr. 1b GVG). Das Beschwerdegericht darf die Entlassung nicht selbst aussprechen, sondern hat nur das Nachlassgericht hierzu anzuweisen.⁶⁰ Bei **Ablehnung** des Entlassungsantrags ist diese Beschwerde nur für den Antragsteller zulässig (§ 59 Abs. 2 FamFG). Gegen die Entscheidung des Beschwerdegerichts gibt es nunmehr nur noch die **zulassungsabhängige Rechtsbeschwerde** zum BGH (§§ 78 ff. FamFG), die allerdings nur in Ausnahmefällen stattfinden wird, weil sie nur noch bei Rechtssachen von grundsätzlicher Bedeutung möglich ist oder bei solchen, die die Fortbildung des Rechts oder die Sicherung einer einheitlichen Rechtsprechung erfordern. 22

---

50 Palandt/*Weidlich*, § 2227 Rn 13; *Zimmermann*, ZEV 2010, 368.
51 OLG Hamm FamRZ 2011, 148 (noch FGG); Palandt/*Weidlich*, § 2227 Rn 13; *Zimmermann*, ZEV 2010, 368.
52 Muster bei *Firsching/Graf*, Rn 4.486.
53 *Firsching/Graf*, Rn 4.487.
54 MüKo/*Zimmermann*, § 2227 Rn 15; vgl. dazu auch den Fall OLG Hamm FamRZ 2003, 710.
55 MüKo/*Zimmermann*, § 2227 Rn 15; aus der Zeit vor dem FamFG entsprechend: BayObLGZ 1959, 128, 131; Soergel/*Damrau*, § 2227 Rn 21.
56 BayObLG ZEV 1995, 370 m. Anm. *Winkler*.
57 Dazu *Kroiß*, ZEV 2013, 413, 416.
58 OLG Hamburg MDR 1963, 423; OLG Oldenburg NJW-RR 1996, 582.
59 OLG Celle NdsRpfl 1961, 199.
60 OLG Karlsruhe NJW-RR 2005, 527.

23 Ob ein wichtiger Grund vorliegt, ist eine **Tat- und Rechtsfrage**.[61] Eine Ermessensfrage ist, ob bei Vorliegen eines wichtigen Grundes wegen des von der h.M. angenommenen Versagungsermessens die Entlassung erfolgen soll („kann").[62] Die tatsächliche Beurteilung des Nachlassgerichts kann vom Rechtsbeschwerdegericht überhaupt nicht nachgeprüft werden, die Beurteilungs- und Ermessensentscheidung nur insoweit, als ein Rechtsfehler zugrunde liegt.[63] Hinzu kommt, dass die Rechtsprechung der Tatsacheninstanz hinsichtlich der Frage des Vorliegens eines wichtigen Grundes einen Beurteilungsspielraum einräumt, der genauso wie die Ermessensausübung nur eingeschränkt überprüfbar ist.[64] Die Entscheidungen der Tatsacheninstanzen müssen jedoch in tatsächlicher und rechtlicher Beziehung so begründet werden, dass ersichtlich ist, welche Tatsachen für erwiesen erachtet werden, welche nicht, und wie der festgestellte Sachverhalt rechtlich beurteilt wird. Dem genügt nicht die lediglich pauschale Mitteilung des Ergebnisses der Beurteilung des Beschwerdevorbringens und des Vorbringens der anderen Beteiligten im Beschwerdeverfahren dahingehend, dass es eine von der des Nachlassgerichts abweichende Entscheidung nicht rechtfertige.[65]

d) Internationale Zuständigkeit

24 Seit dem Inkrafttreten des FamFG am 1.9.2010 sind die deutschen Nachlassgerichte immer auch dann international zuständig, wenn ihre örtliche Zuständigkeit nach § 343 FamFG gegeben ist (§ 105 FamFG).[66] Damit ist die Zuständigkeit der inländischen Nachlassgerichte erheblich erweitert worden. Daher kann ein örtlich zuständiges deutsches Nachlassgericht auch einen **nach ausländischem Recht** ernannten Testamentsvollstrecker entlassen, wenn dies nach dem zur Anwendung berufenen ausländischen Recht möglich ist.[67] Demgegenüber waren nach dem **früheren Recht** und dem damals geltenden Gleichlaufgrundsatz die deutschen Nachlassgerichte bei Eintritt einer Nachlassspaltung grundsätzlich nur insoweit international zuständig, als auch die Testamentsvollstreckung nach deutschem Recht zu beurteilen war, nicht aber auch insoweit, als ausländisches Erbrecht anzuwenden war.[68] Die **Entlassung durch** ein **ausländisches Gericht** oder eine ausländische Behörde ist anzuerkennen, wenn ein rechtsstaatliches Verfahren gewährleistet war (§ 108 FamFG), wozu die

---

61 BayObLG FamRZ 1987, 101, 102; BayObLGZ 1990, 177, 181 = NJW-RR 1990, 1420; OLG Düsseldorf ZEV 1994, 302, 303 (betont, dass dies ein „unbestimmter Rechtsbegriff" ist); Staudinger/*Reimann*, § 2227 Rn 32; Soergel/*Damrau*, § 2227 Rn 2.
62 BayObLG Beschl. v. 26.1.2000, Az. 1 Z BR 214/1998; OLG Hamm OLGZ 1986, 1, 7; Soergel/*Damrau*, § 2227 Rn 2.
63 BayObLG NJW-RR 1996, 714; OLG Hamm OLGZ 1986, 1, 6 ff.; OLG Düsseldorf ZEV 1994, 302, 303. A.A. OLG Oldenburg FamRZ 1999, 472: die Ermessensausübung kann vom Rechtsbeschwerdegericht bei geklärtem Sachverhalt nachgeholt werden.
64 BayObLGZ 1990, 177, 183 = NJW-RR 1990, 1420 (aber offenbar nur bei unternehmerischen Entscheidungen); BayObLG ZEV 1998, 348, 350 (bei der Beurteilung der Nachlassverwaltung); OLG Köln NJW-RR 1987, 1415 (generell).
65 BayObLG Beschl. v. 16.2.2000, Az. 1 Z BR 32/1999.
66 Palandt/*Weidlich*, § 2227 Rn 6; eingehend hierzu MüKo-FamFG/*Rauscher*, § 105 Rn 25 ff.
67 Demgegenüber kommt es nunmehr gerade nicht mehr darauf an, dass die Entlassung „dringend geboten ist", denn damit wurde in Durchbrechung des früher geltenden Gleichlaufgrundsatzes eine ausnahmsweise eingreifende Notzuständigkeit des deutschen Nachlassgerichts auch in den Fällen begründet, in denen dies sonst nicht zuständig gewesen wäre; die Änderung übersieht nunmehr MüKo/*Zimmermann*, § 2227 Rn 19, der die frühere Rspr. uneingeschränkt übernimmt.
68 BayObLGZ 1999, 296, 303 = ZEV 1999, 485.

J. Mayer

Gewährung rechtlichen Gehörs und gerichtliche Überprüfung des Entlassungsakts bei der Entscheidung einer Verwaltungsbehörde gehört (§ 109 FamFG).[69]

2. Entlassungsgrund

Das Gesetz nennt in § 2227 Abs. 1 BGB zwei nicht abschließende Beispielsfälle („insbesondere"), die jedoch deutlich machen, dass es auch bei den gesetzlich nicht benannten Entlassungsgründen darauf ankommt, dass die Pflichten des Testamentsvollstreckers in erheblicher Weise nicht erfüllt werden.[70] Dabei legen die Nachlassgerichte den Tatbestand des § 2227 BGB eher zu weit aus.[71] Auch werden die gesetzlichen und die nicht benannten wichtigen Gründe bei der Beurteilung verwoben. Es findet eine „**Gesamtschau**" statt: Maßgeblich ist, ob die tatsächlichen Umstände in ihrer Gesamtheit die Merkmale des Rechtsbegriffs „wichtiger Grund" erfüllen.

25

a) Grobe Pflichtverletzung

Zur Umschreibung dieses Tatbestandsmerkmals finden sich im Wesentlichen **zwei Definitionen**.[72] Gängig ist: „Eine grobe Pflichtverletzung besteht in jedem schuldhaften Verhalten, das die Belange der Beteiligten erheblich gefährdet, vor allem in strafbarer Untreue (§ 266 StGB), aber auch in minder schweren Verstößen, wie etwa der Nichtbefolgung von Anordnungen des Erblassers oder ordnungswidriger Verwaltung."[73] Als grobe Pflichtverletzung sind in der Rechtsprechung angesehen worden:[74] Eigennütziges Verhalten,[75] völlige Untätigkeit,[76] insbesondere wenn der Testamentsvollstrecker sich i.R.d. Anhörung bei einem Entlassungsverfahren zur Vornahme bestimmter Leistungen verpflichtet hat,[77] aber auch der Verstoß gegen eine wenn auch nur schuldrechtlich wirkende Verwaltungsanordnung (§ 2216 BGB),[78] wenn nicht vorher wenigstens ein Antrag auf deren Außerkraftsetzung gestellt wurde,[79] die Auszahlung eines Verkaufserlöses für eine zweifelhafte Pflichtteilsforderung eines früheren Mitvollstreckers entgegen den ausdrücklichen Verwendungsanweisungen des Erblassers,[80] aber auch die nur teilweise Auszahlung eines fälligen Vermächtnisses trotz hinreichender Nachlassmittel,[81] die rechtswidrige Zueignung von Pfandbriefen,[82] die „**Bedienung" eigener Honorarforderungen** des Testamentsvollstreckers, wenn nicht Anhalts-

26

---

69 KG JZ 1967, 123 m. Anm. *Wengler*; *Johannsen*, WM 1969, 1403; MüKo/*Zimmermann*, § 2227 Rn 19.
70 Eingehend hierzu *Muscheler*, AcP 197 (1997), 226, 275 ff.
71 Staudinger/Reimann, § 2227 Rn 2; besonders krit. *Muscheler*, AcP 197 (1997), 226, 260.
72 Nach *Muscheler*, AcP 197 (1997), 226, 261.
73 BayObLGZ 1976, 1976, 67, 73; BayObLG Rpfleger 1980, 152; ähnlich mit einer Akzentuierung auf den Verstoß gegen Interessen der Erben: OLG Köln OLGZ 1992, 192, 195 = FamRZ 1992, 723 u. Soergel/*Damrau*, § 2227 Rn 8.
74 Vgl. die Nachweise bei *Muscheler*, AcP 197 (1997), 226, 261 f.; Soergel/*Damrau*, § 2227 Rn 8 f., Staudinger/*Reimann*, § 2227 Rn 5 f.
75 KG OLGE 44, 96, 98.
76 Vgl. BGH NJW 1962, 912; bei Untätigkeit, wenn es um die Rechte der Nacherben geht: KG OLGE 44, 96, 98. Zur Verzögerung des im Testament aufgetragenen Verkaufs einer Eigentumswohnung über einen längeren Zeitraum und der mitwirkenden Ursächlichkeit des Verhaltens des Erben BayObLG Beschl. v. 26.1.2000, Az. 1 Z BR 214/1998.
77 BayObLG ZEV 1999, 226.
78 BayObLGZ 1997, 1, 13; 1976, 67, 73.
79 BayObLGZ 1999, 296, 304 ff. = ZEV 1999, 485.
80 OLG Zweibrücken FamRZ 1989, 788.
81 KG DFG 1943, 133.
82 OLG Zweibrücken DNotZ 1973, 112, 113.

punkte dafür vorliegen, dass diese dem Erblasser bekannt waren und dieses Verhalten von ihm gebilligt worden wäre,[83] die Nichterstellung eines **Nachlassverzeichnisses** durch den Testamentsvollstrecker trotz Mahnung und Fristsetzung, wobei grundsätzlich besondere Umstände hinzukommen müssen, um einen „groben Verstoß" anzunehmen.[84] Bei mehreren Testamentsvollstreckern (§ 2224 Abs. 1 S. 1 BGB) haben diese gemeinsam das Nachlassverzeichnis zu erstellen und können sich auf eine zwischen ihnen bestehende Uneinigkeit nicht berufen.[85] Auch die Entnahme einer **überhöhten Vergütung**, wenn sie sich nicht mehr in den möglichen Grenzen der Angemessenheit hält, kann eine grobe Pflichtverletzung sein,[86] insbesondere wenn der Verdacht einer „Selbstbedienungsmentalität" aufkommt,[87] ebenso aber auch die **hartnäckige Verweigerung der Auskunfts- und Rechnungslegung** über den Stand der Verwaltung (§§ 2218, 666 BGB),[88] wobei jedoch zu beachten ist, dass Auskunfts- und auch Rechnungslegungspflicht nach § 2218 Abs. 2 BGB nur auf Verlangen geschuldet werden und nicht sofort, sondern innerhalb angemessener Frist zu erbringen sind.[89] In Frage kommen aber auch die ungerechtfertigte und leichtfertige Führung von Prozessen, die das Interesse der Erben gefährden,[90] böswillig ungenügende Abrechnung,[91] die Verletzung der Anhörungspflicht (§ 2204 Abs. 2 BGB),[92] die Bestellung eines Generalbevollmächtigten, der ungeeignet ist, oder unter Umständen, die dies für den Nachlass als gefährlich erscheinen lassen.[93] Zwar muss sich der Testamentsvollstrecker Kenntnis über den zu verwaltenden Nachlass verschaffen. Hierzu gehört aber nicht zwingend die Kenntnis solcher Nachlassunterlagen, die jahrelang zurückliegen und für die künftige Verwaltung keine Rolle spielen.[94]

27 Bei **unternehmerischen Entscheidungen** legt die Rechtsprechung keinen so strengen Maßstab an: Eine grobe Pflichtverletzung besteht hier nur, wenn schon einfachste und ganz nahe liegende Überlegungen nicht angestellt werden und das nicht beachtet wird, was jedem einleuchten muss.[95] Was die Frage der **Ordnungsmäßigkeit der Verwaltung** angeht, so orientieren sich die Verwalterpflichten in erster Linie an den Anordnungen des Erblassers, konkretisiert durch das objektive Nachlassinteresse und die allgemeinen Regeln der Wirtschaftlichkeit der Verwaltung.[96] Der Testamentsvollstrecker entscheidet dabei in eigener

---

83 OLG Düsseldorf NJW-RR 2013, 331 = ZErb 2013, 61.
84 OLG Hamm OLGZ 1986, 1, 4 ff. = Rpfleger 1986, 16 (Testamentsvollstrecker war Rechtsanwalt); BayObLG ZEV 1997, 381 (bei vom Testamentsvollstrecker zu Unrecht behaupteter Erbenstellung). Eine Gefährdung der Erbeninteressen als zusätzliches Erfordernis fordern hier: OLG Zweibrücken FGPrax 1997, 109; OLG Köln OLGZ 1992, 192 = FamRZ 1992, 723. Strenger aber LG Frankfurt/M. BWNotZ 1981, 117 bei sogar mündlich erteilter Auskunft.
85 OLG Schleswig, FamRZ 2007, 307, 308 f. = ZErb 2007, 16.
86 BayObLGZ 1972, 380; OLG Köln NJW-RR 1987, 1097, 1098 (Entnahme zu höheren Sätzen als der „Rheinischen Tabelle"); BayObLG FamRZ 1987, 101, 104; FamRZ 1991, 615, 616; OLG Köln MDR 1963, 473; KG JW 1937, 435.
87 KG NJW-RR 2011, 511 = MittBayNot 2012, 54 m. Anm. *Kroiß*; in concreto wohl zu streng, weil vorgeworfen wurde, dass anstelle der in den Vergütungsempfehlungen des Deutschen Notarvereins vorgesehenen 2 % „sogar" 2,5 % des Bruttowertes des Nachlasses angesetzt wurden.
88 BayObLG NJW-RR 1988, 645; BayObLGZ 16, 68, 72; KG OLGE 8, 280.
89 BayObLG ZEV 1998, 348, 349.
90 KG DFG 1943, 133.
91 BayObLGZ 16, 68, 72.
92 RGZ 130, 131, 139.
93 KG JW 1930, 1074.
94 OLG Düsseldorf ZEV 1999, 226.
95 BayObLGZ 1990, 177, 183 = NJW-RR 1990, 1420.
96 BayObLG ZEV 1998, 348, 350; BGH NJW 1987, 1070; Staudinger/*Reimann*, § 2216 Rn 4.

Verantwortung, wobei ihm ein angemessener, nicht engherzig zu bemessender Ermessensspielraum zukommt, der ausreichend Raum für wirtschaftlich sinnvolle Eigeninitiative zulässt und auch die Eingehung eines wirtschaftlich kalkulierten geschäftlichen Risikos nicht ausschließt.[97] Dies soll auch bei der Verwaltung eines **Aktienbestandes** gelten.[98] Dies alles ändert aber nichts daran, dass an die Grundsätze der ordnungsgemäßen Verwaltung prinzipiell strenge Anforderungen nach objektiven Kriterien zu stellen sind[99] (vgl. auch § 9).

b) Unfähigkeit zur ordnungsgemäßen Amtsführung

Sie setzt **kein Verschulden** voraus; der Begriff ist weit auszulegen. Die Unfähigkeit kann eine **tatsächliche** sein, weil der Testamentsvollstrecker den ihm gestellten Aufgaben nicht gewachsen ist, oder eine **Verhinderung aus tatsächlichen** oder **rechtlichen Gründen**. Zusätzlich wird gefordert, dass dadurch die Interessen der Beteiligten oder des Nachlasses gefährdet werden.[100] Unfähigkeit liegt vor, wenn der Testamentsvollstrecker durch Krankheit, Abwesenheit, Verschollenheit oder Haft auf Dauer oder längere Zeit verhindert ist, und deshalb eine ordnungsgemäße Geschäftsführung nicht mehr möglich ist.[101] Wenn ein geeigneter Bevollmächtigter vorhanden oder ausreichender Briefverkehr möglich ist, besteht jedoch kein Entlassungsgrund.[102] Nicht ausreichend ist, wenn der Testamentsvollstrecker an der Vornahme einzelner Nachlassmaßnahmen aus **Rechtsgründen** gehindert ist,[103] oder gleichzeitig Nachlassschuldner ist,[104] wenn nicht der Anspruch für den Nachlass von wesentlicher Bedeutung ist und durch die Nichtgeltendmachung die Interessen der Erben erheblich gefährdet würden.[105] Auch mögliche Schadensersatzansprüche der Erben gegen den Testamentsvollstrecker geben keinen Entlassungsgrund.[106]

c) Entlassung aus anderen wichtigen Gründen

Eine Legaldefinition hierfür fehlt. Ein Verschulden ist nicht erforderlich. In der neueren Rechtsprechung finden sich im Wesentlichen **drei** immer wieder verwendete **Formeln**,[107] die aber für die praktische Problemlösung nur bedingt geeignet sind. Aufgrund der Rechtsprechung lassen sich hierzu **drei Fallgruppen** bilden.

aa) Objektiv gerechtfertigtes Misstrauen

Ein auf Tatsachen und nicht nur subjektiven Einschätzungen beruhendes, also **objektiv gerechtfertigtes Misstrauen** in die unparteiische Amtsführung kann ein Entlassungsgrund sein, wenn der Testamentsvollstrecker den Beteiligten dazu Anlass gegeben hat, mag dies

---

97 BGHZ 25, 275, 283; BGH NJW 1987, 1070, 1071; BayObLGZ 1990, 177, 182 f. = NJW-RR 1990, 1420 = FamRZ 1990, 1279 (nur eingeschränkte Überprüfbarkeit der unternehmerischen Entscheidung im nachlassgerichtlichen Entlassungsverfahren); BayObLG ZEV 1998, 348, 350; *Muscheler*, AcP 197 (1997) 226, 249; Staudinger/*Reimann*, § 2227 Rn 2 ff.
98 LG München I, WM 2006, 1073 = WuB IV A § 2219 BGB 1.06 (*Gerhard Ring*).
99 BGH NJW 1959, 1820, 1821; BayObLG ZEV 1998, 350; Palandt/*Weidlich*, § 2227 Rn 3.
100 Soergel/*Damrau*, § 2227 Rn 13; ähnlich etwa BayObLG FamRZ 1991, 235, 236.
101 MüKo/*Zimmermann*, § 2227 Rn 9; Soergel/*Damrau*, § 2227 Rn 12.
102 BayObLG FamRZ 1991, 615; KG JW 1916, 920; KGJ 47 A 92; OLG Celle NJW 1947/48, 117.
103 RGZ 98, 173, 174.
104 OLG Hamburg LZ 1914, 1399.
105 OLG Dresden JFG 3, 169.
106 BayObLGZ 30, 299, 301.
107 Systematisierung nach *Muscheler*, AcP 197 (1997), 226, 263 ff.

auch unverschuldet gewesen sein.[108] So, wenn der Testamentsvollstrecker sich selbst im Wege eines unzulässigen Insichgeschäfts ein Darlehen aus der der Erbin zustehenden Lebensversicherungssumme gewährt,[109] oder der Testamentsvollstrecker seine Rechnungslegungspflicht nicht erfüllt[110] oder bei Verdacht, der Testamentsvollstrecker habe eine Generalvollmacht kurz vor dem Erbfall zu seinem eigenen Vorteil ausgenutzt,[111] oder wenn er ein Testament unrichtig auslegt,[112] oder der Testamentsvollstrecker die eidesstattliche Versicherung abgeben musste und sich daraus eine objektive Gefährdung der Interessen der Erben ergeben haben.[113] Bei der Prüfung muss aber berücksichtigt werden, dass das Amt des Testamentsvollstreckers seinem Wesen nach kein Vertrauensverhältnis zu den Erben voraussetzt, ja oftmals sogar Spannungen und Streitigkeiten bedingt, also solche Umstände eher ein Anzeichen für die sachgerechte Amtsführung sind.[114] Daher ist hier ein strenger Maßstab anzulegen: Die Erben dürfen nicht in die Lage versetzt werden, einen ihnen lästigen Testamentsvollstrecker durch eigenes feindseliges Verhalten aus dem Amt zu drängen.[115] Zudem werden hierunter überwiegend die sog. **Verdachtsfälle** subsumiert,[116] was weitere Zurückhaltung gebietet.[117]

bb) Feindschaft

31 Spannungen und Feindschaften zwischen dem Testamentsvollstrecker und den Erben, aber auch unter Mitvollstreckern, werden immer wieder als Entlassungsgrund genannt. Aber die Testamentsvollstreckung kann gerade strukturell auf Auseinandersetzung mit den Erben angelegt sein, wenn der Erblasserwille und der der Erben divergieren. Daher wird hier fast immer zu Recht die Einschränkung gemacht, dass dies nur unter besonderen Umständen die Entlassung rechtfertigt.[118] Wann ausnahmsweise eine Entlassung gerechtfertigt sei, wird nicht einheitlich beantwortet.[119] Möglich soll sie sein, wenn dadurch die ordnungsgemäße Amtsführung gefährdet wird[120] oder jede Verständigung bei der Verwaltung des Nachlasses

---

108 BayObLGZ 1957, 317, 320; 1985, 298, 302 = FamRZ 1986, 104; 1988, 42, 48 = FamRZ 1988, 770; 1990, 177, 181 = NJW-RR 1990, 1420; 1997, 1, 26 = FamRZ 1997, 905; BayObLG NJW-RR 1996, 714, 715 = ZEV 1995, 366 m. Anm. *Bengel*; OLG Düsseldorf OLGZ 1969, 281, 282; OLG Zweibrücken FamRZ 1989, 788, 789; FGPrax 1997, 109; OLG Hamm DNotZ 1994, 417, 418 = Rpfleger 1994, 213; weitere Nachw. bei *Muscheler*, AcP 197 (1997), 226, 266, Fn 131 und S. 286 ff. Die Lit. folgt dem überwiegend: MüKo/*Zimmermann*, § 2227 Rn 11; Staudinger/*Reimann*, § 2227 Rn 12; AK/*Finger*, § 2227 Rn 6; Soergel/*Damrau*, § 2227 Rn 5. Ablehnend nur *Muscheler*, AcP 197 (1997), 226, 286 ff.; Lange/Kuchinke, § 31 VIII 2 b: rechtfertigt Entlassung nur, wenn dies den Erblasser zum Widerruf der Ernennung veranlasst hätte und dies objektiv den Interessen der Erben entspreche.
109 OLG Frankfurt NJW-RR 1998, 795= ZEV 1998, 350 m. Anm. *Damrau*.
110 BayObLG ZEV 1998, 348, 349.
111 BayObLG NJW-RR 1996, 714, 715 = ZEV 1995, 366 m. Anm. *Bengel*.
112 BayObLGZ 1985, 298, 303.
113 OLG Hamm DNotZ 1994, 417.
114 *Lange/Kuchinke*, § 31 VIII 2 b.
115 BayObLG FamRZ 1991, 615, 617; BayObLGZ 1997, 1, 25 f. = FamRZ 1997, 905.
116 Eingehend *Muscheler*, AcP 197 (1997), 226, 285 ff.
117 Für die Anwendung der Grundsätze der arbeitsrechtlichen Verdachtskündigung *Muscheler*, AcP 197 (1997), 226, 287 f.
118 BayObLGZ 1953, 357, 364; 1988, 42, 49 = FamRZ 1988, 770; 1990, 177, 181 = NJW-RR 1990, 1420; OLG Düsseldorf ZEV 1995, 302, 303; KG OLGE 34, 300, 304; OLG Köln OLGZ 1969, 281, 282; OLG Stuttgart OLGZ 1968, 457, 458; Soergel/*Damrau*, § 2227 Rn 4; Staudinger/*Reimann*, § 2227 Rn 11.
119 Siehe den Rechtsprechungsüberblick bei *Muscheler*, AcP 197 (1997), 226, 268 ff.
120 BayObLGZ 1988, 42, 49 = FamRZ 1988, 770.

ausgeschlossen erscheint.[121] Die Entlassung ist aber abzulehnen, wenn der persönliche von dem rein geschäftlichen Verkehr getrennt werden kann und der geschäftliche noch möglich ist.[122] Überhaupt ist hier ein noch strengerer Maßstab anzulegen, um den Erben nicht ein „freies Hinauskündigen" eines unliebsamen Vollstreckers zu ermöglichen. So kann es gerade im Zweck der Testamentsvollstreckung liegen, dass Spannungen zwischen Vollstrecker und Erben entstehen, etwa wenn der Nachlass weitgehend gegenüber dem verschwendungssüchtigen Erben „thesauriert" werden soll oder die Erben schon früher verfeindet waren und der Testamentsvollstrecker „mediatisieren" soll. Feindschaft ist daher nur dann ein Kündigungsgrund, wenn dies „per se" eine grobe Pflichtverletzung ist oder eine zentrale Pflicht des Testamentsvollstreckers gerade die Aufrechterhaltung eines Vertrauensverhältnisses oder der besonderen persönlichen Beziehung ist.[123]

cc) Interessengegensatz

Dieser kann nach ständiger Rechtsprechung ein Entlassungsgrund sein, wobei allerdings überwiegend gefordert wird, dass es sich um einen erheblichen Interessenkonflikt handelt;[124] auch reicht es nicht aus, wenn der Testamentsvollstrecker deswegen von der Verwaltung nur einzelner Nachlassgegenstände ausgeschlossen ist.[125] Dabei ist zu beachten, dass sich ein Teil der Fälle des Interessenkonflikts anderweitig befriedigend lösen lässt,[126] auch wenn es im Testamentsvollstreckerrecht an einer dem § 1796 BGB entsprechenden Norm fehlt. So hilft etwa die Anwendung des § 181 BGB, bei mehreren Vollstreckern die des § 2224 Abs. 1 S. 2 BGB.[127] Man wird daher auch hier das Vorliegen oder Drohen einer erheblichen Pflichtverletzung fordern müssen,[128] wobei es sich dabei auch um eine solche aus einem Auftragsverhältnis zu einer Vollmacht handeln kann.[129] Ein strenger Maßstab ist auch hier anzuwenden.[130] Zu weit reichend daher BayObLGZ 1988, 42, 49 f., wonach ein unvereinbarer Interessengegensatz vorliegen soll, wenn der Testamentsvollstrecker zugleich Nießbraucher ist, denn dadurch wird nur eine gegenüber der Vorerbschaft abgeschwächte Rechtsstellung geschaffen.

32

d) Versagungsermessen?

Ist der unbestimmte Rechtsbegriff des „wichtigen Grundes" erfüllt, so muss nach ganz h.M. das Nachlassgericht damit den Testamentsvollstrecker noch nicht entlassen. Es hat vielmehr ein Versagungsermessen („kann ... entlassen"). Das Gericht hat also nach pflichtgemäßen Ermessen[131] zu prüfen, ob nicht überwiegende Gründe für das Verbleiben des Testamentsvollstreckers im Amt oder aber für seine Abberufung sprechen (Entlassungs-

33

---

121 OLG Stuttgart OLGZ 1968, 457, 458.
122 BayObLGZ 13, 570; ähnlich OLG Stuttgart OLGZ 1968, 457, 458.
123 *Muscheler*, AcP 197 (1997), 226, 288 ff. mit eingehender Krit. an der h.M.
124 BayObLGZ 1985, 298, 302; 1997, 1, 26; BayObLG FamRZ 1991, 490, 491, BayObLG NJW-RR 1996, 714, 715; Palandt/*Weidlich*, § 2227 Rn 5; *Reimann*, in: Bengel/Reimann, VII Rn 22; ähnlich einschränkend MüKo/*Zimmermann*, § 2227 Rn 10 (ordnungsgemäße Geschäftsführung auf Dauer nicht mehr zu erwarten); Staudinger/*Reimann*, § 2227 Rn 17. Ganz ablehnend Soergel/*Damrau*, § 2227 Rn 6 Fn 31.
125 BayObLG NJW-RR 1996, 714, 715.
126 *Muscheler*, AcP 197 (1997), 226, 291 ff.
127 RGZ 58, 299; 61, 143; 98, 173, 174.
128 *Muscheler*, AcP 197 (1997), 226, 293.
129 Vgl. den Fall von BayObLG NJW-RR 1996, 714, 715 = ZEV 1995, 366 m. Anm. *Bengel*.
130 *Bengel*, ZEV 1995, 370.
131 Für freies Ermessen sogar *Lange/Kuchinke*, § 31 VIII 2 b; *Firsching/Graf*, Rn 4.485.

contra Fortführungsinteresse).[132] **Abwägungskriterien** sind[133] der (mutmaßliche) Wille des Erblassers,[134] aber auch die Interessen der Steller des Entlassungsantrags wie aber auch der Erben, die an der Testamentsvollstreckung fest halten wollen, und ob der Erbe den Nachlass selbst ordnungsgemäß verwalten könne,[135] aber auch ob der Erblasser nicht eine mangelhafte Verwaltung einem völligen Wegfall der Testamentsvollstreckung vorgezogen hätte.[136] Die zuletzt genannte Überlegung ist nicht unproblematisch und auch schon deshalb nicht richtig, weil es, bevor es zum völligen Ende der Testamentsvollstreckung käme, zumindest im Wege der ergänzenden Auslegung i.d.R. immer zur Annahme eines stillschweigenden Ersuchens an das Nachlassgericht zur Ernennung eines Testamentsvollstreckers nach § 2200 BGB kommen wird.[137] Die mangelnde Kooperationsbereitschaft der Erben kann aber jedenfalls zu deren Lasten berücksichtigt werden.[138]

VI. Endtermin, Verwaltungs- und Dauertestamentsvollstreckung

1. Endtermin

34 Ist in der Bestimmung zur Anordnung der Testamentsvollstreckung ein Endtermin genannt, so erlischt mit dem Eintritt des Endtermins die Testamentsvollstreckung; Gleiches gilt bei Eintritt einer angeordneten auflösenden Bedingung.

2. Sonderfall der Verwaltungs- und Dauertestamentsvollstreckung – ewige Testamentsvollstreckung

35 Eine **Dauer- oder Verwaltungsvollstreckung** endet im Regelfall spätestens 30 Jahre nach dem Erbfall (§ 2210 S. 1 BGB). Dadurch soll eine ewige Testamentsvollstreckung und damit die Schaffung von fideikommissartigen Zuständen verhindert werden. Jedoch macht das Gesetz selbst hiervon einige Ausnahmen, deren Reichweite oder Kombinationsmöglichkeiten einige Zweifelsfragen aufwerfen.[139] Dazu erging durch den BGH am 5.12.2007[140] ein Grundsatzurteil, das die Probleme recht anschaulich werden lässt.

---

132 So etwa BayObLGZ 1976, 67, 73 f.; 1985, 298, 302 f.; 1997, 1, 12; OLG Celle OLGZ 1978, 442, 443; OLG Köln NJW-RR 1987, 1414, 1415; OLG Hamm OLGZ 1986, 1, 6 ff.; OLG Zweibrücken FamRZ 1999, 472; *Winkler*, Testamentsvollstrecker, Rn 800; Soergel/*Damrau*, § 2227 Rn 2; Staudinger/ *Reimann*, § 2227 Rn 32. A.A. *Muscheler*, AcP 197 (1997), 226, 249 ff.: gebundene Entscheidung; in der Einordnung unklar MüKo/*Zimmermann*, § 2227 Rn 7.
133 Vgl. *Muscheler*, AcP 197 (1997), 226, 245 ff.
134 So jetzt auch MüKo/*Zimmermann*, § 2227 Rn 7.
135 BayObLG FamRZ 1987, 101, 102.
136 BayObLGZ 34, 311; OLG Hamm OLGZ 1986, 1, 6 ff.; *Lange/Kuchinke*, § 31 VIII 2 b.
137 Eingehend zu dieser Frage *Horn*, ZEV 2007, 521.
138 OLG Düsseldorf ZEV 1999, 226.
139 Eingehend dazu, insbesondere bei der Testamentsvollstreckung durch juristische Personen, *Bonefeld*, in: FS Damrau, 2008, 213; *Reimann*, NJW 2007, 3034, 3036 f; vgl. dazu auch das Gutachten DNotI-Report 2007, 3 über die Dauer der Testamentsvollstrecker über den Tod des Erben hinaus.
140 BGHZ 174, 346 = ZEV 2008, 138 m. Anm. *Reimann* = FamRZ 2008, 406 = ZNotP 2008, 120 = Mitt-BayNot 2008, 301; dazu *Kroiß*, MittBayNot 2008, 263; *Zimmer*, NJW 2008, 1125; *Slabon*, ErbBstg 2008, 82; *Kummer*, jurisPR-BGHZivilR 4/2008 Anm. 2; *Winkler*, BGHReport 2008, 290; abl. W. *Zimmermann*, FamRZ 2008, 504; eingehend dazu *Reimann*, in: FS Spiegelberger, 2008, 1095, 1099.

a) Der Fall

Das Verfahren betraf die Testamentsvollstreckung über den Nachlass des am 20. Juli 1951 verstorbenen ehemaligen **Kronprinzen Wilhelm Prinz von Preußen** (Erblasser), dem ältesten Sohn des 1941 verstorbenen ehemaligen Deutschen Kaisers **Wilhelm II.** Der Beklagte ist der älteste Sohn des am 25. September 1994 verstorbenen **Louis Ferdinand Prinz von Preußen**, der wiederum zweitältester Sohn des Erblassers war. Dabei wurde hinsichtlich der angeordneten Testamentsvollstreckung zunächst folgende Bestimmung getroffen:

36

> *„Die Verwaltung der Testamentsvollstrecker soll solange bestehen, als es das Gesetz zulässt (§ 2210 BGB), also mindestens dreißig Jahre nach dem Tode des Kronprinzen, mindestens bis zum Tode des Erben (Nacherben) und mindestens bis zum Tode der Testamentsvollstrecker oder ihrer Nachfolger."*

In dem späteren, im Jahre 1950, errichteten Testament bestimmte der Erblasser dann noch folgende Ergänzung:

> *„In Abänderung des Paragraphen 5 des Erbvertrages von 1938 werden als Testamentsvollstrecker für die Ausführung des Erbvertrages von 1938 und dieser letztwilligen Verfügung ernannt: (...)*
> *Sind ein oder mehrere Testamentsvollstrecker oder Ersatztestamentsvollstrecker fortgefallen oder erfolgt dies während der Dauer der Testamentsvollstreckerschaft, so soll der Präsident des Deutschen Bundesgericht auf Vorschlag der noch vorhandenen Testamentsvollstrecker Ersatztestamentsvollstrecker ernennen."*

Die vom Erblasser persönlich ernannten Testaments- und Ersatztestamentsvollstrecker sind inzwischen alle weggefallen. Die derzeit amtierenden Testamentsvollstrecker – der Kläger zu 1 (Jahrgang 1940) seit 2004, der Kläger zu 2 (Jahrgang 1948) seit **1975** – wurden vom Präsidenten des Bundesgerichtshofes in ihr **Amt berufen**.

b) Problemstellung – Entscheidung des BGH

Für die Verwaltungs- und Dauertestamentsvollstreckung gilt grundsätzlich nach § 2210 S. 1 BGB die auch sonst im Erbrecht anzutreffende 30-Jahresgrenze (§§ 2109, 2162, 2044 Abs. 2), durch die eine zulange Perpetuierung von Vermögensmassen und damit die Schaffung von fideikommissarischen Zuständen verhindert werden soll. Jedoch kann nach § 2210 S. 2 BGB ein solche Testamentsvollstreckung länger dauern, wenn der Erblasser angeordnet hat, dass die Verwaltung

37

– bis zum Tod des Erben oder
– bis zum Tod des Testamentsvollstreckers oder
– bis zum Eintritt *eines* anderen Ereignisses in der Person des Erben *oder* Testamentsvollstreckers

fortdauern soll. Diese „Verlängerungsmöglichkeiten" können zu ganz unterschiedlichen Ergebnissen führen, wobei aber i.d.R. die Regelfrist von 30 Jahren u.U. ganz erheblich überschritten wird.

Der Erblasser hatte nun eine möglichst langfristige Verwaltungsvollstreckung gewollt, und diese dabei sowohl „mindestens bis zum Tod des Erben" als aber auch „mindestens bis zum Tod des Testamentsvollstreckers" angeordnet. Die erste vom BGH zu klärende Frage war nun, ob diese in § 2210 S. 2 BGB vorgesehenen Ausnahmetatbestände kombinierbar sind. Der BGH hat dies unter Berufung auf die Testierfreiheit und mit der Vorinstanz zu Recht bejaht. Danach ist das Wort „ein" vor der Wendung „anderen Ereignisses" allein

38

als unbestimmter Artikel anzusehen und die Konjunktion „oder" nicht im Sinne eines „ausschließlichen Oders" anzusehen (siehe oben die kursive Schreibweise).[141]

39 Demnach konnte für die Fortdauer der Testamentsvollstreckung **auch** auf den Tod des Testamentsvollstreckers abgestellt werden. Durch die Möglichkeit, dass der Erblasser nach den §§ 2198 ff. BGB den zunächst berufenen Testamentsvollstrecker, einen Dritten oder gar das Nachlassgericht ermächtigen kann, einen Ersatztestamentsvollstrecker zu ernennen, könnte bei einer rein am Wortlaut des § 2210 S. 2 BGB ausgerichteten Interpretation entgegen dem Normzweck des § 2210 BGB eine **ewige Testamentsvollstreckung** begründet werden.[142] Daher ist im Schrifttum dem Grundsatz nach seit langem anerkannt, dass eine einschränkende Auslegung der Vorschrift erforderlich ist. Hierzu findet sich auch in der Verweisung des § 2210 S. 3 BGB auf § 2163 Abs. 2 BGB ein Anhaltspunkt: Demnach verbleibt es bei Einsetzung einer juristischen Person zum Testamentsvollstrecker bei der grundsätzlichen 30-Jahresfrist. Im Übrigen besteht im Schrifttum ein breites Meinungsspektrum, wie eine sachgerechte Einschränkung der Norm zur Verhinderung einer überlangen Testamentsvollstreckung vorzunehmen ist. Der BGH schließt sich nun der sog. **Amtstheorie** an, die im neueren Schrifttum nur noch von *Kregel* im RGRK-BGB vertreten wurde: Demnach bleibt die Verwaltungsvollstreckung nur dann über die 30-Jahresfrist hinaus bestehen, wenn der (letzte, gegebenenfalls Ersatz-)**Testamentsvollstrecker** innerhalb von 30 Jahren seit dem Erbfall zum Testamentsvollstrecker **ernannt** wurde. Die Annahme des Amtes innerhalb dieser Frist ist demgegenüber nicht erforderlich, so dass sich hieraus einige Möglichkeiten der **Vorratsernennung** zur Verlängerung der Testamentsvollstreckung ergeben.[143]

c) Die Überprüfung der BGH-Entscheidung durch das BVerfG

40 Die gegen die vorstehende BGH-Entscheidung eingelegte Verfassungsbeschwerde eines Enkels des **Kronprinzen Wilhelm von Preußen** hat nunmehr das BVerfG durch Kammerbeschluss vom 25.3.2009[144] zurückgewiesen. Denn durch die genannte BGH-Entscheidung würde der Beschwerdeführer nicht in seinem Grundrecht aus Artikel 14 Abs. 1 Grundgesetz verletzt. Da der Erblasser grundsätzlich frei verfügen kann, ob und mit welchen Beschränkungen er eine Person zum Erben bestimmt, kann der begünstigte Erbe den grundrechtlichen Schutz nur in dem jeweils vom Erblasser gewährten Umfang erlangen.

d) Die Folgeentscheidung des KG: Die Amtsdauer der weiteren Ersatztestamentsvollstrecker

41 Das Urteil des KG vom 14.7.2008[145] befasst sich als Folgeentscheidung mit dem Grundsatzurteil des BGH vom 5.12.2007 mit der Frage der Wirksamkeit der Ernennung von Ersatztestamentsvollstreckern. Nach Auffassung des KG ist in einem solchen Fall die ersatzweise Ernennung von Testamentsvollstreckern nicht deshalb unwirksam, weil sie nach Ablauf der 30-Jahres-Frist erfolgt ist; denn solange die Testamentsvollstreckung andauert, d.h. bis zum Ende der Amtszeit des letzten Testamentsvollstreckers, der vor Ablauf der Frist im Amt war, können ersatzweise Testamentsvollstrecker ernannt werden. Allerdings kann dadurch die **Gesamtlaufzeit** der Testamentsvollstreckung **nicht verlängert** werden. Vielmehr erlischt die Anordnung der Dauertestamentsvollstreckung jedenfalls mit dem Tod des letzten

---

141 Anschaulich *Weidlich*, MittBayNot 2008, 263, 264.
142 Vgl. auch *Reimann*, ZEV 2008, 142: „Endlosschlaufe".
143 Ausf. Überlegungen bei *Weidlich*, MittBayNot 2008, 263, 264 ff.
144 ZEV 2009, 390.
145 ZEV 528 m. Anm. *Reimann* = ZErb 2009, 62.

Testamentsvollstreckers, die innerhalb von 30 Jahren seit dem Erbfall ernannt wurde. Die Bestellung des Ersatztestamentsvollstreckers ist also insoweit auf diesen Zeitpunkt befristet.

Als Alternative zu dieser Entscheidung wäre zu überlegen gewesen, ob nicht das vom Erblasser gewollte Testamentsvollstreckergremium von zunächst drei Personen auf eine einzige Person reduziert wird, wenn die beiden anderen, regelgerecht innerhalb der bestehenden Dreißigjahresfrist ernannten Testamentsvollstrecker weggefallen sind und andere Ersatzleute nicht mehr die Voraussetzungen des BGH erfüllen, also nicht innerhalb von 30 Jahren seit dem Erbfall ernannt wurden. Demgegenüber richtet sich das Urteil des Kammergerichts mehr am Willen des Erblassers aus, der im Hinblick auf die Größe und Komplexität des Nachlasses den **Fortbestand eines Dreiergremium** wünscht. Dem ist grundsätzlich zuzustimmen.[146]

42

VII. Erledigung aller Aufgaben

Das Amt im abstrakten Sinne endet mit der Erledigung aller dem Testamentsvollstrecker zugewiesenen Aufgaben, so etwa bei der reinen Abwicklungsvollstreckung nach der vollständigen Aufteilung des Nachlasses an die Miterben. Auch wenn der Nachlass vollständig erschöpft ist, erlischt es.[147] Der eingetragene Testamentsvollstreckervermerk ist nach Beendigung der Erbauseinandersetzung in Vollzug einer Teilungsanordnung gleichwohl nicht zu löschen, wenn durch letztwillige Verfügung gem. § 2209 S. 1 Hs. 2 BGB die Fortdauer der Testamentsvollstreckung nach Erledigung der ihm sonst zugewiesenen Aufgaben an dem Erbteil dieses Miterben angeordnet ist.[148] Wurde mit der Anordnung einer Dauertestamentsvollstreckung dem Testamentsvollstrecker die alleinige Verwaltungsaufgabe zugewiesen, ein Unternehmen fortzuführen, so sind seine Aufgaben erledigt, wenn in einem eröffneten Insolvenzverfahren der Geschäftsbetrieb eingestellt und das Vermögen liquidiert wird. Die Aufgabenerledigung erfasst dann auch betriebsgebundenes Nachlassvermögen, das vom Insolvenzbeschlag nicht erfasst wird.[149]

43

VIII. Veräußerung des Erbteils

Die Testamentsvollstreckung schränkt nicht die Verfügungsbefugnis des Erben ein, den Erbteil zu veräußern, und bezieht sich auch nicht auf das, was der Veräußerer für die Erbteilsübertragung erhält.[150] *Reimann* meint, dass dann, wenn die Anordnung der Testamentsvollstreckung inhaltlich auf die Person des ursprünglichen, veräußernden Miterben bezogen war, durch die Veräußerung die Testamentsvollstreckung erlischt.[151] Hiergegen spricht allerdings der dogmatische Einwand, dass die Erbteilsübertragung die Erbenstellung des Veräußerers unberührt lässt.[152] Nur dann, wenn eine **ergänzende Auslegung** ergibt, dass mit der Testamentsvollstreckung und der damit verfolgten Ziele nur der Veräußerer beschwert sein sollte, wird man im Einzelfall zum Erlöschen der Testamentsvollstreckung durch die Erbteilsveräußerung kommen. Entgegen *Reimann* ist also das Regel-Ausnahme-Verhältnis anders, so dass für den Regelfall des Fortbestehens der Testamentsvollstreckung keine Notwendigkeit besteht, dies in der Verfügung von Todes wegen über die Anordnung

44

---

146 *Reimann*, ZEV 2008, 532.
147 KG OLGE 37, 259.
148 OLG Hamm FamRZ 2003, 710 = Rpfleger 2002, 618.
149 OLG Hamm NJW-RR 2002, 1300 = FamRZ 2002, 1738.
150 *Pötting*, MittBayNot 2007, 376, 379.
151 *Reimann*, in: Bengel/Reimann, VII Rn 52a.
152 Statt aller Palandt/*Weidlich*, § 2033 Rn 7.

der Testamentsvollstreckung klarzustellen. Auf der anderen Seite muss beachtet werden, dass durch die Veräußerung des Erbteils teilweise die mit der Anordnung der Testamentsvollstreckung verfolgten **Ziele vereitelt** werden können, etwa indem dadurch Teile des Nachlasses auf Fremde übertragen werden. Dagegen kann Vorsorge durch entsprechende Verfügungsstrafklauseln getroffen werden.[153]

IX. Gegenständlich beschränkte Beendigung

45 Eine Beendigung hinsichtlich einzelner Nachlassgegenstände kann in verschiedenen Fällen eintreten:

1. Freigabe

46 Durch (unmittelbar dinglich wirkende) **Freigabe**[154] einzelner Nachlassgegenstände nach § 2217 BGB wird die Testamentsvollstreckung hieran beendet. Dabei ergibt sich aus dieser Vorschrift nicht nur ein Freigaberecht des Testamentsvollstreckers, sondern auch eine einklagbare Freigabepflicht,[155] wenn er Nachlassgegenstände zur Erfüllung seiner Aufgaben offenbar (Evidenzgedanke) nicht bedarf. Bei der **Verwaltungsvollstreckung** ist zu beachten, dass diese sich i.d.R. auf die Verwaltung des gesamten Nachlasses bezieht und daher der damit verfolgte Zweck der vollständigen Erhaltung des Nachlasses eine vorzeitige Freigabe nicht zulässt.[156] Durch die Teilauseinandersetzung eines Verkaufserlöses zwischen den Erben soll dieser nach dem BayObLG[157] aus dem Nachlass ausscheiden, so dass der Testamentsvollstrecker darauf nicht mehr zur Beschaffung von Ersatz zurückgreifen kann.

Muster: Freigabeerklärung bezüglich eines Grundstücks[158]

Als alleiniger Testamentsvollstrecker des Nachlasses des am ▮▮▮▮ verstorbenen ▮▮▮▮ gebe ich folgendes Grundstück von der Testamentsvollstreckung frei und überlasse es der freien Verfügung der Erben:

Grundbuch des Amtsgerichts ▮▮▮▮ für ▮▮▮▮ Blatt ▮▮▮▮ Fl. Nr. ▮▮▮▮ Gemarkung ▮▮▮▮.

Dieser Grundbesitz wird zur Erfüllung der Aufgaben der Testamentsvollstreckung nicht mehr benötigt.

Die Löschung des eingetragenen Testamentsvollstreckervermerks im Grundbuch hinsichtlich des o.g. Grundstücks auf Kosten von ▮▮▮▮

wird bewilligt und beantragt.

(notarielle Unterschriftsbeglaubigung wegen § 29 GBO erforderlich).

---

153 Ausf. zu dieser Problematik und Lösungswegen *Kesseler*, NJW 2006, 3672.
154 Zu deren Wirkung Staudinger/*Reimann*, § 2217 Rn 19 f. Eingehend hierzu *Muscheler*, ZEV 1996, 401.
155 BGHZ 12, 100, 101.
156 BGHZ 56, 275; Staudinger/*Reimann*, § 2217 Rn 10; Palandt/*Weidlich*, § 2217 Rn 1; trotzdem nimmt die h.M. bei einer unzulässigen Freigabe an, dass diese dinglich wirksam ist, wenn ihr die Erben (auch Vor- und Nacherben) zugestimmt haben (BGHZ 56, 275; Staudinger/*Reimann*, § 2217 Rn 5 m.w.N., a.A. *Muscheler*, ZEV 1996, 401, 405).
157 BayObLGZ 1991, 390 = FamRZ 1992, 604 = DNotZ 1993, 399 m. Anm. *Weidlich*.
158 Zahlreiche Muster für Freigabeerklärungen bei *Klumpp*, in: Bengel/Reimann, II Rn 219 ff.; dabei praktisch besonders interessant dort Rn 227: Freigabe gegen Sicherheitsleistung. Bei der Freigabe mit Umwandlung des erbengemeinschaftlichen Gesamthandseigentums der Erben in Bruchteilseigentum in Rn 225 wird allerdings nicht ganz deutlich, dass es hierfür noch der entsprechenden Auflassungserklärung der Erben bedarf.

> **Weiterführende Formulierungsvorschläge**
> Freigabeverlangen des Erben
> *Littig* in Krug/Rudolf/Kroiß/Bittler, Anwaltformulare Erbrecht, § 13 Rn 160.
> Klage des Erben gegen den Testamentsvollstrecker auf vorzeitige Freigabe
> *Littig* in Krug/Rudolf/Kroiß/Bittler, Anwaltformulare Erbrecht, § 13 Rn 162.

2. Wirksame Veräußerung von Erbschaftsgegenständen

Auch durch wirksame **Veräußerung** (§ 2205 BGB) scheidet der entsprechende Nachlassgegenstand aus der Testamentsvollstreckung aus. Zu beachten ist aber, dass an dem erzielten Erlös eine **Surrogation** eintritt: Bei einer Erbengemeinschaft erfolgt diese bereits nach § 2041 BGB; bezieht sich die Testamentsvollstreckung nur auf eine Alleinerbschaft, so wird ebenfalls ein Surrogationserwerb in analoger Anwendung der erbrechtlichen Surrogationsbestimmungen bejaht.[159] Besaß der Testamentsvollstrecker an dem veräußerten Objekt zugleich einen Nießbrauch, so erhält er aber nicht im Wege einer dinglichen Surrogation auch einen Nießbrauch an den mit dem Veräußerungserlös angeschafften Ersatzgegenständen.[160]

47

3. Partielles Hinauswachsen aus dem Nachlass

Auch wenn bei einer Testamentsvollstreckung die nach dem Erbfall entstehenden Erträge und Gewinnansprüche der Gesellschafter-Erben grundsätzlich in den Nachlass fallen,[161] gebieten bei einer länger andauernden Testamentsvollstreckung, insbesondere wenn die Erträge thesauriert werden, Gründe des Gläubigerschutzes wie aber die Wahrung der Eigenrechte der Erben die Annahme einer partiellen Beendigung der Testamentsvollstreckung.[162] Denn da bei einem Unternehmen im Laufe der Zeit die Gewinne auch auf der verantwortlichen Mitwirkung des Gesellschafter-Erben beruhen, erscheint es nahe liegend, die laufenden Gewinne und – jedenfalls nach längerer Zeit erfolgreichen Einsatzes für das Unternehmen – auch dessen Wert nicht völlig dem Nachlass, sondern zu einem angemessenen Anteil ausschließlich dem Gesellschafter-Erben zuzuordnen.[163] Dies führt quasi zu einem „Hinauswachsen aus dem Nachlass". Damit sind Eigengläubiger entgegen § 2214 BGB nicht mehr daran gehindert, auf den „freien Eigenanteil" zuzugreifen. Auch erlischt hieran das Verwaltungs- und Verfügungsrecht des Testamentsvollstreckers. Dadurch entstehen letztlich nicht lösbare Abgrenzungsprobleme über die Rechtszuständigkeit. Direkte Vorsorge im Testament ist nicht möglich, da die Rechtsfolge kraft Gesetzes eintritt. Dies ist bei großen Nachlässen, gerade im Unternehmensbereich, eine echte Gefahr für die Testamentsvollstreckung.

48

> **Gestaltungsempfehlung**
> Gerade bei großen Nachlässen nach **Ersatzlösungen** suchen (etwa im Unternehmensbereich: Umwandlung der Personengesellschaft in Kapitalgesellschaft mit Aufsichtsbefugnissen des Testamentsvollstreckers im Aufsichtsrat etc.). Tritt das Problem später auf, so

---

159 RGZ 138, 132, 133; BGH, NJW 1991, 842; OLG Hamburg, MDR 1982, 849, 850; OLG Hamm ZEV 2001, 275; BayObLG, FamRZ 1992, 604, 605; MüKo/*Ann*, § 2041 Rn 3; MüKo/*Zimmermann*, § 2205 Rn 6; Staudinger/*Reimann*, § 2205 Rn 14; *Bengel*, in: Bengel/Reimann, I Rn 79; vgl. auch *Lange/Kuchinke*, § 41 VI 3, die jedoch Mittelsurrogation entsprechend §§ 2019, 2111 BGB annehmen.
160 Zutr. *Brambring*, DNotZ 2003, 565, 568; Staudinger/*Frank*, § 1089 Rn 10; a.A. *Nieder/Kössinger*, § 7 Rn 170.
161 BGHZ 91, 132, 137 = NJW 1984, 2104 = DNotZ 1984, 630.
162 *Reimann*, in: Bengel/Reimann, VII Rn 75 ff. und zum Folgenden.
163 BGH DNotZ 1987, 116, 120; ähnlich BGHZ 91, 132, 137; BGH NJW 1984, 2570.

muss der Testamentsvollstrecker im **Verhandlungswege** mit den Erben versuchen zu erreichen, eine Genehmigung derselben zu seinen möglicherweise unwirksamen Geschäften zu erhalten, evtl. Zug um Zug gegen eine Freigabe eines Nachlassteils.[164]

---

164 *Reimann*, in: Bengel/Reimann, Handbuch VII Rn 78 f.

§ 14 Möglichkeiten von abweichenden Anordnungen des Erblassers

Dr. Jörg Mayer

Inhalt:

	Rn		Rn
A. Regelungsbedarf: Art der Testamentsvollstreckung und deren Aufgaben	1	1. Dauervollstreckung	9
B. Änderung der Befugnisse des Testamentsvollstreckers	2	2. Erweiterte Verpflichtungsbefugnis	10
		3. Bei mehreren Testamentsvollstreckern	13
I. Beschränkung der Befugnisse	3	4. Befreiung von den Beschränkungen des § 181 BGB	14
1. Inhaltliche Beschränkungen	4	5. Verpflichtungen aus den Sondervorschriften des Testamentsvollstreckerrechts	15
2. Gegenständliche Beschränkungen	5		
3. Zeitliche Beschränkung	6	6. Eintragung in das Testamentsvollstreckerzeugnis	17
4. Wirkungen der Beschränkung	7		
II. Erweiterung der Rechte des Testamentsvollstreckers	8	7. Übertragung von Sonderbefugnissen wie an einen Dritten	18

A. Regelungsbedarf: Art der Testamentsvollstreckung und deren Aufgaben

Das Gesetz gibt die Möglichkeit, Aufgaben und Rechtsstellung des Testamentsvollstreckers in relativ weitem Rahmen privatautonom zu regeln. Dies gilt schon zunächst für die Frage, welche Art von Testamentsvollstreckung angeordnet wird und welche Aufgaben dabei zu erfüllen sind. Aber auch die **Befugnisse** des Testamentsvollstreckers können dabei in relativ weitem Umfang durch den Erblasser abgeändert werden.

1

B. Änderung der Befugnisse des Testamentsvollstreckers

Die **gesetzlichen Regelbefugnisse** des Testamentsvollstreckers sind in den §§ 2203–2206 BGB enthalten. Hiervon kann der Erblasser durch Beschränkung oder Erweiterung der Befugnisse abweichen. Davon zu unterscheiden sind rein intern wirkende Verwaltungsanordnungen i.S.v. § 2216 Abs. 2 S. 1 BGB.

2

I. Beschränkung der Befugnisse

Nach § 2208 BGB kann der Erblasser die gesetzlichen Regelbefugnisse des Testamentsvollstreckers beschränken. **Grundsatz:** Ein Mindestumfang für die dem Testamentsvollstrecker verbleibenden Rechte ist gesetzlich nicht vorgeschrieben.[1] Denkbar sind dabei folgende Beschränkungen:[2]

3

1. Inhaltliche Beschränkungen

Möglich sind inhaltliche Beschränkungen der Art, dass der Erblasser dem Testamentsvollstrecker die gesetzlichen Verwaltungs-, Verfügungs- und Verpflichtungsbefugnisse ganz oder teilweise auch mit **dinglicher Wirkung** entzieht oder ihm auch nur einzelne dieser Aufgaben überträgt. Zulässig sind daher etwa
– Übertragung einer **reinen Verwaltungsvollstreckung** als einzige Aufgabe, ohne Erbauseinandersetzung (§ 2209 S. 1 Hs. 1 BGB)

4

---

1 *Nieder/Kössinger*, § 15 Rn 55; KGJ 44, 81, 83 ff.
2 Dazu auch *Wellkamp*, ZErb 2000, 177, 182 ff.

- bloße **beaufsichtigende Vollstreckung** nach § 2208 Abs. 2 BGB, so dass der Testamentsvollstrecker nur einen Anspruch auf die Ausführung der letztwilligen Anordnungen hat und die Verfügungsmacht des Testamentsvollstreckers nach § 2205 BGB deshalb ausgeschlossen ist
- Anordnung, dass der Testamentsvollstrecker bestimmte Rechtsgeschäfte, wie etwa Veräußerung von Grundbesitz, nur mit **Zustimmung der Erben** vornehmen darf (eingehend dazu § 9 Rn 118)[3]
- **Nacherbentestamentsvollstreckung** nach § 2222 BGB
- **Vermächtnisvollstreckung** nach § 2223 BGB
- bloßes **Einspruchsrecht des Testamentsvollstreckers** dahingehend, dass bestimmte Verfügungen des Erben nur mit Zustimmungen des Testamentsvollstreckers zulässig sind[4]
- Beschränkung der Befugnisse des Testamentsvollstreckers dadurch, dass er an **Weisungen Dritter** gebunden ist, wobei Dritter in diesem Sinne nur der (Mit-)erbe oder ein Mitvollstrecker, nicht aber ein sonstiger Dritter sein darf (Verbot einer „Megavollstreckung")[5] eingehend hierzu § 9 Rn 118.

2. Gegenständliche Beschränkungen

5   Hier kann dem Testamentsvollstrecker nur die Verwaltung einzelner Nachlassgegenstände zugewiesen werden (§ 2208 Abs. 1 S. 2 BGB). Auch kann die Testamentsvollstreckung auf den Erbteil eines Miterben oder Mitvorerben beschränkt werden.[6] Zu beachten ist hier, dass die Vorschriften des Testamentsvollstreckerrechts, deren Anwendung voraussetzt, dass der Testamentsvollstrecker die Verwaltung des ganzen Nachlasses hat, dann gerade nicht anwendbar sind, wenn der Testamentsvollstrecker nur einzelne Gegenstände verwaltet (vgl. hierzu § 748 Abs. 2 ZPO, § 2213 Abs. 1 BGB, §§ 779 Abs. 2 S. 2, 780 Abs. 2, 991 Abs. 2 ZPO, § 317 InsO, § 40 Abs. 2 GBO).

3. Zeitliche Beschränkung

6   Durch auflösende Bedingung[7] oder zeitliche Befristung, wobei hier jedoch die durch § 2210 BGB gesetzten Grenzen zu beachten sind. Der Erblasser kann den Testamentsvollstrecker auch ermächtigen, die Testamentsvollstreckung bereits vorher zu beenden, wenn die Entscheidungskriterien hierfür vom Erblasser ausreichend klar bestimmt sind. Möglich daher, dass die Testamentsvollstreckung endet, wenn die Erhaltung des Nachlasses gesichert ist.

4. Wirkungen der Beschränkung

7   Die genannten Beschränkungen kann der Erblasser mit **dinglicher Wirkung** anordnen, so dass sie auch Dritten gegenüber wirksam sind, soweit nicht die Vorschriften über den gutgläubigen Erwerb eingreifen.

> **Gestaltungsempfehlung**
> Da auch möglich ist, dass Beschränkungen lediglich intern wirken sollen, ist bei der Errichtung von Verfügungen von Todes wegen **klarzustellen**, ob diese Beschränkungen

---

[3] Dazu KGJ 44, 81, 83 ff.
[4] Staudinger/*Reimann*, § 2208 Rn 14.
[5] Staudinger/*Reimann*, § 2208 Rn 15; *Reimann*, FamRZ 1995, 592.
[6] Staudinger/*Reimann*, § 2208 Rn 12.
[7] BayObLG NJW 1976, 1692; Soergel/*Damrau*, § 2208 Rn 2.

auch nach außen, also dinglich, wirken sollen. Die dinglichen Beschränkungen sind dann im Testamentsvollstreckerzeugnis einzutragen.

Weiterführender Formulierungsvorschlag
Anordnung von Beschränkungen bei einer Testamentsvollstreckung
Uricher in Tanck/Krug, Anwaltformulare Testamente, § 17 Rn 30, 57, 58.

II. Erweiterung der Rechte des Testamentsvollstreckers

Grundsatz: Der Erblasser kann die Befugnisse des Testamentsvollstreckers über die im Gesetz vorgesehenen Möglichkeiten grundsätzlich nicht erweitern. Dies gilt insbesondere, soweit dadurch in das Rechtsverhältnis des Testamentsvollstreckers zu Dritten eingegriffen wird (Schutz des Rechtsverkehrs). Folgende Erweiterungen sind jedoch möglich:

1. Dauervollstreckung

Nach § 2209 S. 1 2. Hs. BGB kann dem Testamentsvollstrecker die Verwaltung des Nachlasses über die Zeit hinaus übertragen werden, die nach der Erledigung der sonstigen Aufgaben liegt. Nach § 2209 S. 2 BGB ist dann im Zweifelsfall anzunehmen, dass dem Testamentsvollstrecker dann auch die erweiterte Verpflichtungsbefugnis nach § 2207 S. 1 BGB zusteht. Die Zeitgrenze des § 2210 BGB ist zu beachten.

2. Erweiterte Verpflichtungsbefugnis

Grundsatz: Nach § 2206 BGB ist der Testamentsvollstrecker grundsätzlich nur befugt, Verbindlichkeiten für den Nachlass einzugehen, soweit die Eingehung zur ordnungsgemäßen Verwaltung (siehe § 2216 Abs. 1 BGB) erforderlich ist (sog. **kausale Beschränkung** der Verpflichtungsbefugnis). Darüber hinaus kann er Verbindlichkeiten zu einer Verfügung über einen Nachlassgegenstand eingehen, soweit er auch über Nachlassgegenstände verfügen kann (§ 2205 S. 2 und 3 BGB). Eingehend dazu § 10 Rn 2.

Als **Ausnahme** kann aber nach § 2207 S. 1 BGB der Erblasser anordnen, dass der Testamentsvollstrecker in der **Eingehung von Verbindlichkeiten nicht beschränkt** sein soll, also solche auch dann eingehen kann, wenn sie zur ordnungsgemäßen Verwaltung nach § 2216 Abs. 1 BGB nicht erforderlich sind. Die Ordnungsmäßigkeit der Verwaltung bleibt jedoch hier immer noch für das Innenverhältnis und damit auch für die Frage der Haftung bedeutsam.[8] Eingehend zu diesen Fragen siehe § 10 Rn 17.

Die vom Testamentsvollstrecker aufgrund seiner Tätigkeit begründeten Verbindlichkeiten sind aber in beiden Fällen **Nachlassverbindlichkeiten** i.S.v. § 1967 BGB (Nachlassverwaltungsschulden); der Erbe kann also auch insoweit seine zunächst eintretende unbeschränkte Haftung nach den erbrechtlichen Grundsätzen beschränken (§§ 1970 ff.; 2059 ff. BGB).

3. Bei mehreren Testamentsvollstreckern

Nach § 2224 Abs. 1 S. 3 BGB kann bei mehreren Testamentsvollstreckern der Erblasser abweichende Anordnungen gegenüber den gesetzlichen Bestimmungen über die gemeinschaftliche Vertretung treffen.

---

8 Staudinger/*Reimann*, § 2207 Rn 7.

4. Befreiung von den Beschränkungen des § 181 BGB

14 Der Erblasser kann den Testamentsvollstrecker von den Beschränkungen des hier entsprechend geltenden § 181 BGB befreien.[9] Dies kann auch stillschweigend geschehen, wobei dies von der Rechtsprechung dann angenommen wird, wenn der Testamentsvollstrecker zugleich Miterbe ist.[10]

5. Verpflichtungen aus den Sondervorschriften des Testamentsvollstreckerrechts

15 Nach § 2220 BGB kann der Erblasser den Testamentsvollstrecker von folgenden Verpflichtungen **nicht befreien**: Verpflichtung zur Erstellung eines Nachlassverzeichnisses (§ 2215 BGB), zur ordnungsgemäßen Verwaltung des Nachlasses (§ 2216 BGB), Verpflichtung zur Unterrichtung der Erben, Erteilung von Auskunft, Rechenschaftslegung und Herausgabe des Nachlasses an die Erben (§ 2218 BGB i.V.m. Auftragsrecht) und zum Ersatz des verschuldeten Schadens (§ 2219 BGB), wobei auch kein für den Testamentsvollstrecker günstigerer Haftungsrahmen eingeführt werden darf.[11] Eine Befreiung ist auch nicht möglich von dem Verbot der unentgeltlichen Verfügungen (§ 2205 S. 3 BGB) und vom Verbot des Schenkungsversprechens nach § 2207 S. 2 BGB.

16 Befreiung ist aber **möglich** von der Verpflichtung, Nachlassgegenstände, die der Testamentsvollstrecker zur Erfüllung seiner Aufgaben nicht benötigt, dem Erben auf Verlangen herauszugeben (§ 2217 Abs. 1 BGB).[12]

6. Eintragung in das Testamentsvollstreckerzeugnis

17 Die vorstehend genannten Möglichkeiten zur Erweiterung der Befugnisse des Testamentsvollstreckers sind in das **Testamentsvollstreckerzeugnis** einzutragen.[13] Dies soll allerdings nicht für die Befreiung von den Beschränkungen des § 181 BGB gelten.[14]

7. Übertragung von Sonderbefugnissen wie an einen Dritten

18 Der Erblasser kann dem Testamentsvollstrecker Befugnisse, die er jedem Dritten übertragen könnte, ebenfalls übertragen, so etwa die nach §§ 2151, 2153–2156, 2193, 2048 BGB, sowie Schiedsgutachter- und schiedsgerichtliche Aufgaben aller Art (§ 1066 ZPO).[15] Dadurch darf allerdings das **Drittbestimmungsverbot** des § 2065 BGB nicht umgangen werden. Jedoch ist § 2065 BGB nicht betroffen, soweit – dem eigentlichen Wesen der Schiedsgerichtsanordnung entsprechend – der Schiedsrichter anstelle des ordentlichen Richters berufen wird.[16] Wegen einer möglichen **Interessenkollision** ergeben sich weitere Beschränkungen, wenn der Testamentsvollstrecker zugleich Schiedsrichter ist und durch den zu entscheidenden

---

9 Palandt/*Weidlich*, § 2205 Rn 30.
10 BGHZ 30, 67, 69.
11 MüKo/*Zimmermann*, § 2220 Rn 2; Soergel/*Damrau*, § 2220 Rn 3.
12 MüKo/*Zimmermann*, § 2220 Rn 2.
13 *Nieder/Kössinger*, § 15 Rn 69; MüKo/*J. Mayer*, § 2368 Rn 8 f.
14 OLG Hamm NJW-RR 2004, 1448 = ZEV 2004, 288 m. Anm. *Letzel*.
15 RGZ 100, 76, 77 ff.; BGH DNotZ 1965, 98; Staudinger/*Reimann*, § 2203 Rn 16; *Kohler*, DNotZ 1962, 125.
16 RGZ 100, 76, 78. Zur Erbeinsetzung unter einer Bedingung, deren Eintritt der Testamentsvollstrecker feststellen soll: KG ZEV 1998, 182 m. Anm. *F. Wagner* = FamRZ 1998, 1202.

Fall eigene Interessen des Testamentsvollstreckers berührt werden.[17] Denn niemand darf Richter in eigener Sache sein. Der Testamentsvollstrecker kann daher **nicht zugleich als Schiedsrichter** tätig werden:
- bei Streitigkeiten über die Wirksamkeit der Verfügung von Todes wegen, wenn davon auch die Wirksamkeit seiner Ernennung abhängt,
- bei Auslegungsstreitigkeiten bezüglich der Verfügungen von Todes wegen, wenn hiervon wieder Bestand und Umfang seines Amtes betroffen ist,
- bei Fragen, die die von ihm geführten Aktiv- und Passivprozesse betreffen (§§ 2212, 2213 BGB),
- bei Streitigkeiten über die von ihm zu bewirkende Auseinandersetzung des Nachlasses (§ 2204 BGB),
- überhaupt bei allen Streitigkeiten, die seine Amtsbefugnisse betreffen,
- soweit es um die Entlassung des Testamentsvollstreckers geht,[18]
- soweit es um Pflichtteilsstreitigkeiten geht.[19]

Muster: Anordnung eines Schiedsgerichts[20]

Unter Ausschluss der ordentlichen Gerichte wird für alle erbrechtlichen Streitigkeiten, die meinen Nachlass betreffen – außer Pflichtteilsstreitigkeiten und die Entlassung des Testamentsvollstreckers– bestimmt, dass hierüber ein Schiedsrichter als Einzelrichter entscheidet. Soweit es um die Feststellung von Tatsachen geht, kann dieser auch als Schiedsgutachter entscheiden, sowie etwa bestehende Bestimmungsrechte ausüben. Zum Schiedsrichter und Schiedsgutachter wird der jeweils amtierende Testamentsvollstrecker für die Dauer seiner Amtstätigkeit ernannt. Soweit die Streitigkeiten jedoch seine Amtsstellung betreffen (Ernennung, Umfang seines Verwaltungsrechts etc.), hat der Direktor des Amtsgerichts _____ einen besonderen Schiedsrichter zu benennen. Der jeweilige Schiedsrichter entscheidet nach seinem billigen Ermessen, soweit nicht zwingende Prozess- und materiell-rechtliche Bestimmungen entgegenstehen; für das Verfahren gelten die Bestimmungen der ZPO und des Gerichtsverfassungsgesetzes entsprechend, jedoch findet eine Teilnahme der Öffentlichkeit nicht statt.

Der Schiedsrichter erhält für jeden Streitfall eine Pauschale in Höhe einer Gebühr von $20/10$ nach dem Rechtsanwaltsvergütungsgesetz (RVG); damit sind aber auch alle seine weitergehenden Ansprüche, einschließlich solcher für Spesen und Auslagen abgegolten.

Die Erben und betroffenen sonstigen Nachlassbeteiligten werden im Wege der Auflage verpflichtet, die vorstehenden Anordnungen zu beachten.

---

17 BGHZ 15, 199, 200; 41, 23, 26 = NJW 1964, 1316; MüKo/*Zimmermann*, § 2203 Rn 18; NK-BGB/*Kroiß*, § 2203 Rn 9; *Schaub*, in: Bengel/Reimann, III Rn 138 f.
18 Auch diesbezüglich ist nach h.M. eine letztwillige Schiedsgerichtsanordnung nicht möglich, siehe § 13 Rn 15.
19 Ob dies gegenüber dem enterbten Pflichtteilsberechtigten zulässig ist, ist äußerst str., abl. etwa LG Heidelberg ZEV 2014, 310; Bamberger/Roth/*J. Mayer*, § 2317 Rn 12; MüKo/*Leipold*, § 1937 Rn 34; bejahend demgegenüber *Krug* in: Krug/Rudolf/Kroiß/Bittler, Anwaltformulare Erbrecht, 4. Aufl. 2010, § 18 Rn 15; *Schmitz*, RNotZ 2003, 591, 611; *Pawlytta*, ZEV 2003, 89, 91 ff.; *ders.* in: Scherer, MAH Erbrecht, § 67 Rn 27, die alle diese Anordnung rein verfahrensrechtlich qualifizieren und für zulässig halten. Ob dies aber gegenüber dem erbenden Pflichtteilsberechtigten möglich ist, ohne dass § 2306 BGB eingreift, ist ebenfalls umstritten; bejahend etwa Staudinger/*Haas*, § 2306 Rn 30; zu diesem Problemkreis ausführlich *J. Mayer*, in: Mayer/Süß/Tanck/Wälzholz/Bittler, § 3 Rn 17.
20 Nach *Klumpp*, in: Bengel/Reimann, V Rn 485; vgl. auch *Reimann/Bengel/J. Mayer*, Testament und Erbvertrag, Formulare Rn 39; an anderen Formulierungsvorschlägen siehe etwa *Winkler*, Testamentsvollstrecker, Rn 851; *Langenfeld*, Testamentsgestaltung, Rn 300.

§ 15 Testamentsvollstreckung und Vollmachten

Dr. Jörg Mayer

Inhalt:

	Rn		Rn
A. Testamentsvollstreckung und Vollmachten des Erblassers	1	II. Vollmacht für den Testamentsvollstrecker	11
I. Grundsätzliches zur Vollmacht des Erblassers	1	III. Widerruf	12
		B. Vom Testamentsvollstrecker erteilte Vollmachten	15

A. Testamentsvollstreckung und Vollmachten des Erblassers

I. Grundsätzliches zur Vollmacht des Erblassers

Testamentsvollstreckung und Vollmachtserteilung weisen insoweit Ähnlichkeiten auf, als durch beides einem Dritten die Möglichkeit eröffnet wird, für die Erben zu handeln. Daher stellt sich die Frage, in welchem Verhältnis beide Rechtsinstitute stehen und welches in welcher Situation besser zur Erreichung der vom Erblasser verfolgten Ziele geeignet ist.

Hinsichtlich der **Arten** der Vollmachten[1] kann man unterscheiden
- entsprechend dem **Umfang der Vertretungsmacht** zwischen der **Spezialvollmacht** für bestimmte Angelegenheiten (etwa Bankvollmacht) und einer umfassenden **Generalvollmacht** für alle Angelegenheiten, soweit eine Stellvertretung zulässig ist
- entsprechend ihrer **zeitlichen Wirkungsdauer** zwischen Vollmachten, die nur zu Lebzeiten des Vollmachtgebers gelten oder anderweitig befristet sind, den Vollmachten, die schon zu Lebzeiten und noch über den Tod hinaus wirken (**transmortale Vollmachten**) und solchen, die erst mit dem Tod wirken sollen (**postmortale Vollmachten**).[2]

Die Erteilung einer Vollmacht über den Tod des Vollmachtgebers hinaus (sog. **transmortale Vollmacht**)[3] oder aber erst mit Wirkung ab dem Tod des Vollmachtsgebers (**postmortale Vollmacht**) ist grundsätzlich zulässig.[4] Dies kann sinnvoll und notwendig sein, etwa wenn die Testamentsvollstreckung überhaupt nicht zulässig ist, so bei Fällen mit Auslandsberührung oder bei Unternehmen und Gesellschaftsbeteiligungen. Nach h.M. und der Rechtsprechung stehen grundsätzlich Vollmacht und Testamentsvollstreckung **isoliert** nebeneinander. Die **Anordnung der Testamentsvollstreckung** mit den dadurch bedingten entsprechenden Beschränkungen des Erben berührt daher grundsätzlich die erteilte Vollmacht nicht, und zwar unabhängig von der Reihenfolge, in der die Anordnung dieser Maßnahmen getroffen

---

1 Zur Vollmacht nach dem Erbfall siehe etwa *Kurze*, ZErb 2008, 399.
2 Eingehend hierzu *Seif*, AcP 200 (2000), 192 ff.; im Zusammenhang mit der Testamentsvollstreckung Palandt/*Weidlich*, Einf. V. § 2197 Rn 9 ff.; *Zimmermann*, Testamentsvollstreckung, Rn 4a ff.
3 BGHZ 87, 18, 25; die Terminologie ist allerdings nicht immer einheitlich.
4 RGZ 114, 351, 354 (Auflassungsvollmacht); RG LZ 1926, 1326; Staudinger/*Reimann*, Vor § 2197 Rn 53 f.; Palandt/*Weidlich*, Einf. V. § 2197 Rn 9. Eingehend hierzu *Trapp*, ZEV 1995, 314.

wurde.⁵ In Zweifelsfällen ist das Verhältnis von Vollmacht und Testamentsvollstreckung durch umfassende Auslegung des Erblasserwillens zu klären.⁶

Nach der Gegenansicht kann demgegenüber der Bevollmächtigte als Vertreter der Erben nach dem Erbfall nur i.R.d. Verfügungsmacht der Erben handeln.⁷ Dabei wird verkannt, dass der Vertreter seine Rechtsmacht originär vom Erblasser und nicht vom Erben ableitet.⁸ Eine vermittelnde Auffassung stellt auf den Willen des Erblassers ab und die Reihenfolge, in der die Anordnung der Testamentsvollstreckung und die Vollmachtserteilung erfolgen.⁹ Die Überlegungen der differenzierenden Auffassung sollten aber schon aus Gründen des Vertrauensschutzes des Rechtsverkehrs nur für das Innenverhältnis Erbe (als Geschäftsherr) und Bevollmächtigter gelten. Zudem gebietet der Schutz der Erben ein Erlöschen der Vollmacht nicht, da für sie i.d.R. die Möglichkeit des Widerrufs der Vollmacht besteht.

4 Für den Testamentsvollstrecker stellt sich vielmehr häufig das Problem, ob er nicht eine Vollmacht eines Dritten **widerrufen** soll und er dies u.U. wegen seiner Verpflichtung zur ordnungsgemäßen Nachlassverwaltung sogar tun muss, um zu verhindern, dass durch die Vollmacht vollendete Tatsachen geschaffen werden, die seiner Verwaltertätigkeit widersprechen (eingehend zum Widerruf siehe Rn 12 ff.).

> **Praxistipp**
> Bei der gleichzeitigen Anordnung von Vollmachten und Testamentsvollstreckung sollte immer überlegt werden, in welchem Verhältnis diese zu einander stehen.¹⁰ Problematisch ist dabei, wenn bestimmt wird, dass die Vollmacht mit dem Tod des Vollmachtgebers erlischt, wenn eine Testamentsvollstreckung angeordnet ist, oder diese zumindest gegenüber der Vollmacht vorrangig sein soll. Denn dies führt zu nicht lösbaren **Nachweisproblemen:** Nach dem Tod des Vollmachtgebers wäre die Vollmacht nur dann praktisch verwendbar, wenn mit ihrer Ausfertigung zugleich immer auch ein Erbschein vorgelegt wird, aus dem ersichtlich ist, dass keine Testamentsvollstreckung besteht.¹¹ Besser erscheint es daher, Vollmachten mit Wirkung über den Tod hinaus grundsätzlich nur dem Testamentsvollstrecker selbst zur Verstärkung seiner Rechtsposition zu erteilen.

5 Die Vollmacht kann durch **Rechtsgeschäft unter Lebenden** als Außen- oder Innenvollmacht (§ 167 Abs. 1 BGB) erteilt werden, was grundsätzlich **formfrei** möglich ist (§ 167 Abs. 2 BGB). Bei Grundbuchsachen bedarf es jedoch des Nachweises in der Form des § 29 GBO,¹² zur Gründung einer GmbH einer notariell errichteten oder beglaubigten Vollmacht (§ 2 Abs. 2 GmbHG). Eine **kausale Vollmacht**, die von einem Grundverhältnis abhängig

---

5 BGH WM 1962, 860 = NJW 1962, 1718; RGZ 88, 345; 106, 186; OLG Hamburg DNotZ 1967, 31; OLG München ZEV 2012, 376; FamRZ 2013, 402 = ErbR 2013, 33, 34 m. zust. Anm. *Wendt*; NK-BGB/*Kroiß*, Vor §§ 2197–2228 Rn 12; Palandt/*Weidlich*, Vor § 2197 Rn 12; *Winkler*, Testamentsvollstrecker, Rn 253; Soergel/*Damrau*, § 2205 Rn 62; AK/*Finger*, § 2197 Rn 22 ff.; *Zimmermann*, Testamentsvollstreckung, Rn 9; Staudinger/*Schilken*, § 168 Rn 32; MüKo/*Schramm*, § 168 Rn 43; Soergel/*Leptien*, § 168 Rn 34; eingehend dazu auch *Weidlich*, MittBayNot 2013, 196.
6 OLG München ZEV 2012, 376, 377; FamRZ 2013, 402 = ErbR 2013, 33, 34; MüKo/*Zimmermann*, Vor § 2197 Rn 13.
7 Staudinger/*Reimann*, Vor § 2197 Rn 68 u. § 2211 Rn 12.
8 *Amann*, MittBayNot 2013, 367 m.w.N.; siehe auch *Lehmann/Hahn*, ZEV 2013, 579 f.
9 *Bengel/Dietz*, in: Bengel/Reimann, I Rn 38 ff.; MüKo/*Zimmermann*, Vor § 2197 Rn 15: Dem (zumindest mutmaßlichem) Erblasserwillen wird es im Allgemeinen entsprechen, dass keine gegenseitigen Störungsmöglichkeiten bestehen, sondern sowohl Testamentsvollstrecker wie Bevollmächtigter eigenständige Machtbereiche haben, was zu einer Einschränkung der Aufgabenbereiche beider führen müsse.
10 Vgl. auch Groll/*Groll*, Rn 25.
11 Zutr. der Hinw. von *Schmenger*, DNotZ 2004, 811, 813.
12 Staudinger/*Reimann*, Vor § 2197 Rn 61.

ist (das oftmals in einem Auftrag oder Geschäftsbesorgungsverhältnis besteht) erlischt nach §§ 168 S. 1, 672 S. 1, 675 BGB im Zweifel nicht mit dem Tod des Vollmachtgebers.[13] Besteht kein Grundverhältnis (sog. **isolierte Vollmacht**) ist gegebenenfalls durch Auslegung zu ermitteln, ob durch den Tod des Vollmachtgebers die Vollmacht erlischt, jedoch ist dies i.d.R. zu verneinen.[14]

Die postmortale Vollmacht kann aber auch in einer **Verfügung von Todes wegen** erteilt werden.[15] Dies findet sich insbesondere zur Sicherung der Vermächtniserfüllung, wenn der Vermächtnisnehmer bevollmächtigt wird, alles zur Erfüllung seines Vermächtnisses Erforderliche und Zweckmäßige zu tun.[16] Bei solchen Vollmachten stellt sich jedoch zum einen das Problem des Zugangs der Vollmachtserteilung als empfangsbedürftiger Willenserklärung. Allerdings ist es grundsätzlich möglich, dass die Vollmacht dem Bevollmächtigten erst nach dem Tod des Vollmachtgebers zugeht (§ 130 Abs. 2 BGB), wenn nur der Vollmachtgeber sicher mit dem Zugang rechnen kann.[17] Wird die Vollmacht einem Erben erteilt, ist dies gesichert, weil wenigstens das Nachlassgericht dem Erben den Inhalt der Verfügung von Todes wegen mitteilt. Wird aber die Vollmacht einem Dritten erteilt, so muss der Erblasser durch sonstige Maßnahmen den Zugang der Vollmacht sicherstellen. Weiter stellt sich aber auch das Problem des **Nachweises** des Bestehens der Vollmacht durch die entsprechende Vollmachtsurkunde, da das Testament bzw. der Erbvertrag nach dem Erbfall bei den Nachlassakten verbleibt. Dabei muss die Ausfertigung der Vollmacht die die Verfügung von Todes wegen verwahrende Stelle erteilen. Bei einem notariell beurkundeten Testament oder Erbvertrag kann der Urkundsnotar jedoch angewiesen werden, zusätzlich zu der in der Urkundensammlung aufzubewahrenden beglaubigten Abschrift eine Ausfertigung zu verwahren, welche nach dem Tod des Erblassers auf Anforderung des Bevollmächtigten diesem auszuhändigen ist.[18]

> **Weiterführender Formulierungsvorschlag**
> Postmortale Vollmacht samt Anordnung einer Testamentsvollstreckung zugunsten des Vermächtnisnehmers
> *Langenfeld*, Handbuch Testamentsgestaltung, Rn 527.

Der Bevollmächtigte **vertritt** die Erben.[19] Dies gilt auch dann, wenn diese noch gar nicht feststehen oder noch nicht amtlich ermittelt sind. Dies ist gerade eines der besonderen Vorteile der Vollmacht. Dabei kann der Bevollmächtigte grundsätzlich alles tun, was auch der Erblasser hätte machen können.[20] Einschränkungen ergeben sich jedoch
- aus besonderen Anordnungen des Erblassers
- dem Verbot des Selbstkontrahierens (§ 181 BGB)
- dem Verbot des Vollmachtsmissbrauchs
- soweit eine Stellvertretung nach allgemeinen Grundsätzen wegen der Höchstpersönlichkeit der Angelegenheit ausgeschlossen ist.

---

13 Staudinger/*Schilken*, § 168 Rn 26; Bamberger/Roth/*Habermeier*, § 168 Rn 8; Soergel/*Leptien*, § 168 Rn 29.
14 *Bengel/Dietz*, in: Bengel/Reimann, I Rn 43; Staudinger/*Schilken*, § 168 Rn 27; Bamberger/Roth/*Habermeier*, § 168 Rn 8; Soergel/*Leptien*, § 168 Rn 18.
15 RGZ 170, 380, 383; OLG Köln NJW 1950, 702; Staudinger/*Reimann*, Vor § 2197 Rn 56; *Bengel/Dietz*, in: Bengel/Reimann, I Rn 46.
16 *Halding-Hoppenheit*, RNotZ 2005, 311, 319 ff.
17 OLG Köln NJW-RR 1992, 1357 = Rpfleger 1992, 299; *Zimmermann*, Testamentsvollstreckung, Rn 5; Staudinger/*Schilken*, § 168 Rn 29.
18 Dazu Staudinger/*Reimann*, Vor § 2197 Rn 59; *Schmenger*, DNotZ 2001, 971, 972.
19 BGHZ 87, 19; OLG Hamburg DNotZ 1967, 31.
20 Staudinger/*Schilken*, § 168 Rn 33 m.w.N.

J. Mayer

8 Der **Umfang** der Vertretungsmacht wird durch die Vollmachtserteilung des Erblassers bestimmt. Sie bezieht sich dabei nur auf den Nachlass und nicht auf das persönliche Vermögen des Erben; insoweit gilt die Wertung des § 2206 Abs. 1 BGB.[21] Das muss der Vertreter im Falle eines Handelns im Namen des Erben im Hinblick auf §§ 177 ff. BGB klarstellen.[22]

Dabei kann der Bevollmächtigte mangels ausdrücklich getroffener Beschränkung auch unentgeltlich über die Nachlassgegenstände verfügen.[23] Soweit die **Erben minderjährig** sind, bedarf es weder der Zustimmung des gesetzlichen Vertreters noch der Genehmigung des Familiengerichts, da der Bevollmächtigte aus eigenem Recht handelt und der Minderjährige nur mit dem Nachlass verpflichtet wird.[24]

9 Soweit die Vollmacht für den **Alleinerben** erteilt wurde, erlischt sie nach umstrittener, aber wohl überwiegender Meinung grundsätzlich durch Konfusion.[25] Dies wird i.d.R. damit begründet, dass niemand sein eigener Vertreter sein kann. Demgegenüber nimmt die Gegenansicht an, dass die Vollmacht weiter gilt. Dafür beruft sich diese Auffassung darauf, dass eine Vollmacht auch und gerade in dieser Situation der erleichterten erbrechtlichen Legitimation diene und dass es für den Rechtsverkehr oftmals nicht erkennbar sei, ob die Vollmacht erloschen ist, weil nur ein Alleinerbe vorhanden ist, oder diese noch fortbesteht, weil der Bevollmächtigte nur Miterbe oder gar kein Erbe ist.[26] Egal wie man diesen Meinungsstreit entscheidet, bleiben die vom Bevollmächtigten nach dem Erbfall abgeschlossenen Rechtsgeschäfte auf alle Fälle dann wirksam, wenn der Bevollmächtigte bei deren Abschluss vom Tod des Vollmachtgebers nichts wusste, da sie als Willenserklärungen im eigenen Namen umzudeuten sind.[27] Des Weiteren kann sich die Wirksamkeit des Rechtsgeschäftes nach Rechtsscheinsgrundsätzen (Anscheins- oder Duldungsvollmacht) ergeben[28] oder aus einer Ermächtigung nach § 185 Abs. 1 BGB, die i.d.R. in der Vollmacht mit enthalten ist und auch gegenüber den Befugnissen des Testamentsvollstreckers wirkt.[29] Keine Konfusion ist auch anzunehmen, wenn der bevollmächtigte Alleinerbe mit einer Testamentsvollstreckung beschwert ist, denn dann soll der Bevollmächtigte i.d.R. im Umfang der Vollmacht

---

21 MüKo/*Zimmermann*, Vor § 2197 Rn 14. I.E. ebenso RGZ 106, 185, 187; BGH NJW 1962, 1798 (obiter dictum); Soergel/*Damrau*, § 2205 Rn 61; *Bengel/Dietz*, in: Bengel/Reimann, I Rn 48; *Winkler*, Testamentsvollstrecker, Rn 244; nicht erörtert bei BGHZ 87, 19 = FamRZ 1983, 477; A.A. *Reithmann*, BB 1984, 197. *Frey*, S. 163 ff. nimmt hier sogar an, dass es sich um Nachlassverbindlichkeiten handelt (dazu *Schilken*, ZHR 163, 104, 106), was der Wertung des § 2206 BGB noch mehr entsprechen würde.
22 Staudinger/*Schilken*, § 168 Rn 31; MüKo/*Schramm*, § 168 Rn 24.
23 Staudinger/*Reimann*, Vor § 2197 Rn 65.
24 RGZ 88, 345, 350 (allg. für Vollmacht an die Erben); 106, 185, 187; *Bengel/Dietz*, in: Bengel/Reimann, I Rn 50; Staudinger/*Reimann*, Vor § 2197 Rn 66; Staudinger/*Schilken*, § 168 Rn 33.
25 So etwa OLG Hamm ZEV 2013, 341 m. abl. Anm. *K. W. Lange* = DNotZ 2013, 689 m. krit. Anm. *Keim* = FamRZ 2013, 1513 m. Anm. *Dutta*; OLG Stuttgart NJW 1984, 627; KGJ 43, 157, 160 (sogar wenn Alleinerbe nur Vorerbe); *Winkler*, Testamentsvollstrecker, Rn 13; *Zimmermann*, Testamentsvollstreckung, Rn 7; Staudinger/*Reimann*, Vor § 2197 Rn 70; *Demharter*, § 19 GBO Rn 81; a.A. LG Bremen Rpfleger 1993, 235; Palandt/*Ellenberger*, § 168 Rn 4; *Flume*, Allg. Teil des Bürgerl. Rechts, § 51 S. 851, 852; *Hueck*, SJZ 1948, 458: Der Bevollmächtigte handle jetzt für die Erben.
26 MüKo/*Schramm*, § 168 Rn 17 Fn 39; *Keim*, DNotZ 2013, 694;*K. W. Lange*, ZEV 2013, 343; *Kurze*, ZErb 2008, 399, 405; *Weidlich*, MittBayNot 2013, 196, 199; *Meyer-Stolte*, Rpfleger 1993, 235, 236.
27 Staudinger/*Reimann*, Vor § 2197 Rn 70; *Klaus*, NJW 1948, 627; *Keim*, DNotZ 2013, 694; *Bengel/Dietz*, in: Bengel/Reimann, I Rn 51 ff.; zweifelnd *Bestelmeyer*, notar 2013, 147, 161 Fn 139; teilweise wird angenommen, dass die Vollmacht beim Vorerben bestehen bleibt, so *Bengel/Dietz*, in: Bengel/Reimann, I Rn 51b; für Erlöschen der Vollmacht des alleinigen Vorerben KGJ 43, 157, 160.
28 *Bengel/Dietz*, in: Bengel/Reimann, I Rn 51a.
29 *Amann*, MittBayNot 2013, 367, 370.

die Verfügungsbefugnis erlangen, von der er durch die Testamentsvollstrecker ausgeschlossen ist.³⁰

Die **Unterschiede** zwischen der postmortalen Vollmacht und der Testamentsvollstreckung werden besonders deutlich, wenn der Bevollmächtigte zugleich der Testamentsvollstrecker ist.³¹ Die Vollmacht hat den Nachteil, dass sie vom Willen der Erben abhängt und daher widerrufen werden kann, wenn dies nicht ausdrücklich ausgeschlossen wird. Dafür ermöglicht sie ein sofortiges Handeln mit Eintritt des Erbfalls.

10

	Testamentsvollstreckung	postmortale Vollmacht
Rechtsstellung	unabhängiger Inhaber eines Amtes	Bevollmächtigter besitzt von Erben abhängige Rechtsstellung
Amtsbeginn	nicht schon mit Tod des Erblassers, sondern erst mit förmlicher Annahmeerklärung	unmittelbar mit dem Tod des Erblassers
Verfügungsbeschränkung für die Erben	i.d.R. ja, siehe § 2211 BGB	keine
Schutz des Nachlasses gegen Pfändung von Eigengläubigern des Erben	ja, § 2214 BGB	nein
Widerruf durch die Erben	nicht möglich	möglich, wenn nicht ausdrücklich unwiderruflich ausgestaltet, was bei Generalvollmacht nicht möglich
verbleibende Befugnisse der Erben für Rechtshandlungen	werden i.R.d. Aufgaben des Testamentsvollstreckers grundsätzlich ausgeschlossen, und zwar sogar mit dinglicher Wirkung, §§ 2211, 2208 Abs. 1 BGB	können nicht genommen werden, keine „verdrängende Vollmacht". möglich nur „Strafklauseln" bei abweichendem Verhalten.
Unterschiede in den Befugnissen	Schenkungsverbot, § 2205 S. 3 BGB zeitliche Begrenzung, § 2210 BGB bei Verwaltungs- und Dauertestamentsvollstreckung	kein Schenkungsverbot keine zeitliche Begrenzung

Übersicht: Unterschiede zwischen postmortaler Vollmacht und Testamentsvollstreckung³²

II. Vollmacht für den Testamentsvollstrecker

Der Erblasser kann sogar dem Testamentsvollstrecker eine **postmortale Vollmacht** erteilen,³³ die auch unwiderruflich sein kann,³⁴ ja sogar eine **Generalvollmacht**,³⁵ die allerdings

11

---

30 OLG München ErbR 2013, 33, 34 = MittBayNot 2013, 230; zum Ganzen auch Bamberger/Roth/ *J. Mayer*, § 2197 Rn 43.
31 Vgl. etwa *Winkler*, Testamentsvollstrecker, Rn 14; *Zimmermann*, Testamentsvollstreckung, Rn 14.
32 Vgl. auch Damrau/*Bonefeld*, § 2197 Rn 11.
33 OLG Köln NJW-RR 1992, 1357.
34 Staudinger/*Schilken*, § 168 Rn 35; a.A. etwa Soergel/*Leptien*, § 168 Rn 34 m.w.N.
35 Vgl. nur *Bengel/Dietz*, in: Bengel/Reimann, I Rn 52.

J. Mayer

widerruflich sein muss.³⁶ Wenn der Testamentsvollstrecker aufgrund dieser Vollmacht tätig wird, unterliegt er nicht den Beschränkungen des Rechts der Testamentsvollstreckung (etwa nach § 2205 S. 3 BGB)³⁷ und benötigt keinen Erbnachweis und kein Testamentsvollstreckerzeugnis, was Gebühren spart. Eine Generalvollmacht wird auch nicht dadurch eingeschränkt, dass der Bevollmächtigte zugleich Testamentsvollstrecker ist; vielmehr erweitert eine solche Vollmacht die Position des Testamentsvollstreckers. Ein besonderes Schutzbedürfnis für den Erben besteht hier nicht, soweit der Erbe die Vollmacht widerrufen kann.³⁸ Die einzige gesetzliche Schranke für den bevollmächtigten Testamentsvollstrecker besteht in dem Verbot, die Vollmacht zu missbrauchen.³⁹ Zudem muss eine über den Tod hinaus wirkende **Generalvollmacht widerruflich** sein, da sie sonst die Erben unzulässig „knebeln" würde.⁴⁰ Eine Vollmacht für den Testamentsvollstrecker ist in vielen Fällen wichtig und auch zur ordnungsgemäßen Aufgabenerfüllung oftmals unerlässlich, insbesondere wenn der Testamentsvollstrecker in den **Ländern** handeln muss, die keine Testamentsvollstreckung i.S.d. deutschen Erbrechts kennen.⁴¹

Muster: Vollmacht zur Verstärkung der Position des Testamentsvollstreckers⁴²

(In der Verfügung von Todes wegen): Zur Verstärkung der Rechtsstellung des Testamentsvollstreckers wird diesem hiermit zugleich eine Vollmacht erteilt, die ihn ab meinem Tode berechtigt, in meinem Namen mit Wirkung für und gegen meine Erben, soweit dies meinen Nachlass betrifft, zu handeln. Die Vollmacht wird zu einer gesonderten Urkunde erklärt, wobei der Urkundsnotar zugleich angewiesen wird, Ausfertigungen der Vollmacht nur dem Testamentsvollstrecker gegen Vorlage des Testamentsvollstreckerzeugnisses auszuhändigen.

Die Erben werden im Wege einer Auflage verpflichtet, die vorstehende Vollmacht und die sich daraus ergebenden Rechtsfolgen zu dulden und diese nicht zu widerrufen, solange die Testamentsvollstreckung durch den bevollmächtigten Testamentsvollstrecker andauert.

III. Widerruf

12 Hinsichtlich des **Widerrufs** einer Vollmacht ist zu unterscheiden: Die Widerruflichkeit einer kausalen post- oder transmortalen Vollmacht richtet sich nach dem zugrunde liegenden Rechtsgeschäft (z.B. Auftrag; hier grundsätzlich frei widerruflich, §§ 671 Abs. 1, 168). Die abstrakte oder isolierte Vollmacht ist grundsätzlich stets widerruflich, weil ihr kein bestimmtes Rechtsgeschäft zugrunde liegt.⁴³ Die Erben können ab Eintritt des Erbfalls die

---

36 BGH NJW 1962, 1718; BayObLG NJW-RR 1996, 714; Palandt/*Weidlich*, Einf. v. § 2197 Rn 12; *Winkler*, Testamentsvollstrecker, Rn 244; Staudinger/*Reimann*, Vor § 2197 Rn 76.
37 BGH NJW 1962, 1718, 1719 = Rpfleger 1962, 439 m. Anm. *Haegele* (zugleich zum Vollmachtsmissbrauch); MüKo/*Schramm*, § 168 Rn 44.
38 Staudinger/*Reimann*, Vor § 2197 Rn 76.
39 BGH DNotZ 1963, 305; BayObLG NJW-RR 1996, 714; *Bengel/Dietz*, in: Bengel/Reimann, I Rn 53; Staudinger/*Reimann*, Vor § 2197 Rn 76.
40 *Röhm*, DB 1969, 1977; Palandt/*Weidlich*, Einf. v. § 2197 Rn 12; *Seif*, AcP 200 (2000), 192; bereits aus grundsätzlichen Erwägungen heraus ist eine sog. „abstrakte Generalvollmacht" an sich stets widerruflich, BGH NJW 1988, 2603; Staudinger/*Schilken*, § 168 Rn 9; Bamberger/Roth/*Habermeier*, § 168 Rn 25; vgl. auch Staudinger/*Reimann*, Vor 74 ff. zu §§ 2197 ff.; *Nieder/Kössinger*, § 15 Rn 97 hält auch eine Befreiung von § 181 BGB in der Generalvollmacht für unzulässig.
41 Einen Länderüberblick über die ausländischen Rechtsordnungen geben *Haas/Sieghörtner*, in: Bengel/Reimann, IX Rn 133 ff.
42 Nach *Reimann/Bengel/J. Mayer*, Testament und Erbvertrag, Formulare Rn 40.
43 RG SeuffA 79 Nr. 221; Staudinger/*Reimann*, Vor § 2197 Rn 72. A.A. MüKo/*Zimmermann*, Vor § 2197 Rn 17.

Vollmacht widerrufen, und zwar auch schon vor Erteilung des Erbscheins. **Widerrufsberechtigt** ist bei mehreren Miterben jeder einzelne für sich; jedoch wird dadurch die Vertretungsmacht gegenüber den anderen, nicht widerrufenden Miterben nicht berührt.[44] Daher kann bei partiellem Widerruf nicht die Rückgabe der Vollmachtsurkunde verlangt werden, sondern nur die Eintragung eines einschränkenden Widerrufsvermerks.[45] In der Praxis besteht das Problem meist darin, dass die Erben von den erteilten Vollmachten meist keine Kenntnis haben. Nach Ansicht des BGH ist auch ein Verhandlungspartner des Bevollmächtigten, z.B. eine Bank, nicht verpflichtet, den Erben auf das Bestehen der Vollmacht hinzuweisen, wenn keine Verdachtsmomente für einen Vollmachtsmissbrauch bestehen.[46]

Soweit in der Verfügung von Todes wegen nichts anderes bestimmt ist, kann der **Testamentsvollstrecker** die einem Dritten erteilte widerrufliche Vollmacht auch im Rahmen seines Verwaltungsrechts (§ 2205 BGB) widerrufen, und ist u.U. nach § 2216 BGB hierzu verpflichtet.[47]

13

Wird dem Testamentsvollstrecker zur Verstärkung seiner Rechtsstellung zusätzlich eine Vollmacht erteilt, kann er gegen einen Widerruf der Vollmacht nach h.M. dadurch **geschützt** werden, dass die Beibehaltung derselben den Erben zur **Auflage** gemacht wird, deren Einhaltung sogar der gleiche Testamentsvollstrecker überwachen kann; auch kann die Erfüllung dieser Anordnung zur **Bedingung** für die Beibehaltung der Erbenstellung gemacht werden.[48]

14

B. Vom Testamentsvollstrecker erteilte Vollmachten

Vollmachten kann der Testamentsvollstrecker auch ohne besondere Ermächtigung im Rahmen einer ordnungsgemäßen Verwaltung an Dritte für einzelne Geschäfte (**Spezialvollmacht**) oder Geschäftsbereiche (Art- oder Gattungsvollmacht) erteilen, etwa Bankvollmachten oder an einen Rechtsanwalt.[49] Bei einer Verhinderung muss er dies sogar. Führt er ein Handelsgeschäft fort, so kann er auch eine **Prokura** oder Handlungsvollmacht (§ 54 HGB) gewähren.[50] Nach der h.M. kann er sogar eine **Generalvollmacht** erteilen, wenn dies nicht dem ausdrücklichen Willen des Erblassers widerspricht und dem Testamentsvollstrecker das Recht zum Widerruf verbleibt.[51] Die von dem Testamentsvollstrecker erteilte Vollmacht **endet** nicht mit einem Wechsel in der Person des Verwalters, aber mit der

15

---

44 RG JW 1938, 1892; Palandt/*Weidlich*, Einf. V. § 2197 Rn 13; Staudinger/*Schilken*, § 168 Rn 34; Staudinger/*Reimann*, Vor § 2197 Rn 73; *Bengel/Dietz*, in: Bengel/Reimann, I Rn 56; *Winkler*, Testamentsvollstrecker, Rn 8; Gutachten DNotI-Report 1998, 173.
45 BGH NJW 1990, 507; *Winkler*, Testamentsvollstrecker, Rn 8.
46 BGH NJW 1995, 260; Bedenken dagegen bei *W. Schultz*, NJW 1995, 3345; *Krampe*, ZEV 1995, 189.
47 Staudinger/*Reimann*, Vor § 2197 Rn 73; *Bengel/Dietz*, in: Bengel/Reimann, I Rn 57; dazu auch *Groll*, Rn 25.
48 *Lange*, JuS 1970, 102; Staudinger/*Reimann*, Vor § 2197 Rn 77; *Nieder/Kössinger*, § 15 Rn 99 m. Gestaltungshinw.
49 KG OLGE 9, 408; 19, 275; KGJ 32 A 91, 93; Staudinger/*Reimann*, § 2218 Rn 13; MüKo/*Zimmermann*, § 2218 Rn 6.
50 MüKo/*Zimmermann*, § 2218 Rn 6; Staudinger/*Reimann*, § 2218 Rn 13.
51 KG JW 1930, 1074; Staudinger/*Reimann*, § 2218 Rn 13; Palandt/*Weidlich*, § 2218 Rn 2; Soergel/*Damrau*, § 2218 Rn 3; MüKo/*Zimmermann*, § 2218 Rn 7 (mit Zusatz: interne Entscheidungsbefugnis müsse verbleiben und keine verbotene Vollübertragung). Zurückhaltend *Klumpp*, in: Bengel/Reimann, VI Rn 23 ff. Ablehnend *Winkler*, Testamentsvollstrecker, Rn 468 (zulässig nur bei ausdrücklicher Ermächtigung); *v. Lübtow*, II 987; *Kipp/Coing*, § 73 II 5 b (bedenklich).

Beendigung der Testamentsvollstreckung insgesamt.[52] Entgegen der älteren Rechtsprechung darf für die Beantwortung dieser Streitfrage nicht darauf abgestellt werden, dass nach der Amtstheorie der Testamentsvollstrecker seine Befugnisse zwar im fremden Interesse, aber als eigenes Recht ausübt, weshalb mit der Beendigung des Amtes des die Vollmacht erteilenden Testamentsvollstreckers auch die Vertretungsbefugnis entfällt.[53] Vielmehr müssen schon aus Gründen des Verkehrsschutzes hier die gleichen Grundsätze gelten, wie auch sonst für das Erlöschen einer Untervollmacht; insbesondere ist deshalb im Gesellschaftsrecht anerkannt, dass der Wechsel von Vertretungsorganen keinen Einfluss auf eine erteilte Untervollmacht hat.[54]

16 Von der Vollmachtserteilung als Handlungsform zu unterscheiden ist die **Geschäftsführungsbefugnis und -pflicht**, die grundsätzlich immer beim Testamentsvollstrecker bleibt.[55]

---

52 Palandt/*Ellenberger*, § 168 Rn 4; MüKo/*Schramm*, § 168 Rn 40; *Kipp/Coing*, § 73 II 5 b; *Winkler*, ZEV 2001, 282 f.; *Zimmermann*, Testamentsvollstreckung, Rn 315; *Winkler*, Testamentsvollstrecker, Rn 469; Staudinger/*Reimann*, § 2218 Rn 14; NK-BGB/*Kroiß*, § 2218 Rn 6; a.A. OLG Düsseldorf ZEV 2001, 281 = Rpfleger 2001, 425 (unter Verkennung des Unterschieds zwischen dem Testamentsvollstrecker und der Testamentsvollstreckung als Amt im funktionell-abstrakten Sinn); KGJ 41, 79, 80 f. (wo dieser Unterschied immerhin gesehen, aber der Amtstheorie gefolgt wird); Soergel/*Damrau*, § 2218 Rn 3; unklar Staudinger/*Schilken*, § 168 Rn 33; häufig wird auch formuliert, dass mit der „Beendigung des Testamentsvollstreckeramtes" die Vollmacht erlösche (so etwa *Klumpp*, in: Bengel/Reimann, VI Rn 29), wobei aber auch dann nicht klar wird, ob damit das Amt im konkreten Sinn oder aber im abstraktfunktionellen Sinn gemeint ist.
53 So aber KGJ 41, 79, 80.
54 *Zimmermann*, Testamentsvollstreckung, Rn 315; i.E. ebenso NK-BGB/*Kroiß*, § 2218 Rn 6.
55 *Kipp/Coing*, § 73 II 5 b.

§ 16 Erbteilsvollstreckung

Dr. Jörg Mayer

Inhalt:	Rn		Rn
A. Anordnung	1	C. Pfändung des Erbteils	10
B. Aufgaben des Erbteilsvollstreckers	3	I. Voraussetzungen	10
I. Verpflichtungsbefugnis	3	II. Durchführung	11
II. Erbauseinandersetzung	6	III. Wirkungen	12
III. Sonstiges	8		

Literatur

Eibl, Die Erbteilsvollstreckung, 2002; *Muscheler*, Testamentsvollstreckung über Erbteile, AcP 195 (1995), 35; *von Preuschen*, Testamentsvollstreckung für Erbteile (Teilvollstreckung) – Eine Anm. zu BayObLG, FamRZ 1991, 231 ff., FamRZ 1993, 1390.

A. Anordnung

Der Erblasser kann die Testamentsvollstreckung auch auf einen **Erbteil** eines Miterben oder aber mehrere Erbteile mehrerer Miterben beschränken.[1] **Mittelbar** kann sich eine solche Erbteilsvollstreckung auch dadurch ergeben, dass die für den ganzen Nachlass angeordnete Testamentsvollstreckung hinsichtlich einzelner Miterben unwirksam ist, etwa weil ihr bezüglich einzelner Miterben eine erbrechtliche Bindung entgegensteht (so bei einer erbvertraglichen Bindung wegen § 2289 Abs. 1 S. 1 BGB oder bei einem gemeinschaftlichen Testament nach § 2271 Abs. 2 S. 1 BGB).[2] 1

Der Sache nach liegt hier jedoch keine gegenständlich oder inhaltlich beschränkte Testamentsvollstreckung i.S.d. § 2208 Abs. 1 S. 2 BGB vor. Vielmehr handelt es sich um eine Testamentsvollstreckung im eigentlichen Sinn über den gesamten Nachlass, jedoch ergeben sich ihre **Grenzen** aus den besonderen Vorschriften über die Erbengemeinschaft (§§ 2033 ff. BGB).[3] Demnach kann der Testamentsvollstrecker alle Rechte ausüben, die an sich ohne die Erbteilsvollstreckung dem **betreffenden Miterben** zustehen, aber auch nicht mehr.[4] Insoweit verdrängt der Testamentsvollstrecker mit seinen Befugnissen die Rechte des mit der Vollstreckung belasteten Miterben. Jedoch sind auch bei der Erbteilsvollstreckung dem Grunde nach **verschiedene Formen** möglich, wie eine – allerdings eben jeweils nur auf einen oder mehrere Miterben – beschränkte Dauer-, Verwaltungs- oder Abwicklungsvollstreckung. Im Zweifel ist, wie auch sonst bei der Testamentsvollstreckung, von letzterer auszugehen.[5] 2

---

1 KGJ 31 A 259; NK-BGB/*Kroiß*, § 2208 Rn 13; Staudinger/*Reimann*, § 2208 Rn 12; MüKo/*Zimmermann*, § 2208 Rn 11; *Klumpp*, in: Bengel/Reimann, III Rn 45.
2 Vgl. dazu die Fälle von BGH NJW 1962, 912; BayObLG FamRZ 1991, 231 mit krit. Anm. *von Preuschen*, FamRZ 1993, 1390.
3 Staudinger/*Reimann*, § 2208 Rn 12; *Klumpp*, in: Bengel/Reimann, III Rn 46; NK-BGB/*Kroiß*, § 2208 Rn 13; eingehend dazu *Muscheler*, AcP 195 (1995), 35, 51 f.; *von Preuschen*, FamRZ 1993, 1390; 1393; a.A. Soergel/*Damrau*, § 2208 Rn 5; MüKo/*Zimmermann*, § 2208 Rn 11.
4 Staudinger/*Reimann*, § 2208 Rn 11; NK-BGB/*Kroiß*, § 2208 Rn 13; anschaulich zu den Unterschieden zwischen der Erbteilsvollstreckung und der „Gesamtvollstreckung" über den gesamten Nachlass mit zahlreichen Beispielen *von Preuschen*, FamRZ 1993, 1390, 1393 f.
5 NK-BGB/*Kroiß*, § 2208 Rn 13; *von Preuschen*, FamRZ 1993, 1390, 1393.

B. Aufgaben des Erbteilsvollstreckers

I. Verpflichtungsbefugnis

3 Hinsichtlich der Verpflichtungsbefugnis des Erbteilsvollstreckers ist zu beachten, dass diese durch die **innere Kompetenzordnung** der §§ 2038 ff. BGB überlagert wird.[6] **Vor der Teilung des Nachlasses** sind daher die sich aus der Erbengemeinschaft ergebenden Beschränkungen zu berücksichtigen. Eine **gemeinschaftliche Nachlassverbindlichkeit,** für die sämtliche Erben als Gesamtschuldner haften (§ 2058 BGB), entsteht daher nur, wenn der Erbteilsvollstrecker die Verbindlichkeiten entweder zusammen mit den übrigen Erben oder im Fall von §§ 2038 Abs. 2, 745 Abs. 1 BGB zusammen mit der Mehrheit der Erben begründet oder ihm vom Erblasser eine Alleinverpflichtungsbefugnis eingeräumt wurde oder er allein unter den Voraussetzungen des Notgeschäftsführungsrechts nach § 2038 Abs. 1 S. 2 Hs. 2 BGB handelt und die Eingehung der Verbindlichkeit ordnungsgemäßer Nachlassverwaltung entspricht.[7] Demgegenüber lässt sich eine generelle Befugnis des Erbteilsvollstreckers zur Begründung gemeinschaftlicher Nachlassverbindlichkeiten, für die alle Erben nach § 2058 BGB haften, nicht aus einer prinzipiellen Gleichstellung der Testamentsvollstreckung über den Gesamtnachlass mit der über einen Erbteil begründen,[8] denn insoweit bestehen gerade wesentliche Unterschiede.

Hinsichtlich der Reichweite der Haftung ist dabei zu beachten, dass die testamentsvollstreckungsfreien Erben, soweit diese zusammen mit dem Erbteilsvollstrecker gehandelt haben oder ihm entsprechende Vollmacht erteilten, auch persönlich und unbeschränkbar für die dadurch entstehenden Verbindlichkeiten haften. Es handelt sich um echte „**Nachlasserbenschulden**". Nur im Einzelfall kann sich eine ausdrückliche oder stillschweigende rechtsgeschäftliche Haftungsbeschränkung ergeben, wonach nur mit dem Nachlass gehaftet werden soll.[9] Demgegenüber handelt es sich für den **Miterben,** dessen **Erbteil** vom Erbteilsvollstrecker **verwaltet** wird, um eine Nachlassverwaltungsschuld (§ 2206 BGB), so dass er die Haftung auf den Nachlass begrenzen kann, letztlich also nur mit seinem Erbteil haftet.[10]

4 Im Einzelfall ist auch möglich, dass der Erblasser dem Erbteilsvollstrecker entsprechende **Alleinverpflichtungsmacht** eingeräumt hat, insbesondere durch eine Vollmachtserteilung. Dann handelt es sich zwingend um eine gemeinschaftliche Nachlassverbindlichkeit, nicht nur um eine Erbteilsverbindlichkeit.[11]

5 **Nach** der **Teilung des Nachlasses** kommt es darauf an, ob sich das Verwaltungsrecht des Testamentsvollstreckers auf das dem Miterben **zugeteilte Ersatzobjekt erstreckt.** Dies wird unterschiedlich beantwortet, überwiegend aber zu Recht bejaht, sofern nicht ein entgegenstehender Wille des Erblassers erkennbar ist.[12] Die Gegenauffassung sieht das Regel-Ausnahme-Verhältnis genau anders herum und verlangt eine positive Feststellung, dass der

---

6 *Muscheler,* AcP 195 (1995), 35, 60; *Klumpp,* in: Bengel/Reimann, III Rn 47.
7 Zutr. *Klumpp,* in: Bengel/Reimann, III Rn 47.
8 So aber *Muscheler,* Die Haftungsordnung der Testamentsvollstrecker, S. 251 ff.
9 Entgegen *Muscheler,* AcP 195 (1995), 35, 60 wird man diese allerdings nicht allein schon deswegen annehmen können, weil dem Geschäftspartner aus der Mitwirkung des Erbteilsvollstreckers ein entsprechender Beschränkungswille erkennbar werde.
10 Soergel/*Damrau,* § 2206 Rn 6; i.E. auch *Muscheler,* AcP 195 (1995), 35, 60.
11 *Muscheler,* AcP 195 (1995), 35, 61.
12 KGJ 31 A 259, 262; NK-BGB/*Kroiß,* § 2208 Rn 13; Staudinger/*Reimann,* § 2208 Rn 12; Soergel/*Damrau,* § 2208 Rn 5.

Erblasser eine solche Fortgeltung der Testamentsvollstreckung wollte.[13] Setzt sich die Testamentsvollstreckung an dem i.R.d. Erbauseinandersetzung Zugeteilten fort, so hat der Testamentsvollstrecker nunmehr hinsichtlich „seines Miterben" die normalen Regelbefugnisse. Er kann also nach den §§ 2206, 2207 BGB, die analog anzuwenden sind, Nachlassverbindlichkeiten eingehen. Sie betreffen jedoch nicht den gesamten Nachlass,[14] sondern nur den Miterben, hinsichtlich dessen er seine Verwaltungsrechte noch ausübt. Bei diesem handelt es sich dann um Nachlassverwaltungsschulden, für die er seine Haftung beschränken kann.[15] Die besonderen Vorschriften und Regeln, die für eine Testamentsvollstreckung gelten, wenn nur einzelne Nachlassgegenstände zu verwalten sind (etwa § 2213 Abs. 1 S. 2 BGB, § 748 Abs. 2 ZPO) sind dann aber nicht anwendbar. Der Grund dafür ist, dass das Gesetz den einzelnen Miterben nach der Erbauseinandersetzung haftungsmäßig wie einen Alleinerben behandelt.[16] Insbesondere kann daher ein Nachlassgläubiger in voller Höhe seiner Forderung einen Leistungstitel gegen den Testamentsvollstrecker erwirken und damit in die der Testamentsvollstreckung unterliegenden Nachlassgegenstände vollstrecken.[17] Das gegen den Testamentsvollstrecker erstrittene Leistungsurteil entfaltet auch Rechtskraft zu Lasten des Miterben, dessen Erbteil der Testamentsvollstrecker zu verwalten hat (§ 327 Abs. 2 S. 2 ZPO).[18]

II. Erbauseinandersetzung

Auch im Rahmen der Erbauseinandersetzung sind der beschränkte Aufgabenkreis des Erbteilsvollstreckers und seine eingeschränkten Befugnisse zu beachten. Er kann daher **nicht** wie der Testamentsvollstrecker mit normalen Regelbefugnissen (§ 2203 BGB) allein und mit Wirkung auch für die anderen die Auseinandersetzung „**bewirken**" und etwa einen verbindlichen Auseinandersetzungsplan aufstellen. Er kann vielmehr nur anstelle des Miterben, für dessen Erbteil er eingesetzt ist, die **Auseinandersetzung „betreiben"**, also dessen Rechte gegenüber den anderen Miterben geltend machen, insbesondere also die Auseinandersetzung des Nachlasses nach § 2042 Abs. 1 BGB verlangen.[19] Als Auseinandersetzungsarten kommen dabei der Auseinandersetzungsvertrag, die Erbteilungsklage und die amtliche Vermittlung der Erbauseinandersetzung durch das Nachlassgericht nach den §§ 363 ff. FamFG in Betracht.[20] Während bei einer Abwicklungsvollstreckung (§§ 2203 f. BGB) über den gesamten Nachlass für das Verfahren zur amtlichen Nachlassauseinandersetzung kein Rechtsschutzbedürfnis besteht, weil der Testamentsvollstrecker kraft seiner eigenen Rechtsmacht die Erbauseinandersetzung selbst und allein bewirken kann, ist dies dem Erbteilsvoll-

6

---

13 MüKo/*Zimmermann*, § 2208 Rn 11; dass dies rechtlich möglich ist, ist unstr., eingehend dazu *Muscheler*, AcP 195 (1995), 35, 47 f. m.w.N., auch zu den Protokollen des BGB.
14 Anders aber *Muscheler*, (AcP 195 (1995), 35, 48; *Muscheler*, Haftungsordnung S. 251 ff. m.w.N. zum Streitstand), der auch hier noch das Entstehen „gemeinschaftlicher Nachlassverbindlichkeiten" i.S.v. § 2058 BGB annimmt.
15 *Klumpp*, in: Bengel/Reimann, III Rn 48; Staudinger/*Reimann*, § 2208 Rn 12 (analog § 2206 BGB); anders Soergel/*Damrau*, § 2206 Rn 6: analoge Anwendung des § 2206 BGB und damit Beschränkbarkeit der Haftung nur, wenn der Testamentsvollstrecker bei Eingehung der Verbindlichkeiten seine beschränkte Verwaltungsbefugnis klar gestellt hat.
16 *Muscheler*, AcP 195 (1995), 35, 48 f.
17 Für den Eigengläubiger des Erben gilt das wegen § 2214 BGB aber nicht; s.u. Rn 328.
18 *Muscheler*, AcP 195 (1995), 35, 48 f.
19 RGRK/*Kregel*, § 2204 Rn 6; Staudinger/*Reimann*, § 2208 Rn 16; *von Preuschen*, FamRZ 1993, 1390, 1391; eingehend *Muscheler*, AcP 195 (1995), 35, 70 ff.
20 *Eibl*, S. 226; Staudinger/*Reimann*, § 2208 Rn 12.

J. Mayer

strecker gerade nicht möglich. Deshalb ist er zur Stellung eines Antrags auf Anordnung eines solchen Verfahrens befugt.[21]

7 Dagegen hat der mit der Testamentsvollstreckung **belastete Erbe keinen Anspruch** auf Auseinandersetzung des Nachlasses gegen seine Miterben; er kann daher auch keine Erbteilungsklage erheben. Er kann jedoch im Innenverhältnis zu seinem Testamentsvollstrecker verlangen, und diesen notfalls auch darauf verklagen, dass dieser die Auseinandersetzung betreibe, also den Auseinandersetzungsanspruch gegenüber den anderen Miterben durchsetzt.[22]

III. Sonstiges

8 Der Testamentsvollstrecker besitzt die **Befugnis**, die **Verwaltungsrechte** nach § 2038 BGB auszuüben, das **Klagerecht** nach § 2039 BGB und bei gemeinschaftlichen Verfügungen nach § 2040 BGB mitzuwirken. Umstritten ist, ob er auch das dem Miterben zustehende **Vorkaufsrecht** nach § 2034 BGB ausüben kann;[23] dies ist jedoch zu bejahen, da sich weder aus besonderen Vorschriften noch aus allgemeinen Grundsätzen hiergegen etwas einwenden lässt. Zwar belastet die Kaufpreisschuld aufgrund der Ausübung des Vorkaufsrechts zunächst den betroffenen Miterben, jedoch kann dieser seine Haftung auf den Nachlass beschränken (§ 2206 BGB) und sich gegen Fehlentscheidungen des Testamentsvollstreckers mit einem Haftungsanspruch nach § 2219 BGB zur Wehr setzen.[24] Jedoch ist zu beachten, dass das Vorkaufsrecht den Berechtigten gemeinsam in einer gesamthänderischen Verbundenheit zusteht (§ 472 BGB), woraus sich auch entsprechende Beschränkungen für den Erbteilsvollstrecker ergeben.[25]

9 Die Erbteilsvollstreckung beschränkt allerdings nicht die **Verfügungsmacht** des Miterben über seinen **Erbteil** (§ 2033 Abs. 1 BGB). Und da schon der Miterbe selbst über seinen Anteil am einzelnen Nachlassgegenstand nicht selbst verfügen kann (§ 2033 Abs. 2 BGB), kann dies erst recht nicht der Erbteilsvollstrecker. An diesen Grenzen der Verfügungsmacht des Erbteilsvollstreckers kann auch der Erblasser durch entsprechende ergänzende Anordnungen zur Testamentsvollstreckung nichts ändern. So kann er etwa nicht die Wirksamkeit der Verfügung über einen Erbanteil von der Zustimmung des Testamentsvollstreckers abhängig machen. Er kann jedoch dem Testamentsvollstrecker eine post- oder transmortale **Vollmacht** erteilen, wonach dieser aufgrund der Vollmacht über den Erbteil verfügen kann. Diese Vollmacht verdrängt allerdings nicht die daneben weiterbestehende, parallele Verfügungsmacht des Miterben über seinen Erbteil (allgemein zum Verhältnis zwischen Vollmacht und Testamentsvollstreckungsziele siehe § 15 Rn 2 ff.).

---

21 *Von Preuschen*, FamRZ 1993, 1390, 1394.
22 *Muscheler*, AcP 195 (1995), 35, 72.
23 Bejahend NK-BGB/*Kroiß*, § 2208 Rn 13; MüKo/*Zimmermann*, § 2208 Rn 11; *Klumpp*, in: Bengel/Reimann, III Rn 51; Staudinger/Reimann, § 2208 Rn 11; a.A. *Muscheler*, AcP 195 (1995), 35, 58.
24 Zutr. *Klumpp*, in: Bengel/Reimann, III Rn 51, der jedoch die Möglichkeit der Haftungsbeschränkung nicht erkennt.
25 *Eibl*, S. 104; Staudinger/*Reimann*, § 2208 Rn 12; allg. zur gesamthänderischen Verbundenheit der Vorkaufsberechtigten eingehend etwa MüKo/*Heldrich*, § 2034 Rn 25; BGH LM Nr. 6 zu § 2034 = DNotZ 1971, 744, 746 f.

C. Pfändung des Erbteils

I. Voraussetzungen

Da die Erbteilsvollstreckung die Verfügungsbefugnis des betroffenen Miterben über seinen Erbteil nicht berührt, können nach § 859 Abs. 2 ZPO seine Gläubiger den **Erbteil pfänden**. Hiergegen bietet § 2214 BGB keinen Schutz.[26] Dabei können auch Nachlassgläubiger mit einem gegen den einzelnen Erben erworbenen Gesamtschuldtitel in dessen Erbteil vollstrecken (§ 2059 Abs. 1 S. 1 BGB). Gleiches gilt für einen gegen den Erbteilstestamentsvollstrecker erworbenen Gesamtschuldtitel, wenn eine entsprechende Umschreibung erfolgt ist. Auch wenn der Titel allein gegenüber den Erben erworben wurde, bedarf es zur Vollstreckung in den Erbteil nicht noch eines Duldungstitels gegen den Testamentsvollstrecker i.S.d. § 2213 Abs. 3 BGB, da der Erbteil als solches ja gerade nicht der Verwaltung des Testamentsvollstreckers unterliegt.[27] Dagegen ist der Anteil eines Miterben an einzelnen Nachlassgegenständen nicht pfändbar (vgl. § 859 Abs. 2 ZPO i.V.m. § 859 Abs. 1 S. 2 ZPO).[28]

10

II. Durchführung

Die Durchführung der Pfändung richtet sich nach den §§ 857, 829 ZPO.[29] Dabei ist der Pfändungsbeschluss dem Drittschuldner zuzustellen (§§ 857 Abs. 1, 829 Abs. 2 S. 1, Abs. 3 ZPO). Ist kein Testamentsvollstrecker vorhanden, so sind als Drittschuldner die Miterben anzusehen.[30] Zwar vermittelt der Erbteil kein Forderungsrecht gegen die übrigen Erben, aus ihm können aber im Laufe der Zeit Forderungsrechte erwachsen, etwa auf Auseinandersetzung der Erbengemeinschaft. Hat der Erblasser aber eine Regeltestamentsvollstreckung über den gesamten Nachlass angeordnet, zu dessen Aufgaben die Auseinandersetzung des Nachlasses gehört, ergibt sich daraus, dass die Pfändung dem **Testamentsvollstrecker** als Drittschuldner zuzustellen ist.[31] Denn Zweck der Pfändung des Erbteils und die Zustellung des Pfändungsbeschlusses ist, zu verhindern, dass der Gläubiger durch eine ohne seine Zustimmung erfolgende Teilung des Nachlasses beeinträchtigt wird. Erfolgt aber die Auseinandersetzung und Teilung des Nachlasses nicht durch die Erben selbst, sondern durch den Testamentsvollstrecker, so entsteht ebenfalls für den Gläubiger die Gefahr, dass der Testamentsvollstrecker, der von der Pfändung keine Kenntnis hat, den Erbteil des Schuldners diesem auszahlt oder in anderer Weise an diesen leistet. Daher muss der Pfändungs- und Überweisungsbeschluss auch dem Testamentsvollstrecker zugestellt werden, der die Auseinandersetzung des Nachlasses vorzunehmen hat.[32] Daraus ergibt sich auch, wer bei der **Erbteilsvollstreckung** als Drittschuldner anzusehen ist:[33] **(1)** Wird der Erbteil gepfändet, für den die **Erbteilsvollstreckung** angeordnet ist, so muss der Pfändungsbeschluss sowohl dem betreffenden Testamentsvollstrecker wie aber auch den anderen, nicht der Testamentsvollstreckung unterliegenden Miterben zugestellt werden, denn in deren Hand liegt im Übrigen

11

---

26 Allg. Meinung, *Klumpp*, in: Bengel/Reimann, III Rn 52; Palandt/*Weidlich*, § 2214 Rn 2; *Muscheler*, AcP 195 (1995), 35, 65; Zöller/*Stöber*, § 859 ZPO Rn 15; a.A. Soergel/*Damrau*, § 2214 Rn 4.
27 Vgl. zu diesen Einzelheiten *Muscheler*, AcP 195 (1995), 35, 65 Fn 87.
28 Musielak/*Becker*, § 859 ZPO Rn 19; Zöller/*Stöber*, § 859 ZPO Rn 15.
29 Vgl. etwa Musielak/*Becker*, § 859 ZPO Rn 20; Zöller/*Stöber*, § 859 ZPO Rn 16.
30 RGZ 49, 405; 86, 294; BayObLGZ 1959, 50, 60; Zöller/*Stöber*, § 859 ZPO Rn 16.
31 Musielak/*Becker*, § 859 ZPO Rn 20; Zöller/*Stöber*, § 859 ZPO Rn 16.
32 RGZ 86, 294, 296; NK-BGB/*Kroiß*, § 2214 Rn 6.
33 Siehe dazu *Muscheler*, AcP 195 (1995), 35, 66; *Stöber*, 13. Aufl. 2002, Rn 1670; Zöller/*Stöber*, § 859 ZPO Rn 16.

die Verwaltung und Auseinandersetzung des Nachlasses. (2) Wird dagegen ein Erbteil gepfändet, der **nicht** der **Erbteilsvollstreckung** unterliegt, so bedarf es der Zustellung an den Testamentsvollstrecker und die übrigen Miterben, die keiner Testamentsvollstreckung unterliegen. In beiden Fällen ist aber die Zustellung an den der Erbteilsvollstreckung unterliegenden Miterben nicht erforderlich, da dessen Rechte vom Erbteilsvollstrecker wahrgenommen werden.

III. Wirkungen

12 Durch die Pfändung eines Erbteils wird die Befugnis des Regeltestamentsvollstreckers, dessen Verwaltung den ganzen Nachlass erfasst, zur **Verfügung** über die einzelnen Nachlassgegenstände nicht beschränkt (ausführlich siehe unten Rn 14).[34] Dementsprechend muss für den Erbteilsvollstrecker eines **gepfändeten Erbteils** gelten, dass dieser zusammen mit den anderen, einer Testamentsvollstreckung nicht unterliegenden Miterben auch mit Wirkung gegenüber dem Pfändungsgläubiger über einzelne Nachlassgegenstände wirksam verfügen kann (siehe Rn 14). Allerdings kann in Folge der Pfändung und Überweisung des Erbteils der Gläubiger über den Weg einer Teilungsversteigerung die Auseinandersetzung des gesamten Nachlasses herbeiführen, da der Gläubiger durch die Erbteilspfändung das Recht erhält, alle auch dem Miterben zustehenden, nicht höchstpersönlichen Rechte neben diesem auszuüben.[35] Wenn jedoch der Erblasser die Auseinandersetzung des Nachlasses zwischen den Miterben ausgeschlossen hat, so hat weder der mit der Vollstreckung belastete Miterbe selbst noch der seinen Erbteil pfändende Gläubiger einen entsprechenden **Auseinandersetzungsanspruch**. Denn auch der Erbteilsvollstrecker müsste dies beachten. Auf die §§ 2044 Abs. 1 S. 2, 751 S. 2 BGB kann sich der Gläubiger hier genauso wenig berufen, wie bei einer Regelvollstreckung (zur Regeltestamentsvollstreckung ausführlich § 22 Rn 16).[36]

13 Durch die Pfändung entsteht nur ein **Pfandrecht am Erbteil,** nicht aber an den einzelnen Nachlassgegenständen.[37] Auf Verlangen des Gläubigers ist die **Pfändung des Erbteils** im Grundbuch bei dem dort vorgetragenen Nachlassgrundstücken im Wege eines entsprechenden, klarstellenden Vermerks einzutragen, um einen gutgläubigen lastenfreien Erwerb der Grundstücke zu verhindern, ohne dass es dafür der Zustimmung des Erbteilsvollstreckers bedürfte.[38]

14 Praktisch bedeutsam ist die Frage, welche Auswirkungen sich aus diesem Pfändungspfandrecht für die **Verfügungsmöglichkeit des Testamentsvollstreckers** hinsichtlich der einzelnen Nachlassgegenstände ergeben. Wäre keine Testamentsvollstreckung angeordnet, so würde die Pfändung des Erbteils bewirken, dass Verfügungen, die der mit der Pfändung belastete Miterbe zusammen mit anderen Miterben über Nachlassgegenstände trifft, dem Pfändungsgläubiger gegenüber relativ unwirksam sind (§ 804 Abs. 2 ZPO, §§ 1276 Abs. 2, 136 BGB). Denn die Nachlassgegenstände geben dem Erbteil, und damit auch dem daran

---

34 BayObLGZ 1982, 459 = Rpfleger 1983, 112; KG JR 1952, 323, 324; Musielak/*Becker*, § 859 ZPO Rn 21.
35 Ausf. dazu Zöller/*Stöber*, § 859 ZPO Rn 17.
36 *Muscheler*, AcP 195 (1995), 35, 72.
37 BGH NJW 1967, 201; BayObLGZ 1982, 459; MüKo/*Heldrich*, § 2033 Rn 36; Staudinger/*Werner*, § 2033 Rn 27.
38 *Muscheler*, AcP 195 (1995), 35, 67; für den Regeltestamentsvollstrecker RGZ 90, 232 f.; KGJ 37, A 273; Staudinger/*Reimann*, § 2205 Rn 34; Staudinger/*Werner*, § 2033 Rn 28. Für den Sonderfall, dass noch der Erblasser im Grundbuch eingetragen ist siehe *Münzberg*, in: Stein/Jonas, § 859 ZPO Rn 30; Musielak/*Becker*, § 859 ZPO Rn 21 a.E.; Zöller/*Stöber*, § 859 ZPO Rn 18; zu Einzelheiten dieses Grundbuchberichtigungsverfahrens siehe *Schöner/Stöber*, Rn 1659 ff.

befindlichen Pfandrecht, erst Inhalt und Wert.³⁹ Dies gilt auch für eine Erbauseinandersetzung, die ohne Mitwirkung des Pfändungsgläubigers diesem gegenüber unwirksam ist (§ 136 BGB).⁴⁰ Ist dagegen eine **Erbteilsvollstreckung** angeordnet, so liegen die Dinge anders. Hier steht die Verfügungsbefugnis über die einzelnen Nachlassgegenstände dem Testamentsvollstrecker und den testamentsvollstreckungsfreien Miterben gemeinschaftlich zu (§ 2040 Abs. 1 BGB). Da der Pfändungsschuldner hier gerade keine Verfügungsbefugnis hat, kann durch eine Verfügung des Testamentsvollstreckers über die Nachlassgegenstände der Pfändungspfandgläubiger nicht beeinträchtigt werden. Der Zustimmung des Pfändungsgläubigers bedarf es daher ebenso wenig, wie wenn eine Regeltestamentsvollstreckung über den gesamten Nachlass angeordnet wäre.⁴¹ Daher ist der Pfandvermerk nach § 84 GBO als gegenstandslos zu löschen, wenn der Erbteilvollstrecker zusammen mit den übrigen Miterben gemeinschaftlich über das Nachlassgrundstück verfügt.⁴²

Wird der Nachlass unter Mitwirkungen des Erbteilsvollstreckers auseinandergesetzt, so ist zu differenzieren: (1) Hat der Erblasser dem Testamentsvollstrecker nicht auch die Verwaltung des dem betreffenden Miterben i.R.d. Erbauseinandersetzung Zugeteilten übertragen (siehe dazu bereits oben Rn 5), so setzt sich das zunächst am Erbteil bestehende Pfändungspfandrecht ohne Weiteres an den Ersatzgegenständen wirksam fort.⁴³ (2) Hat dagegen der Testamentsvollstrecker auch das dem Miterben-Schuldner Zugeteilte weiterzuverwalten, so findet jetzt auf diese Einzelgegenstände § 2214 BGB unmittelbar Anwendung, was dazu führt, dass das Pfändungspfandrecht an den Einzelgegenständen ersatzlos untergeht.⁴⁴ 15

> **Praxistipp**
> Ist angeordnet, dass sich nach Durchführung der Erbauseinandersetzung die Testamentsvollstreckung auch auf die zugeteilten Ersatzgegenstände bezieht, so bietet die Erbteilsvollstreckung letztlich denselben Schutz gegen Pfändungen von Eigengläubigern des Erben, wie eine Regeltestamentsvollstreckung am gesamten Nachlass. Dies ist insbesondere beim Behindertentestament von großer praktischer Bedeutung (siehe § 22 Rn 51 ff.). Da jedoch umstritten ist, ob es einer ausdrücklichen Anordnung des Erblassers bedarf, damit sich die Testamentsvollstreckung an den i.R.d. **Auseinandersetzung zugeteilten Gegenständen** und Vermögenswerten fortsetzt, ist hierzu dringend eine klarstellende Anordnung in der Verfügung von Todes wegen erforderlich.

---

39 BayObLGZ 1959, 50; Palandt/*Bassenge*, § 1276 Rn 3; Musielak/*Becker*, § 859 ZPO Rn 21; Zöller/*Stöber*, § 859 ZPO Rn 17.
40 BGH MDR 1968, 913; BayObLGZ 1959, 50, 58; Staudinger/*Werner*, § 2033 Rn 30 m.w.N.; Musielak/*Becker*, § 859 ZPO Rn 21; Zöller/*Stöber*, § 859 ZPO Rn 17.
41 *Muscheler*, AcP 195 (1995), 35, 66; für die Regelvollstreckung: KGJ 37, A 273; KG DR 1941, 350, 351 (für Verpfändung); Palandt/*Weidlich*, § 2205 Rn 28; Staudinger/*Reimann*, § 2205 Rn 34; *Münzberg*, in: Stein/Jonas, § 859 ZPO Rn 30.
42 *Klumpp*, in: Bengel/Reimann, III Rn 52; allg. für den Fall der wirksamen Veräußerung Staudinger/*Reimann*, § 2205 Rn 34.
43 So die h.M., vgl. besonders RGZ 60, 133; OLG Celle SeuffArch 64 Nr. 120; BayObLGZ 1982, 459, die nur für die Verwertung der Pfandrechte die §§ 847 f. ZPO anwenden will. Demgegenüber wendet die Mindermeinung die §§ 847 f. ZPO bereits für das Entstehen der Pfandrechte an, wonach nur ein Anspruch auf rechtsgeschäftliche Bestellung eines (Ersatz-)Pfandrechts besteht, so etwa *Stöber*, Rn 1692 f.; bei beweglichen Sachen und Grundstücken wohl auch Musielak/*Becker*, § 859 ZPO Rn 22; zum Streitstand eingehend *Münzberg*, in: Stein/Jonas, § 859 ZPO Rn 32.
44 *Muscheler*, AcP 195 (1995), 35, 67 i.V.m. 46 (unter Hinw. auf die Protokolle zum BGB); unklar *Klumpp*, in: Bengel/Reimann, III Rn 53; MüKo/*Zimmermann*, § 2208 Rn 11.

§ 17 Testamentsvollstreckung und Verfügung über Grundbesitz

Dr. Jörg Mayer

Inhalt:

	Rn		Rn
A. Grundsätzliches	1	3. Ernennung durch das Nachlassgericht oder einen Dritten	15
B. Testamentsvollstreckervermerk im Grundbuch	2	II. Nachweis der Verfügungsbefugnis	16
I. Eintragung des Testamentsvollstreckervermerks	2	1. Prüfungspflicht des Grundbuchamts	16
II. Wirkung der Eintragung	4	2. Beschränkung der Verfügungsbefugnis	17
III. Löschung des Testamentsvollstreckervermerks	5	3. Entgeltlichkeit	18
C. Risiken bei Rechtsgeschäften mit einem Testamentsvollstrecker	8	4. Ausnahme vom Voreintragungsgrundsatz bei Finanzierungsgrundpfandrechten	25
D. Weitere Einzelheiten zum Grundbuchverkehr	12	5. Insichgeschäfte	26
I. Nachweis des Amtes als Testamentsvollstrecker	12	a) Grundsätze	26
1. Testamentsvollstreckerzeugnis	12	b) Vermächtniserfüllung zugunsten des Testamentsvollstreckers	27
2. Ernennung in einer Verfügung von Todes wegen öffentlicher Urkunde	13	6. Vermächtniserfüllung	28
		a) Keine unentgeltliche Verfügung	28
		b) Handeln für den Vermächtnisnehmer	29

Literatur

Schmenger, Testamentsvollstreckung im Grundbuchverkehr, BWNotZ 2004, 97; *Zahn*, Testamentsvollstreckung im Grundbuchverkehr, MittRhNotK 2000, 90; *Walloschek*, Die Bedeutung der Testamentsvollstreckung im Grundbuch, ZEV 2011, 167.

A. Grundsätzliches

Bezüglich der Nachlassgegenstände, die der Verwaltung durch den Testamentsvollstrecker unterliegen, tritt nach § 2211 Abs. 1 BGB für die Erben eine Entziehung der Verfügungsbefugnis ein. Daher sind Verfügungen der Erben grundsätzlich unwirksam.[1] Nach § 2111 Abs. 2 BGB finden jedoch die Vorschriften zugunsten desjenigen, der Rechte von einem Nichtberechtigten herleitet, entsprechende Anwendung; für Grundstücke, grundstücksgleiche Rechte und Rechte an solchen gelten daher die §§ 892 f. BGB.[2]

1

B. Testamentsvollstreckervermerk im Grundbuch

I. Eintragung des Testamentsvollstreckervermerks

Um einen gutgläubigen Erwerb Dritter zu verhindern,[3] bestimmt die Verfahrensvorschrift des § 52 GBO, dass im Grundbuch von Amts wegen ein **Testamentsvollstreckervermerk** einzutragen ist, und zwar zugleich mit der Berichtigung des Grundbuchs durch Eintragung der Erben nach Eintritt des Erbfalls. Demgegenüber kann grds. die Eintragung des Testamentsvollstreckervermerks niemals ohne die Eintragung der Erbfolge erfolgen, da der iso-

2

---

[1] Palandt/*Weidlich*, § 2111 Rn 2.
[2] Zur Verfügung über Grundbesitz etwa *Schaub*, in: Bengel/Reimann, V Rn 1–108; *Nieder/Kössinger*, § 15 Rn 104; *Schöner/Stöber*, Rn 3424 ff.
[3] Dazu etwa *Schmenger*, BWNotZ 2004, 97, 103.

lierte Vermerk aus sich heraus nicht verständlich wäre.[4] Abweichend hiervon wird eine isolierte Eintragung des Testamentsvollstreckervermerks nach allg. Meinung dann zugelassen, wenn die Voreintragung der Erben nach § 40 GBO nicht erforderlich ist.

3   Die Gebührenfreiheit für eine Grundbucheintragung der Erben des Grundstückseigentümers nach KV Nr. 14110 GNotKG (früher § 60 Abs. 4 KostO) erstreckt sich nicht auf die gleichzeitig gem. § 52 GBO von Amts wegen vorzunehmende Eintragung der Testamentsvollstreckung.[5] Der Erblasser kann die Eintragung des Testamentsvollstreckervermerks nicht ausschließen; auch der Testamentsvollstrecker kann hierauf nicht verzichten.[6] Der Name des Testamentsvollstreckers wird nicht im Grundbuch eingetragen; auch nähere Angaben über dessen Wirkungskreis und die Befugnisse (außer im Fall von § 2222 BGB) werden dort nicht vermerkt.[7] Hält eine **Gesellschaft bürgerlichen Rechts** ein Grundstück, so ist umstritten, ob bei einer angeordneten Dauertestamentsvollstreckung ein Testamentsvollstreckervermerk im Grundbuch eingetragen werden kann.[8]

II. Wirkung der Eintragung

4   In **materiell-rechtlicher Hinsicht** verhindert der Vermerk, dass eine unzulässige Verfügung der Erben über §§ 892 f. BGB zu einem gutgläubigen Erwerb eines Dritten führt. Eine nach Eintragung des Testamentsvollstreckervermerks erfolgte Auflassung des Erben ist dabei auch dann unwirksam, wenn eine Eigentumsvormerkung zwar vor Eintragung des Vermerks, aber doch erst zu einer Zeit eingetragen wurde, in der die Verfügungsbeschränkung des Erben nach § 2211 BGB bereits bestand.[9] In **grundbuchrechtlicher Hinsicht** sperrt der Testamentsvollstreckervermerk das Grundbuch sogar gegen Eintragungen aufgrund von Verfügungen des Erben über das Grundstück oder das Recht, bei dem der Vermerk verlautbart ist.[10] Dies ist eine Ausnahme von dem Grundsatz, dass im Grundbuch eingetragene Verfügungsbeschränkungen i.S.v. § 892 Abs. 1 S. 2 BGB im Allgemeinen keine Grundbuchsperre bewirken; denn hier führt die Beschränkung zur Verfügungsentziehung.[11]

---

4   BayObLGZ 1995, 363 = NJW-RR 1996, 1167 = DNotZ 1996, 99; *Reimann*, in: Bengel/Reimann, II Rn 261; *Schmenger*, BWNotZ 2004, 97, 104 (str.); *Schaub*, in: Bauer/von Oefele, § 52 GBO Rn 30; zur Eintragung eines Nacherbentestamentsvollstreckervermerks bei Ober- und Untererbengemeinschaften siehe Gutachten DNotI-Report 2010, 13.
5   OLGR Düsseldorf 2003, 36 = Rpfleger 2003, 220.
6   *Schaub*, in: Bauer/von Oefele, § 52 GBO Rn 33; *Winkler*, Testamentsvollstrecker, Rn 281, die darauf hinweisen, dass mittelbar dies jedoch dadurch umgangen werden kann, dass der Testamentsvollstrecker den Grundbesitz nach § 2217 BGB wieder freigibt, bevor der Grundbuchberichtigungsantrag vollzogen wird.
7   KGJ 36, 190; 50, 168; *Winkler*, Testamentsvollstrecker, Rn 277; *Schaub*, in: Bauer/von Oefele, § 52 GBO Rn 24.
8   Bejahend LG Hamburg, ZEV 2009, 96 = ZfIR 2008, 794 m. krit. Anm. *Th. Lang*.
9   KG OLGE 1, 410.
10 *Demharter*, GBO, § 22 Rn 50, 53; *Schmenger*, BWNotZ 2004, 97, 104; dementsprechend besteht ein Amtshaftungsanspruch, wenn das Grundbuchamt trotz des Testamentsvollstreckervermerks auf die alleinige Bewilligung des Erben hin Grundschulden einträgt, vgl. OLGR München 2006, 70 = FamRZ 2006, 434 (LS) m. Anm. *Bestelmeyer*.
11 Staudinger/*Reimann*, § 2211 Rn 30.

III. Löschung des Testamentsvollstreckervermerks

Die **Löschung** des Testamentsvollstreckervermerks erfolgt entweder bei Gegenstandslosigkeit nach § 84 GBO von Amts wegen, was ein Ausnahmefall ist,[12] oder auf Antrag. Den Löschungsantrag kann jeder Erbe, bei mehreren jeder Miterbe allein, oder der Testamentsvollstrecker stellen. Voraussetzung für die Löschung auf Antrag ist ein Unrichtigkeitsnachweis nach § 22 GBO oder dass die Unrichtigkeit wegen Beendigung der Testamentsvollstreckung offenkundig ist (§ 29 Abs. 1 S. 2 GBO).[13] Eine solche Unrichtigkeit kann sich ergeben, weil[14]

- eine **Testamentsvollstreckung** entweder überhaupt **nie wirksam** angeordnet war, was den Nachweis durch Erteilung eines neuen Erbscheins ohne Testamentsvollstreckervermerk erfordert
- der betreffende Grundbesitz **nicht der Verwaltung** des Testamentsvollstreckers unterliegt
- der Testamentsvollstrecker diesen dem **Erben zur freien Verfügung** überlassen hat (§ 2217 BGB);[15] das Grundbuchamt braucht dabei nicht zu prüfen, ob der Testamentsvollstrecker pflichtgemäß gehandelt hat[16]
- die **Testamentsvollstreckung beendet** ist. Dann ist der Erbschein, der den Testamentsvollstreckervermerk enthält, (§ 2364 BGB) einzuziehen und ein neuer ohne einen solchen Vermerk zu erteilen.[17] Eine solche **Beendigung** ergibt sich
  - bei vollständiger Erledigung aller dem Testamentsvollstrecker übertragenen Aufgaben; dabei ist aber genau zu prüfen, welche Aufgaben der Testamentsvollstrecker im konkreten Fall hat.[18] Hier bedarf es des Nachweises durch Offenkundigkeit, was selten möglich ist, oder nach überwiegender Meinung eines neuen Erbscheins ohne Testamentsvollstreckervermerk,[19] während das OLG München[20] ein selbstständiges Prüfungsrecht des Grundbuchamts bejaht und keine Bindung an einen noch nicht eingezogenen Erbschein mit dem darin noch enthaltenen Testamentsvollstreckervermerk annimmt.
  - mit Eintritt einer **auflösenden Bedingung** oder eines **Endtermins**. Der erforderliche Nachweis erfolgt hier durch das Testamentsvollstreckerzeugnis, aus dem sich der Endtermin ergibt, oder bei der auflösenden Bedingung durch einen neuen Erbschein, der keinen Testamentsvollstreckervermerk mehr enthält.

---

12 Dazu *Schöner/Stöber*, Rn 3475.
13 OLG Hamm Rpfleger 1958, 15 m. Anm. *Haegele*; *Schmenger*, BWNotZ 2004, 97, 107 (auch zum Folgenden).
14 Vgl. die Aufstellung bei *Schöner/Stöber*, Rn 3473; siehe auch Gutachten DNotI-Report 2001, 21; zur Löschung des Testamentsvollstreckervermerks bei der vorweggenommenen Nacherbe *Reimann*, DNotZ 2007, 579, 586.
15 Dazu *Schöner/Stöber*, Rn 3458; eingehend *Schaub*, in: Bauer/von Oefele, § 52 GBO Rn 97–101.
16 *Schöner/Stöber*, Rn 3456; *Schmenger*, BWNotZ 2004, 97, 107.
17 Die bloße Einziehung des alten Erbscheins genügt wegen § 35 GBO als Nachw. nicht, *Schöner/Stöber*, Rn 3473 Fn 23.
18 Das hat das OLG München ZEV 2006, 173 m. abl. Anm. *Zimmermann* (krit. dazu *Weidlich*, MittBayNot 2006, 390; siehe auch *Roglmeier*, jurisPR-FamR 16/2009 Anm. 5) in dem dort entschiedenen Fall übersehen, in dem nicht nur eine Abwicklungsvollstreckung, sondern eine Dauertestamentsvollstreckung angeordnet war; richtig aber entschieden – und zwar zum gleichen Erbfall, jedoch mit in Hessen belegenem Grundbesitz – OLG Frankfurt a. Main, MittBayNot 2007, 511 m. zust. Anm. *Weidlich*.
19 *Schöner/Stöber*, Rn 3473 Fn 24; *Winkler*, Testamentsvollstrecker, Rn 830; Gutachten DNotI-Report 2001, 21.
20 OLG München ZEV 2006, 173 m. abl. Anm. *Zimmermann* sowie krit. dazu auch *Weidlich*, MittBayNot 2006, 390.

- Ist eine Verwaltungs- oder Dauertestamentsvollstreckung angeordnet, ist besonders die **Zeitgrenze** des § 2210 BGB zu beachten. Diese gilt aber nicht für eine reine Abwicklungsvollstreckung[21]
- wenn die **Person** des **Testamentsvollstreckers** wegfällt, etwa durch Tod nach dem Erbfall, Entlassung, Kündigung u.Ä. (siehe zu diesen Fällen § 13 Rn 6 ff.), jedoch in all diesen Fällen nur, wenn keine Ersatzbestimmung bereits getroffen oder wenigstens noch getroffen werden kann (§§ 2197 Abs. 2, 2198, 2199 Abs. 2 BGB), und sei es auch nur durch das Nachlassgericht (§ 2200 BGB). Bei einer Amtsniederlegung genügt deren Nachweis in öffentlich beglaubigter Form samt des Zugangs beim zuständigen Nachlassgericht, wenn dem Grundbuchamt eine beglaubigte Abschrift eines öffentlichen Testaments über die Anordnung der Testamentsvollstreckung samt Eröffnungsniederschrift vorliegt.[22]

6   Eine Löschung allein aufgrund der Bewilligung des Testamentsvollstreckers genügt nicht.[23]

7   Der Testamentsvollstreckervermerk ist auch zu löschen, wenn der Nachlassgegenstand der Verfügungsbefugnis des Testamentsvollstreckers nicht mehr unterliegt, weil er wirksam innerhalb der Verfügungsbefugnis des Testamentsvollstreckers veräußert wurde.[24] Dies ist auch bei einer Vermächtniserfüllung der Fall, wenn diesbezüglich keine sich daran anschließende Testamentsvollstreckung angeordnet ist.[25] Wird im Rahmen einer teilweisen Erbauseinandersetzung ein Nachlassgrundstück an einen Miterben übereignet, so ist der Testamentsvollstreckervermerk hieran ebenfalls nicht zu löschen, wenn die Fortdauer der Testamentsvollstreckung an dem Anteil des Miterben angeordnet ist.[26]

C. Risiken bei Rechtsgeschäften mit einem Testamentsvollstrecker

8   Da durch die Anordnung der Testamentsvollstreckung der Erbe die Verfügungsbefugnis über den verwalteten Nachlass verliert (§ 2211 Abs. 1 BGB), muss die für eine Eintragung im Grundbuch nach § 19 GBO erforderliche Eintragungsbewilligung allein von dem verfügungsberechtigten Testamentsvollstrecker abgegeben werden.[27] Die besonderen Probleme bei Grundstücksgeschäften mit einem Testamentsvollstrecker bestehen darin, dass die **Verfügungsbefugnis noch bis zum Zeitpunkt der Vollendung des Rechtserwerbs** vorliegen muss. Das ist bei Grundstücksverfügungen regelmäßig der Zeitpunkt der Grundbucheintragung. Fällt daher nach Abgabe der Bewilligung, aber noch vor der Eintragung im Grundbuch die Bewilligungsbefugnis des Verfügenden weg, so ist die Verfügung unwirksam. Das Grundbuchamt darf eine Eintragung dann nicht mehr vornehmen.[28] Gleiches gilt im Fall des § 20 GBO. Dies ist für den Erwerber eines Grundstücks oder Rechts hieran mit erheblichen Gefahren verbunden. Aus Gründen des Verkehrsschutzes, insbesondere bei lange dauernder

---

21 Vgl. dazu auch LG Köln MittRhNotK 1986, 49.
22 *Schöner/Stöber*, Rn 3473.
23 AG Starnberg Rpfleger 1985, 57; BayObLGZ 1990, 51; *Winkler*, Testamentsvollstrecker, Rn 830; *Schaub*, in: Bauer/von Oefele, § 52 GBO Rn 96; *Meikel/Böhringer*, § 52 GBO Rn 30; *Schmenger*, BWNotZ 2004, 97, 107; *Schöner/Stöber*, Rn 3473; Gutachten DNotI-Report 2001, 21 (m. ausf. Darstellung des Streitstands); a.A. KEHE/*Ertl*, § 52 GBO Rn 17.
24 BGHZ 56, 275 = NJW 1971, 1805; *Schöner/Stöber*, Rn 3474.
25 LG Aachen Rpfleger 1986, 306 = MittRhNotK 1987, 26.
26 OLG Hamm FamRZ 2003, 710 = Rpfleger 2002, 618.
27 *Schöner/Stöber*, Rn 101, 124, 3424 ff.
28 *Schaub*, in: Bengel/Reimann, V Rn 7 ff.; *Zahn*, MittRhNotK 2000, 89, 108 f.

J. Mayer

Sachbehandlung durch das Grundbuch, macht § 878 BGB hiervon zwar eine Ausnahme.[29] Danach ist trotz der im Zeitpunkt der Eintragung fehlenden oder beschränkten Verfügungsbefugnis die Eintragung vorzunehmen, wenn die Verfügungsbefugnis zum Zeitpunkt der Einigung oder Bewilligung vorlag, die Einigung bindend war (§§ 873 Abs. 2, 875 Abs. 2 BGB), der entsprechende Eintragungsantrag beim Grundbuchamt wirksam gestellt und auch zu diesem Zeitpunkt die Verfügungsbefugnis gegeben war. Weiter ist Voraussetzung, dass alle anderen zur Rechtsänderung notwendigen materiell-rechtlichen Voraussetzungen erfüllt sind.[30] Allerdings ist § 878 BGB mit diesen für den Erwerber günstigen Vorwirkungen bei der Testamentsvollstreckung nicht direkt anwendbar. Denn die Vorschrift setzt voraus, dass der materiell-rechtlich Berechtigte eine Beschränkung seiner Verfügungsmacht erleidet. Daher stellt sich die Frage, ob die Bestimmung wenigstens **analog** anwendbar ist, wenn der Testamentsvollstrecker seine Verfügungsbefugnis vor Grundbuchvollzug verliert (z.B. Kündigung, Entlassung, Tod, Beendigung durch Zeitablauf). Von der überwiegenden Rechtsprechung wird dies, trotz erheblicher Kritik in der Literatur, verneint.[31] Begründet wird dies damit, dass die Vorwirkungen des § 878 BGB nur eingreifen, wenn eine Beschränkung der Verfügungsbefugnis des Bewilligenden eintritt, nicht aber, wenn die gesamte Verfügungsbefugnis entfällt. Wer ein Recht vom Testamentsvollstrecker erwerben will, ist daher in den Fällen des Wegfalls der Verfügungsbefugnis des Testamentsvollstreckers nach Einigung bzw. Bewilligung, aber vor der Eintragung im Grundbuch nicht dagegen geschützt, dass sich sein dinglicher Rechtserwerb vollendet.[32]

Daher wird für die **kautelarjuristische Praxis** bisher überwiegend empfohlen, dass der Käufer seinerseits Leistungen erst dann erbringen soll, wenn die **Eigentumsumschreibung aufgrund der Verfügung des Testamentsvollstreckers** im Grundbuch **vollzogen** und der Fortbestand des Amtes des handelnden Testamentsvollstreckers im Zeitpunkt des Grundbuchvollzugs nachgewiesen ist.[33] Zur Sicherung des Erwerbers soll daher die Hinterlegung des Kaufpreises auf ein Notaranderkonto so lange erfolgen, bis diese beiden Bedingungen erfüllt sind. Alternativ kommt auch die Stellung einer unbefristeten, selbstschuldnerischen Bankbürgschaft zur Sicherung der vertragsgemäßen Eigentumsumschreibung in Betracht, die solange aufrecht zu erhalten ist. Die **Mitwirkung der Erben** und deren ausdrückliche Zustimmung zum Rechtsgeschäft bietet dem Erwerber nur dann eine Sicherheit, wenn nach Wegfall des zunächst bei diesem Rechtsgeschäft handelnden Testamentsvollstreckers gewährleistet ist, dass damit die Testamentsvollstreckung insgesamt beendet ist und kein Ersatz-Testamentsvollstrecker zum Zuge kommt.[34] Angesichts dessen, dass die Rechtspre-

9

---

29 Anschaulich *Schmenger*, BWNotZ 2004, 97, 116 f.
30 Palandt/*Bassenge*, § 878 Rn 15; Staudinger/*Gursky*, Aufl. 2000, § 878 Rn 37.
31 OLG Köln MittRhNotK 1981, 139; BayObLG NJW 1956, 1279; KG OLGE 26, 4; 29, 398 f.; OLG Celle NJW 1953, 945 = DNotZ 1953, 158; OLG Frankfurt OLGZ 1980, 100; AG Starnberg Rpfleger 1999, 743; *Demharter*, GBO, § 19 Rn 62; RGRK/*Augustin*, § 873 Rn 91; Soergel/*Stürner*, § 878 Rn 7. A.A. etwa OLG Brandenburg VIZ 1995, 365 = OLG-NL 1995, 127 (für staatlichen Verwalter nach VermG); LG Neubrandenburg MDR 1995, 491 (für Gesamtvollstreckung); Palandt/*Bassenge*, § 878 Rn 11; *Böhringer*, BWNotZ 2000, 26, 30; Staudinger/*Gursky*, 2000, § 878 Rn 57; Meikel/*Böttcher*, Anh. zu §§ 19, 20 GBO Rn 72; *R. Kössinger*, in: Bauer/von Oefele, § 19 GBO Rn 173; *Schöner/Stöber*, Rn 124; MüKo/*Kohler*, § 878 Rn 13; *Schaub*, ZEV 2000, 49, 51; *Walloschek*, ZEV 2011, 167, 171; *Zahn*, MittRhNotK 2000, 89, 108; *Schmenger*, BWNotZ 2004, 97, 119; *Schaub*, in: Bengel/Reimann, V Rn 13; offen lassend BayObLG ZEV 1999, 67 m. krit. Anm. *Reimann* = FamRZ 1999, 474.
32 *Schaub*, in: Bengel/Reimann, V Rn 14.
33 *Zahn*, MittRhNotK 2000, 89, 108; *Schöner/Stöber*, Rn 124; *Schaub*, in: Bengel/Reimann, V Rn 15; *Heil*, RNotZ 2001, 269; *Kesseler*, ZNotP 2008, 118. Zu den praktischen Problemen über den Nachw. der Fortdauer des Amtes des Testamentsvollstreckers siehe *Zahn*, MittRhNotK 2000, 89, 104.
34 *Schaub*, ZEV 2000, 49, 51; *Zahn*, MittRhNotK 2000, 89, 109.

chung teilweise relativ großzügig zur Annahme einer Ersatzberufung (notfalls durch das Nachlassgericht) neigt, um den vom Erblasser mit der Testamentsvollstreckung verfolgten Zweck zu sichern, ist dies kein sicherer Lösungsweg.

10 Dagegen kann die kostenträchtige Abwicklung derartiger Kaufverträge über **Notaranderkonten vermieden** werden: Bei einem Grundstückserwerb ist der Eigentumsverschaffungsanspruch des Erwerbers bereits ausreichend gesichert, wenn zu seinen Gunsten eine entsprechende Auflassungsvormerkung (§ 883 BGB) eingetragen ist und zum Eintragungszeitpunkt die Verfügungsbefugnis des Testamentsvollstreckers noch gegeben war. Denn dann kann auch bei einem späteren Wegfall des Amtes der Erwerber vom Nachfolger des Testamentsvollstreckers oder, wenn die Testamentsvollstreckung insgesamt wegfiel, von den Erben, aufgrund des weiterhin wirksamen Verpflichtungsgeschäfts (§ 2206 BGB) die vertragsgemäße Eigentumsumschreibung verlangen und notfalls einklagen. Gegen abredewidrige Verfügungen ist der Erwerber nach §§ 883 Abs. 2, 888 BGB geschützt. Er steht sich daher genauso wie ein Grundstückskäufer, wenn die Auflassung aus Gründen des Verkäuferschutzes im Kaufvertrag noch nicht erklärt wurde. Daher bestehen keine grundsätzlichen Bedenken, die Kaufpreiszahlung bereits an die Eintragung der Auflassungsvormerkung und eine Bestätigung über den Fortbestand des Amtes bis zu diesem Zeitpunkt zu knüpfen.[35] Für Letzteres wird man eine entsprechende Bestätigung des Nachlassgerichts als ausreichend ansehen können, ersatzweise die Einsicht des Notars in die Nachlassakten, aus der sich nichts ergibt, das auf das Erlöschen des Amtes hindeutet. Dass sich das Erlöschen des Amtes aus der Aktenlage nicht immer feststellen lässt, kann zwar nicht ausgeschlossen werden, aber auch die überkommene Auffassung kann dieses Risiko nicht vermeiden, zumal es kein mit öffentlichem Glauben versehenes Zeugnis über die „Fortdauer des Testamentsvollstreckeramtes" gibt.[36] Ein gewisses Restrisiko verbleibt daher und kann nicht ausgeschlossen werden.

11 Diese Gefahren gilt es auch zu beachten, wenn der Notar sog. **Notarbestätigungen** abzugeben hat, etwa gegenüber den Banken, wonach er die Grundschuldbestellungsurkunde dem Grundbuchamt zum Vollzug vorgelegt hat. Er kann hier nicht die vielfach gewünschten Rangbescheinigungen ohne einschränkenden Zusatz abgeben, sondern muss ausdrücklich darauf hinweisen, dass durch den Wegfall der Verfügungsbefugnis des Testamentsvollstreckers vor Grundbucheintragung die Grundschuldbestellung unwirksam wird.[37]

D. Weitere Einzelheiten zum Grundbuchverkehr

I. Nachweis des Amtes als Testamentsvollstrecker

1. Testamentsvollstreckerzeugnis

12 Gegenüber dem Grundbuchamt ist der Nachweis der Verfügungsbefugnis durch ein Testamentsvollstreckerzeugnis (§ 2368 BGB) zu erbringen;[38] das Zeugnis ist in Urschrift oder Ausfertigung vorzulegen.

---

35 Richtig NK-BGB/*Kroiß*, § 2226 Rn 12; ebenso *Heil*, RNotZ 2001, 269, 270 f. mit eingehender Darstellung.
36 MüKo/*J. Mayer*, § 2368 Rn 58.
37 *Schaub*, ZEV 2000, 49, 51; *Zahn*, MittRhNotK 2000, 89, 109.
38 Eingehend dazu *Zahn*, MittRhNotK 2000, 89, 104 f.; *Schmenger*, BWNotZ 2004, 97, 108 f.; *Walloschek*, ZEV 2011, 167, 168.

2. Ernennung in einer Verfügung von Todes wegen öffentlicher Urkunde

Die Vorlegung des **Testamentsvollstreckerzeugnisses** wird ersetzt durch die Verweisung auf die das Testamentsvollstreckerzeugnis enthaltenen Nachlassakten des gleichen Amtsgerichts. Der Vorlage eines Testamentsvollstreckerzeugnisses bedarf es dann **nicht**, wenn der Testamentsvollstrecker in einer **öffentlich beurkundeten Verfügung von Todes** wegen unter genauer Bezeichnung seiner Person **ernannt** wurde. Hier genügt gem. § 35 Abs. 1 S. 2, Abs. 2 GBO, wenn eine beglaubigte Abschrift der Verfügung von Todes wegen nebst der Eröffnungsniederschrift vorgelegt und die Amtsannahme in der Form des § 29 GBO nachgewiesen wird.[39] Letzteres kann durch ein entsprechendes Zeugnis des Nachlassgerichts nachgewiesen werden oder durch die Verweisung auf den einschlägigen Nachlassakt, wenn dort die Annahmeerklärung nicht nur in privatschriftlicher Form enthalten ist.[40]

13

Nur **ausnahmsweise** kann das **Grundbuchamt** verlangen, dass der Testamentsvollstrecker ein **Testamentsvollstreckerzeugnis** vorlegt, obwohl eine öffentliche Urkunde über seine Ernennung vorhanden ist. Dies setzt aber voraus, dass die Prüfung der Verfügungsbefugnis besondere Schwierigkeiten bereitet. Hierbei gelten folgende **Grundsätze**: Ausgangspunkt ist, dass das **Grundbuchamt** die Verfügung(en) auch dann selbst auszulegen hat, wenn rechtlich schwierige Fragen zu beurteilen sind.[41] Bei der Auslegung sind auch außerhalb der Verfügung(en) liegende Umstände zu berücksichtigen, sofern sie sich aus öffentlichen Urkunden ergeben, die dem Grundbuchamt vorliegen; gesetzliche Auslegungsregeln hat das Grundbuchamt zu beachten, wenn auch das Nachlassgericht voraussichtlich darauf zurückgreifen müsste.[42] Eine Auslegung durch das Grundbuchamt scheidet jedoch aus, wenn es aufgrund der Eintragungsunterlagen nicht zu einer abschließenden Würdigung in der Lage ist, insbesondere, wenn Ermittlungen in tatsächlicher Hinsicht erforderlich sind.[43] So kann es liegen, wenn zu beurteilen ist, ob die spätere Anordnung einer Testamentsvollstreckung aufgrund eines Änderungsvorbehalts in einem Erbvertrag möglich ist.[44]

14

3. Ernennung durch das Nachlassgericht oder einen Dritten

Wird der Testamentsvollstrecker nicht durch den Erblasser selbst, sondern erst durch einen anderen, sei es der zunächst benannte Testamentsvollstrecker nach § 2198 BGB, ein Dritter (§ 2199 BGB) oder das Nachlassgericht (§ 2200 BGB) ernannt, so muss dies dem Grundbuchamt in der **Form des § 29 GBO** nachgewiesen werden.[45] Bei der Ernennung durch das Nachlassgericht bedarf es dabei der Vorlage eines Rechtskraftzeugnisses, da erst dadurch die Wirksamkeit der Ernennung belegt werden kann.[46]

15

II. Nachweis der Verfügungsbefugnis

1. Prüfungspflicht des Grundbuchamts

Das Grundbuchamt hat bei allen Verfügungen, die aufgrund einer Bewilligung des Testamentsvollstreckers erfolgen, zu prüfen, ob diese von seiner Verfügungsbefugnis gedeckt

16

---

39 *Schaub*, in: Bengel/Reimann, V Rn 27; vgl. auch KGJ 38, 136.
40 KG OLGE 40, 49; *Schaub*, in: Bengel/Reimann, V Rn 27.
41 OLG Köln Rpfleger 2000, 157; BayObLG Rpfleger 2000, 266.
42 BayObLG Rpfleger 2000, 324; OLG Stuttgart Rpfleger 1992, 154.
43 OLG Zweibrücken Rpfleger 2001, 173; *Demharter*, GBO, § 35 Rn 42.
44 OLG München ZEV 2008, 340 = FamRZ 2009, 460.
45 Meikel/*Roth*, § 35 GBO Rn 175 m.w.N.
46 *Schaub*, in: Bengel/Reimann, V Rn 29; Meikel/*Roth*, § 35 GBO Rn 175.

sind. Das Unterlassen einer derartigen Prüfung stellt eine Amtspflichtverletzung dar und kann zur Eintragung eines Amtswiderspruchs führen.[47]

2. Beschränkung der Verfügungsbefugnis

17 Der Prüfung der Verfügungsmacht des Testamentsvollstreckers durch das Grundbuchamt ist deswegen wichtig, weil eine so weit reichende Möglichkeit zur Ausgestaltung der Testamentsvollstreckung besteht (dazu § 14 Rn 2 ff.). So kann eine beaufsichtigende Testamentsvollstreckung (§ 2208 Abs. 2 BGB) mit völligem Fehlen einer dinglichen Verfügungsmöglichkeit angeordnet sein, aber auch eine, die zwar zur Verfügung berechtigt, jedoch mit gegenständlichen oder sachlichen Beschränkungen (§ 2208 Abs. 1 S. 1 BGB). So hatte etwa in dem vom BGH mit Beschl. v. 18.6.1971[48] entschiedenen Fall der Erblasser ausdrücklich bestimmt, dass der Testamentsvollstrecker über ein Grundstück nicht verfügen dürfe. Der BGH bejaht hier das Vorliegen einer dinglich wirkenden Einschränkung der Befugnisse des Testamentsvollstreckers nach § 2208 Abs. 1 S. 1 BGB.[49] Dadurch entsteht aber keine „res extra commercio": Denn wie sich aus § 137 S. 1 BGB ergibt, kann der Erblasser die Verfügungsbefugnis nach seinem Tod nicht völlig ausschließen. Daher können **Testamentsvollstrecker und Erben gemeinsam** über den entsprechenden Nachlassgegenstand wirksam verfügen. Allerdings bedarf es hierfür der Genehmigung durch das Betreuungsgericht, wenn unter Betreuung stehende Erben beteiligt sind,[50] nicht aber der Zustimmung des Vermächtnisnehmers, auch wenn dadurch das Vermächtnis beeinträchtigt wird. Denn der Vermächtnisnehmer hat lediglich einen schuldrechtlichen Anspruch (§ 2174 BGB), bei dessen Verletzung sich nur Schadensersatzansprüche ergeben können. Daher ist das Grundbuchamt nicht befugt, die Zustimmung der Vermächtnisnehmer oder den Nachweis der Erledigung des Vermächtnisses zu verlangen.[51] Hierüber setzt sich das OLG Zweibrücken zu Unrecht hinweg, wenn es die Zustimmung des Vermächtnisnehmers zur Überwindung der dinglichen Beschränkung verlangt, dem der Anspruch auf Einräumung eines Nutzungsrechts zusteht.[52]

3. Entgeltlichkeit

18 Die Bestimmungen des § 2205 S. 3 BGB, wonach der Testamentsvollstrecker zu einer **unentgeltlichen Verfügung** nicht berechtigt ist, ist dabei besonders zu beachten. Dem Grund-

---

47 OLG Zweibrücken Rpfleger 1968, 88.
48 BGHZ 56, 275 = NJW 1971, 1805 = DNotZ 1972, 86.
49 Zur dinglichen Wirkung dieser Norm siehe etwa BGHZ 56, 275; BGH NJW 1984, 2464 = MittBayNot 1984, 196, 197 (Verkaufsanordnung); OLG Zweibrücken Rpfleger 2001, 173 = DNotZ 2001, 399; Soergel/*Damrau*, § 2208 Rn 3; Staudinger/*Reimann*, § 2208 Rn 3 i.V.m. Rn 17; zum Streitstand siehe auch *Chr. Keim*, ZEV 2002, 132, 133 f. A.A. *Lehmann*, AcP 188 (1988) 1 ff.; krit. zur h.M. *Schöner/Stöber*, Rn 3428 (wo aber verkannt wird, dass diese dinglichen Beschränkungen in das Testamentsvollstreckerzeugnis eingetragen werden müssen, vgl. MüKo/*J. Mayer*, § 2368 Rn 35).
50 BGHZ 56, 275; BGHZ 57, 84; ebenso für das Hinwegsetzen über ein Auseinandersetzungsverbot BGHZ 40, 115 = DNotZ 1964, 623 = NJW 1963, 2320.
51 BGHZ 57, 84, 88 f.; *Schmenger*, BWNotZ 2004, 97, 113.
52 OLG Zweibrücken Rpfleger 2001, 173 = DNotZ 2001, 399; zu Recht daher ablehnend *Winkler*, DNotZ 2001, 401, 405; *Schmenger*, BWNotZ 2004, 97, 114; *Chr. Keim*, ZEV 2002, 132, 135; anders aber *Lettmann* in seiner Urteilsanmerkung RNotZ 2001, 590. Das Auseinandersetzungsverbot, das in diesem Fall weiter angeordnet war, kann zudem nur zugunsten der Erben und nicht des Vermächtnisnehmers wirken.

buchamt ist also nachzuweisen, dass der Testamentsvollstrecker entweder in Erfüllung einer letztwilligen Verfügung des Erblassers handelt oder aber **entgeltlich**.

Zur Entgeltlichkeit gehört auch, dass die vereinbarte Gegenleistung dem Nachlass zufließt (sog. **Zuflussprinzip**).[53] Ein Mittelverwendungsnachweis kann jedoch nicht verlangt werden.[54] Die erforderlichen Nachweise brauchen auch **nicht in der Form** des § 29 GBO erbracht werden, da dies regelmäßig nicht möglich wäre.[55] Es genügt daher, dass im Wege freier Beweiswürdigung des Grundbuchamts Zweifel an der Pflichtmäßigkeit der Verfügung ausgeräumt werden, indem der Testamentsvollstrecker substantiiert den Rechtsgrund und die für seine Verfügung maßgebenden Beweggründe darlegt, wenn dies verständlich und den Realitäten gerecht erscheint und deshalb letztlich begründete Zweifel an der Pflichtmäßigkeit der Handlung nicht ersichtlich sind.[56] Damit lässt die Rechtsprechung **Beweiserleichterungen** zu. Das Grundbuchamt muss aufgrund der dargelegten Umstände nur in der Lage sein, nach allgemeinen **Erfahrungssätzen** keinen Zweifel an der Entgeltlichkeit zu haben. Dabei kann es bei einem **zweiseitigen Rechtsgeschäft** mit einem **Dritten**, der nicht zugleich Miterbe ist oder dem Testamentsvollstrecker wirtschaftlich oder persönlich nahe steht, bei einer entsprechenden Erklärung des Testamentsvollstreckers über die Entgeltlichkeit von der allgemeinen Lebenserfahrung ausgehen, dass ein Veräußerungsvertrag an einen Nichterben grundsätzlich voll entgeltlich sein wird.[57] Bei Rechtsgeschäften mit einem Miterben oder einem dem Testamentsvollstrecker nahe stehenden Dritten sind diese Erfahrungsgrundsätze nur eingeschränkt anwendbar, jedoch sollte die Praxis nicht zu ängstlich verfahren.[58]

19

Die Erklärungen der Beteiligten sind dabei grundsätzlich als wahr zu betrachten, sofern nicht Anhaltspunkte für die Unrichtigkeit bestehen.[59] Eigene Ermittlungen darf das Grundbuchamt aber nicht anstellen.

20

Bei der Bestellung einer **Fremdgrundschuld** muss der Testamentsvollstrecker dem Grundbuchamt darlegen, ob Anlass hierfür eine Darlehensaufnahme ist und an wen das Darlehen ausgezahlt wird.[60] Eine entgeltliche Verfügung liegt auch vor, wenn der verkaufende Testamentsvollstrecker das Grundstück zur Kaufpreisfinanzierung i.R.d. üblichen Verkäufermit-

21

---

53 RGZ 125, 242, 245 f.; MüKo/*Zimmermann*, § 2205 Rn 75; Staudinger/*Reimann*, § 2205 Rn 32; ausführlich *Schaub*, in: Bauer/von Oefele, § 52 GBO Rn 52. Bei Vorleistungen des Testamentsvollstreckers genügt es, wenn die Gegenleistung später dem Nachlass zufließt, KG DNotZ 1972, 176. Zu diesen Fragen auch *Jung*, Rpfleger 1999, 204.
54 *Schaub*, in: Bauer/von Oefele, § 52 GBO Rn 52; NK-BGB/*Kroiß*, § 2205 Rn 28.
55 BayObLG NJW-RR 1989, 587; LG Köln MittRhNotK 1989, 172; eingehend *Schmenger*, BWNotZ 2004, 97, 109.
56 KGJ 33 A 164, 174; KG DNotZ 1954, 470; 1968, 669; OLG Köln MittRhNotK 1989, 172, 173; OLG Zweibrücken Rpfleger 1968, 89; LG Ellwangen BWNotZ 2003, 147 m. Anm. *Böhringer*; Soergel/*Damrau*, § 2205 Rn 95; *Zahn*, MittRhNotK 2000, 107; *Schaub*, in: Bauer/von Oefele, § 52 GBO Rn 85 f. Dabei kann das Grundbuchamt allerdings die Beibringung der erforderlichen Unterlagen verlangen.
57 *Winkler*, Testamentsvollstrecker, Rn 255; *Schöner/Stöber*, Rn 3441; *Schaub*, in: Bengel/Reimann, V Rn 35; Soergel/*Damrau*, § 2205 Rn 96; ausf. Meikel/*Böhringer*, § 52 GBO Rn 60 ff.; *Schaub*, in: Bauer/von Oefele, § 52 GBO Rn 86.
58 *Schaub*, in: Bauer/von Oefele, § 52 GBO Rn 87.
59 RGZ 65, 214, 223 (zum Vorerben); vgl. auch BGHZ 57, 84, 95 = NJW 1971, 2264.
60 LG Aachen Rpfleger 1984, 98; *Schöner/Stöber*, Rn 3443 f.; *Schaub*, in: Bengel/Reimann, V Rn 70; *Walloschek*, ZEV 2011, 167, 172.

wirkung mit einer Grundschuld bis zur Höhe des Kaufpreises belastet; eine darüber hinausgehende Belastung – etwa für Renovierung durch den Käufer – ist jedoch nicht zulässig.[61]

22 Bei der Bestellung einer **Eigentümerbriefgrundschuld** bestehen zunächst keine Bedenken gegen die Eintragung, da die Verfügung nicht unentgeltlich ist, weil hierdurch unmittelbar ein gleiches dingliches Recht des Erben entsteht. Erst wenn die Eigentümergrundschuld vom Testamentsvollstrecker abgetreten wird, stellt sich die Frage, ob der Testamentsvollstrecker zu dieser Verfügung berechtigt ist; die Rechtslage entspricht dann derjenigen bei einer unmittelbaren Bestellung einer Fremdgrundschuld.

23 Wegen des Schenkungsverbots sind unentgeltliche Zuwendungen des Testamentsvollstreckers nicht zulässig. Die **Ausstattung** (§ 1624 BGB) gilt zwar grundsätzlich nach dem Gesetz nicht als Schenkung, soweit sie die Vermögensverhältnisse des Ausstattungsgebers nicht übersteigt. Sie erfolgt jedoch objektiv unentgeltlich, weil dem Nachlass keine Gegenleistung zugeführt wird. Daher ist der Testamentsvollstrecker zu ihrer Vornahme nicht berechtigt, wenn nicht eine ausdrückliche wirksame Anordnung des Erblassers hierzu vorliegt.[62]

24 Zu weiteren Einzelfällen vgl. die ausführliche Aufstellung von *Schaub* in Bengel/Reimann, Handbuch V, Rn 58–108; *Schaub* in Bauer/von Oefele, § 52 GBO, Rn 55 ff.; *Zahn*, MittRhNotK 2000, 89, 113 f.; *Schöner/Stöber*, Grundbuchrecht, Rn 3450 ff.

4. Ausnahme vom Voreintragungsgrundsatz bei Finanzierungsgrundpfandrechten

25 Die nach § 40 Abs. 2 GBO für den Testamentsvollstrecker bestehende **Ausnahme** von dem **Voreintragungsgrundsatz** des § 39 GBO gilt für jede Eintragung aufgrund einer Bewilligung des Testamentsvollstreckers, sofern diese gegen den Erben wirksam ist. Hierzu ist erforderlich, dass sie im Rahmen seiner Befugnisse abgegeben wird, also insbesondere keine unentgeltliche Verfügung erfolgt (§ 2205 S. 3 BGB).[63] Dabei umfasst § 40 Abs. 2 GBO nach seinem ausdrücklichen Wortlaut, abweichend von § 40 Abs. 1, 1. Alt. GBO, alle Arten von Eintragungen, also nicht nur die Übertragung und Aufhebung des Rechts, sondern auch die Eintragung einer Auflassungsvormerkung sowie die Eintragung einer Finanzierungsgrundschuld als bloßer Belastung des Eigentums.[64]

5. Insichgeschäfte

a) Grundsätze

26 Bei solchen muss der Testamentsvollstrecker nachweisen, dass ihm das Selbstkontrahieren gestattet ist; dazu bedarf es nicht des Nachweises in der Form des § 29 GBO. Besonders problematisch ist, wenn sich eine solche Gestattung aus einer konkludenten Erblasseranordnung oder aus Grundsätzen der ordnungsgemäßen Nachlassverwaltung ergeben soll.[65]

---

61 Meikel/*Böhringer*, § 52 GBO Rn 27.
62 *Schaub*, in: Bengel/Reimann, V Rn 60; *Schöner/Stöber*, Rn 3448; Staudinger/*Reimann*, § 2205 Rn 42.
63 Vgl. Meikel/*Böttcher*, § 40 GBO Rn 36; siehe auch *Demharter*, GBO, 28. Aufl. 2012, § 40 Rn 21; BeckOK-GBO/*Zeiser*, Std.: 1.2.2013, § 40 Rn 28.
64 Gutachten DNotI-Report 2013, 75, 76.
65 Eingehend hierzu *Schaub*, in: Bauer/von Oefele, § 52 GBO Rn 90 ff.; *Zahn*, MittRhNotK 2000, 107; vgl. auch *Walloschek*, ZEV 2011, 167, 170 f.

b) Vermächtniserfüllung zugunsten des Testamentsvollstreckers

Ist für den Testamentsvollstrecker selbst ein Vermächtnis ausgesetzt, so kann er zu dessen Erfüllung das Nachlassgrundstück an sich selbst auflassen. Die Beschränkungen des § 181 **BGB** stehen dem **nicht** entgegen, da es sich um Erfüllung einer Verbindlichkeit handelt. Im Grundbucheintragungsverfahren können sich allerdings Schwierigkeiten hinsichtlich des Nachweises ergeben, dass wirklich eine Vermächtniserfüllung vorliegt. Jedoch war das OLG Düsseldorf in einem solchen Fall großzügig und ließ die Vorlage eines **eigenhändigen Testaments** genügen, auch wenn insoweit die Form des § 29 GBO gerade nicht erfüllt ist. Vielmehr sollen die gleichen Grundsätze wie für den Nachweis der Entgeltlichkeit einer Grundstücksverfügung gelten. Daher genüge die Vorlage einer beglaubigten Abschrift der entsprechenden (eigenhändigen) Verfügung von Todes wegen und der Eröffnungsniederschrift des Nachlassgerichts.[66]

27

6. Vermächtniserfüllung

a) Keine unentgeltliche Verfügung

Erfüllt der Testamentsvollstrecker ein vom Erblasser angeordnetes Vermächtnis, was zum typischen Aufgabenplan der Abwicklungsvollstreckung gehört, so handelt er für die Erben. Er gibt daher für diese die entsprechenden Erklärungen, insbesondere grundbuchrechtlicher Art ab. Soweit der **Vermächtnisanspruch (§ 2174 BGB) oder eine Teilungsanordnung besteht**, geschieht dies in der Erfüllung einer Nachlassverbindlichkeit, so dass **keine unentgeltliche** Verfügung (§ 2205 S. 3 BGB) vorliegt.[67] Dabei ist sogar der Nachweis der Erbenstellung des Auflassungsempfängers entbehrlich, wenn der Testamentsvollstrecker mit der Grundstücksübertragung eine ausdrückliche Anordnung des Erblassers vollzieht, auch wenn sich diese nur aus einem privatschriftlichen Testament ergibt. Eine unentgeltliche Verfügung des Testamentsvollstreckers liegt in diesem Fall nicht vor. Dabei ist es unerheblich, ob der Gegenstand dem Empfänger durch Teilungsanordnung oder (Voraus-)Vermächtnis zukommt, wenn nur aus dem Testament hervorgeht, dass dieser den Gegenstand in jedem Fall erhalten soll.[68] Demgegenüber ist die Erklärung der Auflassung eines Grundstücks, die der Testamentsvollstrecker in Erfüllung einer vermeintlichen, aber nicht bestehenden Vermächtnisschuld vornimmt, als unentgeltliche Verfügung unwirksam.[69] Daraus ergibt sich die Verpflichtung des Grundbuchamts, dass die Verfügungsbefugnis des Testamentsvollstreckers zu überprüfen ist. Dies gilt auch, wenn Zweifel an der **Testierfähigkeit** des Erblassers bestehen.[70] Sind demnach ernsthafte, auch aus Umständen außerhalb der Eintragungsunterlagen herleitbare, hinreichende Tatsachen vorhanden, die gegen eine Testierfähigkeit des Erblassers sprechen, bestehen erhebliche Zweifel an der Verfügungsbefugnis des Testamentsvollstreckers. Denn rechtsgrundlose Verfügungen sind als unentgeltliche Verfügungen i.S.d. § 2205 S. 3 BGB anzusehen.

28

---

66 Beschl. vom 14.8.2013 – I-3 Wx 41/13, NJW 2014, 322 = FamRZ 2014, 603 = MittBayNot 2014, 67 = RNotZ 2014, 61.
67 BayObLG NJW-RR 1989, 587 = Rpfleger 1989, 200; OLG München ZEV 2011, 197 = FamRZ 2011, 328; *Bengel/Dietz* in: Bengel/Reimann, I Rn 125; *Schaub*, in: Bengel/Reimann, V Rn 90.
68 OLG München ZEV 2011, 197 = FamRZ 2011, 328.
69 Staudinger/*Reimann*, § 2205 Rn 49 m.w.N.
70 OLG München ZEV 2011, 195.

b) Handeln für den Vermächtnisnehmer

29 Der Testamentsvollstrecker handelt nur für den Nachlass. Dies bedeutet, dass bei der Vermächtniserfüllung durch Erklärung der Auflassung (§ 925 BGB) grds. der Vermächtnisnehmer mitzuwirken und diese entgegen zu nehmen hat.[71] Allerdings wird in zwei neueren Entscheidungen vertreten, dass bei einem **Grundstücksvermächtnis** der Testamentsvollstrecker auch die Auflassung **für den Vermächtnisnehmer entgegen** nehmen darf, ohne dass er bei einem Minderjährigen der Mitwirkung des gesetzlichen Vertreters oder gar einer sonst erforderlichen familiengerichtlichen Genehmigung benötigt.[72] Richtigerweise muss man aber hier unterscheiden:[73]

(1) Die **Befugnis** des Testamentsvollstreckers, den **Vermächtnisnehmer** bei der Entgegennahme der Auflassung zu **vertreten** besteht nur, wenn der Testamentsvollstrecker nicht nur für die Vollziehung des Vermächtnisses aus der Sicht des mit dem Vermächtnis Beschwerten zu sorgen hat, sondern **auch** „*auf der Seite*" des **Vermächtnisnehmers** eine entsprechende Aufgabe zu erfüllen hat. Dabei genügt es, wenn die Vermächtniserfüllung nur eine Art „zwingende Vorstufe" für seine eigentliche Aufgabe ist, also er z.B. das Vermächtnisobjekt danach verwalten muss, etwa als Dauertestamentsvollstrecker, oder gar noch die Erfüllung eines Untervermächtnisses vorzunehmen hat.[74] Besitzt der Testamentsvollstrecker dann sowohl für den Vermächtnisnehmer als auch für den mit dem Vermächtnis Beschwerten die entsprechende Verfügungsbefugnis, so ergeben sich keine Probleme im Hinblick auf die Beschränkungen des § 181 BGB, denn der Testamentsvollstrecker handelt kraft seines Amtes für beide Seiten.[75]

(2) Demgegenüber ist die Geltendmachung des Vermächtnisses und seine dingliche **Erfüllung** streng **von der Annahme** des Vermächtnisses zu unterscheiden; Letzteres kann allein durch den Vermächtnisnehmer oder einem entsprechenden Bevollmächtigten erklärt werden, nicht aber durch den Testamentsvollstrecker.[76] Daraus ergibt sich, dass bei einer späteren Vermächtnisausschlagung, die nicht fristgebunden ist, das Vermächtnisobjekt wieder zurück zu übertragen ist.[77]

---

71 *Schaub*, in: Bengel/Reimann, V Rn 90; *Muscheler*, ZEV 2011, 230.
72 OLG Hamm NJW-RR 2011, 11 = ZEV 2011, 198 (abl. *Muscheler*, ZEV 2011, 230); OLG München NJW-RR 2013, 1231 = MittBayNot 2013, 393 m. krit. Anm. *Reimann*; dazu auch *Friedrich-Büttner/ Wiese*, ZEV 2014, 513.
73 Vgl. Bamberger/Roth/*J. Mayer*, § 2223 Rn 6 ff.
74 Ebenso *Schaub* in Bengel/Reimann V Rn 90; *Lehmann/Hahn*, ZEV 2013, 579; Staudinger/*Reimann*, § 2223 Rn 4 hält eine sog „erfüllungsbezogene Verwaltung des Vermächtnisanspruchs" durch einen Testamentsvollstrecker für möglich; offenbar all dies ablehnend *Muscheler*, ZEV 2011, 230, 232 f.
75 *Muscheler*, ZEV 2011, 230, 233; zust. Staudinger/*Reimann*, § 2223 Rn 4.
76 OLG München Rpfleger 2013, 453 = MittBayNot 2013, 393; *Muscheler*, ZEV 2011, 230, 232; *Keim*, ZEV 2011, 563, 568; Palandt/*Weidlich*, § 2223 Rn 2.
77 Dagegen krit., nicht zu Unrecht, *Muscheler*, ZEV 2011, 230, 232 f.; m. eigenem Lösungsansatz für das Minderjährigenrecht *Keim*, ZEV 2011, 563, 568.

§ 18 Die Auseinandersetzung des Nachlasses

Dr. Jörg Mayer

Inhalt:

	Rn		Rn
A. Erforderlichkeit	1	VIII. Verbindlicherklärung des Auseinandersetzungsplans	23
B. Auseinandersetzungsplan	5	IX. Unwirksamkeit des Auseinandersetzungsplans	24
I. Anordnungen des Erblassers	6	X. Geltendmachung der Unwirksamkeit	25
II. Berichtigung der Nachlassverbindlichkeiten	7	C. Vollzug des Auseinandersetzungsplans	27
III. Nachlassteilung	10	D. Auseinandersetzungsvereinbarung	29
IV. Anhörung der Erben	15	I. Vorteile	30
V. Widerspruch der Erben	18	II. Form	32
VI. Genehmigung durch das Familien- oder Betreuungsgericht	19	III. Genehmigungserfordernisse	33
VII. Vereinbarungen der Erben im Rahmen des Auseinandersetzungsplans und ihre Konsequenzen	21	IV. Vollzug des Auseinandersetzungsvertrages	34

A. Erforderlichkeit

Soweit eine Erbengemeinschaft besteht und der Erblasser nichts anderes bestimmt hat, gehört es zur Regelaufgabe des Testamentsvollstreckers, die Erbauseinandersetzung zu bewirken (§ 2204 BGB). Selbst wenn der Testamentsvollstrecker Miterbe ist, so hindert dies ihn nicht, in seiner Eigenschaft als Testamentsvollstrecker die Erbauseinandersetzung zu betreiben.[1] Eine Teilauseinandersetzung (gegenständliche wie persönliche) kann der Testamentsvollstrecker grundsätzlich nur mit Zustimmung aller Miterben vornehmen,[2] da das Gesetz vom Regelfall der vollständigen Erbauseinandersetzung ausgeht. Voraussetzung dafür, dass der Testamentsvollstrecker die Auseinandersetzung des Nachlasses vorzunehmen hat, ist daher, dass[3] 1

– mehrere Erben vorhanden sind (§ 2204 Abs. 1 BGB)
– der Erblasser die Erbauseinandersetzung nicht ausdrücklich oder zumindest stillschweigend ausgeschlossen hat
– die Erben nicht die Auseinandersetzung ausdrücklich durch einstimmigen Beschluss ausgeschlossen haben (dazu sogleich)
– dem Testamentsvollstrecker die gesamte Verwaltung des Nachlasses zusteht und auch sonst keine einschränkenden Anordnung des Erblassers vorliegt, etwa dass nur eine echte Verwaltungsvollstreckung oder nur eine Teilverwaltung vorzunehmen ist (eingehender zur Erbteilsvollstreckung oben § 16 Rn 3 ff.).

Sonderbarerweise bindet ein **einstimmiger Beschluss der Erben** über den teilweisen oder ganzen **Ausschluss** oder Aufschub der **Auseinandersetzung** den Testamentsvollstrecker und ist von ihm zu beachten. Dies wird damit begründet, dass die Erben zwar ein Recht auf Vornahme der Auseinandersetzung, nicht jedoch die Pflicht zu deren Duldung haben.[4] 2

---

1 *Winkler*, Testamentsvollstrecker, Rn 508.
2 Soergel/*Damrau*, § 2204 Rn 4.
3 *Zimmermann*, Testamentsvollstreckung, Rn 649.
4 RG WarnR 1934 Nr. 21; BayObLGZ 21, 312; 1953, 357, 363; OLG München DNotZ 1936, 810; NK-BGB/*Kroiß*, § 2204 Rn 23; *Winkler*, Testamentsvollstrecker, Rn 542; MüKo/*Zimmermann*, § 2204 Rn 22; Soergel/*Damrau*, § 2204 Rn 5, dort auch zu den noch ungeklärten Zweifelsfragen; a.A. MüKo/*Ann*, § 2042 Rn 10, unter unzutr. Bezug auf *Kipp/Coing*, § 116 III 4.

Die Bindung hieran ist nach h.M. eine schuldrechtliche, so dass entgegengesetzte Verfügungen des Testamentsvollstreckers aber grundsätzlich wirksam werden,[5] wenn sie nicht wegen des erkennbaren Missbrauchs der Verfügungsmacht im Einzelfall unwirksam sind.[6] Jedoch ist der Testamentsvollstrecker bei Vorliegen eines **wichtigen Grundes** für die Auseinandersetzung nicht mehr an den abweichenden Nichtauseinandersetzungsbeschluss gebunden (§ 749 Abs. 2 BGB) und dann verpflichtet, die Auseinandersetzung vorzunehmen.[7] Bei einer solchen Annahme ist jedoch Vorsicht geboten, denn setzt er sich zu Unrecht über den entgegenstehenden Willen der Erben hinweg, droht dem Testamentsvollstrecker die Haftung (§ 2219 BGB).[8] Umstritten ist auch, ob bei einer **Abwicklungsvollstreckung** der Nichtauseinandersetzungsbeschluss der Erben sogar zur Beendigung der Testamentsvollstreckung wegen Aufgabenerledigung führt.[9] Dies kann aber so nicht richtig sein, denn sonst hätten es die Miterben durch einen solchen Beschluss in der Hand, auch nur durch kurzfristigen Ausschluss der Auseinandersetzung eine ihnen unliebsame Testamentsvollstreckung abzuschütteln.[10] Wollen die Miterben dann aber doch die Auseinandersetzung der Erbengemeinschaft, so sind sie im Falle der Uneinigkeit auf das amtliche Vermittlungsverfahren nach den §§ 363 ff. FamFG angewiesen,[11] das in seiner faktischen Effizienz gegen Null tendiert.

Praxistipp
Der Erblasser kann diesem Problem durch eine Anordnung vorbeugen, wonach die Testamentsvollstreckung als Verwaltungsvollstreckung (§ 2209 BGB) andauert, wenn die Erben durch eine entsprechende Vereinbarung eine dauernde Auseinandersetzung des Nachlasses ausschließen.[12]
Formulierungsvorschlag hierfür *Reimann*, in: Bengel/Reimann, II Rn 68.

3   Jeder Erbe kann grundsätzlich, wenn keine abweichende Anordnung des Erblassers vorliegt, **jederzeit** die Auseinandersetzung des Nachlasses verlangen (§ 2042 BGB). Dieser Aufhebungsanspruch kann dann auch gegen den Testamentsvollstrecker **eingeklagt** werden.[13] Bestehen eindeutige Anordnungen des Erblassers zur Vornahme der Auseinandersetzung, so ist entsprechend diesen Leistungsklage zu erheben.[14] Die Klage ist gegen den Testamentsvollstrecker zu richten, da anders als sonst sich der Auseinandersetzungsanspruch allein

---

5   KG OLGE 40, 112; MüKo/*Zimmermann*, § 2204 Rn 22; Staudinger/*Reimann*, § 2204 Rn 6.
6   Hierauf weist Soergel/*Damrau*, § 2204 Rn 5 zu Recht hin und nimmt deshalb sogar für den Regelfall Unwirksamkeit an.
7   MüKo/*Zimmermann*, § 2204 Rn 22; Soergel/*Damrau*, § 2204 Rn 5; Staudinger/*Reimann*, § 2204 Rn 6.
8   MüKo/*Zimmermann*, § 2204 Rn 22.
9   So etwa OLG Nürnberg WM 2010, 1286; NK-BGB/*Kroiß*, § 2204 Rn 24; *Storz*, ZEV 2011, 18, 20 f.; Palandt/*Weidlich*, § 2204 Rn 2; *Winkler*, Testamentsvollstrecker, Rn 542; Staudinger/*Reimann*, § 2221 Rn 7; *Schaub*, in: Bengel/Reimann, IV Rn 250; die hierfür immer wieder zitierte Entscheidung RGZ 81, 166 ff. betrifft nur allg. die Frage der Beendigung der Testamentsvollstreckung in Folge vollständiger Aufgabenerfüllung.
10 Zutr. *Zimmermann*, Testamentsvollstreckung, Rn 660; Palandt/*Edenhofer*, 68. Aufl., § 2204 Rn 2; *Eberl-Borges*, Die Erbauseinandersetzung, 2000, S. 97; wohl offen lassend Soergel/*Damrau*, § 2205 Rn 5, der aber ebenfalls auf Missbrauchsgefahr hinweist.
11 Palandt/*Weidlich*, § 2204 Rn 2; Staudinger/*Reimann*, § 2221 Rn 7; *Storz*, ZEV 2011, 18.
12 *Reimann*, in: Bengel/Reimann, II Rn 68; *Storz*, ZEV 2011, 18, 20.
13 RGZ 100, 95, 97.
14 Damrau/*Bonefeld*, Praxiskommentar Erbrecht, § 2204 Rn 16.

gegen den Testamentsvollstrecker und nicht gegen die Miterben richtet.[15] Es handelt sich um eine sog. Amtsklage (siehe § 11 Rn 27). Daneben droht bei einer unberechtigten Verzögerung der Auseinandersetzung dem Testamentsvollstrecker natürlich auch die Haftung nach § 2219 BGB.

Die Erbauseinandersetzung hat aber **zu unterbleiben**, wenn[16]

4

– eine entsprechende **Anordnung des Erblassers** dem entgegensteht (§ 2044 BGB) und die zeitlichen Grenzen für eine solche Verfügung noch nicht abgelaufen sind und auch sonst nicht ausnahmsweise ein vorzeitiger Auseinandersetzungsanspruch, etwa wegen Vorliegen eines wichtigen Grundes besteht (§ 2044 Abs. 1 S. 2, Abs. 2 BGB). Hat der Erblasser die Auseinandersetzung ausgeschlossen und seinen überlebenden Ehegatten und Miterben zugleich als Testamentsvollstrecker eingesetzt, so stellt sich die Frage, ob mit der **Wiederverheiratung** des überlebenden Ehepartners dieser trotzdem wegen § 1683 BGB verpflichtet ist, die Erbengemeinschaft mit einem dann noch minderjährigen eigenen Kind auseinander zu setzen. Dies wird teilweise mit Hinweis auf den zwingenden Charakter des § 1683 BGB bejaht,[17] jedoch kann auch dann noch das Familiengericht gestatten, dass die Auseinandersetzung unterbleiben kann (§ 1683 Abs. 3 BGB)
– ein Miterbe einen Aufschub bis zur **Gläubigerermittlung** verlangt (§ 2045 BGB)
– solange die Erbteile wegen der zu erwartenden **Geburt eines Miterben** oder der Entscheidung über einen Antrag auf Annahme als Kind, über die Aufhebung des Annahmeverhältnisses oder über die Anerkennung einer vom Erblasser errichteten Stiftung als rechtsfähig noch aussteht (§ 2043 BGB).

B. Auseinandersetzungsplan

Zum Zwecke der Erbauseinandersetzung hat dabei der Testamentsvollstrecker einen Auseinandersetzungsplan aufzustellen. Die **Feststellung** des Auseinandersetzungsplans ist ein einseitiges, gegenüber den Miterben mitzuteilendes Rechtsgeschäft, das allerdings keiner Form bedarf und zwar auch dann nicht, wenn zum Nachlass Grundstücke gehören.[18] Dem Auseinandersetzungsplan kommt dabei lediglich schuldrechtliche, wenn auch verpflichtende wie berechtigende Wirkung zu, wenn keine Wirksamkeitsmängel vorliegen (vgl. auch unten Rn 24).[19] Er muss erst noch durch entsprechende Verfügungsakte (Auflassung und Grundbuchumschreibung etc.) vollzogen werden. Dabei ist folgendes **Verfahren** einzuhalten:

5

---

15 BayObLGZ 1967, 230, 237; Staudinger/*Reimann*, § 2204 Rn 7; erlischt die Testamentsvollstreckung insgesamt, so richtet sich dann jedoch der Auseinandersetzungsanspruch gegen die Miterben, RGZ 100, 95, 97 (dort auch zur Frage der zulässigen Klageänderung, wenn anstelle des Auseinandersetzungsanspruchs nach Beendigung der Testamentsvollstreckung nunmehr vom früheren Testamentsvollstrecker Rechenschaft und Schadensersatzpflicht begehrt wird).
16 *Zimmermann*, Testamentsvollstreckung, Rn 658.
17 *Zimmermann*, Testamentsvollstreckung, Rn 659; wohl auch NK-BGB/*Kroiß*, § 2204 Rn 22; a.A. *Schumacher*, BWNotZ 1968, 204; *Staudenmaier*, BWNotZ 1968, 248.
18 NK-BGB/*Kroiß*, § 2204 Rn 9; Damrau/*Bonefeld*, Praxiskommentar Erbrecht, § 2204 Rn 4; *Schaub*, in: Bengel/Reimann, IV Rn 221.
19 BayObLGZ 1967, 230, 240; NK-BGB/*Kroiß*, § 2204 Rn 7.

I. Anordnungen des Erblassers

6 Bei der Aufstellung des Auseinandersetzungsplans sind vorrangig die Anordnungen des Erblassers zu beachten. Dabei genügt der Testamentsvollstrecker der ihm gem. § 2204 Abs. 2 BGB obliegenden Verpflichtung zur Aufstellung eines Auseinandersetzungsplans, wenn er den Erben einen Plan vorlegt, der einer möglichen Auslegung des Erblasserwillens entspricht.[20] Hat der Erblasser keine Auseinandersetzungsanordnungen vorgegeben, so richtet sich die danach zu bewirkende Erbauseinandersetzung nach den gesetzlichen Vorschriften der §§ 2042–2048 BGB und §§ 750–758 BGB.[21] Dabei ist wie folgt vorzugehen:

II. Berichtigung der Nachlassverbindlichkeiten

7 Zunächst sind die Nachlassverbindlichkeiten festzustellen und aus dem Nachlass zu berichtigen. Zu den Nachlassverbindlichkeiten gehören sowohl die vom Erblasser herrührenden Erblasserschulden, wie auch die erst durch den Erbfall entstandenen Erbfallschulden (wie Pflichtteile, Vermächtnisse). Soweit Bestand und Höhe von Verbindlichkeiten streitig oder diese aber noch nicht fällig sind, ist der zu ihrer Begleichung erforderliche Betrag vom Testamentsvollstrecker zurückzubehalten (§ 2046 Abs. 1 S. 2 BGB).[22] Er darf aber nicht einfach die Auseinandersetzung insgesamt so lange zurückstellen, bis alle Nachlassverbindlichkeiten berichtigt sind.[23] Die Beurteilung der Frage, ob eine Verbindlichkeiten streitig ist, obliegt zunächst dem Testamentsvollstrecker; begleicht er aber zu Unrecht eine von den Erben bestrittene Schuld, so haftet er nach § 2219 BGB, wenn ihm ein Schuldvorwurf gemacht werden kann.[24]

8 Bei einer **Pflichtteilsforderung** ist der Testamentsvollstrecker ohne Willen der Erben wegen § 2213 Abs. 1 S. 3 BGB nicht berechtigt, diese anzuerkennen.[25] Dies entbindet den Testamentsvollstrecker aber nicht davon, das Bestehen eines Pflichtteilsanspruchs zu ermitteln, muss er doch auch bei bestrittenen Pflichtteilsforderungen entsprechende Rückstellungen vor der Auseinandersetzung bilden (zur Pflichtteilsproblematik näher siehe § 41 Rn 9 ff.).

9 Vorrangig sind danach zunächst die vom Erblasser her stammenden Verbindlichkeiten zu befriedigen (§§ 1978, 1991 Abs. 4, 1992 BGB); im Übrigen gilt für den Rang der Forderungen von Erbfallschulden die in § 327 InsO getroffene Festlegung. Reicht zur Erfüllung der Nachlassverbindlichkeiten die vorhandene Geldsumme nicht aus, so ist der Nachlass durch Verkauf in Geld umzusetzen (§ 2046 Abs. 3 BGB). Soweit es hierfür nur des Verkaufs einzelner Nachlassobjekte bedarf, so trifft die entsprechende Auswahl der Testamentsvollstrecker[26] nach den Grundsätzen der ordnungsgemäßen Nachlassverwaltung (§ 2216 BGB).

> **Praxistipp**
> Die Nichtbeachtung des § 2046 BGB (Berichtigung der Nachlassverbindlichkeiten) kann für den Testamentsvollstrecker zu ganz erheblichen Haftungsgefahren führen, denn die

---

20 OLG Köln FamRZ 2000, 193 = ZEV 1999, 226.
21 Damrau/*Bonefeld*, Praxiskommentar Erbrecht, § 2204 Rn 1 m.w.N.
22 Bei streitigen Verbindlichkeiten will *Zimmermann*, Testamentsvollstreckung, Rn 667 die einfache Zurückbehaltung (so aber *Schaub*, in: Bengel/Reimann, IV Rn 226; Soergel/*Damrau*, § 2204 Rn 17) nicht genügen lassen, sondern hält im Regelfall einen Rechtsstreit für erforderlich.
23 Soergel/*Damrau*, § 2204 Rn 17; vgl. auch RGZ 95, 325, 327.
24 *Zimmermann*, Testamentsvollstreckung, Rn 667.
25 BGHZ 51, 125, 127 = NJW 1969, 424.
26 *Lange/Kuchinke*, § 31 V 6; MüKo/*Zimmermann*, § 2204 Rn 11.

Miterben können nur bis zur Teilung des Nachlasses den Zugriff der Nachlassgläubiger auf ihr Eigenvermögen verhindern (§ 2059 BGB).[27]

Pflichtteilsansprüche sind i.d.R. nur mit ausdrücklicher Zustimmung aller Erben (auch der Nacherben) zu erfüllen.

III. Nachlassteilung

Der nach Berichtigung der Nachlassverbindlichkeiten verbleibende Nachlass ist unter den Erben nach dem Verhältnis ihrer (gesetzlichen oder gewillkürten) Erbteile aufzuteilen (§ 2047 Abs. 1 BGB). Maßgeblich sind dabei die Erbquoten, wie sie sich unter Beachtung einer gesetzlich vorzunehmenden Ausgleichungspflicht (§§ 2050 ff. BGB) ergeben (sog. Teilungsquoten). Die Regeln über die Ausgleichung von Vorempfängen hat der Testamentsvollstrecker zu beachten,[28] was zu einer erheblichen Haftung des Testamentsvollstreckers führen kann. Allerdings steht ihm hierzu der Auskunftsanspruch nach § 2057 BGB zur Seite (§ 2204 Abs. 1 BGB n.F.).[29] Einen Streit über die Ausgleichspflicht haben grundsätzlich die Erben untereinander auszutragen.[30] Dies hilft aber oftmals dem Testamentsvollstrecker nicht weiter, wird dadurch die von ihm unverzüglich durchzuführende Erbauseinandersetzung blockiert. Soweit er daher darin durch die Ausgleichsstreitigkeit gehindert ist, ist für ihn das Bedürfnis zu bejahen, die Ausgleichungspflicht durch eine Feststellungsklage zu klären.[31]

10

Bei der Nachlassaufteilung sind die Vorschriften über die Gemeinschaftsteilung nach den §§ 752 ff. BGB zu beachten. Dabei ist zu unterscheiden zwischen solchen gemeinschaftlichen Gegenständen, bei denen die Teilung in Natur möglich ist, und solchen, bei denen dies nicht der Fall ist.

11

Zu den **teilbaren Nachlassgegenständen**[32] gehören Geld, Wertpapiere, Forderungen, Geschäftsanteile, soweit durch die Satzung eine Teilung nicht ausgeschlossen ist, unbebaute Grundstücke, soweit diese baurechtlich teilbar sind und durch die Aufteilung der Gesamtwerte der Einzelgrundstücke nicht hinter dem Gesamtwert des Stammgrundstückes zurückbleibt.[33]

12

Nicht teilbar sind: Hausgrundstücke, da sich hier gleichwertige Einzelobjekte nicht bilden lassen. Auch die Aufteilung in Wohnungs- und Teileigentum führt nicht zu einer Teilbarkeit.[34] Nicht teilbar sind weiter Aktien an sich, gewerbliche Schutzrechte, Unternehmen. Ist die Teilbarkeit in Natur demnach ausgeschlossen, so erfolgt die Erbauseinandersetzung

13

---

27 Zu diesen Haftungsgefahren eingehend *Krug*, ZErb 2000, 15.
28 NK-BGB/*Kroiß*, § 2204 Rn 5; *Bengel/Dietz*, in: Bengel/Reimann, I Rn 161; Soergel/*Damrau*, § 2204 Rn 20; Staudinger/*Reimann*, § 2204 Rn 25. Einschränkend aber *Zimmermann*, Testamentsvollstreckung, Rn 669: Keine Pflicht des Testamentsvollstreckers, nach ausgleichspflichtigen Vorempfängen zu suchen, sondern nur auf entsprechenden Einwand zu beachten, jedoch wird dies zu sehr vom zivilprozessualen Vorverständnis des Verf. geprägt. Ausführlich zum Ausgleichungsverfahren *Bengel/ Dietz*, in: Bengel/Reimann, I Rn 161 ff. mit den näheren Einzelheiten. Zu beachten ist, dass vorneweg der Ehegattenerbteil bei der Ausgleichung abzuziehen ist (§ 2055 Abs. 1 S. 2 BGB), vgl. *Bengel/Dietz*, in: Bengel/Reimann, I Rn 185.
29 Staudinger/*Reimann*, § 2204 Rn 18; zum früheren Recht umstritten siehe Soergel/*Damrau*, § 2204 Rn 20.
30 RG HRR 1932 Nr. 1307; Staudinger/*Reimann*, § 2204 Rn 25; Soergel/*Damrau*, § 2204 Rn 20.
31 NK-BGB/*Kroiß*, § 2204 Rn 5; Staudinger/*Reimann*, § 2204 Rn 25.
32 Vgl. auch die ausführliche Aufstellungen bei *Schaub*, in: Bengel/Reimann, IV Rn 230 f.; *Zimmermann*, Testamentsvollstreckung, Rn 662 f.
33 Palandt/*Sprau*, § 752 Rn 3; *Schaub*, in: Bengel/Reimann, IV Rn 230.
34 OLG München NJW 1952, 1297.

J. Mayer

durch Verkauf und Teilung des Erlöses. Dies geschieht bei beweglichen Gegenständen nach den Vorschriften über den Pfandverkauf, bei Immobilien durch freihändigen Verkauf, da § 753 BGB hier durch die Sonderbefugnisse des Testamentsvollstreckers ersetzt wird (§ 2205 S. 2 BGB).[35] Ansonsten bedürfen alle Abweichungen von den gesetzlichen Teilungsregelungen der §§ 752 ff. BGB der Zustimmung aller Erben. Daher darf der Testamentsvollstrecker nicht unteilbare Gegenstände einzelnen Miterben auf ihre Erbteile zuweisen, selbst wenn diese Ausgleichszahlungen zu leisten haben.[36] Im Übrigen steht es im pflichtgemäßen Ermessen des Testamentsvollstreckers, ob er ein auseinanderzusetzendes Nachlassgrundstück versteigern lassen oder freihändig verkaufen will,[37] jedoch muss er auf bestmögliche Verwertung bedacht sein.[38] Dass sich bei landwirtschaftlichen Grundstücken die Zwangsversteigerung empfehle, da diese von der Genehmigungspflicht nach dem Grundstücksverkehrsgesetz ausgenommen ist (§ 37 GrdstVG) und daher vielfach höhere Preise zu erzielen seien,[39] ist angesichts der heutigen Genehmigungspraxis völlig überholt.

14 Beim **Verkauf** hat dieser nach pflichtgemäßem Ermessen zu erfolgen, wozu der Verkehrswert des Grundstückes zu ermitteln und bei dem Verkauf zu erzielen ist. Hat der Erblasser durch entsprechende Anordnung die Veräußerung des Nachlasses an fremde Personen ausgeschlossen, so darf der Testamentsvollstrecker die Nachlassgegenstände nur an Miterben verkaufen oder versteigern (§ 753 Abs. 1 S. 2 BGB).

IV. Anhörung der Erben

15 Vor der Ausführung des Teilungsplans hat der Testamentsvollstrecker die Erben zu hören (§ 2204 Abs. 2 BGB). Dadurch soll den Erben die Möglichkeit gegeben werden, Wünsche und Bedenken zu äußern, wodurch unnötiger Streit vermieden wird. Daher sollte nach Möglichkeit bereits vor endgültiger Planaufstellung die Anhörung erfolgen, jedoch ist dies eine Zweckmäßigkeitsfrage.[40] Man wird die Anhörung als geschäftsähnliche Handlung einordnen müssen.[41]

16 Die Anhörungspflicht besteht gegenüber denjenigen Erben, die von der Auseinandersetzung tatsächlich betroffen sind. Für abwesende, ungeborene (Nach-)Erben und – falls deren gesetzliche Vertreter an der Erbengemeinschaft beteiligt sind – **minderjährige**[42] **Erben** ist eine Pflegerbestellung (§§ 1909, 1911 ff. BGB) erforderlich.[43] Ist der Testamentsvollstrecker zugleich Elternteil eines minderjährigen Erben, so kann er nicht zugleich als gesetzlicher

---

35 OLGR Zweibrücken 1997, 129 = FGPrax 1997, 109, 110; NK-BGB/*Kroiß*, § 2204 Rn 4; Palandt/*Weidlich*, § 2204 Rn 3; *Winkler*, Testamentsvollstrecker, Rn 512 unter Bezug auf RGZ 108, 289: keine Bindung an § 753 BGB.
36 OLG Karlsruhe NJW-RR 1994, 905, 906; NK-BGB/*Kroiß*, § 2204 Rn 4; Staudinger/*Reimann*, § 2204 Rn 18; a.A. *Schaub*, in: Bengel/Reimann, IV Rn 229; *Lange/Kuchinke*, § 31 V 6; Erman/*M. Schmidt*, § 2204 Rn 3; Soergel/*Damrau*, § 2204 Rn 19 i.V.m. Rn 26; *Zimmermann*, Testamentsvollstreckung, Rn 663.
37 OLGR Zweibrücken 1997, 129 = FGPrax 1997, 109, 110.
38 Staudinger/*Reimann*, § 2221 Rn 19.
39 So *Klingenstein*, BWNotZ 1965, 25; zust. Palandt/*Weidlich*, § 2204 Rn 3.
40 Zust. Staudinger/*Reimann*, § 2204 Rn 31.
41 BayObLGZ 1967, 230, 240; *Damrau*, ZEV 1994, 1, 4.
42 Für den Minderjährigen auch *Winkler*, Testamentsvollstrecker, Rn 520; *Schaub*, in: Bengel/Reimann, IV Rn 237; wohl auch Staudinger/*Reimann*, § 2204 Rn 31 („u.U. Pflegerbestellung wegen § 181 BGB notwendig").
43 Staudinger/*Reimann*, § 2204 Rn 31.

J. Mayer

Vertreter mitwirken (§§ 1629 Abs. 2 S. 1, 1795 Abs. 2, 181 BGB).⁴⁴ Dabei ist für jeden betroffenen minderjährigen, abwesenden oder ungeborenen Miterben ein besonderer Pfleger zu bestellen.⁴⁵

Die **unterlassene Anhörung** führt nicht zur Unwirksamkeit des Auseinandersetzungsplans, kann jedoch u.U. eine Haftung des Testamentsvollstreckers begründen.⁴⁶ Einen Nachweis über die Anhörung der Erben kann das Grundbuchamt nicht verlangen.⁴⁷ Einer Genehmigung des Plans durch die Erben ist nicht erforderlich. Er kann daher auch gegen Einwendungen der Erben vollzogen werden.⁴⁸

17

> **Weiterführende Formulierungsvorschläge**
> *Winkler*, Der Testamentsvollstrecker, Rn 884; *Littig* in Krug/Rudolf/Kroiß/Bittler, Anwaltformulare Erbrecht, § 13 Rn 221; *Schaub* in Bengel/Reimann, Handbuch IV, Rn 238; *Zimmermann*, Testamentsvollstreckung, Rn 672.

V. Widerspruch der Erben

Bei einem Auseinandersetzungsplan bedarf es keiner Zustimmung der Erben, da sich die Erbauseinandersetzung allein nach den gesetzlichen Vorschriften oder nach den Anordnungen des Erblassers vollzieht und daher die Erben dadurch keine Beeinträchtigung ihrer Rechtsstellung erfahren.⁴⁹ Ist der Auseinandersetzungsplan aber unwirksam, so können die Erben diesen anfechten (siehe Rn 24). Aber auch der Testamentsvollstrecker kann gegen einen widersprechenden Erben eine Feststellungsklage (§ 256 ZPO) erheben, dass der Auseinandersetzungsplan rechtmäßig ist.⁵⁰

18

VI. Genehmigung durch das Familien- oder Betreuungsgericht

Bei Vorhandensein von minderjährigen oder unter Betreuung stehenden Miterben bedarf der Testamentsvollstrecker zu einem sich im Rahmen seiner Befugnisse haltenden Teilungsplan nicht der Genehmigung durch das Familien- oder Betreuungsgericht nach § 1822 Nr. 2 BGB.⁵¹ Denn selbst die (hier gar nicht erforderliche) Zustimmungen der Miterben sind nicht auf einen Erbteilungsvertrag gerichtet; auch § 1821 Nr. 4 BGB greift nicht ein, weil der gesetzliche Vertreter nicht der Verfügende ist, sondern der Testamentsvollstrecker.⁵²

19

Anderes gilt, wenn im Plan **besondere Vereinbarungen** enthalten sind, die den Anordnungen des Erblassers oder den gesetzlichen Vorschriften widersprechen oder sich nicht i.R.d.

20

---

44 BayObLGZ 19667, 230, 240; NK-BGB/*Kroiß*, § 2204 Rn 11 i.V.m. Rn 10; *Schaub*, in: Bengel/Reimann, IV Rn 237; *Damrau*, ZEV 1994, 1, 4; Soergel/*Damrau*, § 2204 Rn 24; *Zimmermann*, Testamentsvollstreckung, Rn 673.
45 NK-BGB/*Kroiß*, § 2204 Rn 11 i.V.m. Rn 10; *Winkler*, Testamentsvollstrecker, Rn 520; *Zimmermann*, Testamentsvollstreckung, Rn 673; a.A. *Damrau*, ZEV 1994, 1, 4; *Damrau*, Der Minderjährige im Erbrecht, Rn 194, weil die minderjährigen Kinder „auf derselben Seite stünden" und „gegen den Testamentsvollstrecker Front machen könnten", jedoch geht dies an der Lebenswirklichkeit vorbei (i.E. ebenso *Zimmermann*, Testamentsvollstreckung, Rn 673: „formalistisch").
46 NK-BGB/*Kroiß*, § 2204 Rn 11; *Zimmermann*, Testamentsvollstreckung, Rn 674.
47 KGJ 31 A 299; *Winkler*, Testamentsvollstrecker, Rn 519; Soergel/*Damrau*, § 2204 Rn 24.
48 *Winkler*, Testamentsvollstrecker, Rn 519.
49 NK-BGB/*Kroiß*, § 2204 Rn 12; Staudinger/*Reimann*, § 2204 Rn 32.
50 NK-BGB/*Kroiß*, § 2204 Rn 12; Staudinger/*Reimann*, § 2204 Rn 12; *Schaub*, in: Bengel/Reimann, IV Rn 244; *Zimmermann*, Testamentsvollstreckung, Rn 680.
51 Soergel/*Damrau*, § 2204 Rn 23 mit eingehender Begründung.
52 RGZ 93, 334, 336; KGJ 40, 1; BGH NJW 1971, 1805, 1807; Soergel/*Damrau*, § 2204 Rn 23.

Verfügungsbefugnis des Testamentsvollstreckers halten oder wenn ein regelrechter Auseinandersetzungsvertrag geschlossen wird.[53]

VII. Vereinbarungen der Erben im Rahmen des Auseinandersetzungsplans und ihre Konsequenzen

21 Vereinbarungen der Miterben über die Auseinandersetzung binden den Testamentsvollstrecker grundsätzlich nicht.[54] Seine Aufgabe ist es oftmals gerade, den Willen des Erblassers auch gegen die Absicht der Erben durchzusetzen. Von diesem Grundsatz bestehen jedoch **zwei Ausnahmen**: Gebunden ist der Testamentsvollstrecker an die Vereinbarungen der Erben
- über eine abweichende **Ausgleichungspflicht** nach §§ 2050 ff. BGB, weil diese Vorschriften dispositiver Natur sind;[55]
- über den **Ausschluss** oder den Aufschub der **Auseinandersetzung** (siehe dazu bereits oben Rn 2).[56] Die Erben haben zwar das Recht zur Auseinandersetzung, nicht aber die Pflicht, diese zu dulden.

22 Andererseits können Vereinbarungen der Erben (einschließlich der Nacherben, Vermächtnisnehmer) auch die Handlungskompetenz des Testamentsvollstreckers erweitern: Selbst wenn der Erblasser bestimmte Anordnungen zur Auseinandersetzung vorgegeben hat, ist der Testamentsvollstrecker berechtigt, bei Vorliegen dieser Zustimmungen sich hierüber hinwegzusetzen.[57]

VIII. Verbindlicherklärung des Auseinandersetzungsplans

23 Der vom Testamentsvollstrecker im Rahmen seiner Befugnisse und ordnungsgemäß aufgestellte Plan ersetzt den sonst für die Erbauseinandersetzung erforderlichen Auseinandersetzungsvertrag und verpflichtet und berechtigt damit die Erben. Der ordnungsgemäß aufgestellte und damit wirksame Auseinandersetzungsplan wird aber erst dann verbindlich, wenn der Testamentsvollstrecker endgültig erklärt hat, dass die Erbauseinandersetzung nach dem Plan geschehen soll.[58] Eine spätere Berichtigung ist dann nicht mehr möglich,[59] es sei denn, der Plan ist unwirksam.[60]

IX. Unwirksamkeit des Auseinandersetzungsplans

24 Bedarf der ordnungsgemäß errichtete Auseinandersetzungsplan keiner Zustimmung der Erben, um wirksam zu sein, so ergibt sich daraus umgekehrt, dass ein nicht entsprechend

---

53 *Winkler*, Testamentsvollstrecker, Rn 531; BGHZ 56, 275, 284; Palandt/*Weidlich*, § 2204 Rn 4. A.A. für Teilungsplan Soergel/*Damrau*, § 2204 Rn 23.
54 RGZ 61, 145; 85, 1, 8; 108, 290; Staudinger/*Reimann*, § 2204 Rn 27.
55 Staudinger/*Reimann*, § 2204 Rn 25; Soergel/*Damrau*, § 2204 Rn 20; *Schaub*, in: Bengel/Reimann, IV Rn 249.
56 BayObLGZ 21, 312.
57 BGHZ 40, 115, 117 = WM 1963, 1211; BGHZ 56, 275, 278 ff. = WM 1971, 1126; *Schaub*, in: Bengel/Reimann, IV Rn 252; Staudinger/*Reimann*, § 2204 Rn 27.
58 Muster zur Aufstellung eines Auseinandersetzungsplans siehe *Prausnitz*, Formularkommentar, Form. 6.410; *Winkler*, Testamentsvollstrecker, Rn 883.
59 RG Warn 1939 Nr. 9; *Winkler*, Testamentsvollstrecker, Rn 522 Fn 9; *Schaub*, in: Bengel/Reimann, IV Rn 243.
60 Staudinger/*Reimann*, § 2204 Rn 33; Soergel/*Damrau*, § 2204 Rn 27.

den gesetzlichen Vorgaben (Rn 1 ff.) errichteter Plan unwirksam ist, von den Erben „angefochten" werden kann (zu den Klagearten siehe Rn 25)[61] und auch nicht vom Testamentsvollstrecker vollzogen werden darf.[62] Gleiches gilt von einem offenbar unbilligen Auseinandersetzungsplan, wenn die Auseinandersetzung nach dem Ermessen des Testamentsvollstreckers zu bewirken war (§ 2048 S. 2 und 3 BGB), oder dieser sein sonst bestehendes Auswahlermessen bei der Durchführung der Auseinandersetzung überschritten hat. Entsprechend der weitgehend unabhängigen Stellung des Testamentsvollstreckers ist ihm dabei ein weiterer Ermessensspielraum zuzubilligen.[63] Die Ausführung eines unwirksamen Auseinandersetzungsplans macht den Testamentsvollstrecker schadensersatzpflichtig (§ 2219 BGB).[64] Erhält ein Miterbe durch die Auseinandersetzung mehr, als ihm aufgrund seiner **Erbquote** gebührt, dann liegt insoweit eine unentgeltliche und damit unwirksame Verfügung vor (§ 2205 S. 3 BGB). Dies führt richtiger Weise zu einem Anspruch nach § 985 BGB.[65] Zu Unrecht gibt demgegenüber die Rechtsprechung und h.M. nur den schwächeren, weil mit dem Entreicherungseinwand und der kurzen Regelverjährung belasteten Bereicherungsanspruch nach § 812 BGB.[66]

X. Geltendmachung der Unwirksamkeit

Sind die Erben mit dem Auseinandersetzungsplan nicht einverstanden, so müssen sie sich im Wege der Klage vor dem Zivilgericht dagegen zur Wehr setzen. Geschieht dies durch mehrere, so sind diese nur **einfache Streitgenossen**.[67] Beklagter ist allein der Testamentsvollstrecker, der die Auseinandersetzung zu bewirken hat.[68] Welche **Klageart** die richtige und wie der Klageantrag zu formulieren ist, ist umstritten. Teilweise wird völlig unflektiert davon gesprochen, dass der Teilungsplan „angefochten" werden könne.[69] Überwiegend wird jedoch eine **Feststellungsklage** (§ 256 ZPO) bejaht, durch welche die Unwirksamkeit des Teilungsplans oder von Teilen desselben begehrt wird.[70] Dies hat den Vorteil, dass der einzelne Miterbe dem Gericht auch keinen eigenen Teilungsplan unterbreiten muss, es bleibt weiterhin Aufgabe des Testamentsvollstreckers, eine wirksame Auseinandersetzung der Miterben untereinander vorzunehmen.

25

> **Weiterführender Formulierungsvorschlag**
> Feststellungsklage eines Erben gegen die Wirksamkeit eines Teilungsplans
> *Littig* in Krug/Rudolf/Kroiß/Bittler, Anwaltformulare Erbrecht, § 13 Rn 223.

---

61 *Winkler*, Testamentsvollstrecker, Rn 533; ausf. dazu *Zimmermann*, Testamentsvollstreckung, Rn 677 ff.
62 RG JW 1938, 2972; OLG Hamburg HansRGZ 1934, B 367; NK-BGB/*Kroiß*, § 2204 Rn 8; Staudinger/*Reimann*, § 2204 Rn 33; Soergel/*Damrau*, § 2204 Rn 27.
63 Staudinger/*Reimann*, § 2204 Rn 34; *Zimmermann*, Testamentsvollstreckung, Rn 681; vgl. auch OLG Hamburg HansRGZ 1934, B 367.
64 *Johannsen*, WM 1970, 744; Staudinger/*Reimann*, § 2204 Rn 35.
65 Soergel/*Damrau*, § 2204 Rn 27; Bamberger/Roth/*J. Mayer*, § 2204 Rn 13.
66 BGH nach Johannsen, WM 1970, 738. 744; Erman/*M. Schmidt*, § 2204 Rn 5, RGRK/*Kregel*, § 2204 Rn 5.
67 *Zimmermann*, Testamentsvollstreckung, Rn 677; vgl. auch Palandt/*Weidlich*, § 2042 Rn 16 allg. für die Erbengemeinschaft.
68 OLG Karlsruhe NJW-RR 1994, 905; Soergel/*Damrau*, § 2204 Rn 25; *Zimmermann*, Testamentsvollstreckung, Rn 677; *Krug*, in: Bonefeld/Kroiß/Tanck, III Rn 395; a.A. *Winkler*, Testamentsvollstrecker, Rn 532: auch gegen die übrigen Miterben.
69 So etwa *Krug*, in: Bonefeld/Kroiß/Tanck, III Rn 395.
70 OLG Karlsruhe NJW-RR 1994, 905; Soergel/*Damrau*, § 2204 Rn 25; *Schaub*, in: Bengel/Reimann, IV Rn 244; Bamberger/Roth/*J. Mayer*, § 2204 Rn 23; alternativ auch NK-BGB/*Kroiß*, § 2204 Rn 12.

26 Die Gegenansicht fordert eine **Gestaltungsklage**, wonach das Prozessgericht einen anderen Teilungsplan zu bestimmen hat.[71] Sie verkennt, dass solche Klagen wegen des damit verbundenen Eingriffs in die Privatautonomie grundsätzlich nur bei einer ausdrücklichen gesetzlichen Anordnung zulässig sind. Die dritte Ansicht fordert grundsätzlich – wie bei der Erbauseinandersetzung – die Erhebung einer **Leistungsklage** auf Zustimmung zu einem genau bezeichneten Teilungsplan, gegebenenfalls mit Hilfsanträgen.[72] Dabei wird jedoch verkannt, dass die Erben eines mit einer Testamentsvollstreckung belasteten Nachlasses oftmals gar nicht den notwendigen Überblick und die erforderlichen Informationen haben, sich über den genauen Umfang des Nachlasses und der notwendigen Erbauseinandersetzung schlüssig zu werden. Dass dieses strenge Postulat der Leistungsklage nicht durchzuhalten ist, wird indirekt dadurch eingestanden, dass **Ausnahmen** dahingehend gemacht werden, dass auch zur Regelung einzelner Streitpunkte eine einzelfallbezogene Feststellungsklage zulässig sei[73] oder in dem Fall, dass die Erbauseinandersetzung dem Testamentsvollstrecker nach billigem Ermessen obliege (§ 2048 S. 2 BGB) die Entscheidung in das Ermessen des Gerichts gestellt werden könne.

Der erstmals im Berufungsverfahren gestellte Antrag auf Feststellung der Unwirksamkeit des Auseinandersetzungsplans stellt gegenüber dem zunächst allein verfolgten Antrag, den Testamentsvollstrecker zur Aufstellung eines solchen Plans zu verpflichten, jedoch eine **Klageänderung** i.S.d. § 263 ZPO dar.[74]

C. Vollzug des Auseinandersetzungsplans

27 Der Auseinandersetzungsplan wirkt nur **schuldrechtlich verpflichtend**; er muss daher für die dingliche Rechtsänderung erst noch vollzogen werden. Daher sind die entsprechenden Verfügungsgeschäfte vorzunehmen. Bei beweglichen Sachen nach §§ 929 ff. BGB, bei Forderungen die Abtretung nach § 398 BGB, bei Grundstücken nach §§ 873, 925 BGB Auflassung und Grundbucheintragung, bei Geschäftsanteilen an einer GmbH die notariell beurkundete Abtretung, § 15 GmbHG. Bei der Auflassung von Grundbesitz muss der Erwerber selbst mitwirken, dabei ist durch den Testamentsvollstrecker zu erklären, dass die Übereignung aufgrund des Auseinandersetzungsplans unter Anrechnung auf den Erbteil des erwerbenden Miterben erfolgt, also gerade nicht unentgeltlich.[75] Etwaige Genehmigungspflichten (etwa nach § 2 GrdstVG bei landwirtschaftlichen Grundstücken) sind zu beachten.

> **Weiterführende Formulierungsvorschläge**
> Grundstücksübereignung aufgrund eines Aufteilungsplans
> *Winkler*, Der Testamentsvollstrecker, Rn 885

---

71 *Winkler*, Testamentsvollstrecker, Rn 532 unter unzutreffendem Bezug auf die bei einer Erbauseinandersetzung sonst notwendigen Klageanträge.
72 *Zimmermann*, Testamentsvollstreckung, Rn 678; Formulierungsvorschlag bei *Littig*, in: Krug/Rudolf/Kroiß/Bittler, § 13 Rn 224.
73 *Zimmermann*, Testamentsvollstreckung, Rn 678 unter unzutreffenden Bezug auf BGH NJW-RR 1990, 1120.
74 OLG Köln ZEV 1999, 226.
75 *Winkler*, Testamentsvollstrecker, Rn 527. Die „Gegenleistung" ist hier die Aufgabe der Gesamthandsberechtigung und damit der Verlust des Auseinandersetzungsanspruchs (BayObLGZ 1986, 208, 210). Jedoch bedarf es nicht des Nachweises in der Form des § 29 GBO, dass in Erfüllung einer Teilungsanordnung gehandelt wird, OLG München RNotZ 2010, 397.

Klageantrag des Testamentsvollstreckers auf Klage zur Mitwirkung bei den erforderlichen Vollzugshandlungen für den Teilungsplan
Littig in Krug/Rudolf/Kroiß/Bittler, Anwaltformulare Erbrecht, § 13 Rn 225.

Ist der Testamentsvollstrecker selbst **zugleich Miterbe,** so ist regelmäßig davon auszugehen, dass der Erblasser ihm trotz eines möglichen Interessenwiderstreits die Vornahme der entsprechenden Rechtsgeschäfte gestattet hat, auch wenn keine Befreiung von den Beschränkungen des § 181 BGB ausdrücklich angeordnet wurde. Er kann daher das ihm aufgrund des Auseinandersetzungsplans Zugewandte annehmen, insbesondere Grundbesitz an sich selbst auflassen.[76]   28

D. Auseinandersetzungsvereinbarung

An Stelle des Auseinandersetzungsplans kann bei entsprechender Einigkeit über die Aufteilung des Nachlasses der Testamentsvollstrecker auch einen Auseinandersetzungsvertrag mit den Erben abschließen. Dieser tritt dann an die Stelle des Auseinandersetzungsplans. Hierbei bedarf es der Mitwirkung aller Erben, da es sich insoweit um einen gegenseitigen schuldrechtlichen Vertrag handelt, der den Rechtsgrund für die Auseinandersetzung und damit für den Erwerb der Nachlassgegenstände bildet.[77]   29

I. Vorteile

Die **Vorteile** liegen darin, dass in dem Auseinandersetzungsvertrag von dem Willen des Erblassers abgewichen werden kann.[78] Zum anderen tritt durch die Beteiligung aller Erben eine Befriedungsfunktion ein. Durch die Zustimmung aller Miterben reduziert sich zudem für den Testamentsvollstrecker die Haftungsgefahr, was insbesondere dann wichtig ist, wenn durch die Zuteilung ein Miterbe mehr erhält, als seiner Teilungsquote entspricht.[79]   30

Zustimmungspflicht besteht durch alle Miterben, auch die Nacherben müssen mitwirken,[80] ebenso auch die Vermächtnisnehmer, sofern die Vermächtnisse noch nicht erfüllt sind.[81]   31

II. Form

Der Auseinandersetzungsvertrag bedarf grundsätzlich keiner besonderen Form, so weit jedoch Vereinbarungen enthalten sind, die nach allgemeinen Bestimmungen formbedürftig sind (bei Grundstücken § 311b BGB, bei Geschäftsanteilen einer GmbH nach § 15 GmbHG), sind die besonderen Formvorschriften einzuhalten.[82] Soweit im Zuge der Erbauseinandersetzung ein Miterbe alle Erbanteile übernimmt, ist dies kein nach § 2371 BGB formbedürftiger Erbteilsverkauf, sondern ein grundsätzlich formfreier Auseinandersetzungsvertrag.[83]   32

---

76 RGZ 61, 139; *Schaub,* in: Bengel/Reimann, IV Rn 255; Staudinger/*Reimann,* § 2204 Rn 28.
77 *Winkler,* Testamentsvollstrecker, Rn 518; *Schaub,* in: Bengel/Reimann, IV Rn 259.
78 *Winkler,* Testamentsvollstrecker, Rn 530.
79 *Schaub,* in: Bengel/Reimann, IV Rn 260.
80 BGHZ 57, 84; BayObLG FamRZ 1987, 104.
81 *Winkler,* Testamentsvollstrecker, Rn 518.
82 Palandt/*Weidlich,* § 2042 Rn 4.
83 *Schaub,* in: Bengel/Reimann, IV Rn 263; *Nieder/Otto,* in: Münchner VertrHdb. VI/2 Form. XIX. 1, Anm. 2. b; *Zunft,* JZ 1956, 550.

J. Mayer

III. Genehmigungserfordernisse

33 Wenn ein Miterbe unter Betreuung oder Pflegschaft oder Vormundschaft steht, bedarf der Auseinandersetzungsvertrag der Genehmigung nach § 1822 Nr. 2 BGB durch das Betreuungsgericht und bei Minderjährigen des Familiengerichts, nicht jedoch, wenn Eltern für ihre Kinder handeln (§ 1643 Abs. 1 BGB). Sind die Eltern aber selbst oder ein Verwandter von ihnen aus gerader Linie neben den Kindern an der Erbengemeinschaft beteiligt, so können sie nach §§ 1629 Abs. 2, 1795 BGB ihre Kinder nicht vertreten; daher ist dann die Bestellung eines **Ergänzungspflegers** (§ 1909 BGB) erforderlich. Dabei bedarf jeder Minderjährige eines eigenen Pflegers.[84] Inwieweit Genehmigungserfordernisse und Zustimmungspflichten zu dem Auseinandersetzungsvertrag bestehen, richtet sich nach den allgemeinen Rechtsbestimmungen. So besteht insbesondere eine Zustimmungspflicht nach § 1365 BGB, wenn ein Miterbe im gesetzlichen Güterstand der Zugewinngemeinschaft lebt und sein Erbteil das Ganze oder doch das wesentliche Vermögen bildet.[85] An Genehmigungserfordernissen kommen insbesondere in Betracht: Bei land- oder forstwirtschaftlichen Grundstücken eine solche nach § 2 GrdstVG. Gesetzliche Vorkaufsrechte bestehen nicht, da es sich um keinen Verkauf handelt.[86]

IV. Vollzug des Auseinandersetzungsvertrages

34 Da der Auseinandersetzungsvertrag ebenso wie der Teilungsplan nur schuldrechtliche Wirkung hat, bedarf er genauso wie dieser eines Vollzugs durch Vornahme der entsprechenden dinglichen Verfügungsgeschäfte, also etwa der Auflassung von der Erbengemeinschaft an den einzelnen erwerbenden Erben.[87]

Muster siehe § 40 Rn 7.

> **Praxistipp**
> – Da durch den Auseinandersetzungsvertrag die **Haftungsgefahr** für den Testamentsvollstrecker minimiert wird, ist ihm in allen Fällen der Erbauseinandersetzung, die nicht durch entsprechende Anordnungen des Erblassers vorgegeben oder sonst sehr einfach gelagert sind, dringend zu empfehlen, den freilich etwas umständlicheren Weg des Auseinandersetzungsvertrags mit Beteiligung aller Miterben zu wählen.
> – Bei der Erbauseinandersetzung ist zudem auch immer an die steuerlichen Gefahren zu denken, die hier auftreten können, etwa bei Entnahme von Betriebsvermögen oder wenn die Veräußerung zu einem privaten Veräußerungsgeschäft nach § 23 EStG führt (eingehender dazu § 46 Rn 179 ff.).

---

[84] BGHZ 21, 229, 231 ff.; RGZ 93, 334, 336.
[85] BGHZ 35, 135. Nach BGH NJW 1991, 1739 besteht die Zustimmungspflicht bei größerem Vermögen dann, wenn der Ehegatte hierbei über mehr als 85 % seines Vermögens verfügt.
[86] *Schaub*, in: Bengel/Reimann, IV Rn 268.
[87] *Schaub*, in: Bengel/Reimann, IV Rn 261; *Nieder/Otto*, in: Münchner VertrHdb. VI/2 Form. XIX. 1, Anm. 2. B; vgl. auch BGHZ 21, 229, 231.

§ 19 Testamentsvollstreckung im Unternehmensbereich

Dr. Dietmar Weidlich

Inhalt:	Rn		Rn
A. Allgemeines	1	1. Testamentsvollstreckung aufgrund Ersatzlösungen	34
B. Grundsätzliches Verhältnis von Testamentsvollstreckung zu Handelsgeschäft und Gesellschaftsanteil	3	2. Beaufsichtigende Testamentsvollstreckung	36
C. Einzelkaufmännisches Unternehmen	9	3. Weitere Grenzen der Testamentsvollstreckung	40
I. Vollmachtslösung	10	V. Alternativen	44
II. Treuhandlösung	14	E. Beteiligung eines Kommanditisten	45
1. Verwaltungs- oder Ermächtigungstreuhand	18	F. Stille Gesellschaft	48
2. Vollrechtstreuhand	19	G. GmbH und sonstige Kapitalgesellschaften	49
III. Weisungsgeberlösung	21	I. GmbH	49
IV. Beaufsichtigende und auf einzelne Gegenstände beschränkte Testamentsvollstreckung	22	1. Grundzüge	49
		2. Beschränkungen der Rechtsmacht des Testamentsvollstreckers	54
V. Umwandlungsanordnungen, andere Formen der Testamentsvollstreckung	24	a) In erbrechtlicher Hinsicht	55
		b) Gesellschaftsrechtliche Grenzen	63
D. Gesellschafter einer OHG, einer EWIV, einer BGB-Gesellschaft, Komplementär einer KG	27	3. Einschränkungen durch die Kernbereichslehre	66
I. Auflösung	30	II. Aktiengesellschaft	68
II. Fortsetzung unter den verbleibenden Gesellschaftern	31	III. Genossenschaften	69
		H. Mischformen	70
III. Eintrittsrecht	32	I. Gesellschaftsneubeteiligungen, Umwandlungen	71
IV. Fortsetzung einer Gesellschaft mit den Erben	33	I. Gesellschaftsgründung, Beteiligungserwerb	71
		II. Umwandlungsfälle	72

A. Allgemeines

Die mit einer Testamentsvollstreckung erreichbaren Ziele (siehe § 2 Rn 2 ff.) lassen vielfach den Wunsch aufkommen, gerade bei der Regelung der Unternehmensnachfolge auch die Testamentsvollstreckung einzusetzen. Besonders die **Verwaltungsvollstreckung** erscheint hier in vielen Fällen sinnvoll, indem sie eine Unternehmensnachfolge nach den Vorstellungen des Erblassers für einen von ihm vorgegebenen Zeitraum sichert, etwa bis die Erben voraussichtlich die nötige Berufsausbildung und Berufserfahrung gewonnen haben (Situation des **vorzeitigen Unternehmertestaments**). Den Erben stehen aber zugleich schon die Erträge (u.U. nur in dem vom Erblasser festgelegten Umfang) zu. Auf die Geschäftsführung können sie aber noch keinen Einfluss nehmen (§ 2211 BGB); auch eine Liquidation des Unternehmens können sie daher nicht beschließen.

1

Aber handelsrechtliche Besonderheiten setzen dem umfassenden Einsatz der Testamentsvollstreckung leider relativ enge Grenzen, wobei diese auch in der Rspr. noch nicht in allen Details geklärt sind. Dies macht die Testamentsvollstreckung zu einem für die gestaltende Rechtspraxis schwierig zu handhabenden Instrumentarium. Hinsichtlich der generellen Zulässigkeit der Testamentsvollstreckung und deren Ausgestaltung ist dabei zwischen den verschiedenen Unternehmensrechtsformen zu unterscheiden.

2

B. Grundsätzliches Verhältnis von Testamentsvollstreckung zu Handelsgeschäft und Gesellschaftsanteil

3 **Grundsatz:** Der Testamentsvollstrecker kann aufgrund seines Amtes kein Handelsgeschäft führen; auch eine verwaltende direkte Testamentsvollstreckung an der Beteiligung eines persönlich haftenden Gesellschafters ist grundsätzlich nicht zulässig.

4 Die Gründe liegen darin, dass die **Haftungsgrundsätze des Handelsrechts** mit denen des Erbrechts unvereinbar sind[1] (Inkompatibilität von erbrechtlicher und handelsrechtlicher Haftung) und im Bereich der Personengesellschaften die dort bestehende persönliche Verbindung der Gesellschafter einer Verwaltung und Geschäftsführung durch einen Dritten ohne Zustimmung der anderen Gesellschafter Grenzen setzt (**personalistisches Element**). Auch wenn hinsichtlich eines Handelsgeschäfts dies aufgrund der Möglichkeit zur Gründung einer Einpersonen-GmbH, einer Einpersonen-AG und einer Unternehmergesellschaft (§ 5a GmbHG), welche fast kapitallos gestellt werden kann, in Frage zu stellen ist,[2] soll im Folgenden entsprechend den praktischen Bedürfnissen von der noch h.M. ausgegangen werden.

5 Für die **handelsrechtliche Haftung** gilt: Einzelkaufmann und persönlich haftender Gesellschafter haften grundsätzlich unbeschränkt und unbeschränkbar mit ihrem Privatvermögen (§§ 22, 25, 27, 128, 130 HGB). Nach dem **Erbrecht** gilt: Ein Testamentsvollstrecker kann Verbindlichkeiten für die Erben begründen, diese sind aber nur **Nachlassverbindlichkeiten** (§ 2206 BGB, sog. Nachlassverwaltungsschulden, siehe § 10 Rn 9), auch wenn sie viele Jahre nach dem Erbfall begründet werden. Bei den Nachlassverbindlichkeiten können aber die Erben nach den allgemeinen Bestimmungen die Haftung beschränken (§§ 1967, 1973 ff., 1980, 1990 BGB; zur Problematik der §§ 27, 25 HGB siehe Rn 16), und damit die Haftung mit dem eigenen Vermögen ausschließen, was auch der Testamentsvollstrecker nicht verhindern kann. Umgekehrt haftet der Testamentsvollstrecker aber auch nicht selbst persönlich für solche Verbindlichkeiten, die aus der Unternehmensfortführung aufgrund seiner Amtstätigkeit entstehen. Durch die Anordnung der Testamentsvollstreckung könnte der Erblasser im Bereich der Einzelunternehmen somit ein **Unternehmen mit beschränkter Haftung** außerhalb der handelsrechtlichen Formen (GmbH, AG) mit den dort geltenden besonderen Schutzvorschriften zur Kapitalaufbringung und Kapitalerhaltung schaffen. Dies wäre mit den Bedürfnissen des Handelsverkehrs und den Haftungsvorschriften des Gesellschafts- und Handelsrechts nicht vereinbar. Wegen des **Vorrangs des Handelsrechts vor dem Erbrecht** (Art. 2 EGHGB) ist dies daher nach der h.M. nicht zulässig.[3] Ähnliches gilt bei Gesellschaftsanteilen persönlich haftender Gesellschafter (siehe hierzu Rn 33).

6 Daher ist eine **verwaltende Testamentsvollstreckung** (§ 2209 BGB) an einem einzelkaufmännischem Unternehmen oder einer persönlich haftenden Beteiligung grundsätzlich nicht möglich.

---

1 Zum Ganzen Staudinger/*Reimann*, § 2205 Rn 89 ff.; Palandt/*Weidlich*, § 2205 Rn 7 ff.; *Pauli*, in Bengel/Reimann, V Rn 109 ff.
2 Siehe *Weidlich*, NJW 2011, 641, *Muscheler*, Die Haftungsordnung des Testamentsvollstreckers, S. 392 ff.; *Baur*, in: FS Dölle I, 1963, S. 249, 260; *Winkler*, Der Testamentsvollstrecker, Rn 293a; *Winkler*, in: FS Schippel 1996, S. 519 ff.; Burandt/Rojahn/*Heckschen*, § 2205 Rn 28; *Schiemann*, in: FS Medicus 1999, S. 513, 526 ff.
3 So die ganz h.M., vgl. bereits RGZ 132, 138, 144; BGHZ 12, 100; BGHZ 108, 187 = NJW 1989, 3152; Staudinger/*Reimann*, § 2205 Rn 90; *Pauli*, in: Bengel/Reimann, V Rn 109 ff. m.w.N.,

Für Einzelunternehmen wird bei einer **reinen Abwicklungsvollstreckung** (§§ 2203 f. BGB) teilweise eine Ausnahme gemacht. Hier soll eine Testamentsvollstreckung zulässig sein, weil der Testamentsvollstrecker nur kurze Zeit handelt (mit Durchführung der Abwicklung endet das Verwaltungs- und Verfügungsrecht des Testamentsvollstreckers), sein Aufgabenkreis ohnehin beschränkt und nicht auf Unternehmensfortführung ausgerichtet ist und sich daher die Haftungsprobleme nicht oder zumindest nicht in dieser Form stellen.[4] Der Testamentsvollstrecker ist hier nur als „Abwickler" und nicht unternehmerisch tätig. Hiergegen spricht Folgendes: Wer im Haftungskonflikt das entscheidende Argument gegen die Zulässigkeit einer Testamentsvollstreckung sieht, für den kann die Art der Testamentsvollstreckung keine Bedeutung haben, da das Handelsrecht über die 3-Monats-Frist des § 27 Abs. 2 HGB keine weitergehende Haftungseinschränkung zulässt. Insofern erscheint die Testamentsvollstreckung nur innerhalb dieser 3-Monats-Frist möglich, nicht aber darüber hinaus.[5] Innerhalb dieser Frist muss der Testamentsvollstrecker daher das Einzelunternehmen in eine andere Rechtsform überführen (siehe hierzu Rn 24), verpachten, veräußern[6] oder dem Erben nach § 2217 BGB freigeben. Andernfalls kommt es in Bezug auf das Einzelunternehmen zu einem automatischen Erlöschen der Testamentsvollstreckung.

Da also die verwaltende Testamentsvollstreckung insoweit nicht zulässig ist, mussten für viele Bereiche der Unternehmensnachfolge **Ersatzlösungen** entwickelt werden.

C. Einzelkaufmännisches Unternehmen

Es kommen folgende Abhilfemöglichkeiten in Betracht:

I. Vollmachtslösung

Der Testamentsvollstrecker kann das Handelsgeschäft als **Bevollmächtigter** im Namen der Erben führen;[7] die Erben sind Inhaber des Handelsgeschäfts (mit entsprechendem **Handelsregistereintrag**, § 22 HGB, dort erfolgt kein Testamentsvollstreckervermerk)[8] und haften für die **neu** entstehenden **Geschäftsverbindlichkeiten** persönlich und **unbeschränkbar**.[9] Ihnen kommt zudem eine etwa vorhandene Geschäftserfahrung des Testamentsvollstreckers zugute. Der Testamentsvollstrecker haftet weder für die Alt- noch Neuschulden persönlich. Zur Fortführung bedarf es aber entweder des Einverständnisses der Erben oder einer entsprechenden Anordnung des Erblassers.[10] Die zur Überwindung der beschränkbaren erbrechtlichen Haftung erforderliche Erteilung einer **Vollmacht** (Prokura, Generalhandlungsvollmacht)[11] kann zur auflösenden Bedingung (§§ 2074 ff. BGB) für die Erbeinsetzung gemacht oder deren Erfüllung durch Auflage (§§ 1940, 2192 ff. BGB) in der

---

4 *Pauli*, in: Bengel/Reimann, V Rn 116 f.; *Brandner*, in: FS Stimpel 1985, S. 997; Staudinger/*Reimann*, § 2205 Rn 91.
5 Vgl. NK-BGB/*Kroiß*, § 2205 Rn 32; Soergel/*Damrau*, § 2205 Rn 16.
6 Siehe hierzu *Werkmüller*, ZEV 2006, 491.
7 Staudinger/*Reimann*, § 2205 Rn 97–100.
8 RGZ 132, 138, 144 f.; BGHZ 12, 100; *Krafka/Willer/Kühn*, Registerrecht, 9. Aufl. 2013, Rn 563; *Nieder/Kössinger*, § 15 Rn 114 ff.
9 Zur Haftungsbeschränkung für Altschulden nach §§ 27, 25 HGB siehe Rn 16.
10 BGHZ 12, 102; Staudinger/*Reimann*, § 2205 Rn 97.
11 Eine bereits vom Erblasser erteilte postmortale Vollmacht wird teilweise nicht für ausreichend gehalten, da deren Rechtswirkungen nur auf den Nachlass beschränkt seien, vgl. Erman/*M. Schmidt*, § 2205 Rn 22.

Verfügung von Todes wegen angeordnet werden; sie muss unwiderruflich sein (was bei einer Generalvollmacht nicht möglich ist, siehe § 15 Rn 11). Gemäß §§ 2194, 2074 BGB kann der Testamentsvollstrecker dann die Erteilung der Vollmacht verlangen.[12] Ein Weisungsrecht der Erben im Innenverhältnis ist im Interesse der unabhängigen Unternehmensfortführung durch den Testamentsvollstrecker auszuschließen.[13] Die Kontrollrechte der Erben bestehen wie auch sonst bei der Testamentsvollstreckung.[14]

11   Die Erben sind allerdings berechtigt, selbst tätig zu werden, und können so dem Bevollmächtigten Konkurrenz machen („wer zuerst kommt, mahlt zuerst", sog. **konkurrierende Befugnis**) oder seine Entscheidungen durch eigene wieder revidieren, da eine **verdrängende Vollmacht** unserem Recht fremd ist.[15] Hiergegen helfen nur die o.g. erbrechtlichen „Strafanordnungen" (Bedingungen, Auflagen).[16]

12   Die Vollmachtslösung wird zunehmend als **problematisch** angesehen,[17] seit sich die Stimmen mehren, wonach die o.g. Sanktionen zur Erteilung und Beibehaltung der Vollmacht (Bedingung, Auflage) nicht zulässig sind[18] oder die sogar soweit gehen, dass der jeweilige Erbe nicht gezwungen werden kann, das Unternehmen gegen seinen Willen betreiben zu lassen und unbeschränkbar und voll persönlich zu haften.[19] Auch die Rspr. hat ihre anfänglich befürwortete Zulässigkeit einer Auflage zur Vollmachtserteilung[20] infrage gestellt.[21]

13   Hält man die Vollmachtslösung für zulässig, so richtet sich – zumindest mangels abweichender Ausgestaltung – das Innenverhältnis Erbe/Testamentsvollstrecker nach den allgemeinen gesetzlichen Bestimmungen, also mit der Haftung nach § 2219 BGB, der Entlassungsmöglichkeit nach § 2227 BGB, und der Möglichkeit, bei wichtigem Grund die Vollmacht zu widerrufen.[22] Insofern ist es sinnvoll, die in der überschießenden Außenmacht einer solchen erzwungenen Vollmacht liegenden Gefahren durch eine entsprechende Ausgestaltung einzuschränken,[23] und zwar:
   – durch eine zeitliche **Begrenzung** der Vollmacht auf die Dauer der Testamentsvollstreckung. Ausgestaltung dadurch, dass sie nur dem jeweils konkret amtierenden Testamentsvollstrecker erteilt wird (empfehlenswert aus Sicht der Erben) oder auflösend bedingt durch die Beendigung der Testamentsvollstreckung;
   – durch **inhaltliche Beschränkungen** nach der **Art** der betroffenen Geschäfte (nur die Geschäfte, die im Betrieb des Handelsunternehmens anfallen, oder durch Prokura oder Handlungsvollmacht nach § 54 HGB), mit dem Verbot unentgeltlicher Verfügungen,

---

12   Notfalls klageweise, BayObLGZ 1969, 138.
13   MüKo/*Zimmermann*, § 2205 Rn 25; *Winkler*, Der Testamentsvollstrecker, Rn 313 ff., 360 ff.
14   Staudinger/*Reimann*, § 2205 Rn 97.
15   *Ulmer*, ZHR 146, 555; *Winkler*, Der Testamentsvollstrecker, Rn 312.
16   *Winkler*, Der Testamentsvollstrecker, Rn 312 f.; *Hübner/Hammes*, BB 2013, 2307, 2309.
17   Etwa *Nieder/Kössinger*, § 15 Rn 116; *Pauli*, in: Bengel/Reimann, V Rn 134; Erman/*M. Schmidt*, § 2205 Rn 22.
18   Ablehnend MüKo/*Zimmermann*, § 2205 Rn 26; *Brandner*, in: FS Stimpel 1985, S. 997, 1003; *Dörrie*, Die Testamentsvollstreckung im Recht der Personengesellschaften und der GmbH, 1993, 175 ff.; *John*, BB 1980, 757, 758 (der sogar § 138 BGB bejaht, ebenso *Schopp*, Rpfleger 1978, 79). Befürwortend Soergel/*Damrau* § 2205 Rn 19; Bamberger/Roth/*J. Mayer*, § 2205 Rn 28; *Winkler*, Der Testamentsvollstrecker, Rn 314. Eingehend hierzu *Johannsen*, WM 1970, 570; *Nieder/Kössinger*, § 15 Rn 115.
19   So etwa *Nordemann*, NJW 1963, 1139, 1140.
20   BGHZ 12, 100, 103.
21   BGH WM 1969, 493; vgl. auch BGH JR 1954, 59 f.
22   Soergel/*Damrau*, § 2205 Rn 19.
23   *Reithmann*, BB 1984, 1394, 1398; *Pauli*, in: Bengel/Reimann, V Rn 135; *Lorz*, Testamentsvollstreckung und Unternehmensrecht, 1995, S. 68 f.; eingehend dazu *Winkler*, Der Testamentsvollstrecker, Rn 315 f.

Begründung von (nur intern[24] oder aber auch nach außen wirkender) Zustimmungspflichten bei bestimmten Rechtsgeschäften und Handlungen oder gar durch Beschränkung der Verpflichtungsbefugnis auf den Nachlass;[25]
- eine **Überwachung** durch einen Dritten (z.B. Wirtschaftsprüfer, Steuerberater), insbesondere bei besonders bedeutsamen Rechtsgeschäften.

Praxistipp
Gestaltungsempfehlung zur Vollmachtslösung: **nicht unproblematisch!**

II. Treuhandlösung

Der Testamentsvollstrecker kann das Unternehmen als **Treuhänder**[26] übernehmen und dann nach außen **im eigenen Namen und unter eigener Haftung aber für Rechnung** und Risiko **der Erben fortführen; er haftet** dann im **Außenverhältnis** für neue Geschäftsschulden persönlich und uneingeschränkt, also auch mit seinem Privatvermögen. Im **Innenverhältnis** (Treuhandauftragsverhältnis) hat er jedoch einen Anspruch auf Befreiung der aus seiner ordnungsgemäßen Tätigkeit entstandenen unbeschränkten Haftung nach §§ 2218, 670 BGB[27] (aber wie bei jeder Freistellungssituation: Es bleibt das Risiko der Rückdeckung). Umstritten ist, ob die Erben gegenüber diesem Freistellungsanspruch ihre Haftung (erbrechtlich) auf den Nachlass beschränken können.[28]

Diese Art der Fortführung geht über die gewöhnlichen Aufgaben der Testamentsvollstreckung hinaus. Daher kann der Testamentsvollstrecker im Verhältnis zu den Erben seine Rechte nur wahrnehmen, wenn der Erblasser die Erben durch Auflagen oder Bedingungen zur Durchführung der Treuhandlösung und der damit verbundenen Maßnahmen verpflichtet hat.[29] Es empfiehlt sich, eine **ausdrückliche erbrechtliche Anordnung** zu treffen (zur Verwaltungs- oder Ermächtigungstreuhand vgl. aber Rn 18).

---

24 So *Lorz*, Testamentsvollstreckung und Unternehmensrecht, 1995, S. 69.
25 *Winkler*, Der Testamentsvollstrecker, Rn 316.
26 Staudinger/*Reimann*, § 2205 Rn 93–96.
27 *Winkler*, Der Testamentsvollstrecker, Rn 308.
28 Bejahend: Staudinger/*Reimann*, § 2205 Rn 95; Soergel/*Damrau*, § 2205 Rn 20; *Muscheler*, Haftungsordnung, S. 315; NK-BGB/*Kroiß*, § 2205 Rn 37; *Goebel*, ZEV 2003, 261, 263; *John*, BB 1980, 757, 761; MüKo/*Zimmermann*, § 2205 Rn 28; verneinend: *Winkler*, Der Testamentsvollstrecker, Rn 308; Erman/ *M. Schmidt*, § 2205 Rn 23 (unter Betonung, dass neben dem gesetzlichen Schuldverhältnis aus der Testamentsvollstreckung noch ein gesondertes Treuhandverhältnis besteht); *Pauli*, in: Bengel/Reimann, V Rn 127; BGHZ 12, 100, 103 f.; zweifelnd aber BGH WM 1969, 493.
29 *Pauli*, in: Bengel/Reimann, V Rn 123; Bamberger/Roth/*J. Mayer*, § 2205 Rn 29.

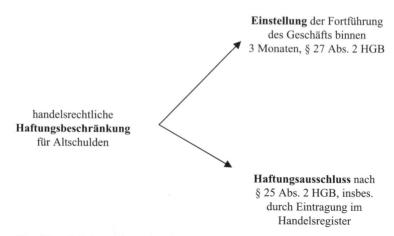

Abbildung: Handelsrechtliche Haftungsbeschränkung für Altschulden

16 Eine **Haftungsbeschränkung** für die vom Erblasser herrührenden **Altschulden** ist über §§ 25 Abs. 2, 27 HGB durch Haftungsausschlusserklärung möglich[30] (was allerdings bereits allgemein umstritten ist)[31] und dringend zu empfehlen. Für die Erben steht die Überlassung des Handelsgeschäfts an den Testamentsvollstrecker einer Geschäftseinstellung gleich, mit der Folge einer Haftungsbeschränkung für die Altschulden nach § 27 Abs. 2 HGB, sofern dies fristgerecht innerhalb der 3-Monats-Frist erfolgt.[32] Umstritten ist, ob der Testamentsvollstrecker selbst nach §§ 27, 25 Abs. 2 HGB vorgehen und durch eine Haftungsausschlusserklärung bzw. Geschäftseinstellung die unbeschränkte Haftung hinsichtlich der Altschulden für sich ausschließen kann, da er in seiner Person ja die Voraussetzungen des § 27 Abs. 1 HGB (Fortführung durch den Erben) hier nicht verwirklicht.[33]

17 Der Testamentsvollstrecker führt im Innenverhältnis die **Geschäfte auf Rechnung** der Erben (Rechnungslegung erforderlich) und wegen des Anspruchs auf Haftungsbefreiung sogar auf Risiko der Erben. Überwiegend wird davon ausgegangen, dass er im Rahmen ordnungsgemäßer Verwaltung den Nachlass verpflichtet (§ 2206 BGB) und i.R.d. Geschäftsbetriebs Gegenstände für den Nachlass erwirbt.[34] Bei **minderjährigen Erben** bedarf es für die Fortführung des Unternehmens keiner familiengerichtlichen (früher vormundschaftsgerichtlichen) Genehmigung nach §§ 1822 Nr. 3, 1643 Abs. 1 BGB.[35] Nach dem Inkrafttreten des **Minderjährigenhaftungsbegrenzungsgesetzes** zum 1.1.1999 ist der Minderjährige durch die Haftungsbeschränkungsmöglichkeiten nach § 1629a BGB ausreichend ge-

---

30 KG JW 1939, 104; Erman/*M. Schmidt*, § 2205 Rn 23; *Winkler*, Der Testamentsvollstrecker, Rn 305.
31 Nach h.M. ist § 25 Abs. 2 HGB auch im Fall der Firmenfortführung durch den Erben entsprechend anwendbar, so *Baumbach/Hopt*, HGB, 36. Aufl., § 27 Rn 8; *Schaub*, ZEV 1994, 71, 73; Bamberger/Roth/*J. Mayer*, § 2205 Rn 32; *Winkler*, Der Testamentsvollstrecker, Rn 304. A.A. etwa *Reuschle*, in: Ebenroth/Boujong/Joost/Strohn, HGB, 3. Aufl. 2014, § 27 Rn 35.
32 MüKo/*Zimmermann*, § 2205 Rn 27; *Winkler*, Der Testamentsvollstrecker, Rn 304.
33 Für die Haftungsbeschränkung hinsichtlich der Altschulden KG JFG 18, 276, 282; Soergel/*Damrau*, Rn 20 (analog); Staudinger/*Reimann*, Rn 95; Bamberger/Roth/*J. Mayer*, Rn 32; je zu § 2205; *Pauli*, in: Bengel/Reimann, V Rn 125. A.A. Schlegelberger/*Hildebrandt*, HGB, 5. Aufl. 1973, § 22 Rn 8.
34 MüKo/*Zimmermann*, § 2205 Rn 27; Bamberger/Roth/*J. Mayer*, § 2205 Rn 30; Staudinger/*Reimann*, § 2205 Rn 94; zu den konstruktiven Problemen vgl. *John*, BB 1980, 757, 759; einschränkend Soergel/*Damrau*, § 2205 Rn 21; ablehnend *Goebel*, ZEV 2003, 261, 262.
35 So aber Nieder/*Kössinger*, § 15 Rn 118.

schützt.³⁶ Bei einer Gesellschaft steht ihm zudem auch noch das Sonderkündigungsrecht nach § 723 Abs. 1 Nr. 2 BGB zu.³⁷ Hier vollzieht sich der Erwerb der Gesellschaftsbeteiligung aufgrund einer (einfachen oder qualifizierten) Nachfolgeklausel kraft Gesetzes mit dem Erbfall (siehe Rn 33).³⁸

Die Treuhandlösung selbst findet sich in zwei Ausgestaltungen:

1. Verwaltungs- oder Ermächtigungstreuhand³⁹

Inhaber des Geschäftsvermögens bleiben hier grundsätzlich die **Erben**. Die Stellung des Testamentsvollstreckers ist hier der eines Pächters ähnlich.⁴⁰ Es bedarf daher keiner Übertragungsakte (etwa Auflassung bei Grundstücken) zwischen den Erben und dem Testamentsvollstrecker. Trotzdem verpflichtet und berechtigt der Testamentsvollstrecker hier durch seine ordnungsgemäße Verwaltungstätigkeit den Nachlass, so dass dieser etwa auch aus den entsprechenden Geschäften Eigentum erwirbt (siehe Rn 17). Kraft der dem Testamentsvollstrecker zustehenden Verfügungsbefugnis, die sich aus der entsprechenden erbrechtlichen Anordnung ergibt, ist er dazu berechtigt.⁴¹ Diese Befugnis geht aber nur soweit, wie der Testamentsvollstrecker hierzu legitimiert ist, so dass bei Überschreitung der ihm gezogenen Grenzen das Geschäftsvermögen nicht haftet.⁴² Daneben haftet der Testamentsvollstrecker für die von ihm als Treuhänder eingegangenen Verbindlichkeiten persönlich und unbeschränkbar.⁴³ Die Eigengläubiger des Testamentsvollstreckers können auf das den Erben nach wie vor gehörende Unternehmen nicht zugreifen (§ 2214 BGB).⁴⁴

18

Hat der Erblasser im Testament keine genauen Regelungen über die Unternehmensfortführung getroffen, wird teilweise angenommen, dass im Zweifel der Testamentsvollstrecker zur Durchführung der Treuhandlösung befugt sein soll und bereits in der Anordnung der Dauertestamentsvollstreckung die Auflage an die Erben enthalten ist, entsprechende Befugnisse dem Testamentsvollstrecker einzuräumen.⁴⁵

---

36 Bamberger/Roth/*J. Mayer*, § 2205 Rn 29a. Unter die Haftungsbeschränkung des § 1629a BGB fallen auch Verbindlichkeiten, die der Testamentsvollstrecker für den Minderjährigen begründet hat; die allg. Möglichkeit der erbrechtlichen Haftungsbeschränkung steht dem nicht entgegen, *Habersack*, FamRZ 1999, 1, 3 Fn 19.
37 Die Auswirkungen des Minderjährigenhaftungsbeschränkungsgesetzes auf die Testamentsvollstreckung im Unternehmensbereich wurden bislang kaum untersucht; siehe hierzu *Lorz*, in: Münchener Anwaltshandbuch Erbrecht, 3. Aufl. 2010, § 19 Rn 226 und 242.
38 Ebenso *Reimann*, DNotZ 1999, 179, 194 f., der sogar bei einem Erwerb der Beteiligung aufgrund Vermächtnis eine Genehmigungspflicht nach § 1822 Nr. 3 BGB verneint. Anders liegt es, wenn eine erbrechtliche Eintrittsklausel vorliegt, und aufgrund einer entsprechenden Optionserklärung der Eintrittsberechtigte erst nach dem Erbfall in eine Gesellschaft aufgenommen wird, vgl. *Reimann*, DNotZ 1999, S. 195.
39 Dazu etwa *Winkler*, Der Testamentsvollstrecker, Rn 299; *Pauli*, in: Bengel/Reimann, V Rn 120 ff.; *John*, BB 1980, 757, 759.
40 MüKo/*Zimmermann*, § 2205 Rn 27; Staudinger/*Reimann*, § 2205 Rn 94.
41 Staudinger/*Reimann*, § 2205 Rn 94; MüKo/*Zimmermann*, § 2205 Rn 27.
42 Staudinger/*Reimann*, § 2205 Rn 94.
43 MüKo/*Zimmermann*, § 2205 Rn 27.
44 Soergel/*Damrau*, § 2205 Rn 21.
45 Staudinger/*Reimann*, § 2205 Rn 93; *Winkler*, Der Testamentsvollstrecker, Rn 328; Soergel/*Damrau*, § 2205 Rn 23 (jedoch mit Wahlmöglichkeit des Testamentsvollstreckers, die Umwandlung in eine GmbH vornehmen zu können). Nach BGHZ 24, 106, 112 ist dies zu dann zu bejahen, wenn der Erbe eine Vollmachtserteilung an den Testamentsvollstrecker ablehnt.

2. Vollrechtstreuhand

19 Bei der Vollrechtstreuhand wird demgegenüber der Testamentsvollstrecker Eigentümer des Geschäftsvermögens (Anlage- wie Umlaufvermögen), damit werden Übertragungsakte erforderlich (Kosten). Diese Regelung muss ausdrücklich angeordnet werden.[46] Da der Testamentsvollstrecker hier formal Eigentümer des Betriebsvermögens wird, können zunächst seine Eigengläubiger hierauf zugreifen. Wegen des bestehenden Treuhandverhältnisses können jedoch die Erben dann **Drittwiderspruchsklage** nach § 771 ZPO erheben.[47] Dies gilt auch für die Gegenstände, die der Testamentsvollstrecker erst später in Ausübung seiner Befugnisse erworben hat.[48] – Die steuerliche Seite dieser Gestaltung, insbesondere in erbschaftsteuerlicher Hinsicht, scheint aber noch wenig geklärt (inwieweit greifen die Vergünstigungen des §§ 13a, 19a ErbStG ein oder gehen bei Rückübertragung während der Behaltensfristen wieder verloren?).

20 In das **Handelsregister** wird der Testamentsvollstrecker, unabhängig von der Art der Treuhandlösung, als Firmeninhaber eingetragen; dass im Innenverhältnis für Rechnung der Erben gehandelt wird, ist insoweit unerheblich.[49] Ein Testamentsvollstreckervermerk wird aber dort nicht gebucht. Bei der Handelsregisteranmeldung haben alle Erben, da sie nach außen eine Übertragung des Handelsgeschäfts anmelden (vom Erben auf den Testamentsvollstrecker), mitzuwirken.[50] Eine Prokuraerteilung durch den Testamentsvollstrecker wie aber auch der Widerruf einer bereits vom Erblasser erteilten ist zulässig.[51] Zu den Handelsregisteranmeldungen siehe im Übrigen § 7 Rn 46 ff.

Muster: Handelsregisteranmeldung Firmenfortführung aufgrund Treuhandlösung

An das

Amtsgericht
Registergericht
HRA

Einzelfirma Franz Müller e.K.

Der Inhaber der oben genannten Firma, Herr Franz Müller, ist am ▇▇▇ verstorben. Seine Erben sind seine beiden Söhne ▇▇▇ je zur Hälfte; der Erblasser hat Testamentsvollstreckung angeordnet, wobei Aufgabe des Testamentsvollstreckers ist, das unter der o.g. Firma betriebene Handelsgeschäft auf die Dauer von 10 Jahren, gerechnet ab dem Erbfall, zu verwalten. Zum Testamentsvollstrecker wurde ich, der Unterzeichnende A, ernannt. Je eine Ausfertigung des entsprechenden Erbscheins und des Testamentsvollstreckerzeugnisses ist dieser Anmeldung beigefügt.

Nach den Anordnungen des Erblassers soll ich, der Testamentsvollstrecker, das Unternehmen nach außen in meinem Namen fortführen. Dazu bin ich bereit. Die Erben haben dazu ihre Zustimmung erteilt.

Deshalb melde ich, der Testamentsvollstrecker, mit Einverständnis der vorstehend genannten Erben an:

---

46 MüKo/*Zimmermann*, § 2205 Rn 27; Bamberger/Roth/*J. Mayer*, § 2205 Rn 31; NK-BGB/*Kroiß*, § 2205 Rn 39.
47 *Winkler*, Der Testamentsvollstrecker, Rn 306; *John*, BB 1980, 757, 760; Bamberger/Roth/*J. Mayer*, § 2205 Rn 31; NK-BGB/*Kroiß*, § 2205 Rn 38; übersehen von Soergel/*Damrau*, § 2205 Rn 21.
48 *Winkler*, Der Testamentsvollstrecker, Rn 306 mit ausführlicher Begründung.
49 RGZ 132, 138; BayObLGZ 1972, 259; Palandt/*Weidlich*, § 2205 Rn 8.
50 Staudinger/*Reimann*, § 2205 Rn 96; Pauli, in Bengel/Reimann, V Rn 121; MüKo/*Zimmermann*, § 2205 Rn 27; NK-BGB/*Kroiß*, § 2205 Rn 81 str., a.A. *Krafka/Willer/Kühn*, Registerrecht, 9. Aufl. 2013, Rn 563; Soergel/*Damrau*, § 2205 Rn 20.
51 Palandt/*Weidlich*, § 2205 Rn 8; KG NJW 1959, 1086.

Die Firma „Franz Müller e.K." wird von mir, dem Testamentsvollstrecker, als Alleininhaber unverändert fortgeführt.

Die bislang vorhandenen Prokuren bleiben bestehen.

Der Übergang der in dem Betrieb bislang begründeten Verbindlichkeiten wird ausgeschlossen (§ 25 Abs. 2 HGB).

Die Geschäftsräume befinden sich nach wie vor in ▓▓▓▓▓▓

Nürnberg, den ▓▓▓▓▓▓

▓▓▓▓▓▓ ▓▓▓▓▓▓ ▓▓▓▓▓▓
(Testamentsvollstrecker) (Erben)

[notarieller Beglaubigungsvermerk gem. § 12 HGB][52]

> **Praxistipp**
> Eine ausdrückliche Vereinbarung mit den Erben über die sich aus dem **Treuhandverhältnis** ergebenden Rechtsfolgen ist dringend zu empfehlen. Sie sollte enthalten: Einen entsprechenden uneingeschränkten und unbeschränkbaren Freistellungsanspruch (evtl. gesichert durch Bankbürgschaft etc.), Regelung der Befugnis zum Handeln als Treuhänder mit den erforderlichen Vollmachten, Regelung der Vergütungsfragen (evtl. nur Klarstellung zur Verfügung von Todes wegen), Klarstellung ob Verwaltungstreuhand oder Vollrechtstreuhand.[53]

> **Gestaltungsempfehlung zur Treuhandlösung**
> Für den Testamentsvollstrecker mit hohem Haftungsrisiko verbunden.

III. Weisungsgeberlösung

Der Testamentsvollstrecker kann im Außenverhältnis das Handelsgeschäft freigeben und sich im **Innenverhältnis die Entscheidungsbefugnis vorbehalten**.[54] Dies setzt entweder eine entsprechende Anordnung des Erblassers oder aber eine Einigung mit den Erben voraus. Grundlage hierfür ist § 2208 Abs. 2 BGB. Ein Verstoß gegen Weisungsauflagen wirkt aber nicht dinglich nach außen. Welche Sanktionen an eine Nichtbeachtung der Weisungen des Testamentsvollstreckers zu knüpfen sind, wird im Schrifttum bisher nicht näher erörtert. 21

IV. Beaufsichtigende und auf einzelne Gegenstände beschränkte Testamentsvollstreckung

Aufgrund der neueren Rspr. des BGH[55] zur Verwaltungsvollstreckung an der „Außenseite" einer Beteiligung einer Personengesellschaft wird es auch bei einem einzelkaufmännischem Unternehmen für möglich gehalten, dass die Erben das Unternehmen lediglich unter der 22

---

52 Muster nach *Pauli*, in: Bengel/Reimann, V Rn 122.
53 Eine entsprechende Beauftragung hält MüKo/*Zimmermann*, § 2205 Rn 28, auch bei der Treuhandlösung für erforderlich. Soweit er (ebenso *Muscheler*, S. 303) aber meint, das entsprechende Treuhandauftragsverhältnis könne der Testamentsvollstrecker aufgrund seiner Rechtsstellung kraft Amtes selbst (unter Befreiung von Beschränkungen des § 181 BGB) begründen, ist hier Vorsicht geboten und als sicherster Weg mit den Erben diese Vereinbarung abzuschließen.
54 Formulierungsvorschlag bei *Weidlich*, ZEV 1998, 339, 342.
55 BGH NJW 1986, 2431; vgl. § 19 Rn 36 ff.

Aufsicht des Testamentsvollstreckers fortführen. Wie bei einer vollhaftenden Beteiligung an einer Personengesellschaft (vgl. dazu auch Rn 37) können im Innenverhältnis die Erben agieren, im **Außenverhältnis** aber kann ohne den Testamentsvollstrecker nicht über das Betriebsvermögen und das Unternehmen im Ganzen verfügt werden.[56] Die Vollstreckung durch Eigengläubiger der Erben soll ebenfalls nicht möglich (§ 2214 BGB) sein.

Weiterhin wird auch befürwortet eine **Testamentsvollstreckung über einzelne Gegenstände des Betriebsvermögens**, etwa um wertvolle Grundstücke der Verfügungsmacht der Erben und dem Vollstreckungszugriff der Eigengläubiger derselben zu entziehen.

23 Die Möglichkeit einer beaufsichtigenden Testamentsvollstreckung wie auch die über einzelne Gegenstände des Betriebsvermögens erscheint allerdings nicht bedenkenfrei, insbesondere wenn diese beiden Möglichkeiten miteinander kombiniert werden. Sie sind bei einer dadurch eintretenden **Beschränkung der Vollstreckungsmöglichkeiten** von Geschäftsgläubigern bezüglich der neuen Geschäftsschulden (§ 2214 BGB) den oben genannten Bedenken (siehe Rn 5) ausgesetzt. Wer die Möglichkeit einer derartigen Haftungseinschränkung bejaht, für den entfällt das entscheidende Argument für die Nichtzulassung der unmittelbaren Testamentsvollstreckung am Einzelunternehmen. Konsequenter ist es dann, eine echte Testamentsvollstreckerlösung am Handelsgeschäft zu befürworten.

V. Umwandlungsanordnungen, andere Formen der Testamentsvollstreckung

24 In Betracht kommt u.U. auch noch eine sog. **Umwandlungsanordnung** an den Testamentsvollstrecker, die zugleich eine die Erben belastende Auflage ist, wonach das Unternehmen durch den Testamentsvollstrecker in eine GmbH, GmbH & Co. KG oder Aktiengesellschaft umgewandelt werden soll (§§ 152 S. 1, 125, 135 Abs. 2 UmwG 1995).[57] Die Testamentsvollstreckung bezieht sich dann auf die neu geschaffenen Geschäftsanteile/Aktien.[58] Die Testamentsvollstreckung bei Kapitalgesellschaften ist hier leichter möglich und zudem effektiver.[59] Hierfür kann der Erblasser bereits zu Lebzeiten Vorsorge treffen (etwa durch Gründung einer sog. Vorratsgesellschaft). Führt der Erblasser die Umstrukturierungsmaßnahmen nicht selbst durch, so muss er die Erben mit einer entsprechenden Auflage beschweren.[60] Die Umstrukturierung erfolgt dabei entweder durch eine Umwandlung nach §§ 152 S. 1, 125, 135 Abs. 2 UmwG oder aber durch Einbringung des Einzelunternehmens in die entsprechende Gesellschaftsform. Sofern man die Zulässigkeit der Testamentsvollstreckung am Handelsgeschäft verneint, wird man dem Testamentsvollstrecker über die Frist des § 27 Abs. 2 HGB hinaus die Möglichkeit zur Umstrukturierung ohne Mitwirkung der Erben nicht zusprechen können.[61]

25 Zur Gründung von Gesellschaften sowie zur Umwandlung von Gesellschaftsbeteiligungen siehe Rn 71 ff.

---

56 *Pauli*, in: Bengel/Reimann, V Rn 147; Staudinger/*Reimann*, § 2205 Rn 104.
57 Staudinger/*Reimann*, § 2205 Rn 105; *Pauli*, in: Bengel/Reimann, V Rn 143.
58 Zu den Möglichkeiten des neuen Umwandlungsgesetzes und Umwandlungssteuergesetzes: *Lüdicke*, ZEV 1995, 132.
59 *Pauli*, in: Bengel/Reimann, V Rn 143.
60 *Pauli*, in: Bengel/Reimann, V Rn 143.
61 Soergel/*Damrau*, Rn 18. Unklar *Pauli*, in: Bengel/Reimann, V Rn 143; Staudinger/*Reimann*, Rn 105. Ohne Fristbegrenzung Bamberger/Roth/*J. Mayer*, Rn 35.

Auch eine **Verpachtung** des Unternehmens ist möglich und auch immer zulässig, wenn keine abweichende Erblasseranordnung besteht.[62] Einer Veräußerung oder Stilllegung des Unternehmens wird aber meist der (zumindest vermutete) Erblasserwille entgegenstehen.[63]

26

> **Gestaltungsempfehlung**
> Da Treuhand- und Vollmachtslösung jeweils mit erheblichen Nachteilen verbunden sind, ist eine rechtzeitige Umwandlung zu Lebzeiten des Erblassers zur Herbeiführung einer testamentsvollstreckerfreundlicheren Unternehmensform die beste Alternative. Andernfalls sollte dem Testamentsvollstrecker angesichts der bestehenden Unsicherheiten ein Wahlrecht eingeräumt werden, welchen Weg er zur Fortführung des Handelsgeschäfts wählt.

Tabelle: Ersatzlösungen bei Testamentsvollstreckung über einzelkaufmännische Unternehmen

	Vollmachtslösung	Treuhandlösung	Weisungsgeberlösung	Beaufsichtigende Testamentsvollstreckung
Inhaber des Geschäfts	Erben	Testamentsvollstrecker	Erben	Erben
Handelsregistereintragung auf	Erben	Testamentsvollstrecker	Erben	Erben
Eigentümer des Betriebsvermögens	Erben	**Verwaltungstreuhand:** Erben **Vollrechtstreuhand:** Testamentsvollstrecker	Erben	Erben
Haftung				
a) für Altschulden des Erblassers	Erben, ausschließbar nach §§ 27, 25 Abs. 2 HGB	Erben, Testamentsvollstrecker, ausschließbar nach §§ 27, 25 Abs. 2 HGB	Erben, ausschließbar nach §§ 27, 25 Abs. 2 HGB	Erben, ausschließbar nach §§ 27, 25 Abs. 2 HGB
b) für neue Geschäftsschulden nach Erbfall	Erben allein	Testamentsvollstrecker persönlich, die Erben nur bei ordnungsgemäßer Verwaltung und auf Nachlass beschränkbar (§ 2206 BGB)	Erben allein	Erben allein
Vollstreckungsmöglichkeit				
a) Geschäftsneugläubiger	ja	ja	ja	nein (sehr fraglich)

---

62 *Winkler*, Der Testamentsvollstrecker, Rn 320 m.w.N.; Erman/*M. Schmidt*, § 2205 Rn 25.
63 *Winkler*, Der Testamentsvollstrecker, Rn 320 Fn 7; siehe auch *Werkmüller*, ZEV 2006, 491.

	Vollmachtslösung	Treuhandlösung	Weisungsgeberlösung	Beaufsichtigende Testamentsvollstreckung
b) Eigengläubiger der Erben	ja	Verw. Treuhand: nein (str.) Vollrechts-Treuh.: nein	ja	nein
c) Eigengläubiger des Testamentsvollstreckers	nein	Verw. Treuh.: nein Vollrechts-Treuh.: ja, aber § 771 ZPO	nein	nein
Nachteile	a) aus Sicht der Erben: Volle Verfügungsmöglichkeit des Testamentsvollstreckers b) Erben haben gleiche Verfügungsmöglichkeit, daher gegenseitige „Aushebelung" möglich	volle persönliche Haftung des Testamentsvollstreckers	Verfügungsmacht der Erben nach außen unbeschränkt;	kein Einfluss auf Unternehmensentscheidungen mit Ausnahme von Verfügungen über das Unternehmen als Ganzes
Vorteile	Testamentsvollstrecker hat keine persönliche Haftung für Geschäftsverbindlichkeiten	volle Unternehmerstellung für den Testamentsvollstrecker bewirkt insoweit völligen Ausschluss der Erben hiervon; Regelungskonzept für die „unreifen Erben"	keine Haftung des Testamentsvollstreckers nach außen, nach außen unbeschränkte Unternehmerstellung der Erben; Konzept: „reife Erben"	Erben können ohne Testamentsvollstrecker über das Unternehmen als Ganzes nicht verfügen, vor Zugriff der Eigengläubiger geschützt; Erben können jedoch über sonstige Angelegenheiten des Unternehmens voll entscheiden

19.2 Muster: Testamentsvollstreckung an einem einzelkaufmännischen Unternehmen

Ich ordne Testamentsvollstreckung an. Sie erfasst ausschließlich mein einzelkaufmännisches Unternehmen „Schnauferl Reisen, Inh. Johann Schnecke" samt dem gesamten bilanzierten Betriebsvermögen, wie es sich aus der letzten Bilanz samt gesetzlicher Anlagen vor meinem Tod ergibt.

Aufgabe des Testamentsvollstreckers ist es, dieses Unternehmen in Besitz zu nehmen, fortzuführen und zu erhalten, bis der Erbe das 30. Lebensjahr vollendet hat. Es handelt sich daher um eine Verwaltungsvollstreckung (§ 2209 BGB). Dem Testamentsvollstrecker stehen alle Rechte und Befugnisse zu, die ihm nach dem Gesetz eingeräumt werden können.

Dabei kann der Testamentsvollstrecker auch wählen, ob er

- als **Treuhänder** handelt, also im eigenen Namen und unter eigener Haftung, jedoch für Rechnung des Erben, wobei Eigentümer des Betriebsvermögens der Erbe bleibt, oder
- als **Bevollmächtigter**, also im Namen und für Rechnung des Erben handelt. Die erforderlichen Vollmachten sind aber auf die Amtszeit des jeweiligen Testamentsvollstreckers zu befristen und berechtigen nicht zu unentgeltlichen Verfügungen, oder
- das Unternehmen in eine GmbH durch entsprechende Sachgründung oder Umwandlung unter Wahrung der Beteiligungsverhältnisse überführt und dabei selbst die Stellung eines alleinvertretungsberechtigten Geschäftsführers erhält und alle Gestaltungen trifft, die ihm eine möglichst weitgehende Einflussnahme über die Geschäftsführung ermöglichen. Die Testamentsvollstreckung setzt sich in diesem Fall auch an den Geschäftsanteilen fort, die er verwaltet und dafür auch das Stimmrecht ausübt oder
- den Erben nach außen als Unternehmer auftreten lässt, sich jedoch die Entscheidungsbefugnis im Innenverhältnis vorbehält.

Der Erbe hat nach Ausübung des Wahlrechts durch den Testamentsvollstrecker diesem alle Befugnisse einzuräumen, die erforderlich sind, damit er die Verwaltung des Nachlasses in der gebotenen Wirksamkeit wahrnehmen kann; bei der Umwandlung wird der Erbe dabei mit der Verpflichtung belastet, bei der Ausübung gesetzlich etwa vorbehaltener höchstpersönlicher Mitwirkungsrechte dem nicht zu widersprechen. Diese Verpflichtung, soweit gesetzlich zulässig, erfolgt durch Auflage, deren Erfüllung vom Testamentsvollstrecker selbst vorgenommen werden kann. Der Testamentsvollstrecker ist von den Beschränkungen des § 181 BGB befreit und in der Eingehung von Verbindlichkeiten für den Nachlass nicht beschränkt.

Hinsichtlich des bilanzierten Betriebsvermögens ist der Testamentsvollstrecker auch im Außenverhältnis zu folgenden Maßnahmen nur mit vorheriger schriftlicher Einwilligung des Erben befugt:
- Veräußerung des gesamten Unternehmens oder der Beteiligung
- Aufgabe des Betriebs oder der Gesellschaft oder eine erneute Umwandlung des Unternehmens über die vorstehend beschriebene Maßnahme hinaus
- nach der Umwandlung in die GmbH: Veränderung der Beteiligungsverhältnisse und der Gewinnverteilung, Abänderung des Gesellschaftsvertrags, insbesondere Einschränkung oder Ausschluss der Vererblichkeit.

Sollte nach Einschätzung des Testamentsvollstreckers die Fortführung des Unternehmens nicht mehr sinnvoll sein, so ist auch eine Verpachtung desselben zulässig.

Zum Testamentsvollstrecker ernenne ich mit der Befugnis, einen Nachfolger zu ernennen, meinen leitenden Mitarbeiter, Herrn   .

Zum Ersatztestamentsvollstrecker ernenne ich mit den gleichen Befugnissen   .

Als Vergütung erhält der Testamentsvollstrecker   .[64]

D. Gesellschafter einer OHG, einer EWIV, einer BGB-Gesellschaft, Komplementär einer KG

Soweit die Gesellschaft fortgesetzt wird und sich die Gesellschafternachfolge im Wege des Erbrechts vollzieht (bei den sog. einfachen oder qualifizierten **Nachfolgeklauseln**[65]), bestehen aus der Sicht des Erbrechts an sich keine Bedenken gegen die Zulässigkeit einer Verwaltungsvollstreckung. Unerheblich ist in diesem Zusammenhang, dass hier der Erwerb kraft Gesetzes aufgrund einer **Sondererbfolge erfolgt**, denn insoweit handelt es sich nicht um einen „Erwerb am Nachlass vorbei", was die Verwaltungs- und Verfügungsbefugnis des

27

---

64 Vgl. auch die Muster bei *Winkler*, Der Testamentsvollstrecker, Rn 853; *Reimann/Bengel/J. Mayer*, Testament und Erbvertrag, Formulare Rn 78.
65 Dazu etwa *Nieder/Kössinger*, § 20 Rn 20 ff.

Testamentsvollstreckers ausschließen würde.[66] Besonderheiten ergeben sich wiederum aus dem Handels- und Gesellschaftsrecht. Die Rspr. spricht hier davon, dass eine Testamentsvollstreckung an einer solchen Beteiligung möglich, aber die Rechtsposition des Testamentsvollstreckers „aus im Gesellschaftsrecht wurzelnden Gründen begrenzt" ist.[67]

28 Einer **Auseinandersetzungsvollstreckung** (§ 2204 BGB) am vererbten Anteil einer werbenden Gesellschaft bedarf es bei einer Nachfolgeklausel wegen der fehlenden gesamthänderischen Bindung nicht, wenn man infolge der Sondererbfolge von einem einheitlichen Übergang des Gesellschaftsanteils auf die dazu berufenen Miterben im Umfang ihrer Erbquoten ausgeht.[68] Ordnet man allerdings die mit dem Gesellschaftsanteil verbundenen und nach § 717 S. 2 BGB selbstständig abtretbaren Vermögensansprüche dem gesamthänderisch gebundenen Nachlass zu,[69] müssten diese durch den Testamentsvollstrecker auseinandergesetzt werden.[70] Die folgenden Ausführungen beziehen sich daher auf die **Verwaltungsvollstreckung**.

29 Der mögliche Aufgabenbereich des Testamentsvollstreckers hängt davon ab, welche Regelung das Gesetz oder der Gesellschaftsvertrag für den Fall des Todes eines Gesellschafters vorsieht.[71]

> **Praxistipp**
> Angesichts der vielfältigen Wirkungen der Testamentsvollstreckung, je nach Ausgestaltung des Gesellschaftsvertrags, ist ohne dessen Kenntnis eine sachgerechte Gestaltung nicht möglich und schon aus Haftungsgründen zu vermeiden.

I. Auflösung

30 Wird die Gesellschaft mit dem Tod des voll haftenden Gesellschafters aufgelöst (jetzt noch bei der BGB-Gesellschaft die gesetzliche Regel, kraft Gesetzes seit 1.7.1998 nicht mehr bei der oHG und KG, vgl. § 131 Abs. 3 Nr. 1 HGB), so entsteht bis zur endgültigen Auseinandersetzung unter den Gesellschaftern eine Abwicklungsgesellschaft. Es kommt nicht zu einer Sondererbfolge, sondern das Prinzip der Universalsukzession bleibt erhalten. Der Erbe, bei mehreren Erben die Erbengemeinschaft (§ 2032 BGB), tritt anstelle des verstorbenen Gesellschafters. Der vererbte Anteil gehört zum Nachlass und wird vom Testamentsvollstrecker verwaltet; insbesondere kann er sämtliche **Liquidationsansprüche** für die Erben geltend machen.[72]

---

66 BGHZ 98, 48 = NJW 1986, 2431; BGHZ 108, 187 = NJW 1989, 3152; BGH NJW 1996, 1284; *Marotzke*, JZ 1986, 458. A.A. etwa OLG Frankfurt/M. NJW 1983, 1806; *Ulmer*, NJW 1984, 1496.
67 BGHZ 98, 48, 57; BGH NJW 1996, 1284.
68 So tendenziell der Erbrechtssenat des BGH, siehe BGH NJW 1996, 1284; 1285 f.; BGHZ 98, 48, 56 f.
69 So der Gesellschaftsrechtssenat des BGH, siehe BGH NJW 1989, 3152, 3154. Ebenso OLG München NJW-RR 2010, 15, 16.
70 Münchener Anwaltshandbuch/*Lorz*, § 19 Rn 235; NK-BGB/*Kroiß*, § 2205 Rn 49. Siehe auch MüKo/*Zimmermann*, § 2205 Rn 32.
71 Die Neuregelung durch das zum 1.7.1998 in Kraft getretene Handelsrechtsreformgesetz hat an der grundsätzlichen Problematik nichts geändert.
72 Vgl. hierzu wie zur Frage der Rückführung in eine werbende Gesellschaft NK-BGB/*Kroiß*, § 2205 Rn 67; MüKo/*Zimmermann*, § 2205 Rn 31.

II. Fortsetzung unter den verbleibenden Gesellschaftern

Tritt diese kraft Gesetzes ein (bei der OHG oder dem Tod eines persönlich haftenden Gesellschafters einer KG) oder ist dies bei einer BGB-Gesellschaft vereinbart, kann der Testamentsvollstrecker die Abfindungsansprüche der Erben gegen die Gesellschaft (§ 738 Abs. 1 S. 2 BGB, § 105 HGB) geltend machen, die allein seiner Verfügung unterliegen.[73] Gleiches gilt, wenn der Erbe in Ausübung seines Wahlrechts nach § 139 HGB seine an sich vererbliche Gesellschafterstellung gekündigt hat. Dabei steht dieses Wahlrecht wegen seiner höchstpersönlichen Natur allein dem Erben zu.[74]

31

III. Eintrittsrecht

Testamentsvollstreckung kann hinsichtlich dieses Optionsrechts nicht angeordnet werden, da das Eintrittsrecht kraft Gesellschaftsvertrages entsteht und nicht im Erbgang erworben wird.[75]

32

IV. Fortsetzung einer Gesellschaft mit den Erben

Tritt eine solche aufgrund einer (einfachen oder qualifizierten) Nachfolgeklausel ein, so können nach der h.M. die Rechte eines voll haftenden Gesellschafters aufgrund der handels- und gesellschaftsrechtlichen Besonderheiten nicht einer Testamentsvollstreckung im üblichen Sinne unterworfen werden.[76] Dies ergibt sich zum einen aus den mit dem Gesellschaftsanteil verbundenen personenrechtlichen Elementen und zum anderen aus dem nicht auflösbaren Haftungskonflikt zwischen der unbeschränkten Haftung des Gesellschaftererben nach den §§ 128, 130 HGB und der auf den Nachlass beschränkbaren Haftung nach § 2206 BGB. Die Rechte eines vollhaftenden Gesellschafters unterliegen daher **nur eingeschränkt einer direkten Testamentsvollstreckung**.[77] Der Testamentsvollstrecker kann den Erben nicht vollständig aus der vererbten Gesellschafterstellung verdrängen.

33

Für die Testamentsvollstreckung über Gesellschaftsanteile an einer BGB-Gesellschaft sollen dabei die gleichen Grundsätze wie bei einer oHG gelten.[78] Der BGH hat inzwischen die Möglichkeit einer Haftungsbeschränkung durch einseitigen Akt der Gesellschaft ausgeschlossen und die analoge Anwendung von § 130 HGB auf im Wege der Erbfolge eintretende Gesellschafter bejaht, so dass hierfür die Notwendigkeit eines einheitlichen Haftungsstatuts für Alt- und Neuverbindlichkeiten spricht.[79] Andererseits hat der BGH bei der BGB-Gesellschaft in Teilbereichen Haftungsbeschränkungen durch Formularvereinbarungen zugelassen.[80] Bejaht man deshalb die Anwendbarkeit des erbrechtlichen Haftungssystems verbunden mit der Möglichkeit einer Haftungsbeschränkung auf das Gesellschafts-

---

73 BGH NJW 1985, 1953; Bamberger/Roth/*J. Mayer*, § 2205 Rn 39.
74 MüKo/*Zimmermann*, § 2205 Rn 39; Soergel/*Damrau*, § 2205 Rn 41.
75 BGHZ 22, 186; MüKo/*Zimmermann*, § 2205 Rn 39.
76 RGZ 170, 392; BGHZ 24, 112; 68, 225; BGH DB 1981, 366; eingehend zu diesen Argumenten MüKo/*Zimmermann*, § 2205 Rn 35 f. Die Unvereinbarkeitsthese von der gesellschaftsrechtlich zwingenden unbeschränkten und der beschränkbaren erbrechtlichen Haftung hat auch *Muscheler* (Die Haftungsordnung des Testamentsvollstreckers, § 19 III, S. 549 ff.; *ders.*, FamRZ 2009, 643 f) in Frage gestellt.
77 BGHZ 68, 225 (für oHG und Komplementäranteil); BGH NJW 1981, 749.
78 Vgl. BGH NJW 1981, 749; NJW 1996, 1284; *Pauli*, in: Bengel/Reimann, V Rn 219; Münchener Anwaltshandbuch/*Lorz*, § 19 Rn 250.
79 Vgl. BGH ZEV 2014, 432; NJW 1999, 3483 = DStR 1999, 1704; BGHZ 146, 341; BGH NJW 2003, 1445; NJW 2003, 1803. Siehe auch MüKo-HGB/*Schmidt*, § 130 Rn 1.
80 Vgl. BGH NJW 2002, 1642 = DStR 2002, 816.

und das sonstige Nachlassvermögen, wäre eine direkte Testamentsvollstreckung wie bei der Kommanditbeteiligung möglich.[81]

1. Testamentsvollstreckung aufgrund Ersatzlösungen

34 Ersatzlösungen werden wie beim einzelkaufmännischen Unternehmen diskutiert.[82] Also auch:
- **Treuhandlösung:** Der Testamentsvollstrecker handelt im eigenen Namen und unter eigener Haftung aber für Rechnung des Gesellschaftererben, wird also in das Handelsregister eingetragen. Der Gesellschaftsanteil wird dem Testamentsvollstrecker treuhänderisch übertragen.[83] Es ist allerdings ist darauf zu achten, dass der Testamentsvollstrecker den im Gesellschaftsvertrag gestellten Anforderungen entspricht.[84] Für das Innenverhältnis Testamentsvollstrecker/Erbe gilt mangels besonderer Treuhandabreden im Zweifel § 2218 BGB. Vgl. im Übrigen die Ausführungen zum einzelkaufmännischen Unternehmen (siehe Rn 14 ff.).
- **Vollmachtslösung:** Der Testamentsvollstrecker handelt im Namen des Gesellschaftererben, der auch allein daraus verpflichtet wird. Wie beim einzelkaufmännischen Unternehmen wird auch hier diese Lösung zunehmend als problematisch angesehen. Insbesondere wird die Zulässigkeit von Bedingungen und Auflagen zur Erteilung und Aufrechterhaltung der erforderlichen Vollmacht von zahlreichen Autoren für unzulässig angesehen.[85] Vgl. dazu die Erläuterungen in Rn 10 ff.).
- **Weisungsgeberlösung.**

35 Voraussetzung dafür ist jeweils, dass wegen der Höchstpersönlichkeit der Gesellschafterbeziehungen die **Gesellschafter** die **Rechtsausübung durch** den **Testamentsvollstrecker** im Gesellschaftsvertrag **zulassen** oder wenigstens nachträglich zustimmen (wohl nur bei Vollmacht- und Treuhandlösung nötig) und zum anderen der Erbe durch entsprechende Auflage verpflichtet wird, die Ausübung der Mitgliedschaftsrechte durch den Testamentsvollstrecker zu dulden.[86] Die Treuhandlösung hat auch hier den **Nachteil**, dass der Testamentsvollstrecker im Außenverhältnis der vollen persönlichen Haftung ausgesetzt ist (§ 128 HGB). Zu den Grenzen der Testamentsvollstreckung siehe Rn 40 f.

> **Praxistipp**
> Zu überlegen ist daher, ob nicht die Umwandlung der Beteiligung in eine testamentsvollstreckerfreundlichere Gesellschaftsbeteiligung z.B. in eine Kommanditbeteiligung vorgesehen werden sollte. Siehe hierzu Rn 44.

---

[81] Befürwortend Erman/*H.P. Westermann*, § 714 Rn 14; Erman/*M. Schmidt*, § 2205 Rn 34; MüKo/*Zimmermann*, § 2205 Rn 48; *Winkler*, in: FS Schippel 1996, S. 529.
[82] Staudinger/*Reimann*, § 2205 Rn 108 ff.; *Pauli*, in: Bengel/Reimann, V Rn 168 ff.
[83] BGHZ 24, 106; Soergel/*Damrau*, § 2205 Rn 34. Dies erfordert i.d.R. die Zustimmung der anderen Gesellschafter, wenn im Gesellschaftsvertrag nicht der Anteil zur freien Veräußerung gestellt wird.
[84] Vgl. OLG Düsseldorf ZEV 2008, 140, 141 m. Anm. *Grunsky*, wo die Möglichkeit einer Treuhandlösung verneint wurde, weil der Testamentsvollstrecker nicht zu den nachfolgeberechtigten Personen zählte.
[85] Für Unzulässigkeit *Emmerich*, ZHR 132, 314; *Schmellenkamp*, MittRhNotK 1986, 190; MüKo/*Zimmermann*, § 2205 Rn 26. Zweifelnd auch Erman/*M. Schmidt*, § 2205 Rn 30 (im Grenzbereich von § 138 BGB).
[86] *Pauli*, in: Bengel/Reimann, V Rn 159; *Winkler*, Der Testamentsvollstrecker, Rn 346 f. Ob in der bloßen Vereinbarung einer Nachfolgeklausel ohne weiteres eine solche Zustimmung gesehen werden kann, ist umstritten; bejahend Staudinger/*Reimann*, § 2205 Rn 121; *Pauli*, in: Bengel/Reimann, V Rn 159; *Winkler*, Der Testamentsvollstrecker, Rn 347; einschränkend NK-BGB/*Kroiß*, § 2205 Rn 52.

2. Beaufsichtigende Testamentsvollstreckung

Wird keine der genannten Ersatzlösungen gewählt, so ergibt sich aus den in Rn 33 erwähnten Gründen nach der neueren Rspr.[87] für die direkte Testamentsvollstreckung über eine der o.g. Beteiligungen eine vielschichtige und in den praktischen Auswirkungen z.T. unübersichtliche Situation.[88] Außerhalb der genannten Ersatzlösungen kann sich das Verwaltungsrecht des Testamentsvollstreckers wegen der Besonderheiten der zwischen den Gesellschaftern gebildeten Arbeits- und Haftungsgemeinschaft nicht auf solche Befugnisse erstrecken, die unmittelbar die Mitgliedschaftsrechte des Erben berühren, also die inneren Angelegenheiten (sog. **Innenseite**).[89]

36

Der Testamentsvollstrecker kann jedoch eine **beaufsichtigende Funktion** über den Erben hinsichtlich der mit der Gesellschaftsbeteiligung verbundenen Vermögensrechte wahrnehmen, also an der „**Außenseite**" der **Beteiligung**. Der Verlauf der Grenzlinie zwischen der Außen- und Innenseite der Gesellschaftsbeteiligung ist noch nicht abschließend geklärt. Einigkeit besteht, dass dem Gesellschaftererben die Verfügungsbefugnis über seine Beteiligung mit dinglicher Wirkung entzogen ist.[90] Der Testamentsvollstrecker kann also verhindern, dass der Gesellschaftererbe über den ererbten Anteil verfügt, etwa durch Verkauf oder Verpfändung (§ 2211 BGB). Fehlt seine Zustimmung, so bleibt die Maßnahme des Erben unwirksam. Auch § 2214 BGB gilt: Eigengläubiger der Erben können also nicht in die Beteiligung vollstrecken.[91] Wegen der Testamentsvollstreckung an der Außenseite bedarf der Gesellschaftererbe für alle anderen Maßnahmen, die die vermögensrechtliche (Außen-)Seite der Beteiligung betreffen, zu ihrer Wirksamkeit der Zustimmung des Testamentsvollstreckers,[92] so bei Maßnahmen hinsichtlich des Abfindungsguthabens, der Ergebnisverwendung (Ausschüttung oder Thesaurierung) und der Verfügungsmöglichkeit über seine Beteiligung und einer dahingehenden Änderung des Gesellschaftsvertrags. Jedoch sollen nach längerem erfolgreichem Einsatz des Unternehmererben sowohl die laufenden Gewinne wie auch der Anteilswert selbst zu einer angemessenen Quote dem Nachlass und damit auch dem Verwaltungsrecht des Testamentsvollstreckers entzogen sein, was aufgrund der schwierigen Abgrenzungsprobleme fragwürdig erscheint (vgl. § 13 Rn 48).

37

Die gesellschaftsinternen Maßnahmen sowie die **Geschäftsführung** selbst, einschließlich der zu einer persönlichen und unbeschränkbaren Haftung des Gesellschaftererben führenden Handlungsbefugnisse verbleiben jedoch beim persönlich haftenden Gesellschafter, weshalb bei dieser Konstruktion die haftungsrechtlichen Divergenzen nicht entstehen. Wegen der sich hieraus ergebenden weitreichenden Befugnisse ist diese Art der Testamentsvollstreckung gerade dann vom Erblasser i.d.R. nicht gewollt, wenn das **Problem des „unreifen Erben"** vorliegt. Da die Funktionen des Testamentsvollstreckers an der „**Außenseite**" der Beteiligung **erbrechtlichen Ursprungs** sind, können sie durch Gesellschaftsvertrag nicht ausgeschlossen oder eingeschränkt werden.[93] Daher ist die **beaufsichtigende Testamentsvollstreckung** auch dann möglich, wenn die anderen Gesellschafter die Zustimmung zur

38

---

87 BGHZ 98, 48, 56 f. = NJW 1986, 2431 = DNotZ 1987, 116; DNotZ 1990, 183; NJW 1996, 1284 = ZEV 1996, 110; BGH NJW 1998, 1313 m. Anm. *Ulmer* = ZEV 1998, 72 = DStR 1998, 304 m. Anm. *Goette* (Gesellschaftsrechtssenat); OLG Düsseldorf ZEV 2008, 140, 141.
88 Siehe *Reimann*, DNotZ 1990, 192; *Lorz*, ZEV 1996, 112.
89 BGHZ 98, 48, 57; 108, 187, 195; BGH NJW 1998, 1313.
90 *Pauli*, in: Bengel/Reimann, V Rn 162; Staudinger/*Reimann*, § 2205 Rn 114.
91 Im Einzelnen *Dörrie*, ZEV 1996, 375; *Everts*, MittBayNot 2003, 430.
92 Staudinger/*Reimann*, § 2205 Rn 116.
93 Staudinger/*Reimann*, § 2205 Rn 119.

Testamentsvollstreckung über den Gesellschaftsanteil des Erblassers verweigern.[94] Sie führt zu einer Art „checks and balances" in den wesentlichen Fragen der Gesellschaft zwischen dem Testamentsvollstrecker und dem Gesellschaftererben. Diese Situation ist für beide Teile, aber auch für die anderen Gesellschafter u.U. äußerst unbefriedigend. Da der Gesellschaftererbe hinsichtlich der laufenden Geschäftsführung allein handeln darf, ist diese Gestaltung bei Vorliegen von „unmündigen" Erben zu vermeiden. Kritisch zu betrachten ist auch das dem Testamentsvollstrecker zugebilligte Mitspracherecht bei Beschlüssen, die die vermögensrechtlichen Ansprüche tangieren. Da den Mitgesellschaftern kein Dritter in Gestalt des Testamentsvollstreckers aufgedrängt werden darf, lässt sich ohne deren Zustimmung ein derartiges Mitspracherecht nicht begründen. Auch dem Zessionar, an den gesellschaftsrechtliche Vermögensansprüche abgetreten sind, wird eine derartige Befugnis nicht zugebilligt.[95]

Generell erscheint die Ansicht, die Testamentsvollstreckerbefugnisse zwischen der Außen- und Innenseite der Beteiligung aufzuspalten, fragwürdig, insbesondere wenn man bedenkt, dass auch eine KG durch das Prinzip der Personenbezogenheit der Gesellschafter geprägt ist. Bei einer Kommanditbeteiligung wird die Testamentsvollstreckung generell zugelassen, ohne zwischen den äußeren und inneren Angelegenheiten der Gesellschaft zu differenzieren. Letztendlich lässt sich eine unterschiedliche Behandlung nur mit der **unterschiedlichen Haftungsstruktur** begründen.[96]

39 Eine Erweiterung der Aufgaben des Testamentsvollstreckers ist mit dinglicher Wirkung nicht möglich; dies kann nur durch die vorstehend genannten Ersatzlösungen geschehen. Für das **Aufgabenverhältnis** zwischen Testamentsvollstrecker und Gesellschaftererben ergibt sich bei dieser beaufsichtigenden Testamentsvollstreckung folgendes Bild:[97]

Beaufsichtigende Testamentsvollstreckung	checks and balances	
	Gesellschaftererbe	Testamentsvollstrecker
Stimmrecht, Beschlüsse bei Zustimmung der Mitgesellschafter zur Testamentsvollstreckung	grundsätzlich allein, aber	Zustimmungspflicht, soweit Belange, die der Testamentsvollstreckung unterworfen sind, berührt werden, also sog. „Außenseite" tangiert
Stimmrecht, Beschlüsse bei fehlender Zustimmung der Mitgesellschafter zur Testamentsvollstreckung	ja, grundsätzlich allein, aber	Zustimmungspflicht, soweit Bestimmungen über Bewertung, Höhe, Fälligkeit und Zahlungsweise des Abfindungsguthabens, Gewinnverteilungsschlüssel, über die Veräußerlichkeit des Gesellschaftsanteils oder andere Bereiche, für die originäre Zustimmungspflicht besteht (str.)
Teilnahme an Gesellschafterversammlungen	ja	soweit Zustimmungspflicht für Beschlüsse oder Inforecht besteht ja

---

94 *Pauli*, in: Bengel/Reimann, V Rn 1640; Staudinger/*Reimann*, § 2205 Rn 121.
95 Siehe *Weidlich*, ZEV 1994, 210; *Lorz*, ZEV 1996, 112; *Dörrie*, ZEV 1996, 376.
96 So auch *Everts*, MittBayNot 2003, 428. Zur Erweiterung der Testamentsvollstreckerbefugnisse durch Ausschluss der Vertretungs- und Geschäftsführungsbefugnis ggf. kombiniert mit Prokura- oder Vollmachtserteilung siehe *Weidlich*, ZEV 1994, 205, 211. Zustimmend insoweit auch *Lorz*, Testamentsvollstreckung und Unternehmensrecht, S. 148 ff.; *ders.*, in: Münchener Anwaltshandbuch, § 19 Rn 240; *Behme/Mueller*, ZErb 2008, 40; ablehnend OLG Düsseldorf ZEV 2008, 140, 141; MüKo/*Zimmermann*, § 2205 Rn 35.
97 Vgl. etwa *Pauli*, in: Bengel/Reimann, V Rn 160 ff.; *Dörrie*, ZEV 1996, 375.

D. Gesellschafter einer OHG, einer EWIV, einer BGB-Gesellschaft, Komplementär einer KG

Beaufsichtigende Testamentsvollstreckung	checks and balances	
	Gesellschaftererbe	Testamentsvollstrecker
Informationsrechte Kontrollrechte	ja, grundsätzlich allein, aber	ebenfalls, soweit Zustimmungspflicht zu entsprechenden Maßnahmen besteht
Kündigung der Gesellschaft, Wahlrecht nach § 139 HGB Verfügungsbefugnisse:	allein	ohne Zustimmungspflicht
Gewinnansprüche	soweit auf persönlichen Leistungen des Erben beruhen, teilweise (str.)	grundsätzlich allein für Testamentsvollstreckung
künftiger Auseinandersetzungsanspruch	keine Befugnis	allein
Verfügungsrecht über Gesellschaftsanteil	keine Befugnis (str.)	allein (str.; siehe Rn 41)

Praxistipp

Wegen der noch weitgehend ungeklärten Abgrenzungsfragen ist dringend zu empfehlen, bei einer bestehenden **Testamentsvollstreckung** nur bei der laufenden Geschäftsführung und Gesellschaftsvertragsänderungen, die nur **geringfügig** in die Rechtsstellung des Gesellschaftererben **eingreifen**, auf die **Zustimmung** des Testamentsvollstreckers zu **verzichten**. Seine Beteiligung kann aber schon beim Ergebnisverwendungsbeschluss erforderlich sein. Andernfalls droht Nichtigkeit.[98] Bei „unreifen Erben" ist die beaufsichtigende Testamentsvollstreckung die falsche Anordnung, da diese die Geschäftsführung übernehmen.

Gestaltungsempfehlung

Der hohe theoretische Aufwand, der bezüglich der Zulässigkeit der Testamentsvollstreckung im Unternehmensbereich aufgewandt wurde, steht in einem umgekehrt proportionalen Verhältnis zur praktischen Tauglichkeit dieser Gestaltungen. Letztlich wird nur die Testamentsvollstreckung im Bereich einer Kapitalgesellschaft auf die Dauer praktikabel und für das Unternehmen nutzbringend sein.

3. Weitere Grenzen der Testamentsvollstreckung

Das Gesellschaftsrecht und das Erbrecht setzen sowohl der beaufsichtigenden Testamentsvollstreckung als auch den Ersatzlösungen (Vollmachts- und Treuhandlösung) weitere enge Schranken und zwar:

Im **Interesse der übrigen Gesellschafter:**

Der Testamentsvollstrecker kann **in** der Gesellschaft auch aufgrund einer der Ersatzlösungen **nur mitwirken**, wenn die **überlebenden Gesellschafter** – im Gesellschaftsvertrag oder im Einzelfall – **zustimmen** (vorsorgliche gesellschaftsvertragliche Regelung treffen). Zum Umfang der Testamentsvollstreckerbefugnisse bei fehlender Zustimmung siehe Rn 38.

Im **Interesse des betroffenen Gesellschafters** selbst:

Einschränkungen ergeben sich aus dem **Gebot der ordnungsgemäßen Verwaltung** des Nachlasses (§§ 2206 Abs. 1 S. 1, 2216 Abs. 1 BGB) und dem **Verbot unentgeltlicher Verfü-**

---

98 Siehe auch *Pauli*, in: Bengel/Reimann, V Rn 163 und Rn 182.

gungen (§ 2205 S. 3 BGB); siehe näher Rn 61. Der Testamentsvollstrecker ist hiernach nicht berechtigt, an Verträgen (insbesondere **Satzungsänderungen**) und Beschlüssen mitzuwirken, die **Leistungspflichten** einführen, die nicht mit Nachlassmitteln erfüllt werden können oder zu einem einseitigen Rechtsverlust für den Gesellschafter führen.[99]

Die **Kernrechtsproblematik**:[100] Sie wurde zum Schutz von Minderheitsgesellschaftern gegen Mehrheitsentscheidungen entwickelt. Danach gibt es unentziehbare Rechte, die auch durch einen Mehrheitsbeschluss nicht beseitigt werden können, sondern nur mit Zustimmung aller betroffener Gesellschafter. Inwieweit diese Gesichtspunkte auf die Testamentsvollstreckung über Gesellschaftsbeteiligungen zu übertragen sind und die Rechtsbefugnisse des Testamentsvollstreckers beschränken, ist umstritten. Die Bandbreite der angebotenen Lösungen reicht dabei von der vollständigen Berücksichtigung bis zur vollständigen Vernachlässigung des Kernbereichs der Mitgliedschaft.[101] Auch die nur vereinzelt vorliegenden Stellungnahmen der Rspr. sind kontrovers.[102] Die Befürworter begründen die Anwendbarkeit der Kernbereichslehre damit, dass sich aus der Mitgliedschaft eine ganze Reihe personenrechtlicher Bindungen und Bezüge ergeben, die sich „in das mehr sachenrechtlich orientierte Verfügungsschema des Testamentsvollstreckers nicht bruchlos einordnen lassen".[103] Die abweichende Meinung verweist darauf, dass ein systemkonformer Schutz bereits durch das Erbrecht hergestellt wird, indem dem Gesellschaftererben das Recht zur Ausschlagung zusteht bzw. er durch die Schutzrechte der §§ 2205 S. 3, 2206, 2216, 2218, 2219 BGB ausreichend abgesichert ist.[104] Berücksichtigt man, dass der BGH die Kernbereichslehre zur Wahrung der wirtschaftlichen und damit auch der persönlichen Freiheit des einzelnen Gesellschafters aufgrund der Einbindung in den Gesellschaftsverband entwickelt hat, so ist eine Überlagerung der Kernbereichsrechte durch erbrechtliche Vorschriften zu bezweifeln. Zum Kernbereich des Gesellschafters werden üblicherweise diejenigen Rechte gezählt, die für den jeweiligen Gesellschaftsanteil bestimmend sind und ihm sein Gepräge geben, was sich nicht allgemein, sondern nur anhand der jeweiligen Gesellschaftsstruktur beantworten lässt.[105] Es erscheint allerdings ausreichend, die Befugnisse des Testamentsvollstreckers nur insoweit einzuschränken, als das Erbrecht dem Gesellschaftererben nicht annähernd gleich-

---

99 *Reimann*, DNotZ 1990, 192.
100 Allg. hierzu: *H.P. Westermann*, Vertragsfreiheit und Typengesetzlichkeit im Recht der Personengesellschaften, S. 351 ff.; *Wiedemann*, Gesellschaftsrecht, Bd. I, 1980, S. 360 ff.; *Röttger*, Die Kernbereichslehre im Recht der Personenhandelsgesellschaften, S. 96 ff.; BGHZ 20, 363. Man unterscheidet dabei zwischen unverzichtbaren Schutzrechten und solchen Rechten, die zwar der Änderung zugänglich sind, aber bei denen es hierfür im Einzelfall einer besonderen Einwilligung bedarf.
101 Bejahend: *D. Mayer*, ZIP 1990, 977 f.; *Weidlich*, ZEV 1994, 206, 208 f.; *Pauli*, in: Bengel/Reimann, V Rn 176; *Winkler*, Der Testamentsvollstrecker, Rn 370; *Ulmer*, NJW 1990, 73, 80 f.; Damrau/*Bonefeld*, § 2205 Rn 42 ff.; Burandt/Rojahn/*Heckschen*, § 2205 Rn 33. Krit. bzw. ablehnend hierzu: Staudinger/*Reimann*, § 2205 Rn 129 ff.; *ders.*, GmbHR 2011, 1297, 1299; *Dörrie*, ZEV 1996, 370, 374; *Lorz*, Testamentsvollstreckung und Unternehmensrecht, 1995, S. 174; *Damrau*, NJW 1984, 2785, 2789; *Muscheler*, Haftungsordnung, S. 506 f.; MüKo/*Zimmermann*, § 2205 Rn 37 (genügend, wenn Testamentsvollstrecker die erbrechtlichen Verfügungs- und Verpflichtungsbefugnisse einhält); *Brandner*, in: FS Kellermann, 1991, S. 37, 45; *Priester*, in: FS Streck 2011, S. 891 ff. Offen lassend BGHZ 108, 187, 198.
102 Für die Anwendbarkeit: OLG Hamm NJW-RR 2002, 729; ablehnend: LG Mannheim ZEV 1999, 443, 444; LG Berlin ZEV 2004, 29, 30 f.
103 *Priester*, in: FS Stimpel 1985, S. 463, 481 f.
104 *Dörrie*, ZEV 1996, 370, 374; *Lorz*, in: FS Boujong, 1996, S. 319, 325 ff.; *Everts*, MittBayNot 2003, 429.
105 Siehe etwa *Wiedemann*, Gesellschaftsrecht I, 360 ff.; *Weidlich*, Die Testamentsvollstreckung im Recht der Personengesellschaften, S. 47 ff.

wertige Befugnisse verleiht[106] Hält man die Kernbereichslehre für anwendbar erscheint im Regelfall daher folgende Zuordnung denkbar:

Zum **Kernbereich** des Erben gehören:[107]	gesellschaftsvertragliche Regelungen zur Beendigung der Beteiligung, Verringerung des Kapitalanteils, der Gewinnbeteiligung, des Auseinandersetzungsguthabens, Erhöhung der handelsrechtlichen Haftung oder der Leistungspflichten
	aus wichtigem Grund: Kündigung, Aufhebungs- und Ausschließungsklage (§§ 133, 140 HGB); ob er daneben selbstständig andere Lösungsrechte geltend machen kann (ordentliche Kündigung), str.[108]
	außerordentliches Kontrollrecht nach § 118 Abs. 2 HGB
	Wahlrecht nach § 139 HGB
	nicht: Klage auf Entziehung der Geschäftsführungs- und Vertretungsbefugnis (§§ 117, 127 HGB), str.[109]
Außerhalb des Kernbereichs, somit allein dem Verwaltungsrecht des Testamentsvollstreckers unterliegen:	alle Beschlussobjekte, bei denen ein nicht der Testamentsvollstreckung unterliegender Gesellschafter auch gegen seinen Willen einen Mehrheitsbeschluss hinnehmen muss
	Verfügungen über den Gesellschaftsanteil, str.[110]
	ordentliche Kündigung, Erhebung der Auflösungsklage, sofern angemessener Ausgleich dafür geleistet wird (§ 2205 S. 3 BGB)
	actio pro socio
	Geltendmachung der Fehlerhaftigkeit von Gesellschafterbeschlüssen
	Kontroll- und Auskunftsrechte, außer § 118 Abs. 2 HGB

Soweit dem Gesellschaftererben im kernbereichsrelevanten Bereich Rechte zwingend verbleiben müssen, spricht die Aufrechterhaltung der erbrechtlichen Kompetenzverteilung dafür, dass diese Rechte durch den Testamentsvollstrecker und den Gesellschaftererben nebeneinander wahrgenommen werden. Nachteile für die übrigen Gesellschafter entstehen aus dieser **Verdoppelung der Gesellschafterrechte** nicht, da zur Durchführung der Testamentsvollstreckung in diesem Bereich ihre Zustimmung erforderlich ist.[111] Im Bereich des Stimmrechts kann dies allerdings nicht zu einer Stimmrechtserhöhung führen, so dass die Stimmrechtsverhältnisse hierdurch unverändert bleiben. Fehlt die Zustimmung des Testamentsvollstreckers bzw. Erben ist die Stimme nicht wirksam abgegeben. Dabei hat der Gesellschaftererbe das Recht, an der Gesellschafterversammlung teilzunehmen und sich zu äußern.

42

---

106 *Weidlich*, Die Testamentsvollstreckung im Recht der Personengesellschaften, S. 47 ff.; *ders.*, ZEV 1994, 204, 208 f.
107 *Pauli*, in: Bengel/Reimann, V Rn 177 ff.; *Quack*, BB 1989, 2271, 2273; *Weidlich*, ZEV 1994, 204, 208 f.
108 Bejahend *Pauli* in *Bengel/Reimann*, Rn 185. A.A. *Ulmer*, NJW 1990, 80; *Weidlich*, Die Testamentsvollstreckung im Recht der Personengesellschaften, S. 56 f. (auf die Dauer von 30 Jahren); *ders.*, ZEV 1994, 209; zweifelnd Staudinger/*Reimann*, § 2205 Rn 123.
109 Bejahend *Quack*, BB 1989, 2273. Soweit diese Entziehungsgründe dispositiv sind (siehe hierzu Baumbach/Hopt, HGB, 36. Aufl. 2014, § 117 Rn 11; § 127 Rn 11), erscheint dies fraglich.
110 *Weidlich*, ZEV 1994, 205, 209; *ders.*, Die Testamentsvollstreckung im Recht der Personengesellschaften, S. 53 ff.; *Pauli*, in: Bengel/Reimann/, V Rn 186; *Werkmüller*, ZEV 2006, 491; LG Leipzig ZEV 2009, 96, 97 f.; KG ZEV 2009, 313, 314 je bezüglich der Verfügung über einen GbR-Anteil; einschränkend *Dörrie*, ZEV 1996, 370, 375, wenn ein mit Geschäftsführungs- und Vertretungsbefugnissen ausgestatteter Gesellschaftererbe in der Gesellschaft einen Beruf gefunden hat; a.M. OLG Hamm NJW-RR 2002, 729 (Zustimmung des Erben erforderlich).
111 *Pauli*, in: Bengel/Reimann, V Rn 180; *Weidlich*, ZEV 1994, 208; krit. hiergegen *Quack*, BB 1989, 2271, 2273, der offenbar alleinige Zuständigkeit des Gesellschaftererben bejaht.

43 War der **Erbe bereits** vor dem Erbfall (aus eigenem Recht) **Gesellschafter** und erbt er eine Gesellschaftsbeteiligung, könnte sich die Testamentsvollstreckung wegen des bisher unterstellten „**Spaltungsverbots**",[112] auch Grundsatz der **Einheitlichkeit der Beteiligung** genannt, u.U. nicht realisieren lassen.[113] Nach der Rspr. des Erbrechtssenats des BGH[114] und nach richtiger Meinung[115] steht die Beteiligung des Erben vor dem Erbfall der Testamentsvollstreckung nicht entgegen. Zur Vermeidung der sich daraus ergebenden Probleme wird man aber eine „vermögensmäßige Trennung" des ererbten von dem bereits vorher vorhandenen Gesellschaftsanteils im Einzelfall annehmen müssen,[116] etwa wenn es um die Frage der Pfändung der Beteiligung durch Gläubiger geht, die nur auf den einen Teil desselben zugreifen können. So kann hinsichtlich der vermögensrechtlichen Ansprüche der vererbten Beteiligung die Testamentsvollstreckung aufrecht erhalten bleiben. Da diese Fragen noch nicht abschließend geklärt sind, ist bei lebzeitiger Aufnahme eines (künftigen) Erben in die Gesellschaft allerdings Vorsicht geboten.

V. Alternativen

44 Auch bei den Beteiligungen eines vollhaftenden Gesellschafters zeigt sich, dass die Testamentsvollstreckung mit erheblichen Problemen verbunden ist. Als Alternative kommen daher auch hier in Betracht: die Umwandlung in eine testamentsvollstreckerfreundlichere Gestaltungsform, z.B. in eine GmbH oder GmbH & Co. KG,[117] in der der Erbe GmbH-Gesellschafter bzw. Kommanditist ist (siehe Rn 45 ff, 49 ff.), wobei dem Testamentsvollstrecker allein oder zusammen mit einem Dritten die Geschäftsführung eingeräumt werden kann.[118] Für den persönlich haftenden Gesellschafter kann dabei im Falle seines Todes die Umwandlung seiner Beteiligung in eine Kommanditbeteiligung gesellschaftsvertraglich vorgesehen werden, ggf. mit dem Recht, nach Ablauf der für die Testamentsvollstreckung vorgesehenen Frist die Rückumwandlung in eine Komplementärstellung zu verlangen.[119]

E. Beteiligung eines Kommanditisten

45 Hier wird beim Tod eines Kommanditisten die Gesellschaft nicht aufgelöst, sondern kraft Gesetzes mit den Erben fortgesetzt, sofern der Gesellschaftsvertrag nichts anderes anordnet (§ 177 HGB). An der so vererblichen Kommanditbeteiligung ist eine Testamentsvollstreckung nunmehr möglich.[120] Voraussetzung ist, dass die übrigen Gesellschafter – im Gesellschaftsvertrag oder im Einzelfall – der Wahrnehmung der Gesellschafterrechte durch den **Testamentsvollstrecker zugestimmt** haben. Die Zustimmung kann auch stillschweigend

---

112 BGHZ 24, 106, 113.
113 BGHZ 108, 187, 199.
114 NJW 1996, 1284 = ZEV 1996, 110 m. Anm. *Lorz* = MittBayNot 1996, 118 m. Anm. *Weidlich*; OLG Schleswig ZEV 2007, 40, 41.
115 Vgl. *Pauli*, in: Bengel/Reimann, V Rn 189; *Winkler*, Der Testamentsvollstrecker, Rn 373 a. Für grundsätzliche Einheitlichkeit der Beteiligung *Sieveking*, in: FS Schippel, 1996, S. 505, 516; dagegen *Waldner*, NJW 1996, 3000.
116 Vgl. auch *Lüttge*, NJW 1994, 5; *Esch*, BB 1993, 664; *Pauli*, in: Bengel/Reimann, V Rn 189.
117 Zur Testamentsvollstreckung hieran siehe *Werner*, ZErb 2008, 195 ff.
118 *Pauli*, in: Bengel/Reimann, V Rn 143; *Nieder/Kössinger*, § 15 Rn 124.
119 *Pauli*, in: Bengel/Reimann, V Rn 173; *Klein*, DStR 1992, 295, 296.
120 BGHZ 108, 187 = NJW 1989, 3152 = DNotZ 1990, 183; BGH NJW-RR 2012, 730, 731.

erteilt werden; davon ist auszugehen, wenn nach dem Gesellschaftsvertrag der Anteil ohnehin frei veräußerlich ist, etwa i.d.R. bei einer „Publikums-KG".[121]

Der Testamentsvollstrecker nimmt damit grundsätzlich **alle Rechte des Erben in der Gesellschaft und an der „Außenseite"** (§§ 2205, 2216 BGB) **wahr**. Es findet daher eine echte, „direkte Testamentsvollstreckung" statt. Dies ist hier mit den gesellschaftsrechtlichen Besonderheiten leichter vereinbar, da die Haftung des Kommanditisten kraft Gesetzes beschränkt (§ 171 HGB)[122] und er nicht geschäftsführungs- und vertretungsbefugt ist (§ 170 HGB). Beschränkungen der Rechtsmacht des Testamentsvollstreckers sind nach der h.M. aus der Kernbereichslehre (siehe Rn 41) denkbar.[123]

46

Fehlt die Zustimmung der übrigen Gesellschafter, ist die Testamentsvollstreckeranordnung nicht völlig unwirksam, die Rechte des Testamentsvollstreckers bleiben lediglich auf die „Außenseite" der Beteiligung beschränkt,[124] für das Innenverhältnis gilt jedoch, dass sich die Gesellschafter wegen ihres persönlichen Verbunds niemanden in der KG aufdrängen lassen müssen. Die Rechtslage entspricht dann der Testamentsvollstreckung über einen Gesellschaftsanteil einer oHG, wenn keine Ersatzlösung getroffen wird (siehe Rn 36 ff.). Die erforderliche Zustimmung ist handelsrechtlich bedingt, bedarf also nicht erbrechtlicher Formen, und kann daher bereits in den Gesellschaftsvertrag aufgenommen werden.[125]

47

> **Gestaltungsüberlegung**
> Wer eine **echte Testamentsvollstreckung** über einen Kommanditanteil will (durch die der Erbe weitgehend von der Beteiligung ausgeschlossen wird), muss den **Gesellschaftsvertrag** dahingehend **überprüfen**, ob eine solche ausdrücklich für zulässig erklärt wurde; andernfalls ist eine Änderung anzustreben oder nur beaufsichtigende Testamentsvollstreckung möglich, wenn die Mitgesellschafter ihre nachträgliche Zustimmung verweigern. Auch hier gilt es, eine Konkordanz von **Gesellschaftsvertrag** und **erbrechtlicher Regelung** herzustellen.

F. Stille Gesellschaft

Beim **Tod des stillen Gesellschafters** wird die Gesellschaft nicht aufgelöst (§ 234 Abs. 2 HGB). Der Testamentsvollstrecker kann die Rechte seiner Erben wahrnehmen, wenn der Geschäftsinhaber dem zustimmt.[126] Durch den Tod des **Geschäftsinhabers** wird die Gesell-

48

---

121 *Ulmer*, NJW 1990, 73, 76; *Winkler*, Der Testamentsvollstrecker, Rn 347; *Reithmann*, BB 1984, 1394, 1395; vgl. auch § 19 Rn 35. Verneint wird das Zustimmungserfordernis für eine Kommanditbeteiligung von *K. Schmidt*, in: FS Maier-Reimer 2010, S. 629 ff.
122 Auch wenn die Einlage noch nicht geleistet oder zurückgezahlt ist, so steht dies der Testamentsvollstreckung am KG-Anteil nicht entgegen, MüKo/*Zimmermann*, § 2205 Rn 44; Staudinger/*Reimann*, § 2205 Rn 125. BGHZ 108, 187, 195 f. (a.A. *Muscheler*, Haftungsordnung, S. 516) deutet allerdings an, dass gegen die Zulässigkeit der Testamentsvollstreckung dann Bedenken bestehen könnten, wenn abweichend vom gesetzlichen Regelungsbild der Kommanditist vertretungsbefugt ist. Da diese Befugnis aber hier auf einer Sonderrechtseinräumung beruht, ist dies nur dann problematisch, wenn auch diese vererblich ist (siehe Staudinger/*Reimann*, § 2205 Rn 130, wo eine Vererblichkeit solcher Befugnisse für möglich gehalten wird, hierfür aber die Zustimmung aller Gesellschafter für eine umfassende Verpflichtungsbefugnis verlangt wird; ebenso *Pauli*, in: Bengel/Reimann, V Rn 206).
123 *D. Mayer*, ZIP 1990, 978; *Ulmer*, NJW 1990, 75, 80.
124 *Reimann*, FamRZ 1992, 117; *Pauli*, in: Bengel/Reimann, V Rn 198; a.A. OLG Hamm NJW-RR 1991, 837 = FamRZ 1992, 113.
125 *Reimann*, FamRZ 1992, 117; sie kann auch konkludent erfolgen (OLG Hamm NJW-RR 1991, 837).
126 MüKo/*Zimmermann*, § 2205 Rn 49; *Winkler*, Der Testamentsvollstrecker, Rn 389 ff.

schaft aufgelöst, wenn der Gesellschaftsvertrag nichts anderes bestimmt (§ 727 Abs. 1 BGB). Der Testamentsvollstrecker hat hier das Guthaben des stillen Gesellschafters zu befriedigen. Wird die Gesellschaft fortgeführt, so befindet sich der Testamentsvollstrecker in der gleichen Situation wie bei Fortführung eines Einzelunternehmens.[127]

G. GmbH und sonstige Kapitalgesellschaften

I. GmbH

1. Grundzüge

49 Der Geschäftsanteil des verstorbenen Gesellschafters ist nach der zwingenden Vorschrift des § 15 Abs. 1 GmbHG vererblich und gehört zum Nachlass; eine Sondererbfolge findet hier (anders als bei der Personengesellschaft) nicht statt.[128] Eine ohne besondere Einschränkung angeordnete Testamentsvollstreckung erfasst daher auch den Anteil des Erblassers an der GmbH.[129] Soll die Testamentsvollstreckung nur auf diese Beteiligung beschränkt sein, bedarf es einer entsprechenden Einschränkung:

Muster: Testamentsvollstreckung nur am GmbH-Anteil

Ich ordne Testamentsvollstreckung an, die jedoch auf meinen Geschäftsanteil an der Schnauferl-Reisen GmbH mit dem Sitz in Glückstadt, beschränkt ist.

50 Die **Verwaltungsvollstreckung** ist nach allgemeiner Auffassung zulässig und bedarf nicht der Zustimmung der Erben. Auch sog. Vinkulierungsklauseln, die die Abtretung der Geschäftsanteile von der Zustimmung der Mitgesellschafter oder der Gesellschaft abhängig machen (§ 15 Abs. 5 GmbHG), schränken die Zulässigkeit der Testamentsvollstreckung nicht ein, mag darin auch der Gedanke zum Ausdruck kommen, den Kreis der Gesellschafter und damit eine Verwaltung durch Fremde einzuschränken. Jedoch kann (nach allerdings umstr. Meinung) die Satzung der GmbH die Ausübung des Verwaltungsrechts des Testamentsvollstreckers ausschließen oder einschränken.[130] Zur Wirkung siehe Rn 64.

Muster: Ausschluss der Verwaltungsrechte des Testamentsvollstreckers in der Satzung der GmbH

Verwaltungsrechte im weitesten Sinne aus Geschäftsanteilen der GmbH können nicht durch einen Testamentsvollstrecker ausgeübt werden.

51 Der Testamentsvollstrecker verwaltet den Geschäftsanteil kraft eigenen Rechts unter Ausschluss der Erben und übt dabei alle aus dem Anteil fließenden Verwaltungs- und Vermögensrechte aus.[131] Die Verwaltung erfasst dabei **grundsätzlich alle Rechtshandlungen**, die die Gesellschaftereigenschaft der Erben mit sich bringt.[132] Zu den vom Testamentsvollstre-

---

127 MüKo/*Zimmermann*, § 2205 Rn 49; *Winkler*, Der Testamentsvollstrecker, Rn 389.
128 Eingehend hierzu *J. Mayer*, ZEV 2002, 209 sowie *Wachter*, ZNotP 1999, 226 mit zahlreichen Formulierungsvorschlägen.
129 BayObLGZ 1991, 127, 134 f. = NJW-RR 1991, 1252 = GmbHR 1991, 572; BGH NJW 1959, 1820 f.
130 H.M.; siehe BGH NJW 1959, 1820; OLG Frankfurt ZEV 2008, 606; *Wachter*, ZNotP 1999, 227; MüKo/*Zimmermann*, § 2205 Rn 52; Baumbach/Hueck/*Fastrich*, GmbHG, 20. Aufl. 2013, § 15 Rn 17 m. Nachw. für die Gegenmeinung.
131 BGH NJW 1959, 1820; *Winkler*, Der Testamentsvollstrecker, Rn 393.
132 *Winkler*, Der Testamentsvollstrecker, Rn 393.

cker wahrzunehmenden Rechten gehört:[133] die Ausübung des Stimmrechts[134] und der Informationsrechte (§ 51a GmbHG),[135] die Mitwirkung bei Satzungsänderungen,[136] die Entgegennahme der Gewinnausschüttung oder des Liquidationserlöses, die gewissenhafte Überwachung des Geschäftsführers entsprechend dem Willen des Erblassers,[137] die Kündigung der Mitgliedschaft,[138] die entgeltliche Veräußerung des Geschäftsanteils oder eine solche i.R.d. Erbauseinandersetzung, samt etwa erforderlicher Teilung. Rechtshandlungen, die die Gesellschaft gegenüber dem Anteilsinhaber vorzunehmen hat (§ 18 Abs. 3 GmbHG), sind gegenüber dem Testamentsvollstrecker vorzunehmen,[139] sofern nicht eine Beschränkung der Verwaltungsbefugnis vom Erblasser angeordnet wurde. Mehrere Testamentsvollstrecker müssen bei gemeinschaftlichen Amtsführung, um wirksam abzustimmen, das Stimmrecht grundsätzlich gemeinsam ausüben (§ 2224 Abs. 1 S. 1 BGB). Wirkt der Testamentsvollstrecker an der Übertragung von Gesellschafterrechten auf einen Beirat mit, läuft er Gefahr, sich schadensersatzpflichtig (§ 2219 BGB) zu machen.[140]

Ausgenommen von der Verwaltungsbefugnis des Testamentsvollstreckers sind jedoch **höchstpersönliche Gesellschafterrechte**, wozu nach h.M. ein satzungsmäßig eingeräumtes Geschäftsführungsrecht gehört.[141] Richtigerweise muss man danach unterscheiden, ob das Sonderrecht mit dem Geschäftsanteil verbunden ist (dann kann es durch den Testamentsvollstrecker ausgeübt werden) oder aber nur dem Gesellschafter als höchstpersönliches Recht zusteht und damit der Testamentsvollstreckung entzogen wird.[142] Entsprechende Klarstellung in der Satzung ist erforderlich. 52

Muster: Begründung eines mit dem Geschäftsanteil verbundenen Sonderrechts zur Geschäftsführung in der Satzung 19.5

Der jeweilige Inhaber des Geschäftsanteils zu 50.000 EUR, bei der Gründung der Gesellschaft übernommen vom Gesellschafter ▓▓▓▓▓▓▓, ist stets berechtigt, die Gesellschaft einzeln und unter Befreiung von den Beschränkungen des § 181 BGB zu vertreten.

Die gleichen Grundsätze gelten prinzipiell auch bei einer **personalistisch strukturierten Gesellschaft**,[143] wobei sich hier aber erhebliche Probleme ergeben können, wenn die Satzung die höchstpersönliche Ausübung der Mitgliedschaftsrechte, insbesondere des Stimmrechts, vorsieht (siehe dazu Rn 64). 53

---

133 Vgl. Soergel/*Damrau*, § 2205 Rn 49 m.w.N.; *Winkler*, Der Testamentsvollstrecker, Rn 393 m.w.N.; *Däubler*, Die Vererbung der Geschäftsanteile bei der GmbH, 1965, S. 42; *Wiedemann*, Die Übertragung und Vererbung von Mitgliedschaften, 1965, S. 338.
134 Die Stimmrechtsausübung kann dabei auch die einzige Aufgabe des Testamentsvollstreckers sein, OLG Hamm BB 1956, 511; *Haegele*, Rpfleger 1969, 186, 188; *Wiedemann*, Die Übertragung und Vererbung von Mitgliedschaften, 1965, S. 338; MüKo/*Zimmermann*, § 2205 Rn 51; Soergel/*Damrau*, § 2205 Rn 49; *Winkler*, Der Testamentsvollstrecker, Rn 395. A.A. *Priester*, in: FS Stimpel 1985, S. 463, 468 (wegen des gesellschaftsrechtlichen Abspaltungsverbots).
135 Beachte hierzu das besondere gerichtliche Entscheidungsverfahren nach § 51b GmbHG i.V.m. § 132 Abs. 1, 3 und 5 AktG.
136 BayObLGZ 1976, 67, 86 = NJW 1976, 1692.
137 *Winkler*, Der Testamentsvollstrecker, Rn 397. U.U. besteht die Verpflichtung zur Überprüfung der Geschäftsführertätigkeit mittels Bankauszüge und des Hauptjournals, BGH NJW 1959, 1820.
138 MüKo/*Zimmermann*, § 2205 Rn 51.
139 *Winkler*, Der Testamentsvollstrecker, Rn 396.
140 Siehe hierzu *Klumpp*, ZEV 2006, 257, 259.
141 *Winkler*, Der Testamentsvollstrecker, Rn 393; *Pauli*, in: Bengel/Reimann, V Rn 240.
142 *Wachter*, ZNotP 1999, 228.
143 *Priester*, in: FS Stimpel 1985, S. 463 ff.; *Winkler*, Der Testamentsvollstrecker, Rn 398 f.; *Pauli*, in: Bengel/Reimann, V Rn 240.

2. Beschränkungen der Rechtsmacht des Testamentsvollstreckers

54 Grenzen der Rechtsmacht des Testamentsvollstreckers ergeben sich:[144]

a) In erbrechtlicher Hinsicht

55 Aus der beschränkten Verpflichtungsbefugnis für Verbindlichkeiten „für den Nachlass" (§§ 2206, 2207 BGB), also wegen der beschränkbaren erbrechtlichen Haftung. Daher können neue **persönliche Nebenleistungspflichten** des Gesellschaftererben (§§ 3 Abs. 2, 26 GmbHG) **nur dann** begründet werden, wenn ihre Erfüllbarkeit aus dem Nachlass gesichert ist.[145]

56 **Kapitalerhöhungen** sind hier nur unproblematisch, wenn sie aus entsprechenden Gesellschaftsmitteln erfolgen (§ 57c GmbHG);[146] bei Kapitalerhöhungen gegen (Bar- oder Sach-)Einlagen (§§ 55 ff. GmbHG ist zu differenzieren: Reichen die Nachlassmittel zur Erbringung nicht aus, so ist die entsprechende Übernahmeerklärung (§ 55 Abs. 1 GmbHG) des Testamentsvollstreckers nur wirksam, wenn der Erbe ausdrücklich zustimmt oder analog § 2128 BGB in entsprechender Höhe Sicherheit geleistet ist.[147] Erteilt der Erbe die dann erforderliche Zustimmung nicht, so spricht vieles dafür, diesen Fall mit der Übernahmeerklärung eines vollmachtlosen Vertreters gleichzustellen. Die Übernahmeerklärung ist daher unwirksam und verpflichtet den Gesellschaftererben nicht und wird auch durch Eintragung der Kapitalerhöhung im Handelsregister nicht wirksam, weil es an einer zurechenbaren Veranlassung hierfür durch den Gesellschaftererben fehlt. Dem Testamentsvollstrecker droht gegenüber der Gesellschaft die Eigenhaftung nach § 179 BGB.[148]

57 Sind zur Durchführung der Kapitalerhöhung auch von anderen Personen Leistungen zu erbringen, genügt die Unwirksamkeit der Übernahmeerklärung zum Schutz des Gesellschaftererben allein jedoch nicht. Zur Vermeidung der Ausfallhaftung nach § 24 GmbHG[149] muss dann der Testamentsvollstrecker unter dem Gesichtspunkt der ordentlichen Nachlassverwaltung gegen den Kapitalerhöhungsbeschluss stimmen,[150] kann diesen aber nur bei einer entsprechenden Sperrminorität (§ 53 Abs. 2 S. 1 GmbHG) verhindern. Eine Zustimmung zum Kapitalerhöhungsbeschluss erfordert aufgrund der Ausfallhaftung nach § 24 GmbHG die Zustimmung des Testamentsvollstreckers und des Gesellschaftererben, sofern

---

144 MüKo/*Zimmermann*, § 2205 Rn 52; *Pauli*, in: Bengel/Reimann, V Rn 245 ff.; ausführlich und praxisbezogen: *Winkler*, Der Testamentsvollstrecker, Rn 398 ff.
145 MüKo/*Zimmermann*, § 2205 Rn 52; *Priester*, in: FS Stimpel 1985, S. 479; *Winkler*, Der Testamentsvollstrecker, Rn 403. Krit. hiergegen *Lorz*, Testamentsvollstreckung und Unternehmensrecht, S. 265 ff.
146 Eingehend *Lorz*, Testamentsvollstreckung und Unternehmensrecht, S. 260 f.
147 So *Dörrie*, ZEV 1996, 370, 373; vgl. auch BayObLGZ 1976, 67 = NJW 1976, 1693; *Priester*, in: FS Stimpel 1985, S. 478; ähnlich *Pauli*, in: Bengel/Reimann, V Rn 245, *Lorz*, Testamentsvollstreckung und Unternehmensrecht, S. 261 ff. mit ausführlicher Darstellung der Problematik, sowie *Winkler*, Der Testamentsvollstrecker, Rn 402 (der zur Vermeidung der Ausfallhaftung auf die sofortige Fälligkeit der Einlageleistung abstellt, was aber das Problem nicht löst).
148 *Dörrie*, ZEV 1996, 370, 373; vgl. allg. Scholz/*Priester*, GmbHG, 10. Aufl., § 57 GmbHG Rn 51 ff., Hachenburg/*Ulmer*, § 57 GmbHG Rn 48 ff. A.A. (Beschränkung der Verpflichtungswirkung auf den Nachlass) MüKo/*Zimmermann*, § 2205 Rn 52; *Lutter*/*Hommelhoff*, § 55 GmbHG Rn 31; für Wirksamkeit aus Gläubigerschutzgesichtspunkten *J. Mayer*, ZEV 2002, 211.
149 Die Ausfallhaftung des § 24 GmbHG trifft nach allg. gesellschaftsrechtlichen Grundsätzen auch den Gesellschafter, der einer Kapitalerhöhung nicht zugestimmt hat, § 53 Abs. 3 GmbHG greift hier nicht ein, vgl. bereits RGZ 93, 251, 253; 132, 392, 394 f.
150 Soergel/*Damrau*, Rn 51; *Priester*, in: FS Stimpel 1985, S. 479; *Lorz*, Testamentsvollstreckung und Unternehmensrecht, S. 263.

die Ausfallhaftung nicht durch Volleinzahlung des bisherigen und des neuen Kapitals ausgeschlossen ist. Andernfalls liegt keine wirksame Zustimmungserklärung vor (siehe Rn 42).[151]

An Vermeidungsstrategien für die Kapitalerhöhungsproblematik kommen in Betracht: 58
- **Kapitalzuführung** durch **schlichte Einzahlung** (bezüglich des Gesellschaftererben nur aus Nachlassmitteln), Einstellung in offene Rücklagen und anschließende Umwandlung in Stammkapital;[152]
- **bedingte Zustimmung** des Testamentsvollstreckers zum Kapitalerhöhungsbeschluss und zur Übernahmeerklärung, jeweils dadurch bedingt, dass diese erst wirksam werden, wenn die alten und alle neu zu leistenden Stammeinlagen voll erbracht sind (schützt vor § 24 GmbHG nur bei entsprechender Sperrminorität und begründet entsprechende Überprüfung durch das Registergericht);[153]
- Erteilung einer entsprechenden (trans- oder postmortalen) **Vollmacht** für derartige Kapitalerhöhungen durch den Erblasser an den Testamentsvollstrecker, so dass dieser den Gesellschaftererben nicht kraft seines Amtes, sondern aufgrund der Vollmacht verpflichtet. Allerdings sind derartige Vollmachten zunehmend in Kritik gekommen (siehe Rn 12).

Muster: Postmortale Spezialvollmacht für eine Kapitalerhöhung gegen Einlagen 19.6

Der Erblasser erteilt hiermit dem Herrn ▓▓▓▓▓ (= Testamentsvollstrecker) unwiderruflich die Vollmacht, ihn bei Beschlüssen betreffend die Kapitalerhöhungen der ▓▓▓▓▓ GmbH mit dem Sitz in ▓▓▓▓▓, bei der Abgabe von Übernahmeerklärungen, Handelsregisteranmeldungen und allen zur Durchführung dieser Maßnahmen erforderlichen und zweckmäßigen Erklärungen und Handlungen in jeder gesetzlich zulässigen Weise umfassend zu vertreten, sofern die Kapitalerhöhung nur zur Leistung einer baren Einlage von ▓▓▓▓▓ EUR ▓▓▓▓▓ verpflichtet und folgende Bedingungen eingehalten werden: ▓▓▓▓▓.

Die Vollmacht kann erst nach dem Tod des Vollmachtgebers ausgeübt werden. Untervollmacht kann erteilt werden; der Bevollmächtigte ist von den Beschränkungen des § 181 BGB befreit/nicht befreit.[154]

Zum Erwerb eines Geschäftsanteils und zur GmbH-Gründung siehe Rn 71. 59

Der Testamentsvollstrecker, dem vom Erblasser auch die Ausübung von Stimmrechten 60 übertragen ist, kann jedenfalls dann die **Umwandlung** einer GmbH in eine AG herbeiführen, wenn dadurch weitergehende Verpflichtungen, als sie für die Erben vorher bestanden haben, nicht begründet werden (siehe dazu Rn 72).[155]

Weiter darf der Testamentsvollstrecker **keine unentgeltlichen Verfügungen** treffen (§ 2205 61 S. 3 BGB). Dies ist bereits dann der Fall, wenn die Verfügung nicht gegen ein vollwertiges Entgelt geschieht; das Schenkungsverbot erfasst somit bereits gemischte Schenkungen. Die Ausübung des Stimmrechts oder eines Zustimmungsrechts kann sich unmittelbar auf die Mitgliedschaft auswirken und somit eine Verfügung hierüber sein, insbesondere bei Eingriffen in vermögensmäßige Positionen (z.B. Änderung des Gewinnverteilungsschlüssels, nachträgliche Einführung einer Buchwertabfindung, Verzicht auf bestehende Sonderrechte).[156]

---

151 Vgl. *Pauli*, in: Bengel/Reimann, V Rn 245. Für alleiniges Stimmrecht des Erben *Priester*, in: FS Stimpel 1985, S. 480; *Winkler*, Der Testamentsvollstrecker, Rn 403. Zu den Auswirkungen der fehlenden Zustimmung auf den Kapitalerhöhungsbeschluss vgl. allg. Scholz/*Priester*, § 57 GmbHG Rn 44 ff; Hachenburg/*Raiser*, Anh. § 47 GmbHG Rn 16 ff.; Hachenburg/*Ulmer*, § 57 GmbHG Rn 40 ff.
152 *Heinemann*, GmbHR 1985, 349, 350; *Lorz*, Testamentsvollstreckung und Unternehmensrecht, S. 264 f.
153 *Lorz*, Testamentsvollstreckung und Unternehmensrecht, S. 265.
154 Muster nach *Wachter*, ZNotP 1999, 231.
155 BayObLGZ 1976, 67, 86 = NJW 1976, 1692.
156 *Dörrie*, ZEV 1996, 370, 371; *Paschke*, ZIP 1985, 129, 134 ff; *J. Mayer*, ZEV 2002, 212. Allg. für die Anwendung des § 2205 S. 3 BGB auf die Stimmrechtsabgabe unabhängig von der Verfügungsqualität im Einzelfall *Lutter*, ZGR 1982, 108, 119.

Allerdings fällt bei Eingriffen in die Mitgliedschaft die Bestimmung der Gegenleistung und erst recht die der Gleichwertigkeit sehr schwer.[157] I.d.R. nicht unentgeltlich und damit zulässig sind jedoch verfügende Eingriffe in die Mitgliedschaft, wenn **gleichmäßig belastend** in die Beteiligungen aller Gesellschafter eingegriffen wird.[158] Bei einseitigen Eingriffen verneint die Rspr. beim Vorerben eine Unentgeltlichkeit, wenn nach Lage der Dinge unter Berücksichtigung seiner Pflicht, den **Nachlass ordnungsgemäß zu verwalten,** der Vorerbe von der Entgeltlichkeit der Maßnahme überzeugt sein durfte, insbesondere wenn diese im Hinblick auf die gewandelten Verhältnisse und die künftigen Entwicklungen des Unternehmens geboten ist.[159] Diese Grundsätze wird man auch auf den Testamentsvollstrecker übertragen können.[160] Bei einseitigen Eingriffen in die Mitgliedschaft sind danach unzulässig:
- die **Kündigung** der Gesellschaftsbeteiligung ohne vollwertige Abfindung;[161]
- eine einseitige und nachteilige Änderung des **Gewinnverteilungsschlüssels;**
- Ausübung des Austrittsrechts bei fehlender Vollwertigkeit der Barabfindung, §§ 29 ff., 125, 207 ff. UmwG.[162]

62 Verfügt der Testamentsvollstrecker bei der Stimmrechtsausübung in diesem Sinne „unentgeltlich", so ist dies unwirksam, bis der Erbe zustimmt. Ein trotzdem ergehender Beschluss über Satzungsänderungen ist allerdings grundsätzlich nicht nichtig, sondern nur anfechtbar.[163] Die Veräußerung des Geschäftsanteils in Erfüllung einer Teilungsanordnung oder eines Vermächtnisses erfolgt aber nicht unentgeltlich, sondern in Vollzug der Anordnungen des Erblassers.[164]

b) Gesellschaftsrechtliche Grenzen

63 Hier ergeben sich zum einen **gesetzliche Beschränkungen**. An seiner Wahl zum **Geschäftsführer** darf der Testamentsvollstrecker wegen § 181 BGB nur dann mitwirken, wenn ihm dies vom Erblasser oder Erben ausdrücklich gestattet wurde.[165] Ebenso wie ein Vertreter des Gesellschafters unterliegt er den zwingenden Stimmverboten nach § 47 Abs. 4 GmbHG und ist daher z.B. vom Stimmrecht hinsichtlich des zum Nachlass gehörenden Geschäftsanteils ausgeschlossen, wenn es um seine Entlastung als Geschäftsführer oder um mit dieser Stellung zusammenhängende Fragen geht.[166] Die Erteilung begleitender Vollmachten des Erben an den Testamentsvollstrecker ist daher zweckmäßig. Trotz des Ausschlusses vom Stimmrecht verbleibt das Recht, die Einberufung der Gesellschafterversammlung über der-

---

157 *Dörrie,* ZEV 1996, 370, 371; *J. Mayer,* ZEV 2002, 212.
158 BGHZ 78, 177, 186 (zum Vorerben); *Lutter,* ZGR 1982, 108, 115; *Paschke,* ZIP 1985, 129, 135; *Priester,* in: FS Stimpel 1985, S. 475 f.; *Dörrie,* ZEV 1996, 370, 371; *Winkler,* Der Testamentsvollstrecker, Rn 401; *Großfeld,* JZ 1981, 769, 775.
159 BGHZ 78, 177, 182 f. Krit. hierzu Staudinger/*Avenarius,* § 2113 Rn 86 f.
160 *Winkler,* Der Testamentsvollstrecker, Rn 401; *Dörrie,* ZEV 1996, 371 f.; *J. Mayer,* ZEV 2002, 212; *Pauli,* in: Bengel/Reimann, V Rn 246.
161 Dazu BGH NJW 1984, 362 = BB 1984, 181 zum Vorerben: Auch wenn der Firmenwert und schwebende Geschäfte außer Acht bleiben und stille Reserven pauschal abgegolten werden, kann die kritische Geschäftslage zur Anerkennung der Entgeltlichkeit führen.
162 *Wachter,* ZNotP 1999, 230; *J. Mayer,* ZEV 2002, 212.
163 *Lutter,* ZGR 1982, 108, 119; *Winkler,* Der Testamentsvollstrecker, Rn 401; *Dörrie,* ZEV 1996, 372; *Hachenburg/Raiser,* GmbHG, 8. Aufl. 1990 ff., Anh. § 47 Rn 17. Bedarf es aber der Zustimmung aller Gesellschafter zur betroffenen Maßnahme (§ 53 Abs. 3 GmbHG), so ist diese Einwilligung unwirksam, *Hachenburg/Raiser,* Anh. § 47 Rn 23.
164 *Pauli,* in: Bengel/Reimann, V Rn 246.
165 Palandt/*Weidlich,* § 2205 Rn 19, 25.
166 BGHZ 108, 21, 28 = NJW 1989, 2694; Palandt/*Weidlich,* § 2205 Rn 19.

artige Beschlussgegenstände zu verlangen oder ggf. selbst vorzunehmen (siehe § 50 GmbHG), aber allein beim Testamentsvollstrecker. Der Erbe ist insoweit auf die Geltendmachung seiner Rechte nach § 2216 BGB gegenüber dem Testamentsvollstrecker angewiesen.[167]

Zum anderen kann die **Satzung** die Ausübung von Verwaltungsrechten durch Außenstehende, und damit auch durch den Testamentsvollstrecker, wirksam ausschließen oder beschränken, und damit zu einer **personalistisch strukturierten Gesellschaft** führen (siehe Rn 50).[168] Ein solcher Ausschluss kann auch ohne ausdrückliche Anordnung vorliegen, wenn die Satzung eine höchstpersönliche Ausübung des Stimmrechts und der Mitverwaltungsrechte vorsieht.[169] Ein allgemeines Abgehen von einer derartigen Regelung erfordert eine Satzungsänderung der GmbH.[170] Der Testamentsvollstrecker ist auch dann an der Ausübung der Mitgliedschaftsrechte gehindert, wenn die Satzung die Vertretung des Gesellschafters auf bestimmte Personen oder Personengruppen beschränkt, etwa auf Mitgesellschafter, Familienangehörige oder zur Berufsverschwiegenheit verpflichtete Personen. Dann kann der Testamentsvollstrecker diese Rechte nur wahrnehmen, wenn er zu dem zugelassenen Personenkreis gehört.[171] Ist der Testamentsvollstrecker von der Ausübung dieser Mitgliedschaftsrechte ausgeschlossen, so ist i.d.R. davon auszugehen, dass diese nicht während der Dauer der Testamentsvollstreckung ruhen, sondern von den **Erben** ausgeübt werden können, wenn diese nicht ebenfalls nach der Satzung von der Wahrnehmung ihrer Rechte ausgeschlossen sind.[172] Denn nach den allgemeinen Grundsätzen des Rechts der Testamentsvollstreckung beschränken dessen Befugnisse nur die Rechte der Erben, schließen diese aber nicht völlig aus (§ 2211 BGB). Wer die Gesellschafterrechte ganz ruhen lassen will, kann durch satzungsmäßige Regelung in diesem Fall das Ruhen des Stimmrechts der Erben anordnen, wobei sich auch hier Schranken aufgrund der Kernbereichslehre (siehe Rn 66) ergeben können:

Muster: Ruhen des Stimmrechts

Ist der Testamentsvollstrecker von der Ausübung des Stimmrechts aufgrund eines in seiner Person liegenden Stimmrechtsverbots ausgeschlossen, so ruht das auf den verwalteten Geschäftsanteil ruhende Stimmrecht, soweit gesetzlich zulässig, generell, insbesondere auch für die Erben. Soweit ein Ruhen des Stimmrechts nicht möglich ist oder der Testamentsvollstrecker an der Wahrnehmung sonstiger Verwaltungsrechte aus Rechtsgründen gehindert ist, stehen diese den Erben zu.

Durch die Satzung wird hier eine personalistische Struktur der GmbH hergestellt, die der entspricht, die kraft Gesetzes bei der Personengesellschaft besteht. Dadurch wird der Testamentsvollstrecker an der Innenseite der Gesellschaftsbeteiligung von der Ausübung der Mitgliedschaftsrechte ausgeschlossen. Jedoch wird man bei sachgemäßer Auslegung des Erblasserwillens (§ 2085 BGB) hier wie bei der Personengesellschaft (siehe Rn 47) dazu kommen müssen, dass dann jedoch die **vermögensrechtlichen Ansprüche** an der **Außen-**

---

167 BGH NZG 2014, 945.
168 Auch bei Freiberufler-GmbHs kann die Ausübung der Gesellschafterrechte durch einen Testamentsvollstrecker, der nicht die nötige berufliche Qualifikation hat, ausgeschlossen sein, Staudinger/*Reimann*, § 2205 Rn 142.
169 *Pauli*, in: Bengel/Reimann, V Rn 247; *Petzold*, GmbHR 1977, 25, 28.
170 OLG Frankfurt ZEV 2008, 606.
171 *Priester*, in: FS Stimpel 1985, S. 471; *Pauli*, in: Bengel/Reimann, V Rn 247; *J. Mayer*, ZEV 2002, 213.
172 BGHZ 51, 209, 217 = NJW 1969, 841; BGHZ 108, 21, 28 = NJW 1989, 2694; *Winkler*, Der Testamentsvollstrecker, Rn 400; *Pauli*, in: Bengel/Reimann, V Rn 247; Baumbach/Hueck/*Fastrich*, 20. Aufl. 2013, § 15 GmbHG Rn 17.

seite der Beteiligung (Gewinn, Abfindungsanspruch, Verfügungsbefugnis über den Geschäftsanteil) der Verwaltung des Testamentsvollstreckers unterliegen.[173]

3. Einschränkungen durch die Kernbereichslehre

66 Weitere Einschränkungen der Verwaltungsbefugnisse des Testamentsvollstreckers ergeben sich auch **gesellschaftsrechtlich** aus der **Kernrechtsbereichstheorie** (ausführlich siehe Rn 41). Danach sind Eingriffe in den Kernbereich der Mitgliedschaft nur mit Zustimmung des Inhabers, also hier des Gesellschaftererben, zulässig.[174] Zum Kernbereich gehören:[175]
– Eingriffe in mitgliedschaftliche Sonderrechte oder unentziehbare Mitgliedschaftsrechte;
– Einführung neuer Leistungspflichten (arg. § 53 Abs. 3 GmbHG), wie Wettbewerbsverbote, Nachschusspflichten, Wiederanlagepflichten;
– Informationsrechte (§ 51a GmbHG, wobei eine Beschränkung auf die Fälle des § 118 Abs. 2 HGB ausreichend erscheint, siehe Rn 41);
– sonstige Satzungsänderungen, für die die normale 3/4-Mehrheit nicht genügt (z.B. nachträgliche Zulassung der Einziehung von Geschäftsanteilen, Abtretungsbeschränkungen, Zustimmung zu Unternehmensverträgen,[176] Modifizierung oder Einführung von Abfindungsregelungen, Einräumung von Erwerbs- und Vorkaufsrechten, Schaffung von Vorzugsrechten, jede Satzungsänderung der Vor-GmbH);
– Abweichungen vom Gleichbehandlungsgrundsatz.

67 Bei der Begründung von Leistungspflichten bedarf es ausnahmsweise keiner Zustimmung der betroffenen Erben, wenn deren Erfüllung allein aus Nachlassmitteln sichergestellt ist.[177] Soweit der Kernbereich der Mitgliedschaft betroffen ist, besteht eine Doppelzuständigkeit von Testamentsvollstrecker und Erbe (siehe Rn 42).[178] Da Geltung und Umfang der Kernbereichslehre umstritten sind, kann sich eine satzungsmäßige Regelung hierzu empfehlen:

Muster: Einschränkung der Befugnisse des Testamentsvollstreckers im Hinblick auf die Kernbereichslehre

Der Testamentsvollstrecker ist nicht befugt, ohne Zustimmung des betreffenden Gesellschaftererben in den Kernbereich der Mitgliedschaft einzugreifen. Einer entsprechenden Zustimmung bedarf der Testamentsvollstrecker dabei insbesondere ▬▬▬▬ (entsprechende Aufzählung).

II. Aktiengesellschaft

68 Hier gelten die gleichen Grundsätze wie bei der GmbH. Insbesondere verwaltet der Testamentsvollstrecker die zum Nachlass gehörenden Namens- und Inhaberaktien und übt das

---

173 *Winkler*, Der Testamentsvollstrecker, Rn 400; *Pauli*, in: Bengel/Reimann, V Rn 248; Staudinger/*Reimann*, § 2205 Rn 142; *J. Mayer*, ZEV 2002, 213.
174 *Pauli*, in: Bengel/Reimann, V Rn 249 ff.; *Winkler*, Der Testamentsvollstrecker, Rn 404; *Priester*, in: FS Stimpel 1985, S. 481. Krit. hierzu *Dörrie*, ZEV 1996, 370, 374; *Lorz*, Testamentsvollstreckung und Unternehmensrecht, S. 174; *Damrau*, NJW 1984, 2785, 2789; *Muscheler*, Haftungsordnung, S. 506 f.; MüKo/*Zimmermann*, § 2205 Rn 52 i.V.m. 45 (genügend, wenn Testamentsvollstrecker die erbrechtlichen Verfügungs- und Verpflichtungsbefugnisse einhält); *Brandner*, in: FS Kellermann 1991, S. 37, 45. Offenlassend BGHZ 108, 187, 190.
175 Vgl. *Winkler*, Der Testamentsvollstrecker, Rn 404; *Priester*, in: FS Stimpel 1985, S. 483; Checkliste bei *D. Mayer/Weiler*, in: Beck'sches Notarhandbuch, 5. Aufl. 2009, D I Rn 101.
176 Offengelassen von BGH DNotZ 1989, 102; siehe aber *Ulmer*, BB 1989, 10, 14.
177 *Pauli*, in: Bengel/Reimann, V Rn 249; *Winkler*, Der Testamentsvollstrecker, Rn 404.
178 *Priester*, in: FS Stimpel 1985, S. 484; *Winkler*, Der Testamentsvollstrecker, Rn 404.

Stimmrecht (§ 134 AktG) und das Bezugsrecht (§ 186 AktG) aus.[179] Satzungsklauseln, die die Testamentsvollstreckung ausschließen oder einschränken, werden dabei für zulässig gehalten.[180] Ist der die Aktien verwaltende Testamentsvollstrecker zugleich zum Vorstand oder Aufsichtsrat der Gesellschaft bestellt (Ämterkumulation), steht dies der Amtsausübung nicht entgegen.[181] Bei der Veräußerung des ererbten Aktienpakets sind ggf. die §§ 29 ff. WpÜG zu beachten.[182]

III. Genossenschaften

Nach § 77 Abs. 1 GenG geht mit dem Tod des Genossen die Mitgliedschaft auf die Erben über, endet aber mit dem Schluss des Geschäftsjahrs, in dem der Erbfall eingetreten ist (befristete Nachfolgeklausel). Bis dahin nimmt der Testamentsvollstrecker die Mitgliedschaftsrechte wahr. § 77 Abs. 2 GenG sieht die darüber hinausgehende Fortsetzung der Mitgliedschaft bei besonderen Regelungen des Statuts vor. Die hierzu erforderliche Erklärung kann der Testamentsvollstrecker nur abgeben, wenn dadurch keine weiter gehenden Verpflichtungen der Erben entstehen.[183]

69

H. Mischformen

Für GmbH & Co. und „GmbH & Still" gilt das, was für die jeweilige Unternehmensform gilt.[184]

70

I. Gesellschaftsneubeteiligungen, Umwandlungen

I. Gesellschaftsgründung, Beteiligungserwerb

Wegen der dadurch entstehenden persönlichen Haftung des Erben ist es dem Testamentsvollstrecker verwehrt, eine mit **unbeschränkter persönlicher Haftung** für die Gesellschaftsschulden verbundene Beteiligung an einer Personengesellschaft einzugehen.[185] Ist dies ausgeschlossen, so ist die Übernahme einer Kommanditbeteiligung, einer GmbH-Beteiligung oder die Beteiligung an einer anderen Kapitalgesellschaft möglich. Die **Gründung** einer GmbH durch einen Testamentsvollstrecker für den Erben scheitert allerdings i.d.R. an der damit verbundenen strengen persönlichen und unbeschränkbaren Haftung (vgl. §§ 9, 9a, 29 und §§ 3 Abs. 2, 24 GmbHG und die Grundsätze der Unterbilanzhaftung bei Eintragung). Hier würden wiederum die erbrechtlich beschränkbare Haftung aus der Tätigkeit des Testamentsvollstreckers mit den zwingenden Grundsätzen der Kapitalaufbringung und Kapitalerhaltung kollidieren.[186] Daher ist dies nur dann möglich, wenn eine

71

---

179 MüKo/*Zimmermann*, § 2205 Rn 53; *Pauli*, in: Bengel/Reimann, V Rn 263; *Frank*, ZEV 1998, 2002, 389.
180 Vgl. *Unsöld*, Die Testamentsvollstreckung an Aktien, 2009, S. 61 ff.
181 *Grunsky*, ZEV 2008, 1 ff.; *Unsöld*, Die Testamentsvollstreckung an Aktien, S. 117 ff.; a.M. *Frank*, NZG 2002, 898.
182 Vgl. *Werkmüller*, ZEV 2006, 491, 492.
183 *Pauli*, in: Bengel/Reimann, V Rn 268; MüKo/*Zimmermann*, § 2205 Rn 54; Bamberger/Roth/*J. Mayer*, § 2205 Rn 55. A.A.: Keinerlei Vertretungsmöglichkeit durch den Testamentsvollstrecker: Staudinger/*Reimann*, § 2205 Rn 144; *Winkler*, Rn 429 f.
184 Staudinger/*Reimann*, § 2205 Rn 145.
185 *Pauli*, in: Bengel/Reimann, V Rn 217; MüKo/*Zimmermann*, § 2205 Rn 56.
186 Vgl. etwa Baumbach/Hueck/*Fastrich*, 20. Aufl. 2013, § 1 GmbHG Rn 47; KGJ 33 A 135.

persönliche Haftung des Gesellschaftererben durch sofortige Volleinzahlung bzw. entsprechende Sacheinlage ausgeschlossen ist (und zwar auch die Ausfallhaftung nach § 24 GmbHG für die Stammeinlagen der anderen Gesellschafter) oder der Testamentsvollstrecker aufgrund gesonderter Ermächtigung des Erben diesen im vollen Umfang persönlich verpflichten kann.[187]

II. Umwandlungsfälle

72 Bei der Änderung der Gesellschaftsform im Wege der Umwandlung ist zu beachten, dass allein aufgrund der Umwandlung der Testamentsvollstrecker am Zielrechtsträger grundsätzlich keine weitergehenden Befugnisse erhält, als ihm am alten Anteil zustanden. Die **Umwandlung** einer **Personenhandelsgesellschaft auf bzw. in eine Kapitalgesellschaft** führt zwar nicht zu einem Ausscheiden des Gesellschaftsanteils aus dem Nachlass. Die Verwaltungsbefugnis des Testamentsvollstreckers besteht in den Fällen der Verschmelzung und Spaltung (vgl. §§ 20, 131 UmwG) und des Formwechsels (vgl. § 202 Abs. 1 Nr. 2 UmwG) am neuen Gesellschaftsanteil grundsätzlich fort. Begrenzt man aber die Rechte des Testamentsvollstreckers an einem Komplementäranteil bzw. Anteil eines OHG-Gesellschafters auf die Außenseite, so lässt sich die **Erweiterung der Befugnisse** bei der Kapitalgesellschaft weder nach den Umwandlungsvorschriften noch durch Rückgriff auf die entsprechende Anwendung des § 2041 BGB begründen.[188] Dies muss aber nicht zwangsläufig zu einer Versteinerung der Befugnisse des Testamentsvollstreckers führen. Ergeben sich Anhaltspunkte, dass der Erblasser eine solche Umwandlung wünschte, so kann insoweit eine bedingt angeordnete Testamentsvollstreckung angenommen werden mit der Folge, dass dem Testamentsvollstrecker die beim Zielrechtsträger ausübbaren weitergehenden Befugnisse einzuräumen sind.[189]

Die Umwandlung einer Personenhandelsgesellschaft auf bzw. in eine Kapitalgesellschaft und umgekehrt bedarf grundsätzlich der **Zustimmung** von Testamentsvollstrecker und Erbe. Dies ergibt sich unabhängig von persönlichen Haftungsrisiken, die i.R.d. Umwandlung für den Erben entstehen können, bereits deshalb, weil die Rechtsstellung des Gesellschafters im Regelfall grundlegend verändert wird.[190] Erfolgt die Umwandlung durch eine Mehrheitsentscheidung gegen die Zustimmung des Erben und/oder Testamentsvollstreckers, so hat jeder die Möglichkeit, nach § 207 UmwG gegen Barabfindung die Übertragung der Gesellschaftsanteile des Zielrechtsträgers bzw. das Ausscheiden aus dem Zielrechtsträger zu verlangen. Das LG Mannheim hält dagegen eine Zustimmung des Erben für entbehrlich, wenn keine persönliche Haftung des Erben herbeigeführt wird; dass dabei in den Kernbereich der Mitgliedschaft eingegriffen werde, sei für sich allein unbeachtlich.[191]

Entbehrlich erscheint eine Zustimmung des Erben, wenn er in der aufnehmenden Gesellschaft eine Kommanditistenstellung erhält und dabei sichergestellt ist, dass er durch Erbringung der Einlage von seiner Kommanditistenhaftung gegenüber den Gesellschaftsgläubigern

---

187 Vgl. hierzu *J. Mayer*, ZEV 2002, 211.
188 *Weidlich*, MittBayNot 1996, 1, 2; *Pauli*, in: Bengel/Reimann, V Rn 271; *Winkler*, Der Testamentsvollstrecker, Rn 410a. Für eine automatische Eweiterung *J. Mayer*, ZEV 2002, 213; Staudinger/*Reimann*, § 2205 Rn 147.
189 NK-BGB/*Kroiß*, § 2205 Rn 78.
190 *Pauli*, in: Bengel/Reimann, V Rn 276.
191 LG Mannheim ZEV 1999, 443 = NZG 1999, 825 m. Anm. *Pentz*.

befreit ist.[192] Gleiches gilt, wenn eine Kapitalgesellschaft in eine andere Kapitalgesellschaft umgewandelt wird.[193]

Eingehend zur Testamentsvollstreckung und Umwandlungsrecht siehe *Pauli*, in: Bengel/Reimann, V Rn 270 ff.; *Winkler*, Rn 377 ff.; *Weidlich*, MittBayNot 1996, 1 ff.

---

192 *Pauli*, in: Bengel/Reimann, V Rn 277; *Winkler*, Der Testamentsvollstrecker, Rn 410a; *Dörrie*, GmbHR 1996, 249.
193 BayObLGZ 1976, 67, 86 = NJW 1976, 1692 für die Umwandlung einer GmbH in eine AG, wenn dadurch keine weitergehenden Verpflichtungen für die Erben begründet werden.

§ 20 Die Haftung des Testamentsvollstreckers

Dr. Jörg Mayer

Inhalt:

	Rn		Rn
A. Haftungsgrundlagen	1	D. Haftungsvoraussetzungen	14
B. Haftungsgläubiger	3	I. Objektive Pflichtverletzung	15
I. Haftung gegenüber den Erben	3	II. Verschulden	19
II. Haftung gegenüber Vermächtnisnehmern	7	III. Kausalität	24
III. Haftung gegenüber Dritten	8	E. Haftungsfolgen	25
C. Die zeitliche Dimension der Haftung des Testamentsvollstreckers	9	F. Verjährung, Aufrechnung	26
I. Tätigkeit vor Annahme des Amtes	10	G. Befreiung von der Haftung	28
II. Tätigkeit nach Beendigung des Amtes	11	H. Mitverschulden	31
III. Haftung nach dem Tod des Testamentsvollstreckers	12	I. Haftung mehrerer Testamentsvollstrecker	32
IV. Haftung des vermeintlichen Testamentsvollstreckers	13	J. Der Haftpflichtprozess	33
		K. Exkurs: Haftung der Erben für Handlungen des Testamentsvollstreckers	34

A. Haftungsgrundlagen

Die grundsätzlich freie Stellung des Testamentsvollstreckers gegenüber den Erben als „Treuhänder und Inhaber eines privaten Amtes"[1] erzeugt aber als Korrektiv auch umfassende Pflichten (§§ 2215, 2216, 2218, 2219 BGB).[2] Es besteht zwischen den Erben oder Vermächtnisnehmern, die der Testamentsvollstreckung unterworfen sind, und dem Testamentsvollstrecker ein **gesetzliches Schuldverhältnis**, das den Testamentsvollstrecker zu sorgfältiger und gewissenhafter Ausführung der ihm obliegenden Aufgaben verpflichtet.[3] Da zwischen dem Testamentsvollstrecker und den am Nachlass Berechtigten keine vertragliche Beziehung besteht, war eine eigenständige Haftungsgrundlage erforderlich. Diese ist in § 2219 BGB enthalten. Diese gilt grundsätzlich auch dann, wenn ein Rechtsanwalt oder Steuerberater als Testamentsvollstrecker tätig ist; **berufsrechtliche Haftungsnormen** finden insoweit **keine** Anwendung.[4] Abgrenzungsprobleme können jedoch auftauchen, da ein Testamentsvollstrecker, der einen solchen Beruf ausübt, zugleich ein besonderes Mandat dieser Art für den Nachlass übernehmen kann. Jedoch ist zu beachten, dass es für die wirksame Begründung eines solchen Mandatsverhältnisses erforderlich ist, dass auch eine entsprechende Befreiung des Testamentsvollstreckers von den Beschränkungen des § 181 BGB vorliegt. In Zweifelsfällen wird man daher davon ausgehen müssen, dass jede Tätigkeit des Testamentsvollstreckers, die im weitesten Sinn mit der Nachlassverwaltung zu tun hat, seinem Amt und nicht seiner Tätigkeit als Rechtsanwalt oder Steuerberater zuzurechnen ist.[5]

1

Tatbestandsvoraussetzung ist die Verletzung einer dem Testamentsvollstrecker obliegenden Pflicht. Dabei muss er schuldhaft handeln (§ 276 BGB: Vorsatz oder Fahrlässigkeit) und aus der schuldhaften Pflichtverletzung muss kausal ein Schaden entstehen. Der Haftungsumfang ist dabei durch das Gesetz nicht begrenzt,[6] was für den Testamentsvollstrecker

2

---

1 *Bengel/Dietz*, in: Bengel/Reimann, I Rn 11.
2 Palandt/*Weidlich*, § 2219 Rn 1.
3 RG JW 1936, 3390; Palandt/*Weidlich*, § 2219 Rn 1.
4 *J. Müller*, in: Bengel/Reimann, XII Rn 2 f.
5 Noch weiter gehend *J. Müller*, in: Bengel/Reimann, XII Rn 3: Jede Tätigkeit dieser Art sei der Testamentsvollstreckung zuzuordnen und damit der Haftung nach § 2219 BGB unterworfen.
6 *J. Müller*, in: Bengel/Reimann, XII Rn 5.

weit reichende Folgen haben kann. Ist eine juristische Person Testamentsvollstrecker, so haftet diese für Fehler ihrer Organe und „verfassungsmäßig berufenen Vertreter" nach § 31 BGB.

Die Haftung aus § 2219 BGB kann mit einer solchen aus unerlaubter Handlung **konkurrieren**,[7] jedoch geht die spezielle Haftung aus § 2219 BGB insoweit weiter, als sie auch die Haftung für Vermögensschäden jenseits von § 826 BGB umfasst. Haftungsansprüche nach den §§ 823 ff. BGB werden daher vor allem nur für Dritte, nicht aber für die Nachlassbeteiligten selbst bedeutsam werden.[8] Bei der Verletzung steuerlicher Pflichten kommt auch die sehr weit reichende Haftung nach § 69 AO in Betracht (siehe § 46 Rn 122 ff.).

Bei dem Ersatzanspruch aus § 2219 BGB handelt es sich um einen zum Nachlass gehörigen (§ 2041 BGB), so dass seine Geltendmachung dem **neuen Testamentsvollstrecker** obliegt, nicht aber den Erben selbst (§ 2212 BGB).[9] Wenn der noch amtierende einzige Testamentsvollstrecker die Pflichtverletzung begangen hat, so kann der Erbe ausnahmsweise selbst den Schadensersatzanspruch geltend machen, da der Testamentsvollstrecker insoweit von der Verwaltung ausgeschlossen ist.[10]

B. Haftungsgläubiger

I. Haftung gegenüber den Erben

3 § 2219 BGB enthält eine Begrenzung der Aktivlegitimation für Haftungsprozesse. § 2219 Abs. 1 BGB spricht davon, dass der Testamentsvollstrecker dem **Erben** für einen aus der schuldhaften Pflichtverletzung verursachten Schaden verantwortlich ist. Der **Nacherbe** wird erst mit Eintritt des Nacherbfalls zum Erben. Gegenüber dem Vorerben hat er nur die Auskunftsrechte nach § 2127 BGB. Trotzdem ist der Testamentsvollstrecker gehalten, auch in der Zeit der Vorerbschaft die Interessen des Nacherben zu berücksichtigen, die u.U. mit denen des Vorerben kollidieren können. Tut er dies nicht, so kann – nach Eintritt des Nacherbfalls – auch aus einer solchen Pflichtverletzung ein Schadensersatzanspruch resultieren.[11] Denn nach der Auffassung des BGH darf der Dauertestamentsvollstrecker im Rahmen seiner Pflichten bei der Verwaltung eines Nachlasses, der der Vor- und Nacherbfolge unterliegt, bei Berücksichtigung des naturgemäß zwischen Vorerbe und Nacherbe bestehenden Interessengegensatzes weder die dem Vorerben gebührenden Nutzungen schmälern, noch die Substanz zum Nachteil des Nacherben mindern oder gefährden. Dabei muss der Testamentsvollstrecker auch die §§ 2124–2126 BGB beachten, die den Ausgleich von Aufwendungen zwischen Vorerben und Nacherben regeln.[12]

Entsprechend diesen Grundsätzen kommt auch eine Haftung gegenüber dem **Ersatznacherben** in Betracht, wenn dieser bei Eintritt des Nacherbfalls Nacherbe wird, etwa wenn der Testamentsvollstrecker an den zunächst berufenen Nacherben den der Nacherbfolge unterliegenden Nachlass vor Eintritt des Nacherbfalls im Wege der **vorweggenommenen Nacherbfolge** überträgt.[13]

---

7 Palandt/*Weidlich*, § 2219 Rn 1.
8 *J. Müller*, in: Bengel/Reimann, XII Rn 9.
9 BGH MDR 1958, 670; Palandt/*Weidlich*, § 2219 Rn 3.
10 Soergel/*Damrau*, § 2219 Rn 2 m.w.N.
11 *J. Müller*, in: Bengel/Reimann, XII Rn 12; ebenso wohl *Winkler*, Testamentsvollstrecker, Rn 562; *Schwarz*, § 3 Rn 597.
12 WM IV 1988, 125–127 DNotZ 1988, 440–441 = FamRZ 1988, 279–280 = NJW-RR 1988, 386–387.
13 A.M. *Reimann*, DNotZ 2007, 579, 587 f.

Soweit eine **Nacherbentestamentsvollstreckung** nach § 2222 BGB vorliegt, gilt ebenfalls 4
§ 2219 BGB. Zu den Pflichten eines solchen Testamentsvollstreckers gehört dann auch die
Wahrnehmung der Kontroll- und Aufsichtsrechte der Nacherben gegenüber dem Vorerben.
Aber auch zur Erfüllung der Einwilligungspflicht des Nacherben nach § 2120 BGB ist der
Testamentsvollstrecker gegenüber dem Vorerben verpflichtet und u.U. haftbar.[14]

Der **Schlusserbe** in einem Berliner Testament (§ 2269 BGB) ist nicht bereits der Erbe des 5
erstversterbenden Ehegatten. Ist daher Testamentsvollstreckung bereits über den Nachlass
des Erstversterbenden angeordnet, so obliegen dem Testamentsvollstrecker keine eigenen
Pflichten gegenüber dem Erben des Letztversterbenden, § 2219 BGB findet insoweit keine
Anwendung.[15]

Mehrere Erben sind Gesamtgläubiger des Haftungsanspruchs, wenn der Schaden auch den 6
gesamten Nachlass betrifft. Soweit jedoch nur ein Erbe geschädigt wurde, steht ihm allerdings der Anspruch alleine zu.[16] Demgegenüber haftet aber der Testamentsvollstrecker, der
nur einen bestimmten Erbteil zu verwalten hat, auch den anderen Miterben gegenüber,
wenn diesen aus seiner Amtsführung ein Schaden entsteht.[17]

II. Haftung gegenüber Vermächtnisnehmern

Der Testamentsvollstrecker haftet auch neben dem Vermächtnisnehmer, soweit ein Ver- 7
mächtnis zu vollziehen ist (§ 2219 Abs. 1 BGB); dies gilt auch für Unter- und Nachvermächtnisse.[18] Aus diesem Wortlaut des Gesetzes ergibt sich zugleich, dass die Haftung nicht
auf die reine Vermächtnisvollstreckung (§ 2223 BGB) beschränkt ist. Der Vermächtnisnehmer ist dabei nicht gehalten, einen etwaigen Ersatzanspruch zunächst gegen die Erben oder
sonstigen Beschwerten geltend zu machen.[19]

III. Haftung gegenüber Dritten

Den übrigen Nachlassbeteiligten gegenüber, also nicht gegenüber dem Pflichtteilsberechtig- 8
ten oder dem Auflagebegünstigten,[20] haftet der Testamentsvollstrecker nach § 2219 BGB
nicht. Ihnen gegenüber entsteht durch die Testamentsvollstreckung kein haftungsbegründendes gesetzliches Schuldverhältnis. Gleiches gilt für sonstige Dritte. Jedoch ist möglich,
dass sonstige Personen im Wege der (Einzel- oder Sonder-)Rechtsnachfolge einen Ersatzanspruch nach § 2219 BGB nach allgemeinen Grundsätzen erwerben.

Gegenüber jedermann kann jedoch der Testamentsvollstrecker nach den §§ 823 ff. BGB
haften. Allerdings kann ein Verstoß des Testamentsvollstreckers gegen die Grundsätze der
ordnungsgemäßen Verwaltung des Nachlasses i.S.d. § 2216 BGB nur zu einer Haftung nach

---

14 Staudinger/*Reimann*, § 2222 Rn 25.
15 *J. Müller*, in: Bengel/Reimann, XII Rn 13.
16 *J. Müller*, in: Bengel/Reimann, XII Rn 14.
17 BGH NJW 1997, 1362 = ZEV 1997, 493.
18 *J. Müller*, in: Bengel/Reimann, XII Rn 15.
19 BGH LM Nr. 1 zu § 2258.
20 A.A. Damrau/*Bonefeld*, Praxiskommentar Erbrecht, § 2219 Rn 2 für den durch eine Wertauflage Begünstigten; jedoch übersteigt dies den Wortlaut der Norm und ließe sich daher nur durch eine Analogie begründen. Da diese aber zu Lasten eines etwaigen Haftungsschuldners ginge, bestehen dagegen bereits rechtsstaatliche Bedenken. Eingehend zu diesem Problemkreis *Muscheler*, Haftungsordnung, S. 180 ff., der aber einen entsprechenden eigenen Haftungsanspruch des Erben bejaht, wenn die Vollziehung der Auflage schuldhaft beeinträchtigt wird, und dieser ist dann dem Vollziehungsberechtigten zur Verfügung zu stellen, was ein denkbarer und interessengerechter Weg ist.

J. Mayer

§ 2219 BGB gegenüber dem Erben oder Vermächtnisnehmer führen, nicht aber gegenüber dem Arbeitnehmer des Betriebs, den der Testamentsvollstrecker verwaltet.[21] Wird durch eine schuldhafte Pflichtverletzung des Testamentsvollstreckers auch der Erbe selbst haftbar (etwa aufgrund von § 278 BGB), so kann er einen **Anspruch auf Schuldbefreiung** gegen den Testamentsvollstrecker haben.[22]

Soweit der für den Nachlass handelnde Testamentsvollstrecker nicht wirksam bestellt oder von seinem Amt bereits wieder abberufen war (sog. Scheintestamentsvollstrecker), so kann er gegenüber dem Geschäftspartner nach § 179 BGB als vollmachtsloser Vertreter haften, evtl. auch aus **culpa in contrahendo** (§§ 280, 311a BGB), u.U. kommt sogar eine Drittschadensliquidation in Betracht.[23]

C. Die zeitliche Dimension der Haftung des Testamentsvollstreckers

9   § 2219 BGB enthält keine zeitliche Begrenzung der Haftung des Testamentsvollstreckers. Jedoch lässt sich hinsichtlich der haftungsbegründenden Umstände folgende Differenzierung treffen:[24]

I. Tätigkeit vor Annahme des Amtes

10   Das Amt des Testamentsvollstreckers beginnt erst mit der förmlichen Annahme des Amtes durch Erklärung gegenüber dem Nachlassgericht (§ 2202 Abs. 1 u. 2 BGB). In dieser Zwischenzeit werden aber oftmals vorläufige oder gar sichernde Maßnahmen im Interesse der späteren Ausführung der Testamentsvollstreckung erforderlich sein. Der Testamentsvollstrecker kann dementsprechend getroffene Rechtsgeschäfte und Verfügungen nach Antritt seines Amtes durch entsprechende Genehmigung wirksam werden lassen (§§ 177, 180, 185 Abs. 2 BGB).[25] Auf vorzeitige Handlungen des Testamentsvollstreckers wird man die Haftungsbestimmung des § 2219 BGB im Interesse der hiervon betroffenen Erben und Vermächtnisnehmer entsprechend anwenden müssen. Daneben kommt bei Handlungen im ausdrücklichen Auftrag der Erben eine Haftung aus positiver Vertragsverletzung in Betracht.[26]

II. Tätigkeit nach Beendigung des Amtes

11   Handlungen des Testamentsvollstreckers nach Beendigung seines Amtes sind grundsätzlich unwirksam und können den Nachlass weder berechtigen noch verpflichten. Führt der Testamentsvollstrecker das Amt trotzdem fort, man denke etwa an unaufschiebbare Fälle,[27] so hat er auf alle Fälle die gleichen Pflichten zu beachten, wie bei noch andauernder Testamentsvollstreckung, weshalb § 2219 BGB analog gilt.[28] Auch vom Testamentsvollstre-

---

21   LAG Berlin ZFSH/SGB 2003, 105.
22   Staudinger/*Reimann*, § 2219 Rn 28 will diesen sogar ohne ein Verschulden des Testamentsvollstreckers gewähren.
23   *J. Müller*, in: Bengel/Reimann, XII Rn 21; OLG Hamm NJW 1994, 666; *Muscheler*, Haftungsordnung, S. 216 f., 226.
24   Nach *J. Müller*, in: Bengel/Reimann, XII Rn 22 ff.
25   Palandt/*Weidlich*, § 2202 Rn 1.
26   *J. Müller*, in: Bengel/Reimann, XII Rn 23.
27   Siehe die Beispiele bei *Reimann*, in: Bengel/Reimann, VII Rn 87.
28   *J. Müller*, in: Bengel/Reimann, XII Rn 24.

cker erteilte Vollmachten erlöschen mit seinem Amt,[29] etwa erteilte Vollmachtsurkunden hat der Testamentsvollstrecker deshalb einzuziehen, um eine Verpflichtung des Nachlasses nach §§ 170 ff. BGB zu verhindern, für die der Testamentsvollstrecker ansonsten haftbar wäre.[30]

III. Haftung nach dem Tod des Testamentsvollstreckers

Verstirbt der Testamentsvollstrecker vor Beendigung des Amtes der Testamentsvollstreckung (zu dieser – gerade hier wichtigen Unterscheidung siehe § 13 Rn 1 ff.), so ist u.U. sein Erbe zur einstweiligen Weiterführung verpflichtet, sofern nicht ein Nachfolger hierfür bestimmt ist (§§ 2218 Abs. 1, 673 S. 2 BGB).[31] Da hier die Fortführung des Amtes in der Person des Erben fingiert wird, muss auf sein Verhalten die Haftungsnorm des § 2219 BGB anwendbar sein, um die Interessen der Erben/Vermächtnisnehmer entsprechend zu schützen. Dass dem Erben das Amt hier gleichsam aufgedrängt wird, ist Folge der Erbschaftsannahme und damit der Universalsukzession.[32]

12

IV. Haftung des vermeintlichen Testamentsvollstreckers

Der Normzweck des § 2219 BGB gebietet es, diesen auf das Verhalten des vermeintlichen Testamentsvollstreckers entsprechend anzuwenden, da der Erbe/Vermächtnisnehmer gerade auch vor solchen Handlungen geschützt werden soll.[33] Dabei ist es unerheblich, ob überhaupt keine wirksame Testamentsvollstreckung angeordnet wurde oder nur die Bestellung des betreffenden Testamentsvollstreckers unwirksam war.[34] Genehmigt der später wirksam ernannte Testamentsvollstrecker die Handlungen seines Vorgängers, so kann dies zu seiner eigenen Haftung nach § 2219 BGB führen.[35]

13

D. Haftungsvoraussetzungen

Die Haftung nach § 2219 BGB setzt voraus:
- objektive Pflichtverletzung
- Verschulden: Vorsatz oder Fahrlässigkeit
- Kausalität: haftungsbegründende und haftungsausfüllende.

14

I. Objektive Pflichtverletzung

Die vom Testamentsvollstrecker zu beachtenden Pflichten ergeben sich
- aus dem **Willen des Erblassers,** der sich primär aus den hinterlassenen Verfügungen von Todes wegen ergibt, aber auch ein sonst geäußerter Wille ist maßgeblich, wenn er dem

15

---

29 KGJ 41, 79.
30 RG DNotZ 1933, 303 zu einem Fall, bei dem die Haftung auf § 179 BGB gestützt wurde.
31 Staudinger/*Reimann*, § 2225 Rn 13.
32 Dies übersieht *J. Müller*, in: Bengel/Reimann, XII Rn 26, der zu Unrecht auf die Rechtskenntnis des Erben abstellen will, was aber auch sonst bei der Erbenhaftung unerheblich ist.
33 Vgl. RG JW 1937, 3187 zur Haftung eines Gesamtgutsverwalters; *Muscheler*, Haftungsordnung, S. 216 f.
34 Staudinger/*Reimann*, § 2219 Rn 20; *J. Müller*, in: Bengel/Reimann, XII Rn 30.
35 Staudinger/*Reimann*, § 2219 Rn 19. Z.T. wird dabei eine Gesamtschuldnerschaft von vermeintlichem Testamentsvollstrecker und dem später genehmigenden angenommen (*Naegele*, S. 70 ff.).

Testamentsvollstrecker bekannt war,³⁶ etwa aus einem Briefwechsel. Die Beweislast für eine solche nicht in einer Verfügung von Todes wegen niedergelegten Willensäußerung trägt allerdings der Testamentsvollstrecker³⁷
– aus dem **Gesetz**: hier die Generalklausel des § 2216 Abs. 1 BGB: ordnungsgemäße Verwaltung des Nachlasses.

16 Bei der Beurteilung der Pflichtverletzung kommt es wieder ganz auf die vom Erblasser dem Testamentsvollstrecker zugedachten Aufgaben an. Den Willen des Erblassers hat der Testamentsvollstrecker auch und gerade gegenüber einem abweichenden Willen aller anderen Erben zu vertreten. Zur Vermeidung seines Haftungsrisikos kann es jedoch gerade bei bedeutsameren oder risikobehafteten Verwaltungsmaßnahmen für den Testamentsvollstrecker angezeigt sein, auch über § 2206 BGB hinaus sich das Einverständnis der betroffenen Erben oder Vermächtnisnehmer zu sichern.³⁸

Soweit sich die Umstände nach dem Erbfall ändern, wird man gegebenenfalls auf den **mutmaßlichen Willen** des Erblassers abzustellen haben, mag dieser auch schwer zu ermitteln sein. Soweit hierfür konkrete Anhaltspunkte fehlen, wird im Streitfall ein Gericht auf die allgemeine Lebenserfahrung zurückgreifen müssen.³⁹

17 Der Grundsatz der **ordnungsmäßigen Verwaltung** (§ 2216 Abs. 1 BGB) verpflichtet den Testamentsvollstrecker zu besonderer Gewissenhaftigkeit und Sorgfalt.⁴⁰ Der Testamentsvollstrecker muss das ihm anvertraute Vermögen erhalten und sichern, Verluste verhindern und die Nutzungen Gewähr leisten. Dabei sind an die Ordnungsmäßigkeit der Verwaltung stets strenge Anforderungen zu stellen.⁴¹ Auf der anderen Seite hat die Rechtsprechung nicht verkannt, dass der Testamentsvollstrecker bei der Verwaltung des Nachlasses weithin nach seinem Ermessen entscheidet, insbesondere bei besonders strukturierten Nachlässen mit der Verwaltung von Unternehmen oder umfangreichen Wertpapier- und Geldanlagen (siehe ausführlich oben § 9 Rn 9).⁴² Nur wenn er die Grenzen des ihm eingeräumten Ermessens überschreitet, verstößt er gegen seine Pflicht zu ordnungsmäßiger Verwaltung des Nachlasses,⁴³ etwa wenn sein Vorgehen zu einer Schädigung des Nachlasses führt (vgl. auch § 9 Rn 9).⁴⁴

18 Bei der Verwaltung von Unternehmen erscheint es zudem angezeigt bei der Bestimmung der hierzu zu beachtenden Pflichten auf die neuere Rechtsprechung zur Haftung von Organen von Kapitalgesellschaften abzustellen. Dort wurde der Begriff des „pflichtgemäßen Ermessens" durch den weitergefassten des **„unternehmerischen Ermessens"** ersetzt (vgl. dazu näher § 9 Rn 14).

II. Verschulden

19 Mangels einer Sonderregelung gilt hier die allgemeine Bestimmung des § 276 BGB. Erläuterung bedarf hier vor allem, was unter der „im Verkehr erforderlichen Sorgfalt" zu verstehen ist, die verletzt werden muss, damit eine fahrlässige Pflichtverletzung vorliegt. Nicht mit

---

36 BayObLGZ 1976, 67.
37 *J. Müller*, in: Bengel/Reimann, XII Rn 34.
38 *J. Müller*, in: Bengel/Reimann, XII Rn 36 f. m. entsprechendem Formulierungsvorschlag.
39 *J. Müller*, in: Bengel/Reimann, XII Rn 38.
40 RGZ 130, 131, 135.
41 BGH NJW 1959, 1820; WM 1967, 25, 27.
42 Aktueller Fall: LG München I, WM 2006, 1073 = WuB IV A § 2219 BGB 1.06 (Gerhard Ring).
43 BGHZ 25, 275, 283 f.
44 BGH NJW 1987, 1070.

seiner Stellung vereinbar wäre es, wenn es genügen würde, dass der Testamentsvollstrecker nur die in seinen eigenen Angelegenheiten zu beachtende Sorgfalt walten ließe (sog. diligentia quam in suis). Dabei gilt im Zivilrecht grundsätzlich ein **objektiver Sorgfaltsmaßstab**, was auf dem Vertrauensgrundsatz beruht, dass jeder sich darauf verlassen können muss, dass der andere die für die Erfüllung seiner Pflichten erforderlichen Fähigkeiten und Kenntnisse besitzt.[45] Gerade der Normzweck des § 2219 BGB schließt daher die Anwendbarkeit eines subjektiven Fahrlässigkeitsbegriffs aus.[46] Hieraus ergibt sich zugleich, dass für den Testamentsvollstrecker das Maß an Umsicht und Sorgfalt erforderlich ist, das nach dem Urteil besonnener und gewissenhafter Angehöriger des in Betracht kommenden Verkehrskreises zu beachten ist.[47] Vergleichsmaßstab ist also quasi ein „Otto-Normal-Testamentsvollstrecker". Als Richtschnur ist festzuhalten, dass an die Sorgfalt des Testamentsvollstreckers im Hinblick auf die von ihm übernommene Vertrauensstellung hohe Anforderungen zu stellen sind.[48] Auch wenn eine bestimmte sorglose Handhabung mittlerweile „verkehrsüblich" sein sollte, kann dies daher den Testamentsvollstrecker nicht entlasten, denn geschuldet wird die „im Verkehr erforderliche Sorgfalt".[49] Wegen § 2220 BGB kann der Erblasser das Maß der einzuhaltenden Sorgfalt nicht reduzieren, wohl aber erweitern.[50]

Besitzt der Testamentsvollstrecker darüber hinausgehende **besondere Qualifikationen**, so muss er auch bei der Ausübung seines Amtes die sonst in seinem Beruf geltenden Standards, etwa als Steuerberater oder Rechtsanwalt, beachten, zumal ihn der Erblasser i.d.R. gerade wegen dieser besonderen Befähigungen zum Testamentsvollstrecker berufen hat. Solche verschärften Sonderanforderungen gelten etwa auch bei der Testamentsvollstreckung durch **Banken**, die eine verschärfte Haftung aus dem Gesichtspunkt der fehlerhaften Anlageberatung und Prospekthaftung rechtfertigt.[51]

20

Besitzt der Testamentsvollstrecker nicht die erforderlichen Kenntnisse, so hat er sich entsprechender sachkundiger **Berater** zu bedienen (in steuerlichen Dingen eines Steuerberaters, in rechtlichen eines Rechtsanwalts, eines Anlageberaters bei der Anlage von Wertpapieren etc.).[52] Dabei haftet der Testamentsvollstrecker nach § 2219 BGB für die gewissenhafte **Auswahl** eines qualifizierten Beraters. Soweit ihm hierbei kein Verschulden zu Last gelegt werden kann, haftet er dann grundsätzlich nicht selbst für etwaige Fehler dieses Beraters. Jedoch kann den Testamentsvollstrecker ein **Überwachungsverschulden** treffen, wenn er den Fehler des eingeschalteten Beraters bei zumutbarer Aufmerksamkeit hätte erkennen und verhindern können.[53] Fühlt er sich **generell überfordert**, so muss er die Annahme des Amtes ablehnen, ansonsten ergibt sich seine Haftung letztlich aus einer Art „Übernahmeverschulden".[54]

21

---

45 Palandt/*Grüneberg*, § 276 Rn 15.
46 NK-BGB/*Kroiß*, § 2219 Rn 4; Damrau/*Bonefeld*, Praxiskommentar Erbrecht, § 2219 Rn 8; wohl auch *Zimmermann*, Testamentsvollstreckung, Rn 772; *Schwarz*, Testamentsvollstreckung, § 3 Rn 612 a.A. *J. Müller*, in: Bengel/Reimann, XII Rn 48 u. *Littig*, in: Krug/Rudolf/Kroiß/Bittler, § 13 Rn 263, die jedoch den im Zivilrecht geltenden objektiven Fahrlässigkeitsbegriff verkennt.
47 Allg. dazu etwa BGH NJW 1972, 151; OLG Köln NJW-RR 1990, 793.
48 RGZ 130, 131, 135; MüKo/*Zimmermann*, § 2219 Rn 11.
49 Damrau/*Bonefeld*, Praxiskommentar Erbrecht, § 2219 Rn 8; *Zimmermann*, Testamentsvollstreckung, Rn 772.
50 Staudinger/*Reimann*, § 2218 Rn 8.
51 *Schaub*, FamRZ 1995, 845, 850; *Schaub*, in: Bengel/Reimann, XI Rn 71.
52 OLG Stuttgart BWNotZ 1962, 61; *Winkler*, Testamentsvollstrecker, Rn 560.
53 NK-BGB/*Kroiß*, § 2219 Rn 5; *J. Müller*, in: Bengel/Reimann, XII Rn 52.
54 NK-BGB/*Kroiß*, § 2219 Rn 5; MüKo/*Zimmermann*, § 2219 Rn 11.

22 Wurde dem Testamentsvollstrecker nach § 2199 BGB das Recht eingeräumt, einen Mitvollstrecker oder einen **Nachfolger** zu ernennen, so trifft ihn die Pflicht, zur sorgfältigen Auswahl, bei deren schuldhafter Verletzung er nach § 2219 BGB haften soll.[55] Auch wenn der **Nachlassrichter** bei seiner Ernennung eines Testamentsvollstreckers nach § 2200 BGB schuldhaft handelt, soll eine Amtshaftung entstehen (§ 839 BGB, Art. 34 GG).[56]

23 Weitere Voraussetzung einer fahrlässigen Handlung ist die **Vorhersehbarkeit** eines schädigenden Erfolges, wobei der konkrete Ablauf der Schadensentwicklung nicht vorhersehbar gewesen sein muss.[57] Dabei hat aus der Sicht des damals zur Handlung berufenen Testamentsvollstreckers für die Beurteilung seines Verschuldens eine **ex-ante-Betrachtung** zu erfolgen, was letztlich zu einer Reduzierung der Haftungsanforderungen führt.[58]

III. Kausalität

24 Die Pflichtverletzung des Testamentsvollstreckers muss für den dem Erben oder Vermächtnisnehmer entstandenen Schaden ursächlich geworden sein. Insoweit gelten die allgemeinen Regeln über die **haftungsbegründende** (Ursächlichkeit des Fehlers des Testamentsvollstreckers für Rechtsgutverletzung) und **haftungsausfüllende Kausalität** (Ursachenzusammenhang zwischen Rechtsgutverletzung und geltend gemachtem Schaden).[59] Besondere Bedeutung kommt in diesem Zusammenhang den Problemkreisen des „**Zurechnungszusammenhangs**" und des „**rechtmäßigen Alternativverhaltens**" zu, für deren Lösung es insbesondere auf den Schutzzweck der Norm ankommt.[60]

E. Haftungsfolgen

25 Bei einer schuldhaften Verletzung der Pflichten des Testamentsvollstreckers kann der Erbe/Vermächtnisnehmer nicht nur Schadensersatz nach § 2219 BGB fordern und dessen Entlassung, sondern auch auf die **Erfüllung** bestimmter Verpflichtungen klagen. Dies kann im Wege einer **Stufenklage** verbunden werden: primäre Leistungsklage auf Erfüllung der Verpflichtung zur ordnungsgemäßen Nachlassverwaltung, hilfsweise Schadensersatz nach § 2219 BGB.[61] Geht der Erbe von der Schadensersatzforderung zum Erfüllungsanspruch über, so liegt darin keine **Klageänderung** (§ 264 Nr. 3 ZPO).[62]

---

55 *J. Müller*, in: Bengel/Reimann, XII Rn 72; *Zimmermann*, Testamentsvollstreckung, Rn 774.
56 Staudinger/*Reimann*, § 2219 Rn 31.
57 Palandt/*Grüneberg*, § 276 Rn 20.
58 NK-BGB/*Kroiß*, § 2219 Rn 5; *J. Müller*, in: Bengel/Reimann, XII Rn 53.
59 Staudinger/*Reimann*, § 2219 Rn 12.
60 Eingehend zu diesen Fragen *J. Müller*, in: Bengel/Reimann, XII Rn 56–59.
61 Staudinger/*Reimann*, § 2219 Rn 13.
62 Damrau/*Bonefeld*, Praxiskommentar Erbrecht, § 2219 Rn 10; Staudinger/*Reimann*, § 2219 Rn 14; *Zimmermann*, Testamentsvollstreckung, Rn 768; *Schumann*, in: Stein/Jonas, § 264 ZPO Rn 75, 77 (str.); z.T. wird dies als Parteiänderung betrachtet, da sich der Schadensersatzanspruch gegen den Testamentsvollstrecker persönlich richtet: BGHZ 21, 285, 287; NK-BGB/*Kroiß*, § 2219 Rn 22; Soergel/*Damrau*, § 2219 Rn 6.

F. Verjährung, Aufrechnung

Die Ansprüche aus § 2219 BGB verjährten auch unter der Geltung des Schuldrechtsmodernisierungsgesetzes in **30 Jahren**, da es sich um einen erbrechtlichen Anspruch i.S.v. § 197 Abs. 1 Nr. 2 BGB n.F. handelte;[63] dies galt auch dann, wenn ein Rechtsanwalt als Testamentsvollstrecker tätig wurde.[64] Durch die Neuregelung des Verjährungsrechts verjähren die Ansprüche, die aufgrund eines ab dem 1.1.2010 verwirklichten Haftungstatbestandes entstehen, jedoch in der kurzen Frist der Regelverjährung nach §§ 195, 199 BGB.[65]

26

Eine **Aufrechnung** mit Honorarforderungen nach § 2221 BGB wird grundsätzlich für möglich gehalten.[66] Eine solche ist jedoch ausgeschlossen, wenn der Testamentsvollstrecker für eine vorsätzliche unerlaubte Handlung haftet (§ 393 BGB). Zudem muss die Vergütungsforderung **fällig** sein, was grundsätzlich erst mit dem Ende der Testamentsvollstreckung der Fall ist.[67]

27

Gegen Schadensersatzforderungen des Vermächtnisnehmers kann der Testamentsvollstrecker allerdings nur mit dem Teil der Honorarforderung aufrechnen, der auf die Vermächtniserfüllung entfällt.[68] Bei einer länger dauernden Verwaltungsvollstreckung ergibt sich allerdings bereits vorher ein Anspruch auf teilweise Vergütung, mit der insoweit aufgerechnet werden kann.

G. Befreiung von der Haftung

Der Erblasser kann den Testamentsvollstrecker nicht von seiner Haftpflicht aus § 2219 BGB befreien, auch nicht beschränkt dadurch, dass er die Anforderungen an seine Sorgfalt herabschraubt.[69] Dies kann auch nicht dadurch umgangen werden, dass der Erblasser dem Testamentsvollstrecker einen Anspruch auf Erlass der Schadensersatzansprüche vermacht (sog. **Befreiungsvermächtnis**).[70] Ob die Prämie für den Abschluss einer ausreichenden

28

---

63 BGH NJW 2002, 3773 = ZEV 2002, 499 m. abl. Anm. *Otte* (obiter dictum); ebenso *Bonefeld*, ZErb 2003, 247; Damrau/*Bonefeld*, Praxiskommentar Erbrecht, § 2219 Rn 11 ff. mit ausführlicher Begründung; *Brambring*, ZEV 2002, 137; NK-BGB/*Kroiß*, § 2219 Rn 21; Staudinger/*Reimann*, § 2219 Rn 22; Soergel/*Niederführ*, § 197 Rn 18; MüKo/*Grothe*, § 197 Rn 11; MüKo/*Zimmermann*, § 2219 Rn 15; *Winkler*, Testamentsvollstrecker, Rn 569; a.A. *Baldus*, FamRZ 2003, 308; *Otte*, a.a.O.; *Löhnig*, ZEV 2004, 267, 273; *J. Müller*, in: Bengel/Reimann, XII Rn 77 ff.: die Regelverjährung nach § 195 BGB n.F. von 3 Jahren; ebenso auch Soergel/*Damrau*, § 2219 Rn 10, der aber teilweise § 199 Abs. 3 BGB anwendet.
64 BGH NJW 2002, 3773 = ZEV 2002, 499.
65 *J. Müller*, in: Bengel/Reimann, XII Rn 80a; siehe auch oben § 1 Rn 5.
66 Staudinger/*Reimann*, § 2219 Rn 23; *J. Müller*, in: Bengel/Reimann, XII Rn 87.
67 *J. Müller*, in: Bengel/Reimann, XII Rn 89.
68 Staudinger/*Reimann*, § 2219 Rn 23. Da selbst bei der isolierten Vollstreckung über einen Erbteil der gesamte Nachlass haftet (BGH ZEV 1998, 116), kann nunmehr der Testamentsvollstrecker auch mit einer solchen Vergütungsforderung aufrechnen. Anders liegt es, wenn der Schadensersatzanspruch nur einem Miterben zusteht, etwa weil er bei der Erbauseinandersetzung allein geschädigt wurde (MüKo/*Zimmermann*, § 2219 Rn 6).
69 Staudinger/*Reimann*, § 2219 Rn 15; *Schwarz*, § 3 Rn 621.
70 MüKo/*Zimmermann*, § 2219 Rn 3.

Vermögenshaftpflichtversicherung als erforderliche Aufwendung (§§ 2218, 670 BGB) vom Nachlass zu tragen ist, ist umstritten.[71]

> **Praxistipp**
> Jedoch kann der Erblasser dem Testamentsvollstrecker ein Vermächtnis dahingehend zuwenden, dass dieser eine angemessene Haftpflichtversicherung zu Lasten des Nachlasses abschließen kann.

29 Nach Eintritt des Erbfalls kann aber der Erbe nicht nur einen bereits entstandenen Schadensersatzanspruch erlassen, sondern durch Vertrag für die Zukunft auf die Haftung des Testamentsvollstreckers verzichten, mit Ausnahme auf die Haftung für vorsätzliche Pflichtverletzungen (§ 276 Abs. 2 BGB).[72] Bei mehreren Erben muss dies allerdings durch alle Erben geschehen, da es sich grundsätzlich um eine Nachlassforderung handelt.

30 Bei einem **Rechtsanwalt** sind zudem die von § 51a BRAO vorgegebenen Grenzen einer Haftungsbeschränkung zu beachten,[73] bei deren Wahrung aber auch hier – trotz der amtsähnlichen Tätigkeit – eine Haftungsbeschränkung grundsätzlich möglich ist.[74] Aufgrund der strengen Vorgaben des § 51a BRAO i.V.m. mit den §§ 305 ff. BGB bietet allerdings bei einer genauen Analyse eine Haftungsbeschränkungsvereinbarung dem Rechtsanwalt letztlich keine vollkommene Sicherheit.[75] Dies ist aber auch durchaus sinnvoll, hat doch das Haftungsrecht eine nicht zuletzt disziplinierende Funktion. Die bessere Variante ist daher, wenn der Testamentsvollstrecker sich nach Abschluss seiner Tätigkeit bestätigen lässt, dass er aus seinen Pflichten **entlastet** wird.[76] Zum Entlastungsanspruch siehe § 42 Rn 18.

H. Mitverschulden

31 Ein mitwirkendes Verschulden des Geschädigten, das ist i.d.R. der Erbe, ist nach § 254 BGB zu berücksichtigen.[77] Ein Mitverschulden kann auch in dem Umstand liegen, dass der Erbe durch eine rechtzeitige Klageerhebung gegen den Testamentsvollstrecker oder einen Entlassungsantrag den Schaden hätte verhindern oder reduzieren können.[78]

---

71 Bejahend NK-BGB/*Kroiß*, § 2218 Rn 34; *J. Müller*, in: Bengel/Reimann, XII Rn 157; Soergel/*Damrau*, § 2218 Rn 13; *Lorz*, in: MAH Erbrecht, § 21 Rn 155; nur für den nicht berufsmäßigen: *Zimmermann*, Testamentsvollstreckung, Rn 783 a.E., 735; nur bei Nachlassverwaltungen, die mit besonderem Haftungsrisiko verbunden sind: *Reimann*, DStR 2002, 2008, 2011 und *Lieb*, Rn 317; differenzierend *Schwarz*, § 2 Rn 205: soweit bei einem berufsmäßigen Testamentsvollstrecker, z.B. Rechtsanwalt, eine Haftpflichtversicherungspflicht besteht, so sei der Wille des Erblassers i.d.R., dass bis zur Höhe der danach zu unterhaltenden Deckungssumme die Aufwendungen für die Versicherung durch die allgemeine Vergütung abgedeckt und nicht gesondert erstattungsfähig seien; generell ablehnend *Muscheler*, Haftungsordnung, S. 229 bei Fn 193; *Winkler*, Testamentsvollstrecker, Rn 566 bei Fn 4 unter Bezug auf § 5 Abs. 1 InsVO, wonach dies mit der Vergütung des Insolvenzverwalters abgegolten ist.
72 Staudinger/*Reimann*, § 2219 Rn 16; *J. Müller*, in: Bengel/Reimann, XII Rn 85 f.
73 *Schmidl*, ZEV 2009, 123; allg. dazu im erbrechtlichen Bereich: FA-ErbR/*Frieser*, I Rn 517 ff. je mit Muster.
74 *Stobbe*, in: Henssler/Prütting, § 51a BRAO Rn 26.
75 *Schmidl*, ZEV 2009, 123, 125; zust. Palandt/*Weidlich*, § 2219 Rn 1.
76 *Schmidl*, ZEV 2009, 123, 125; zust. Palandt/*Weidlich*, § 2219 Rn 1.
77 Staudinger/*Reimann*, § 2219 Rn 11; eingehend hierzu *J. Müller*, in: Bengel/Reimann, XII Rn 73–76.
78 MüKo/*Zimmermann*, § 2219 Rn 2.

I. Haftung mehrerer Testamentsvollstrecker

Nach § 2219 Abs. 2 BGB haften mehrere Testamentsvollstrecker, denen ein Verschulden zur Last fällt, als Gesamtschuldner (§§ 421 ff. BGB). Dabei setzt das Gesetz voraus, dass jeden Testamentsvollstrecker ein Verschulden trifft. Daher wird vom Regelfall ausgegangen, dass die Testamentsvollstrecker das gesamte Amt gemeinsam führen. Wenn aber der Erblasser jedem von ihnen einen gesonderten Wirkungskreis zur selbstständigen Wahrnehmung zuweist (sog. Nebenvollstreckung, § 2224 Abs. 1 S. 3 BGB), so haftet jeder nur für seinen Wirkungskreis.[79] Ansonsten träfe den anderen Testamentsvollstrecker eine verschuldensunabhängige Haftung, während der Wortlaut des § 2219 BGB das Verschulden als Haftungsgrund voraussetzt.[80] Diese Grundsätze gelten auch für **sukzessiv** (also zeitlich unterschiedlich) **tätige Testamentsvollstrecker**. Diese haften daher nicht gesamtschuldnerisch für die von ihnen jeweils verursachten Schäden. Diese aufgrund einer grammatikalischen Interpretation gefundene Lösung wird dann in Frage gestellt, wenn es zu einer Überlagerung des pflichtwidrigen Verhaltens der verschiedenen Testamentsvollstrecker kommt: Dann sollen die Testamentsvollstrecker gesamtschuldnerisch haften (§§ 2219 Abs. 1, 421 ff. BGB).[81] Eine gesamtschuldnerische Haftung besteht aber auf alle Fälle dann, wenn die anderen Testamentsvollstrecker zur Aufsicht des schuldhaft Handelnden ernannt sind.[82]

Wenn dagegen durch nur **interne Vereinbarung** der Mitvollstrecker die Aufgaben unter ihnen aufgeteilt wurden, so ändert dies an der nach außen fortbestehenden gesamtschuldnerischen Haftung nichts; diese Vereinbarung kann nur für den Gesamtschuldnerausgleich im Innenverhältnis von Bedeutung sein.[83]

32

J. Der Haftpflichtprozess

Der Anspruch des Erben aus § 2219 BGB gehört zum Nachlass. Zu dessen Geltendmachung ist daher nur der neue Testamentsvollstrecker aktivlegitimiert, wenn er sich gegen den früheren Verwalter richtet (vgl. auch oben Rn 2).[84] Die Haftpflichtklage ist gegen die Person des Testamentsvollstreckers selbst zu richten, nicht gegen ihn als Partei kraft Amtes, da er für den Anspruch aus § 2219 BGB persönlich haftet. Die **örtliche Zuständigkeit** ergibt sich aus den §§ 12 ff. ZPO, dagegen ist der Gerichtsstand der Erbschaft (§§ 27, 28 ZPO) nicht gegeben.[85] Für die Darlegungs- und Beweislast gelten grundsätzlich die allgemeinen Bestimmungen,[86] so dass diese für alle Tatbestandsvoraussetzungen der Kläger trägt. Im Verhältnis zwischen Testamentsvollstrecker und den Erben wird nunmehr allerdings vertreten, dass § 280 Abs. 1 S. 2 BGB Anwendung findet, so dass der Testamentsvollstrecker die Beweislast dahingehend trägt, dass er seine Pflichtverletzung nicht zu vertreten hat. Zudem soll der Grundsatz der freien Beweiswürdigung insoweit eine besondere Beachtung erfahren müs-

33

---

79 Staudinger/*Reimann*, § 2219 Rn 18; MüKo/*Zimmermann*, § 2219 Rn 5; Soergel/*Damrau*, § 2219 Rn 9; *Winkler*, Testamentsvollstrecker, Rn 563; *Zimmermann*, Testamentsvollstreckung, Rn 775.
80 Zutr. *J. Müller*, in: Bengel/Reimann, XII Rn 63.
81 So *Reimann*, ZEV 2004, 234, 237.
82 Staudinger/*Reimann*, § 2219 Rn 18; Soergel/*Damrau*, § 2219 Rn 9, wobei für das Innenverhältnis analog § 1833 Abs. 2 Satz 2 BGB anzunehmen sei, dass der lediglich beaufsichtigende Testamentsvollstrecker von der Haftung frei sei.
83 Staudinger/*Reimann*, § 2219 Rn 18; MüKo/*Zimmermann*, § 2219 Rn 5; Soergel/*Damrau*, § 2219 Rn 9.
84 RGZ 138, 132; Staudinger/*Reimann*, § 2219 Rn 32 m. weiteren Einzelheiten.
85 *Schwarz*, Testamentsvollstreckung, § 3 Rn 626; *Zimmermann*, Testamentsvollstreckung, Rn 781.
86 *Schwarz*, Testamentsvollstreckung, § 3 Rn 624.

sen, als der Testamentsvollstrecker derjenige ist, der das Geschehen aus der **Innenperspektive** verfolgt, während der Erbe auf dessen Informationen angewiesen ist.[87]

Bezüglich der haftungsausfüllenden Kausalität besteht allerdings die Möglichkeit der Beweiserleichterung.[88]

Zu Möglichkeiten der **Haftungsvermeidung**, insbesondere durch Erhebung der Einwilligungsklage nach § 2206 Abs. 2 BGB, eines Auseinandersetzungsvertrages anstelle eines „Teilungsplanes" und zu einer „Entlastung" eingehend Damrau/*Bonefeld*, Praxiskommentar Erbrecht, § 2219 Rn 14 f. sowie unten § 42 Rn 1 ff.

Weiterführende Formulierungsvorschläge
Schadensersatzklage gegen den noch amtierenden Testamentsvollstrecker
Bonefeld in Bonefeld/Kroiß/Tanck, Der Erbprozess, § 8 Rn 85; Klinger/*Zimmermann*, MPFErbR, Form R- III. 9; *Littig* in Krug/Rudolf/Kroiß/Bittler, Anwaltformulare Erbrecht, § 13 Rn 268 (jedoch zu Unrecht als Amtsklage formuliert).[89]

K. Exkurs: Haftung der Erben für Handlungen des Testamentsvollstreckers

34   Für die Haftung der Erben gegenüber Dritten für Verhalten des Testamentsvollstreckers gilt: Der Testamentsvollstrecker ist nicht Verrichtungsgehilfe des Erben i.S.v. § 831 BGB, da es hier gerade an einer Weisungsabhängigkeit fehlt.[90] Teilweise wird aber – gerade bei deliktischem Verhalten – die Anwendung des § 31 BGB auf solche Handlungen des Testamentsvollstreckers zu Lasten des Erben gefordert.[91] Allerdings findet § 278 BGB auf das gesetzliche Schuldverhältnis des Testamentsvollstreckers zu den Erben Anwendung, so dass die Erben für sein Verschulden (vorbehaltlich der beschränkten Erbenhaftung nach § 1978 BGB) in gleichem Umfang haften, wie für eigenes.[92]

---

87 Eingehend hierzu jetzt *Reimann*, ZEV 2006, 186 mit Fallgruppenbildung.
88 *J. Müller*, in: Bengel/Reimann, XII Rn 127 f.
89 Richtig NK-BGB/*Kroiß*, § 2219 Rn 24.
90 Soergel/*Damrau*, § 2219 Rn 8.
91 Staudinger/*Reimann*, § 2219 Rn 28; MüKo/*Zimmermann*, § 2219 Rn 18; dagegen Soergel/*Damrau*, § 2219 Rn 8.
92 BGH LM § 823 [Ad] Nr. 1; RGZ 144, 401; Palandt/*Weidlich*, § 2219 Rn 5; *Winkler*, Testamentsvollstrecker, Rn 568.

§ 21 Die Vergütung des Testamentsvollstreckers

Dr. Jörg Mayer

Inhalt:

	Rn		Rn
A. Checkliste Testamentsvollstreckung	1	a) Gewinnorientierte Vergütungsbemessung	51
B. Die Vergütungsanordnung des Erblassers	2	b) Orientierung an branchenüblichen Gehältern	52
I. Der Grundsatz der Maßgeblichkeit des Erblasserwillens	2	13. Abrechnung nach Zeitaufwand	53
1. Differenzierungsgebot und funktionale Betrachtungsweise	2	14. Zu- und Abschläge	54
2. Geringe Zahl von Vergütungsanordnungen, Gründe	3	IV. „Arten" der Testamentsvollstreckervergütung/Gebührenmerkmale	56
3. Empirisches zu den Vergütungsanordnungen und zur Anordnung der Testamentsvollstreckung überhaupt	5	V. Mehrere Erschwerungsgründe, Obergrenze, Untergrenze	59
4. Die Zweckmäßigkeit von Vergütungsanordnungen	8	VI. Fallgruppenbildung	64
5. Die Schwierigkeit sachgerechter Vergütungsanordnungen	9	1. Normal-Nachlass	65
II. Einfache Verweisung auf Vergütungstabellen und -richtlinien	10	2. Besondere Aufgabenerschwernisse in der Konstituierungsphase und bei vorbereitenden Maßnahmen	66
III. Keine gesetzliche Vergütungsordnung	13	a) Der Nachlass ist ungeordnet	67
C. Vereinbarung mit den Erben	14	b) Der Nachlass ist ungewöhnlich vielgestaltig	68
D. Vergütungsvereinbarung zwischen dem Erblasser und dem künftigen Testamentsvollstrecker	15	c) Abwicklungsvollstreckung mit besonderen Schwierigkeiten	69
E. Die angemessene Vergütung: Grundsatz der funktionsgerechten Vergütung	16	aa) Abweichung vom Normalfall aufgrund der Beteiligten des Nachlasses	70
I. Grundsätze für die Bemessung der angemessenen Vergütung	18	bb) Besonderheiten aus der Art des Nachlasses selbst, aufwändige Gestaltungsaufgaben	72
1. Differenzierungsgebot und funktionale Betrachtungsweise	18	cc) Besonderheiten aus der Art der Auseinandersetzung	74
2. Wert- oder Zeitgebühr?	22	3. Zeitliches Auseinanderfallen von Konstituierung, Verwaltung und Nachlassauseinandersetzung	75
II. Ermittlung eines Bezugswerts, Bemessungsgrundlage	27	4. Abschläge	76
1. Umfang des maßgeblichen Nachlasses	28	5. Höhe der Zu- und Abschläge	77
2. Bewertungszeitpunkt	29	F. Einzelheiten zum Vergütungsanspruch und seiner Durchsetzung	78
3. Nachlassbewertung, Bezugsgröße	30	I. Das Verhältnis von Auslagenersatz und Vergütung, Berufsdienste	78
III. Vergütungssätze bei der Wertvergütung	32	1. Grundzüge	78
1. Die Rheinische Tabelle	34	2. Ersatzfähige Aufwendungen	81
2. Vergütungsempfehlungen des Deutschen Notarvereins	37	a) Allgemeines	81
3. Möhring'sche Tabelle – Weiterentwicklung von Klingelhöffer	40	b) Ersatz für die Tätigkeit Dritter	82
4. Eckelskemper'sche Tabelle	41	3. Aufwendungsersatz für Berufsdienste	87
5. Tabelle von Tschischgale	42	4. Schiedsrichterliche Tätigkeit	92
6. „Berliner Praxis"	43	II. Fälligkeit	93
7. Die „Groll'sche Tabelle"	44	III. Vorschuss, Entnahme	94
8. Bankenpraxis	45	IV. Verjährung, Verwirkung	95
9. Vergleich	46	V. Geltendmachung – Vergütungsklage	97
10. Bewertung der Tabellen, insbesondere in der Rechtsprechung	47	VI. Mehrere Testamentsvollstrecker	99
11. Sonderfall: Verwaltungsgebühr	49	VII. Schuldner der Vergütung	101
12. Sonderfall: Testamentsvollstreckung mit Unternehmensbezug	50	VIII. Vermeintlicher Testamentsvollstrecker	104

Literatur

Dazu etwa *Birk*, Vergütung und Aufwendungsersatz des Testamentsvollstreckers, 2003; *Lieb*, Die Vergütung des Testamentsvollstreckers, 2004; *Schiffer/Rott/Pruns*, Die Vergütung des Testamentsvollstreckers, 2014; *Schwarz-Gewallig*, Die Testamentsvollstrecker-Vergütung, Diss. 2006; *Zimmermann*, Zur Höhe der Testamentsvollstreckervergütung: BGH-Rechtsprechung und Neue Rheinische Tabelle, FS Damrau, 2007, S. 37.

A. Checkliste Testamentsvollstreckung[1]

1 Bei der Prüfung der dem Testamentsvollstrecker zustehenden Vergütung ist wie folgt vorzugehen:
1. Liegt eine Vergütungsanordnung in der Form einer Verfügung von Todes wegen wirksam vor? (Formerfordernis gewahrt, Inhalt prüfen)
2. Liegt eine Vergütungsvereinbarung zwischen dem Erblasser und dem künftigen Testamentsvollstrecker vor, die bereits vor dem Erbfall getroffen wurde?
3. Besteht eine Vergütungsvereinbarung zwischen den Erben und dem Testamentsvollstrecker?
4. Ist dies alles nicht der Fall, so ist nach § 2221 BGB eine „angemessene" Vergütung geschuldet. Dabei handelt es sich nach ganz überwiegender Praxis und Rechtsprechung um eine „Wertgebühr". Daher ist bei der Vergütungsermittlung wie folgt vorzugehen:
   – Feststellung des **Brutto-Nachlasswertes**, und zwar grundsätzlich im Zeitpunkt des Erbfalls
   – Feststellung der vom Testamentsvollstrecker vorzunehmenden Aufgaben, insbesondere Differenzierung zwischen einer **Abwicklungsvollstreckung** und Dauer- oder Verwaltungsvollstreckung
   – Bestimmung der anfallenden **Gebühren**, und zwar bei der Abwicklungsvollstreckung der sog. „Regelgebühr", bei der Verwaltungsvollstreckung der anfallenden **Verwaltungsgebühr**. Hierfür können die in den Vergütungstabellen niedergelegten Gebührenwerte als Ausgangs- bzw. Richtwert zugrunde gelegt werden
   – **Korrektur** aufgrund der **besonderen Umstände des Einzelfalls**, insbesondere im Hinblick auf Erschwernisse bei der Konstituierung, im Rahmen einer komplizierten Verwaltung oder Auseinandersetzung der Erbengemeinschaft sowie bei schwierigen Steuerangelegenheiten. Dies geschieht durch einen entsprechenden **Zuschlag** zur bereits ermittelten Gebühr
   – Prüfung, ob nicht ausnahmsweise ein **Abschlag** gemacht werden muss, weil besondere Umstände des Einzelfalls die Arbeit des Testamentsvollstreckers als relativ einfach erscheinen lassen oder der Testamentsvollstrecker seinen Aufgaben nicht pflichtgemäß nachkam
   – abschließende Prüfung, ob der **Höchstbetrag** für die Vergütung überschritten wird.

B. Die Vergütungsanordnung des Erblassers

I. Der Grundsatz der Maßgeblichkeit des Erblasserwillens

1. Differenzierungsgebot und funktionale Betrachtungsweise

2 Ob und in welcher Höhe der Testamentsvollstrecker eine Vergütung bekommt, steht allein zur Disposition des Erblassers. Denn nach § 2221 BGB erhält der Testamentsvollstrecker eine angemessene Vergütung, soweit „nicht der Erblasser ein anderes bestimmt hat." (**Vor-**

---

[1] Nach *Haas/Lieb*, ZErb 2002, 202, 211; vgl. auch *Eckelskemper*, in: Bengel/Reimann, X Rn 259.

rang und Maßgeblichkeit des Erblasserwillens).² Hat der Erblasser die Höhe und Zahlungsweise der Vergütung festgelegt oder diese gar ganz ausgeschlossen, so findet daher keine gerichtliche Überprüfung dieser Anordnung statt.³ Ist der Testamentsvollstrecker mit dieser Regelung nicht einverstanden, so bleibt ihm nur die Möglichkeit, die Testamentsvollstreckung ganz abzulehnen bzw. zu kündigen oder mit den Erben im Wege einer freiwilligen Vereinbarung eine andere Art und Weise der Vergütung auszuhandeln.⁴ Erfährt der Testamentsvollstrecker erst durch ein nachträglich aufgefundenes Testament, dass er das Amt unentgeltlich führen muss, so kann er kündigen und für seine bisher geleistete Tätigkeit eine angemessene Vergütung verlangen.⁵ Will der Erblasser allerdings einen familienfremden **qualifizierten Testamentsvollstrecker** aus einem der rechtsberatenden Berufe gewinnen, so muss er sicherlich aber die Vergütung anbieten, die als sog. „angemessene Vergütung" angesehen und gezahlt werden müsste, wenn er keine Anordnung über die Testamentsvollstreckervergütung getroffen hätte.

2. Geringe Zahl von Vergütungsanordnungen, Gründe

In der Praxis finden sich **relativ wenige Vergütungsanordnungen**. So stellt etwa *Reinfeldt* in einer empirischen Untersuchung von im Jahre 2004 eröffneten Verfügungen von Todes wegen fest, dass nur in **30 %** der Verfügungen von Todes wegen, in denen eine Testamentsvollstreckung angeordnet wurde, sich auch Vergütungsbestimmungen finden.⁶ Demgegenüber geht der Gesetzgeber davon aus, dass üblicher Weise der Erblasser hierüber eine Bestimmung trifft; nach den tatsächlichen Verhältnissen ist demnach die Ausnahme die Regel.⁷ Hieran kann auch ein **Notar** wenig ändern. Dies liegt zum einen daran, dass nur ein Drittel aller Verfügungen von Todes wegen notariell beurkundet werden. Zum anderen wird in Deutschland offenbar viel zu anlassbezogen und schnell testiert, so dass sich der Erblasser über die Vergütungsfrage viel zu wenig Gedanken macht, weil er bereits mit den anderen zu regelnden Fragen voll beschäftigt ist. Und schließlich geht es ihm primär um die Verteilung des Nachlasses, die Vergütung erscheint ihm offenbar nur von einem peripheren Interesse.⁸ Selbst wenn aber unter rechtlicher Beratung Regelungen zur Testamentsvollstreckung getroffen werden, so enthalten diese häufig keine oder nur ungenügende Anordnungen zur Vergütungsfrage.

Als Grund für die geringe Zahl von Vergütungsanordnungen geben andere an, dass es sich für die meisten Berater regelmäßig als einfacher und damit – „*aus ihrer Sicht*" – wirtschaftlich vernünftiger erweise, die Frage der Vergütung des Testamentsvollstreckers gar nicht

---

2 BayObLG Rpfleger 1980, 152: dabei ist der wirkliche oder mutmaßliche Wille durch Auslegung zu erforschen; dazu näheres bei *Lieb*, Rn 12 ff. Soweit der Erblasser allerdings durch einen Erbvertrag oder ein gemeinschaftliches Testament mit einem früheren Ehegatten erbrechtlich gebunden ist, kann er später nicht einseitig die Vergütung über das hinaus erhöhen, was entweder in der bindenden Verfügung von Todes wegen ausdrücklich festgelegt war oder – wenn dies nicht der Fall ist – was über dem liegt, was nach der allg. Grundsätzen (siehe Rn 16 ff.) als angemessen i.S.v. § 2221 BGB anzusehen ist; dazu *Lieb*, Rn 21 ff.
3 *Eckelskemper*, in: Bengel/Reimann, X Rn 1; Staudinger/*Reimann*, § 2221 Rn 21.
4 Soergel/*Damrau*, § 2221 Rn 2; eingehend dazu *Lieb*, Rn 50 ff., der zu Recht darauf hinweist, dass der Testamentsvollstrecker immer auch die Möglichkeit einer ihm günstigen Auslegung, insbesondere einer ergänzenden Auslegung bei wesentlicher Veränderung der Umstände, prüfen sollte.
5 Palandt/*Weidlich*, § 2221 Rn 2; *Winkler*, Testamentsvollstrecker, Rn 629; zum Fall des vermeintlichen Testamentsvollstreckers siehe *Winkler*, Testamentsvollstrecker, Rn 630 ff.
6 *Schiffer/Rott/Pruns*, § 10 Rn 10 ff.
7 Zutr. *Reimann* in Schiffer/Rott/Pruns, § 3 Rn 1.
8 Ausf. dazu *Reimann* in Schiffer/Rott/Pruns, § 4 Rn 2–4.

anzusprechen und die Auseinandersetzung mit dieser Thematik auf die Zeit nach dem Ableben des Erblassers „zu vertagen".[9] Diese Darstellung erscheint etwas zu **überzogen**, insbes. im Hinblick darauf, dass damit dem Rechtsberater unterstellt wird, er sei an einer sachgerechten Regelung schon deswegen nicht interessiert, weil er dadurch an den sich aus der unklaren Anordnung ergebenden Schwierigkeiten später nochmals etwas „verdienen" könne. Dieses Argument trifft zudem auf den Nurnotar schon aus formellen Gründen nicht zu.

3. Empirisches zu den Vergütungsanordnungen und zur Anordnung der Testamentsvollstreckung überhaupt

5 Werden Vergütungsanordnungen getroffen, so ergibt sich nach der Untersuchung von *Reinfeldt* folgendes Bild:[10]
- in 8 % der Verfügungen von Todes wegen, die er untersucht hat, findet sich die Bestimmung, dass der Testamentsvollstrecker gar **keine Vergütung** erhalten soll bzw. sein Amt unentgeltlich ausüben muss,
- in 6 % solcher Verfügungen finden sich **unwirksame oder letztlich nichtssagende Bestimmungen**, wie etwa, dass der Testamentsvollstrecker „die gesetzliche", die „übliche" oder die „angemessene Vergütung erhalten soll,
- nur in **16 %** der von ihm untersuchten Verfügungen fanden sich **„eigenständige"** Anordnungen zur Vergütung, die einen eigentlichen Regelungsinhalt hatten.

Zur Erinnerung: Nur 30 % der untersuchten Verfügungen, die Anordnungen zur Testamentsvollstreckung aufwiesen, enthielten überhaupt Bestimmungen zur Testamentsvollstreckervergütung.

6 Bezüglich der Verfügungen, die überhaupt eine Regelung zur Vergütung enthielten, und diese nicht nur ausschlossen, ergibt sich dabei weiter Folgendes:
- ein Zeithonorar wurde nur in 1 % dieser Vergütungsanordnungen bestimmt,
- ein Festhonorar wurde in 20 % dieser Fälle angeordnet,
- in 41 % der Anordnungen sollte sich die Vergütung nach einem Prozentsatz vom Brutto-Nachlasswert bestimmen,
- in 3 % der Fälle erfolgten Honorierungen, die in keine gängige Einordnung passen, sondern Zuwendungen eines Sachwerts, eines Anteils am Verkaufserlös oder der Erträge eines Wertpapierdepots vorsahen,
- in 5 % der Fälle wurden für die Bemessung der Vergütung „Mischformen" festgelegt, etwa ein Festbetrag zuzüglich eines Anteils an den Zinsen,
- nur in 8 % der Anordnungen erfolgte eine Bezugnahme auf die „klassischen" Tabellen, Empfehlungen und Gebührenordnungen,
- der Rest von 22 % betraf die unwirksamen oder nichtssagenden Bestimmungen.

7 Hinsichtlich der Personen, die zum Testamentsvollstrecker berufen werden, stehen bei weitem die Verwandten des Erblassers im Vordergrund; in der Untersuchung von *Reinfeldt*[11] ist dies in 40 % der Fälle vorgesehen. Demgegenüber werden in nur 25 % der Anordnungen besonders qualifizierte Personen zum Testamentsvollstrecker ernannt; innerhalb dieser Gruppe sind dies zu über der Hälfte der Fälle Rechtsanwälte, zu über einem Viertel aber auch die Steuerberater. Dies deckt sich mit der Aussage von *Kirnberger,*[12]

---

9 *Schiffer/Rott* in Schiffer/Rott/Pruns, § 2 Rn 5; zust. *Reinfeldt* in Schiffer/Rott/Pruns, § 10 Rn 27.
10 In *Schiffer/Rott/Pruns* § 10 Rn 11 ff.
11 In *Schiffer/Rott/Pruns* § 10 Rn 8 f.
12 FS Spiegelberger, 2009, S. 270, 271.

wonach die Testamentsvollstreckung, wenn sie von Berufsträgern ausgeübt wird, oftmals von Steuerberatern übernommen wird.

4. Die Zweckmäßigkeit von Vergütungsanordnungen

Völlige Übereinstimmung herrscht in fast allen Darstellungen, dass der Erblasser unbedingt eine Anordnung zur Vergütung des Testamentsvollstreckers treffen sollte, um unnötigen Streit zwischen ihm und den Erben zu vermeiden, aber auch um letztlich zu gewährleisten, dass sich eine qualifizierte Person zur Übernahme der Testamentsvollstreckung bereitfindet, denn so mancher scheut nicht zu Unrecht einen unnötigen Streit über die Honorierung seiner erbrachten Arbeit.[13] Zutreffend wird davor gewarnt, die Honorarfrage zu „tabuisieren" und zu übergehen.[14]

8

5. Die Schwierigkeit sachgerechter Vergütungsanordnungen

Der sich früher aus dem Steuerrecht ergebende Zwang zur Beachtung dieser allgemeinen Richtlinien, weil es ansonsten bei einer übermäßigen Zuwendung nach der Auffassung der Finanzverwaltung zu einer **Doppelbelastung** durch Einkommensteuer und Erbschaftsteuer kam, ist durch die neuere BFH-Rechtsprechung überholt (siehe § 45 Rn 16 ff.). Bei der Abfassung einer Verfügung von Todes wegen ist es allerdings gar nicht so einfach, eine sachgerechte Regelung zur Vergütung zu treffen. Auch viele **Formularbücher** enthalten hierzu keine praktisch überzeugenden Formulierungsvorschläge. Verstärkt wird die Problematik auch durch den sog. „Tabellenstreit", weil divergierende Vergütungsempfehlungen in Umlauf sind. Hinzu kommt, dass die vom Testamentsvollstrecker im Einzelfall wahrzunehmenden Aufgaben sehr unterschiedlich sein können, was eine weitere Differenzierung bei der entsprechenden Anordnung erfordert.

9

> **Weiterführende Formulierungsvorschläge**
> *Eckelskemper* in *Bengel/Reimann*, Handbuch X, Rn 262; *Winkler*, Der Testamentsvollstrecker, Rn 862; *Nieder/Otto*, Münchener Vertragshandbuch, Bürgerliches Recht, VI. Bd., 2. HB, XVI 4, XVI. 26; *Reimann/Bengel/J. Mayer*, Testament und Erbvertrag, Formulare Rn 41; *Wachter*, ZNotP 1999, 226, 232 f. zur Vergütung bei Testamentsvollstreckung bei einer GmbH.

II. Einfache Verweisung auf Vergütungstabellen und -richtlinien

Wegen der Formbedürftigkeit der Verfügungen von Todes wegen wurde unlängst auch bestritten, ob dort eine **einfache Verweisung** auf die üblichen „Tabellen" und Empfehlungen, die anderweitig in Büchern und Zeitschriften veröffentlicht sind, den Formanforderungen an eine Verfügung von Todes wegen (§§ 2232, 2276, 2247 BGB) genügt. Für eine notarielle Urkunde gilt bei einer solchen ersetzenden Verweisung zunächst § 13a BeurkG. Demnach kann auf eine andere notarielle Urkunde, die formwirksam errichtet ist, Bezug genommen werden. Dies wird jedoch bei den Vergütungsrichtlinien und Tabellen selten der Fall sein. Aber auch sonst ist eine Bezugnahme möglich, wenn es sich um allgemein zugängliche Informationen handelt, denn diese stellen einen Auslegungsbehelf für die Konkretisierung der angemessenen Vergütung dar. Zudem wird man die Verweisung auf offenkundige Tatsachen i.S.d. § 291 ZPO als wirksam ansehen können. Dies ist etwa hinsichtlich des

10

---

13 Vgl. nur *Schiffer/Rott* in Schiffer/Rott/Pruns, § 10 Rn 45; *Reimann* in Schiffer/Rott/Pruns, § 4 Rn 16 ff.; *Reinfeldt*, in Schiffer/Rott/Pruns, § 4 Rn 25 ff.
14 *Reimann* in Schiffer/Rott/Pruns, § 4 Rn 16.

Preisindexes oder der DIN-Normen allgemein anerkannt[15] und sollte bei den einschlägigen Tabellen und Vergütungsrichtlinien für den Testamentsvollstrecker entsprechend gelten.[16] Zumindest lässt sich das Problem mit Hilfe der **Andeutungstheorie** im Sinne einer wirksamen Bezugnahmemöglichkeit lösen.[17] Bei den bankindividuellen Gebührentabellen soll dies allerdings nicht gelten, weil sie zu wenig allgemeine Verbreitung besitzen.[18] Bei einem **öffentlichen Testament** besteht zudem zur relativ einfachen Problemlösung auch die Möglichkeit, dieses durch **Übergabe** einer offenen oder verschlossenen **Schrift** zu errichten (§ 2232 BGB); und diese Schrift kann die entsprechenden Vergütungsrichtlinien enthalten, wobei aber der Erblasser ausdrücklich erklären muss, dass diese für seine Verfügung von Todes wegen gelten sollen.[19]

11 Da der Testamentsvollstrecker ermächtigt werden kann, seine Vergütung selbst zu bestimmen,[20] kann das Formproblem auch dadurch gemindert werden, dass man dem Testamentsvollstrecker ein diesbezügliches **Leistungsbestimmungsrecht** einräumt.[21] Allerdings unterliegt diese Bestimmung analog § 319 BGB der gerichtlichen Überprüfung der Angemessenheit.[22]

12 Die Bezugnahme auf derartige Tabellen und Richtlinien bringt jedoch noch das weitere Problem mit sich, dass sich bis zum Erbfall zum einen diese Richtlinien und Tabellen ändern können. Daher ist klarzustellen, ob es sich um eine dynamische Verweisung handelt oder um eine statische, wonach allein die Richtlinien gelten sollen, die bei der Errichtung der Verfügung von Todes wegen galten. Zum anderen können sich bis zum Eintritt des Erbfalls auch die **tatsächlichen Verhältnisse** wesentlich ändern. Dieser Problematik wird am besten eine Vergütungsanordnung gerecht, die von sich aus möglichst viele Zu- und Abschläge vorsieht;[23] dies ist gerade bei den **Empfehlungen des Deutschen Notarvereins** der Fall.

III. Keine gesetzliche Vergütungsordnung

13 Nur wenn der Erblasser nichts über die Testamentsvollstreckervergütung bestimmt hat, so hat nach § 2221 BGB der Testamentsvollstrecker einen Anspruch auf eine **angemessene Vergütung**. Mehr besagt aber die gesetzliche Regelung auch nicht. Es gibt **keine gesetzliche Gebührenordnung** für Testamentsvollstrecker.[24] Umgekehrt ist auch bei wirtschaftlich schwieriger Lage des Nachlasses eine angemessene Vergütung zu zahlen, wenn der Erblasser keine abweichende Anordnung getroffen hat; das Amt des Testamentsvollstreckers ist kein

---

15 *Limmer*, in: Eylmann/Vaasen, § 9 BeurkG Rn 16.
16 Ebenso die nunmehr ganz h.M., vgl. NK-BGB/*Kroiß*, § 2221 Rn 38; Staudinger/*Reimann*, § 2221 Rn 25; *Reimann*, DStR 2002, 2008; Soergel/*Damrau*, § 2221 Rn 2; *Reithmann*, ZEV 2001, 385; *Eckelskemper*, in: Bengel/Reimann, X Rn 4; *Stauf*, RNotZ 2001, 129, 139; *Lieb*, Rn 39 ff. (m. eingehender Begründung); *Westermeier*, MittBayNot 2009, 365, 366; wohl auch *Schwarz*, Testamentsvollstreckung, § 2 Rn 187; a.A. nur *W. Zimmermann*, ZEV 2001, 334, 335; *ders.*, Testamentsvollstreckung, Rn 690; vgl. dazu auch S. Zimmermann, Notar 2000, 2; offen lassend *Fritz* in Schiffer/Rott/Pruns, § 6 Rn 14.
17 Zutr. Soergel/*Damrau*, § 2221 Rn 2; *Westermeier*, MittBayNot 2009, 365, 366; ähnlich NK-BGB/*Kroiß*, § 2221 Rn 38.
18 *Fritz* in Schiffer/Rott/Pruns, § 6 Rn 14; *Theiss/Bogner*, BRK 2006, 401, 404.
19 *Reithmann*, ZEV 2001, 385, 386 f.; *Lieb*, Rn 48.
20 *Eckelskemper*, in: Bengel/Reimann, X Rn 149; *Lieb*, Rn 33; angedeutet bei BGH NJW 1957, 948.
21 Zust. NK-BGB/*Kroiß*, § 2221 Rn 38 m. Formulierungsvorschlag; i.E. ebenso *Schwarz*, Testamentsvollstreckung, § 2 Rn 187, ohne den hiesigen Vorschlag zu zitieren.
22 *Lieb*, Rn 33; *Winkler*, Testamentsvollstrecker, Rn 614; *Zimmermann*, Testamentsvollstreckung, Rn 718.
23 Zutr. NK-BGB/*Kroiß*, § 2221 Rn 38.
24 MüKo/*Zimmermann*, § 2221 Rn 9; *Winkler*, Testamentsvollstrecker, Rn 570; *Lieb*, Rn 69; unklar daher *Schiffer/Rott* in Schiffer/Rott/Pruns, § 2 Rn 44.

Ehrenamt wie das des Betreuers oder Vormunds.[25] Liegt **keine ausdrückliche Ermächtigung** zur Festlegung der Vergütung vor, so besteht **kein** Selbstbestimmungsrecht des Testamentsvollstreckers.[26]

C. Vereinbarung mit den Erben

Eine Vereinbarung mit den Erben über die zu zahlende Vergütung ist möglich. Sie ist auch dann wirksam, wenn sie einer Vergütungsanordnung des Erblassers widerspricht.[27] Die Beteiligten können sogar neben der vom Erblasser festgelegten Vergütung eine weitere vereinbaren.[28] Allerdings dürfen durch solche Vereinbarungen nicht die anderen Nachlassbeteiligten, wie Vermächtnisnehmer oder Nachlassgläubiger in ihren Rechten beeinträchtigt werden; anderenfalls könnte dies eine Haftung des Erben gegen die Nachlassgläubiger begründen (§ 1978 BGB).[29] Ist Vor- und **Nacherbschaft** angeordnet, so sollte der Nacherbe dieser Vergütungsvereinbarung zustimmen, da anderenfalls die Gefahr besteht, dass diese bei Eintritt des Nacherbfalls (§ 2139 BGB) dem Nacherben gegenüber nicht wirksam ist.[30]

14

> **Praxistipp**
> Eine ausdrückliche Vergütungsvereinbarung mit den Erben ist in allen Fällen, in denen die Verfügung von Todes wegen keine klareren Regelungen enthält, dringend zu empfehlen, weil dadurch langwierige Streitigkeiten über die Frage der Angemessenheit der Testamentsvollstreckervergütung vermieden werden können.[31] Auch ist zur Vermeidung der schnellen Verjährung aufgrund der Neuregelung des Verjährungsrechts gerade bei länger dauernden Testamentsvollstreckungen eine verjährungsverlängernde Vereinbarung dringend angezeigt. Desweiteren ist eine klarstellende Regelung angezeigt, dass die Erben für die vertraglich vereinbarte Vergütung nicht nur beschränkt mit dem Nachlass, sondern mit ihrem Eigenvermögen haften.[32]

D. Vergütungsvereinbarung zwischen dem Erblasser und dem künftigen Testamentsvollstrecker

Insbesondere dann, wenn der künftige Testamentsvollstrecker bereits zu Lebzeiten des Erblassers für diesen als Vermögensverwalter tätig ist, bietet es sich an, dass bereits vor dem Erbfall zwischen dem Erblasser und dem künftigen Testamentsvollstrecker eine entsprechende Vergütungsvereinbarung getroffen wird.[33] Diese wird auch **Testamentsvollstreckervertrag** genannt.[34] Dieser kann sich an den Grundsätzen orientieren, die auch sonst für

15

---

25 § 1836 Abs. 1 S. 3 BGB über die Möglichkeit einer gerichtlichen Herabsetzung gilt daher hier nicht.
26 BGH NJW 1963, 1615; OLG Köln ZEV 2008, 335; NK-BGB/*Kroiß*, § 2221 Rn 3; MüKo/*Zimmermann*, § 2221 Rn 5; allg.M.
27 *Winkler*, Testamentsvollstrecker, Rn 574; *Lieb*, Rn 56; Soergel/*Damrau*, § 2221 Rn 6.
28 RG JW 1936, 3388; Staudinger/*Reimann*, § 2221 Rn 5.
29 *Eckelskemper*, in: Bengel/Reimann, X Rn 2; nach *Winkler*, Testamentsvollstrecker, Rn 574, genügt bereits eine bloße Gefährdung dieser Personen.
30 Ausführlich dazu *Eckelskemper*, in: Bengel/Reimann, X Rn 2.
31 *Winkler*, Testamentsvollstrecker, Rn 574.
32 *Eckelskemper*, in: Bengel/Reimann, X Rn 3.
33 *Lang*, in: Lange/Werkmüller, § 25 Rn 189 ff. m. einigen Hinweisen; *Fritz/Lang/Josten*, Testamentsvollstreckung und Stiftungsmanagement durch Banken und Sparkassen, 2006, S. 173.
34 *Fritz/Lang/Josten*, Testamentsvollstreckung und Stiftungsmanagement durch Banken und Sparkassen, 2006, S. 173.

einen **Vermögensverwaltungsvertrag** gelten.[35] Auch wenn dies Teil des „Estate Planning" ist, handelt es sich nicht um eine Verfügung von Todes wegen, sondern um eine besondere Form eines Geschäftsbesorgungsverhältnisses (§ 675 BGB); daher gelten die Formerfordernisse für Testamente und Erbverträge hier nicht.[36]

Checkliste zur Vergütungsvereinbarung
Fritz in Schiffer/Rott/Pruns, § 6 Rn 35.

E. Die angemessene Vergütung: Grundsatz der funktionsgerechten Vergütung

16 Ist in der Verfügung von Todes wegen weder festgesetzt, dass die Testamentsvollstreckung unentgeltlich erfolgen soll, noch nach welcher Höhe die Vergütung zu bemessen ist, so kann der Testamentsvollstrecker eine angemessene Vergütung verlangen, die sich aber immer nur auf „die Führung seines Amtes" beziehen kann. Angesichts der Vielfältigkeit der Ausgestaltung des Testamentsvollstreckeramtes kann daher die Angemessenheit Vergütung nur **funktionell** bezogen auf die vom Testamentsvollstrecker durchzuführenden Aufgaben beurteilt werden (**Maßgeblichkeit der funktionellen Betrachtungsweise**). Der **BGH** hat in zwei **Grundsatzurteilen** zu **Angemessenheit** der Vergütung des Testamentsvollstreckers ausgeführt: „Maßgebend für die Vergütung des Testamentsvollstreckers sind der ihm i.R.d. Verfügung von Todes wegen nach dem Gesetz obliegende Pflichtenkreis, der Umfang der ihn treffenden Verantwortung und die von ihm geleistete Arbeit, wobei die Schwierigkeit der gelösten Aufgaben, die Dauer der Abwicklung oder der Verwaltung, die Verwertung besonderer Erkenntnisse und Erfahrungen und auch die Bewährung einer sich im Erfolg auswirkenden Geschicklichkeit zu berücksichtigen sind."[37] Dabei hat er betont, dass die Vergütung nur im Rahmen eines Ermessensspielraums bestimmt werden kann.

17 Daher ist bei der Beurteilung der Angemessenheit zunächst festzustellen, welche Aufgaben der Testamentsvollstrecker eigentlich zu erfüllen hat (**Erstellung eines Anforderungsprofils**). Dabei sind die Besonderheiten des Einzelfalls genau zu berücksichtigen, die üblichen **Tabellenwerte** liefern daher dafür nur einen beschränkten Anhaltspunkt; auch die im Vordringen befindliche Fallgruppenbildung und die Vornahme von Zu- und Abschlägen je nach den Besonderheiten des Einzelfalls (siehe Rn 64 ff.) können nur Anhaltspunkte für eine „Grobsondierung" ergeben, Abweichungen nach oben und unten sind im Einzelfall immer möglich.

I. Grundsätze für die Bemessung der angemessenen Vergütung

1. Differenzierungsgebot und funktionale Betrachtungsweise

18 Die Rechtsprechung und Literatur haben gewisse Grundsätze für die Beurteilung der Frage entwickelt, wann die Testamentsvollstreckervergütung angemessen ist, auch wenn zu Einzelfragen durchaus noch Streit herrscht. Im Wesentlichen sind es dabei nicht formelle Umstände, sondern materielle Kriterien, die hierbei anzuwenden sind.[38] Angesichts der Vielschichtigkeit der Aufgaben, die je nach Zusammensetzung des Nachlasses, der vom Erblasser vorgegebenen Anordnungen und der Art der zu erfüllenden Aufgaben sehr unter-

---

35 Dazu etwa *Joost*, ZIP 1996, 1685, 1691 (bezügl. Kreditkarten).
36 *Eckelskemper*, in: Bengel/Reimann, X Rn 4; anders, aber nicht überzeugend, *Fritz* in Schiffer/Rott/Pruns, § 2 Rn 13 unter unzutr. Bezug auf Palandt/*Weidlich*, § 2221 Rn 1.
37 BGH NJW 1963, 487 = MDR 1963, 293; wortgleich NJW 1967, 2400 = MDR 1967, 824.
38 *Lieb*, Rn 83.

schiedlich sein können, kommt es für die Frage der Angemessenheit immer auf den konkreten, angeordneten Aufgabenbereich an.[39] Es gilt ein **Differenzierungsgebot**, d.h. die **Bemessung** der Vergütung muss sich an den zu erfüllenden Aufgaben ausrichten.[40] In diesem Rahmen sind insbesondere **qualitative Überlegungen** maßgebend. Des Weiteren ergibt sich aus dem Grundsatz der Angemessenheit die Geltung des **Äquivalenzprinzips**.[41] Die erbrachte Tätigkeit muss den übernommenen und erfüllten Aufgaben des Testamentsvollstreckers angemessen sein.[42] Es muss „das Preis-Leistungsverhältnis" stimmen.[43] Wenn der Testamentsvollstrecker über besondere, nachweisbare **Qualifikationen** verfügt, etwa durch Absolvierung entsprechender Kurse und Fortbildungen, und eine angemessene Vermögenshaftpflicht unterhält, muss dies entsprechend erhöhend berücksichtigt werden. Entsprechendes sollte gelten, wenn er – etwa als Rechtsanwalt, Notar, Steuerberater oder Wirtschaftsprüfer – besonderen berufsrechtlichen Beschränkungen unterliegt. All dies bietet eine verlässliche Gewähr dafür, dass im besonderen Maße die sich stellenden Aufgaben vom Testamentsvollstrecker auch verlässlich erfüllt werden. Dementsprechend sieht § 4 VBVG vor, dass Betreuer, die über besondere Kenntnisse verfügen, auch eine höhere Vergütung erhalten. Dies mag als Leitbild auch für den Testamentsvollstrecker gelten.[44]

In diesem Zusammenhang werden auch der Umfang des Nachlasses und die Zahl der wahrzunehmenden Aufgaben bedeutsam, also auch ein **quantitatives Element**. Für die Zuordnung des Vergütungsansatzes zu den jeweils zu erfüllenden Aufgaben bietet es sich an, von einem „Gebührentatbestand" auszugehen. Vereinfachend lässt sich der Zusammenhang zwischen der vom Testamentsvollstrecker wahrzunehmenden Aufgabe und dem dementsprechend zuzuordnenden Gebührenansatz tabellarisch wie folgt darstellen:[45]

19

Vollstreckungsaufgabe	Gebührentatbestand
Abwicklungsvollstreckung (normale Aufgabe), mit – Konstituierung – Auseinandersetzung – Hierzu notwendige Verwaltung	**Regelvergütung** Konstituierungsgebühr nur in Ausnahmefällen
Reine **Verwaltungsvollstreckung** (§ 2209 BGB)	Laufende **Verwaltungsgebühr**
Dauervollstreckung – Konstituierung – Anschließend i.d.R. (teilweise) Auseinandersetzung – Länger währende Verwaltung – u.U. danach noch Auseinandersetzung	Regelgebühr Verwaltungsgebühr u.U. Auseinandersetzungsgebühr

---

39 BGH NJW 1963, 487 = DNotZ 1964, 168, 173 = Rpfleger 1963, 77 m. Anm. *Haegele*; BGH NJW 1967, 876; NJW 1967, 2400; für eine Modifikation dieses Beurteilungsmaßstabs angesichts der gewandelten Aufgaben jetzt aber *Rott/Kornau/Zimmermann*, Testamentsvollstreckung, S. 271 ff.
40 *Eckelskemper*, in: Bengel/Reimann, X Rn 6, 15; Staudinger/*Reimann*, § 2221 Rn 29; *Lieb*, Rn 77 ff.
41 *Lieb*, Rn 86; *Tiling*, ZEV 1998, 331.
42 Staudinger/*Reimann*, § 2221 Rn 29 f.
43 Zustimmend *Schiffer/Rott* in Schiffer/Rott/Pruns, § 2 Rn 10.
44 Zutr. *Schiffer/Rott* in Schiffer/Rott/Pruns, § 2 Rn 10.
45 Nach *Tiling*, ZEV 1998, 331; zust. Damrau/*Bonefeld*, Praxiskommentar Erbrecht, § 2221 Rn 5; eingehend zu den hierzu berücksichtigenden Handlungen des Testamentsvollstreckers *Lieb*, Rn 109 ff.

20 Bei der Bemessung der Angemessenheit der Testamentsvollstreckervergütung sind aber auch noch andere Kriterien zu berücksichtigen.[46] So werden genannt:
    – **Nachlassbezogene Kriterien,** wie Art, Bruttowert und Umfang des Nachlasses
    – **Zeitbezogene** Merkmale, wie die Dauer der Verwaltung
    – **Tätigkeitsbezogene Kriterien** wie Umfang und Schwierigkeit der zu erwartenden Geschäfte, Notwendigkeit besonderer Vorkenntnisse und Erfahrungen zur Aufgabenbewältigung
    – Größe der **Verantwortung** (Haftungsgefahr)
    – der erzielte **Erfolg**
    – **Ausgleich der Interessen** des zahlungspflichtigen Erben und des zu honorierenden Testamentsvollstreckers[47]
    – **Steuerbelastung** der Vergütung durch Umsatzsteuer.[48]

21 Allerdings lässt sich aus diesen Kriterien noch nicht im Wege einer exakten mathematischen Berechnung die tatsächlich geschuldete Testamentsvollstreckervergütung berechnen. Vielmehr können diese nur einen groben Anhaltspunkt dafür geben, was im Wege einer letztlich nicht genau deduktiv-juristischen, sondern einer mehr typologisch ausgerichteten Betrachtung als angemessene Vergütung anzusehen ist.[49] Damit ist sicherlich ein Verlust an Rechtssicherheit verbunden,[50] jedoch hat der BGH hierzu zutreffend bemerkt, dass sich dies notwendiger Weise bereits aus dem Begriff der „Angemessenheit" ergibt (siehe oben Rn 16). Bedenklich erscheint es, auch das letztlich rein formale Kriterium einer zwischen Testamentsvollstrecker und den Erben getroffenen **Vergütungsvereinbarung** als erhebliches Merkmal für die Beurteilung der Angemessenheit des so festgelegten Honorars anzusehen.[51] Wird diese Vereinbarung zwischen Fremden getroffen, so kann ihr letztlich nur indizielle Bedeutung zukommen.[52]

2. Wert- oder Zeitgebühr?

22 Als **Grundmodelle** zur Bestimmung der Vergütung kommen entsprechend den gesetzlichen Regelungen für die Tätigkeit anderer Vermögensverwalter oder Berufsgruppen,[53] die andere Personen betreuen (Rechtsanwälte, Steuerberater), in Betracht:[54]

---

46 Nach *Lieb,* Rn 83 ff.; siehe auch *Eckelskemper,* in: Bengel/Reimann, X Rn 16 ff.; *Zimmermann,* Testamentsvollstreckung, Rn 695; *Winkler,* Testamentsvollstrecker, Rn 573; *Lorz,* in: MAH Erbrecht, § 21 Rn 160 f.
47 *Zimmermann,* Testamentsvollstreckung, Rn 695, der (unter Bezug auf BVerfG BtPrax 2000, 77 zur angemessenen Vergütung von Berufsbetreuern) betont, dass der berufsmäßige Testamentsvollstrecker aus seiner Tätigkeit natürlich seine Kosten decken und ein ausreichendes Einkommen erzielen muss, während bei einem familienangehörigen Testamentsvollstrecker diese Kriterien keine Rolle spielen. Dem Ansatz von *Zimmermann* zum angemessenen Interessenausgleich zustimmend *Lieb,* Rn 86.
48 *Eckelskemper,* in: Bengel/Reimann, X Rn 16; a.A. OLG Köln ZEV 1994, 118 m. Anm. *Klingelhöffer* = NJW-RR 1994, 328.
49 Zu weit reichend aber spricht *Reimann,* DNotZ 2001, 344, 346 von „Leerformeln".
50 Dazu etwa *Lieb,* Rn 91.
51 So aber HessFG EFG 1991, 332, 332; *Zimmermann,* Testamentsvollstreckung, Rn 748; wohl auch Staudinger/*Reimann,* § 2221 Rn 27.
52 Noch strenger *Lieb,* Rn 82, der in einer solchen Vereinbarung eine gleichsam „novierende Wirkung" sieht, die den Rückgriff auf das, was nach dem Gesetz angemessen ist, gerade ausschließen soll.
53 Überblick dazu etwa bei *Lieb,* Rn 95 f.
54 Eingehend dazu Staudinger/*Reimann,* § 2221 Rn 30 f.; *Lieb,* Rn 87 ff.

- die **Wertvergütung**, die heute ganz überwiegend als maßgeblich angesehen wird,[55]
- die **Zeitvergütung**,[56]
- eine **Kombination** von Wert- und Zeitgebühr,[57]
- **Erfolgshonorar**[58] und
- eine reine **Festbetragsvergütung (Pauschalhonorar)**.

Da letztere gerade nicht den Erfordernissen des Einzelfalls und damit nicht dem Differenzierungsgebot entspricht, könnte sie nur dann Anwendung finden, wenn sie ausdrücklich gesetzlich angeordnet wäre, was nicht der Fall ist.[59] Dies hindert den Erblasser natürlich nicht daran, ausdrücklich ein Pauschalhonorar anzuordnen. Entsprechendes gilt auch für ein Erfolgshonorar, jedoch sollte hier darauf geachtet werden, dass überhaupt ein messbarer Erfolg bei der vom Testamentsvollstrecker voraussichtlich zu bewältigenden Aufgaben eintreten kann und dies auch justiziabel ist.[60]

Demgegenüber lässt sich **nicht generell** und prima facie sagen, ob die Wert- oder Zeitvergütung die nach materiellen Kriterien zu ermittelnde Angemessenheit eher gewährleistet.[61] Ein Vergleich mit anderen Berufsgruppen zeigt, dass beide Modelle gleichermaßen Anwendung finden. So wird insbesondere die Arbeitsleistung des Vermögensbetreuers i.S.v. § 1896 ff. BGB nunmehr – anders als früher – primär nach dem Zeitaufwand berechnet. Dies gilt auch für die Vergütung des Nachlasspflegers, dessen Stellung mit der eines Testamentsvollstreckers besonders vergleichbar erscheint. Dagegen erhält ein Insolvenzverwalter dem Grundsatz nach eine Wertgebühr, und auch seine Tätigkeit erscheint der des Testamentsvollstreckers sehr ähnlich.[62] Ob allein gemessen an **materiellen Angemessenheitskriterien** die Wertgebühr die richtigere ist, ist allerdings umstritten.[63] Unbestritten ist allerdings, dass in der Wertgebühr die Größe des Nachlasses, dessen Wert und Umfang, das Maß der Verantwortung und damit auch die Gefahr der Haftung des Testamentsvollstreckers besonders zum Ausdruck kommt und damit auch dem Gedanken des Äquivalenzprinzips eher

23

---

55 *Reimann* in Schiffer/Rott/Pruns, § 3 Rn 2; Staudinger/*Reimann*, § 2221 Rn 32 ff.; Palandt/*Weidlich*, § 2221 Rn 3; *Tiling*, ZEV 1998, 331 ff.; *Winkler*, Testamentsvollstrecker, Rn 573; *Lieb*, Rn 106 NK-BGB/*Kroiß*, § 2221 Rn 6; *Klingelhöfer*, Vermögensverwaltung, § 2221 Rn 327; Bamberger/Roth/*J. Mayer*, § 2221 Rn 16; PWW/*Schiemann*, § 2221 Rn 2; Erman/*M. Schmidt*, § 2221 Rn 6; Groll/*Groll*, Praxishandbuch, Rn 19; für den Regelfall auch *Lang*, in: Lange/Werkmüller, § 25 Rn 186 (unter Betonung, dass Pauschalierungen zu vermeiden sind); offen lassend Soergel/*Damrau*, § 2221 Rn 9; vgl. auch die Nachw. bei *Eckelskemper*, in: Bengel/Reimann, X Rn 10 ff.; *Haas/Lieb*, ZErb 2002, 202, 203 halten dem Grunde nach die Zeit- wie Wertgebühr für gleichermaßen geeignet.
56 Dafür Birk, S. 103 ff.; *Löhnig* in Hausmann/Hohloch, 19. Kap. Rn 178; und vor allem *Schiffer/Rott* in Schiffer/Rott/Pruns, § 2 Rn 32 i.V.m. § 7 Rn 13 ff.; *Zimmermann*, ZEV 2001, 334 ff.; *Zimmermann*, Testamentsvollstreckung, Rn 711 f.; MüKo/*Zimmermann*, § 2221 Rn 17; für möglich hält diese bei entsprechender Erblasseranordnung auch *Schwarz*, Testamentsvollstreckung, § 2 Rn 158.
57 So jetzt *Eckelskemper*, in: Bengel/Reimann, X Rn 68 ff.
58 *Schiffer/Rott* in Schiffer/Rott/Pruns, § 3 Rn 34 ff.
59 Staudinger/*Reimann*, § 2221 Rn 30.
60 *Schiffer/Rott* in Schiffer/Rott/Pruns„ § 3 Rn 36 f.
61 *Lieb*, Rn 98; *Haas/Lieb*, ZErb 2002, 202, 203; *Weirich*, Rn 853; Damrau/*Bonefeld*, Praxiskommentar Erbrecht, § 2221 Rn 23; vgl. auch BayObLG FamRZ 2002, 197, 199 für Vergütung des Nachlasspflegers vor der dem Inkrafttreten des BtÄndG.
62 *Lieb*, Rn 96 f.; a.A. *Schiffer/Rott* in Schiffer/Rott/Pruns, § 2 Rn 30, weil die Insolvenzverwaltung von einem wirtschaftlichen Fehlschlag oder zumindest teilweise vernichteten Vermögenswerten ausgehe, während die Testamentsvollstreckung „unbeschädigte Vermögenswerte" zu verteilen und verwalten habe.
63 Vgl. etwa *Haas/Lieb*, ZErb 2002, 202, 203; *Lieb*, Rn 98 ff.

entspricht.⁶⁴ *Reimann* spricht daher zu Recht von einer „Verantwortungsgebühr".⁶⁵ Demgegenüber gibt der reine **Zeitfaktor** die vom Testamentsvollstrecker wahrzunehmenden Aufgaben, seine Verantwortung und auch sein Haftungsrisiko nicht richtig wieder. Bei einer entsprechenden Staffelung und Erhöhung der Stundensätze bei einer aufwändigen Testamentsvollstreckertätigkeit ließen sich diese Gesichtspunkte allerdings bis zu einem gewissen Umfang durch die Zeitvergütung erfassen. Zudem wird nunmehr eingewandt, dass Haftungsrisiken typischerweise daraus entstünden, dass sich der Testamentsvollstrecker nicht genügend Zeit für eine abgewogene Entscheidung genommen hat und dem durch die Honorierung nach Zeitaufwand begegnet werden könne.⁶⁶

24 Die **Zeitvergütung** hat den Gesichtspunkt der Praktikabilität insofern für sich, als man sich die u.U. schwierige Bewertung der Nachlassobjekte spart und auch die Aufteilung auf mehrere Testamentsvollstrecker einfacher ist. Andererseits birgt die Abrechnung allein nach dem Zeitaufwand die Gefahr der Verschleppung und Verzögerung der Vollstreckungstätigkeit in sich und bevorzugt zu Lasten der Erben den „Bummler" und den nicht so routinierten Testamentsvollstreckern.⁶⁷ Sie bringt auch für den Testamentsvollstrecker die Notwendigkeit mit sich, seinen tatsächlichen Zeitaufwand zu dokumentieren und im Streitfall zu beweisen.⁶⁸ Der Streit verlagert sich darauf, ob die betreffende Tätigkeit des Testamentsvollstreckers überhaupt notwendig war und wieso so viele Stunden hierfür angefallen sind. Setzt man zudem den Stundensatz relativ niedrig an (zu den Vorschlägen hierzu siehe Rn 53), so wird kaum ein qualifizierter Rechtsanwalt mehr bereit sein, eine Testamentsvollstreckung zu übernehmen. Wählt man einen deutlich höheren Satz, so werden die Werte der **Rheinischen Tabelle** u.U. sehr schnell überschritten.⁶⁹ Nur im **Einzelfall** wird man daher i.R.d. gebotenen Feinabstimmung mit der Berücksichtigung der vorliegenden Besonderheiten statt einem am Nachlasswert orientieren Zuschlag einen solchen nach dem Zeitaufwand machen.⁷⁰ Zudem gibt es keine Rechtsprechung, die bei einer Testamentsvollstreckung die Abrechnung nach der Zeitgebühr gebilligt hat, so dass das Risiko einer zu Unrecht erhobenen Gebühr hier schon dem Grunde nach besonders hoch ist.⁷¹

25 Der **BGH** hat in einer unlängst ergangenen Entscheidung ausgeführt, dass eine allein am Nachlasswert orientierte Berechnung der Vergütung „**zulässig und der Rechtssicherheit und dem Rechtsfrieden förderlich**" ist;⁷² er hat dabei ausdrücklich die Ansicht der Vorinstanz gebilligt, die die Ansicht von *Zimmermann*⁷³ verworfen hat, dass sich die angemessene Vergütung allein nach dem Zeitaufwand zu richten habe.⁷⁴ Daraus ergibt sich allerdings

---

64 *Lieb*, Rn 99 ff.
65 Staudinger/*Reimann*, § 2221 Rn 31; ähnlich *Eckelskemper*, in: Bengel/Reimann, X Rn 11.
66 *Schiffer/Rott* in Schiffer/Rott/Pruns, § 7 Rn 8.
67 *J. Mayer*, ZErb 2001, 197, 208; zust. *Lieb*, Rn 103; *Schiffer/Rott* in Schiffer/Rott/Pruns, § 7 Rn 16 wollen diesen Gefahren durch eine strikte gerichtliche Überprüfung begegnen, weil ein unverhältnismäßiger Zeitaufwand nicht „erforderlich" ist.
68 *Schwarz*, Testamentsvollstreckung, § 2 Rn 158; vgl. das ausf. Praxismuster hierzu bei *Schiffer/Rott* in Schiffer/Rott/Pruns, § 7 Rn 28.
69 Zutr. *Klingelhöffer*, Rn 327.
70 So *Eckelskemper*, in: Bengel/Reimann, X Rn 86 bei „ungeordnetem Nachlass"; siehe auch *Lang*, in: Lange/Werkmüller, § 25 Rn 186.
71 *Lieb*, Rn 105.
72 BGH ZEV 2005, 22, 23 f m. Anm. *Haas/Lieb*, Zitat auf S. 23.
73 ZEV 2001, 334, 338.
74 BGH ZEV 2005, 22, 24 m. Anm. *Haas/Lieb*.

noch nicht, dass die Zeitgebühr unzulässig wäre.[75] Rechtlich zulässig ist jedoch auf alle Fälle eine vom Erblasser ausdrücklich angeordnete Abrechnung nach Zeitaufwand.[76]

▎ **Formulierungsvorschlag Testamentsvollstrecker-Vergütung nach Zeitaufwand**
▎ *Schiffer/Rott* in Schiffer/Rott/Pruns, § 7 Rn 27.

Beiden Berechnungsmodellen ist allerdings zu eigen, dass sie naturgemäß eine **gewisse Typisierung** der Berechnungsmethoden und damit eine Reduzierung der Berücksichtigung des konkreten Sachverhalts beinhalten, was in einem Gegensatz zum Differenzierungsgebot steht. Andererseits ergibt sich hieraus aber auch als Vorteil eine gewisse Rechtssicherheit und Vorhersehbarkeit der Berechnungsergebnisse und die für die praktische Abwicklung notwendige Standardisierung und damit Vereinfachung.[77]

II. Ermittlung eines Bezugswerts, Bemessungsgrundlage

Sodann sind Bemessungszeitpunkt und Bemessungsgrundlage der Vergütung zu ermitteln.

1. Umfang des maßgeblichen Nachlasses

Hinsichtlich des für die Vergütungsermittlung heranzuziehenden Umfangs **des Nachlasses** ist im Grundsatz davon auszugehen, dass nach dem gesetzlichen Regelmodell die Testamentsvollstreckung den gesamten Nachlass umfasst. Jedoch ist die Vielschichtigkeit der Ausgestaltungsmöglichkeiten bei der Testamentsvollstreckung zu beachten. Der Erblasser kann durch entsprechende Anordnungen die Testamentsvollstreckung sehr unterschiedlich ausgestalten (eingehend siehe § 14 Rn 1 ff.). Beschränkt sich daher die Tätigkeit des Testamentsvollstreckers nur auf **bestimmte Teile** des Nachlasses, etwa bei der Vermächtnisvollstreckung (§ 2223 BGB), so kann aufgrund der erforderlichen funktionsorientierten Betrachtung Bezugsgröße für die Vergütung nur dieser Teilbereich sein.[78]

2. Bewertungszeitpunkt

Auch hier ist entsprechend den wahrzunehmenden Aufgaben zu differenzieren:[79] Für die sog. **Regelgebühr** ist der **Bewertungsstichtag** der Zeitpunkt des Erbfalls, unabhängig von späteren Wertveränderungen.[80] Gleiches gilt für die sog. **Konstituierungsgebühr**,[81] soweit diese überhaupt neben der Regelvergütung anfällt, denn mit dieser Vergütung wird die Tätigkeit zu Beginn der Testamentsvollstreckung, und damit zeitnah zum Erbfall abgegolten. Bei Sondergebühren kommen spätere Veränderungen von Wert und Zusammensetzung des Nachlasses grundsätzlich bei der Berechnung der Vergütung zum Tragen:[82]
– Bei der Vergütung für die **Erbauseinandersetzung** sind später eingetretene Wertveränderungen zu berücksichtigen, mögen Wertsteigerungen auch auf die geschickte Tätigkeit

---

75 *Schiffer/Rott* in Schiffer/Rott/Pruns, § 7 Rn 5 ff., jedoch in Verkennung der hiesigen Erläuterungen.
76 *Schwarz*, Testamentsvollstreckung, § 2 Rn 159; *Schiffer/Rott* in Schiffer/Rott/Pruns, § 7 Rn 9 ff.
77 *Haas/Lieb*, ZErb 2002, 202 f.; für die am Nachlasswert ausgerichtete Vergütungsbestimmung ausdrücklich BGH ZEV 2005, 22, 23.
78 Siehe dazu etwa *Lieb*, Rn 124 ff. mit Beispielen, dem jedoch nicht gefolgt werden kann, wenn er das, was aufgrund von Verträgen zugunsten Dritter außerhalb des Nachlasses erworben wird (§ 331 BGB), für die Bemessung der Vergütung mit heranziehen will, weil dies die „Konstituierung" berühre.
79 Vgl. etwa BGH DNotZ 1964, 171, 173 f. = NJW 1963, 1615; Soergel/*Damrau*, § 2221 Rn 10.
80 *Lieb*, Rn 139; Palandt/*Weidlich*, § 2221 Rn 4.
81 BGH DNotZ 1964, 171, 173 f. = NJW 1963, 1615; *Lieb*, Rn 140.
82 Palandt/*Weidlich*, Rn 10; MüKo/*Zimmermann*, Rn 8 je zu § 2221.

des Testamentsvollstreckers zurück gehen; Gleiches gilt für Wertminderungen aufgrund allgemeiner Umstände.[83]
- Bei der **Verwaltungsgebühr** wie aber auch der Auseinandersetzungsgebühr kommt es daher darauf an, auf welche Vermögensobjekte sich die Tätigkeit des Testamentsvollstreckers noch bezieht. So kann infolge einer Freigabe nach § 2217 BGB oder durch Vermächtniserfüllung oder aufgrund der ausdrücklichen Anordnung des Erblassers sich die Verwaltungstätigkeit nur noch auf Teile des ursprünglichen Nachlasses beziehen.[84] Allgemeine Wertveränderungen während der Verwaltungen sollen bei der Verwaltungsgebühr allerdings nicht berücksichtigt werden.[85]

3. Nachlassbewertung, Bezugsgröße

30 Liegt dem Ansatz der Wertgebühr die Überlegung zugrunde, dass Verantwortung wie Haftung der Testamentsvollstreckertätigkeit ganz entscheidend vom wahren Wert des zu verwaltenden Vermögens bestimmt wird (siehe dazu Rn 22), so ergibt sich hieraus auch das für die Vergütungsermittlung zu beachtende **Bewertungsziel**, das eine „realitätsbezogene Sichtweise" erfordert.[86] Für die Bewertung ist daher der **Verkehrswert** (gemeine Wert) des Nachlasses maßgebend, also der am Markt erzielbare Normal-Verkaufswert.[87] Steuerliche Bewertungsverfahren, wie Einheitswerte und Stuttgarter Verfahren, sind nicht zu berücksichtigen.[88] Hat jedoch der Erblasser Vorgaben zur Nachlassbewertung in diesem Zusammenhang gemacht, so sind diese zu beachten, weil es sich um eine insoweit allein maßgebliche Vergütungsbestimmung handelt.[89]

31 Die Vergütungsrichtsätze sind grundsätzlich nach dem **Bruttowert** des Nachlasses am Todestag des Erblassers zu ermitteln, d.h. also von der Summe des Aktivvermögens ohne Abzug der Nachlassverbindlichkeiten, und nicht vom Nettowert.[90] Gerade die Schuldenregulierung ist besonders aufwändig und stellt eine Hauptaufgabe der Testamentsvollstreckung im Regelfall dar. Anderes gilt nur, wenn die Schuldenregulierung nicht zum Aufgabenbereich der Testamentsvollstreckung gehört.[91] Ausgleichspflichtige Vorempfänge (§ 2050

---

83 BGH DNotZ 1964, 171, 174; KG NJW 1974, 752; Staudinger/*Reimann*, § 2221 Rn 37; *Lieb*, Rn 141; MüKo/*Zimmermann*, § 2221 Rn 8.
84 Staudinger/*Reimann*, § 2221 Rn 32; Soergel/*Damrau*, § 2221 Rn 10.
85 Staudinger/*Reimann*, § 2221 Rn 36; a.A. *Lieb*, Rn 144 für erhebliche Wertveränderungen von merklicher Dauer, weil diese auch die haftungsmäßige Verantwortung des Testamentsvollstreckers prägen.
86 *Birk*, S. 72; zust. *Lieb*, Rn 128.
87 *Lieb*, Rn 130 mit weiteren Einzelheiten; *Reimann* in Schiffer/Rott/Pruns, § 3 Rn 8; hiergegen im Wesentlichen nur *W. Zimmermann*, in: FS Damrau S. 37, 51–56, weil über diesen Wert immer gestritten werde könne und unklar sei, auf welchen Zeitpunkt abgestellt werden muss: Erbfall, Beginn des Amtes, Auseinandersetzung o.a.
88 *Lieb*, Rn 128; Staudinger/*Reimann*, § 2221 Rn 34.
89 *Lieb*, Rn 129; Staudinger/*Reimann*, § 2221 Rn 34; *Winkler*, Testamentsvollstrecker, Rn 591; Soergel/*Damrau*, § 2221 Rn 10.
90 OLGR Schleswig 2009, 723 = ZEV 2009, 625 = MittBayNot 2010, 139 m. Anm. *Reimann*; *Winkler*, Testamentsvollstrecker, Rn 592; Staudinger/*Reimann*, § 2221 Rn 34; Palandt/*Weidlich*, § 2221 Rn 4; MüKo/*Zimmermann*, § 2221 Rn 8. Ebenso Vergütungsempfehlungen des *Deutschen Notarvereins* Ziff. I Abs. 1 S. 2.
91 OLGR Schleswig 2009, 723 = ZEV 2009, 625 = MittBayNot 2010, 139 m. Anm. *Reimann*; *Reimann* in Schiffer/Rott/Pruns, § 3 Rn 6; Vergütungsempfehlungen des *Deutschen Notarvereins* Ziff. I Abs. 1 S. 3. Bei Erbauseinandersetzung im Rahmen einer Abwicklungsvollstreckung ist dies aber grundsätzlich der Fall, soweit solche vorhanden sind (vgl. §§ 2042 ff. BGB).

BGB) sind als Teil des sog. fiktiven Nachlasses dagegen nicht zu berücksichtigen.[92] Entsprechendes muss für die Vermögenswerte gelten, die aufgrund eines **Vertrags zugunsten Dritter auf den Todesfall** (§ 331 BGB) zugewandt werden, wie etwa Lebensversicherungen; denn diese fallen gerade nicht in den Nachlass.[93] Erst wenn durch einen Widerruf des Valutaverhältnisses oder ähnliche Maßnahmen, die u.U. auch und gerade der Testamentsvollstrecker vornimmt, diese Werte wieder in den Nachlass fallen, können sie Gegenstand der Bemessung der Testamentsvollstreckervergütung sein.[94] Besteht die Aufgabe des Testamentsvollstreckers nur in der **Erfüllung von Vermächtnissen**, so bestimmt sich der Wertansatz nur nach deren Wert.[95]

III. Vergütungssätze bei der Wertvergütung

Als Vergütungsrichtlinien sind Vomhundertsätze allgemein üblich, die sich auf den Bruttowert des Nachlasses beziehen. Hierfür wurden in der Praxis verschiedene Tabellen entwickelt,[96] die zwar praktikabel sind und daher letztlich auch dem Rechtsfrieden dienen, bei denen aber umstritten ist, ob sie wirklich im Einzelfall zutreffender Weise die vom Gesetz verlangte Angemessenheit sichern (sog. **Tabellenstreit**).[97] Jedenfalls dürfen sie nicht zu schematisch angewandt werden.[98] Im Allgemeinen beziehen sie sich nur auf die sog. **Regelgebühr**, sofern in den Tabellen und den dazu ergangenen Empfehlungen nicht ausdrücklich abweichendes vermerkt wird. 32

Die gegen diese Tabellen früher vom **Bundeskartellamt** erhobenen **wettbewerbsrechtlichen Einwendungen**,[99] werden mittlerweile fast nicht mehr vertreten.[100] In der Tat sind wettbewerbsrechtliche Beschränkungen schon deswegen nicht einschlägig, weil die Testamentsvollstrecker nicht aus Preisgesichtspunkten untereinander in einem Wettbewerbsverhältnis stehen. Vielmehr werden sie allein vom Erblasser oder den dazu berufenen Bestimmungsberechtigten ernannt, weil sie Gewähr bieten, aus sachlichen Gründen die verantwortungsvolle Aufgabe zu erfüllen.[101] Zudem handelt es sich um unverbindliche Empfehlungen. Bekannt sind heute folgende **Tabellen**:[102] 33

---

92 OLGR Schleswig 2009, 723 = ZEV 2009, 625 = MittBayNot 2010, 139 m. Anm. *Reimann*; a.M. die überwiegende Lit., so etwa Bamberger/Roth/*J. Mayer*, 2. Aufl., § 2221 Rn 8; Groll/*Groll*, Praxishandbuch Erbrechtsberatung, C IX Rn 208; *Reimann* in Schiffer/Rott/Pruns, § 3 Rn 8; ausf. *Voss/Targan*, ZErb 2007, 241, 246; offen lassend *Eckelskemper*, in: Bengel/Reimann, X Rn 31.
93 Palandt/*Weidlich*, § 2221 Rn 4; a.A. LG München I ZEV 2007, 529; offen lassend *Eckelskemper*, in: Bengel/Reimann, X Rn 31.
94 A.A. *Reimann* in Schiffer/Rott/Pruns, § 3 Rn 7: generell anzusetzen.
95 Vergütungsempfehlungen des *Deutschen Notarvereins* Ziff. I Abs. 4.
96 Krit. dagegen jetzt *W. Zimmermann*, ZEV 2001, 334.
97 *Eckelskemper*, in: Bengel/Reimann, 2. Aufl., X Rn 16.
98 OLG Köln ZEV 1995, 70, wo betont wird, dass auch die Einsetzung des Testamentsvollstreckers als Miterben dafür spricht, keine zu hohe Vergütung zu gewähren, wenn der Testamentsvollstrecker nur das tut, was er als Erbe ohnehin hätte tun müssen.
99 Siehe dazu im Hinblick auf § 22 Abs. 1 S. 1 GWB *Möhring*, BB 1979, 868; vgl. dazu auch die einschränkende Präambel bei den Neuempfehlungen der Vergütungsrichtlinien des Deutschen Notarvereins, abgedr. bei S. *Zimmermann*, Notar 2000, 2.
100 *Lieb*, Rn 88; *Eckelskemper*, in: Bengel/Reimann, X Rn 116; anders nunmehr aber im Hinblick auf § 22 Abs. 1 S. 1 GWG *Zimmermann*, in: FS Damrau S. 37, 49, bezüglich der „Neuen Rheinischen Tabelle", die vom Deutschen Notarverein entwickelt und daher gleichsam institutionell gewürdigt wurde.
101 *Eckelskemper*, in: Bengel/Reimann, X Rn 116; *Lieb*, Rn 88 f; vgl. zu diesem Problembereich auch *Eckelskemper*, MittRhNotK 1981, 147, 150.
102 Gute tabellarische Übersicht bei NK-BGB/*Kroiß*, § 2221 Rn 9 ff. siehe auch *Lieb*, Rn 150 ff.; Staudinger/*Reimann*, § 2221 Rn 39 ff.; *Eckelskemper*, in: Bengel/Reimann, X Rn 38 ff.

1. Die Rheinische Tabelle

34 Sie ist die am längsten gebräuchliche, die auch von der Rechtsprechung[103] und Teilen der Literatur überwiegend bevorzugt wird. Sie wurde bereits 1925 vom Verein für das Notariat in Rheinpreußen aufgestellt. Nach *Plassmann*[104] ist danach wie folgt vorzugehen:

Es wird empfohlen, die Gebühr für die Tätigkeit des Notars als Testamentsvollstrecker im Regelfalle wie folgt zu berechnen:

Bruttowert

1. bei einem Nachlass bis zu   20.000 RM   (entspricht 10.000 EUR)[105]   4 %
2. darüber hinaus bis zu   100.000 RM   (entspricht 50.000 EUR)   3 %
3. darüber hinaus bis zu   1.000.000 RM (entspricht 500.000 EUR)   2 %
4. darüber hinaus   1 %

Diese Sätze gelten für normale Verhältnisse und glatte Abwicklung. Folgt dagegen eine längere Verwaltungstätigkeit, z.B. beim Vorhandensein von Minderjährigen, oder verursacht die Verwaltung eine besonders umfangreiche und Zeit raubende Tätigkeit, so kann eine höhere Gebühr als angemessen erachtet werden, auch eine laufende, nach dem Jahresbetrag der Einkünfte zu berechnende Gebühr gerechtfertigt sein.

Die RM-Beträge verstanden sich früher in DM und können nun wohl im Verhältnis 2 : 1 auf EUR umgerechnet werden,[106] die angegebenen Prozentsätze ab Ziff. 2 sind jeweils für den entsprechenden Mehrbetrag anzuwenden.[107]

Demnach ergibt sich für einen Nachlass von   250.000 EUR
aus   10.000 EUR: 4 %   400 EUR
aus   40.000 EUR: 3 %   1.200 EUR
aus   200.000 EUR: 2 %   4.000 EUR

Gesamtvergütung: 5.600 EUR.

35 Keine Einigkeit besteht allerdings zu der Frage, ob diese Sätze sich nur auf die Regelgebühr und damit insbesondere auf die Konstituierung oder auch auf die anschließenden Abschnitte der Testamentsvollstreckung beziehen.[108] So wird teilweise vertreten, der Testamentsvollstrecker könne zusätzlich zu dieser Gebühr für die Konstituierung eine Sondergebühr verlangen, wenn er hierfür im besonderen Maße umfangreich und verantwortungsvoll tätig werden musste.[109] Teilweise wird davon ausgegangen, dass die **„Rheinische Tabelle"** sich nur auf die Konstituierungsgebühr bezieht,[110] teilweise soll sie die Verwaltungsgebühr abdecken.[111] Nach dem Wortlaut der Tabelle ist wohl davon auszugehen, dass die dort genannten Sätze eine „normale Konstituierung" und eine Verwaltung in überschaubarer Zeit mit

---

103 OLG Köln FamRZ 1994, 328; OLG Düsseldorf MittRhNotK 1996, 172; Palandt/*Weidlich*, § 2221 Rn 4: am längsten gebräuchlich, aber veraltet.
104 JW 1935, 1831.
105 Genaue Rundungswerte bei NK-BGB/*Kroiß*, § 2221 Rn 9.
106 So etwa *Lieb*, Rn 151.
107 Zur Berechnung s. auch die Hinw. bei *Pruns* in Schiffer/Rott/Pruns, § 9 Rn 5.
108 *Klingelhöffer*, ZEV 1994, 121.
109 *Glaser*, DB 1979, 877; vgl. auch OLG Düsseldorf MittRhNotK 1996, 172: bei anschließender längerer Verwaltungstätigkeit mit umfangreicher, Zeit raubender Tätigkeit kann eine höhere Gebühr angemessen sein.
110 *Winkler*, Testamentsvollstrecker, Rn 580.
111 *Glaser*, DB 1979, 877.

anschließend normaler Abwicklung umfassen sollten.[112] Nach Ansicht des OLG Köln kann aber auch die nach der Rheinischen Tabelle sich ergebende Vergütung zu hoch sein, wenn ein nur geringer Zeit- und Schwierigkeitsaufwand bestand, der Testamentsvollstrecker zugleich selbst Miterbe ist und als Erbe in ähnlichem Umfang hätte tätig werden müssen.[113]

Da die Tabelle doch schon relativ alt ist, wird schon seit vielen Jahren eine Diskussion um eine **Erhöhung** der „Rheinischen Tabelle" geführt, weil aufgrund der veränderten Umstände, insbesondere wegen der höheren Haftungsgefahr, komplizierterer Nachlassregulierungen und der Notwendigkeit inflationsbedingter Bereinigungen, eine Anpassung erforderlich sei.[114] Von der Rechtsprechung wird dies abgelehnt.[115] Teilweise wird jedoch im Schrifttum gefordert, gewisse **Zuschläge** zu diesen Sätzen zu machen, so von 20 % bis 40 % bzw. 50 %.[116] Dies hat zur Entwicklung einer neuen Vergütungsempfehlung geführt: 36

2. Vergütungsempfehlungen des Deutschen Notarvereins

Diese wurden erst unlängst veröffentlicht und sind das „**Nachfolgermodell**" der „**Rheinischen Tabelle**".[117] Sie reichen jedoch weit über diese hinaus, weil nicht nur Vergütungssätze genannt, sondern wesentlich weitreichendere Vergütungsempfehlungen aufgestellt werden. Diese Empfehlungen gehen dabei von einem Vergütungsgrundbetrag aus, der die einfache Testamentsvollstreckung (normale Verhältnisse, glatte Abwicklung) abdeckt, d.h. die Nachlassverwaltung bis zur Abwicklung der erbschaftsteuerlichen Fragen, einschließlich der Überleitung des Nachlasses auf einen Nachfolger oder der Freigabe des Nachlasses an die Erben (vgl. Ziff. I der Empfehlungen). 37

		Vergütungsgrundbetrag:
bis	250.000 EUR	4,0 %
bis	500.000 EUR	3,0 %
bis	2.500.000 EUR	2,5 %
bis	5.000.000 EUR	2,0 %
über	5.000.000 EUR	1,5 %

mindestens aber der höchste Betrag der Vorstufe.

> **Beispiel**
> Bei einem Nachlass von 260.000 EUR beträgt der Grundbetrag nicht 7.800 EUR (= 3 % aus 260.000 EUR), sondern 10.000,– EUR (= 4 % aus 250.000 EUR).

---

112 OLG Düsseldorf MittRhNotK 1996, 172; Soergel/*Damrau*, § 2221 Rn 9; Staudinger/*Reimann*, § 2221 Rn 39.
113 OLG Köln ZEV 1995, 70 = NJW-RR 1995, 202.
114 Zum Streitstand *Eckelskemper*, in: Bengel/Reimann, X Rn 42 ff.; *Lieb*, Rn 154 ff., der ebenfalls eine Anpassungsbedürftigkeit bejaht.
115 BGH NJW 1967, 2400, 2402; OLG Köln NJW-RR 1987, 1097, 1098; OLG Köln NJW-RR 1994, 269; offen lassend Soergel/*Damrau*, § 2221 Rn 9, 10; ebenso offen lassend Palandt/*Weidlich*, § 2221 Rn 4 (der aber hervorhebt, dass diese Tabelle veraltet ist; für Anhebung etwa OLG Karlsruhe ZEV 2001, 286, 287.
116 Für letzteres etwa *Winkler*, Testamentsvollstrecker, Rn 581; für generelle Neuberechnung *Eckelskemper*, in: Bengel/Reimann, X Rn 45 ff. unter Hinweis darauf, dass heute zum einen viel kompliziertere Rechts- und Steuerfragen zu klären sind als früher und zum anderen bereits bei einer nur „mittelmäßig vielschichtigen" Nachlassregulierung ein Testamentsvollstrecker heute ein funktionierendes Büro mit entsprechender sachlicher und personeller Ausstattung braucht, um seine Aufgaben zu erfüllen.
117 notar 2000, 2 ff. = ZEV Heft 5/2000.

Bei einer Nacherben-Testamentsvollstreckung erhält der Testamentsvollstrecker wegen der dann geringeren Belastung anstelle des vollen Grundbetrags $^2/_{10}$ bis $^5/_{10}$ des Grundbetrags.

38 Zu diesem Vergütungsgrundbetrag werden bei der **Abwicklungsvollstreckung** Zuschläge gemacht (Ziff. II der Empfehlungen). Bei der **Dauertestamentsvollstreckung** wird zuzüglich zu den vorstehenden Vergütungen weiter folgende Vergütung geschuldet (Ziff. III.). Die Umsatzsteuer ist in den vorgenannten Beträgen jeweils nicht enthalten (Ziff. IV.). Tabellarisch lässt sich das Ganze wie folgt darstellen:

Zuschläge zur Abwicklungsvollstreckung (**Ziff. II.**):

a) Aufwändige Grundtätigkeit	Konstituierung des Nachlasses aufwendiger als im Normalfall	Zuschlag von $^2/_{10}$ bis $^{10}/_{10}$	Fällig mit Beendigung der entspr. Tätigkeit
b) Auseinandersetzung	Aufstellung eines Teilungsplans und dessen Vollzug oder Vermächtniserfüllung	Zuschlag von $^2/_{10}$ bis $^{10}/_{10}$	Fällig mit der 2. Hälfte des Vergütungsgrundbetrags
c) Komplexe Nachlassverwaltung	Bei aus der Zusammensetzung des Nachlasses resultierenden Schwierigkeiten (Auslandsvermögen, Gesellschaftsbeteiligungen, Beteiligung an Erbengemeinschaften, Problemimmobilien, hohe oder verstreute Schulden, Rechtsstreitigkeiten, Besonderheiten wegen der Person der Beteiligten – Minderjährige, Pflichtteilsberechtigte, Erben im Ausland)	Zuschlag von $^2/_{10}$ bis $^{10}/_{10}$ Zusammen mit dem Zuschlag nach d) i.d.R. nicht mehr als $^{15}/_{10}$ des Vergütungsgrundbetrags	Fällig wie vor
d) Aufwändige und schwierige Gestaltungsaufgabe	Bei Vollzug der Testamentsvollstreckung, die über bloße Abwicklung hinausgehen, z.B. Umstrukturierung, Umschuldung, Verwertung des Nachlasses	Zuschlag von $^2/_{10}$ bis $^{10}/_{10}$ Zusammen mit Zuschlag nach c) i.d.R. nicht mehr als $^5/_{10}$ des Vergütungsgrundbetrags	Fällig wie vor
e) Steuerangelegenheiten	Buchst. a) erfasst nur die Erbschaftsteuer; nicht jedoch die bereits vorher entstandenen oder danach entstehenden Steuern oder ausländische Steuerangelegenheiten Soweit Steuerangelegenheit nur einzelne Nach-	Zuschlag von $^2/_{10}$ bis $^{10}/_{10}$ des Vergütungsgrundbetrags	Fällig bei Abschluss der Tätigkeit

E. Die angemessene Vergütung: Grundsatz der funktionsgerechten Vergütung   287

	lassgegenstände erfasst, bestimmt sich Zuschlag nur aus deren Wert, jedoch mit den o.g. Prozentzahlen, die für den Gesamtnachlass gelten		
Gesamtvergütung	Soll das Dreifache des Vergütungsgrundbetrags nicht überschreiten		

Bei der **Dauertestamentsvollstreckung** wird zuzüglich zu den vorstehenden Vergütungen weiter folgende Vergütung geschuldet (**Ziff. III.**):[118]   39

Normalfall	Verwaltung über den Zeitpunkt der Erbschaftsteuerveranlagung hinaus	$1/3$ bis $1/2$ % jährlich des in diesem Jahr vorhandenen Nachlassbruttowerts oder – wenn höher – 2 bis 4 % des jährlichen Nachlassbruttoertrags	Fällig ist die Zusatzvergütung nach Ablauf des üblichen Rechnungslegungszyklus, also i.d.R. jährlich
Geschäftsbetrieb/ Unternehmen	Übernahme und Ausübung bei Personengesellschaften, u.U. durch Vollrechtstreuhand	10 % des jährlichen Reingewinns	
	Tätigkeit als Organ einer Kapitalgesellschaft, GmbH & Co. KG, Stiftung & Co., bei Ermächtigungstreuhand oder Handeln als Bevollmächtigter	Branchenübliches Geschäftsführer- bzw. Vorstandsgehalt und branchenübliche Tantieme	Fälligkeit: wie branchenüblich bei solchen Zahlungen
	Nur beaufsichtigende Tätigkeit (Aufsichtsrat, Beiratsvorsitz, Weisungsunterworfenheit der Erben)	Branchenübliche Vergütung eines Aufsichtsratsvorsitzenden bzw. Beiratsvorsitzenden	Fälligkeit: wie branchenüblich bei solchen Zahlungen

Die Umsatzsteuer ist in den vorgenannten Beträgen jeweils nicht enthalten (Ziff. IV.).

So anwenderfreundlich diese Empfehlungen auf den ersten Blick erscheinen, so ergeben sich bei näherer Betrachtung doch einige Detailprobleme:[119] Über die **praktische Akzeptanz** dieser Vergütungsempfehlungen gibt es – wie überhaupt für die Testamentsvollstreckung und die praktizierte Vergütung – keine statistischen Zahlen.[120] Immerhin empfiehlt sie nun *Weirich* in der 5. Auflage seines Buches „Erben und Vererben",[121] der an seiner früher

---

118 Die Möglichkeit zur Gewährung dieser Zuschläge besteht nach Auffassung des OLG Köln, ZEV 2007, 335 = RNotZ 2007, 548 nicht bei der reinen Abwicklungsvollstreckung.
119 *Eckelskemper*, in: Bengel/Reimann, X Rn 60.
120 Bedauernd auch *Eckelskemper*, in: Bengel/Reimann, X Rn 54; auch *Reinfeldt* gibt in Schiffer/Rott/Pruns, § 10 Rn 18 im Rahmen einer empirischen Untersuchung hierzu keine näheren Aufschlüsselungen.
121 *Weirich*, Rn 584.

J. Mayer

propagierten eigenen Tabelle schon seit zwei Auflagen nicht mehr festhält,[122] und sie wurde in einigen Gerichtsentscheidungen als Mittel zur Bestimmung der Angemessenheit der Vergütung gebilligt.[123]

3. Möhring'sche Tabelle – Weiterentwicklung von Klingelhöffer

40 Die Möhring'sche Tabelle[124] findet sich in der Praxis nicht selten.[125] Gerade bei kleinen und mittleren Nachlässen ergibt sich eine höhere Vergütung als nach der klassischen „Rheinischen". *Klingelhöffer* hat diese nunmehr dahin weiterentwickelt, dass die jeweilige Aktivmasse entsprechend der Geldentwertung geringfügig korrigiert wurde.[126] Danach ergibt sich nach der Neufassung:

Bruttonachlasswert bis

12.500 EUR	7,5 %
25.000 EUR	7 %
50.000 EUR	6 %
100.000 EUR	5 %
200.000 EUR	4,5 %
500.000 EUR	4 %
1.000.000 EUR	3 %

Nach der „neuen Tabelle" ist bei Nachlässen über 1 Million die Vergütung dadurch zu ermitteln, dass aus dem über 1 Millionen EUR liegenden Wert 1 % errechnet und dieser Betrag dem Vergütungssatz für 1 Million hinzugerechnet wird.

Die Tabelle ist allerdings nicht einfach zu handhaben: Denn zunächst ist die Vergütung bis zu dem unter dem Nachlasswert liegenden niedrigeren Schwellenwert zu ermitteln. Dann ist der Betrag hinzuzurechnen, der sich aus dem Prozentsatz für den nächsten Schwellenwert ergibt.[127]

> **Beispiel**[128]
>
> | | | |
> |---|---|---|
> | Aktivnachlass | | 268.000 EUR |
> | 4,5 % aus | 200.000 EUR | 9.000 EUR |
> | 4 % aus | 68.000 EUR | 2.720 EUR |
> | Summe | | 11.720 EUR |

---

122 Dies betont jetzt auch *Winkler*, Testamentsvollstrecker, Rn 582.
123 OLGR Schleswig 2009, 723 = ZEV 2009, 625, 629 = MittBayNot 2010, 139 m. Anm. *Reimann*; OLG Köln, ZEV 2008, 335; LG Köln RNotZ 2007, 40; dazu *Reimann* in Schiffer/Rott/Pruns, § 3 Rn 10.
124 Sog. „neue Möhring'sche Tabelle" bei *Möhring/Beisswingert/Klingelhöffer*, S. 224 ff.
125 In der Rspr. gebilligt von OLG Karlsruhe ZEV 2001, 286; OLG Köln NJW-RR 1987, 1414, 1415; siehe auch OLG Köln NJW-RR 1995, 202, 203; nur referierend jetzt *Winkler*, Testamentsvollstrecker, Rn 582; vgl. auch *Kapp/Ebeling*, § 10 ErbStG Rn 136.
126 *Klingelhöffer*, Rn 323.
127 Offenbar übersehen bei der umfangreichen Tabellenberechnung von *Winkler*, Testamentsvollstrecker, Rn 582.
128 *Klingelhöffer*, Rn 323.

4. Eckelskemper'sche Tabelle

Bei der Eckelskemper'schen Tabelle[129] sollen „glatte Zahlen" geschrieben werden. Danach soll für den Regelfall gelten: 41

bei einem Nachlass bis zu	50.000 EUR	4 %
für einen Mehrbetrag bis zu	250.000 EUR	3 %
für einen Mehrbetrag bis zu	1.250.000 EUR	2,5 %
für einen weiteren Mehrbetrag bis zu	2.500.000 EUR	2 %
für Werte darüber hinaus		1 %

Diese Tabellenwerte sollen aber nur für einen „idealen Normalfall" gelten. Bei Abweichungen hiervon sollen **fallgruppenorientierte Zuschläge** erfolgen, die sich an den **Zuschlagstatbeständen der InsVV** orientieren; bei Zusammentreffen mehrerer Erschwerungsgründe sind diese gesondert zu bewerten; die Vergütungen sind dann zu addieren. Die Gesamtobergrenze wird auch von *Eckelskemper* bei 12 % des Nachlasswertes gesehen.[130]

5. Tabelle von Tschischgale[131]

Bruttonachlass			Regelfall	schwieriger Fall
bis zu	20.000 DM	(entspricht 10.000 EUR)[132]	5 %	6 %
bis zu	100.000 DM	(entspricht 50.000 EUR)	3,75 %	4,5 %
bis zu	1.000.000 DM	(entspricht 500.000 EUR)	2,5 %	3 %
darüber hinaus			1,25 %	1,5 %

42

6. „Berliner Praxis"

Die „Berliner Praxis"[133] geht bei Beträgen bis 5.000 DM von einem deutlich erhöhten Prozentsatz aus, da gerade auch kleine Nachlässe viel Arbeit machen können. Im Einzelnen ergibt sich: 43

bis zu	5.000 DM	(entspricht 2.500 EUR)[134]	10 %
darüber hinaus bis zu	20.000 DM	(entspricht 10.000 EUR)	6 %
darüber hinaus bis zu	50.000 DM	(entspricht 25.000 EUR)	4 %
darüber hinaus bis zu	100.000 DM	(entspricht 50.000 EUR)	3 %
darüber hinaus			1 %

7. Die „Groll'sche Tabelle"

Groll[135] schlägt nun im Praxis-Handbuch Erbrechtsberatung eine eigene Tabelle vor, die sich an dem Grundmuster der BRAGO orientiert, und will eine zu starke Differenzierung 44

---

129 *Eckelskemper*, in: Bengel/Reimann, X Rn 39; *Weirich*, 5. Aufl., Rn 857, der früher eine eigene Tabelle entwickelt und vertreten hat, hat sich nun in der 5. Aufl. der Tabelle von *Eckelskemper* angeschlossen.
130 *Eckelskemper*, in: Bengel/Reimann, X Rn 86 ff.
131 JurBüro 1965, 89.
132 Umgestellt auf EUR im Verhältnis 2 : 1.
133 *Gerold/Schmidt/v. Eicken/Madert*, BRAGO, 14. Aufl. 1999, § 1 Rn 25; *Tiling*, ZEV 1998, 335 f.
134 Umgestellt auf EUR im Verhältnis 2 : 1.
135 C IX Rn 212 f.

vermeiden, da diese zu sehr Rechtsunsicherheit schafft. Da es an einer Akzeptanz dieser Tabelle bislang fehlt, wird von einem Abdruck hier abgesehen.

8. Bankenpraxis

45 *Eckelskemper* berichtet von einer (wohl eigenen) Erhebung über die Gebührenpraxis der Banken.[136] Danach weisen die von diesen zugrunde gelegten Gebührentabellen je nach Zielgruppe unterschiedliche Eingangs- und Progressionsstufen auf. Bei Nachlasswerten von einer Million bis fünf Millionen liegen die Gebührensätze jedoch relativ eng beieinander. Nach den ihm bekannt gewordenen Daten schwanken sie bei einem Nachlass von einer Million (wohl noch DM) zwischen 3,6 % und 4,1 %, bei einem Nachlasswert von zwei Millionen zwischen 2,5 und 3,3 %, bei einem Nachlasswert von drei Millionen zwischen 2,2 % und 2,7 %, bei einem Nachlasswert von fünf Millionen zwischen 1,9 % und 2,2 %. Dabei beziehen sich diese Gebührensätze auf die normale Abwicklungsvollstreckung. Demgegenüber berichtet *Fritz* davon, dass die in der Praxis tätigen Bankinstitute unterschiedliche Honorarmodelle anbieten, die teils auf Tabellen, wesentlich seltener auf Stundensätzen basieren. Dabei scheint sich eine gewisse **Präferenz** insbesondere zu den **Vergütungsempfehlungen des Deutschen Notarvereins** feststellen zu lassen. Dem könne auch nicht entgegen gehalten werden, diese wendeten sich vor allem an die Notare und fänden ihre Rechtfertigung in deren hoher juristischer Qualifikation. Denn Aufgaben und Risiken seien für Banken wie Notare gleich, während für erstere sogar ein erheblich größerer organisatorischer Aufwand entstünde.[137]

9. Vergleich

46 Die genannten Tabellen ergeben recht unterschiedliche Vergütungswerte. Dies beruht darauf, dass diese jeweils für die Berechnung der Vergütung auf ganz unterschiedliche Bezugsgrößen abstellen. So errechnet sich etwa für die – offenbar in der Praxis weit verbreitete Tabelle von *Möhring* – bei niedrigen bis mittleren Nachlasswerten eine vergleichsweise hohe Vergütung, während sie bei größeren Nachlasswerten im mittleren Bereich, verglichen mit den anderen Tabellen, liegt.[138] Hierzu auch folgender Vergleich:[139]

	0,5 Mio. EUR	1 Mio. EUR	1,5 Mio. EUR	2,5 Mio. EUR
Rheinische Tabelle (alt)[140]	10.600 EUR	15.600 EUR	20.600 EUR	30.600 EUR
Empfehlungen des Deutschen Notarvereins	15.000 EUR	25.000 EUR	37.500 EUR	62.500 EUR
Eckelskemper'sche Tabelle	14.250 EUR	26.750 EUR	38.000 EUR	58.000 EUR

---

136 In: Bengel/Reimann, X Rn 40a; demgegenüber finden sich bei *Lang*, in: Lange/Werkmüller, § 25 Rn 175 ff.; keine Hinweise auf eine eigenständige Vergütungstabelle der Banken.
137 *Fritz* in Schiffer/Rott/Pruns, § 6 Rn 23 ff.
138 *Reimann*, DNotZ 2001, 344, 347; *Lieb*, Rn 164.
139 Auch mit Mittelwerten *Eckelskemper*, in: Bengel/Reimann, X Rn 41; siehe auch die Übersicht bei *Zimmermann*, Testamentsvollstreckung, Rn 706a mit niedrigeren Werten zwischen 10.000 EUR bis 500.000 EUR; die älteren, noch auf DM lautenden Tabellen wurden im Verhältnis 2 : 1 auf EUR umgerechnet; auch *Lieb*, Rn 163 gibt eine vergleichende Übersicht, allerdings noch mit der „alten Möhring'schen Tabelle".
140 Von DM in EUR gerundet.

Es liegt nahe, dass angesichts der völlig verschiedenen Aufgaben, die der Testamentsvollstrecker je nach Falllage zu bewältigen hat, und nach der Dauer der Testamentsvollstreckung eine solche pauschale Bewertung nach Prozentsätzen nicht als gerecht empfunden werden kann. Auf Grund des sog. Differenzierungsgebots (siehe oben Rn 18) versucht man heute eine gerechtere Bemessung der Testamentsvollstreckervergütung durch eine stärkere Aufteilung in verschiedene Arten von Vergütungen zu erreichen.

10. Bewertung der Tabellen, insbesondere in der Rechtsprechung

Der **BGH** hat die Anwendung der „alten Rheinischen Tabelle" (Rheinpreußischer Notarverein) als akzeptable Grundlage bezeichnet, jedoch mit der Einschränkung, dass jeder von den Einzelfallumständen abweichende Schematismus zu vermeiden sei und die Besonderheiten des Einzelfalls nicht außer Acht gelassen werden dürften. Die Rechtssätze gäben vielmehr i.d.R. nur einen Anhalt für die Fälle, in denen der Testamentsvollstrecker die üblichen Aufgaben einer Nachlassabwicklung erfülle und seine Aufgaben und Tätigkeiten den im Gesetz vorausgesetzten Pflichtenkreis eines Testamentsvollstreckers entsprächen.[141] Dem ist auch die überwiegende Rechtsprechung der Oberlandesgerichte gefolgt.[142] Dagegen hat das OLG Köln im Urt. v. 5.7.1994[143] hervorgehoben, dass die Höhe der Vergütung sich nicht automatisch nach dieser Tabelle bestimmt, wenn nicht ein Notar oder Anwalt die Testamentsvollstreckung übernimmt. Vielmehr seien für die Bemessung der Angemessenheit auf den Umfang der Verantwortung und die geleisteten Arbeiten sowie auf deren Schwierigkeit und Dauer abzustellen. Daher sei bei einem Testamentsvollstrecker, der Miterbe ist, und der ohnehin i.R.d. Erbauseinandersetzung an der Nachlassaufteilung mitwirken müsse, erhebliche Abschläge zu machen. Demgegenüber haben auch die Tabellen von *Tschischgale*[144] und *Möhring*[145] in der Rechtsprechung Anwendung gefunden. In der **neueren Rechtsprechung** wird betont, dass auch die *Vergütungsempfehlungen des Deutschen Notarvereins* („Neue Rheinische Tabelle") zur Bestimmung der angemessenen Vergütung herangezogen werden können, wenn dies nicht zu schematisch geschieht.[146] Zu Recht wird diesbezüglich auch anerkannt, dass sie zu vielen Fragen der Vergütung des Testamentsvollstreckers nützliche Anhaltspunkte enthält, insbesondere im Kontext mit einer Dauertestamentsvollstreckung, der Fälligkeit, des Auslagenersatzes und der umsatzsteuerlichen Be-

47

---

141 BGH NJW 1963, 487; NJW 1967, 876; gegen schematische Anwendung der Tabellen erst unlängst wieder BGH ZEV 2005, 22, 23.
142 OLG Köln Rpfleger 1987, 458 = NJW-RR 1987, 1097; OLG Köln FamRZ 1994, 328 = NJW-RR 1994, 269 = ZEV 1994, 118 m. Anm. *Klingelhöffer*; OLGR Düsseldorf 1995, 289 = MittRhNotK 1996, 172; OLG Düsseldorf ZEV 1998, 356 (für Nachlasspfleger nach altem Recht).
143 ZEV 1995, 70, 71.
144 OLG Frankfurt/M. MDR 2000, 788 = OLGR Frankfurt 2000, 86.
145 OLG Karlsruhe ZEV 2001, 286 = ZNotP 2001, 69; OLG Köln OLGZ 1988, 26 = NJW-RR 1987, 1414.
146 OLGR Schleswig 2009, 723 = ZEV 2009, 625 = MittBayNot 2010, 139 m. Anm. *Reimann*, und zwar ausdrücklich auch für einen überdurchschnittlich werthaltigen Nachlass (über 3 Mio. EUR) m.w.N. aus der eigenen Rspr.; OLG Köln ZEV 2008, 335; die Tabelle dem Grundsatz nach anwendend, wenn diese auch die Beteiligten zugrunde gelegt haben, LG Köln RNotZ 2007, 40; dem aus der Lit. etwa folgend *Reimann*, DNotZ 2001, 344; *D. Meyer*, JurBüro 2008, 129; krit., aber überzogen, gegen die Rspr. des OLG Schleswig: *Eckelskemper*, in: Bengel/Reimann, X Rn 61 f.

handlung.¹⁴⁷ Wenn sie daher in der Praxis angewandt wird, hat dies nichts mit einer „gewissen Autoritätsgläubigkeit" zu tun.¹⁴⁸

Sieht man von der alten Rheinischen Tabelle und deren Akzeptanz in der schon älteren Rspr. ab, so lässt sich nach dem gegenwärtigen Stand jedenfalls **keine praktische Dominanz** einer der neueren Tabellen feststellen.¹⁴⁹

48 Wie auch der BGH betont hat, liegt es in der Natur der Sache, dass die Angemessenheit der Vergütung nicht mathematisch exakt bestimmt werden kann, sondern nur im Rahmen eines Ermessensspielraumes.¹⁵⁰ Die **Rechtsprechung** beschränkt sich daher im Wesentlichen darauf zu überprüfen, ob die festgesetzte Gebühr **offensichtlich unangemessen** ist. Daher wird man kaum sagen können, dass eine der vorstehend genannten, zumindest in der Praxis verwandten Gebührentabellen offensichtlich unangemessen ist.¹⁵¹ So gewährt die sog. „*Berliner Praxis*" im unteren Bereich relativ hohe Vergütungen, während sie andererseits bei den höheren Nachlasswerten wesentlich niedrigere Gebühren vorsieht, als etwa die „**Möhring'sche Tabelle**". Jedoch bietet die einseitige Festlegung des Testamentsvollstreckers auf von der alten Rheinischen Tabelle abweichende Tabellenwerte ein erhebliches „Restrisiko",¹⁵² zumal offenbar einige Obergerichte eine Anpassung der alten rheinischen Tabelle an die heutigen Gegebenheiten strikt verneinen. Es liegt daher nahe, ein „**arithmetisches Mittel**" aus den genannten Tabellen zu bestimmen.¹⁵³ Dem tritt aber *Lieb* mit dem Einwand entgegen, dass auch die meisten anderen Tabellen, etwa auch die von *Tschischgale* und der **Berliner Praxis**, schon älter seien und daher den gleichen Kritikpunkten ausgesetzt wären, wie die **Rheinische Tabelle**.¹⁵⁴ Teilweise wird daher eine „wertende Betrachtung" empfohlen: Der Testamentsvollstrecker solle sich diejenige Tabelle aussuchen, die nach dem besonderen Gepräge der aktuellen Testamentsvollstreckung mit ihrem Umfang und Schwierigkeitsgrad die „passendste zu sein scheint".¹⁵⁵ An der „Neuen Rheinischen Tabelle" kritisiert *W. Zimmermann*¹⁵⁶ nicht zu Unrecht, dass diese fast immer nur Zu- und keine Abschläge vorsehe. Wenn er daraus aber ableitet, hieraus ergebe sich zwingend eine zu schematische Berechnung, die nicht den Besonderheiten des Einzelfalls Rechnung trägt und daher mit den Vorgaben des BGH gerade nicht vereinbar sei, so geht er zu weit und wendet seinerseits eine zu schematische Betrachtung an.¹⁵⁷

---

147 *Schiffer/Rott* in Schiffer/Rott/Pruns, § 3 Rn 19; *Rott/Kornau/Zimmermann*, Testamentsvollstreckung, S. 287–294.
148 Deplaciert *Eckelskemper*, in: Bengel/Reimann, X Rn 54.
149 Zutr. *Eckelskemper*, in: Bengel/Reimann, X Rn 54; a.A. *Rott/Schiffer*, BBEV 2008, 102, 106.
150 Dabei bezieht sich diese Aussage offenbar nur auf die Kontrolle des BGH gegenüber der Tatsacheninstanz, räumt aber nicht dem Testamentsvollstrecker selbst für die Beurteilung seiner Vergütung einen Ermessens- oder Beurteilungsspielraum ein; dies befürchten zumindest *Haas/Lieb*, ZEV 2005, 25.
151 *Haas/Lieb*, ZErb 2002, 202, 207; *Lieb*, Rn 164.
152 Zutr. *Haas/Lieb*, ZErb 2002, 202, 207; ähnlich die Einschätzung von *Eckelskemper*, in: Bengel/Reimann, X Rn 43; *Schwarz-Gewallig*, S. 176.
153 Den hiesigen Vorschlag aufgreifend, ohne ihn zu zitieren, *Schwarz*, § 2 Rn 179; Berechnungsmodul hierfür bei *Gutdeutsch*, Erbrechtliche Berechnungen, 2009 (CD-ROM).
154 So *Lieb*, Rn 164.
155 *Reimann*, ZEV 1995, 57, 58; *Lieb*, Rn 166; dagegen *Eckelskemper*, in: Bengel/Reimann, 3. Aufl., X Rn 107, weil damit die Beurteilung in die Beliebigkeit des jeweiligen Vollstreckers gestellt werde und daher methodisch bedenklich sei.
156 In: FS Damrau S. 37, 51–56.
157 Ausführliche Auseinandersetzung mit der Auffassung Zimmermanns bei *Eckelskemper*, in: Bengel/Reimann, X Rn 56 ff.

11. Sonderfall: Verwaltungsgebühr

Hat der Erblasser eine länger andauernde Verwaltung angeordnet, so ist mittlerweile unbestritten, dass nicht die o.g. allgemeinen Tabellenwerte anzusetzen sind. Hier ist zunächst anerkannt, dass eine periodische Vergütungszahlung zu erbringen ist (meist jährlich). Der **Höhe** nach werden entweder bezogen auf den Bruttonachlass Werte von jährlich ¹/₃ % bis ¹/₂ % des Nachlasses genannt,[158] oder aber alternativ vom Jahresbetrag der laufenden Einkünfte 2 bis 4 %.[159] Letzteres wird man bei der „einfachen" **Verwaltung** von Konten und **Sparguthaben**[160] annehmen können. Demgegenüber erscheint das Abstellen auf den gesamten Nachlasswert mit den genannten Quoten dann angebracht, wenn ein besonderes Maß an Verantwortung und Arbeitsaufwand für die laufende Verwaltung erforderlich ist.[161] Soweit es um die Verwaltung von Grundstücken, **Mietshäusern** u.Ä. geht, wird man aber mindestens den Betrag ansetzen müssen, den auch **gewerbliche Hausverwaltungen** für derartige Tätigkeiten verlangen.[162] Dort werden Vergütungen von **3 bis 8 %** der Nettojahresmieten vereinbart, aber letztlich zeigt sich hier kein bundeseinheitliches Bild.[163]

Die **Empfehlungen des Deutschen Notarvereins** sehen jährlich ¹/₃ bis ¹/₂ % des gegebenen Nachlassbruttowertes oder – wenn höher – 2 bis 4 % des jährlichen Nachlassbruttoertrags vor.

49

12. Sonderfall: Testamentsvollstreckung mit Unternehmensbezug

Nicht nur die Anordnung und Durchführung der Testamentsvollstreckung im Unternehmensbereich bereitet als solches bereits erhebliche Schwierigkeiten, sondern auch die Bemessung der hierfür angemessenen Vergütung, wobei beides insoweit miteinander verwoben ist, als die Testamentsvollstreckung hier nur aufgrund besonderer Anordnungen und Ersatzlösungen zulässig ist (siehe dazu § 19) und dies auch eine besondere Behandlung bei den Vergütungsregelungen nahe legt. Dabei überrascht es zunächst, dass zu dieser Frage kaum Rechtsprechung vorliegt,[164] sie aber auch in der Literatur nur wenig behandelt wird.

50

Problematisiert wird hier insbesondere die Frage, von welcher **Bezugsgröße** auszugehen ist. Weitgehend Übereinstimmung besteht allerdings noch insoweit, als abweichend von den allgemeinen Grundsätzen **nicht** von dem **Verkehrswert** des zu verwaltenden Unternehmens auszugehen ist. Denn dieser lässt sich nur mit ganz großen Schwierigkeiten ermitteln.[165] Im Übrigen finden sich zur Bestimmung des richtigen Bezugswertes zwei Ansätze:

---

158 MüKo/*Zimmermann*, § 2221 Rn 14; *Eckelskemper*, in: Bengel/Reimann, X Rn 81; von 1/3 bis 1/4 % sprechen OLG Köln NJW-RR 1994, 269, 270; *Tiling*, ZEV 1998, 331, 334; *Lieb*, Rn 170; *Glaser*, MDR 1983, 93, 95.
159 *Winkler*, Testamentsvollstrecker, Rn 595 ff.; MüKo/*Zimmermann*, § 2221 Rn 14; *Glaser*, DB 1979, 877; *Klingelhöffer*, Rn 324 unter Bezug auf ein nicht veröffentlichtes Urt. des OLG Köln v. 12.7.1988, Az. 22 U 186/87. *Lieb*, Rn 171 hält dies dann für zu gering, wenn die Verwaltung umfangreicherer Art ist; zu Recht weist er auch darauf hin, dass diese Vergütungsbemessung dazu verleitet, die Einkünfte möglichst hoch zu halten und notwendige Investitionen zu unterlassen.
160 Bei Wertpapieren wie Aktien ist wegen des damit verbundenen Haftungsrisikos (dazu *Klumpp*, ZEV 1994, 65) sicherlich eine höhere Vergütung anzusetzen; in diese Richtung auch *Lieb*, Rn 170: Ansatz der Obergrenze von ¹/₂ % des Bruttonachlasses angebracht.
161 *Lieb*, Rn 170.
162 OLG Hamburg HansRGZ 1936, B 145; Soergel/*Damrau*, § 2221 Rn 9.
163 *Eckelskemper*, in: Bengel/Reimann, X Rn 81.
164 Staudinger/*Reimann*, § 2221 Rn 50 nennt lediglich zwei Entscheidungen.
165 *Lieb*, Rn 173; ebenso i.E. *Eckelskemper*, in: Bengel/Reimann, X Rn 91 ff., der zwar beim „Verkehrswert" ansetzen will, aber dann gleich einräumt, dass dies zu erheblichen Bewertungsproblemen führt.

a) Gewinnorientierte Vergütungsbemessung

51 Hat der Testamentsvollstrecker eine **unternehmerische Tätigkeit** auszuüben, wird oftmals vorgeschlagen, die Vergütung nach dem erzielten Reingewinn zu bemessen.[166] Dabei ist noch nicht abschließend geklärt, ob dies nur bei einem **eigenen unternehmerischen Haftungsrisiko** zulässig ist, das den Testamentsvollstrecker dann treffen kann, wenn er aufgrund der sog. Treuhandlösung selbst als Unternehmer im Rechtsverkehr auftritt (dazu oben § 19 Rn 14 ff.).[167] Das LG Hamburg hat bei erfolgreicher Unternehmenstätigkeit **10 %** des bilanzierten Reingewinns als angemessen angesehen.[168] Begründet wird dies damit, dass zum Wesen jeder unternehmerischer Tätigkeit das Streben nach Erfolg und das damit verbundene Unternehmerrisiko gehört, und gerade dies werde von dem hier tätigen Testamentsvollstrecker gefordert. Daher könne die Angemessenheit der Vergütung nicht nach den Grundsätzen erfolgen, die für die sachgerechte Entlohnung eines Angestellten maßgeblich sind. Das Abstellen auf den Reingewinn hat natürlich aus der Sicht der Erben den Vorteil, dass der Testamentsvollstrecker nach einer Gewinnmaximierung streben wird; das kann aber auch – gerade bei relativ kurz angeordneter Testamentsvollstreckung – zur Gefahr eines „Raubbau-Treibens" zu Lasten einer gesunden Unternehmensstruktur führen.[169] Und die unter **Leistungsgesichtspunkten** wünschenswerte Erfolgshonorierung[170] kann auch die Kehrseite haben, dass gerade fähige und zur Testamentsvollstreckung an sich berufene Personen bei Unternehmen mit geringer oder keiner Ertragsaussicht die Testamentsvollstreckung ablehnen und damit die ersten Schritte einer möglichen Sanierung zunichte machen.[171] Es sollte daher bei der Gestaltung einer Verfügung von Todes wegen in solchen Fällen eine **Sockelvergütung** vorgesehen werden, mit der der Testamentsvollstrecker auf alle Fälle „leben kann".

b) Orientierung an branchenüblichen Gehältern

52 Vielfach wird auch vertreten, die Bemessung der Vergütung nach den **Gehältern** entsprechender **Geschäftsführer** oder Vorstandsmitglieder vergleichbarer Unternehmen zu bestimmen.[172] Damit kann dem Differenzierungsgebot am besten entsprochen werden, wenn man auch hier die funktionelle Betrachtungsweise konsequent anwendet und danach unterscheidet, welche Aufgaben der Testamentsvollstrecker in dem Unternehmen wahrzunehmen hat. Übt er eine verwaltende Tätigkeit aus, so wird man sich an den Gehältern leitender Angestellter dieser Branche orientieren können.[173] Übernimmt er dagegen die Stellung eines

---

166 Soergel/*Damrau*, § 2221 Rn 9; *Tiling*, ZEV 1998, 338.
167 Hierauf stellt insbesondere BGH DNotZ 1964, 168, 171 ab, versteht hierunter allerdings offensichtlich das Risiko, keinen Reingewinn mehr zu erwirtschaften und damit auch keine Vergütung mehr zu erhalten. Demgegenüber kann man darunter aber auch das *Haftungsrisiko* i.S.v. § 2219 BGB *im Innenverhältnis* zu den Erben bei einer evtl. verfehlten Unternehmensführung begreifen (Staudinger/*Reimann*, [13. Bearb.] § 2221 Rn 53). *Eckelskemper*, in: Bengel/Reimann, X Rn 99 ff. will dieses Haftungsrisiko allerdings dem typischen Unternehmerrisiko gleichstellen, warnt aber jetzt auch vor einer allein gewinnorientierten Vergütungsbemessung. Zutr. erscheint es aber, auf die direkte handelsrechtliche Haftung abzustellen, die einen Haftungszuschlag für die Bemessung der Vergütung rechtfertigt, so *Lieb*, Rn 179; *Birk*, S. 115.
168 MDR 1959, 761; dem zustimmend *Winkler*, Testamentsvollstrecker, Rn 599.
169 Zust. *Eckelskemper*, in: Bengel/Reimann, X Rn 103; *Lieb*, Rn 177.
170 Etwa Staudinger/*Reimann*, § 2221 Rn 51; *Lieb*, Rn 175.
171 Zust. *Eckelskemper*, in: Bengel/Reimann, X Rn 103.
172 MüKo/*Zimmermann*, § 2221 Rn 14; *Tiling*, ZEV 1998, 338; *Winkler*, Testamentsvollstrecker, Rn 600; *Lieb*, Rn 180 ff.; *Eckelskemper*, in: Bengel/Reimann, X Rn 96 ff.
173 *Lieb*, Rn 182; *Eckelskemper*, in: Bengel/Reimann, X Rn 96 ff.

leitenden Organs in dem Unternehmen, etwa aufgrund der sog. **Treuhandlösung,** so muss er eine Vergütung erhalten, deren Höhe den Gehältern entsprechender Geschäftsführer oder Vorstandsmitglieder entspricht. Für eine eintretende unmittelbare handelsrechtliche Haftung ist ein entsprechender Haftungszuschlag gerechtfertigt, für den aber dann kein Raum ist, wenn er durch ausreichende Versicherungen oder eine werthaltige Freistellungsvereinbarung gegen Zugriffe der Unternehmensgläubiger gesichert ist.[174] Soweit nur eine beaufsichtigende Testamentsvollstreckung über das gesamte Unternehmen angeordnet ist, kann man sich für die Bemessung der Vergütung an entsprechenden Gehältern von Aufsichtsratsmitgliedern orientieren.[175] Für die praktische Problemlösung ist damit aber noch nicht viel gewonnen, da es hier ganz erhebliche Differenzen in den Gehaltsstrukturen gibt.[176] Die **Empfehlungen des Deutschen Notarvereins** sehen eine differenzierte Bewertung vor (dort Ziff. III. 2; siehe oben Rn 39).

13. Abrechnung nach Zeitaufwand

Von *Walter Zimmermann,* und diesem nun folgend *Schiffer/Rott*[177] wird seit einiger Zeit anstelle der tabellenbezogenen Abrechnung eine solche nach Zeitaufwand gefordert (siehe dazu bereits Rn 22 ff.).[178] Dies löse viele Probleme der Abrechnung nach Tabellen, so z.B. die der Aufteilung der Vergütung auf mehrere Testamentsvollstrecker, die Vergütung bei vorzeitiger Kündigung und die Aufteilung der Vergütung für steuerliche Zwecke. Demgegenüber erscheine es nicht angemessen, wenn entsprechend der Abrechnung nach den Tabellen große Teile des Nachlasses an den Testamentsvollstrecker gehen. Zu Recht habe daher die Rechtsprechung für den Nachlasspfleger die Bedeutung des Zeitaufwandes für die Bemessung der Vergütung hervorgehoben. Da sich jedoch die Tätigkeit des Testamentsvollstreckers in den arbeitsintensiven Teilen nicht wesentlich von derjenigen des Nachlasspflegers unterscheide, sollten die dort gefundenen Lösungen auch hier herangezogen werden. Zudem bedeute Angemessenheit, dass gerade der Einzelfall betrachtet werden muss. Dies spreche gegen Tabellen. Hätte der Gesetzgeber die sich daraus ergebende Pauschalierung der Abrechnung gewollt, hätte er selbst entsprechende Tabellen angeordnet, wie bei der Vergütung des Insolvenzverwalters. Dabei geht *Zimmermann* nunmehr bei einem Rechtsanwalt von Stundensätzen aus, die bei 100 EUR beginnen, aber auch 200 EUR und im Einzelfall auch mehr betragen können.[179] Demgegenüber nahm er früher niedrigere Wert an, und zwar in Anlehnung an die Rechtsprechung zum Nachlasspfleger dahingehend, dass einem Anwalt als Mindestmaß 31 bis 50 EUR zuzüglich Mehrwertsteuer als Stundensatz zugebilligt werden könnte, im Einzelfall aber auch 100 bis 150 EUR.[180] Genauere Differenzierungen zur Festlegung der Stundensätze macht *Zimmermann* jedoch nicht. Teilweise wird auch vorgeschlagen, zwischen **berufsmäßigen Testamentsvollstreckern** einerseits und

53

---

174 Eckelskemper, in: Bengel/Reimann, X Rn 99; *Lieb*, Rn 182; *Reimann*, DNotZ 2001, 344, 353.
175 *Reimann*, Rn 727; *Eckelskemper*, in: Bengel/Reimann, X Rn 101; soweit es sich aber nur um die beaufsichtigende Vollstreckung an einzelnen Gegenständen des Betriebsvermögens handelt, erscheint dieser Ansatz zu hoch.
176 Hinweise zu den dabei anzustellenden Überlegungen bei *Lieb*, Rn 183.
177 Etwa in *Schiffer/Rott/Pruns* § 7 Rn 1 ff.
178 ZEV 2001, 334, 338 f.; *Zimmermann*, Testamentsvollstreckung, Rn 711 ff.; zustimmend *Birk*, Vergütung, S. 103 ff.
179 *Zimmermann*, Testamentsvollstreckung, Rn 712c.
180 *Zimmermann*, Testamentsvollstreckung, 2. Aufl., Rn 711; hierzu weist *Lieb*, Rn 93 Fn 142, darauf hin, dass die zuletzt genannten Sätze angesichts der neueren restriktiven Rspr. zur Höhe des Stundensatzes von Vermögensbetreuern u.U. zu hoch sind; so lässt etwa OLG Dresden NJW 2002, 3480 bei schwierigeren Fällen eine Erhöhung auf 41,40 EUR/Stunde zu.

anderen Testamentsvollstreckern zu differenzieren, deren Vergütungsanspruch geringer sein kann, weil sie keine allgemeinen „Geschäftsunkosten" zu bestreiten haben. So bejaht etwa *Bonefeld*[181] bei ersteren einen Stundensatz von 120–150 EUR, bei letzteren nur von 80–100 EUR. *Birk*[182] differenziert noch stärker: Bei berufsmäßigen Testamentsvollstreckern hält er bei „rechtlich versierten Berufsgruppen" (Rechtsanwälte, Wirtschaftsprüfern, Steuerberatern) Netto-Stundensätze von 120 EUR für angemessen, mit Zuschlagsmöglichkeiten bei besonderen rechtlichen Schwierigkeiten. Bei anderen berufsmäßigen Testamentsvollstreckern mit nutzbaren und nachgewiesenen Fachkenntnissen (Kaufmann, Steuerfach- oder Rechtsanwaltsgehilfe) bejaht er einen entsprechenden Stundensatz von 85 EUR, bei anderen berufsmäßigen Testamentsvollstreckern von nur noch 50 EUR, jeweils zuzüglich der gesetzlichen Mehrwertsteuer. Bei nicht berufsmäßigen Testamentsvollstreckern legt er die gleichen „Qualifikationsstufen" an und billigt Stundensätze von 60, 45 und 25 EUR zu. Jedoch erscheinen diese „Qualifikationsabstufungen" nur schwer abgrenzbar und die Berechnung der Stundensätze ist relativ „gegriffen". *Schiffer/Rott*[183] gehen in Anlehnung von Stundensätzen, die auch sonst Rechtsanwälten bei Vergütungsvereinbarungen zugebilligt werden, sogar von Stundensätzen für einen Rechtsanwalt von 190 bis 400 EUR aus.

14. Zu- und Abschläge

54 Da die vorstehend genannten Tabellen allein auf das quantitative Element der Nachlassgröße abstellen, so aber nicht alle tatsächlichen Schwierigkeiten der Testamentsvollstreckung erfassen können, mehren sich die Stimmen, die qualitativen Merkmale der Testamentsvollstreckung durch ein System von Zu- und Abschlägen von den so zunächst ermittelten Werten zu bestimmen,[184] wobei die Insolvenzrechtliche Vergütungsverordnung (InsVV) als Modell herangezogen wird.[185] Dieses Verfahren kann in besonderem Maße die Angemessenheit der erbrachten Leistung des Testamentsvollstreckers konkretisieren.

55 Dementsprechend gehen auch die neuen Vergütungsempfehlungen des **Deutschen Notarvereins** diesen Weg und verwenden ein differenziertes System von Zu- und Abschlägen. Vergleiche auch nachstehend Rn 64 ff. zur Fallgruppenbildung mit Zu- und Abschlägen. Auch *Weidlich* befürwortet nunmehr im *Palandt* die Verwendung von Zu- und Abschlägen. **Abschläge** seien insbesondere zu machen bei einer vorzeitigen Amtsbeendigung, etwa in Folge einer Kündigung, Entlassung oder besonders schneller Abwicklung bei einer einfachen Nachlasszusammensetzung, entgeltlicher Überlassung von Arbeiten an einen Dritten, deren Vornahme an sich dem Testamentsvollstrecker selbst zumutbar gewesen wären, Bestellung anderer Personen als Notare, Rechtsanwälte, Steuerberater oder ähnliches, da die Tabellenwerte darauf abstellen, dass für diese eine höhere Gebühr deshalb angezeigt ist, weil sie besondere Erfahrungen und Kenntnisse in die Abwicklung einbringen, oder einer gleichzeitigen Miterbenstellung des Testamentsvollstreckers, weil dieser als Miterbe auch

---

181 Damrau/*Bonefeld*, Praxiskommentar Erbrecht, § 2221 Rn 23.
182 *Birk*, S. 106 ff.
183 In *Schiffer/Rott/Pruns*, § 7 Rn 19 f.
184 So jetzt auch Palandt/*Weidlich*, § 2221 Rn 5.
185 So etwa *Eckelskemper*, in: Bengel/Reimann, X Rn 12 ff., 84, 89, 112 und öfters; NK-BGB/*Kroiß*, § 2221 Rn 15 f.; Damrau/*Bonefeld*, Praxiskommentar Erbrecht, § 2221 Rn 23; Staudinger/*Reimann*, § 2221 Rn 43 ff.; *Reimann*, DNotZ 2001, 344, 347; Bamberger/Roth/*J. Mayer*, § 2221 Rn 16; gegen die Anwendung der InsVV aber *Birk*, S. 94 ff. und jetzt auch *Rott/Kornau/Zimmermann*, Testamentsvollstreckung, § 9 Rn 6; Für ein umfangreiches System von Zu- und Abschlägen auch *Lieb*, Rn 186 ff. mit zahlreichen Fallgruppenbildungen, jedoch ohne größeren Bezug auf die InsVV.

einen Teil der Aufgaben hätte erfüllen müssen, sowie zu langsamer und ineffizient durchgeführter Vollstreckung.[186]

IV. „Arten" der Testamentsvollstreckervergütung/Gebührenmerkmale

Üblicherweise[187] teilt man die für den Testamentsvollstrecker möglichen Vergütungen entsprechend den vorzunehmenden Aufgaben wie folgt ein:
- die **Regelvergütung** (auch Vollstreckungsgebühr),[188] die grundsätzlich immer anfällt und für die Abwicklung und Auseinandersetzung des Nachlasses gezahlt wird;
- die **Konstituierungsgebühr** zur Abgeltung der Arbeit des Testamentsvollstreckers bei Übernahme des Amtes für Ermittlung und Inbesitznahme des Nachlasses (§ 2205 BGB), Aufstellung und Mitteilung des Nachlassverzeichnisses (§ 2215 BGB) sowie Regulierung der Nachlassverbindlichkeiten, Erbschaftsteuererklärung und Begleichung von Steuerschulden;
- die periodische **Verwaltungsgebühr**, wenn Aufgabe des Testamentsvollstreckers die Nachlassverwaltung ist (Verwaltungsvollstreckung, § 2209 BGB), die jährlich zu bezahlen ist;
- eine besondere **Auseinandersetzungsgebühr**.

56

Allerdings bestehen für die Praxis keine gesicherten Erkenntnisse darüber, in welchem Verhältnis diese Gebührenarten zueinander stehen und welche Wechselwirkung sie untereinander haben.[189] Einigkeit besteht insoweit, als auch bei einer „Aufspaltung" in mehrere Gebühren die Angemessenheit der von den Erben zu entrichtenden **Gesamtvergütung** gewahrt werden muss[190] und es eine reine **Abschlussgebühr**, die nach der Beendigung der Testamentsvollstreckung zu zahlen wäre, nicht gibt.[191] Der Gefahr, dass es durch die Kumulation von Gebührentatbeständen zu einem „Ausreizen" des Tabellensystems kommt,[192] versucht man zum einen dadurch zu begegnen, dass man eine **Vergütungsobergrenze** annimmt (dazu Rn 59). Zum anderen ist man bestrebt, die einzelnen Gebührentatbestände gegeneinander abzugrenzen. Liegen im Einzelfall dennoch mehrere Gebührentatbestände vor, so berechnet sich die Gesamtvergütung nicht einfach aus der Summe der einzelnen Gebühren, sondern es ist vielmehr entweder von der Gesamtsumme der einzelnen Sondergebühren ein angemessener **Abschlag** zu machen[193] oder die Regelgebühr wegen der zusätzlich erbrachten Leistungen angemessen zu erhöhen.[194] Dabei wird man bei allen

57

---

186 Palandt/*Weidlich,* § 2221 Rn 5.
187 Vgl. etwa MAH Erbrecht/*Lorz,* § 21 Rn 162; *Tiling,* ZEV 1998, 331, 333 ff. (mit eingehender Darstellung); *Klingelhöffer,* ZEV 1994, 120 f.; MüKo/*Zimmermann,* § 2221 Rn 11; *Eckelskemper,* in: Bengel/Reimann, X Rn 21 ff; demgegenüber spricht *Lieb,* Rn 213 ff. immer nur von Zu- und Abschlägen zur Regelvergütung zur Konkretisierung der vom Gesetz verlangten Angemessenheit; ähnlich Staudinger/*Reimann,* § 2221 Rn 41 ff.; NK-BGB/*Kroiß,* § 2221 Rn 15 ff. Auch *Zimmermann* (ZEV 2001, 334, 447 f.) wendet sich gegen diese „Aufspaltung", und betont, dass es hierfür an einer gesetzlichen Grundlage fehle.
188 OLG Köln ZEV 1994, 118; Palandt/*Edenhofer,* 69. Aufl., § 2221 Rn 4; Palandt/*Weidlich,* 73. Aufl., § 2221 Rn 7 spricht jetzt nur noch von der normalen Gebühr und zusätzlichen „Sondergebühren".
189 *Klingelhöffer,* ZEV 1994, 121; der nachstehenden Darstellung zustimmend Damrau/*Bonefeld,* Praxiskommentar Erbrecht, § 2221 Rn 6.
190 OLG Köln ZEV 1995, 70 = NJW-RR 1995, 202; MüKo/*Zimmermann,* § 2221 Rn 11; *Lieb,* Rn 214.
191 Staudinger/*Reimann,* § 2221 Rn 44.
192 Treffend *Lieb,* Rn 214.
193 *Klingelhöffer,* ZEV 1994, 120, 121; *Tiling,* ZEV 1998, 331, 335; vgl. dazu auch *Lieb,* Rn 214; für Zu- und Abschläge je nach den Besonderheiten des Einzelfalls auch Palandt/*Weidlich,* § 2221 Rn 5 und 7.
194 *Tiling,* ZEV 1998, 331, 335.

Vorbehalten, die angesichts des Fehlens einer klarstellenden Rechtsprechung zu machen sind, von folgenden **Grundsätzen** ausgehen müssen:[195]

1. Obliegt dem Testamentsvollstrecker der **Normaltyp** der Testamentsvollstreckung, nämlich die **Abwicklungs- und Auseinandersetzungsvollstreckung** (§§ 2203 ff BGB), so kann eine zusätzliche Konstituierungsgebühr nicht verlangt werden,[196] eine zusätzliche Auseinandersetzungsgebühr kommt nur ausnahmsweise in Betracht.[197] Es bleibt grundsätzlich bei der **Regelgebühr** (= Grundgebühr).
2. Eine **Konstituierungsgebühr** scheidet grundsätzlich bei einer normal verlaufenden Abwicklungsvollstreckung aus.[198] Dagegen kommt sie neben einer anfallenden periodischen Verwaltungsgebühr ausnahmsweise in Betracht, wenn die Konstituierung eine **besonders aufwändige Tätigkeit** erfordert und die Grundlage für die laufende Verwaltungstätigkeit ist.[199]
3. Eine **Verwaltungsgebühr** kommt in den Fällen der angeordneten Verwaltungs- oder Dauertestamentsvollstreckung (§ 2209 BGB) in Betracht, aber auch bei einer länger hinausgeschobenen Erbauseinandersetzung im Falle der zunächst nur als Abwicklungsvollstreckung gedachten Testamentsvollstreckung.[200] Sie kann offensichtlich **zusätzlich zur Grundgebühr** verlangt werden, wenn diese die ebenfalls mit angeordnete Auseinandersetzung abdeckt.[201]
4. Eine besondere **Auseinandersetzungsgebühr** kommt grundsätzlich nicht in Betracht; sie ist im Normalfall durch die **Grundgebühr abgedeckt.** Sie kann nur dann verlangt werden, wenn die Auseinandersetzung auf die Konstituierung und lange Verwaltung nach Jahren folgt und besonders anspruchsvoll und schwierig ist und dafür die früheren Arbeitsleistungen, die bereits durch die anderen Gebührenmerkmale abgegolten sind, nicht mehr verwertet werden können.[202] Zur Abgeltung einer danach ausnahmsweise geschuldeten Auseinandersetzungsgebühr wird vorgeschlagen, die Regelvergütung angemessen zu erhöhen.[203] Auch hier zeigt sich wieder, dass die Gesamtvergütung nicht einfach die Summe der einzelnen Gebührentatbestände ist.

58 Betont sei nochmals, dass letztlich **nur „eine Gebühr"** geschuldet wird. Die vorstehende Aufgliederung darf daher nicht zu einer unzulässigen „Atomisierung" derselben führen, sondern soll nur eine **Argumentationshilfe** darstellen, wie der Testamentsvollstrecker bei einem Rechtsstreit mit dem Schuldner der Vergütung seine Forderung plausibel darlegen

---

195 Vgl. auch MüKo/*Zimmermann*, § 2221 Rn 11 ff.
196 OLG Karlsruhe ZEV 2001, 286; *Tiling*, ZEV 1998, 333.
197 OLG Köln NJW-RR 1994, 269 = ZEV 1994, 118; MüKo/*Zimmermann*, § 2221 Rn 12.
198 MüKo/*Zimmermann*, § 2221 Rn 13; BayObLGZ 1972, 379 = Rpfleger 1973, 94; OLG Köln NJW-RR 1994, 269 = ZEV 1994, 118, 119; Soergel/*Damrau*, § 2221 Rn 9; teilweise wird auch vertreten, dass die Konstituierungsgebühr sogar nur aufgrund einer besonderen Vereinbarung mit den Erben verlangt werden kann, so offenbar *Winkler*, Testamentsvollstrecker, Rn 579; *Glaser*, MDR 1983, 93.
199 Palandt/*Weidlich*, Rn 7; MüKo/*Zimmermann*, Rn 13 je zu § 2221.
200 MüKo/*Zimmermann*, § 2221 Rn 14. Es muss sich um eine länger dauernde Verwaltung handeln, nach OLG Köln ZEV 1995, 70, 71 genügt einjährige Dauer nicht. Bei der längerfristig hinausgeschobenen Nachlassauseinandersetzung ist aber besonders zu prüfen, ob hierfür ein sachlicher Grund bestand, denn grds. hat der Testamentsvollstrecker die Erbauseinandersetzung zügig zu bewirken; kommt er dieser Verpflichtung schuldhaft nicht noch, so rechtfertigt dies natürlich einen Abschlag von der an sich geschuldeten Vergütung (dazu Rn 55).
201 So wohl OLG Köln ZEV 1994, 118, 120.
202 OLG Köln ZEV 1994, 118, 120 = FamRZ 1994, 328, 329 = NJW-RR 1994, 269; Palandt/*Weidlich*, § 2221 Rn 7; *Tiling*, ZEV 1998, 331, 334; so auch MüKo/*Zimmermann*, § 2221 Rn 12: „nur ausnahmsweise", ohne dies jedoch zu spezifizieren.
203 *Winkler*, Testamentsvollstrecker, Rn 590; *Tiling*, ZEV 1998, 333.

und im Prozessfall auch substantiieren kann, um den unbestimmten Rechtsbegriff der „Angemessenheit" zu konkretisieren und seine Forderung transparenter zu machen.[204] Angesichts des „Grundsatzes der Gesamtvergütung", sollte man daher den Ausdruck von den einzelnen „Gebührenarten" vermeiden[205] und lieber von entsprechenden **Gebührenmerkmalen** sprechen. Dass es bei dem Streit um das Verhältnis dieser verschiedenen „Vergütungsformen" in Wahrheit allein um diese Transparenz geht, wird allerdings in vielen Darstellungen nicht deutlich.[206]

V. Mehrere Erschwerungsgründe, Obergrenze, Untergrenze

Treffen mehrere der genannten Erschwerungsgründe oder Vergütungsmerkmale zusammen, so sind sie jeweils gesondert zu bewerten. Für die Vergütung sind dann wegen des **Grundsatzes der einheitlichen Gesamtvergütung** entsprechende Zuschläge zu machen. Anerkannt ist jedoch, dass es eine **Gesamtobergrenze** für die Testamentsvollstreckervergütung gibt, die in verschiedenen Stellungnahmen bei **12 %** des Nachlasswertes angesetzt wird.[207] Aber auch hier wird man, ausgehend vom Grundsatz der Angemessenheit, im Einzelfall Ausnahmen machen müssen, insbesondere bei kleineren, arbeitsintensiven Nachlässen.[208] Demgegenüber kann aus dem Grundsatz, dass die Vergütung des Testamentsvollstreckers angemessen sein muss, **nicht** hergeleitet werden, dass bei deren Bemessung auch die Belange der Erben zu berücksichtigen seien, und es daher eine Obergrenze in Höhe von **30 %** des **Nettonachlasses** gäbe.[209] Hierfür findet sich zum einen im Gesetz kein Anhaltspunkt. Zum anderen ist es Aufgabe des Erblassers, für einen angemessenen Interessenausgleich zu sorgen, wenn er befürchtet, durch die Testamentsvollstreckervergütung kämen die Erben zu kurz.[210]

59

Bei Dauer- oder Verwaltungsvollstreckungen fallen jedoch periodisch zu zahlende Vergütungen an, so dass diese zusätzlich zu vergüten sind. Hier gilt die **12 %-Grenze nicht**, weil die Verwaltungsvollstreckung viele Jahrzehnte dauern kann.[211]

60

Die **Empfehlungen des Deutschen Notarvereins** differenzieren ebenfalls und machen dann entsprechende Zu- und Abschläge. Bei der Abwicklungsvollstreckung ist die **dreifache Grundvergütung** i.d.R. die Obergrenze. Bei Dauertestamentsvollstreckung wird zusätzlich eine Vergütung geschuldet.

61

Eine **Mindestvergütung** für den Testamentsvollstrecker besteht allerdings nicht. Ein gewisses Korrektiv gegen eine zu niedrige Vergütung ergibt sich ohnehin aus dem Angemessen-

62

---

204 In diesem Sinne auch *Lieb*, Rn 213 f.; Palandt/*Weidlich*, § 2221 Rn 7.
205 Zust. *Eckelskemper*, in: Bengel/Reimann, X Rn 80.
206 Anders aber vor allem *Lieb*, Rn 231 f.: „Gesamtschau".
207 HessFG EFG 1991, 333; *Möhringer/Beisswingert/Klingelhöffer*, S. 230; *Eckelskemper*, in: Bengel/Reimann, X Rn 85; *Winkler*, Testamentsvollstrecker, Rn 601 („mit Vorbehalt"); Palandt/*Weidlich*, § 2221 Rn 9; *Tiling*, ZEV 1998, 331, 335 mit der Differenzierung, dass bei Nachlasswerten unter 100.000 DM dies zu wenig ist; ebenso NK-BGB/*Kroiß*, § 2221 Rn 20, *Lieb*, Rn 214 und *Reimann*, DNotZ 2001, 344, 355. Teilweise wird zu Recht darauf hingewiesen, dass solche Obergrenzen nirgendwo gesetzlich festgelegt sind, so *Lieb*, Rn 214.
208 Staudinger/*Reimann*, § 2221 Rn 56; dem folgend Palandt/*Weidlich*, § 2221 Rn 9.
209 So aber *Zimmermann*, FS Damrau, 2007, 37, 59; vgl. auch *Lieb*, Rn 87.
210 *Eckelskemper*, in: Bengel/Reimann, X Rn 29.
211 NK-BGB/*Kroiß*, § 2221 Rn 20; *Tiling*, ZEV 1998, 331, 335; *Reimann*, DNotZ 2001, 344, 355; Staudinger/*Reimann*, § 2221 Rn 56.

heitsgrundsatz, der auch die sachgerechte Erhöhung der Vergütung rechtfertigt, die sich als „Regelvergütung" aufgrund der Anwendung der vorstehenden Tabellen ergibt.[212]

63 Auf alle Fälle dürfen die genannten Tabellen **nicht schematisch** angewandt werden. Ihr Sinn liegt vor allem darin, die Vergütungshöhe transparenter und nachvollziehbarer zu machen (dazu bereits oben Rn 58).[213] Daher ist stets zu prüfen, ob das danach ermittelte Ergebnis im Hinblick auf die Umstände des Einzelfalls einer Korrektur bedarf.[214] Zutreffend wird daher betont, dass die „Tabellenwerte" nur als „Grobraster" zu verstehen sind, die einer „Feinjustierung" bedürfen,[215] und daher immer noch einzelfallbezogen auf ihre Angemessenheit zu überprüfen sind. Dies ist auch bei anderen der in der Rechtspraxis verwandten Tabellen anerkannt.[216]

VI. Fallgruppenbildung

64 Da die Vergütung angemessen sein soll, muss man sich immer vergegenwärtigen, dass die schematische Anwendung der Tabellenwerte nicht der Verwirklichung der Einzelfallgerechtigkeit dienen kann. Dabei gelten die „Tabellenwerte" nur für normale Verhältnisse und eine unproblematische Abwicklung des „Otto-Normalerblasser-Nachlasses". Daher werden in der Praxis hierzu durchweg **Zu- und Abschläge** gemacht. Bei der Beantwortung der Frage, was als angemessen und gerecht anzusehen ist, kann sicherlich die Bildung von **Fallgruppen** äußerst hilfreich sein,[217] wenngleich diese naturgemäß auch keine allgemein gültige Lösung für den jeweils zu beurteilenden Einzelfall liefern kann.

Liegt eine solch typische Fallgestaltung vor, so kann die Angemessenheit der hierfür allgemein entwickelten Vergütungsregelung vermutet werden, jedoch ist der Beweis des Gegenteils möglich.[218] Es lassen sich folgende Fallgruppen bilden:[219]

1. Normal-Nachlass

65 Die in den einschlägigen Tabellen genannten Werte gelten sicherlich nur für normale Verhältnisse mit einer glatten Abwicklung. Abgedeckt wird damit nur die Testamentsvollstreckung bei einer Abwicklungsvollstreckung eines quasi „typisch bürgerlichen, auch noch gehobenen bürgerlichen Nachlasses", der wie folgt ausschauen kann:[220] der Nachlass besteht aus einer Immobilie (Eigenheim), etwas Wertpapieren, überschaubare Guthaben bei Banken oder Sparkassen. Daneben etwas Hausrat, ein Auto, etwas Kunstgegenstände – aber ohne besonderen, außergewöhnlichen Wert. An Nachlassverbindlichkeiten sind nur noch geringe, an der Immobilie dinglich gesicherte Schulden vorhanden, die mit dem Erwerb des Grundbesitzes zusammenhängen. Die erforderlichen Unterlagen sind wohl geordnet, es ist nur

---

212 *Lieb*, Rn 215.
213 BGH MDR 1963, 293; NJW 1967, 876, 877; *Haas/Lieb*, ZErb 2002, 202, 210.
214 *Haas/Lieb*, ZErb 2002, 202, 210.
215 *Reimann* in Schiffer/Rott/Pruns, § 3 Rn 23 ff.
216 Zutr. *Eckelskemper*, in: Bengel/Reimann, X Rn 66.
217 Hierzu Staudinger/*Reimann*, § 2221 Rn 41 ff.; ders. in Schiffer/Rott/Pruns, § 3 Rn 26 ff.; *Eckelskemper*, in: Bengel/Reimann, X Rn 86 ff. mit Tabelle (in Rn 115) und entsprechenden Zuschlägen; jetzt auch ausführlich mit verschiedenen Fällen (Erschwernisse bei der Konstituierung, wegen schwieriger Gestaltungsaufgaben oder Verwaltung, Erschwernis aufgrund zu regelnder Steuerangelegenheiten) *Haas/Lieb*, ZErb 2002, 202, 208 f.; *Lieb*, Rn 187 ff.
218 Staudinger/*Reimann*, 13. Bearb., § 2221 Rn 45; zust. *Lieb*, Rn 188.
219 Nach *Eckelskemper*, in: Bengel/Reimann, Handbuch X Rn 86 ff.; siehe auch *Lieb*, Rn 187 ff.
220 *Eckelskemper*, in: Bengel/Reimann, X Rn 77 ff. zu all diesem.

eine kurze Verwaltungsphase erforderlich, die Erbauseinandersetzung zwischen der Witwe und den beiden volljährigen Kindern macht keine Probleme.

Hier sind irgendwelche Sondergebühren oder auch nur Zu- und Abschläge zu der Regelvergütung nicht angebracht.

2. Besondere Aufgabenerschwernisse in der Konstituierungsphase und bei vorbereitenden Maßnahmen

Bereits in der Konstituierungsphase oder bei vorbereitenden Maßnahmen können jedoch Probleme auftauchen, die ein Abweichen von der Regelvergütung angezeigt sein lassen. 66

a) Der Nachlass ist ungeordnet

Vielfach sind die für die ordnungsgemäße Verwaltung des Nachlasses und die Vorbereitung der Erbauseinandersetzung notwendigen Unterlagen des Erblassers ungeordnet oder unvollständig. Angebracht ist hier grundsätzlich die **Normalvergütung**. Nur wenn das Fehlen der Unterlagen zu einem besonders gesteigerten Verwaltungsaufwand führt, kann dies eine Abrechnung nach Stundensätzen rechtfertigen.[221] 67

b) Der Nachlass ist ungewöhnlich vielgestaltig

Dies kann hinsichtlich der Objekte, die den Nachlass bilden, gelten. Aber auch die **Bewertung** der Nachlassgegenstände macht oftmals erhebliche Probleme, man denke an Liebhabereien (Briefmarken, Münzen), aber auch an betriebliche Beteiligungen. Die Bewertungen sind aber nicht nur für die Erbschaftsteuer wichtig, sondern gerade auch als Vorfrage bei der Durchführung der Erbauseinandersetzung bedeutsam. Hier ist zu unterscheiden: Hinsichtlich des Nachlasses, bei dem es insoweit keine Schwierigkeiten gibt, ist der hierauf entfallende Arbeitsaufwand durch die Regelvergütung abgegolten. Hinsichtlich des anderen Nachlassteils ist ein **Zuschlag** zu machen, der u.U. bei entsprechendem Arbeitsaufwand und Verantwortung (Haftungsgefahr) auch nochmals die normale Gebühr, bezogen jedoch nur aus diesem „Problemnachlass", erreichen kann.[222] 68

c) Abwicklungsvollstreckung mit besonderen Schwierigkeiten

Besondere Schwierigkeiten können bereits beim „Normaltyp" der Testamentsvollstreckung, der Abwicklungsvollstreckung (§§ 2203, 2204 BGB) auftreten. 69

aa) Abweichung vom Normalfall aufgrund der Beteiligten des Nachlasses

Bereits wenn **Minderjährige** am Nachlass beteiligt sind, ergibt sich ein wesentlich erhöhter Verwaltungsaufwand für den Testamentsvollstrecker; so ist insbesondere eine Einbeziehung der Sorgeberechtigten, u.U. auch die Erholung einer familiengerichtlichen Genehmigung 70

---

221 *Eckelskemper*, in: Bengel/Reimann, X Rn 86, der darauf hinweist, dass auch in der InsVV teilweise nach Stundensätzen vergütet wird. Strenge Anforderungen bei OLG Köln ZEV 1994, 118.
222 *Eckelskemper*, in: Bengel/Reimann, X Rn 87 f., will die Vergütung dabei wie folgt berechnen (dort m. Bsp.): Für den Spezialbereich ist jeweils ein Zuschlag zu machen, als ob dieser „nochmals für sich einen Nachlass abgeben würde". Dabei kann der Zuschlag je nach Arbeitsaufwand und Verantwortung die Höhe einer normalen Gebühr erreichen kann. Für einen ähnlichen Zuschlag plädiert hier auch *Lieb*, Rn 189 f. i.V.m. Rn 209; ebenfalls für Zuschlag Staudinger/*Reimann*, § 2221 Rn 45.

erforderlich. Hier kann der gesonderte Aufwand zusätzlich stundenweise abgerechnet werden.[223]

Aber auch bei einer **Vielzahl von Beteiligten,** seien es Erben oder Vermächtnisnehmer, ist die Nachlassregulierung für den Testamentsvollstrecker wesentlich aufwändiger, als im Normalfall. Das Hess. FG[224] hat bei einem Nachlass von 588.000 DM bei drei letztwilligen Verfügungen und 55 (!) Vermächtnissen als Vergütung einen Satz von 5 % des Nachlasswertes steuerlich anerkannt. Angebracht sein dürfte stattdessen auch ein zusätzlicher Sonderaufwand, wobei ein **pauschaler Zuschlag** von 125 EUR **pro Person** als angemessen angesehen wird.[225]

71 Bei einer **Erbteilsvollstreckung** soll ebenfalls eine Erhöhung der Regelvergütung vorzunehmen sein, weil der Mehraufwand, sich mit den anderen Miterben auseinandersetzen zu müssen, nicht angemessen abgegolten wäre, wenn als Bemessungsgrundlage für die Vergütung nur vom Bruttowert des von der Vollstreckung betroffenen Nachlassteils ausgegangen würde.[226] Der BGH hat es nicht beanstandet, wenn zunächst vom gesamten Nachlasswert ausgegangen, mit Rücksicht auf die Erbteilsvollstreckung dann davon aber ein Abschlag von 1/3 gemacht wurde.[227]

bb) Besonderheiten aus der Art des Nachlasses selbst, aufwändige Gestaltungsaufgaben

72 Aber auch aus der **Nachlasszusammensetzung** kann sich ein gegenüber dem Regelfall erhöhter Aufwand für den Testamentsvollstrecker ergeben, etwa bei sehr umfangreichem Nachlass oder wenn dieser im Ausland belegen ist. Auch die **Schuldenregulierung** kann mitunter besondere Anforderungen an die Fähigkeiten des Testamentsvollstreckers stellen.[228] Lässt sich der Mehraufwand gegenständlich zuteilen, so wird eine zusätzliche Sondergebühr anhand der allgemeinen Tabellenwerte, berechnet aus dem Problemnachlass, dann gerechtfertigt sein, wenn die Abwicklung sich hier besonders schwierig und arbeitsaufwändig gestaltet; ansonsten ist ein Zuschlag nach Stundensätzen entsprechend dem erforderlichen Zeitaufwand angebracht. Auch bei der Durchführung besonders erforderlich werdender Sicherungsmaßnahmen ist eine Erhöhung der Vergütung angebracht.[229] Ebenso sind bei einer Testamentsvollstreckung über Gesellschaftsbeteiligungen oder ein Unternehmen Besonderheiten zu beachten, die eine großzügigere Bemessung des Honorars erfordern (siehe bereits oben Rn 50 ff.).[230]

73 Ein Zuschlag auf die Regelvergütung ist auch vorzunehmen, wenn der Testamentsvollstrecker **schwierige Gestaltungsaufgaben** zu bewältigen hat, etwa die vom Erblasser ausdrücklich angeordnete Umstrukturierung eines Unternehmens oder dessen Verkauf, eine erfor-

---

223 *Eckelskemper,* in: Bengel/Reimann, X Rn 104; für einen Aufschlag zur Regelvergütung ohne nähere Konkretisierung *Lieb,* Rn 195; ebenso Staudinger/*Reimann,* § 2221 Rn 46.
224 EFG 1991, 333.
225 *Eckelskemper,* in: Bengel/Reimann, X Rn 106, auch unter Bezug auf die InsVV, bei der eine Gebührenerhöhung bei besonders hoher Zahl von Gläubigern anerkannt ist.
226 *Lieb,* Rn 196; *Eckelskemper,* in: Bengel/Reimann, X Rn 105; *von Morgen,* ZEV 1997, 117, 118; *von Morgen,* ZEV 1996, 170 Anm. 7.
227 BGH, ZEV 2005, 22, 23 m. Anm. *Haas/Lieb;* entgegen *Eckelskemper,* in: Bengel/Reimann, X Rn 33 war entscheidend für die Bemessung der Vergütung der beschränkte Pflichtenkreis bei der Erbteilsvollstreckung und nicht die Stellung des Testamentsvollstreckers als Mitvollstrecker.
228 Einzelheiten bei Staudinger/*Reimann,* 13. Bearb., § 2221 Rn 50 f.
229 Hierzu *Möhring/Beisswingert/Klingelhöffer,* 230.
230 Eingehend dazu etwa *Eckelskemper,* in: Bengel/Reimann, X Rn 91 ff.; Staudinger/*Reimann,* § 2221 Rn 50.

derliche Umschuldung, die Verwertung von schwer verkäuflichen Nachlassobjekten oder die Einbringung des Nachlasses in eine Stiftung oder Gesellschaft.[231]

cc) Besonderheiten aus der Art der Auseinandersetzung

Hat der Erblasser die Auseinandersetzung des Nachlasses zwischen den Miterben nicht schon durch Teilungsanordnungen und Vermächtnissen vorgegeben, so obliegt zwar nach dem gesetzlichen Leitbild dem Testamentsvollstrecker die Auseinandersetzung kraft Gesetzes. Er hat dann einen Teilungsplan aufzustellen und diesen mit den Beteiligten zu erörtern und dann zu vollziehen, wobei bei der Erbauseinandersetzung keiner gegenüber seiner Erbquote zurückgesetzt werden darf bzw. zumindest für einen entsprechenden wertmäßigen Ausgleich zu sorgen ist. All dies gehört an sich noch zur normalen, typischen Aufgabe, die durch die Regelvergütung abgedeckt ist.[232] Aus der Art des Nachlasses können sich allerdings auch in dieser Phase der Testamentsvollstreckung Probleme ergeben, etwa bei schwierigen Bewertungsfragen, Regulierung der Schulden mit einer evtl. erforderlichen Auflösung der gesamtschuldnerischen Haftung und Neuabschluss von Sicherungsvereinbarungen. Auch wenn die zunächst vom Erblasser getroffene letztwillige Anordnung den tatsächlichen Gegebenheiten nicht mehr gerecht wird und dann im Einvernehmen, aber erst durch Vermittlung des Testamentsvollstreckers der Wille des Erblassers seinem Sinne entsprechend den veränderten Umständen fortgeschrieben wird, ist eine Erhöhung der Vergütung angebracht.[233] Bei besonders schwierigen Problemlagen kann sogar noch einmal die normale Gebühr hinzukommen, allerdings nur aus dem problematischen Nachlassteil.[234]

74

3. Zeitliches Auseinanderfallen von Konstituierung, Verwaltung und Nachlassauseinandersetzung

Sind nur die Aufwendungen für die **Konstituierung** abzugelten, so ist i.d.R. ein Abschlag von 15 % von der Regelvergütung angebracht.[235] Schließt sich an die Konstituierung eine längere **Verwaltungsvollstreckung** an, so ist für die Verwaltungszeit zwar eine Vergütung zu zahlen, für die Konstituierung selbst aber nur dann, wenn diese besonderen Aufwand erforderte (siehe Rn 56 ff.).

75

Erfolgt die Auseinandersetzung erst nach einer längeren Verwaltungsphase so kann es geboten sein, einen Zuschlag für die Vergütung auch in dem Fall zu machen, dass die Erbauseinandersetzung selbst nicht mit größeren Schwierigkeiten behaftet ist. Denn wenn die bei der Konstituierung gewonnenen **Erkenntnisse** für die Erbauseinandersetzung selbst **nicht mehr verwendbar** sind (Veränderungen bei Wertpapierbesitz, erforderliche Neubewertungen von Immobilien) entsteht ein neuer Arbeitsaufwand, der mit der Regelvergütung nicht abgedeckt ist.[236] Er ist in Form eines Zuschlags, orientiert an den Kriterien, die oben für die Konstituierung eines ungewöhnlich vielgestaltigen Nachlasses entwickelt wurden, abzudecken. Daneben wird eine „Erfolgshonorierung" vorgeschlagen, wenn der Testamentsvollstrecker den Nachlasswert gemehrt hat. Jedoch ist mit einer solchen Prämierung

---

231 *Lieb*, Rn 198 f.; Staudinger/*Reimann*, § 2221 Rn 47.
232 Ebenso *Lieb*, Rn 201.
233 *Lieb*, Rn 201 ff.; Staudinger/*Reimann*, § 2221 Rn 45; *Winkler*, Testamentsvollstrecker, Rn 590; *Eckelskemper*, in: Bengel/Reimann, X Rn 86 ff.
234 *Eckelskemper*, in: Bengel/Reimann, X Rn 87a (jedoch jetzt hier ohne die oben im zweiten Halbsatz gemachte Einschränkung); wie hier jedoch in Rn 89c bei seiner Fallgruppe der „Auseinandersetzung und Vollzug".
235 *Eckelskemper*, in: Bengel/Reimann, 4. Aufl., X Rn 83.
236 *Eckelskemper*, in: Bengel/Reimann, X Rn 90 ff.; *Lieb*, Rn 203; a.A. *Tiling*, ZEV 1998, 331, 334 und offenbar OLG Köln NJW-RR 1994, 269, 270 = ZEV 1994, 118.

Vorsicht geboten, soweit der Testamentsvollstrecker an allmählichen Wertsteigerungen ohnehin bereits über die jährliche Verwaltungsgebühr Teil hat.[237] Die bloße „längere Marktbeobachtung" und die „Anknüpfung von Geschäftsbeziehungen", um dann den gebotenen Verkauf des Nachlasses zu besseren Konditionen zu ermöglichen, kann m.E. jedoch keinen Zuschlag in Höhe einer vollen Testamentsvollstreckergebühr rechtfertigen.[238]

4. Abschläge

76 Daneben muss aber auch beachtet werden, dass Abschläge von der **Regelvergütung** angebracht sein können, um zur Ermittlung der „angemessenen" Vergütung zu gelangen. Als Gründe für solche Abschläge kommen in Betracht:[239]
- Aufgrund **sachbezogener Umstände**
  - wenn der Erblasser aufgrund entsprechender Anordnung die **Aufgaben** des Testamentsvollstreckers entsprechend **eingeschränkt** hat (§ 2208 BGB), sei es gegenständlich, sei es sachlich, weil etwa nur die Einhaltung einer Auflage zu überwachen ist[240] oder es sich nur um eine Nacherbentestamentsvollstreckung (§ 2222 BGB) handelt,[241] sei es auch durch Anordnung einer lediglich beaufsichtigenden Testamentsvollstreckung (§ 2208 Abs. 2 BGB)[242]
  - wenn bei Amtsantritt des Testamentsvollstreckers ein Teil der von ihm wahrzunehmenden **Aufgaben bereits durchgeführt** oder sonst erledigt ist[243] oder der Testamentsvollstrecker für seine Aufgabenerfüllung **Hilfspersonen** einsetzt, obgleich diese Tätigkeit eigentlich von ihm wahrzunehmen ist[244]
  - wenn die **Aufgabenerfüllung besonders** einfach gegenüber dem ist, was von der Regelvergütung als notwendige Aufgabenerfüllung vorausgesetzt wird. Dies kann sein, weil die Nachlassabwicklung in Folge der Nachlassstruktur besonders erleichtert ist, so wenn keine Verbindlichkeiten zu begleichen sind oder der Nachlass aus leicht aufzuteilenden Wertpapieren besteht[245]
  - nicht aber deshalb, weil angesichts des hohen Nachlasswerts die Gebühr zu hoch erscheint.[246]
- Aufgrund **personenbezogener Umstände**
  - wegen **verwandtschaftlicher Beziehungen**, denn hier erwartet der Erblasser oftmals die Bereitschaft zur Amtsdurchführung zu einer erheblich niedrigerer Vergütung[247]
  - weil der Testamentsvollstrecker **gleichzeitig auch Miterbe** ist, weil dieser dann, wenn die Testamentsvollstreckung nicht angeordnet wäre, auch ohne Vergütung zur Er-

---

237 Zutr. *Lieb*, Rn 203 unter Bezug auf BGH DNotZ 1964, 171, 174.
238 So aber *Lieb*, Rn 203; *Eckelskemper*, in: Bengel/Reimann, X Rn 90b unter Bezug auf § 3 Abs. 1 Buchst. c InsVV.
239 Vgl. etwa die Übersicht bei *Lieb*, Rn 217 ff.; NK-BGB/*Kroiß*, § 2221 Rn 18 f.
240 Staudinger/*Reimann*, § 2221 Rn 53; *Lieb*, Rn 218.
241 Staudinger/*Reimann*, § 2221 Rn 53; *Lieb*, Rn 218.
242 *Lieb*, Rn 218.
243 KG NJW 1974, 752, 753: bereits anderweitig konstituierter Nachlass.
244 *Lieb*, Rn 219 mit verschiedenen Beispielen; so wenn etwa ein als Vermögensverwalter tätiger Rechtsanwalt bei einfachen Steuerangelegenheiten einen Steuerberater einschaltet, vgl. BGH NJW 1967, 876, 877 f.; OLGR Düsseldorf 1995, 289 = MittRhNotK 1996, 172: Reduzierung in Folge der Einschaltung eines Notars bei der Erfüllung von Grundstücksvermächtnissen; eingehend bereits unten Rn 537 ff.
245 *Tiling*, ZEV 1998, 331, 334; *Belde*, JurBüro 1969, 681, 684.
246 *Lieb*, Rn 221; OLG Köln NJW-RR 1994, 269, 270 = ZEV 1994, 118.
247 *Winkler*, Testamentsvollstrecker, Rn 570 Fn 5; *Zimmermann*, ZEV 2001, 334, 335; *Lieb*, Rn 223; in der Praxis wird in diesen Fällen ohnehin der Vergütungsanspruch i.d.R. ganz ausgeschlossen.

bauseinandersetzung beitragen müsste, und andererseits es durch die Zubilligung der Tabellenwerte zu einer nicht unerheblichen Erhöhung seiner Nachlassbeteiligung käme[248]
– bei **vorzeitiger Beendigung des Amtes**,[249] etwa wegen Amtsniederlegung (§ 2226 BGB) oder gar wegen Entlassung (§ 2227 BGB), wenn nicht im letztgenannten Falle sogar die Vergütung ganz entfällt
– bei **zu langsamer** und **wenig effektiv** durchgeführter Testamentsvollstreckung und nicht vollständiger Aufgabenerfüllung;[250] bei grober Pflichtverletzung kann der Vergütungsanspruch sogar ganz entfallen[251]
– wenn die **geänderten Verhältnisse** eine sachgerechte Reduzierung erfordern, etwa nach Verkauf des Geschäfts nur noch die Zinseinnahmen zu verwalten sind[252]
– wenn der Testamentsvollstrecker **weder Anwalt**, Steuerberater noch Notar oder **Angehöriger einer sonst vergleichbaren Berufsgruppe** ist, da die Regelvergütung, etwa nach der Rheinischen Tabelle, auf die Amtsausübung durch solche Personen und die Verwertung der diesen eigenen Erfahrungen und Kenntnisse abstellt[253]
– weil der Testamentsvollstrecker aufgrund seiner **Vorkenntnisse** einen „**Wissensvorsprung**" hatte, und daher für die sachgerechte Aufgabenerfüllung nicht die Zeit benötigt, die ansonsten für einen anderen Testamentsvollstrecker erforderlich ist.[254]

5. Höhe der Zu- und Abschläge

Mit der bloßen Ermittlung der Umstände, **wann** Zu- und Abschläge vorzunehmen sind, steht aber die genaue Vergütungshöhe noch nicht fest. Denn entscheidend kommt es dann darauf an, in welcher **Höhe** die Zu- und Abschläge zu machen sind. Hierzu bedarf es letztlich eines **klaren, sachlich differenzierten Systems**, dem dies zu entnehmen ist. Ein solches findet sich etwa bei *Eckelskemper*,[255] während die Bemühungen von *Lieb*[256] zu sehr im Unverbindlichen bleiben. Das ausgefeilteste und transparenteste System hierzu enthalten die neuen Empfehlungen des **Deutschen Notarvereins** (siehe Rn 37 ff.), das es den Beteiligten auch ermöglicht, die Berechnung nachzuvollziehen und zu überprüfen.[257] Es wird daher den Anforderungen am besten gerecht, die an ein Vergütungsmodell zu stellen sind, nämlich dass dieses der Rechtssicherheit und dem Rechtsfrieden förderlich ist, wie der BGH erst unlängst betont hat.[258] Was allerdings bleibt, ist, dass diese Empfehlungen **tendenziell zu etwas zu hohen Vergütungsergebnissen** führen.[259] Daher sollte man insoweit eine maßvolle Anpassung vornehmen.

77

---

248 OLG Köln NJW-RR 1995, 202, 203 = ZEV 1995, 70; dagegen etwa zu Recht *Klingelhöffer*, Rn 328, der das Haftungsrisiko des Testamentsvollstreckers betont.
249 OLG Hamburg OLGE 18, 320, 321; *Tiling*, ZEV 1998, 331; *Lieb*, Rn 66, 225, wobei für das Maß der erforderlichen Kürzung die Vorschriften über den Dienstvertrag (§ 628 BGB) einen gewissen Anhalt geben sollen, *Lieb*, Rn 66 m.w.N.
250 OLG Frankfurt/M. MDR 2000, 788, 789 = OLGR Frankfurt 2000, 86.
251 *Belde*, JurBüro 1969, 681, 684.
252 *Lieb*, Rn 66; *Zimmermann*, Testamentsvollstreckung, Rn 693.
253 OLG Köln NJW-RR 1995, 202, 203 = ZEV 1995, 70 (zweifelhaft); daher zu Recht krit. *Lieb*, Rn 228.
254 BayObLGZ 1972, 379 = BB 1973, 114; zust. *Lieb*, Rn 227.
255 In: *Bengel/Reimann*, X Rn 105.
256 Dazu Rn 207 ff. (für den Zuschlag) und Rn 229 f. (Abschläge).
257 *Staudinger/Reimann*, § 2221 Rn 43.
258 BGH ZEV 2005, 22, 23 m. Anm. *Haas/Lieb*.
259 Ebenso LG Köln, RNotZ 2007, 40.

F. Einzelheiten zum Vergütungsanspruch und seiner Durchsetzung

I. Das Verhältnis von Auslagenersatz und Vergütung, Berufsdienste

1. Grundzüge

78 Neben dem Vergütungsanspruch besteht ein solcher auf **Auslagenersatz** nach Auftragsrecht, §§ 2218, 670 BGB. Dieser ist sofort zur Zahlung fällig (§ 271 BGB) und unterliegt einer eigenen **Verjährung**, wobei wegen des engen Zusammenhangs zum Erbrecht aus Gründen der Rechtssicherheit nach altem Recht die lange erbrechtliche Verjährung des § 197 Abs. 1 Nr. 2 BGB bejaht wurde.[260] Für die ab dem 1.1.2010 eintretenden Erbfälle hat sich durch die Anpassung der erbrechtlichen an die allgemeine Regelverjährung die Streitfrage erledigt. Der Anspruch ist nach §§ 256, 246 BGB ab dem Entstehungszeitpunkt der Aufwendung zu verzinsen und eine Nachlassverbindlichkeit (§ 1967 BGB), weshalb die allgemeinen Möglichkeiten der erbrechtlichen Haftungsbeschränkung bestehen.[261]

79 Ein Aufwendungsersatzanspruch des Testamentsvollstreckers setzt grundsätzlich zwei Dinge voraus: Die gemachten Aufwendungen müssen mit dem **Willen des Erblassers** vereinbar sein, was u.U. durch Auslegung der Verfügung von Todes wegen zu ermitteln ist, und der Testamentsvollstrecker musste sie nach den Umständen des Einzelfalls für erforderlich halten (§ 670 BGB), was insbesondere unter dem Gesichtspunkt zu prüfen ist, ob dies einer **ordnungsgemäßen Nachlassverwaltung** entspricht (§ 2216 Abs. 1 BGB).[262]

80 Besteht bei einer **Erbteilsvollstreckung** ein Erstattungsanspruch, weil die Aufwendungen im Hinblick auf die angeordnete Testamentsvollstreckung eine ordnungsgemäße Nachlassverwaltung darstellen (§§ 2218, 670 BGB), so entsteht eine Nachlassverbindlichkeit nach §§ 2046 Abs. 1, 2058 BGB oder es handelt sich zumindest um gemeinschaftliche Kosten der Verwaltung nach §§ 2038, 748 BGB.[263] Daneben kann dem Testamentsvollstrecker aber auch ein Ersatzanspruch zustehen, weil er die gesamte Erbengemeinschaft hierzu unmittelbar durch sein Verhalten verpflichtet hat, sei es, weil er in Ausübung des Notverwaltungsrechts nach § 2038 Abs. 1 S. 2 Hs. 2 BGB handelte, sei es, dass ihm ein Anspruch aus Geschäftsführung ohne Auftrag nach § 683 BGB zusteht.

2. Ersatzfähige Aufwendungen

a) Allgemeines

81 Zu den ersatzfähigen Aufwendungen gehören dem Grundsatz nach insbesondere Post- und Telefongebühren, Fotokopien und notwendige Fahrten; bei letzteren wird man auf alle Fälle die Sätze ansetzen können, die auch ein Notar nach KV Nr. 32006 GNotKG oder KV Nr. 32007 GNotKG als Reisekosten verlangen kann. Problematisch sind vor allem Aufwendungen für eine angemessene (Vermögens-)Haftpflichtversicherung (siehe dazu § 20 Rn 28), der Ersatz von Prozesskosten (siehe oben § 11 Rn 26) und der Aufwendungen für eingeschaltete „Hilfspersonen" (siehe dazu Rn 82 ff.).

---

260 Ebenso *Zimmermann*, Testamentsvollstreckung, Rn 735; *Lieb*, Rn 298 Fn 451; NK-BGB/*Kroiß*, § 2218 Rn 34; a.A. Staudinger/*Reimann*, § 2221 Rn 14; Palandt/*Edenhofer*, 68. Aufl., § 2218 Rn 6: kurze Regelverjährung des § 195 BGB.
261 *Lieb*, Rn 298.
262 *Lieb*, Rn 318 ff.; *Eckelskemper*, in: Bengel/Reimann, Handbuch X Rn 117 ff.; *Winkler*, Testamentsvollstrecker, Rn 637.
263 Vgl. *von Morgen*, ZEV 2003, 415, 416; *Lieb*, Rn 301.

b) Ersatz für die Tätigkeit Dritter

Erstattungsfähig sind grundsätzlich bei Beachtung der in Rn 79 genannten Voraussetzungen auch die Kosten für den Einsatz von Hilfskräften und anderen Personen, deren sich der Testamentsvollstrecker für die ordnungsgemäße Erfüllung seiner Verwaltungsaufgaben bedient, also etwa für einen Hausverwalter, einen Steuerberater zur Erstellung einer Steuererklärung oder einen Rechtsanwalt, dessen Rat er sich bedienen muss.

82

(1) Voraussetzung hierfür ist aber zum einen, dass der Testamentsvollstrecker zur **Heranziehung dieser Hilfspersonen berechtigt** war. Hieran fehlt es zum einen, wenn er dadurch gegen das **Verbot der Substitution** (§§ 2218, 664 Abs. 1 S. 2 BGB) verstößt, weil er sein Amt als solches auf einen anderen überträgt. Zum anderen kann die Kosten auslösende Einschaltung Dritter dem (ausdrücklichen oder mutmaßlichen) **Willen des Erblassers widersprechen**, was gegebenenfalls durch Auslegung der Verfügung von Todes wegen zu bestimmen ist. So erwartet zum einen i.d.R. der Erblasser, der eine Person seines Vertrauens als Testamentsvollstrecker auswählt, dass diese die Tätigkeiten selbst vornimmt, die typischerweise mit der Vollstreckung verbunden sind und deren Erfüllung keine besondere Vorbildung erfordern. Besitzt der Testamentsvollstrecker zudem **besondere** berufliche oder sonstige **Fähigkeiten**, so spricht dies zum anderen dafür, dass der Erblasser diese Auswahl traf, weil er davon ausging, dass der Testamentsvollstrecker diese auch für die Erfüllung seiner Aufgaben selbst einsetzen und eine kostenträchtige Einschaltung anderer Fachkräfte nicht notwendig wird. Setzt etwa der Erblasser einen Rechtsanwalt als Testamentsvollstrecker ein, so geht er davon aus, dass dieser einfachere wirtschafts- und steuerrechtliche Fragen allein bewältigen kann.[264] Lässt daher ein Rechtsanwalt wegen seiner **Arbeitsüberlastung** einen Steuerberater über seine Testamentsvollstreckung Rechnung legen, so sind diese Kosten nicht vom Nachlass zu tragen.[265]

Delegiert der Testamentsvollstrecker aber Arbeiten, die er an sich selbst in dieser Eigenschaft zu erbringen hat (etwa die Hausverwaltung, Erledigung einfacherer Steuerangelegenheiten durch Rechtsanwalt) an Dritte, so verringern die hierfür anfallenden Kosten die Höhe der als angemessen anzusehenden Testamentsvollstreckervergütung.[266] Anders liegt es aber, wenn es gerade der Grundsatz der ordnungsgemäßen Nachlassverwaltung (§ 2216 Abs. 1 BGB) gebietet, einen sachkundigen Dritten einzuschalten, um die Effektivität der Testamentsvollstreckung zu sichern oder gar um Schaden vom Nachlass abzuwenden.[267]

83

Umgekehrt kann der Erblasser auch die **entgeltliche Übertragung der Aufgaben** in einem **weitreichenderen Umfang** für zulässig erklärt haben. Dies kann sich etwa im Wege der Auslegung ergeben, wenn er nur aus einer persönlichen Verbundenheit heraus die betreffende Person ausgewählt hatte und ihm bekannt war, dass diese mit der persönlichen Wahrnehmung der erforderlichen Aufgaben überfordert ist.[268] Gerade aber wenn die Übertragung in einem weitergehenden Umfang für zulässig erklärt wurde, stellt sich dann aber die Frage, ob die dadurch erforderlich werdenden Aufwendungen **nicht bereits mit der**

84

---

264 BGH BB 1967, 184 (Übertragung einfacher Steuerangelegenheiten durch als Vermögensverwalter tätigen Rechtsanwalt auf Steuerberater rechtfertigt Minderung der Vergütung); OLG Koblenz JurBüro 1992, 398 (für einfache Steuerangelegenheiten); NK-BGB/*Kroiß*, § 2221 Rn 30; *Lieb*, Rn 322; *Klingelhöffer*, Rn 292; *Reimann*, DNotZ 2001, 344, 353 f.
265 OLG Koblenz JurBüro 1992, 398.
266 BGH BB 1967, 184; OLG Koblenz JurBüro 1992, 398 = VersR 1993, 198; Staudinger/*Reimann*, Rn 18; *Winkler*, Testamentsvollstrecker, Rn 636; *Lieb*, Rn 327; *Klingelhöffer*, Rn 292.
267 BGH BB 1967, 184; *Lieb*, Rn 322; *Eckelskemper*, in: Bengel/Reimann, X Rn 122 f.
268 *Lieb*, Rn 324.

Vergütung abgegolten sind und daher der Aufwendungsersatz Auswirkungen auf eine Reduzierung der Vergütung hat.[269]

85 (2) Aber auch wenn die Einschaltung Dritter nach dem Willen des Erblassers nicht ausgeschlossen ist, so ist zum anderen zu prüfen, inwieweit der Testamentsvollstrecker dies nach den Umständen **für erforderlich halten** durfte (§ 670 BGB), weil dies den **Grundsätzen ordnungsgemäßer Nachlassverwaltung** entspricht.[270] Bei der Beurteilung dieser Frage wird man dem Testamentsvollstrecker einen weit reichenden **Ermessensspielraum** einräumen müssen,[271] insbesondere, wenn es sich um besonders strukturierte Nachlässe mit Unternehmen oder größeren Wertpapierdepots handelt. Angesichts der immer vielschichtigeren Probleme und der zunehmenden Komplexität der Nachlässe wird also oftmals eine Einschaltung Dritter geboten sein.[272]

86 Im Übrigen wird diesem Problem des Aufwendungsersatzes für die Einschaltung Dritter viel **zu viel theoretische Bedeutung** eingeräumt. Praktisch wird diese Problematik i.d.R. nur, wenn der Nachlass keine liquiden Mittel aufweist und der Testamentsvollstrecker zur Bezahlung der Vergütungsforderungen Dritter aus seinem eigenen Vermögen vorleisten muss. Denn wenn der Testamentsvollstrecker einen selbstständigen Vertragspartner für die Erbringung solcher Leistungen einschaltet, entsteht eine wirksame Nachlassverbindlichkeit nach den Grundsätzen des § 2206 Abs. 1 BGB,[273] wobei hierfür bereits genügt, dass der Vertragspartner bei Vertragsschluss annimmt und ohne Fahrlässigkeit annehmen darf, die Eingehung sei zur ordnungsmäßigen Verwaltung erforderlich.[274] Dann verlagert sich die ganze Problematik auf die Frage, ob der Testamentsvollstrecker gegenüber den Erben nach § 2219 BGB wegen einer zu weit reichenden Einschaltung Dritter haftet.

3. Aufwendungsersatz für Berufsdienste

87 Ist der Testamentsvollstrecker **Rechtsanwalt**, Notar, Steuerberater oder Wirtschaftsprüfer, so kann er für allgemeine **Tätigkeiten**, die jedermann leisten kann und die er auch – wenn es um sein Privatvermögen ginge – selbst leisten würde, keinen zusätzlichen Auslagenersatz fordern; diese sind durch die Vergütung grundsätzlich abgegolten.[275] Hierzu gehört der Einsatz der eigenen Kanzlei für behördliche Verrichtungen und allerlei Anträge und Schriftwechsel i.R.d. gewöhnlichen Abwicklung,[276] beim Rechtsanwalt auch die Einziehung von Forderungen.[277]

88 Davon zu unterscheiden ist, wenn der Testamentsvollstrecker mit sich selbst in seiner Eigenschaft als Rechtsanwalt etc. (wozu er bei Befreiung von § 181 BGB befugt ist)[278] einen **besonderen Geschäftsbesorgungsvertrag** u.a. abschließt, etwa zur Führung eines Prozesses für den Nachlass; hier kann er für diese „Extratätigkeit" die gesetzlichen Gebüh-

---

269 Staudinger/*Reimann*, § 2221 Rn 18.
270 OLG Koblenz JurBüro 1992, 398; *Lieb*, Rn 325 f.; *Klingelhöffer*, Rn 292; *Winkler*, Testamentsvollstrecker, Rn 637.
271 So auch *Winkler*, Testamentsvollstrecker, Rn 637; *Lieb*, Rn 326.
272 *Lieb*, Rn 326 mit zahlreichen Beispielen.
273 Zutr. der Hinw. bei MüKo/*Zimmermann*, § 2221 Rn 26.
274 BGH NJW 1983, 40, 41 = LM Nr. 3 zu § 2206 BGB = WM 1982, 1082; eingehend dazu Rn 202.
275 NK-BGB/*Kroiß*, § 221 Rn 30; *Lieb*, Rn 328; Soergel/*Damrau*, § 2218 Rn 14; *Groll*, PraxisHandbuch, C IX Rn 218; *Eckelskemper*, in: Bengel/Reimann, X Rn 120; wohl auch *Winkler*, Testamentsvollstrecker, Rn 635.
276 *Lieb*, Rn 323, 333.
277 MüKo/*Zimmermann*, § 2221 Rn 26; *Lieb*, Rn 333 m. weiteren Abgrenzungsfragen.
278 Siehe etwa *Reimann*, Testamentsvollstreckung in der Wirtschaftspraxis, Rn 96.

ren seiner Berufsgruppe gesondert verlangen, wenn dies nach objektiven Kriterien erforderlich war und nach dem Erblasserwillen nicht mit der allgemeinen Vergütung abgegolten sein sollte.[279] Ob **allein** die **Leistung** seiner **besonderen beruflichen Dienste** (Prozessvertretung, besondere steuerliche Beratung) für einen Auslagenersatz nach §§ 2218, 670 BGB ausreichend ist,[280] ist genau zu prüfen.[281] Oftmals wird die erforderliche **Auslegung** ergeben, dass die festgesetzte Vergütung diese **Berufsdienste mit umfassen** soll,[282] und zwar zumindest dann, wenn diese typischerweise vorhersehbar waren, üblicherweise von einem Normaltestamentsvollstrecker miterledigt werden und keinen besonderen Zusatzaufwand erfordern.[283] Gleiches gilt, wenn der Erblasser den Testamentsvollstrecker gerade wegen der Zugehörigkeit zu diesem Beruf ausgewählt hat und dabei davon ausging, dieser werde diese Tätigkeit unentgeltlich ausüben;[284] da es sich hierbei aber um einen Ausnahmefall handelt, tragen die Erben bei einem Vergütungsrechtsstreit hierfür die Darlegungs- und Beweislast.

Ansonsten kommt es darauf an, ob ein **anderer Testamentsvollstrecker,** der nicht Rechtsanwalt oder Steuerberater oder sonstiger Angehöriger einer besonderen Berufsgruppe ist, die Angelegenheit **berechtigterweise** und nach pflichtgemäßer Prüfung einem Rechtsanwalt, Steuerberater oder sonstigen Angehörigen einer solcher **Berufsgruppe übertragen** hätte dürfen, weil die Nutzung besonderer Fachkunde zur ordnungsgemäßen Nachlassverwaltung erforderlich war. Dann kann er bei Fehlen eines abweichenden Erblasserwillens die üblichen Gebührensätze (Rechtsanwälte etwa nach Nr. 2400 RVG-VV) verlangen.[285] Hierfür spricht zum einen eine Analogie zu § 1835 Abs. 3 BGB, § 5 InsVV und zum anderen, dass der Berufsträger nicht schlechter gestellt werden darf als ein sonstiger Testamentsvollstrecker, der sich für Leistungen, die er nicht selbst erbringen kann, eines anderen spezialisierten Berufsträgers bedienen kann.[286]

89

Die **Empfehlungen des Deutschen Notarvereins** sehen ebenfalls vor, dass Berufsdienste (z.B. von Rechtsanwalt, Steuerberater, Wirtschaftsprüfer, Bank, Makler, Vermögensverwalter) gesondert vergütet werden. Der **Auslagenersatz** soll wie im Auftragsrecht gehandhabt werden.

90

Besondere Probleme entstehen in diesem Zusammenhang, wenn Banken die Testamentsvollstreckung übernehmen und dabei das Wertpapier- und Bankvermögen des Erblassers verwalten. Hier wird man hinsichtlich der für die **Entwicklung** und **Umsetzung** der **Anlagestrategien** anfallenden **Gebühren** davon ausgehen müssen, dass dann, wenn die Bank als Testamentsvollstrecker erst nach dem Erbfall das eigene Haus mit der laufenden Depotpflege beauftragt, der Erblasser keine zusätzliche Kostenbelastung des Nachlasses gewollt hätte. Hat dagegen der Erblasser zu seinen Lebzeiten bereits das aktive Wertpapiermanage-

91

---

279 *Winkler*, Testamentsvollstrecker, Rn 635; MüKo/*Zimmermann*, § 2221 Rn 26.
280 So aber *Winkler*, Testamentsvollstrecker, Rn 635.
281 An sich ist bei § 670 anerkannt, dass eigene Arbeitskraft und eigenes Tätigwerden hiervon nicht erfasst wird, vgl. Palandt/*Sprau*, § 670 Rn 3.
282 *Eckelskemper*, in: Bengel/Reimann, X Rn 120; *Kipp/Coing*, § 73 IV 2; abschwächend jetzt Palandt/*Weidlich*, § 2218 Rn 6: dies müsse dem Testamentsvollstrecker bei Amtsübernahme erkennbar sein.
283 Soergel/*Damrau*, § 2221 Rn 16, § 2218 Rn 14; *Lieb*, Rn 329.
284 *Reimann*, ZEV 1995, 57, 59; *Reimann*, DNotZ 2001, 344, 354; *Lieb*, Rn 329.
285 OLGR Frankfurt 2000, 86 = MDR 2000, 788; NK-BGB/*Kroiß*, § 2221 Rn 30; *Winkler*, Testamentsvollstrecker, Rn 635; *Lieb*, Rn 328 ff. (mit Beschränkung beim Rechtsanwalt auf „originären Kernbereich anwaltlicher Tätigkeit"); MüKo/*Zimmermann*, § 2221 Rn 26; *Tiling*, ZEV 1998, 331, 338; *Fritz/Roller*, Gesteuerte Vermögensübertragung, 2011, Rn 892; *Zimmermann*, Testamentsvollstreckung, Rn 736 bei Stundenabrechnung mit Beispiel in Anlehnung an *Bartsch*, ZEV 2004, 181, 185 bezüglich Erstellung der Erbschaftsteuererklärung. Vgl. auch RGZ 149, 121, 124, wo die Frage nur kurz gestreift wird.
286 Staudinger/*Reimann*, § 2221 Rn 55; *Lieb*, Rn 328.

J. Mayer

ment der die Testamentsvollstreckung ausübenden Bank in Anspruch genommen, dann kann es durchaus den Vorstellungen des Erblassers entsprechen, dass auch nach seinem Tod sein Nachlass auch künftig mit solchen Kosten belastet wird.[287] Hinsichtlich der von der verwaltenden Bank zu erstellenden **Expertise** bei der produktiven Verwaltung der liquiden Nachlassmittel wird der Erblasser, wenn er schon eine Bank beauftragt, i.d.R. davon ausgegangen sein, dass die Bank sich hierfür nicht noch eine gesonderte Vergütung bezahlen lässt.[288]

4. Schiedsrichterliche Tätigkeit

92 Soweit der Testamentsvollstrecker zugleich auch als Schiedsrichter tätig ist, erhält er in dieser Eigenschaft neben seiner Vergütung nach § 2221 BGB eine eigene Schiedsvergütung,[289] und zwar auf der Grundlage eines regelmäßig mit den Parteien anzunehmenden Dienstvertrags. Ist hierfür eine Höhe nicht vereinbart, so ist diese in Anlehnung an die Vorschriften des RVG zu bestimmen.[290]

II. Fälligkeit

93 Soweit nichts anderes bestimmt ist, ist die Vergütung erst nach Beendigung des Amtes zur Zahlung fällig, wenn der Testamentsvollstrecker alle seine Pflichten erfüllt hat, insbesondere seine Pflicht zur Rechnungslegung (§§ 2218, 666 BGB).[291] Insoweit ist er vorleistungspflichtig. Bei einer **länger währenden Verwaltung** ist die Vergütung aber in regelmäßigen Zeitabschnitten zu entrichten,[292] und zwar hier nachträglich nach Ablauf des Verwaltungsjahres, entsprechend der Rechnungslegungspflicht.[293] Es entspricht jedoch auch gerade der Angemessenheit der Vergütung, dass bei der ersten Zahlung die bei Beginn der Testamentsvollstreckung regelmäßig erhöhte Arbeitsbelastung entsprechend berücksichtigt und daher die erste Jahreszahlung entsprechend höher angesetzt wird.[294] Im Übrigen ist bei länger dauernden Verwaltungen nach dem **Abschluss bestimmter Perioden,** etwa der Konstituierung bei einer Verwaltungsvollstreckung, dem Testamentsvollstrecker das Recht zu zubilligen, die auf diesen abgrenzbaren Teil entfallende Vergütung bereits gesondert abzurechnen.[295]

Die **Empfehlungen des Deutschen Notarvereins** enthalten hierzu jeweils detaillierte Fälligkeitsregelungen je nach ausgeübter Tätigkeit (siehe oben Rn 37 ff.).

---

287 *Fritz* in Schiffer/Rott/Pruns, § 6 Rn 31.
288 *Theiss/Bogner,* BKR 2006, 401, 405; *Fritz* in Schiffer/Rott/Pruns, § 6 Rn 31.
289 RGZ 100, 76, 78 f.; MüKo/*Zimmermann*, § 2221 Rn 26.
290 *Winkler,* Testamentsvollstrecker, Rn 645; so zur früheren BRAGO, bes. §§ 31, 23; *Kohler*, DNotZ 1962, 125, 135; *Lieb*, Rn 335, der bezweifelt, ob die Praxis den neuen Gebührensätzen des RVG folgen wird.
291 BGH bei *Johannsen*, WM 1969, 1402, 1411; NK-BGB/*Kroiß*, § 2218 Rn 25; Staudinger/*Reimann*, § 2221 Rn 8; MüKo/*Zimmermann*, § 2221 Rn 22; *Lieb*, Rn 339.
292 BGH NJW 1957, 947, 948; WM 1964, 950, 952; BayObLGZ 1972, 379 = BB 1973, 114; *Eckelskemper,* in: Bengel/Reimann, X Rn 126; Staudinger/*Reimann*, § 2221 Rn 8; NK-BGB/*Kroiß*, § 2221 Rn 25.
293 *Tiling,* ZEV 1998, 331, 333.
294 BayObLGZ 1972, 379 = BB 1973, 114; Staudinger/*Reimann*, Rn 8; *Eckelskemper,* in: Bengel/Reimann, X Rn 126; *Zimmermann*, Testamentsvollstreckung, Rn 721.
295 So etwa *Lieb*, Rn 341; *Eckelskemper,* in: Bengel/Reimann, X Rn 126; Staudinger/*Reimann*, § 2221 Rn 8, wobei die dort je genannten Beispiele (etwa nach Regelung von Steuerfragen), zu weit gehen, da diesen Tätigkeitsmerkmalen kein entsprechender, gesonderter Vergütungsansatz entspricht.

III. Vorschuss, Entnahme

Der Testamentsvollstrecker hat kein Recht auf einen **Vorschuss**, da in § 2218 BGB nicht auf § 669 BGB verwiesen wird. Dies benötigt er aber auch nicht, weil er aufgrund seines Verfügungsrechts in der Lage ist, die **fälligen Beträge** selbst aus dem Nachlass zu entnehmen, da es sich um eine Nachlassverbindlichkeit handelt, deren Begleichung zu seinen Aufgaben gehört.[296] Da er jedoch nicht zur verbindlichen Festsetzung der Vergütung berechtigt ist,[297] trägt er – insbesondere bei der „letzten Entnahme" – das Risiko dafür, dass sich bei einer gerichtlichen Überprüfung herausstellt, dass er zu viel entnommen hat.[298] Daraus ergibt sich für ihn zum einen eine große Haftungsgefahr und zum anderen auch das Risiko, dass darin ein Entlassungsgrund gesehen wird (siehe § 13 Rn 26); in besonderen Fällen kann sogar eine strafbare Untreue (§ 266 StGB) vorliegen.[299] Ob der Testamentsvollstrecker bereits **vor Fälligkeit der Vergütung** zu einer Entnahme berechtigt ist, erscheint problematisch.[300] Man wird dies allenfalls dann bejahen können, wenn schutzwürdige Belange der Erben dadurch nicht beeinträchtigt werden, insbesondere auch die Grundsätze der ordnungsgemäßen Nachlassverwaltung dem nicht entgegenstehen.[301] Jedoch trägt der Testamentsvollstrecker dann auch das Prognoserisiko dafür, wenn es anders kommt als gedacht.

Das Recht zur Entnahme wird man auch dem **vermeintlichen Testamentsvollstrecker** zubilligen müssen, jedoch nur, sofern er im Einzelfall überhaupt einen fälligen Vergütungsanspruch, sei es auch analog §§ 2218, 674 BGB, hat (siehe Rn 104 ff.).[302]

Ebenfalls problematisch ist, ob der Testamentsvollstrecker befugt ist, einzelne Nachlassgegenstände zu **verkaufen**, um seine Vergütung abzudecken, wenn ansonsten keine ausreichend liquiden Nachlassmittel vorhanden sind. Dies ist jedenfalls nur dann zulässig, wenn dies einer ordnungsgemäßen Nachlassverwaltung entspricht, was wiederum von den Umständen des Einzelfalls abhängt.[303] Die Entnahme und Zueignung von **Sachwerten** zur Deckung der Vergütung, wie ein wertvolles Bild, wird nur dann für zulässig gehalten, wenn besondere Umstände dies rechtfertigen, insbesondere wenn keine ausreichenden Barmittel im Nachlass vorhanden sind.[304] Der Testamentsvollstrecker ist gut beraten, wenn er auf solche Akte der „Selbstjustiz" verzichtet.

---

296 BGH BB 1973, 499; Staudinger/*Reimann*, § 2221 Rn 9; Palandt/*Weidlich*, § 2221 Rn 14; *Lieb*, Rn 343.
297 BGH NJW 1963, 1615.
298 BGH BB 1973, 499; Staudinger/*Reimann*, § 2221 Rn 19; Palandt/*Weidlich*, § 2221 Rn 14. Zur Entlassung wegen Übermaßentnahme OLG Köln NJW-RR 1987, 1097 = Rpfleger 1987, 458; BayObLG Rpfleger 1980, 152.
299 *Lieb*, Rn 345.
300 Vgl. einerseits bejahend BGH WM 1972, 101, 102, andererseits aber OLG Köln NJW-RR 1987, 1097, 1098 = Rpfleger 1987, 458, wo geprüft wird, ob die Entnahme unmittelbar im Anschluss an die Ernennung als grobe Pflichtverletzung die Entlassung rechtfertigt.
301 *Lieb*, Rn 346.
302 *Lieb*, Rn 344.
303 BGH NJW 1963, 1615, 1616; *Winkler*, Testamentsvollstrecker, Rn 625; ausf. zu diesem Problemkreis *Zimmermann*, Testamentsvollstreckung, Rn 728; *Lieb*, Rn 347.
304 Staudinger/*Reimann*, § 2221 Rn 11; *Lieb*, Rn 348; *Zimmermann*, Testamentsvollstreckung, Rn 728, dort auch zum Verkauf an sich selbst im Rahmen eines „zulässigen Insichgeschäfts", was i.d.R. zu verneinen sein dürfte.

IV. Verjährung, Verwirkung

95 Auf Grund der Änderung des § 197 BGB durch das Gesetz zur Änderung des Erb- und Verjährungsrechts vom 24.9.2009 (BGBl I 3142) verjährt der Vergütungsanspruch nunmehr bereits innerhalb der Regelverjährung von drei Jahren nach §§ 195, 199 BGB;[305] zum Übergangsrecht siehe Art. 229 § 23 EGBGB. Diese kurze Verjährung wird insbesondere bei länger dauernden Testamentsvollstreckungen bedeutsam, bei denen man dem Vollstrecker das Recht zubilligt, bereits nachträglich nach Ablauf des jeweiligen Verwaltungsjahres, entsprechend der Rechnungslegungspflicht, einen Teil seiner Vergütung zu verlangen (siehe Rn 94). Sieht man hierin eine Fälligkeitsregelung,[306] so führt dies zu einer sehr schnellen Verjährung der einzelnen Vergütungsraten. Daher ist dem Testamentsvollstrecker dringend anzuraten, eine **verjährungsverlängernde Vereinbarung** (§ 202 BGB) mit den Erben zu treffen.[307]

Demgegenüber wurde seit dem Inkrafttreten der Schuldrechtsreform bis zur Erbrechtsreform der Vergütungsanspruch als **erbrechtlicher** qualifiziert, zumal der Erblasser dessen Höhe durch Verfügung von Todes wegen ausgestalten kann, und **verjährte** daher nach ganz h.M. gem. § 197 Abs. 1 Nr. 2 BGB n.F. in **30 Jahren** ab der Fälligkeit.[308] Auch wenn der Testamentsvollstrecker bei länger dauernden Vollstreckungen, etwa der Verwaltungsvollstreckung, berechtigt ist, die Zahlung in periodischen Abschnitten zu verlangen (siehe Rn 94), handelte es sich nach altem Recht nicht um wiederkehrende Zahlungen i.S.v. § 197 Abs. 2 BGB, was zur Folge gehabt hätte, dass die kurze Regelverjährung des § 195 BGB bereits damals gegolten hätte. Denn die Möglichkeit des Testamentsvollstreckers, zu seinen Gunsten bei länger dauernden Vollstreckungen Teilzahlung zu verlangen, änderte nichts daran, dass es sich dem Grunde nach um einen einheitlichen Vergütungsanspruch handelt, der seiner Natur nach grundsätzlich gerade nicht in einer fortlaufenden Leistung besteht.[309] Diese Argumentation könnte man auch jetzt noch heranziehen, um auch bei einer länger dauernden Verwaltung einen zu frühen Fälligkeitsbeginn zu vermeiden.

96 Der Vergütungsanspruch kann allerdings in besonderen Ausnahmefällen **verwirkt** werden, wenn der Testamentsvollstrecker in besonders schwerer Weise vorsätzlich oder grob fahrlässig gegen seine Amtspflichten verstoßen hat, weil er sich bewusst über die Interessen der Personen, für die er als Testamentsvollstrecker eingesetzt wurde, hinweggesetzt und mit seiner Tätigkeit eigene Interessen oder die einer anderen Person verfolgt hat.[310] Der Anspruch ist aber nicht verwirkt, wenn der Testamentsvollstrecker im Bestreben, sein Amt zum Wohl der von ihm betreuten Personen auszuüben, infolge irriger Beurteilung der Sach- oder Rechtslage fehlerhafte Entschlüsse fasst.[311] Jedoch kann sich u.U. ein Schadensersatzanspruch der Erben ergeben. Der Testamentsvollstrecker verwirkt seinen Vergütungsanspruch auch nicht schon dann, wenn er die Testamentsvollstreckung zu langsam und wenig

---

305 Dazu etwa MüKo/*Zimmermann*, § 2221 Rn 20; *Eckelskemper*, in: Bengel/Reimann, X Rn 127.
306 Zur Vorsicht ratend deshalb *Eckelskemper*, in: Bengel/Reimann, X Rn 127; dazu oben im Text, nächster Absatz.
307 Muster hierfür etwa bei *Bonefeld*, in: Bonefeld/Kroiß/Lange, § 2 Rn 10.
308 *Damrau/Bonefeld*, Praxiskommentar Erbrecht, 1. Aufl., § 2221 Rn 24; *Lieb*, Rn 353; *Schlichting*, ZEV 2002, 478, 480; Soergel/*Niederführ*, § 197 Rn 18; a.m. Soergel/*Damrau* § 2221 Rn 17; Erman/ *M. Schmidt*, § 2221 Rn 15; *Löhnig*, ZEV 2004, 267, 272: Regelverjährung nach §§ 195, 199 BGB.
309 Bamberger/Roth/*J. Mayer*, 2. Aufl., § 2221 Rn 23; zust. *Lieb*, Rn 354; ebenso *Zimmermann*, 2. Aufl., Testamentsvollstreckung, Rn 731; *Winkler*, Testamentsvollstrecker, Rn 646; a.A. *Birk*, S. 130.
310 BGH LM Nr. 5 zu § 2221; DNotZ 1980, 164; OLGR Schleswig 2009, 723 = ZEV 2009, 625 = MittBayNot 2010, 139 m. Anm. *Reimann*; vgl. zu diesem Problemkreis auch *Lieb*, Rn 350 ff.
311 BGH NJW 1976, 1402 = WM 1976, 771.

effektiv durchführt, insbesondere kein Nachlassverzeichnis und keinen Auseinandersetzungsplan erstellt. In diesem Fall ist jedoch die Regelvergütung entsprechend zu vermindern.[312] Keine Verwirkung kann auch aus dem Umstand hergeleitet werden, dass bei einer **Erbteilsvollstreckung** der Testamentsvollstrecker nur den Erben, dessen Anteil der Vollstreckung unterliegt, auf die Zahlung in Anspruch nimmt, auch wenn es sich hierbei um eine gemeinschaftliche Nachlassverbindlichkeit handelt, denn dafür haftet jeder der Erben als Gesamtschuldner in voller Höhe.[313] Ob die Annahme einer teilweisen Verwirkung der Vergütung rechtlich überhaupt zulässig ist, hat der BGH bisher offen gelassen.[314]

V. Geltendmachung – Vergütungsklage

Streitigkeiten über Vergütungsfragen, besonders hinsichtlich des Bestehens, der Höhe oder der Fälligkeit, sind zwischen dem Testamentsvollstrecker und dem Schuldner des Vergütungsanspruchs (etwa Erben) vor dem sachlich und örtlich zuständigen **Prozessgericht** auszutragen.[315] Das Nachlassgericht ist hierfür nicht zuständig.[316] Wird durch ausdrückliche Anordnung des Erblassers das Nachlassgericht zur schiedsgutachterlichen Festsetzung[317] nach § 317 BGB berufen, dann wird der Nachlassrichter als Privatperson tätig.[318] Die Vergütungsklage des Testamentsvollstreckers ist keine Amtsklage i.S.v. § 2212 BGB, sondern muss von ihm im eigenen Namen erhoben werden, da ihm auch der Anspruch persönlich zusteht (siehe auch oben § 11 Rn 25).[319] Sie ist gegen die Erben zu richten. Da es sich um eine Nachlassverbindlichkeit handelt, kann der Testamentsvollstrecker im Gerichtsstand der Erbschaft klagen (§§ 27, 28 ZPO).[320] Bei Erhebung einer Klage auf Feststellung oder Zahlung der angemessenen Vergütung ist deren Höhe im **Klageantrag** grundsätzlich **betragsmäßig** genau zu bezeichnen (§ 253 Abs. 2 Nr. 2 ZPO).[321] Eine Ausnahme wird hiervon teilweise dann gemacht, wenn eine Bezifferung nicht möglich oder nicht zumutbar ist, wobei dann allerdings die Angabe eines Mindestbetrags und der Bemessungsgrundlage erforderlich ist.[322] Jedoch werden solche Fälle selten sein.[323] Jedenfalls gehört zu solchen Ausnahmefällen nicht, wenn der Testamentsvollstrecker geltend macht, er würde sich durch die Bezifferung der Vergütungshöhe des Vorwurfs der Zuvielforderung durch die Erben aussetzen.[324]

97

---

312 OLGR Frankfurt 2000, 86 = MDR 2000, 788, 789; zust. *Lieb*, Rn 351.
313 BGH ZEV 2005, 22, 24.
314 BGH DNotZ 1980, 164, 166; ZEV 2005, 22, 24.
315 BGH WM 1972, 101; BayObLGZ 1972, 379 = BB 1973, 114, 115; *Winkler*, Testamentsvollstrecker, Rn 620.
316 BGH NJW 1957, 947; OLG Bremen MDR 1963, 314; *Firsching/Graf*, Rn 4.423; Winkler, Testamentsvollstrecker, Rn 620; *Lange/Kuchinke*, § 31 VII 3; *Lieb*, Rn 367.
317 Zu den Möglichkeiten der schiedsgerichtlichen Vereinbarungen in diesem Zusammenhang siehe auch *Wegmann*, ZEV 2003, 20, 21.
318 *Eckelskemper*, in: Bengel/Reimann, X Rn 156.
319 *Lieb*, Rn 364; Soergel/*Damrau*, § 2221 Rn 8.
320 Soergel/*Damrau*, § 2221 Rn 8.
321 RG JW 1937, 3184, 3185; NK-BGB/*Kroiß*, § 2221 Rn 32; *Lieb*, Rn 365; Soergel/*Damrau*, § 2221 Rn 8; *Winkler*, Testamentsvollstrecker, Rn 621; *Zimmermann*, Testamentsvollstreckung, Rn 732; a.A. Erman/ *M. Schmidt*, § 2221 Rn 5: grds. unbezifferter Leistungsantrag ausreichend, sofern er die Bemessungsangabe und die Größenangabe mit einem Spielraum von 20 % enthält.
322 NK-BGB/*Kroiß*, § 2221 Rn 32; *Lieb*, Rn 365; *Winkler*, Testamentsvollstrecker, Rn 621; *Eckelskemper*, in: Bengel/Reimann, X Rn 159; *Lange/Kuchinke*, § 31 VII 3 Fn 359 m.w.N.; MüKo/*Brandner*, 3. Aufl. 2002, § 2221 Rn 7; a.A. jetzt aber in der 4. und 5. Aufl. MüKo/*Zimmermann*, § 2221 Rn 7.
323 *Lieb*, Rn 365; *Winkler*, Testamentsvollstrecker, Rn 621.
324 RG JW 1937, 3184, 3185.

98 Zur Streitvermeidung ist zu überlegen, ob hierfür nicht die Vereinbarung eines **Schiedsgerichts** (§§ 1029, 1031 ZPO) zwischen Testamentsvollstrecker und Erben sinnvoll ist.[325]

> **Weiterführende Formulierungsvorschläge**
> Klage des Testamentsvollstreckers wegen seiner Vergütung
> *Bonefeld* in *Bonefeld/Kroiß/Tanck*, Der Erbprozess, VIII, Rn 91; *Littig* in *Krug/Rudolf/Kroiß/Bittler*, Anwaltformulare Erbrecht, § 13 Rn 310, die beide jedoch eine Amtsklage annehmen[326] und zudem „Festsetzung der Vergütung" durch das LG beantragen, anstelle einer Leistungs- oder wenigstens Feststellungsklage gegen den Vergütungsschuldner, was wohl notwendig wäre.

VI. Mehrere Testamentsvollstrecker

99 Üben mehrere das Amt **gleichzeitig** aus, so ist die Vergütung weder schematisch für jeden zu teilen[327] noch einfach insgesamt zu vervielfältigen.[328] Jeder Testamentsvollstrecker erhält vielmehr eine „angemessene Vergütung" nach Maßgabe seiner Tätigkeit.[329] Bei der Bestimmung der Vergütung ist in mehreren Schritten vorzugehen:[330] **(1)** Zunächst muss die Tätigkeit nach Umfang, Dauer und Verantwortung festgestellt und, wenn nach einem Regelsatz verfahren werden soll, daraufhin überprüft werden, ob sie diesen üblichen Aufgaben entsprach oder aber ein Abweichen nach oben oder unten gerechtfertigt ist. Auch hier gilt also wieder eine **funktionsbezogene Betrachtung**. **(2)** Dann ist weiter zu prüfen, ob das Vorhandensein mehrerer Testamentsvollstrecker Anlass geben könnte, eine Kürzung für angemessen zu halten, sei es unter dem Gesichtspunkt der Funktionsteilung, einer sonstigen Erleichterung der Tätigkeit oder der Verantwortungsteilung.[331] U.U. kann sich durch die Berufung mehrerer Testamentsvollstrecker auch eine in der Natur der Sache liegende **Erschwerung** der zu bewältigenden Aufgaben ergeben, die eine **Erhöhung** der Vergütung rechtfertigt. Dies ist aber dann nicht der Fall, wenn es sich um rein persönliche Probleme der Testamentsvollstrecker untereinander handelt[332] oder wenn es darum geht, das für die ordnungsgemäße Nachlassverwaltung notwendige Einvernehmen herzustellen.[333] Das OLG Karlsruhe hat in einem Fall, in denen in **Teilbereichen** die Tätigkeit der Testamentsvollstrecker voneinander **abgegrenzt** war, im Übrigen aber eine Mitverantwortung bestand, jedem 75 % der Regelvergütung zuerkannt.[334]

100 Die **Empfehlungen des Deutschen Notarvereins** geben für die erforderliche Differenzierung gute Anhaltspunkte und sehen vor, dass bei **gemeinschaftlicher Tätigkeit** (ohne oder

---

325 Dazu etwa LG Hamburg EWiR 1985, 815 m. Anm. *Damrau* (auch zur Frage, inwieweit Pfändungsgläubiger hieran gebunden sind).
326 Anders aber BGH WM 1987, 564, 565; dazu Rn 226.
327 So aber noch OLG Stuttgart BWNotZ 1961, 92 (Leitsatz).
328 Staudinger/*Reimann*, § 2221 Rn 54; *Lieb*, Rn 237; für Zubilligung der Regelvergütung jeweils für jeden Testamentsvollstrecker aber offenbar *Glaser*, MDR 1983, 93, 95.
329 BGH NJW 1967, 2400 = BB 1967, 1063 = LM Nr. 4 zu § 2221 BGB; OLG Karlsruhe ZEV 2001, 286 = ZNotP 2001, 69; Staudinger/*Reimann*, § 2221 Rn 64; *Eckelskemper*, in: Bengel/Reimann, X Rn 162162; Soergel/*Damrau*, § 2221 Rn 11. Für Bemessung nach dem Zeitaufwand aber auch hier *Zimmermann*, Testamentsvollstreckung, Rn 713; *Zimmermann*, ZEV 2001, 334, 339, dagegen aber *Lieb*, Rn 239.
330 Nach *Lieb*, Rn 238.
331 BGH NJW 1967, 2400 = BB 1967, 1063 = LM Nr. 4 zu § 2221 BGB; *Reimann*, Rn 738.
332 *Lieb*, Rn 238; *Eckelskemper*, MittRhNotK 1981, 147, 156.
333 Vgl. etwa bei Beschreitung des Verfahrens nach § 2224 Abs. 1 S. 1 Hs. 2. BGB: BGH NJW 2003, 3268 = ZEV 2003, 413 m. krit. Anm. *v. Morgen*; hierzu auch *Reimann*, LMK 2004, 27.
334 ZEV 2001, 286, 287= ZNotP 2001, 69.

mit gleichwertiger Aufgabenverteilung im Innenverhältnis) die Vergütung nach Köpfen zu teilen ist. Bei **gemeinsamer Verantwortung** der Testamentsvollstrecker nach außen, aber **nicht gleichwertiger** Geschäftsverteilung im Innenverhältnis, ist die Vergütung angemessen unter Berücksichtigung der Aufgabenbereiche, aber der nach außen fortbestehenden gemeinschaftlichen Verantwortung aufzuteilen.[335] Bei vom Erblasser angeordneter **gegenständlicher Verteilung** der Aufgaben im Außenverhältnis (sog. Nebenvollstreckung, § 2224 Abs. 1 S. 3 BGB) ist die Vergütung entsprechend der jeweiligen Verantwortung des Testamentsvollstreckers aufzuteilen (Ziff. V. 1).[336] Bei einer **Erbteilsvollstreckung** kann es „nicht als grundsätzlich verfehlt angesehen werden", wenn als Bemessungsgrundlage der Gesamtnachlass, jedoch mit einem angemessenen Abschlag, herangezogen wird, zumindest dann nicht, wenn sich die Aufgaben des hierzu berufenen Testamentsvollstreckers auf den Nachlass als Ganzes beziehen, etwa die Wahrnehmung der dem Miterben zustehenden Rechte innerhalb der Erbengemeinschaft (siehe auch Rn 71).[337]

Wurden nacheinander mehrere Testamentsvollstrecker tätig, so erhält bei solch „**sukzessiver Tätigkeit**" der Nachfolger die Vergütung nur für die Tätigkeit, die nicht bereits der Vorgänger abgeschlossen hat.[338] So wird als Beispiel genannt, dass bei erfolgter Erbschaftsteuerveranlagung der Nachfolger keinen Vergütungsgrundbetrag erhält (Ziff. V. 2. der *Empfehlungen des Deutschen Notarvereins*).[339]

VII. Schuldner der Vergütung

Schuldner des Vergütungsanspruchs sind mangels einer ausdrücklichen Regelung des Erblassers grundsätzlich die Erben, da es sich um eine Nachlassverbindlichkeit (Erblasserschuld) handelt (im Insolvenzverfahren gilt § 324 Abs. 1 Nr. 5 InsO).[340] Auch wenn die Testamentsvollstreckung nur hinsichtlich eines **Miterbenanteils** angeordnet ist, sind diese Kosten von allen Miterben in der ungeteilten Erbengemeinschaft zu tragen.[341] Dabei kann im Innenverhältnis vor der Erbauseinandersetzung jeder Miterbe die Begleichung der Vergütung aus dem Nachlass verlangen (§ 2046 Abs. 1 S. 1 BGB).[342] I.R.d. Gesamtschuldnerausgleichs im Innenverhältnis (§ 426 BGB) ist die Vergütung regelmäßig nach den jeweiligen **Erbquoten** zu tragen.[343] In besonderen Fällen kann jedoch die Auslegung der Verfügung von Todes wegen ergeben, dass die Vergütung allein der mit einer Testamentsvollstreckung belastete Miterbe zu entrichten hat,[344] etwa wenn die Testamentsvollstreckung nur wegen ihm angeordnet wurde, weil er im Ausland wohnte oder sein Erbteil mit besonderen Schwierigkeiten behaftet ist.[345]

101

---

335 So auch *Lieb*, Rn 241.
336 Ebenso *Lieb*, Rn 241.
337 BGH ZEV 2005, 22, 23 m. zust. Anm. *Haas/Lieb* (wobei hier ein Abschlag von 1/3 vom Nachlasswert gemacht wurde).
338 *Lieb*, Rn 242; Staudinger/*Reimann*, § 2221 Rn 54.
339 Hierzu auch *Reimann*, DNotZ 2001, 344, 355.
340 *Lieb*, Rn 280.
341 BGH NJW 1997, 1362 = LM Nr. 7 m. Anm. *M. Wolf* = ZEV 1997, 116 m. Anm. *Morgen* = MittBayNot. 1998, 109 m. Anm. *K. Winkler*; eingehend und zust. hierzu *Lieb*, Rn 293 ff.
342 *Winkler*, Testamentsvollstrecker, Rn 639 m.w.N.
343 *Lieb*, Rn 281.
344 *V. Morgen*, ZEV 1997, 117; *Muscheler*, ZEV 1996, 184; *Eckelskemper*, in: Bengel/Reimann, X Rn 131; Damrau/*Bonefeld*, Praxiskommentar Erbrecht, § 2221 Rn 25; *Lieb*, Rn 281; a.A. Staudinger/*Reimann*, § 2221 Rn 5 (ohne Begründung).
345 *Lieb*, Rn 281 m. weiteren Bsp.; *Winkler*, Testamentsvollstrecker, Rn 609.

> **Praxistipp**
> Hier, wie auch in den nachstehenden Fällen der Testamentsvollstreckung, ist es dringend angezeigt, bei der Anordnung der Testamentsvollstreckung ausdrücklich zu regeln, wer auch im Außenverhältnis die Vergütung zu bezahlen hat. Hierzu kann der Erblasser verbindliche Regelungen treffen.[346]

102 Bei der **Vermächtnisvollstreckung** (§ 2223 BGB) hat grundsätzlich die Vergütung im Zweifel der Vermächtnisnehmer zu tragen.[347] Ist dem Vermächtnisnehmer bei einem **Quotenvermächtnis** ein Bruchteil des Nachlasses zugewandt, so ist anzunehmen, dass er entsprechend dem Erblasserwillen auch die anteiligen Kosten der Testamentsvollstreckung zu tragen hat.[348] Ist es aber alleinige Aufgabe des Testamentsvollstreckers, für die **Vermächtniserfüllung** zu sorgen, so handelt es sich bei der Vergütung um Kosten der Vermächtniserfüllung, die nach allgemeinen Grundsätzen der Erbe als damit Belasteter allein zu bezahlen hat.[349] Wird ein **Nießbrauchsvermächtnis** zugewandt, so ist zu differenzieren: Betrifft der Nießbrauch einen einzelnen Gegenstand des Nachlasses, etwa ein Mietshaus, so ergibt sich aus § 1047 BGB, dass der Nießbraucher nicht Schuldner der Vergütung ist, die für die Vermächtniserfüllung als solches anfällt. Soweit jedoch eine Verwaltungsvollstreckung angeordnet ist, gehört die hierfür anfallende Verwaltungsvergütung zu den Kosten der Verwaltung des Nießbrauchsgegenstandes und ist daher nach der genannten Bestimmung vom Nießbraucher zu tragen.[350] Ist Gegenstand des Nießbrauches der **Nachlass** oder ein Bruchteil hieran, so ist der Nießbraucher verpflichtet, die Kosten der angeordneten Testamentsvollstreckung, gegebenenfalls entsprechend seinem Bruchteil, zu tragen; dies ergibt sich aus §§ 1089, 1088 BGB.[351]

103 Ist eine **Nacherbentestamentsvollstreckung** (§ 2222 BGB) angeordnet, so dient diese allein den Interessen des Nacherben an der ordnungsgemäßen Nachlassverwaltung durch den Vorerben. Dies spricht dafür, diesen allein als Schuldner des entsprechenden Vergütungsanspruchs anzusehen.[352] Wird dagegen die Testamentsvollstreckung sowohl **zu Lasten der Vorerben wie des Nacherben** angeordnet (zu den Kombinationsmöglichkeiten siehe § 22 Rn 20 ff.), so schulden beide die Vergütung, allerdings nicht als Gesamtschuldner, sondern entsprechend der zeitlichen Abfolge der Vollstreckung anteilig.[353]

---

346 *Eckelskemper*, in: Bengel/Reimann, X Rn 136; eingehend hierzu *Lieb*, Rn 278 f.
347 *Winkler*, Testamentsvollstrecker, Rn 641; Damrau/*Bonefeld*, Praxiskommentar Erbrecht, § 2221 Rn 25.
348 OLG Düsseldorf OLGZ 1975, 341, 345; *Winkler*, Testamentsvollstrecker, Rn 639; Staudinger/*Reimann*, § 2221 Rn 5; *Zimmermann*, Testamentsvollstreckung, Rn 726; *Lieb*, Rn 289; zweifelnd Soergel/*Damrau*, § 2221 Rn 1.
349 *Zimmermann*, Testamentsvollstreckung, Rn 726; *Muscheler*, ZEV 1996, 185; Gutachten DNotI-Report 2007, 18, 19 m.w.N.; jetzt auch *Eckelskemper*, in: Bengel/Reimann, X Rn 133.
350 *Eckelskemper*, in: Bengel/Reimann, X Rn 133; Staudinger/*Reimann*, § 2221 Rn 5.
351 OLG Düsseldorf OLGZ 1975, 341; Staudinger/*Reimann*, § 2221 Rn 5.
352 NK-BGB/*Kroiß*, § 2221 Rn 29; *Zimmermann*, Testamentsvollstreckung, Rn 725; Soergel/*Damrau*, § 2222 Rn 10. Widersprüchlich Staudinger/*Reimann*, § 2222 Rn 24, wonach sich einerseits der Vergütungsanspruch nicht gegen den Vorerben, sondern gegen den Nacherben richte, aber andererseits betont wird, dass der Nacherbe für die Vergütung „nur wie für sonstige Nachlassverbindlichkeiten haftet"; das bedeutet dann offenbar, dass zunächst doch der Vorerbe als Inhaber des Nachlasses hierfür einstehen muss; so jetzt auch *Eckelskemper*, in: Bengel/Reimann, X Rn 135.
353 *Zimmermann*, Testamentsvollstreckung, Rn 725; *Eckelskemper*, in: Bengel/Reimann, X Rn 135; zust. *Lieb*, Rn 284.

J. Mayer

VIII. Vermeintlicher Testamentsvollstrecker

Ob ein sog. vermeintlicher Testamentsvollstrecker für seine Tätigkeit eine Vergütung erhält, richtet sich nach den Umständen des Einzelfalls. Hat das Testamentsvollstreckeramt **zunächst wirksam bestanden** und ist erst später weggefallen, so gilt es zugunsten des Testamentsvollstreckers als noch fortbestehend, wenn und solange er ohne Verschulden über den Fortbestand geirrt hat (§§ 2218, 674 BGB);[354] hieraus ergibt sich auch ein entsprechender (u.U. anteilig geminderter) Vergütungsanspruch.[355] Grundlage für dieses gesetzliche Schuldverhältnis war in diesem Fall zeitweise ein entsprechender Wille des Erblassers.[356] Erlischt dagegen die Testamentsvollstreckung mit Eintritt des Nacherbfalls und wird der Testamentsvollstrecker trotzdem noch tätig, so ergibt sich aus §§ 2218, 674 BGB hierfür kein Vergütungsanspruch gegen den Nacherben, da mit diesem nie ein gesetzliches Schuldverhältnis bestand.[357]

104

Stellt sich dagegen heraus, dass die Anordnung des Erblassers entweder von Anfang an **unwirksam** war (etwa wegen seiner Testierunfähigkeit) oder durch ein überholendes Ereignis wurde (z.B. aufgefundenes widerrufendes Testament, Anfechtung der Anordnung), so können die §§ 2218, 2221 BGB nicht direkt angewandt werden. Der BGH unterscheidet hier danach, ob der Testamentsvollstrecker **gutgläubig** auf das Bestehen des Amtes vertraut hat, ohne dass die Erben seiner Tätigkeit widersprochen haben. **Lehnten** die Erben von vornherein die Tätigkeit des Testamentsvollstreckers ab, so hat er keinerlei Ansprüche.[358] Denn den Erben könne eine Zahlungsverpflichtung zugunsten des Testamentsvollstreckers nur dann zugemutet werden, wenn diese entweder auf einem rechtswirksam geäußerten Erblasserwillen beruhe oder ein solcher wenigstens übereinstimmend von sämtlichen Beteiligten angenommen wurde. Dem steht auch nicht der Fall gleich, dass das Nachlassgericht, wenn auch zu Unrecht, ein Testamentsvollstreckerzeugnis erteilt hat. Denn öffentlicher Glaube (§ 2368 Abs. 3 i.V.m. § 2366 BGB) kommt dem Zeugnis nur gegenüber einem rechtsgeschäftlich erwerbenden Dritten zu, nicht auch gegenüber dem Erben.[359]

105

Waren dagegen die **Erben** mit dem Tätigwerden des **Testamentsvollstreckers einverstanden**, so kann sich für den **gutgläubigen Testamentsvollstrecker** ein Anspruch auf Aufwendungsersatz nach § 683 BGB und auf Zahlung einer Vergütung nach §§ 675, 612 BGB aufgrund eines wenigstens **konkludent abgeschlossenen Geschäftsbesorgungsvertrags** ergeben.[360] Diese Rechtsprechung wird in der Literatur überwiegend kritisiert, da der Testamentsvollstrecker bei einem Widerspruch der Erben gegen seine Amtstätigkeit das volle Risiko dafür trägt, wenn sich seine Ansicht über die Wirksamkeit seiner Ernennung zum Testamentsvollstrecker als unrichtig erweist. Hinzu kommt, dass der Testamentsvollstrecker oftmals gerade nach dem Willen des Erblassers verpflichtet ist, sein Amt gegen den Willen der Erben auszuüben, und er auch oftmals schnell und ohne eingehende Überprüfungsmöglichkeit sein Amt antreten muss. Soweit zudem noch ein Testamentsvollstreckerzeugnis erteilt wird, ergibt sich hieraus zu seinen Gunsten ein weiterer Rechtsschein für die Richtig-

106

---

354 Nicht geschützt wird der Testamentsvollstrecker daher gegen solche Erlöschenstatbestände, die ohne Weiteres erkennbar sind, wie seine Entlassung (§ 2227 BGB), zutr. *Lieb*, Rn 250.
355 *Lieb*, Rn 249.
356 BGHZ 69, 235, 238 = NJW 1977, 1726 = DNotZ 1978, 490 m. Anm. *Schelter*; *Lieb*, Rn 251; *Winkler*, Testamentsvollstrecker, Rn 631.
357 *Lieb*, Rn 251; krit. dagegen *Zeuner*, in: FS Mühl 1981, S. 728.
358 BGHZ 69, 235, 239 = NJW 1977, 1726 = DNotZ 1978, 490 m. Anm. *Schelter* = LM Nr. 6 zu § 2218 BGB (*Johannsen*); dazu auch *Möhring*, JurBüro 1978, 145.
359 BGHZ 41, 23, 29 f.
360 BGH NJW 1963, 1615 = LM Nr. 3 zu § 2221 BGB = BB 1963, 795.

keit seiner Amtsausübung. Daher wird in der Literatur vielfach dem Testamentsvollstrecker ein Vergütungsanspruch unabhängig vom Widerspruch der Erben allein nach Vertrauensschutzgesichtspunkten analog §§ 2218, 2221, 674 BGB zugebilligt, wenn er gutgläubig annehmen konnte, zum Testamentsvollstrecker berufen zu sein.[361] Letztlich hilft in der Praxis nur eine möglichst bald abgeschlossene **Vergütungsvereinbarung** mit den Erben, die den Vergütungsanspruch dann „bestandsfest" macht.

---

361 *Winkler*, Testamentsvollstrecker, Rn 632 ff.; *Bengel*, in: Bengel/Reimann, I Rn 238; Soergel/*Damrau*, § 2218 Rn 20 i.V.m. § 2221 Rn 18; *Naegele*, S. 89; *Schelter*, DNotZ 1978, 493, 495; *Lieb*, Rn 263 ff.; i.E. *Tiling*, ZEV 1998, 339; i.E. ebenso *Muscheler*, Erbrecht II, Rn 2746 mit eingehender Darstellung des Streitstandes. Krit. zur Rspr. auch *Eckelskemper*, in: Bengel/Reimann, X Rn 172 ff. (der allerdings bereits bei leichter Fahrlässigkeit den Vergütungsanspruch entfallen lässt). Dem BGH zustimmend Staudinger/*Reimann*, § 2221 Rn 54; eingehend zum Streitstand und den einschlägigen Argumentationsmustern *Lieb*, Rn 254 ff.

§ 22 Testamentsvollstreckung und Nacherbschaft

Dr. Jörg Mayer

Inhalt:	Rn		Rn
A. Ziele der Vor- und Nacherbschaft	1	a) Die maßgeblichen Anordnungen	51
B. Notwendigkeit der Kombination Testamentsvollstreckung und Anordnung der Vor- und Nacherbschaft, insbesondere beim überschuldeten Erben	8	b) Die Achillesferse des Behindertentestaments	59
		aa) Sittenwidrigkeit des Behindertentestaments	60
I. Schutz vor Pfändungen des Eigengläubigers des Vorerben	9	(1) Grundsätzliches	60
		(2) Neuere Entwicklung aufgrund der sog. negativen Erbenfreiheit	63
II. Rechtsfolgen, Durchsetzung des Zugriffsverbots	17	(a) Die Entscheidung des BGH hierzu	63
C. Schutz vor dem Zugriff des Erben	18	(b) Die Diskussion zur „negativen Erbenfreiheit" in der Literatur	68
D. Einräumung einer bevorzugten Stellung für den Testamentsvollstrecker	19		
E. Aufgabenbereiche des Testamentsvollstreckers	20	bb) Gefahren aus § 2306 BGB	69
I. Testamentsvollstreckung mit Normalbefugnissen	21	(1) Frühere Rechtslage: Unwirksamkeit der schützenden Anordnungen nach § 2306 Abs. 1 S. 1 BGB a.F.	69
II. Allgemeine Testamentsvollstreckung für die Vorerbschaft	22	(2) Neue Rechtslage	73
III. Allgemeine Testamentsvollstreckung für die Nacherbschaft	23	(a) Ausschlagung zur Pflichtteilserlangung (§ 2306 Abs. 1 S. 2 BGB a.F., nunmehr § 2306 Abs. 1 BGB n.F.)	74
IV. Allgemeine Testamentsvollstreckung für die Vor- und Nacherbschaft	24		
V. Nacherbentestamentsvollstreckung	25	(b) Pflichtteilsstrafklauseln im Behindertentestament – Kolumbus-Ei oder trojanisches Pferd?	78
F. Beendigung der Testamentsvollstreckung bei einer Vor- und Nacherbschaft	27		
G. Der Nacherbenvermerk im Grundbuch	28	(c) Gefahren aus dem Pflichtteilsrestanspruch (§ 2305 BGB)	80
H. Zulässige Kombinationen von Vor- und Nacherben zum Testamentsvollstrecker	29	cc) Angreifbarkeit einer zu einschränkenden Verwaltungsanordnung	81
I. Praktische Anwendungsmöglichkeiten der Kombination von Testamentsvollstreckung und Vor- und Nacherbschaft	30	dd) Gefahren aus Pflichtteilsergänzungsansprüchen	84
I. Erbeinsetzung des überschuldeten Erben, beschränkt durch Testamentsvollstreckung und Nacherbschaft	31	ee) Die innere Rechtfertigung des Behindertentestaments	87
1. Gestaltungsüberlegungen	31	ff) Heimgesetz	89
2. Besserungsklauseln	33	gg) Personenidentität von Testamentsvollstrecker und gesetzlichem Vertreter	90
a) Motivangabe zur Beseitigung der Beschränkungen durch Auslegung oder Anfechtung	34		
b) Bedingungslösung	35	hh) Subjektiver Nutzen für den Behinderten	91
c) Gestuftes Ausschlagungsrecht	36	ii) Neuere sozialrechtliche Komplikationen?	92
d) Pflichtteilsbeschränkung in guter Absicht	37	jj) Praktischer Vollzug	96
e) Auflagenlösungen	38	kk) Individuelle Gestaltung	97
f) Weitere Probleme aufgrund des Restschuldbefreiungsverfahrens	39	c) Die sog. Trennungslösung: Der Behinderte als Nacherbe	98
g) Weitere insolvenzrechtliche Gefahren, insbes. das in der Praxis wenig bekannte Nachtragsverteilungsverfahren nach § 203 Abs. 1 Nr. 3 InsO	40	d) Allgemeine Würdigung der Erbschaftslösung	100
aa) Nachtragsverteilungsverfahren	40	3. Vermächtnislösung	102
bb) Weitere Gefahren beim Restschuldbefreiungsverfahren	41	a) Zuwendung von Versorgungsrechten	104
		aa) Wohnungsrecht	104
h) Zusammenfassung	42	bb) Wart und Pflege, Altenteilsleistungen	105
i) Exkurs: Die Vermächtnislösung beim überschuldeten Erben	43	b) Zuwendung eines Geldbetrages durch Quotenvermächtnis mit Nachvermächtnis	106
II. Das Behindertentestament	46		
1. Sozialhilferechtliche Ausgangslage	46	aa) Zu den einzelnen Anordnungen	106
2. Gestaltungsüberlegung: Erbschaftslösung	51		

bb) Befugnis des Testamentsvollstreckers zur Erfüllung des
Nachvermächtnisses? 108
cc) Vorrang des Kostenersatzanspruchs
des Sozialleistungsträgers (§ 102
SGB XII) vor dem Anspruch des
Nachvermächtnisnehmers (§ 2174
BGB)? 109
dd) Bewertung des Quoten-
vermächtnisses 110
ee) Optimierung des Quotenvermächtnisses 112
c) Leibrentenvermächtnis 113
d) Die umgekehrte Vermächtnislösung ... 115
III. Die Erbeinsetzung des Langzeitarbeitslosen –
vom Behindertentestament zum Bedürftigentestament: „Hartz IV" im Erbrecht 117
1. Sozialrechtliche Rechtslage im Überblick .. 117

a) Die Trennung zwischen der „klassischen Sozialhilfe" und den
Langzeitarbeitslosen 117
b) Grundstrukturen der Grundsicherung
für Arbeitsuchende 120
c) Abgrenzung zwischen Einkommen und
Vermögen 123
d) Erbenhaftung bei der Grundsicherung 124
2. Folgerungen für die Kautelarpraxis 125
a) Gestalterische Grundüberlegungen 125
b) Zur Sittenwidrigkeit des Bedürftigentestaments 128
c) Die andere Ausschlagungssituation –
der feine psychologische Unterschied .. 132
d) Vorkehrungen für den Wegfall der
Bedürftigkeit 133

A. Ziele der Vor- und Nacherbschaft

1   Die Anordnung einer Nacherbschaft kann aus verschiedenen Gründen sinnvoll und zweckmäßig sein:[1]

Ausschaltung eines gesetzlichen Erben oder Pflichtteilsberechtigten: Die (u.U. mehrfach
gestuft) angeordnete Vor- und Nacherbfolge ermöglicht eine **Fernsteuerung** des Nachlasses
unabhängig davon, ob und welche Verfügungen von Todes wegen der Vorerbe selbst hinterlässt. Das ihm hinterlassene Vermögen ist ein **Sondervermögen**, das bei der Berechnung
der Höhe des Pflichtteilsanspruchs der hinsichtlich des Nachlasses des Vorerben Pflichtteilsberechtigten nicht herangezogen wird. Auch ein Abwandern des **Nachlasses** an die Erben
des Vorerben wird dadurch verhindert.

Praktische Anwendung: Geschiedenen-Testament, Wiederverheiratungsklauseln, Regelung
bei gegenseitiger Erbeinsetzung von Ehegatten mit verschiedenen Kindern.

2   **Erhaltung der Nachlasssubstanz**: etwa zugunsten der Abkömmlinge, während die Nutzung dem Vorerben (Ehegatten etc.) zustehen soll; Abgrenzung zum Nießbrauchsvermächtnis. Da dem Vorerben die Verfügungsmöglichkeit unter Lebenden weitgehend verwehrt
werden kann (§ 2113 BGB, keine Befreiung hier angezeigt), kann der Nachlass gebunden
und erhalten werden.

3   **Zeitlich befristetes „Fernhalten" des an sich vorgesehenen Erben.** Dieser wird daher
nur zum Nacherben eingesetzt; Nacherbfall bestimmter Zeitpunkt (25. Lebensjahr) oder
bestimmtes Ereignis (Verehelichung; bestandene Prüfung).

4   **Vollstreckungsschutz des Nachlasses beim „überschuldeten Vorerben"** (§ 2115 BGB).
Die Nacherbenanordnung hindert allerdings nur die **Zwangsverwertung**, nicht aber die
Pfändung. Die Pfändung lässt sich nur durch die gleichzeitige Anordnung einer Testaments-
vollstreckung verhindern (§ 2214 BGB), die daher hier ein unbedingtes „Muss" ist!

Praktische Anwendung: „Behinderten-Testament", Testamente bei überschuldeten Erben.

5   **Erbeinsetzung noch nicht erzeugter Personen** (§§ 2101 Abs. 1, 1923 BGB); ein Fall der
sog. „konstruktiven Nacherbfolge". In der Praxis ist davon abzuraten.

---

1 Vgl. etwa *Nieder/Kössinger*, § 10 Rn 117.

Bindung des Nachlasses für mehrere Generationen (sog. „Modell Erbhof" bzw. „Fideikommiss-Konstruktionen"). Die im Erbrecht sonst geltende 30-Jahres-Grenze gilt nach § 2109 Abs. 1 Nr. 1 BGB nicht, wenn der Nacherbfall mit dem Tode des Vorerben eintreten soll.

Einsetzung unter einer (auflösenden oder aufschiebenden) Bedingung, um den Erben zu einem bestimmten Verhalten oder Unterlassen zu bewegen. Zu solchen Verwirkungsklauseln siehe Staudinger/*Otte*, § 2074 Rn 30 ff. Zur Stellung des unter einer solchen Bedingung eingesetzten Erben vgl. Palandt/*Weidlich*, § 2075 Rn 10 f.

B. Notwendigkeit der Kombination Testamentsvollstreckung und Anordnung der Vor- und Nacherbschaft, insbesondere beim überschuldeten Erben

Die mit der Vor- und Nacherbschaft bezweckten Ziele lassen sich aber oftmals nur dann verwirklichen, wenn dies mit einer Testamentsvollstreckung kombiniert wird. Dies sind Fälle, in denen die Verwaltungs- und Verfügungsbefugnis aus bestimmten Gründen noch nicht dem Vorerben oder auch noch nicht dem Nacherben zustehen soll. In Betracht kommen vor allem die folgenden Fälle:

I. Schutz vor Pfändungen des Eigengläubigers des Vorerben

Auch wenn der Vorerbe nur Erbe des Erblassers auf Zeit ist (bis zum Eintritt des Nacherbfalls), so ist er doch solange echter Erbe. Daher können auch Eigengläubiger des Vorerben in der Zeit der Vorerbschaft in den Nachlass vollstrecken. Denn gem. § 2115 BGB sind Verfügungen, die im Wege der Zwangsvollstreckung oder Arrestvollziehung oder durch den Insolvenzverwalter erfolgen, erst **im Zeitpunkt des Eintritts des Nacherbfalls** insoweit unwirksam, als sie das Recht des Nacherben beeinträchtigen würden. Dies bedeutet aber, dass während der Dauer der Vorerbschaft zunächst alle anderen Zwangsvollstreckungsmaßnahmen wirksam sind, insbesondere die Begründung von Pfändungspfandrechten oder Zwangssicherungshypotheken oder auch die Durchführung einer Zwangsverwaltung (§ 146 ZVG – sog. Halbvollstreckung).[2] Dagegen verhindert die Testamentsvollstreckung nach § 2214 BGB bereits eine Pfändung durch Eigengläubiger des Erben. Wegen dieses besonderen Pfändungsschutzes bietet die Testamentsvollstreckung gegenüber der bloßen Anordnung der Vor- und Nacherbschaft für den Nachlass eine wesentlich bessere Sicherheit. I.d.R. ist es daher sinnvoll, beide Maßnahmen zu kombinieren.[3] Im Einzelnen gilt:[4]

Das Zugriffsverbot des § 2214 BGB betrifft nur **persönliche Forderungen der Eigengläubiger** der Erben. Hierzu gehören auch solche, die der Erbe ohne Zustimmung des Testamentsvollstreckers hinsichtlich der der Verwaltung des Testamentsvollstreckers unterliegenden Nachlassgegenstände eingegangen ist; aus solchen Rechtsgeschäften wird nur der Erbe, nicht aber der Nachlass selbst verpflichtet.[5] Nicht betroffen werden von diesem Zugriffsverbot bereits früher wirksam bestellte **dingliche Verwertungsrechte** an Nachlassgegenständen (Grundpfandrechte, Pfandrechte), mögen diese auch zur Sicherung von privaten Schulden des Erben bestellt worden sein.[6]

---

2 Palandt/*Weidlich*, § 2115 Rn 4.
3 NK-BGB/*Kroiß*, § 2214 Rn 8.
4 Ausführlich hierzu Bamberger/Roth/*J. Mayer*, § 2214 Rn 2 ff.
5 Soergel/*Damrau*, § 2214 Rn 2.
6 Staudinger/*Reimann*, § 2214 Rn 2; MüKo/*Zimmermann*, § 2214 Rn 6.

11 Die Zugriffssperre **beginnt** bereits mit dem Erbfall, nicht erst mit der Amtsannahme des Testamentsvollstreckers (§ 2202 BGB). Sie gilt für **jede Art** der Testamentsvollstreckung, mit Ausnahme der rein beaufsichtigenden Vollstreckung (§ 2208 Abs. 2 BGB). Der Vollstreckungsschutz hat aber bei der Verwaltungsvollstreckung die größte Bedeutung, weil damit jahrzehntelang der Zugriff der Eigengläubiger ausgeschlossen werden kann (§§ 2209, 2210 BGB). Aber auch bei der Abwicklungsvollstreckung (§§ 2203 f. BGB) ist dies praktisch bedeutsam, denn auch diese kann sich über Jahre hinziehen und sichert auch hier etwa die einem Vermächtnisnehmer zustehenden Objekte vor dem Zugriff der Eigengläubiger des Erben.

12 Das Zugriffsverbot betrifft **jede Art der Zwangsvollstreckung**; dies gilt zum einen für die Einzelvollstreckung, und zwar auch dann, wenn sie bedingt durch die Beendigung der Testamentsvollstreckung erfolgt.[7] Umstritten war bis vor kurzem, ob ein Nachlass, für den Testamentsvollstreckung angeordnet ist, Bestandteil der **Insolvenzmasse** ist, wenn über das **Vermögen des Erben** das Insolvenzverfahren eröffnet wird. Die wohl überwiegende Meinung hatte dies unter Bezug auf § 36 Abs. 1 S. 1 InsO und das Zugriffsverbot nach § 2214 BGB abgelehnt.[8] Demgegenüber bejaht der BGH im Urt. v. 11.5.2006 die Zugehörigkeit eines solchen Nachlasses zur Insolvenzmasse.[9] Allerdings besteht auch nach Auffassung des BGH während des Insolvenzverfahrens die Testamentsvollstreckung fort, was zur Folge hat, dass
   – die Verfügungsbeschränkung des Erben nach § 2211 BGB auch für den Insolvenzverwalter gilt
   – die Eigengläubiger keine Befriedigung aus den der Testamentsvollstreckung unterliegenden Gegenständen verlangen können, weil insoweit noch das Zugriffsverbot des § 2214 BGB weiter gilt
   – der Testamentsvollstrecker im Rahmen seiner Befugnisse den Nachlass weiter verwalten und über Nachlassgegenstände verfügen kann.

13 Bis zur Beendigung der Testamentsvollstreckung kann daher der Insolvenzverwalter den Nachlass nicht verwerten. Erst danach unterliegt er seinem Verwertungsrecht. Dadurch wird nach Ansicht des BGH auch dem Umstand Rechnung getragen, dass der der Testamentsvollstreckung unterliegende Nachlass nach § 2214 BGB nicht schlechthin unpfändbar ist, sondern nur für die Eigengläubiger des Erben. Vielmehr bildet der der Testamentsvollstreckung unterliegende Nachlass eine **Sondermasse,** aus der nur die echten Nachlassgläubiger zu befriedigen sind. Zu diesen gehören insbesondere die Pflichtteilsberechtigten, um deren Ansprüche es in dem entschiedenen Fall ging. Die Befugnis zur Ausschlagung der mit der Testamentsvollstreckung belasteten Erbschaft steht allerdings allein dem Erben zu (§ 83 Abs. 1 InsO).

14 Ein Erbteil eines **Miterben** ist dagegen pfändbar (siehe Rn 16) und fällt demnach in die Insolvenzmasse. Zur **Restschuldbefreiung** (§ 286 InsO) siehe Rn 39.

15 **Nicht erfasst** werden vom Zugriffsverbot Ansprüche des Erben gegen den Testamentsvollstrecker

---

7 Vgl. RG LZ 1916, 1473.
8 So etwa Soergel/*Damrau*, § 2214 Rn 1, 3; MüKo/*Zimmermann*, § 2214 Rn 3; 2. Aufl. Rn 558.
9 BGHZ 167, 352, 356 ff. = NJW 2006, 2698 = ZErb 2006, 272 = ZEV 2006, 405 m. Anm. *Siegmann*; dazu auch *Kesseler*, RNotZ 2006, 474; *Stahlschmidt*, EWiR 2006, 659; *Lüke*, LMK 2006, II 77; *Kummer*, jurisPR-BGHZivilR 28/2006 Anm 4; *Klumpp*, in: Bengel/Reimann, V Rn 502; *Weidlich*, MittBayNot 2007, 61 mit Hinw. zur Durchsetzung von Pflichtteilsansprüchen bei angeordneter Testamentsvollstreckung; krit. zu den praktischen Auswirkungen der BGH-Entscheidung *A. Schindler*, ZInsO 2007, 484.

J. Mayer

– auf **Freigabe von Nachlassgegenständen** nach § 2217 Abs. 1 BGB.[10] So lange aber der Testamentsvollstrecker die Nachlassgegenstände zur Erfüllung seiner Aufgaben benötigt, besteht kein Recht des Erben auf Freigabe. Insbesondere während der Dauer der Verwaltungsvollstreckung ist daher das sich aus einer solchen Pfändung ergebende Risiko gering;[11]
– auf Auskehrung von **Nachlasserträgen**,[12] jedoch ist bei der Pflichtteilsbeschränkung in guter Absicht der Vollstreckungsschutz des **§ 863 Abs. 1 S. 2 ZPO** zu beachten. Bei fortlaufenden Einkünften sind zudem solche nur bedingt pfändbar, die ein Schuldner „aufgrund **Fürsorge** und Freigebigkeit eines Dritten" bezieht (§ 850b Abs. 1 Nr. 3 ZPO); diesbezüglich kann aber die Pfändung vom Vollstreckungsgericht unter bestimmten Voraussetzungen zugelassen werden und zwar nach den Bestimmungen über die Pfändung von Arbeitseinkommen (§ 850b Abs. 2 ZPO). Diesbezüglich gilt zzt. ein Pfändungsfreibetrag von 930 EUR. Demnach sind fortlaufende Zahlungen nach § 850b Abs. 1 Nr. 3 ZPO nur bedingt pfändbar, die ein Testamentsvollstrecker an eine Person leistet, der ein entsprechendes **Vermächtnis** ausgesetzt wurde; dabei ist Dritter i.S.d. Bestimmung hier der Erblasser.[13] Man muss diese Pfändungsschutzvorschrift aber auch bei laufenden Einkünften des **Erben/Vorerben** für anwendbar halten, wenn dieser zwar Eigentümer des Nachlasses ist, aber aufgrund der Anordnung des Erblassers nicht selbst die Nutzungen hieraus ziehen kann; denn dann ist seine Stellung mit der eines Vermächtnisnehmers vergleichbar.[14] Insoweit ist die Verwaltungsanordnung, die der Erblasser bezüglich der Verwendung der Nachlasserträge trifft, auch hier das Entscheidende.[15] Dass der Vorerbe pflichtteilsberechtigt ist, ist demgegenüber hier ohne Bedeutung.[16] Zu beachten ist aber die Schwäche der nach § 850b ZPO unpfändbaren Beträge, weil für die Berechnung der Höhe des unpfändbaren Betrags auch das Arbeits- und das sonstige Einkommen des Berechtigten hinzugerechnet werden und dies dann u.U. doch zu einer Pfändung führen kann (siehe dazu Rn 32).[17]

Auch ein **Erbanteil eines Miterben** oder eines Vorerben kann wirksam gepfändet werden (§ 859 Abs. 2 ZPO), denn er unterliegt nicht der Testamentsvollstreckung (eingehend dazu mit zahlreichen Details § 16 Rn 10 ff.). Hieraus ergeben sich folgende Konsequenzen: Im Allgemeinen wirkt zwar ein ausdrücklich verfügtes **Auseinandersetzungsverbot** nach § 2044 BGB an sich nicht gegenüber einem Pfändungsgläubiger, der einen nicht nur vorläufig vollstreckbaren Titel besitzt (§§ 2044 Abs. 1 S. 2, 751 S. 2 BGB), weil niemand durch eine Vereinbarung sein Vermögen dem Vollstreckungszugriff entziehen kann; Gleiches gilt bei einer entsprechenden Anordnung des Erblassers durch Verfügung von Todes wegen. Damit ist jedoch nicht vergleichbar, wenn der Erblasser eine Testamentsvollstreckung ange-

---

10 Vgl. etwa Staudinger/*Reimann*, § 2214 Rn 7.
11 *Gutbell*, ZEV 2001, 260, 262.
12 Staudinger/*Reimann*, § 2214 Rn 7; MüKo/*Zimmermann*, § 2214 Rn 4. Zu Gestaltungsregelungen siehe *Gutbell*, ZEV 2001, 260, 261; zum Pfändungsschutz der Erträge nach § 850b Abs. 1 Nr. 3 ZPO siehe OLG Frankfurt NJW-RR 2001, 367 = ZEV 2001, 156 m. Anm. *Gutbell* sowie sogleich oben im Text.
13 RGZ 106, 205; *Zimmermann*, Testamentsvollstreckung, Rn 621a.
14 OLG Frankfurt NJW-RR 2001, 367 = ZEV 2001, 156 m. Anm. *Gutbell*; auch Musielak/*Becker*, § 850b ZPO Rn 5 betonen, dass es beim Vorerben auf die Umstände des Einzelfalls ankommt.
15 Formulierungsvorschlag bei *Gutbell*, ZEV 2001, 262, wo aber zu wenig deutlich wird, dass die Anordnung nach § 2216 Abs. 2 Satz 1 BGB das Entscheidende ist; wie hier aber Chr. *Hartmann*, ZNotP 2005, 82, 85.
16 *Brehm*, in: Stein/Jonas, § 850b ZPO Rn 15; Musielak/*Becker*, § 850b ZPO Rn 5; a.A. *Zimmermann*, Testamentsvollstreckung, Rn 621b, der in Höhe des Pflichtteils das Tatbestandsmerkmal der „Freigebigkeit" i.S.d. § 850b ZPO verneint und insoweit die uneingeschränkte Pfändbarkeit bejaht.
17 Zutr. Hinweis von Chr. *Hartmann*, ZNotP 2005, 82, 83.

ordnet hat. Durch die Anordnung der **Testamentsvollstreckung** hat der Erblasser den Miterben die Befugnis zur Verfügung über die der Vollstreckung unterliegenden Bestandteile seines Nachlasses entzogen und so gegen eine Verfügung der Miterben gesichert, die seinem Willen widerspricht. Hierüber können sich die Miterben nicht ohne Zustimmung des Testamentsvollstreckers hinwegsetzen. Ein Anspruch eines Miterben auf ein solches Handeln des Testamentsvollstreckers kommt nicht in Betracht. Für die Gläubiger eines Miterben kann nichts Anderes gelten. Daher schließt die Ernennung eines Testamentsvollstreckers die Anordnung der **Versteigerung** eines Grundstücks zum **Zwecke der Aufhebung der Gemeinschaft** an einem der Testamentsvollstreckung unterliegenden Grundstück auch **gegenüber** einem **Gläubiger** eines Miterben **aus**, der dessen Anteil an dem Nachlass gepfändet hat.[18] Ob sich dabei um eine einfache Abwicklungs- oder eine länger dauernde Verwaltungsvollstreckung (§ 2209 BGB) handelt, ist dabei ohne Belang. Würde man anders entscheiden, so würde ansonsten auch der Alleinerbe mit einem umfassenden Vollstreckungsschutz bevorzugt und der Vollstreckungsschutz des § 863 ZPO durch die vorzeitige Auseinandersetzung des Nachlasses unterlaufen. Auf die Frage, ob in der Anordnung einer echten Dauervollstreckung zwangsläufig ein **befristetes Erbteilungsverbot** enthalten ist,[19] kommt es daher in diesem Zusammenhang nicht an.

II. Rechtsfolgen, Durchsetzung des Zugriffsverbots

17 Eine gegen § 2214 BGB verstoßende Vollstreckung ist unzulässig, was vom Vollstreckungsgericht von Amts wegen zu beachten ist.[20] Sie ist aber nicht nichtig,[21] weshalb der Testamentsvollstrecker Erinnerung nach § 766 ZPO erheben muss,[22] auch eine Drittwiderspruchsklage ist möglich.[23] Eine Klage des Eigengläubigers gegen den Testamentsvollstrecker auf Duldung der Zwangsvollstreckung in den verwalteten Nachlass (§ 2213 Abs. 3 BGB) ist materiell-rechtlich unbegründet.[24] Gegenüber der Anordnung der Vor- und Nacherbschaft (§ 2115 BGB) gewährt die Testamentsvollstreckung den besseren Pfändungsschutz des Nachlasses vor den Eigengläubigern, denn bei der Testamentsvollstreckung ist bereits die Pfändung und nicht erst die Verwertung unzulässig und auch die Erträge können bei entsprechender Anordnung dem Zugriff entzogen werden.[25]

C. Schutz vor dem Zugriff des Erben

18 Wenn der Vorerbe, aber auch der Nacherbe, zur Übernahme der Verwaltung der Erbschaft noch nicht in der Lage ist, etwa zu jung oder in Folge von noch fehlender Ausbildung, ist die Anordnung einer Testamentsvollstreckung ein sehr wichtiges Gestaltungsmittel.

---

18 BGH, NJW 2009, 2458 = ZEV 2009, 391 m. Anm. *Kiderlen* = MittBayNot 2010, 136 m. Anm. *Damrau*; *Bengel/Dietz*, in: Bengel/Reimann, I Rn 223; Soergel/*Damrau*, § 2214 Rn 2; MüKo/*Zimmermann*, § 2214 Rn 4; wohl auch *Lange/Kuchinke*, § 31 VI 4 k; *Zimmermann*, Testamentsvollstreckung, Rn 622; *Muscheler*, AcP 195 (1995), 35, 69; *Winkler*, Testamentsvollstrecker, Rn 180; a.A. BayObLG ZEV 2006, 209, 212; *Ensthaler*, Rpfleger 1988, 94, in diesem Zusammenhang unklar Palandt/*Weidlich*, § 2214 Rn 1.
19 Anders und entgegen der h.M. *Scheuren/Brandes*, ZEV 2007, 306.
20 *Winkler*, Testamentsvollstrecker, Rn 180.
21 *Schmidt*, DJZ 1935, 552.
22 Staudinger/*Reimann*, § 2214 Rn 4; MüKo/*Zimmermann*, § 2214 Rn 5.
23 Soergel/*Damrau*, § 2214 Rn 3.
24 MüKo/*Zimmermann*, § 2214 Rn 5.
25 Staudinger/*Reimann*, § 2214 Rn 6.

D. Einräumung einer bevorzugten Stellung für den Testamentsvollstrecker

Da dem Testamentsvollstrecker die Verwaltungs- und weitgehende Verfügungsbefugnis eingeräumt wird, kommt diese Anordnung vor allem dann in Betracht, wenn es darum geht, ihm als Absicherung eine bevorzugte Stellung zu gewähren, etwa dem Ehegatten neben den Kindern bei gesetzlicher Erbfolge oder bei der Zuwendung eines Nießbrauchs (sog. **Dispositionsnießbrauch**). Muster bei *Nieder/Otto*, in MünchVertrHdb VI/2 Form. XVI. 20. Als „Nachfolgemodell" für das „Berliner Testament" wird es unter dem Stichwort des „Württembergischen Modells" aus Erbschaftsteuerersparnisgründen mitunter verwendet.[26]

19

E. Aufgabenbereiche des Testamentsvollstreckers

Als Aufgabenzuweisungen zur Verwirklichung dieser Ziele kommen in Betracht:[27]

20

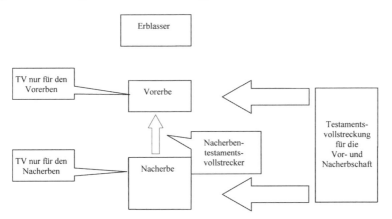

Abbildung: Die verschiedenen Aufgabenbereiche der Testamentsvollstreckung

I. Testamentsvollstreckung mit Normalbefugnissen

Hier beschränkt sich die Testamentsvollstreckung auf die allgemeine **Abwicklung des Nachlasses**, §§ 2203, 2204 BGB. Nach Erledigung dieser Aufgaben ist der Nachlass an die Erben herauszugeben.

21

---

26 Zu den Gestaltungsmöglichkeiten *Bühler*, BB 1997, 551; *J. Mayer*, ZEV 1998, 50 ff.; *S. Schmidt*, BWNotZ 1998, 97; *Ebeling*, ZEV 2000, 87 und ausführlich mit den verschiedenen Vor- und Nachteilen *Kornexl*, Rn 163 ff.
27 *Nieder/Kössinger*, § 10 Rn 96 ff.; *Bengel/Dietz*, in: Bengel/Reimann, V Rn 331 ff.

II. Allgemeine Testamentsvollstreckung für die Vorerbschaft

22 Hier hat der Testamentsvollstrecker auf die Dauer der Vorerbschaft die allgemeine **Verwaltungsvollstreckung** (§ 2209 BGB) mit den damit verbundenen Verwaltungs- und Verfügungsrechten. Der Testamentsvollstrecker ist aber hier nicht nur durch § 2205 S. 3 BGB in der Verfügung über den Nachlass beschränkt; die für den Vorerben geltenden Beschränkungen (etwa nach § 2113 BGB) gelten für ihn genauso, denn er kann nicht mehr Rechte haben als der Vorerbe.[28] Anders liegt es, wenn er zugleich auch als Testamentsvollstrecker für den Nacherben eingesetzt ist oder selbst Nacherbe ist.[29]

III. Allgemeine Testamentsvollstreckung für die Nacherbschaft

23 Die Testamentsvollstreckung beginnt hier erst mit Eintritt der Nacherbschaft und soll insoweit den Nacherben in seiner Verwaltungs- und Verfügungsbefugnis beschränken.

IV. Allgemeine Testamentsvollstreckung für die Vor- und Nacherbschaft

24 Hier wird die Testamentsvollstreckung zugleich für den Vor- und Nacherben angeordnet. Daher kann der Testamentsvollstrecker bereits ab Eintritt des ersten Erbfalls die Verwaltungs- und Verfügungsrechte ausüben. Während der Vorerbschaft ist er nur nach § 2205 S. 3 BGB in seiner Verfügungsbefugnis beschnitten, nicht aber durch die weiter gehenden §§ 2113, 2114 BGB; da er für Vor- wie Nacherbe zu handeln legitimiert ist, ist er nur nach dem Recht der Testamentsvollstreckung in seiner Verfügungsbefugnis beschränkt.[30] Wegen einer möglichen Interessenkollision kann zweifelhaft sein, ob der Testamentsvollstrecker während der Vorerbschaft die Kontroll-, Sicherungs- und Mitwirkungsrechte der Nacherben ausüben kann. Dies wird man nur dann bejahen können, wenn entsprechende Anhaltspunkte für einen so weit reichenden Erblasserwillen anzunehmen sind.[31] Zudem ist bei der Verwaltung die gesetzliche Verteilung von Nutzen und Lasten zwischen Vor- und Nacherben genau zu beachten, da sonst Regresspflichten drohen.[32]

V. Nacherbentestamentsvollstreckung

25 Dabei hat der Testamentsvollstrecker die Rechte und Pflichten der Nacherben bis zum Eintritt des Nacherbfalls wahrzunehmen (§ 2222 BGB).[33] Sie beschränkt nicht den Vorerben, sondern nimmt nur die Rechte der Nacherben während der Vorerbschaft wahr; insoweit hat der Nacherbentestamentsvollstrecker nicht die Befugnisse des allgemeinen Testamentsvollstreckers nach den §§ 2203 ff. BGB, insbesondere **kein eigenes Verwaltungs- und Verfügungsrecht**.[34] Seine Aufgaben und Befugnisse ergeben sich vielmehr aus den Rechten

---

28 MüKo/*Zimmermann*, § 2222 Rn 9; Staudinger/*Reimann*, § 2205 Rn 156; NK-BGB/*Kroiß*, § 2222 Rn 11; *Zimmermann*, Testamentsvollstreckung, Rn 373; jetzt auch Palandt/*Weidlich*, § 2205 Rn 24; Bengel/*Dietz*, in: Bengel/Reimann, V Rn 333; a.A. *Winkler*, Testamentsvollstrecker, Rn 215, weil die Verfügungsbeschränkungen nur das Verhältnis von Vor- und Nacherben betreffen.
29 MüKo/*Zimmermann*, § 2222 Rn 9; BGHZ 40, 115, 119 bei Testamentsvollstreckung zugleich auch für den Nacherben.
30 NK-BGB/*Kroiß*, § 2222 Rn 11; *Zimmermann*, Testamentsvollstreckung, Rn 373; MüKo/*Zimmermann*, § 2222 Rn 9 m.w.N.
31 *Nieder/Kössinger*, § 10 Rn 100; BayObLGZ 1958, 128.
32 BGH NJW-RR 1986, 1069.
33 Eingehend hierzu *Keim*, ZErb 2008, 5.
34 Staudinger/*Reimann*, § 2222 Rn 11.

und Pflichten des Nacherben gegenüber dem Vorerben. Die nach § 2113 BGB etwa erforderliche Zustimmung des Nacherben hat daher für ihn allein der Nacherbentestamentsvollstrecker zu erteilen;[35] er bedarf dafür auch bei einem minderjährigen Nacherben nicht der familiengerichtlichen Genehmigung, da der Testamentsvollstrecker aus eigenem Recht handelt.[36] Der Nacherbentestamentsvollstrecker kann allerdings – genauso wie ein Testamentsvollstrecker über einen Erbteil – nicht über das Anwartschaftsrecht des Nacherben verfügen, etwa an den Vorerben übertragen.[37] Er unterliegt aber genauso wie die anderen Testamentsvollstrecker dem Schenkungsverbot (§ 2205 S. 3 BGB), wobei dies aus der Schutzrichtung der Nacherben zu konkretisieren ist.[38]

> **Gestaltungsempfehlung**
> Die Nacherbentestamentsvollstreckung ist **immer** dann **angezeigt**, wenn zu erwarten ist, dass die Nacherben während der Dauer der Vorerbschaft nicht „voll handlungsfähig" sein werden, also **bei unbekannten, minderjährigen** oder gar noch nicht geborenen **Nacherben**. Dadurch entfällt das Erfordernis, für noch nicht bekannte Nacherben einen Pfleger zu bestellen[39] oder für Minderjährige die sonst notwendige familiengerichtliche Genehmigung zu erholen.

Die Nacherbentestamentsvollstreckung kann mit den o.g. Testamentsvollstreckungsarten kombiniert werden.[40]

> **Gestaltungsempfehlung**
> Wenn Minderjährige zu Nacherben berufen werden, ist es i.d.R. **nicht nur** angezeigt, für sie einen **Nacherbentestamentsvollstrecker** zu bestimmen, sondern auch für den Eintritt des Nacherbfalls eine **Testamentsvollstreckung für die Nacherbschaft** (siehe Rn 23) anzuordnen, bis die Nacherben ein bestimmtes Alter erreicht haben.

> **Muster: Kombination Nacherbentestamentsvollstreckung/Testamentsvollstreckung für die Nacherbschaft**[41]
>
> Ich ordne Nacherbentestamentsvollstreckung nach § 2222 BGB an mit der Aufgabe, die Rechte und Pflichten der Nacherben gegenüber dem Vorerben wahrzunehmen. Für den Fall, dass bei Eintritt des Nacherbfalls der jüngste der nach der vorstehenden Anordnung zur Nacherbfolge gelangenden Abkömmlinge das _____ Lebensjahr noch nicht vollendet hat, so erweitern sich die Aufgaben des Testamentsvollstreckers dahin, dass er nach Eintritt der Nacherbfolge den Nachlass in Besitz zu nehmen und zu verwalten hat, bis der jüngste der Nacherben das genannte Alter erreicht hat; es handelt sich dann um eine Verwaltungsvollstreckung nach § 2209 BGB.
>
> Zum Testamentsvollstrecker in all diesen Fällen mit dem Recht einen Nachfolger zu benennen ernenne ich _____ [evtl. Bestimmung über Ersatztestamentsvollstrecker]

> **Gestaltungsempfehlung: Testamentsvollstreckung bei Vor- und Nacherbschaft**
> Bei der Vielzahl der möglichen Arten von Testamentsvollstreckungen bei einer **Vor- und Nacherbschaft** ist bei der Anordnung der Testamentsvollstreckung genau **klarzustellen, welche Art** gemeint ist. Es ist auch genau festzulegen, **wer** mit der **Testamentsvollstre-**

---

35 Staudinger/*Reimann*, § 2222 Rn 12; Soergel/*Damrau*, § 2222 Rn 7; *Winkler*, Testamentsvollstrecker, Rn 155.
36 BayObLGZ 1989, 183, 186 = NJW-RR 1989, 1096; *Winkler*, Testamentsvollstrecker, Rn 155.
37 Staudinger/*Reimann*, § 2222 Rn 13; KG DFG 1937, 88.
38 *Keim*, ZErb 2008, 5.
39 *Kanzleiter*, DNotZ 1970, 335.
40 *Bengel/Dietz*, in: Bengel/Reimann, V Rn 338.
41 Nach *Nieder/Otto*, Münchener VertrHdb VI/2 Form. XVI. 11.

J. Mayer

ckung belastet ist (der Vorerbe, der Nacherbe?). Dies ist besonders bei Verfügungen von Todes wegen in Erbverträgen oder **gemeinschaftlichen Testamenten** zu beachten. Soweit dort Regelungen mit Vor- und Nacherbschaft getroffen werden, ist zu beachten, dass hier infolge des Trennungsprinzips **zwei Nachlassmassen** entstehen, hinsichtlich derer die Anordnung einer Testamentsvollstreckung möglich ist: bezüglich des Nachlasses des Erstversterbenden, für den Vor- und Nacherbschaft besteht, und hinsichtlich des Nachlasses des Schlusserben!

F. Beendigung der Testamentsvollstreckung bei einer Vor- und Nacherbschaft

27   Die Beendigung ist je nach Amt unterschiedlich. Bei der **Nacherbentestamentsvollstreckung** endet das Amt mit Eintritt des Nacherbfalls (§ 2139 BGB) kraft Gesetzes zwingend.[42] Der Erblasser kann ein früheres Ende bestimmen; in diesem Fall kann auch bestimmt werden, dass die Nacherbenvollstreckung wieder auflebt, wenn bestimmte Ereignisse eintreten.[43] Sie wird gegenstandslos durch Ausschlagung der Nacherbschaft durch alle Nacherben und in allen anderen Fällen, in denen auch die Nacherbenanordnung wegfällt.[44] Die 30-Jahresbeschränkung des § 2210 BGB greift hier nicht ein (§ 2210 S. 2 BGB). Liegt die Anordnung einer **Testamentsvollstreckung für die Nacherbschaft** vor, so beginnt sie gerade erst mit dem Eintritt des Nacherbfalls, fällt aber hier bereits von vornherein weg, wenn die Nacherbschaft von allen Nacherben ausgeschlagen wird (§ 2142 BGB) oder aus einem sonstigen Grunde die Anordnung der Nacherbschaft wegfällt.[45] Sie erlischt dann mit den dort hierfür festgelegten Bedingungen; bei einer Verwaltungs- oder Dauervollstreckung setzt § 2210 BGB ihr zwingende zeitliche Grenzen. Bei einer **Testamentsvollstreckung für die Vorerbschaft** erlischt diese spätestens mit dem Eintritt des Nacherbfalls, schon früher kraft entsprechender Anordnung des Erblassers. Die **Testamentsvollstreckung mit Normalbefugnissen** erlischt mit ihrer Aufgabenerfüllung, also der Abwicklung des Nachlasses und Erfüllung der Anordnungen des Erblassers (§§ 2203 f. BGB).

G. Der Nacherbenvermerk im Grundbuch

28   Die Tatsache der Anordnung einer Testamentsvollstreckung ist in das Grundbuch einzutragen (§ 52 GBO). Selbst wenn eine Testamentsvollstreckung für die Nacherbschaft angeordnet ist, ist dies im Grundbuch einzutragen, und zwar mit der Eintragung des **Nacherbenvermerks** nach § 51 GBO. Gleiches gilt bei der Anordnung eines Nacherbentestamentsvollstreckers. Auch wenn der Nacherbentestamentsvollstrecker nicht auf das Anwartschaftsrecht des Nacherben verzichten kann, so kann er doch auf die Eintragung des **Nacherbenvermerks verzichten,** wodurch der Weg für einen gutgläubigen Erwerb durch Dritte frei wird, was aber noch nicht unmittelbar das Nacherbenrecht berührt. Das Grundbuchamt ist dabei nicht befugt zu prüfen, ob die Verzichtserklärung des Testamentsvollstreckers zweckmäßig ist und eine ordnungsgemäße Verwaltungstätigkeit darstellt.[46]

---

42 BayObLG FamRZ 1995, 124 = ZEV 1995, 24 m. Anm. *Klumpp*: bei mehreren Vorerben mit dem Tod des zuletzt Versterbenden.
43 Staudinger/*Reimann*, § 2222 Rn 20.
44 *Bengel/Dietz*, in: Bengel/Reimann, V Rn 340.
45 *Winkler*, Testamentsvollstrecker, Rn 157.
46 BayObLGZ 1989, 183, 186 f.; Staudinger/*Reimann*, § 2222 Rn 21.

J. Mayer

H. Zulässige Kombinationen von Vor- und Nacherben zum Testamentsvollstrecker[47]

Nach der älteren Rechtsprechung des Reichsgerichts[48] war die Ernennung des alleinigen Vorerben zum Testamentsvollstrecker immer unwirksam, da eine sinnlose Verdoppelung der Rechte durch die Einsetzung als Vorerben und Testamentsvollstrecker vorliegen würde. Diese These wurde von der neueren Rechtsprechung abgelöst, wonach diese formale Auffassung nur dann zutreffend ist, wenn sie eine inhaltliche Berechtigung hat.[49] Daraus lässt sich der folgende **Grundsatz** herleiten: Es dürfen die gesetzlich vorgesehenen Kontrollrechte des Nacherben gegenüber dem Vorerben nicht durch die Anordnung einer Testamentsvollstreckung unterlaufen werden.

Daher gilt: Der alleinige Vorerbe kann nicht zum einzigen Testamentsvollstrecker berufen werden.[50]

Demnach bestehen in **persönlicher Hinsicht** folgende zulässige Kombinationsmöglichkeiten zwischen Vor-/Nacherbe und Testamentsvollstrecker:

Möglich ist die Berufung des Erben zum Testamentsvollstrecker in folgenden Kombinationen

1. bei Vermächtnisvollstreckung nach § 2223 BGB
2. **beim alleinigen Vorerben neben anderen Mittestamentsvollstreckern,** wenn gewährleistet ist, dass bei Wegfall eines Testamentsvollstreckers der Vorerbe nicht zur alleinigen Vollstreckung der Vorerbschaft berufen ist[51]
3. wenn es sich um einen **Mitvorerben** handelt, und neben ihm **Dritte** zur Testamentsvollstreckung berufen sind[52]
4. wenn daneben mehrere **Mitvorerben zu Mittestamentsvollstreckern** hinsichtlich der Vorerbschaft bestimmt sind oder zur Testamentsvollstreckung über die **Nacherben,** da hier gegenseitige Kontrollrechte gesichert sind[53]
5. wenn er entweder zugleich nur **Mitvorerbe** ist oder zwar alleiniger Vorerbe ist, aber **nur Mittestamentsvollstrecker** wird und in beiden Fällen nicht gleichzeitig die Rechte der Nacherben wahrzunehmen hat[54]
6. der **Nacherbe** oder auch einer von **mehreren Mitnacherben** bezüglich einer Testamentsvollstreckung gegenüber dem **Vorerben**[55]
7. von mehreren **Vorerben** kann einer zum **Nacherbentestamentsvollstrecker** nach § 2222 BGB berufen werden.[56]

---

47 Vgl. *Nieder/Kössinger,* § 10 Rn 96 ff.; *Bengel/Dietz,* in: Bengel/Reimann, V Rn 344 ff.; Gutachten DNotI-Report 2007, 35.
48 RGZ 77, 177.
49 Dazu OLG Jena ZEV 2009, 244 m. Anm. *Perau;* vgl. auch *Rudy,* ErbR 2009, 197.
50 RGZ 77, 177; OLG Karlsruhe MDR 1981, 943; OLG Jena, ZEV 2009, 244 m. Anm. *Perau;* dazu auch *Rudy,* ErbR 2009, 197.
51 Gutachten DNotI-Report 2007, 35, 37; vgl. auch den Fall von BayObLGZ 1989, 183 = DNotZ 1990, 56.
52 BayObLG NJW 1976, 1692.
53 Staudinger/*Avenarius,* § 2100 Rn 38.
54 Gutachten DNotI-Report 2007, 35, 37; vgl. auch den Fall von BayObLGZ 1989, 183 = DNotZ 1990, 56.
55 BayObLG NJW 159, 1920.
56 BayObLGZ 1989, 183.

I. Praktische Anwendungsmöglichkeiten der Kombination von Testamentsvollstreckung und Vor- und Nacherbschaft

30 Gerade wenn es darum geht, den Nachlass vor dem Zugriff von Eigengläubigern des Erben zu schützen, ist die Testamentsvollstreckung angezeigt. In der Praxis finden sich folgende wichtige Problembereiche:

I. Erbeinsetzung des überschuldeten Erben, beschränkt durch Testamentsvollstreckung und Nacherbschaft

Literatur

Eingehend dazu jetzt *Engelmann*, Letztwillige Verfügungen zugunsten Verschuldeter und Sozialhilfebedürftiger, 2. Aufl., 2001; *Everts*, Letztwillige Verfügungen zugunsten überschuldeter und bedürftiger Personen, ZErb 2005, 353; *Gutbell*, Schutz des Nachlasses gegen Zwangsvollstreckungsmaßnahmen bei Testamentsvollstreckung und Vorerbschaft, ZEV 2001, 260; *Chr. Hartmann*, Verfügungen von Todes wegen zugunsten verschuldeter und insolventer Personen, ZNotP 2005, 82; *Kleensang*, Ehegattenverfügungen zu behinderten, sozialhilfebedürftigen oder verschuldeten Kindern: Einsetzung des „Problemkindes" als Nacherbe, RNotZ 2007, 22; *Krauß*, Vermögensnachfolge in der Praxis, 3. Aufl. 2012, Rn 5282 ff. (speziell zum Bedürftigentestament); *Langenfeld*, Testamentsgestaltung, 4. Aufl. 2010, Rn 841 ff.; *Limmer*, Testamentsgestaltung bei überschuldeten Erben im Hinblick auf die Auswirkungen des Verbraucherinsolvenz- und Restschuldbefreiungsverfahrens, ZEV 2004, 133; *Mayer, J.*, Testamentsgestaltung bei überschuldeten Erben, MittBayNot 2011, 445, MittBayNot 2012, 18; *Reul*, in: Reul/Heckschen/Wienberg, Insolvenzrecht in der Gestaltungspraxis, 2012, Kap. P Rn 54 ff.; *Tönnies*, Die teilweise Ausschlagung als Gestaltungsmittel bei Testamentserrichtung, ZNotP 2003, 92; *Wälzholz*, Testamentsgestaltung zugunsten überschuldeter Erben, FamRB 2006, 252.

1. Gestaltungsüberlegungen

31 Sollen verschuldete oder insolvente Personen durch Verfügung von Todes wegen bedacht werden, so kommt hier zum einen die Zuwendung unpfändbaren Vermögens durch ein Vermächtnis in Betracht, etwa eines **Wohnungsrechts**, dessen Ausübung Dritten – entsprechend der gesetzlichen Grundregel – nicht überlassen werden kann.[57] Daneben ist auch an ein **Rentenvermächtnis** zu denken. Soweit dieses aufgrund „Fürsorge und Freigiebigkeit" und frei von jeder Art von Gegenleistung erfolgt, ist darauf § 850b Abs. 1 Nr. 3 ZPO anwendbar. Die Geldrente ist dann gem. § 850b Abs. 2 ZPO nur in Ausnahmefällen und nach den Bestimmungen über die Pfändung von Arbeitseinkommen pfändbar.

32 Zzt. liegt der Pfändungsfreibetrag für Arbeitseinkommen, selbst wenn kein Unterhaltsberechtigter vorhanden ist, bei mindestens 1.028,89 EUR monatlich (vgl. § 850c Abs. 1 ZPO).[58] Der Nachteil dieser Gestaltung ist jedoch, dass für die Berechnung des tatsächlich unpfändbaren Betrags nicht nur das durch das Vermächtnis Zugewendete, sondern zusätzlich das Arbeitseinkommen des Bedachten und andere zugewandte **Naturalleistungen** zusammen zu zählen sind (§ 850b Abs. 2 i.V.m. § 850e Nr. 2 und 3 ZPO). Hat der Bedachte daher noch eigenes Erwerbseinkommen, so besteht die Gefahr, dass es zur Pfändbarkeit des Rentenvermächtnisses kommt;[59] zumindest sind diese Risiken bei der Testamentserrichtung meist nicht mit der nötigen Sicherheit vorhersehbar. Ist aber eine **Erbeinsetzung** der verschuldeten Person gewollt, so ist zur Abwehr von Pfändungsgefahren hier eine **Kombina-**

---

57 Vgl. etwa *Nieder/Kössinger*, § 8 Rn 155.
58 Zöller/*Stöber*, § 850b ZPO Rn 21.
59 *Engelmann*, S. 68 f.; *Hartmann*, ZNotP 2005, 82, 83.

tion der Anordnung von **Vor- und Nacherbschaft** und einer **Verwaltungsvollstreckung** mit einer entsprechenden Verwaltungsanordnung nach § 2216 BGB bezüglich der Nachlasserträge erforderlich (eingehend dazu oben Rn 9).

2. Besserungsklauseln

Da es sich bei den vorstehend genannten Anordnungen (Rn 32) um sehr weit reichende Beschränkungen handelt, wird in der Praxis immer wieder auch die Frage gestellt, welche Möglichkeiten es gibt, diese später **wieder entfallen zu lassen**, wenn **keine Pfändungsgefahr** mehr besteht.[60] Bereits vorweg soll jedoch festgestellt werden, dass fast alle bislang vorgeschlagenen Versuche riskant sind.[61]

a) Motivangabe zur Beseitigung der Beschränkungen durch Auslegung oder Anfechtung

Hier wird empfohlen,[62] der Erblasser solle seine Motive für die Anordnung der Beschränkungen in der Urkunde offen legen. Dadurch soll den Erben nach Wegfall dieser Gründe die Möglichkeit eröffnet werden, durch eine Auslegung oder notfalls durch eine Anfechtung diese Beschränkungen wieder zu beseitigen. Diese Lösung ist allerdings nicht unproblematisch:[63]

– Zum einen gilt der **Vorrang der Auslegung:** Aufgrund des mit dieser Gestaltung verfolgten Zwecks ergibt sich bei einer sachorientierten Auslegung, dass letztlich eine Automatik dahingehend gewollt ist, dass bei Wegfall der Gründe, die für die belastenden Anordnungen sprechen, diese ebenfalls entfallen sollen. Dies führt mehr oder weniger zwingend zur nachstehend näher erörterten **Bedingungslösung**, mit den dort genannten Risiken (siehe Rn 35).

– Zudem ist die Anfechtung fristgebunden (§ 2082 BGB) weshalb die Anfechtungsfrist oftmals schon abgelaufen sein kann, bis die Erben die Notwendigkeit zur Abgabe der Anfechtungserklärung erkennen.

– Letztlich aber erscheint es mehr als fraglich, ob überhaupt von einem korrekturbedürftigem Irrtum gesprochen werden kann, wenn sich der Erblasser in Kenntnis dieser Problematik bewusst dagegen entschieden hat, diesen Fall durch Aufnahme einer Bedingungslösung zu regeln.[64]

Demgegenüber wird von der überkommenen Auffassung folgende **Formulierung** vorgeschlagen.[65]

---

60 Systematischste Darstellung wohl bei *Kornexl*, Rn 410 ff. und *Krauß*, Vermögensnachfolge, Rn 5325 ff.
61 Zutr. *Wälzholz*, FamRB 2006, 252, 256.
62 *Everts*, ZErb 2005, 357; Nieder/Otto, Münchener VertrHdb. VI/2 Form XVI. 17; Nieder/Kössinger, § 8 Rn 157; *Klumpp*, in: Bengel/Reimann, V Rn 444 ff.; *Kleensang*, RNotZ 2007, 22, 26; dazu auch *Gutbell*, ZEV 2001, 260, die besonders auf den Pfändungsschutz nach § 850b Abs. 1 Nr. 3 ZPO abstellt; dazu auch OLG Frankfurt ZEV 2001, 156 m. Anm. *Gutbell*.
63 Dazu *Kornexl*, Rn 422; *Litzenburger*, ZEV 2009, 278, 279 f.; *Chr. Hartmann*, ZNotP 2005, 82, 87; *J. Mayer*, ZEV 2005, 175, 178.
64 Zu Recht daher zweifelnd *Chr. Hartmann*, ZNotP 2005, 82, 87.
65 Nieder/Otto, MünchVert Hdb VI/2 Form 17; *Kleensang*, in Beck`sches Formularbuch Erbrecht, F II; *Kleensang*, RNotZ 2007, 22, 26 f.

Muster: Erbeinsetzung des Überschuldeten mit Motivangabe

Erbeinsetzung

Ich setze meine Ehefrau zu meiner alleinigen Vorerbin ein. Sie ist von allen Beschränkungen befreit, von denen nach dem Gesetz Befreiung erteilt werden kann. Das Anwartschaftsrecht des Nacherben ist nicht vererblich und nur auf den Vorerben übertragbar. Etwaige Ersatznacherbeneinsetzungen sind auflösend bedingt dahingehend, dass sie wegfallen, wenn der entsprechende Nacherbe sein Anwartschaftsrecht an den Vorerben überträgt. Der Nacherbfall tritt ein mit dem Tod des Vorerben.

Nacherbeneinsetzung

Nacherben sind meine gemeinschaftlichen Abkömmlinge aus der Ehe mit meiner vorstehend genannten Ehefrau, einschließlich adoptierter, jedoch mit Ausnahme nichtehelicher Kinder männlicher Nachkommen und ihrer Abkömmlinge, gemäß den Regeln der gesetzlichen Erbfolge erster Ordnung zum Zeitpunkt des Eintritts des Nacherbfalles.

Testamentsvollstreckung

Der Vorerbe wird mit einer allgemeinen Verwaltungsvollstreckung für die Zeit der Vorerbschaft belastet (§ 2209 BGB). Zugleich ordne ich Nacherbentestamentsvollstreckung nach § 2222 BGB an, wobei hier die Rechte und Pflichten der Nacherben wahrzunehmen sind. Der Testamentsvollstrecker ist in der Eingehung von Verbindlichkeiten für den Nachlass nicht beschränkt. Es unterliegt dem billigen Ermessen (§§ 315 f. BGB) des Testamentsvollstreckers i.R.d. nachstehend von mir dargelegten Motive die Nutzungen des Nachlasses sowie auch einzelne Nachlassgegenstände dem Vorerben zur freien Verfügung zu überlassen. Der Testamentsvollstrecker kann dabei dem Vorerben auch Erträgnisse nur in Form von Naturalleistungen sowie Wohnraum zur ausschließlichen Eigennutzung zukommen lassen. Zum Testamentsvollstrecker ernenne ich mit dem Recht, einen Nachfolger zu bestimmen, Herrn ▬▬▬▬▬. Sollte er das Amt nicht annehmen oder nach seiner Annahme ohne Bestimmung eines Nachfolgers wegfallen, so ersuche ich das Nachlassgericht, eine geeignete Person als Testamentsvollstrecker zu bestimmen, und zwar nach Möglichkeit aus dem Kreis meiner Verwandten oder Verschwägerten. Der Testamentsvollstrecker erhält eine einmalige Vergütung von 5 % des Bruttonachlasses, zuzüglich Mehrwertsteuer.

Motivangabe[66]

Die Beschränkungen meiner Ehefrau durch Nacherbschaft und Testamentsvollstreckung erfolgen allein zu dem Zweck, den Nachlass vor dem Zugriff ihrer Eigengläubiger zu schützen.

Teilwirksamkeit

Sollten einzelne Bestimmungen dieser Urkunde unwirksam sein oder werden, so bleiben die Übrigen hiervon unberührt; mein letzter Wille ist vielmehr dann so auszulegen, wie dies meinem wirklichen oder mutmaßlichen Willen entspricht.

b) Bedingungslösung

35   Erwogen wird auch, ob die Einsetzung des überschuldeten Erben lediglich zum Vorerben dann **entfallen** kann, wenn die **Restschuldbefreiung** nach § 300 InsO eintritt,[67] also aufschiebend bedingt hierdurch für den Erben alle Beschränkungen der Vorerbschaft entfallen

---

66 Durch spätere Anfechtung können die belastenden Anordnungen wieder beseitigt werden. Evtl. auch auflösende Bedingung bei Restschuldbefreiung nach §§ 286 ff. InsO. Zur Restschuldbefreiung in derartigen Fällen vgl. *Damrau*, MDR 2000, 255 und unten Rn 39 ff.

67 Alternativ wird auch empfohlen, auf eine schriftliche Bestätigung abzustellen, die gegenüber dem Nachlassgericht abgegeben wird, und in der die Gläubiger (aber welche?) die Tilgung der Schulden bestätigen oder der Rechtsberater des Erben den Eintritt der Verjährung der Eigenschulden des Erben bestätigt.

J. Mayer

sollen.⁶⁸ Dann aber ist er nach der gängigen Anschauung neben der zunächst belastenden **Vorerbschaft** auch zum aufschiebend **bedingten Nacherben**, nämlich als Vollerbe, berufen. Damit aber erlangt er ein **Anwartschaftsrecht**, das vor der Insolvenzeröffnung gepfändet⁶⁹ und im Insolvenzverfahren verwertet werden kann. Allerdings kann der Erblasser die **Übertragbarkeit** des Anwartschaftsrechts wohl ausschließen. Dadurch wird auch die Verwertbarkeit durch Veräußerung im Insolvenzverfahren ausgeschlossen. Zugleich kann diesbezüglich auch keine Herausgabeobliegenheit nach § 295 Abs. 1 Nr. 2 InsO in einem Restschuldbefreiungsverfahren (siehe Rn 39) mehr entstehen, weil es eben an der Übertragbarkeit fehlt.⁷⁰ Allerdings wird die **Pfändbarkeit** durch den Ausschluss der Übertragbarkeit wohl **nicht verhindert**, wie sich aus der Wertung des § 851 Abs. 2 ZPO ergeben dürfte.⁷¹ Neuerdings wird jedoch empfohlen den Pfändungsgefahren dadurch zu begegnen, dass die aufschiebend bedingte Einsetzung als unbeschränkter Vollerbe auflösend bedingt durch die Pfändung des Anwartschaftsrechts ist.⁷² Jedoch ist m.E. hier die Gefahr groß, dass diese Gestaltung als unzulässige Gläubigerbenachteiligung nichtig ist (§ 138 BGB).⁷³ Daher kann noch nicht von einer gesicherten Gestaltung gesprochen werden. Zudem führt sich diese Lösung über den doppelten Bedingungsansatz „ad absurdum": Man gelangt wieder zum Ausgangspunkt der Überlegung, den nach wie vor fortdauernden belastenden Anordnungen.⁷⁴ Noch größere Gefahren bestehen, wenn der **Überschuldete zum Miterben** eingesetzt wird. Denn dann ist sein Erbteil trotz der Anordnung der Nacherbschaft und der Testamentsvollstreckung pfändbar (siehe bereits oben Rn 16).⁷⁵ Und während bei der unbefristeten Testamentsvollstreckung und Nacherbschaft für den Gläubiger eine Verwertbarkeit des Erbteils ausgeschlossen ist, liegt bei den auflösenden bedingten Anordnungen dieser Art die Sachlage gerade anders: Mit Eintritt der Bedingung entfallen die die Verwertung ausschließenden Beschränkungen und der Erbteil wird wieder verwertbar und damit wirtschaftlich werthaltig.

c) Gestuftes Ausschlagungsrecht

*Tönnies*⁷⁶ schlägt eine Lösung vor, die dem überschuldeten Erben eine flexible Entscheidungsmöglichkeit zur Annahme der unbeschränkten Erbschaft gibt: Nach der Rechtsprechung kann analog § 1951 Abs. 3 BGB dem Alleinerben, der unter unterschiedlicher Ausgestaltung berufen ist (unbeschränkter Alleinerbe, Vor- oder Nacherbe) vom Erblasser die gesonderte Annahme oder Ausschlagung der verschiedenen Erbschaftsformen gestattet

36

---

68 So etwa *Langenfeld*, Testamentsgestaltung, Rn 847; *Kesseler*, RNotZ 2003, 557, 562; vgl. zu ähnlichen Überlegungen bereits *Flik*, BWNotZ 1979, 53, 54.
69 Eingehend dazu *Limmer*, ZEV 2004, 133, 140; *Wälzholz*, FamRB 2006, 252, 256; Übersicht über die Zugriffsmöglichkeiten der Gläubiger je nach der gewählten Nachlassbeteiligung des Problemkindes bei *Kornexl*, Rn 414.
70 *Limmer*, ZEV 2004, 133, 140; *Chr. Hartmann*, ZNotP 2005, 82, 88.
71 *Chr. Hartmann*, ZNotP 2005, 82, 88; für das (richtige) Anwartschaftsrecht des Nacherben ebenso *Stöber*, Forderungspfändung, Rn 1656; gegen Ausschluss der Pfändbarkeit durch Anordnung der Unübertragbarkeit aber *Kessel*, MittRhNotK 1991, 137, 138, der jedoch § 851 Abs. 2 ZPO übersieht.
72 So jetzt *Chr. Hartmann*, ZNotP 2005, 82, 88.
73 So ausdrücklich *Brehm*, in: Stein/Jonas, § 851 ZPO Rn 29; a.A. aber eingehend *Chr. Hartmann*, ZNotP 2005, 82, 88 f. unter Berufung auf RG, JW 1932, 344 m. Anm. *Diefenbach*; KGJ 40, 232; *Stöber*, Forderungspfändung, Rn 20 und andere. Wenn *Hartmann* feststellt, dass die anderen ZPO-Kommentare die Frage nicht erörtern, so vielleicht deshalb nicht, weil für diese die Rechtslage wegen § 138 BGB völlig klar ist.
74 Zutr. *Kornexl*, Rn 416.
75 *Wälzholz*, FamRB 2006, 252, 255.
76 ZNotP 2003, 92; zust. *Chr. Hartmann*, ZNotP 2005, 82, 87.

werden. Daher rät *Tönnies*, den überschuldeten Erben zunächst **zum Vollerben einzusetzen**, ferner für den Fall seiner **Ausschlagung** dessen **Abkömmlinge als Ersatzerben**, diese jedoch dann nur als Vorerben und zum **Nacherben wiederum das überschuldete Kind** zu berufen. Dabei soll der Nacherbfall erst zu einem bestimmten Zeitpunkt eintreten, der längere Zeit nach dem eigentlichen Erbfall liegt und die Vorerben sollen bis dahin mit einer Testamentsvollstreckung belastet sein. Der Vorteil dieser Gestaltung soll darin liegen, dass der überschuldete Abkömmling zweimal die Möglichkeit hat sich zu entscheiden, ob er die Erbschaft annimmt. Nachteilig daran ist vor allem, dass der überschuldete Erbe bereits unmittelbar nach Eintritt des eigentlichen Erbfalls innerhalb der kurzen Ausschlagungsfrist die Ausschlagung erklären muss. Versäumt er dies trotz fortbestehender Überschuldung, so können seine Gläubiger auf die Erbschaft voll zugreifen.[77] Aus der Praxis spricht dagegen, dass nach der tagtäglichen Erfahrung gerade solch überschuldete Abkömmlinge die Problematik ihrer Vermögensverhältnisse überhaupt nicht einschätzen können. Aus Rechtsgründen spricht gegen diese Gestaltung, dass dem überschuldeten Erben nach der ersten Ausschlagung die Rechtsstellung eines Nacherben und damit ein Nacherbenanwartschaftsrecht zusteht. Daher können die Gläubiger dieses Anwartschaftsrecht sofort pfänden und verwerten, wenn der Nacherbfall eintritt.[78]

d) Pflichtteilsbeschränkung in guter Absicht

37 Bei **überschuldeten Abkömmlingen** besteht die Möglichkeit, auch die **Pflichtteilsbeschränkung in guter Absicht** nach § 2338 BGB vorzunehmen, die mit den gleichen Instrumentarien (Vor- und Nacherbschaft, Verwaltungsvollstreckung) arbeitet, aber auch die Tücken des § 2306 BGB überwindet.[79]

e) Auflagenlösungen

38 Eine neue Lösung unseres Problems schlägt *Kornexl* vor:[80] Mit Wegfall der Schulden (etwa nach Durchführung des Restschuldbefreiungsverfahrens) tritt der Nacherbfall bzw. der Anfall des Nachvermächtnisses an den Nachvermächtnisnehmer ein. Dann besteht keine aufschiebend bedingte, pfändbare Vermögensposition mehr. Im Wege der **Auflage** werden aber die „Nachrücker" (z.B. Nacherben verpflichtet, dann einen bestimmten Anteil am Nachlass bzw. bestimmte Nachlassgegenstände an den früher verschuldeten Erben zu übereignen. Eine auf den ersten Eindruck fast absurde Lösung, wie *Kornexl* selbst einräumt. Auch *Wälzholz*[81] macht sich die Möglichkeit der erbrechtlichen Auflage zu Nutze: Nach seiner Lösung wird ein „zuverlässiger Dritter" zum Erben eingesetzt, der wiederum mit der Auflage (§§ 2192 ff. BGB) beschwert wird, den gesamten Nachlass nach Eintritt der

---

77 Verkannt von *Limmer*, ZEV 2004, 133, 141; die von ihm erwähnte Möglichkeit der Pfändung des bei der Ausschlagung entstehenden Nacherbenanwartschaftsrechts ist dagegen nicht so problematisch, weil der Nacherbe dieses durch Ausschlagung des Nacherbenrechts (§ 2142 BGB) gegenstandslos machen kann. Die Möglichkeit, die Übertragbarkeit des Nacherbenanwartschaftsrechts durch entsprechende Verfügung des Erblassers auszuschließen, vermag allerdings die Pfändbarkeit dann nicht auszuschließen, wenn man hierauf § 851 Abs. 2 ZPO für anwendbar hält (siehe bereits Rn 35). Dies würde allerdings eine entsprechende Analogie erfordern, weil diese Norm eine Abtretungsbeschränkung durch Vereinbarung zwischen Gläubiger und Schuldner voraussetzt (statt aller Musielak/*Becker*, § 851 ZPO Rn 8; Zöller/*Stöber*, § 851 ZPO Rn 6).
78 *Hartmann*, ZNotP 2005, 82, 87; *Kornexl*, Rn 420.
79 Eingehend dazu *Baumann*, ZEV 1996, 121; Formulierungsvorschläge etwa bei *Nieder/Kössinger*, § 8 Rn 152; *Wälzholz*, FamRB 2006, 252, 257.
80 *Kornexl*, Rn 423 ff.
81 FamRB 2006, 252, 256.

J. Mayer

Restschuldbefreiung an den **Auflagenbegünstigen**, den überschuldeten Abkömmling, herauszugeben. Diese Auflage soll erst mit Eintritt der Restschuldbefreiung anfallen, also dann erst entstehen, wenn die Herausgabeobliegenheit nach § 295 InsO kein Problem mehr ist. Der Vorteil dieser Lösung liegt gerade darin, dass der aus der Auflage Begünstigte keinen einklagbaren Anspruch auf Erfüllung der Auflage hat. Zudem kann sogar der Vollzugsanspruch nach § 2194 BGB ausgeschlossen werden. Zur Sicherung der Erfüllung der Auflage nach dem genannten Zeitpunkt wird eine Testamentsvollstreckung angeordnet, so dass der Begünstigte letztlich zu seinem Erwerb kommt. Den Gefahren, die sich aus einem Pflichtteilsanspruch des Enterbten ergeben, kann durch einen Pflichtteilsverzicht vorgebeugt werden.

f) Weitere Probleme aufgrund des Restschuldbefreiungsverfahrens

Weitere ungeklärte Fragen bestehen bei der **Restschuldbefreiung** (§ 286 InsO):[82] Während der höchstens fünfjährigen **Wohlverhaltensphase** (vgl. § 300 Abs. 1 InsO) obliegt es dem Erben, die Hälfte der Erbschaft an den Treuhänder zur Verteilung an die Gläubiger herauszugeben (§ 295 Abs. 1 Nr. 2 InsO). Bei der **reinen Abwicklungsvollstreckung** muss der Testamentsvollstrecker nach Durchführung der Nachlassteilung die dem verschuldeten Erben gebührenden Erbschaftsgegenstände in Höhe der Hälfte des ihm Zugeteilten an den Treuhänder herausgegeben. Besteht aber eine Vollstreckung nach § 2209 BGB, so kann der **Alleinerbe** mangels Verfügungsbefugnis (§ 2211 BGB) vor Beendigung dieser Testamentsvollstreckung dieser Obliegenheit aus Rechtsgründen nicht nachkommen, der Nachlass bleibt ihm also ungekürzt erhalten, wenn die Wohlverhaltensphase bis dahin beendet ist. Schwieriger liegt es beim **Miterben**; dieser ist durch die Testamentsvollstreckung nicht gehindert, über den Erbteil zu verfügen; er hat daher grundsätzlich dessen Hälfte an den Treuhänder abzutreten. Damit steht sich der Miterbe in diesem Verfahren schlechter als der Alleinerbe, weshalb teilweise vertreten wird, dass der Treuhänder verpflichtet sei, nach § 242 BGB auf die Herausgabe zu verzichten,[83] was angesichts des Zwecks dieses Verfahrens wohl zu weit geht.[84] Die als ungerecht empfundene Benachteiligung des Miterben lässt sich auch nicht dadurch vermeiden, dass dieser mit einer **Erbteilsvollstreckung** belastet wird, denn diese nimmt dem Miterben nicht das Recht, über den Erbteil zu verfügen (vgl. zur Erbteilsvollstreckung ausführlicher auch § 16 Rn 1 ff.).[85] Ist der Miterbe auch mit einer Nacherbschaft belastet, die mit seinem Tod eintritt, so ist der Miterbenanteil allerdings wirtschaftlich ohnehin weitgehend wertlos.

39

---

82 Eingehend dazu *Damrau*, MDR 2000, 255, 256; *Limmer*, ZEV 2004, 133; vgl. auch *Zimmermann*, Testamentsvollstreckung, Rn 648; demgegenüber verkennt *Kesseler* (RNotZ 2003, 557) die Chancen, welche die Testamentsvollstreckung für den Erwerb von Todes wegen in diesem Verfahren bietet.
83 *Damrau*, MDR 2000, 256.
84 Dagegen auch NK-BGB/*Kroiß*, § 2214 Rn 5.
85 *Muscheler*, AcP 195 (1995), 35, 62 m.w.N.; a.A. KGJ 28 A 16, 19. Demgegenüber bejaht Soergel/*Damrau*, § 2214 Rn 4 bei einer Erbteilsvollstreckung nach § 2209 BGB wenigstens den Pfändungsschutz des § 2214 BGB, weshalb sich daraus auch die Unzulässigkeit der Verwertung in der Restschuldbefreiung (also Ersatzform der Einzelvollstreckung) ergeben könnte; anders aber die h.M., die auch bei einer Erbteilsvollstreckung die Pfändung nach § 857 ZPO zulässt (vgl. etwa *Muscheler*, AcP 195 (1995), 35, 65).

J. Mayer

g) Weitere insolvenzrechtliche Gefahren, insbes. das in der Praxis wenig bekannte Nachtragsverteilungsverfahren nach § 203 Abs. 1 Nr. 3 InsO

aa) Nachtragsverteilungsverfahren

40 Fast alle bisherigen Darstellungen zu den Besserungsklauseln gehen auf die Probleme überhaupt nicht ein, die sich durch das Nachtragsverteilungsverfahren nach § 203 Abs. 1 Nr. 3 InsO ergeben. Danach findet nach Beendigung eines Insolvenzverfahrens ein solches Verfahren statt, wenn nach dem Schlusstermin noch Gegenstände der Insolvenzmasse ermittelt werden. Deutlich werden die sich daraus ergebenden Gefahren jetzt durch die neue Entscheidung des BGH vom 2.12.2010.[86] Danach gehört, wenn der **Erbfall vor** oder **während des Insolvenzverfahrens** eintritt, ein Pflichtteilsanspruch auch in dem Fall zur Insolvenzmasse, wenn dieser erst nach der Aufhebung des Insolvenzverfahrens anerkannt oder rechtshängig wird und unterliegt damit der Nachtragsverteilung. Die zunächst eintretende beschränkte Pfändbarkeit des Pflichtteilsanspruch nach § 852 ZPO ist daher für die insolvenzrechtliche Verwertbarkeit letztlich irrelevant. Entsprechendes muss auch gelten, wenn eine Testamentsvollstreckung über den Nachlass angeordnet ist, denn dies hindert nichts daran, dass dieser nach der Rspr. des BGH in die Insolvenzmasse fällt (siehe Rn 12 ff.). Daraus ergibt sich, dass alle die Besserungsklauseln, die an ein automatisches **Wegfallen** der „schützenden Anordnungen", wie Testamentsvollstreckung und Nacherbschaft anknüpfen, zu einem Nachtragsverteilungsverfahren führen, wenn nur der Erbfall vor oder während des Insolvenzverfahrens eintritt.[87] Bei der Motivlösung (siehe Rn 34 ff.) gilt dies allerdings nur dann, wenn die Anfechtung auch tatsächlich erklärt wird.[88] Soweit der erbrechtliche Erwerb vor oder während des Insolvenzverfahrens eintritt, aber unter der **aufschiebenden Bedingung** der Beendigung des Insolvenz- oder zumindest des Restschuldbefreiungsverfahrens angeordnet wird, ist zu befürchten, dass auch hier eine Nachtragsverteilung droht, denn immerhin besteht in diesem Fall aufgrund der aufschiebenden Bedingung sogar ein pfändbares Anwartschaftsrecht des Begünstigten und der Umstand, dass zunächst die (Einzel-) Vollstreckung nicht möglich ist, entspricht der Rechtslage beim Pflichtteilsanspruch und dem dort geltenden Vollstreckungsschutz nach § 852 ZPO.[89]

> **Hinweis**
> Die Probleme aufgrund des Nachtragsverteilungsverfahrens stellen sich nur, wenn der Erbfall vor oder während des eigentlichen Insolvenzverfahrens eintritt, weil nur das vor oder während dieses Verfahrens Erworbene zur Insolvenzmasse zählt (§ 35 Abs. 1 InsO), nicht aber beim Restschuldbefreiungsverfahren; beide Verfahren können sich allerdings zeitlich überschneiden.

bb) Weitere Gefahren beim Restschuldbefreiungsverfahren

41 Daneben können auch **Gläubiger**, deren Rechte durch das **Restschuldbefreiungsverfahren nicht berührt** werden, wie die Absonderungsberechtigten (§ 301 Abs. 2 InsO) oder Opfer von vorsätzlich unerlaubten Handlungen (§ 302 Nr. 1 InsO), nach Abschluss des Restschuldbefreiungsverfahrens auf das frei werdende Vermögen immer noch zugreifen. Auch ist für die Dauer eines Jahres nach der rechtskräftigen Entscheidung über die Restschuldbefreiung auf Antrag eines Insolvenzgläubigers der Widerruf der Erteilung der Restschuldbe-

---

86 IX ZB 184/09, ZEV 2011, 87 m. Anm. *Reul* = DNotI-Report 2011, 12 = NotBZ 2011, 89 = FamRZ 2011, 212.
87 *Reul*, in Reul/Heckschen/Wienberg, Kap. P Rn 172 ff.; *J. Mayer*, MittBayNot 2012, 18, 22 f.
88 *Reul*, in Reul/Heckschen/Wienberg, Kap. P Rn 178.
89 *J. Mayer*, MittBayNot 2012, 18, 22 f.

freiung möglich (§ 303 Abs. 1 und 2 InsO). Dies ist allerdings nur zulässig, wenn sich nachträglich herausstellt, dass der Schuldner eine seiner Obliegenheiten vorsätzlich verletzt und dadurch die Befriedigung der Insolvenzgläubiger erheblich beeinträchtigt hat (§ 303 Abs. 1 InsO). Jedoch ist in der Gestaltungspraxis nicht ausgeschlossen, dass auch solch ein Fall eintritt.

Es muss daher dringend der Rat gegeben werden zu vermeiden, dass die vollstreckungsbeschränkenden Anordnungen **automatisch** mit der rein formal durch Abschluss des „Restschuldbefreiungsverfahrens" eintretenden Entschuldung entfallen.[90]

h) Zusammenfassung

Der Testamentstyp **„Verfügungen von Todes wegen zugunsten überschuldeter Erben"** wird angesichts der steigenden Insolvenzzahlen immer mehr an Bedeutung gewinnen. Die dabei grundsätzlich anzuwendenden Instrumentarien sind bekannt. Sie werden i.d.R. ausreichen, um den Zugriff von Eigengläubigern des Erben abzuwehren. Dass solche Gestaltungen wegen einer unzulässigen Gläubigerbeeinträchtigung sittenwidrig und damit nichtig sind, ist m.E. zumindest für den Regelfall abzulehnen. Äußerst problematisch sind jedoch die automatisch wirkenden sog. **„Besserungsklauseln"**. Diese sind ein deutliches Beispiel dafür, dass das, was zunächst mit großem gedanklichem Aufwand ausgedacht wird, nicht immer den gewünschten Erfolg hat. Häufig sind daher die einfachen Lösungen doch die besseren. Auf alle Fälle sind immer die verschiedenen Rechtsfolgen bei der Einzelvollstreckung, dem eigentlichen Insolvenzverfahren und der Herausgabeobliegenheit im Rahmen eines Restschuldbefreiungsverfahrens (§ 295 Abs. 1 Nr. 2 InsO) zu beachten.

42

i) Exkurs: Die Vermächtnislösung beim überschuldeten Erben

Wegen der belastenden Wirkungen, die mit der Anordnung der Vor- und Nacherbschaft verbunden sind, wird teilweise als **Alternative** erwogen, ein **Vor- und Nachvermächtnis mit Dauertestamentsvollstreckung** anzuordnen.[91] Dem liegt insofern eine zutreffende Überlegung zugrunde, als anerkannt ist, dass auch bezüglich eines reinen Vermächtnisobjekts auf längere Zeit die Anordnung einer Testamentsvollstreckung möglich ist, bei der es sich dann aber nicht um eine reine Vermächtnisvollstreckung i.S.v. § 2223 BGB handelt, sondern um eine normale Verwaltungsvollstreckung (§ 2209 BGB). Da die Vollstreckungsbeschränkung des § 2214 BGB auch insoweit gilt, kann für die Dauer der Testamentsvollstreckung dadurch verhindert werden, dass Eigengläubiger des Vorvermächtnisnehmers auf den Vermächtnisgegenstand zugreifen können.[92] Auch für den Fall der **Insolvenz** des Vermächtnisnehmers ist allgemein anerkannt, dass sich aus § 2214 BGB ein entsprechendes Zugriffsverbot ergibt (siehe Rn 12). Umstritten ist hierbei nur, ob das der Testamentsvollstreckung unterliegende Vermögen während der Dauer der Testamentsvollstreckung nicht zur Insolvenzmasse gehört, weil es sich um unpfändbares Vermögen handelt (§ 36 InsO).[93] Der BGH[94] hat die Streitfrage im Sinne der Zugehörigkeit des Nachlasses zur Insolvenzmasse entschieden, jedoch setzen sich die Verfügungsbeschränkungen der Erben nach § 2211

43

---

90 *Reul*, ZEV 2011, 89.
91 Eingehend dazu etwa DNotI-Gutachten vom 7.9.2004, iv-fi M/I/1 – § 2191 BGB – 52397 (Faxpool).
92 Staudinger/*Reimann*, § 2223 Rn 15; NK-BGB/*Kroiß*, § 2224 Rn 6.
93 So OLG Düsseldorf KTS 1962, 115; Bamberger/Roth/*J. Mayer*, § 2214 Rn 4; Soergel/*Damrau*, § 2214 Rn 3; a.A. OLG Köln Urt. v. 2.2.2005, Az 2 U 72/04; Uhlenbruck, § 83 InsO Rn 5; *Winkler*, Testamentsvollstrecker, 18. Aufl., Rn 474: zwar Zugehörigkeit zur Insolvenzmasse, wobei aber die Verfügungsbeschränkungen des § 2214 BGB auch für den Insolvenzverwalter gelten.
94 BGHZ 167, 352, 356 ff. = NJW 2006, 2698 = ZErb 2006, 272 = ZEV 2006, 405 m. Anm. *Siegmann*.

BGB und das Zugriffsverbot des § 2214 BGB auch im Insolvenzverfahren gegenüber den Eigengläubigern des Erben fort (eingehend bereits oben, siehe Rn 12). Die bloße Anordnung dieser Testamentsvollstreckung genügt aber nur **dann zur Sicherung des Vermächtnisobjektes,** wenn der Vermächtnisnehmer vor Beendigung der Testamentsvollstreckung schuldenfrei wird, und damit die Pfändungsgefahr entfällt.

44 Ist aber **bei Beendigung der Testamentsvollstreckung,** insbesondere im Fall des Todes des Vermächtnisnehmers, die **Haftungsgefahr noch gegeben,** so ergibt sich bei dieser Gestaltungsvariante kein Schutz gegen Pfändungen durch Eigengläubiger, den sonst die Nacherbschaft über § 2115 BGB vermittelt. Dieser Schutz allerdings nicht durch die Anordnung eines **Nachvermächtnisses** (§ 2191 BGB) hergestellt werden. Denn dieses wirkt zwar nicht dinglich, sondern gibt nur einen schuldrechtlichen Anspruch des Nachvermächtnisnehmers gegen die Erben des verstorbenen Vorvermächtnisnehmers auf Erfüllung des Nachvermächtnisses. Wie im Rahmen des Behindertentestaments dargestellt, muss daher dafür gesorgt werden, dass für die Erfüllung des Anspruchs des Nachvermächtnisnehmers ein Testamentsvollstrecker bestellt wird, um auch hier durch das Weiterbestehen des Zugriffsverbots (§ 2214 BGB) bei einer Einzelzwangsvollstreckung Pfändungen durch Eigengläubiger abzuwehren (siehe dazu Rn 109).

Weiter stellt sich dann die Frage, wie eine derartige Forderung aus einem Nachvermächtnis bei Insolvenz des verstorbenen Vorvermächtnisnehmers zu behandeln ist. Vereinzelt wird befürchtet, dass diese Forderung nicht insolvenzfest ist,[95] jedoch sieht dies die ganz h.M.[96] anders, wenngleich Rspr. hierzu fehlt.

45 Ist zu erwarten, dass der Vermächtnisnehmer erfolgreich ein **Restschuldbefreiungsverfahren** (§§ 295 ff. InsO) durchlaufen wird, so kommt aber die Zuwendung eines Vermächtnisses in Betracht, dessen **Anfall** durch den Eintritt der Restschuldbefreiung **aufschiebend bedingt ist,** wobei bis zu diesem Eintritt Testamentsvollstreckung zur Verwaltung des Vermächtnisobjekts und zur Durchführung eines Pfändungsschutzes angeordnet ist. Dabei dürfte auch dann, wenn das Restschuldbefreiungsverfahren bei Eintritt des Erbfalls bereits läuft, keine „Herausgabeobliegenheit" nach § 295 Abs. 1 InsO entstehen.[97]

II. Das Behindertentestament

Literatur

Armbrüster, Kindeswohl versus Gemeinwohl – zur Sittenwidrigkeit erbrechtlicher Gestaltungen, ZErb 2013, 77; *Bengel/Spall,* in: Scherer, Münchener Anwalts Handbuch, 4. Aufl. 2014, § 41; *Bengel/Dietz,* in: Bengel/Reimann, Handbuch der Testamentsvollstreckung, V Rn 418 ff.; *Damrau/J. Mayer,* Vor- und Nachvermächtnislösung beim sog. Behindertentestament, ZEV 2001, 293; *Deinert,* Privatrechtsgestaltung durch Sozialrecht, 2007, S. 415 ff.; *Dietz/Spall,* „Das Behindertentestament im Vollzug: Erste Schritte nach dem Erbfall", ZEV 2012, 458; *Doering-Striening,* Der Sozialhilfeempfänger als Erbe, ZErb 2014, 195; *Everts,* Letztwillige Verfügungen zugunsten überschuldeter und bedürftiger Personen, ZErb 2005, 353; *Engelmann,* Letztwillige Verfügungen zugunsten Verschuldeter oder Sozialhilfebedürftiger, Diss. Köln 1999 und jetzt 2. Aufl. 2001; *dies.,* Das sogenannte Behindertentestament, MittBayNot 1999, 509; *Fensterer,* Das Testament zugunsten behinderter und bedürftiger Personen, 2008; *Grimm/Krampe/Pieroth,* Testament zugunsten von Menschen mit geistiger Behinderung, 3. Aufl. 1997; *Grziwotz,* Die umgekehrte Vermächtnislösung beim Behindertentestament: der Königsweg?, ZEV 2002, 409; *ders.,* Das Behindertentestament nach Hartz IV, FamRB 2005, 272;

---

95 *Krauß,* Vermögensnachfolge, Rn 5291.
96 Ausf. *Baltzer,* Das Vor- und Nachvermächtnis in der Kautelarpraxis, Rn 322 ff.; *Watzek,* MittRhNotK 1999, 37, 41; a.A. nur *Zawar,* Das Vermächtnis in der Kautelarjurisprudenz, 1983, 61.
97 Eingehend dazu DNotI-Gutachten vom 8.3.2004, Az. iv-sc M/IV/3 – § 295 InsO – 47995 (Faxpool).

Hartmann, C., Das sog. Behindertentestament: Vor- und Nacherbschaftskonstruktion oder Vermächtnisvariante?, ZEV 2001, 89; *Ivo,* Die Erbschaftsausschlagung zwecks Pflichtteilsgeltendmachung beim „Behindertentestament", ZErb 2004, 174; *Joussen,* Das Testament zugunsten behinderter Kinder, NJW 2003, 1851; *Kaden,* Zur Sittenwidrigkeit von Behindertentestamenten (1998); *Juchem,* Vermögensübertragung zugunsten behinderter Menschen durch vorweggenommene Erbfolge und Verfügungen von Todes wegen, Diss. Bonn, 2002; *Kleensang,* Ehegattenverfügungen bei behinderten, sozialhilfebedürftigen oder verschuldeten Kindern: Einsetzung des „Problemkindes" als Nacherbe?, RNotZ 2007, 22; *Klinger/Ruby,* Das Behindertentestament – Vermeidung typischer Gestaltungsfehler, NJW-Spezial, 2006, 109; *Kornexl,* Nachlassplanung bei Problemkindern, 2006, Rn 223 ff.; *Krampe,* Testamentsgestaltung zugunsten eines Sozialhilfeempfängers, AcP 191 (1991), 526; *Krauß,* Vermögensnachfolge in der Praxis, 3. Aufl. 2012, Rn 5080 ff.; *Kübler,* Das sogenannte Behindertentestament unter besonderer Berücksichtigung der Stellung des Betreuers, Diss. München 1998; *Lambrecht,* Der Zugriff des Sozialhilfeträgers auf den erbrechtlichen Erwerb, 2001; *Littig,* Typische Probleme des Behinderten- und Bedürftigentestamentes mit Ausblick auf die Auswirkungen des Gesetzes zur Änderung des Erb- und Verjährungsrechts, FS Damrau, 2007, S. 181; *Litzenburger,* Die interessengerechte Gestaltung des gemeinschaftlichen Testaments von Eltern zugunsten behinderter Kinder, RNotZ 2004, 138; *Loos,* Die Sozialhilfe, der Tod und Recht, 2004; *May, J.,* Die Gestaltung von lebzeitige und letztwilligen Verfügungen zugunsten eines sozialhilfebedürftigen behinderten Abkömmlings, 2008; *Mayer, J.,* Das Behindertentestament als empfehlenswerte Gestaltung?, DNotZ 1994, 347; *ders.,* Das Behindertentestament in der Zukunft, ZErb 1999, 60 ff., 2000, 16 ff.; *Müller, G.,* in: Limmer/Hertel/Frenz/Mayer, Würzburger Notarhandbuch, 3. Aufl. 2012, Teil 4 Kap. 1 Rn 386 ff.; *Mundanjohl/Tanck,* Die Problematik des § 2306 Abs. 2 und des § 1371 Abs. 2 Halbsatz 2 BGB beim Behindertentestament, ZErb 2006, 177; *Nazari Golpayegani/Boger,* Aktuelle Gestaltungsempfehlungen zum Behindertentestament, ZEV 2005, 377; *Nieder,* Das Behindertentestament – Sittenwidrige Umgehung des sozialhilferechtlichen Nachrangprinzips oder Familienlastenausgleich, NJW 1994, 1264; *Pieroth,* Grundgesetzliche Testierfreiheit, sozialhilferechtliches Nachrangprinzip und das sogenannte Behindertentestament, NJW 1993, 173; *von Proff,* „Erbrechtsgestaltung nach der jüngsten BGH-Rechtsprechung zum Behindertentestament", RNotZ 2012, 272; *Ruby,* Behindertentestament: Häufige Fehler und praktischer Vollzug, ZEV 2006, 66; *Ruby/Schindler/Wirich,* Das Behindertentestament, 2. Aufl. 2014; *Schindler,* Lebzeitige Zuwendungen und Behindertentestament – zugleich ein Beitrag zur Anwendung der Werttheorie beim Bestehen von Pflichtteilsergänzungsansprüchen und zur Anwendung von § 2326 BGB, ZErb 2006, 186; *Schmitt, A.,* Die Sittenwidrigkeit von Testamenten in der höchstrichterlichen Rechtsprechung, 1999; *Schumacher, f.,* Rechtsgeschäfte zu Lasten der Sozialhilfe, Diss. Tübingen, 1999/2000; *Settergren,* Das Behindertentestament im Spannungsfeld zwischen Privatautonomie und sozialhilferechtlichem Nachrangprinzip, 1999; *Spall,* Das Behindertentestament – ein Überblick für die notarielle Praxis, in Festschrift 200 Jahre Notarkammer Pfalz (2003), S. 121; *ders.,* Vollzug eines Nachvermächtnisses durch den Testamentsvollstrecker, ZEV 2002, 5; *ders.,* Die vernachlässigten Erbquoten der Geschwisterkinder – § 2306 Abs. 2 BGB und das Behindertentestament, ZEV 2006, 344; *ders.,* Geplante Erbrechtsreform und Behindertentestament – ein Update, ZErb 2007, 272; *Stein,* Das Behindertentestament, ErbStB 2007, 114; *Teerstegen,* Sozialhilferechtliche Verwertbarkeit von Vermögen bei Anordnung von Verwaltungstestamentsvollstreckung, ZEV 2008, 121; *ders.,* in Beck'sches Formularbuch Erbrecht, F I; *ders.,* Behindertentestament – aktuelle Entwicklungen aus sozialrechtlicher Sicht, ZErb 2013, 141; *Trilsch-Eckardt,* Nochmals: vorweggenommene Erbfolge und Behindertentestament – Replik zu Weidlich, ZEV 2001, 94 – ZEV 2001, 229; *van de Loo,* Die letztwillige Verfügung von Eltern behinderter Kinder, NJW 1990, 2852; *ders.,* Die Gestaltung der Verfügungen von Todes wegen zugunsten des betroffenen Behinderter, MittRhNotK 1989, 233; *Wegmann,* Befreiung des Vorerben von den Beschränkungen der §§ 2112 ff. BGB beim Behindertentestament, FAErbR 2005, 32; *Weidlich,* vorweggenommene Erbfolge und Behindertentestament, ZEV 2001, 94; *Wendt,* Das Behindertentestament – ein Auslaufmodell?, ZNotP 2008, 2; *ders.,* Das Behindertentestament, ZNotP 2014, 162; *Wietek,* Verfügung von Todes wegen zugunsten behinderter Menschen (1996).

1. Sozialhilferechtliche Ausgangslage[98]

Durch das Gesetz zur Einordnung des Sozialhilferechts in das Sozialgesetzbuch vom 27. Dezember 2003 (BGBl I S. 3022) wurde das Bundessozialhilfegesetz als XII. Teil des Sozial-

46

---

[98] Dazu *Kornexl,* Rn 231 ff.; *May,* S. 5 ff.

gesetzbuches in dieses integriert. Das Sozialhilfe-Einordnungsgesetz und damit auch das SGB XII traten im Wesentlichen am 1. Januar 2005 in Kraft. Gleichzeitig traten damit die entsprechenden Vorschriften des Bundessozialhilfegesetzes außer Kraft. Gleiches gilt auch für das **Grundsicherungsgesetz (GSiG)**. An dessen Stelle enthält jetzt das vierte Kapitel des SGB XII in den §§ 41 ff. eine Grundsicherung im Alter und bei Erwerbsminderung, wobei jedoch die danach zu erbringenden Leistungen gerade nicht die Kosten für eine Heimunterbringung erfassen. Vielmehr verbleibt es für den Fall einer stationären Pflege bei den ergänzenden Hilfen nach den sonstigen Kapiteln des SGB XII,[99] die – anders als § 43 SGB XII bei den Grundsicherungsleistungen – keine Einschränkung des Unterhaltsregresses vorsehen.

47 Im Übrigen brachte das SGB XII neben einer reinen „Umnummerierung" der bisherigen sozialhilferechtlichen Bestimmungen[100] auch Änderungen bei der Hilfe zum Lebensunterhalt und auch in anderen weiter reichenden Teilen des Sozialhilferechts. An der sozialhilferechtlichen Ausgangssituation und den Regelungsmöglichkeiten beim **Behindertentestament** hat sich dadurch aber nichts Wesentliches geändert:

48 Wenn das behinderte Kind als Erbe etwas aus dem Nachlass seiner Eltern erhält, gilt das **Nachrangprinzip** (§ 2 Abs. 1 SGB XII, früher § 2 Abs. 1 BSHG), wonach Sozialhilfe nicht bekommt, wer sich selbst helfen kann oder die erforderliche Hilfe von anderen bekommt. Demnach ist der Leistungsberechtigte (früher „Hilfeempfänger") verpflichtet, ein etwa vorhandenes eigenes Vermögen und Einkommen im gesetzlich festgelegten Umfang einzusetzen. Dabei gelten für das Einkommen die §§ 85–89 SGB XII (früher §§ 76 ff. BSHG), für das Vermögen die §§ 90 f. SGB XII (früher §§ 88, 89 BSHG). Vom Vermögen ist mit Ausnahme des in § 90 Abs. 2 SGB XII (früher § 88 Abs. 2 BSHG) näher festgelegten sog. **Schonvermögens** das gesamte verwertbare Vermögen einzusetzen. Wie auch nach dem BSHG kann aber die Verwertbarkeit **aus Rechtsgründen ausgeschlossen** sein,[101] also etwa durch die Anordnung einer Testamentsvollstreckung.[102] Bei Bargeld verbleibt nur der sog. „Notgroschen" nach § 90 Abs. 2 Nr. 9 SGB XII i.V.m. der einschlägigen Durchführungsverordnung hierzu vom 11.2.1988 (BGBl I S. 150), zuletzt geändert durch Gesetz vom 27.12.2003 (BGBl I S. 3022). Demnach beträgt der Grundbetrag
– bei der Hilfe zum Lebensunterhalt 1.600 EUR, bei nachfragenden Personen, die das 60. Lebensjahr vollendet haben, sowie bei voll erwerbsgeminderten immerhin 2.600 EUR,
– bei den Hilfen in besonderen Lebenslagen (Leistungen nach dem Fünften bis Neunten Teil des SGB XII) grundsätzlich 2.600 EUR, zuzüglich eines Betrages von 614 EUR für den nicht getrennt lebenden Ehegatten/Lebenspartner und von 256 EUR für jede Person, die von der nachfragenden Person überwiegend unterhalten wird.

49 Erhebliche praktische Probleme, insbesondere auch für das Behindertentestament, ergeben sich, wenn die **Abgrenzung** zwischen **Einkommen** und **Vermögen** nicht nach der überkommenen zivilrechtlichen „gegenständlichen Betrachtung" vorgenommen wird, sondern nach der sog. „**Zuflusstheorie**". Danach ist Einkommen alles das, was der sozialrechtliche Antragsteller in der Bedarfszeit wertmäßig dazu erhält; demgegenüber ist Vermögen das, was der Bedürftige zu Beginn der Bedarfszeit bereits hatte. Dies ist im Bereich des Sozialhil-

---

99 *Grube/Wahrendorf*, SGB XII Sozialhilfe, 4. Aufl. 2012, Vor § 41 Rn 5; vgl. auch Oestreicher/*Kreiner*, § 42 SGB XII Rn 12, Stand Juni 2006; dazu auch zum Grundsicherungsgesetz, das weitgehend in die §§ 41 ff. SGB XII übernommen wurde, *J. Mayer*, ZEV 2003, 173, 178 m.w.N.
100 Ausführliche Synopse bei *Linhart*, in: Linhart/Adolph, Teil III, B – Hinweise zur Kommentierung, Stand Juni 2005; *Schindler,* in: Ruby/Schindler/Wirich, § 2 Rn 1 ff.
101 *Wahrendorf,* in: Grube/Wahrendorf, SGB XII, 4. Aufl. 2012, § 90 SGB XII Rn 13.
102 Dazu nach altem Recht VGH Mannheim, NJW 1993, 152.

ferechts deshalb besonders relevant, weil es im Bereich des Vermögens doch u.U. nicht unerhebliche Schongrenzen gibt, die für das Einkommen nicht gelten. Für den Bereich der Grundsicherung für Arbeitsuchende hat das BSG die Anwendung der Zuflusstheorie nunmehr bejaht (ausf. siehe Rn 123), aber noch nicht explizit für den Bereich des klassischen Sozialhilferechts; doch wird dies auch für dieses vielfach entsprechend gesehen.[103] Zu den Auswirkungen auf die Vertragsgestaltung siehe Rn 92 ff.

Nach § 91 SGB XII (früher § 89 BSHG) kann Sozialhilfe in der Form eines **Darlehens** gewährt werden, falls der sofortige Verbrauch oder die Verwertung des Vermögens nicht möglich ist oder aber für den Betroffenen eine Härte darstellen würde.[104] § 102 SBG XII sieht unter bestimmten Voraussetzungen eine Kostenerstattungspflicht des Erben wegen der Sozialhilfeleistungen vor, die dem Erblasser in den letzten Jahren vor dem Erbfall gewährt wurden. Aber auch wenn das Kind enterbt wird, kann der Sozialhilfeträger den Grundsatz des Nachrangs der Sozialhilfe durch **Überleitung des Pflichtteilsanspruchs** durchsetzen. Dies gilt auch dann, wenn in Folge einer Pflichtteilsstrafklausel die Pflichtteilsgeltendmachung im ersten Erbfall u.U. dazu führt, dass der behinderte Pflichtteilsberechtigte im zweiten Erbfall die ihm an sich gedachte Schlusserbeneinsetzung verliert.[105] Dass es sich dabei um einen höchstpersönlichen Anspruch handelt, steht dem nicht entgegen, § 93 Abs. 1 S. 4 SGB XII (früher § 90 Abs. 1 S. 4 BSHG), denn die die Pfändung beschränkende Vorschrift des § 852 ZPO gilt hier nicht; insoweit ist der Sozialhilfeträger gegenüber einem normalen Gläubiger privilegiert.[106] Daher ist die Überleitung auch möglich, wenn der Berechtigte selbst den Pflichtteil noch gar nicht geltend gemacht hat.[107] Setzen sich Ehegatten gegenseitig zu Erben ein, so ist daher zu beachten, dass dann bereits nach dem ersten Todesfall ein Pflichtteilsanspruch des Kindes entsteht und damit übergeleitet werden kann.[108]

50

2. Gestaltungsüberlegung: Erbschaftslösung

a) Die maßgeblichen Anordnungen

Es wurden daher verschiedene erbrechtliche Gestaltungen überlegt, um einen Zugriff des Sozialhilfeträgers auszuschließen.[109] Dabei handelt es sich um durchweg sehr komplexe und

51

---

103 Ohne jede Differenzierung *Schindler*, in: Ruby/Schindler/Wirich, § 2 Rn 12 f.; *Doering-Striening*, ErbR 2009, 362, 364; *dies.*, ZErb 2014, 105, 108 f.; eingehend dazu *Wahrendorf*, in: Grube/Wahrendorf, 4. Aufl. 2012, § 82 SGB XII Rn 8 ff.
104 Zur Frage der Rückabwicklung eines nach § 89 BSHG gewährten sozialhilferechtlichen Darlehens durch Verwaltungsakt und der Vollstreckung gegenüber dem Erben siehe OVG Münster v. 6.9.2000, AZ 16 B 941/00.
105 Für einschränkende Auslegung, dass in diesem Fall die Pflichtteilsstrafklausel nicht gelten soll: BGH, NJW-RR 2005, 369 = ZEV 2005, 117 m. abl. Anm. *Muscheler* und bereits vorher OLG Karlsruhe ZEV 2004, 26 m. Anm. *Spall* = RNotZ 2004, 95 = RdLH 2004, 33 m. Anm. *Heinz-Grimm*; a.A. LG Konstanz MittBayNot 2003, 398 m. Anm. *Spall*.
106 BGH, NJW-RR 2005, 369 = ZEV 2005, 117 m. abl. Anm. *Muscheler*; bestätigt von BGH, NJW-RR 2006, 223; *May*, S. 26 f. sowie S. 99 ff.; dagegen a.M. zu Recht *Muscheler*, Universalsukzession, S. 235 f.; *Eberl-Borges/Schüttlöffel*, FamRZ 2006, 589, 597; Bamberger/Roth/*J. Mayer*, § 2317 Rn 9; zu den Regressmöglichkeiten nach „Hartz IV" siehe etwa *Hußmann*, ZEV 2005, 54; *Chr. Müller*, Der Rückgriff gegen Angehörige von Sozialleistungsempfängern, 4. Aufl. 2004.
107 So jetzt BGH, NJW-RR 2005, 369 = ZEV 2005, 117 m. abl. Anm. *Muscheler*; gegen BayObLG FGPrax 2003, 268; wie der BGH bereits *Reimann*, DNotZ 1992, 246.
108 Hieran knüpft der Formulierungsvorschlag von *Bengel*, in: Reimann/Bengel/*J. Mayer*, Formulare, Rn 79 an, der eine sofortige Erbeinsetzung des behinderten Kindes nach dem ersten Todesfall vorsieht.
109 Dazu etwa *Bengel*, ZEV 1994, 29 ff.; *Weirich*, Rn 678 ff.; *Krauß*, Vermögensnachfolge, Rn 5088 ff.

schwierige Gestaltungen, die auch ein nicht zu unterschätzendes Fehlerpotential für den Kautelarjuristen enthalten,[110] die zu einer u.U. erheblichen Haftung führen können. Die mittlerweile **klassische Lösung** geht von einer Erbeinsetzung des behinderten Kindes aus. Während früher wegen der nach § 2306 Abs. 1 S. 1 BGB a.f. sonst eintretenden Nichtigkeit der belastenden Anordnungen das behinderte Kind mit einem Erbteil bedacht werden musste, der zumindest geringfügig über dem gesetzlichen Pflichtteil lag, ist dies nach der Erbrechtsreform seit dem 1.1.2010 zwar nicht mehr notwendig (siehe § 1 Rn 5), aber empfehlenswert, damit der pflichtteilsberechtigte Erbe die belastete Erbschaft nicht ausschlägt und auch kein Pflichtteilsrestanspruch entsteht, der auf den Sozialhilfeträger übergeleitet werden könnte. Der Behinderte wird jedoch nur zum nicht befreiten Vorerben eingesetzt. Dadurch wird erreicht, dass der ererbte Nachlassanteil von ihm nicht verwertet und daher auch nicht im sozialhilferechtlichen Sinne eingesetzt werden kann. Zugleich soll dadurch verhindert werden, dass dies auch dann gilt, wenn die nachstehend angeordnete Verwaltungsanordnung für die Testamentsvollstreckung von der Rechtsprechung nicht anerkannt wird.[111] Als Nacherben werden die Abkömmlinge des behinderten Kindes, falls keine vorhanden, seine Geschwister oder andere Verwandte eingesetzt. Bezüglich der Nacherbeneinsetzung ist insbesondere die Verbotsnorm des § 14 HeimG bzw. der landesrechtlichen Nachfolgeregelung hierzu zu beachten (siehe auch Rn 89).[112] Wenn daher der Behinderte in einem Heim untergebracht ist, sollten daher weder der Heimträger noch der Heimleiter oder sonstige Mitarbeit des Heims als Nacherben eingesetzt werden.[113]

52 Der Nacherbfall tritt mit dem Tod des Vorerben ein. Für den Erbteil des Behinderten wird eine **Dauertestamentsvollstreckung** bis zu seinem Tod angeordnet (§ 2209 BGB). Durch die damit für die Gläubiger entstehende Zugriffssperre nach § 2214 BGB ist auch eine sozialhilferechtliche Verwertung der Erbschaft des Behinderten ausgeschlossen.[114] Zum Testamentsvollstrecker wird eine dem Behinderten besonders verbundene Person bestellt. Auch hier sind vorsorglich die Verbotsnorm des § 14 HeimG bzw. die an dessen Stelle tretenden landesrechtlichen Bestimmungen zu beachten und es ist die Einsetzung des Heimleiters oder eines anderen der Verbotsadressaten dieser Norm zu vermeiden.[115]

53 Im Rahmen einer eingehenden **Verwaltungsanordnung** nach § 2216 Abs. 2 S. 1 BGB erteilt der Erblasser dem Testamentsvollstrecker umfangreiche Anweisungen. Dabei sind **zwei Dinge** zu beachten: Zum einen geht es um die Sicherung des **primären Gestaltungsziels**, durch welches das Behindertentestament erst seine innere Rechtfertigung erhält, nämlich dass der Behinderte eine wesentliche **Verbesserung seiner Lebensqualität** erfährt (eingehend dazu siehe Rn 87 f.). Zum anderen sind zur Erreichung dieses Zwecks entsprechende Anordnungen zu treffen, wonach aus den Erträgen seines Erbteils dem Behinderten nur

---

110 Anschauliche Darstellung häufiger Fehler etwa bei *Ruby*, ZEV 2006, 66; *Klinger/Ruby*, NJW-Spezial 2006, 109.
111 DNotI-Report 1996, 53; *Bengel/Dietz*, in: Bengel/Reimann, V Rn 427; demgegenüber hält *Wegmann*, FAErbR 2005, 32 eine Befreiung von den Beschränkungen der §§ 2133, 2134, 2113 Abs. 1, 2114, 2116 bis 2119, 2127 bis 2129 BGB für unbedenklich.
112 Zu berücksichtigen ist dabei allerdings, dass die meisten Bundesländer mittlerweile eigene Heimgesetze erlassen haben, die aber weitgehend inhaltsgleiche Regelungen enthalten; vgl. dazu auch nachstehend Rn 89 und *Krauß*, Vermögensnachfolge, Rn 5265 ff.
113 Eingehend und praxisbezogen zu dieser Problematik *G. Müller*, in: 10 Jahre Deutsches Notarinstitut, 2003, S. 153 ff.
114 Eingehend dazu *Tersteegen*, ZEV 2008, 121.
115 So geht etwa *Rossak* (MittBayNot 1997, 407) davon aus, dass als geldwerte Leistung i.S.d. § 14 HeimG auch die Einsetzung eines Testamentsvollstreckers angesehen werden kann; eingehend dazu *Everts*, ZEV 2006, 544.

Zuwendungen gewährt werden dürfen, die möglichst **nicht auf Sozialleistungen anrechenbar** sind. Dies geschieht, um einerseits Kürzungen der sozialen Leistungen zu vermeiden und andererseits die verbleibenden Erträge dafür zu verwenden, um dem Behinderten darüber hinausgehende Zuwendungen und Förderungen zur Verbesserung seiner Lebensstellung machen zu können. Dabei sollte man nicht zu „punktgenau" formulieren und auf die zur Zeit der Testamentserrichtung gerade geltenden Sozialleistungsgesetze abstellen. So stellten sich derartige Formulierungs- und Auslegungsprobleme durch die Einführung der Grundsicherung für Arbeitsuchende nach dem SGB II (Hartz IV – ALG II) aufgrund der Zweiteilung des Sozialhilferechts, wenngleich es sich auch hierbei der Sache nach um einkommens- und vermögensabhängige Sozialhilfeleistungen im weiteren Sinne handelt, vgl. dazu auch nachstehend Rn 117 ff. zum sog. Bedürftigentestament.

Ein weiterer Regelungsbedarf ergibt sich aus einer neuen Entscheidung des BGH:[116] Denn enthält die Verwaltungsanordnung an den Testamentsvollstrecker keine ausdrückliche Anordnung, dass die für den Behinderten anfallende **Betreuervergütung nicht** aus dem Nachlass entnommen werden darf, kann eine **Auslegung** der Verfügung von Todes wegen ergeben, dass der Testamentsvollstrecker zur Begleichung dieser Vergütung aus den dem Behinderten zustehenden Nachlassmitteln verpflichtet ist. Es ist daher auch diese Frage ausdrücklich zu regeln.

54

Die Einsetzung des Kindes zum **Vorerben** verhindert nach seinem Tod, dass der von den Eltern ererbten Nachlass, auf die gesetzlichen Erben des Behinderten übergeht und damit dem Kostenersatz nach § 102 SGB XII (früher § 92c BSHG) unterliegt, denn der Nacherbe ist gerade nicht Erbe des Vorerben, sondern des eigentlichen Erblassers. *Litzenburger* kritisiert an der Vorerbenlösung zu Recht, dass bei der bisherigen Diskussion des Behindertentestaments die sonstigen Motive der Eltern, die bei der interessengerechten Ausgestaltung gerade eines gemeinschaftlichen Testaments eine große Rolle spielen, zu wenig erörtert werden. Ausgehend von der Überlegung, dass gerade für den länger lebenden Ehegatten die Erhaltung einer möglichst vollständigen Verfügungsfreiheit über das gemeinsame Vermögen im Vordergrund steht, spricht er sich dafür aus, den Behinderten im ersten Erbfall nur als **Nacherben** einzusetzen.[117] Dabei wird jedoch meines Erachtens verkannt, dass damit der Druck für den Betreuer noch größer wird, die Erbschaft des Behinderten auszuschlagen. Denn da der Nacherbfall u.U. erst nach vielen Jahrzehnten eintreten kann, und gerade wenn der Längerlebende sogar zum befreiten Vorerben eingesetzt wird, besteht für den Behinderten u.U. nur wenig Hoffnung, nach Eintritt des Nacherbfalls noch einen werthaltigen Nachlass zu erhalten. Schlägt daher der Betreuer des Behinderten nicht aus und verlangt er nicht den Pflichtteil, sieht er sich eines ganz erheblichen Haftungsrisikos ausgesetzt. Zur Ausschlagungsentscheidung des Betreuers im Übrigen siehe Rn 77.

55

Durch die Anordnung der **Testamentsvollstreckung** hinsichtlich des Erbteils des Kindes bleibt auch bei einer geistigen Behinderung des Kindes der Nachlass „handlungsfähig", es bedarf insoweit keiner Betreuerbestellung oder gar betreuungsgerichtlicher Genehmigungen; zugleich werden damit dem Behinderten gehörende einzelne Nachlassgegenstände dem Zugriff von Eigengläubigern des behinderten Kindes entzogen (§§ 2211, 2214 BGB), weshalb es sich dabei auch um kein verwertbares Vermögen i.S.d. § 90 Abs. 1 SGB XII (früher § 88 Abs. 1 BSHG) handelt.[118] Allerdings bleibt sein Erbteil – und i.d.R. erfolgt nur hierauf die Erbeinsetzung – pfändbar, und zwar auch dann, wenn es sich um einen Vorerbteil

56

---

116 NJW 2013, 1879 = ZEV 2013, 337 = MittBayNot 2013, 390 m. Anm. *Teerstegen*.
117 RNotZ 2004, 138, 146.
118 VGH Mannheim NJW 1993, 152; OVG Sachsen FEVS 47, 531; *van de Loo*, NJW 1990, 2855; *Bengel/Dietz*, in: Bengel/Reimann, V Rn 430 f.; *Tersteegen*, ZEV 2008, 121.

J. Mayer

handelt. Jedoch hindert dies nicht die Verfügungsbefugnis des Testamentsvollstreckers, über weitere Nachlassgegenstände – evtl. zusammen mit anderen Miterben – zu verfügen. Zudem erlischt die Pfändung des Erbteils mit Eintritt des Nacherbfalls, da der Nacherbe nicht Rechtsnachfolger des Vorerben ist und damit auch nicht Schuldner des Pfandgläubigers (§ 2139 BGB); gleiches gilt bei der Pfändung einzelner Nachlassgegenstände.[119]

57 Zur Umsetzung dieses Konzepts wird im Anschluss an *Bengel*[120] häufig die nachfolgende **Formulierung** verwendet. Wegen § 2306 Abs. 1 S. 1 BGB a.F. war die Zahl der erbberechtigten Kinder wichtig für die zu treffende Erbeinsetzung. Im Beispielsfall soll von drei Kindern ausgegangen werden, der Sohn Jürgen ist geistig und körperlich schwer behindert. Entscheidend ist die richtige Ausgestaltung der Verwaltungsanordnung nach § 2216 Abs. 2 S. 1 BGB.[121] Ein abschreckendes Beispiel für eine diesbezüglich verunglückte Anordnung ist der Fall von OVG Bautzen,[122] wobei das OVG allerdings eine „*benigna interpretatio*" vorgenommen hat, und damit – zumindest vorläufig (da nur Eilentscheidung) – das Behindertentestament rettete. Hinsichtlich der Zulässigkeit der Verwaltungsanordnung ist noch vieles streitig, insbesondere ob eine vollständige „Thesaurierung" der Erträgnisse möglich ist (siehe Rn 81 ff.).

> **Weiterführende Formulierungsvorschläge: Erbschaftslösung beim Behindertentestament**
> *Bengel/Dietz*, in: Bengel/Reimann, V Rn 436. Weitere Formulierungsvorschläge bei *Tanck/Krug*, § 21 Rn 15; *Tersteegen*, in: Brambring/Mutter, Beck'sches Formularbuch Erbrecht, F. I. 2 (gemeinschaftlichen Testament); *Winkler*, Testamentsvollstrecker, Rn 852a; *Nieder/Otto*, Münchener VertrHdb., VI/2 Form. XVI 19; *Wirich*, in: Ruby/Schindler/Wirich, § 6 Rn 1 (Einzeltestament), Rn 2 (gemeinschaftlichen Testament).

58 Soweit die Möglichkeit besteht, dass die **Behinderung später einmal entfällt,** wird mitunter erwogen, die belastenden Anordnungen unter die **auflösende Bedingung der späteren Heilung** zu stellen, und die entsprechende Bedingung bei Vorlage eines entsprechenden amtsärztlichen Attests eintreten zu lassen. Allerdings ist auch hier zu beachten, dass der Behinderte aufgrund seiner Einsetzung zum aufschiebend bedingten Vollerben ein **Anwartschaftsrecht** besitzt (siehe dazu bereits oben Rn 35). Dieses ist allerdings pfändbar und u.U. wird der Sozialhilfeträger die Sozialhilfe wegen dieses Anwartschaftsrechts nur auf Darlehensbasis gewähren (§ 91 SGB XII, früher § 89 BSHG) und zur Sicherung der Rückzahlung die Verpfändung des Anwartschaftsrechts verlangen.[123] Zudem kann es natürlich über die Frage, ob tatsächlich eine „endgültige Heilung" eingetreten ist, durchaus unterschiedliche Auffassungen geben.

Muster: Erbschaftslösung

Erbeinsetzung

Ich bestimme zu meinen alleinigen und ausschließlichen Erben meine gemeinschaftlichen Abkömmlinge aus meiner Ehe mit meiner jetzigen Ehefrau, einschließlich adoptierter, jedoch mit Ausnahme nichtehelicher Kinder männlicher Nachkommen und ihrer Abkömmlinge, unter sich nach den Regeln der gesetzlichen Erbfolge erster Ordnung zum Zeitpunkt meines Todes.

---

119 *Van de Loo*, NJW 1990, 2853; *Bengel/Dietz*, in: Bengel/Reimann, V Rn 431.
120 In: *Reimann/Bengel/J. Mayer*, Formulare, Rn 79, wobei dieses Muster von einer Erbeinsetzung durch Erbvertrag oder gemeinschaftliches Testament ausgeht.
121 Staudinger/*Reimann*, § 2216 Rn 23.
122 NJW 1997, 2898 = ZEV 1997, 344 = MittBayNot 1998, 127 m. abl. Anm. *Krauß*.
123 DNotI-Gutachten v. 22.1.2004, Az. iv-ra M/I/1 – § 2074 BGB – 46827.

Mein behinderter Sohn Jürgen wird jedoch nur Vorerbe. Grundsätzlich ist er von den Beschränkungen der §§ 2113 ff. BGB nicht befreit. Befreiung wird jedoch erteilt von den Beschränkungen des § 2119 BGB (Pflicht zur mündelsicheren Geldanlage); des Weiteren ist eine Zustimmung des Nacherben zu einer Erbauseinandersetzung nicht erforderlich.

Nacherben auf seinen Tod werden meine anderen vorstehend näher bezeichneten erbberechtigten Abkömmlinge im genannten Anteilsverhältnis. Die Ersatznacherbeneinsetzungen sind jedoch auflösend bedingt für den Fall, dass der entsprechende Nacherbe sein Anwartschaftsrecht auf den Vorerben überträgt, so dass in diesem Fall die diesbezügliche Ersatznacherbfolge erlischt. Im Übrigen ist das Nacherbenanwartschaftsrecht nicht übertragbar und auch nicht vererblich.

Testamentsvollstreckung

Im Hinblick darauf, dass mein Sohn Jürgen wegen seiner Behinderung nicht in der Lage sein wird, seine Angelegenheiten selbst zu besorgen, insbesondere die ihm durch die Erbeinsetzung zufallenden Vermögenswerte selbst zu verwalten, wird hinsichtlich seines Erbteils und dessen Erträge Dauertestamentsvollstreckung (§ 2209 BGB) angeordnet. Aufgabe des Testamentsvollstreckers ist die Verwaltung des meinem Sohn Jürgen zustehenden Erbteils und damit im Zusammenwirken mit den anderen Miterben die Verwaltung des gesamten Nachlasses. Der Testamentsvollstrecker hat dabei alle meinem Sohn Jürgen zustehenden Verwaltungsrechte. Er ist zur Verwaltung des Nachlasses in Gemeinschaft mit den anderen Miterben berechtigt und verpflichtet. Nach Teilung des Nachlasses setzt sich die Testamentsvollstreckung an den dem Vorerben zugewiesenen Vermögenswerten fort.

Es wird folgende verbindliche

Verwaltungsanordnung

nach § 2216 Abs. 2 S. 1 BGB getroffen:

Der Testamentsvollstrecker wird angewiesen, die meinem Sohn Jürgen aufgrund seines Erbteils gebührenden anteiligen jährlichen Reinerträgnisse des Nachlasses ausschließlich so zuzuwenden, dass er hierdurch gegenüber den etwa ihn gewährten **Sozialleistungen** im weitesten Sinne (insbesondere Sozialhilfe, Grundsicherung und ähnliches) eine **Verbesserung seiner Lebensqualität** erfährt. Daher sollen die an meinen behinderten Sohn zur freien Verfügung gemachten Zuwendungen von der Art beschaffen sein, dass sie in keiner Weise auf irgendwelche Sozialleistungen im weitesten Sinn angerechnet oder zur Gegenstand eines Sozialleistungsregresses gemacht werden können.

Unter Beachtung dieser Zielsetzung entscheidet der Testamentsvollstrecker nach seinem freien Ermessen über die Art und Höhe der Zuwendung. Insbesondere kommen folgende Zuwendungen in Betracht:
- Geschenke zu Weihnachten, Ostern und seinem Geburtstag, wobei bei der Auswahl der Geschenke auf die Bedürfnisse und Wünsche meines Sohnes Jürgen ausdrücklich Rücksicht genommen werden muss;
- Zuschüsse zur Finanzierung eines Urlaubs und zur Urlaubsgestaltung, einschließlich der erforderlich werdenden Sach- und Materialkosten und gegebenenfalls Bezahlung einer für die Betreuung erforderlichen Begleitperson;
- Aufwendungen für die Besuche bei Verwandten und Freunden;
- Aufwendungen für die ärztlichen Behandlungen, Heilbehandlungen anderer Art, Therapien, Kuren und Medikamente, soweit diese von der Krankenkasse nicht übernommen werden, so etwa für Zahnersatz, Brillen u.Ä.;
- Anschaffung von Hilfsmitteln und Ausstattungsgegenständen, die von der Krankenkasse nicht oder nicht vollständig bezahlt werden, wobei diese Hilfsmittel von der Qualität und so bemessen und ausgewählt werden, dass sie dem Behinderten optimal dienen können;
- Zuwendungen zur Befriedigung von individuellen Bedürfnissen geistiger und künstlerischer und sonstiger Art sowie zur Befriedigung der persönlichen Bedürfnisse meines Sohnes Jürgen in Bezug auf seine Freizeit, insbesondere zur Ausübung von Hobbys, wobei auf seine körperlichen und geistigen Fähigkeiten ausdrücklich Rücksicht zu nehmen ist;
- Aufwendungen für die zusätzliche Betreuung, so insbesondere bei Spaziergängen, angemessenen Ausflugsfahrten und – soweit dies seinem Zustand angemessen ist – bei Theater- und Konzertbesuchen;

J. Mayer

– Aufwendungen für besondere Anschaffungen des persönlichen Bedarfs des Behinderten, so z.B. für die Einrichtung seines Zimmers, einschließlich Maßnahmen zur Schaffung einer behindertengerechten Wohnung, oder eines Personalcomputers samt Zubehör hierfür.

Für welche dieser Zwecke der jeweilige Reinertrag verwendet werden soll, ob dieser also auf sämtliche genannte Zwecke gleichmäßig oder nach einem bestimmten Schlüssel verteilt oder aber in einem Jahr nur für einen Zweck verwendet werden soll, entscheidet der Testamentsvollstrecker nach seinem freien Ermessen unter Berücksichtigung des Wohls meines Sohnes Jürgen. Können die jährlichen Reinerträgnisse in einem Jahr nicht in voller Höhe in der vorbezeichneten Form meinem Sohn Jürgen direkt zugewendet werden, so sind sie insoweit vom jeweiligen Testamentsvollstrecker gewinnbringend anzulegen, jedoch muss dies nicht in mündelsicherer Form geschehen.

Sind größere Anschaffungen für meinen Sohn Jürgen beabsichtigt, etwa für den Kauf eines Gegenstandes zur Steigerung des Lebensstandards oder eine größere Reise, hat der Testamentsvollstrecker entsprechende Rücklagen zu bilden, die dann zweckentsprechend zu verwenden sind.

Zu einer Begleichung der Vergütung eines Betreuers oder zum Ersatz seiner Auslagen ist der Testamentsvollstrecker jedoch nicht befugt.

Im Übrigen gelten die gesetzlichen Bestimmungen über die Dauervollstreckung.

Zum Testamentsvollstrecker über den Erbteil meines Sohnes Jürgen wird mit dem Recht, einen Nachfolger zu bestimmen ernannt:

Für den Fall, dass dieser vor oder nach Annahme seines Amtes ohne wirksame Bestimmung eines Nachfolgers wegfällt, wird zum Ersatztestamentsvollstrecker mit den gleichen Rechten und Pflichten ernannt:

Sollte auch dieser vor oder nach Antritt des Amtes wegfallen, ohne einen Nachfolger bestimmt zu haben, so wird das zuständige Nachlassgericht ersucht, einen geeigneten Testamentsvollstrecker zu ernennen.

(Es folgen Bestimmungen über die Höhe der Vergütung des Testamentsvollstreckers, gegebenenfalls auch Anordnungen zur Erbauseinandersetzung, siehe dazu Rn 100, zusätzliches Vorausvermächtnis zur Abdeckung eines Pflichtteilsergänzungsanspruchs, siehe Rn 84 ff., Teilwirksamkeit).

b) Die Achillesferse des Behindertentestaments[124]

59 Inwieweit das Behindertentestament in seiner klassischen Ausgestaltung mit Vor- und Nacherbschaft und Testamentsvollstreckung das hält, was es verspricht,[125] hängt von der Klärung der folgenden Rechtsfragen ab:

aa) Sittenwidrigkeit des Behindertentestaments

(1) Grundsätzliches

60 Am Anfang der Diskussionen zur Zulässigkeit des Behindertentestaments stand die Frage, ob dieses eine **sittenwidrige** und daher nach § 138 BGB nichtige Gestaltung zu Lasten der Sozialhilfe und der öffentlichen Hand darstellt, weil dadurch insbesondere das **sozialhilferechtliche Nachrangprinzip** in sein Gegenteil verkehrt wird. Der BGH hat dies bereits

---

[124] Vgl. dazu auch *Schindler*, in: Ruby/Schindler/Wirich, § 3 Rn 35 ff.; *Krauß*, Vermögensnachfolge, Rn 5156 ff.
[125] Äußerst krit. hierzu aus sozialhilferechtlicher Sicht *Eichenhofer*, ZfSH/SGB 1991, 348, 353 f.

relativ früh in zwei Entscheidungen verneint.[126] Gerechtfertigt wird dies insbesondere mit dem Grundsatz der Testierfreiheit, der zwar nicht schrankenlos gelte, jedoch sichere das Pflichtteilsrecht (§§ 2303 ff. BGB) bereits in ausreichender Weise die Mindestbeteiligung der nächsten Angehörigen am Nachlass.[127] Zudem entspreche es gerade der sittlichen Verantwortung der Eltern für ihre behinderten Kinder, wenn sie versuchen, diesen möglichst zusätzliche Leistungen über die Standardleistungen der Sozialhilfe hinaus zukommen zu lassen.[128] Auch von einer sittenwidrigen **Vereitelung des Zugriffs des Sozialhilfeträgers** auf den Nachlass kann nicht gesprochen werden,[129] denn es besteht keine Verpflichtung der Eltern von Behinderten, diesen entsprechendes Vermögen zu hinterlassen. Bei volljährigen Hilfeempfängern gehören zudem die Eltern nicht einmal zur sozialhilferechtlichen Einsatzgemeinschaft i.S.v. § 19 SGB XII.[130] Auch wird durch das Behindertentestament der sozialhilferechtliche Nachranggrundsatz (§§ 9 SGB I, 2 SGB XII) nicht in sittenwidriger Weise unterlaufen. Denn dieser wird in seiner gesetzlichen Ausgestaltung schon in mehrfacher

---

126 BGH Urt. v. 21.3.1990 = BGHZ 111, 36 = NJW 1990, 2055 = DNotZ 1992, 241 m. Anm. *Reimann*; 20.10.1993 = BGHZ 123, 368 = NJW 1994, 248 = DNotZ 1994, 380; bestätigt von BGH NJW-RR 2006, 223. Für eine unzulässige Umgehung des Nachranggrundsatzes hält dies aber *Sack*, in: Staudinger, 2003, § 138 Rn 365; krit. auch *Mayer-Maly*, AcP 1994 (1994) 105, 146; MüKo/*Armbrüster*, § 138 Rn 45; MüKo/*Zimmermann*, § 2214 Rn 3: „Die Frage der Sittenwidrigkeit drängt sich auf; ..."; ebenso *Köndgen*, EWiR 1990, 545, 546: „Der Kern erbrechtlicher Rechtsfiguren darf nicht zum Spielmaterial findiger Kautelarjuristen werden ... Offenbar ein Meisterstück der Kautelarjurisprudenz – aber fürwahr kein Meisterstück der Rechtsprechung." Eine Sittenwidrigkeit nahm auch LG Konstanz FamRZ 1992, 360 (m. abl. Anm. *Kuchinke*) als erste Instanz des vom BGH am 20.10.1993 entschiedenen Falls an, ebenso LG Flensburg vom 1.9.1992 = NJW 1993, 1866 bei einer Erbeinsetzung eines Dritten anstelle des behinderten Kindes mit dem Ziel, das Erbe dem Zugriff des Sozialhilfeträgers zu entziehen; ebenfalls für Sittenwidrigkeit wegen Verstoßes gegen das Subsidiaritätsprinzip *Kaden*, S. 119, 124 ff.; differenzierend für Sittenwidrigkeit, wenn dadurch das behinderte Kind in stigmatisierender bis diskriminierender Weise zum Sozialhilfeempfänger werde, *J. Mayer*, DNotZ 1994, 347, 351, dagegen *Wietek*, S. 61 und *Juchem*, S. 173 mit dem Argument, dass in der heutigen Gesellschaft ein Sozialhilfebezug nicht mehr so empfunden werde. Die Sittenwidrigkeit verneinen dagegen generell etwa *May*, S. 56 ff., 62; *Karpen*, MittRhNotK 198, 131, 132; *Krampe*, AcP 191 (1991), 526, 561; *Kuchinke*, FamRZ 1992, 362; *Nieder*, NJW 1994, 1264; *Pieroth*, NJW 1993, 173, 178; *Krauß*, Vermögensnachfolge, Rn 5255 ff.; *Reimann*, DNotZ 1992, 241, 246; *van de Loo*, NJW 1990, 2852, 2857; *Tersteegen*, ZEV 2008, 121, 124; *Nieder/Kössinger*, § 21 Rn 103; *von Proff*, RNotZ 2012, 272, 281 und jetzt auch *Sack/Fischinger*, in: Staudinger, 2011, § 138 Rn 462, mit zutr. Arg., dass das Subsidiaritätsprinzip nur das Verhältnis des Sozialleistungsträgers zum Sozialleistungsempfänger betrifft; ausf. zum Streitstand *Deinert*, S. 431 ff. der das Problem über das von ihm entwickelte Akzeptanzprinzip lösen will, wonach das Sozialrecht den privatrechtlichen Rechtsgeschäften die Anerkennung nicht versagen darf, wenn nicht ein zwingender Ausnahmefall vorliegt, was hier nicht der Fall sei (S. 439 ff.).
127 BGHZ 111, 36, 39 f.; *Settergren*, S. 86.
128 BGHZ 111, 36, 40; zust. *Engelmann*, MittBayNot 1999, 509, 514; Staudinger/*Otte*, Vorbem. §§ 2064 ff. Rn 174; *Kübler*, S. 56 ff.; *Lambrecht*, S. 77.
129 In diesem Sinne *Raiser*, MDR 1995, 237; dagegen etwa *Deinert*, S. 432 f.
130 BGHZ 123, 368, 374 ff.

Hinsicht durchbrochen, so dass dieser seine prägende Wirkung ohnehin verloren habe.[131, 132] Einer verfassungsrechtlichen Verankerung des Subsidiaritätsprinzips lässt sich jedenfalls entgegenhalten, dass dieses allenfalls als Funktionsbedingung einer gerechten Sozialordnung aus dem Sozialstaatsprinzip des Art. 20 Abs. 1 GG abgeleitet werden kann und daher zwar zur Begrenzung sozialer Leistungen, nicht aber zur Rechtfertigung von Eingriffen in das Eigentum und damit auch der Testierfreiheit herangezogen werden darf.[133] Der BGH meint jedenfalls, dass von Eltern behinderter Kinder nicht verlangt werden kann, dass sie ihre sittliche Verantwortung für das Wohl des Kindes den Interessen der öffentlichen Hand an einer Teildeckung ihrer Kosten unterordnen. Nach seiner Auffassung konnten bereits im Jahre 1999 die durch das Behindertentestament dem Behinderten zugewandten Vorteile bei einem Absinken des damals erreichten Sozialhilfestandards für den Behinderten zunehmend noch wichtiger werden. Vielmehr ergäbe sich aus § 43 Abs. 2 BSHG a.F. (jetzt § 92 SGB XII), dass der Gesetzgeber nicht allein die Familie zur Tragung der durch die Betreuung des Behinderten entstehenden Kosten verpflichtet ansehe.[134] Auch bestehe keine für die Annahme einer Sittenwidrigkeit erforderliche allgemeine Überzeugung, dass die Eltern ihrem behinderten Kind Vermögen hinterlassen müssten, damit es nicht ausschließlich der Allgemeinheit zur Last falle.[135] Schließlich sei die Rechtsprechung zur Sittenwidrigkeit von Verzichten auf den nachehelichen Unterhalt[136] auf das Behindertentestament nicht übertragbar, mit der Folge, dass sich hieraus die Nichtigkeit der Verfügung von Todes wegen ergäbe: Dort gehe es darum, dass der Unterhaltsberechtigte selbst eine mögliche Erwerbsquelle „verschütte", während dem behinderten Kind über den Pflichtteil hinaus, der durch die Verfügung von Todes wegen nicht beeinträchtigt werde, kein weitergehendes Recht am Nachlass zustehe.[137]

61 Allerdings klingen in der ersten wie aber auch in der zweiten Entscheidung des BGH[138] Überlegungen an, dass u.U. bei sehr großen Nachlässen, aus denen der Behinderte seinen Lebensunterhalt bestreiten kann, die Sache anders gesehen werden könnte, insbesondere wenn allein aus dem Pflichtteil die Sicherstellung der Versorgung des Behinderten möglich

---

131 BGHZ 111, 32, 42; BGHZ 123, 368, 376; OVG Bautzen, NJW 1997, 2898, 2900; *van de Loo*, MittRhNotK 1989, 233, 235 f.; *Bengel*, ZEV 1994, 29; *Wietek*, Verfügungen, S. 65 ff.; *Lambrecht*, S. 103 ff., 117 f.; zu den Einzelheiten der Durchbrechung dieses Grundsatzes siehe auch *Pieroth*, in: Heinz-Grimm/Krampe/Pieroth, Testamente zugunsten von Menschen mit geistiger Behinderung, S. 25, 34; *Engelmann*, MittBayNot 1999, 509, 516 f.; gegen diese „grob fokusierende" Argumentation (so *Deinert*, S. 434) unter Rückbesinnung auf den Kern des Grundsatzes aber aber etwa *Eichenhofer*, JZ 1999, 226, 231; *J. Mayer*, DNotZ 1994, 347, 353; *Schumacher*, S. 105 ff.; für Sittenwidrigkeit, weil das Nachrangprinzip als gesetzliches Verbot anzusehen sei, *Kaden*, S. 119, 124 ff.
132 Überblick zum Nachranggrundsatz etwa bei *von Proff*, RNotZ 2012, 272, 274; *Vaupel*, RNotZ 2009, 497, 499 ff.
133 *Pieroth*, NJW 1993, 173, 175; *Pieroth*, in: Heinz-Grimm/Krampe/Pieroth, Testamente zugunsten von Menschen mit geistiger Behinderung, S. 25, 30; ausführlich zu diesen Überlegungen *Settergren*, S. 64, 67 f.; *Juchem*, S. 142.
134 BGHZ 111, 32, 42; BGHZ 123, 368, 373 f.; vgl. auch OVG Bautzen, NJW 1997, 2898, 2300; VG Lüneburg, NJW 2000, 1885, 1887; iE ebenso *Quambusch*, ZfSH/SGB 2000, 707, 713.
135 BGHZ 123, 368, 378.
136 Dazu etwa BGHZ 86, 82, 86; BGH, NJW 1987, 1546, 1548.
137 BGHZ 111, 32, 41; zust. etwa *Engelmann*, MittBayNot 1999, 509, 515; *Lambrecht*, S. 83; *Kübler*, S. 75; *Wietek*, S. 91; a.M. etwa *Eichenhofer*, JZ 1999, 226, 231: in beiden Fällen sei der tragende Gedanke, dass eine privatrechtliche Gestaltung zu Lasten der Allgemeinheit eingesetzt werde.
138 BGHZ 111, 32, 41; BGHZ 123, 368, 371; vgl. VG Lüneburg, NJW 2000, 1885, 1887; siehe auch *Nieder*, NJW 1994, 1264, 1266; *A. Schmitt*, S. 189.

wäre.[139] Es wird daher eine **Nachlassobergrenze** für derartige Gestaltungen geben.[140] Wo diese liegt, ist allerdings offen.[141] *Kornexl* will darauf abstellen, ob die Erträge der Nachlassbeteiligung so groß sind, dass damit nicht nur der primär angestrebte „angemessene Luxus", sondern zusätzlich auch die Grundversorgung des Behinderten finanziert werden kann, denn in einem solchen Fall wäre die Verwaltungsanordnung weder zum Erreichen des primären noch des sekundären Gestaltungsziels erforderlich.[142] *Spall* befürchtet, dass zumindest die für den Testamentsvollstrecker verfügte Verwaltungsanordnung nach § 2216 BGB wegen § 138 BGB nichtig sein könnte, wenn die Versorgung des Behinderten allein mit seinem Pflichtteil sichergestellt wäre.[143]

Gegen die Sittenwidrigkeit des Behindertentestaments und für die Fortführung der diesbezüglichen Rechtsprechung des BGH[144] bei der **Erbschaftslösung** hat sich RiBGH *Wendt* immer wieder sehr dezidiert ausgesprochen, insbesondere auch anlässlich eines Vortrags auf der Gründungsveranstaltung des **Rheinischen Instituts für Notarrecht** der Universität Bonn.[145] Das Sozialhilferecht enthalte weder ein gesetzliches Verbot einer solchen Gestaltung der Erbfolge noch einen Schutzzweck des Inhalts, dem Träger der Sozialhilfe müsse der Zugriff auf das Vermögen der Eltern eines Behinderten spätestens mit dessen Tod gesichert werden. Auch die Existenzsicherung der Gesellschaft durch Kinder müsse in die sittliche Bewertung einfließen, sodass für die nicht aufhörenden „Sittenwidrigkeitsnörgeleien" durch Sozialhilfeträger kein Verständnis bestehe. An dieser Beurteilung habe sich auch durch die Senatsentscheidungen v. 8.12.2004 und 19.10.2005[146] im Grundsatz nichts geändert. Das Sozialrecht enthalte zwar anerkanntermaßen ein Subsidiaritätsgebot, nicht aber ein striktes Verbot, Rechte auszuüben, welche der Verbesserung der Lebenssituation von Behinderten dienten. Ausdrücklich betont wurde allerdings, dass ein expliziter Vorteil

62

---

139 Für Sittenwidrigkeit aus Billigkeitsgründen, weil dem Refinanzierungsinteresse des Staates in diesen Fällen keine Beeinträchtigung für das Kind und keine erhebliche Verringerung es Vermögens entgegenstünde, *Quambusch*, ZfSH/SGB 2000, 707, 713.
140 A.A. aber – in Verkennung der BGH-Entscheidungen: *Settergren*, S. 109 ff.; *Engelmann*, MittBayNot 1999, 509, 517; *Krampe*, AcP 191 (1991), 526, 560: das zentrale Argument des BGH sei, dass das Testament nicht in bestehende Rechte eingreife; ebenso halten die Nachlassgröße für unbeachtlich *Tersteegen*, ZErb 2013, 141, 143 unter Bezug auf eine Entscheidung des LSG Hamburg; *Dreher/Görner*, NJW 2011, 1761, 1764 und nunmehr auch *Wendt*, ZErb 2012, 313, 316; wie hier aber MAH Erbrecht/*Bengel/Spall*, § 41 Rn 40; *von Proff*, RNotZ 2012, 272, 278, 281; *Kornexl*, Rn 359 ff.; *Zimmer*, ZEV 2011, 262, 263; wohl auch *Nieder/Kössinger*, § 21 Rn 103; *G. Müller*, in: Würzburger Notarhandbuch, Teil 4 Kap. 1 Rn 395; zur Vorsicht rät auch *Schindler*, in: Ruby/Schindler/Wirich, § 3 Rn 74 ff.; zutr. ist zumindest die Feststellung von *May*, S. 60 f., wonach die Größe des Nachlasses als mitbestimmender Faktor bei der Beurteilung der Sittenwidrigkeit eine Rolle spielt.
141 Nur *Grziwotz*, FamRB 2005, 272, 274 quantifiziert dies und meint, dass „höhere Vermögen über ca. 500.000 Euro" die Rechtslage problematisch werden könnte.
142 *Kornexl*, Rn 361; auch *Krauß*, Vermögensnachfolge, Rn 5260 sieht bei solchen Nachlässen ein Problem, wenn bereits der dem Behinderten gebührende Pflichtteil dessen Versorgung auf Lebenszeit sicherstellen würde.
143 *Spall*, S. 3; noch weiter gehend MüKo/*Zimmermann*, § 2214 Rn 3, wonach die Anweisung an den Testamentsvollstrecker dem Leistungsempfänger nur solche Beträge herauszugeben, die nicht auf Sozialleistungen angerechnet werden, sittenwidrig sei.
144 BGHZ 111, 36 = DNotZ 1992, 241; BGHZ 123, 183 = DNotZ 1994, 780.
145 Veröffentlicht in ZNotP 2008, 2, 7; vgl. dazu den Tagungsbericht von *Gsänger/Souren*, DNotZ 2007, 3, 6 f.
146 IV ZR 235/03, NJW-RR 2006, 223 = FamRZ 2006, 194 = MittBayNot 2006, 340 = NotBZ 2006, 175 = ZErb 2006, 53.

des Behinderten aus der Verfügung ersichtlich sein muss. Eine Obergrenze, ab der eine Sittenwidrigkeit anzunehmen sei, besteht daher nach Ansicht von *Wendt* nicht.[147]

(2) Neuere Entwicklung aufgrund der sog. negativen Erbenfreiheit

(a) Die Entscheidung des BGH hierzu

63 In seiner Entscheidung vom 19.1.2011[148] hatte sich der Erbrechtssenat BGH mit der **Sittenwidrigkeit** eines **Pflichtteilsverzichts**, der im Zusammenhang mit einem Behindertentestament abgegeben wurde, zu befassen. Kurz vor Eintritt des Erbfalls hatte eine körperbehinderte Sozialhilfeempfängerin ohne Gegenleistung auf ihren gesetzlichen Pflichtteil gegenüber dem Erstversterbenden ihrer Eltern verzichtet. Der Sozialhilfeträger hatte nach Eintritt des Erbfalls die Sittenwidrigkeit des Pflichtteilsverzichts geltend gemacht und den deswegen angeblich noch bestehenden Pflichtteilsanspruch übergeleitet. Demgegenüber hat der BGH festgestellt, dass ein Pflichtteilsverzicht eines behinderten Sozialleistungsbeziehers grundsätzlich nicht sittenwidrig ist. Die Entscheidung ist sehr umfangreich und ausführlich begründet. Insbesondere konnte der BGH nicht feststellen, dass in solchen Fällen ein Verstoß gegen eine übergeordnete Werteordnung vorliege. Dabei stellt der BGH seine neue Entscheidung in eine **Kontinuität zur Rspr. dieses Senats** zur **grundsätzlichen Wirksamkeit** des sog. Behindertentestaments.[149] Dabei betont er abermals, dass der Nachranggrundsatz des Sozialhilferechts (§ 2 SGB XII), mit dessen Verletzung vor allem die Sozialhilfeträger die Sittenwidrigkeit solcher Gestaltungen begründet hatten, im Sozialhilferecht selbst vielfach durchbrochen werde und damit seine prägende Kraft verloren habe.

64 Jedoch weist der BGH am Ende seiner Entscheidung darauf hin, dass auch dann, wenn ein Pflichtteilsverzicht eines Sozialleistungsbeziehers wirksam sei, u.U. **sozialhilferechtliche Sanktionsmöglichkeiten** für den Sozialhilfeträger bestehen können (etwa nach § 26 Abs. 1 S. 1 Nr. 1 SGB XII, § 31 Abs. 4 Nr. 1 SGB II). Allerdings ist im einschlägigen Schrifttum bis dahin stark bezweifelt worden, ob diese Sanktionsvorschriften auf einen Erb- oder Pflichtteilsverzicht anwendbar sind.[150] Die Sozialhilfeträger werden jedoch diesen Hinweis gerne aufgreifen und verstärkt diese Instrumente anzuwenden versuchen. Insoweit gibt die BGH-Entscheidung den Betroffenen „mehr Steine als Brot."

65 In einem sehr ausführlichen „obiter dictum" setzt sich der Senat in seiner Grundsatzentscheidung auch mit der Zulässigkeit des Behindertentestaments auseinander[151] und verneint insbes. die Möglichkeit der **Überleitbarkeit des Ausschlagungsrechts** des behinderten pflichtteilsberechtigten Erben nach § 2306 Abs. 1 BGB auf den Sozialhilfeträger, so dass die meisten Urteilsanmerkungen in der Entscheidung eine weitere Absicherung des in der Praxis weitverbreiteten **Behindertentestaments**, zumindest in der Form der Erbschaftslösung, sehen.[152] Die tragende Überlegung des BGH zur sog. negativen Erbfreiheit spricht

---

147 Hierauf weisen *Schindler*, in: Ruby/Schindler/Wirich, § 3 Rn 77 nochmals ausdrücklich hin.
148 BGHZ 188, 96 = NJW 2011, 1586 = FamRZ 2011, 472 = DNotZ 2011, 381 m. Anm. *Ivo* = ZEV 2011, 258 m. Anm. *Zimmer* = ZErb 2011, 117 m. Anm. *Kleensang*; dazu auch *Leipold*, ZEV 2011, 528; *Dreher/Gönner*, NJW 2011, 1761; *Spall*, MittBayNot 2012, 141; *Wendt*, ZNotP 2011, 362; *Röthel*, LMK 2011, 317533; *Ihrig*, NotBZ 2011, 345; *von Proff*, RNotZ 2012, 272.
149 BGHZ 111, 36, 42 ff.; 123, 368, 376.
150 Zurückhaltend etwa *Krauß*, Überlassungsverträge, 2. Aufl., Rn 82; ablehnend auch nach der BGH-Entscheidung vom 11.1.2011 nach wie vor *von Proff*, RNotZ 2012, 272, 277.
151 BGHZ 188, 96, 99 ff., Rn 12 ff. = NJW 2011, 1586.
152 So etwa *Zimmer*, ZEV 2011, 262 f.; *Ivo*, DNotZ 2011, 387 f.; *von Proff*, RNotZ 2012, 272 mit sehr ausführlicher, praxisbezogener Darstellung.

aber auch für die **Vermächtnislösung**:[153] Damit dem Behinderten seine negative Erbfreiheit nicht entzogen werden kann, muss es auch hier möglich sein, dass dieser allein und ohne jeden Einfluss durch den Sozialleistungsträger darüber entscheidet, ob er nach § 2307 Abs. 1 BGB das Vermächtnis ausschlägt. Dabei betont der BGH ausdrücklich, dass das Recht des Behinderten zu verhindern, dass ihm ein erbrechtlicher Erwerb „aufdrängt" wird, nicht nur hinsichtlich der Erbenstellung, sondern auch hinsichtlich von Vermächtnis- und Pflichtteilsansprüchen besteht.[154]

In der Praxis wird trotz dieser im Grundsatz für die Kautelarpraxis günstigen Entscheidung ein **„flankierender Pflichtteilsverzicht"** im Zusammenhang mit einem **Behindertentestament** kaum vorkommen. Zwar wäre dieser dem Grundsatz nach sinnvoll, um das Ausschlagungsrecht des pflichtteilsberechtigen Erben nach § 2306 Abs. 1 BGB auszuschalten. Jedoch wird in den meisten Fällen ein Behindertentestament bei geistig behinderten Pflichtteilsberechtigten gewählt, die wegen ihrer fehlenden Geschäftsfähigkeit keinen Pflichtteilsverzicht erklären können. Und die dann erforderliche familien- oder betreuungsgerichtliche Genehmigung nach § 2347 BGB ist i.d.R. nicht einfach und nur unter erheblichen Auflagen zu erreichen.

66

Der **Familienrechtssenat** des BGH hat in seinem Beschl. vom 27.3.2013[155] ebenfalls nochmals bestätigt, dass das Behindertentestament in der Form des Erbschaftslösung mit einer angeordneten Testamentsvollstreckung nicht sittenwidrig ist, sondern Ausdruck der sittlich anzuerkennenden Sorge für das Wohl des Kindes über den Tod der Eltern hinaus. Es werden jedoch hierzu keine weiteren Ausführungen gemacht; auf die Rechtsfigur der „negativen Erbenfreiheit" wird überhaupt nicht eingegangen.

67

(b) Die Diskussion zur „negativen Erbenfreiheit" in der Literatur

Bereits die vorinstanzliche Entscheidung zu dem Urteil des BGH vom 19.1.2011,[156] mit dem der BGH die Rechtsfigur der bis dahin nicht gekannten negativen Erbfreiheit kreiert hat, nämlich das Urteil des OLG Köln,[157] aber auch ein grundsätzlicher Aufsatz von *Dutta*[158] hat die Diskussion der Sittenwidrigkeit zivilrechtlicher Gestaltungen im sozialhilferechtlichen Kontext wiederbelebt,[159] die am Beispiel des Behindertentestaments naturgemäß kumuliert. Die **Positionen** in einer *„hitzigen Diskussion"*[160] sind klar aufgestellt. So formuliert etwa *Dutta*, dass es „purer Hohn" wäre, wenn durch einen Pflichtteilsverzicht des behinderten Kindes „die öffentliche Hand ein zweites Mal zur Kasse" gebeten werden könnte.[161] Demgegenüber verteidigt Richter am BGH *Wendt* „seine Entscheidung" zur negativen Erbfreiheit heftig und stellt zutreffend fest, dass das Sozialrecht selbst die Regressmöglichkeiten der Sozialhilfeträger durch seine positiv-gesetzlichen Normen festlegt.[162] Es könne nicht Aufgabe des § 138 Abs. 1 BGB sein, einen sozialhilferechtlichen „ordre public" zu schaffen, den der Gesetzgeber der Sozialgesetze nicht explizit festgelegt hat. Ein legislati-

68

---

153 *von Proff*, RNotZ 2012, 272, 278; *Dreher/Görner*, NJW 2011, 1761, 1764.
154 BGHZ 188, 96, Rn 27; zutr. Hinw. von *von Proff*, RNotZ 2012, 272, 278.
155 NJW 2013, 1879 = ZEV 2013, 337 = MittBayNot 2013, 390 m. Anm. *Teerstegen*.
156 IV ZR 7/10, BGHZ 188, 96 = DNotZ 2011, 381.
157 ZErb 2010, 56 = FamRZ 2010, 838 m. Anm. *Dutta* = ZEV 2010, 87 m. krit. Anm. von *Armbrüster*, ZEV 2010, 85, 88; hiergegen *Bengel/Spall*, ZEV 2010, 195, 196.
158 AcP 209 (2009), 760.
159 Ausführlich und zusammenfassend jetzt *Spall*, MittBayNot 2014, 211.
160 *Menzel*, MittBayNot 2013, 289, 292 mit im Übrigen eigener guter Darstellung und Problemlösung.
161 *Dutta*, AcP 209 (2009), 760, 787.
162 ZErb 2012, 262 ff.; 313, 320.

ves Defizit gehe daher zu Lasten des Sozialhilfeträgers. In einer allerdings überzogenen Diktion gipfelt dies in dem Vorwurf, dass Bedenken gegen manche erbrechtliche Gestaltungen als *„Sittenwidrigkeitsnörgeleien"* künftig kein Gehör mehr finden sollten.[163]

Armbrüster, der immerhin im MüKo zum BGB den § 138 erläutert, ist der Hauptvertreter der konservativen, restriktiveren Ansicht. Gestaltungen, wie insbesondere das Behindertentestament oder Pflichtteilsverzichte, durch die objektiv ein ansonsten möglicher Zugriff des Sozialhilfeträgers vereitelt werde, nähmen diese Folgen **nicht** nur gleichsam als **Reflex** hin. Vielmehr **zielten** sie regelmäßig auf diese Benachteiligung der Rechte des Sozialleistungsträgers. Zwar sei die Sorge für das Wohl des behinderten Kindes ein anerkennenswertes **individuelles Motiv**, aber dessen Verfolgung verdiene **nicht ohne weiteres den Vorrang** gegenüber den Interessen der Allgemeinheit. Für die erforderliche Abwägungsentscheidung bringt er dann einen Argument aus der **Normenhierarchie**: § 138 Abs. 1 BGB stehe auf derselben Stufe wie die Bestimmungen des Erbrechts, von denen mit den hier fraglichen Gestaltungen, etwa des Pflichtteilsverzichts und des Testamentsrechts Gebrauch gemacht wird. Aber das Erbrecht sei kein rechtsfreier Raum unterhalb des § 138 Abs. 1 BGB. Daher erscheint *Armbrüster* das Behindertentestament in seiner gängigen Gestaltung als bedenklich. Auf alle Fälle sei der **Gesetzgeber gefordert**, im Interesse der Rechtssicherheit und der Regelungskonsistenz umfassend festzulegen, unter welchen Voraussetzungen erbrechtliche Rechtsgeschäfte gegen den Nachrang der Sozialhilfe verstießen. Im Steuerrecht hat er dies durch die Einführung des § 42 AO bereits verwirklicht.[164]

Die Gegenansicht betont dagegen, dass die Entziehung des Vermögens vor dem Zugriff des Sozialhilfeträgers regelmäßig nur der Reflex des eigentlichen Motivs für die Errichtung des Behindertentestaments sei; dieses bestehe vielmehr in dem anerkennenswerten Zweck, den Lebensstandard des behinderten Kindes gegenüber dem Sozialhilfeniveau zu verbessern.[165]

bb) Gefahren aus § 2306 BGB

(1) Frühere Rechtslage: Unwirksamkeit der schützenden Anordnungen nach § 2306 Abs. 1 S. 1 BGB a.F.

69 Für die vor dem 1.1.2010 eintretenden Erbfälle gilt trotz der Erbrechtsreform noch das frühere Recht (Art. 229 § 23 Abs. 4 EGBGB). Danach drohten aus der Anwendung des § 2306 Abs. 1 BGB a.F. ganz erhebliche Gefahren für das Behindertentestament. Für diese Altfälle wird nachstehend noch die bisherige Rechtslage dargestellt:

70 Ist die **Erbeinsetzung zu gering**, so dass § 2306 Abs. 1 S. 1 BGB a.F. zur Anwendung kam, so fielen all die notwendigen Anordnungen zur Durchführung des Testamentszwecks automatisch weg. Große Probleme wären auch entstanden, wenn bei ausgleichspflichtigen Vorempfängen hier die **Werttheorie** zur Anwendung käme, was allerdings umstritten ist.[166]

---

163 *Wendt,* ZErb 2012, 313, 321; *ders.,* in Grziwotz (Hrsg.), Erbrecht und Vermögenssicherung, 2011, 7, 40; *ders.,* ZNotP 2014, 162.
164 *Armbrüster,* ZErb 2013, 77 ff.
165 So etwa *Bengel/Spall,* ZEV 2010, 195, 196; *Bengel/Dietz,* in: Bengel/Reimann V Rn 434.
166 Bejahend etwa im Anschluss an RGZ 113, 45, 48 und BayObLGZ 1959, 77, 80: MüKo/*Frank,* 3. Aufl. 2002, § 2306 Rn 2, 3; vgl. auch Palandt/*Edenhofer,* 68. Aufl. 2009, § 2306 Rn 5. Demgegenüber will OLG Celle ZEV 1996, 307 (m. Anm. *Skibbe*) die Werttheorie nur dann anwenden, wenn der beschwerte Erbe selbst zur Anrechnung oder Ausgleichung verpflichtet ist. Der BGH hat die Revision hierzu nicht angenommen. Eingehend zur Problematik *Weidlich,* ZEV 2001, 94 ff.; ausf. zu dieser Problematik *J. Mayer,* in: Mayer/Süß/Tanck/Bittler/Wälzholz, § 3 Rn 55 ff. und *Krauß,* Vermögensnachfolge, Rn 5165 ff.

Die **Werttheorie** würde bei ausgleichspflichtigen Zuwendungen an andere Kinder dazu 71
führen, dass sich dadurch der Ausgleichserbteil des Behinderten entsprechend erhöht und
die Vorerbenquote u.U. nicht über der Hälfte des gesetzlichen Erbteils des Behinderten i.S.v.
§ 2306 Abs. 1 S. 1 BGB a.F. liegt. Dann würden alle gegen den Sozialhilfeträger schützenden
Anordnungen der Nacherbschaft und Testamentsvollstreckung wegfallen. Es käme zum
Super-Gau beim Behindertentestament.[167] Zudem wurde sogar vertreten, dass auch **ergänzungspflichtige Schenkungen** (§ 2325 BGB) an andere zugunsten des behinderten Pflichtteilsberechtigten bei der Bestimmung des Vergleichsmaßstabs „Hälfte des gesetzlichen Erbteils" i.S.v. § 2306 Abs. 1 S. 1 BGB a.F. zu berücksichtigen seien.[168] Empfohlen wurde daher, dass bei der Bemessung des Erbteils des Behinderten nicht zu kurz gegriffen werde. Noch besser war es, diesen möglichst abstrakt in Anlehnung an die Wertgrenze des § 2306 Abs. 1 S. 1 BGB a.F. zu formulieren.

Zu wenig beachtet wurde früher auch die Ausgestaltung der **Nacherbfolge**, insbesondere 72
bei der Bemessung der Erbquoten der Nacherben die Bestimmung des **§ 2306 Abs. 2** BGB.[169]
Dies führte in den Fällen, in denen der Nacherbe zu einem Erbteil eingesetzt wurde, der
seinen Pflichtteil nicht übersteigt, dazu, dass für den pflichtteilsberechtigten Nacherben die
Beschränkungen durch die Vorerbschaft als nicht angeordnet galten. Dieser Pflichtteilsberechtigte wurde daher sofort Vollerbe. Da oftmals der Ehegatte oder die anderen Abkömmlinge des Erblassers als Nacherbe eingesetzt werden, trat diese Problematik in einem Behindertentestament relativ häufig auf. Auch wenn in den Fällen des §§ 2306 Abs. 2 i.V.m. § 2306
Abs. 1 S. 1 BGB a.F. damit noch nicht gesagt war, dass dadurch auch der behinderte Vorerbe
zum Vollerben wird und damit der Schutz der Nacherbschaft entfällt,[170] galt es doch, die
Problematik nach Möglichkeit zu vermeiden. Als m.E. sachgerechteste Lösung bot sich an,
den überlebenden Ehegatten zum alleinigen Nacherben zu berufen, ersatzweise nur einen
der anderen Abkömmlinge.[171] Zu beachten waren auch **Veränderungen der Erbteilsquote**,
wenn der Behinderte mit einem genau festgelegten Erbteil eingesetzt wurde. So kann sich
etwa sein Pflichtteil nach § 1371 Abs. 2 Hs. 2. BGB dann erhöhen, wenn der in einer
Zugewinngemeinschaftsehe lebende Ehegatte nach § 1371 Abs. 2 die Erbschaft ausschlägt.[172]

(2) Neue Rechtslage

Für die ab dem 1.1.2010 eintretenden Erbfälle gilt aufgrund des Gesetzes zur Änderung 73
des Erb- und Verjährungsrechts vom 24.9.2009[173] der § 2306 Abs. 1 BGB n.F. Danach
entfällt die bisherige Differenzierung nach der Größe des hinterlassenen Erbteils. An Stelle
der Unwirksamkeitslösung bei der Falllage des § 2306 Abs. 1 S. 1 BGB a.F. tritt nun generell
die Ausschlagungslösung zur Sicherung des effektiven Pflichtteilsschutzes. Demnach muss
der pflichtteilsberechtigte Erbe immer und unabhängig von der Höhe des ihm hinterlassenen
Erbteils die belastete oder beschwerte Erbschaft ausschlagen, um stattdessen seinen Pflichtteil verlangen können.[174]

---

167 Vgl. dazu *Kornexl*, Rn 311 ff. mit Beispiel.
168 *Schindler*, ZErb 2006, 186.
169 Eingehend dazu jetzt *Mundanjohl/Tanck*, ZErb 2006, 177; *Spall*, ZEV 2006, 344.
170 Ausf. dazu *Mundanjohl/Tanck*, ZErb 2006, 177; *Spall*, ZEV 2006, 344 f.
171 Dazu und zu anderen Lösungsmöglichkeiten *Spall*, ZEV 2006, 344, 346 f.; *Limmer*, Erbschaftsberatung 2007, 43, 77.
172 Dazu *Mundanjohl/Tanck*, ZErb 2006, 177.
173 BGBl I. S. 3142.
174 Hierzu und zu den anderen Auswirkungen der Erbrechtsreform auf das Behindertentestament *Spall*, ZErb 2007, 272 ff. sowie oben 2. Kap. Rn 20 ff.

(a) Ausschlagung zur Pflichtteilserlangung (§ 2306 Abs. 1 S. 2 BGB a.F., nunmehr § 2306 Abs. 1 BGB n.F.)

74 Auch nach der neuen Rechtslage gibt es Probleme: Denn dann besteht nach § 2306 Abs. 1 BGB n.F. (früher § 2306 Abs. 1 S. 2 BGB a.F.) ein **Ausschlagungsrecht** des Pflichtteilsberechtigten. Kann dies auf den Sozialhilfeträger nach § 93 SGB XII (früher § 90 BSHG) übergeleitet werden? Dies wird teilweise bejaht,[175] womit das ganze Behindertentestament gescheitert wäre. Dagegen spricht aber nicht nur das eher formale Argument, dass es sich bei dem Ausschlagungsrecht um ein höchstpersönliches Gestaltungsrecht handelt, sowie die eher rein dogmatischen Begründungen, dass der Pflichtteilsanspruch in diesen Fällen erst durch die Ausschlagung des belasteten Erbteils zur Entstehung gelangt[176] oder das Ausschlagungsrecht ein Gestaltungsrecht ist, welches keiner Überleitung nach § 93 SGB XII zugänglich sei.[177] Entscheidend ist vielmehr, dass im Falle der Überleitung des Ausschlagungsrechts auf den Sozialhilfeträger aus einer ganz anderen Interessenlage heraus ausgeschlagen werden könnte, nämlich allein aus rein fiskalischen Erwägungen heraus. Damit aber würde durch die Überleitung ein „aliud" der Abwägungs- und Entscheidungssituation entstehen. Diese Umqualifikation spricht daher gegen die Überleitung des Ausschlagungsrechts.[178] Daneben wird auch die verfassungsrechtliche, aber aus sich heraus nicht überzeugende Überlegung gegen die Überleitungsfähigkeit angeführt, dass jedes andere Ergebnis im Hinblick auf Art. 14 Abs. 1 S. 1 GG bedenklich wäre.[179]

75 Der BGH hatte diese Frage zunächst ausdrücklich offen gelassen.[180] In seinem Urt. vom 19.1.2011[181] (dazu bereits Rn 65) hat der BGH – wenn auch in einem obiter dictum – klargestellt, dass das Ausschlagungsrecht des pflichtteilsberechtigten Erben als höchstpersönliches Recht nicht auf einem Sozialleistungsträger übergeleitet werden kann. Andernfalls erhielte der Sozialleistungsträger die Möglichkeit, auf die Erbfolge Einfluss zu nehmen, was generell nicht dem Erblasserwillen entspräche. Entsprechendes muss auch für das Ausschlagungsrecht des Vermächtnisnehmers nach § 2307 Abs. 1 BGB gelten.[182] Auf der gleichen Linie liegt eine Entscheidung LSG Nordrhein-Westfalen in einem Verfahren zur Gewährung der Prozesskostenhilfe: Dort hat es das LSG in diesem Zusammenhang als

---

175 Von *van de Loo,* MittRhNotK 1989, 233, 249; *van de Loo,* NJW 1990, 2852, 2856; überwiegend aber abgelehnt, vgl. *Grziwotz,* MDR 1998, 1445, 1451; Palandt/*Weidlich,* § 2306 Rn 7 m.w.N.; *Krampe,* AcP 191 (1991), 526, 532; *May,* S. 138; *Nieder,* NJW 1994, 1264, 1266; *Weidlich,* ZEV 2001, 94, 95; *Settergren,* S. 165 ff.; *Schumacher,* S. 77; *Kaden,* S. 99; ausführlich dazu *Joussen,* ZErb 2003, 134, 139 ff. (mit einem allerdings – aus der Sicht der Tauglichkeit des Behindertentestaments – zu optimistischen ausführlichen Überblick); vorsichtiger jedoch *Litzenburger,* RNotZ 2004, 142; zum Ganzen auch *Ivo,* ZErb 2004, 174.
176 Dazu etwa im Kontext mit dem Behindertentestament *Krampe,* AcP 191 (1991), 526, 531 f.; *Settergren,* S. 156 ff.; *Kaden,* S. 92 ff; *van de Loo,* MittRhNotK 1989, 233, 249.
177 *Settergren,* S. 154; *Schumacher,* S. 75; *C. Hartmann,* ZEV 2001, 89, 90; *J. Mayer,* ZErb 2000, 16, 17.
178 *Loos,* S. 136 f.; *J. Mayer,* DNotZ 1994, 347, 355; *May,* S. 137.
179 *Deinert,* S. 428; *Pieroth,* NJW 1993, 173, 177; *Settergren,* S. 167; verfassungsrechtliche Überlegungen in diesem Kontext auch bei *Wietek,* S. 141.
180 Urt. v. 8.12.2004, Az. IV ZR 223/03, ZEV 2005, 117, 118 = ZErb 2005, 120; vgl. auch BGHZ 123, 368, 379.
181 BGHZ 188, 96, 106, unter Rn 30 = NJW 2011, 1586 = FamRZ 2011, 472 = DNotZ 2011, 381 m. Anm. *Ivo* = ZEV 2011, 258 m. Anm. *Zimmer* = Notar 2011, 96 m. Anm. *Odersky;* dazu *Kleensang,* ZErb 2011, 121; *Dreher/Görner,* NJW 2011, 1761; *Krauß,* Vermögensnachfolge, Rn 5135.
182 *von Proff,* RNotZ 2012, 272, 278; *Dreher/Görner,* NJW 2011, 1761, 1764; ausf. *Krauß,* Vermögensnachfolge, Rn 5136; a.A. *van de Loo,* ZEV 2006, 471 ff.

zweifelhaft angesehen, dass im Rahmen der Überleitung des Vermächtnisanspruchs auch das Ausschlagungsrecht nach § 401 BGB übergeleitet werden kann.[183]

Teilweise wird auch angenommen, dass die Sozialhilfebehörde die Ausschlagung vom Behinderten verlangen und wegen § 2 Abs. 1 SGB XII zur Voraussetzung der Gewährung von Sozialhilfe machen kann, weil das Ausschlagungsrecht zur Erlangung des **Pflichtteils** eine im Sinne des Sozialhilferechts **einzusetzende Vermögensposition** sei (so eine unveröffentlichte Entscheidung des VGH Mannheim).[184] Demgegenüber hat es das OVG Saarland – allerdings ohne nähere eigene Begründung – abgelehnt, dass dem behinderten Erben unter dem Gesichtspunkt des Nachranggrundsatzes (§ 2 Abs. 1 SGB XII) mit Erfolg entgegen gehalten werden kann, er hätte die Erbschaft nach § 2306 Abs. 1 S. 2 BGB a.F. ausschlagen müssen, um den Pflichtteil zum Bestreiten von Heimkosten zu erhalten.[185] Dies entspricht auch der durchweg im Schrifttum vertretenen Auffassung.[186] Hierfür spricht weniger die wiederum eher formale Begründung, dass der Erbe nicht auf diese Vermögensverschaffung verwiesen werden kann, weil er dadurch auf andere Vermögensrechte, nämlich den Anspruch auf die Auskehrung der Nachlassfrüchte und seine Erbenstellung verzichten müsste.[187] Entscheidend ist auch diesbezüglich, dass durch die Verweisung auf die Ausschlagungsmöglichkeit in die Höchstpersönlichkeit der Entscheidung des pflichtteilsberechtigten Erben unzulässig eingegriffen würde.[188] Letztlich ist daher auch die Auffassung abzulehnen, im Falle der Nichtausschlagung die Sozialhilfe nach § 26 SGB XII auf das **Unerlässliche** einzuschränken;[189] denn das Unterlassen eines Vermögenserwerbs ist weder eine Vermögensminderung iS dieser Bestimmung noch eine unwirtschaftliche Mittelverwendung, die jede wirtschaftlich vernünftige Betrachtungsweise vermissen lässt.[190] Vielmehr würde auch durch diese Sanktionsmöglichkeit in unzulässiger Weise in die Gestaltungsentscheidung des Pflichtteilsberechtigten eingegriffen.

Ist der Behinderte **nicht geschäftsfähig**, so kann nur sein gesetzlicher Vertreter die Erbschaft ausschlagen. Bei einem nicht geschäftsfähigen Erben kann nur sein **Betreuer ausschlagen**, wobei sich aber dessen Aufgabenkreis (§ 1903 BGB) auch auf die Erbschaftsausschlagung beziehen muss.[191] Der Betreuer benötigt hierfür die Genehmigung des Betreuungsgericht (§§ 1908i Abs. 1, 1822 Nr. 2 BGB). Hinsichtlich der sowohl vom Betreuer als auch vom Gericht in diesem Zusammenhang zu treffenden **Entscheidung** ist zu beachten, dass es allein auf das Wohl des Betreuten ankommt und nicht auf öffentliche oder

---

183 ZEV 2012, 273; dazu *Tersteegen*, ZErb 2013, 141, 143 f.
184 Vom 8.12.1989, Az. 6 S 2339/89, zitiert nach *Krampe*, AcP 191, 526, 533 und *Schumacher*, S. 80; eingehend dazu *May*, S. 139 ff.
185 OVG Saarland Urt. v. 17.3.2006, Az. 3 R 2/05, MittBayNot 2007, 65, 69 m. Anm. *Spall*.
186 *Engelmann*, MittBayNot 1999, 509, 518; *Litzenburger*, RNotZ 2004, 138, 142; *Schindler,* in: Ruby/Schindler/Wirich, § 2 Rn 47 f.; a.M. *J. Mayer*, MittBayNot 2005, 286, 289.
187 *Settergren*, S. 115 ff.
188 *Deinert*, S. 429; *Settergren*, S. 117; *Lange/Kuchinke*, § 35 IV 6 c; ebenso i.E. *Krauß*, Vermögensnachfolge, Rn 5188.
189 So etwa *Frank*, BWNotZ 1983, 153, 156 (auf § 26 Abs. 1 Nr. 2 SGB XII abstellend); *Karpen*, MittRhNotK 1988, 131, 149; *Köbl*, ZfSH/SGB 1990, 449, 450; auch der BGH in einem obiter Dictum, wo es aber dann einschränkend heißt: „Bei einer Heimpflege dürften Einschränkungen aber allenfalls in geringem Umfang in Betracht kommen" (BGHZ 123, 368, 379).
190 *Krauß*, Vermögensnachfolge, Rn 5188; *Deinert*, S. 428 f.; *Loos*, S. 136 f.; *May*, S. 142 ff.; die Unwirtschaftlichkeit verneinend *Juchem*, S. 97; *Nieder/Kössinger*, § 21 Rn 106, der andernfalls sogar einen Verstoß gegen die Erbrechtsgarantie annimmt.
191 *Wirich*, in: Ruby/Schindler/Wirich, § 4 Rn 4 ff.

sonstige Interessen.¹⁹² Hierbei sind auch andere als finanzielle Belange zu berücksichtigen. Dabei ist der Zugriff des Sozialhilfeträgers auf den Nachlass für den sozialhilfebedürftigen Erben nachteilig, weil dies letztlich dazu führt, dass er nur die zusätzlichen, über den Sozialhilfestandard hinausgehenden Zusatzleistungen verliert, die ihm aufgrund der Verwaltungsanordnung nach § 2216 Abs. 2 S. 1 BGB zustünden, ohne dadurch etwas zu gewinnen, weil der Pflichtteil zur Deckung seines Elementarbedarfs verwendet wird. Dieser würde aber bei Annahme des Behindertentestaments bereits durch den Sozialhilfeträger abgedeckt. Diese Überlegung hat das OLG Köln mit Beschl. v. 23.6.2007¹⁹³ nochmals ausdrücklich bestätigt, mit dem die Genehmigung der Ausschlagung einer Vorerbschaft bei einem Behindertentestament versagt wurde.

*(b) Pflichtteilsstrafklauseln im Behindertentestament – Kolumbus-Ei oder trojanisches Pferd?*¹⁹⁴

78 In der Literatur zur Kautelarpraxis wird immer wieder darauf hingewiesen, dass die vor allem in eigenhändigen Testamenten häufig verwendeten Pflichtteilstrafklauseln ganz erhebliche Tücken haben können.¹⁹⁵ Auch hierzu liefert das Behindertentestament ein anschauliches Beispiel. Denn der BGH hatte sich im Zusammenhang mit dieser Gestaltung mit dem Eingreifen einer derartigen Verwirkungsklausel zu beschäftigen.¹⁹⁶ Er hat die dort entwickelten Grundsätze nochmals bestätigt.¹⁹⁷ In den entschiedenen Fällen hätte die wortgetreue Anwendung der Pflichtteilsklausel zum „Super-Gau" beim Behindertentestament geführt. Es ging um ein gemeinschaftliches Testament, in dem abweichend von der heute üblichen Empfehlung sich zunächst die Ehegatten gegenseitig zu Alleinerben eingesetzt hatten.¹⁹⁸ Das behinderte Kind wurde erst im Schlusserbfall zum Erben berufen und mit den klassischen Anordnungen belastet, also nur zum nichtbefreiten Vorerben eingesetzt, der mit einer Verwaltungstestamentsvollstreckung belastet ist. Für den Fall, dass nach Eintritt des ersten Erbfalles ein Abkömmling seinen Pflichtteil geltend macht, wurde eine automatisch wirkende Ausschlussklausel vorgesehen. Es kam, wie es kommen musste, der Sozialhilfeträger leitete nach Eintritt des ersten Erbfalls den Pflichtteil über. Dies hätte zur Folge gehabt, dass der Sozialhilfeträger nicht nur im ersten Erbfall voll auf den Pflichtteil des Behinderten zugreifen kann, sondern auch im Schlusserbfall die schützenden Anordnungen entfallen wären. Dann hätte der Sozialhilfeträger abermals den Pflichtteil nach dem länger lebenden Elternteil beanspruchen können. Die zunächst umstrittene Frage, ob der Sozialhilfeträger auch ohne eine entsprechende Willensäußerung des Behinderten den Pflichtteil geltend machen kann, hat der BGH bejaht. Er sieht in § 90 Bundessozialhilfegesetz (jetzt § 93 Sozialgesetzbuch XII) eine den Sozialhilfeträger privilegierende Sonderregelung gegenüber § 852 Abs. 1 ZPO, der gegenüber Vollstreckungsmaßnahmen einen doch erheblichen Pfändungsschutz gewährt. Dann aber stellte sich die weitere Frage, ob die Überleitung des

---

192 Vgl. BayObLG ZErb 2004, 69, 72; *Ivo*, ZErb 2004, 174, 175; *Wirich*, in: Ruby/Schindler/Wirich, § 4 Rn 21; *Krauß*, Vermögensnachfolge, Rn 5187.
193 16 Wx 112/07, ZEV 2008, 196 = FamRZ 2008, 1113.
194 So der zutreffende Titel von *Spall*, MittBayNot 2003, 356.
195 *J. Mayer*, MittBayNot 1999, 265.
196 BGH NJW-RR 2005, 369 = ZEV 2005, 117 m. krit. Anm. *Muscheler*; eingehend dazu *May*, S. 95 ff.; zu den Konsequenzen für die Gestaltung des Behindertentestaments *Litzenburger*, RNotZ 2005, 162; vgl. weiter dazu *J. Mayer*, MittBayNot 2005, 286; *Spall*, DNotZ 2005, 299; *Golpayegani*, ZEV 2005, 377; *Reymann*, in: jurisPK, § 2269 Rn 96, 220.
197 BGH Urt. v. 19.10.2005, NJW-RR 2006, 223.
198 Zur immer noch gängigen Erbschaftslösung beim Behindertentestament siehe etwa *Bengel/Spall*, in: MAH Erbrecht, § 41 Rn 18 ff.; *Nazari Golpayegani/Boger*, ZEV 2005, 377, 378 f.; *Schindler*, in: Ruby/Schindler/Wirich, § 3 Rn 35 ff.

Pflichtteils gegen oder zumindest ohne Willen des Behinderten die Sanktionswirkungen der Pflichtteilstrafklausel auslöst.

Welches **Verhalten** die **Pflichtteilssanktion auslöst**, hängt von der Art der jeweiligen Klausel ab.[199] Das Verhalten seines **gesetzlichen Vertreters**, wie etwa eines Betreuers, muss sich der Pflichtteilsberechtigte zurechnen lassen.[200] Ein die Ausschlusswirkung auslösendes **Pflichtteilsverlangen** kann grundsätzlich auch dann vorliegen, wenn ein Dritter, der den Pflichtteilsanspruch geerbt hat, diesen geltend macht. Jedoch ist dann im Wege der ergänzenden Auslegung sorgfältig zu prüfen, ob dies auch gegen die als Ersatzerben berufenen Abkömmlinge des Pflichtteilsberechtigten wirkt, die das Pflichtteilsverlangen im ersten Erbfall nicht hindern können; u.U. ist dies zu verneinen, aber der geltend gemachte Pflichtteil auf die Schlusserbenquote anzurechnen.[201] Bei einer **Überleitung** und Geltendmachung des Pflichtteilsanspruchs durch einen **Sozialhilfeträger** im Rahmen eines sog Behindertentestaments[202] hat der BGH zu Recht das Eingreifen einer Pflichtteilsklausel verneint. Denn andernfalls würden die von den Erblassern mit dieser Gestaltung im Schlusserbfall für den Behinderten bezweckten Vorteile vereitelt, diesem einen dem Zugriff des Sozialhilfeträgers entzogenen Erbteil zur Verbesserung seines Lebensstandards zuzuwenden. Und entgegen der Absicht der testierenden Eltern erhielte der Sozialhilfeträger sonst im Schlusserbfall sogar noch den ungehinderten Zugriff auf den Pflichtteil des Behinderten.[203] Überhaupt ist immer erst durch Auslegung nach den allgemeinen Grundsätzen, insbesondere aus dem Gesamtzusammenhang der Verfügung, zu ermitteln, wann ein Pflichtteilsverlangen vorliegt.[204]

79

Hinweise
- Im Behindertentestament ist eine Pflichtteilsstrafklausel nicht geeignet, den Sozialhilfeträger davon abzuhalten, bei einem Berliner Testament im 1. Erbfall den Pflichtteilsanspruch des Behinderten überzuleiten.
- Bereits im ersten Erbfall muss bei einem Ehegatten-Testament/-Erbvertrag der Behinderte zum (nicht befreiten) Vorerben eingesetzt werden, belastet mit einer Verwaltungsvollstreckung. Dies ist nur dann entbehrlich, wenn erst mit dem Tod des zweiten Elternteils mit dem Bezug von Sozialhilfe gerechnet werden muss.[205]
- Wer dennoch eine Pflichtteilsstrafklausel im Behindertentestament verwendet, sollte klarstellen, dass die Überleitung des Pflichtteils durch den Sozialhilfeträger nicht zu Lasten des Behinderten geht und daher nicht zu dessen Enterbung im zweiten Erbfall führt.[206]
- Die Einsetzung des überlebenden Ehegatten zum befreiten Vorerben ist auch hier ein Mittel, um den Pflichtteilsanspruch im zweiten Erbfall zu reduzieren und die Gefahr

---

199 Palandt/*Weidlich*, § 2269 Rn 14; Überblick über die verschiedenen Möglichkeiten bei NK-BGB/*Gierl*, § 2269 Rn 98; *Reymann*, in: jurisPK, § 2269 Rn 90 ff.
200 BayObLGZ 1990, 59, 61 = NJW-RR 1990, 969; OLG Braunschweig OLGZ 1977, 185; NK-BGB/*Gierl*, § 2269 Rn 101.
201 BayObLG NJW-RR 1996, 262 = FamRZ 1996, 440 = MittBayNot 1996, 110 m zust. Anm. *J. Mayer*, 80; NK-BGB/*Gierl*, § 2269 Rn 101.
202 Zu neueren Entwicklungen siehe *J. Mayer*, ZEV 2004, 299 f.; *Nazari Golpayegani/Boger*, ZEV 2005, 377.
203 BGH NJW-RR 2005, 369 = ZEV 2005, 117 m krit Anm. *Muscheler*; jurisPK/*Reymann*, § 2269 Rn 75.2.
204 BayObLGZ 1990, 58, 61; KG FamRZ 1998, 124, 127.
205 *Limmer*, Erbrechtsberatung 2007, 43, 63; *Schindler*, in: Ruby/Schindler/Wirich, § 3 Rn 55.
206 Zutr. *Spall*, DNotZ 2005, 299, 301; *Schindler*, in: Ruby/Schindler/Wirich, § 3 Rn 9; *Krauß*, Vermögensnachfolge, Rn 5191 ff. mit Formulierungsvorschlag in Rn 5194.

zu verringern, dass zur Erlangen des Pflichtteils im zweiten Erbfall doch ausgeschlagen wird.[207]

(c) Gefahren aus dem Pflichtteilsrestanspruch (§ 2305 BGB)

80 Auch wenn für die ab dem 1.1.2010 eintretenden Erbfälle sich die Gefahren für das Behindertentestament dadurch vermindert haben, dass bei einer Erbeinsetzung unterhalb der Hälfte des gesetzlichen Erbteils keine automatische Nichtigkeit der die Erbschaft vor dem Zugriff des Sozialhilfeträgers schützenden Anordnungen eintritt (siehe Rn 73), sollte eine zu kleine Dotierung des dem Behinderten zugewandten Erbteils aus einem anderen Grunde vermieden werden: Soweit der hinterlassene Erbteil hinter dem Pflichtteil des Behinderten zurückbleibt, so steht dem Pflichtteilsberechtigten ein **Pflichtteilsrestanspruch** (§ 2305 BGB) zu, der gerade von den Anordnungen des Behindertentestaments nicht erfasst und auf den Sozialhilfeträger ohne weiteres übergeleitet werden kann.[208] In diesem Zusammenhang kommt nach wie vor den ausgleichspflichtigen Zuwendungen an andere Abkömmlinge des Erblassers (§ 2050 BGB) mit ihrer pflichtteilserhöhenden Wirkung (§ 2316 BGB) und der Diskussion über die Anwendbarkeit der Werttheorie eine erhebliche Bedeutung zu.[209] Gerade auch nach der Neufassung des § 2305 BGB durch die Erbrechtsreform wird man aber die Werttheorie in solchen Fällen auch dort anzuwenden haben.[210] Daher gilt nach wie vor:

Praxistipp
Bei der Ausgestaltung des Behindertentestaments sind hinsichtlich eines behinderten Abkömmlings feste Erbquoten zu vermeiden; vielmehr ist etwa zu formulieren, dass der Behinderte „ein Prozent über die Hälfte seines gesetzlichen Erbteils" erhält.

cc) Angreifbarkeit einer zu einschränkenden Verwaltungsanordnung

81 Diskutiert wird auch, in welchem Umfang eine **restriktive Verwaltungsanordnung** nach § 2216 BGB zulässig ist. So hat das KG[211] angenommen, ein Außerkraftsetzen einer solchen Erblasseranordnung nach § 2216 Abs. 2 S. 2 BGB sei bereits dann zulässig, wenn dadurch am Nachlass interessierte Personen geschädigt würden. Davon ausgehend wurde vereinzelt vertreten, dass eine solch einschränkende Verwaltungsanordnung vom Nachlassgericht aufgehoben werden könne, wenn der Unterhalt des Behinderten anderenfalls gefährdet sei.[212] Dem ist entgegen zu halten, dass dem Sozialhilfeträger bereits die **formale Antragsberechtigung fehlt**, um ein Außer-Kraft-Setzen der Verwaltungsanordnung nach § 2216 Abs. 2 S. 2 BGB herbeiführen zu können.[213] In **materiell-rechtlicher Hinsicht** fehlt es für ein Außer-Kraft-Setzen an der erforderlichen Gefährdung des Nachlasses: Bei der Prüfung dieses Tatbestandes sind nämlich die mit der Anordnung der Testamentsvollstreckung verfolgten **Zwecke** zu berücksichtigen.[214] Beim Behindertentestament sind diese aber nur dann zu

---

207 *Schindler*, in: Ruby/Schindler/Wirich, § 3 Rn 56.
208 *G. Müller*, in: Würzburger Notarhandbuch, Teil 4 Kap. 1 Rn 390, 393.
209 Richtig *Spall*, ZErb 2007, 272, 277 f.
210 Ausf. *J. Mayer*, in: Mayer/Süß/Tanck/Bittler/Wälzholz, § 4 Rn 9.
211 HRR 1933 Nr. 1765 = DNotZ 1934, 193 f.; HRR 1936 Nr. 1561 = JW 1936, 3484; ebenso OLG München JFG 20, 121, 126 f.; ausführlich dagegen *Settergren*, S. 175 ff.
212 *Otte*, JZ 1990, 1027, 1028; dagegen *May*, S. 156 f.; *Nieder/Kössinger*, § 21 Rn 108.
213 Zutr. NK-BGB/*Kroiß*, § 2216 Rn 23; Bamberger/Roth/*J. Mayer*, § 2216 Rn 33; *Engelmann*, MittBayNot 1999, 509, 512; *Kornexl*, Rn 279 m.w.N.; vgl. auch, S. 152 f.; i.E. ebenso *Deinert*, S. 427 mit dem zutr. Hinweis, dass wenn man schon auf die Interessen der Erben abstellen müsse, auch diejenigen der Nacherben zu berücksichtigen seien; a.M. nur *Krampe*, AcP 191, 526, 537.
214 Bamberger/Roth/*J. Mayer*, § 2216 Rn 35 f.; zust. *Kornexl*, Rn 279; vgl. auch *Krauß*, Vermögensnachfolge, Rn 5213.

verwirklichen, wenn die Verwaltungsanordnung Bestand hat. Da das Behindertentestament grundsätzlich als wirksam und nicht sittenwidrig anzusehen ist, muss daher dieser Erblasserwillen auch Vorrang vor den Interessen der Sozialhilfeträger haben.[215] Vielmehr ist der Testamentsvollstrecker gerade an die Anordnungen des Erblassers gebunden. Alles andere wäre im Hinblick auf den Schutz der Testierfreiheit (Art. 14 Abs. 1 S. 1 GG) auch verfassungsrechtlich bedenklich.[216]

Krampe[217] hält aufgrund einer ausführlichen Analyse eine **völlige Thesaurierung** der „Nachlassfrüchte", wonach der Behinderte von allen Früchten des Nachlasses ausgeschlossen wird, nicht für möglich. Der unterhaltsbedürftige, pflichtteilsberechtigte Behinderte habe einen grundsätzlich unentziehbaren Anspruch auf die **Auskehrung der Früchte** des Nachlasses. In den – in der Praxis fast immer vorliegenden – sog. „Mangelfällen", wo diese Früchte nicht zur Deckung des Lebensunterhalts einschließlich dessen, was die Sozialhilfe bestreitet, ausreichen, will er die Verwendung derselben für Zwecke wie in *Bengels* Behindertentestament den Vorrang vor dem Einsatz dieser Mittel zum Zwecke der Deckung der Sozialhilfekosten einräumen, was nicht unproblematisch ist.[218] Der „Extra-Unterhaltsbedarf" i.S.v. Weihnachtsgeschenken, Urlaubsreisen, hätte dann Vorrang vor dem Sozialhilferegress. Einschränkende Verwaltungsordnungen sind auf aber alle Fälle dann wegen § 138 BGB problematisch, wenn der Nachlass so groß ist, dass die Versorgung des Behinderten aus den Erträgnissen des Pflichtteils sichergestellt ist.[219]

82

Dagegen kann nach der ganz überwiegenden Auffassung in der Literatur der Sozialhilfeträger durch die Anordnung der Nacherbfolge mit einer Dauertestamentsvollstreckung zu Lasten des behinderten Vorerben und einer Verwaltungsanordnung nicht nur von der Nachlasssubstanz, sondern auch **von den Erträgen** des Vorerbenanteils dahingehend ausgeschlossen werden, dass diese dem Behinderten nur in Form bestimmter Leistungen zuzuwenden sind.[220] Das OVG Saarbrücken hat eine solche Verwaltungsanordnung in einem Behindertentestament als wirksam angesehen.[221] Den Bedenken, die sich aus den Überlegungen von *Krampe* ergeben, kann zumindest teilweise dadurch begegnet werden, dass etwaige Überschüsse aus den Früchten des Erbteils des Behinderten als Rücklage für spätere Maßnahmen zur Verbesserung seiner Lebensqualität verwendet werden.[222] Demgegenüber hat der BGH ausdrücklich offen gelassen, ob den sehr einschränkenden Auffassungen von *Otte* und *Krampe* zu folgen ist.[223]

83

---

215 *Kornexl*, Rn 279; *Engelmann*, MittBayNot 1999, 509, 512; *Hartmann*, ZEV 2001, 89, 90; *Ruby/Schindler/Wirich*, § 3 Rn 25.
216 *Juchem*, S. 112 f.; *Joussen*, ZErb 2003, 134, 135;
217 AcP 191, 526, 533; noch weiter gehend *Otte*, JZ 1990, 1027, 1028; dagegen zutreffend *Settergren*, S. 181 ff., die eine eigene Früchtethese entwickelt, wonach nicht nur der pflichtteilsberechtigte Erbe, sondern jeder unterhaltsbedürftige Erbe einen unentziehbaren Anspruch auf Auskehrung der Nachlassfrüchte hat, und dies insbesondere darauf stützt, dass dem Vorerben die Nachlassfrüchte gebühren.
218 Krit. hierzu *J. Mayer*, ZEV 2003, 173, 178; vgl. auch *Otte*, JZ 1990, 1027, 1028.
219 So DNotI-Report 1996, 52.
220 *Bamberger/Roth/J. Mayer*, § 2216 Rn 26 m.w.N.; Staudinger/*Reimann*, § 2216 Rn 22 f.; *Engelmann*, MittBayNot 1999, 509, 511; *Nieder/Kössinger*, § 21 Rn 107; *Tersteegen*, ZEV 2008, 121, 123 f.; *May*, S. 161 f. mit zutr. Hinw., dass der systemimmanente Schutz des Pflichtteilsberechtigten gerade über das Ausschlagungsrecht nach § 2306 Abs. 1 BGB verwirklicht wird; *van de Loo*, MittRhNotK 1989, 2852, 2855.
221 OVG Saarland Urt. v. 17.3.2006, Az. 3 R 2/05, MittBayNot 2007, 65, 69 m. Anm. *Spall*; ebenso zu einem sog. Bedürftigentestament (siehe Rn 117 ff.) das LSG Baden-Württemberg, ZEV 2008, 147, 148 f., jedoch ohne nähere Auseinandersetzung mit dieser Problematik.
222 *Nieder/Kössinger*, § 21 Rn 107.
223 BGHZ 123, 368, 379.

dd) Gefahren aus Pflichtteilsergänzungsansprüchen

84 Bei lebzeitigen (gemischten oder reinen) **Schenkungen** entstehen **Pflichtteilsergänzungsansprüche** nach §§ 2325 ff. BGB, die als schuldrechtliche, nicht zum Nachlass des Erblassers gehörende Ansprüche nicht der Testamentsvollstreckung unterliegen. Diese kann dann der Sozialhilfeträger auf sich überleiten, wenn die Ausschlussfrist des § 2325 Abs. 3 BGB noch nicht verstrichen ist. Als Ausweg wird vorgeschlagen, dem Behinderten zusätzlich ein Vorausvermächtnis in Höhe eines Geldbetrages zuzuwenden, der über dem gesetzlichen Pflichtteilsergänzungsanspruch liegt und diesen ebenfalls einer entsprechenden Testamentsvollstreckung zu unterwerfen.[224] Erbteil und dieses **Pflichtteilsergänzungs-Vermächtnis** werden dann nach § 2326 S. 2 BGB auf den Pflichtteilsergänzungsanspruch angerechnet[225] und stellen diesen im Idealfall auf „Null".[226] Damit beim Tod des Behinderten der noch nicht verbrauchte Teil des Vorausvermächtnisses nicht dem Kostenerstattungsanspruch des Sozialhilfeträger nach § 102 SGB XII (früher § 92c BSHG) unterliegt, wird weiter empfohlen, diesbezüglich auf den Tod des Behinderten noch ein Nachvermächtnis anzuordnen.[227] Ob dies jedoch hilft, ist allerdings noch nicht geklärt; insoweit besteht die gleiche Problematik wie bei der allgemeinen Vermächtnislösung (vgl. dazu nachstehend Rn 109).

Sind Ausgleichspflichten der anderen Abkömmlinge zugunsten des Behinderten zu erwarten, so kann auch eine sich hieraus zu dessen Gunsten ergebende Erhöhung der Nachlassbeteiligung über die Anordnung eines entsprechenden Zusatzvermächtnisses in gleicher Weise „abgefangen" werden.[228]

85 Liegt der Pflichtteilsergänzungsanspruch über dem Nachlass, so bedarf es der ausdrücklichen Ausgestaltung des Vermächtnisses als **Verschaffungsvermächtnis**. Angesichts der sich hieraus ergebenden **Überbeschwerung** (§ 1992 BGB) müssen allerdings die damit belasteten Miterben „mitspielen" und diese akzeptieren und dürfen sich nicht auf die beschränkbare Erbenhaftung berufen.[229] Ansonsten wird der frei überleitbare Pflichtteilsergänzungsanspruch des Behinderten wieder virulent.

> **Weiterführende Formulierungsvorschläge**
> *Bengel/Spall*, in: Münchener Anwaltshandbuch Erbrecht § 41 Rn 46; im Anschluss daran *A. Schindler*, ZErb 2006, 193; *G. Müller*, Würzburger Notarhandbuch, Teil 4 Kap. 1 Rn 405.

86 Dagegen hat sich durch die Erbrechtsreform mit der Neufassung des § 2306 BGB (siehe § 1 Rn 5) ein anderes Problem erledigt: Früher wurde teilweise vertreten, dass auch der Pflichtteilsergänzungsanspruch für die Bestimmung der Wertgrenze des § 2306 Abs. 1 S. 1

---

224 Entgegen einer missverständlichen Formulierung von *Limmer*, Erbrechtsberatung 2007, 43, 74 f., ist die Anordnung einer Testamentsvollstreckung ein absolutes „Muss", um den Zugriff des Sozialhilfeträger auf das Vermächtnis zu verhindern, zutr. *Schindler*, in Ruby/*Schindler*/Wirich, § 3 Rn 104 Fn 172.
225 MüKo/*Lange*, § 2326 Rn 4.
226 Gegen diese Formulierung aber *Schindler*, ZErb 2006, 186, 193, der davon ausgeht, dass in einer erweiterten Auslegung der Werttheorie im Rahmen der Festlegung der Wertgrenze des § 2306 Abs. 1 S. 1 a.F. BGB auch der Pflichtteilsergänzungsanspruch einzubeziehen ist. Aber auch dann genügt es, wenn ein Erbteil von 1 % über dem ordentlichen Pflichtteil und ein Vermächtnis in Höhe des Ergänzungsanspruchs ausgewiesen wird, weil beides zusammen immer noch 1 % über dem Gesamtpflichtteil ist.
227 *Weidlich*, ZEV 2001, 94, 96 f.; MAH Erbrecht/*Bengel/Spall*, § 41 Rn 44 ff. m. Formulierungsvorschlag; *Schindler*, ZErb 2006, 186; *Krauß*, Vermögensnachfolge, Rn 5209 ff.
228 *Krauß*, Vermögensnachfolge, Rn 5210 i.V.m. Rn 5176 ff. mit Formulierungsvorschlag.
229 *Schindler*, ZErb 2006, 186, 194.

BGB a.F. zum Wert der Hälfte des gesetzlichen Erbteils hinzugerechnet werden müsse,[230] wodurch u.U. die schützenden Anordnungen der Nacherbschaft und der Testamentsvollstreckung unwirksam geworden wären.

ee) Die innere Rechtfertigung des Behindertentestaments

Äußerst bedenkenswert ist der Vorschlag von *Ivo*,[231] die **Verwaltungsanweisung** für den Testamentsvollstrecker **positiv** entsprechend dem Zweck zu formulieren, den das Behindertentestament nach der Rechtsprechung des BGH (siehe Rn 60 ff.) auch haben muss, damit es nicht dem Sittenwidrigkeitsverdikt zum Opfer fällt: Es muss **zu einer Verbesserung der Lebensqualität des Behinderten führen,** indem Leistungen zugewandt werden, die er gerade durch den Standard der Sozialhilfe nicht bekommen würde.[232] Letztlich ist damit die Verwaltungsanordnung der Prüfstein dafür, ob das Behindertentestament wirklich dem Behinderten und seinen Bedürfnissen gerecht wird. Die bisher üblichen Texte erwecken mit ihrer „negativen Anordnung", dass nur solche Leistungen zu erbringen sind, die nicht zu einer Kürzung von Sozialhilfeleistungen führen, doch mittelbar den Eindruck einer **unzulässigen Nachrangvereinbarung,** weil der Grundsatz der Subsidiarität von Sozialhilfeleistungen (§ 2 Abs. 1 SGB XII) umgangen werden soll.

87

Gerade vor dem Hintergrund des „Allgemeinen Gleichbehandlungsgesetzes" (AGG), dessen in § 19 Abs. 1 AGG verankertes Verbot zur Diskriminierung von Behinderten zwar nicht unmittelbar für das Erbrecht gilt (§ 19 Abs. 4 AGG),[233] aber mittelbar das Rechtsbewusstsein und damit auch die Auslegung der Generalklauseln (§§ 138, 242 BGB) beeinflussen kann, ist nicht auszuschließen, dass der Trend dahin geht, dass jedes Behindertentestament seiner individuellen Rechtfertigung aus der Situation des Behinderten heraus bedarf und sich gegen den Vorwurf rechtfertigen muss, dass es ein unzulässiges, reines Familienerhaltungstestament wäre.[234] Und wenn dadurch wirklich ein „Extra-Unterhalt" über die niedrigen Sozialhilfestandards gewährt werden soll, wird man u.U. in Notsituationen daraus die Forderung ableiten können, dem Testamentsvollstrecker sogar auferlegen zu müssen, nicht nur aus den Nachlasserträgen dem Behinderten etwas zuzuwenden, sondern hierfür auch die eigentliche Substanz, soweit sie auf dessen Erbteil entfällt, heranzuziehen. Jedoch sollte in der Verwaltungsanordnung dann genau geregelt werden, in welchem Umfang der Testamentsvollstrecker in die **Nachlasssubstanz eingreifen** kann, denn sonst wird der Sozialhilfeträger geltend machen, dass es gerade der ordnungsgemäßen Verwaltung des Nachlasses entspricht, dem Behinderten wesentliche Vermögensteile zur Deckung des Elementarunterhalts des Behinderten zur Verfügung zu stellen.[235] Problematisch erscheint daher eine Anordnung, dass der Testamentsvollstrecker nach seinem „billigem Ermessen" auch berechtigt ist, dem Behinderten die notwendigen Beträge für seinen Lebensunterhalt zu überlassen, wenngleich das LSG Baden-Württemberg in einem solchen Fall aufgrund einer sehr „wohlwollenden Auslegung" einen sozialhilferechtlichen Zugriff verneint hat.[236]

88

---

230 Dies erwägend MüKo/*Frank*, 3. Aufl. 2002, § 2325 Rn 3 (von *Lange* in der 4. Aufl. 2004 nicht mehr übernommen); *Klingelhöffer*, ZEV 1997, 299; *Schindler*, Rn 138, 880; eingehend dazu *Schindler*, ZErb 2006, 186, 187; *Weidlich*, ZEV 2001, 94, 95 f. m. Berechnungsbeispiel.
231 Erbrecht Effektiv 2004, 42, 44.
232 Ebenso deutlich jetzt *Bengel/Spall*, MAH Erbrecht, § 41 Rn 40.
233 Dazu etwa *Nieder/Kössinger*, § 21 Rn 105; Gleiches gilt für den dem AGG zugrunde liegenden Art. 3 der EU-Richtlinie 2000/78/EG, *Deinert*, S. 438.
234 Hierauf geht *Kornexl*, Rn 271.
235 Zutr. *Tersteegen*, ZEV 2008, 121, 123.
236 ZEV 2008, 147, 148 f.

ff) Heimgesetz

89 Besondere Gefahren drohen dem Behindertentestament bereits „de lege lata" durch das **Heimgesetz,** bzw. die statt dessen nun in einzelnen Bundesländern in Kraft getretenen Heimgesetze[237] der einzelnen Länder, insbesondere wenn als Nacherbe der Träger des Heims, in dem der Behinderte untergebracht ist, oder dessen Angestellte eingesetzt werden.[238] Durch die Entscheidung des OLG München vom 20.6.2006[239] werden die sich aus dem Heimgesetz ergebenden Probleme noch potenziert: Grundsätzlich bedarf es auch bei Zuwendungen von Todes wegen eines lebzeitigen Einvernehmens zwischen dem Erblasser und dem Heimträger, damit die Verbotsnorm des § 14 HeimG eingreift. Das OLG hält dies aber bereits dann für entbehrlich, wenn ein Angehöriger eines Heimbewohners eine Zuwendung mache und der Heimbewohner zu diesem Zeitpunkt weiterhin im Heim lebe. Dies ist vom Wortlaut der Norm nicht gedeckt, vielmehr ist ein u.U. bestehendes Einvernehmen zwischen dem Heimträger und dem Heimbewohner hier unbeachtlich; eine Analogie scheidet angesichts des Verbotscharakters der Norm aus.[240]

gg) Personenidentität von Testamentsvollstrecker und gesetzlichem Vertreter

90 Ist der Testamentsvollstrecker zugleich der **gesetzliche Vertreter** (z.B. Betreuer) des Behinderten, so ergeben sich hieraus weitere Probleme im Hinblick auf **Insichgeschäfte** und eine Interessenkollision (§§ 1795 f. BGB), weshalb insbesondere zur Wahrnehmung der Kontrollrechte des Betreuten gegenüber dem Testamentsvollstrecker die Bestellung eines Überwachungsbetreuers droht,[241] wenngleich der BGH in seinem Beschl. v. 5.3.2008 dies von den Umständen des Einzelfalls abhängig gemacht hat (eingehend dazu oben § 2 Rn 14 f.).[242]

hh) Subjektiver Nutzen für den Behinderten

91 Findet das Behindertentestament seine Rechtfertigung im Wohl des Behinderten (siehe Rn 60 ff.), so muss er durch die gewählte Gestaltung auch wirklich einen messbaren Vorteil erlangen. Ist es ihm aber nicht möglich, aus den für ihn aufgrund der Verwaltungsanordnung zugedachten Mitteln einen persönlichen Nutzen zu ziehen, so entfällt die Rechtfertigung für dieses Gestaltungsziel, das wiederum das ganze Behindertentestament legitimiert.[243] Auch nach Auffassung von *Wendt* liegt eine Sittenwidrigkeit nahe, wenn bei einer letztwilligen Gestaltung ein entsprechender Vorteil für den Behinderten nicht sicher auszumachen ist.[244] Hieran fehlt es zum einen, wenn der Behinderte nach **Art und Schwere** seiner

---

237 Dazu *Spall*, MittBayNot 2010, 9.
238 Ausführlich dazu *G. Müller*, in: FS 10 Jahre Deutsches Notarinstitut, 2003, S. 153 ff.; siehe auch *Schindler*, in: *Ruby/Schindler/Wirich*, § 3 Rn 110 ff.; *Krauß*, Vermögensnachfolge, Rn 5265 ff.; allgem. Zur Zuwendung an eine Stiftung oder einen Verein im Rahmen eines Behindertentestaments siehe *May*, S. 111 ff.
239 NJW 2006, 2642 = DNotZ 2006, 933.
240 Krit. dagegen zu Recht *Tersteegen*, ZErb 2007, 414, 415 f.; *Schindler*, in: Ruby/Schindler/Wirich, § 3 Rn 111 f.
241 Dazu etwa OLG Nürnberg ZEV 2002, 158 m. Anm. *Schlüter* = ZErb 2002, 219 (wo wegen Interessengesatzes die Bestellung eines Ergänzungspflegers verlangt wurde); OLG Hamm MittBayNot 1994, 53 m. Anm. *Reimann* (wo die Vertretungsmacht nach § 1796 BGB wegen eines Interessengegensatzes entzogen wurde); *Damrau*, ZEV 1994, 1, 6; zu dieser Problematik siehe auch *Wirich*, in: *Ruby/Schindler/Wirich*, § 4 Rn 12 ff.; *Krauß*, Vermögensnachfolge, Rn 5223.
242 ZEV 2008, 330 m. krit. Anm. *Muscheler*.
243 Zutr. im Anschluss an die hiesige Auffassung *Kornexl*, Rn 358.
244 ZNotP 2008, 2, 5; lediglich referierend *Schindler*, in: Ruby/Schindler/Wirich, § 3 Rn 52.

Behinderung überhaupt nicht in der Lage ist, aus den ihm testamentarisch zugedachten Leistungen einen Vorteil zu ziehen, etwa weil er im Dauerkoma liegt.[245] Zum anderen liegt es auch so bei einem „ertraglosen Nachlass" oder bei einer solchen Gestaltung, bei der der Nachlass zwar Erträge abwerfen könnte, diese aber durch die getroffenen Anordnungen dem Behinderten nicht zu Gute kommen. Dann aber zwingt man den gesetzlichen Vertreter des Behinderten dazu, die Erbschaft auszuschlagen.[246] Daneben droht aus diesem Grund für derartige Gestaltung u.U. sogar die Nichtigkeit wegen Sittenwidrigkeit.[247] Dabei ist allerdings zu beachten, dass ein ertragloser Nachlass nicht schon allein deshalb vorliegt, weil zum Nachlass im Wesentlichen nur ein Einfamilienhaus gehört, das nur vom überlebenden Elternteil und u.U. den anderen Kindern, nicht aber dem Behinderten genutzt wird. Ist dieser nicht in der Lage, einen seinem Erbteil entsprechenden Anteil der Nutzungen selbst zu ziehen, so hat er Anspruch auf eine anteilige **Nutzungsentschädigung**,[248] die auch der Testamentsvollstrecker geltend machen kann und muss.[249]

ii) Neuere sozialrechtliche Komplikationen?

Doering-Striening hat unlängst sehr ausführlich die schwierige Stellung des Erben im sozialhilferechtlichen Leistungsverhältnis dargestellt, und zwar sowohl beim Bezug von Grundsicherung für Arbeitsuchende (SGB II) wie bei der echten Sozialhilfe (SGB XII) und immer im Zusammenhang mit dem Behindertentestament.[250] Dabei wird deutlich, dass es sich um ein **komplexes Schnittstellenproblem** zweier ohnehin äußerst komplizierter Rechtsgebiete handelt. Hierbei geht sie ausführlich auf das *Behindertentestament* und seine sozialrechtlichen Auswirkungen ein. Sie wendet sich daher am Schluss ihrer Ausführungen zu Recht gegen unreflektierte Äußerungen, wonach *„ein Einstieg in die Details der Sozialleistungen ... für den Testamentsgestalter nicht erforderlich ist, solange die Hilfebedürftigkeit auf Dauer gegeben ist."*[251]

Aber davor stellt sie zum einen fest, dass zwar im **Zivilrecht** nach einer fast ein Vierteljahrhundert andauernden Diskussion die **Zulässigkeit** des Behindertentestaments nunmehr anerkannt ist, während in der **Sozialgerichtsbarkeit** diese Testamente erst jetzt auf den **Prüfungsstand gestellt** werden. Hier spreche aber erst das *BSG* das letzte Wort. Zum anderen kritisiert sie, dass bei der Entwicklung des Behindertentestaments immer unterstellt wurde, dass der hinterlassene *Nachlass* „**sozialhilferechtlich Vermögen**" sei, das es ermögliche, dem Begünstigten durch Zweckbindungen des Erblassers im Rahmen der sozialhilferechtlichen Vorschriften Schonvermögen zuzuwenden. Demgegenüber komme es nach der neueren sozialrechtlichen Rspr. (siehe Rn 49) für die Qualifizierung der Erbschaft als Einkommen oder Vermögen nicht auf die zivilrechtlichen Vorschriften an, sondern allein darauf, ob der **Erbfall** bereits **vor** der ersten **Antragstellung** eingetreten ist (dann Vermögen) oder danach (dann Einkommen). Daher wird in den **meisten Fällen** des Behindertentestaments die Erbschaft als **Einkommen** einzuordnen sein. Kehrt nun der Testamentsvollstrecker aufgrund der Verwaltungsanordnung dem sozialleistungsbedürftigen Behinderten die entsprechenden Mittel aus, so werde damit aus dem (zunächst durch die Testamentsvollstreckung

92

---

245 Vgl. dazu *J. Mayer* ZErb 2000, 16, 21 f.; zust. *Kornexl*, Rn 358.
246 Vgl. dazu *J. Mayer*, ZErb 2000, 16, 21; zust. DNotI-Gutachten v. 27.1.2004, Az. iv-ra M/VIII/1 – § 90 BSHG – 47047; *Krauß*, Vermögensnachfolge, Rn 5223.
247 DNotI-Gutachten v. 27.1.2004, Az. iv-ra M/VIII/1 – § 90 BSHG – 47047.
248 Dazu etwa *Littig/J. Mayer*, Rn 317 f.
249 Zutr. DNotI-Gutachten vom 27.1.2004, Az. iv-ra M/VIII/1 – § 90 BSHG – 47047.
250 ZErb 2014, 105.
251 *Perau*, in: Dorsel (Hrsg.), Kölner Formularbuch Erbrecht, 2011, 5. Kap. Rn 535.

geschützten) Einkommen sog. „bereites Einkommen", das der Sozialleistungsträger anzurechnen hat und damit „leistungsschädlich" ist. Damit träte aber zugleich ein Verstoß gegen den eigentlich Zweck der Verwaltungsanordnung des Erblassers ein. Wenn er aber dem Behinderten kaum mehr etwas zuwenden könne, so verlöre das Behindertentestament seine eigentliche Legitimation, da es auch zu dessen Wohl angeordnet sein müsse. Im Bereich des klassischen Sozialhilferechts (SGB XII) könne sich allerdings eine Lösung daraus ergeben, dass bestimmte erbrechtliche Zuwendungen nicht auf den dort zu gewährleistenden Regelbedarf und andere nur mit dem Regelbedarf angerechnet würden.

Alles in Allem eine sehr schwierige Aufgabe, zumal auch **Sachwertzuwendungen** in eine „sozialrechtliche Sackgasse" führen können, sind sie doch nach den Werten der Sachbezugsverordnung zu bewerten. Es sind daher für den Testamentsvollstrecker vertiefte Kenntnisse im Sozialrecht erforderlich, will er der ihm gestellten Aufgabe gerecht werden.

93 Da offenbar der sozialhilferechtliche Rahmen für insoweit nicht anrechenbare Zuwendungen u.U. viel enger ist, als bisher angenommen, wird befürchtet, dass der Testamentsvollstrecker seiner Aufgabe nicht nachkommen kann, einerseits sozialrechtlich unschädliche Zuwendungen zu machen, andererseits für eine Verbesserungen der Lebensstellung des Behinderten zu sorgen. Damit verlöre aber das Behindertentestament seine Legitimation, es wird sogar davon gesprochen, dass es **„implodiert"** und zu einer **„mission impossible"** gerät.[252]

94 M.E. dürfen die Auswirkungen der Zufluss-Rechtsprechung des BSG auf das Behindertentestament nicht überbewertet werden. Denn die Schongrenzen für Vermögen waren auch bei der alten, vermögensorientierten Anwendung der Sozialhilfevorschriften i.d.R. bereits ausgereizt. Die von *Doering-Striening* in diesem Zusammenhang für ihre Ansicht gemachten Äußerungen zu zwei Entscheidungen von **Landessozialgerichten** überzeugen nicht: Bei der Entscheidung des **LSG Hessen**[253] ging es um einen Aufwendungsersatz des Sozialleistungsträgers, der bejaht wurde, nachdem der Testamentsvollstrecker erbrechtliche Mittel auf Anforderung des Betreuers der Bezieherin von Sozialleistungen an diese frei gegeben hat. Dies ist mit den zivilrechtlichen Kategorien gerade vereinbar: Erklärt ein Testamentsvollstrecker eine Freigabe nach § 2217 BGB, so erlischt sein Verwaltungsrecht an den freigegebenen Teilen des Nachlasses und es besteht gerade keine Zugriffssperre nach § 2214 BGB mehr. Demgegenüber hat das **LSG Hamburg**[254] in einer unlängst ergangenen Entscheidung die Gestaltung des Behindertentestaments und dessen Instrumentarien gerade auch im Zusammenhang mit Leistungen nach dem SGB II im vollen Umfang anerkannt. Wenn man hier einfach bei sachkundigen Landessozialgerichten behauptet, sie hätten die geänderte Rspr. des BSG mit der neuen Abgrenzung zwischen Einkommen und Vermögen einfach noch nicht verstanden, macht man es sich zu leicht.[255]

95 Allerdings wird das **Maß** für die Zuwendungen, die der Testamentsvollstrecker dem Behinderten oder Bedürftigen „sozialrechtlich unschädlich" zuwenden kann, offenbar **immer geringer**. Die Übereignung eines Pkw durch den Testamentsvollstrecker würde jedenfalls dazu führen, dass der Sozialleistungsbezieher diesen verwertet und aus dem Erlös den aktuellen Bedarf bestreiten muss.[256] Aber dies war wohl schon bisher zu befürchten, auch

---

252 *Schindler*, ZEV 2014, 356 in seiner Bespr. zum Aufsatz von Doering-Striening, unter Bezug auf seine frühere Äußerung in Ruby/Schindler/Wirich, Das Behindertentestament, § 3 Rn 33.
253 Vom 26.6.2013, Az. L 6 SO 165/10, www.sozialgerichtsbarkeit.de.
254 Urt. v. 13.9.2012, Az. L4 AS 167/10, FamRZ 2013, 1428; eingehend dazu *Tersteegen*, ZErb 2013, 141, der diese Entscheidung als weitere Anerkennung des Behindertentestaments preist.
255 *Doering-Striening*, ZErb 2014, 105, 109.
256 Insoweit zutr. *Doering-Striening*, ZErb 2014, 105, 114.

wenn nach früherer Ansicht eine solche Zuwendung als Vermögen anzusehen war, denn – es sei nochmals betont – auch das sozialrechtliche Schonvermögen war bisher schon nicht sehr hoch und deren Grenzen wurden bereits früher schnell erreicht.[257]

Aber die neue **sozialrechtliche Diskussion** ist insoweit verdienstvoll, als sie wiederum den in diesem Buch bereits früher geäußerten Befund bestätigt: Der Vollzug des Behindertentestaments ist **nichts für Laien,** sondern nur für Profis.

jj) Praktischer Vollzug

Wie gerade die vorstehenden Überlegungen zeigen, ist der **praktische Vollzug** des Behindertentestaments schwieriger als gedacht.[258] Erfüllt der Testamentsvollstrecker seine Aufgaben nicht, weil er etwa den Anspruch des behinderten Miterben wegen der ihm zustehenden Nutzungsentschädigung nicht geltend macht (siehe dazu Rn 91), so drohen ihm **Haftung** (§ 2219 BGB)[259] oder gar **Entlassung** (§ 2227 BGB).[260]

96

kk) Individuelle Gestaltung

Insgesamt wird man sagen können, dass bei Beachtung der aufgezeigten Grenzen der Notar die Beurkundung eines Behindertentestaments nicht wegen Sittenwidrigkeit ablehnen kann. Jedoch ist bei der Abfassung des Behindertentestaments äußerste Sorgfalt geboten. Dabei ist insbesondere auf die Besonderheiten des Einzelfalls noch mehr als sonst einzugehen. Nach den genannten Grundsatzentscheidungen des BGH bezieht das Behindertentestament seine innere Rechtfertigung, gerade gegenüber dem Vorwurf der Sittenwidrigkeit, daraus, dass es dem Behinderten ein „Mehr" gibt als dasjenige, was ihm der Sozialhilfeträger an allgemeinen Leistungen nach dem SGB XII gewähren kann. Das **Wohl des Behinderten** muss daher die Richtschnur für die Gestaltung sein und nicht die Erhaltung des Vermögens im Familienbesitz. Hinzu kommt das verfassungsmäßige Verbot des Art. 3 Abs. 3 S. 2 GG, Behinderte zu diskriminieren. Auch dies gebietet eine nach den Umständen des Einzelfalls differenzierende Gestaltung zum Wohle des Behinderten.[261] Daher gibt es kein Behindertentestament von der Stange.[262]

97

c) Die sog. Trennungslösung: Der Behinderte als Nacherbe

Litzenburger hat für die gemeinsame Nachlassplanung beider Ehegatten die sog. Trennungslösung vorgeschlagen, deren Anwendung auf den ersten Erbfall begrenzt ist.[263] Der Erstversterbende der Ehegatten setzt den Längerlebenden als alleinigen befreiten Vorerben, die Kinder als Nacherben ein, wobei der Behinderte durch eine weitere Nacherbfolge zugunsten seiner (gesunden) Geschwister beschränkt ist. Die Nachlassbeteiligung der Kinder und

98

---

257 Eine Ausnahme mag sich bei dem angemessenen, selbstbewohnten Wohneigentum (§ 12 Abs. 3 Nr. 4 SGB II, § 90 Abs. 2 Nr. 7 SGB XII) ergeben haben, aber diesbezüglich kam bisher schon niemand auf die Idee, dieses dem Behinderten oder Bedürftigen zuzuwenden.
258 Nützliche Hinweise hierzu bei *Ruby*, in: Ruby/Schindler/Wirich, § 5; zu den ersten Schritten: *Dietz/Spall*, ZEV 2012, 458.
259 Wobei der Schadensersatzanspruch nach § 93 SGBB XII wiederum auf den Sozialhilfeträger überleitbar wäre.
260 Eingehend dazu *Littig/J. Mayer*, Rn 318.
261 *J. Mayer*, ZErb 1999, 60 ff.; 2000, 16 ff.; zust. *Bengel/Dietz*, in: Bengel/Reimann, V Rn 435.
262 Eingehend dazu *J. Mayer*, ZErb 1999, 60 ff.; 2000, 16 ff.; zust. etwa *Bengel/Dietz*, in: Bengel/Reimann, V Rn 435.
263 RNotZ 2004, 138, 144 ff.

damit auch des Behinderten ist demnach ein Nacherbenanwartschaftsrecht. Der Nacherbfall tritt mit dem Tod des längerlebenden Ehegatten ein.

99 Der **Nachteil** dieser Lösung ist, dass der Behinderte bis zum Tod des überlebenden Ehegatten nur Nacherbe ist und demnach von den Nutzungen des Nachlasses ausgeschlossen wird; weitere Nachteile können sich für ihn daraus ergeben, dass der befreite Vorerbe über den Nachlass relativ frei verfügen kann (§§ 2136–2138 BGB). Damit wird das Gestaltungsziel, den Lebensstandard des Behinderten ab dem Erbfall gegenüber dem Sozialhilfeniveau dauerhaft zu verbessern, zunächst nicht erreicht. Dadurch wird aber der Druck auf den Behinderten und vor allem auf seinen Betreuer groß, die Erbschaft auszuschlagen, zumal der Eintritt des Nacherbfalls nicht vorhergesehen werden kann. Von der Verwendung dieser Lösung ist daher grundsätzlich abzuraten.[264]

d) Allgemeine Würdigung der Erbschaftslösung

100 Insgesamt kann man die Erbschaftslösung wie folgt beurteilen.[265] Ihr Vorteil ist:
- die **Rechtslage** erscheint – wenn auch mit den obigen Vorbehalten – doch in vielen Punkten einigermaßen **gesichert**; auch die Praxis der Sozialhilfeträger hat offenbar diese Gestaltung weitgehend akzeptiert. Sie ist daher – gegenüber der Vermächtnislösung – der „sicherere Weg"
- die „**Feineinstellung**" entsprechend den Bedürfnissen des Einzelfalls erfolgt durch eine detaillierte, individuelle Verwaltungsanordnung für den Testamentsvollstrecker (§ 2216 Abs. 2 BGB), gegebenenfalls durch Vorausvermächtnisse für den Behinderten
- durch die Anordnung der Vor- und Nacherbschaft, aber vor allem der Testamentsvollstreckung, kann die dem Behinderten hinterlassene Erbschaft erhalten bleiben, soweit sie nicht für seine notwendigen Bedürfnisse verwendet werden muss
- zu einer **Ausschlagung** durch den Behinderten wird es bei richtiger Anordnung der Verwaltungsanweisung selten kommen, da dann die Gestaltung für den Behinderten regelmäßig günstiger ist, als die Geltendmachung seines Pflichtteils. Zudem ist hier von Vorteil, dass die Ausschlagungsentscheidung nur innerhalb der kurzen Ausschlagungsfrist des § 1944 Abs. 1 BGB getroffen werden kann. Oftmals wird daher der Sozialhilfeträger erst nach deren Ablauf vom Erbfall Kenntnis erlangen und hat dann keine Möglichkeit mehr, auf die Entscheidung des Behinderten oder seines gesetzlichen Vertreters einzuwirken.[266]

101 Jedoch ergeben sich auch einige **Nachteile**, die im Wesentlichen aus der **gesamthänderischen Bindung** entstehen, die darauf beruht, dass der Behinderte als Miterbe zugleich Miteigentümer des Nachlasses ist. Daraus resultieren erhebliche rechtliche und praktische Probleme.[267] Deutlich wird dies etwa, wenn bereits nach dem Tod des erstversterbenden Elternteils der Behinderte Miterbe bezüglich des Eigenheimanteils des Erstverstorbenen wird oder gar bei einer Miterbschaft im gewerblichen Bereich. Hier wird der beste Weg sein, in der Verfügung von Todes wegen eine Teilungsanordnung zu treffen, wonach nach dem Erbfall der überlebende Ehegatte oder eines der anderen nicht behinderten Kinder das Familienwohnheim zu Alleineigentum erhält und der Behinderte in Geld seinen entsprechenden Erbteil. Da der für ihn angeordnete Testamentsvollstrecker dem Schenkungsverbot unterliegt (§ 2205 S. 3 BGB), muss der Behinderte natürlich eine vollwertige Abfindung erhalten. Daneben sollte eine Befreiung von den Beschränkungen des § 181 BGB und

---

264 *Kornexl*, Rn 354; *Schindler*, in: Ruby/Schindler/Wirich, § 3 Rn 124.
265 Nach *Spall*, MittBayNot 2001, 249 ff., Abschn. II 1.; vgl. auch *May*, S. 65 ff.; *Fensterer*, S. 25.
266 *Damrau/J. Mayer*, ZEV 2012, 293, 297; zust. *Deinert*, S. 429.
267 Dazu etwa *Damrau*, ZEV 1998, 1, 1; *Engelmann*, S. 30 ff.; *Chr. Hartmann*, ZEV 2001, 89, 91.

§ 2119 BGB erteilt werden. Zweckmäßig ist auch, die Auseinandersetzung in zeitlicher wie sachlicher Hinsicht in das billige Ermessen des Testamentsvollstreckers zu stellen (§ 2048 S. 2 BGB).[268] Die früher oftmals empfohlenen **Auseinandersetzungsverbote** sollten daher zumindest hinsichtlich des Nachlasses des Erstversterbenden der Eltern vermieden werden, zumal sie u.U. dinglich wirken könnten (§ 2208 Abs. 1 S. 1 BGB).

3. Vermächtnislösung

Wegen der mit der Erbschaftslösung strukturell verbundenen Schwierigkeiten wird insbesondere in neuerer Zeit zunehmend die Anordnung von Vermächtnissen empfohlen. Die Vermächtnisse werden nach § 2307 BGB auf den **Pflichtteil** des Behinderten **angerechnet**. Als Vermächtniszuwendungen kommen aber nur solche Leistungen in Betracht, die nicht dem „Zugriff" des Sozialhilfeträgers unterliegen,[269] auch nicht als einzusetzendes Einkommen oder Vermögen i.S.d. SGB XII (früher BSHG) anzusehen sind und auch zu keiner Einschränkung der Sozialhilfeleistungen aus einem anderen Grund, etwa wegen der anderweitigen Bedarfsdeckung, führen. Auch hier ist die Testamentsvollstreckung mit entsprechender Verwaltungsanordnung unerlässlich. Unproblematisch ist daher im Wesentlichen die Zuwendung von Vermögenswerten, die Schonvermögen i.S.v. § 90 Abs. 1 SGB XII darstellen.

102

Die Anordnung von erbrechtlichen **Auflagen** (§§ 2192 ff. BGB), sich um den Behinderten zu kümmern oder ihm Wohnraum oder ähnliches zu gewähren, hätte zwar den Vorteil, dass der Behinderte keinen Anspruch auf deren Erfüllung hat, der auf den Sozialhilfeträger übergeleitet werden könnte (vgl. § 2194 BGB). Dennoch ist diese Gestaltung nicht zu empfehlen,[270] da die so erfolgten vermögenswerten Zuwendungen nicht auf den Pflichtteil angerechnet werden können, weil sich § 2307 BGB nur auf das Vermächtnis und nicht auf die Auflage bezieht.[271]

103

a) Zuwendung von Versorgungsrechten

aa) Wohnungsrecht

Die vermächtnisweise Zuwendung eines **Wohnungsrechts** kommt je nach Sachlage als sinnvolle erbrechtliche Gestaltung in Frage.[272] Dies setzt allerdings voraus, dass nach dem Grade der Behinderung dem Vermächtnisnehmer auch nach dem Tode der Eltern ein eigenes Bewohnen der entsprechenden Räume möglich ist, und er nicht in ein Heim ziehen muss. Hierzu trifft man in der Praxis immer wieder zu optimistische Annahmen der Eltern, die anderen Kinder würden sich später um den behinderten Geschwisterteil kümmern, die dann leider nicht immer erfüllt werden. Wer aber dennoch ein Wohnungsrecht zuwenden will, muss auch hier Vorkehrungen gegen den Zugriff des Sozialhilfeträgers treffen. Zum einen darf das Wohnungsrecht nicht dahingehend ausgestaltet sein, dass nach § 1092 Abs. 1

104

---

268 *Ruby*, in: Ruby/Schindler/Wirich, § 5 Rn 2.
269 *Van de Loo*, MittRhNotK 1999, 233, 242.
270 Dies ist allgemein anerkannt, vgl. etwa *May*, S. 29 ff.; *Ruby*, in: Ruby/Schindler/Wirich, § 1 Rn 9.
271 Allg.M., vgl. nur MüKo/*Lange*, § 2307 Rn 10 m.w.N.; *Weirich*, Rn 684 will dadurch helfen, dass er diese Auflagen unter die auflösende Bedingung stellt, dass diese bei der Pflichtteilsgeltendmachung entfallen. Aber dies wird den Pflichtteilsberechtigten, insbesondere auch seinen Betreuer, von der Pflichtteilsforderung nicht abhalten.
272 Dazu *van de Loo*, MittRhNotK 1989, 233, 243; *van de Loo*, NJW 1990, 2852, 2853; *Spall*, MittBayNot 2001, 249, 253; *Weirich*, Rn 681; *Schindler*, in: Ruby/Schindler/Wirich, § 3 Rn 143; eingehend zur „pfändungssicheren" Ausgestaltung *Engelmann*, S. 62 ff.

S. 2 BGB die Ausübung der Rechte Dritten überlassen werden kann. Denn sonst wäre das Wohnungsrecht schon aus diesem Grund nach § 93 SGB XII (früher § 90 BSHG) überleitbar. Ob dies aber allein genügt, oder aber das Wohnungsrecht nicht trotzdem immer noch überleitungsfähig bleibt, war umstritten,[273] wurde jetzt aber vom BGH verneint.[274] Umstritten ist auch, ob bei einem Wegzug des Behinderten ins Heim nicht ein **Ersatzbetrag** entsteht, der dann übergeleitet werden könnte. Auch wenn bei der isolierten Zuwendung eines Wohnungsrechts kein Leibgedingsvertrag i.S.v. Art. 96 EGBGB vorliegt, bei dem kraft Gesetzes ein Ersatzanspruch entsteht (z.B. Art. 18 ff. BayAGBGB), wird dies trotzdem teilweise bejaht, insbesondere nach den Grundsätzen des Wegfalls der Geschäftsgrundlage oder aufgrund einer ergänzenden Auslegung.[275] Daher wurde überwiegend eine Anordnung empfohlen, dass die Rechte aus dem Wohnungsrecht ersatzlos ruhen sollen, wenn der Berechtigte nicht selbst das Wohnungsrecht ausübt, oder dass gar das Wohnungsrecht ersatzlos wegfällt (auflösende Bedingung), wenn der Berechtigte nicht nur vorübergehend auszieht. Ob eine solche Bestimmung allerdings „im Ernstfall hält", war nach der sehr sozialhilfeträgerfreundlichen Entscheidung des BGH vom 21.9.2001[276] ernsthaft bezweifelt worden. Nach der genannten neuen BGH-Entscheidung vom 9.1.2009[277] entstehen aber aus dem nicht vermietbaren, dinglichen Wohnungsrecht bei Wegzug des Berechtigten kraft Gesetzes regelmäßig keine Ersatzansprüche für ihn, die überleitbar wären.

bb) Wart und Pflege, Altenteilsleistungen

105 Wesentlich problematischer ist die Anordnung einer Wart- und Pflegeverpflichtung zugunsten des Behinderten und zu Lasten des Erben. Ob der Erbe sie tatsächlich nach dem Tod der Eltern des Behinderten erbringen kann, ist in den meisten Fällen nicht vorhersehbar. Dabei ist auch zu berücksichtigen, dass sich der Gesundheitszustand des Behinderten oftmals im Laufe der Zeit erheblich verschlechtern kann. Wer sich aber trotzdem für eine solche Pflegeverpflichtung entschließt, muss auch i.R.d. Vermächtnisanordnung eine ausreichende Leistungskonkretisierung vornehmen, insbesondere eine Beschränkung der Verpflichtung auf die Erbringung von ausschließlich häuslicher Pflege. Aber auch dann kann es zur Kürzung von Sozialhilfeleistungen kommen, insbesondere bezüglich des Pflegegelds nach den §§ 63 SGB XII (früher §§ 69a ff. BSHG).[278] Als sittenwidrig wird eine solche Beschränkung der Pflegeverpflichtung auf den häuslichen Bereich nach der neuen Entscheidung des BGH vom 6.2.2009[279] allerdings kaum noch angesehen werden können.

---

273 Verneinend zwar *Karpen*, MittRhNotK 1988, 131, 146 f., *van de Loo*, MittRhNotK 1989, 233, 243. Eingehend hierzu *J. Mayer*, Der Übergabevertrag, Rn 15 ff.
274 Grundsätzlich BGH v. 9.1.2009, V ZR 168/07, NJW 2009, 1348, = ZNotP 2009, 147 = ZEV 2009, 252 m. Anm. *Litzenburger* = FamRZ 2009, 598; dazu *Herrler*, DNotZ 2009, 408; *Volmer*, MittBayNot 2009, 276.
275 *Karpen*, MittRhNotK 1988, 131, 146 f.; *Engelmann*, S. 93 f.
276 NJW 2002, 440 = ZEV 2002, 116 m. abl. Anm. *Kornexl*; etwas einschränkender, i.E. aber ähnlich streng, noch BGH NJW-RR 2003, 577 = MittBayNot 2004, 180 m. krit. Anm. *J. Mayer*; optimistischer jetzt *Rosendorfer*, MittBayNot 2005, 7 ff.
277 NJW 2009, 1348.
278 Vgl. dazu etwa *Settergren*, S. 37 f.
279 Az. V ZR 130/08, NJW 2009, 1346 = FamRZ 2009, 865 = ZEV 2009, 254 m. Anm. *Litzenburger*; dazu auch *Chr. Rudolph*, ASR 2009, 129; *Berger*, ZNotP 2009, 263; *Volmer*, MittBayNot 2009, 276.

b) Zuwendung eines Geldbetrages durch Quotenvermächtnis mit Nachvermächtnis

aa) Zu den einzelnen Anordnungen

Als Alternative zur Erbschaftslösung wird häufig die vermächtnisweise Zuwendung eines Geldbetrages diskutiert und findet in der Praxis zunehmend auch Verwendung.[280] Das Vermächtnis muss dabei seinem Wert nach dem Pflichtteil entsprechen, um das Entstehen eines auf den Sozialhilfeträger überleitbaren Pflichtteilsrestanspruchs zu vermeiden (§ 2307 Abs. 1 S. 2 Hs. 1 BGB). Es bietet sich daher hier ein **Quotenvermächtnis** in Höhe des Pflichtteils an.[281] Bezüglich des Vermächtnisses wird eine **Verwaltungsvollstreckung** (§ 2209 BGB) entsprechend den Überlegungen zur Erbschaftslösung (siehe Rn 51 ff.) auf Lebenszeit des Behinderten angeordnet,[282] um einen Zugriff des Sozialhilfeträgers auf das Vermächtnisobjekt auszuschließen, was mittlerweile allgemein anerkannt ist.[283] Auch für die Testamentsvollstreckung über ein Vermächtnisobjekt gelten die schützenden Bestimmungen der §§ 2211, 2214 BGB.[284]

106

Da der Vermächtnisnehmer deshalb auch nicht über das Vermächtnisobjekt verfügen kann, handelt es sich für ihn auch nicht um einsetzbares Vermögen i.S.d. §§ 90 f. SGB XII. Dem Testamentsvollstrecker werden für die Verwaltung auch hier genaue Anordnungen erteilt (§ 2216 Abs. 2 BGB), und zwar in der Weise, wie bei der Erbschaftslösung. Die Funktion der Nacherbfolge übernimmt hier die Anordnung eines **Nachvermächtnisses** auf den Todesfall des Behinderten, der insoweit nur Vorvermächtnisnehmer ist. Dadurch soll gewährleistet werden, dass beim Tod des Behinderten der Rest des Vermächtnisses an eine Person fällt, die der Erblasser hierfür ausdrücklich bestimmt hat (Gedanke des Vermögenserhalts im Familienbesitz), und zugleich der Kostenersatzanspruch des Sozialhilfeträgers nach § 102 SGB XII (früher § 92c BSHG) ausgeschaltet wird. Das Nachvermächtnis unterscheidet sich allerdings in einem ganz erheblichen Punkt von der Nacherbfolge: Es wirkt nur **schuldrechtlich**. Der Nachvermächtnisnehmer hat nach §§ 2191 Abs. 1, 2174 BGB nämlich nur einen Anspruch gegen die Erben des Vorvermächtnisnehmers (= Behinderter) auf Erfüllung des Nachvermächtnisses. Demgegenüber ist der Nacherbe nach § 2139 BGB Gesamtrechtsnachfolger des ursprünglichen Erblassers und erwirbt mit Eintritt des Erbfalls von selbst und mit unmittelbarer dinglicher Wirkung von diesem und gleichsam am eigenen Vermögen des Vorerben vorbei. Aus der nur schuldrechtlichen Wirkung des Nachvermächtnisses ergeben sich für das Behindertentestament und seine praktische Tauglichkeit im Wesentlichen zwei Probleme:[285]

107

---

280 *Nieder/Kössinger*, § 21 Rn 98 ff.; *Schindler*, in: Ruby/Schindler/Wirich, § 3 Rn 130 ff.; *Krauß*, Vermögensnachfolge, Rn 5109 ff.; *Baltzer*, Das Vor- und Nachvermächtnis in der Kautelarjurisprudenz, 2007, Rn 612 ff., mit ausf. Darstellung der Vor- und Nachteile in Rn 649 ff.; *Langenfeld*, Testamentsgestaltung, Rn 829 ff.

281 *Nieder*, NJW 1994, 1265; eingehend dazu *Kornexl*, Rn 318 ff.; *Schindler*, in: Ruby/Schindler/Wirich, § 3 Rn 130 ff.

282 Eine Verwaltungsvollstreckung kann sich auch allein auf das beziehen, was einem Vermächtnisnehmer zugewandt wird, vgl. BGHZ 13, 203, 205; Soergel/*Damrau*, § 2223 Rn 1; *Kraiß*, BWNotZ 1986, 12; *Watzek*, MittRhNotK 1999, 37, 47.

283 *Limmer*, Erbrechtsberatung 2007, 43, 77; *Schindler*, in: Ruby/Schindler/Wirich, § 3 Rn 132; vgl. auch LSG Baden-Württemberg ZEV 2008, 147 zu „Hartz IV" Fällen.

284 Soergel/*Damrau*, § 2223 Rn 3; MüKo/*Zimmermann*, § 2223 Rn 4.

285 Dazu etwa *Joussen*, NJW 2003, 1851, 1852; *Nieder/Kössinger*, § 21 Rn 102.

bb) Befugnis des Testamentsvollstreckers zur Erfüllung des Nachvermächtnisses?

108 Ist der Verwaltungsvollstrecker auch nach **Eintritt des Todes des Behinderten** berechtigt, das Nachvermächtnis zu erfüllen? Diese Frage erscheint auch im Hinblick auf den Pfändungsschutz des § 2214 BGB bedeutsam. Die Erfüllungsbefugnis wird teilweise verneint,[286] überwiegend aber bejaht.[287] Nach einer vermittelnden Ansicht ist eine ausdrückliche Erweiterung der Aufgaben des Testamentsvollstreckers erforderlich.[288] Die Lösung dieses Problems hängt davon ab, ob der Testamentsvollstrecker auch nach Eintritt des Nachvermächtnisfalls noch die zur Vermächtniserfüllung erforderliche Verfügungsbefugnis (§ 2205 S. 2 BGB) besitzt. Hinsichtlich der Gläubigerseite bereitet dies keine Probleme, denn die Zuwendung des Vermächtnisanspruchs an den Nachvermächtnisnehmer beruht unmittelbar auf der Erblasserbestimmung, die zugleich die entsprechende Testamentsvollstreckung anordnet. Entscheidend aber ist die Frage, ob der Testamentsvollstrecker auch auf Seiten des **Vermächtnisschuldners** die Verfügungsbefugnis besitzt.[289] Dabei ist zu beachten, dass das Nachvermächtnis eben nur einen schuldrechtlichen Anspruch auf Vermächtniserfüllung gewährt. Eigentümer des Objekts des Nachvermächtnisses ist der Erbe des Behinderten. Kann in dessen grundsätzlich bestehende Verfügungsbefugnis durch eine Anordnung des Erblassers eingegriffen werden? Zunächst trifft den Erben des Behinderten aufgrund der Universalsukzession die Verpflichtung zur Erfüllung der Verbindlichkeit aus dem Nachvermächtnis (§ 1922 BGB). Aber ist er auch in seiner Verfügungsbefugnis eingeschränkt, weil die Verfügungsbeschränkung des § 2211 BGB auch gegen ihn fortwirkt? Zum Ende dieser Verfügungsbeschränkung findet man relativ wenig. I.d.R. heißt es nur, dass diese mit dem Wegfall des Verwaltungsrechts des Testamentsvollstreckers infolge Beendigung der Testamentsvollstreckung insgesamt oder über den Nachlassgegenstand, z.B. durch Freigabe nach § 2217 Abs. 1 BGB, endet.[290] Allein durch den Tod des eigentlichen Erben, hier also des Behinderten, wird aber die angeordnete Verwaltungsvollstreckung nicht erlöschen. Allerdings ist die **Zeitgrenze** des § 2210 BGB zu beachten. Hierzu wird teilweise vertreten, dass in analoger Anwendung dieser Vorschrift ein Ereignis in der Person des Vor- oder Nachvermächtnisnehmers – wie dort in der Person des Vor- oder Nacherben – als zulässiger Beendigungsgrund angesehen und damit die 30-jährige Zeitgrenze durchbrochen werden kann[291] oder der Tod des Testamentsvollstreckers.[292] Aber dies wäre in beiden Fällen noch nicht ausreichend, da immer noch die Verwaltungsvollstreckung vor der Erfüllung des

---

286 So *Damrau*, in: FS A. Kraft, 1998, S. 37 ff.; *Damrau/J. Mayer*, ZEV 2001, 293; dagegen *Spall*, ZEV 2002, 5 (mit z.T. falschem Verständnis der Begriffe über die Testamentsvollstreckung); eingehend zu den verschiedenen Testamentsvollstreckungsfunktionen in diesem Zusammenhang, NK-BGB/*J. Mayer*, § 2191 Rn 24 f.
287 NK-BGB/*Kroiß*, § 2223 Rn 4; *Chr. Hartmann*, ZEV 2001, 89, 92; *Schindler*, in: Ruby/Schindler/Wirich, § 3 Rn 150; *Baltzer*, Vor- und Nachvermächtnis, Rn 466 ff.; *May*, S. 79 ff.; *Muscheler*, AcP 208 (2008), 70, 91 f.; *Winkler*, Testamentsvollstrecker, Rn 163 sowie *Spall*, ZEV 2002, 5 jedoch mit der Einschränkung, das Vermächtnisobjekt müsse sich seit dem Erbfall ununterbrochen in der Verwaltung des Testamentsvollstreckers befunden haben, weil sonst einer Überführung in seine Verwaltungsbefugnis wegen § 2217 Abs. 1 S. 2 BGB ausgeschlossen sei (hiergegen aber *Muscheler*, AcP 208 (2008), 70, 92); für Verfügungsbefugnis des Testamentsvollstreckers offenbar auch MüKo/*Zimmermann*, § 2223 Rn 3; dem Fall BGH ZEV 2002, 20 = NJW-RR 2002, 292 lässt sich nicht genau entnehmen, ob eine ausdrückliche Anordnung des Erblassers vorlag, wonach der Testamentsvollstrecker auch für diese Aufgabe berufen sein sollte.
288 So etwa *Kornexl*, Rn 328; wohl auch *Bengel/Spall*, in: MAH Erbrecht, § 41 Rn 35.
289 Zutr. NK-BGB/*Kroiß*, § 2223 Rn 4.
290 MüKo/*Zimmermann*, § 2211 Rn 3; Staudinger/*Reimann*, § 211 Rn 7.
291 So etwa *Spall*, ZEV 2002, 7; dem zuneigend *Baltzer*, Vor- und Nachvermächtnis, Rn 470.
292 NK-BGB/*Kroiß*, § 2223 Rn 4.

Nachvermächtnisses beendet wäre. Es bleibt also nur die Möglichkeit, im Anschluss an die Verwaltungsvollstreckung i.S.d. § 2209 BGB noch eine Abwicklungsvollstreckung (§ 2203 BGB) mit dem Aufgabenkreis Erfüllung des Nachvermächtnisses anzuordnen. Eine solche Kombination wird – allerdings ohne ausführliche Begründung – für möglich gehalten und zwar sogar dahingehend, dass dann die Zeitgrenze des § 2210 BGB nicht gelten soll.[293]

cc) Vorrang des Kostenersatzanspruchs des Sozialleistungsträgers (§ 102 SGB XII) vor dem Anspruch des Nachvermächtnisnehmers (§ 2174 BGB)?

Die sich daran anschließende Frage ist, in welchem **Konkurrenzverhältnis** der Anspruch des Nachvermächtnisnehmers auf Erfüllung des Nachvermächtnisses und der des Sozialhilfeträgers auf Kostenersatz nach § 102 SGB XII (früher § 92c BSHG) stehen? Hierzu werden verschiedene Meinungen vertreten, veröffentlichte Rechtsprechung fehlt.[294]

Nach der einen Ansicht **konkurrieren der Anspruch** des Nachvermächtnisnehmers und der Kostenersatzanspruch des Sozialhilfeträgers, was entsprechend den insolvenzrechtlichen Grundsätzen zu einer „quotenmäßigen Teilung" führt.[295]

Die Gegenansicht[296] nimmt dagegen an, dass der **Herausgabeanspruch** des Nachvermächtnisnehmers gegenüber dem Kostenersatzanspruch des Sozialhilfeträgers **vorrangig** sei, weil es sich bei ersterem um eine bereits vom ursprünglichen Erblasser herrührende Erblasserschuld handle, während § 102 SGB XII (früher § 92c BSHG) dagegen eine Erbfallschuld darstelle. Zudem beschränke § 102 SGB XII (früher § 92c BSHG) ausdrücklich die Haftung auf den Wert des im Zeitpunkt des Erbfalls vorhandenen Nachlasses. Bei der Feststellung des Nachlasswertes sei aber gerade die vorrangige Erblasserschuld in Gestalt des Anspruchs des Nachvermächtnisnehmers als Passiva abzuziehen, so dass sich der Kostenersatzanspruch des Sozialhilfeträgers nur noch auf den verbleibenden Nachlasswert beziehe.[297] Hierzu beruft sich diese Auffassung auf Entscheidungen des BVerwG, wonach sich der Wert des Nachlasses i.S.d. § 102 SGB XII (früher § 92c BSHG) nach dem BGB, insbesondere nach § 2311 BGB richte, so dass darunter das dem Erben zugefallene Aktivvermögen des Erblassers abzüglich der Nachlassverbindlichkeiten zu verstehen sei.[298] Als weitere Begründung für die Vorrangigkeit des Anspruchs des Nachvermächtnisnehmers wird nun der **Zweck**

---

293 Staudinger/*Reimann*, § 2210 Rn 7, 12; *Krauß*, Vermögensnachfolge, Rn 5116; MüKo/*Zimmermann*, § 2210 Rn 3; eingehender zu unserer Problematik in diesem Sinne nur *Baltzer*, Vor- und Nachvermächtnis, Rn 471 ff. und *May*, S. 80 ff.
294 Ausführlich hierzu auch *May*, S. 70 ff. sowie *Joussen*, ZErb 2003, 134, 137 f., der jedoch die Streitfrage offen lässt.
295 *Damrau*, ZEV 1998, 1 ff.; *Bengel*, in: Reimann/Bengel/J. Mayer, Systemat. Teil, E Rn 208; *Damrau/J. Mayer*, ZEV 2001, 293 und jetzt auch Staudinger/*Otte*, Bearb. 2002, § 2191 Rn 8; für noch nicht restlos geklärt hält die Streitfrage immerhin *Bengel/Spall*, in: MAH Erbrecht, § 41 Rn 34.
296 Gutachten DNotI-Report 1999, 149, 150 f.; *Schindler*, in: *Ruby/Schindler/Wirich*, § 2 Rn 61; *Chr. Hartmann*, ZEV 2001, 89, 92 f.; *May*, S. 70 ff.; *Spall*, MittBayNot 2001, 249, 252; *Weidlich*, ZEV 2001, 94, 96; *G. Müller*, in: Würzburger Notarhandbuch, Teil 4 Kap. 1 Rn 411; *Baltzer*, Vor- und Nachvermächtnis, Rn 352 ff.; *ders.*, ZEV 2008, 116 ff.; *Krauß*, Vermögensnachfolge, Rn 5119; *Deinert*, S. 422; *May*, S. 75 f. mit Berufung auf die Systematik der sozialhilferechtlichen Kostenerstattungsansprüche, die als Ausnahmebestimmungen zu dem Grundsatz, wonach rechtmäßig gewährte Sozialhilfe nicht zurückgefordert werden kann, eng auszulegen seien; *Muscheler*, AcP 208 (2008), 70, 97; i.E. ebenso ohne nähere Begründung *Karpen*, MittRhNotK 1988, 131, 138.
297 Zutr. bezeichnet *Deinert*, S. 422 dies als eine „formalistische" Schlussfolgerung.
298 So BVerwGE 66, 161 ff.; 90, 250 ff.; gegen diese Argumentation, die insbesondere das vorstehend genannte DNotI-Gutachten vornimmt, spricht, dass die Behandlung des Nachvermächtnisses im Pflichtteilsrecht äußerst ungeklärt ist, vgl. dazu NK-BGB/*J. Mayer*, § 2191 Rn 19.

des § 102 SGB XII angeführt: Das Gesetz halte es nicht für angemessen, das Schonvermögen, das man dem Sozialhilfeempfänger aus besonderen sozialrechtlichen Gründen zu seinen Lebzeiten belassen habe, auch seinen Erben zukommen zu lassen. Daher diene die Vorschrift nur dazu, den Nachrang der Sozialhilfe wieder im vollen Umfang herzustellen. Diese Begründung verfange jedoch beim Nachvermächtnis nicht, weil das davon erfasste Vermögen vom Vorvermächtnisnehmer von Anfang an mit dem Herausgabeanspruch des Nachvermächtnisnehmers belastet erworben wurde. Es handelt sich insoweit eben nicht um „Schonvermögen", das der Sozialhilfeträger dem Vorvermächtnisnehmer zu dessen Lebzeiten nur „aus Gnade" belasse.[299] Aber diese Argumentation überzeugt zum einen allenfalls dann, wenn das Nachvermächtnis nicht nur auf den „Überrest" begrenzt ist. Zum anderen lässt sie unberücksichtigt, dass eben gerade anders als bei der Lösung über die Vor- und Nacherbschaft das Vermächtnisobjekt aufgrund einer ausdrücklichen Entscheidung des Erblassers im Eigentum des Behinderten steht und der Nachvermächtnisnehmer letztlich nur einen schuldrechtlichen Anspruch dem Sozialhilfeträger entgegen halten kann. Aber der Argumentationsansatz von *Muscheler* geht in die richtige Richtung, jedoch ist zutreffender Ansatzpunkt die Testamentsvollstreckung: Aufgrund der auf Lebenszeit des Behinderten bestehenden Testamentsvollstreckung konnte der Sozialhilfeträger zu Lebzeiten des Anspruchsberechtigten nie damit rechnen, dass dieses Vermögen jemals in sozialhilferechtlicher Hinsicht verwertbar war. Es lag kein aus spezifisch sozialrechtlichen Gründen nicht einzusetzendes Vermögen vor, sondern dieses war schon aus allgemeinen Gründen überhaupt nicht verwertbar.

Da die Rechtslage noch nicht höchstrichterlich geklärt ist, wird neuerdings empfohlen, die Position des Nachvermächtnisnehmers dadurch zu verstärken, dass bereits aufschiebend befristet auf den Tod des Behinderten hinsichtlich der beweglichen Gegenstände und Ansprüche sowie Rechte eine Übereignung bzw. Abtretung an den Vermächtnisnehmer erfolgt.[300]

Eine andere Ansicht bejaht eine erbenrechtliche Haftung für die dem Behinderten gewährten Sozialhilfekosten in entsprechender Anwendung der §§ 2378 Abs. 1, 2382, 2385 BGB.[301] Diese Vorschriften finden nach h.M. auf einen Vermächtnisnehmer entsprechende Anwendung, wenn ein Universalvermächtnis vorliegt. Und da das dem Nachvermächtnis unterliegende Vermögen i.d.R. der wesentliche Nachlass des Behinderten sein wird, sei – so wird gefolgert – die analoge Anwendung hier gerechtfertigt. Dies trifft jedoch nicht zu, weil es sich bei dem Nachvermächtnis strukturell nicht um ein Universalvermächtnis handelt, da es sich – zumindest aus der Perspektive des Erblassers her betrachtet – nicht auf das gesamte Vermögen des beschwerten Vorvermächtnisnehmers bezieht, nur auf das, was ihm in Folge des Vorvermächtnisses zufiel.[302] Auch könnte damit nur die Haftung nach dem Erblasser, nicht aber nach dem Vorvermächtnisnehmer begründet werden.

---

299 *Muscheler*, AcP 208 (2008), 70, 97.
300 *Krauß*, Vermögensnachfolge, Rn 5121 mit weiteren Hinweisen und Formulierungsvorschlag.
301 *Dobroschke*, DB 1967, 805; *Lange/Kuchinke*, § 29 II 2 a; teilweise wird nur § 2378 BGB für anwendbar gehalten, so dass nur im Innenverhältnis der Nachvermächtnisnehmer dem Vorvermächtnisnehmer zur Erfüllung der Nachlassverbindlichkeiten verpflichtet sei, so *Settergren*, Das Behindertentestament im Spannungsfeld zwischen Privatautonomie und sozialhilferechtlichem Nachrangprinzip, 1999, S. 41; *van de Loo*, MittRhNotK 1989, 233, 243; *ders.*, NJW 1990, 2852, 2854; *Joussen*, NJW 2003, 1851, 1852; a.A. *Schellhorn/Jirasek/Seipp*, § 92c BSHG Rn 9; *Muscheler*, AcP 208 (2008), 70, 93; *Schindler*, in: Ruby/Schindler/Wirich, § 3 Rn 53; *Baltzer*, Vor- und Nachvermächtnis, Rn 373 ff.
302 Zutr. etwa *Baltzer*, Vor- und Nachvermächtnis Rn 378; *Muscheler*, AcP 208 (2008), 70, 93 f.

dd) Bewertung des Quotenvermächtnisses

Bis zu einer klärenden höchstrichterlichen Entscheidung ist m.E. mit der Anordnung des Vor- und Nachvermächtnisses im Hinblick auf die noch nicht abschließend geklärten sozialrechtlichen Fragen nach wie vor eine gewisse Vorsicht geboten.[303] Hinzu kommt ein weiterer Unterschied zwischen Erbschaft und Vermächtnis: Für die Ausschlagung eines Vermächtnisses besteht grundsätzlich keine **Ausschlagungsfrist**. Der Vermächtnisnehmer kann daher bis zur ausdrücklich erklärten Annahme das Vermächtnis jederzeit ausschlagen und dann nach § 2307 BGB den ungekürzten Pflichtteilsanspruch geltend machen, soweit dieser noch nicht verjährt ist. Und wenn der Testamentsvollstrecker in Vollzug des Testaments Leistungen an den Behinderten auskehrt, ist dies nicht als Annahme des Vermächtnisses dem Vermächtnisnehmer zuzurechnen. Da bei einem solchen Vermächtnis keine Ausschlagungsfrist läuft, kann der Sozialhilfeträger viel länger als bei der Erbschaftslösung den Behinderten auf die Ausschlagungsmöglichkeit zur Pflichtteilerlangung verweisen, bis der Behinderte das Vermächtnis angenommen hat;[304] die Aufforderung, sich zur Annahme des Vermächtnisses zu erklären ist im Hinblick auf die bei fruchtlosem Ablauf der Erklärungsfrist eintretende Ausschlagung des Vermächtnisses eher kontraproduktiv.[305] Demgegenüber wird wegen der kurzen Frist zur Erbschaftsausschlagung der Sozialhilfeträger vielfach von der Erbschaft erst erfahren haben, wenn die Ausschlagungsfrist vorbei ist. Da es nach Auffassung der Sozialhilfeträger auf die Frage der Überleitbarkeit des Ausschlagungsrechts nicht unbedingt ankommt, werden sie nach § 2 Abs. 1 SGB XII den Behinderten auf die eigene Geltendmachung seiner Rechte verweisen (siehe Rn 76) und die Sozialhilfe vorläufig nur auf Darlehensbasis gewähren (§ 91 SGB XII).

110

Vor der Verwendung des Quotenvermächtnisses sind daher seine unbestreitbaren Vorteile mit seinen möglichen sozialrechtlichen Nachteilen sorgfältig **abzuwägen**.[306] Die **Quotenvermächtnislösung** kommt dabei insbesondere dann in Betracht, wenn die direkte Beteiligung des Behinderten unbedingt vermieden werden sollte, etwa vor allem bei der **Unternehmensnachfolge**[307] oder wenn erwartet werden kann, dass beim Tode des Kindes **kein nennenswertes Vermögen** mehr vorhanden ist, das selbst bei Vorrang des Kostenersatzanspruchs des Sozialleistungsträgers auf diesen übergehen könnte. Zutreffend wird zudem vermehrt empfohlen, im Rahmen von **Ehegattentestamenten** und -erbverträgen stärker zwischen dem **ersten** und dem **zweiten Erbfall** zu **unterscheiden**: Im ersten Erbfall steht regelmäßig die Absicherung und Versorgung des überlebenden Ehegatten im Vordergrund. Diesem Gedanken wird dessen Alleinerbeneinsetzung, kombiniert mit dem **Quotenvermächtnis** für das behinderte Kind, besser gerecht. Außerdem ist hier die bei dieser Gestal-

111

---

303 Dies wird ganz allgemein betont, vgl. etwa *Golpayegami/Boger*, ZEV 2005, 377, 378; *Jousen*, NJW 2003, 1851, 1853; FA-ErbR/*Krause*, II Rn 577a; *Nieder/Kössinger*, § 21 Rn 112; *Deinert*, S. 422; *Litzenburger*, RNotZ 2004, 138, 143; *Spall*, in: FS 200 Jahre Notarkammer Pfalz, 2003, 121, 133 f.; jurisPK/*Reymann*, § 2191 Rn 3; *Everts*, ZErb 2005, 535; auch *Bengel/Spall*, in: MAH Erbrecht, § 41 Rn 35 sehen in der Erbschaftslösung die vorteilhaftere Gestaltung. Das Gutachten DNotI-Report 1999, 149, 151 betont ebenfalls ausdrücklich, dass eine „gewisse Rechtsunsicherheit" besteht. Demgegenüber mehren sich die Stimmen, die hierin eine der Erbschaftslösung gleichwertige Gestaltung sehen, so jetzt in der 4. Aufl. *Langenfeld*, Testamentsgestaltung, Rn 836; *Schindler*, in: Ruby/Schindler/Wirich, § 3 Rn 148: „genauso tauglich"; ebenso bereits von Anfang an *Kornexl*, Rn 325 ff.; ausf. zu den Details siehe NK-BGB/*J. Mayer*, § 2191 Rn 29 ff.
304 *Kornexl*, Rn 324; *Schindler*, in: Ruby/Schindler/Wirich, § 3 Rn 145.
305 Zutr. *Schindler*, in: Ruby/Schindler/Wirich, § 3 Rn 145.
306 *Bengel/Spall*, in: MAH Erbrecht, § 41 Rn 34.
307 *Limmer*, Erbrechtsberatung, 2007, 43, 81; zust. *Schindler*, in Ruby/Schindler/Wirich, § 3 Rn 146.

tung immer zu beachtende Pflichtteilsquote wesentlich geringer als im zweiten Erbfall. Bei dessen Eintritt kann dann aber mit der „klassischen Erbschaftslösung" gearbeitet werden.[308]

ee) Optimierung des Quotenvermächtnisses

112 Wer sich dennoch für das Quotenvermächtnis entscheidet sollte zur Vermeidung von Liquiditätsbelastungen des Beschwerten überlegen, ob er diesem nicht eine **Ersetzungsbefugnis** einräumt.[309] Langfristiges Hinausschieben der **Fälligkeit** sollte vermieden werden, da man sonst u.U. den Behinderten bzw. Betreuer zur Ausschlagung zwingt[310] und zudem wegen der von der Finanzverwaltung analog § 12 Abs. 3 BewG vorgenommenen Abzinsung eine mitunter erhebliche Einkommensteuerbelastung aufgrund der Zurechnung fiktiver Zinseinnahmen droht.[311]

c) Leibrentenvermächtnis

113 In der Praxis findet gelegentlich auch ein Leibrentenvermächtnis für den Behinderten Verwendung. Dadurch soll offenbar vermieden werden, dass „zu viel" Geld an den Behinderten gelangt, dann bei seinem vorzeitigen Tod noch vorhanden ist und wegen der Risiken, ob das Nachvermächtnis hier ausreichend Schutz gewährt, u.U. dem Erstattungsanspruch des Sozialhilfeträgers nach § 102 SGB XII (früher § 92c BSHG) unterliegt. Im Anschluss an *Spall*[312] könnte ein Leibrentenvermächtnis wie folgt formuliert werden:

Muster: Leibrentenvermächtnis

Meiner behinderten Tochter *Ludmilla* vermache ich auf ihre Lebenszeit eine echte Leibrente, die von den Erben zu bezahlen ist. Dabei berechnet sich die Leibrente wie folgt: Der für die Berechnung der Rente maßgebliche Kapitalbetrag ist der Reinwert von drei Vierteln des gesetzlichen Erbteils meiner Tochter Ludmilla im Zeitpunkt des Erbfalls. Der so ermittelte Betrag ist unter Berücksichtigung eines Kapitalisierungszinssatzes von 5 % jährlich nach versicherungsmathematischen Grundsätzen auf der Grundlage der zum Erbfall geltenden allgemeinen Sterbetafel des statistischen Bundesamtes für die Bundesrepublik Deutschland auf Lebenszeit der Vermächtnisnehmerin zu verrenten. Bei Unklarheiten steht dem nachstehend genannten Testamentsvollstrecker ein Leistungsbestimmungsrecht nach §§ 315 ff. BGB hinsichtlich der Festlegung der Rentenhöhe zu.

Die so berechnete Rente ist von den Erben in monatlichen Raten von je einem Zwölftel des errechneten Jahresbetrags zu zahlen, und zwar jeweils bis zum ersten Werktag eines jeden Kalendermonats, erstmals ab dem Monat, der auf die Testamentseröffnung folgt. Diese wiederkehrende Zahlungsverpflichtung ist im Grundbuch durch Eintragung einer Reallast an erster Rangstelle in Abteilung II und III an dem folgenden Grundstück zu sichern . Außerdem hat sich der Erbe zur Sicherung der Zahlungsverpflichtung der sofortigen Zwangsvollstreckung zu unterwerfen, und zwar wegen der sich aus der Leibrente ergebenden Zahlungsverpflichtung, wegen des dinglichen Anspruchs aus der Reallast gegenüber dem Eigentümer des genannten Grundstücks auf Duldung der Zwangsvollstreckung in dasselbe und wegen des persönlichen Zahlungsanspruchs aus der Reallast gegen den Eigentümer nach § 1108 Abs. 1 BGB. Zur Abtretung der Rechte aus der Leibrente bedarf es der Zustimmung der Erben; eine Wertsicherung oder ein Anpassungsvorbehalt nach § 237 FamFG wird nicht angeordnet. Ein Ersatzvermächtnisnehmer wird nicht bestimmt. Mit

---

308 *Baltzer/Reisnecker*, Vorsorgen mit Sorgenkindern, 2012, Rn 687; *Wendt*, ErbR 2012, 66, 69; *Schindler*, in: Ruby/Schindler/Wirich, § 3 Rn 147; *Hamman*, Gestaltungsoptionen bei Behindertentestamenten, Seminarskript 2014, S. 26 f.
309 *Kornexl*, Rn 320; *Schindler*, in: Ruby/Schindler/Wirich, § 3 Rn 134.
310 *Schindler*, in: Ruby/Schindler/Wirich, § 3 Rn 135.
311 Dazu *Kornexl*, Rn 132 ff.
312 MittBayNot 2001, 249, 255; zu dieser Gestaltung auch *Krauß*, Vermögensnachfolge, Rn 5130 ff.

dem Tod der Vermächtnisnehmerin erlischt der Anspruch auf Bezahlung einer wiederkehrenden Rente ersatzlos, da es sich um eine echte Leibrente handelt.
Hinsichtlich der bereits beim Tod der Vermächtnisnehmerin ausgezahlten, aber noch nicht verbrauchten Rentenzahlungen wird auf den Fall des Todes der Vermächtnisnehmerin ein

Nachvermächtnis

angeordnet, das sofort nach dem Tod meiner Tochter Ludmilla auf Kosten des Nachlasses zu erfüllen ist. Nachvermächtnisnehmer sind ▇▇▇.

Ich ordne weiter

Testamentsvollstreckung

an. Aufgabe des Testamentsvollstreckers ist es, für die Erfüllung des Vermächtnisses zu sorgen, und zwar auch für die Erfüllung des Nachvermächtnisses nach dem Tod der Vermächtnisnehmerin. Weiter hat der Testamentsvollstrecker die Aufgabe, wie folgt die bereits ausgezahlten Raten der Leibrente einschließlich daraus wieder erzielter Erträge zu verwalten:

▇▇▇ (es folgt Verwaltungsanordnung nach § 2216 Abs. 2 S. 1 BGB, ähnlich wie oben).

Wertung: Auch hier bleiben die Risiken aus § 2307 BGB und aus der Konstruktion des Nachvermächtnisses mit seinem Rang zu § 102 SGB XII (früher § 92c BSHG). Die Gestaltung ist auch juristisch relativ kompliziert und erfordert nach Eintritt des Erbfalls eine genaue Bewertung des Nachlasses mit Ermittlung des Erbteils. Zudem scheint in keiner Weise geklärt, wie und in welcher Höhe das Leibrentenvermächtnis auf den Pflichtteilsanspruch nach § 2307 BGB angerechnet wird. Denn wie ist das Rentenrecht zu bewerten, insbesondere wenn die tatsächliche Lebenserwartung des Behinderten von derjenigen abweicht, die der Verrentung des Kapitalbetrags zugrunde gelegt wurde? Gerade bei manchen Behinderten wird deren tatsächliche Lebenserwartung von der statistischen erheblich abweichen. Mehr theoretischer Art ist der in diesem Zusammenhang gemachte Vorschlag, ergänzend mit einem bedingten „**Aufstockungsvermächtnis**" für den Fall zu arbeiten, dass der Wert des Leibrentenvermächtnisses unterhalb des Pflichtteilsanspruchs liegt.[313] Denn wie der Wert des Leibrentenvermächtnisses zu bestimmen ist, ist das eigentliche Problem.[314]

114

d) Die umgekehrte Vermächtnislösung

Einen neuen Vorschlag machte *Grziwotz*,[315] den er selbst als „Königsweg" bezeichnet, allerdings mit Fragezeichen. Der Vorschlag besteht aus einer Kombination der klassischen Lösung durch Vor- und Nacherbschaft und einem Vermächtnis. Der Behinderte wird zum Vorerben eingesetzt;[316] durch die Zuwendung mittels Vermächtnisse an die anderen nicht behinderten Kinder wird dies aber als eine „gegenständlich beschränkte" Vorerbschaft ausgestaltet, so dass der Behinderte faktisch nur an dem „zu schützenden" Familienwohnheim und gegebenenfalls gewissen Sparguthaben beteiligt ist. Die Vermächtnisanordnung vermeidet die Erbengemeinschaft mit all ihren daraus resultierenden praktischen Schwierigkeiten. Auch hier ist natürlich die Verwaltungsvollstreckung auf Lebenszeit des zum Vorer-

115

---

313 So *Kornexl*, Rn 321; zust. *Schindler*, in Ruby/Schindler/Wirich, § 3 Rn 141; dazu auch Formulierungsvorschlag bei *Krauß*, Vermögensnachfolge, Rn 5133.
314 Eher krit. auch *May*, S. 87, wonach es regelmäßig nur bei geringen oder durchschnittlichen Nachlässen in Betracht komme.
315 ZEV 2002, 409.
316 Wobei *Grziwotz* insbesondere auf die Gefahren hinweist, die sich aus der Vermächtnislösung ergeben können, bis hierzu gesicherte Rspr. vorliegt.

J. Mayer

ben eingesetzten Behinderten unverzichtbar, und zwar mit den bereits genannten ausführlichen Verwaltungsanordnungen.

116 Sowohl *Spall*[317] wie *Litzenburger*[318] sind sich in der Beurteilung dieses Vorschlags einig, dass die von *Grziwotz* vorgeschlagene **umgekehrte Vermächtnislösung** gerade nicht als der allein „seelig machende Königsweg" angesehen werden kann. Dies aber weniger wegen der „Vermittlungsprobleme", die darin bestehen, dass die betroffenen Eltern eine Alleinerbeinsetzung nicht wollen.[319] Dahinter steht vielmehr durchaus ein zutreffendes Rechtsempfinden: Sind die den Behinderten belastenden Anordnungen (Testamentsvollstreckung, Vermächtnis) unwirksam (etwa wegen § 138 BGB), dann ist alles verloren. Also etwas für den „Vabanque-Spieler". Zudem löst die Vermächtniserfüllung zumindest bei werthaltigen Nachlässen nicht wenige Kosten aus.[320] Weiter besteht bei einer zu genauen Festlegung dessen, was der Behinderte behalten soll, die Gefahr, dass bei einer Erhöhung des Wertes des Nachlasses bis zum Erbfall der Behinderte sich veranlasst sieht, seine zu niedrig dotierte Erbenstellung auszuschlagen (§ 2306 Abs. 1 BGB).[321] Dem Prognoserisiko, das Nachlassveränderungen nicht vorhergesehen werden können, kann allerdings durch die Anordnung von entsprechenden Quotenvermächtnissen Rechnung getragen werden.[322] Demgegenüber wird vereinzelt die umgekehrte Vermächtnislösung als empfehlenswerte Gestaltung angesehen.[323]

III. Die Erbeinsetzung des Langzeitarbeitslosen – vom Behindertentestament zum Bedürftigentestament:[324] „Hartz IV" im Erbrecht

Literatur

Grziwotz, Das Behindertentestament nach Hartz IV, FamRB 2005, 272; *Kleensang*, Ehegattenverfügungen bei behinderten, sozialhilfebedürftigen oder verschuldeten Kindern: Einsetzung des „Problemkindes" als Nacherbe, RNotZ 2007, 22; *Krauß*, Vermögensnachfolge, Rn 5283 ff.; *Klühs*, Das sog. „Bedürftigentestament" und seine Alternativen – Eine Bestandsaufnahme, ZEV 2011, 15; *Limmer*, in Würzburger Notarhandbuch, Teil 4 Kap. 1 Rn 425; *Litzenburger*, Das Bedürftigentestament – Erbfolgegestaltung zugunsten von Langzeitarbeitslosen (Hartz-IV-Empfängern), ZEV 2009, 278.

---

317 In: FS 200 Jahre Notarkammer Pfalz (2003), S. 121, 135 ff.
318 RNotZ 2004, 138, 143; distanziert auch *Schindler,* in: Ruby/Schindler/Wirich, § 3 Rn 138 und *Limmer*, Erbrechtsberatung 2007, 43, 80.
319 Diese spricht etwa *Fensterer*, S. 27 nicht zu Unrecht an.
320 Bei notariell beurkundeten Behindertentestamenten kann sich allerdings eine erhebliche Kostenreduzierung dann ergeben, wenn im Erbfall nur noch die Auflassung zu beurkunden ist. Allerdings sind diese Vorteile durch das neue Kostenrecht teilweise nicht mehr so groß: Nur noch dann, wenn die Auflassung vor dem gleichen Notar wie die Verfügung von Todes wegen beurkundet wird, fällt nach wie vor nur eine 0,5 Gebühr an (KV Nr. 21101 GNotKG), ansonsten immerhin eine 1,0 Gebühr nach KV Nr. 21102 GNotKG, vgl. dazu – allerdings noch zur alten KostO *Grziwotz*, NotBZ 2006, 149, 155 Fn 44. In der Praxis sind allerdings regelmäßig auch noch andere Erklärungen zu beurkunden, weil selbst die meisten notariellen Testamente und Erbverträge nicht die erforderlichen Regelungen enthalten; dann ist eine 2,0 Gebühr nach KV Nr. 21100 GNotKG zu erheben.
321 *Kornexl*, Rn 340 f.; *Schindler*, in: Ruby/Schindler/Wirich, § 3 Rn 138; *G. Müller*, in: Würzburger Notarhandbuch, Teil 4 Kap. 1 Rn 412; krit. auch *May*, S. 90 f.
322 *Kornexl*, Rn 342; *Krauß*, Vermögensnachfolge, Rn 5271 ff. mit Formulierungsvorschlag.
323 *Kornexl*, Rn 343 f.
324 Zutr. Schlagwort von *Kornexl*, DAI-Skript der 2. Jahresarbeitstagung des Notariats, 2004, S. 171 (unveröffentlicht); anders Begriffsverständnis aber bei *Langenfeld*, Testamentsgestaltung, 4. Aufl. 2010, Rn 841 ff. und damit Verfügungen zugunsten überschuldeter Personen meint.

1. Sozialrechtliche Rechtslage im Überblick

a) Die Trennung zwischen der „klassischen Sozialhilfe" und den Langzeitarbeitslosen

Mit dem Inkrafttreten von „Hartz IV" herrscht in breiten Teilen der Bevölkerung große Unsicherheit, welche Auswirkungen sich hieraus auch auf eine Vermögensübertragung ergeben, wenn der Erbe oder sonstige Erwerber Langzeitarbeitsloser ist oder wird. Zu den sich hier für das Erbrecht ergebenden Gestaltungsüberlegungen kann nachfolgend allerdings aufgrund der relativ kurzen Zeit seit der Geltung der neuen Sozialgesetze nur ein erster, kursorischer Überblick gegeben werden.

117

Durch das Dritte und Vierte Gesetz für Moderne Dienstleistungen[325] sollte die gesetzgeberische Umsetzung der Vorschläge der **Hartz-Kommission** zum Abschluss gebracht werden. In sozialrechtlicher Hinsicht waren dabei vor allem folgende Änderungen bedeutsam, die seit dem 1.1.2005 gelten:
- Das Vierte Gesetz für Moderne Dienstleistungen am Arbeitsmarkt enthält als Art. 1 das neue SGB II: Die Grundsicherung für Arbeitsuchende
- Durch das Gesetz zur Einordnung des Sozialhilferechts in das Sozialgesetzbuch vom 27.12.2003 (BGBl I 3022) wurde das BSHG mit gewissen Änderungen zum SGB XII und die Bestimmungen des Grundsicherungsgesetzes dort als §§ 41–46 übernommen (dazu bereits oben Rn 47). Hinsichtlich der gerichtlichen Geltendmachung ist zu beachten, dass auch für Sozialhilfestreitigkeiten seit dem 1.1.2005 die Sozialgerichte zuständig sind.

118

Die Arbeitslosenhilfe war früher im SGB III geregelt. Mit dem Inkrafttreten des Vierten Gesetzes für Moderne Dienstleistungen am Arbeitsmarkt entfallen die bisherigen Regelungen des SGB III. An deren Stelle treten die Bestimmungen des SGB II über die Grundsicherung für Arbeitsuchende. Eine wesentliche Änderung durch die neuen Sozialgesetze aufgrund **Hartz IV** ergab sich zum 1.1.2005 dadurch, dass Erwerbsfähige grundsätzlich keine Leistungen für den Lebensunterhalt nach dem normalen Sozialhilferecht (früher BSHG, jetzt SGB XII) mehr erhalten, sondern auf Leistungen der Grundsicherung für Arbeitsuchende nach dem SGB II (insbesondere auf das sog. Arbeitslosengeld II) angewiesen sind.

119

b) Grundstrukturen der Grundsicherung für Arbeitsuchende

Dabei ist zu beachten, dass wesentliche Strukturprinzipien des Sozialhilferechts auch für die Leistungen der Sicherung des Lebensunterhalts nach dem SGB II gelten.[326] Insbesondere gilt der **Nachranggrundsatz** auch hier, weil
- durch die Grundsicherung für Arbeitsuchende **Hilfe zur Selbsthilfe** geleistet werden soll (§ 1 Abs. 1 S. 1 SGB II)
- durch die Grundsicherung für Arbeitsuchende der Lebensunterhalt von Arbeitslosen nur gesichert werden soll, soweit dieser von den erwerbsfähigen Hilfebedürftigen **nicht auf andere Weise**, insbesondere aus eigenen Kräften und Mitteln, **bestritten werden** kann (§ 1 Abs. 1 S. 2 SGB II)
- **hilfebedürftig** i.S.d. Anspruchsnorm des § 7 Abs. 1 S. 1 Nr. 3 SGB II ist nur derjenige, der seinen **Lebensunterhalt nicht** oder nicht ausreichend **aus eigenen Kräften und Mitteln sichern** kann (§ 9 Abs. 1 SGB II), siehe dazu sogleich Rn 121

120

---

325 Ges. v. 24.12.2003, BGBl I 2954.
326 Dazu *Linhart*, in: Linhart/Adolph/Gröschel-Gundermann, Stand Januar 2005, Teil I B I Rn 49 ff.; einen praxisbezogenen Überblick zu den in unserem Zusammenhang wichtigen Bestimmungen der Grundsicherung für Arbeit gibt *Krauß*, Vermögensnachfolge, Rn 611 ff.

- der Nachrang der Grundsicherung für Arbeitsuchende dadurch wieder hergestellt wird, dass auf den Träger der Leistungen **kraft Gesetzes** automatisch die Ansprüche des Leistungsempfängers gegen andere übergehen (§ 33 SGB II)[327]
- eine weit reichende, dem § 92c BSHG nachgebildete **Erbenhaftung** besteht (§ 35 SGB II).

121 Die **Anspruchsvoraussetzungen** für die Grundsicherung für Arbeitsuchende sind in § 7 SGB II geregelt. Danach ist insbesondere erforderlich, dass der Leistungsberechtigte hilfebedürftig ist (§ 7 Abs. 1 Nr. 3 SGB II). Hilfebedürftig ist nach § 9 Abs. 1 SGB II, wer seinen Lebensunterhalt, seine Eingliederungshilfe in Arbeit und den Lebensunterhalt der mit ihm in einer Bedarfsgemeinschaft lebenden Personen nicht oder nicht ausreichend aus eigenen Kräften und Mitteln, vor allem nicht durch Aufnahme einer zumutbaren Arbeit oder aus dem zu berücksichtigenden Einkommen und Vermögen sichern kann und die erforderliche Hilfe nicht von anderen, insbesondere von Angehörigen oder von Trägern anderer Sozialleistungen erhält. Das zu berücksichtigende Vermögen ergibt sich dabei aus § 12 SGB II, das zu berücksichtigende Einkommen aus § 11 des Gesetzes.

122 Dabei entspricht § 12 Abs. 1 SGB XII inhaltlich der Parallelbestimmung des früheren § 88 Abs. 1 BSHG und nunmehr dem neuen § 90 Abs. 1 SGB XII. Als Vermögen ist hier alles **verwertbare Vermögen** zu berücksichtigen. Daraus wird hergeleitet, dass das Vermögen auch einen **Verkehrswert** haben muss (vgl. Abs. 1 und Abs. 4 der Regelung).[328] Die Verwertbarkeit kann dabei sowohl aus **wirtschaftlichen wie auch aus rechtlichen Gründen** ausgeschlossen sein.[329] Dabei liegt ein Fall der rechtlichen Unverwertbarkeit dann vor, wenn der Hilfesuchende einer zumindest nicht nur vorübergehenden Verfügungsbeschränkung unterliegt.[330] Im Bereich des früheren Sozialhilferechts hat dabei der VGH Mannheim eine solche zu berücksichtigende Verfügungsbeschränkung bejaht, wenn der Erbe über den Nachlass aufgrund einer angeordneten Dauertestamentsvollstreckung nicht verfügen konnte.[331] Man wird daher auch in den Fällen, bei denen es zur Inanspruchnahme von Grundsicherung für Arbeitsuchende kommt, davon ausgehen können, dass in gleicher Weise wie beim klassischen Behindertentestament (eingehend vorstehend Rn 51 ff.) und bei der Erbeinsetzung eines Überschuldeten durch Anordnung einer Verwaltungsvollstreckung (§ 2209 BGB) auf Lebenszeit des Betroffenen zusammen mit einer sorgfältigen Verwaltungsanordnung nach § 2216 Abs. 2 S. 1 BGB die sich zu Lebzeiten des Langzeitarbeitslosen ergebenden Probleme abgefangen werden können. Denn dann besitzt der Leistungsberechtigte weder eigenes, verwertbares Vermögen, auf dessen Einsatz er vorrangig verwiesen werden kann, noch kann dies später über einen Regress nach § 33 SGB vom Leistungsträger realisiert werden.

---

327 Dazu etwa *Hußmann*, ZEV 2005, 54; *Chr. Müller*, Der Rückgriff gegen Angehörige von Sozialleistungsempfängern, 4. Aufl. 2004.
328 *Löns*, in: Löns/Herold-Tews, § 12 SGB II Rn 2.
329 *Adolph*, in: Linhart/Adolph, § 12 SGB II Rn 10; *Krauß*, MittBayNot 2004, 330, 333; *ders.*, Vermögensnachfolge, Rn 424 ff.; zum neuen Sozialhilferecht siehe etwa *Wahrendorf*, in: Grube/Wahrendorf, § 90 SGB XII Rn 13; zum früheren Sozialhilferecht siehe etwa *Oestreicher/Schelter/Kunz*, BSHG, Stand 2003, § 88 Rn 3.
330 *Krauß*, Vermögensnachfolge, Rn 428; zum BSHG etwa *Oestreicher/Schelter/Kunz*, BSHG, § 88 Rn 3.
331 NJW 1993, 152; *Krauß*, Vermögensnachfolge, Rn 428; ebenso etwa *Oestreicher/Schelter/Kunz*, BSHG, § 88 Rn 5; OVG Sachsen FEVS 47, 531.

c) Abgrenzung zwischen Einkommen und Vermögen

In seinem Urt. vom 25.1.2012[332] hat das BSG die **Grundsatzfrage** geklärt, ob im Rahmen der Grundsicherung für Arbeitsuche nach dem SGB II (vulgo *ALG II*, *„Hartz IV"*) eine dem Antragsteller zugefallene Erbschaft als Einnahme i.S.d. § 11 SGB II oder als Vermögen i.S.d. § 12 SGB II anzusehen ist. Nach Ansicht des höchsten Sozialgerichts ist entscheidend für diese Abgrenzung, ob der Erbfall vor der (ersten) Antragstellung eingetreten ist. Liegt der Erbfall vor der entsprechenden Antragstellung des Sozialleistungsbeziehers, handelt es sich um Vermögen, für das gegenüber der Anrechnung und dem Einsatz des Einkommens verschiedene Privilegierungen gelten. Fließt dagegen die Erbschaft nach dem ersten Antrag zu, so ist sie als Einkommen zu behandeln und ab dem Zeitpunkt, zu dem sie als „bereites Mittel" zur Verfügung steht, auf den Bedarf anzurechnen. Ein nach Antragstellung erzieltes Einkommen ändert seine Beschaffenheit rechtlich über den Zuflussmonat und über den Bewilligungszeitraum hinaus nicht (sog. „Aggregatrechtsprechung"). Die Einnahme ist solange als Einkommen berücksichtigungsfähig, bis die Hilfebedürftigkeit für mindestens einen Monat unterbrochen wird.

123

> **Praxistipp**
> Welche Auswirkungen ergeben sich hieraus für das Bedürftigentestament? Wenn man nur eine **Vor- und Nacherbschaft ohne** eine Testamentsvollstreckung anordnet, so könnten sich **hieraus Probleme** ergeben. Denn nach § 2111 Abs. 1 S. 1 BGB stehen die Nutzungen der Erbschaft nicht dem Nacherben zu, wären also nicht geschützt, wenn man die Nutzungen mit dem sozialrechtlichen Einkommensbegriff gleichsetzen würde. Allerdings ist m.E. dabei von den Nutzungen i.S.v. § 100 BGB auszugehen, also von den Früchten wie auch von den Gebrauchsvorteilen. Nicht aber ist von den sozialrechtlichen Begriffen von Einkommen und Vermögen auszugehen, die zudem auch – nach der Begriffswelt des BGB – andere Kategorien erfassen. Zu den sonstigen sich für Testamentsvollstreckung in diesem Zusammenhang ergebenden Auswirkungen siehe eingehend oben Rn 92 ff.

d) Erbenhaftung bei der Grundsicherung

Allerdings ist bei diesen Konstellationen, wie bisher auch schon im Sozialhilferecht (hierzu § 102 SGB XII, früher § 92c BSHG), zu berücksichtigen, dass es eine sehr weit reichende **Erbenhaftung** gibt. Diese findet sich bei der Grundsicherung für Arbeitsuchende in § 35 SGB II. Danach ist der Erbe desjenigen, der Leistungen zur Sicherung des Lebensunterhalts empfangen hat, zum Ersatz der Leistung verpflichtet, soweit diese innerhalb der letzten 10 Jahre vor dem Erbfall erbracht worden sind und den Betrag von 1.700 EUR übersteigen. Die Ersatzpflicht ist auf den Wert des Nachlasses im Zeitpunkt des Erbfalls begrenzt. Diese Regelung übernimmt in weiten Teilen die Bestimmung des § 92c BSHG, so dass zu ihrer Auslegung die Rechtsprechung und die einschlägige Literatur zu dieser sozialhilferechtlichen Vorschrift herangezogen werden kann.[333]

124

2. Folgerungen für die Kautelarpraxis

a) Gestalterische Grundüberlegungen

Aus diesen sozialrechtlichen Vorgaben, insbesondere aus dem Grundprinzip, dass die Grundsicherung für Arbeitsuchende ihrem Wesen nach eine Sozialhilfeleistung ist, ergibt

125

---

332 FamRZ 2012, 1136 = ErbR 2013, 58 = SozR 4–4200 § 11 Nr. 47; Hess LSG Urt. v. 29.10.2012 – L 9 AS 357/10; dazu *Groth*, jurisPR-SozR 15/2012 Anm 1; siehe auch *Soyka*, FuR 2013, 51.
333 *Adolph*, in: Linhart/Adolph, § 35 SGB II Rn 2.

sich insgesamt, dass durch „Hartz IV"[334] die Gestaltungspraxis zwar nicht vor qualitativ neue Probleme gestellt wird,[335] weil den sich hieraus ergebenden Problemen im Wesentlichen mit den bereits bekannten und zum Sozialhilferecht entwickelten Instrumenten begegnet werden kann.[336]

Demnach wird der Sozialleistungsempfänger als nicht befreiter Vorerbe (§ 2100 BGB) eingesetzt (siehe auch Rn 126), belastet mit einer Dauertestamentsvollstreckung (§ 2209 BGB) auf seine Lebenszeit. Des Weiteren wird auch hier eine umfangreiche Verwaltungsanordnung (§ 2216 Abs. 2 S. 1 BGB) getroffen, wonach der Testamentsvollstrecker nur solche Zuwendungen an den Bedürftigen machen darf, die nicht nachteilig auf seine Sozialleistungsansprüche angerechnet werden. Wohl aber ergeben sich in quantitativer Hinsicht Unterschiede, weil ein wesentlich häufigerer Regelungsbedarf bestehen wird. Den engen sachlichen Zusammenhang hat *Kornexl* anlässlich der 2. Jahresarbeitstagung des Notariats im Jahre 2004 in das treffende Schlagwort **„vom Behindertentestament zum Bedürftigentestament"** gekleidet.[337] **Primäres Gestaltungsziel** sollte aber auch hier die Gewährung eines Lebensstandards des Problemkindes über dem Sozialhilfeniveau durch die entsprechende Zuwendung von Todes wegen sein, erst sekundäres Ziel, besser nur Reflex aus dem Hauptziel, die Erhaltung der Vermögenssubstanz in der Familie.[338]

126 Die Möglichkeit, mit den beim **Behindertentestament entwickelten Mitteln** auch hier zu einer handwerklich sachgerechten Lösung zu kommen, zeigt sich etwa an der dem § 102 SGB XII (früher § 92c BSHG, vgl. dazu Rn 124) nachgebildeten **Erbenhaftung** des § 35 SGB II: Um nach dem Erbfall die Erbenhaftung des § 35 SGB II zu vermeiden, besteht daher, ebenso wie beim Behindertentestament bereits entwickelt (siehe Rn 51 ff.), die Möglichkeit, folgende Anordnungen zu treffen:
– eine Vor- und Nacherbschaft oder alternativ hierzu
– ein Vor- und Nachvermächtnis,[339]

wobei nach der hier vertretenen Ansicht der Vor- und Nacherbschaft eindeutig als der „bewährteren Gestaltung" der Vorzug gegeben werden sollte (vgl. dazu Rn 110). Als weiterer Nachteil kann hier auch noch hinzukommen, dass der Nachlass des Bedürftigen bei seinem Tod überschuldet sein kann und damit fraglich ist, ob der Anspruch des Nachvermächtnisnehmers dann in einem Insolvenzverfahren nur mit der Insolvenzquote zu erfüllen ist und daher u.U. nichts übrig bleibt.[340]

127 Besteht nur die **Gefahr,** dass das „Problemkind" einmal künftig auf „ALG II" – Hartz IV – angewiesen sein könnte, so schlägt *Kornexl* ein **bedingtes Herausgabevermächtnis** auf den bei Eintritt der Leistungsbedürftigkeit von der Erbschaft noch vorhandenen Überrest vor. Dabei könnte die Bedingung wie folgt formuliert werden:

---

334 Missverständlich der Titel von *Grziwotz*, FamRB 2005, 272: „Das Behindertentestament nach Hartz IV" – denn auf die eigentlichen Hartz IV-Probleme wird überhaupt nicht eingegangen.
335 So auch *Kornexl*, Rn 402.
336 Vgl. eingehend *Littig*, in: FS Damrau, 2007, S. 181, 206 ff.; *Kornexl*, Rn 402; *Klühs*, ZEV 2011, 15; *Krauß*, Vermögensnachfolge, Rn 5284 ff., 5299.
337 Vgl. dazu *Kornexl*, Rn 227 ff.
338 *Kornexl*, Rn 262.
339 Eingehend dazu etwa *Krauß*, Vermögensnachfolge, Rn 5291 ff., mit Formulierungsvorschlag.
340 *Krauß*, Vermögensnachfolge, Rn 5291, der zur Vermeidung des Problems eine auf den Tod des Bedürftigen aufschiebend befristete Erfüllung des Nachvermächtnisses vorschlägt. *Krauß* übersieht dabei allerdings, dass die ganz h.M. davon ausgeht, dass der Anspruch des Nachvermächtnisnehmers im Falle einer Insolvenz des mit dem Nachvermächtnis Beschwerten insolvenzfest ist, vgl. dazu umfassend nur *Blatzer*, Das Vor- und Nachvermächtnis in der Kautelarpraxis, Rn 322 ff.; sowie oben Rn 44.

"wenn, unter Berücksichtigung der durch dieses Herausgabevermächtnis bewirkten Vermögensminderung, in der Person des Beschwerten die Voraussetzungen für den Bezug von Leistungen zur Sicherung des Lebensunterhalts nach dem SGB II oder zum Bezug von Sozialhilfe nach dem SGB XII eintreten würden."[341]

Jedoch erscheint mehr als fraglich, ob eine solche Gestaltung, die letztlich den sozialhilferechtlichen Nachranggrundsatz in sein Gegenteil verkehrt, von den sozialrechtlichen Leistungsträgern anerkannt oder nicht aber als sittenwidrig (§ 138 BGB) verworfen würde.

b) Zur Sittenwidrigkeit des Bedürftigentestaments

Stand und steht beim Behindertentestament immer noch die Frage der Sittenwidrigkeit dieser Gestaltung im Brennpunkt der Diskussion, so stellt sich diese Frage beim Bedürftigentestament erneut. Selbst wenn man beim Behindertentestament aus den oben aufgezeigten Gründen (siehe Rn 60 ff.) die Sittenwidrigkeit im Allgemeinen verneint, so ergibt sich beim Bedürftigentestament doch in Bezug auf die Beurteilung nach § 138 BGB u.U. bereits daraus ein erheblicher Unterschied, dass die Grundsicherung für Arbeitsuchende nach dem SGB II nur erwerbsfähige Hilfebedürftige beanspruchen können (§ 1 Abs. 1 SGB II) und hier sogar der Grundsatz des Fördern und Forderns die Einsatzpflicht von eigenem Vermögen und Einkommen bedingt (vgl. § 2 SGB II). Die zum Behindertentestament diesbezüglich entwickelten Überlegungen können daher nicht ohne weiteres auf das Bedürftigentestament übertragen werden.[342] Demgegenüber erscheint es problematisch, wenn zwischen der fehlenden Erwerbsfähigkeit aufgrund einer dauerhaften Behinderung und der fehlenden Erwerbsmöglichkeit infolge einer dauerhaften Arbeitslosigkeit kein qualitativer und damit auch kein rechtlich anders zu beurteilender Unterschied gemacht wird.[343] Gegen die Sittenwidrigkeit des Bedürftigentestaments spricht aber auch hier – wie beim Behindertentestament – die grundgesetzliche garantierte **Testierfreiheit** (Art. 14 Abs. 1 S. 1 GG).[344] Dies gilt jetzt erst recht dann, wenn man die vom BGH im Jahre 2011 entwickelte Rechtsfigur der „negativen Erbfreiheit" (siehe Rn 63 ff.) auch hier anwendet (siehe dazu auch Rn 131). Dieser Gesichtspunkt spricht gegen die Sittenwidrigkeit des Bedürftigentestaments, auch wenn sonst doch erhebliche Unterschiede zum Behindertentestament bestehen und teilweise immer noch betont wird, dass dessen Zulässigkeit noch nicht abschließend geklärt ist und daher zur Vorsicht geraten wird.[345]

128

Die ersten zum Bedürftigentestament vorliegenden Entscheidungen ergeben einen recht unterschiedlichen Befund: Das **Sozialgericht Mannheim** steht in einem unveröffentlichten Urt. v. 20.12.2006[346] dem Bedürftigentestament grundsätzlich ablehnend gegenüber. Danach ist die Rechtsprechung des BGH zu dem grundsätzlich als wirksam anzusehenden Behindertentestament auf Testamente der vorliegenden Art im Hinblick auf **§ 138 BGB** nicht vergleichbar. Denn der BGH habe in den genannten Fällen eine sittenwidrige und daher nach § 138 BGB nichtige Gestaltung zulasten der Sozialhilfe und öffentlichen Hand deshalb verneint, weil in diesen Fällen die Eltern von behinderten, in stationären Einrichtungen aus

129

---

341 *Kornexl*, DAI-Skript der 2. Jahresarbeitstagung des Notariats, 2004, S. 224 (unveröffentlicht).
342 Zutr. *Krauß*, Vermögensnachfolge, Rn 5290.
343 So *Kornexl*, DAI-Skript der 2. Jahresarbeitstagung des Notariats, 2004, S. 226 (unveröffentlicht); eher zweifelnd *Littig*, in: FS Damrau, 2007, S. 181, 208.
344 *Limmer*, in Würzburger Notarhandbuch, Teil 4 Kap. 1 Rn 425; *Tersteegen*, MittBayNot 2010, 105, 106 f.
345 *von Proff*, RNotZ 2012, 272, 280 f.; zurückhaltend auch *Dreher/Görner*, NJW 2011, 1761, 1765; ebenso vor der BGH-Entscheidung *Klühs*, ZEV 2011, 15.
346 Az. S 12 AS 526/06; dagegen etwa *Limmer*, in Würzburger Notarhandbuch, Teil 4 Kap. 1 Rn 425.

Mitteln der Sozialhilfe untergebrachten Kindern ihrer sittlichen Verantwortung für das Wohl des Kindes nachgekommen seien, in dem sie dem Kind über die ohnehin gewährte Sozialhilfe hinaus zusätzliche Vorteile und Annehmlichkeiten aus den Mitteln des Nachlasses sichern wollten. Diese nach dem BGH als sittlich anzuerkennenden Motive könnten aber auf ein Bedürftigentestament, wie im entscheidenden Fall, nicht übertragen werden. Denn die Anspruchstellerin sei zwar arbeitslos, jedoch nicht durch Krankheit in ihrer Erwerbsfähigkeit gemindert oder gar behindert. In den vom BGH entschiedenen Fällen ging es zu dem auch in Relation zu den für die Versorgung und Unterbringung des behinderten Kindes anfallenden Kosten um relativ kleine oder zumindest mittlere Nachlässe, so dass die Kosten der stationären Unterbringung des behinderten Kindes in relativ kurzer Zeit auch bei einer angemessenen Nachlassbeteiligung verbraucht worden wären. In dem entschiedenen Fall des Bedürftigentestaments sei jedoch weder die nachvollziehbare Sorge des Erblassers um das Wohl eines schwerbehinderten und dauerhaft auf Pflege angewiesenen Kindes zur berücksichtigten, noch drohe der völlige Verbrauch des Familienvermögens innerhalb kurzer Zeit. Denn immerhin stünde der Bedürftigen im konkreten Fall ein Pflichtteilsanspruch von mindestens 160.000 EUR zu. Damit aber wäre ihr Lebensunterhalt auf etwa 11 Jahre gedeckt. In seinem Beschl. v. 25.9.2009 verweist das Sozialgericht Dortmund[347] in einem **obiter dictum** auf den sozialhilferechtlichen Nachranggrundsatz (vgl. § 2 Abs. 1 SGB II) und betont, der Hilfebedürftige habe schon deswegen keine Leistungen beanspruchen können, weil er nicht alles getan habe, um seine Leistungsfähigkeit wiederherzustellen, indem er das Testament nicht „angefochten" hat. Es begründet aber gerade nicht näher, wieso das im entschiedenen Fall vorliegende Bedürftigentestament sittenwidrig sein sollte.

130 Großzügiger jetzt aber das **Landessozialgericht Mannheim**[348] in einem Fall, in dem Eltern in der berechtigten Sorge um ihren alkoholkranken Sohn, der nicht in der Lage war, mit einer Zuwendung im Todesfall sachgerecht und verantwortungsbewusst umzugehen, eine den Nachlass schützende Verwaltungsvollstreckung anordneten. Diese Testamentsbestimmung sei jedenfalls dann nicht sittenwidrig zu Lasten des Trägers der Grundsicherung für Arbeitsuchende, wenn sie einer sittlichen Verpflichtung des Erblassers betreffend das Wohl seines Kindes entspricht und in dessen gesundheitlicher Situation begründet ist. Dabei hat das LSG auch auf die grundrechtlich geschützte Testierfreiheit abgestellt. Aber die Parallele zum Behindertentestament ließ sich hier durch die Alkoholerkrankung des Sohnes leichter aufzeigen. Die weitere Entwicklung bleibt daher in diesem Bereich abzuwarten und es ist daher beim Bedürftigentestament für den Rechtsberater m.E. angezeigt, auf die noch nicht gesicherte Anerkennung im Hinblick auf eine etwaige Sittenwidrigkeit deutlich hinzuweisen.

131 Richter am BGH *Wendt* gelangt hinsichtlich des sog. „**Bedürftigentestaments**" nach seiner persönlichen Einschätzung zu dem Ergebnis, dass „aus der Parallelität der sozial-rechtlichen Regelungen (erg. zum allgemeinen Sozialhilferecht) folgt, dass auch insoweit erbrechtliche Gestaltungen denselben Bewertungen zu unterliegen haben, die der Senat für geistig behinderte und sonst körperlich Bedürftige aufgestellt und die das LSG Baden-Württemberg[349]

---

347 Az. S 29 AS 309/09 ER; die Entscheidung ist allgemein auf Ablehnung gestoßen, vgl. nur *Litzenburger*, FD-ErbR 2009, 291784 = NJW-Spezial, 2009, 759; *Tersteegen*, MittBayNot 2010, 105; *Keim*, ZEV 2010, 56.
348 Beschl. vom 9.10.2007, Az. L 7 AS 3528/07 ER-B, ZEV 2008, 147 = FamRZ 2008, 923 = RNotZ 2008, 115; dazu *Tersteegen*, ZEV 2008, 121.
349 ZEV 2008, 142; dazu bereits oben Rn 129.

bereits 2007 letztlich problem- und einschränkungslos für ALG-II-Bezieher angewandt hat."[350]

c) Die andere Ausschlagungssituation – der feine psychologische Unterschied

Allerdings stellt auch hier die **Erbschaftsausschlagung** zur Pflichtteilerlangung eine erhebliche Störquelle da. Dabei ist gegenüber dem Behindertentestament ein wesentlicher **Situationsunterschied** zu beachten. Denn hier trifft nicht ein Betreuer eine sachgemäß abwägende Entscheidung, sondern der Langzeitarbeitslose, der sich u.U. von der vordergründigen Erwägung leiten lässt, dass er mit dem Pflichtteil zunächst bares Geld erhält und dann, wenn er dieses verbraucht hat, wieder ALG II beantragt.[351] In diesem Zusammenhang ist bedeutsam, dass vertreten wird, dass sogar eine verschwendete Erbschaft das Entstehen eines sozialrechtlichen Leistungsanspruchs nicht hindert.[352]

132

d) Vorkehrungen für den Wegfall der Bedürftigkeit

Zudem stellt sich die Frage, ob nicht bei einem **späteren Wegfall der Bedürftigkeit,** also wenn insbesondere das Kind auf einmal ausreichendes Einkommen erzielt oder ausreichendes eigenes Vermögen hat, die beschränkenden Anordnung entfallen sollen. Diskutiert wird hierzu in Anlehnung zu den Fällen mit dem überschuldeten Erben insbesondere[353]
– eine **auflösende Bedingung** für die angeordneten Belastungen, was zu einer pfändbaren Anwartschaft auf das Vollrecht führt (siehe Rn 35)
– **Anfechtbarkeit** wegen **Motivirrtums** bei späterem Wegfall der Bedürftigkeit (dazu bereits oben Rn 34)
– **Verlust** der **Nachlassbeteiligung** und gleichzeitiger Vermögenserwerb durch **Auflage** bei Wegfall der Bedürftigkeit, wobei der Vorteil darin gesehen wird, dass durch die Anordnung der Auflage, deren Erfüllung ein Testamentsvollstrecker sichern soll, keine bedingte, pfändbare Rechtsposition für den Bedürftigen entsteht (dazu Rn 38). Die oben genannten Auflagenlösungen scheinen nach dem gegenwärtigem Diskussionsstand die beste Lösung zu sein.

133

Insbesondere wegen der Gefahr der Pfändung des Anwartschaftsrechts bei der Bedingungslösung schlägt nun *Litzenburger* die sog. **Befreiungslösung** vor:[354] Die Vor- und Nacherbschaft soll zwar bestehen bleiben, die sich hieraus für den Bedürftigen ergebenden Beschränkungen aber dadurch verringert werden, dass dem Vorerben bei Wegfall der Hilfsbedürftigkeit das Recht gegeben wird, sich die Rechtsstellung eines i.S.v. § 2136 BGB umfassend befreiten Vorerben zu verschaffen. Zugleich soll auch die den bedürftigen Erben besonders belastende Verwaltungsvollstreckung bei Vorliegen desselben Ereignisses aufgrund einer entsprechenden auflösenden Bedingung entfallen. Dass der befreite Vorerbe aber immer noch weder eine Schenkung vornehmen darf (§ 2113 Abs. 2 BGB), noch selbst über den Nachlass durch eine eigene Verfügung von Todes wegen verfügen darf, solle demgegenüber nicht so stark ins Gewicht fallen. Die Feststellung des Ereignisses, mit der diese befreienden Wirkungen eintreten, soll dadurch mit der erforderlichen Rechtssicherheit geschehen, dass die Testamentsvollstreckung ersatzlos endet, wenn der bedürftige Vorerbe über einen ununterbrochenen Zeitraum von 12 Monaten hinweg weder Sozialhilfe noch

134

---

350 ZNotP 2014, 162, 170.
351 Zutr. die Ausführungen von *Littig*, in: FS Damrau, 2007, S. 181, 208 f.
352 *Doering-Striening*, ZErb 2014, 105, 107 unter Hinw. auf BSG v. 16.4.2013, B 14 AS 55/12 und andere Entscheidungen.
353 Ausf. *Kornexl*, Rn 403 ff.; *Krauß*, Vermögensnachfolge, Rn 5325 ff.
354 ZEV 2009, 278, 280.

Grundsicherung für Arbeitsuchende nach den jeweils geltenden Vorschriften erhalten hat und dies durch Erklärung gegenüber dem Nachlassgericht erklärt und die Richtigkeit eidesstattlich versichert. Dann soll der Bedürftige auch die Stellung eines von allen gesetzlichen Beschränkungen befreiten Vorerben erhalten.

135 Dieser Formulierungsvorschlag leidet bereits daran, dass es nach dem **Gesetz keinen Anspruch** auf eine **entsprechende Feststellung** des Nachlassgerichts gibt. Im Zuge seiner Ausführungen erkennt *Litzenburger* dies aber offensichtlich und weist den Weg, über einen entsprechenden (neuen) Erbscheinsantrag zu der entsprechenden Entscheidung des Nachlassgerichts zu gelangen.[355] Verkannt wird auch das Gefahrenpotenzial für den plötzlich von der schützenden Testamentsvollstreckung und den gesetzlichen Beschränkungen eines Vorerben entblößten Nachlass: Gerade wegen der Möglichkeit des Wegfalls dieser Anordnungen wird der Sozialhilfeträger die Sozialhilfe regelmäßig nur auf **Darlehensbasis** gewähren (§ 91 SGB XII), so dass selbst 12 Monate nach Einstellung des Sozialleistungsbezugs der Sozialhilferegress droht. Die sich hieraus ergebenden Risiken werden in der Praxis nicht allein dadurch vermieden werden, dass erst durch eine entsprechende „Befreiungserklärung" des Bedürftigen der Wegfall dieser Anordnungen eintritt. Denn wenn selbst der Erfinder dieser Klausel diese Gefahr nicht erkannt hat, wird dies ein rechtlich nicht vorgebildeter Bedürftiger erst Recht nicht.

136 Die Probleme, die sich für den Bedürftigen aus einer ihm nicht **genehmen Person des Testamentsvollstreckers** ergeben, will *Litzenburger* dadurch lösen, dass das Nachlassgericht auf Antrag des Erben hin verpflichtet ist, den zunächst berufenen Testamentsvollstrecker zu entlassen und dann durch einen von diesem vorgeschlagenen Testamentsvollstrecker zu ersetzen hat. Dies scheitert aber bereits daran, dass das Nachlassgericht bei der hier nach § 2200 BGB vorzunehmenden Ernennung nach pflichtgemäßem Ermessen entscheidet,[356] also gerade nicht an irgendwelche Vorschläge gebunden ist. Der handwerklich richtige Weg zur Verwirklichung dieses Ziels wäre vielmehr, wenn der Erblasser den Erben selbst ermächtigt, die Bestimmung des Testamentsvollstreckers vorzunehmen. Dass eine solche Anordnung nach § 2198 Abs. 1 S. 1 BGB möglich ist, ist allgemein anerkannt.[357]

---

355 ZEV 2009, 278, 281.
356 Vgl. nur Staudinger/*Reimann*, § 2200 Rn 11.
357 RGZ 92, 68, 72; Staudinger/*Reimann*, § 2198 Rn 3 m.w.N.; a.M. *Zimmermann*, Testamentsvollstreckung, Rn 57.

§ 23 Der Rechtsanwalt als Testamentsvollstrecker

Dr. Michael Bonefeld

Die Übernahme des Testamentsvollstreckeramtes stellt sich für einen Rechtsanwalt grundsätzlich als eine berufliche Betätigung i.S.v. § 3 BRAO dar.[1] 1

Die Ernennung eines Rechtsanwalts zum Testamentsvollstrecker wird regelmäßig gerade wegen seines Berufs und der dadurch erlangten Rechtskenntnisse und Fähigkeiten, aber auch der damit verbundenen Verschwiegenheitspflicht bestimmt. Hiermit sind zahlreiche Pflichten etc. verbunden:[2]
- Es gelten alle **berufsrechtlichen Pflichten** und Sanktionen.[3]
  Somit besteht das Rügerecht der Rechtsanwaltskammer (§ 74 BRAO) und das ehrengerichtliche Verfahren (§ 74a BRAO) als **berufsrechtliche Sanktionen** für evtl. Pflichtverstöße auch bei der Tätigkeit als Testamentsvollstrecker.[4] **Strafrechtlich** gilt § 203 Abs. 1 Nr. 3 StGB.
- Bei **Beendigung** des Amtes ist das **Vertretungsverbot** des § 45 Abs. 1 Nr. 3 BRAO zu beachten.

Aufgrund der besonderen berufsrechtliche Regelungen ist vom Rechtsanwalt vor der Amts- 2
übernahme besonders zu prüfen, ob er nicht nach § 45 Abs. 2 Nr. 1 BRAO bereits im entgegengesetzten Interesse beraten oder vertreten hat. Unzulässig ist auch eine Betätigung, die die **berufliche Unabhängigkeit** des Rechtsanwalts gefährden würde. U.U. kann eine bedeutende Testamentsvollstreckung eine solche Gefährdung darstellen.[5] § 45 Abs. 3 BRAO erstreckt dieses Ausübungsverbot auf die mit dem Rechtsanwalt in Sozietät oder in sonstiger Weise zur gemeinsamen Berufsausübung verbundenen oder verbunden gewesenen Rechtsanwälte und auch auf Angehörige anderer Berufe, die mit dem Rechtsanwalt eine Berufsverbindung unterhalten oder unterhalten haben.[6] Das Tätigkeitsverbot greift somit ein, wenn die Vorbefassung durch ein Mitglied der Berufsausübungsgemeinschaft stattgefunden hat.[7]

Sehr problematisch ist, wenn ein Testamentsvollstrecker eine leitende Tätigkeit in einem Unternehmen übernimmt, insbesondere in den Fällen, in denen der Testamentsvollstrecker die persönliche Vollhaftung trägt. Ebenso ist eine **werbende kaufmännische Tätigkeit** mit dem Berufsbild eines Rechtsanwalts **unvereinbar**, sofern kein Freiraum für die Anwaltstä-

---

1 BFH Urt. v. 13.5.1998 = ZEV 1998, 358 m. Anm. *Henssler* (zur Anhörungspflicht der Rechtsanwaltskammer vor Erlass eines Haftungsbescheids nach § 191 Abs. 2 AO); *Sandkühler* in Bengel/Reimann, Handbuch XI Rn 5; *Zimmermann*, Die Testamentsvollstreckung, Rn 92; *Winkler*, Der Testamentsvollstrecker, Rn 751 (der darauf hinweist, dass die zuständige Berufskammer Gelegenheit zur Stellungnahme gegeben werden sollte).
2 Dazu *Sandkühler* in Bengel/Reimann, Handbuch XI Rn 4 ff.; *Henssler*, ZEV 1998, 359.
3 Wie z.B. die Generalklausel des § 43 BRAO, das Sachlichkeitsgebot (§ 43a Abs. 3 BRAO), die Verschwiegenheitspflicht (§ 43a Abs. 2 BRAO), die besondere Sorgfaltspflicht im Umgang mit anvertrautem Vermögenswerten (§ 43a Abs. 5 BRAO). Jedoch ist jeweils im Einzelfall zu fragen, ob diese Pflichten auch auf die unabhängigere Stellung des Testamentsvollstreckers Anwendung finden können.
4 Vgl. *Isele*, BRAO, 1976, Anhang zu § 43 BRAO Buchst. L. Das Verhalten des Rechtsanwalts als Testamentsvollstrecker ist berufliches Verhalten, nicht außerberufliches (*Feuerich/Braun*, BRAO, 3. Aufl. 1995, § 113 Anm. 13; *Sandkühler* in Bengel/Reimann, Handbuch XI Rn 8).
5 *Sandkühler* in Bengel/Reimann, Handbuch XI Rn 3; vgl. auch § 1 Abs. 3 BerufsO.
6 *Sandkühler* in Bengel/Reimann, Handbuch XI Rn 4.
7 *Sandkühler* in Bengel/Reimann, Handbuch XI Rn 5.

tigkeit verbleibt.[8] Will der Rechtsanwalt nicht riskieren, seine Anwaltszulassung zu verlieren, ist also sorgsam die Annahme des Amtes zu prüfen.[9]

3   Ratsam ist, vor der Amtsannahme zunächst den eigenen **Versicherungsschutz** zu überprüfen. Regelmäßig ist aber Versicherungsschutz durch die bestehende Vermögensschaden-Haftpflichtversicherung gegeben, wobei diese in der Höhe begrenzt ist, so dass im Einzelfall eine Erhöhung des Versicherungsschutzes angebracht ist.

Eine Haftungsbegrenzung kann der Rechtsanwalt mit den Erben etc. gem. § 51a BRAO nicht schließen, da zwischen den Beteiligten eben kein Anwaltvertrag zustande kommt. Allerdings könnte der Testamentsvollstrecker unabhängig von einem Anwaltvertrag mit den Erben und Vermächtnisnehmern eine vertragliche Vereinbarung über seine Haftung bzw. seinen Haftungsmaßstab treffen. Hierbei sind allerdings die Grenzen des § 51a Abs. 1 Nr. 2 BRAO und der §§ 305 ff. BGB dennoch zu beachten, da ggf. die analoge Anwendung des § 51a Abs. 1 Nr. 2 BRAO angenommen werden könnte.[10]

4   In der Praxis spielt häufig das Problem der sog. **Selbstmandatierung** eine Rolle, also wenn der Rechtsanwalt als Testamentsvollstrecker sich selbst zur Durchführung eines Aktiv- oder Passivprozesses beauftragt.[11] Eine solche Selbstmandatierung ist grundsätzlich nur dann zulässig, wenn der Rechtsanwalt als Testamentsvollstrecker von den Beschränkungen des § 181 BGB ausdrücklich oder zumindest konkludent befreit ist. Letzteres kann i.d.R. nur dann angenommen werden, wenn auch die Einschaltung eines Anwalts unter Berücksichtigung der ordnungsgemäßen Verwaltung des Nachlasses dringend geboten war, der Testamentsvollstrecker eben auch einen anderen Rechtsanwalt hätte einschalten müssen.

Ist diese Eigenmandatierung zulässig, stellt sich dann jedoch die Frage, ob nicht bereits mit der Testamentsvollstreckervergütung die Führung von Prozessen durch den Rechtsanwalt als Testamentsvollstrecker abgegolten ist. Dies wird man grundsätzlich zu verneinen haben, es sei denn der Erblasser hat in der letztwilligen Verfügung durch eine überdurchschnittliche Vergütung das Verbot zusätzlicher Liquidierungen angedeutet. Aus Gründen der Rechtsklarheit sollte somit in der letztwilligen Verfügung immer ein Zusatz aufgeführt sein, ob zusätzliche Berufsdienste von der Vergütung umfasst sein sollen oder nicht.

5   Die Abrechnung solcher Eigenmandatierungen erfolgt unter Berücksichtigung des Rechtsanwaltsvergütungsgesetzes. Die Testamentsvollstreckung selbst wird jedoch grundsätzlich nicht nach dem RVG abgerechnet, sofern nicht der Erblasser dies ausdrücklich bestimmt hat bzw. eine solche Vergütung nach dem RVG tatsächlich angemessen i.S.d. § 2221 BGB wäre.

6   ■ **Sozietäten als Testamentsvollstrecker**

Auch juristische Personen können Testamentsvollstrecker sein (arg. § 2210 S. 3 BGB) sowie die Personenhandelsgesellschaften OHG und KG (§§ 124, 161 Abs. 1 HGB), die EWIV und die freiberufliche Partnerschaftsgesellschaft nach dem PartGG.[12] Sofern eine Sozietät vom Erblasser zum Testamentsvollstrecker ernannt wird, stellt sich nicht selten die Frage,

---

8   BGHZ 64, 294; a.A. *Sandkühler* in Bengel/Reimann, Handbuch XI Rn 7.
9   *Sandkühler* in Bengel/Reimann, Handbuch XI Rn 4. Keine Versagung der Zulassung: BVerfG AnwBl. 2002, 182.
10 Zu den Problemen der Haftungsbeschränkung des Anwalts als Testamentsvollstrecker: Schmidl, ZEV 2009, 123, der allein die Entlastung als Mittel der Enthaftung sieht.
11 Dazu: *Zimmermann*, Die Testamentsvollstreckung, Rn 92.
12 Ganz HM: Schlegelberger/*K. Schmidt*, § 124 HGB Rn 1; MüKo/*Zimmermann*, § 2197 Rn 9; Staudinger/*Reimann*, § 2197 Rn 50.

was mit der Stellung als Testamentsvollstrecker bei Ausscheiden eines Sozius wird. Nach der Rechtsprechung des 2. Senats des BGH besitzt die Gesellschaft bürgerlichen Rechts entgegen der früher überwiegend vertretenen individualistischen Auffassung zur Gesamthand Rechtsfähigkeit, soweit sie als Außengesellschaft durch Teilnahme am Rechtsverkehr eigene Rechte und Pflichten begründet. Dies muss dazu führen, dass man die GbR nunmehr auch als fähig ansieht, selbst und als solches der Träger für eine Testamentsvollstreckung zu sein.[13] Daher ist ein Ausscheiden irrelevant. Lehnt man diese Auffassung ab, ist es eine Auslegungsfrage. In der Regel dürfte aber die Angehörigkeit zur Sozietät Amtsvoraussetzung sein, so dass es zur automatischen Beendigung des einzelnen Amtes beim Ausscheiden aus der Sozietät kommt.

Für die Kautelarpraxis ist es daher ratsam, sämtliche Umstände, wie z.B. das Ausscheiden und deren Folgen für das Amt, in der letztwilligen Verfügung genau festzulegen. Sind mehrere Sozien als Testamentsvollstrecker benannt, ist ein Teilzeugnis über das Recht eines einzelnen, ein gemeinschaftliches Zeugnis über das Recht aller und ein gemeinschaftliches Teilzeugnis über die Rechte mehrerer Testamentsvollstrecker zulässig (§ 2357 BGB).[14] Beim Teilzeugnis sind weitere Mitvollstrecker anzugeben, es sei denn, der ausgewiesene Testamentsvollstrecker ist zu selbstständigem Handeln ermächtigt. Das Nachlassgericht ist an den gestellten Antrag gebunden.

Ist die Sozietät eine juristische Person, dann ist auf dem Testamentsvollstreckerzeugnis selbstverständlich auch nur die juristische Person aufgeführt. Dann ist in der Praxis ein weiterer Nachweis der Vertretung der juristischen Person, wie z.B. ein tagesaktueller Handelsregisterauszug, erforderlich.

---

13 MüKo/*Zimmermann*, § 2197 Rn 9; für entsprechende Umdeutung *Lange/Kuchinke*, § 31 IV 3 b Fn 91. Eingehend zu der neueren Rspr. MüKo/*Ulmer*, Vor § 705 Rn 9 ff.; krit. dagegen *Heil*, NZG 2001, 300; *Beuthien*, JZ 2003, 715. So jetzt ausdrücklich NK-BGB/*Kroiß*, § 2197 Rn 10; Staudinger/*Reimann*, § 2197 Rn 50; dem zuneigend Damrau/*Bonefeld*, § 2197 Rn 32; wohl eher ablehnend Soergel/*Damrau*, § 2197 Rn 8.
14 *Lorz*, in Münchener Anwaltshandbuch Erbrecht, § 51 Rn 12.

§ 24 Der Notar als Testamentsvollstrecker

Dr. Jörg Mayer

Inhalt:	Rn		Rn
A. Berufsrecht	1	II. Der Urkundsnotar als Bestimmungs-	
B. Testamentsvollstreckung und notarielle		berechtigter nach § 2198 BGB	8
Tätigkeit	2	III. Ersatzlösungen	9
C. Versicherungsschutz	3	IV. Mitwirkungsverbote des Notars bei sonstigen	
D. Testamentsvollstreckervergütung	5	Tätigkeiten mit Testamentsvollstrecker	
E. Beurkundungsrechtliche Fragen, insbesondere zur Testamentsvollstreckerernennung	6	Bezug	10
I. Der Urkundsnotar als Testamentsvollstrecker	6		

A. Berufsrecht

Nach § 8 Abs. 4 BNotO bedarf ein Notar zur Übernahme des Amtes als Testamentsvollstrecker keiner Genehmigung der Dienstaufsichtsbehörde,[1] auch wenn diese Tätigkeit nicht der notariellen Amtstätigkeit im engeren Sinne zugerechnet werden kann.[2] Auf den Umfang und die Dauer der Tätigkeit kommt es dabei grundsätzlich nicht an. Auch eine Anzeigepflicht besteht nicht.[3] Die Führung eines **Einzelunternehmens** als Testamentsvollstrecker[4] oder die Verwaltung eines Gesellschaftsanteils eines persönlich haftenden Gesellschafters einer Personengesellschaft[5] bedarf jedoch nach § 8 Abs. 3 Nr. 1 BNotO der vorherigen **Genehmigung** der Aufsichtsbehörde. Eine solche Genehmigung ist zwar nicht generell ausgeschlossen, wie sich gerade aus § 8 Abs. 3 S. 2 BNotO ergibt, wonach diese zu versagen ist, wenn die beantragte Tätigkeit mit dem öffentlichen Amt des Notars nicht vereinbar ist oder das Vertrauen in seine Unabhängigkeit oder Unparteilichkeit gefährden kann. Vielmehr hängt die Genehmigung von den Umständen des Einzelfalls ab. Aber selbst wenn man zugunsten des antragstellenden Testamentsvollstrecker-Notars anführt, dass hier auch Art. 12 GG tangiert sein kann,[6] muss man berücksichtigen, dass es hier nur um einen Eingriff in die Berufsausübungsfreiheit geht. Die Genehmigung ist jedenfalls dann zu versagen, wenn die zu genehmigende Nebentätigkeit den Notar an seinen eigentlichen Amtspflichten hindert, insbesondere an seiner Pflicht zur persönlichen Amtsausübung und Amtsbereitschaft.[7]

1

---

1 *Baumann*, in: Eylmann/Vaasen, § 8 BNotO Rn 30; *Winkler*, Testamentsvollstrecker, Rn 93; *Sandkühler*, in: Reimann/Bengel, XI Rn 19; *Zimmermann*, Testamentsvollstreckung, Rn 95.
2 *Schäfer*, in: Schippel/Bracker, § 8 BNotO Rn 40.
3 *Sandkühler*, in: Reimann/Bengel, XI Rn 19; *Winkler*, Testamentsvollstrecker, Rn 93.
4 *Baumann*, in: Eylmann/Vaasen, § 8 BNotO Rn 30; *Sandkühler*, in: Reimann/Bengel, XI Rn 19; *Schäfer*, in: Schippel/Bracker, § 8 BNotO Rn 40; *Winkler*, Testamentsvollstrecker, Rn 93.
5 Allgemein dazu *Baumann*, in: Eylmann/Vaasen, § 8 BNotO Rn 23; speziell zum Testamentsvollstrecker: *Sandkühler*, in: Reimann/Bengel, XI Rn 19.
6 So bes. *Sandkühler*, in: Bengel/Reimann, XI Rn 19 f., aber auch *Zimmermann*, Testamentsvollstreckung, Rn 95.
7 *Winkler*, Testamentsvollstrecker, Rn 93; für großzügigere Genehmigungserteilung *Sandkühler*, in: Bengel/Reimann, XI Rn 19 f.

Beispiel
Würde der Notar als Testamentsvollstrecker eine Bäckerei als einzelkaufmännisches Unternehmen weiterführen, erscheint dies mit dem Berufsbild des Notars nicht vereinbar.[8]

Beschränkt sich jedoch die Tätigkeit des Notars als Testamentsvollstrecker nur auf die **Aufsicht** der Tätigkeit des Geschäftsführers eines Wirtschaftsunternehmens, so ist eine Genehmigung ausnahmsweise nicht erforderlich.[9]

B. Testamentsvollstreckung und notarielle Tätigkeit

2   Da der Notarberuf nur als öffentlich-rechtliche Amtstätigkeit ausgeübt werden kann,[10] ist die Übernahme der Testamentsvollstreckung keine berufstypische amtliche Tätigkeit des Notars und zählt nicht zu seinen Aufgaben.[11] Das zeigt sich auch daraus, dass die Annahme, Ausführung und Beendigung des Testamentsvollstreckeramtes sich ausschließlich nach bürgerlichem Recht bestimmt.[12]

Dies bedeutet[13]
- die vom Notar als Testamentsvollstrecker zu beachtenden Verpflichtungen sind **keine Amtspflichten** i.S.v. § 19 BNotO, so dass auch ein Schadensersatzanspruch nach dieser Norm ausscheidet; es besteht nur die allgemeine Haftung nach § 2219 BGB
- § 203 StGB greift bei der Verletzung von Privatgeheimnissen **nicht** ein, wenn der Notar solche preisgibt, die er in seiner Eigenschaft als Testamentsvollstrecker erfahren hat
- es bestehen **grundsätzlich keine** Möglichkeiten von **berufsrechtlichen Sanktionen**, wenn er die ihn als Testamentsvollstrecker treffenden Pflichten verletzt, insbesondere kein Ausspruch einer Ermahnung durch die Notarkammer (§ 75 Abs. 1 BNotO), keine Missbilligung der Aufsichtsbehörde nach § 94 Abs. 1 BNotO oder die Verhängung einer Disziplinarmaßnahme gem. § 97 BNotO. Allerdings können auch bei der Ausübung notarfremder Tätigkeiten notarrechtliche Grundsätze verletzt werden, insbesondere das allgemeine Redlichkeitsgebot (§ 14 Abs. 1 S. 1 BNotO); dann dürfte das notarielle Disziplinarrecht eingreifen.[14]
- Allerdings kann der Notar, der zugleich zum Testamentsvollstrecker ernannt ist, nicht zugleich den Verkauf eines Nachlassgrundstücks beurkunden (§ 6 Nr. 1 BeurkG);[15] insoweit setzen sich die Beschränkungen des Beurkundungsgesetzes durch.

---

8   *Zimmermann*, Testamentsvollstreckung, Rn 95.
9   *Sandkühler*, in: Reimann/Bengel, XI Rn 21; *Schäfer*, in: Schippel/Bracker, § 8 BNotO Rn 40.
10 *Bohrer*, Das Berufsrecht der Notare, 1999, Rn 10 f.
11 *Sandkühler*, in: Bengel/Reimann, XI Rn 18; *Hertel*, in: Eylmann/Vaasen, § 24 BNotO Rn 7; *Reithmann*, in: Schippel/Bracker, § 24 BNotO Rn 12; *Zimmermann*, Testamentsvollstreckung, Rn 95.
12 Insoweit kann man auch sagen, die §§ 20 ff. BNotO enthalten eine abschließende Regelung der öffentlich-rechtlichen Tätigkeit des Notarberufs.
13 *Sandkühler*, in: Bengel/Reimann, XI Rn 23; *Zimmermann*, Testamentsvollstreckung, Rn 95.
14 *Sandkühler*, in: Bengel/Reimann, XI Rn 23; dazu allg. *Bohrer*, Das Berufsrecht der Notare, 1999, Rn 102, 340; *Arndt/Lerch/Sandkühler*, § 95 BNotO Rn 14.
15 *Zimmermann*, Testamentsvollstreckung, Rn 95.

C. Versicherungsschutz

Auch wenn es sich nicht um eine notarielle Tätigkeit im eigentlichen Sinn handelt, ist nach der Risikobeschreibung in den Allgemeinen Versicherungsbedingungen für die Vermögensschaden-Haftpflichtversicherung von Notaren und Anwaltsnotaren für ihr Notarrisiko (AVB-N/HV 39/10, Teil 2) die Tätigkeit als Testamentsvollstrecker in der **Vermögensschadenversicherung** der Notare **mitversichert**.[16] Wenn und soweit ein Versicherungsnehmer aus einem **anderen Versicherungsfall** einen Deckungsschutz für dieses Risiko in Anspruch nehmen kann, ist diese anderweitige Deckung jedoch vorrangig. Bedeutsam kann dies insbesondere bei Anwaltsnotaren werden, die eine Tätigkeit als Testamentsvollstrecker ausüben.[17] Auch bei der sog. „**Gruppenanschlussversicherung**", also den von den Notarkammern nach § 67 Abs. 3 Nr. 3 BNotO abgeschlossenen Versicherungsverträgen zur Ergänzung der Haftpflichtversicherung nach § 19a BNotO, ergibt sich ein Versicherungsschutz von weiteren maximal 500.000 EUR[18] für jeden Versicherungsfall, begrenzt allerdings auf den vierfachen Betrag der Mindestversicherungssumme für alle innerhalb eines Versicherungsjahres von einem Notar verursachten Schäden.[19]

3

Nicht gedeckt sind Schäden, die ein Notar als Testamentsvollstrecker **vorsätzlich** oder durch einen wissentlichen Verstoß gegen die ihn obliegenden Pflichten verursacht. Die von den Notarkammern unterhaltenen **Vertrauensschadensversicherungen** (§ 67 Abs. 3 Nr. 3 BNotO) decken allein Schäden, die i.R.d. Berufstätigkeiten als Notar i.S.d. §§ 20 bis 24 BNotO verursacht werden.[20] Aus dem gleichen Grund scheidet auch eine Leistung aus dem von den Notarkammern nach § 67 Abs. 4 Nr. 3 BNotO gebildeten Notarversicherungsfonds aus, die ohnehin ohne eine rechtliche Verpflichtung zur Leistung erbracht werden.[21]

4

D. Testamentsvollstreckervergütung

Für seine Tätigkeit als Testamentsvollstrecker erhält der Notar keine Vergütung nach dem GNotKG, es sei denn, der Erblasser hat dies ausdrücklich bestimmt.[22]

5

E. Beurkundungsrechtliche Fragen, insbesondere zur Testamentsvollstreckerernennung

I. Der Urkundsnotar als Testamentsvollstrecker

Nicht selten wollen die Beteiligten, dass der Notar, zu dem sie besonderes Vertrauen haben, der aber auch die entsprechende Sachkunde besitzt, nach ihrem Tode als Testamentsvollstrecker tätig werden soll. Allerdings setzt das Beurkundungsrecht dem einige Grenzen:

6

---

16 *Sandkühler*, in: Bengel/Reimann, XI Rn 36; *Schramm*, in Schippel/Bracker, § 19a BnotO Rn 20.
17 *Sandkühler*, in: Bengel/Reimann, XI Rn 36; *Haug/Zimmermann*, Die Amtshaftung des Notars, 3. Aufl. 2011, Rn 791 mit entsprechendem Berechnungsbeispiel.
18 Von „bescheidenen Haftungshöchstgrenzen" kann daher nicht gesprochen werden, unzutr. daher *Zimmermann*, Testamentsvollstreckung, Rn 95.
19 *Sandkühler*, in: Bengel/Reimann, XI Rn 37.
20 *Reimann*, DNotZ 1994, 659, 669; *Sandkühler*, in: Bengel/Reimann, XI Rn 38.
21 *Sandkühler*, in: Bengel/Reimann, XI Rn 39.
22 *Sandkühler*, in: Bengel/Reimann, XI Rn 40; *Winkler*, Testamentsvollstrecker, Rn 635; *Zimmermann*, Testamentsvollstreckung, Rn 95.

7   Der Notar, der eine Verfügung von Todes wegen beurkundet, kann **darin nicht selbst** zum Testamentsvollstrecker ernannt werden (§§ 27, 7 Nr. 1 BeurkG). Entsprechendes gilt für den Ehegatten des Notars und die anderen in § 7 Nr. 2 u. 3 BeurkG genannten nächsten Angehörigen. Es handelt sich um einen zwingenden **Ausschlussgrund**. Bei einem Verstoß dagegen ist die beurkundete Ernennung des Testamentsvollstreckers unwirksam (§ 125 BGB).[23] Inwieweit die Teilnichtigkeit sich auf die übrige Verfügung von Todes wegen auswirkt, bestimmt sich nach den §§ 2085, 2298 BGB.[24] Die eintretende Unwirksamkeit ist unabhängig davon, ob der Notar weiß, dass er zum Testamentsvollstrecker ernannt werden soll; insbesondere gilt § 27 BeurkG auch dann, wenn die Verfügung von Todes wegen durch Übergabe einer verschlossenen Schrift erfolgt (§ 2332 BGB).[25] Die Unwirksamkeit tritt auch dann ein, wenn der Testamentsvollstrecker keine Vergütung erhalten soll, denn die Vorschrift stellt allein auf den rechtlichen Vorteil der Ernennung zum Testamentsvollstrecker ab, nicht auf wirtschaftliche Folgen.[26]

II. Der Urkundsnotar als Bestimmungsberechtigter nach § 2198 BGB

8   Als **Auswegslösung** wurde daher teilweise vorgeschlagen, dass sich der Urkundsnotar in der Verfügung von Todes wegen selbst zum **Bestimmungsberechtigten** (§ 2198 BGB) ernennen lässt. Mit der wohl h.M.[27] hatte das OLG Stuttgart mit Beschl. v. 29.3.2012[28] dies als unzulässig angesehen. Der **BGH** hat mit seiner Entscheidung vom 10.10.2012 die Ansicht des OLG Stuttgart bestätigt.[29] Der rechtliche Vorteil, durch den der Urkundsnotar von der Beurkundung nach § 7 BeurkG ausgeschlossen ist, ergibt sich nach Ansicht des BGH bereits allein daraus, dass ihm die Befugnis zur Ernennung eines Testamentsvollstreckers i.S.v. § 2198 Abs. 1 S. 1 BGB eingeräumt wird. Denn eine derartige rechtliche Möglichkeit, auf die Person des Testamentsvollstreckers Einfluss zu nehmen, hätte der Notar ohne die entsprechende Verfügung des Erblassers nicht gehabt. Seine Rechtsposition werde damit, ohne dass hierauf ein vertraglicher oder gesetzlicher Anspruch bestand, verbessert. Dieser rechtliche Vorteil wird dem Notar unmittelbar durch die Urkunde eingeräumt, wobei unerheblich sei, dass mit der Einräumung des rechtlichen Vorteils zugleich die Verpflichtung des Notars zum Tätigwerden, nämlich der Bestimmung der Person des Testamentsvollstreckers, verbunden ist, da das Gesetz ausschließlich darauf abstelle, dass dem Notar überhaupt ein rechtlicher Vorteil verschafft wurde. Nach dem ausdrücklichen Willen des Gesetzgebers

---

23   *Baumann*, in: Eylmann/Vaasen, § 27 BeurkG Rn 8 i.V.m. Rn 13; *Seger*, in: Armbrüster/Preuß/Renner, § 27 BeurkG Rn 7; *Winkler*, BeurkG, § 27 Rn 3.

24   *Baumann*, in: Eylmann/Vaasen, § 27 BeurkG Rn 13; *Winkler*, Testamentsvollstrecker, Rn 92; *Sandkühler*, in: Bengel/Reimann, XI Rn 24; *Winkler*, BeurkG, § 27 Rn 14; Soergel/*J. Mayer*, § 27 BeurkG Rn 6.

25   *Winkler*, BeurkG, § 27 Rn 13; Soergel/*J. Mayer*, § 27 BeurkG Rn 5; *Winkler*, Testamentsvollstrecker, Rn 93. Soweit das so übergebene Testament den Anforderungen eines eigenhändigen Testaments genügt (§ 2247 BGB), so ist die gesamte letztwillige Verfügung wirksam, wenn die Willensrichtung des Erblassers eines solche Umdeutung hinsichtlich der Form gestattet (*Winkler*, BeurkG, § 27 Rn 14).

26   *Sandkühler*, in: Bengel/Reimann, XI Rn 24.

27   *Reimann*, DNotZ 1994, 658, 664 und Staudinger/*Reimann*, Bearb. 2003, § 2198 Rn 3; *Zimmermann*, Testamentsvollstreckung, 3. Aufl., Rn 94; NK-BGB/*Kroiß*, § 2198 Rn 2; Damrau/*Bonefeld*, Praxiskommentar Erbrecht, § 2198 Rn 2; MüKo/*Zimmermann*, 5. Aufl., § 2198 Rn 3; für zulässig hielten dies aber bejahend OLG Neustadt DNotZ 1951, 339, Soergel/*Damrau*, § 2198 Rn 2; im Grundsatz auch *Sandkühler*, in: Bengel/Reimann, XI Rn 27; und früher Staudinger/*Reimann*, 12. Aufl., § 2198 Rn 3; *Reimann*, DNotZ 1990, 435; MüKo/*Brandner*, 3. Aufl. 2002, § 2198 Rn 3.

28   OLG Stuttgart ZErb 2012, 191 = NotBZ 2012, 232.

29   BGH NJW 2013, 52 = ZEV 2012, 657 = FamRZ 2013, 32 m. zust. Anm. *W. Zimmermann*; dazu auch *Jahreis*, jurisPR-FamR 4/2013 Anm. 1.

sei bei § 7 BeurkG *"ein strenger Maßstab geboten, um das Ansehen des Notarstandes zu wahren und eine Übervorteilung Beteiligter zu verhindern"*. Denn es gelte insbesondere zu verhindern, dass der Notar durch die Einräumung ihm ansonsten nicht zustehender rechtlicher Vorteile in der Urkunde in die Gefahr eines Konflikts zu seinen sonstigen Pflichten kommt, insbesondere zu den Prüfungs- und Belehrungspflichten nach § 17 BeurkG. So könne der Urkundsnotar selbst ein eigenes Interesse an der Person des von ihm zu bestimmenden Testamentsvollstreckers haben, wenn im Rahmen der Testamentsvollstreckung Tätigkeiten erforderlich sind, die ihrerseits einer notariellen Beurkundung bedürfen. Daran vermöge auch der Umstand, dass der Notar in seiner Eigenschaft als Amtsperson tätig wird, nichts zu ändern. Auch werde die Rechtsposition des Erblassers nicht in einer mit den praktischen Bedürfnissen zu vereinbarenden Art und Weise beschnitten, da es ihm unbenommen bleibt, entweder selbst den Testamentsvollstrecker zu ernennen oder einen Dritten außer den beurkundenden Notar mit der Bestimmung zu betrauen. Sollte ihm hierzu keine geeignete Person bekannt sein, so kann der Erblasser auch das Nachlassgericht hierfür benennen.

III. Ersatzlösungen

An **Ersatzlösungen** bieten sich an:[30]

- Der später als Testamentsvollstrecker vorgesehene Notar beurkundet in der Verfügung von Todes wegen nur, dass eine Testamentsvollstreckung ganz allgemein angeordnet wird. In einem **Ergänzungstestament** (eigenhändig oder vor einem anderen Notar) erfolgt dann erst die eigentliche Berufung des Notars zum Testamentsvollstrecker.[31] Jedoch ist davon abzuraten, dass die eigenhändige Ergänzungsverfügung mit der Ernennung des Urkundsnotars zum Testamentsvollstrecker zusammen mit dem notariellen Haupttestament verschlossen und in die amtliche Verwahrung gebracht wird. Denn immerhin wird der Umschlag als **Zubehör** der eigentlichen Testamentsurkunde angesehen.[32]
- Eine **Beurkundung** durch den **Notar-Sozius** hat der BGH unlängst für zulässig gehalten, und zwar auch dann, wenn der beurkundende Sozius aufgrund des Sozietätsvertrags an der Vergütung des Testamentsvollstreckers später beteiligt ist.[33] Zu beachten ist allerdings, dass seit der Neuregelung des Beurkundungsgesetzes ab dem 8. September 1998[34] insoweit bei Beurkundungen für den Sozius ein **Mitwirkungsverbot** besteht (§ 3 Abs. 1 S. 1 Nr. 4 BeurkG).[35] Auch wenn ein Verstoß hiergegen zunächst die Wirksamkeit der

9

---

30 Gutachten DNotI-Report 2012, 143; *Seger*, in: Armbrüster/Preuß/Renner, § 27 BeurkG Rn 6.
31 LG Göttingen DNotZ 1952, 445; *Reimann*, DNotZ 1990, 433; MüKo/*Zimmermann*, § 2197 Rn 12; *Winkler*, Testamentsvollstrecker, Rn 93; zu weit gehend aber *Armbrüster*, a.a.O., § 27 BeurkG Rn 7, *Armbrüster/Leske*, ZNotP 2002, 46, 47, wonach der Urkundsnotar diese Gestaltung aber nicht vorschlagen dürfe.
32 Zust. *Sandkühler*, in: Bengel/Reimann, XI Rn 28; *Reimann*, DNotZ 1994, 659, 663; *Reimann* (DNotZ 1990, 433) meint zwar früher, dass allein dieser Umstand nicht zu einer Nichtigkeit des Haupttestaments nach § 27 BeurkG führen kann, rät aber zu Recht, insoweit den sichersten Weg zu gehen.
33 BGH DNotZ 1997, 466 m. Anm. *Reimann* = ZEV 1997, 113 m. Anm. *Kummer*. Dies war früher umstritten (ablehnend etwa OLG Oldenburg DNotZ 1990, 431).
34 BGBl I 2585.
35 Eingehend dazu *Winkler*, BeurkG, § 3 Rn 73; *Sandkühler*, in: Bengel/Reimann, XI Rn 30.

Beurkundung unberührt lässt,[36] so ist es dem Notar doch versagt, diese Bestimmung bewusst zu missachten; bei einem Verstoß drohen disziplinarrechtliche Folgen.[37]
- Der Erblasser kann die Bestimmung der Person des Testamentsvollstreckers einem Dritten überlassen (§ 2198 BGB), der nicht der Urkundsnotar ist. Der in diesem Zusammenhang mitbeurkundete unverbindliche **Wunsch** des Erblassers, der zur Bestimmung des Testamentsvollstreckers Berufene möge nach Möglichkeit den Urkundsnotar ernennen, schadet nicht und führt nicht zur Unwirksamkeit der später ausgesprochenen Ernennung.[38] Geht der Erblasser jedoch darüber hinaus und unterwirft er den Bestimmungsberechtigten verbindlichen Beschränkungen, die dazu führen, dass letztlich nur der Urkundsnotar zum Testamentsvollstrecker ernannt werden kann, so werden wieder die §§ 27, 7 BeurkG eingreifen.[39]
- Die eigene Beurkundung einer **post-mortalen Vollmacht** für den Urkundsnotar selbst, den Nachlass nach Eintritt des Erbfalls zu regeln, fällt ebenfalls unter § 7 BeurkG und ist nichtig.[40]

IV. Mitwirkungsverbote des Notars bei sonstigen Tätigkeiten mit Testamentsvollstrecker Bezug

10 Aber auch bei **sonstigen Beurkundungen** bestehen **Mitwirkungsverbote**. Denn der Testamentsvollstrecker ist **Verwalter kraft Amtes**, nicht aber Vertreter der Erben. Bei Rechtsgeschäften des Testamentsvollstreckers, die den Nachlass betreffen, handelt er daher in eigenen Angelegenheiten.[41] Hieraus ergibt sich zum einen, dass der zum Testamentsvollstrecker bestellte Notar etwa nicht den Verkauf von Nachlassimmobilien oder sonstige beurkundungspflichtige Rechtsgeschäfte in Ausübung seines Amtes selbst beurkunden darf (§ 3 Abs. 1 S. 1 Nr. 1 BeurkG). Zum anderen greift aber auch ein Mitwirkungsverbot ein, wenn die Beurkundung solcher Geschäfte durch einen Notar erfolgt, mit dem sich der Testamentsvollstrecker zur beruflichen Zusammenarbeit verbunden hat oder mit dem er gemeinsame Geschäftsräume unterhält (§ 3 Abs. 1 S. 1 Nr. 4 BeurkG).[42] Außerdem aber besteht das **Vorbefassungsverbot** nach § 3 Abs. 1 S. 1 Nr. 7 BeurkG. Hieraus ergeben sich weit reichende Mitwirkungsverbote auch nach Beendigung der Testamentsvollstreckung.[43] Das Vorbefassungsverbot besteht hier auch für den testamentsvollstreckenden **Nur-Notar**.[44]

---

36 *Winkler*, BeurkG, § 3 Rn 10; *Sandkühler*, in: Bengel/Reimann, XI Rn 30; *Baumann*, in: Eylmann/Vaasen, § 27 BeurkG Rn 5; *Armbrüster*, in: Armbrüster/Preuß/Renner, § 27 BeurkG Rn 7; Soergel/*J. Mayer*, § 27 BeurkG Rn 5; *Schäfer*, in Schippel/Bracker, § 16 BNotO Rn 33; a.A., und immer noch grob falsch MüKo/*Zimmermann*, § 2197 Rn 12.
37 *Winkler*, Testamentsvollstrecker, Rn 92; *Winkler*, MittBayNot 1999, 1, 3; *Sandkühler*, in: Bengel/Reimann, XI Rn 30.
38 OLG Stuttgart OLGZ 1990, 14 = DNotZ 1990, 430 m. Anm. *Reimann*; MüKo/*Hagena*, § 27 BeurkG Rn 18; *Winkler*, BeurkG, § 27 Rn 9; *Sandkühler*, in: Bengel/Reimann, Rn 26; *Seger*, in: Armbrüster/Preuß/Renner, § 27 BeurkG Rn 6; *Winkler*, Testamentsvollstrecker, Rn 92; krit. *Zimmermann*, Testamentsvollstreckung, Rn 111; a.A. *Baumann*, in: Eylmann/Vaasen, § 27 BeurkG Rn 8 ohne Begr.
39 *Reimann*, DNotZ 1990, 433, 435; *Sandkühler*, in: Bengel/Reimann, XI Rn 26.
40 *Reimann*, DNotZ 1990, 436.
41 *Arndt/Lerch/Sandkühler*, § 16 BNotO Rn 20; *Armbrüster*, in: Armbrüster/Preuß/Renner, § 3 BeurkG Rn 24; *Schäfer*, in Schippel/Bracker, § 16 BNotO Rn 34; Soergel/*J. Mayer*, § 3 BeurkG Rn 11.
42 *Mihm*, Berufsrechtliche Kollisionsprobleme beim Anwaltsnotar, 2000, S. 101; *Sandkühler*, in: Bengel/Reimann, XI Rn 33.
43 *Sandkühler*, in: Bengel/Reimann, XI Rn 34.
44 *Sandkühler*, in: Bengel/Reimann, XI Rn 34; *Schäfer*, in: Schippel/Bracker, § 16 BNotO Rn 49.

§ 25 Der Steuerberater als Testamentsvollstrecker

Dr. Jörg Mayer

Inhalt:	Rn		Rn
A. Berufsrecht	1	C. Versicherungsschutz	6
I. Grundsätzliches	1	D. Testamentsvollstreckervergütung	8
II. Ausnahmen	2		
B. Testamentsvollstreckung als Berufsausübung des Steuerberaters	4		

A. Berufsrecht

I. Grundsätzliches

Die Übernahme des Amtes des Testamentsvollstreckers ist i.d.R. berufsrechtlich zulässig.[1] Denn nach § 57 Abs. 3 Nr. 3 StBerG ist eine treuhänderische Tätigkeit mit dem Steuerberaterberuf vereinbar. Da das Amt eines Testamentsvollstreckers als eine Aufgabe gesehen wird, die ohnehin zum Berufsbild des Steuerberaters gehört und eine typische Form einer treuhänderischen Tätigkeit ist, unterfällt die Testamentsvollstreckung daher dieser Vorschrift und ist demnach grds. zulässig.[2] § 57 Abs. 3 StBerG wird durch die Berufsordnung der Bundessteuerberaterkammer (BOStB) vom 2.7.1997, in der Fassung vom 8.9.2010,[3] ergänzt und konkretisiert. § 15 S. 1 Nr. 8 BOStB erklärt dementsprechend nochmals ausdrücklich die Wahrnehmung des Amtes als Testamentsvollstrecker mit dem Beruf eines Steuerberaters für vereinbar. § 15 S. 2 BOStB stellt allerdings klar, dass die Erlaubnisvorschriften anderer Gesetze zu beachten sind.

1

II. Ausnahmen

Problematisch wird die Ausübung des Amtes aus berufsrechtlichen Gründen dann, wenn damit die **Führung eines Einzelunternehmens** oder die Übernahme der **vollen persönlichen Haftung** bei einer Personenhandelsgesellschaft verbunden ist. Überwiegend wird hierin ein Verstoß gegen § 57 Abs. 4 Nr. 1 StBerG gesehen, wonach eine gewerbliche Tätigkeit mit dem Beruf des Steuerberaters oder Steuerbevollmächtigten unvereinbar ist.[4] Als unzulässig wird nicht nur eine formelle Geschäftsführung angesehen; berufswidrig soll auch der handeln, wer „in ähnlicher Weise", z.B. als Generalbevollmächtigter, **Prokurist** oder Handlungsbevollmächtigter (§ 54 HGB) eines gewerblichen Unternehmens tätig wird.[5] Demgegenüber ist berufsrechtlich unproblematisch die Testamentsvollstreckung an einem

2

---

1 *Feiter*, DStR 2006, 484; *Sandkühler*, in: Bengel/Reimann, XI Rn 42; Staudinger/*Reimann*, § 2197 Rn 65; *Reimann*, WPK-Mitt 1996, Sonderheft 7, 6 f.; *Carlè*, KÖSDI 1989, 7556; *Watrin*, DStR 2002, 422; *Hering*, StB 2002, 94; *Zimmermann*, Testamentsvollstreckung, Rn 96.
2 *Gehre/Koslowski*, StBerG, 6. Aufl. 2009, § 57 Rn 105; *Kolbeck/Peter/Rawald*, Stand Juli 1999, § 57 StBerG Rn 210.
3 Berufsordnung neu gefasst mit Wirkung vom 1.1.2011 durch Nr. 1 Beschl. v. 8.9.2010 (DStR 2010, 2659); genehmigt durch das Bundesfinanzministerium am 16.12.2010.
4 *Streck*, DStR 1991, 593; *Gehre/Koslowski*, Steuerberatungsgesetz, 6. Aufl. 2009, § 57 Rn 89; *Sandkühler*, in: Bengel/Reimann, 3. Aufl., XI Rn 43; *Zimmermann*, Testamentsvollstreckung, Rn 96; für Zulässigkeit einer übergangsweisen Tätigkeit aber *Heilgeist*, DStR-KR 2005, 5.
5 *Feiter*, DStR 2006, 484, 485.

Kommanditanteil oder an Anteilen von Kapitalgesellschaften. Sowohl das Halten von Geschäftsanteilen für Dritte als auch die daraus folgende Wahrnehmung von Gesellschafterrechten (z.B. Ausübung von Stimmrechten) sind als zulässige treuhänderische Tätigkeiten anzusehen.[6]

3 Allerdings kann die zuständige Steuerberaterkammer **Ausnahmen** von dem Verbot der Übernahme gewerblicher Tätigkeiten zulassen, soweit durch die Tätigkeit eine **Verletzung von Berufspflichten nicht zu erwarten** ist (§ 57 Abs. 4 Nr. 1 StBerG). Nach § 16 Abs. 1 BOStB kann dies geschehen, soweit dadurch eine Verletzung von Berufspflichten nicht zu erwarten ist (§ 57 Abs. 4 Nr. 1, 2. Hs. StBerG). Eine Ausnahmegenehmigung kann unter dieser Voraussetzung insbesondere erteilt werden bei Ausübung gewerblicher Tätigkeiten im Rahmen vereinbarer Tätigkeiten; Ausübung vereinbarer Tätigkeiten in Gesellschaften, die nicht Berufsausübungsgesellschaften sind, dabei ist sicherzustellen, dass Steuerberater nicht in ihren Berufspflichten beeinträchtigt werden; gewerblichen Tätigkeiten, die gemessen an Art und Umfang und unter Beachtung der wirtschaftlichen Auswirkungen nur geringfügig sind; vorübergehendem Betrieb von gewerblichen Unternehmen, die im Wege der Erbfolge auf den Steuerberater übergegangen sind, oder von Unternehmen naher Angehöriger des Steuerberaters oder die Übernahme der Notgeschäftsführung bei Mandantenunternehmen. Die Durchführung der Testamentsvollstreckung ist dort aber nicht ausdrücklich genannt.[7] Im Gegenteil: Im Hinblick auf das 8. Steuerberatungsänderungsgesetz hatte die Bundessteuerberaterkammer den Vorstoß unternommen, das Verbot der gewerblichen Tätigkeit punktuell zu lockern. Es wurde gefordert, dass es dem Steuerberater aus Wettbewerbsgründen erlaubt sein müsse, bei bestimmten vereinbaren Tätigkeiten Geschäftsführungsfunktionen wahrnehmen zu können. Dies gelte z.B. für die Testamentsvollstreckung, in deren Rahmen es erforderlich sein kann, ein zum Nachlass gehörendes Unternehmen als Geschäftsführer fortzuführen.[8] Diese Vorstellungen haben sich aber im Gesetzgebungsverfahren gerade nicht durchsetzen lassen.

§ 16 Abs. 3 BOStB stellt weiter klar, dass eine Beteiligung an einem gewerblichen Unternehmen **keine gewerbliche Tätigkeit** im Sinne des § 57 Abs. 4 Nr. 1 StBerG ist, wenn der Steuerberater **weder** nach den vertraglichen Vereinbarungen **noch** nach den tatsächlichen Verhältnissen für das Unternehmen **geschäftsführend** oder in ähnlicher Weise tätig wird.

B. Testamentsvollstreckung als Berufsausübung des Steuerberaters

4 Die Übernahme des Amtes des Testamentsvollstreckers durch den Steuerberater im vorstehend als zulässig bezeichneten Umfang ist Teil seiner Berufsausübung.[9] Daher gelten auch **alle Berufspflichten** des Steuerberaters für die von ihm ausgeführte Testamentsvollstreckung, also die allgemeinen Grundpflichten nach § 57 Abs. 1 und 2 StBerG, und insbesondere die Pflicht zur Vermeidung von Interessenkollisionen (§ 6 BOStB), die Pflicht zur Verschwiegenheit (§ 5 BOStB, strafbewehrt nach § 203 StGB) und die Pflicht des Steuerberaters, ihm anvertraute fremde Vermögenswerte mit besonderer Sorgfalt zu behandeln und fremdes Geld oder fremde Wertpapiere auf einem Anderkonto oder in einem Anderdepot zu verwahren (§ 8 BOStB).[10] Da es sich um Berufspflichten des Steuerberaters handelt, ist

---

6 *Feiter*, DStR 2006, 484, 485.
7 Zumindest missverständlich daher *Sandkühler*, in: Bengel/Reimann, XI Rn 44.
8 Kammerreport, Beihefter zu DStR 5/2005, S. 5.
9 *Sandkühler*, in: Bengel/Reimann, XI Rn 44; *Zimmermann*, Testamentsvollstreckung, Rn 96.
10 *Sandkühler*, in: Bengel/Reimann, XI Rn 45; Staudinger/*Reimann*, § 2197 Rn 65.

J. Mayer

auch bei Verletzung dieser Pflichten bei Ausübung der Testamentsvollstreckung das Rügerecht der Steuerberaterkammer (§ 81 StBerG) und das berufsgerichtliche Verfahren (§§ 89 ff. StBerG) anwendbar.[11]

Nach der ausdrücklichen Regelung des § 5 Abs. 2 RDG ist nunmehr die Übernahme einer Testamentsvollstreckung durch einen Steuerberater eine **erlaubnisfreie Nebenleistung** einer **Rechtsdienstleistung**.[12] Durch die gesetzliche Neuregelung sind die Probleme entfallen, die sich nach dem früheren Rechtsberatungsgesetz bei einer Testamentsvollstreckung durch einen Steuerberater ergeben haben (siehe dazu § 5 Rn 34 ff.). Ein gewisses Korrektiv für die demnach grds. zulässige Testamentsvollstreckung durch Steuerberater ergibt sich allerdings daraus, dass diese in begründeten Fällen aufgrund des für sie gegenüber den Erben bestehenden gesetzlichen Schuldverhältnisses verpflichtet sind, sachkundigen Rechtsrat einzuholen.[13] Wird hiergegen schuldhaft verstoßen, so macht sich der Testamentsvollstrecker nach § 2219 BGB haftbar. Nach wie vor nicht zulässig ist aber, wenn ein Steuerberater allgemein eine „Erbrechtsberatung"[14] vornimmt oder den Entwurf einer Verfügung von Todes wegen fertigt.[15]

C. Versicherungsschutz

Auch der Steuerberater hat zu prüfen, ob die Tätigkeit als Testamentsvollstrecker von seiner normalen Vermögensschaden-Haftpflichtversicherung mit **abgedeckt** ist. Gleiches gilt für die Höhe der Versicherungssumme. Die für den Steuerberater bestehende Versicherungspflicht nach § 67 StBerG erstreckt sich auch auf die mit der Steuerberatung nach § 57 Abs. 3 Nr. 2 und 3 StBerG vereinbaren Tätigkeiten,[16] somit auch auf die Tätigkeit als Testamentsvollstrecker. Nicht über die allgemeine Vermögensschaden-Haftpflichtversicherung abgedeckt sein dürfte aber die vom Steuerberater als Testamentsvollstrecker ausgeübte gewerbliche Tätigkeit und zwar auch dann, wenn diese von der Steuerberaterkammer genehmigt ist.[17]

Allerdings ist zu beachten, dass eine unbefugte Rechtsberatung durch einen Steuerberater (siehe Rn 5 a.E.) grds. zum Verlust des Versicherungsschutzes führt. Jedoch sehen die Allgemeinen Versicherungsbedingungen (AVB) für die Vermögensschaden-Haftpflichtversicherung vor, dass der Versicherungsschutz nur bei bewusster Überschreitung der Grenzen der erlaubten Tätigkeit versagt wird.[18]

---

11 *Sandkühler*, in: Bengel/Reimann, XI Rn 45; *Zimmermann*, Testamentsvollstreckung, Rn 96.
12 Ausführlich dazu *Sandkühler*, in: Bengel/Reimann, XI Rn 49 ff.; *Zimmermann*, Testamentsvollstreckung, Rn 98.
13 *Feiter*, DStR 2006, 484 unter Bezugnahme auf S. 77 des Referentenentwurfs zum RDG.
14 LG Hamburg NJW-RR 2002, 1144 = DStRE 2002, 1480 zum Recht vor dem RDG.
15 LG Freiburg NJW-RR 2006, 423 = MittBayNot 2006, 342 m. Anm. *Muscheler*; *Zimmermann*, Testamentsvollstreckung, Rn 98.
16 *Sandkühler*, in: Bengel/Reimann, XI Rn 46; *Zimmermann*, Testamentsvollstreckung, Rn 96; Kuhls/*Kuhls*, § 67 StBerG Rn 30.
17 *Sandkühler*, in: Bengel/Reimann, XI Rn 46; a.A. Kuhls/*Kuhls*, § 67 StBerG Rn 49.
18 *Feiter*, DStR 2006, 484, 485.

D. Testamentsvollstreckervergütung

8   Auch wenn ein Steuerberater der Testamentsvollstrecker ist, gilt für deren Bemessung die Maßgeblichkeit des Erblasserwillens (siehe § 21 Rn 2); mangels einer entsprechenden Regelung hat er Anspruch auf eine angemessene Vergütung (§ 2221 BGB). Für die in Ausübung dieses Amtes erfolgte Tätigkeit gilt die **StBVV**[19] nicht kraft Gesetzes.[20] Anders ist es nur, wenn der Erblasser deren Geltung ausdrücklich anordnet. Für eine reine Steuerberatertätigkeit i.R.d. Testamentsvollstreckung kommt die StBVV nur bei einem ordnungsgemäß erteilten Auftrag in Betracht, wobei die Beachtung der sich aus **§ 181 BGB** ergebenden Beschränkungen erforderlich ist.[21] Allerdings kommt hier auch eine **stillschweigende Befreiung** vom Verbot des Selbstkontrahierens durch den Erblasser in Betracht. Dies wird dann der Fall sein, wenn die Erteilung eines eigenen Auftrags an sich selbst bei strengen Maßstäben den Grundsätzen der ordnungsgemäßen Verwaltung (§ 2216 BGB) entspricht und die Einschaltung eines Steuerberaters objektiv erforderlich war (eingehend zu dieser Frage oben § 21 Rn 87 ff.).[22]

---

19 Steuerberaterberatervergütungsverordnung vom 17.12.1981, BGBl I S. 1442, FNA 610–10–7, zuletzt geändert durch VO vom 11.12.2012, BGBl I S. 2637.
20 *Streck*, DStR 1991, 592, 595; *Eckert/Winkler*, Steuerberatergebührenverordnung, 5. Aufl. 2006, § 1 Rn 3; *Sandkühler*, in: Bengel/Reimann, XI Rn 47; *Zimmermann*, Testamentsvollstreckung, Rn 97; ebenso *Winkler*, Testamentsvollstrecker, Rn 570.
21 *Sandkühler*, in: Bengel/Reimann, XI Rn 48; *Zimmermann*, Testamentsvollstreckung, Rn 97.
22 *Zimmermann*, Testamentsvollstreckung, Rn 97.

§ 26 Der Alltag des Testamentsvollstreckers

Dr. Jörg Mayer

Inhalt:

	Rn		Rn
A. Die bei der Übernahme des Amtes zu beachtenden Umstände	1	I. Problemaufriss	9
B. Das tagtägliche Geschäft des Testamentsvollstreckers	6	II. Welche Konten unterliegen der Testamentsvollstreckung?	10
C. Testamentsvollstreckung und Bankkonten	9	III. Vertrag zugunsten Dritter auf den Todesfall	11
		IV. Gemeinschaftskonten	14

A. Die bei der Übernahme des Amtes zu beachtenden Umstände

Im Überblick lässt sich das bei der sog. Konstituierung vom Testamentsvollstrecker zu Beachtende wie folgt darstellen:[1]

- **Förmliche Annahme** des Amtes durch Erklärung gegenüber dem Nachlassgericht, § 2202 Abs. 2 BGB.
- Soweit erforderlich **Beantragung** eines **Testamentsvollstreckerzeugnisses** zum Nachweis seines Amtes.
- **Inbesitznahme des Nachlasses** (§ 2205 S. 2, §§ 854 Abs. 1, 857, 868 BGB).
- **Unverzügliche Erstellung eines Nachlassverzeichnisses** und Vorlage an die Erben, § 2215 Abs. 1 BGB mit Auflistung aller Nachlassgegenstände und Nachlassverbindlichkeiten, dies erfordert
  - deren genaue **Erfassung** mit Sichten und Feststellen des Nachlasses
  - **Ausschöpfung** aller hierzu zur Verfügung stehenden **Erkenntnismöglichkeiten**, insbesondere Urkunden, Vermögenssteuererklärungen, Grundbuchauszüge
  - Feststellung des Nachlassverzeichnisses.[2]

> **Weiterführender Formulierungsvorschlag**
> Ein **Muster eines Nachlassverzeichnisses** findet sich bei *Bengel/Reimann/Klumpp*, Handbuch III, Rn 55 ff.; *Winkler*, Der Testamentsvollstrecker, Rn 882.

Der Testamentsvollstrecker ist berechtigt, die Aufnahme des Nachlassverzeichnisses in einem förmlichen Verfahren durch die **zuständige Behörde** aufnehmen zu lassen; verlangt der Erbe dies, ist er hierzu sogar verpflichtet (§ 2215 Abs. 4 BGB).

Sicherung des Nachlasses, und zwar insbesondere durch
- **Sperrung von EC- und Kreditkarten**; zum Widerruf von Verträgen auf den Todesfall siehe Rn 11; zu den Gemeinschaftskonten siehe Rn 14 ff.;
- Prüfung, ob eine ausreichende Sachversicherung vorhanden ist, insbesondere bei Brandschäden;
- bei **Grundbesitz**: Überwachung der **Eintragung des Testamentsvollstreckervermerks** im Grundbuch (§ 52 GBO), was zwar von Amts wegen mit der Grundberichtigung auf die Erben erfolgen soll, aber auch vom Testamentsvollstrecker überwacht werden sollte;
- gegebenenfalls **Herausgabeklage** zur Durchsetzung des Anspruchs auf Besitzeinräumung;
- Überwachung der Berichtigung des **Handelsregisters** (wobei hier nach h.M. wohl ein Testamentsvollstreckervermerk nicht eingetragen werden kann) und sonstiger Register;

1

2

---

[1] Eingehend hierzu *Klumpp*, in: Bengel/Reimann, III Rn 1 ff.
[2] *Klumpp*, in: Bengel/Reimann, III Rn 16 ff., zu den Einzelheiten siehe Rn 79 ff.

– Vornahme der sonstigen, evtl. nach öffentlichem Recht aufgrund des Erbfalls vorgeschriebener Anträge und Handlungen.

3 Neue Aufgabenstellungen ergeben sich für den Testamentsvollstrecker auch im Zusammenhang mit dem **Internet**. Bestand ein **diesbezüglicher Anschluss** des Erblassers, so ist dieser regelmäßig zu **kündigen**; soweit in diesem Zusammenhang der Internetanbieter technische Einrichtungen, wie Router, Splitter, zur Verfügung stellte, sind diese zurück zu gewähren.[3] Soweit der Erblasser am Internetbanking beteiligt war, sollte auch dies unverzüglich beendet werden.[4]

4 Betrieb der Erblasser eine **Homepage**, so ist i.d.R. ein besonderes Vertragsverhältnis mit dem Provider vorhanden, bei dem auch eine entsprechende **Domain** gemietet war und daher eine laufende Gebühr zu bezahlen ist. In diesen Fällen wird es regelmäßig Aufgabe des Testamentsvollstreckers sein, diese Verträge zum nächst zulässigen Termin zu kündigen.[5] Anders kann es liegen, wenn zum Nachlass ein Unternehmen gehört, das vom Testamentsvollstrecker fortzuführen ist, denn dann ist es nach den heutigen Standards regelmäßig geboten, die Internetseite fortzuführen. Daneben ist auch zu beachten, dass der Erblasser in sog. „sozialen Netzwerken" (Facebook, StayFriends etc.) angemeldet sein kann. Auch diesbezüglich sollte der Testamentsvollstrecker die entsprechenden Betreiber über den Tod informieren und die Löschung der entsprechenden Einträge beantragen. Dies ist insbesondere schon deshalb erforderlich, weil u.U. kostenpflichtige Abonnements bestehen.[6]

5 Daneben hat der Testamentsvollstrecker den Erben bei einer von diesen vorzunehmenden Inventaraufnahme (§§ 1993 ff., 2001 ff. BGB) zu unterstützen.

Zur Vorbereitung der Ausführung der vom Erblasser getroffenen Anordnungen:
– Ermittlung, Sichtung und Überprüfung der letztwilligen Anordnungen (Testamente, Erbverträge)
– Auslegung der Verfügungen von Todes wegen
– Verpflichtung zur Stellung eines Insolvenzantrags, falls sich herausstellt, dass durch Nachlassverbindlichkeiten der Nachlass überschuldet oder gefährdet ist.

B. Das tagtägliche Geschäft des Testamentsvollstreckers

6 Hier wird man ganz grob unterteilen können:

Erfüllung der **Hauptpflichten**, also dessen, was die eigentliche Aufgabe des Testamentsvollstreckers sein soll und sich aus den Anordnungen des Erblassers ergibt. Hierzu ist der Aufgabenbereich nach den letztwilligen, notfalls den gesetzlichen Bestimmungen zu ermitteln; dabei kommt in Betracht:
– Ausführung der getroffenen Erblasseranordnungen (**Abwicklungsvollstreckung**, § 2203 BGB)
– **Auseinandersetzungsvollstreckung** (§ 2204 BGB)
– **Dauervollstreckung** (§ 2209 BGB)
– **Verwaltungsvollstreckung**.

---

3 Für den Nachlasspfleger *Clasen*, in Schulz, § 2 Rn 58.
4 Zum Nachlasspfleger *Clasen*, in Schulz, § 2 Rn 47.
5 Vgl. zu den diesbezüglichen Pflichten des Nachlasspflegers etwa *Clasen*, in Schulz, § 2 Rn 59.
6 *Clasen*, in Schulz, § 2 Rn 60.

J. Mayer

Maßstab für die Umsetzung dieser Ziele sind primär die vom Erblasser letztwillig getroffenen Einzelanordnungen, ansonsten der Grundsatz der ordnungsgemäßen Verwaltung des Nachlasses (§ 2216 BGB).
- Daraus ergeben sich weiter **Schutz- und Obhutspflichten** gegenüber dem Nachlass als **sekundäre Verpflichtungen**, die sich nicht im Voraus immer konkret vorhersagen lassen, sondern sich aus der Aufgabenstellung und der konkreten Aufgabenbewältigung „ad hoc" ergeben (siehe etwa die Pflicht, steuerliche Beratung in Anspruch zu nehmen).
- **Informations- und Rechnungslegungspflichten** gegenüber den Erben, die sich aus § 2218 BGB i.V.m. den dort genannten Vorschriften des Auftragsrechts ergeben.[7]

Die Pflicht zur **Rechnungslegung auf Verlangen** des Erben besteht
- spätestens zum Zeitpunkt der Auseinandersetzung des Nachlasses
- bei länger dauernder Verwaltung allerdings bereits jährlich, § 2218 Abs. 2 BGB.

C. Testamentsvollstreckung und Bankkonten

I. Problemaufriss

Hier ergeben sich mehrere Probleme:
- Zum einen hat sich der Testamentsvollstrecker zunächst einen Überblick zu verschaffen, welche **Konten** überhaupt seiner **Verwaltung unterliegen** (dazu im Folgenden).
- Daneben stellt sich für ihn die Frage, in welcher Form er diese Konten weiterführen kann. Als **Rechtsanwalt** hat er grundsätzlich die der Testamentsvollstreckung unterliegenden Gelder auf einem Anderkonto zu verwahren (§ 43a Abs. 5 S. 2 BRAO, § 4 BerufsO).
- Zum Dritten muss er wissen, ob und welche Verbindlichkeiten er für den Nachlass aufnehmen kann.
- Und letztlich stellt sich die Frage nach der Zulässigkeit bestimmter **Anlageformen**, z.B. Warentermingeschäften (dazu § 9 Rn 61 ff.).

II. Welche Konten unterliegen der Testamentsvollstreckung?

Zunächst kommt es auch wieder auf die konkrete Aufgabenstellung des Testamentsvollstreckers an (siehe Abschnitt § 2 Rn 4 f.). Aber auch wenn die Verwaltung von Bankkonten, Spar- und Wertpapierguthaben generell zum Aufgabenkreis des Testamentsvollstreckers gehört, ist zu prüfen, ob diese überhaupt in den Nachlass fallen. Zu beachten sind dabei vor allem folgende Fallkonstellationen:

III. Vertrag zugunsten Dritter auf den Todesfall

Diese Gestaltung kommt in der Praxis sehr häufig vor.[8] Es handelt sich um eine **Sondernachfolge**[9] außerhalb des Erbrechts. Dabei lässt sich der Erblasser durch die Bank (Versprechender) eine Leistung an den von ihm begünstigten Dritten dergestalt versprechen, dass dieser nach dem Tod des Erblassers unmittelbar einen Leistungsanspruch gegen die Bank erwirbt. Hier geht das Kontoguthaben bzw. der Depotinhalt mit dem Tod des Erblassers unabhängig von einer Erbfolge auf den bestimmten Dritten über (§ 331 BGB). Auch wenn

---
7 Hierzu etwa *Winkler*, Testamentsvollstrecker, Rn 549 ff.
8 Eingehend dazu *Werkmüller/Lang*, in: Lange/Werkmüller, § 22 Rn 3 ff.
9 *Reimann*, ZEV 1997, 129, 133.

das Forderungsrecht hier erst mit dem Tod des Versprechensempfängers (Kontoinhabers) entsteht, gehört es doch **nicht zum Nachlass**.[10] Der Testamentsvollstreckung kann aber nur der Nachlass unterliegen (§ 2205 S. 1 BGB). Dies kann zu unliebsamen Überraschungen führen.[11] Will der Erblasser auch diesbezüglich die Testamentsvollstreckung haben, muss er diese Konten oder Depots nach *Bengel/Dietz* ausdrücklich in den Nachlass einbeziehen;[12] wie dies aber geschehen soll, sagen *Bengel/Dietz* nicht. Möglich ist dies durch[13]
- **Widerruf** der Bezugsberechtigung oder Drittbegünstigung.[14] Diese Möglichkeit besteht natürlich nicht, falls diese unwiderruflich ausgestaltet sind. Ansonsten ist dies die sicherste Methode zur „Integrierung in den Nachlass"
- Anordnung einer **entsprechenden Auflage** (§ 2192 ff. BGB), dass die Erben oder Vermächtnisnehmer dem Testamentsvollstrecker eine entsprechende Vollmacht zur umfassenden Verwaltung des Nachlasses erteilen oder zur treuhänderischen Übertragung der Drittzuwendung auf den Testamentsvollstrecker. Dies setzt zum einen voraus, dass der Drittbegünstigte Erbe oder wenigstens Vermächtnisnehmer ist, denn nur dann kann er mit einer entsprechenden Auflage belastet werden. Zum anderen muss der Testamentsvollstrecker befugt sein, selbst auch die Erfüllung der Auflage vollziehen zu können. Begleitend empfiehlt sich daher hier immer bereits zu Lebzeiten des Erblassers eine entsprechende Vollmacht des Drittbegünstigten auf den Todesfall für den Testamentsvollstrecker zu erteilen.

12 Genauso liegt es bei[15]
- einer widerruflichen Bezugsberechtigung einer Lebensversicherung
- Bausparverträgen mit einer Drittbegünstigung im Todesfall[16]
- oder im Rahmen einer betrieblichen Altersversorgung[17]
- Anlage eines Sparbuchs auf den Namen eines Dritten.[18]

13 Weitere Probleme können sich für den Testamentsvollstrecker daraus ergeben, dass es bei solchen Verträgen zugunsten Dritter oftmals zu einer Art „**Wettlauf**" kommt:[19] Im sog. Zuwendungsverhältnis (Valutaverhältnis) zwischen dem Schenker und dem Bedachten bedarf es für die Rechtsbeständigkeit (Kondiktionsfestigkeit) eines Rechtsgrunds, also i.d.R. eines Schenkungsversprechens. Dies wird bei den genannten Fällen oftmals erst dadurch bewerkstelligt, dass eine wirksame Schenkung erst nach dem Tod des Versprechensempfängers zu Stande kommt: Die Bank übermittelt an den Dritten auftragsgemäß eine entsprechende sog. Drittbegünstigungserklärung, die ein Schenkungsangebot des Erblassers enthält, das dann der Dritte (auch stillschweigend) annehmen kann. Ein etwaiger Formmangel

---

10 BGHZ 41, 96; Palandt/*Grüneberg*, Einf. 6 vor § 328, § 330 Rn 2.
11 Vgl. das Beispiel bei *Reimann*, ZEV 1997, 129, 133, wo der Testamentsvollstrecker auf die zur Sanierung des zum Nachlass gehörigen Hauses erforderlichen Wertpapierguthaben nicht zurückgreifen konnte, weil die Erblasserin diese der Alleinerbin durch Vertrag zugunsten Dritter auf den Todesfall zugewandt hatte.
12 *Bengel/Dietz*, in: Bengel/Reimann, V Rn 409.
13 Dazu *J. Mayer*, DNotZ 2000, 905, 911 ff.
14 Dazu etwa *Muscheler*, Erbrecht I, Rn 890 ff.; zu Einzelheiten bei Sparverträgen und Bankforderungen siehe *Werkmüller/Lang*, in: Lange/Werkmüller, § 22 Rn 33 ff.; bei Lebensversicherungen siehe *J. Mayer*, DNotZ 2000, 911 ff.
15 *Bengel/Dietz*, in: Bengel/Reimann, V Rn 410.
16 BGH NJW 1965, 1913, 1914.
17 MüKo/*Gottwald*, § 331 Rn 2; Palandt/*Grüneberg*, § 331 Rn 2.
18 BGH NJW 1984, 480.
19 Zum Folgenden etwa allg. Palandt/*Grüneberg*, § 331 Rn 4 f.; zu diesen Fragen auch *Reimann*, in: Reimann/Bengel/J. Mayer, Testament und Erbvertrag, E Rn 260 ff.

J. Mayer

(§ 518 BGB) wird durch den Erwerb des Leistungsanspruchs (gegen die Bank) geheilt. Jedoch können die Erben den Vertragsschluss durch einen Widerruf des Schenkungsangebots verhindern,[20] es sei denn, der Erblasser hat die Widerruflichkeit ausdrücklich ausgeschlossen.[21] Andernfalls hat in den Fällen, in denen der Erblasser Testamentsvollstreckung angeordnet hat, der Testamentsvollstrecker darüber zu entscheiden, ob er den Widerruf erklärt oder aber unterlässt. Er hat dabei zu prüfen, ob derartige Verfügungen vorliegen und ob er das Schenkungsangebot widerrufen soll. Prüfungsmaßstab ist für ihn dabei allein, ob der Widerruf erforderlich ist, um seiner Verpflichtung zur ordnungsgemäßen Nachlassverwaltung zu genügen (§ 2216 Abs. 1 BGB) oder ob Verwaltungsanordnungen des Erblassers vorliegen (§ 2216 Abs. 2 S. 1 BGB), die von ihm zwar grundsätzlich zu beachten sind, aber seine Rechtsmacht nach außen nicht einschränken.[22] Will der Erblasser daher sicher gehen, so wird teilweise empfohlen, dass er die Verwaltungsmacht des Testamentsvollstreckers entsprechend dinglich einschränkt.[23] Nach überwiegender Meinung kann dabei der Erblasser die Ausübung von Nachlassrechten dem Testamentsvollstrecker auch mit dinglicher Wirkung entziehen, ohne aber gleichzeitig gezwungen zu sein, sie dem Erben zu überlassen.[24] Allerdings besteht dann immer noch die Gefahr, dass es zu einem Widerruf kommt, wenn er von den Erben und dem Testamentsvollstrecker einverständlich und gemeinsam erklärt wird (dazu, dass wegen § 137 S. 1 BGB wenigstens Testamentsvollstrecker und Erben gemeinsam zur Verfügung befugt sind, siehe oben § 17 Rn 14).[25]

IV. Gemeinschaftskonten

Probleme können auch auftreten, wenn der Erblasser Mitinhaber eines Bankkontos war, sei es bereits mit dem Erben oder aber auch mit einem Dritten. Welche Rechte dem Testamentsvollstrecker hieran zustehen bestimmt sich danach, ob es sich um ein sog. „Und-Konto" oder ein sog. „Oder-Konto" handelt.

14

Bei einem **Oder-Konto**[26] kann jeder Kontoinhaber allein und unbeschränkt verfügen, also auch der Testamentsvollstrecker im Rahmen seiner Verwaltungsbefugnis. Sämtliche Kontoinhaber sind im Verhältnis zur Bank als Gesamtgläubiger (§ 428 BGB) anzusehen.[27] Dementsprechend hat jeder von ihnen einen eigenen Leistungsanspruch gegen die Bank, während aber andererseits die Bank nur einmal an einen der Kontoinhaber zu leisten hat. Abweichend von den allgemeinen zivilrechtlichen Bestimmungen, die dem Schuldner bei § 428 BGB eine Wahlmöglichkeit einräumen, an welchen der Gläubiger er leisten möchte, kann jedoch die Bank beim Oder-Konto nicht mit schuldbefreiender Wirkung an jeden Kontoinhaber leisten, sondern nur an denjenigen, der ihr die entsprechende Anweisung erteilt hat.[28] Die „Kehrseite" der Verfügungsbefugnis jedes Kontoinhabers ist allerdings die **gesamtschuldnerische Haftung** gegenüber der Bank für etwa entstehende Debetsaldi.[29] Vom **Vorliegen** eines Oder-Kontos ist immer dann auszugehen, wenn ein Konto für mehrere Personen

15

---

20 BGHZ 66, 13; BGH NJW 1975, 383.
21 OLG Celle WM 1996, 851.
22 *Muscheler*, WM 1994, 921, 928 ff.; *Werkmüller/Lang*, in: Lange/Werkmüller, § 22 Rn 38.
23 *Werkmüller/Lang*, in: Lange/Werkmüller, § 22 Rn 38.
24 BGH, NJW 1984, 2464.
25 *Werkmüller/Lang*, in: Lange/Werkmüller, § 22 Rn 38.
26 Vgl. dazu auch *Canaris*, Bankvertragsrecht, 2. Aufl., Rn 224 ff.; *Werkmüller*, in: Lange/Werkmüller, § 11 Rn 5 ff.
27 Siehe etwa *Hadding*, in: Schimansky/Bunte/Lwowski, § 35 Rn 6 ff.
28 *Canaris*, Bankvertragsrecht, 2. Aufl., Rn 225; *Hadding*, in: Schimansky/Bunte/Lwowski, § 35 Rn 8.
29 *Werkmüller*, in: Lange/Werkmüller, § 11 Rn 7; *Hadding*, in: Schimansky/Bunte/Lwowski, § 35 Rn 9.

eingerichtet wird und keine besonderen Vereinbarungen hierüber mit der Bank getroffen sind.[30] War der Erbe bereits vor dem Erbfall Mitinhaber dieses Oder-Kontos, so bleibt er trotz der Testamentsvollstreckung auch weiterhin allein verfügungsberechtigt. Daraus ergibt sich daher die Gefahr, dass das Kontenvermögen durch einseitige Verfügungen des Mitinhabers dem Verwaltungsrecht des Testamentsvollstreckers entzogen werden.

16 Der Testamentsvollstrecker kann aber auch im Innenverhältnis den **Ausgleichsanspruch** des Erben oder Miterben gegen die anderen Kontoinhaber geltend machen, wobei im Zweifel gem. § 430 BGB ein hälftiger Ausgleich vorzunehmen ist. Dies hilft aber nur dann, wenn von dem Kontomitinhaber noch etwas zu erhalten ist. Zudem kann im Einzelfall die Ausgleichspflicht sogar ganz ausgeschlossen sein.[31] Hinsichtlich der Höhe der Beteiligung an einem solchen Konto von Ehegatten gilt: Bei Oder-Konten hat ein Ehegatte im Prozess nur darzutun, dass dem anderen Gesamtgläubiger durch die Leistung des Schuldners mehr zugeflossen ist, als seinem Anteil entspricht. Es ist dann Sache des in Anspruch Genommenen, eine Gestaltung des Innenverhältnisses darzulegen und zu beweisen, dass dies eine andere als die vom Gesetz vermutete hälftige Beteiligung oder einen Ausschluss der Ausgleichspflicht ergibt.[32] Diese Kontoform ist daher mit der Gefahr verbunden, dass Nachlasswerte der Verwaltung des Testamentsvollstreckers entzogen werden. Daher hat der Testamentsvollstrecker regelmäßig die **Einzelverfügungsberechtigung** der anderen Mitkontoinhaber **zu widerrufen** und damit das Oder- in ein Und-Konto umzuwandeln. In den Kontoeröffnungsformularen ist ein solches einseitiges Widerrufsrecht regelmäßig auch vorgesehen.[33] Alternativ kommt auch in Betracht, dass die Oder-Konten so schnell wie möglich **aufgelöst** werden. Allerdings müsste dafür ein entsprechendes Sonderkündigungsrecht für die Erben des verstorbenen Kontomitinhabers bestehen, welches dann der Testamentsvollstrecker kraft seines Verwaltungsrechts ausüben könnte. Die einschlägigen Formulare gewähren aber offensichtlich nur den anderen, überlebenden Kontomitinhabern eine solche Befugnis.[34]

17 Bei einem sog. **Und-Konto** sind demgegenüber nur sämtliche Kontoinhaber gemeinsam verfügungsbefugt. Im Unterschied zum Oder-Konto besteht gegenüber der Bank nur ein einheitlicher Anspruch, der sämtlichen Kontoinhabern gemeinschaftlich zusteht und nur von ihnen gemeinschaftlich geltend gemacht werden kann.[35] Daher kann der andere Kontoinhaber ohne Zustimmung des Testamentsvollstreckers nicht über das Konto verfügen.[36] Diese Kontoform bietet daher nicht die Gefahr, dass Nachlassvermögen der Verwaltung des Testamentsvollstreckers durch abweichende Verfügungen des anderen entzogen werden.

18 Beim **Oder-Depot** über **Wertpapiere** ist demgegenüber zwischen der Eigentumslage an den verwahrten Wertpapieren und den Rechten aus dem Depotverwahrungsvertrag zu unterscheiden.[37] Die Rechtslage ist hier noch differenzierter, wie der BGH unlängst auch in einem Rechtsstreit mit einem Testamentsvollstrecker ausgeführt hat:[38] Danach ist § 430

---

30 *Bengel/Dietz*, in: Bengel/Reimann, V Rn 411; *Eichel*, MittBayNot 1977, 45.
31 *Bengel/Dietz*, in: Bengel/Reimann, V Rn 411; Staudinger/*Reimann*, § 2205 Rn 165; zum Ausschluss der Ausgleichspflicht BGH MittBayNot 1986, 197.
32 BGH NJW-RR 1993, 2 = FamRZ 1993, 413.
33 *Hadding*, in: Schimansky/Bunte/Lwowski, § 35 Rn 13; *Werkmüller*, in: Lange/Werkmüller, § 11 Rn 13 f. mit dem Abdruck des entsprechenden Textes.
34 *Werkmüller*, in: Lange/Werkmüller, § 11 Rn 14.
35 *Hadding*, in: Schimansky/Bunte/Lwowski, § 35 Rn 17.
36 Staudinger/*Reimann*, § 2205 Rn 164.
37 MüKo/*K. Schmidt*, § 741 Rn 57.
38 ZEV 1997, 159 = NJW 1997, 1434 = FamRZ 1997, 607.

J. Mayer

BGB, der das Innenverhältnis von Gesamtgläubigern regelt, nur für die Rechte aus dem Verwahrungsvertrag von Bedeutung. Nur diesbezüglich, nicht aber hinsichtlich der verwahrten Wertpapiere, sind die Inhaber eines Oder-Depots Gesamtgläubiger. Denn eine Gesamtgläubigerschaft gibt es bei Inhaberpapieren, zumal wenn es sich um Beteiligungspapiere handelt, nicht. Bekanntlich folgt bei diesen das Recht aus dem Papier dem Recht am Papier. Maßgebend ist daher allein die dingliche Berechtigung, also die Eigentumslage. Über diese gibt die Errichtung eines Depots als Oder-Depot regelmäßig keinen Aufschluss,[39] zumal der Depotinhaber nicht Eigentümer der verwahrten Wertpapiere sein muss. Unerheblich ist auch, dass es sich teilweise um unverbriefte Wertrechte handelt, etwa bei Bundesobligationen und -schatzbriefen. Diese sind rechtlich wie verbriefte Wertpapiere zu behandeln.[40] Für die Eigentumslage depotverwahrter Wertpapiere stellt § 1006 BGB eine Vermutung auf. Diese streitet im Falle von mittelbarem Besitz für den mittelbaren Besitzer (§ 1006 Abs. 3 BGB) und im Falle von Mitbesitz für gemeinschaftliches Eigentum. Daher ist im Hinblick auf § 741 BGB i.d.R. Miteigentum nach Bruchteilen anzunehmen.[41] Im Zweifel stehen dabei den Teilhabern gleiche Anteile zu (§ 742 BGB). Da die Inhaber eines Oder-Depots als mittelbare Mitbesitzer zu behandeln sind, greift zugunsten eines etwaigen Klägers zwar die vorgenannte Auslegungsregel ein.[42] Diese ist aber nur schwach ausgeprägt und gilt nicht, wenn sich aus dem Parteiwillen etwas anderes ergibt oder wenn sie der Sachlage nicht gerecht wird. Bei einem Oder-Depot ist dies nach Ansicht des BGH grundsätzlich der Fall, weil die Errichtung eines Oder-Depots über die Eigentumslage i.d.R. keinen Aufschluss gibt. Daher kann sich ergeben, dass auch die Umwandlung eines Einzeldepots in ein Oder-Depot an der Eigentumslage der darin verwahrten Wertpapiere nichts geändert hat.[43]

Praxistipp 19
Gemeinschaftskonten: Der Testamentsvollstrecker muss sich hier sofort einen Überblick darüber verschaffen, ob diese als Und- oder als Oder-Konten ausgestaltet sind. Bei Oder-Konten ist so schnell wie möglich die **Einzelverfügungsberechtigung** der anderen Mitkontoinhaber **zu widerrufen,** um zu verhindern, dass wertvolles Nachlassvermögen dem Zugriff der Verwaltungsbefugnisse des Testamentsvollstreckers entzogen werden kann.

---

39 BGHZ 4, 295, 297; OLG München WM 1951, 731, 733 u. WM 1953, 594, 596; KG WM 1951, 867, 868; *Heinsius/Horn/Than*, § 2 DepotG Rn 11.
40 *Kümpel*, Bank- und Kapitalmarktrecht, Rn 9.163, 9.169.
41 BGHZ 4, 295, 298; BGH Urt. v. 14.1.1993, Az. IX ZR 238/91, WM 1993, 902, 905 m.w.N.
42 Vgl. *Hansen*, Die Rechtsnatur von Gemeinschaftskonto und depot, Diss. Köln 1967, S. 87; *Schoele*, WM 1951, 301; *Koller*, JZ 1972, 646, 649; a.A. *Canaris*, Bankvertragsrecht, 2. Aufl., Rn 2095.
43 BGH ZEV 1997, 159, 160 = NJW 1997, 1434.

2. Teil: Die praktische Tätigkeit des Testamentsvollstreckers anhand von Beispielen und Formulierungsvorschlägen

§ 27 Allgemeines

Dr. Michael Bonefeld

Nachdem im ersten Teil des Buches die theoretischen Grundlagen für die Testamentsvollstreckertätigkeit dargelegt wurden, soll nunmehr die praktische Seite in den Vordergrund gestellt werden. Anhand eines Beispielsfalls mit mehreren Abwandlungen werden nachfolgend im Rahmen einer **Abwicklungsvollstreckung** die einzelnen notwendigen Maßnahmen für die sachgerechte Durchführung einer Testamentsvollstreckung veranschaulicht. Zum besseren Verständnis sind Vertiefungshinweise auf die weiteren Teile dieses Buches, Checklisten und Kurzübersichten hinzugefügt.

> **Beispielsfall (Grundfall)**
> Der alleinstehende Herr Otto Normalerblasser hat keine Abkömmlinge. Er setzt seinen Rechtsanwalt R aus München zum Testamentsvollstrecker ein. Erben sollen seine Putzfrau P und sein Freund F zu je ½ werden. Er verfügt weiterhin testamentarisch ein Vermächtnis in Höhe von 10.000 EUR zugunsten der Bergwacht Mittenwald e.V. und wünscht im Rahmen einer Verwaltungsanordnung, dass er eine Seebestattung erhält.
> Im Nachlass befinden sich u.a. eine Beteiligung an einem Immobilienfonds und zahlreiche Aktien. Der Erblasser bewohnte eine Mietwohnung in München.
> Rechtsanwalt R erhält vom Nachlassgericht die Nachricht vom Tode seines Mandanten und von seinem Wunsch nach Testamentsvollstreckung.

Als erster Überblick, welche Sofortmaßnahmen vom Testamentsvollstrecker bedacht und ggf. ergriffen werden sollten, dient die nachfolgende **Checkliste**.

Checkliste: Sofortmaßnahmen
- Überprüfen der letztwilligen Verfügung wegen Wirksamkeit der Testamentsvollstreckeranordnung
- Testamentsvollstreckerzeugnis beantragen und Protokollabschrift von der Annahme
- Ausreichende Anzahl an Sterbeurkunden besorgen
- Mitteilung der Testamentsvollstreckung an die eigene Haftpflichtversicherung und Rücksprache – ggf. Abschluss einer Vermögensschaden-Haftpflichtversicherung
- Geordnete Testamentsvollstreckerakte anlegen
- Operatives Konto für Testamentsvollstreckung einrichten (Rechtsanwalt und Notar: Anderkonto) oder ein Konto des Erblassers fortführen
- Schließen der weiteren Konten des Erblassers und Übertragung auf das einzelne operative Konto (am besten durch Einzugsauftrag bei der Bank des neuen Anderkontos)
- Bestattung einleiten (nur wenn ausdrücklich angeordnet)
- Postnachsendeantrag stellen
- Erfassung der Vermögenswerte und Inbesitznahme des Nachlasses (Erstellung eines Nachlassverzeichnisses)
- Auswechseln des Türschlosses, sofern angezeigt
- Widerruf von noch nicht vollzogenen Schenkungen, sofern angezeigt

Bereich Vermögen:
- Ermittlung der Bankverbindungen
- Fehlende Kontoauszüge anfordern
- Benachrichtigung des Renten Service der Post AG (früher Rentenrechnungsstelle)
- Ermittlung von Grundvermögen
- Ermittlung von Gesellschaftsbeteiligungen

Bereich Wohnung:
- Kündigung des Mietvertrages
- Abschalten von Strom, Gas und/oder Wasseranschlüssen
- Abtauen von Kühlschrank und/oder Kühltruhe
- Entfernen von verderblichen Lebensmitteln
- Räumung der Wohnung vorbereiten
- Schönheitsreparaturen durchführen
- Übergabe der Wohnung und Schlüsselübergabe vorbereiten
- Zählerstände ermitteln und Versorgungsunternehmen mitteilen
- Kündigung des Vertrages mit dem Strom-/Gas-/Heizungsversorger
- Kündigung des Telefonanschlusses
- Kündigung des Kabelanschlusses
- Kündigung bei der Gebühreneinzugszentrale (GEZ)

(Bei eigener Immobilie des Erblassers ggf. zusätzlich:)
- ggf. Winterdienst für Grundstück einrichten
- Brandversicherungsurkunde und Grundbuchauszüge beschaffen
- Grundbesitzerhaftpflicht überprüfen

Bereich weiteres Privatvermögen:
- Arbeitgeber vom Tod Mitteilung machen
- Ermittlung der bestehenden Versicherungen und ggf. Kündigung
- Arzt- und Krankenhausrechnungen bei Krankenkasse einreichen, sofern keine automatische Abrechnung erfolgt
- Zeitschriften-/Zeitungsabonnements kündigen
- Kündigung der Mitgliedschaft in Vereinen, Gewerkschaft
- Abmeldung des Kfz bei Zulassungsstelle, Steuer und Versicherung
- Rückgabe geliehener Gegenstände (z.B. Gehhilfe, Unterlagen des Arbeitgebers)
- Versorgung der Haustiere/Pflanzen etc. sicherstellen
- Überprüfung der Einkommensteuerpflicht des Erblassers
- Abgabe der Erbschaftsteuererklärung

Praxistipp
Sofern man die Möglichkeit hat, sollte man dem Erblasser bereits zu Lebzeiten bitten, eine sog. **Vorsorgemappe**[1] oder einen Vorsorgeordner auszufüllen. Hier kann der Erblasser für seinen Bevollmächtigten, Betreuer oder Testamentsvollstrecker alle wichtigen Informationen und Daten, z.B. zu Konten, Versicherungen und Immobilienvermögen, hinterlassen. Hierdurch wird die spätere Abwicklung des Testamentsvollstreckers extrem erleichtert.

---

1 Z.B. *Bonefeld*, Die Vorsorgemappe, 3. Aufl. 2009. Mittlerweile bieten zahlreiche Banken eigene Vorsorgemappen mit dazugehöriger CD-ROM zum Ausfüllen an.

§ 28 Die ersten Tätigkeiten als Testamentsvollstrecker

Dr. Michael Bonefeld

Inhalt:

	Rn		Rn
A. Annahme der Testamentsvollstreckung	1	D. Überprüfung des eigenen Versicherungsschutzes	33
I. Erste Schritte des Testamentsvollstreckers	1	E. Anlegen einer Testamentsvollstreckerakte	34
II. Muster: Erstes Anschreiben an das Nachlassgericht	7	F. Einrichtung eines Kontos für die Testamentsvollstreckung	39
B. Muster: Eidesstattliche Versicherung	8	G. Vorbereitung der Bestattung	40
I. Muster: Bestätigungsschreiben	10	I. Allgemeines	40
II. Testamentsvollstreckerzeugnis	11	II. Bestimmung der Art der Bestattung	43
III. Muster: Ernennung eines Nachfolgers	16	III. Feuerbestattung	47
IV. Muster: Ernennung eines Nachfolgers bei gleichzeitiger Kündigung des Amtes	18	1. Anonyme Bestattung	48
V. Muster: Ernennung eines Mittestamentsvollstreckers durch den Testamentsvollstrecker	20	2. Seebestattung	49
		IV. Kosten der Bestattung	50
C. Überwachen der Eintragungen im Erbschein, Grundbuch und ins Handelsregister	25	V. Sterbegeld und Bestattungsgeld	53
		VI. Übersicht: Vorbereitung der Bestattung	58
I. Muster: Anregung der Einziehung eines Erbscheins ohne Testamentsvollstreckervermerk	26	H. Postnachsendeauftrag	59
		I. Postverkehr des Erblassers	59
II. Muster: Berichtigung des Grundbuchs	28	II. Muster: Postnachsendeauftrag für privaten Zustelldienst	60
III. Muster: Berichtigung des Handelsregistereintrags	32		

A. Annahme der Testamentsvollstreckung

I. Erste Schritte des Testamentsvollstreckers

Zunächst muss selbstverständlich einmal das Amt des Testamentsvollstreckers angenommen werden, bevor die eigentliche Tätigkeit entfaltet werden kann. Jedoch ist vor einer vorschnellen Annahme einer Testamentsvollstreckung zu warnen. Zwar kann das Amt des Testamentsvollstreckers jederzeit ohne Angabe von Gründen durch eine formlose unwiderrufliche Erklärung gegenüber dem Nachlassgericht nach § 2226 BGB erfolgen, wird allerdings zur Unzeit gekündigt, kann sich der Testamentsvollstrecker nach § 671 Abs. 2 und Abs. 3 BGB schadensersatzpflichtig machen. So gilt es zunächst zu klären, ob man sich einerseits zeitlich und organisatorisch in der Lage sieht, den Nachlass zu regeln und andererseits, ob und welche Probleme der Nachlass des Erblassers nach sich ziehen könnte. 1

Zunächst sollte jedoch geklärt werden, ob überhaupt die letztwillige Verfügung wirksam ist. Gilt z.B. wegen § 2306 Abs. 1 S. 1 BGB a.F. die Testamentsvollstreckung als nicht angeordnet und hat man bereits mit der Testamentsvollstreckung begonnen, so haftet man dennoch als sog. vermeintlicher Testamentsvollstrecker nach § 2219 BGB analog, erhält aber nicht gleichzeitig in Gegenzug einen Vergütungsanspruch nach § 2221 BGB analog (zum vermeintlichen Testamentsvollstrecker siehe § 5 Rn 42 ff.). Jede Übernahme einer Testamentsvollstreckung ist mit dem Risiko verbunden, ob die Anordnung auch wirksam ist. Der als Testamentsvollstrecker Ernannte kann selbst in den seltensten Fällen einschätzen, ob der Erblasser testierfähig oder testierfrei war. Die größte Unsicherheit des Testamentsvollstreckers ergibt sich zweifelsohne aus der Vorschrift des § 2306 Abs. 1 S. 1 BGB a.F., wenn aufgrund von Vorempfängen, die der Testamentsvollstrecker regelmäßig nicht kennt, plötzlich die Anwendung der Werttheorie zum Wegfall der Testamentsvollstreckung führt. Gleiches kann natürlich auch dann geschehen, wenn nachträglich ein Widerrufstestament 2 aufgefunden wird. Dieses Problem ist durch die Neuregelung des § 2306 BGB für Erbfälle ab dem 1.1.2010 obsolet.[1]

3 Ist der Testamentsvollstrecker sich nicht sicher, ob die letztwillige Verfügung bzw. die Anordnung der Testamentsvollstreckung wirksam ist oder nicht, sollte man zunächst noch nicht das Amt annehmen. Hat der Testamentsvollstrecker angenommen, ist sich aber nicht sicher, ob die Anordnung wirksam war, muss er dennoch sofort den Nachlass sichern. Macht er dies nicht, kann dies ggf. zu einer Entlassung nach § 2227 BGB führen. Zwar besteht die Möglichkeit der Erben bzw. Beteiligten nach § 2202 Abs. 3 S. 1 BGB dem vom Erblasser Erwählten durch das Nachlassgericht eine Frist zur Annahme setzen zu lassen, allerdings wird dann das Nachlassgericht auch prüfen, ob die Testamentsvollstreckung als angeordnet gilt, da ansonsten § 2202 BGB nicht anwendbar wäre. Nicht möglich ist es, die Testamentsvollstreckung unter einer Bedingung anzunehmen.

Ein weiterer wichtiger Aspekt der Annahme ist die positive Beantwortung der Frage, ob die Zahlung der Testamentsvollstreckervergütung sichergestellt ist.

4 Bei angeordneter Testamentsvollstreckung bleibt den Erben die Verfügungsbefugnis entzogen, selbst wenn der Testamentsvollstrecker das Amt noch nicht angenommen hat. Um hier den aus der Zeitverzögerung sich ergebenen Problemen zu begegnen, sollte erwägt werden, eine **Nachlasspflegschaft** nach § 1960 BGB zu beantragen. Dabei ist allerdings umstritten, ob eine Nachlasspflegschaft möglich ist, wenn die Erben die Erbschaft angenommen haben. Nach einer Ansicht[2] ist weiterhin eine Nachlasspflegschaft nach § 1960 BGB analog möglich, nach anderer Ansicht[3] ist nach § 1913 BGB eine **Pflegschaft für den unbekannten Testamentsvollstrecker** anzuordnen, welche dann nicht beim Nachlassgericht wie bei § 1960 BGB, sondern beim Vormundschaftsgericht zu beantragen ist. Da wegen der Regelung in § 1913 BGB keine Analogie für § 1960 BGB notwendig ist, ist nach hiesiger Auffassung eine Pflegschaft für den unbekannten Testamentsvollstrecker zu beantragen.

5 Problematisch ist, wie man als Testamentsvollstrecker die problematischen Annahmefälle absichern kann. Der Bundesgerichtshof hat bei einem **gutgläubigen Testamentsvollstrecker** einen Anspruch auf Aufwendungsersatz nach § 683 BGB und auf Zahlung einer Vergütung nach §§ 675, 612 BGB aufgrund eines wenigstens konkludent abgeschlossenen Geschäftsbesorgungsvertrags angenommen, wenn die Erben diese Tätigkeit des Testamentsvollstreckers akzeptiert haben.[4] Im Einzelnen kommt es also wesentlich auf den Vertrauensschutz des Testamentsvollstreckers und die Akzeptanz der Erben an.

> **Praxistipp**
> Um das Risiko eines Vergütungsausfalls wegen eines späteren Wegfalls der Testamentsvollstreckung abzusichern, sollte der Testamentsvollstrecker im Rahmen einer Vergütungsvereinbarung mit den Erben ausdrücklich regeln, dass dennoch Vergütung gem. § 2221 BGB bzw. die vereinbarte Vergütung zu zahlen ist.

6 Hat man alle Vorfragen für sich positiv beantwortet, so kann die Annahme erklärt werden.

> **Praxistipp**
> Da es häufig einige Zeit in Anspruch nimmt, bis man über ein Testamentsvollstreckerzeugnis verfügt, aber für die zahlreichen Kündigungen ein Legitimationsnachweis not-

---

1 Dazu *Bonefeld/Kroiß/Lange*, § 1. Zu den Risiken am Beginn der Testamentsvollstreckung siehe auch *Schmidl*, ZEV 2010, 251.
2 *Bengel*, in: Reimann/Bengel, I Rn 15.
3 *Damrau*, ZEV 1996, 81.
4 BGH NJW 1963, 1615.

wendig ist, hat sich in der Praxis bewährt, das Nachlassgericht um eine schriftliche Bestätigung der Annahme des Amtes als Testamentsvollstrecker zu bitten. Diese kann dann den Schreiben beigefügt werden. Einige Gerichte sind jedoch dazu übergegangen, eine solche Bestätigung als Bescheinigung i.S.v. KV Nr. 25104 GNotKG mit einer Vergütung von 1,0 in Rechnung zu stellen. Insofern kann man aus Kostengründen stattdessen sich auch einfach eine **Ablichtung des Protokolls bzw. der Niederschrift** der Amtsannahme erstellen lassen, die lediglich nach KV Nr. 25102 GNotKG zu vergüten ist (Mindestgebühr 10 EUR zzgl. 1 EUR pro Seite. Neben der Gebühr wird keine Dokumentenpauschale erhoben.)

Um so rasch wie möglich die Niederschrift zu erhalten, bietet sich an, immer persönlich beim Nachlassgericht die Amtsannahme zu erklären statt sie nur schriftlich zu beantragen. Andernfalls wird die Erklärung nämlich nur zur Akte genommen, so dass man allenfalls eine Abschrift der Verfügung als Beweismittel der Amtsannahme vorlegen könnte. Nach KV Nr. 12410 Abs. 1 Nr. 4 GNotKG fällt für die Annahme- oder Ablehnungserklärung eine Pauschalgebühr von 15 EUR an.[5] Diese Kosten haben wegen § 24 Nr. 8 GNotKG die Erben zu tragen. Dies gilt nicht für die Gebühr nach KV Nr. 12420 GNotGK, welche für die Fristbestimmung anfällt, da jene nach § 22 GNotKG vom Antragsteller zu zahlen ist.

Da im Testamentsvollstreckerzeugnis auch die Adresse des Testamentsvollstreckers aufgenommen wird und es sich bei dieser regelmäßig um die Wohnadresse, die auf dem Personalausweis steht, handelt, sollte auf jeden Fall das Nachlassgericht gebeten werden, auch die Geschäftsadresse mit aufzunehmen. Insbesondere Banken senden andernfalls die Korrespondenz nur an die im Testamentsvollstreckerzeugnis aufgeführte Wohnadresse.

II. Muster: Erstes Anschreiben an das Nachlassgericht

Der Testamentsvollstrecker richtet sich zunächst an das Nachlassgericht mit folgendem Anschreiben:

An das Amtsgericht München

– Nachlassgericht –[6]

Betr.: Otto Normalerblasser, geb. ▬▬▬ *(Datum)*, zuletzt wohnhaft ▬▬▬ *(Ort)*

Sehr geehrte Damen und Herren!

Am 28.2.2015 ist im Krankenhaus Harlaching

Herr Otto Normalerblasser, geb. am 22.1.1942

verstorben. Er hat mich in seinem notariellen Testament vom 19.2.2010 des Notars Dr. Wachtelhofen zu seinem Testamentsvollstrecker ernannt. Der Erblasser war zur Zeit seines Todes deutscher Staatsangehöriger i.S.d. Art. 116 GG.[7] Das Testament wurde beim Nachlassgericht am 22.2.2010 hinterlegt.

Ich nehme das Amt an und werde in einer noch zu errichtenden notariellen Urkunde an Eides Statt versichern, dass ein Rechtsstreit über meine Ernennung nicht anhängig ist. Ich bin darüber belehrt, dass eine vorsätzliche oder fahrlässige falsche Abgabe einer eidesstattlichen Versicherung strafbar ist.

---

5 *Kroiß*, NJW 2014, 437.
6 In Baden-Württemberg statt des Nachlassgerichts das staatliche Notariat.
7 Einige Nachlassgerichte fragen nach der Staatsangehörigkeit wegen der Anwendbarkeit deutschen Rechts an, wenn kein notarielles Testament vorliegt.

Ich beantrage die

Ausstellung eines Testamentsvollstreckerzeugnisses

des Inhalts, dass ich alleiniger Testamentsvollstrecker des Erblassers mit den sich aus den §§ 2203 bis 2206 BGB ergebenden Rechten bin. In der Ausübung meines Amtes als Testamentsvollstrecker sind mir im obigen Testament keine Beschränkungen auferlegt worden.

Ich bitte um Übersendung von 5 Zweitschriften/Ausfertigungen.

Bitte nehmen Sie neben meiner Wohnanschrift auch meine Geschäftsadresse in das Zeugnis auf.

Den Wert des reinen Nachlasses gebe ich unter Bezugnahme auf die Wertangabe im Testament mit 300.000 EUR an.

Bitte übersenden Sie mir vorab kurzfristig eine beglaubigte Abschrift des Protokolls bzw. Niederschrift, aus dem sich ergibt, dass das Amt des Testamentsvollstreckers durch mich angenommen wurde.

Rechtsanwalt

B. Muster: Eidesstattliche Versicherung

Notarielle Eingangsformel

Vor mir, dem Notar

Prof. Dr. Winkelmann,

ist erschienen

Rechtsanwalt R

Der Erschienene wies sich durch amtlichen Personalausweis aus.

Er beantragt, die folgenden Erklärungen zusammen mit dem an das Nachlassgericht gerichteten Antrag auf Erteilung eines Testamentsvollstreckerzeugnisses zu beurkunden:

Am 28.2.2015 ist in Krankenhaus Harlaching

Herr Otto Normalerblasser, geb. am 22.1.1942

verstorben. Er hat mich in seinem notariellen Testament vom 19.2.2010 des Notars Dr. Wachtelhofen zu seinem Testamentsvollstrecker ernannt. Der Erblasser war zur Zeit seines Todes deutscher Staatsangehöriger i.S.d. Art. 116 GG.[8] Das Testament wurde beim Nachlassgericht am 22.2.2010 hinterlegt.

Diese letztwillige Verfügung wurde vom Amtsgericht – Nachlassgericht – München am 25.3.2015 eröffnet.

Mit Schreiben vom 28.3.2015 habe ich gegenüber dem Nachlassgericht die Annahme des Amtes als Testamentsvollstrecker erklärt. Rein vorsorglich erkläre ich hiermit nochmals, dass ich das Amt als Testamentsvollstrecker annehme.

Über die Bedeutung einer eidesstattlichen Versicherung durch den beurkundenden Notar belehrt, versichere ich an Eides statt:
- Weitere Verfügungen von Todes wegen des Erblassers sind nicht vorhanden.
- Ein Rechtsstreit ist weder über die Gültigkeit des Testaments noch über meine Ernennung als Testamentsvollstrecker anhängig.
- Mir ist nichts bekannt, was der Richtigkeit meiner Angaben entgegensteht.

---

8 Einige Nachlassgerichte fragen nach der Staatsangehörigkeit wegen der Anwendbarkeit deutschen Rechts an, wenn kein notarielles Testament vorliegt.

Ich beantrage, mir ein Zeugnis in dreifacher Ausfertigung über meine Ernennung als Testamentsvollstrecker über den Nachlass des Otto Normalerblasser des Inhalts zu erteilen, dass ich alleiniger Testamentsvollstrecker des Erblassers mit den sich aus den §§ 2203 bis 2206 BGB ergebenden Rechten bin.

Den Wert des Nachlasses gebe ich aufgrund meiner bisherigen Kenntnisse mit 300.000 EUR an.

Vom Notar vorgelesen und durch den Erschienenen genehmigt und unterschrieben.

(Unterschrift)

(Notar)

Um das Nachlassgericht zu entlasten und den Verfahrensgang zu beschleunigen, kann bereits mit dem Antrag auf Erteilung eines Testamentsvollstreckerzeugnisses das notwendige **Bestätigungsschreiben** gleich vorformuliert beigefügt werden. Es muss dann nur noch vom Nachlassgericht ausgefertigt und unterschrieben werden. Allerdings fallen dabei Kosten nach KV Nr. 25104 GNotKG an. Insofern ist die einfache Beglaubigung der Abschrift des Annahmeprotokolls nach KV Nr. 25102 GNotKG aus Kosteninteresse vorzugswürdig.

I. Muster: Bestätigungsschreiben

Az.

Bestätigung

In der Nachlasssache des am 28.2.2015 in München verstorbenen

Otto Normalerblasser

ist am 28.3.2015 beim Nachlassgericht München eine Erklärung des Herrn Rechtsanwalts R, geschäftsansässig (Ort), vom 28.3.2015 eingegangen, laut deren er das ihm vom Erblasser mit notariellem Testament vom 19.2.2010 übertragene Amt des Testamentsvollstreckers annimmt.

Unterschrift Rechtspfleger

(Stempel des Gerichts)

II. Testamentsvollstreckerzeugnis

Das vom Nachlassgericht zu erteilende Testamentsvollstreckerzeugnis sieht regelmäßig so aus:

– Erste Ausfertigung –

Az.

Testamentsvollstreckerzeugnis

Der Rechtsanwalt R, geboren am 23.4.1964,

wohnhaft in (Ort), geschäftsansässig in (Ort),

ist zum Testamentsvollstrecker über den Nachlass des am 28.2.2015 in München, seinem letzten Wohnsitz, verstorbenen

Otto Normalerblasser

geboren am 22.1.1942 in Mittenwald

ernannt worden.

Bonefeld

München, den ▒▒▒▒ *(Datum)*

Amtsgericht

▒▒▒▒ *(Name)* Direktor des Amtsgerichts

Vorstehende erste Ausfertigung, die mit der Urschrift übereinstimmt, wird dem Testamentsvollstrecker Herrn Rechtsanwalt R, München, erteilt.

München, den ▒▒▒▒ *(Datum)*

▒▒▒▒ *(Name)* Urkundsbeamter der Geschäftsstelle

12 Sofort nach Erhalt der Bestätigung von der Annahme des Amtes und des Testamentsvollstreckerzeugnisses sind diese zu vervielfältigen und zu beglaubigen. Sie können so anschließend dem weiteren Schriftverkehr beigefügt werden. Allerdings werden Behörden und Banken regelmäßig nur die Übersendung des Originals bzw. der Zweitschrift des Testamentsvollstreckerzeugnisses akzeptieren.

> **Praxistipp**
> Immer neben dem eigentlichen Original des Testamentsvollstreckerzeugnisses auch eine ausreichende Anzahl an **Zweitschriften** beantragen. Bei der Übersendung an Behörden oder Banken unbedingt darauf achten, dass das Original oder die Zweitschrift wieder zurückgesandt wird, da alle Exemplare bei der Amtsbeendigung beim Nachlassgericht abzugeben sind.
> Des Weiteren hat sich in der Praxis bewährt, bei Banken und Versicherungen zusätzlich eine **Sterbeurkunde** beizufügen (obwohl der Tod bereits auch aus dem Testamentsvollstreckerzeugnis oder dem Eröffnungsprotokoll des Nachlassgerichts hervorgeht).

Vertiefung: Siehe § 6 Rn 4 ff.

13 > **Praxistipp**
> Hat der Testamentsvollstrecker bereits vor der offiziellen Annahme des Amtes beim Nachlassgericht Tätigkeiten entfaltet, sollte er vorsorglich nach § 185 Abs. 2 S. 1 Alt. 1 BGB diese Vorverfügungen genehmigen, nachdem er das Amt angenommen hat. Ein schuldrechtlicher Vertrag, den der Testamentsvollstrecker vorzeitig schließt, ist nämlich nur wirksam, wenn er ihn nach Annahme des Amtes genehmigt (§§ 177, 184 BGB analog).[9] Ein einseitiges Rechtsgeschäft, das der Testamentsvollstrecker vorzeitig vornimmt, ist wegen § 180 S. 1 BGB grundsätzlich nichtig und muss nachgeholt werden.

14 Mit dem Testamentsvollstreckerzeugnis erhält der Testamentsvollstrecker meist zugleich auch die **Kostenrechnung des Gerichts.** Diese Kostenrechnung des Gerichts gilt es zu überprüfen und, wenn sich die Berechnung des Geschäftswertes nicht nachvollziehen lässt, sollte man einen Antrag auf Festsetzung des Geschäftswertes beim Nachlassgericht stellen. Für das Testamentsvollstreckerzeugnis fällt eine volle Gebühr an, KV Nr. 12210 GNotKG. Diese Gebühr ist bei Beendigung des Verfahrens ohne Erteilung des Zeugnisses auf 200 EUR gedeckelt. Für die Bestimmung des Geschäftswerts gilt § 40 Abs. 5 GNotKG. Der Geschäftswert orientiert sich nicht mehr am Reinwert des Nachlasses; maßgeblich sind 20 % des Bruttowerts.[10] Das Verfahren über die Ernennung oder Entlassung von Testamentsvollstreckern und über sonstige anlässlich einer Testamentsvollstreckung zu treffenden Anordnungen löst eine Gebühr von 0,5 aus, KV Nr. 12420 GNotKG. Die Neuregelung in § 65 GNotKG führt zwar zu einer Halbierung des Werts von derzeit üblichen 20 % des Nachlasswerts für eine Dauervollstreckung. Durch die Anwendung der neuen Tabelle A des

---

9 Vgl. Staudinger/*Reimann*, § 2202 Rn 32; Soergel/*Damrau*, § 2202 Rn 5; KG DNotZ 1942, 225.
10 *Kroiß*, NJW 2014, 437.

Kostenverzeichnisses kommt es aber zu einer Steigerung der Gebührenhöhe für die Ernennung des Testamentsvollstreckers. Für alle sonstigen Anordnungen im Zusammenhang mit der Testamentsvollstreckung sieht KV Nr. 12420 GNotKG eine 0,5 Gebühr vor. Dazu gehören beispielsweise das Außerkraftsetzen von Anordnungen nach § 2216 Abs. 2 S. 2 BGB oder ein Beschluss, durch den das Gericht Meinungsverschiedenheiten zwischen mehreren Testamentsvollstreckern über die Vornahme eines Rechtsgeschäfts entscheidet, § 355 Abs. 2 FamFG.[11]

Wenn der Testamentsvollstrecker aufgrund der letztwilligen Verfügung aufgefordert wurde, unmittelbar nach seiner Annahme einen **Nachfolger** zu ernennen, kann dies wie folgt formuliert werden.

III. Muster: Ernennung eines Nachfolgers

An das Amtsgericht München

– Nachlassgericht –

Betr.: Otto Normalerblasser, geb. ▓▓▓ (Datum), zuletzt wohnhaft ▓▓▓ (Ort)

Sehr geehrte Damen und Herren!

Am 28.2.2015 ist im Krankenhaus Harlaching

Herr Otto Normalerblasser, geb. am 22.1.1942

verstorben. Er hat mich in seinem notariellen Testament vom 19.2.2010, welches am 25.3.2015 durch das Nachlassgericht München eröffnet wurde, zu seinem Testamentsvollstrecker ernannt. Des Weiteren hat mich der Erblasser gem. § 2199 Abs. 2 BGB ermächtigt, einen Nachfolger zu ernennen. Ich habe das Amt des Testamentsvollstreckers durch Erklärung vor dem Nachlassgericht München am 28.3.2015 angenommen.

Von dieser Ermächtigung mache ich nachfolgend Gebrauch und ernenne zu meinem Nachfolger im Amt des Testamentsvollstreckers über den Nachlass des Herrn Otto Normalerblasser

Frau Dr. Helga Gerhardt, wohnhaft in München, Andechser Str. 123.

Die gleichlautende Ernennung eines Nachfolgers erhalten Sie anbei, welche ich am 23.4.2015 vor dem Notar Dr. Winkelmann in München in öffentlich beglaubigter Form gem. § 2199 Abs. 3 BGB i.V.m. § 2198 Abs. 1 S. 2 BGB abgegeben habe.

Ich bitte um Bestätigung, dass ich vom Recht des Ersuchens eines Nachfolgers Gebrauch gemacht habe.

Rechtsanwalt R als Testamentsvollstrecker

> **Praxistipp**
> Besondere Vorsicht ist walten zu lassen, wenn man beabsichtigt, das Amt des Testamentsvollstreckers zu kündigen. Hier ist darauf zu achten, dass zuerst der Nachfolger bestimmt wird und erst anschließend das Amt des Testamentsvollstreckers gekündigt wird. Wird die falsche Reihenfolge eingehalten, kann das Recht des Testamentsvollstreckers zu Bestimmung eines Nachfolgers erlöschen!
> Des Weiteren ist darauf zu achten, dass wegen der Verweisung des § 2199 Abs. 3 BGB auf § 2198 Abs. 1 S. 2 BGB die Erklärung eines Nachfolgers in **öffentlich beglaubigter Form** abzugeben ist. So kann es also ohne weiteres dazu kommen, dass zwar die Kündigung wirksam ist, die Ernennung eines Testamentsvollstreckernachfolgers jedoch nicht. Eine **Stellvertretung** bei der Ausübung der Willensbildung des Dritten ist nicht möglich. Hingegen kann aber sich der Dritte bei der Erklärungsabgabe beim Nachlassgericht

---

11 *Kroiß*, NJW 2014, 437.

vertreten lassen. Der Dritte muss die Erklärungen in **öffentlich beglaubigter Form** nach Maßgabe des § 129 BGB, §§ 39 ff. BeurkG abgeben. Eine Erklärung im Rahmen eines handschriftlichen Testaments ist daher nicht ausreichend. Ist die Erklärung nicht formwirksam abgegeben, so muss das Nachlassgericht auf diesen Mangel per **Zwischenverfügung** hinweisen.

Hat der Erblasser statt der ausreichenden öffentlichen Beglaubigung eine notarielle Beurkundung zur Testamentsvollstreckerbestimmung angeordnet, so bleibt trotzdem die öffentliche Beglaubigung ausreichend, da hierdurch im Sicherungszweck Genüge getan ist.

Nach richtiger Auffassung kann eine einmal erfolgte Nachfolgerbenennung nach § 2199 Abs. 2 BGB geändert werden, solange der Nachfolger noch nicht im Amt ist, da kein Testamentsvollstreckervakuum entsteht.[12]

IV. Muster: Ernennung eines Nachfolgers bei gleichzeitiger Kündigung des Amtes

18   An das Amtsgericht München

– Nachlassgericht –

Betr.: Otto Normalerblasser, geb. ▬▬▬▬ *(Datum)*, zuletzt wohnhaft ▬▬▬▬ *(Ort)*

Sehr geehrte Damen und Herren!

Am 28.2.2015 ist im Krankenhaus Harlaching

Herr Otto Normalerblasser, geb. am 22.1.1942

verstorben. Er hat mich in seinem notariellen Testament vom 19.2.2010, welches am 25.3.2015 durch das Nachlassgericht München eröffnet wurde, zu seinem Testamentsvollstrecker ernannt. Ich habe das Amt des Testamentsvollstreckers durch Erklärung vor dem Nachlassgericht München am 28.3.2015 angenommen.

Des Weiteren hat mich der Erblasser gem. § 2199 Abs. 2 BGB ermächtigt, einen Nachfolger zu ernennen.

Von dieser Ermächtigung mache ich nachfolgend Gebrauch und ernenne zu meinem Nachfolger im Amt des Testamentsvollstreckers über den Nachlass des Herrn Otto Normalerblasser

Frau Dr. Helga Gerhardt, wohnhaft in München, Andechser Str. 123.

Die gleichlautende Ernennung eines Nachfolgers erhalten Sie anbei, welche ich am 23.4.2015 vor dem Notar Dr. Winkelmann in München in öffentlich beglaubigter Form gem. § 2199 Abs. 3 BGB i.V.m. § 2198 Abs. 1 S. 2 BGB abgegeben habe.

Des Weiteren

kündige

ich hiermit gem. § 2226 BGB mein Amt als Testamentsvollstrecker.

Ich bitte um Bestätigung, dass ich vom Recht des Ersuchens eines Nachfolgers Gebrauch gemacht sowie die Kündigung gegenüber dem Nachlassgericht ausgesprochen habe.

Rechtsanwalt als Testamentsvollstrecker

19   Sofern der Testamentsvollstrecker das Recht zur Ernennung eines weiteren Testamentsvollstreckers erhalten hat, kann die Ernennung wie folgt formuliert werden.

---

12 So auch *Säcker*, ZEV 2006, 288.

V. Muster: Ernennung eines Mittestamentsvollstreckers durch den Testamentsvollstrecker

An das Amtsgericht München

– Nachlassgericht –

Betr.: Otto Normalerblasser, geb. ▓▓▓▓ *(Datum)*, zuletzt wohnhaft ▓▓▓▓ *(Ort)*

Sehr geehrte Damen und Herren!

Am 28.2.2015 ist im Krankenhaus Harlaching

Herr Otto Normalerblasser, geb. am 22.1.1942

verstorben. Er hat mich in seinem notariellen Testament vom 19.2.2010, welches am 25.3.2015 durch das Nachlassgericht München eröffnet wurde, zu seinem Testamentsvollstrecker ernannt. Ich habe das Amt des Testamentsvollstreckers durch Erklärung vor dem Nachlassgericht München am 28.3.2015 angenommen.

Des Weiteren hat mich der Erblasser gem. § 2199 Abs. 1 BGB ermächtigt, einen Mitvollstrecker zu ernennen. Von dieser Ermächtigung mache ich nachfolgend Gebrauch und ernenne zu meinem Mitvollstrecker über den Nachlass des Herrn Otto Normalerblasser

Frau Dr. Helga Gerhardt, wohnhaft in München, Andechser Str. 123.

Frau Dr. Gerhardt hat folgenden Aufgabenkreis:
- Abwicklung des vollständigen Nachlasses des am 28.2.2015
- verstorbenen Otto Normalerblasser

Die gleichlautende Ernennung eines Nachfolgers erhalten Sie anbei, welche ich am 23.4.2015 vor dem Notar Dr. Winkelmann in München in öffentlich beglaubigter Form gem. § 2199 Abs. 3 BGB i.V.m. § 2198 Abs. 1 S. 2 BGB abgegeben habe.

Rechtsanwalt R als Testamentsvollstrecker

Problematisch sind in der Praxis häufig die Fälle, wenn bereits mehrere Testamentsvollstrecker bestehen, die berechtigt sind, wiederum Mitvollstrecker oder Nachfolger zu benennen. Problematisch ist, wenn mehrere Testamentsvollstrecker ernennungsberechtigt sind, ob die Ermächtigungsausübung durch einstimmigen Beschluss oder Mehrheitsbeschluss erfolgen muss.

Hier muss differenziert werden, ob ein Mitvollstrecker oder ein Nachfolger benannt werden soll. Im Zweifel wird man bei mehreren Testamentsvollstreckern davon ausgehen können, dass jeder einzelne Testamentsvollstrecker berechtigt ist, seinen eigenen Nachfolger zu bestimmen. Auch hier kommt es auf die Auslegung des Testaments, mithin dem Erblasserwillen an. Bei der Mitvollstreckerernennung ist im Zweifel nicht anzunehmen, dass jeder einzelne einen Mitvollstrecker ernennen kann. Regelmäßig will der Erblasser mehrere Testamentsvollstrecker zusammen entscheiden. Um Streitigkeiten zu verhindern, sollte, sofern der Erblasser von seinem Recht aus § 2199 BGB Gebrauch machen will, dafür Sorge getragen werden, dass **klargestellt** wird, ob das **Einstimmigkeits- oder Mehrheitsprinzip** gelten soll.

> **Praxistipp 1**
> Läuft ein **Verfahren auf Entlassung gem. § 2227 BGB**, sollte der Testamentsvollstrecker vorsorglich von seinem Recht zur Ernennung eines Nachfolgers Gebrauch machen, wenn der Erblasser ihn hierzu ermächtigt hat. Will der Erblasser dieses verhindern, sollte ebenfalls eine Klarstellung im Testament erfolgen.

24 Praxistipp 2
Sofern einem handelnden Testamentsvollstrecker von den weiteren Testamentsvollstreckern **Generalvollmacht** erteilt wurde, ist darauf zu achten, dass das **Gesamtvollstreckungsprinzip** des § 2224 BGB nicht umgangen wird.[13] So ist eine derartige Generalvollmacht nur dann wirksam, wenn sie sich auf einzelne Geschäfte beschränkt und widerruflich ist.

C. Überwachen der Eintragungen im Erbschein, Grundbuch und ins Handelsregister

25 Nach der Annahme des Amtes sollte der Testamentsvollstrecker vorsorglich auch die Richtigkeit der Eintragungen im Erbschein, im Grundbuch und im Handelsregister überprüfen.

I. Muster: Anregung der Einziehung eines Erbscheins ohne Testamentsvollstreckervermerk

26 An das Amtsgericht München

– Nachlassgericht –

Betr.: Otto Normalerblasser, geb. 22.1.1942, zuletzt wohnhaft ▓▓▓▓ (Ort)

Sehr geehrte Damen und Herren!

Am 28.2.2015 ist im Krankenhaus Harlaching

Herr Otto Normalerblasser, geb. am 22.1.1942

verstorben. Er hat mich in seinem notariellen Testament vom 19.2.2010, welches am 25.3.2015 durch das Nachlassgericht München eröffnet wurde, zu seinem Testamentsvollstrecker ernannt. Ich habe das Amt des Testamentsvollstreckers durch Erklärung vor dem Nachlassgericht München am 28.3.2015 angenommen.

Das Nachlassgericht hat am 30.4.2015 einen Erbschein zugunsten von Frau P und Herrn F ausgestellt, ohne das die Tatsache der Testamentsvollstreckung aufgenommen wurde.

Demnach ist dieser Erbschein wegen Fehlens des Testamentsvollstreckervermerks unrichtig.

Ich rege an, den erteilten Erbschein gem. § 2361 Abs. 1 BGB von Amts wegen einzuziehen, hilfsweise gem. § 2361 Abs. 2 BGB für kraftlos zu erklären.

Rechtsanwalt R als Testamentsvollstrecker

27 Des Weiteren ist wegen § 52 GBO im **Grundbuch** neben der Eintragung des Erben auch ein Testamentsvollstreckervermerk von Amts wegen mit einzutragen. Hierdurch wird ein gutgläubiger Erwerb vom Erben verhindert. Ähnliche Vermerke erfolgen aus **§ 55 Schiff-RegO** und **§ 56 Abs. 1 LuftfzRG**.

Durch Eintragung eines Testamentsvollstreckervermerks nach § 52 GBO von Amts wegen im Grundbuch wird ein gutgläubiger Erwerb Dritter am Grundstück verhindert. Gleichzeitig wird der Erbe in das Grundbuch eingetragen. Auf den Testamentsvollstreckervermerk kann weder der Testamentsvollstrecker verzichten, noch kann der Erblasser diesen ausschließen. Ein Name des Testamentsvollstreckers wird nicht eingetragen. Sofern nicht der Fall einer Nacherbenvollstreckung vorliegt, werden auch nicht sein Wirkungskreis bzw.

---

13 BGHZ 34, 27.

seine Befugnisse im Grundbuch vermerkt. Die Löschung des Testamentsvollstreckers erfolgt nach § 84 GBO von Amts wegen bei Gegenstandslosigkeit oder auf Antrag, wobei ein Unrichtigkeitsnachweis nach § 22 GBO vorgelegt werden muss.

Durch den Testamentsvollstreckervermerk wird das Grundbuch gegen Eintragungen aufgrund von Verfügungen des Erben über das Grundstück oder das Recht, bei dem der Vermerk verlautbart ist, gesperrt. Aus diesem Grunde hat der Testamentsvollstrecker die Änderung des Grundbuches zu überwachen. Die **Gebührenfreiheit** für eine **Grundbucheintragung** der Erben des Grundstückseigentümers erstreckt sich nicht auf die gleichzeitig gem. § 52 GBO von Amts wegen erfolgte Eintragung der Testamentsvollstreckung. Die Eintragung der Verfügungsbeschränkung durch einen Testamentsvollstreckervermerk ist nach dem GNotKG nicht vorgesehen.

II. Muster: Berichtigung des Grundbuchs

An das Amtsgericht München

– Grundbuchamt –

Betr.: Berichtigung des Grundbuches des Amtsgerichts München für Grundstück in der ▓▓▓▓▓ (Ort) Band 123, Blatt 456

Voreigentümer: Otto Normalerblasser, geb. 22.1.1942, zuletzt wohnhaft ▓▓▓▓▓ (Ort)

Eingetragen: Frau P und Herr F

Sehr geehrte Damen und Herren!

Am 28.2.2015 ist im Krankenhaus Harlaching

Herr Otto Normalerblasser, geb. am 22.1.1942

verstorben. Er hat mich in seinem notariellen Testament vom 19.2.2010, welches am 25.3.2015 durch das Nachlassgericht München eröffnet wurde, zu seinem Testamentsvollstrecker ernannt. Ich habe das Amt des Testamentsvollstreckers durch Erklärung vor dem Nachlassgericht München am 28.3.2015 angenommen.

Anbei erhalten Sie im Original das Testamentsvollstreckerzeugnis des Amtsgerichts München vom 23.4.2015.

Offensichtlich ist eine Eintragung der Testamentsvollstreckung unterblieben. Demzufolge ist das Grundbuch unrichtig, so dass ich anrege, von Amts wegen das Grundbuch durch

Eintragung eines Testamentsvollstreckervermerks

zu berichtigen.

Nach erfolgter Berichtigung bitte ich um Übersendung eines unbeglaubigten Grundbuchauszugs.

Rechtsanwalt als Testamentsvollstrecker

Sehr strittig war, ob die Testamentsvollstreckung im **Handelsregister** einzutragen ist, da es an einer gesetzlichen Regelung fehlt. Ist über den Nachlass eines Kommanditisten Dauertestamentsvollstreckung angeordnet, so ist nach dem BGH[14] auf Antrag des Testamentsvollstreckers ein Testamentsvollstreckervermerk in das Handelsregister einzutragen. Die neuere Rspr. ist somit der h.M. in der Lit.[15] gefolgt.[16] Nach der alten Rspr.[17] wurde noch eine

---

14 BGH ZErb 2012, 193; ZEV 2012, 335 (m. Anm. *Zimmermann*).
15 Vgl. Palandt/*Weidlich*, Vor § 2197 Rn 13 m.w.N.
16 So auch Bamberger/Roth/*Mayer*, § 2205 Rn 14; *Damrau*, BWNotZ 1990, 69 ff.; *Roth*, NZG 2012, 499.
17 Vgl. KG Berlin ZEV 1996, 67.

Eintragungsfähigkeit verneint, da weder ein dringendes Bedürfnis noch eine gesetzliche Anordnung bestehe. Offen ist noch, ob die Testamentsvollstreckung bei einem Handelsgeschäft eintragungsfähig ist.[18] Das dürfte nun jedoch nach dem Sinn der neuen BGH-Entscheidung zu bejahen sein.[19] Ein Testamentsvollstrecker, dem die Abwicklung des Nachlasses und die Auseinandersetzung unter mehreren Erben obliegt, ist jedoch nach neuerer Rspr. nicht befugt, den durch den Tod eines Kommanditisten eingetretenen Gesellschafterwechsel anstelle des oder der Erben, die im Wege der Sondererbfolge Kommanditisten geworden sind, zum Handelsregister anzumelden.[20]

30   Ist der Testamentsvollstrecker zur **Verwaltung eines Gesellschaftsanteils** oder eines **Handelsgeschäfts**, z.B. durch eine Ersatzlösung (nicht Weisungsgeberlösung) ausnahmsweise berechtigt, ist er gegenüber dem Registergericht zur Anmeldung verpflichtet.[21] Dies gilt nicht bei einer Abwicklungsvollstreckung, sondern nur bei einer Vollstreckung nach § 2209 BGB. Grundsätzlich haben Registeranmeldungen im Zusammenhang mit Handelsgeschäften durch den Erben zu erfolgen.[22] Soweit der Testamentsvollstrecker zur Anmeldung befugt ist, besteht kein eigenes Anmelderecht der Erben.

31   Sofern **Kommanditbeteiligungen** getroffen sind, muss der Testamentsvollstrecker die Anmeldepflichten erfüllen.[23] Problematisch ist, ob eine **postmortale Vollmacht** zugunsten des Testamentsvollstreckers ihn zur Vornahme von Handelsregisteranmeldungen ermächtigt. Dies wird von der neueren Rechtsprechung[24] abgelehnt, weil die richtige Rechtsnachfolge vom Registergericht zu überprüfen ist, was die Vorlage eines Erbscheins bzw. die Vorlage einer beglaubigten Abschrift einer notariellen Verfügung von Todes wegen i.V.m. der Eröffnungsniederschrift notwendig machen würde. Nach hiesiger Auffassung ist der postmortal bevollmächtigte Testamentsvollstrecker ohne weiteres antragsberechtigt, jedoch hilft ihm diese Berechtigung nur dann etwas, wenn die Rechtsnachfolge von ihm nachgewiesen werden kann. Des Weiteren ist streitig, ob die Registeranmeldungen durch den Testamentsvollstrecker bei einer **Beteiligung als persönlich haftender Gesellschafter** an einer OHG oder KG erfolgen kann. Bei der hier vertretenen Auffassung ist der Testamentsvollstrecker hierzu nicht berechtigt, was durch die Gerichtspraxis bestätigt wird, die eine Anmeldung des Erben verlangen.[25]

> **Fallabwandlung**
> Der Erblasser hat eine KG Beteiligung als Kommanditist an einer Ost-Immobilien Müller KG in München. Alleiniger Erbe ist Herr E.

---

18 Abgelehnt noch von RGZ 132, 138.
19 So auch *Zimmermann*, ZEV 2012, 338. Zur Frage eines Testamentsvollstreckervermerks in der Gesellschafterliste: *Zinger/Urich-Erber*, NZG 2011, 286 sowie *Omlor*, DStR 2012, 306. Die Nichteintragungsfähigkeit des Testamentsvollstreckervermerks in die GmbH-Gesellschafterliste ablehnend, OLG München – 31 Wx 274/11, BeckRS 2012, 03043.
20 OLG München ZErb 2009, 295.
21 BGHZ 108, 187 = BGH 1989, 3152.
22 OLG München ZErb 2009, 295.
23 BGHZ 108, 187.
24 KG ZEV 2003, 204.
25 Vgl. hierzu *Schaub*, ZEV 1994, 71.

III. Muster: Berichtigung des Handelsregistereintrags

An das Amtsgericht München

– Handelsregister –

Betr.: Berichtigung des Handelsregisters des Amtsgerichts München

Eintragung der Rechtsnachfolge des Erben ▓▓▓▓ (Name) mit angeordneter Testamentsvollstreckung am Kommanditanteil des Otto Normalerblasser, geb. ▓▓▓▓ (Datum), zuletzt wohnhaft ▓▓▓▓ (Ort), verstorben am ▓▓▓▓ (Datum) an der Ost-Immobilien Müller KG

Sehr geehrte Damen und Herren!

Am 28.2.2015 ist im Krankenhaus Harlaching

Herr Otto Normalerblasser, geb. am 22.1.1942

verstorben. Er hat mich in seinem notariellen Testament vom 19.2.2010, welches am 25.3.2015 durch das Nachlassgericht München eröffnet wurde, zu seinem Testamentsvollstrecker ernannt. Ich habe das Amt des Testamentsvollstreckers durch Erklärung vor dem Nachlassgericht München am 28.3.2015 angenommen.

Der o.g. Erblasser war Kommanditist der Ost-Immobilien Müller KG in München. Zum alleinigen Erben wurde Herr E bestimmt. Ein Erbschein des Nachlassgerichts München vom 30.4.2015 ist im Original beigefügt.

Wir melden zur Eintragung im Handelsregister an:

Ich habe das Amt durch Erklärung zur Niederschrift vor dem Amtsgericht München – Nachlassgericht – angenommen. Das Testamentsvollstreckerzeugnis wurde am 23.4.2015 erteilt. Anbei erhalten Sie im Original das Testamentsvollstreckerzeugnis des Amtsgerichts München von ▓▓▓▓ (Datum).

Es wird daher beantragt,

Herrn E als Rechtsnachfolger am Kommanditanteil des verstorbenen Otto Normalerblasser zusammen mit der an dem Kommanditanteil angeordneten Testamentsvollstreckung im Handelsregister einzutragen.

Komplementär

Kommanditist

Rechtsanwalt R als Testamentsvollstrecker

(Notarielle Unterschriftsbeglaubigung)

D. Überprüfung des eigenen Versicherungsschutzes

Von Anfang an ist zu berücksichtigen, dass bei einer Testamentsvollstreckung erhebliche Gefahren der Regresshaftung bestehen. Aus diesem Grunde ist es vernünftig, sich auch mit seiner bereits bestehenden **Berufshaftpflichtversicherung** in Verbindung zu setzen, um die Reichweite des Versicherungsschutzes festzustellen. Bei umfangreichen Nachlässen und bei der Notwendigkeit der Klärung schwieriger Fragen kann der Abschluss einer Versicherung oder die Erhöhung der bestehenden Versicherung schon zum Schutze des Erben geboten sein.[26] Grundsätzlich können nur Vermögensschäden Gegenstand des Versicherungsschutzes sein. Zwar ist das Testamentsvollstreckerrisiko in der Berufshaftpflichtversicherung mit eingeschlossen, jedoch reicht insbesondere bei Unternehmenstestamentsvollstreckungen häufig nicht die normale Deckungssumme aus, um Schäden auszugleichen. Des Weiteren

---

26 *J. Müller*, in: Bengel/Reimann, Handbuch XII Rn 136 ff.

ist die Verwahrung wertvoller Gegenstände nicht automatisch mitversichert. Der Testamentsvollstrecker sollte also gründlich überlegen, ob er nicht tatsächlich eine (Zusatz-)Versicherung abschließt. Streitig ist, ob die Kosten einer derartigen Zusatzversicherung vom Nachlass zu tragen oder bereits in der angemessenen Vergütung enthalten sind.[27] Im Einzelfall wird es auf die Erforderlichkeit i.S.d. § 670 BGB nach subjektiv-objektiven Maßstäben ankommen, so dass im Regelfall ein Aufwendungsersatz gegeben sein dürfte.

E. Anlegen einer Testamentsvollstreckerakte

34 Es ist ratsam, von Anfang an die Arbeit als Testamentsvollstrecker zu systematisieren. Hierbei sollte auch größten Wert auf eine sachgerechte Führung einer Testamentsvollstreckerakte gelegt werden. So haben sich einige Abweichungen zur althergebrachten Anwalt- und Notaraktenführung bewährt, die die praktische Arbeit erleichtern. Es ist sinnvoll, seiner Akte eine **Gliederungsübersicht** über die wichtigsten Daten und vorgenommenen Handlungen voranzustellen. Eine solche könnte wie folgt aussehen:

Übersicht: Anlegen einer Testamentsvollstreckerakte

Erblasser, Personalien	Personalien			
	verstorben am in			
Erben	Namen, Personalien			
	Erbenfeststellung durch Erbschein vom			
Amt der Testamentsvollstreckung	beruht auf Verfügung von Todes wegen			
	Amt gegenüber dem Nachlass angenommen			
	Testamentsvollstreckerzeugnis erteilt am			
Welche Verfügungen von Todes wegen sind vorhanden?				
	Bedenken gegen Wirksamkeit? Auslegungszweifel?			
Art der Testamentsvollstreckung, Aufgabe	Nur Abwicklungsvollstreckung mit Erbauseinandersetzung entsprechend o.g. Testament			
Nachlassverzeichnis	erstellt und Erben übersandt			
	Zustellungsnachweis			
Nachlassaktiva	Konten	X-Bank	Y-Bank	Z-Bank
	Kontenstände im Erbfall			

---

27 Dagegen: *Winkler*, Testamentsvollstrecker, Rn 567 Fn 3. Dafür: *J. Müller*, in: Bengel/Reimann, XII Rn 157; *Zimmermann*, Rn 783.

		Konten auf Testamentsvollstrecker umgeschrieben			
		Kontovollmachten des Erblassers widerrufen			
		bis Vollzug der Auseinandersetzung fortgeführt			
		Grundbesitz			
		Testamentsvollstrecker – Vermerk eingetragen			
		Sonstige Nachlasswerte			
		In Besitz genommen			
Mietverhältnisse					
	gekündigt				
	fortgeführt, Einnahmen zwischen Erbfall und bis Vollzug der Auseinandersetzung				
Versicherungen					
	gekündigt				
	fortgeführt				
Weitere Mitgliedschaften, Verträge o.Ä.					
	gekündigt				
	fortgeführt				
Nachlassverbindlichkeiten		Finanzamt	X-Bank	Y-Bank	Privat Herr Z
	Höhe der Schulden im Erbfall				
	bezahlt am (Nachweis)				
Erbschaftsteuer		Erklärung abgegeben			
		bezahlt am			
Besondere Vereinbarung mit den Erben liegt vor		Vergütungsregelung			
		Haftungsbeschränkung			
Auseinandersetzung des Nachlasses		Auseinandersetzungsplan aufgestellt am			

	Abweichungen von Verfügung von Todes wegen (wenn ja, Auseinandersetzungsvereinbarung erforderlich)		
	Ausgleichungspflichten berücksichtigt (§§ 2050 ff. BGB)?		
	Nachlassverbindlichkeiten noch vorhanden?		
	zur Anhörung den Erben/Vermächtnisnehmer zugesandt Zustellungsnachweis		
	für verbindlich erklärt am		
	Vollzogen	bezüglich Konten	
		bezüglich Grundbesitz	Urkunde Notar ... vom grundbuchamtlicher Vollzug am
Vergütung abgerechnet			
Beendigung der Testamentsvollstreckung	Konten aufgelöst am		
	Sonstiges		

35 Neben einer Gliederungsübersicht über die wichtigsten Daten gehört eine weitere **Checkliste** vorangestellt. Diese zeigt dem Testamentsvollstrecker auf den ersten Blick, welche Kündigungen oder weiteren Handlungen er noch vorzunehmen hat. So können die zahlreichen Checklisten aus diesem Buch der Einfachheit halber kopiert und vorne in die Akte abgeheftet werden.

36 Der Aufbau und die Führung der Akte bleiben selbstverständlich jedem Testamentsvollstrecker allein überlassen. Statt wie üblich die eingehende Post nach Datum ohne Differenzierung hintereinander zu heften, lohnt es sich wegen der besseren Übersicht insbesondere bei größeren Testamentsvollstreckungen die Akte in folgende Kapitel aufzuteilen:

> **Praxistipp**
> **I. Teil: Korrespondenz mit den Erben**
> (Nachlassverzeichnis; Anschreiben wegen Verteilung des Erbes, Informationen und Auskunftserteilung)
> **II. Teil: Korrespondenz mit Dritten**
> (wie z.B. Banken, Versicherungen, Vermieter)
> **III. Teil: Korrespondenz mit dem Gericht**
> (Testamentsvollstreckerannahme, Nachlassverzeichnis für Gerichtskosten etc.)
> **IV. Teil: Steuerangelegenheiten**
> (z.B. Anschreiben an das Finanzamt wegen Stundung; Einkommen- und Erbschaftsteuererklärung)

Durch eine derartige Aufteilung bleiben die Akte und damit auch die eigene Korrespondenz immer übersichtlich. Statt die Akte einzeln aufzuteilen, können natürlich auch Unterakten gebildet werden. Wichtig ist allein, dass der Testamentsvollstrecker immer den notwendigen Überblick über seine Handlungen und die eingehende Korrespondenz behält. Als Verbindungsglied zwischen den einzelnen Akten fungieren wiederum die der Akte vorangestellte Gliederungsübersicht und Checkliste.

Praxistipp
Bei der Führung der Testamentsvollstreckerakte gilt der Grundsatz:
„Führe die Akte so, als wenn die vom Erblasser Bedachten und Nichtbedachten Deine nächsten Gegner in einer prozessualen Auseinandersetzung wären."

Neben einer **Fristenübersicht** ist es ratsam, wenn eine weitere Übersicht der Tätigkeit des Testamentsvollstreckers in die Akte aufgenommen wird. Gerade als schnelle Überprüfungsmöglichkeit der bisherigen Tätigkeit ist es zudem ein wichtiger Nachweis für die einzelnen unternommenen Schritte beim eventuellen Streit hinsichtlich der Testamentsvollstreckervergütung. Insbesondere neuere Anwaltsprogramme bieten zudem die Abrechnung nach Zeit an. Auch hier kann dann immer tabellarisch aufgelistet werden, welche Tätigkeit man entfaltet hat und wie viel Zeit man dafür gebraucht hat. Besonders vorteilhaft ist eine derartige Vorgehensweise bei den späteren Auskünften bzw. jährlicher Rechnungslegung, wo lediglich ein allg. Bild der Tätigkeit dargelegt werden muss. Statt die Akte nachträglich zusammenzufassen, kann man dann auf die Tabelle, die sich vorne in der Akte befinden sollte, zurückgreifen und dem Berechtigten eine Kopie oder einen neuen Ausdruck zur Verfügung stellen.

37

Die **Übersicht** kann wie folgt aussehen:

38

Datum	Tätigkeit	Gesprächspartner	Ort	Dauer	Auslagen

F. Einrichtung eines Kontos für die Testamentsvollstreckung

Der Testamentsvollstrecker hat grundsätzlich das Nachlassvermögen des Erblassers von seinem Vermögen getrennt zu halten. Zwar besteht ohne weiteres die Möglichkeit, die bereits bestehenden Konten des Erblassers weiterzuführen. Es ist aber bereits aufgrund der besseren Übersicht anzuraten, umgehend ein **Nachlasskonto** für die Testamentsvollstreckung einzurichten oder lediglich ein Konto des Erblassers fortzuführen; bei einem Rechtsanwalt muss dies grundsätzlich ein Anderkonto sein (§ 43a Abs. 5 S. 2 BRAO, § 4 BerufsO). Von der Anlegung eines besonderen Kontos kann nur abgesehen werden, sofern von vornherein abzusehen ist, dass der Nachlass überschuldet oder sehr gering ist, weil dann die entstehenden Kosten und der Aufwand nicht mehr im Verhältnis zum Nutzen stehen würden. Auf dieses neu zu errichtende Konto ist neben dem Vermögen von den anderen Konten auch das vorgefundene **Bargeld** einzuzahlen.

39

Praxistipp
Wurde ein Anderkonto eingerichtet, sollte die Bank gebeten werden, sämtliche Gelder von den anderen Banken einzuziehen und dort die Konten schließen zu lassen. Dies erspart dem Testamentsvollstrecker wertvolle Zeit und Schreibarbeit.

G. Vorbereitung der Bestattung

I. Allgemeines

40 Der Verwaltungsgegenstand ist grundsätzlich der Nachlass des Erblassers, so dass fortwirkende Persönlichkeitsrechte wie z.B. Namensrechte oder das Recht der Bestattung nicht in den Verwaltungsbereich fallen.[28] Hat der Erblasser jedoch – wie hier – eine Bestattungsanordnung getroffen und die Durchführung durch den Testamentsvollstrecker bestimmt, so handelt es sich um eine originäre Aufgabe des Testamentsvollstreckers.[29] Kautelarjuristisch betrachtet ist es ungünstig, Bestattungsanordnungen in eine letztwillige Verfügung aufzunehmen, da regelmäßig die Eröffnung der Verfügung erst nach erfolgter Bestattung vorgenommen wird. Will der Erblasser dennoch eine nichterbrechtliche Aufgabe dem Testamentsvollstrecker übertragen, ist es vorsorglich ratsam per letztwilliger Verfügung die Erben durch Auflage zu verpflichten, entsprechende Maßnahmen des Testamentsvollstreckers zu dulden und/oder ihm diesbezüglich eine Vollmacht zu erteilen.[30] Der Testamentsvollstrecker handelt bei diesen nicht-originären Testamentsvollstrecker-Aufgaben nicht als Testamentsvollstrecker, sondern vielmehr wie ein „gewöhnlicher Dritter".[31] Demzufolge unterliegt hier der Testamentsvollstrecker hier nicht den Vorschriften über die Testamentsvollstreckung, ist also nicht zur ordnungsgemäßen Verwaltung gem. § 2206 BGB verpflichtet. Anders ist dies freilich, wenn es sich um eine Auflage handelt, deren Einhaltung der Testamentsvollstrecker entweder überprüfen oder gar selbst vollziehen muss.

> **Praxistipp**
> Unabhängig von der Frage der Durchführung der Bestattung ist der Testamentsvollstrecker, sofern er zur Zeit der Bestattung bereits das Amt angenommen hat, gut beraten, während der Bestattung die Wohnung oder Immobilie des Erblassers nicht unbewacht zu lassen. Die Zahl der Einbrüche während der Bestattung ist gestiegen.

41 Im Beispielsfall handelt es sich weder um eine Auflage an den Testamentsvollstrecker noch um eine Verwaltungsanordnung im eigentlichen Sinne. Vielmehr ist es eine Übertragung der Totenfürsorgeberechtigung an die Person, die das Amt des Testamentsvollstreckers bekleidet.

42 Wenn eine Bestattung durchgeführt werden soll, sind sofort die notwendigen Schritte einzuleiten. Die **Bestattungsinstitute** können die Arbeit des Testamentsvollstreckers erheblich erleichtern. Es ist daher zur eigenen Entlastung ratsam, das Bestattungsinstitut mit der Erledigung der üblichen Formalitäten – wie z.B. die Beantragung der Sterbeurkunde, Terminabsprache mit der Friedhofsverwaltung – zu beauftragen und lediglich die Art und Weise der vom Erblasser gewünschten Bestattung zu regeln. Vor der Beauftragung eines Bestattungsunternehmens ist – soweit möglich – ein **Preisvergleich** durchzuführen, da die Kosten u.U. erheblich schwanken.

II. Bestimmung der Art der Bestattung

43 Das Recht der sog. **Totenfürsorge,** also den Ort der letzten Ruhestätte und die weiteren Einzelheiten der Bestattung zu bestimmen, ist Ausfluss des Persönlichkeitsrechts und eine

---

28 *Bengel*, in: Bengel/Reimann, I Rn 72.
29 RG JW 1912, 540; Staudinger/*Reimann*, Rn 5 vor §§ 2197 ff. unter Bezug auf § 1968 BGB.
30 Staudinger/*Reimann*, Rn 5 vor §§ 2197 ff.
31 BGH FamRZ 1992, 657.

Ausprägung der allg. Handlungsfreiheit.[32] Somit hat der Erblasser das Recht, die Art und Weise der Bestattung zu regeln. Dies muss nicht zwingend in Form einer letztwilligen Verfügung erfolgen,[33] sondern in jeder beliebiger Form ausdrücklich oder stillschweigend.

Der Testamentsvollstrecker ist nur dann zur Ausführung der Bestattung verpflichtet, wenn ihm auch die Totenfürsorgebefugnis übertragen wurde. Da dann der Testamentsvollstrecker nach dem wohlverstandenen Erblasserwillen handeln muss, ist zunächst dieser Wille durch Befragung der Angehörigen und Bekannten zu erforschen, sofern keine Anordnung im Testament oder anderen Schreiben verfügt ist. 44

Ist der wahre Wille des Erblassers nicht erkennbar, so steht den nächsten Angehörigen des Verstorbenen die Totenfürsorge nach Gewohnheitsrecht zu.[34] Als Richtschnur für die Entscheidungsreihenfolge gilt nach der Rechtsprechung[35] unter Hinweis auf § 2 Abs. 2 und Abs. 3 des Feuerbestattungsgesetzes Folgendes: Zunächst hat der Ehegatte, dann Kinder und Eltern als Verwandte und Verschwägerte ab- und aufsteigender Linie die Entscheidungsbefugnis; anschließend die Geschwister und deren Kinder. Das Recht zur Totenfürsorge ist dabei unabhängig von einem etwaigen Erbrecht. Sofern sich die einzelnen Personen nicht entscheiden können, fehlt es an einer gemeinsamen Bestimmung, da das Mehrheitsprinzip keine Anwendung findet. In einem solchen Fall ist dann nach Ortsüblichkeit zu bestatten. 45

Hat der Erblasser einen klaren Willen zu Art und Weise seiner Bestattung geäußert, so obliegt es dem Testamentsvollstrecker als Totenfürsorgeberechtigten, diesen Willen zu durchzusetzen. Häufig wird neben der üblichen Erdbestattung die Feuerbestattung oder eine anonyme Bestattung gewünscht. 46

III. Feuerbestattung

Die **Feuerbestattung** ist die Verbrennung (Einäscherung) des Verstorbenen im Sarg und die spätere Beisetzung in einer Urne. Um eine derartige Bestattungsform durchführen zu können, bedarf es neben Totenschein und Sterbeurkunde einer schriftlichen Willenserklärung der Totenfürsorgeberechtigten oder des Erblassers. Ferner muss eine Unbedenklichkeitsbescheinigung der Polizei auch bei natürlichem Tode dem Krematorium vorgelegt werden.[36] Hat der Erblasser eine Feuerbestattung abgelehnt, darf sie nicht erfolgen. 47

1. Anonyme Bestattung

Eine **anonyme Bestattung** wird meist im Zusammenhang mit einer Feuerbestattung erfolgen. Die Urne braucht lediglich auf einem Gemeinschaftsfeld beerdigt werden, ohne dass Einzelgrabstätten oder Grabbeete auf den Erblasser hinweisen. 48

---

32 BVerfG NJW 1979, 1493. Dazu ausführlich: *Zimmermann*, ZEV 1997, 440 ff.
33 RGZ 154, 269, 270.
34 RGZ 154, 271; KG Berlin FamRZ 1969, 414; Palandt/*Weidlich*, vor § 1922 Rn 9; *Zimmermann*, ZEV 1997, Rn 15 m.w.N.
35 BGH NJW-RR 1991, 982; OLG Düsseldorf NJW-RR 1995, 1161.
36 Vgl. dazu die verschiedenen landesgesetzlichen Vorschriften zur Bestattung (z.B. § 7 BayBestVO). Siehe auch *Gaedke*, Handbuch des Friedhofs- und Bestattungsrechts, 10. Aufl. 2010.

2. Seebestattung

49 Im unseren Fall wünscht der Erblasser eine **Seebestattung**. Für die Voraussetzungen einer Seebestattung gilt das zuvor zur Feuerbestattung gesagte, da diese der Seebestattung zwingend vorausgeht. Sie bildet die Ausnahme von dem Grundsatz, dass eine Bestattung auf dem Friedhof zu erfolgen habe. Demzufolge ist eine Genehmigung erforderlich, wonach die Bestattung außerhalb des Friedhofes zulässig ist. Die Genehmigung, die regelmäßig automatisch vom beauftragten Bestattungsinstitut eingeholt wird, wird nur unter der Voraussetzung erteilt, dass die Urne aus Material hergestellt wird, welches sich im Meerwasser schnell auflöst und die Urne mit Sand oder Kies beschwert wird, damit sie nicht an der Oberfläche schwimmt. Anschließend ist eine Reederei mit der Seebestattung zu beauftragen. Die Urne wird dann außerhalb der Dreimeilenzone versenkt, wobei der Ort mit geographischer Länge und Breite in einer Schiffskarte verzeichnet wird.

IV. Kosten der Bestattung

50 Die **Kosten der Bestattung** tragen nach § 1968 BGB die Erben. Haben die Erben die Erbschaft ausgeschlagen, ist zu prüfen, ob nicht Dritte die Bestattungskosten tragen müssen. Dies können sein:
– Bestattungsveranlasser
– Unterhaltsverpflichteter nach §§ 1360a Abs. 4, 1361 Abs. 4 S. 3, 1615 Abs. 2 BGB
– Bei Ersatzvornahme durch Behörde: Verpflichteter gem. Landesleichen- oder Bestattungsgesetz[37]
– Unfallverursacher bei Tötung gem. § 844 Abs. 1 BGB, § 10 Abs. 1 S. 2 StVG
– Sozialhilfeträger.

51 Nach § 1968 BGB sind die Kosten der Beerdigung zu ersetzen. Das Wort standesgemäß ist zwischenzeitlich nach Art. 33 EGInsO vom 5.10.1994[38] aus § 1968 BGB gestrichen worden, ohne dass sich hieraus eine sachliche Änderung ergeben hätte. Im Einzelnen hat der Testamentsvollstrecker folgende Kosten der Bestattung i.S.d. § 1968 BGB als Nachlassverbindlichkeiten zu berücksichtigen:

Bestattungskosten sind bspw. Kosten infolge oder für
– Sterbeurkunde und Kosten der Todeserklärung nach § 34 Abs. 2 VerschG
– Leichenschau
– Polizeigebühr bei Feuerbestattung
– Sarg- oder Urnenkosten inkl. Ausstattung
– Totenhemd, Talar oder Anzug
– Grabkreuz mit Flor
– Grabstein und Erstanlage der Grabstätte[39]
– Überführungskosten der Leiche zum Friedhof
– Sterbebilder
– Versorgungskosten der Leiche (Kühlhaus etc.)
– Einsargung
– Desinfektion

---

37 Alle bundesdeutschen Landesleichen- oder Bestattungsgesetze findet man unter: www.postmortal.de.
38 BGBl I S. 2911.
39 OLG Düsseldorf NJW-RR 1995, 1161. Ob die Mehrkosten für ein Doppelgrab zu erstatten sind, ist streitig. Nach BGHZ 61, 238 sind diese Kosten keine Kosten i.S.d. § 1968 BGB. Nach LG Landau, Az. 3 S 13/99 sind die Kosten dann aus dem Nachlass zu tragen, wenn sie dem Willen des Erblassers entsprechen und er als Zweiter in das bestehende Doppelgrab bestattet wird.

Bonefeld

- Bestattungsgebühr der Friedhofsverwaltung
- Verlängerung der Beerdigungsfrist
- Exhumierung
- Benutzung der Friedhofshalle/Trauerhalle inkl. Ausschmückung mit Pflanzen nebst Heizung
- Entfernung der bisherigen Grabeinfassung
- Personalkosten für Organisten, Geistliche, Ministranten, Sargträger etc. (inkl. Zuschläge für Nachteinsatz, Feiertag oder Sonntag)
- Aussegnung, Chor, Glockengeläut, Kirchenschmuck und Kerzen
- Trauerkleidung[40]
- Traueranzeigen, Trauerbriefe, Danksagungen
- Verdienstausfall[41]
- Kosten eines üblichen Trauermahls.[42]

Nicht zu erstatten und damit auch nicht als unmittelbare Nachlassverbindlichkeit abzugsfähig sind insbesondere:
- Reisekosten der Angehörigen zur Bestattung[43]
- Grabpflegekosten (sofern nicht extra per Auflage angeordnet).[44]

V. Sterbegeld und Bestattungsgeld

Im Zuge der Gesundheitsreform wurde das Sterbegeld zum 1.1.2004 ersatzlos gestrichen. Bis Ende 2003 bestand der Anspruch, wenn der Verstorbene am 1.1.1989 bei einer gesetzlichen Krankenversicherung versichert war. Die Höhe des Sterbegeldes betrug für Mitglieder der gesetzlichen Krankenversicherung 525 EUR und für Familienversicherte 262,50 EUR (SGB V §§ 58, 59). Ist der Erblasser erst ab dem 1.1.1989 neu in die gesetzliche Krankenkasse eingetreten, so entfiel ohnehin der Anspruch auf Sterbegeld.

Häufig tritt aber zum Sterbegeld bei Beamten und ihren Hinterbliebenen ein **Beihilfeanspruch**, den der Testamentsvollstrecker jedoch selbst nicht für den Nachlass beanspruchen kann. Verstirbt ein rentenberechtigter Beschädigter i.S.d. Bundesversorgungsgesetzes so wird nach ein **Bestattungsgeld** gewährt.[45] Vom Bestattungsgeld werden zunächst die Kosten der Bestattung bestritten und an den gezahlt, der die Bestattung besorgt hat. Das gilt auch, wenn die Kosten der Bestattung aus öffentlichen Mitteln bestritten worden sind. Aus diesem Grunde hat sich ggf. der Testamentsvollstrecker direkt an das zuständige Versorgungsamt des verstorbenen Beamten zu wenden. Bleibt ein Überschuss, so sind nacheinander der Ehegatte, der Lebenspartner, die Kinder, die Eltern, die Stiefeltern, die Pflegeeltern, die Enkel, die Großeltern, die Geschwister und die Geschwisterkinder bezugsberechtigt, wenn sie mit dem Verstorbenen zur Zeit des Todes in häuslicher Gemeinschaft gelebt haben. Fehlen solche Berechtigte, so wird der Überschuss nicht ausgezahlt.

Beim **Tod eines Beschädigten** ist ein **Sterbegeld** in Höhe des Dreifachen der Versorgungsbezüge zu zahlen, die ihm für den Sterbemonat nach den §§ 30 bis 33, 34 und 35 Beamtenver-

---

40 OLG Hamm DAR 1956, 217, str. Vgl. auch Weimar MDR 1967, 980.
41 OLG Hamm DAR 1956, 217.
42 AG Grimma NJW-RR 1997, 1027.
43 Nach MüKo/*Siegmann*, § 1968 Rn 14 und OLG Karlsruhe MDR 1970, 48 anders, wenn öffentlich rechtliche Bestimmungen den Angehörigen zur Beerdigung verpflichten.
44 Im Einzelnen streitig. Dazu a.A. *Damrau*, ZEV 2004, 456 f.
45 Dies gilt auch beim Tod von versorgungsberechtigten Hinterbliebenen nach § 53 BVG; 4; KOV-AnpV 1995.

sorgungsG zustanden. Anspruchsberechtigt sind in nachstehender Rangfolge der Ehegatte, der Lebenspartner, die Kinder, die Eltern, die Stiefeltern, die Pflegeeltern, die Enkel, die Großeltern, die Geschwister und die Geschwisterkinder, wenn sie mit dem Verstorbenen zur Zeit des Todes in häuslicher Gemeinschaft gelebt haben. Hat der Verstorbene mit keiner dieser Personen in häuslicher Gemeinschaft gelebt, so ist das Sterbegeld in vorstehender Rangfolge dem zu zahlen, den der Verstorbene unterhalten hat. Sind keine vorgenannten Anspruchsberechtigte vorhanden, kann das Sterbegeld dem gezahlt werden, der die Kosten der letzten Krankheit oder der Bestattung getragen oder den Verstorbenen bis zu seinem Tod gepflegt hat.

56 Nicht selten finden sich auch Sterbegeldregelungen in den einzelnen Tarifverträgen.[46] Nach hiesiger Auffassung ist der Testamentsvollstrecker aber nur dann zur Einforderung dieser Sterbegelder zuständig und verpflichtet, wenn ein solcher Anspruch in den Nachlass fallen würde und damit der Testamentsvollstreckung unterliegt. Die Sterbegelder fallen jedoch gerade nicht in den Nachlass, da es keine Forderungen des Erblassers sind und die Ansprüche direkt den Hinterbliebenen, die nicht immer auch die Erben sind, zustehen. Insofern kann das Sterbegeld sich nicht pflichtteilserhöhend auswirken.

57 Nur wenn auch eine Vollmacht zugunsten des Testamentsvollstreckers besteht, sollte er sich z.B. mit dem jeweils zuständigen Landesamt für Besoldung und Versorgung in Verbindung setzen. Das einfache Sterbegeld[47] beträgt regelmäßig das Zweifache der letzten Bezüge des Erblassers. Sollte das Landesamt über den Sterbemonat hinaus noch Bezüge gezahlt haben, werden diese automatisch mit dem Sterbegeld verrechnet, gem. § 51 Abs. 2 S. 1. BeamtenversorgungsG jedoch nur in Höhe des pfändbaren Betrages. War der Ehegatte vor seinem Tode teilzeitbeschäftigt oder ohne Bezüge beurlaubt, errechnet sich das Sterbegeld aus den vollen Bezügen. Das Sterbegeld ist grundsätzlich steuerpflichtig und nicht pfändbar. Die Versteuerung erfolgt als sonstiger Bezug.

VI. Übersicht: Vorbereitung der Bestattung

58 Zur Vorbereitung der Bestattung ist erforderlich:
- Benachrichtigung des Arztes für Totenschein
- Nach Erhalt des Totenscheins zum Standesamt für Beantragung der Sterbeurkunde
  - sofern Feuer- oder Seebestattung gewünscht, weitere Formalien beachten
- Benachrichtigung eines Bestatters und der Angehörigen/Freunde des Erblassers
  - Überführung klären
  - Aussuchen des Sarges/Urne
  - Umfang der Bestattung vertraglich vereinbaren
- Zeitpunkt der Bestattung klären mit
  - Angehörigen/Freunden
  - Kirchengemeinde
  - Friedhofsverwaltung
  - Totenredner
- Mit Friedhofsverwaltung Lage der Grabstelle und ggf. Aufbahrung vereinbaren
- Todesanzeige aufgeben
- Druckereiauftrag für Totenbriefe etc.
- Bei Gärtnerei oder Blumengeschäft Kranz/Sarggestecke etc. bestellen
- Ggf. Wohnung/Immobilie während der Bestattung bewachen lassen.

---

46 Vgl. § 23 TVöD; § 47 MTB II; § 47 MTL II.
47 Also nicht das für einen Beschädigten i.S.d. BeamtenversorgungsG.

Parallel zu den Bestattungsvorbereitungen hat der Testamentsvollstrecker umgehend den Nachlass zu ermitteln und zu sichern.

H. Postnachsendeauftrag

I. Postverkehr des Erblassers

Als wohl erste Sofortmaßnahme wird ein **Postnachsendeauftrag** gestellt. Durch die Zustellung der an den Erblasser adressierten Post erhält der Testamentsvollstrecker zahlreiche wichtige Hinweise hinsichtlich weiterer Verbindlichkeiten des Erblassers. Ein Postnachsendeauftrag kann durch ein formloses Schreiben an das Postamt am Wohnort des Erblassers erteilt werden. Allerdings fallen jetzt grundsätzlich Kosten i.H.v. 19,90 EUR für 6 Monate und 24,90 EUR für 1 Jahr bei Privatkunden (34,90 EUR/49,90 EUR bei Geschäftskunden) an. Am einfachsten ist es, den Online-Service der Post unter www.deutschepost.de zu nutzen. Formlose Anschreiben werden zwischenzeitlich nicht mehr akzeptiert, so dass Formulare der Deutschen Post AG benutzt werden müssen. In Großstädten finden sich zunehmend private Zustellerdienste, so dass auch diese vorsorglich informiert werden sollten.

II. Muster: Postnachsendeauftrag für privaten Zustelldienst

An

Der Lünebote Kurierdienst GmbH (Zustelldienst vom Wohnort Erblasser)

(Adresse)

Betr.: Otto Normalerblasser zuletzt wohnhaft: *(Ort)*

Sehr geehrte Damen und Herren,

ausweislich der Annahmebestätigung/des Annahmeprotokolls des Amtsgerichts München – Nachlassgericht – vom 28.3.2015 (alternativ: der beigefügten beglaubigten Kopie des Testamentsvollstreckerzeugnisses vom 23.4.2015) hat mich das Nachlassgericht München zum Testamentsvollstrecker über den Nachlass des am 28.2.2015 verstorbenen Otto Normalerblasser ernannt.

Ich bitte, die weitere Post des Erblassers zu meinen Händen an meine Kanzlei mit der Anschrift zu senden und den Sterbefall zu vermerken.

Rechtsanwalt R als Testamentsvollstrecker

§ 29 Die Sicherung und Ermittlung des Nachlasses

Dr. Michael Bonefeld

Inhalt:

	Rn
A. Erfassung der Vermögenswerte	1
I. Ermittlung der Bankverbindungen und des Bankvermögens	2
1. Muster: Fragebogen an die Anlaufstelle Schweizer Banken	13
2. Muster: Kontenermittlung über den Bankenverband	26
3. Muster: Bankenanschreiben	27
4. Muster: Identitätsbestätigung	29
II. Benachrichtigung der Rententräger	33
1. Rentenrechnungsstelle/Rentenservicestellen	33
2. Muster: Schreiben an die Rentenrechnungsstelle	34
III. Ermittlung von Lebensversicherungsverträgen	35
1. Überprüfungen von Lebensversicherungen	35
2. Muster: Anschreiben an Lebensversicherung	38
IV. Weitere Rückfragen	39
1. Bestattungsinstitut	39
2. Muster: Schreiben an Bestattungsinstitut	40
3. Alters- oder Pflegeheim, Krankenhaus	41
4. Muster: Schreiben an Krankenhaus	42
B. Hilfestellungen für die Erbenermittlung	43
I. Erbenermittlung	43
II. Muster: Antrag auf Bestellung eines Nachlasspflegers	47

A. Erfassung der Vermögenswerte

Zu den wichtigsten Anfangsmaßnahmen des Testamentsvollstreckers gehört die **Erfassung der Vermögenswerte** und insbesondere der Konten des Erblassers. Es gehört zu den Hauptpflichten des Testamentsvollstreckers, den Nachlass zu konstituieren. Sofern die einzelnen Konten des Erblassers nicht bekannt sind, müssen zahlreiche Nachforschungen betrieben werden. 1

Von besonderer Wichtigkeit ist die **Buchführung** des Testamentsvollstreckers. Hier empfiehlt es sich, von Anfang an für den Nachlass eine nach den kaufmännischen Grundsätzen zu führende Buchhaltung einzurichten, die laufend (vom ersten Tag) anzupassen ist.

I. Ermittlung der Bankverbindungen und des Bankvermögens

Bargeld und Sparbücher werden nicht selten im Kühl- oder Eisschrank, Backherd, Fach für Backbleche, Wäscheschränke, Altpapierstapel und insbesondere in (großen) Büchern und unter Deckchen versteckt, wenn diese nicht gleich in den Schubladen der verschiedenen Möbel aufzufinden sind.[1] Am einfachsten ist es natürlich, bei Vorliegen von Kontoauszügen Rückschlüsse auf vorhandene Konten zu ziehen. Etwaige fehlende Kontoauszüge sind umgehend von der jeweiligen Bank nachzufordern. 2

Um zu erfahren, ob noch weiteres **Bankvermögen** existiert, kann der Testamentsvollstrecker nicht auf staatliche Hilfe hoffen.

Es gibt jedoch keine zentrale Auskunftsstelle für derartige Nachforschungen. Etwaige Nachforschungsersuchen werden auch nicht an die jeweiligen Ortsbanken weitergegeben. So besteht nur die Möglichkeit, den in Frage kommenden jeweiligen Regionalverband in seinem Geschäftsbereich anzuschreiben, damit er entsprechende Nachforschungen nach unbekannten Konten, Wertpapierdepots und Schließfächern vornimmt, um bei den verschiedenen Instituten unterhaltene Vermögenswerte ausfindig zu machen. 3

---

[1] Hierzu *Eulberg/Ott-Eulberg*, S. 44.

4 Jedoch wird nicht nach allen möglichen Konten geforscht. So wird nach bereits aufgelösten Konten oder nach ehemaligen Vermögensgegenständen, die heute keinen Wert mehr aufweisen – wie z.B. Kontoguthaben und Wertpapiere in Reichsmark-Währung oder in der Währung der ehemaligen DDR –, nicht gesucht.[2] Ferner sind auf einen Stichtag oder einen bestimmten Zeitraum bezogene Recherchen nicht möglich. Nachforschungen erstrecken sich des Weiteren ausschließlich auf das Inland.

5 Um als Testamentsvollstrecker eine Kontonachforschung einzuleiten, bedarf es gegenüber der Bank eines Nachweises, z.B. durch die Vorlage eines Testamentsvollstreckerzeugnisses. Mit der Anfrage fallen Kosten an, die der Testamentsvollstrecker als Aufwendungsersatz aus dem Nachlass entnehmen darf. Die Höhe der Kosten hängt vom Umfang der Anfrage ab. Die Kosten sollten vorab mit dem in Frage kommenden Regionalverband abgeklärt werden.

6 Das Nachforschungsverfahren wird grundsätzlich auf den letzten Wohnsitz des Erblassers begrenzt oder auf das Bundesland, in dem die Konten vermutet werden.

Die Kontaktdaten des in Frage kommenden Regionalverbands kann man leicht über das Internet ermitteln.

Volksbanken und Raiffeisenbanken:[3]

Baden-Württemberg: Baden-Württembergischer Genossenschaftsverband e.V., Heilbronner Straße 41, 70191 Stuttgart, Telefon: (0711) 22213 – 27 70, Telefax: (0711) 22213 – 73 77, www.bwgv-info.de

Bayern: Genossenschaftsverband Bayern e.V., Türkenstraße 22–24, 80333 München, Postfach 80 32 7, München, Telefon: (089) 2868 – 3000, Telefax: (089) 2868 – 3255, www.gv-bayern.de

Berlin, Brandenburg, Bremen, Hamburg, Hessen, Mecklenburg-Vorpommern, Niedersachsen (bis auf Weser-Ems), Sachsen, Saarland, Sachsen-Anhalt, Schleswig-Holstein, Thüringen: Genossenschaftsverband e.V., Wilhelm-Haas-Platz, 63263 Neu-Isenburg, Telefon: (069) 6978 – 0, Telefax: (069) 6978 – 111, www.genossenschaftsverband.de

Niedersachsen Weser-Ems: Genossenschaftsverband Weser-Ems e.V., Raiffeisenstraße 26, 26122 Oldenburg, Telefon: (04 41) 21003 – 0, Telefax: (04 41) 15786, www.gvweser-ems.de

NRW, Rheinland-Pfalz: Genossenschaftsverband e.V., Mecklenbecker Straße 235–239, 48163 Münster, Postfach 86 40, 48046 Münster, Telefon: (0251) 7186 – 0, Telefax: (0251) 7186 – 148, www.rwgv.de

7 Mitglieder des **Bundesverbandes deutscher Banken**[4] sind u.a. elf Landesverbände, wie der Bayerische[5] und der Ostdeutsche Bankenverband (OstBV)[6] im BdB, in dem die privaten Banken der neuen Bundesländer Mitglied sind. Die privaten Banken sind in allen Landesverbänden Mitglied, auf deren Gebiet sie Zweigstellen unterhalten.

---

2 Hierauf weist z.B. der Bundesverband der Deutschen Volksbanken und Raiffeisenbanken e.V. (BVR) ausdrücklich hin.
3 Nähere Infos auch unter www.bvr.de.
4 www.bankenverband.de.
5 Bayerischer Bankenverband, Schäfflerstr.8, 80333 München, Tel.: (089) 24 22 61 0, Fax: (089) 24 22 61 20, E-Mail: info@bayerischer-bankenverband.de., www.bankenverband-bayern.de.
6 Ostdeutscher Bankenverband e.V., Berliner Straße 44, D-10713 Berlin, Tel.: (030) 88 777 88 0, Fax: (030) 88 777 88 8, E-Mail: info@ostbv.de, www.ostbv.de.

Der **Deutsche Sparkassen- und Giroverband e.V. (DSGV)** ist der Dachverband der Sparkassen-Finanzgruppe mit Sitz in Bonn.[7]

8

Die **regionalen Verbände** lauten:

Sparkassenverband Baden-Württemberg (SVBW)

Sparkassenverband Bayern (SVB)

Sparkassenverband Berlin (SV Berlin)

Hanseatischer Sparkassen- und Giroverband (HSGV)

Sparkassen- und Giroverband Hessen-Thüringen (SGVHT)

Sparkassenverband Niedersachsen (SVN)

Ostdeutscher Sparkassenverband (OSV)

Rheinischer Sparkassen- und Giroverband (RSGV)

Sparkassenverband Rheinland-Pfalz (SVRP)

Sparkassenverband Saar (SV Saar)

Sparkassenverband Westfalen-Lippe (SVWL)

Sparkassen- und Giroverband für Schleswig-Holstein (SGVSH).

Empfehlenswert ist es auch, sich gleich direkt an den jeweiligen Bankenverband in den einzelnen Bundesländern zu wenden. Die Adressen lassen sich zwischenzeitlich über eine Suchmaschine im Internet bequem für das jeweilige Bundesland herausfinden. Wichtig ist dabei, nicht nur am Wohnort des Erblassers eine Nachfrage anzustellen, sondern insbesondere auch in den Bundesländern, in denen der Erblasser z.B. Immobilienvermögen besaß bzw. einmal gewohnt hatte. Dabei sollte auch vorsorglich immer der Geburtsname abgefragt werden.

9

Sofern der zuletzt geführte Familienname vom Geburtsnamen abweicht, sollte auch der Geburtsname angegeben werden. Ferner sind neben dem vollständigen Namen auch der Wohnort und das Geburtsdatum des Erblassers anzugeben, um eine möglichst präzise Recherche zu ermöglichen. Der Bankenverband fragt bundesweit bei Privatbanken nach Konten, Schließfächern und Wertpapierdepots. Sofern man hierüber keine Auskunft erhält, so bekommt man wenigstens von dort sämtliche Adressen von den Verbänden der Volksbanken, und Sparkassen etc., damit man weiter recherchieren kann. Sie ist gebührenpflichtig. Für die Antworten muss man etwa sechs Wochen einplanen.

10

Da die **Postbank** nicht Mitglied des Bankenverbandes ist, ist vorsorglich eine Anfrage bei der Postbank am Wohnort des Erblassers durchzuführen. Von dort erhält man automatisch sämtliche Auskünfte über Sparkonten bei den deutschen Postniederlassungen.

Bei **Bausparverträgen** kann es mitunter schwierig werden. Leider findet kein Datenaustausch zwischen privaten und Landesbausparkassen (LBS) statt. etwaige Anfragen leitet der **Verband der Privaten Bausparkassen e.V., Klingelhöferstr. 4, 10785 Berlin**, der alle 16 privaten Bausparkassen vertritt, an seine Mitgliedsunternehmen weiter. Ferner kann man sich an die **Bundesgeschäftsstelle der Landesbausparkassen, Friedrichstr. 83, 10117 Berlin** wenden. Allerdings erhält man dort nur eine Anschriftenliste der 11 Landesbausparkassen, die strikt nach dem Regionalprinzip organisiert sind. Es ist also immer die zuständige Regional-LBS anzuschreiben. Für eine Antwort sollte man etwa drei Wochen einplanen.

11

---

7 www.dsgv.de.

12 Bei **ausländischen Erblassern** sollte zusätzlich die inländische Vertretung der Bank des Heimatlandes angeschrieben werden. Alternativ kann man z.B. bei Schweizer Konten einen Fragebogen an die Anlaufstelle Schweizer Banken, Postfach 1818, CH-8021 Zürich versenden, der wie folgt formuliert sein kann:

1. Muster: Fragebogen an die Anlaufstelle Schweizer Banken

13 I. Antragsteller Person, welche Rechte an den vermuteten Werten geltend macht

☐ Herr ☐ Frau

Familienname:

Vorname(n):

Geburts-(Mädchen-)Name:

Frühere Namen (falls gewechselt):

Geburtsdatum:

Geburtsort:

Nationalität(en):

☐ ledig   ☐ verheiratet   ☐ geschieden   ☐ verwitwet

Adresse:

Telefon (tagsüber)/Telefax:

1. Vertreter des Antragstellers

Bitte diesen Teil nur ausfüllen, wenn die Korrespondenz an den Vertreter gehen soll. Eine Vollmacht ist in diesem Fall unbedingt erforderlich.

Familienname:

Vorname:

Adresse für die Korrespondenz:

Telefon (tagsüber)/Telefax:

2. Vermuteter Bankkunde nach dessen Vermögenswerten gesucht werden soll.

Bitte geben Sie mögliche Varianten in der Schreibweise der Namen an.

☐ Herr ☐ Frau

Familienname:

Sämtliche Vorname(n):

Geburts-(Mädchen-)Name:

Frühere Namen (falls gewechselt):

Geburtsdatum:

Geburtsort:

Nationalität(en):

Sterbedatum:

Und/oder

Jahr des vermutlich letzten Bankkontakts

☐ ledig ☐ verheiratet ☐ geschieden ☐ verwitwet

letzte Adresse:

Letzte der Bank bekannte Adresse:

Familien-/Mädchenname des Ehepartners:

Vorname des Ehepartners:

Telefon (tagsüber)/Telefax:

3. Legitimation/Berechtigung zur Anfrage

Sind Sie mit dem vermuteten Bankkunden verwandt?

☐ Ja ☐ Nein

Falls ja, wie ist Ihr Verwandtschaftsgrad?

Falls nein, wie ist Ihre Legitimation?

Gibt es Ihres Wissens andere berechtigte Personen? ☐ Ja ☐ Nein

Falls ja, bitte nachfolgend angeben:

Familienname: Vorname(n): Verwandtschaftsgrad mit dem vermuteten Bankkunden:

4. Warum nehmen Sie an, dass der vermutete Bankkunde Vermögenswerte bei einer Bank in der Schweiz unterhält?

Bitte verwenden sie für weitere Angaben ein zusätzliches Blatt.

5. Beilagen

5.1. In jedem Fall beizulegende Dokumente:

5.1.1. ☐ Kopie eines aktuellen amtlichen Ausweises mit Foto (z.B. Pass, ID) der berechtigten Person

5.1.2. ☐ Vollmacht, falls ein Vertreter eingesetzt wird

5.1.3. ☐ Bankscheck, Bargeld oder Kopie des Einzahlungsbelegs über 100 CHF

5.2. Amtliche Unterlagen zum Nachweis der Berechtigung:

5.2.1. ☐ Kopie der Sterbeurkunde des vermuteten Bankkunden, falls vorhanden

5.2.2. ☐ Kopie des Erbscheins oder gleichwertiges Dokument

5.2.3. ☐ Kopie der Heiratsurkunde der berechtigten Person

5.2.4. ☐ Kopie der Geburtsurkunde der berechtigten Person

5.2.5. ☐ andere Unterlagen:

Ich bestätige die Richtigkeit meiner Auskünfte und bin bereit, gegebenenfalls zusätzliche Angaben, Dokumente, Originale oder beglaubigte Kopien einzureichen.

Ort, Datum   Name Vorname

Unterschrift (original)

Einsenden an:

Anlaufstelle Schweizer Banken
Postfach 1818

CH-8021 Zürich

14 Wird dieser Fragebogen zur Suche sog. nachrichtenloser Vermögenswerte bei Banken in der Schweiz durch einen Testamentsvollstrecker eingereicht, braucht man nicht das Original des Testamentsvollstreckerzeugnisses beizufügen. Das Original wird nur auf ausdrückliches Verlangen zu übersenden sein. Dagegen ist der Fragebogen unbedingt im Original zu unterschreiben. Eine Übersendung per Fax scheidet somit aus.

Sämtliche nachrichtenlosen Vermögenswerte (Sparhefte, Konti inklusive Nummern- und Pseudonymkonti, Depots, Schließfächer) bei Banken in der Schweiz mit einem Wert von mehr als 100 CHF sind Gegenstand der Suche. Die Suche nach abgeschlossenen Kundenbeziehungen ist nicht möglich. Hat also der Erblasser ehemals ein Konto gehabt und dies bereits aufgelöst, erhält man keine Informationen hierüber.

15 Sobald die Bank feststellt, dass der Kontakt zum Kunden und dessen Bevollmächtigten abgebrochen ist, werden Vermögenswerte nachrichtenlos. Dies ist z.B. der Fall, wenn Schreiben von der Bank nicht mehr zugestellt werden können oder bei banklagernder Korrespondenz, Sparheften und Schließfächern, wenn die Bank konkret Kenntnis hat, dass der Kunde verstorben ist – spätestens jedoch nach 10 Jahren ohne Kontakt mit dem Kunden und dessen Bevollmächtigten und wenn allfällige Bemühungen der Bank zur Wiederherstellung des Kontaktes ohne Erfolg geblieben sind.

16 Wenn die Vermögenswerte nachrichtenlos geworden sind, speist die Bank die Angaben zum Inhaber und allfällig Bevollmächtigten in eine zentrale Datenbank ein, auf welche ausschließlich die Anlaufstelle des Schweizerischen Bankenombudsman Zugriff hat. Diese Anlaufstelle überprüft anhand des Fragebogens und der eingereichten Dokumente, ob der Antragsteller zur Suche legitimiert ist. Im positiven Fall erfolgt die gewünschte Abfrage in der zentralen Datenbank und der Antragsteller wird über das (vorläufige) Ergebnis informiert.

17 Aufgrund unterschiedlicher Kriterien an die Meldung in die zentrale Datenbank kann eine gesuchte Bankbeziehung im Moment der Abfrage durch die Anlaufstelle noch nicht im System gemeldet sein, so dass das Ergebnis nur vorläufig sein kann. Im Extremfall erfolgt die Meldung durch die Bank in die zentrale Datenbank erst 10 Jahre nach der Suche durch die berechtigte Person.

Wenn eine gesuchte Kundenbeziehung erst nach erfolgter Abfrage durch die Anlaufstelle von der Bank als nachrichtenlos erkannt wird, wird auch dieser Fall vom System abgedeckt. Die zentrale Datenbank meldet der Anlaufstelle, wenn ein früher abgefragter Name zu einem späteren Zeitpunkt von einer Bank ins System gemeldet wird.

Aus diesem Grunde sind die Namen der vermuteten Bankkunden möglichst vollständig anzugeben. Allfällige spätere Adressänderungen der Antragsteller sollten der Anlaufstelle gemeldet werden, damit sichergestellt ist, dass diese bei Bedarf kontaktiert werden können.

18 Die Korrespondenz mit Banken gestaltet sich häufig als äußerst schwierig und schleppend. Die Gründe liegen nicht zuletzt in der Angst der Banken begründet, an den Falschen zu leisten. Aus diesem Grunde gilt es von Anfang an, den Banken die Berechtigung des eigenen Handelns als Testamentsvollstrecker deutlich zu machen.

Das Schreiben an die Bank sollte neben der Anfrage nach allen Konten des Erblassers und der Kontostände insbesondere auch eine Aufforderung nach Information über eventuelle

Darlehensverträge, Bürgschaften, Daueraufträge, Kontoverbindungen zu anderen Geldinstituten im In- und Ausland sowie Kenntnisse über Lebensversicherungen, Sparverträge u.a. beinhalten. Vorsorglich sollte auch eine Kontoverlaufsübersicht mit angefordert werden. Hierdurch erhält der Testamentsvollstrecker wichtige Informationen über die Vermögensverschiebungen des Erblassers und regelmäßig wichtige Erkenntnisse über vorhandene Versicherungen und weitere Verträge, für die die Beiträge abgebucht wurden. Auf jeden Fall ist deutlich der Vermerk über die ausschließliche Kontoführungsbefugnis des Testamentsvollstreckers zu fordern. Ferner sind rein vorsorglich alle vom Erblasser erteilte Bankvollmachten, Daueraufträge zu widerrufen. Lastschriften und Einzügen ist vorsorglich auch rückwirkend zu widersprechen. Abschließend ist bei Herausgabe einer EC-Karte oder Kreditkarte die sofortige Sperrung zu erklären.

Praxistipp
Banken und Versicherungen erkennen häufig nicht Kopien von Testamentsvollstreckerzeugnissen an. Es ist daher ratsam, sich vom Nachlassgericht gleich mehrere gerichtlich beglaubigte Zweitschriften des Testamentsvollstreckerzeugnisses fertigen zu lassen. Gleiches gilt für die Annahmebestätigung des Nachlassgerichts. Diese sind dann den jeweiligen Schreiben beizufügen.

Mit seiner Entscheidung vom 8.10.2013 hat der 11. Senat des Bundesgerichtshofes[8] klargestellt, dass die Allgemeinen Geschäftsbedingungen im Verkehr mit Verbrauchern, wonach eine Bank beim Tode eines Kunden wählen kann, ob zur Klärung der Rechtsnachfolge ein Erbschein bzw. Testamentsvollstreckerzeugnis oder die Eröffnungsverhandlung nebst einer beglaubigten Abschrift des Testaments oder Erbvertrags des verstorbenen Kunden vorzulegen ist, unwirksam sind. Die Folge ist, dass fast alle Banken die Nr. 5 AGB Banken gestrichen haben und auf eine baldige Neuregelung verweisen.[9] Bereits in seinen ersten Zeilen der Begründung macht der Bundesgerichtshof deutlich, dass ein Erbe nicht verpflichtet ist, sein Erbrecht durch einen Erbschein nachzuweisen. Vielmehr könne er diesen Nachweis auch in anderer Form erbringen, denn eine solche Pflicht sei vom Gesetzgeber überhaupt nicht gewollt und führe nicht nur zu einer unerträglichen Belästigung des Erben, sondern auch zu unnützen Kosten und zur Verzögerung der Nachlassregulierung. Aus §§ 2366, 2367 BGB würde nichts anderes folgen. Diese Entscheidung hat auch Bedeutung für den Nachweis des Amtes durch den Testamentsvollstrecker.

19

Interessant ist, wie das Gericht die einzelnen Rechtfertigungen für die Klausel durch die Bank entkräftete. So habe der Gesetzgeber durchaus das Spannungsfeld, in dem die Banken sich befinden, erkannt, nämlich etwaige Schadensersatzansprüche bei unberechtigter Forderung eines Erbscheins[10] auf der einen Seite und Bestehen der Leistungspflicht bei fahrlässiger Akzeptanz von bestimmten Urkunden andererseits. Wichtig ist auch der Verweis auf § 35 Abs. 1 S. 2 2. Hs. GBO, wonach ein Grundbuchamt nur dann einen Erbschein fordern dürfe, wenn sich bei der Prüfung der Verfügung von Todes wegen hinsichtlich des behaupteten Erbrechts Zweifel tatsächlicher Art ergeben. Dem liege zugrunde, dass beim öffentlichen Testament (im Unterschied zum handschriftlichen Testament) vor der Beurkundung vom

20

---

8 ZErb 2014,25; ZEV 2014, 41 sowie BB 2013, 2753; DB 2013, 2618; DNotI-Report 2013, 174; DNotZ 2014, 53; DStR 2013, 12; EE 2013, 181; ErbBstg 2013, 271; ErbR 2014, 24; EWiR 2013, 731; FamRB 2014, 15; FamRZ 2014, 120; FuR 2014, 119; GWR 2014, 16; JZ 2014, 149; Kreditwesen 2014, 183; MDR 2013, 1471; NJ 2014, 71; NJW 2013, 3716; NWB 2013, 3296; NZG 2013, 5; NZM 2014, 83; RdW 2013, 733; StBW 2013, 992; WM 2013, 2166; WuB 2014, 91; ZBB 2013, 416; ZIP 2013, 2194.
9 Dies gilt insbesondere für alle Sparkassen sowie die Deutsche Bank.
10 *Tersteegen*, RNotZ 2014, 101 weist zu Recht darauf hin, dass eine solche Schadensersatzpflicht der Bank auch bei unzulässiger Zurückweisung einer notariellen Vorsorgevollmacht gilt.

Notar die Identität und die Geschäftsfähigkeit des Erblassers festgestellt und dessen letzter Wille erforscht und dieser klar und unzweideutig wiedergegeben wird, was zu einem gesteigerten Beweiswert führt.

21 Der Bundesgerichtshof erklärt in Übereinstimmung mit der Vorinstanz, dem OLG Hamm, es würde keine Regelung existieren, wonach der Nachlassschuldner berechtigt wäre, seine Leistung auch ohne vertragliche Vereinbarung von der Vorlage eines Erbscheins abhängig zu machen. Keinesfalls dürfe durch AGB der Bank die Entscheidung, wann die Berechtigung des Erben klärungsbedürftig ist, allein überlassen bleiben. Zwar ist in der Entscheidung dargelegt worden, dass die AGB-Klausel im Verkehr mit Verbrauchern nicht zulässig ist. Nach § 310 Abs. 3 Nr. 3 BGB ist jedoch auch bei Verträgen mit Unternehmern § 307 BGB anwendbar, wobei allerdings die den Vertragsabschluss begleitenden Umstände zu berücksichtigen sind. Demzufolge müsste die Entscheidung des Bundesgerichtshofes auch für Geschäftskonten und nicht nur Privatkonten gelten.

22 Aus Sicht der Banken stellt sich nunmehr die Frage, wann sie von einem Testamentsvollstrecker ein Testamentsvollstreckerzeugnis verlangen kann.

Der Bundesgerichtshof hat im Rahmen seiner Begründung insbesondere auf § 35 GBO hingewiesen. Aus dieser Argumentation ließe sich dann der Grundsatz ableiten, wonach eine Bank dann nicht die Vorlage eines Erbscheins oder Testamentsvollstreckerzeugnisses verlangen kann, wenn auch ein Grundbuchamt hierzu nicht berechtigt wäre.[11]

23 Voraussetzung für ein berechtigtes Fordern wäre somit, wenn konkrete Zweifel an der Gültigkeit bzw. dem Inhalt des Testaments bestehen.[12] Nach der zu § 35 GBO ergangenen Rechtsprechung müsste dann das Grundbuchamt aber sogar den Inhalt des Testaments stets selbst prüfen und – sofern notwendig – durch Anwendung von Auslegungs- und Zweifelsregeln das Testament auslegen.[13] In Bezug auf die Bankenpraxis wird jedoch dort die Grenze zur Zumutbarkeit der eigenen Auslegungsverpflichtung etc. gegeben sein, sofern die Bank erst einmal die tatsächlichen Grundlagen oder den Sachverhalt erforschen müsste. Immer dann, wenn also außerhalb der Urkunde liegende Umstände eine Rolle spielen und sich daraus Zweifel am Erblasserwillen ergeben, würde eine Vorlageforderung zulässig sein. So könnte sich z.B. allein aus der Verwendung der Formulierung „Abkömmlinge als Erben" durch den Erblasser nicht ohne weitere Klärung erschließen, wen der Erblasser alles mit „Abkömmlinge" gemeint haben könnte. Sofern aber die Bank nun auf außerhalb der Urkunde liegende Beweismittel zurückgreifen müsste, um diese Frage zu klären, ist die Forderung nach Vorlage eines Erbscheins geboten.

24 Auf den Wert, der sich auf dem Konto oder den Konten bei der Bank befindet, kommt es somit nicht an. Insofern trifft die Bank keine gesteigerte Obliegenheitspflicht, nur weil sich ein hoher Betrag auf dem Konto befindet. Ausschlaggebend ist allein, ob sich konkrete Zweifel an der Gültigkeit etc. am Testament ergeben oder nicht.

Weitere Besonderheiten greifen für den Testamentsvollstrecker. Im Unterschied zur Erbenstellung erfolgt hier kein Vonselbsterwerb, sondern dieser muss das Amt erst nach § 2202 BGB gegenüber dem Nachlassgericht annehmen. Die Erklärung gegenüber der Bank, man sei aufgrund einer letztwilligen Verfügung Testamentsvollstrecker geworden, reicht nicht aus.

---

11 So auch *Tersteegen*, RNotZ 2014, 99.
12 U.a. KG OLGE 6, 15. *Lemke*, Immobilienrecht, 11. Auflage 2011, § 35 GBO Rn 7 ff.
13 BayObLG DNotZ 1995, 307; OLG Köln Rpfleger 2000, 157; OLG Hamm FamRZ 2001, 581.

Nach alledem kann man folgende Fallgruppen[14] bilden:

Vorgelegter Nachweis jeweils mit Eröffnungsprotokoll	Problem	Forderung der Vorlage Erbschein oder TV-Zeugnis notwendig?	Begründung
Handschriftliches Testament	Keine Einwendung durch Beteiligte oder konkrete Zweifel – Eindeutige Erbeinsetzung	Kein Erbschein erforderlich	Es bestehen keine begründeten Zweifel
	Ein Beteiligter trägt Testierunfähigkeit vor	i.d.R. Erbschein notwendig	Abhängig davon, ob Beteiligter lediglich ins Blaue hinein Testierunfähigkeit behauptet. Da dies i.d.R. die Bank nicht überprüfen kann, wäre Erbschein erforderlich. Auf die Vorlage einer ärztlichen Bescheinigung muss sich Bank ebenso wie das Gericht als Beweis der Testierfähigkeit nicht einlassen. Sofern die Behauptung ins Blaue hinein erfolgt und dadurch wegen des Erbscheins Kosten ausgelöst werden, ist zu prüfen, ob Schadensersatzansprüche gegen den beteiligten bestehen.[15]
	Ein Beteiligter zweifelt Urheberschaft an	Erbschein notwendig	Ausnahme: Unterschrift des Erblassers wurde beglaubigt[16]
Öffentliches Testament oder Nottestament			
	Ein Beteiligter trägt Testierunfähigkeit vor	i.d.R. Erbschein notwendig	Abhängig davon, ob Beteiligter lediglich ins Blaue hinein Testierunfähigkeit behauptet. Da dies i.d.R. die Bank nicht überprüfen kann, wäre Erbschein erforderlich. Auf die Vorlage einer ärztlichen Bescheinigung muss sich Bank ebenso wie das Gericht als Beweis der Testierfähigkeit nicht einlassen. Sofern die Behauptung ins Blaue hinein erfolgt und dadurch wegen des Erbscheins Kosten ausgelöst werden, ist

---

14 Aus *Bonefeld*, ZErb 2014, 157. Die Ausführungen gelten auch für das ab August 2015 gültige Europäische Nachlasszeugnis nach Art. 62 ff. EU-ErbVO.
15 Insbesondere dann, wenn im anschließenden Erbscheinsverfahren das Nachlassgericht zu Recht noch nicht einmal von einer Ermittlungspflicht ausgeht.
16 Wobei hier im Einzelfall eine Vorlageforderung fraglich sein kann, wenn eine solche Behauptung nur ins Blaue hinein erfolgt. Es gilt der Hinweis aus der vorherigen Fußnote entsprechend.

Vorgelegter Nachweis jeweils mit Eröffnungsprotokoll	Problem	Forderung der Vorlage Erbschein oder TV-Zeugnis notwendig?	Begründung
			zu prüfen, ob Schadensersatzansprüche gegen den beteiligten bestehen.[17]
	Ein Beteiligter trägt fehlende Testierfreiheit vor (z.B. wegen Bindungswirkung)	Erbschein notwendig	Voraussetzung ist, dass im Eröffnungsprotokoll mehrere letztwillige Verfügungen aufgeführt und eröffnet wurden, die sich inhaltlich widersprechen.
Gemeinschaftliches Testament			
	Namentlich unbestimmte Schlusserbeneinsetzung (z.B. „Schlusserben sind unsere Abkömmlinge")	i.d.R. kein Erbschein notwendig[18]	Hier dürfte es ausreichend sein, wenn Abkömmlinge durch Geburts- bzw. Abstammungsurkunden nachweisen, dass sie Abkömmlinge sind. Die Abgabe einer eidesstattlichen Erklärung, dass es keine weiteren Abkömmlinge gibt, kann im Unterschied zum Grundbuchverfahren nicht verlangt werden, da die straf- und zivilrechtlichen Konsequenzen einer einfachen Erklärung für Bank ausreichend sind.[19]
	Pflichtteilsstrafklausel	i.d.R. kein Erbschein notwendig	Die Abgabe einer eidesstattlichen Erklärung,[20] dass die Strafklausel nicht durch Geltendmachung des Pflichtteils ausgelöst wurde, kann auch hier im Unterschied zum Grundbuchverfahren nicht verlangt werden, da die straf- und zivilrechtlichen Konsequenzen einer einfa-

---

17 Insbesondere dann, wenn im anschließenden Erbscheinsverfahren das Nachlassgericht zu Recht noch nicht einmal von einer Ermittlungspflicht ausgeht.
18 Aber Nachweis durch Geburts- oder Abstammungsurkunden sowie ggf. weiterer Erklärung, dass keine weiteren Abkömmlinge vorhanden sind. Anforderungen könnten m.E. in zukünftigen neuen AGB der Banken geregelt werden.
19 So auch *Tersteegen*, RNotZ 2014, 101. Allerdings dürfte problematisch sein, ob § 362 BGB in dieser Form abbedungen ist (noch nicht vom BGH geklärt).
20 Im Grundbuchverfahren üblich und ausreichend. OLG Frankfurt ZEV 2014, 170: „Wenn das Erbrecht des in einem gemeinschaftlichen Ehegattentestament eingesetzten Schlusserben davon abhängt, dass er nach dem Tod des erstverstorbenen Ehegatten den Pflichtteil nicht verlangt hat (Pflichtteilsstrafklausel), hat das Grundbuchamt grundsätzlich einen Erbschein zu verlangen, kann aber auch eine dahingehende eidesstattliche Versicherung der Schlusserben in der Form des § 29 GBO genügen lassen, wenn es damit den Nachweis der Erbfolge als erbracht ansieht (vgl. OLG Hamm ZEV 2011, 592)."

Vorgelegter Nachweis jeweils mit Eröffnungsprotokoll	Problem	Forderung der Vorlage Erbschein oder TV-Zeugnis notwendig?	Begründung
			chen Erklärung für Bank ausreichend sind.[21] Allerdings kommt es im Einzelfall zusätzlich darauf an, was der Erblasser z.B. mit „Geltendmachen" verstanden hat.[22]
	mit Verwirkungsklausel	i.d.R. kein Erbschein notwendig	s.o. bei Pflichtteilsstrafklausel Auch hier ist jedoch problematisch, ob und wie die Verwirkungsklausel überhaupt greift. Sofern Wirksamkeitsfragen betroffen sind, wäre ein Erbschein erforderlich. Ansonsten reicht die Erklärung, die bestimmte Verwirkungshandlung nicht begangen zu haben.
Allgemein für alle Arten von letztwilligen Verfügungen			
	Testament enthält keine Vollerbschaft, sondern Vor- und Nacherbschaft	i.d.R. kein Erbschein	Auch Vorerbe darf wegen § 2112 BGB über Konto frei verfügen. Sofern Nacherbe Hinterlegung von Wertpapieren nach § 2116 BGB fordert, tangiert das nicht das Vertragsverhältnis der Bank zum Vorerben. Gleiches gilt für das Schenkungsverbot des Vorerben.
	Beteiligter legt weiteres Testament vor (unabhängig, ob vom Nachlassgericht schon eröffnet)	Erbschein nur dann notwendig, wenn es tatsächlich im Widerspruch zu einem anderen wirksamen und eröffneten Testament steht.	Auslegungs- und Prüfungspflicht der Bank. Konkrete Zweifel sind nur dann berechtigt, wenn z.B. unklar ist, welches Testament zeitlich nachfolgt oder Widerruf unklar.
	Erbenstellung ergibt sich erst durch ergänzende Auslegung oder gesetzliche Auslegungsregel, ist aber ableitbar wie bei	Kein Erbschein notwendig	

---

21 So auch *Tersteegen*, RNotZ 2014, 101.
22 So auch *Tersteegen*, RNotZ 2014, 101.

Vorgelegter Nachweis jeweils mit Eröffnungsprotokoll	Problem	Forderung der Vorlage Erbschein oder TV-Zeugnis notwendig?	Begründung
	– Ersatzerbenregelung – Erbenstellung nach Anwachsung		
	Erbenstellung ergibt sich erst durch ergänzende Auslegung oder gesetzliche Auslegungsregel, ist jedoch nicht ohne weiteres ableitbar wie – Verwendung von Rechtsbegriffen[23] – mehrere Personen oder Organisationen könnten gemeint sein (z.B. „Erbe ist der Tierschutzverein" und weitere Bestimmung wie Ort etc. fehlt)	Einzelfallabhängig, ggf. Nachweis durch eidesstattliche Versicherung möglich i.d.R. Erbschein notwendig	Es fehlt an einer Eindeutigkeit der Erbeinsetzung. Ohne Beiziehung von anderen Unterlagen (wie z.B. Nachlassakten) keine Klärung möglich[24]
	Ein Beteiligter trägt fehlende Testierfreiheit vor (z.B. wegen Bindungswirkung oder Wirksamwerden eines Widerrufs streitig) oder es ist eine ordnungsgemäße Anfechtung[25] beim Nachlassgericht erfolgt.	i.d.R. Erbschein notwendig	Voraussetzung ist, dass im Eröffnungsprotokoll mehrere letztwillige Verfügungen aufgeführt und eröffnet wurden, die sich inhaltlich widersprechen. Sofern jedoch Notar im öffentlichen Testament ausdrücklich Frage der Bindungswirkung eines alten Testaments angesprochen und die Frage geklärt hat, dürfte dies zunächst ausreichend sein und kein Erbschein notwendig sein, es sei denn es ergeben sich tatsächliche Zweifel.

---

23 *Tersteegen*, RNotZ 2014, 100 mit Beispielen.
24 *Litzenburger*, Anmerkung zu BGH, Az. XI ZR 401/12 unter FD-ErbR 2013, 351624.
25 Eine Anfechtbarkeit ist nicht ausreichend. Erfolgt eine Anfechtung ins Blaue hinein, könnte dies ggf. wiederum Schadensersatzansprüche nach sich ziehen.

A. Erfassung der Vermögenswerte

Vorgelegter Nachweis jeweils mit Eröffnungsprotokoll	Problem	Forderung der Vorlage Erbschein oder TV-Zeugnis notwendig?	Begründung
	Unklares anwendbares Recht (IPR-Fall)	Erbschein notwendig[26]	Unklare Rechtslage, sofern ausländisches Recht in Betracht kommen kann. Nach Inkrafttreten der EUErbVO wird das Problem jedoch durch eine eindeutige Rechtswahl entschärft. Dann ist kein Nachlasszeugnis/Erbschein zu fordern.
	Ernennung zum Testamentsvollstrecker erfolgt im Testament durch Erblasser	Kein Testamentsvollstrecker-zeugnis notwendig	Kein Zweifel über Person. Vorlage der Abschrift vom Protokoll der Ernennungserklärung vor dem Nachlassgericht oder Notar sowie Protokollabschrift der Amtsannahme vom Nachlassgericht ausreichend[27]
	Ernennung zum Testamentsvollstrecker erfolgt durch den im Testament genannten Dritten nach § 2198 BGB	Kein Testamentsvollstreckerzeugnis notwendig	Vorlage des Abschrift vom Protokoll der Ernennungserklärung vor dem Nachlassgericht oder Notar sowie Protokollabschrift der Amtsannahme vom Nachlassgericht ausreichend[28]
	Ernennung zum Testamentsvollstrecker erfolgt durch den im Testament genannten Testamentsvollstrecker als Nachfolger nach § 2199 BGB	Kein Testamentsvollstreckerzeugnis notwendig	Vorlage des Abschrift vom Protokoll der Ernennungserklärung vor dem Nachlassgericht oder Notar sowie Protokollabschrift der Amtsannahme vom Nachlassgericht ausreichend[29]
	Ernennung zum Testamentsvollstrecker erfolgt durch den im Tes-	Kein Testamentsvollstreckerzeugnis notwendig	Vorlage der Abschrift vom Protokoll der Ernennungserklärung vor dem Nachlassgericht oder Notar sowie Protokollabschrift der Amtsan-

---

[26] Wohl auch *Werkmüller*, ZEV 2014, 46.
[27] Zuzüglich Eröffnungsprotokoll und letztwillige Verfügung. Im Übrigen dürfte auch durch die mit Empfangsbekenntnis des Nachlassgerichts versehene Annahmeerklärung (z.B. in Form eines Briefes) als Nachweis ausreichend sein.
[28] Zuzüglich Eröffnungsprotokoll und letztwillige Verfügung. Im Übrigen dürfte auch durch die mit Empfangsbekenntnis des Nachlassgerichts versehene Annahmeerklärung (z.B. in Form eines Briefes) als Nachweis ausreichend sein.
[29] Zuzüglich Eröffnungsprotokoll und letztwillige Verfügung. Im Übrigen dürfte auch durch die mit Empfangsbekenntnis des Nachlassgerichts versehene Annahmeerklärung (z.B. in Form eines Briefes) als Nachweis ausreichend sein.

Vorgelegter Nachweis jeweils mit Eröffnungsprotokoll	Problem	Forderung der Vorlage Erbschein oder TV-Zeugnis notwendig?	Begründung
	tament genannten Testamentsvollstrecker als Mitvollstrecker nach § 2199 BGB		nahme vom Nachlassgericht ausreichend[30]
	Ernennung zum Testamentsvollstrecker erfolgt durch das Nachlassgericht nach § 2200 BGB	Kein Testamentsvollstreckerzeugnis notwendig	Vorlage des Ernennungsbeschlusses des Nachlassgerichts sowie Protokollabschrift der Amtsannahme vom Nachlassgericht ausreichend
	Kündigung durch einen Testamentsvollstrecker (Verfügung)	Kein Testamentsvollstreckerzeugnis notwendig	Vorlage der Abschrift vom Protokoll der Ernennungserklärung vor dem Nachlassgericht oder Notar sowie Protokollabschrift der Amtsannahme vom Nachlassgericht ausreichend.[31] § 174 BGB ist auch nicht analog auf den Testamentsvollstrecker anwendbar. Kündigung entfaltet sofort Rechtsfolgen, die auch nicht durch AGB verhindert werden können.
	Beteiligter hat Entlassungsverfahren nach § 2227 BGB eingeleitet	Keine Bestätigung des Nachlassgerichts notwendig, dass Testamentsvollstrecker noch im Amt	Solange kein Entlassungsbeschluss dem Testamentsvollstrecker bekanntgegeben wurde, ist er noch wirksam im Amt.[32]

25   Der Berater eines Kunden, von dem eine Bank unter Berücksichtigung der Vorgaben des Bundesgerichtshofes zu Unrecht einen Erbschein verlangt hat, sollte diesen auf eine mögliche Schadensersatzpflicht der Bank hinweisen. Als Schaden kommen hier die Gerichts- bzw. die Notarkosten in Betracht.[33] Um aus Sicht der Bank hier einen Ausweg zu finden, bieten sich mehrere Möglichkeiten an. Mit *Werkmüller*[34] kann den Banken Folgendes empfohlen werden:

---

30 Zuzüglich Eröffnungsprotokoll und letztwillige Verfügung. Im Übrigen dürfte auch durch die mit Empfangsbekenntnis des Nachlassgerichts versehene Annahmeerklärung (z.B. in Form eines Briefes) als Nachweis ausreichend sein.
31 Zuzüglich Eröffnungsprotokoll und letztwillige Verfügung. Im Übrigen dürfte auch durch die mit Empfangsbekenntnis des Nachlassgerichts versehene Annahmeerklärung (z.B. in Form eines Briefes) als Nachweis ausreichend sein.
32 Gleiches gilt auch bei Behauptung eines Beteiligten, der Testamentsvollstrecker sei geschäftsunfähig.
33 So auch *Litzenburger* in seiner Anmerkung zu dieser Entscheidung unter FD-ErbR 2013, 351624.
34 *Werkmüller*, ZEV 2014, 45 ff. in seiner Anmerkung zu dieser Entscheidung.

- Präzisierung von konkreten Anhaltspunkten in neuen Banken AGB, wann im Einzelfall die Vorlage eines Erbscheins gefordert werden kann, ohne dass das Ermessen der Bank zu weit gefasst wird.[35]
- Flucht in die Hinterlegung nach §§ 372, 378 BGB.[36]
- Freistellung von Schadensersatzansprüchen durch Beteiligte bei unklarer Erbrechtslage.[37]

Letztendlich werden andere notarielle Urkunden, wie die einer Vorsorgevollmacht über den Tod hinaus, für die Praxis an Bedeutung gewinnen, damit nach dem Tode rasch über den Nachlass verfügt werden kann.

2. Muster: Kontenermittlung über den Bankenverband

Bankenverband

Betr.:   Otto Normalerblasser, geborener ▬ *(Name)* zuletzt wohnhaft: ▬ *(Ort)*, geboren am ▬ *(Datum)*

Sehr geehrte Damen und Herren,

ausweislich der Annahmebestätigung/des Annahmeprotokolls des Amtsgerichts München – Nachlassgericht – vom 28.3.2015 (alternativ: der beigefügten Zweitschrift des Testamentsvollstreckerzeugnisses vom 23.4.2015) hat mich das Nachlassgericht München zum Testamentsvollstrecker über den Nachlass des am 28.2.2015 verstorbenen Otto Normalerblasser ernannt.

Des Weiteren überreiche ich Ihnen eine Sterbeurkunde des Erblassers.

Ich bitte, sämtliche Konten des o.g. Erblassers bei den angeschlossenen Kreditinstituten zu ermitteln und mir hierüber Mitteilung zu machen.

Die Gebühr wird durch den beigefügten Verrechnungsscheck ausgeglichen.

Ich bitte, mir die Zweitschrift des Testamentsvollstreckerzeugnisses wieder zurückzusenden.

Mit freundlichen Grüßen

Rechtsanwalt als Testamentsvollstrecker

3. Muster: Bankenanschreiben

An die Sparkasse/Postbank ▬ *(Ort)*[38]

▬ *(Adresse)*

Sehr geehrte Damen und Herren,

ausweislich der Annahmebestätigung/Annahmeprotokolls des Amtsgerichts München – Nachlassgericht – vom 28.3.2015 (alternativ: der Zweitschrift des Testamentsvollstreckerzeugnisses[39] des Amtsgerichts München vom 23.4.2015) habe ich das Amt des Testamentsvollstreckers über den Nachlass des am 28.2.2015 verstorbenen

---

35 Hier könnte z.B. insbesondere auch das Ob und die Art und Weise der Vorlage von Erklärungen bei Pflichtteilsstrafklausel etc. geklärt werden.
36 Sofern die Voraussetzung für eine Hinterlegung vorliegen.
37 Dazu *Werkmüller* in: Lange/Werkmüller, Der Erbfall in der Bankenpraxis, § 12 Rn 10 f.
38 In Anlehnung an *Eulberg/Ott-Eulberg*, S. 47. Zu den Auskunftsansprüchen des Erben gegenüber der Bank vgl. *Bartsch*, ZErb 1999, 20 ff.
39 Günstiger ist es, das Original oder eine gerichtliche Zweitschrift des Testamentsvollstreckerzeugnisses vorzulegen, um spätere Rückfragen zu vermeiden.

Otto Normalerblasser

übernommen. Eine beglaubigte Kopie der Sterbeurkunde ist ebenfalls beigefügt.

Ich darf Sie bitten, mir
- alle Konten des Erblassers in Ihrem Hause mitzuteilen,
- die jeweiligen Kontostände zum Todestag ▒▒▒▒ *(Datum)* sowie zum ▒▒▒▒ *(Datum der Annahme der Testamentsvollstreckung)* mitzuteilen und
- eine Kontoverlaufsübersicht für den Zeitraum vom ▒▒▒▒ *(Datum)* bis ▒▒▒▒ *(Datum)* sowie
- Ablichtungen der Kontoeröffnungsanträge,
- Ablichtungen eventueller Darlehensverträge, Bürgschaften,
- Ablichtung der Kontoführungskarte und weiteren Bankvollmachten,
- Liste der Daueraufträge,
- Anzeige gem. § 33 ErbStG,

zur Verfügung zu stellen.

Ich darf Sie bitten, mir bekannte Kontoverbindungen zu anderen Geldinstituten im In- und Ausland mitzuteilen, ebenso Kenntnisse über Lebensversicherungen, Sparverträge u.a.

Bitte vermerken Sie meine ausschließliche Kontoführungsbefugnis.

Rein vorsorglich widerrufe ich hiermit alle vom Erblasser erteilten Bankvollmachten und Daueraufträge. Lastschriften und Einzügen widerspreche ich auch rückwirkend.

Sollte eine EC-Karte oder Kreditkarte ausgegeben worden sein, so bitte ich um sofortige Sperrung.

Sofern sich Gläubiger des Erblassers melden, sind diese an meine obige Adresse zu verweisen.

Rein vorsorglich habe ich zudem eine bankmäßige Identitätsbestätigung beigefügt.

Etwaige Schenkungsangebote zugunsten Dritter oder die Übermittlung eines solchen Schenkungsangebotes widerrufe ich bzw. widerspreche diesen.

Ich bitte, mir die Zweitschrift des Testamentsvollstreckerzeugnisses wieder zurückzusenden.

Für Rückfragen stehe ich gerne zur Verfügung.

Mit freundlichen Grüßen

Rechtsanwalt R als Testamentsvollstrecker

28 Im Beispielsfall hat der Erblasser eine Beteiligung an einem Immobilienfonds und zahlreiche Aktien. Gerade bei Beteiligungen an Investment- oder Immobilienfonds verlangen die Banken nicht selten auch eine Bestätigung der Identität des Testamentsvollstreckers. Dies ist grundsätzlich immer dann der Fall, wenn der Testamentsvollstrecker per schriftlicher Mitteilung an die Bank über das Kontoguthaben verfügen oder eine Auszahlung an die Erben veranlassen will. Um nicht weitere Verzögerungen hinzunehmen, sollte der Testamentsvollstrecker einfach zu seiner eigenen Bank gehen und sich vorsorglich nachfolgende Identitätsbestätigung unterzeichnen lassen. Der Bestätigung sollte zudem eine Kopie des Ausweisdokumentes beigefügt werden.

4. Muster: Identitätsbestätigung

Bestätigung

29 XYZ-Investmentkonto Nr. 0815-4711 wegen Feststellung der Identität

Betr.: Otto Normalerblasser, geborener ▒▒▒▒ *(Name)* zuletzt wohnhaft: ▒▒▒▒ *(Ort)* geboren am ▒▒▒▒ *(Datum)*

Herr/Frau ▒▒▒▒ *(Name Testamentsvollstrecker)*

Geburtsdatum:

wohnhaft:

hat sich ausgewiesen durch: Ausweis Nr.:

ausgestellt in ▓▓▓ *(Ort)*   am ▓▓▓ *(Datum)*

und unterzeichnet wie folgt:

(an dieser Stelle Unterschriftsleistung des Testamentsvollstreckers)

Die Ordnungsmäßigkeit vorstehender Angaben sowie die Vorlage des Ausweisdokumentes im Original werden hiermit bestätigt.

▓▓▓ *(Datum)* Stempel und rechtsverbindliche Unterschrift einer Bank oder Behörde

Anlage: Kopie des Ausweisdokumentes

> **Praxistipp**
> Bei Kontaktaufnahme mit Banken und Versicherungen rein vorsorglich eine Identitätsbescheinigung nebst Kopie des eigenen Ausweisdokumentes beifügen, wenn geplant ist, über das Konto zu verfügen.

Sofern der Testamentsvollstrecker Anhaltspunkte für **Bundesanleihen, Bundesobligationen oder Bundesschatzbriefe** im Nachlass findet, ist eine Anfrage bei der **Bundesrepublik Deutschland – Finanzagentur GmbH (kurz: Deutsche Finanzagentur)**[40] empfehlenswert, weil dort zahlreiche Wertpapiere aus Kostengründen günstig verwaltet werden.   30

Soll das Konto aufgelöst werden, sollte das jeweilige Bankformular angefordert werden, welches regelmäßig wie folgt aufgebaut ist: 31

---

40 Lurgiallee 5, D-60439 Frankfurt/Main, Tel.: 069 / 25 616–0, Fax: 069 / 25 616–14 76, www.deutsche-finanzagentur.de.

Girokonto
Auflösung eines Girokontos nach dem Tod einer Kontoinhaberin/eines Kontoinhabers

| Kontonummer
| | | | | | | Postbank Niederlassung

Senden Sie den Schlusskontoauszug an folgende Adresse:

Empfänger: Vorname, Name

Kontobezeichnung

| Vorname/n   Straße, Hausnummer

füllen Sie den Auftrag in Druckbuchstaben

| Name/n/Geschäftsbezeichnung   Postleitzahl   Ort

| Straße, Hausnummer   Telefon   Vorwahl   Rufnummer
                                            tagsüber:

Postleitzahl   Ort

Gegebenenfalls noch vorhandenen Zahlungsverkehrsvordrucke, ec-Karten/Bank-Cards und Kreditkarten habe ich/haben wir vernichtet.

☐ Ich bin Alleinerbin/Alleinerbe. Ich verpflichte mich, die Deutsche Postbank AG von allen Ersatzansprüchen freizustellen, die gegebenenfalls von Dritten im Zusammenhang mit der Auflösung des Postbank Girokontos erhoben werden.

1. Berechtigte/r: Unterschrift

☐ Ich bin Miterbe/Wir sind Miterben und versichere/versichern, dass ich/wir im Namen und mit Einwilligung aller Erben handle/handeln. Ich verpflichte mich/Wir verpflichten uns, die ...Bank von allen Ersatzansprüchen freizustellen, die gegebenenfalls von Dritten im Zusammenhang mit der Auflösung des Girokontos erhoben werden.

2. Berechtigte/r: Unterschrift

☐ Ich bin für das Konto bevollmächtigt/unterschriftsberechtigt.

3. Berechtigte/r: Unterschrift

☐ Ich bin Testamentsvollstrecker.

Ich lege/Wir legen dem Auftrag folgende Urkunde/n als beglaubigte Kopie/n bei:
☐ eine Sterbeurkunde

4. Berechtigte/r: Unterschrift

☐ einen Erbschein
☐ einen Erbvertrag mit Eröffnungsniederschrift
☐ ein öffentliches Testament mit Eröffnungsniederschrift

5. Berechtigte/r: Unterschrift

☐ ein eigenhändiges Testament mit Eröffnungsniederschrift
☐ ein Testamentsvollstreckerzeugnis

Datum

☐ sonstige, nachstehend aufgeführten Anlagen

Bezeichnung der Anlagen:

Lösen Sie das oben genannte Girokonto auf.
☐ Überweisen Sie das Restguthaben auf das nachstehend genannte Konto:

Kontonummer   Bankleitzahl   Geldinstitut

Sofern sich auf dem aufzulösenden Konto ein Minussaldo befindet, ziehen Sie den Betrag bitte von dem oben genannten Konto ein.
☐ Zahlen Sie das Restguthaben mit Zahlungsanweisung zur Verrechnung (entgeltpflichtig) an:

Empfänger: Vorname Nachname, Straße, HsNr, PLZ Ort

32   Ersieht der Testamentsvollstrecker aus der Bankenmitteilung, dass sich ein Sparbuch im Nachlass befindet und findet er dies nicht auf, so kann er eine Verlustanzeige bei der Bank machen.

Bonefeld

Verlustanzeige einer Urkunde

An
Bank
Filiale

Konto/Geschäfts-/Urkunden-Nr. ....

Name und Anschrift
des Kontoinhabers ....

☐ Sparbuch-Urkunde

☐ Kapitalsparbuch-Urkunde

☐ ist verlorengegangen

☐ Kapitalsparbrief-Urkunde

☐ ist vernichtet worden

☐ Sparschuldverschreibungs-Urkunde

☐ Wachstumsobligations-Urkunde

☐ ....

Hierzu erkläre(n) ich/wir:

Bitte stellen Sie mir/uns eine neue Urkunde aus.

Ich/wir verpflichte(n) mich/uns, Ihnen alle Schäden zu ersetzen, die Ihnen dadurch erwachsen können, dass Sie eine neue Urkunde ohne Durchführung eines Aufgebotsverfahrens*) beim zuständigen Amtsgericht ausstellen. Durch das gerichtliche Aufgebotsverfahren müsste sonst die verlorene Urkunde für kraftlos erklärt werden.

Schäden, die mir/uns selbst entstehen, werde(n) ich/wir Ihnen gegenüber nicht geltend machen.

Auf Ihr Verlangen werde(n) ich/wir jedoch

☐ verlorengegangene

☐ vernichtete

Urkunde im Wege des Aufgebotsverfahrens*) für kraftlos erklären lassen.

Sollte(n) ich/wir die verlorene Urkunde wieder finden, werde(n) ich/wir Sie Ihnen aushändigen.

*) Gilt nicht für Kapitalsparbriefe. Hier ist ein Aufgebotsverfahren ausgeschlossen, da es sich um eine Namensschuldverschreibung handelt.

Ort, Datum   Unterschrift(en) (evtl. mit Firmenstempel)

Interne Vermerke der Bank   Unterschrift geprüft

II. Benachrichtigung der Rententräger

1. Rentenrechnungsstelle/Rentenservicestellen

33 Bestehen aufgrund des Alters des Erblassers Anzeichen, dass er vom Rentenservice der Deutschen Post AG (früher: Rentenrechnungsstelle) Rente bezieht, ist dieser umgehend zu informieren, da nach Ablauf des Sterbemonats ggf. Überzahlungen zurückgefordert werden. Um zu erfahren, welche Rente der Erblasser von welchem Rententräger erhält, sollten zunächst die Kontoauszüge dahingehend untersucht werden. Können hieraus keine Rückschlüsse gezogen werden, kann man sich der Einfachheit halber an das jeweilige Postrentenzentrum der Deutschen Post AG wenden. In den Rentendienstzentren werden zahlreiche Rententräger erfasst wie z.B.
- Deutsche Rentenversicherung für Bund und Land
- Berufsgenossenschaften
- Versorgungsanstalt der Deutschen Bundespost
- Eigenunfallversicherungen
- Versorgungsanstalten des Bundes und der Länder
- zahlreiche österreichische Sozialversicherungsanstalten.

Allerdings können Pensionszahlungen und Betriebsrenten über das Postrentenzentrum nicht ermittelt werden. In einem solchen Fall muss man sich direkt an die Arbeits- oder Dienststelle des Erblassers wenden.

Adressen der Rentenservicestellen:

04099 Leipzig

13497 Berlin (Anfrage an den Renten Service Berlin als Zentralstelle i.d.R. ausreichend)

22292 Hamburg

30103 Hannover

50417 Köln

70143 Stuttgart

86130 Augsburg

2. Muster: Schreiben an die Rentenrechnungsstelle

34 Deutsche Post AG Berlin
– Renten Service –
Flohrstr. 21

13500 Berlin

Sehr geehrte Damen und Herren,

ausweislich der Annahmebestätigung/des Annahmeprotokolls des Amtsgerichts München – Nachlassgericht – vom 28.3.2015 (alternativ: der Zweitschrift des Testamentsvollstreckerzeugnisses[41] des Amtsgerichts München vom 23.4.2015) habe ich das Amt des Testamentsvollstreckers über den Nachlass des am 28.2.2015 verstorbenen

Otto Normalerblasser

---

41 Günstiger ist es, das Original oder eine gerichtliche Zweitschrift des Testamentsvollstreckerzeugnisses vorzulegen, um spätere Rückfragen zu vermeiden.

übernommen. Ich darf Sie bitten, die bisher gewährte Rentenzahlung einzustellen.

Ferner bitte ich um Mitteilung der bisherigen Rentenhöhe pro Monat sowie um Bekanntgabe der bisherigen Zahlungsmodalitäten nebst Zahlungsweg.

Ich bitte, mir die Zweitschrift des Testamentsvollstreckerzeugnisses wieder zurückzusenden.

Mit freundlichen Grüßen

Rechtsanwalt R als Testamentsvollstrecker

III. Ermittlung von Lebensversicherungsverträgen

1. Überprüfungen von Lebensversicherungen

Häufig wurden Lebensversicherungen zugunsten Dritter abgeschlossen, bei denen die Bezugsberechtigten entweder nicht bestimmt wurden oder aber bei denen die Bezugsberechtigung unbekannt ist. Somit sollte der Testamentsvollstrecker routinemäßig das Vorhandensein von Lebensversicherungsverträgen prüfen. Die Information über das Bestehen solcher Verträge hat in der Praxis große Bedeutung, insbesondere für die Fragen der Ausgleichung, Anrechnung im Rahmen von Pflichtteilsansprüchen und wegen der Bezugsberechtigung. Die Auszahlungssumme einer Lebensversicherung fällt dann nicht in den Nachlass, wenn eine Bezugsberechtigung einer dritten Person im versicherungsrechtlichen Verhältnis besteht und dieser gegenüber im Valutaverhältnis zum Nachlass durch Begründung einer Schenkung ein Rechtsgrund für das Behalten der Leistung zusteht. Soweit daher zu Lebzeiten des Erblassers kein solcher Rechtsgrund geschaffen wurde, kommt es somit u.U. zu einem Wettlauf.[42] Hier kann es ratsam sein (sofern noch möglich), den in der Bezugsberechtigung liegenden konkludenten Auftrag zur Übermittlung des Schenkungsangebotes gegenüber der Versicherung zu widerrufen, damit der Dritte kein Recht zum Besitz hat, weil dann das Valutaverhältnis nicht besteht.

Leider hat der **Gesamtverband der Deutschen Versicherungswirtschaft e.V., Wilhelmstr. 43, in 10117 Berlin** den Informationsservice aus Kostengründen eingestellt. Allerdings kann dort die Adresse der Versicherungsgesellschaft angefragt werden, auf die man bei seinen Nachlassrecherchen gestoßen ist. Der schnellere Weg dürfte auch hier aber eine Internetrecherche sein.

Erhält der Testamentsvollstrecker positive Nachricht, ist Eile geboten. In der Praxis stellt sich für den Testamentsvollstrecker die Frage, ob er ggf. der Versicherung untersagt, dem Dritten von der Bezugsberechtigung Mitteilung zu machen. Ein Bezugsrecht kann nach § 13 ALB nicht widerrufen werden. Vielmehr muss verhindert werden, dass das Schenkungsangebot unterbreitet wird. Gleichzeitig ist das Schenkungsangebot zu widerrufen. Ein derartiger Widerruf kommt für den Testamentsvollstrecker nur dann in Frage, wenn es ordnungsgemäßer Verwaltung entspricht. Ein Widerruf dürfte nur in Ausnahmefällen geboten sein, wenn z.B. der Erblasser nach erfolgter Scheidung offensichtlich vergessen hat, das Bezugsrecht zugunsten der geschiedenen Ehefrau zu widerrufen. Eine Pflicht zu einem derartigen Widerruf ist insbesondere bei dem Bezugsrecht eines Behinderten anzunehmen, da andernfalls das Vermögen nicht unter die Testamentsvollstreckung fallen würde.

---

42 Dazu *Kerscher/Krug*, § 19 Rn 1 ff. Sehr instruktiv: *Jochum/Pohl*, 4. Aufl. 2009, S. 66 ff.

2. Muster: Anschreiben an Lebensversicherung

An die Versicherung

(Adresse)

Versicherungs-Nr.:

Sehr geehrte Damen und Herren,

ausweislich der Annahmebestätigung/des Annahmeprotokolls des Amtsgerichts München – Nachlassgericht – vom 28.3.2015 (alternativ: des Testamentsvollstreckerzeugnisses[43] des Amtsgerichts München vom 23.4.2015) habe ich das Amt des Testamentsvollstreckers über den Nachlass des am 28.2.2015 verstorbenen

Otto Normalerblasser

übernommen. Eine beglaubigte Kopie der Sterbeurkunde ist ebenfalls beigefügt. (ggf.: Ich bitte um Rücksendung des Originals des Testamentsvollstreckerzeugnisses.).

Nach den mir erteilten Informationen besteht eine Lebensversicherung des Erblassers zugunsten seiner geschiedenen Ehefrau.

Ich darf Sie bitten, mir die Höhe der auszuzahlenden Versicherungssumme mitzuteilen.

Sofern ein Bezugsrecht zugunsten der geschiedenen Ehefrau, Frau Anja Mayer, besteht, so

widerrufe

ich vorsorglich den vom Erblasser Ihnen erteilten Auftrag, den Eintritt des Versicherungsfalls und die Zuwendung der Auszahlungssumme dieser Person mitzuteilen.

Rein vorsorglich habe ich zudem eine bankmäßige Identitätsbestätigung beigefügt. Im Falle des erfolgreichen Widerrufs bitte ich, die Auszahlungssumme aus der Lebensversicherung auf das (Konto) bei der (Bank und BLZ) mit dem Vermerk „Auszahlung Lebensversicherung" zu überweisen.

Ist das Versicherungsverhältnis bereits vollständig abgewickelt, bitte ich um Mitteilung über die Höhe der ausgezahlten Versicherungsleistungen und über den Leistungsempfänger sowie um Mitteilung, ob die Auszahlung aufgrund des Bezugsrechts oder gegen Vorlage der Versicherungspolice erfolgte.

Mit freundlichen Grüßen

Rechtsanwalt R als Testamentsvollstrecker

IV. Weitere Rückfragen

1. Bestattungsinstitut

Wurde die Bestattung nicht vom Testamentsvollstrecker veranlasst, ist umgehende Rücksprache mit dem Bestattungsinstitut zu halten. Dieses hat regelmäßig die ersten notwendigen Schritte, wie die Beantragung einer Sterbeurkunde etc., schon in die Wege geleitet und die Krankenkasse sowie Versicherungsverträge ermittelt. Nicht selten wurden bereits auch die Sterbegelder oder weitere Zahlungen aus Versicherungen an das Bestattungsinstitut geleistet.

---

43 Günstiger ist es, das Original oder eine gerichtliche Zweitschrift des Testamentsvollstreckerzeugnisses vorzulegen, um spätere Rückfragen zu vermeiden.

2. Muster: Schreiben an Bestattungsinstitut

An das Bestattungsinstitut ▓▓▓ *(Name)*

▓▓▓ *(Adresse)*

Sehr geehrte Damen und Herren,

ausweislich der Annahmebestätigung des Amtsgerichts München – Nachlassgericht – vom 28.3.2015 (alternativ: der beglaubigten Kopie des Testamentsvollstreckerzeugnisses[44] des Amtsgerichts München vom 23.4.2015) habe ich das Amt des Testamentsvollstreckers über den Nachlass des am 28.2.2015 verstorbenen

Otto Normalerblasser

übernommen. Eine beglaubigte Kopie der Sterbeurkunde ist ebenfalls beigefügt. Nach den mir erteilten Informationen haben Sie die Bestattung des o.g. Erblassers ausgeführt.

Ich darf Sie bitten, mir
- Ihren Auftraggeber zu benennen,
- die Bestattungskosten mir gegenüber abzurechnen und mir bei bereits erfolgtem Ausgleich eine Abschrift der Rechnung zur Verfügung zu stellen,
- die Nummer des Sterbefalles beim Standesamt mitzuteilen,
- die vereinnahmten Sterbegelder mir mitzuteilen (und an mich auszukehren[45]),
- etwaige Sterbeurkunden und sonstige in Ihrem Besitz befindliche Urkunden des Erblassers an mich auszuhändigen.

Für Rückfragen stehe ich gerne zur Verfügung.

Mit freundlichen Grüßen

Rechtsanwalt R als Testamentsvollstrecker

3. Alters- oder Pflegeheim, Krankenhaus

Ist wie in unserem Fall der Erblasser in einem Krankenhaus, einem Alters- oder Pflegeheim verstorben, sind i.d.R. dort wichtige Dokumente sowie persönliche Gegenstände vorhanden, die in den Nachlass fallen. Diese sind dann in Besitz zu nehmen.

Bei längerem Krankenhausaufenthalt wird häufig auch die Rente auf ein **Verwahrkonto** des Krankenhauses eingezahlt. Der Testamentsvollstrecker sollte sich daher bei der Krankenhausverwaltung unmittelbar nach dem Vorhandensein eines solchen Verwahrkontos erkundigen. Gegenstände wie Gehhilfen, Stützräder, Atemgeräte etc. sind an die jeweiligen Sanitätsfachgeschäfte zurückzugeben. Der Name des Fachgeschäftes ist regelmäßig auf dem Gerät o.Ä. vermerkt.

Des Weiteren muss er klären, wer Kostenträger des Krankenhausaufenthaltes war und ob noch Restforderungen bestehen.

4. Muster: Schreiben an Krankenhaus

An das Krankenhaus ▓▓▓ *(Name)*

▓▓▓ *(Adresse)*

---

[44] Günstiger ist es, das Original oder eine gerichtliche Zweitschrift des Testamentsvollstreckerzeugnisses vorzulegen, um spätere Rückfragen zu vermeiden.

[45] Das Sterbegeld steht dem Testamentsvollstrecker nur dann zur Verfügung, wenn es tatsächlich in den Nachlass fällt, was regelmäßig nicht der Fall ist.

Sehr geehrte Damen und Herren,

ausweislich der Annahmebestätigung/des Annahmeprotokolls des Amtsgerichts München – Nachlassgericht – vom 28.3.2015 (alternativ: der beglaubigten Kopie des Testamentsvollstreckerzeugnisses[46] des Amtsgerichts München vom 23.4.2015) habe ich das Amt des Testamentsvollstreckers über den Nachlass des am 28.2.2015 verstorbenen

Otto Normalerblasser

übernommen.

Ich bitte, mir mitzuteilen, ob der Erblasser bei Ihnen Verwahrgegenstände und/oder Verwahrgelder sowie weitere Gegenstände wie Kleidung, Schlüssel, Bargeld oder Schmuck hinterlassen hat sowie wer der Kostenträger des Krankenhausaufenthaltes ist.

Sofern Gegenstände vorhanden sind, bitte ich um Vereinbarung eines Abholungstermines mit meinem Sekretariat.

Für Rückfragen stehe ich gerne zur Verfügung.

Mit freundlichen Grüßen

Rechtsanwalt R als Testamentsvollstrecker

B. Hilfestellungen für die Erbenermittlung

I. Erbenermittlung

43 Nicht selten ist der Testamentsvollstrecker auf der Suche nach Erben oder Vermächtnisnehmern. Sind die Erben unbekannt oder zunächst unauffindbar, ist es regelmäßig auch Sache des Testamentsvollstreckers, die begünstigten Personen ausfindig zu machen, sofern diese im Testament benannt sind. Im Regelfall erfolgt aber bereits durch das Nachlassgericht die Aufforderung an die bekannten Erben und/oder Testamentsvollstrecker, die Namen und Adressen der weiteren Personen, die im Rahmen des FamFG-Verfahrens angehört werden sollen, bekanntzugeben. Der Testamentsvollstrecker sollte im Abwicklungsinteresse die Erbenermittlung fördern, damit die Vollstreckung rascher beendet werden kann. Die nachfolgende Check- und Adressenliste soll eine kleine Hilfestellung bei der Ermittlung von Erben geben.

44 **Hinweise auf die Adressen der Erben etc. finden sich z.B. in folgenden Quellen:**
- Erste Anhaltspunkte aus Testament und Nachlassakte (z.B. Ausschlagungen)
- Polizeiliche Sicherungsprotokolle
- Rückfragen wegen Mitgliedschaften
- Rückfragen bei Freunden und Bekannten
- Post untersuchen (Geburtstagskarten, Urlaubsgrüße)
- Personenstandsurkunden – Hier besteht ein Einsichtsrecht nach § 61 PStG. Wird dieses nicht gewährt, kann versucht werden, es im gerichtlichen Verfahren nach § 45 Abs. 1 PStG durchzusetzen.
- Sterbeurkunde, Heiratsurkunde: Ehegattenhinweis
- Geburtsstandesamt stellt Geburts- und Abstammungsurkunde mit Elternnachweis aus
- Staatsarchive
- Auswandererlisten (insbesondere Hamburg und Bremen)

---

46 Günstiger ist es, das Original oder eine gerichtliche Zweitschrift des Testamentsvollstreckerzeugnisses vorzulegen, um spätere Rückfragen zu vermeiden.

Sucht man gezielt nach Erben, sollte man die **Zentralarchive** anschreiben:
- Für Fälle vor dem 1.1.1876 Kirchenregister und Bücher
- Katholisches Kirchenbuchamt des Verbands der Diözesen Deutschlands, Dachauer Str. 50 II, 80335 München
- Evangelisches Zentralarchiv, Jebensstr. 3, 10623 Berlin

Bei der Suche nach **Kriegsteilnehmern** helfen folgende Adressen und Anfragen:
- Bei KZ-Häftlingen: Sonderstandesamt Arolsen, 34454 Arolsen
- Auskunft aus dem Kriegsgefangenenverzeichnis
- Anfrage bei der Wehrmachtsauskunftsstelle, Eichborndamm 179, 13403 Berlin
- Anfrage Krankenbuchlager Berlin, Wattstr. 11, 13355 Berlin
- Suchdienst Deutsches Rotes Kreuz, Chiemgaustr. 109, 81549 München
- Zentralstelle der Heimatortskarteien, Lessingstr. 3, 80336 München (Flüchtlinge/Vertriebene)
- Landesausgleichsämter
- Gemeindeverzeichnis für die Hauptwohngebiete der Deutschen

Weitere Informationsquellen sind:
- Regionale Archive wie Personenstandsarchiv Westfalen-Lippe, Willi Hoffmann Str. 2, 32756 Detmold oder Rheinland, Schloßstr. 12, 50321 Brühl
- Aschenregister von Krematorien
- Bestatter
- Telefonbuch CD/Telefonbücher via Internet insb. für Ausland
- bei Personen in den USA via Sozialdaten
- Gesangbücher durchsuchen wegen Totenzetteln (so kann z.B. erkundet werden, wer bereits von den potentiellen Erben verstorben ist). Ebenso sollten die Fotoalben durchsucht werden nach Bildern von Grabsteinen.

Eine der besten Informationsquellen für die Erbenermittlung und Ahnenforschung sind folgende Internetadressen:[47]
- www.mormonen.de/familysearch.com
- www.biggislist.de (Linksammlung)
- www.cydislist.com (Linksammlung)
- www.home.saampo.de/rieper/webkurs.htm
- www.seelentags.de
- www.ahnenforschung.net
- www.gendex.com
- www.genealogy.net
- www.genealogienetz.de
- www.genserv.com
- www.ortsfamilienbuch.de
- www.worldconnect.genealogy.roots-web.com

Sind die Erben unbekannt, so stellt sich für den Testamentsvollstrecker zwangsläufig die Frage, ob er nicht zudem eine Nachlasspflegschaft nach §§ 1960, 1961 BGB beantragen sollte. In der Literatur ist noch nicht eindeutig geklärt, ob der Testamentsvollstrecker eine eigenständige Pflicht zur Erbenermittlung hat. Eine solche Pflicht ist jedoch anzunehmen, da z.B. eine Auseinandersetzung nur mit den Erben erfolgen kann. Um seiner Pflicht aus

45

---

47 Es kann selbstverständlich keine Gewähr dafür gegeben werden, dass die einzelnen Adressen sich zwischenzeitlich nicht wiederum geändert haben. Die erste Suche sollte daher über eine Linksammlung oder über Suchmaschinen wie z.B. web.de oder google bzw. yahoo erfolgen.

§ 2204 BGB nachzukommen, bedarf es somit auch der Ermittlung der Erben durch den Testamentsvollstrecker.

46 Doch selbst wenn man der Ansicht folgt, der Testamentsvollstrecker müsse keine Erbenermittlung vornehmen und daher eine Nachlasspflegschaft beantragen, wird wegen der angeordneten und ausgeübten Testamentsvollstreckung häufig ein Fürsorgebedürfnis fehlen.[48] In den Fällen, in denen die Testamentsvollstreckung nicht den ganzen Nachlass umfasst, wird ein solches Fürsorgebedürfnis jedoch regelmäßig anzunehmen sein.

Im Zweifel sollte Kontakt mit dem Nachlassgericht aufgenommen und ggf. ein Antrag zur Bestellung eines Nachlasspflegers gestellt werden.

II. Muster: Antrag auf Bestellung eines Nachlasspflegers

47 An das Amtsgericht München

– Nachlassgericht –

Betr.: Otto Normalerblasser, geb. ▆▆▆▆ *(Datum)*, zuletzt wohnhaft ▆▆▆▆ *(Ort)*

Ausweislich der Annahmebestätigung/des Annahmeprotokolls des Amtsgerichts München – Nachlassgericht – vom 28.3.2015 (alternativ: der beglaubigten Kopie des Testamentsvollstreckerzeugnisses[49] des Amtsgerichts München vom 23.4.2015) habe ich das Amt des Testamentsvollstreckers über den Nachlass des am 28.2.2015 verstorbenen Otto Normalerblasser übernommen.

Ich beantrage für die unbekannten Erben, des am 28.2.2015 verstorbenen Otto Normalerblasser, geb. 22.1.1942, zuletzt wohnhaft ▆▆▆▆ *(Ort)*

Nachlasspflegschaft

anzuordnen und einen Nachlasspfleger zu bestellen mit den Aufgabenkreisen:
1. Ermittlung der Erben
2. Wahrnehmung der Rechte und Pflichten der Erben gegenüber dem Testamentsvollstrecker über den Nachlass des am 28.2.2015 verstorbenen Otto Normalerblasser

Begründung: ▆▆▆▆ Die beiden Erben sind beide ohne Adresse im Inland und halten sich im Ausland, vermutlich in Südamerika, auf. Vom Tod des Erblassers und seiner letztwilligen Verfügung sind beide nicht informiert.

Zum einen ist daher für die Erbenermittlung, für die der Testamentsvollstrecker selbst nicht zuständig ist, eine Nachlasspflegschaft nach § 1960 BGB anzuordnen.

Des Weiteren will der Testamentsvollstrecker für die Wohnung des Erblassers in der Arabellastr. in München einen langfristigen Mietvertrag abschließen und die Erben zur Zustimmung gem. § 2206 Abs. 2 BGB auffordern.

Aus der letztwilligen Verfügung des Erblassers geht ferner nicht eindeutig hervor, ob es sich nur um eine Abwicklungsvollstreckung oder um eine Dauertestamentsvollstreckung handelt. Da die Reichweite der Testamentsvollstreckung also fraglich ist, bedarf der Testamentsvollstrecker hier vorsorglich der Zustimmung der Erben, um selbst nicht in die Haftung zu geraten. ▆▆▆▆

Rechtsanwalt R als Testamentsvollstrecker

Ist unklar, wer von mehreren Personen Erbe geworden ist, hat der Testamentsvollstrecker ein eigenständiges Klagerecht auf Feststellung.[50]

---

48 So MüKo/*Leipold*, § 1960 Rn 21; Soergel/*Stein*, § 1960 Rn 10. Vgl. auch KG OLGZ 1973, 106.
49 Günstiger ist es, das Original oder eine gerichtliche Zweitschrift des Testamentsvollstreckerzeugnisses vorzulegen, um spätere Rückfragen zu vermeiden.
50 Vgl. OLG Karlsruhe ZEV 2005, 256; BGH NJW-RR 1987, 1090.

§ 30 Kündigungen, weitere Mitteilungen, Anfragen und Sicherungsmaßnahmen

Dr. Michael Bonefeld

Inhalt:	Rn		Rn
A. Checkliste: Kündigungen, Mitteilungen und Anfragen	1	E. Kündigung von Versicherungsverträgen ...	29
B. Kündigung des Mietverhältnisses	2	I. Versicherungsschutz	30
I. Muster: Kündigungsschreiben Mietverhältnis	6	II. Muster: Kündigungsschreiben an die Versicherung	33
II. Entfernung von Einrichtungsgegenständen und Einbauten des Erblassers	7	F. Kündigung von Zeitschriften- und Zeitungsabonnements	34
III. Verjährung der Ersatzansprüche	16	G. Mitteilung vom Tod des Erblassers	35
IV. Ausübung des Vermieterpfandrechts	17	I. Arbeitgeber	35
V. Schadensersatzansprüche des Vermieters	19	1. Benachrichtigung des Arbeitgebers	35
VI. Weitere Sicherungsmaßnahmen des Testamentsvollstreckers	21	2. Muster: Schreiben an den Arbeitgeber	36
		II. Finanzamt	37
C. Kündigung der Versorgungsverträge mit Stadt- und Versorgungswerken, Telefonunternehmen etc.	24	1. Kontaktaufnahme mit dem Finanzamt	37
		2. Muster: Anschreiben an das Finanzamt	38
		III. Gesetzliche Rentenversicherung	39
I. Muster: Kündigungsschreiben an Versorgungsunternehmen	26	H. Steuerberater	41
II. Muster: Abmeldung bei dem ARD ZDF Deutschlandradio Beitragsservice	27	I. Kriegsopferfürsorge	42
		J. Sozialamt	43
D. Mitteilung des Todes des Erblassers an einen Verein, eine Gewerkschaft oder eine Partei	28	K. Grundbuchamt; Katasteramt; Handelsregister	44
I. Beendigung der Mitgliedschaft durch Tod	28	I. Informationsbeschaffung über Grundbuchamt und Katasteramt	44
II. Muster: Mitteilungsschreiben	29	II. Muster: Anschreiben an das Katasteramt	46
		L. Weitere Anfragen und Tätigkeiten	47

A. Checkliste: Kündigungen, Mitteilungen und Anfragen

Kündigungen 1
- Mietvertrag
- Versorgungsvertrag mit Stadt- und Versorgungswerken
- Vereinsmitgliedschaft (sofern nicht automatisch durch Tod Mitgliedschaft beendet)
- Telefonanschluss
- Kündigung bei der GEZ/Kabelanschluss
- Versicherungsverträge (sofern nicht automatisch durch Tod Versicherungsverhältnis beendet)
- Zeitschriften und Zeitungsabonnements.

Mitteilung vom Tod des Erblassers
- Arbeitgeber
- Banken und Sparkassen
- Finanzamt
- Kfz-Meldestelle
- Kirche
- Krankenkasse wegen Sterbegeld
- Kreditkarteninstitut
- Rentenstelle
- Steuerberater.

Weitere Anfragen
- Sozialamt
- Kriegsopferfürsorge
- Handelsregister
- Grundbuchamt/Katasteramt.

B. Kündigung des Mietverhältnisses

2   Die Regelungen der §§ 563, 564 BGB knüpfen an die Altregelungen der §§ 569–569b BGB a.F. an. Nach Maßgabe der §§ 563, 563a BGB bleibt es bei der Möglichkeit der Sonderrechtsnachfolge in das Wohnraummietverhältnis. Findet eine derartige Sonderrechtsnachfolge nicht statt, bleibt es bei dem Eintrittsrecht der Erben nach § 564 BGB.[1]

Neben dem Eintrittsrecht des Ehegatten besteht nunmehr auch das Eintrittsrecht des gleichgeschlechtlichen (und im Partnerschaftsregister eingetragenen) Lebenspartners. Die Rechtsprechung hinsichtlich des Eintrittsrechts nichtehelicher Partner hat also auch im Gesetz unter § 563 Abs. 2 S. 4 BGB Niederschlag gefunden. Streng genommen dürfte es sich insgesamt nicht nur um Eintrittsrecht, sondern vielmehr um einen automatischen Eintritt handeln.

Die in das Mietverhältnis eingetretene Person hat nach § 563 Abs. 3 BGB eine einmonatige Überlegensfrist. Wird erklärt, das Mietverhältnis nicht fortsetzen zu wollen, gilt der Eintritt als nicht erfolgt. Bei mehreren Personen kommt es darauf an, ob alle vom Recht der Nichtfortsetzung Gebrauch machen wollen oder nicht. Wenn nur einer fortsetzen will und nicht „ausschlägt", dann wird nur mit ihm fortgesetzt.

3   Nur für den Fall, dass keiner das Mietverhältnis fortsetzen will, besteht nach § 564 BGB sowohl für den Erben bzw. Testamentsvollstrecker als auch für den Vermieter die Möglichkeit, außerordentlich zu kündigen. Freilich ist der Erbe vom Kündigungsrecht ausgeschlossen, soweit Testamentsvollstreckung angeordnet ist und der Mietvertrag unter das Verwaltungsrecht des Testamentsvollstreckers fällt. Zur Ausübung dieses Kündigungsrechts steht dem Vermieter bzw. dem Erben lediglich eine Frist zur Überlegung von einem Monat ab Kenntnis vom Tod des Mieters und Kenntnis des Eintritts in das Mietverhältnis bzw. dessen Nichtfortsetzung durch berechtigte Personen zur Verfügung. Neu ist für den Vermieter, dass dieser nach § 573 BGB kein berechtigtes Interesse mehr an der Kündigung benötigt.

4   Da der Gesetzgeber die Kündigung durch einen Testamentsvollstrecker nicht ausdrücklich geregelt hat, ist fraglich, wann die Frist für den Testamentsvollstrecker zu laufen beginnt. Die Kenntnis vom Tod des Erblassers kann für den Testamentsvollstrecker nicht ausschlaggebend sein, vielmehr kann nach der hier vertretenen Ansicht die Frist des § 564 BGB zur Kündigung des Mietverhältnisses frühestens mit der Annahme des Amtes in Gang gesetzt werden.[2] Will der Vermieter selbst nicht solange warten, bis der Testamentsvollstrecker das Amt annimmt, kann er beim Nachlassgericht über § 2202 Abs. 3 BGB eine Fristsetzung zur Annahme des Amtes erwirken.

5   Für den Testamentsvollstrecker bedeutet dies, dass er zunächst überprüfen muss, ob es fortsetzungswillige und -berechtigte Personen i.S.d. § 563 BGB gibt. Ist von vornherein klar, dass es keine fortsetzungsberechtigten Personen gibt, muss der Testamentsvollstrecker

---

1 NK-BGB/*Klein-Blenkers*, § 563 Rn 2.
2 So auch *Jünemann*, ZErb 2007, 394.

vorsorglich die Erben befragen, ob das Mietverhältnis von diesen fortgesetzt werden soll. Die Kündigung durch den Testamentsvollstrecker ist nicht von der Vorlage eines Testamentsvollstreckerzeugnisses abhängig.[3] Sofern es sich um eine Genossenschaftswohnung handelt, sollte auch eine Auskunft hinsichtlich des Geschäftsanteils eingeholt werden.

I. Muster: Kündigungsschreiben Mietverhältnis

An ▬▬▬ *(Vermieter)*

Einschreiben mit Rückschein

Betr. Mietverhältnis xy-Straße, ▬▬▬ *(Ort)*

Sehr geehrter ▬▬▬ *(Name),*

ausweislich der Annahmebestätigung/des Annahmeprotokolls des Amtsgerichts München – Nachlassgericht – vom 28.3.2015 (der beglaubigten Kopie des Testamentsvollstreckerzeugnisses[4] des Amtsgerichts München vom 23.4.2015) habe ich das Amt des Testamentsvollstreckers über den Nachlass des am 28.2.2015 verstorbenen

Otto Normalerblasser

übernommen. Eine beglaubigte Kopie der Sterbeurkunde ist ebenfalls beigefügt. Der Erblasser ist Mieter des o.g. Wohnobjektes. Eintrittsberechtigte Personen sind nicht vorhanden.

Ich kündige in meiner Eigenschaft als Testamentsvollstrecker des am ▬▬▬ verstorbenen ▬▬▬ das Mietverhältnis gemäß Mietvertrag vom ▬▬▬ betreffend das Mietobjekt ▬▬▬ zum nächstzulässigen Zeitpunkt. Das ist der ▬▬▬. Die Kündigung erfolgt in Ausübung des mir zustehenden Rechts zur außerordentlichen Kündigung gem. § 564 BGB.

Eine etwaige erteilte Einzugsermächtigung widerrufe ich mit sofortiger Wirkung.

Eventueller Zusatz: Das Mietobjekt wird bis spätestens ▬▬▬ geräumt sein und zur Übergabe zur Verfügung stehen. Ich werde Sie anrufen, um einen Übergabetermin mit Ihnen zu vereinbaren. Dabei würde ich es sehr begrüßen, wenn Sie sich schon recht bald um eine Neuvermietung bemühen würden, um ggf. einen Aufhebungsvertrag mit mir schließen zu können. Wenn Sie die Benennung eines Mietnachfolgers durch mich wünschen, der schon vor Wirksamwerden dieser Kündigung zum Abschluss eines Mietvertrages bereit ist, bitte ich um Unterrichtung.

Ich bitte, die Kaution binnen sechs Monaten[5] nach Beendigung des Mietverhältnisses nach Maßgabe des § 551 BGB abzurechnen und den verbleibenden Betrag auf das Konto ▬▬▬ *(Kontonummer)* bei der ▬▬▬ *(Bank und BLZ)* mit dem Vermerk „Kaution Otto Normalerblasser" zu überweisen. Ferner bitte ich, mir eine Kautionsabrechnung vorzulegen (Höhe des Kautionskontos etc.). Ebenso bitte ich um Mitteilung, wie viele Schlüssel dem Mieter ausgehändigt wurden und wie viele Schlüssel sich noch in Ihrem Besitz befinden.

Sofern es sich um eine Genossenschaftswohnung handelt, erkläre ich die Kündigung zum nächstmöglichen Zeitpunkt und erbitte Auskunft über den Anteil und die Höhe des Erblassers an der Genossenschaft.

---

3 Ebenso wie bei den Erben nicht die Vorlage eines Erbscheines erforderlich ist.
4 Günstiger ist es, das Original oder eine gerichtliche Zweitschrift des Testamentsvollstreckerzeugnisses vorzulegen, um spätere Rückfragen zu vermeiden.
5 Im Einzelnen ist umstritten, wie viele Monate der Vermieter zur Prüfung und Abrechnung Zeit hat. Grundsätzlich gilt auch hier der Vorrang des Mietvertrages. Die Mindestfrist soll drei Monate betragen (LG Berlin GE 1997, 1473), bei noch nicht durchgeführten Schönheitsreparaturen jedoch sechs Monate (LG Berlin GE 1998, 183).

Weiter darf ich Sie bitten, mir den Eingang des Kündigungsschreibens und den Kündigungstermin schriftlich zu bestätigen.

Mit freundlichen Grüßen

Rechtsanwalt R als Testamentsvollstrecker

II. Entfernung von Einrichtungsgegenständen und Einbauten des Erblassers

7   Hat der Testamentsvollstrecker sich entschlossen, das Mietverhältnis zu kündigen, steht er vor dem Problem, innerhalb der Kündigungsfrist das Objekt zu räumen und eventuelle Reparaturen durchzuführen. Dies kann zu erheblichen Problemen führen. Bei den Schönheitsreparaturen ist auf die Formulierung im Mietvertrag zu achten, wobei die neue Rechtsprechung des Bundesgerichtshofes[6] einen Zeitplan, der verpflichtend ist (Mieter „muss", „ist verpflichtet") für unzulässig erachtet. Dies hätte zur Folge, dass dann keine Schönheitsreparaturen durchzuführen sind.

8   Des Weiteren stehen Fragen hinsichtlich der Kaution und der Behandlung von Mieterinvestitionen im Vordergrund.

> **Abwandlung des Ausgangsbeispiels**
> Der Testamentsvollstrecker stellt bei der Besichtigung des Mietobjektes fest, dass der Erblasser zahlreiche Aufwendungen in der Wohnung gemacht hat. So hat er noch kurz vor seinem Tode z.B. automatische Jalousien einbauen und einen nagelneuen Teppich verlegen lassen. Der Testamentsvollstrecker muss jetzt klären, ob er ggf. zugunsten der Erben Rechte geltend machen kann oder er zu einer Wegnahme bzw. einen Ausbau verpflichtet ist.
>
> **Lösung**
> Grundsätzlich hat der Mieter dem Vermieter die Mietsache gem. §§ 546, 985 BGB nach Beendigung des Mietverhältnisses zurückzugeben. Die Beendigung tritt erst mit Ablauf des letzten Tages der Mietzeit wegen § 188 BGB ein. Im Einzelnen ist streitig, ob ein vorzeitiges Rückgaberecht besteht, was jedoch überwiegend[7] verneint wird. Bei Mietverträgen über bewegliche Sachen sind diese am Wohnsitz des Vermieters als Bringschuld zurückzubringen.

9   Dementsprechend muss der Testamentsvollstrecker zur Erfüllung der Rückgabepflicht alle Einrichtungen und Gegenstände aus der Wohnung entfernen, die vom Erblasser in diese gebracht wurden, um den status quo ante wiederherzustellen. Zunächst gilt es freilich zu klären, welche Einbauten überhaupt vom Erblasser stammen.

Diese **Wegnahmepflicht** betrifft z.B.: Auslegware, Gardinen nebst Gardinenleisten Einbauküchen, Einbauschränke, Badeeinrichtungen, Bodenfliesen, Holz-, Plastik- oder Styroporverkleidung an der Decke und Wänden.

10 Eine Verpflichtung des Vermieters zur Übernahme solcher Gegenstände besteht regelmäßig nicht. Dies gilt selbst dann, wenn der Testamentsvollstrecker bzw. die Erben kein Interesse an den ein- und anschließend ausgebauten Gegenständen haben.[8] Auch eine etwaige vorherige Zustimmung des Vermieters am Einbau ändert daran nichts.[9] Selbst wenn der Mieter die Gegenstände nicht selbst eingebaut, sondern vom Vormieter übernommen hat, bleibt

---

6   BGH, Urt. v. 20.10.2004, VIII ZR 378/03.
7   OLG Dresden NZM 2000, 827.
8   OLG Düsseldorf DWW 1990, 119; OLG Hamburg DWW 1990, 202.
9   Kein Verzicht durch Vermieter; h. Rspr. BGH NJW 1959, 2163; LG Berlin WuM 1982, 245.

generell die Verpflichtung zur Wegnahme bestehen. Entscheidend ist lediglich, ob er sich mit Zustimmung des Vermieters verpflichtet hat, am Ende der Mietzeit die Sachen wieder zu entfernen.[10] Regelmäßig dürfte dann durch den Testamentsvollstrecker erfolgreich die Rechtsmissbräuchlichkeit vorgetragen werden können.[11]

Folgende **Ausnahmen** von der **Wegnahmepflicht** sind vom Testamentsvollstrecker zu beachten: 11

Kann der alte Zustand unmöglich wiederhergestellt werden, entfällt die Wegnahmeverpflichtung. Der Testamentsvollstrecker sollte aber prüfen, ob dann nicht u.U. ein Aufwendungsersatzanspruch gegeben ist.

Zu einem Zurückversetzen in einen schlechteren Zustand besteht ebenso keine Verpflichtung. Liegt also eine deutliche Wertverbesserung durch den vorherigen Einbau vor, kann die Wegnahme nicht gefordert werden.[12]

Gleichsam verhält es sich dann, wenn die Räume ohnehin nach der Beendigung des Mieters durch den Vermieter umgestaltet werden.[13]

Eine weitere Ausnahme bildet der Sachverhalt, wenn durch die Einbauten die Wohnung erst in einen vertragsgemäßen Zustand versetzt wurde.[14]

In unserem Beispielsfall müsste der Testamentsvollstrecker dafür Sorge tragen, den vom Erblasser neu eingebrachten Bodenbelag zu entfernen.[15]

Sofern der Erblasser als Mieter bei einem Auszug einen **Duldungsanspruch** aus § 539 BGB 12 gehabt hätte, ist dieser geltend zu machen. Das **Wegnahmerecht** verpflichtet dabei den Vermieter zur Duldung des Ausbaus von Gegenständen, die der Mieter in die Wohnung eingebracht hat. Einbauten, die nur zum vorübergehenden Zweck installiert wurden, zählen ohnehin wegen § 95 BGB nur als Scheinbestandteil und können jederzeit entfernt werden.[16] Das Wegnahmerecht besteht auch bei Einrichtungsgegenständen, die durch den Einbau des Mieters wesentlicher Bestandteil geworden sind. Grundsätzlich ist davon auszugehen, dass ein Mieter Einrichtungsgegenstände nur für die Dauer seines Mietverhältnisses mit der Wohnung verbinden will.

Das Wegnahmerecht aus § 539 BGB bezieht sich z.B. auf: 13
- Leuchten
- Antennen- und Satellitenanlagen
- Sanitäranlagen (Waschbecken, Badewanne oder Toilette)
- Etagenheizung
- Teppichböden

---

10 Ausführlich *Horst*, ZAP F 4, S. 581 ff.
11 Vgl. *Sternel*, 3. Aufl., IV Rn 605.
12 LG Hamburg WuM 1988, 305.
13 BGH NJW 1986, 309.
14 LG Bochum NJW 1967, 2015; LG Köln WuM 1995, 654. Dann hätte der Mieter auch einen Aufwendungsersatzanspruch aus § 538 Abs. 2 BGB.
15 Bei Übernahme des Bodenbelags vom Vormieter gilt regelmäßig der Bodenbelag als mitvermietet und braucht daher nicht anschließend entfernt werden, sofern der Vermieter davon Kenntnis hatte.
16 Ist der Vermieter Eigentümer nach § 94 BGB geworden und nutzt er die Einrichtungsgegenstände nach der Rückgabe, so besteht ein Nutzungsentschädigungsanspruch.

- Spülen und Bade- sowie Kücheneinrichtungen[17]
- umpflanzbare Bäume, Pflanzen, Hecken und Sträucher.[18]

Nicht als Einrichtung nach § 539 BGB gelten z.B.:
- Fliesen[19]
- Leitungen
- Zwischendecken.

14   Die Wegnahme ist grundsätzlich dem Vermieter anzuzeigen, da er ansonsten sein Recht aus § 552 BGB nicht ausüben könnte. Danach kann der Vermieter die Wegnahme durch Zahlung einer angemessenen Entschädigung, die sich nach dem Zeitwert[20] richtet, abwenden. Des Weiteren ist sein Vermieterpfandrecht nach § 562 Abs. 1 BGB zu beachten.

> **Praxistipp**
> Haben die Erben – wie meist – kein Interesse an den zu entfernenden Einrichtungsgegenständen, ist eine Vereinbarung über einen Verkauf an den Vermieter vorzugswürdig.

15   Bei Bestehen eines berechtigten wirtschaftlichen oder Liebhaber-Interesses der Erben des Mieters scheidet der Abwendungsanspruch des Vermieters wiederum aus. Eine etwaige Verfallsklausel, wonach bei vorzeitiger Beendigung des Mietvertrages kein Aufwendungsersatzanspruch besteht, ist nach § 555 BGB unwirksam.

III. Verjährung der Ersatzansprüche

16   > **Praxistipp**
> Besonderes Augenmerk hat der Testamentsvollstrecker auf die Verjährungsfrist des § 548 Abs. 2 BGB zu richten. Ersatzansprüche des Vermieters wegen Veränderungen oder Verschlechterungen der Mietsache sowie die Ansprüche des Mieters auf Ersatz von Verwendungen oder auf Gestattung der Wegnahme einer Einrichtung verjähren in sechs Monaten.

Die Verjährung beginnt für den Vermieter mit der Rückgabe der Mietsache, die des Mieters mit der Beendigung des Mietverhältnisses.

IV. Ausübung des Vermieterpfandrechts

17   Sofern der Vermieter ein Vermieterpfandrecht gegen die Wegnahme der Einrichtungsgegenstände einwendet, kann der Testamentsvollstrecker entweder die Forderung des Vermieters erfüllen oder aber nach § 562 BGB in Höhe des Einrichtungswertes eine Sicherheit leisten. Macht der Vermieter von seinem Vermieterpfandrecht Gebrauch, ist vom Testamentsvollstrecker unbedingt darauf zu achten, dass der Vermieter diese Gegenstände auch öffentlich versteigern lässt und nicht selbst behält oder weiterverkauft. Gleiches gilt selbstverständlich auch umgekehrt, wenn der Testamentsvollstrecker das Vermieterpfandrecht ausübt, wenn der Erblasser Vermieter war.

18   Bauliche Veränderungen – wie der Einbau von neuen Parkett- oder Teppichfußböden – fallen nicht unter den Schutz des § 539 BGB. Eine Berechtigung zur Entfernung kann

---

17 Vgl. OLG Düsseldorf WuM 1995, 146 ff.
18 OLG Köln WuM 1995, 268.
19 LG Berlin MM 1993, 27 f.
20 Ohne Abzug der ersparten Kosten einer Wiederherstellung. Hätte nach dem Ausbau die Sache keinen oder nur noch ganz geringen Wert, wird i.d.R. eine Entschädigung entfallen (vgl. LG Berlin MM 1993, 27 f.).

sich lediglich aus einer vertraglichen Vereinbarung ergeben. Da regelmäßig eine derartige Vereinbarung nicht im Mietvertrag enthalten ist und sich häufig keine schriftliche Zustimmungserklärung zum Einbau durch den Vermieter vorliegt, muss der Testamentsvollstrecker sich zunächst bemühen, mit dem Vermieter eine einvernehmliche Regelung zu treffen. Andernfalls kann der Vermieter verlangen, dass alle baulichen Veränderungen, die ohne seine Zustimmung erfolgt sind, entfernt werden.

V. Schadensersatzansprüche des Vermieters

Wird beim Auszug durch die Wegnahme die Mietwohnung beschädigt, bestehen auf Seiten des Vermieters Schadensersatzansprüche, unabhängig davon, ob die Beschädigung unvermeidlich ist.[21] Der Vermieter muss allerdings eine Frist zur Beseitigung der Beschädigungen setzen, um in den Genuss des Schadensersatzanspruchs zu kommen, wenn der Testamentsvollstrecker nicht den status quo ante wiederhergestellt hat.

Der Testamentsvollstrecker hat nach der Beendigung des Mietverhältnisses kein Betretungsrecht der Wohnung mehr. Er muss sich daher auf jeden Fall zuvor mit dem Vermieter verständigen.

VI. Weitere Sicherungsmaßnahmen des Testamentsvollstreckers

Um zu verhindern, dass unberechtigt Dritte die Mietwohnung betreten und/oder Teile des Nachlasses entfernen, sind – sofern diese nicht in der Wohnung aufgrund eines Wohnrechtes verbleiben dürfen – von allen Personen die **Schlüssel** einzuziehen. Wenn nicht mehr alle Schlüssel laut Mietvertrag vorhanden sind, ist ggf. nach Rücksprache mit dem Vermieter das Schloss auszuwechseln.

Bei Auszug aus der Wohnung ist das übliche **Abnahmeprotokoll** mit allen Zählerständen etc. zu fertigen und vom Vermieter gegenzeichnen zu lassen. Häufig wartet der Testamentsvollstrecker jedoch nach der Abnahme der Wohnung noch sehr lange Zeit auf die Erstellung der letzten Nebenkostenabrechnung, was zu einer Verzögerung der Beendigung der Testamentsvollstreckung führt. Auch die Rückzahlung der Kaution verzögert sich nicht selten über den Zeitraum von 6 Monaten hinaus.

Sofern der Erblasser in einer eigenen Wohnung alleine gelebt hat, sollte so rasch wie möglich das Schloss ausgewechselt werden. Hierin liegt ein Akt ordnungsmäßiger Verwaltung zum Zwecke der Sicherung des Nachlasses vor dem Zugriff unberechtigter Dritter. Nicht selten haben Erben einen eigenen Schlüssel zu der Wohnung und nehmen Gegenstände und die Wohnung bzw. das Haus in unmittelbaren Besitz. Zwar kann der Testamentsvollstrecker später die Erben zur Herausgabe von Gegenständen verpflichten (zur Herausgabeklage siehe § 36). Der Auskunftsanspruch des Testamentsvollstreckers verpufft aber in der Realität, weil häufig nicht zugegeben wird, was man alles aus dem Hause entfernt hat. Dies führt recht häufig zu erheblichen Unfrieden bei der Abwicklung und späteren Auseinandersetzung. Meistens wird dann auch rasch die – häufig nicht greifende, weil noch kein fälliger Herausgabeanspruch besteht – dolo-agit-Einrede nach § 242 BGB erhoben.

Haben die Erben schon unmittelbaren Besitz ergriffen, kann der Testamentsvollstrecker keine eigenen Besitzrechte geltend machen, so dass andernfalls verbotene Eigenmacht des Vollstreckers vorliegen kann. Insofern sollte der Testamentsvollstrecker so schnell wie möglich und am besten vor den Erben den unmittelbaren Besitz über den Nachlass ergreifen,

---

21 OLG Düsseldorf NJW-RR 1989, 663.

weil ihm dann Besitzschutzrechte zustehen. In der Praxis ist meist wegen der späten Eröffnung der Verfügung von Todes wegen jedoch der unmittelbare Besitz von den Erben ergriffen worden.

> **Praxistipp**
> Die Durchsetzung des § 2205 BGB und die Inbesitznahme des Nachlasses sind wegen der fehlenden Besitzkehrmöglichkeit problematisch. Wenn der Erblasser einen solchen Streit eindämmen will, sollte dem künftigen Testamentsvollstrecker die Tatsache der Testamentsvollstreckung offengelegt und die rasche Meldung des Erbfalls gesichert werden. Zudem ist eine trans-/postmortale Vollmacht von Nutzen sowie ggf. schon die Einräumung von Mitbesitz.

22 Um eine sachgerechte Lösung für die Entschädigung zu finden, ist es ratsam, wenn der Testamentsvollstrecker mit dem Vermieter nach vorheriger Nachfrage mit den Erben eine **Abgeltungs- oder Abwohnvereinbarung** schließt. Gleichzeitig kann eine Vereinbarung zur Verrechnung mit der Kaution und einem etwaigen Guthaben oder Soll aus der letzten Nebenkostenabrechnung getroffen werden. Der Testamentsvollstrecker hat hierdurch den Vorteil, dass er umgehend die Beträge in seinem Nachlass- und Bestandsverzeichnis berücksichtigen und damit die Vollstreckung auch schneller abschließen kann.

23 Nicht übersehen werden darf eine etwaige **Verkehrssicherungspflicht** des Erblassers gegenüber Dritten, die es zu erfüllen gilt. Fege- und Treppenreinigungsdienste sind weiterhin gemäß der jeweiligen Hausordnung – sofern vorhanden – zu erfüllen. Wenn die Straßenreinigung und der Winterdienst per Hausordnung auf den Mieter übertragen wurden, ist hier rechtzeitig auf die Durchführung der Arbeiten zu achten, die der Testamentsvollstrecker auch Dritten übertragen kann.

C. Kündigung der Versorgungsverträge mit Stadt- und Versorgungswerken, Telefonunternehmen etc.

24 Gleichzeitig mit der Kündigung des Mietverhältnisses sind die weiteren Verträge mit den Versorgungsleistern zu kündigen. Die Namen der einzelnen Versorger ergeben sich regelmäßig aus den Kontoauszügen, da überwiegend entweder Lastschriften oder aber Überweisungen getätigt werden.

25 An folgende Versorgungsleister ist bspw. zu denken:
- Energieversorger für Strom, Heizöl, Gas etc.
- ARD ZDF Deutschlandradio Beitragsservice (früher: Gebühreneinzugszentrale – GEZ)[22]
- Telefon (stationärer und/oder mobiler) Anschluss
- Kabelanschluss und private Fernsehkanäle.

Im Schreiben sollte auf jeden Fall die jeweilige Kundennummer und das Kassenzeichen angegeben werden. Sofern die Angabe von Zählerständen möglich ist, sind diese ebenfalls anzugeben.

---

22 Adresse: 50656 Köln, www.rundfunkbeitrag.de.

I. Muster: Kündigungsschreiben an Versorgungsunternehmen

An ▮▮▮ (Versorgungsunternehmen)

Einschreiben mit Rückschein

Betr. Stromlieferungsvertrag

Kundennummer: Kassenzeichen:

Sehr geehrte Damen und Herren,

ausweislich der Annahmebestätigung/des Annahmeprotokolls des Amtsgerichts München – Nachlassgericht – vom 28.3.2015 (der beglaubigten Kopie des Testamentsvollstreckerzeugnisses des Amtsgerichts München vom 23.4.2015) habe ich das Amt des Testamentsvollstreckers über den Nachlass des am 28.2.2015 verstorbenen

Otto Normalerblasser

übernommen.

Hiermit kündige ich in meiner Eigenschaft als Testamentsvollstrecker den Versorgungsvertrag zwischen Ihnen und dem Erblasser.

Eine etwaige Einzugsermächtigung widerrufe ich mit sofortiger Wirkung.

Der Stromzähler hat am ▮▮▮ (Datum) folgenden Zählerstand aufgewiesen: ▮▮▮ (Wert)

Ich bitte Sie, mir den Kündigungszeitpunkt schriftlich zu bestätigen und mir eine Schlussabrechnung über die Gebühren zu überreichen.

Sofern ein Abrechnungsguthaben besteht, ist der Betrag auf das Konto ▮▮▮ (Kontonummer) bei der ▮▮▮ (Bank und BLZ) unter Angabe des Verwendungszwecks zu überweisen.

Mit freundlichen Grüßen

Rechtsanwalt R als Testamentsvollstrecker

II. Muster: Abmeldung bei dem ARD ZDF Deutschlandradio Beitragsservice

ARD ZDF Deutschlandradio
Beitragsservice

50656 Köln

Einschreiben mit Rückschein

Teilnehmernummer:

Sehr geehrte Damen und Herren,

ausweislich der Annahmebestätigung/des Annahmeprotokolls des Amtsgerichts München – Nachlassgericht – vom 28.3.2015 (der beglaubigten Kopie des Testamentsvollstreckerzeugnisses[23] des Amtsgerichts München vom 23.4.2015) habe ich das Amt des Testamentsvollstreckers über den Nachlass des am 28.2.2015 verstorbenen

Otto Normalerblasser

übernommen.

---

23 Günstiger ist es, das Original oder eine gerichtliche Zweitschrift des Testamentsvollstreckerzeugnisses vorzulegen, um spätere Rückfragen zu vermeiden. Unter https://www.rundfunkbeitrag.de/e1645/e1756/Buergerinnen_und_Buerger_Wohnungsabmeldung_0106.pdf ist auch das offizielle Formular zum Ausdruck abrufbar.

Hiermit kündige[24] ich in meiner Eigenschaft als Testamentsvollstrecker den Teilnehmeranschluss.

Eine etwaige Einzugsermächtigung widerrufe ich mit sofortiger Wirkung.

Ich bitte Sie, mir den Kündigungszeitpunkt schriftlich zu bestätigen und mir eine Schlussabrechnung über die Gebühren zu überreichen.

Sofern ein Abrechnungsguthaben besteht, ist der Betrag auf das Konto ▓▓▓▓ (Kontonummer) bei der ▓▓▓▓ (Bank und BLZ) unter Angabe des Verwendungszwecks zu überweisen. Die Abmeldebestätigung senden Sie bitte an meine obige Kanzleiadresse.

Mit freundlichen Grüßen

Rechtsanwalt R als Testamentsvollstrecker

D. Mitteilung des Todes des Erblassers an einen Verein, eine Gewerkschaft oder eine Partei

I. Beendigung der Mitgliedschaft durch Tod

28 Nach § 34 BGB endet die Vereinsmitgliedschaft grundsätzlich mit dem Tod. Demgemäß braucht der Testamentsvollstrecker lediglich den Tod des Mitglieds durch Vorlage der Sterbeurkunde nachzuweisen und eine etwaige Einzugsermächtigung zu widerrufen.

Gleiches gilt für die Mitgliedschaft in Gewerkschaften oder Parteien. Gegebenenfalls ist sogar eine Sterbegeldzahlung durch die Gewerkschaft zu erwarten.

II. Muster: Mitteilungsschreiben

An ▓▓▓▓ (Gewerkschaft)

Einschreiben mit Rückschein

Betr. Mitgliedschaft in der ▓▓▓▓ (Gewerkschaft)

Mitgliedsnummer:

Sehr geehrte Damen und Herren,

hiermit teile ich Ihnen als Testamentsvollstrecker unter Vorlage der Sterbeurkunde mit, dass Ihr Mitglied Otto Normalerblasser am 28.2.2015 verstorben ist.

Ferner habe ich eine beglaubigte Kopie des Testamentsvollstreckerzeugnisses beigefügt. (alternativ: Annahmebestätigung/Annahmeprotokoll)

Eine etwaige Einzugsermächtigung widerrufe ich mit sofortiger Wirkung.

Sofern eine Berechtigung zu einer Sterbegeldzahlung bei Ihrer Gewerkschaft besteht, bitte ich den Betrag auf das Konto ▓▓▓▓ (Kontonummer) bei der ▓▓▓▓ (Bank und BLZ) unter Angabe des Verwendungszwecks zu überweisen.

Mit freundlichen Grüßen

Rechtsanwalt R als Testamentsvollstrecker

---

24 Die Kündigung hat umgehend zu erfolgen, da eine rückwirkende Abmeldung nicht möglich ist.

E. Kündigung von Versicherungsverträgen

Übersicht über die einzelnen Versicherungsverträge 29

Erblasser war Versicherungsnehmer einer ...	Schutz oder Kündigungsrecht nach dem Tode des Erblassers
Hausratversicherung	– Schutz noch maximal zwei Monate – Jahresbeitrag wird anteilig zurückgezahlt – Vertrag läuft nur weiter, wenn einer der Erben die Wohnung übernimmt; dieser wird dann Versicherungsnehmer – insofern muss der Testamentsvollstrecker eine Anfrage an die Erben vornehmen
Haus- und Grundbesitzerhaftpflichtversicherung	– Übergang auf Erben – kein Sonderkündigungsrecht – nur reguläre Kündigung mit drei Monaten zum Versicherungsablauf möglich
Privathaftpflichtversicherung	– bis zur nächsten Beitragsfälligkeit besteht bei einer Familienversicherung für mitversicherte Familienangehörige weiterhin Versicherungsschutz; nur wenn dieser weiter die Beiträge zahlt, wird er Versicherungsnehmer – Einzelvertrag endet automatisch mit dem Tod – Jahresbeitrag wird anteilig erstattet und zwar abhängig davon, wann der Versicherer die Meldung erhalten hat – da sich nach der Meldung die Rückzahlungssumme berechnet, sollte der Testamentsvollstrecker hier rasch handeln
Kfz-Versicherung	– Vertrag gilt für Erben weiter – Beiträge werden jedoch an die persönlichen Voraussetzungen angepasst – kein außerordentliches Kündigungsrecht
Lebensversicherung	– nur wenn Erblasser die versicherte Person war, erlischt der Vertrag – Versicherungssumme wird an den Bezugsberechtigten gezahlt – stirbt der Versicherungsnehmer, der nicht versicherte Person war, wird eine bei Vertragsabschluss bestimmte Person neuer Versicherungsnehmer – wurde niemand eingetragen, fällt der Vertrag an die Erben (als Bruchteilsgemeinschaft und nicht als Gesamthandsgemeinschaft) – Meldung des Todesfalls muss unverzüglich erfolgen (Vorlage: Versicherungsschein im Original, Sterbeurkunde sowie ein Zeugnis über Todesursache)
Private Krankenversicherung	– Vertrag endet mit dem Tod des Versicherungsnehmers, wenn er die versicherte Person ist – mitversicherte Familienmitglieder müssen sich innerhalb von zwei Monaten bei dem Versicherer melden und mitteilen, dass sie den Vertrag fortführen wol-

Erblasser war Versicherungsnehmer einer ...	Schutz oder Kündigungsrecht nach dem Tode des Erblassers
	len; zudem muss der neue Versicherungsnehmer bekanntgegeben werden
Öltank-Haftpflichtversicherung	– kein Sonderkündigungsrecht – Erben übernehmen Vertrag – Kündigung nur mit einer Dreimonatsfrist zum Versicherungsablauf möglich
Rechtsschutzversicherung	– Versicherungsschutz gilt bis zum Ende der Beitragsperiode (vorausgesetzt, Prämie war am Todestag bezahlt und es liegt kein Risikowegfall vor – [z.B., wenn Erbe einer Verkehrs-Rechtsschutzversicherung kein Kfz besitzt] – sofern Folgebeitrag bezahlt wird, bleibt Versicherungsschutz erhalten; der Beitragszahler wird dann Versicherungsnehmer
Sterbegeldversicherung	– Todesfall muss unverzüglich gemeldet werden (Vorlage Versicherungsschein im Original, Sterbeurkunde sowie Zeugnis über Todesursache) – der Bezugsberechtigte bekommt Geld aus dem Vertrag (ggf. ist aber Leistung in den ersten Jahren auf die eingezahlten Beiträge begrenzt und unverzinst; erst danach gibt es die volle Versicherungssumme)
Tierhalter-Haftpflichtversicherung	– Vertrag geht auf die Erben über – kein Sonderkündigungsrecht
Unfallversicherung	– Unfalltod muss innerhalb von 48 Stunden beim Versicherer gemeldet werden – Versicherungssumme wird an Bezugsberechtigten gezahlt – war der Erblasser nicht nur Versicherungsnehmer, sondern auch versicherte Person, erlischt der Vertrag (unabhängig von Todesursache) – war der Erblasser nur Versicherungsnehmer und nicht die versicherte Person, kann diese den Vertrag übernehmen – bei Kinderversicherungen wird Vertrag für die hinterbliebenen Kinder bis zur Volljährigkeit beitragsfrei weitergeführt; der gesetzliche Vertreter wird dann Versicherungsnehmer
Wohngebäudeversicherung	– Versicherung bzw. Police geht auf Erben über – kein außerordentliches Kündigungsrecht. – i.d.R. binnen Dreimonatsfrist zum Ablauf des Versicherungsjahres kündbar

I. Versicherungsschutz

30   Bei dem Vorliegen verschiedener Versicherungen muss zunächst vom Testamentsvollstrecker geprüft werden, ob der weitere **Versicherungsschutz** noch erforderlich ist. Regelmäßig wird mit dem Tod des Erblassers das versicherte Risiko uninteressant. Somit ist im Zweifel die Kündigung auszusprechen. Bei **Gebäudeversicherungen** wird aber unumgänglich sein,

den Versicherungsschutz aufrechtzuerhalten. In jedem Fall sollte der Testamentsvollstrecker die Versicherungsbedingungen aufmerksam studieren und bei Fragen Rücksprache mit dem Versicherer halten. Insbesondere bei der Haus- und Grundbesitzerhaftpflichtversicherung oder Brandversicherung kommt kein Wegfall des Risikos in Betracht. Vielmehr hat hier der Testamentsvollstrecker den Versicherer zu informieren und den Vertrag auf die Erbengemeinschaft umschreiben zu lassen oder sogar eine neue Versicherung abzuschließen, um den Nachlass zu sichern. Unterversicherungen sind zu vermeiden.

Nach § 68 Abs. 2 VVG[25] ist das Versicherungsvertragsverhältnis auf den Todestag abzurechnen, sofern das versicherte Risiko mit dem Tode des Erblassers wegfällt. Dies ist jedoch nur bei höchstpersönlichen Versicherungsverhältnissen der Fall[26] wie z.B. einer **privaten Haftpflichtversicherung**. Jedoch kann z.B. der überlebende Ehegatte die Police auch übernehmen, indem dieser den nächsten fälligen Beitrag zahlt. Hier sollte, um Unstimmigkeiten zu vermeiden, also der Testamentsvollstrecker vorsorglich dem Erben Mitteilung von dem Bestehen einer derartigen Versicherung machen. Eine Pflicht besteht allerdings nicht dazu.

Ist das Versicherungsverhältnis nicht personen-, sondern objektgebunden, entfällt das Wagnis erst mit dem Wegfall des Objekts. Bei einer **Hausratversicherung** also regelmäßig erst mit Hausratauflösung. Hier besteht die Möglichkeit eines Sonderkündigungsrechtes nach § 70 VVG sowohl für den Versicherer, als auch für den Erwerber. Der Vertrag wird dann zum Zeitpunkt des Wagniswegfalls von der Versicherung abgewickelt. Bei vielen Hausratversicherungen erlischt diese aber auch automatisch zwei Monate nach dem Tode des Versicherungsnehmers. Eine Ausnahme besteht jedoch, wenn ein Erbe die Wohnung des Erblassers übernimmt.

Versicherungen wie die **Kfz-Versicherung** oder die Gebäudeversicherung gehen mit dem Tode nach § 1922 BGB auf die Erben über. Das gleiche gilt nach §§ 69 ff. VVG bei einem Verkauf für den Rechtsnachfolger.

II. Muster: Kündigungsschreiben an die Versicherung

▓▓▓ *(Versicherungsgesellschaft)*

Einschreiben mit Rückschein

Betr.: Kündigung der Versicherung

Versicherungsnehmer: Otto Normalerblasser

Versicherungsnummer: ▓▓▓ *(Nummer)*

Sehr geehrte Damen und Herren,

ausweislich der Annahmebestätigung/des Annahmeprotokolls des Amtsgerichts München – Nachlassgericht – vom 28.3.2015 (der beglaubigten Kopie des Testamentsvollstreckerzeugnisses des Amtsgerichts München vom 23.4.2015) habe ich das Amt des Testamentsvollstreckers über den Nachlass des am 28.2.2015 verstorbenen

Otto Normalerblasser

übernommen.

Bei einer ersten Durchsicht der Unterlagen habe ich eine Police Ihres Versicherungsunternehmens entdeckt.

Art der Versicherung: ▓▓▓ *(Art z.B. Unfallversicherung)*

---

25 Vgl. auch § 9 Ziffer IV AHB.
26 Z.B. Rechtsschutzversicherung, Krankenversicherung oder private Haftpflichtversicherung.

Versicherungs-Nr.: ▒▒▒ *(Nummer)*

Hiermit kündige ich mit sofortiger Wirkung, hilfsweise zum nächstmöglichen Termin, o.g. Versicherung bzw. vorsorglich alle bei Ihrem Unternehmen bestehenden Versicherungen.

Ich bitte Sie höflich, mir den Eingang dieses Schreibens und den genauen Kündigungszeitpunkt schriftlich zu bestätigen.

Alternativ bei notwendiger Fortführung:

Ich darf Ihnen mitteilen, dass durch den Erbfall nunmehr die Versicherung auf die Erben übergegangen ist. Ausweislich des in beglaubigter Abschrift beigefügten Erbscheins des Nachlassgerichts München vom 27.4.2015 sind folgende Personen zu gleichen Teilen Erben geworden:

Andreas Huber, geboren am 1.4.1994, wohnhaft ▒▒▒

Kirsten Huber, geboren am 2.5.1995, wohnhaft ▒▒▒

Ich bitte, die Versicherungspolice auf die Erbengemeinschaft umzuschreiben.

Bitte teilen Sie mir auch mit, ob der Erblasser weitere Versicherungen mit Ihrem Unternehmen abgeschlossen hat.

Sollte der Erblasser mit Beiträgen im Rückstand sein, bitte ich höflich, mir diese Rückstände zu beziffern und zu belegen, damit ich die Forderung ausgleichen kann.

Sollten Sie noch weitere Unterlagen benötigen, bitte ich um entsprechende Mitteilung. Ich werde auf die Angelegenheit binnen der nächsten vier Wochen unaufgefordert zurückkommen und bitte Sie höflich, keine kostenauslösenden Maßnahmen zu ergreifen.

Mit freundlichen Grüßen

Rechtsanwalt R als Testamentsvollstrecker

F. Kündigung von Zeitschriften- und Zeitungsabonnements

34 Nicht selten war der Erblasser auch **Abonnent einer Zeitung oder Zeitschrift**, deren Lieferung nunmehr abbestellt werden muss.

Muster: Kündigungsschreiben Zeitungsabonnement

An ▒▒▒ *(Zeitschriftenversand)*

Einschreiben mit Rückschein

Betr.: Abonnement der Zeitschrift ▒▒▒ *(Name)*

Kundennummer:

Sehr geehrte Damen und Herren,

ausweislich der Annahmebestätigung/des Annahmeprotokolls des Amtsgerichts München – Nachlassgericht – vom 28.3.2015 (der beglaubigten Kopie des Testamentsvollstreckerzeugnisses des Amtsgerichts München vom 23.4.2015) habe ich das Amt des Testamentsvollstreckers über den Nachlass des am 28.2.2015 verstorbenen

Otto Normalerblasser

übernommen.

Hiermit kündige ich in meiner Eigenschaft als Testamentsvollstrecker das Abonnement über die Zeitschrift/Zeitung ▒▒▒ *(Name)*.

Eine etwaige Einzugsermächtigung widerrufe ich mit sofortiger Wirkung.

Ich bitte Sie, mir den Kündigungszeitpunkt schriftlich zu bestätigen und mir eine Schlussabrechnung über die Kosten zu überreichen.

Sofern ein Abrechnungsguthaben besteht, ist der Betrag auf das Konto ▬▬▬ *(Kontonummer)* bei der ▬▬▬ *(Bank und BLZ)* unter Angabe des Verwendungszwecks zu überweisen.

Mit freundlichen Grüßen

Rechtsanwalt R als Testamentsvollstrecker

G. Mitteilung vom Tod des Erblassers

I. Arbeitgeber

1. Benachrichtigung des Arbeitgebers

Auch wenn der Arbeitgeber regelmäßig durch die Angehörigen etc. vom Tode des Erblassers informiert ist, sollte der Testamentsvollstrecker sich trotzdem an den jeweiligen Arbeitgeber wenden, um eventuelle Ansprüche auf Sterbegeld und weiteren Leistungen zu erfahren. So sind bspw. fällige Urlaubsabgeltungsansprüche des Erblassers vererblich und fallen dem Nachlass zu. Andere noch nicht fällige Urlaubsansprüche sind hingegen unvererblich. Zudem kann es nach einigen Tarifverträgen (z.B. Siemens) zu Weiterzahlungen des Gehaltes des Erblassers bis zu drei Monaten kommen, wenn noch Unterhaltsberechtigte vorhanden sind. Diese Gehälter können dann aber nicht mehr auf die Steuerkarte des Erblassers eingetragen werden.

35

2. Muster: Schreiben an den Arbeitgeber

An die Firma ▬▬▬

Betr.: Arbeitsverhältnis von Otto Normalerblasser

36

Sehr geehrte Damen und Herren,

ausweislich der Annahmebestätigung/des Annahmeprotokolls des Amtsgerichts München – Nachlassgericht – vom 28.3.2015 (der beglaubigten Kopie des Testamentsvollstreckerzeugnisses des Amtsgerichts München vom 23.4.2015) habe ich das Amt des Testamentsvollstreckers über den Nachlass des am 28.2.2015 verstorbenen

Otto Normalerblasser

übernommen. Eine Sterbeurkunde ist ebenfalls beigefügt.

Hiermit setze ich Sie von seinem Tod in Kenntnis.

Die Durchsicht der Unterlagen des Erblassers hat ergeben, dass noch Firmenakten zurückzubringen sind. Diese werde ich Ihnen zusammen mit der von ihnen gestellten Arbeitskleidung Anfang nächster Woche zurückbringen.

Nach dem einschlägigen Tarifvertrag sind Sie verpflichtet, den Erben des Erblassers das Gehalt noch für zwei Monate nach seinem Tod weiterzuzahlen.[27] Diesen Anspruch mache ich hiermit ausdrücklich geltend

---

[27] Nach hiesiger Auffassung fällt dieser Anspruch nicht in den Nachlass und unterliegt somit auch nicht der Verwaltungsbefugnis des Testamentsvollstreckers.

und bitte um Überweisung des Betrages auf das Konto ▓▓▓ *(IBAN)* auf die ▓▓▓ *(Bank)* mit dem Vermerk „Lohnanspruch Otto Normalerblasser".

Alternativ bei Unkenntnis:

Bitte teilen Sie mir mit, ob von Seiten des Arbeitgebers vertragsgemäß Sterbegeldzahlungen an Angehörige oder an den Nachlass zu erfolgen haben. Sofern noch Ansprüche auf Arbeitsentgelt des Erblassers oder sonstige Leistungen bestehen, bitte ich ebenfalls um Information.

Zudem bitte ich um Mitteilung, ob sich noch persönliche Gegenstände des Erblassers an seinem Arbeitsplatz befinden, damit diese abgeholt werden können.

Bitte prüfen Sie auch, ob aufgrund einer Betriebsvereinbarung oder einer betrieblichen Übung o.Ä. irgendwelche Leistungen, welcher Art auch immer, für den Todesfall oder über den Todesfall hinaus vorgesehen sind.

Abschließend bitte ich um Übersendung der Arbeitspapiere und der letzten Lohnabrechnung.

Für Ihre Mühe vielen Dank im Voraus.

Mit freundlichen Grüßen

Rechtsanwalt R als Testamentsvollstrecker

II. Finanzamt

1. Kontaktaufnahme mit dem Finanzamt

37 Das Finanzamt wird automatisch vom Tod durch die Übersendung der Bankenmitteilungen Kenntnis erlangen, so dass eine separate Information nicht notwendig ist. Wegen der besonderen Probleme mit den **Finanzbehörden** wird auf die Ausführungen in § 46 verwiesen. Demzufolge zunächst nur ein Anschreiben vorgestellt, welches immer wieder in der Praxis Anwendung findet. Die weitere Korrespondenz mit dem Finanzamt hinsichtlich der Erbschaftsteuer ist im separaten Kapitel 13 abgehandelt.

Im Rahmen der ersten Korrespondenz mit dem Finanzamt wird der Testamentsvollstrecker regelmäßig um **Fristverlängerung** für die Abgabe der **Erbschaftsteuererklärung** bzw. der **Einkommensteuererklärung** bitten. Auch sollte ein Antrag auf Herabsetzung auf Null für die Einkommensteuer- und Kirchensteuervorauszahlungen gestellt werden. Ferner ist zu prüfen, ob ggf. eine Einzugsermächtigung widerrufen werden sollte. Auch ist zu klären, ob Steueranmeldungen (z.B. Lohnsteuer für Hausangestellte, Umsatzsteuer) zu erfolgen haben.

2. Muster: Anschreiben an das Finanzamt

An das Finanzamt ▓▓▓ *(Ort)*

38 Betr.: Otto Normalerblasser Testamentsvollstreckung

Steuernummer: 33/121/01567

Sehr geehrte Damen und Herren,

ausweislich der Annahmebestätigung/des Annahmeprotokolls des Amtsgerichts München – Nachlassgericht – vom 28.3.2015 (der beglaubigten Kopie des Testamentsvollstreckerzeugnisses des Amtsgerichts München vom 23.4.2015) habe ich das Amt des Testamentsvollstreckers über den Nachlass des am 28.2.2015 verstorbenen

Otto Normalerblasser, ▓▓▓ *(Anschrift)*

übernommen.

Des Weiteren überreiche ich Ihnen eine Sterbeurkunde des Erblassers.

Eine erste Durchsicht hat ergeben, dass der Erblasser die Steuererklärungen für die Jahre 2013 und 2014 noch nicht abgegeben hatte. Da ich als Testamentsvollstrecker noch Nachforschungen bei entsprechenden Wissensträgern des Erblassers betreiben muss, um die **Einkommensteuererklärungen** gem. § 34 AO für den Erblasser nachträglich abzugeben, bitte ich höflich um

Fristverlängerung

von mindestens drei Monaten.

Des Weiteren bitte ich ebenfalls wegen der umfangreichen Sichtung und Erforschung des Nachlasses, mir für die Abgabe der **Erbschaftsteuererklärung** nach § 109 Abs. 1 AO ebenfalls gleichlautende

Fristverlängerung

zu gewähren.

Sofern der Erblasser weitere Steuererklärungen noch nicht abgegeben hat, bitte ich höflich um Mitteilung (Steuerart/Steuerjahr).

Vorsorglich wird der Antrag auf Herabsetzung auf Null für die Einkommen- und Kirchensteuervorauszahlungen gestellt.

Für Rückfragen stehe ich gerne zur Verfügung.

Mit freundlichen Grüßen

Rechtsanwalt R als Testamentsvollstrecker

Vertiefung: Siehe § 46.

III. Gesetzliche Rentenversicherung

Gegebenenfalls ist der Erblasser sogar während eines Rentenantragsverfahrens gestorben und eine Rentenauszahlung ist noch nicht durchgeführt worden. In diesen Fällen hat der Testamentsvollstrecker die Ansprüche durchzusetzen, zumal Geldleistungen nach § 11 SGB I gem. § 58 SGB I vererbt werden.

Muster: Schreiben an den Träger der gesetzlichen Rentenversicherung

An Bundesversicherungsanstalt für Angestellte

Rentennummer:

Betr.: Otto Normalerblasser aus München

Sehr geehrte Damen und Herren,

ausweislich der Annahmebestätigung/des Annahmeprotokolls des Amtsgerichts München – Nachlassgericht – vom 28.3.2015 (der beglaubigten Kopie des Testamentsvollstreckerzeugnisses des Amtsgerichts München vom 23.4.2015) habe ich das Amt des Testamentsvollstreckers über den Nachlass des am 28.2.2015 verstorbenen

Otto Normalerblasser, ▓▓▓▓ **(Anschrift)**

übernommen.

Hiermit melde ich seinen Anspruch auf Auszahlung seiner am ▓▓▓▓ *(Datum)* beantragten Rente an. Diese fällt nach § 58 SGB I in den Nachlass.

Anliegend überreiche ich:
- Sterbeurkunde
- Beitragsbescheinigungen
- Versicherungsverlaufsbescheid

Bitte senden Sie den Rentenbescheid an meine oben genannte Adresse und überweisen Sie den Betrag auf das Konto ▓▓▓▓ *(Nummer)* mit dem Vermerk ▓▓▓▓ *(Otto Normalerblasser Rente)*

Mit freundlichen Grüßen

Rechtsanwalt R als Testamentsvollstrecker

H. Steuerberater

41   Wertvolle Erkenntnisse über das Vermögen des Erblassers kann naturgemäß sein Steuerberater erbringen. Die Schweigepflicht des Steuerberaters hindert ihn nicht, die gewünschten Auskünfte dem Testamentsvollstrecker zu erteilen.

I. Kriegsopferfürsorge

42   Die Kriegsopferfürsorge gewährt nicht nur Entschädigungsleistungen für Gesundheitsschäden, welche der Erblasser infolge des Wehrdienstes oder Kriegsdienstes erlitten hat, sondern nach § 37 BVG u.U. auch ein Sterbegeld. Die Entschädigungsleistungen werden regelmäßig in Form von Rentenleistungen an den Beschädigten oder an seine Hinterbliebenen gezahlt.

J. Sozialamt

43   Bezog der Erblasser **Sozialhilfe** ist vorsorglich zu prüfen, ob der Sozialhilfeträger etwaige Rückforderungsansprüche geltend machen kann, da der Nachlass nach § 102 SGB XII hierfür haftet. Die Ersatzpflicht besteht nur für die Kosten der Sozialhilfe, die innerhalb eines Zeitraumes von zehn Jahren vor dem Erbfall aufgewendet worden sind und die das Dreifache des Grundbetrages nach § 85 Abs. 1 SGB XII übersteigen.

K. Grundbuchamt; Katasteramt; Handelsregister

I. Informationsbeschaffung über Grundbuchamt und Katasteramt

44   Um zu erfahren, ob der Erblasser nicht doch weiteres Immobilienvermögen hinterlassen hat, sollte vorsorglich am letzten Wohnort des Erblassers eine Nachfrage beim **Grundbuchamt** und beim **Katasteramt** erfolgen. Sofern der Erblasser Immobilienvermögen außerhalb seines Wohnortes hatte, nützen freilich derartige Nachfragen wenig. Zahlungen wegen Beteiligung an einem Immobilienfonds oder Wohnungseigentum nach dem WEG werden regelmäßig durch Daueraufträge erfolgen, so dass diesbezüglich die Kontoauszüge genauestens untersucht werden müssen. Selbstverständlich lassen Grundsteuerbescheide und Wohngebäude-Versicherungspolicen ebenso Rückschlüsse zu.

> **Praxistipp**
> Rein vorsorglich sollte immer auch neben dem Familiennamen des Erblassers sein Geburtsname (bei Adoption der bis dahin geltende Name) beim Amt oder anderen Behörden/Versicherungen etc. angegeben werden, da häufig z.B. nach Hochzeiten und an-

schließender Namensänderung das jeweilige Register o.Ä. nicht berichtigt oder angepasst wurde.

Beteiligungen an **Personengesellschaften** sind durch Nachforschungen beim örtlichen Handelsregister zu erfragen. Da Beteiligungen an **Kapitalgesellschaften** nicht in das Handelsregister eingetragen werden, sind auch hier wieder die Kontoauszüge und die Bankinformationen dahingehend besonders zu untersuchen. Regelmäßig wird bereits der Steuerberater, sofern vorhanden, wertvolle Hilfestellung geben können.

II. Muster: Anschreiben an das Katasteramt

An das Katasteramt München[28]

Sehr geehrte Damen und Herren,

ausweislich der Annahmebestätigung/des Annahmeprotokolls des Amtsgerichts München – Nachlassgericht – vom 28.3.2015 (der beglaubigten Kopie des Testamentsvollstreckerzeugnisses des Amtsgerichts München vom 23.4.2015) habe ich das Amt des Testamentsvollstreckers über den Nachlass des am 28.2.2015 verstorbenen

Otto Normalerblasser, geb. Mayer,[29] ▓▓▓▓ (Anschrift)

übernommen.

Um überprüfen zu können, ob der Erblasser ggf. auch unter seinem Geburtsnamen weiteres Immobilienvermögen in München und Umgebung hinterlassen hat, bitte ich um entsprechende Mitteilung.

Rechtsanwalt R als Testamentsvollstrecker

L. Weitere Anfragen und Tätigkeiten

Weitere Anfragen sind z.B. zu richten an:
- Berufsgenossenschaft
- Kfz-Meldestelle
- Kirche
- Krankenkasse wegen Sterbegeld
- Kreditkarteninstitut.

Findet der Testamentsvollstrecker geliehene Gegenstände, so sind diese selbstverständlich umgehend an den Verleiher auszuhändigen. Ältere Menschen haben häufig Gegenstände von **Sanitätshäusern** leihweise in Besitz. Regelmäßig sind diese mit Aufklebern versehen, um den Eigentümer identifizieren zu können. Zu denken ist dabei z.B. an folgende Gegenstände:
- Inhalationsgerät
- Badewannenlifter
- Hausnotruf
- Gehhilfe
- Rollstuhl.

---

28 In anderen Bundesländern (etwa Bayern) ist ein derartiges Schreiben an das entsprechende Vermessungsamt zu richten.
29 Vorsorglich immer auch den Geburtsnamen angeben, weil nicht immer nach der Ehe das Grundbuch umgeschrieben wurde.

§ 31 Kontaktaufnahme mit den Erben, Vermächtnisnehmern oder Auflagenbegünstigten

Dr. Michael Bonefeld

Inhalt:	Rn		Rn
A. Allgemeines	1	I. Muster: Kontaktaufnahme mit den Erben	5
B. Kurzübersicht	2	II. Muster: Vergütungsvereinbarung	8
C. Kontaktaufnahme mit den Erben	4	III. Muster: Auslegungsvereinbarung	11

A. Allgemeines

Neben den Sofortmaßnahmen gehört es zu den Selbstverständlichkeiten, dass sich der Testamentsvollstrecker bei den Erben vorstellt und seine rechtliche Stellung zunächst erläutert, um eventuelles Misstrauen zu entkräften. Obwohl auf das Rechtsverhältnis zwischen dem Testamentsvollstrecker und den Erben die für den Auftrag geltenden Vorschriften des Auftrags anlog anwendbar sind, ist der Testamentsvollstrecker nicht Beauftragter des Erblassers oder des Erben.[1] Der Erbe kann daher keine Weisungen erteilen, jedoch Wünsche äußern. Eine Anhörung des Erben durch den Testamentsvollstrecker vor beabsichtigten Maßnahmen ist grundsätzlich nicht notwendig. Regelmäßig ist aber der Erbe soweit zu informieren, dass er auf jeden Fall seine Rechte wahrnehmen oder seine Pflichten erfüllen kann. Im Übrigen ist der Erbe vor Ausführung des Auseinandersetzungsplans nach § 2204 Abs. 2 BGB anzuhören.

1

B. Kurzübersicht

Benachrichtigungs- und Anhörungspflicht des Testamentsvollstreckers:
- nur bei besonderen Umständen
- § 2204 Abs. 2 BGB bei Auseinandersetzungsplan

Auskunftpflicht:
- auf Verlangen bei berechtigtem Interesse
- Nachprüfbarkeit notwendig

Rechenschaftspflicht:
- bei länger dauernder Verwaltung jährlich § 2218 Abs. 2 BGB
- Übersicht für allg. Bild notwendig
- Vorlage von Belegen nur, soweit üblich

Informationspflichten – Kreis der Anspruchsberechtigten:
- Erben, Miterben, Vorerben, Nacherben erst nach Eintritt des Nacherbfalles
- Pfändungspfandgläubiger bei § 859 Abs. 2 ZPO
- Erbschaftserwerber
- Nießbraucher gem. §§ 1035, 1068 BGB (bezogen auf seinen Nießbrauch)
- Testamentsvollstrecker-Nachfolger

2

---

1 *Winkler*, Testamentsvollstrecker, Rn 467.

Nicht:
- Vermächtnisnehmer (ausnahmsweise, wenn Anspruch mitvermacht[2])
- Auflagenbegünstigter
- Pflichtteilsberechtigter

Da die Erben regelmäßig die rechtliche Stellung des Testamentsvollstreckers falsch einschätzen und ihm eher distanziert gegenüber stehen, sollte dennoch stets eine offene Informationspolitik betrieben werden. Dies gilt insbesondere für den Bereich der Testamentsvollstreckervergütung.

C. Kontaktaufnahme mit den Erben

Eine erste Kontaktaufnahme mit den Erben kann bspw. mit folgendem Schreiben erfolgen:

I. Muster: Kontaktaufnahme mit den Erben

An den

▬▬▬ *(Erben)*

Betr.: Nachlass des ▬▬▬ *(Erblasser),*

Sehr geehrter ▬▬▬ *(Erbe etc.),*

ausweislich der Annahmebestätigung/des Annahmeprotokolls des Amtsgerichts München – Nachlassgericht – vom 28.3.2015 (der beglaubigten Kopie des Testamentsvollstreckerzeugnisses des Amtsgerichts München vom 23.4.2015) habe ich das Amt des Testamentsvollstreckers über den Nachlass des am 28.2.2015 verstorbenen

Otto Normalerblasser

übernommen.

Zunächst möchte ich mich bei Ihnen kurz vorstellen und nachfolgend kurz darstellen, was die Testamentsvollstreckung für Sie und den weiteren Ablauf der Nachlassabwicklung bedeutet:

Um sicherzustellen, dass der Nachlass ordnungsgemäß verteilt und verwaltet wird, kann gem. § 2197 BGB ein Testamentsvollstrecker bestellt werden. Hiervon hat der Erblasser Gebrauch gemacht.

Welche Rechte und Pflichten der Testamentsvollstrecker im Einzelnen hat, richtet sich innerhalb des gesetzlichen Rahmens nach den Anordnungen des Erblassers (vgl. §§ 2203 ff. BGB). Dem Erblasser ist es freigestellt, ob er die Verwaltung des Nachlasses ganz oder nur für bestimmte Teile in die Hände des Testamentsvollstreckers legt. Ebenso ist es möglich, die Testamentsvollstreckung nur für bestimmte Zwecke anzuordnen.

Aufgrund des Testaments vom 19.2.2010 hat sich der Erblasser entschieden, dass ein Testamentsvollstrecker seinen vollständigen Nachlass verwalten und unter den Erben verteilen soll. Durch diese Anordnung sind die Erben in ihrer Rechtsstellung beschränkt worden. So kann z.B. der Erbe wegen § 2211 BGB „über einen der Verwaltung des Testamentsvollstreckers unterliegenden Nachlassgegenstand" nicht verfügen. Insofern bitte ich Sie, nicht über Nachlassgegenstände zu verfügen bzw. mir mitzuteilen, ob Sie oder wer bereits über Nachlassgegenstände verfügt hat.

Um den letzten Willen des Erblassers zu erfüllen, werde ich nunmehr umgehend den Nachlass des Erblassers in Besitz nehmen und ein Nachlassverzeichnis erstellen. Aus diesem Nachlassverzeichnis können Sie den

---

2 Gegebenenfalls besteht auch Anspruch über Schadensatzanspruch gegen den Testamentsvollstrecker, wenn ein Dritter ohne Auskunft das Vermächtnis nicht erfüllen kann.

Umfang des vollständigen Nachlasses ersehen, wobei u.a. auch die Nachlassverbindlichkeiten (z.B. Schulden des Erblassers) berücksichtigt werden. Wenn Sie im Besitz von Unterlagen sind, aus denen sich die Herkunft von Vermögen des Erblassers ergeben könnte, bitte ich Sie, diese mir bis zum ▮▮▮▮▮▮ *(Datum)* auszuhändigen. Das Nachlassverzeichnis kann so auch schneller erstellt und der Nachlass schneller verteilt werden. Sollten Sie oder Dritte bereits Gegenstände aus dem Nachlass entfernt haben, habe ich Sie aufzufordern, mir dies mitzuteilen bzw. diese Gegenstände bis spätestens zum ▮▮▮▮▮▮ *(Datum)* zu übergeben.

Ich werde am ▮▮▮▮▮▮ *(Datum)* ab ▮▮▮▮▮▮ *(Uhrzeit)* das Nachlassverzeichnis erstellen und gebe Ihnen gerne die Möglichkeit, am Termin teilzunehmen und der Aufnahme des Nachlassverzeichnisses anwesend zu sein.

Selbstverständlich erhalten Sie anschließend das von mir erstellte Verzeichnis unverzüglich ausgehändigt. Sollten Ihnen noch weitere Nachlassgegenstände bekannt sein, die nicht im Nachlassverzeichnis aufgeführt sind, bitte ich um umgehende Mitteilung, damit von hieraus Nachforschungen betrieben werden können.

Aufgrund der selbstständigen Stellung des Testamentsvollstreckers bin ich gesetzlich verpflichtet, den Nachlass unabhängig von den Erben zu verwalten und muss dabei diese weitgehend hiervon ausschließen.

Um den Bestand des Nachlasses ermitteln zu können, benötige ich zudem Informationen über Schenkungen des Erblassers. Bitte teilen Sie mir daher mit, welche Schenkungen der Erblasser an welche Person getätigt hat. Diese Angaben sind einerseits für die Berechnung etwaiger Pflichtteils- bzw. Pflichtteilsergänzungsansprüche und andererseits für die zu entrichtende Erbschaftsteuer wichtig.

Selbstverständlich werde ich Sie über die weitere Vorgehensweise benachrichtigen und Ihnen auf Wunsch gerne Auskunft erteilen und nach Abschluss der Vollstreckung einen Rechenschaftsbericht vorlegen.

Nach Ausgleich der Nachlassverbindlichkeiten werde ich Ihnen dann einen sog. Auseinandersetzungsplan bzw. Teilungsplan zukommen lassen. Bevor dieser Plan umgesetzt wird, würde ich gerne mit Ihnen und den anderen Erben Rücksprache halten und den Plan erläutern.

Leider hat der Erblasser in seinem Testament nicht genau aufgeführt, wie der Testamentsvollstrecker zu vergüten ist. Das Gesetz spricht in § 2221 BGB lediglich von einer angemessenen Vergütung und hat von einer gesetzlichen Gebührenordnung abgesehen. In der Rechtsprechung und Literatur haben sich daher im Laufe der Zeit verschiedene Vergütungstabellen entwickelt.

In der Praxis wird häufig bei sog. Klein- und Normalnachlässen – wie in diesem Fall – die sog. Eckelkempersche Tabelle als Grundlage genommen.[3] Dabei ergibt sich beim Aktivnachlass bis bei einem Nachlass bis zu 50.000 EUR eine Vergütung in Höhe von 4 % des Bruttonachlasses, für einen Mehrbetrag bis zu 250.000 EUR von 3 % und für einen Mehrbetrag bis zu 1.250.000 EUR von 5 %.

Der Rückgriff auf diese Tabelle hat den Vorteil für Sie, dass in der Regelvergütung (Vollstreckungsgebühr) auch gleichzeitig eine sog. Konstituierungsgebühr zur Abgeltung der Arbeit des Testamentsvollstreckers mit Aufstellung und Mitteilung des Nachlassverzeichnisses sowie Regulierung der Nachlassverbindlichkeiten enthalten ist. Im Unterschied zu den anderen Regelungen ergeben sich keine weiteren Aufschläge. In der Vergütung ist zudem bereits die Mehrwertsteuer enthalten.

Alternativ:

Es ist sicherlich sehr schwierig zu entscheiden, welche der in der Literatur aufgeführten Vergütungstabellen nun genau die richtige für den vorliegenden Nachlass ist. Es wird daher vorgeschlagen, statt eines Rückgriffs auf eine der verschiedenen Tabellen den Mittelwert aus allen gängigen Vergütungstabellen als Grundlage der Vergütung auszuwählen. Hierin liegt meines Erachtens die fairste Lösung und die sich dann ergebene Vergütung dürfte auf jeden Fall angemessen i.S.d. § 2221 BGB sein. Bei dem vorliegenden Nachlasswert von schätzungsweise 300.000 EUR macht dies ▮▮▮▮▮▮ % aus.

---

3 Evtl. Angabe einer der anderen Tabellen, sofern im Bereich des betroffenen OLG-Bezirks eine andere üblich ist.

Da über den Punkt der Vergütung naturgemäß gerne und oft gestritten wird, ist es für alle Beteiligten im Interesse eines raschen Abschlusses der Testamentsvollstreckung ratsam, eine Vereinbarung zur Vergütung zu treffen. Anliegend finden Sie daher einen Vorschlag zur Vergütung, den Sie bitte bis zum *(Datum)* unterschrieben an mich zurücksenden. Ein Freiumschlag ist beigefügt.

Möglicher Zusatz bei größeren Erbengemeinschaften:

Anbei habe ich mir erlaubt, Ihnen einen in der Literatur entwickelten und in der Praxis bewährten Vorschlag für eine Verwaltungsvereinbarung (dazu ausführlich § 35 Rn 9) beizufügen, der alle wesentlichen Punkte der Testamentsvollstreckung berücksichtigt und insbesondere auch Ihre Rechte, die Sie dem Testamentsvollstrecker gegenüber haben, darlegt. Der Abschluss einer derartigen Vereinbarung hat sich insbesondere bei größeren Erbengemeinschaften bewährt, weil durch das Einstimmigkeitsprinzip, welches im Regelfall gilt, es zu erheblichen Einigungsproblemen unter den Erben kommen kann, die es im Interesse einer raschen Abwicklung zu vermeiden gilt. Außerdem habe ich einen Vorschlag für eine Geschäftsordnung (dazu § 35 Rn 11) der Erbengemeinschaft beigefügt, der das Miteinander der Erben weiter regeln und damit vereinfachen soll.

Haben Sie Fragen, Wünsche oder Anregungen zur Testamentsvollstreckung, zögern Sie nicht, mich zu konsultieren.

Für Rückfragen stehe ich Ihnen gerne zur Verfügung

und verbleibe mit freundlichen Grüßen

Rechtsanwalt R als Testamentsvollstrecker

6 Das Anschreiben an die Erben sollte regelmäßig gleich einen Vorschlag zur Vergütung des Testamentsvollstreckers beinhalten, weil gerade in diesem Bereich auf Seiten der Erben erhebliches Misstrauen herrscht. Dem kann von vornherein mit einer klaren Regelung vorgebeugt werden, die den Erben vorzuschlagen ist.

> **Praxistipp**[4]
> Ein derartiger Vorschlag sollte folgende Punkte umfassen:
> – Höhe der Vergütung (entweder konkret oder über Tabellenbezug)
> – Umfang der vergüteten Tätigkeit
> – Klärung, was unter Bruttonachlass zu verstehen ist (Vorempfänge, Lebensversicherung?)
> – Fälligkeit der Vergütung bzw. der einzelnen Vollstreckungsabschnitte
> – Schuldner der Vergütung
> – Erhöhung der Vergütung bei erfolgreicher Verwaltungstätigkeit
> – gegebenenfalls Aufteilung der Vergütung in Abschnitte für Abwicklung und Verwaltungsvollstreckung (wichtig für Werbungskosten beim Erben)
> – Verjährung des Vergütungsanspruchs (Verjährungsverlängerung insb. bei Dauervollstreckung)
> – eventuell weitergehende Aufwendungsersatzansprüche für die Inspruchnahme Dritter und für Versicherung
> – Berechtigung zur Vorabentnahme eines Teils der Vergütung vor Abschluss der Vollstreckung
> – Abgrenzung zu sog. „Berufsdiensten" des Testamentsvollstreckers als Rechtsanwalt, Wirtschaftsprüfer oder Steuerberater, für die eine eigene Vergütung verlangt werden kann
> – bei mehreren Testamentsvollstreckern: Aufteilung der Vergütung

---

[4] Am besten ist es natürlich, wenn derartige Regelungen bereits durch den Erblasser in der letztwilligen Verfügung aufgenommen wurden. Hierauf sollte der zukünftige Testamentsvollstrecker hinwirken.

- bei Bewertungsschwierigkeiten (Unternehmen, Beteiligungen hieran): Festlegung des konkreten Wertes oder aber zumindest des Bewertungsverfahrens
- Feststellung, dass bei nachträglichem Wegfall der Anordnung der Testamentsvollstreckung dennoch die vereinbarte Vergütung geschuldet wird.

Der Vorteil einer Vergütungsvereinbarung liegt auf der Hand. Die Vereinbarung darf sogar über der vom Erblasser angeordneten Vergütung liegen, sofern nicht Ansprüche von Nachlassgläubigern oder Vermächtnisnehmern o.Ä. gefährdet werden, zumal sich dann eine eigene Haftung der Erben nach § 1978 BGB hieraus ergeben könnte.[5]

II. Muster: Vergütungsvereinbarung

Zurück an:

Testamentsvollstrecker

Vereinbarung zwischen

▓▓▓▓ (Erbe nebst Adresse) als Erbe des am ▓▓▓▓ (Datum) verstorbenen ▓▓▓▓ (Erblassers)

und

▓▓▓▓ (Testamentsvollstrecker).

Nach § 2221 BGB steht dem Testamentsvollstrecker eine angemessene Vergütung zu. Im Testament vom ▓▓▓▓ (Datum) ist selbst keine Vergütungsregelung aufgenommen worden.

(bei kleinen Nachlässen)

Um spätere Streitigkeiten hinsichtlich der Höhe zu vermeiden, vereinbaren wir, dass als Vergütungsrichtlinie die sog. Eckelkempersche Tabelle gelten soll, da diese sich in der Praxis weitgehend bewährt hat.

Danach ergibt sich folgende Vergütung:

bei einem Nachlass bis zu	50.000 EUR	4 %
für einen Mehrbetrag bis zu	250.000 EUR	3 %
für einen Mehrbetrag bis zu	1.250.000 EUR	2,5 %
für einen weiteren Mehrbetrag bis zu	2.500.000 EUR	2 %
für Werte darüber hinaus		1 %

In der Vergütung ist auch die Konstitutionsgebühr zur Abgeltung der Arbeit des Testamentsvollstreckers bei Übernahme des Amts der Ermittlung und Inbesitznahme des Nachlasses, Aufstellung und Mitteilung des Nachlassverzeichnisses sowie Regulierung der Nachlassverbindlichkeiten enthalten.

Ebenso ist die Mehrwertsteuer enthalten. (oder: Die Mehrwertsteuer ist nicht enthalten)

Die Vergütung ist nach Anzeige des Testamentsvollstreckers von der Beendigung seiner Tätigkeit fällig.

Der Testamentsvollstrecker ist nach Erstellung des Nachlassverzeichnisses berechtigt, eine Vorabentnahme in Höhe von 2.500 EUR aus dem Nachlassvermögen zu entnehmen, sofern der Nachlass nicht durch die Entnahme gefährdet wird.

(z.B. bei Nachlässen ab ca. 500.000 EUR)

Mittlerweile hat sich in der Praxis der Vergütungsvorschlag des Deutschen Notarvereins durchgesetzt. Diese Vergütungsempfehlung hat zwischenzeitlich ihre Bestätigung in der obergerichtlichen Rechtsprechung gefunden (OLG Köln ZEV 2008, 335; OLG Schleswig ZEV 2009, 625). Bei der Bestimmung der angemessenen

---

5 MüKo/*Zimmermann*, § 2221 Rn 6.

Vergütung des Testamentsvollstreckers soll aber eine rein schematische Anwendung einer Tabellenvergütung herangezogen werden. Der Vergütungsvorschlag arbeitet daher mit Zu- und Abschlägen und einem Grundbetrag von $^{10}/_{10}$.

Angesichts der zu erwartenden Schwierigkeiten bei der Abwicklung wegen der Zusammensetzung des Nachlasses und der Tatsache, dass zahlreiche Immobilien veräußert werden und Verbindlichkeiten ausgeglichen werden müssen, wird eine Pauschalvergütung von $^{20}/_{10}$ nach dem o.g. Vergütungsvorschlag vereinbart.

Ausgangspunkt für die Vergütung ist der Bruttonachlass ohne Lebensversicherungsleistungen.

Ggf. weitere Regelungen hinsichtlich der Entnahme und Fälligkeit der Vergütung

Der Testamentsvollstrecker ist zudem berechtigt, freiberuflich gegen berufsübliche Vergütung entsprechend den Bestimmungen des RVG, bzw. der Kostenordnung für die Erben tätig zu werden.

Er hat ferner Anspruch auf Ersatz seiner notwendigen Auslagen, Reisekosten entsprechend den Bestimmungen des RVG sowie der Mehrwertsteuer.

Die vorstehende Vergütungsregelung gilt auch für den Fall der vermeintlichen Testamentsvollstreckung. Insoweit verzichten die Erben ausdrücklich auf Ansprüche aus ungerechtfertigter Bereicherung.

(Ort), den	Name und Unterschrift der/des Erben
(Ort), den	Name und Unterschrift des Testamentsvollstreckers

Vertiefung: Siehe § 21.

9 **Abwandlung**

Zwar ist die Erbeinsetzung eindeutig, jedoch ist für den Testamentsvollstrecker fraglich, ob es sich bei zwei Zuwendungen an die Erben um eine Teilungsanordnung oder um ein Vorausvermächtnis handelt.

10 Sofern die letztwillige Verfügung unklar formuliert ist, steht der Testamentsvollstrecker häufig vor dem Problem der Auslegung. Der in der Praxis häufigste Fall ist das Problem der Abgrenzung, ob eine Teilungsanordnung oder ein Vorausvermächtnis vorliegt. Auch bietet sich an, mit den beteiligten Personen im Vorfeld eine Einigung über die Auslegung einer letztwilligen Verfügung zu erzielen. Die Zulässigkeit solcher Auslegungsverträge ist allg. anerkannt.[6] Die Bindungswirkung eines Auslegungsvertrages ist hingegen umstritten. Er lässt selbstverständlich mangels dinglicher Wirkung die materielle Erbrechtslage unberührt. Allerdings wird dem Auslegungsvertrag wenigstens mittelbare zivilprozessuale Bedeutung zugestanden. Aus diesem Grunde sollte man darauf achten, dass auch ein „pactum de non petendo" im Vertrag aufgenommen wurde. Des Weiteren ist wegen der Parallelen mit einem Erbschaftskaufvertrag auf jeden Fall eine notarielle Beurkundung zu empfehlen.

III. Muster: Auslegungsvereinbarung

(Notarielle Urkundenformalien)

11 Erschienen sind:
1. Herr Rechtsanwalt R als Testamentsvollstrecker über den Nachlass des am 28.2.2010 verstorbenen Otto Normalerblasser,
2. Frau P
3. Herr F

---

[6] Dazu ausführlich: *Selbherr*, ZErb 2005, 10 ff.

Sie erklären mit der Bitte um notarielle Beurkundung:

Wir schließen den folgenden

Auslegungsvertrag

I. Darstellung der Rechtslage

Am 28.2.2015 ist in Krankenhaus Harlaching Herr Otto Normalerblasser, geb. am 22.1.1942, verstorben. Er hat Herrn Rechtsanwalt R in seinem notariellen Testament vom 19.2.2010 des Notars Dr. Wachtelhofen zu seinem Testamentsvollstrecker ernannt. In diesem Testament wurden die Frau P und Herr F zu Erben zu gleichen Teilen eingesetzt. Daneben hat der Erblasser den beiden Erben jeweils eine Immobilie zugewendet. Der Wert der beiden Immobilien ist unterschiedlich. Der Wert der Immobilie, welche an Frau F zugewendet ist, hat einen um 100.000 EUR höheren Wert als die Immobilie, die an Herrn F zugewendet ist.

II. Übereinstimmende Auslegung

Alle Beteiligten wollen die Erbschaftsangelegenheit des Otto Normalerblasser einvernehmlich regeln. Da der Erblasser keinerlei Andeutungen in der letztwilligen Verfügung gemacht hat, ob einer der Erben einen Vermögensvorteil durch die Zuwendung erhalten soll, und sich der Sachverhalt nicht endgültig klären lässt, sollen zur Vermeidung einer späteren gerichtlichen Auseinandersetzung einvernehmlich die Anordnungen der Zuwendung der Immobilien ▉▉▉ als Teilungsanordnung ausgelegt werden.

Demnach soll im Rahmen des noch zu erstellenden Teilungsplanes diese Zuwendungen als Teilungsanordnung aufgenommen werden, so dass es bei der Auseinandersetzung zu einem Wertausgleich kommen wird.

Der Wert der beiden Immobilien wird einvernehmlich festgestellt mit:

Immobilie ▉▉▉ mit 180.000 EUR

Immobilie ▉▉▉ mit 280.000 EUR.

▉▉▉

Vorsorglich erklären Frau F und Herr P jeweils, dass sie keine Forderung auf Erfüllung eines Vorausvermächtnisses hinsichtlich der o.g. Immobilien stellen werden.

III. Salvatorische Klausel

1. Sollten einzelne Bestimmungen dieses Vergleichs unwirksam sein oder werden bzw. Lücken enthalten sein, so wird dadurch die Wirksamkeit der übrigen Bestimmungen nicht berührt. Die Beteiligten verpflichten sich in einem solchen Falle, anstelle der unwirksamen oder lückenhaften Bestimmung eine Regelung zu treffen, die rechtlich und wirtschaftlich der unwirksamen oder fehlenden Bestimmung am nächsten kommt.

2. Den Beteiligten ist bekannt, dass nach der derzeitigen Rechtsprechung (BGH NJW 1986, 1812) ein dinglich wirkender Vergleich bezüglich der erbrechtlichen Positionen nicht möglich ist und deshalb lediglich eine schuldrechtliche Vereinbarung getroffen werden konnte.

▉▉▉

Diese Niederschrift wurde vom Notar den Erschienenen vorgelesen, von diesen genehmigt und von ihnen und dem Notar eigenhändig unterschrieben:

§ 32 Weitere Korrespondenz (Nachlassgericht)

Dr. Michael Bonefeld

Für die weitere Korrespondenz mit dem **Nachlassgericht** empfiehlt sich die Benutzung des nachfolgenden Formularschreibens. Dort sind alle wesentlichen Punkte im Schriftverkehr mit dem Nachlassgericht aufgeführt, so dass es auch in der Zukunft immer wieder Verwendung finden kann.

Ohnehin wird der Testamentsvollstrecker ein Amtsformular übersandt erhalten, um den Wert des Nachlasses angeben zu können, damit die Kosten u.a. für die Erteilung des Testamentsvollstreckerzeugnisses vom Gericht berechnet werden können. Hier empfiehlt es sich, sogleich bei Immobilien alte Kaufverträge und die Brandversicherungen herauszusuchen, da diese für den Revisor wichtige Anhaltspunkte für die (kostenrechtliche) Bewertung der Immobilien geben können und regelmäßig ohnehin angefordert werden.

Muster: Korrespondenz mit dem Nachlassgericht

An das Amtsgericht ▓▓▓ (Ort)

– Nachlassgericht –

▓▓▓ (Adresse)

Betrifft: Nachlasssache nach ▓▓▓ (Erblasser), verstorben am ▓▓▓ (Datum) in ▓▓▓ (Ort)

Geschäfts-Nr.:

Zutreffendes ist angekreuzt:

In der vorbezeichneten Nachlasssache überreiche ich:
☐ die Sterbeurkunde des Verstorbenen
☐ Hinterlegungsschein(e)
☐ im Nachlass vorgefundene(s) privatschriftliche(s) – gemeinschaftliche(s) – Testament(e)
☐ ▓▓▓

Ich bitte um Eröffnung der vorliegenden Verfügung(en) von Todes wegen.

Auf eine Ladung zum Eröffnungstermin verzichte ich.
☐ Weitere Testamente der/des Verstorbenen habe ich im Nachlass nicht gefunden.
☐ Ein weiteres Testament der/des Verstorbenen befindet sich meines Wissens im Besitz von ▓▓▓

Zum Nachlass gehört

☐ kein Grundbesitz
☐ folgender Grundbesitz: Grund-   Blatt ▓▓▓   Lage: ▓▓▓
   buch von ▓▓▓
☐ keine im Handelsregister eingetragene Firma
☐ folgende im Handelsregister eingetragene Firma:
☐ Den Wertermittlungsbogen kann ich zur Zeit noch nicht ausfüllen. Ich reiche ihn nach.
☐ Den Wertermittlungsbogen habe ich beigefügt.
☐ Ein Kaufvertrag von ▓▓▓ sowie die Brandversicherungssumme sind beigefügt.

Die/Der Erblasser(in) war:

☐ ledig ☐ verheiratet ☐ verwitwet ☐ geschieden ☐ Familienstand unbekannt

Der Erblasser hatte ☐ Kinder ☐ keine Kinder

Die Namen und Anschriften der Personen, die als gesetzliche Erben in Betracht kommen würden, sind nachfolgend vermerkt (ggf. auf besonderer Anlage) vermerkt, ebenso die Adressen aller sonst in dem Testament genannten Personen.

Namen und Anschriften der Verfahrensbeteiligten:
1. Ehegatte d. Erblasser(in):
2. Kinder d. Erblasser(in) – anstelle verstorbener Kinder sind deren Abkömmlinge aufgeführt:
Sofern keine Kinder oder andere Abkömmlinge vorhanden sind:
3. Eltern d. Erblasser(in):
3.1. Vater:
3.2. Mutter:
Sofern Vater oder Mutter d. Erblasser(in) bereits verstorben sind:
4. Geschwister d. Erblasser(in) – anstelle verstorbener Geschwister sind deren Abkömmlinge aufgeführt – Sonstige im Testament genannte Personen:

Für Rückfragen stehe ich gerne zur Verfügung.

Mit freundlichen Grüßen

– Rechtsanwalt als Testamentsvollstrecker –

§ 33 Die Erstellung des Nachlassverzeichnisses

Dr. Michael Bonefeld

Inhalt:	Rn		Rn
A. Allgemeines	1	D. Muster: Ausführliches Nachlassverzeichnis mit Anlagen	9
B. Muster: Nachlassverzeichnis	5		
C. Muster: Übersendungsschreiben mit Nachlassverzeichnis	8		

A. Allgemeines

Zu den ersten Aufgaben des Testamentsvollstreckers gehört es, unaufgefordert und unverzüglich ein Nachlassverzeichnis zu erstellen. Dieses beinhaltet alle der Testamentsvollstreckung unterliegenden Nachlassgegenstände sowie alle Aktiva und Passiva. 1

Vertiefung: Siehe § 8 Rn 7 ff.

In der Praxis hat sich eine sofortige vorläufige Bestandsaufnahme auch unter Unterstützung von Video- oder Digitalkameras bewährt. Dann sollte man umgehend die Erben vom Termin über die Aufnahme des Nachlassverzeichnisses benachrichtigen, um ihnen die Hinzuziehung nach § 2215 Abs. 3 BGB zu ermöglichen. Im Termin kann dann auf Basis der vorläufigen Bestandsaufnahme das Nachlassverzeichnis ergänzt bzw. vervollständigt werden. Durch eine derartige Vorgehensweise vermeidet man, dass sich der Aufnahmetermin zusammen mit den Erben unnötig in die Länge zieht. Bei der Begehung der Wohnung zum Zwecke der Aufnahme für das Nachlassverzeichnis besteht kein Anwesenheitsrecht der Erben, weil es sich nur um eine Vorbereitungshandlung für die Erstellung des Nachlassverzeichnisses ist. Die eigentliche Aufnahme findet dann meist in der Kanzlei statt. Hier haben dann die Erben die Möglichkeit, Ergänzungen anzuregen. Insofern ist es ratsam, den Erben mit der Ladung für die Aufnahme des Verzeichnisses in der Kanzlei zugleich ein erstes vorläufiges Verzeichnis zur Verfügung zustellen und diese zu bitten, etwaige fehlende Gegenstände etc. mitzuteilen, damit bis zum Termin die Nachforschungen erfolgen können. 2

Das Nachlassverzeichnis könnte wie folgt aufgebaut werden, wobei eine Wertangabe rechtlich nicht vorgeschrieben, aber üblich ist. Sofern sich allerdings wie bei Geldvermögen der Nachlassgegenstand über seinen Wert definiert, ist eine Wertangabe erforderlich. Soweit die Bewertung mit besonderen Schwierigkeiten verbunden ist, sollte dabei das Bewertungsverfahren angegeben werden (bei Immobilien etwa, ob Sach- oder Ertragswertverfahren zugrunde gelegt wurde). 3

Im Einzelnen bestehen erhebliche Unterschiede zwischen einem Bestandsverzeichnis nach § 2314 BGB und einem Nachlassverzeichnis nach § 2215 BGB: 4

	Bestandsverzeichnis nach § 2314 BGB	Nachlassverzeichnis nach § 2215 BGB
Stichtag	Todestag des Erblassers	Tag der Amtsannahme
Abgabepflicht	Nur auf Verlangen	Unverzüglich und unaufgefordert
Reichweite	Bestand des Nachlasses nebst sämtlicher Schenkungen des Erblassers	Bestand des Nachlasses ohne etwaige Schenkungen des Erblassers an Dritte

	Bestandsverzeichnis nach § 2314 BGB	Nachlassverzeichnis nach § 2215 BGB
Wertermittlung	Wertermittlungsanspruch	Grundsätzlich kein Wertermittlungsanspruch – keine Wertangaben notwendig Ausnahmsweise Pflicht zur Wertermittlung, wenn der Erbe seinerseits gegenüber einem Pflichtteilsberechtigten nach § 2314 Abs. 1 S. 1 u. 2 BGB sowie wegen eines Pflichtteilsergänzungsanspruchs aus § 2325 BGB auskunfts- und wertermittlungspflichtig ist. Dann muss der Testamentsvollstrecker den Erben unterstützen.
Hinzuziehungsrecht	Pflichtteilsberechtigter	Erbe

B. Muster: Nachlassverzeichnis

Nachlassverzeichnis

5   über den Nachlass des/der am 28.2.2015

verstorbenen **Otto Normalerblasser**

zur Vorlage für die Erben F und P

erstellt zum 28.3.2015, dem Tag der Annahme des Amtes des Testamentsvollstreckers

Tag der Aufnahme: 29.3.2015

Alle Wertangaben sind in **EUR**

A. Nachlassmasse – Aktiva	
1. Grundbesitz (Ort, Lage, Nutzungsart und Bebauung, grundbuchliche Bezeichnung)	WERT
NICHT VORHANDEN Anteil daran (z.B. ½, ⅓) Verkehrswert	
Verzeichnis der Mieter und Pächter (Angabe der Namen, der Wohnung, der Höhe und Fälligkeit des Miet- oder Pachtzinses und etwaiger Rückstände)	
2. Erwerbsgeschäft (genaue Bezeichnung des Betriebes, Anteil)	
NICHT VORHANDEN	
Verkaufswert (a) bei gewerblichen Betrieben – Bilanz zum Todestage ist beizufügen – aa) der Geschäftseinrichtung bb) des Warenlagers cc) des Kundschaftswertes (Goodwill) und Ähnliches	
Zusammen:	
b) bei landwirtschaftlichen Betrieben aa) der zum Verkauf bestimmten Erntevorräte	

bb) der Maschinen cc) des Viehs	
3. **Gegenstände des persönlichen Gebrauchs**, namentlich Kleidungsstücke, Leibwäsche, Bücher, Instrumente, Sport- und Jagdgeräte, Rundfunk- und Fernsehgeräte, Musikinstrumente, optische Geräte, Tiere, Boote, Wohnwagen usw.	
Siehe anliegende Inventarliste mit Wertschätzungen des Nachlassauktionators Adam	32.390,00
4. **Kunstgegenstände, Schmucksachen, Ringe, Gold- und Silbersachen, Sammlungen**	
2 Medaillen (EUR und Karl der Große)	10,00
ein „Schwarzer Bayern Einser", gestempelt, „Kabinett", gepr. Sem	1.100,00
5. **Haus- und Küchengeräte**, namentlich Möbel, Bilder (soweit nicht unter Abschn. 1 Nr. 4), Uhren, Vorhänge, Teppiche, Spiegel, Lampen, Porzellan, Gläser, Kühlschränke, Waschmaschinen, Wäsche, Betten (bei Haushaltsgegenständen genügt die Angabe des Gesamtwertes)	
Siehe Inventarliste[1] oben unter 3.	
6. **Kraftfahrzeuge** (Kennzeichen, Marke, Baujahr), Fahrräder	
NICHT VORHANDEN	
7. **Bargeld**	
aus Portemonnaie	22,05
8. **Wertpapiere, Anteile, Genussscheine und dgl.**, Bezeichnung und Kurswert (Kurswertberechnung der Bank beifügen)	
Industria Dresdner Bank Aktienfonds gem. anliegender Bescheinigung	105.241,02
Internationales Immobilieninstitut gem. anliegender Bescheinigung	28.550,38
9. **Bank-, Sparkassen- und Postspargutaben, sonstige Guthaben, Postscheckkonten** (Nr. des Kontos, Name und Sitz der Sparkasse, Bank usw. angeben)	
Sparkasse München Konto 4711	4.074,07
Commerzbank München Konto 10815	949,00
KSP München-Starnberg Sparkonto 3297/12345	7.006,41
10. **Ausstehende Forderungen**, namentlich Hypotheken-, Grund- und Rentenschuldforderungen, Forderungen aus Kauf- und Darlehensverträgen, Rentenforderungen, Forderungen aus Pacht und Mietverträgen, Einlagen als stiller Gesellschafter – unter Angabe der vollständigen Anschrift des Schuldners sowie bei eingetragenen Forderungen der Grundbuchbezeichnung. Höhe und Fälligkeit der laufenden Zinsen? Rückstände?	
Rente der LVA gem. Leistungsbescheid vom 25.2.2015	21.023,36
Guthaben aus Nebenkostenabrechnung der Mietwohnung -Str., München vom 26.2.2015	201,53
Guthaben aus Heizkostenabrechnung der MMW vom 26.2.2015	20,55

---

[1] Ohne Weiteres können Sachgesamtheiten gebildet werden, wie z.B. Unterwäsche statt 5 Unterhosen Doppelripp weiß, 5 Unterhemden Doppelripp weiß. Anders ist dies bei wertvollen Sachen, wie z.B. bei Pelzmänteln, wo die Fellart ein wesentlicher Wertfaktor ist.

11. Forderungen aus Versicherungsverträgen, soweit sie zum Nachlass gehören (die Forderung gehört nicht zum Nachlass, wenn die Versicherung zugunsten einer bestimmten Person abgeschlossen wurde) – Nähere Bezeichnung NICHT VORHANDEN	
12. Beteiligung an einer Gesamthand, z.B. Erbengemeinschaft (besonderes Verzeichnis beifügen), sonstige Sachen und Rechte (hier namentlich Beteiligungen an Gesellschaften oder Genossenschaften, Erbbaurechte, Wohnungseigentum – mit Grundbuchbezeichnung – angeben), auch Verlags-, Patent- und Urheberrechte. NICHT VORHANDEN	
13. Forderungen aus dem Lastenausgleich NICHT VORHANDEN	
14. Sonstige Forderungen NICHT VORHANDEN	
AKTIVA ZUSAMMEN	200.588,37
B. Nachlassverbindlichkeiten – Passiva (mit Namen der Gläubiger)	
1. Hypotheken, Grundschulden, Rentenschulden oder Reallasten, die auf einem zum Nachlass gehörenden Grundstück eingetragen sind (Grundbuchbezeichnung, Höhe und Fälligkeit der laufenden Zinsen und rückständigen Zinsen bis zum Todestage angeben). Bei Tilgungshypotheken ist nur der zu zahlende Restbetrag des Kapitals einzusetzen, bei Grundschulden nur die tatsächliche Valutierung. NICHT VORHANDEN	
2. Hypothekengewinnabgabe NICHT VORHANDEN	
3. Vermögensabgabe NICHT VORHANDEN a) Vierteljahresbetrag b) Rückstände	
4. Steuerrückstände NICHT VORHANDEN	
5. Geschäfts-, landwirtschaftliche Betriebsschulden unter Angabe des Zinssatzes und des Schuldgrundes NICHT VORHANDEN	
6. Sonstige Verbindlichkeiten, z.B. Darlehen usw. unter Angabe des Zinssatzes und des Schuldgrundes	
Notar Dr. Wachtelhofen, Notarkosten für Testament, Rechnung vom 19.2.2015	653,08
Firma Fensterfix, Zahlung der Reparaturkosten gem. Rechnung vom 15.1.2015	200,00
Amtsgericht München, Kosten für Hinterlegung des Testaments, Bescheid vom 20.2.2015	158,60
Deutsche Telekom, Telefonkosten, Rechnung vom 16.2.2015	59,60
Rechtsanwalt Blender, Rechtsanwaltskosten für Rechtsstreit Normalerblasser ./. LVA gem. Honorarrechnung vom 17.2.2015	957,69

7. Krankheits- und Arztkosten, welche am Todestag noch nicht bezahlt waren, soweit sie nicht von einem anderen, insbesondere einer Krankenkasse ersetzt werden.	
Städtisches Klinikum, Rechnung vom 15.1.2015	238,00
8. Rückzahlung an gewährter Sozialhilfe	
NICHT VORHANDEN	
9. Sonstige Nachlassverbindlichkeiten	
a) Wert der Vermächtnisse Bar	
Sachwerte	
Bergwacht Mittenwald e.V.	10.000,00
Zusammen:	10.000,00
b) Wert der Auflagen siehe unten: Kosten der Seebestattung	
c) Wert der Pflichtteilsansprüche NICHT VORHANDEN	
d) Ausgleichsansprüche des überlebenden Ehegatten nach § 1371 Abs. 2 BGB NICHT VORHANDEN	
e) Ausbildungsanspruch von Stiefkindern, § 1371 Abs. 4 BGB NICHT VORHANDEN	
f) Unterhaltsanspruch geschiedener Ehegatten NICHT VORHANDEN	
g) Unterhaltsanspruch der werdenden Mutter NICHT VORHANDEN	
PASSIVA ZUSAMMEN:	
Verbindlichkeiten, die durch den Todesfall entstanden sind	
Kosten der Bestattung; Beerdigungskosten, Ausgaben für die Errichtung eines Grabsteines, Trauerkleidung usw., soweit sie nicht von einem anderen, insbesondere einer Kranken- oder Sterbekasse ersetzt werden. (Nähere Bezeichnung und Angabe der einzelnen Beträge) Bestattungskosten für Seebestattung, Trauerhilfe GmbH, Rechnung vom 15.3.2015	1.132,87
Kosten für Testamentseröffnung, Nachlasssicherung und Verwaltung	Liegt noch nicht vor
Testamentsvollstreckerhonorar	Liegt noch nicht vor
Erbschaftsteuer	Liegt noch nicht vor
Erbfallkosten zusammen:	
AKTIVA abzüglich PASSIVA und ERBFALLKOSTEN	
Das obige Nachlassverzeichnis entspricht dem Nachlassbestand vom 29.2.2015. Bisher wurden keine Veränderungen zwischen dem Nachlassbestand zum Zeitpunkt des Erbfalls am 28.2.2015 und dem Zeitpunkt der Errichtung des Verzeichnisses festgestellt.	

> Sollten Ihnen weitere Nachlassgegenstände bekannt sein oder sonstige Veränderungen, so bitte ich Sie, mir dies umgehend mitzuteilen.
> (Ort, Datum, Unterschrift)

6 **Praxistipp**
Kann der TV das Nachlassverzeichnis nicht rechtzeitig erstellen, sollte den Erben ein erläuternder Zwischenbescheid gegeben werden. Hierdurch wird vermieden, dass ein Entlassungsgrund nach § 2215 BGB entsteht, da Erbeninteressen nicht gefährdet werden. In diesem Zusammenhang kann dann auch nachgefragt werden, ob den erben bestimmte Gegenstände in dem Verzeichnis vermissen und wissen, wo sich diese befinden.
Bei der Erstellung des Verzeichnisses ist auf die vollständige Erfüllung zu achten, da ansonsten der Einwand der Nichterfüllung durch die Gegenseite und damit ggf. eine Vollstreckung des Auskunftsanspruchs erfolgen kann.
Nach der Rechtsprechung[2] muss der Notar beim **notariellen Nachlassverzeichnis** deutlich machen, welche Eigenermittlungen er vorgenommen hat und klarstellen, dass das Verzeichnis auf seinen eigenen Feststellungen und nicht nur auf Auskünften des Erben beruht.
Erhält man lediglich ein Nachlassverzeichnis, bei dem der Notar nur Mitteilungen übernommen hat, so ist die Gegenseite zunächst darauf hinzuweisen und zur Erfüllung aufzufordern. Anschließend ist das Zwangsvollstreckungsverfahren zu betreiben, bei dem sich der Gegner nur mit der Vollstreckungsgegenklage nach § 767 ZPO wehren könnte.
Wenn der Erbe von seinem Recht aus § 2215 Abs. 3 BGB Gebrauch gemacht hat, bei der Erstellung des Nachlassverzeichnisses hinzugezogen zu werden, so genügt es unter Berücksichtigung der Rechtsprechung[3] nicht, dass der Testamentsvollstrecker ihm lediglich einen Termin vorschlägt. Wird trotz Verlangens des Erben nach Anwesenheit dennoch ohne ihn ein Verzeichnis erstellt, so muss die Aufnahme wiederholt werden.[4]
Auch bei der Erteilung der **Auskunft durch Übersendung eines Bestandsverzeichnisses**, welches nur **vom Rechtsanwalt** und nicht persönlich vom Testamentsvollstrecker gefertigt wurde, ist Vorsicht geboten.
Nach § 2215 Abs. 2 Hs. 1 BGB ist das Verzeichnis **vom Testamentsvollstrecker persönlich zu unterschreiben**. Die Wissenserklärung i.S.d. § 260 BGB ist höchstpersönlicher Natur.[5] Demnach liegt in der Übersendung einer notwendig schriftlichen Auskunft durch einen Dritten (z.B. den Rechtsanwalt) ohne abschließende Unterschrift des Testamentsvollstreckers keine Erfüllung.
Also: Bei der Erstellung des Nachlassverzeichnisses die gesetzlichen Vorgaben unbedingt beachten, damit Erfüllung eintritt.

Ein Anspruch auf Vervollständigung des Nachlassverzeichnisses besteht – mit wenigen seltenen Ausnahmen – nicht. Daher gleich den Antrag auf Abgabe der Eidesstattlichen Versicherung stellen.

---

2 OLG Koblenz NJW 2014, 1972; OLG Köln ZEV 2013, 262; OLG Saarbrücken ZEV 2011, 373; OLG Schleswig NJW-RR 2011, 946; OLG Celle ZErb 2003, 382 m. Anm. *Nieder*, ZErb 2004, 60. Ausführlich dazu auch *Schreinert*, RNotZ 2008, 61.
3 Brandenburgisches OLG ZErb 2004, 104, dort bezogen auf § 2314 BGB.
4 So auch *Tanck*, in: Mayer/Süß/Tanck/Bittler/Wälzholz, § 13 Rn 142.
5 BGH NJW-RR 1986, 369.

Sollen die Erben nicht mit dem unter § 31 aufgeführten Formulierungsvorschlag angeschrieben werden und entscheidet man sich für eine andere Art der Kommunikation, kann das Nachlassverzeichnis z.B. mit folgendem Anschreiben übersandt werden:[6]

C. Muster: Übersendungsschreiben mit Nachlassverzeichnis

An ▬▬▬ (Erben)

▬▬▬ (Adresse)

(Einwurf-Einschreiben)

In der Nachlasssache des Otto Normalerblasser

Sehr geehrte Damen und Herren,

in obiger Angelegenheit bin ich bekanntlich als Testamentsvollstrecker des am 28.2.2015 verstorbenen Otto Normalerblasser durch notarielles Testament vom 19.2.2010 ernannt worden.

Die Testamentseröffnung fand am 29.2.2015 vor dem Nachlassgericht in München statt. Ich habe das Amt als Testamentsvollstrecker am 29.2.2015 angenommen. Am 4.3.2015 wurde mir das in Kopie beiliegende Testamentsvollstreckerzeugnis erteilt.

Mit Schreiben vom 29.2.2015 hatte ich Sie angeschrieben, um Ihnen die Möglichkeit zu geben, bei der Aufnahme des Nachlassverzeichnisses anwesend zu sein. Von diesem Recht haben Sie keinen Gebrauch gemacht.

In der Anlage übersende ich Ihnen ein Nachlassverzeichnis über die der Testamentsvollstreckung unterliegenden Gegenstände und komme hiermit meiner Verpflichtung aus § 2215 BGB nach.

Ich darf Sie bitten, der guten Ordnung, auf der beigefügten Kopie dieses Schreibens dessen Erhalt zu bestätigen.[7]

Rechtsanwalt als Testamentsvollstrecker

Nicht mit einem Nachlassverzeichnis nach Maßgabe des § 2215 BGB zu verwechseln ist das Nachlassverzeichnis, welches das Nachlassgericht zur Berechnung der Gebühren fordert. Dieses weicht erheblich vom Nachlassverzeichnis ab. Regelmäßig übersendet für die Meldung das Nachlassgericht folgendes Formular:

---

6 Dabei ist jedoch darauf zu achten, dass die Erben zuvor von der Aufnahme des Nachlassverzeichnisses benachrichtigt werden sollten, um eine Teilnahme bei der Aufnahme wegen § 2215 Abs. 3 BGB zu ermöglichen. Andernfalls droht die erneute Aufnahme durch den Testamentsvollstrecker.
7 Wiedervorlage erforderlich, um Eingang der Bestätigung zu kontrollieren.

Amtsgericht München — Abt. für Nachlasssachen —

Geschäftszeichen: _____ VI _____

Vor- und Zuname des Verstorbenen: _____ Todestag: _____

Nachlassverzeichnis

	1. **Nachlassvermögen am Todestag**	**EUR**
1.1	Bargeld (in- und ausländisches)	
1.2	In- und ausländische Guthaben bei Sparkassen, Banken, der Postbank und bei Bausparkassen - Bitte Ausfüllhinweise beachten! -	
1.3	Wertpapiere (Kurswert), Sparkassenbriefe	
1.4	Forderungen d. Verstorbenen gegen Dritte, z.B. Anspruch d. Verstorbenen auf Steuerrückvergütung, auf Schadenersatz, auf Rückzahlung einer Darlehenssumme	
1.5	Lebensversicherungen, private Sterbegelder und andere Versicherungen - Bitte Ausfüllhinweise beachten! -	
1.6	Kunstgegenstände, Schmuck, unverarbeitete Edelmetalle (z.B. Barrengold), Sammlungen (z.B. Münzen, Porzellan, Briefmarken, Waffen), Musikinstrumente - geschätzter Verkaufswert -	
1.7	Gebrauchsgegenstände (Beispiele: Kraftfahrzeuge, Fahrräder, Sportgeräte, Computeranlagen, Mobiltelefone, Film- und Videokameras, Werkzeuge, Maschinen) sowie wertvolle Haustiere und Viehbestand - geschätzter Verkaufswert -	
1.8	Mobiliar/Hausrat sowie wertvolle Kleidung (Beispiele: verwertbare Möbel und Antiquitäten, Teppiche, sonstige neu- und hochwertige Gegenstände) - geschätzter Verkaufswert -	
1.9	**Erwerbsgeschäft:** - Bitte Ausfüllhinweise beachten! - Firmenbezeichnung: _____ Anschrift: _____ Ist die Firma im Handelsregister eingetragen? ☐ Nein ☐ Ja; Amtsgericht _____ Geschäftszeichen: HR: _____ Beteiligungsverhältnis d. Verstorbenen ☐ Inhaber ☐ Gesellschafter ☐ Pächter ☐ _____ Gesamtreinvermögen _____ EUR Anteil d. Verstorbenen _____ Bei weiteren Erwerbsgeschäften bitte eine entsprechende gesonderte Aufstellung beifügen.	

1.10	**Grundbesitz:**
	- Bitte Ausfüllhinweise beachten! -
	
	Eingetragen im Grundbuch _____ Gemarkung _____ Blatt _____
	des Amtsgerichts _____
	
	Art des Grundbesitzes:
	☐ Eigentumswohnung ☐ Erbbaurecht
	☐ Bebauter Grundbesitz ☐ Unbebauter Grundbesitz, nämlich
	  ☐ Einfamilienhaus Art _____
	  ☐ Mehrfamilienhaus (z.B. Bauland, Land-/Forstwirtschaft)
	  ☐ Betriebsgrundstück
	
	Weitere Angaben zur Wertermittlung
	1. Grundstücksgröße _____ m² 6. Kaufpreis/Herstellungskosten _____ EUR
	2. Wohn- bzw. Nutzfläche _____ m² 7. Brandversicherungssumme 1914 gem. Brandversicherungs-
	  des Gebäudes bzw. der Eigentumswohnung urkunde _____ EUR
	3. Baujahr _____ 8. Umbau, Anbau, Renovierung
	      Jahr _____ Kosten: _____ EUR
	4. Kaufjahr _____ 9. Verkehrswert (= Verkaufswert) _____ EUR
	5. Erbbaurecht: bestellt am _____ 10. Anteil d. Verstorbenen _____
	    endet am _____
	    jährlicher Erbbauzins _____ EUR	

1.11	Sonstige Rechte (z.B. Urheberrechte, Erfindungen, Patente)	
	Summe der Nachlasswerte	

NS 71 a Wertanfrage in Testaments- und Erbscheinsangelegenheiten mit Nachlassverzeichnis (04.04)

2.	**Nachlassschulden**	**EUR**
2.1	**Schulden d. Verstorbenen am Todestag**	
2.1.1	Hypotheken, Grund- und Rentenschulden (lediglich Anteil d. Verstorbenen und nur soweit noch geschuldet, einschl. rückständiger Zinsen) - Bitte Nachweise beifügen -	
2.1.2	Sonstige Schulden (z. B. Miet- und Steuerrückstände, Krankheitskosten) - Bitte Ausfüllhinweise beachten! -	
2.2	**Todesfallkosten** - Bitte Ausfüllhinweise beachten! -	
2.2.1	Beerdigungskosten _____ EUR	
2.2.2	Grabsteinkosten (ggf. Schätzung) _____ EUR	
2.3	**Sonstige Nachlassschulden** - d. Erben aufgrund eines Testaments oder Erbvertrages - - Bitte Ausfüllhinweise zu Nr. 2.3.1 bis 2.3.3 beachten! -	
2.3.1	Wert des Vermächtnisses a) Geldvermächtnis _____ EUR b) Sachvermächtnis _____ EUR	
2.3.2	Wert der Auflagen	
2.3.3	Wert der Pflichtteilsrechte	
	Summe der Nachlassschulden	

Ich versichere, dass vorstehende Angaben vollständig und richtig sind.
Mit der Beiziehung der Erbschaftssteuerakten des Finanzamtes bin ich

☐ einverstanden.   ☐ nicht einverstanden.

_____
(Ort)   (Datum)

_____
Name, Vorname

_____
Straße, PLZ, Wohnort

_____
Telefon (tagsüber)

_____
Unterschrift

Wertberechnung durch das Amtsgericht	**EUR**

1. Nachlassmasse
   a) Nrn. 1.1 - 1.9, 1.11 (w. o.) _____ EUR
   b) Nr. 1.10 (Verkehrswert bzw. vierfacher Einheitswert) + _____ EUR	

2. Nachlassverbindlichkeiten Pos. 2.1.1, 2.1.2	−
3. Geschäftswert, §§ 102, 103, 46 Abs. 4 KostO	
4. Nachlassverbindlichkeiten Pos. 2.2.1, 2.2.2, 2.3.1, 2.3.2, 2.3.3	
5. Reinnachlass	

Ausfüllhinweise zum Nachlassverzeichnisformular der Nachlassgerichte:

Zu Nr. 1.2:

Bei gemeinschaftlichen Konten, sog. „Und-Konten" bzw. „Oder-Konten", bitte nur den Anteil d. Verstorbenen einsetzen.

Wenn bei einem Konto ein Vertrag zugunsten Dritter besteht – bitte entsprechenden Nachweis beifügen – gehört das Guthaben nicht zum Nachlass und braucht nicht angegeben zu werden.

Zu Nr. 1.5:

Lebensversicherungen, private Sterbegelder und andere Versicherungen gehören nicht zum Nachlass, wenn sie zugunsten einer bestimmten Person (auch: „die gesetzlichen Erben") abgeschlossen sind.

Zu Nr. 1.9:

Bitte Kopie der letzten Bilanz oder Gewinn- und Verlustrechnung oder der letzten an das Finanzamt eingereichten Vermögensaufstellung und des evtl. vorhandenen Gesellschaftsvertrages vorlegen.

Angaben zum Verkehrswert evtl. im Betriebsvermögen enthaltener Grundstücke bitte unter Nr. 1.10 eintragen oder gesondertes Beiblatt verwenden.

Zu Nr. 1.10:

Bei land- oder forstwirtschaftlichen Betrieben mit Hofstelle wird das land- oder forstwirtschaftliche Vermögen unter bestimmten Voraussetzungen nur mit dem vierfachen Einheitswert bewertet. **Bitte beachten Sie hierzu den beiliegenden Vordruck NS 71 b („Anlage zu Nr. 1.10 des Nachlassverzeichnisses bei land- oder forstwirtschaftlichem Vermögen").**

Ansonsten wird Grundbesitz bei der Bewertung mit einem dem Verkehrswert möglichst entsprechenden Wert berücksichtigt, der i.d.R. auf der Grundlage des Bodenrichtwertes und des Brandversicherungswertes (für Gebäude) bzw. bei Eigentumswohnungen entsprechend dem Kaufvertrag ermittelt wird.

Bitte fügen Sie bei Eigentumswohnungen eine Kopie des Kaufvertrages, bei allen anderen Gebäuden eine Kopie der Brandversicherungsurkunde bei.

Erläutern Sie bitte besondere werterhöhende oder wertmindernde Umstände kurz auf einem Beiblatt.

Bei weiterem Grundbesitz machen Sie bitte die vollständigen Angaben nach Nr. 1.10 ebenfalls auf einem Beiblatt.

Zu Nr. 2.1.2:

Krankheitskosten sind dann keine Nachlassschulden, wenn sie von Dritten (z.B. einer Krankenversicherung oder einem Schadensersatzpflichtigen) bezahlt werden.

Zu Nr. 2.2:

Trauerkleidung und die Bewirtung von Trauergästen gehören nicht zu den Todesfallkosten.

Beerdigungs- und Grabsteinkosten sind nicht wie bei der Erbschaftsbesteuerung als Pauschbetrag, sondern nur in tatsächlich entstandener Höhe (bei künftigem Anfall Schätzung) berücksichtigungsfähig.

Zu Nr. 2.2.1, 2.2.2, 2.3.1, 2.3.2, 2.3.3:

Diese Angaben sind nur erforderlich, wenn ein Erbschein, ein Zeugnis über die Fortsetzung der Gütergemeinschaft oder das erste Zeugnis über die Ernennung zum Testamentsvollstrecker beantragt ist.

D. Muster: Ausführliches Nachlassverzeichnis mit Anlagen

Nicht immer handelt es sich um einen einfach strukturierten Nachlass. Das Nachlassverzeichnis[8] muss umso ausführlicher gestaltet sein, je diversifizierter der Nachlass ist. Nachfolgend ist ein Nachlassverzeichnis aufgeführt, welches sehr ausführlich, insbesondere mit Anlagen, ausgestaltet ist. Auf der beigefügten CD-ROM finden sich weitere Ergänzungen zu diesem Nachlassverzeichnis unter Muster Nr. 33.4 und Muster Nr. 33.5. Dabei sind auch Verbindungen zur Erbschaftsteuererklärung und zum Auseinandersetzungsplan vorhanden.

Nachlassverzeichnis

über den Nachlass des am 28.2.2015 verstorbenen Herrn Otto Normalerblasser zur Vorlage für die Erben in Erbengemeinschaft: Herr ▮▮▮, Frau ▮▮▮ und Herr ▮▮▮

Das vorliegende Nachlassverzeichnis wurde zum 23.4.2015, dem Tag der Annahme des Amtes des Testamentsvollstreckers, erstellt. Tag der Aufnahme: 25.5.2015.

A. Nachlassmasse – Aktiva		Werte in EUR	
1. Grundbesitz			
1	DG-Eigentumswohnung in ▮▮▮ Dresden, ▮▮▮, mit TG-Stellplatz, vermietet, Mietzins 520 EUR mtl. (Mietrückstände keine), Mieter: ▮▮▮	148.000,00	✓
Zwischensumme aus 1.		148.000,00	✓
2. Erwerbsgeschäfte			
1	Keine vorhanden	–	
3. Gegenstände des persönlichen Gebrauchs			
1	siehe Inventarverzeichnis gem. Anlage 1, Stand: 23.4.2015, gem. Aktiva-Nr. 3, in Summe	11.498,00	✓
Zwischensumme aus 3.		11.498,00	✓
4. Kunstgegenstände, Schmucksachen, Ringe, Gold- und Silbersachen, Sammlungen			
1	siehe Inventarverzeichnis gem. Anlage 1, Stand: 23.4.2015, gem. Aktiva-Nr. 4, in Summe	18.000,00	✓
Zwischensumme aus 4.		18.000,00	✓

---

8 Mein ausdrücklicher Dank gilt Herrn Frank Korndörfer, Diplom Betriebswirt (FH), Finanzökonom (ebs), Finanzfachwirt (FH), Certified Financial Planner, CFP für seine Unterstützung bei der Erstellung des Verzeichnisses.

A. Nachlassmasse – Aktiva — Werte in EUR

5. Haus- und Küchengeräte, Möbel und Bilder

1	siehe Inventarverzeichnis gem. Anlage 1, Stand: 23.4.2015, gem. Aktiva-Nr. 5, in Summe	39.728,00	✓
Zwischensumme aus 5.		39.728,00	✓

6. Kraftfahrzeuge, Fahrräder

1	siehe Inventarverzeichnis gem. Anlage 1, Stand: 23.4.2015, gem. Aktiva-Nr. 6, in Summe	120,00	✓
Zwischensumme aus 6.		120,00	✓

7. Bargeld

1	siehe Inventarverzeichnis gem. Anlage 1, Stand: 23.4.2015, gem. Aktiva-Nr. 7, in Summe	513,81	✓
Zwischensumme aus 7.		513,81	✓

8. Depots, Wertpapiere, Investmentanteile

1	Fonds-Depot Augsburger Aktienbank AG, Nr. 0123456789, gem. Kurswertberechnung der Bank vom ▮▮▮, Bank AAB	765.432,10	✓
2	Service-Konto Augsburger Aktienbank AG, Verrechnungskonto, Nr. 124365879, gem. Abrechnung vom ▮▮▮, Bank AAB	2.345,56	✓
3	Investmentkonto Bankhaus Metzler seel. Sohn & Co. KG, Nr. 95175346, gem. Kurswertberechnung der Bank vom 11.5.2015	88.887,65	✓
4	Investmentkonto Franklin Templeton Investments, Nr. 013254658798, US-$ Anlage/gehaltene Anteile 117,608/Anteilspreis 15,80 USD/Wert in US-$ 1.858,21/EUR-USD Kurs 1,3032/gem. Kurswertberechnung bzw. Mitteilung der Investmentgesellschaft vom ▮▮▮/Gesellschaft Templeton	1.234,56	✓
5	HypoVereinsbank München, Depot-Nr. 12436587, Guthaben gem. Anzeige HVB zum ▮▮▮	82.345,67	✓
Zwischensumme aus 8.		940.245,54	✓

9. Bankguthaben, Tages- und Festgelder, sonstige Guthaben

1	HypoVereinsbank München, Konto-Nr. 963852741, Guthaben gem. Anzeige HVB zum 23.4.2015	5.630,90	✓
2	HypoVereinsbank München, Konto-Nr. 741852963, Guthaben gem. Anzeige HVB zum 23.4.2015 (7.554,44 USD/EUR-USD Kurs 1,3041)	5.792,84	✓
3	HypoVereinsbank München, Konto-Nr. 789456123, Guthaben gem. Anzeige HVB zum 23.4.2015	84.339,29	✓
4	HypoVereinsbank München, Konto-Nr. 987654321, Guthaben gem. Anzeige HVB zum 23.4.2015	2.645,86	✓
5	HypoVereinsbank München, Konto-Nr. 3579546123, Guthaben gem. Anzeige HVB zum 23.4.2015	22.413,18	✓

A. Nachlassmasse – Aktiva	Werte in EUR		
6	Postbank München, Konto-Nr. 459867123, Guthaben gem. Anzeige Postbank zum 23.4.2015	20.522,11	✓
7	Commerzbank München, Konto-Nr. 359874612, Guthaben gem. Anzeige Commerzbank zum 23.4.2015	6.142,80	✓
Zwischensumme aus 9.		147.486,98	✓

10. Ausstehende Forderungen

1	Lizenzeinnahmen/Otto Normalerblasser Familienpool KG/1. Quartal 2015/gem. Überweisungsgutschrift vom ▒ (SSpK)	78.540,00	✓	sonstige Rechte
2	Guthaben „Betreuungskonto"/Otto Normalerblasser Familienpool KG/gem. Abrechnung Hr. ▒ zzgl. abgebuchte Nachlasskosten für Rechnung ▒ vom 31.1.2015 i.H.v. 5.585,05 EUR und ▒ über 323 EUR/gem. Überweisungsgutschrift vom ▒ (SSpK)	11.248,50	✓	sonstige Rechte
3	Guthaben/Otto Normalerblasser Familienpool KG/Abgeltungsbetrag gem. Vereinbarung vom ▒ gem. Überweisungsgutschrift vom ▒ (SSpK)	17.500,00	✓	sonstige Rechte
4	Ausstehende Witwerrente/01–2015/gem. Überweisungsgutschrift vom ▒ (HVB)	1.245,49	✓	sonstige Forderungen
5	Erstattungsanspruch von verauslagten Krankenkosten, Allianz PKV, gem. Überweisungsgutschrift vom ▒ (PostB)	2.993,19	✓	sonstige Forderungen
6	Erstattungsanspruch von verauslagten Krankenkosten, Allianz PKV, gem. Überweisungsgutschrift vom ▒ (PostB)	597,00	✓	sonstige Forderungen
7	Erstattungsanspruch von verauslagten Krankenkosten, Allianz PKV, gem. Überweisungsgutschrift vom ▒ (PostB)	330,13	✓	sonstige Forderungen
8	Erstattungsanspruch von verauslagten Krankenkosten, Allianz PKV, gem. Überweisungsgutschrift vom ▒ (PostB)	520,00	✓	sonstige Forderungen
9	Erstattungsanspruch von verauslagten Krankenkosten, Allianz PKV, gem. Überweisungsgutschrift vom ▒ (PostB)	11.850,52	✓	sonstige Forderungen
10	Erstattungsanspruch von verauslagten Krankenkosten, Allianz PKV, gem. Überweisungsgutschrift vom ▒ (PostB)	2.751,20	✓	sonstige Forderungen
11	Erstattungsanspruch von verauslagten Krankenkosten, Allianz PKV, gem. Überweisungsgutschrift vom ▒ (PostB)	863,26	✓	sonstige Forderungen
12	Erstattungsanspruch von verauslagten Krankenkosten, Allianz PKV, gem. Überweisungsgutschrift vom ▒ (SSpK)	192,54	✓	sonstige Forderungen
13	Erstattungsanspruch von verauslagten Krankenkosten, Allianz PKV, gem. Überweisungsgutschrift vom ▒ (SSpK)	272,00	✓	sonstige Forderungen

A. Nachlassmasse – Aktiva — Werte in EUR

		Werte in EUR		
14	Erstattungsanspruch von verauslagten Krankenkosten, Allianz PKV, gem. Überweisungsgutschrift vom ▨ (SSpK)	819,00	✓	sonstige Forderungen
15	Erstattungsanspruch von verauslagten Krankenkosten, Allianz PKV, gem. Überweisungsgutschrift vom ▨ (SSpK)	766,51	✓	sonstige Forderungen
16	Erstattungsanspruch von verauslagten Krankenkosten, Allianz PKV, gem. Überweisungsgutschrift vom ▨ (SSpK)	11,95	✓	sonstige Forderungen
17	Erstattungsanspruch von verauslagten Krankenkosten, Allianz PKV, gem. Überweisungsgutschrift vom ▨ (SSpK)	715,00	✓	sonstige Forderungen
18	Erstattungsanspruch von verauslagten Krankenkosten, Allianz PKV, gem. Überweisungsgutschrift vom ▨ (SSpK)	1.336,21	✓	sonstige Forderungen
19	Erstattungsanspruch von verauslagten Krankenkosten, Allianz PKV, gem. Überweisungsgutschrift vom ▨ (SSpK)	3.000,82	✓	sonstige Forderungen
20	Erstattungsanspruch von verauslagten Krankenkosten, Allianz PKV, gem. Überweisungsgutschrift vom ▨ (SSpK)	251,35	✓	sonstige Forderungen
21	Instandhaltungsrücklage/ETW + TG-Duplex Dresden/ ▨ /gem. Verwalterabrechnung vom ▨	770,02	✓	sonstige Forderungen
22	Kirchensteuerrückerstattungsanspruch (ev.-luth.), gem. Überweisungsgutschrift vom ▨ (SSpK)	438,08	✓	Steuer
23	Einkommensteuerrückerstattungsanspruch/StNr. 123/ 124/56789/Jahr 2011/12/13 / gem. Überweisungsgutschrift vom ▨ (HVB)	7.355,68	✓	Steuer
24	U.S. Steuerrückerstattung/Jamestown gem. Schreiben vom ▨ (SSpK)	8.480,39	✓	Steuer
25	Zinsabrechnung Commerzbank zum 31.3.2015/gem. Kontomitteilung vom ▨ (ComB)/69,05 EUR abzgl. 17,27 EUR KapSt. und 0,94 EUR SolZ.	50,84	✓	sonstige Forderungen
26	Kontoabschluss HVB zum 31.12.2014/gem. Kontomitteilung vom ▨ (HVB)	6,36	✓	sonstige Forderungen
	Zwischensumme aus 10.	152.906,04		

11. Forderungen aus Versicherungsverträgen (soweit zum Nachlass)

1	AXA Versicherung „Rund-ums-Haus-Versicherung"/ wegen Prämienüberzahlung/gem. Überweisungsgutschrift vom ▨ (SSpK)	46,63	✓	sonstige Rechte
2	AXA Versicherung „Rund-ums-Haus-Versicherung"/ wegen Prämienüberzahlung/gem. Überweisungsgutschrift vom ▨ (SSpK)	223,09	✓	sonstige Rechte
3	Allianz PKV/wegen Prämienüberzahlung/1291,73 EUR inkl. Beiträge für 03–04/2015 /gem. Überweisungsgutschrift vom ▨ (SSpK)	236,03	✓	sonstige Rechte

A. Nachlassmasse – Aktiva		Werte in EUR	
Zwischensumme aus 11.		505,75	✓
12. Beteiligungen an einer Gesamthand			
1	siehe Verzeichnis „Geschlossene Kapitalbeteiligungen" gem. Anlage 2/in Summe	1.432.567,78	✓
Zwischensumme aus 12.		1.432.567,78	✓
13. Forderungen aus Lastenausgleich			
1	Nicht vorhanden	–	
14. Sonstige Forderungen			
1	Ausschüttung für das Jahr 2014/MS Nanga Parbat/ 123-98765 / Classic IV/Nr. 987654/gem. Überweisungsgutschrift vom ▨ (AAB)	504,11	✓
2	Ausschüttung für das Jahr 2014/NC Energieversorgung 5/123-456786; 201-0815/gem. Überweisungsgutschrift vom ▨ (AAB)	9.522,36	✓
3	Ausschüttung für das Jahr 2014/NC Immobilienfonds London 1/802-1234; 800-1234/gem. Überweisungsgutschrift vom ▨ (AAB)	4.779,20	✓
4	Ausschüttung für das Jahr 2014/Doba Gewerbefonds M2/2. Hj./1800140; 1800177/gem. Überweisungsgutschrift vom ▨ (AAB)	3.000,00	✓
5	Ausschüttung für das Jahr 2015/Doba Renditefonds 25/2. Hj./45678; 98765/gem. Überweisungsgutschrift vom ▨ (AAB)	1.487,50	✓
6	Ausschüttung für das Jahr 2014/Doba Gewerbefonds MPlus 2/2. Hj./234432 /gem. Überweisungsgutschrift vom ▨ (AAB)	1.000,00	✓
7	Ausschüttung für das Jahr 2014/Doba Gewerbefonds M1/2. Hj./19283/gem. Überweisungsgutschrift vom ▨ (AAB)	1.000,00	✓
8	Verkaufserlös aus Fondsauflösung/Jamestown 18, L.P./ 2014/141414 /US-Steuererstattung 2013/abzgl. Bankg./gem. Überweisungsgutschrift vom ▨ (AAB)	28.890,41	✓
9	Habenzinsen aus Guthabenverzinsung ASK/ Nr. 15555555/abzgl. KapSt/gem. Überweisungsgutschrift vom ▨ (AAB)	0,34	✓
10	Rückerstattung Wohngeldvorauszahlung ETW Dresden/gem. Überweisungsgutschrift vom ▨ (SSpK)	0,74	✓
11	Restliquidation HFS 11-1149/Wealth Cap/gem. Überweisungsgutschrift vom ▨ (SSpK)	5.367,14	✓
12	Restliquidation HFS 11-206/Wealth Cap/gem. Überweisungsgutschrift vom ▨ (SSpK)	10.734,28	✓
13	Ausschüttung für das Jahr 2014/KanAm USA XIX/2. Hj./98765/abzgl. Bankg./gem. Überweisungsgutschrift vom ▨ (SSpK)	577,41	✓

A. Nachlassmasse – Aktiva	Werte in EUR
Zwischensumme aus 14.	66.863,49
A. Gesamtsumme Nachlassmasse – Aktiva	**2.958.435,39**

B. Nachlassverbindlichkeiten – Passiva		Werte in EUR	
1. Hypotheken, Grundschulden, Rentenschulden oder Reallasten			
1	Hypothek/DG-Eigentumswohnung in ▪▪▪ Dresden/ ▪▪▪/Bayerische Landesbank München/Darlehensnummer 06/987654	123.456,94	
Zwischensumme aus 1.		123.456,94	
2. Hypothekengewinnabgabe			
1	Nicht vorhanden	–	
3. Vermögensabgabe			
1	Nicht vorhanden	–	
4. Steuerrückstände			
1	Kirchensteuernachzahlung (ev.)/gem. Buchung vom ▪▪▪ (HVB)	3.357,04	✓
2	Einkommensteuer Nachzahlung/für 2014/gem. Buchung 4.5.2015 (SSpK)	48.070,99	✓
3	Einkommensteuer Nachzahlung/für 2011 bis 2013/ gem. Buchung ▪▪▪ (SSpK)	403,22	✓
4	Kirchensteuernachzahlung (ev.)/gem. Buchung vom ▪▪▪ (SSpK)	3.764,08	✓
Zwischensumme aus 4.		55.595,33	
5. Geschäfts-, landwirtschaftliche Betriebsschulden			
1	Nicht vorhanden	–	
6. Sonstige Verbindlichkeiten			
1	Depotgebühr Augsburger Aktienbank/2. Hj. 2014/ Depot-Nr. 2189166860/inkl. 19 % MwSt/gem. Buchung vom ▪▪▪ (AAB)	10,38	✓
2	Servicegebühr Augsburger Aktienbank/Zeitraum 21.10.2013 bis 28.2.2015 – zeitanteilig –/Depot-Nr. 2189166860/inkl. 19 % MwSt/492,70 EUR gem. Buchung vom ▪▪▪ (AAB)	387,12	✓
3	Anteilige Darlehenszinsen 12.2014/Finanzierung ETW Dresden/Bayerische Landesbank München/505,62 EUR gem. Jahreszinsmitteilung für 2014 (BLB)	260,97	✓
4	XY Consulting/RgNr. 2011217/Nov.–Dez. 2014/gem. Buchung vom ▪▪▪ (HVB)	1.469,65	✓
5	Finanzhaus GmbH/RgNr. 2014-H-151/gem. Buchung vom ▪▪▪ (HVB)	1.677,90	✓
6	Prüfkosten Steuerbescheide 2004-2013/StB. Landauer/ gem. Rechnung Nr. 1439 vom ▪▪▪	654,50	✓

7	Bearbeitungsgebühr/U.S.-Steuererklärung 2014/gem. Rechnung Nr. ▓▓▓ vom ▓▓▓/gem. Buchung vom ▓▓▓ (HVB)	247,00	✓
8	Bearbeitungsgebühr/U.S.-Steuererklärung 2014/gem. Rechnung Nr. ▓▓▓ vom ▓▓▓	50,00	✓
9	Auslagenersatz/Kaution und Kostenerstattung für EFH Wasserbogen 41/Andres Hüber/laut Abrechnung vom ▓▓▓/gem. Buchung vom ▓▓▓ (SSpK)	2.297,01	✓
10	Depotgebühr 2011 Bankhaus Metzler/Depot-Nr. 8062916054–01/inkl. 19% MwSt/gem. Abrechnung vom ▓▓▓ (AAB)	21,42	✓
11	Kontoführungsgebühr Commerzbank/Kto.-Nr. 0791243201/gem. Kontoauszug vom ▓▓▓	2,49	✓
12	Entgeltabrechnung HVB/Kto.-Nr. 652835775/gem. Buchung vom ▓▓▓	2,55	✓
13	Entgeltabrechnung HVB/Kto.-Nr. 889828056/11,06 USD gem. Abrechnung vom ▓▓▓	8,58	✓
14	Entgeltabrechnung HVB/Kto.-Nr. 6030169750/gem. Kontoauszug vom ▓▓▓	0,90	✓
15	Entgeltabrechnung HVB/Kto.-Nr. 6030358773/gem. Kontoauszug vom ▓▓▓	1,45	✓
16	Entgeltabrechnung Postbank/Kto.-Nr. 66 837 800/gem. Kontoauszug vom ▓▓▓	5,40	✓
Zwischensumme aus 6.		7.097,32	

7. Krankheits- und Arztkosten

1	Römer-Apotheke vom ▓▓▓/gem. Buchung vom ▓▓▓ (HVB)	40,30	✓
2	Unimed vom ▓▓▓/gem. Buchung vom ▓▓▓ (HVB)	176,00	✓
3	Unimed TK Städtisches Klinikum vom ▓▓▓/gem. Buchung vom ▓▓▓ (HVB)	1.344,19	✓
4	PVS Medis AG/gem. Buchung vom ▓▓▓ (HVB)	119,84	✓
5	Dr. med. Lohmann/gem. Buchung vom ▓▓▓ (HVB)	147,17	✓
6	KG Praxis Blinder/gem. Buchung vom ▓▓▓ (HVB)	172,35	✓
7	Physiotherapeutin Keller/gem. Buchung vom ▓▓▓ (HVB)	353,00	✓
8	Fissler & Kollegen/gem. Buchung vom ▓▓▓ (HVB)	645,82	✓
9	Opta Data Abrechnungs GmbH vom ▓▓▓/gem. Buchung vom ▓▓▓ (HVB)	335,01	✓
10	Dr. Lohmann vom ▓▓▓/gem. Buchung vom ▓▓▓ (HVB)	863,26	✓
Zwischensumme aus 7.		4.196,94	

8. Rückzahlung an gewährter Sozialhilfe

1	Nicht vorhanden	–	

9. Sonstige Nachlassverbindlichkeiten			
a)	Vermächtnisse		
1	Geldvermächtnisse gem. notariellem Testament vom 15.7.2011/UR-Nr. 3130/2011 / Li/siehe auch Anlage 3 Geldvermächtnisse/ Stand 23.4.2015/ in Summe	736.500,00	✓
2	Sachvermächtnis gem. notariellem Testament vom 15.7.2011/UR-Nr. 3130/2011 / ▓▓▓ (Name Vermächtnisnehmer)/Doba M2 KG/Beteiligungs-Nr. 1800465/Nominalwert 50.000 EUR/Verkehrswert (siehe auch Anlage 2, Nr. 12 b)/Dauertestamentsvollstreckung	50.760,00	✓
3	Sachvermächtnis gem. notariellem Testament vom 15.7.2011/UR-Nr. 3130/2011/ ▓▓▓ (Name Vermächtnisnehmer)/Doba 19 KG/Beteiligungs-Nr. 1500509/Nominalwert 100.000 EUR/Verkehrswert (siehe auch Anlage 2, Nr. 8 a)/Dauertestamentsvollstreckung	37.420,00	✓
4	Sachvermächtnis gem. notariellem Testament vom 15.7.2011/UR-Nr. 3130/2011/ ▓▓▓ (Name Vermächtnisnehmer)/Doba 25 KG/Beteiligungs-Nr. gem. Testament 2500107/neue Beteiligungs-Nr. 2500465/Nominalwert 50.000 EUR/Verkehrswert (siehe auch Anlage 2, Nr. 10 b)/Dauertestamentsvollstreckung	23.275,00	✓
5	Sachvermächtnis gem. notariellem Testament vom 15.7.2011/UR-Nr. 3130/2011/ ▓▓▓ (Name Vermächtnisnehmer)/Nordcapital Niederlande 8/Beteiligungs-Nr. 708–0407/Nominalwert 40.000 EUR/Verkehrswert (siehe auch Anlage 2, Nr. 28)/Dauertestamentsvollstreckung	25.400,00	✓
b)	Auflagen		
1	Auflage gem. notariellem Testament vom ▓▓▓/UR-Nr. 3130/2011/Li/OH DO KWAN Stiftung und andere/ Jährliche Zuwendung von 10.000 EUR aus Nominalbetrag 250.000 EUR/Anlage und Verwaltung auf Sonderkonto/Dauertestamentsvollstreckung	250.000,00	✓
c)	Pflichtteilsansprüche		
1	Nicht vorhanden	–	✓
d)	Ausgleichsansprüche des überlebenden Ehegatten gem. § 1371 Abs. 4 BGB		
1	Nicht vorhanden	–	✓
e)	Ausbildungsanspruch von Stiefkindern nach § 1371 Abs. 4 BGB		
1	Nicht vorhanden	–	✓
f)	Unterhaltsanspruch geschiedener Ehegatten		
1	Nicht vorhanden	–	✓
g)	Unterhaltsanspruch der werdenden Mutter		
1	Nicht vorhanden	–	✓
Zwischensumme aus 9. a) bis g)		1.123.355,00	
B. Gesamtsumme Nachlassverbindlichkeiten – Passiva		**1.313.701,53**	

	C. Erbfallkosten	Werte in EUR	
	Verbindlichkeiten, die durch den Erbfall entstanden sind:		
1	Bestattungskosten/Bestattung Hornsteiner/gem. Buchung vom ▓▓ (HVB)	6.540,04	✓
2	Bestattungskosten/Bestattung Hornsteiner/Urne/gem. Buchung vom ▓▓ (HVB-GbR)/(siehe auch Nr. 10 Ausstehende Forderungen)	323,00	✓
3	Kosten für die Testamentseröffnung/gem. Verfügung vom ▓▓/Amtsgericht München	3.282,40	✓
4	Kostenerstattung für Testamentseröffnung/gem. Rücküberweisung vom ▓▓	- 75,00	✓
5	Kosten für Testamentseröffnung/Restbetrag gem. Kostennote vom ▓▓	15,00	✓
6	Nachlasssicherung und Verwaltung/Firma Deininger (Fenstergitter)/gem. Rechnung Nr. 101/15 vom ▓▓/gem. Buchung vom ▓▓ (HVB)	834,19	✓
7	Nachlasssicherung und Verwaltung/Firma Hugo (Wertgutachten)/gem. Rechnung Nr. 131 vom ▓▓/gem. Buchung vom ▓▓ (HVB)	357,00	✓
8	Nachlasssicherung und Verwaltung/Firma Pitter (Video, Bewegungsmelder)/gem. Rechnung Nr. 22836 vom ▓▓ (HVB -GbR-)/siehe auch Nr. 10 Ausstehende Forderungen	5.585,05	✓
9	TV-Zeugnis/Rechnung Notar Heinz Wessely Nr. 433/ 15 /▓▓/gem. Buchung vom ▓▓ (SSpK)	607,97	✓
10	Honorar des Testamentsvollstreckers/inkl. Zuschläge (unterer durchschnittlicher Zuschlagsmittelwert)/inkl. MwSt./kalkulierter Wert, Endabrechnung ausstehend	220.000,00	✓
11	Erbschaftsteuer/Erbschaftsteuerbescheid ausstehend	110.646,00	✓
12	Rechtsanwalt R/Testamentsvollstrecker/Gebühr inkl. MwSt sofort nach Amtsannahme/gem. notariellem Testament	11.900,00	✓
	C. Gesamtsumme Erbfallkosten	**360.015,65**	

D. Aktiva abzüglich Passiva und Erbfallkosten	Werte in EUR
A. Gesamtsumme Nachlassmasse – Aktiva	–
B. Gesamtsumme Nachlassverbindlichkeiten – Passiva	1.313.701,53
C. Gesamtsumme Erbfallkosten	- 360.015,65
D. Ergebnis Aktiva abzüglich Passiva und Erbfallkosten	

Das obige Nachlassverzeichnis entspricht dem Nachlassbestand zum 23.4.2015.

§ 34 Kontaktaufnahme mit den Gläubigern des Erblassers

Dr. Michael Bonefeld

Inhalt:	Rn		Rn
A. Allgemeines	1	D. Muster: Antrag auf Nachlassinsolvenz durch den Testamentsvollstrecker	9
B. Muster: Anschreiben an Gläubiger	2		
C. Muster: Anschreiben an Gläubiger (Dreimonatseinrede)	8		

A. Allgemeines

Als weitere Maßnahme hat der Testamentsvollstrecker die vorgefundenen und eingegangenen Rechnungen etc. von Gläubigern zu überprüfen, ob diesen tatsächlich der geltend gemachte Anspruch zusteht. Um den Gläubiger vom Tode des Schuldners zu informieren und um ggf. ein gerichtliches Verfahren zu vermeiden, ist der jeweilige Gläubiger anzuschreiben. 1

B. Muster: Anschreiben an Gläubiger

A den ▓▓▓▓ *(Gläubiger)*

Betr.: Rechnung vom 2.2.2015 über Lieferung einer Bohrmaschine 2

Sehr geehrte Damen und Herren,

ausweislich der beglaubigten Kopie des Testamentsvollstreckerzeugnisses[1] des Amtsgerichts München vom ▓▓▓▓ *(Datum)* habe ich das Amt des Testamentsvollstreckers über den Nachlass des am 28.2.2015 verstorbenen

Otto Normalerblasser

übernommen.

Bei einer ersten Durchsicht der Unterlagen des Erblassers bin ich auf Ihre

Rechnung vom 2.2.2015, Nr. 23456

über die Lieferung einer Bohrmaschine der Marke Black & Decker gestoßen.

Um die Berechtigung Ihrer Forderung und eine bereits erfolgte Zahlung zu überprüfen, benötige ich noch etwas Zeit und bitte um Fristverlängerung bis zum

▓▓▓▓ *(Datum)*.

Ich bitte Sie daher höflich, keine kostenauslösenden Maßnahmen (gerichtliches Mahnverfahren etc.) zu ergreifen.[2]

---

[1] Günstiger ist es, das Original oder eine gerichtliche Zweitschrift des Testamentsvollstreckerzeugnisses vorzulegen, um spätere Rückfragen zu vermeiden.

[2] Aufgrund des Gesetzes zur Beschleunigung fälliger Zahlungen kommt der Schuldner zwar grundsätzlich 30 Tage nach Zugang einer entsprechenden Zahlungsaufforderung in Verzug und hat den gesetzlichen Verzugszins zu entrichten. Dies gilt aber nur, wenn auch ein Verschulden vorliegt (§ 285 BGB, insoweit unverändert geblieben). In Fällen der vorliegenden Art wird man aber dem Testamentsvollstrecker eine zumindest kurze, zusätzliche Prüfungspflicht zubilligen müssen.

Selbstverständlich werde ich alsbald auf die Sache zurückkommen und bei bestehender Berechtigung die Rechnung ausgleichen.

Mit freundlichen Grüßen

Rechtsanwalt

> **Praxistipp**
> *Jochum/Pohl*[3] empfehlen, grundsätzlich die Dreimonatseinrede gem. § 2014 BGB, die nicht nur dem Nachlasspfleger, sondern auch dem Testamentsvollstrecker zusteht, bei jedem Schreiben an Gläubiger zu erheben. Die Geltendmachung dieser Einrede hat nach h.M. aber keine materiellrechtliche Wirkung. Sie verhindert also nicht Verzug oder Schadensersatzansprüche der Erben.
> Da die zweckwidrige Erhebung der Dreimonatseinrede durchaus zu Schadensersatzforderungen (z.B. wegen eines höheren Verzugsschadens) und ggf. zu einer Haftung der Erben aus dem Gesichtspunkt des § 1978 BGB führen kann, ist m.E. die Einrede nur dann zu erheben, wenn die Zweckwidrigkeit ausgeschlossen werden kann.
> Inventarisierung und Gläubigeraufgebot sind selbst keine Haftungsbegrenzungsmaßnahmen, sondern bereiten diese vor. Demzufolge müssen weitere Maßnahmen ergriffen werden!

3 Wichtige Einreden, die neben dem Erben auch dem Testamentsvollstrecker[4] zustehen, sind z.B.:
– Dürftigkeitseinrede des Erben nach § 1990 BGB
– Dreimonatseinrede nach § 2014 BGB
– Aufgebotseinrede nach §§ 2015 ff. BGB
– Überschwerungseinrede des § 1992 BGB.

Ein Inventarerrichtungsrecht (§ 1993 BGB) hat der Testamentsvollstrecker nicht, auch kann ihm keine Inventarfrist (§ 1994 BGB) bestimmt werden.[5]

4 **Übersicht: Weitere Haftungsbeschränkung**[6]

Schonfristen	Notwendige Handlung des Testamentsvollstreckers	Rechtsgrundlage	Rechtsfolgen
Bis drei Monate nach Annahme der Erbschaft:	– „Dreimonatseinrede" – vom Erben oder Testamentsvollstrecker zu erheben – Vorbehalt muss im Urteil oder Vergleich aufgenommen sein (§§ 780, 782 ZPO)	§ 2014 BGB	– Zwangsvollstreckung befristet auf Sicherungsmaßnahmen beschränkt – Vollstreckungsgegenklage bzw. Drittwiderspruchsklage nach §§ 781, 785, 767, 769 ZPO möglich

---

3 *Jochum/Pohl*, Nachlasspflegschaft, Rn 131 f.
4 Palandt/*Weidlich*, § 1990 Rn 4; *Lohmann*, in: Bamberger/Roth, § 1990 Rn 1; Soergel/*Stein*, § 1990 Rn 7 m.w.N.
5 MüKo/*Zimmermann*, § 2216 Rn 10.
6 Nach *Graf*, ZEV 2000, 128.

Schonfristen	Notwendige Handlung des Testamentsvollstreckers	Rechtsgrundlage	Rechtsfolgen
Bis ein Jahr nach Annahme der Erbschaft:	„Einrede des Aufgebotsverfahrens" vom Erben oder Testamentsvollstrecker zu erheben	§ 2015 BGB	– Zwangsvollstreckung befristet auf Sicherungsmaßnahmen beschränkt – Vollstreckungsgegenklage bzw. Drittwiderspruchsklage nach §§ 781, 785, 767, 769 ZPO möglich

Übersicht: Haftungsbeschränkung gegenüber einzelnen Nachlassgläubigern 5

Als Folge eines Verfahrens	
Verfahren	Folgen
Gerichtliches Aufgebotsverfahren gem. §§ 1970 ff. BGB	– Haftung auf den Nachlassrest gem. § 1973 Abs. 2 BGB gegenüber ausgeschlossenen Gläubiger, sofern nicht die Ausnahme des § 1971 BGB vorliegt – Führung eines Prozesses wegen §§ 780 ff. ZPO
Privater Gläubigeraufruf des Miterben nach § 2061 BGB	– Alle Miterben haften nach Erbteilung für nicht gemeldete und unbekannte Forderungen nur noch in Höhe des jeweiligen ideellen Erbanteils
Ohne Durchführung eines Verfahrens	
Maßnahme	Folgen
Verschweigung gem. § 1974 Abs. 1 S. 1 BGB: Erst fünf Jahre nach dem Erbfall macht Gläubiger Forderung geltend	– Haftung auf den Nachlassrest gem. § 1973 Abs. 2 BGB gegenüber ausgeschlossenen Gläubiger, sofern nicht die Ausnahme des § 1971 BGB vorliegt – Führung eines Prozesses wegen §§ 780 ff. ZPO
Überschwerung gem. § 1992 BGB: Einrede gegen Vermächtnis- und Auflagengläubiger, wenn der Nachlass nur durch Vermächtnisse und Auflagen überschuldet ist.	– Gem. §§ 1990, 1991 BGB ist die Haftung beschränkbar – Rangfolge wie bei Nachlassinsolvenz nach § 1991 Abs. 4 BGB, somit kein Recht des ersten Zugriffs – Führung eines Prozesses wegen § 780 ZPO

Übersicht: Haftungsbeschränkung gegenüber allen Nachlassgläubigern 6

Ohne Durchführung eines Verfahrens		
Maßnahme	Voraussetzungen	Folgen
Dürftigkeit des Nachlasses gem. §§ 1990, 1991 BGB Erhebung der Einrede	Der Nachlass deckt nicht die Kosten von Nachlassverwaltung bzw. Nachlassinsolvenzverfahren	Haftungsbeschränkungsmöglichkeit nach §§ 1990, 1991 BGB Recht des ersten Zugriffs, aber Reihenfolge des § 1991 Abs. 1, 4 BGB ab Kenntnis der Überschuldung oder Dürftigkeit beachten Führen eines Prozesses wegen §§ 780, 785, 767 ZPO

Als Folge eines Verfahrens		
Verfahren	Folgen während des Verfahrens	Folgen nach Beendigung
Nachlassverwaltung gem. § 1975 BGB	– Haftungsbeschränkung auf den Nachlass § 1975 BGB – Verwaltungshaftung des Erben gem. § 1978 BGB – Verwaltungsrecht des Verwalters gem. § 1984 BGB, § 81 InsO – Keine Vollstreckungsmöglichkeit in den Nachlass gem. § 1984 Abs. 2 BGB, §§ 784, 785 Abs. 2 ZPO	– Haftungsbeschränkung gem. §§ 1990 ff. BGB analog nach Verteilung sowie nach Einstellung bzw. Aufhebung mangels Masse – Inventarerrichtung zulässig
Nachlassinsolvenzverfahren gem. §§ 1975, 1980 BGB, §§ 315–334 InsO	– Haftungsbeschränkung auf den Nachlass § 1975 BGB – Verwaltungshaftung des Erben gem. § 1978 BGB – Verwaltungsrecht des Verwalters gem. § 1984 BGB, § 81 InsO – Keine Vollstreckungsmöglichkeit in den Nachlass gem. § 1984 Abs. 2 BGB, §§ 784, 785 Abs. 2 ZPO	– Nachlassrest haftet nach Masseverteilung gem. §§ 1973, 1989 BGB sowie nach Einstellung bzw. Aufhebung mangels Masse gem. §§ 1990 ff. BGB – Inventarerrichtung unzulässig

7   Gehen aufgrund des Nachsendeauftrages beim Testamentsvollstrecker weitere Rechnungen ein, die der Testamentsvollstrecker nicht ohne weiteres nachvollziehen kann, kann der Gläubiger mit nachfolgenden Schreiben kontaktiert werden.

C. Muster: Anschreiben an Gläubiger (Dreimonatseinrede)

8   An den ▬▬▬ *(Gläubiger)*

Betr.: Rechnung vom ▬▬▬ *(Datum)*

Sehr geehrte Damen und Herren,

ausweislich der beglaubigten Kopie des Testamentsvollstreckerzeugnisses[7] des Amtsgerichts München vom ▬▬▬ *(Datum)* habe ich das Amt des Testamentsvollstreckers über den Nachlass des am 28.2.2015 verstorbenen

Otto Normalerblasser

übernommen.

Am ▬▬▬ *(Datum)* erhielt ich eine Rechnung Ihres Unternehmens für die Lieferung eines „Erotik-Paketes", welches der Erblasser bestellt haben soll. Bei einer ersten Durchsicht der Unterlagen des Erblassers und der Wohnung konnte ich jedoch weder eine Bestellung noch eine Lieferung feststellen.

---

7   Günstiger ist es, das Original oder eine gerichtliche Zweitschrift des Testamentsvollstreckerzeugnisses vorzulegen, um spätere Rückfragen zu vermeiden.

Bitte übersenden Sie mir daher einen entsprechenden Nachweis, damit ich die Rechnung überprüfen und bei nachgewiesener Berechtigung die Forderung ausgleichen kann.

Ich erhebe in meiner Eigenschaft als Testamentsvollstrecker vorsorglich die Dreimonatseinrede gem. § 2014 BGB.

Mit freundlichen Grüßen

Rechtsanwalt als Testamentsvollstrecker

Kommt der Testamentsvollstrecker zum Ergebnis, dass der Nachlass überschuldet ist, hat er einen **Nachlassinsolvenzantrag** zu stellen.

D. Muster: Antrag auf Nachlassinsolvenz durch den Testamentsvollstrecker

An das

Amtsgericht München

– Insolvenzgericht –

Als Testamentsvollstrecker über den Nachlass des am 28.2.2015 verstorbenen Otto Normalerblasser beantrage ich hiermit, über den Nachlass des am 28.2.2015 in München verstorbenen Herrn Otto Normalerblasser, zuletzt wohnhaft ▭▭▭ das

Insolvenzverfahren

zu eröffnen.

Begründung:

Am 28.2.2015 verstarb in München Herr Otto Normalerblasser. Gemäß der in Kopie beigefügten letztwilligen Verfügung sind

Frau P ▭▭▭ (Adresse) sowie

Herr F ▭▭▭ (Adresse)

Erben zu je 1/2.

Ausweislich des beigefügten Testamentsvollstreckerzeugnisses bin ich zum Testamentsvollstrecker über den Nachlass des Otto Normalerblasser ernannt worden. Mir steht gem. § 2205 BGB die Verwaltung des vollständigen Nachlasses des Erblassers zu. Ich habe ausweislich der Bestätigung des Nachlassgerichts München das Amt am ▭▭▭ (Datum) angenommen.

Beweis: Beiziehung der Nachlassakten des AG München IV 1234/2015

Der Nachlass ist gem. § 320 InsO überschuldet. Die genauen Adressen der Gläubiger entnehmen Sie bitte der Anlage, in der diese einzeln aufgeführt sind.[8] Aus diesem Grunde beantrage ich als Testamentsvollstrecker die Eröffnung des Nachlassinsolvenzverfahrens. Eine kostendeckende Masse ist nicht vorhanden, wie sich aus der nachfolgenden Aufstellung ergibt:

---

8 Die Gläubiger sind exakt nach Namen und Anschrift unter Angabe evtl. IBAN, Aktenzeichen, Rechnungsnummern etc. anzugeben, um Verzögerungen durch Nachfragen zu vermeiden. Der vom Insolvenzgericht nach § 5 Abs. 1 S. 2 InsO zu bestellende Gutachter benötigt diese Daten auf jeden Fall für seine Überprüfung, zumal er andernfalls keine Überschuldung feststellen kann.

Aktiva:

1.) Immobilien waren nicht im Nachlass vorhanden
2.) Bewegliches Vermögen
   a) Bargeld am Todestag . . . . 22,05 EUR
   b) 2 Medaillen . . . . 10,00 EUR
   c) Hausratsgegenstände laut beigefügter Inventarliste
      mit Wertschätzungen des Nachlassauktionators Adam . . . . 1.390,00 EUR
3.) Geldforderungen
   a) Sparkasse München Konto 4711 . . . . 4.074,07 EUR
   b) Commerzbank München Konto 10815 . . . . 949,00 EUR
   Zwischensumme: **6.445,12 EUR**

Passiva:[9]

1.) Nachlassverbindlichkeiten
   a) Firma Fensterfix, Zahlung der Reparaturkosten
      gem. Rechnung vom 15.1.2015 . . . . 2.000,00 EUR
   b) Deutsche Telekom, Telefonkosten
      Rechnung vom 16.2.2015 . . . . 59,60 EUR
   c) Rechtsanwalt Blender, Rechtsanwaltskosten für
      Rechtsstreit Normalerblasser ./. LVA gem.
      Honorarrechnung vom 17.2.2015 . . . . 1.957,69 EUR
   d) Städtisches Klinikum, Rechnung vom 15.1.2015 . . . . 5.238,00 EUR
   e) Bestattungskosten für Seebestattung, Trauerhilfe GmbH,
      Rechnung vom 29.2.2015 . . . . 4.132,87 EUR
   Zwischensumme: **13.388,16 EUR**

Hinzu kommen die weiteren Verbindlichkeiten, die durch den Todesfall entstanden sind oder fortbestanden:

   a) Kosten der Testamentseröffnung,
      Bescheid vom 4.3.2015 . . . . 325,00 EUR
   b) Kosten der Erteilung des Testamentsvollstreckerzeugnisses,
      Bescheid vom 4.3.2015 . . . . 60,00 EUR
   c) Mietzahlungen für Wohnung des Erblassers bis 31.5.2015
      (3 x 855,07 EUR) . . . . 2.565,21 EUR
   Zwischensumme: **2.950,21 EUR**

Aus alledem wird die Überschuldung um ca. 9.893,25 EUR ersichtlich.

Demgemäß wird um Eröffnung des Nachlassinsolvenzverfahrens wie beantragt gebeten.

Rechtsanwalt R als Testamentsvollstrecker

Anlage: Gläubigerliste mit Adressen

---

9 Zu beachten sind insbesondere § 325 InsO und § 327 InsO. Ausgangspunkt ist die Vermögensmasse zum Zeitpunkt der Verfahrenseröffnung. Etwaige Pflichtteilsansprüche, Vermächtnisse oder Auflagen können ebenfalls aufgeführt werden.

§ 35 Verwaltung des Vermögens und Geldanlage

Dr. Michael Bonefeld

Inhalt:	Rn		Rn
A. Kurzübersicht	1	II. Muster: Geschäftsordnung der Erbengemeinschaft	11
B. Muster: Kontoauflösungsantrag	6		
I. Muster: Verwaltungsvereinbarung	9		

A. Kurzübersicht

- Keine Verpflichtung zur mündelsicheren Anlage – aber Möglichkeiten zum besseren Erfolg müssen wahrgenommen werden
- Nicht unbedingt „sicherster Weg" – spekulative Anlagen möglich Spannungsfeld zw. Substanzerhaltung und Nutzbarmachung bzw. Vermehrung des Vermögens
- Handeln wie ein dynamischer Geschäftsführer – Prinzip der vernünftigen Wirtschaftlichkeit – Information an Erben
- Oder-Konten sofort auflösen.

1

Im vorliegenden Ausgangsfall verfügte der Erblasser über eine Beteiligung an einem Immobilienfonds und zahlreiche Aktien. Der Testamentsvollstrecker steht somit der Frage, ob er zur Sicherung des Vermögens die bisherige Geldanlageform ändern muss und das Geld anderweitig verwendet.

2

Der Testamentsvollstrecker kann zu **Umschichtungen** verpflichtet sein, um von günstigeren Bezugsrechten, z.B. zum Bezug von jungen Aktien, Gebrauch zu machen.[1] Dabei bestehen folgende weitere Möglichkeiten der Anlageform:
- Effektengeschäft
- Börsentermingeschäfte
- Investmentgeschäfte
- Immobilienanlagen
- Beteiligungen an Gesellschaften
- Hedge-Fonds.

3

Im vorliegenden Fall hat der Erblasser bereits zwei Anlageformen gewählt. Da die nicht ordnungsgemäße Verwaltung des Nachlasses ein Entlassungsgrund nach § 2227 BGB und ein Grund zum Schadensersatz nach § 2219 BGB ist, ist der Testamentsvollstrecker gut beraten, die Art und Weise der Anlageform zuvor mit den Erben abzustimmen. Handelt der Testamentsvollstrecker sogar gegen eine ausdrückliche Anordnung des Erblassers, sollte er dies ebenfalls dokumentieren[2] und sich das Einverständnis der Erben schriftlich bestätigen lassen.

4

Demzufolge kann der Rechtsanwalt R in diesem **Beispielsfall** die Anlageform bestehen lassen und ist nicht verpflichtet, diese zu ändern. Befindet sich aber – wie hier – Geld auf einem einfachen Sparbuch und auf einem weiteren Konto, so steht der Testamentsvollstrecker wieder vor der Frage der Notwendigkeit einer Umschichtung des Kapitals. Wird das weitere Geldvermögen augenblicklich nicht benötigt, da auf dem weitern Girokonto ausreichend Barmittel zur Verfügung stehen, so sollte sich der Testamentsvollstrecker nicht

5

---

1 Dazu ausführlich *Klumpp*, in: Bengel/Reimann, VI Rn 447 m.w.N.
2 So auch *Frieser*, Rn 626.

mit den geringen Bankzinsen auf diese Anlageform begnügen, sondern wie ein dynamischer Geschäftsführer dieses Vermögen anlegen.

Vorliegend bietet sich an, das weitere Vermögen in den bereits vorhanden Aktienfonds einzuzahlen. Somit ist das Girokonto bei der Commerzbank München aufzulösen, was mit folgendem Schreiben erfolgen kann:

B. Muster: Kontoauflösungsantrag

An Commerzbank München

6   Betr.: Konto Nr. 10815

Sehr geehrte Damen und Herren,

aufgrund meines Schreibens vom ▬▬▬▬ *(Datum)* haben Sie Kenntnis von der Testamentsvollstreckung über das Vermögen Ihres Kunden Otto Normalerblasser erlangt. Daraufhin haben Sie meine ausschließliche Kontoführungsbefugnis vermerkt.

Rein vorsorglich habe ich eine bankmäßige Identitätsbestätigung beigefügt.

Ich bitte das Girokonto IBAN DE75 7115 2570 0012 3456 78 bei Ihrer Bank ohne Rest **aufzulösen**, die bislang entstandenen Kosten (Spesen) unter Übersendung einer genauen Auflistung abzurechnen und das Auflösungsguthaben auf mein

Anderkonto mit der Nr. IBAN DE75 7115 2570 0098 7654 32 zu **übertragen**.

Ich bitte um schriftliche Bestätigung.

Rechtsanwalt als Testamentsvollstrecker

7   Im Falle der Weigerung der Zustimmung trotz ordnungsgemäßer Anlageform kann der Testamentsvollstrecker die Erben zur Zustimmung verklagen. Wegen der Einzelheiten wird auf die nachfolgenden Ausführungen verwiesen. Am besten ist es freilich, sich immer wegen der Kapitalanlageentscheidungen mit den Erben abzustimmen. Stimmen diese ausdrücklich einer bestimmten Anlageform zu oder befolgt der Testamentsvollstrecker den Wunsch aller Erben nach einer bestimmten Anlageform, so gerät er nicht in die Haftung.[3]

Vertiefung: Siehe § 9.

Häufig lässt sich aber kein Einvernehmen mit den Erben erzielen oder ein einzelner Erbe einer Erbengemeinschaft schießt permanent „quer". Um derartige Probleme, die aus dem Einstimmigkeitsprinzip einer Erbengemeinschaft herrühren, zu umgehen, bietet sich der Abschluss einer Vereinbarung an, die vom Testamentsvollstrecker vorgeschlagen werden sollte.

> **Abwandlung des Ausgangsbeispiels**
> Die Erbengemeinschaft besteht nicht aus nur zwei Personen, sondern aus 5 bzw. 10 Personen.

8   Als bester Weg um einerseits nicht in die Haftung zu kommen und andererseits die Zustimmungsprobleme bei größeren Erbengemeinschaften zu umgehen, bietet sich an, von vornherein mit den Erben eine Verwaltungsvereinbarung abzuschließen.[4] Als Zeitpunkt einer

---

3 Dazu BGH, Urt. v. 4.11.1968 – III 93/66; ebenso *Kessler*, DRiZ 1969, 281.

4 Für wertvolle Anregungen und Vorschläge danke ich in diesem Zusammenhang Herrn Kollegen RA Dr. Hans Beeg aus Frankfurt.

solchen Vereinbarung sollte unmittelbar nach Antritt des Testamentsvollstreckeramtes gewählt werden, da erfahrungsgemäß dann die größte Zustimmungsbereitschaft besteht. Dabei sollte aber immer auf eine individuelle Vereinbarung mit dem Beteiligten geachtet werden, um nicht in die Problematik der Inhaltskontrolle von Allgemeinen Geschäftsbedingungen zu gelangen. Außerdem ist es wegen § 2219 BGB opportun, auch Vermächtnisnehmer ggf. an der Vereinbarung zu beteiligen.

I. Muster: Verwaltungsvereinbarung

Verwaltungsvereinbarung

Zwischen

der Erbengemeinschaft nach dem am 28.2.2015 in München verstorbenen Otto Normalerblasser, vertreten durch den Sprecher der Erbengemeinschaft, Herrn F,

– nachfolgend „die Erben" genannt –

und

Herrn Rechtsanwalt ▬▬▬ *(Name und Adresse)* als bestelltem Testamentsvollstrecker in dieser Nachlassangelegenheit

– nachfolgend „der Testamentsvollstrecker" genannt –

wird Folgendes vereinbart:

Präambel

Der am 28.2.2015 in München verstorbene Otto Normalerblasser hat durch notarielles Testament vom 19.2.2010 vor dem Notar Dr. Wachtelhofen folgende Personen zu gleichen Teilen zu seinen Erben ernannt:

1.)

2.)

3.)

4.)

5.)

Des Weiteren hat er Herrn Rechtsanwalt ▬▬▬ *(Name)* zum Testamentsvollstrecker bestellt. Dieser hat durch Urkunde vom ▬▬▬ *(Datum)* das Amt als Testamentsvollstrecker angenommen, ein Testamentsvollstreckerzeugnis ist noch nicht erteilt.

Ferner wurde dem Testamentsvollstrecker durch den Erblasser eine postmortale umfassende Generalvollmacht erteilt. Weiter hat der Erblasser angeordnet, dass sein Nachlass in angemessenem Zeitraum, der sich auch über mehrere Jahre hinziehen kann, durch den Testamentsvollstrecker auseinander zu setzen sei. Eine Dauervollstreckung durch den Testamentsvollstrecker hat er ausdrücklich ausgeschlossen.

In Ansehung des Umfangs des Nachlasses, der Vielzahl der beteiligten Erben und unter Berücksichtigung der Schwierigkeit der Auseinandersetzung haben sich die Erben im Rahmen der von ihnen gebildeten Erbengemeinschaft eine Geschäftsordnung gegeben, der der Testamentsvollstrecker zugestimmt hat. Im Rahmen dieser Geschäftsordnung haben sich die Erben einen Sprecher gegeben, den sie ermächtigt haben, im Außenverhältnis alle Erklärungen abzugeben oder entgegenzunehmen, die für die Erbengemeinschaft bestimmt sind.

Im Interesse einer sachgerechten Auseinandersetzung des Nachlasses treffen die Erben daher mit dem Testamentsvollstrecker folgende einzeln und individuell verhandelte

Verwaltungsvereinbarung:

§ 1 Grundlagen

1.

Die Parteien sind sich darüber einig, dass das Testament vom ▬▬▬▬▬ *(Datum)* im Rahmen der gesetzlichen Bestimmungen die Grundlage für ihre Zusammenarbeit ist.

2.

Die Erben bestätigen hiermit gegenüber dem Testamentsvollstrecker alle vom Erblasser im Rahmen des Testaments erteilten Vollmachten und gemachten Anordnungen, insbesondere die dem Testamentsvollstrecker erteilte postmortale Vollmacht. Ebenso bestätigen die Erben die dem Testamentsvollstrecker im Testament erteilte Befreiung von den Beschränkungen des § 181 BGB.

3.

Die Erben bevollmächtigen den Testamentsvollstrecker, soweit er dazu nicht schon sowieso im Rahmen des § 2205 BGB berechtigt ist, alle weiteren vom Erblasser in dem Testament erteilten post- und transmortalen Vollmachten ganz oder teilweise zu widerrufen, unbeschadet ihres eigenen Rechts, diese Vollmachten ganz oder teilweise zu widerrufen, und zwar durch jedes einzelne Mitglied der Erbengemeinschaft.

(Zusatz z.B. bei Testamentsvollstrecker am Einzelunternehmen:

4.

Da zum Nachlass zwei Handelsgeschäfte gehören, bevollmächtigen die Erben den Testamentsvollstrecker zur Fortführung dieser Handelsgeschäfte.)[5]

5.

Der Testamentsvollstrecker ist zur Anerkennung und Erfüllung von Pflichtteilsansprüchen bevollmächtigt, soweit er dies nach pflichtgemäßem Ermessen für richtig und angemessen erachtet.

6.

Der Testamentsvollstrecker ist berechtigt und verpflichtet, von ihm festgestellte Steuerverkürzungen des Erblassers im Wege der Selbstanzeige gem. § 371 AO analog der Finanzverwaltung bekanntzugeben.

7.

Die Erben bestätigen, dass sie die Auseinandersetzung des Nachlasses wünschen, insoweit aber dem Testamentsvollstrecker keine Zeitvorgabe machen wollen. Allerdings wünschen die Erben keine Dauertestamentsvollstreckung.

8.

Im Übrigen gelten für das Amt des Testamentsvollstreckers die Bestimmungen der §§ 2197 ff. BGB, soweit sie nachstehend nicht ausdrücklich abgeändert werden.

9.

Soweit der Testamentsvollstrecker im Rahmen von rechtlichen Auseinandersetzungen ein Anerkenntnis, einen Vergleich oder einen Verzicht erklärt, so bedarf er dazu der vorherigen schriftlichen Zustimmung der Erben.

---

5 Noch günstiger ist es, wenn der Testamentsvollstrecker gleich die konkrete Vollmacht vorformuliert oder aber, dass bereits der Erblasser in der letztwilligen Verfügung oder dazu parallel die Vollmacht formuliert, die die Erben dem Testamentsvollstrecker erteilen müssen. Dabei sollte auf die genaue Formulierung der Reichweite der Vollmacht Wert gelegt werden, was insbesondere bei der Kernbereichsproblematik eine große Rolle spielt, um spätere Abgrenzungsschwierigkeiten zu vermeiden.

§ 2 Nachlassverzeichnis

1.

Im Hinblick auf den Umfang des Nachlasses sind die Erben damit einverstanden, dass der Testamentsvollstrecker das Nachlassverzeichnis in einem Zeitraum von voraussichtlich 6 Monaten ab der Erteilung des für ihn bestimmten Testamentsvollstreckerzeugnisses erstellt. Der Testamentsvollstrecker ist jedoch berechtigt und verpflichtet, hinsichtlich einzelner Nachlassgruppen Teilverzeichnisse aufzustellen und diese den Erben unverzüglich nach Fertigstellung zuzuleiten. Zudem verzichten die Erben auf die Aufnahme von Gegenständen, die einen Wert von voraussichtlich 50 EUR nicht erreichen.

2.

Hinsichtlich der körperlichen Bestandsaufnahme der Nachlassgegenstände sind die Erben damit einverstanden, dass der Testamentsvollstrecker diese durch Zeugen, Fotos und Videoaufnahmen dokumentiert.

3.

Auf die Aufnahme des Nachlassverzeichnisses in den besonderen Formen des § 2215 Abs. 4 BGB wird wechselseitig verzichtet.

§ 3 Informations- und Auskunftsverpflichtung

1.

Die Erben sind verpflichtet, dem Testamentsvollstrecker alle von ihm gewünschten Auskünfte im Zusammenhang mit dem Nachlass zu erteilen, Urkunden, Verträge und sonstigen Schriftwechsel herauszugeben, bzw. die Anfertigung von Kopien zu gestatten und alle in ihrem Besitz befindlichen Nachlassgegenstände an ihn herauszugeben.

2.

Seiner Informationsverpflichtung gegenüber den Erben gem. § 2218 BGB genügt der Testamentsvollstrecker durch entsprechende Information des Vertreters der Erben.

§ 4 Nachlassverwaltung

1.

Der Testamentsvollstrecker ist berechtigt, bei der Anlage von geldwerten Nachlassgegenständen, bzw. sonstigen liquiden Mitteln entsprechend den Empfehlungen des Vermögensberaters ▇▇▇▇ von der ▇▇▇▇ zu folgen. Auf Verlangen der Erben ist auch ein anderer Berater einzuschalten. Soweit die Erben hinsichtlich der Anlage von Nachlasswerten Sonderbeschlüsse fassen und der Testamentsvollstrecker diesen Anlagebeschlüssen entspricht, so verzichten die Erben schon jetzt auf jegliche Haftungsansprüche gegen den Testamentsvollstrecker, soweit der Anlagebeschluss nicht evident unsinnig oder gefährlich ist.

2.

Soweit der Testamentsvollstrecker Anordnungen des Erblassers für die Verwaltung befolgt, so tritt eine Gefährdung i.S.d. § 2216 Abs. 2 S. 2 BGB erst ein, wenn mindestens 50 % des Nachlasses gefährdet sind. Ansonsten braucht der Testamentsvollstrecker die Anordnungen des Erblassers nur dann nicht zu befolgen, wenn die Erben einstimmig eine andere Maßnahme beschließen. Befolgt der Testamentsvollstrecker diesen Beschluss, wozu er nicht verpflichtet ist, so entbinden ihn die Erben gleichzeitig von jeglicher Haftung für die Folgen dieses Beschlusses.

3.

Der Testamentsvollstrecker ist berechtigt, im Zuge der Verwaltung des Nachlasses Steuerberater, Wirtschaftsprüfer, Vermögensberater und sonstige sachkundige Personen zu Lasten des Nachlasses zu beauftragen, soweit er dies nach pflichtgemäßem Ermessen für erforderlich erachtet.

Bonefeld

§ 5 Auseinandersetzungsplan

1.

Sobald der Testamentsvollstrecker das Nachlassverzeichnis endgültig aufgestellt hat und dieses von den Erben mit einer Mehrheit von mindestens 75 % der Erbquoten genehmigt ist, er darüber hinaus die Grundlagen der Nachlassverwertung geklärt hat, hat er einen Auseinandersetzungsplan aufzustellen.

2.

Die Erben verpflichten sich, zu dem Auseinandersetzungsplan des Testamentsvollstreckers innerhalb von 4 Wochen seit Zustellung Stellung zu nehmen. Erfolgt keine oder eine verspätete Stellungnahme durch auch nur einen der Erben, so gilt der Auseinandersetzungsplan als abgelehnt. Der Testamentsvollstrecker ist dann berechtigt, die Auseinandersetzung gem. §§ 750 ff. BGB zu betreiben.

3.

Die Endgültigkeitserklärung des Testamentsvollstreckers bezüglich des Auseinandersetzungsplanes kann durch jeden der Erben nur innerhalb eines Monats seit Zustellung durch Klage angefochten werden, soweit der Testamentsvollstrecker bei der Übersendung der Endgültigkeitserklärung darauf hinweist.

4.

Soweit der Testamentsvollstrecker mit den Erben einen Auseinandersetzungsvertrag abschließt, so gilt dieser als Enthaftungserklärung zugunsten des Testamentsvollstreckers. Im Übrigen stellen die Erben in diesem Fall den Testamentsvollstrecker von Haftungsansprüchen der anderen Haftungsgläubiger i.S.d. § 2219 BGB frei.

§ 6 Honorar

1.

Der Testamentsvollstrecker hat Anspruch auf Vergütung seiner Tätigkeit entsprechend den Vergütungsempfehlungen für Testamentsvollstreckungen des Deutschen Notarvereins.

2.

Neben dem Vergütungsgrundbetrag erhält der Testamentsvollstrecker im Hinblick auf die zu erwartende aufwendige Grundtätigkeit dafür einen Zuschlag von $7{,}5/_{10}$. Für die zu erwartenden Probleme im Zusammenhang mit der Auseinandersetzung des Nachlasses erhält der Testamentsvollstrecker einen Zuschlag von $10/_{10}$. Im Hinblick auf die zu erwartende Dauer der Testamentsvollstreckung erhält der Testamentsvollstrecker pro angefangenen Jahr der Testamentsvollstreckung weiterhin einen Zuschlag von jährlich 0,5 % des noch zu verwaltenden Bruttonachlasses für die Nachlassverwaltung, mindestens aber 3 % des jährlichen Ertrages

3.

Soweit der Testamentsvollstrecker im Rahmen der Verwaltung des liquiden Nachlasses Vermögensmehrungen erzielt, so hat er keinen Anspruch auf eine zusätzliche Vergütung.

4.

Der Testamentsvollstrecker ist berechtigt, freiberuflich gegen berufsübliche Vergütung entsprechend den Bestimmungen des RVG bzw. des GNotKG für die Erben tätig zu werden.

5.

Der Testamentsvollstrecker hat Anspruch auf Ersatz seiner notwendigen Auslagen, Reisekosten entsprechend den Bestimmungen des RVG sowie der Mehrwertsteuer. Er kann insbesondere auf Kosten des Nachlasses eine Vermögensschadenhaftpflichtversicherung abschließen, die einen Totalverlust des Nachlasses bzw. einen diesbezüglichen Schaden ausreichend versichert.

6.

Der Testamentsvollstrecker hat Anspruch auf Zahlungen von Vorschüssen aus dem Nachlass für seine Vergütungsansprüche, die er höchstens alle 6 Monate geltend machen kann (§ 669 BGB).

7.

Die vorstehende Vergütungsregelung gilt auch für den Fall der vermeintlichen Testamentsvollstreckung. Insoweit verzichten die o.g. Erben ausdrücklich auf Ansprüche aus ungerechtfertigter Bereicherung.[6]

§ 7 Haftung

1.

Der Testamentsvollstrecker haftet den Erben nach Maßgabe der gesetzlichen Bestimmungen und unter Berücksichtigung der nachstehenden Vereinbarungen.

2.

Soweit der Testamentsvollstrecker einem Beschluss der Erben Folge leistet, so entbinden sie ihn von jeglicher Haftung für die Folgen dieses Beschlusses, soweit die Schadensträchtigkeit des Beschlusses nicht evident ist. Die Haftungsfreistellung gilt auch für Risikogeschäfte, die aufgrund eines Beschlusses der Erben durch den Testamentsvollstrecker ausgeführt werden. Von der Haftungsfreistellung nicht umfasst sind Personenschäden, die der Testamentsvollstrecker verursacht hat.

3.

Die Erben stellen den Testamentsvollstrecker von allen Ansprüchen der Vermächtnisnehmer und anderer Haftungsgläubiger frei, soweit der Testamentsvollstrecker einen Beschluss der Erben ausführt.

§ 8 Rechnungslegung

1.

Der Testamentsvollstrecker ist verpflichtet, den Erben zu Händen ihres Bevollmächtigten laufend, mindestens einmal pro Kalenderjahr Rechnung zu legen, abschließend bei Beendigung der Testamentsvollstreckung.

2.

Der Anspruch der Erben auf Rechnungslegung erlischt 3 Jahre nach der formellen Beendigung der Testamentsvollstreckertätigkeit.

§ 9 Aktenaufbewahrung

1.

Die Erben können jederzeit nach Beendigung der Testamentsvollstreckertätigkeit von dem Testamentsvollstrecker die Herausgabe sämtlicher Akten verlangen.

2.

Nach Ablauf von 3 Jahren seit Beendigung der Testamentsvollstreckertätigkeit ist der Testamentsvollstrecker berechtigt, die Akten den Erben zur Übernahme anzubieten. Nehmen die Erben die angebotenen Akten nicht innerhalb einer Frist von einem Monat an, so ist der Testamentsvollstrecker berechtigt, die Akten zu vernichten.

---

6 Diese Vereinbarung bindet natürlich nicht die „neuen" Erben, wenn sich z.B. die Unwirksamkeit des Testaments in der die Testamentsvollstreckung angeordnet wurde, ergibt. Allerdings dürfte der Einwand der „neuen" Erben, es läge bis zum Wegfall des Amtes keine Geschäftsführung ohne Auftrag vor, schwierig sein, denn bis zu diesem Zeitpunkt waren die bisherigen Beteiligten mit der Testamentsvollstreckung einverstanden, sofern man nicht von Anfang an die Fehlerhaftigkeit der letztwilligen Verfügung erkennen konnte.

§ 10 Verjährung

Alle wechselseitigen Ansprüche zwischen dem Testamentsvollstrecker einerseits und den Erben andererseits, gleichgültig ob die Erben noch in Erbengemeinschaft gesamthänderisch gebunden sind oder aufgrund der Auseinandersetzung ggfs. einzelberechtigt sind, verjähren 3 Jahre nach der formalen Beendigung der Testamentsvollstreckung (Rückgabe des Testamentsvollstreckerzeugnisses an das Nachlassgericht), soweit der Testamentsvollstrecker die Erben über dieses Datum unterrichtet hat.

§ 11 Dauer der Testamentsvollstreckung

1.

Abgesehen von den gesetzlich geregelten Beendigungstatbeständen endet das Amt des Testamentsvollstreckers, wenn er sämtliche im Rahmen der Testamentsvollstreckung ihm obliegenden Aufgaben erfüllt hat und sein Testamentsvollstreckerzeugnis an das Nachlassgericht zurückgegeben hat.

2.

Im Falle des Todes des Testamentsvollstreckers und des dadurch bedingten Erlöschens seines Amtes (§ 2225 BGB), wird zugunsten der Erben des Testamentsvollstreckers die Bestimmung des § 673 S. 2 BGB ausgeschlossen. Die Erben des Testamentsvollstreckers sind lediglich verpflichtet, dem Sprecher der Erbengemeinschaft den Tod des Testamentsvollstreckers anzuzeigen. Die daraufhin erforderlichen Maßnahmen sind dann durch die Erbengemeinschaft zu initiieren.

§ 12 Sonstige Bestimmungen

1.

Änderungen und Ergänzungen dieser Verwaltungsvereinbarung bedürfen der Schriftform. Gleiches gilt für die Abänderung des Schriftformerfordernisses.

2.

Sollte eine der vorstehenden Bestimmungen und Vereinbarungen unwirksam oder nichtig sein, so soll der Bestand der übrigen Bestimmungen dadurch nicht berührt werden. Die Parteien sind dann wechselseitig verpflichtet, anstelle der unwirksamen oder nichtigen Vereinbarung eine solche zu treffen, die dem wirtschaftlichen Ziel der gewollten Vereinbarung in rechtlich zulässiger Art und Weise am nächsten kommt.

München, den

(Sprecher der Erbengemeinschaft/Erben)   (Testamentsvollstrecker)

10 Gleichzeitig sollte die Erbengemeinschaft über eine **Geschäftsordnung** verfügen, insbesondere um die Problematik des Einstimmigkeitsprinzips zu regeln.

II. Muster: Geschäftsordnung der Erbengemeinschaft

Geschäftsordnung

11 der Erbengemeinschaft nach dem am 28.2.2015

verstorbenen Otto Normalerblasser

Zwischen
1. Herrn ▓ *(Name und Adresse)*
2. Frau ▓ *(Name und Adresse)*
3. Frau ▓ *(Name und Adresse)*
4. Herrn ▓ *(Name und Adresse)*
5. Herrn ▓ *(Name und Adresse)*

6. Frau ███ *(Name und Adresse)*
7. Herrn ███ *(Name und Adresse)*
8. der minderjährigen ███ *(Name und Adresse)*
9. dem minderjährigen ███ *(Name und Adresse)*
10. der minderjährigen ███ *(Name und Adresse)*, zu 8. bis 10. gesetzlich vertreten durch ihre Mutter, Frau ███ *(Name und Adresse)*,

wird Folgendes vereinbart:

Präambel

Wir sind Erben nach dem am 28.2.2015 in München, seinem letzten Wohnsitz, verstorbenen Otto Normalerblasser. Wir nehmen insoweit Bezug auf sein notarielles Testament vom ███ *(Datum)* (UR. Nr. 0815/2000 des Notars Dr. Wachtelhofen in München), das am ███ *(Datum)* durch das Amtsgericht München zum Aktenzeichen ███ *(Aktenzeichen)* eröffnet wurde.

Gemäß § 3 dieses Testaments sind Erben geworden:
– der Erbe zu 1) zu $1/6$
– die Erbin zu 2) zu $1/6$
– die Erbin zu 3) zu $1/6$
– der Erbe zu 4) zu $1/6$
– der Erbe zu 5) zu $1/6$
– die Erbin zu 6) zu $1/18$
– der Erbe zu 7) zu $1/18$
– die Erbin zu 8) zu $1/54$
– der Erbe zu 9) zu $1/54$ und
– die Erbin zu 10) zu $1/54$.

In § 10 des vorgenannten Testaments ist Testamentsvollstreckung angeordnet. Zum Testamentsvollstrecker wurde der Rechtsanwalt ███ *(Name und Adresse)* ernannt.

Im Hinblick auf den Umfang des Nachlasses, die Vielzahl der beteiligten Erben und die zu erwartende Dauer der Auseinandersetzung des Nachlasses durch den Testamentsvollstrecker geben wir uns die nachstehende

Geschäftsordnung.

§ 1 Grundlagen

1.

Grundlage dieser Geschäftsordnung ist das notarielle Testament des Erblassers vom ███ *(Datum)*.

2.

Wir bestätigen zunächst alle in diesem Testament enthaltenen Anordnungen und Vollmachten, insbesondere die dem Testamentsvollstrecker erteilte postmortale Vollmacht.

3.

Wir erklären uns mit dem Wunsch des Erblassers einverstanden, den Gesamtnachlass in angemessener Zeit durch den Testamentsvollstrecker auseinandersetzen zu lassen. Eine Aufrechterhaltung der Erbengemeinschaft auf Dauer wünschen wir nicht.

4.

Maßgebend für das Verhältnis der Erbengemeinschaft zu dem Testamentsvollstrecker ist die heute abgeschlossene Verwaltungsvereinbarung.

§ 2 Bevollmächtigter der Erbengemeinschaft und Stellvertreter

1.

Zum Bevollmächtigten der Erbengemeinschaft i.S.d. §§ 164 ff. BGB bestimmen wir den Erben zu 4), zu seinem Stellvertreter den Erben zu 1). Der Bevollmächtigte ist alleinvertretungsbefugt.

Dieser Vertreter der Erbengemeinschaft ist zur Abgabe und Entgegennahme von allen Willenserklärungen der Erbengemeinschaft im Außenverhältnis ermächtigt, insbesondere gegenüber dem Testamentsvollstrecker. Diese Ermächtigung gilt so lange, wie sie nicht durch Beschluss der Erbengemeinschaft widerrufen wurde und dieser Beschluss dem Testamentsvollstrecker mitgeteilt wurde.

2.

Entsprechend ermächtigt wird auch der Stellvertreter des Bevollmächtigten. Dieser kann jedoch nur für die Erbengemeinschaft handeln, wenn der Bevollmächtigte weggefallen ist, durch Krankheit an der Ausübung seines Amtes gehindert ist, der Bevollmächtigte ihn durch schriftliche Untervollmacht ausdrücklich zur Abgabe oder Entgegennahme von Willenserklärungen ermächtigt hat oder in Notfällen, wobei im letzteren Falle unverzüglich die Zustimmung des Bevollmächtigten einzuholen ist.

§ 3 Beschlussfassungen der Erbengemeinschaft

1.

Die Beschlussfassungen der Erbengemeinschaft finden in gemeinschaftlichen Sitzungen statt, die in der Anfangsphase wöchentlich stattfinden sollen, danach nach Bedarf. Der Testamentsvollstrecker nimmt an den Sitzungen teil, wenn nicht die Erbengemeinschaft im Einzelfall beschließt, in Abwesenheit des Testamentsvollstreckers zu verhandeln.

2.

Die Sitzungen der Erbengemeinschaft beruft der Sprecher schriftlich, durch Telefax oder durch E-Mail mit einer Frist von mindestens drei Tagen ein, wobei er den Zeitpunkt tunlichst vorab telefonisch abstimmen soll. Die Erbengemeinschaft kann für ihre Sitzungen auch einen Jour fixe vereinbaren.

3.

Mit der Einberufung sind Ort und Zeit der Sitzung mitzuteilen, der Sprecher soll auch die Gegenstände der Tagesordnung und die Beschlussvorschläge angeben.

4.

Beschlüsse der Erbengemeinschaft werden i.d.R. in Sitzungen gefasst. Außerhalb von Sitzungen sind Beschlussfassungen schriftlich, durch Telefax oder durch E-Mail im Umlaufverfahren zulässig, soweit alle Erben an diesem Verfahren mitwirken.

5.

Den Vorsitz in den Sitzungen der Erbengemeinschaft führt deren Sprecher, im Verhinderungsfalle sein Stellvertreter. Er bestimmt die Reihenfolge, in der die Gegenstände der Tagesordnung verhandelt werden, sowie die Art und Reihenfolge der Abstimmungen.

6.

Die Erbengemeinschaft ist beschlussfähig, wenn mindestens die Hälfte aller Erbquoten anwesend oder vertreten ist.

7.

Jeder Erbe kann sich in den Sitzungen der Erbengemeinschaft aufgrund schriftlicher Vollmacht durch einen anderen Erben oder einen Rechtsanwalt, Steuerberater oder Wirtschaftsprüfer vertreten lassen.

8.

Die Erben stimmen in den Sitzungen nach ihren Erbquoten ab, eine Abstimmung nach Köpfen wird ausdrücklich ausgeschlossen.

9.

Für die allg. Beschlussfassungen der Erbengemeinschaft reicht die einfache Mehrheit der Erbenquoten aus. In Fällen von besonderer Bedeutung (Klageerhebungen, Antrag auf Entlassung des Testamentsvollstreckers etc.) bedarf der diesbezügliche Beschluss einer Mehrheit von 75 % der Erbquoten. Im Falle der Stimmengleichheit entscheidet die Stimme des Sprechers, soweit der Beschluss mit einfacher Mehrheit gefasst werden kann. Ein Beschluss, wonach die Erbengemeinschaft fortgesetzt wird und keine Auseinandersetzung erfolgen soll, hat einstimmig zu erfolgen.

§ 4 Informations- und Aufklärungsverpflichtung

1.

Die Erben sind wechselseitig verpflichtet, alles in ihren Kräften Liegende zu tun, um Art und Umfang des Nachlasses aufzuklären und den Testamentsvollstrecker bei der Erstellung des Nachlassverzeichnisses zu unterstützen.

2.

In Vollzug der vorstehenden Verpflichtung haben die Erben alle in ihrem Besitz befindlichen Nachlassgegenstände unverzüglich an den Testamentsvollstrecker abzuliefern, bzw. unaufgefordert Auskunft über den Verbleib von Nachlassgegenständen zu erteilen. Ansonsten haben sie Unterlagen und Schriftverkehr, die mit dem Nachlass in Zusammenhang stehen, dem Testamentsvollstrecker zumindest zur Einsichtnahme vorzulegen. Auf sein Verlangen hin haben sie ihm zu gestatten, Kopien davon zu fertigen.

3.

Über die Art und Weise der Informations- und Auskunftserteilung gegenüber dem Testamentsvollstrecker haben die Erben der Erbengemeinschaft anlässlich der nächsten Sitzung der Erbengemeinschaft unaufgefordert zu berichten und ggf. auch die entsprechenden Unterlagen vorzulegen.

§ 5 Willenserklärungen

Soweit zur Durchführung von Beschlüssen der Erbengemeinschaft Erklärungen abzugeben oder entgegenzunehmen sind, so handelt der Sprecher für die Erbengemeinschaft. Sonstige Urkunden und Bekanntmachungen der Erbengemeinschaft sind nur durch den Sprecher zu unterzeichnen.

§ 6 Auslagenersatz

Soweit die Erben in Erfüllung der ihnen obliegenden Auskunfts- und Informationsverpflichtung Auslagen getätigt haben, die sie nach Treu und Glauben als erforderlich und angemessen ansehen konnten, so haben sie Anspruch auf Ersatz aus dem Nachlass. Soweit das Entstehen von Auslagen von mehr als 500 EUR erkennbar und abzusehen ist, so haben die jeweiligen Erben die übrigen Mitglieder der Erbengemeinschaft darüber vorab zu informieren und die Zustimmung der Erbengemeinschaft einzuholen. Soweit die Erbengemeinschaft den Auslagenersatz ablehnt, so kann das jeweilige Mitglied der Erbengemeinschaft nach Anfall der Auslagen dennoch Antrag auf Ersatz stellen, wenn die Aufwendungen dem Nachlass genützt haben.

Ansonsten können die Erben für die Teilnahme an den Sitzungen der Erbengemeinschaft Ersatz ihrer Reisekosten und in diesem Zusammenhang gehabten baren Auslagen aus dem Nachlass verlangen.

§ 7 Änderungen

Änderungen und Ergänzungen dieser Geschäftsordnung bedürfen eines mit $^3/_4$-Mehrheit zu fassenden Beschlusses und sind nur in Schriftform verbindlich.

▬▬ *(Ort)*, den ▬▬ *(Datum)*
▬▬

                                        ▬▬
                                  (Unterschrift jedes Erben)

Von der vorstehenden Geschäftsordnung der Erbengemeinschaft habe ich zustimmend Kenntnis genommen.

▬▬ *(Ort)*, den ▬▬ *(Datum)*

                                        ▬▬
                                  Rechtsanwalt R als Testamentsvollstrecker

§ 36 Der Testamentsvollstrecker im Prozess

Dr. Michael Bonefeld

Inhalt:

	Rn		Rn
A. Allgemeines	1	I. Muster: Zustimmungsklage	13
B. Herausgabe von Nachlassgegenständen	2	II. Muster: Anschreiben mit Einverständniserklärung	14
I. Kurzübersicht: Aktiv-Prozess des Testamentsvollstreckers	4	D. Nach dem Prozess	15
II. Kurzübersicht: Der Testamentsvollstrecker im Passiv-Prozess	5	I. Rechtswirkungen von Urteilen	15
		II. Klauselumschreibung	16
III. Muster: Herausgabeklage (inklusive Auskunft)	10	1. Muster: Klauselumschreibung (für Testamentsvollstrecker)	17
C. Verfügung über Nachlassgegenstände und Verpflichtungsgeschäfte des Testamentsvollstreckers	11	2. Muster: Klauselumschreibung (gegen Testamentsvollstrecker)	18

A. Allgemeines

Der Testamentsvollstrecker wird nicht selten vor der Situation stehen, dass Erben oder Dritte etwas aus dem Nachlass genommen haben, ohne hierzu berechtigt zu sein. Häufig wird von diesen eingewandt, man würde ohnehin diesen Gegenstand als Erbe erhalten. Es ist in diesen Fällen dann fraglich, ob der Testamentsvollstrecker verpflichtet ist, den Erben zur Herausgabe aufzufordern bzw. eine Herausgabeklage einzureichen. 1

B. Herausgabe von Nachlassgegenständen

Hierzu folgender Fall: 2

> **Abwandlung des Ausgangsbeispiels**
> Der Testamentsvollstrecker stellt fest, dass der Erbe F vermutlich eine wertvolle Vase im Werte von 25.000 EUR aus dem Nachlass entfernt hat und plant, diese zu veräußern. Da das Nachlassverzeichnis noch nicht erstellt war, kann der Testamentsvollstrecker den Gegenstand nicht genau bezeichnen. Trotz Aufforderung gibt F den Gegenstand nicht heraus.

Zunächst sollen durch die nachfolgenden **Kurzübersichten** die Rechte und Pflichten des Testamentsvollstreckers im Prozess rekapituliert werden: 3
- § 2212 BGB gilt für Aktivprozesse
- § 2213 BGB gilt für Passivprozesse

I. Kurzübersicht: Aktiv-Prozess des Testamentsvollstreckers

- Ein der Verwaltung des Testamentsvollstreckers unterliegendes Recht kann nur vom Testamentsvollstrecker gerichtlich geltend gemacht werden (§ 2212 BGB). 4
- Der Testamentsvollstrecker ist nicht Vertreter der Erben, sondern **Partei kraft Amtes** (§ 116 S. 1 Nr. 1 ZPO)
- somit Klage **im eigenen Namen** und auf Leistung an sich
- Der Testamentsvollstrecker kann als Partei vernommen werden (§§ 445 ff. ZPO).
- Der Erbe ist **Zeuge**, sofern nicht Streitgenosse oder (wie im Beispiel) Beklagter.
- **Prozesskostenhilfe** möglich

- Nicht nach § 2212 BGB, sondern **im eigenen Namen** klagt der Testamentsvollstrecker bei persönlichen Rechten.
  Beispiele:
  - Aufwendungsersatzanspruch (§§ 2218, 670 BGB)
  - Schadensersatz (§ 2219 BGB)
  - wirksame Ernennung als Testamentsvollstrecker
- Der Testamentsvollstrecker ist **Kostenschuldner** bei Unterliegen. Eine Beschränkung der Erbenhaftung muss hier wohl nicht vorbehalten werden (analog § 780 Abs. 2 ZPO).
- Mehrere Testamentsvollstrecker sind bei gemeinsamer Testamentsvollstreckung **notwendige Streitgenossen**.
- Alleiniges **Klagerecht** eines Testamentsvollstreckers bei alleiniger Testamentsvollstreckung
- Bei Beendigung des Testamentsvollstrecker-Amtes tritt Erbe nach §§ 239, 246 ZPO in Prozess ein.
- **Rechtskraft** des Urteils wirkt für und gegen den Erben, wenn Verwaltung des Nachlasses betroffen (§ 327 ZPO)
- Wichtig: § 2212 BGB abdingbar → Zuweisung des Prozessführungsrecht nach § 2208 Abs. 1 S. 1 BGB möglich
- Ermächtigung im Rahmen der **gewillkürten Prozessstandschaft**
- Testamentsvollstrecker darf **jede Art** von gerichtlichen Ansprüchen geltend machen (z.B. Arrest/Mahnbescheid/Vollstreckungsbescheid/Aufrechnung/sonstige Einreden)
- Zivil- und Verwaltungsrechtsweg eröffnet; ebenso: Finanzgerichtliches Verfahren, FamFG-Verfahren, Schiedsgerichtsverfahren
- Testamentsvollstrecker darf Verzicht, **Anerkenntnis** oder **Vergleich** erklären, sofern keine Einschränkung durch Erblasser erfolgt ist; für materiell-rechtliche Wirkungen kommt es aber auf den Umfang seines Verwaltungsrechts an
- Kein Prozessführungsrecht des Testamentsvollstreckers, wenn Verwaltungsrecht fehlt oder über Gesellschaftsstreitigkeiten
- Besonderer Gerichtsstand (§ 27 ZPO)
- Schadensersatzpflicht nach § 2219 BGB bei pflichtwidriger Prozessführung (z.B. Prozessverzögerung)

Bei Prozessunterbrechung gilt:
- Prozess des Erblassers: bei Eintritt Testamentsvollstreckung Unterbrechung nach § 239 ZPO → Übernahmerecht nach §§ 249, 241 ZPO
- Bei Wechsel des Testamentsvollstreckers Unterbrechung nach § 239 ZPO oder Aussetzungsantrag nach § 246 ZPO
- Verjährungshemmung: § 211 BGB – Verjährung wird nicht vor Ablauf von 6 Monaten seit Amtsannahme beendet

II. Kurzübersicht: Der Testamentsvollstrecker im Passiv-Prozess

5 § 2213 BGB ist „dreigeteilt":
  (1) bei Anspruch gegen den Nachlass → Geltendmachung sowohl gegen Erben als auch gegen Testamentsvollstrecker (Abs. 1 S. 1)
  (2) wenn Testamentsvollstrecker kein Verwaltungsrecht hat → nur Klage gegen Erben (Abs. 1 S. 2)
  (3) Pflichtteilsansprüche und Nebenrechte nur gegen Erben (Abs. 1 S. 3)
  - Klage gegen Erben vor Annahme nicht zulässig, aber wegen § 2213 Abs. 2 BGB gegen Testamentsvollstrecker, sofern Amt angenommen
  - bei Ansprüchen gegen Testamentsvollstrecker ist § 2213 BGB nicht anwendbar

- bei **gegenständlich beschränkter** Testamentsvollstreckung:
- Duldungstitel gegen Testamentsvollstrecker notwendig (§ 748 Abs. 2 ZPO)
- oder Zwangsvollstreckung in Eigenvermögen der Erben
  - oder Zwangsvollstreckung in nicht vom Testamentsvollstrecker verwaltenden Teil
- **Umdeutung** einer unzulässigen Leistungsklage in Duldungsklage möglich, wobei Testamentsvollstrecker alle materiellen Einwendungen und Einreden hat
- wie in § 2212 BGB ist **Testamentsvollstrecker Prozesspartei**
- Beitritt als Streithelfer nach § 66 ZPO oder Streitverkündung nach § 72 ZPO zulässig
- Erbe und Testamentsvollstrecker sind keine Streitgenossen!
- Klage gegen Erben und Testamentsvollstrecker kann einheitlich (§ 59 ZPO) oder getrennt geführt werden.
- besonderer **Gerichtsstand** der Erbschaft (§§ 27, 28 ZPO)
- nach **Unterbrechung** durch Tod: Testamentsvollstrecker oder Erben können fortführen – Kläger kann Testamentsvollstrecker durch Anzeige der Fortsetzungsabsicht auch gegen den Willen in den Prozess einbeziehen!

Vertiefung: Siehe § 11.

> **Lösung des Abwandlungsbeispiels**
> Grundsätzlich besteht aufgrund § 2211 BGB ein Verfügungsverbot der Erben ab dem Erbfall. Aber es besteht die Gefahr des gutgläubigen Erwerbs nach §§ 2211 Abs. 2, 932 BGB, der nicht an § 935 Abs. 1 BGB scheitert, wenn der Testamentsvollstrecker die einzelnen Nachlassgegenstände noch nicht selbst in Besitz genommen hat (§ 857 BGB verschafft kraft Gesetzes nur den Erben den Erbenbesitz). Daher ist eine Herausgabeklage des Testamentsvollstreckers geboten und möglich. Da wegen § 857 BGB der Besitz mit dem Erbfall auf alle Erben übergeht, müssen alle Erben, also auch die Putzfrau P mitverklagt werden. Es besteht insoweit eine notwendige Streitgenossenschaft nach § 2040 BGB, § 62 ZPO. Somit muss der Testamentsvollstrecker die Herausgabeklage gegen alle Erben zur Leistung an sich richten, wobei das Prozessgericht und nicht das Nachlassgericht zuständig ist.
> Ohnehin sollte in der Praxis so rasch wie möglich der Nachlass vom Testamentsvollstrecker in unmittelbaren Besitz genommen werden, um Besitzschutzrechte ausüben zu können. Meist haben die Erben aber schon zuvor unmittelbaren Besitz ergriffen. Dann kann der Testamentsvollstrecker keine eigenen Besitzschutzrechte geltend machen, so dass andernfalls verbotene Eigenmacht des Vollstreckers vorliegen kann. Hier gilt es, bereits zu Lebzeiten des Erblassers z.B. durch Vollmachten für den späteren Testamentsvollstrecker und ggf. durch Einräumung von Mitbesitz Vorsorge zu treffen.

6

Allerdings droht dann regelmäßig ein sofortiges Anerkenntnis des Erben, der nicht im unmittelbaren Besitz des herauszugebenden Gegenstandes ist, aber selbst herausgabebereit wäre. Insofern ist es besser, wenn man zuvor diesen Erben anschreibt und ihn erklären lässt, dass er im Falle des unmittelbaren Besitzes zur Herausgabe des Gegenstandes bereit sei. Dann braucht nur der unwillige Erbe verklagt zu werden,[1] wobei die weiteren Umstände und die Herausgabewilligkeit des Weiteren Erben selbstverständlich dargelegt werden müssen.

7

Sind die weggenommenen Gegenstände unbekannt, so ist eine Stufenklage notwendig. Der Auskunftsanspruch des Testamentsvollstreckers ergibt sich aus § 260 BGB. Eventuelle Besitzschutzrechte der §§ 859 ff. BGB stehen dem Testamentsvollstrecker erst nach Erlangung der tatsächlichen Gewalt zu.

---

1 BGH NJW 1982, 441 ff.

8   Bevor eine Herausgabeklage eingereicht wird, ist zunächst zu prüfen, ob der Erbe oder Dritte Einreden geltend machen können. Diese sind z.B.:
- Einrede wegen § 2217 BGB[2]
- dolo agit qui petit quod statim rediturus est[3] (§ 242 BGB)
- Gegenstand unterliegt nicht der Verwaltung des Testamentsvollstreckers
- Dritte können Zurückbehaltungsrecht wegen Aufwendungen für Nachlass haben.

Werden Gegenstände zur Erfüllung der Testamentsvollstrecker-Aufgaben nicht gebraucht, hat der Testamentsvollstrecker auf Verlangen den Erben diese zur freien Verfügung stellen – §§ 2217, 2220 BGB („offenbar"). Eine Freigabe aus freien Stücken durch den Testamentsvollstrecker ist möglich.

9   Nachlassgegenstände werden grundsätzlich gebraucht, um Auflagen oder Vermächtnisse zu erfüllen und um Nachlassverbindlichkeiten auszugleichen. Die Freigabe von Gegenständen scheidet somit bei folgenden Fällen aus:
- wenn Gegenstände für Vermächtnis- oder Auflagenerfüllung benötigt werden
- bei Abwicklungs-Testamentsvollstreckung
- bei Auseinandersetzungs-Testamentsvollstreckung bis zur Schlussverteilung
- bei Dauer-Testamentsvollstreckung gem. § 2209 S. 1 1. Alt. BGB.

III. Muster: Herausgabeklage (inklusive Auskunft)

An das Landgericht München I

10 Klage

des Rechtsanwalts R, als Testamentsvollstrecker über den Nachlass des am 28.2.2015 verstorbenen Herrn Otto Normalerblasser, ▆▆▆▆ (Adresse)

– Kläger –

gegen
1.) Herrn F ▆▆▆▆ (Adresse)
2.) Frau P ▆▆▆▆ (Adresse)

– Beklagte –

wegen Auskunft und Herausgabe von Nachlassgegenständen

Als Testamentsvollstrecker über den Nachlass des am 28.2.2015 verstorbenen Otto Normalerblasser erhebe ich Klage und werde beantragen:

Die Beklagten werden verurteilt,
1) dem Kläger über den Bestand des Nachlasses des am 28.2.2015 in München verstorbenen Otto Normalerblasser sowie über den Verbleib der Nachlassgegenstände Auskunft zu erteilen,
2) erforderlichenfalls an Eides Statt zu versichern, dass die Auskunft vollständig und richtig ist,
3) an den Kläger die nach Erteilung der Auskunft noch zu bezeichnenden Gegenstände herauszugeben.

(Es folgen ggf. Anträge zur Sicherheitsleistung, Versäumnisurteil, Einzelrichter etc.)

---

2 Gegebenenfalls kann der Besitzer gem. § 2217 Abs. 2 BGB zur Vermeidung einer Herausgabe Sicherheit an den Testamentsvollstrecker leisten.
3 Sinngemäß: Derjenige handelt unredlich, der eine Sache herausfordert, die er sofort zurückgeben müsste. Eine sofortige Herausgabeverpflichtung des Testamentsvollstreckers dürfte aber in der Praxis eher die Ausnahme sein.

Begründung:

Der Kläger ist Testamentsvollstrecker des am 28.2.2015 in München verstorbenen Otto Normalerblasser.

Beweis: Testamentsvollstreckerzeugnis des Amtsgerichts München (Anlage 1)

Die Beklagten sind laut notariellem Testament vom 19.2.2010 des Notars Dr. Wachtelhofen Erben.

Beweis: Notarielles Testament vom 19.2.2010 (Anlage 2)

Am 23.4.2015 nahm der Beklagte zu 1) einen Gegenstand aus der Wohnung des Erblassers, ohne hierzu berechtigt zu sein. Er gab zu, einen Gegenstand aus der Wohnung entfernt zu haben, weigerte sich jedoch trotz Aufforderung, den Gegenstand näher zu bezeichnen und wieder an den Kläger herauszugeben. Die Klage ist daher geboten.

Beweis: Aufforderungsschreiben vom ▬▬▬ (Datum)

Dem Beklagten zu 1.) steht kein Recht an dem Gegenstand zu.

Der aus der Wohnung entfernte Gegenstand unterliegt der Verwaltung des Testamentsvollstreckers und wird zur Erfüllung seiner Aufgaben noch gebraucht.

Da der Gegenstand wegen § 2040 BGB nur einheitlich herausgegeben werden kann, ist die Klage gegen beide Erben zu richten.

Die Beklagte zu 2.) hat sich im Übrigen im Vorfeld nicht bereit erklärt, im Falle der unmittelbaren Besitzerlangung des o.g. Gegenstandes, diesen an den Testamentsvollstrecker herauszugeben.

Rechtsanwalt

C. Verfügung über Nachlassgegenstände und Verpflichtungsgeschäfte des Testamentsvollstreckers

> **Praxistipp** 11
> Bei Zweifeln über die Verpflichtungsbefugnis sollten die Erben zur Einwilligung in das Geschäft oder die Verfügung aufgefordert und ggf. bei Weigerung verklagt werden (§ 2206 Abs. 2 BGB). Die Einverständniserklärungen der Erben sind schriftlich festzuhalten und zur Akte zu nehmen.

Dem Testamentsvollstrecker ist grundsätzlich anzuraten, bei Zweifeln über den Umfang seiner Verpflichtungsbefugnis die Erben zur Einwilligung in das Geschäft aufzufordern.[4] Notfalls ist sogar eine Klage auf Zustimmung nach § 2206 Abs. 2 BGB einzureichen, welche an das Prozessgericht und nicht an das Nachlassgericht zu richten ist. Bei einem Unterliegen trägt allerdings der Testamentsvollstrecker die Kosten des Verfahrens.

> **Abwandlung des Ausgangsbeispiels** 12
> Der Erblasser hat eine Wohnung in München hinterlassen, die seit mehreren Wochen leer steht, und derzeit nur mit Verlust verkauft werden könnte. Der Testamentsvollstrecker will die Wohnung für die Dauer von zwei Jahren zunächst vermieten. Die Erbin Putzfrau P stimmt nicht zu.
> Hierzu folgender Lösungsvorschlag:

---

4 So auch *Schaub*, in: Bengel/Reimann, IV Rn 111.

I. Muster: Zustimmungsklage

An das Amtsgericht München

Klage

des Rechtsanwalts R, ███ *(Adresse)*

– Kläger –

gegen

die Frau P, ███ *(Adresse)*

– Beklagte –

wegen Zustimmung.

Ich erhebe Klage und werde beantragen:

Die Beklagte wird verurteilt, ihre Zustimmung zu dem vom Kläger als Testamentsvollstrecker mit dem Herrn Michael Mieter noch abzuschließenden Mietvertrag über die zum Nachlass des am 28.2.2015 verstorbenen Otto Normalerblasser gehörende Wohnung in der Arabellastr. 2 in München, 2. Stock links, gegen einen Kalt-Mietzins von monatlich 800 EUR und mit einer Befristung von zwei Jahren, zu erteilen.

(Es folgen ggf. Anträge zur Sicherheitsleistung, Versäumnisurteil etc.)

Begründung:

Der Kläger ist Testamentsvollstrecker des am 28.2.2015 in München verstorbenen Otto Normalerblasser.

Beweis: Testamentsvollstreckerzeugnis des Amtsgerichts München (Anlage 1)

Die Beklagten sind laut notariellem Testament vom 19.2.2010 des Notars Dr. Wachtelhofen Erben.

Beweis: Notarielles Testament vom 19.2.2010 (Anlage 2)

Im Nachlass befindet sich eine Wohnung in der Arabellastr. 2 in München, 2. Stock links, welche der Kläger an Herrn Michael Mieter zu einem Kalt-Mietzins von monatlich 800 EUR und einer Befristung von zwei Jahren vermieten will.

Beweis: Grundbuchauszug des AG München

Die Beklagte hat ihre Zustimmung zur Vermietung der Wohnung mit dem Argument verweigert, der Testamentsvollstrecker habe hierzu keine Verpflichtungsbefugnis.

Die Vermietung der leerstehenden Wohnung entspricht ordnungsgemäßer Verwaltung. Klage ist daher geboten.

Rechtsanwalt

II. Muster: Anschreiben mit Einverständniserklärung

An den

███ *(Erben)*

Betr.: Mietobjekt Arabellastr. 2, München

Sehr geehrter Erbe ███ *(Name)*,

als Testamentsvollstrecker bin ich zur ordnungsgemäßen Verwaltung des Nachlasses verpflichtet und kann nach § 2206 BGB Verbindlichkeiten für den Nachlass eingehen.

Bekanntlich befindet sich im Nachlass des Herrn Otto Normalerblasser eine Wohnung in München, Arabellastr. 2. Diese Wohnung steht bereits seit einigen Wochen leer. Es ist daher sicherlich auch in Ihrem

Interesse, dass der Nachlass nicht weiter durch fehlende Einnahme bei bleibenden Verbindlichkeiten aufgrund der Nebenkosten für die Wohnung belastet wird. Ein Verkauf der Wohnung ist derzeit nur mit erheblichen wirtschaftlichen Verlusten verbunden, so dass ich mich um eine Vermietung der Wohnung bemüht habe.

Ich freue mich, Ihnen mitteilen zu können, dass ich einen solventen Mieter, und zwar Herrn Michael Mieter, gefunden habe, der bereit ist, einen auf zwei Jahre befristeten Mietvertrag zu einem Kalt-Mietzins von monatlich 800 EUR umgehend abzuschließen.

Wie ich Ihnen bereits in meinem ersten Schreiben mitgeteilt habe, möchte ich Sie über alle Bereiche meiner Tätigkeit informieren, obwohl ich hierzu grundsätzlich nicht verpflichtet bin. Ich denke aber, dass eine Vermietung der Wohnung auch in Ihrem Interesse liegt, und bitte daher rein vorsorglich um Ihr schriftliches Einverständnis.

Anliegend übersende ich Ihnen eine Einverständniserklärung, die Sie bitte bis zum

(Frist)

an mich zurücksenden. Ein Freiumschlag ist beigefügt.

Nur der guten Ordnung halber weise ich darauf hin, dass der Erbe nach § 2206 Abs. 2 BGB zur Zustimmung von Verpflichtungsgeschäften, die der ordnungsgemäßen Verwaltung entsprechen, verpflichtet ist. Die Zustimmung kann notfalls auch vom Testamentsvollstrecker eingeklagt werden, wenn ein Erbe zu Unrecht seine Zustimmung verweigert.

Da ich den Mietvertrag ohne weitere Zeitverzögerung abschließen möchte, bitte ich um Einhaltung der Frist.

Für Rückfragen stehe ich wie immer gerne zur Verfügung.

Rechtsanwalt

Anlagen:

Einverständniserklärung
1. des Erben F
2. der Erbin P

Die Erben F und P erklären hiermit ausdrücklich ihr Einverständnis, dass der Testamentsvollstrecker mit Herrn Michael Mieter einen befristeten Mietvertrag über zwei Jahre zu einem Kalt-Mietzins über monatlich 800 EUR hinsichtlich der Wohnung in der Arabellastr. 2 in München, 2. Stock links, abschließt. Die Erträge fließen dem Nachlass zu und sollen nach Ausgleich der Steuerverbindlichkeiten des Erblassers aus dem Einkommensteuerbescheid für das Jahr 2009 und nach Abzug einer Instandhaltungsrücklage von monatlich 300 EUR monatlich den beiden Erben zu je $^1/_2$ ausgezahlt werden.

Unterschriften

D. Nach dem Prozess

I. Rechtswirkungen von Urteilen

Ergeht ein Leistungsurteil über ein der Verwaltung unterliegendes Nachlassrecht des Testamentsvollstreckers, hat dieses Urteil nach § 327 Abs. 2 ZPO auch Rechtswirkung für und gegen den Erben. Dementsprechend kann in den Nachlass nach § 748 Abs. 1 ZPO vollstreckt werden. § 748 ZPO gilt ab dem Tod des Erblassers und nicht erst ab Annahme des Amtes durch den Testamentsvollstreckers nach § 2202 Abs. 1 BGB.[5]

15

---

5 Zöller/*Stöber*, § 748 Rn 2.

Einen Duldungstitel gegen den Testamentsvollstrecker wirkt nicht gegen den Erben hinsichtlich einer Vollstreckung in sein eigenes Vermögen.[6]

II. Klauselumschreibung

Das Leistungsurteil gegen den Testamentsvollstrecker kann jederzeit gegen den Erben umgeschrieben werden, sofern der Titel nach § 327 Abs. 2 ZPO auch gegen ihn wirkt. Aus diesem umgeschriebenen Titel ist dann auch eine Zwangsvollstreckung in das Eigenvermögen des Erben möglich, wobei allerdings nunmehr der Erbe die Beschränkung seiner Haftung geltend machen kann, auch wenn dies im ursprünglichen Urteil nicht nach § 780 Abs. 2 ZPO vorbehalten war.[7] Haftet der Erbe z.B. nach § 2013 BGB unbeschränkt, ist eine auf die Haftungsbeschränkung gestützte Vollstreckungsgegenklage nach § 767 ZPO unbegründet.[8]

1. Muster: Klauselumschreibung (für Testamentsvollstrecker)

An das

Amtsgericht

In dem Rechtsstreit

Willi Meier ./. Otto Normalerblasser

Az.:

beantrage ich als Testamentsvollstrecker über den Nachlass des am 24.2.2015 verstorbenen Otto Normalerblasser nach §§ 749, 727 ZPO

die Erteilung einer vollstreckbaren Ausfertigung des für den am 24.2.2015 verstorbenen Otto Normalerblasser ergangenen und in der Anlage im Original beigefügten rechtskräftigen Urteiles des Amtsgerichts München, Az: , vom 11.11.2013 für mich als Testamentsvollstrecker.

Der obsiegende Beklagte Otto Normalerblasser ist am 24.2.2015 verstorben. Ausweislich der beigefügten Urkunde wurde der Unterzeichner mit Testamentsvollstreckerzeugnis vom 15.4.2015 zum Testamentsvollstrecker des Nachlasses bestellt. Eine Beschränkung der Rechte des Testamentsvollstreckers wurde nicht angeordnet.

Der Unterzeichner hat das Amt des Testamentsvollstreckers mit Erklärung vom 26.2.2015 gegenüber dem Nachlassgericht angenommen und führt nunmehr das Amt des Testamentsvollstreckers.

Testamentsvollstrecker

2. Muster: Klauselumschreibung (gegen Testamentsvollstrecker)[9]

An das

Amtsgericht

In dem Rechtsstreit

Willi Meier ./. Otto Normalerblasser

Az.:

---

6 Staudinger/*Reimann*, § 2213 Rn 13.
7 Soergel/*Damrau*, § 2213 Rn 14.
8 Staudinger/*Reimann*, § 2213 Rn 9.
9 Vgl. *Littig*, in: Krug/Rudolf/Kroiß/Bittler, § 13 Rn 75.

beantrage ich als Prozessbevollmächtigter des Klägers Willi Meier nach §§ 749, 727 ZPO die Erteilung einer vollstreckbaren Ausfertigung des gegen den am 24.2.2015 verstorbenen Otto Normalerblasser ergangenen und in der Anlage im Original beigefügten rechtskräftigen Urteiles des Amtsgerichts München, Az. ▓▓▓▓▓, vom 11.11.2013 zum Zwecke der Zwangsvollstreckung gegen den Testamentsvollstrecker Rechtsanwalt R über den Nachlass des am 24.2.2015 verstorbenen Otto Normalerblasser.

Begründung:

Der Beklagte Otto Normalerblasser ist am 24.2.2015 verstorben. Rechtsanwalt R wurde mit Testamentsvollstreckerzeugnis vom 15.4.2015 zum Testamentsvollstrecker über den gesamten Nachlass des Erblassers bestellt.

Eine Beschränkung der Rechte des Testamentsvollstreckers wurde nicht angeordnet. Rechtsanwalt R hat das Amt des Testamentsvollstreckers mit Erklärung vom 26.2.2015 gegenüber dem Nachlassgericht angenommen und führt nunmehr das Amt des Testamentsvollstreckers.

Auf die in der Anlage auf Antrag des Gläubigers gem. § 357 FamFG erteilte Ausfertigung des Testamentsvollstreckerzeugnisses wird Bezug genommen.

Der Gläubiger benötigt eine vollstreckbare Ausfertigung des bereits gegen den Erblasser ergangenen Urteiles zum Zwecke der Zwangsvollstreckung in den insgesamt vom Testamentsvollstrecker verwalteten Nachlass nach § 749 ZPO.

Rechtsanwalt

Vertiefung: Siehe § 11.

§ 37 Der Testamentsvollstrecker in der Zwangsvollstreckung

Dr. Michael Bonefeld

Inhalt:

	Rn		Rn
A. Kurzübersicht	1	D. Muster: Klarstellung im Kostenfestsetzungsverfahren	10
B. Muster: Antrag auf Umschreibung einer Zwangsvollstreckungsklausel	3	E. Muster: Klage auf Duldung der Zwangsvollstreckung	11
C. Muster: Umschreibung einer vollstreckbaren Ausfertigung für Erben nach Beendigung der Testamentsvollstreckung	5		

A. Kurzübersicht

Titel gegen Erblasser 1
- wirkt auch gegen die Erben (§ 325 ZPO)
- bei Vollstreckung in das persönliche Vermögen des Erben kann dieser Beschränkung seiner Haftung im Wege der Vollstreckungsgegenklage geltend machen (§§ 781, 785 ZPO)
- bei Zwangsvollstreckung in den Nachlass ist nach § 748 ZPO zu unterscheiden:
  - unterliegt der gesamte Nachlass der Verwaltung des Testamentsvollstreckers, so genügt ein Titel allein gegen diesen (Abs. 1)
  - steht dem Testamentsvollstrecker nur die Verwaltung einzelner Nachlassgegenstände zu, so bedarf es eines Leistungstitels gegen den Erben und eines Duldungstitels (oder auch entsprechenden Leistungstitels) gegen den Testamentsvollstrecker (Abs. 2)
- zur Vermeidung einer neuen Klage ermöglicht § 749 ZPO die Umschreibung eines gegen den Erblasser ergangenen Titels gegen den Testamentsvollstrecker. Im Fall von § 748 Abs. 2 ZPO ist die Vollstreckungsklausel gegen den Testamentsvollstrecker und gegen den Erben umzuschreiben.

Titel gegen Testamentsvollstrecker
- bei Leistungsurteil gegen Testamentsvollstrecker:
- über § 327 Abs. 2 ZPO Wirkung für und gegen Erben
- Umschreibung gegen die Erben nach § 728 Abs. 2 S. 2 ZPO möglich
  - Zwangsvollstreckung dann ins Eigenvermögen der Erben – Haftungsbeschränkung nach §§ 780 Abs. 2, 785 ZPO möglich (Vorbehalt im Titel nicht erforderlich)
  - Vollstreckung in Nachlass allein mit diesem umgeschriebenen Titel möglich, wenn gesamter Nachlass der Verwaltung des Testamentsvollstreckers unterliegt (§ 748 Abs. 1 ZPO)
  - besteht das Verwaltungsrecht des Testamentsvollstreckers nur bezüglich einzelner Nachlassteile, so bedarf es eines Leistungstitels gegen den Erben und eines Duldungstitels gegen den Testamentsvollstrecker (§ 748 Abs. 2 ZPO).

Bestehen eines Titels für den Erblasser
- für den Testamentsvollstrecker: Klauselumschreibung nach §§ 749, 727 ZPO möglich: Nachweis des Testamentsvollstreckers notwendig, dass er zur Verwaltung des Rechts berechtigt (Testamentsvollstreckerzeugnis reicht)
- für den Erben: Klauselerteilung erst nach Beendigung der Verfügungsbefugnis des Testamentsvollstreckers (§ 728 Abs. 2 S. 1 ZPO)

Abwandlung des Ausgangsfalls

Der Erblasser hat einen Titel gegen einen Herrn Müller wegen einer Darlehensforderung in Höhe von 10.000 EUR erwirkt, aber noch nicht vollstreckt.

Der Testamentsvollstrecker kann die Umschreibung der Zwangsvollstreckungsklausel §§ 749, 727 ZPO auf sich beantragen.

B. Muster: Antrag auf Umschreibung einer Zwangsvollstreckungsklausel

An das Amtsgericht München

– Vollstreckungsgericht –

In der Zwangsvollstreckungssache

Otto Normalerblasser ./. Peter Müller

Az.

überreiche ich in beglaubigter Kopie das Testamentsvollstreckerzeugnis vom *(Datum)*, das bezeugt, dass ich zum Testamentsvollstrecker des am 28.2.2015 verstorbenen Otto Normalerblasser ernannt wurde.

Herr Otto Normalerblasser hat den in vollstreckbarer Ausfertigung beigefügten Titel gegen Herrn Peter Müller am *(Datum)* erwirkt.

Um nunmehr die Zwangsvollstreckung betreiben zu können, bitte ich gem. § 749 S. 1 ZPO

eine vollstreckbare Ausfertigung für Herrn Rechtsanwalt R,

als Testamentsvollstreckers über den Nachlass des am 28.2.2015

verstorbenen Otto Normalerblasser

zu erteilen.

Wie aus dem Testamentsvollstreckungszeugnis hervorgeht, unterliegt das dem Erblasser zugesprochene Recht meiner Verwaltung als Testamentsvollstrecker.

Rechtsanwalt als Testamentsvollstrecker

Erhält der Testamentsvollstrecker Kenntnis von einem Zwangsvollstreckungsantrag des Erblassers, so kann die Zwangsvollstreckung ohne weiteres fortgeführt werden. Eine neue Zwangsvollstreckungsklausel ist nicht notwendig.

Ist die Testamentsvollstreckung beendet, kann der Erbe die vollstreckbare Ausfertigung durch das Vollstreckungsgericht umschreiben lassen.

C. Muster: Umschreibung einer vollstreckbaren Ausfertigung für Erben nach Beendigung der Testamentsvollstreckung

An das

Amtsgericht München

In der Zwangsvollstreckungssache

Otto Normalerblasser ./. Peter Müller

Az.

überreiche ich in der Anlage die vollstreckbare Ausfertigung des Urteils vom ▓▓▓▓ *(Datum)*.

Als Erbe des am 28.2.2015 verstorbenen Otto Normalerblasser beantrage ich, eine vollstreckbare Ausfertigung für Herrn ▓▓▓▓ *(Name Erbe)* als Erben des unter der Testamentsvollstreckung stehenden Nachlasses nach Otto Normalerblasser nach Beendigung der Testamentsvollstreckung zu erteilen.

Weiter füge ich zum Nachweis der Erbenstellung einen Erbschein. Die Testamentsvollstreckung ist infolge des Fristablaufs erloschen. Im Übrigen bitte ich um Beiziehung der Prozessakten, aus denen sich die Rechtskrafterstreckung nach § 327 ZPO ergibt.

▓▓▓▓ (Erbe)

Ein gegen den Erblasser ergangenes Urteil oder Vollstreckungstitel i.S.d. § 794 ZPO wirkt auch gegen den Testamentsvollstrecker. Im Rahmen der Zwangsvollstreckung bedarf es jedoch einer Umschreibung der Vollstreckungsklausel gem. §§ 749, 727, 795 ZPO.[1] Da eine den § 327 Abs. 2 ZPO entsprechende Regelung fehlt, wirkt die Rechtskraft eines zu Ungunsten des Erben ergangenen Leistungsurteils nicht auch gegen den Testamentsvollstrecker.[2]

Hat der Erbe als Beklagter jedoch obsiegt, kann sich der Testamentsvollstrecker auf die Rechtskraft dieses klageabweisenden Urteils berufen, so dass eine weitere Klage gegen den Testamentsvollstrecker unzulässig wäre.[3] Obwohl Testamentsvollstrecker und verklagter Erbe nicht notwendige Streitgenossen sind, kann es hier nicht zu divergierenden Entscheidungen kommen. Anderenfalls würde ein neues Urteil nach § 327 Abs. 2 ZPO gegen den Nachlass unzulässigerweise wirken.[4]

Will der Gläubiger in den vom Testamentsvollstrecker verwalteten Nachlass oder Nachlassteil vollstrecken, so bedarf es ebenfalls eines Duldungsurteils nach § 748 Abs. 3 ZPO gegen den Testamentsvollstrecker. Dabei spielt es keine Rolle, ob zunächst die Duldungsklage und anschließend die Leistungsklage erhoben wird.

Im Verhältnis Leistungsurteil gegen den Erben und Duldungsurteil gegen den Testamentsvollstrecker tritt keine Rechtskrafterstreckung ein.[5] Eine Konfusionswirkung bei Testamentsvollstreckung und Vorerbschaft tritt nicht ein.

Ein Anspruch des Erben gegen den Erblasser, der regelmäßig durch Vereinigung von Recht und Verbindlichkeit in seiner Person erlischt, bleibt daher bestehen, wenn Testamentsvollstreckung zur Verwaltung des Nachlasses angeordnet ist.[6]

Die Vorschrift des § 2143 BGB ist nicht anwendbar, wenn bereits aus anderen Gründen der Nachlass Sondervermögen geworden ist, also von dem sonstigen Vermögen des Vorerben getrennt wurde.[7] Dies ist in den Fällen der Testamentsvollstreckung wie auch bei der Nachlassverwaltung oder der Nachlassinsolvenz der Fall.

Da aus dem Kostenfestsetzungsbeschluss regelmäßig nicht klar wird, ob der Testamentsvollstrecker persönlich haftet oder nur der Nachlass, sollte im Kostenfestsetzungsverfahren ausdrücklich eine Klarstellung erfolgen, da regelmäßig lediglich das Rubrum aus dem Urteil übernommen wird. haftet nur der Nachlass, wird aber fälschlicherweise im Rahmen der

---

1 Soergel/*Damrau*, § 2213 Rn 14 ff.
2 MüKo/*Zimmermann*, § 2213 Rn 7.
3 MüKo/*Zimmermann*, § 2213 Rn 7.
4 Staudinger/*Reimann*, § 2213 Rn 6.
5 MüKo/*Zimmermann*, § 2213 Rn 14; BGH NJW 1969, 424.
6 BGHZ 48, 214.
7 BGHZ 48, 214.

Zwangsvollstreckung eine persönliche Haftung des Testamentsvollstreckers angenommen, muss nach § 766 ZPO Erinnerung eingelegt werden.

D. Muster: Klarstellung im Kostenfestsetzungsverfahren

In dem Rechtsstreit

Müller ./. Rechtsanwalt R als Testamentsvollstrecker

Az.

Der Rechtsstreit richtete sich nicht persönlich gegen den Testamentsvollstrecker. Demgemäß wird um Klarstellung im noch zu fällenden Kostenfestsetzungsbeschluss gebeten, dass der Beklagte als Testamentsvollstrecker über den Nachlass des am 28.2.2015 verstorbenen Otto Normalerblasser **nicht** persönlich haftet, sondern nur der Nachlass des o.g. Erblassers.

Es wird gebeten, folgenden Zusatz in den Beschluss aufzunehmen:

„Die Zwangsvollstreckung aus diesem Kostenfestsetzungsbeschluss ist auf den Nachlass des am 28.2.2015 verstorbenen Otto Normalerblasser beschränkt. Der Testamentsvollstrecker Rechtsanwalt R haftet nicht persönlich."

Zu den im Kostenfestsetzungsantrag des Klägers vom aufgeführten Positionen wird wie folgt entgegnet:

Rechtsanwalt

E. Muster: Klage auf Duldung der Zwangsvollstreckung

An das

Amts-/Landgericht

Klage

des Willi Meier

– Kläger –

Prozessbevollmächtigter:

gegen

Rechtsanwalt R als Testamentsvollstrecker über den Nachlass des am 28.2.2015 verstorbenen Otto Normalerblasser

– Beklagter –

wegen Duldung der Zwangsvollstreckung.

Namens und in Vollmacht des Klägers erhebe ich Klage und werde beantragen:

1.) Der Beklagte wird verurteilt, die Zwangsvollstreckung in Höhe eines Betrages von 12.345,56 EUR zuzüglich hieraus Zinsen in Höhe von 5 Prozentpunkten über dem Basiszinssatz seit dem 3.3.2015 in den von ihm in seiner Eigenschaft als Testamentsvollstrecker verwalteten Nachlass des am 28.2.2015 verstorbenen Otto Normalerblasser zu dulden.

2.) Dem Beklagten wird angedroht, dass für jeden Fall der Zuwiderhandlung ein Ordnungsgeld oder Ordnungshaft gegen ihn festgesetzt wird.

(Es folgen ggf. Anträge zur Sicherheitsleistung, Versäumnisurteil)

Begründung:

Herr Otto Normalerblasser ist am 28.2.2015 verstorben. Zum Testamentsvollstrecker für den gesamten Nachlass des Erblassers wurde der Beklagte ernannt. Etwaige Beschränkungen der Testamentsvollstreckerrechte sind vom Erblasser nicht angeordnet worden.

Der Beklagte hat das Amt mit Erklärung vom 29.2.2015 gegenüber dem Nachlassgericht angenommen, so dass am 23.4.2015 das in Kopie beigefügte Testamentsvollstreckerzeugnis erteilt wurde.

Erbe des Erblassers wurde Herr Michael Müller, wie aus dem ebenfalls in Kopie beigefügten Erbschein hervorgeht.

Der Kläger macht mit der Klage gegen den Beklagten als Testamentsvollstrecker einen Anspruch auf Duldung der Zwangsvollstreckung in den Nachlass gem. § 2213 Abs. 3 BGB geltend. Er verfügt bereits über einen rechtskräftigen Titel des Landgerichts München I, Az.: ▬▬▬ vom 4.5.2015 gegen den Alleinerben Müller wegen Pflichtteilsansprüchen, der in Kopie beigefügt wurde.

Der Titel lautet auf Zahlung eines Betrages in Höhe von 12.345,67 EUR nebst Zinsen in Höhe von 5 Prozentpunkten über dem Basiszinssatz seit dem 3.3.2015.

In den Tenor wurde eine Haftungsbeschränkung des Erben nach § 780 ZPO aufgenommen. Dieser verweigert nunmehr die Zahlung des Geldbetrages.

Da eine Zwangsvollstreckung gegen den Erben aufgrund des Vorbehalts nach § 780 ZPO nicht möglich ist, benötigt der Kläger als Gläubiger der titulierten Forderung für die Zwangsvollstreckung in den Nachlass aufgrund der Testamentsvollstreckung über den gesamten Nachlass wegen § 748 ZPO einen Duldungstitel gegen den Beklagten.

Rechtsanwalt

Vertiefung: Siehe § 16.

§ 38 Die Erfüllung von Vermächtnissen, Auflagen und Pflichtteilsansprüchen

Dr. Michael Bonefeld

Inhalt:

	Rn		Rn
A. Erfüllung von Vermächtnissen	1	I. Grundlagen	9
I. Kurzübersicht	1	II. Muster: Auskunftsbegehren des Testamentsvollstreckers an einen Erben	23
II. Muster: Anschreiben an Vermächtnisnehmer	3	III. Muster: Anschreiben an Pflichtteilsberechtigten wegen erhaltener Schenkungen und Vorempfänge	25
III. Anspruch auf Vermächtniserfüllung	4		
B. Erfüllung von Auflagen	6		
I. Kurzübersicht	7	IV. Muster: Einholung der Zustimmung	27
II. Muster: Klage wegen Vollziehung einer Auflage	8	V. Muster: Klageantrag gegen Erben und Testamentsvollstrecker	29
C. Testamentsvollstreckung und Pflichtteilsrecht	9		

A. Erfüllung von Vermächtnissen

I. Kurzübersicht

- Schuldrechtlicher Anspruch des Vermächtnisnehmers gegen Erben   1
- Differenzierung zwischen Anfall und Fälligkeit
- Annahme notwendig
- Keine Ausschlagungsfrist
- Kosten der Erfüllung gehen zu Lasten des Nachlasses
- Kürzungsrecht aus § 2318 BGB beachten.

Sofern die Erben mit einem Vermächtnis beschwert sind, hat der Testamentsvollstrecker   2
für die Erfüllung Sorge zu tragen. Bevor er jedoch den Anspruch erfüllt, muss er zunächst die Annahme des Vermächtnisnehmers abwarten. Sinnvollerweise sollte der Testamentsvollstrecker zur schnelleren Abwicklung den Vermächtnisnehmer anschreiben und hinsichtlich des Vermächtnisses aufklären.

II. Muster: Anschreiben an Vermächtnisnehmer

An die Bergwacht Mittenwald e.V.

vertreten durch deren Vorstand   3

Betr.: Vermächtnis des Otto Normalerblasser

Sehr geehrte Damen und Herren,

ausweislich der beglaubigten Kopie des Testamentsvollstreckerzeugnisses des Amtsgerichts München vom ▓▓▓▓ (Datum) habe ich das Amt des Testamentsvollstreckers über den Nachlass des am 28.2.2015 verstorbenen

Otto Normalerblasser

übernommen.

Im notariellen Testament vom 19.2.2015 hat der Erblasser ein Vermächtnis zu Ihren Gunsten angeordnet. Danach soll Ihr Verein ein Geldvermächtnis in Höhe von 10.000 EUR erhalten.

Ich bitte um Mitteilung, ob Sie das Vermächtnis annehmen wollen.

Sofern Sie das Vermächtnis annehmen, bitte ich um Angabe einer Bankverbindung, damit der Betrag von mir angewiesen werden kann, wobei nach Erhalt des Geldes eine schriftliche Bestätigung durch Sie erfolgen sollte. Der Einfachheit halber können Sie die beigefügte Bestätigung an mich zurücksenden.

Gerne höre ich von Ihnen und verbleibe

mit freundlichen Grüßen

Rechtsanwalt R als Testamentsvollstrecker

Anlage: Antwortschreiben

An Rechtsanwalt R

Betr.: Vermächtnis des Otto Normalerblasser

Erklärung über die Annahme des Vermächtnisses:

Hiermit nehme ich als vertretungsberechtigtes Organ der Bergwacht Mittenwald e.V.

Zutreffendes ankreuzen
- das Vermächtnis an
   Bitte überweisen Sie den Betrag auf das Konto: IBAN
- das Vermächtnis nicht an

▒▒▒ (Ort), ▒▒▒ (Datum) Unterschrift

(hier abtrennen)

Nach Erhalt des Vermächtnisses bitte zurücksenden:

Erklärung über den Erhalt des Vermächtnisses:

Hiermit bestätige ich als vertretungsberechtigtes Organ der Bergwacht Mittenwald e.V. den Erhalt des Vermächtnisses des Herrn Otto Normalerblasser in Höhe von 10.000 EUR am ▒▒▒ (Datum).

Das Vermächtnis ist somit erfüllt. Weitere Ansprüche bestehen nicht mehr.

▒▒▒ (Ort), ▒▒▒ (Datum)

Unterschrift

III. Anspruch auf Vermächtniserfüllung

4   Will der Vermächtnisnehmer seinen Anspruch auf Erfüllung einklagen, so kommt es für die Frage, ob die Klage gegen die Erben als mit dem Vermächtnis Beschwerte oder gegen den Testamentsvollstrecker einzureichen ist, darauf an, ob dem Testamentsvollstrecker die Verwaltung des Vermächtnisgegenstandes zusteht. Dann kann die Klage aufgrund § 2213 Abs. 1 S. 1 BGB der Anspruch auf Vermächtniserfüllung sowohl gegen den Erben als auch gegen den Testamentsvollstrecker eingeklagt werden.

5   **Praxistipp**
Bevor ein Vermächtnis erfüllt wird, sollte durch den Testamentsvollstrecker eingehend geprüft werden, ob ggf. ein Kürzungsrecht des Erben nach § 2318 BGB besteht. Ein solches Kürzungsrecht darf vom Testamentsvollstrecker nicht vereitelt werden.
Des Weiteren kann sich der Testamentsvollstrecker auch auf die Vorschriften der §§ 1990 ff. BGB berufen.[1] Um die Rechte der Erben ebenfalls nicht zu beeinträchtigen, sollte insbesondere § 1991 Abs. 4 BGB beachtet werden, wonach die Verbindlichkeiten aus Pflichtteilsansprüchen, Vermächtnissen und Auflagen so zu berichtigen sind, wie sie

---

[1] *Lohmann*, in: Bamberger/Roth, § 1990 Rn 1.

im Falle des Insolvenzverfahrens zur Berichtigung kommen würden. Muss der Testamentsvollstrecker z.b. eine Zugewinnausgleichsforderung des übergangenen Ehegatten begleichen und reicht dann das Restvermögen nicht mehr für die Erfüllung des Vermächtnisses, hat der Testamentsvollstrecker von der Einrede aus den §§ 1990 ff. BGB Gebrauch zu machen.

Vor einer vorschnellen Erfüllung von Vermächtnissen ist – solange weitere nach § 327 InsO vorrangige Ansprüche Dritter bestehen – zu warnen. Ansonsten kommt es zur Ausfallhaftung nach Maßgabe der §§ 1978 Abs. 1, 1979 BGB.

Sofern man auf die Gestaltung des Testaments Einfluss nehmen kann, sollte bezüglich der Anordnung von Vermächtnissen immer auf klare Regelungen für den Testamentsvollstrecker geachtet werden, wie z.B:
- Soll der Vermächtnisnehmer die Kosten der Testamentsvollstreckung (wenigstens teilweise) tragen?
- Soll das Kürzungsrecht nach § 2318 BGB greifen?
- Soll bei Grundstücksvermächtnissen der Vermächtnisnehmer z.B. das Inventar, Zubehör, Grundschulden und Darlehensverbindlichkeiten mit übernehmen?
- Soll bei Geldvermächtnissen der Vermächtnisnehmer nur eine Höchst-/Mindestteilhabe am Nachlass haben?
- Ist der Betrag zu indexieren? usw.

Ein weiteres Praxisproblem liegt in der Erfüllung von werthaltigen Vermächtnissen, bevor die Erbschaftsteuer abgeführt wurde. Der Testamentsvollstrecker ist berechtigt und verpflichtet, Maßnahmen zu ergreifen, die eine Haftung des Nachlasses für Steuern auf das Vermächtnis ausschließen.[2]

Hier ist darauf zu achten, dass z.B. im Grundstückserfüllungsvertrag ggf. sogar eine Grundschuld zur Absicherung der Erbschaftsteuer bestellt oder eine Sicherheitsleistung gefordert werden sollte. Bei Geldvermächtnissen behält man einfach den Anteil, der auf die Steuer entfällt, ein und führt ihn selber ab. Eine ungesicherte Auskehrung vor Begleichung der Erbschaftsteuern sollte vermieden werden.

B. Erfüllung von Auflagen

Abwandlung des Ausgangsbeispiels

Der Erblasser hat den Erben im Rahmen einer Auflage aufgegeben, das Grab spätestens ein Jahr nach der Beerdigung mit fünf Lebensbäumen von mindestens je 50 cm Höhe neu zu bepflanzen. Die Vollziehung soll vom Testamentsvollstrecker überwacht werden.

I. Kurzübersicht

- Keine Zuwendung, sondern Auferlegung einer Verpflichtung
- Abgrenzung zur Verwaltungsanordnung nach § 2216 Abs. 2 BGB und unverbindlicher Wunsch notwendig
- Fälligkeit i.d.R. mit Tode des Erblassers
- Vollziehungsanspruch nur Personenkreis aus § 2194 BGB
- Entweder Erfüllung durch Testamentsvollstrecker oder aber Überwachung des Vollzuges durch Testamentsvollstrecker
- Kosten der Erfüllung gehen zu Lasten des Nachlasses.

---

2 *Weidmann*, ZEV 2014, 408.

Lösung des Abwandlungsbeispiels

Nach § 2194 BGB steht dem Testamentsvollstrecker ein Vollziehungsanspruch zu. Wenn sich also die Erben oder die Personen, die mit der Auflage beschwert sind, weigern, die Auflage zu erfüllen, ist der Testamentsvollstrecker verpflichtet, die Erfüllung zu erzwingen. Reagieren die Erben nicht auf die Aufforderungsschreiben des Testamentsvollstreckers, so muss dieser umgehend eine Klage einreichen. Die Klage wird in der Eigenschaft als Testamentsvollstrecker beim Nachlassgericht eingereicht.

II. Muster: Klage wegen Vollziehung einer Auflage

An das Amtsgericht München

Klage

des Rechtsanwalts R, ▓▓▓▓ *(Adresse)* als Testamentsvollstrecker über den Nachlass des am 28.2.2015 verstorbenen Otto Normalerblasser,

– Kläger –

gegen

die
1.) Frau P ▓▓▓▓ *(Adresse)*
2.) Herrn F ▓▓▓▓ *(Adresse)*

– Beklagte –

wegen Vollziehung einer Auflage.

Ich erhebe Klage und werde beantragen:

Die Beklagten werden verurteilt, das Grab des Otto Normalerblasser auf dem Waldfriedhof München, Reihe 12, Grab Nr. 4, mit fünf Lebensbäumen in einer Größe von je mindestens 50 cm Höhe zu bepflanzen.

(Es folgen ggf. Anträge zur Sicherheitsleistung, Versäumnisurteil etc.)

Begründung:

Der Kläger ist Testamentsvollstrecker des am 28.2.2015 in München verstorbenen Otto Normalerblasser.

Beweis: Testamentsvollstreckerzeugnis des Amtsgerichts München (Anlage 1)

Die Beklagten sind laut notariellem Testament vom 19.2.2010 des Notars Dr. Wachtelhofen Erben und somit nach § 2058 BGB Gesamthandsschuldner.

Beweis: Notarielles Testament vom 19.2.2010 (Anlage 2)

Aufgrund dieses Testaments sind die Erben mit der Auflage beschwert, das Grab spätestens ein Jahr nach der Bestattung des Erblassers mit fünf Lebensbäumen neu zu bepflanzen. Der Erblasser wurde am 1.3.20159 auf dem Waldfriedhof München, Reihe 12, Grab Nr. 4 bestattet.

Beweis: Zeugnis der Friedhofsverwaltung Waldfriedhof München, Herr Lippes, zu laden über ▓▓▓▓ *(Adresse)*

Als Testamentsvollstrecker steht dem Kläger nach § 2194 BGB ein Vollziehungsanspruch zu.

Die Beklagten wurden mit Schreiben unter Fristsetzung ohne Erfolg aufgefordert, die Auflage zu vollziehen.

Beweis: Aufforderungsschreiben vom 23.4.2015 (Anlage 3)

Klage ist daher geboten.

Rechtsanwalt R als Testamentsvollstrecker

C. Testamentsvollstreckung und Pflichtteilsrecht

I. Grundlagen

Abwandlung des Ausgangsbeispiels
Plötzlich meldet sich ein bis dato unbekannter Abkömmling des Otto Normalerblasser Herr Jan Hoffmann, welcher am 2.6.1967 geboren ist, und fordert gegenüber dem Testamentsvollstrecker den Pflichtteil. Ein Nachweis über die Vaterschaft in Form eines Vaterschaftsfeststellungsurteils liegt vor.

Kurzübersicht:
- Pflichtteilsanspruch nur gegen Erben auch bei Verwaltung über ganzen Nachlass
- Folge: Duldungstitel gegen Testamentsvollstrecker für Vollstreckung in den von ihm verwalteten Nachlass notwendig (§ 748 Abs. 3 ZPO)
- Testamentsvollstrecker darf Pflichtteilsanspruch nicht anerkennen
- Keine Auskunftspflicht des Testamentsvollstreckers gegenüber Pflichtteilsberechtigten
- Erfüllung von Pflichtteilsansprüchen nur bei unstreitigen Ansprüchen.

Nach § 2213 Abs. 1 S. 3 BGB können **Pflichtteilsansprüche** nur gegen die Erben geltend gemacht werden. Dies gilt auch dann, wenn dem Testamentsvollstrecker die Verwaltung des ganzen Nachlasses zusteht. In diesen Bereich gehören sämtliche Klagen hinsichtlich einer etwaigen Pflichtteilszahlung z.B.:
- Klage auf Auskunft hinsichtlich des Nachlasses gem. § 2314 Abs. 1 S. 1 BGB
- Klage auf Wertermittlung gem. § 2314 Abs. 1 S. 2 BGB
- Klage auf Zahlung des Pflichtteilsanspruchs.

Der Testamentsvollstrecker braucht somit nicht dem Pflichtteilsberechtigten Auskunft zu erteilen und kann gegen den Willen der Erben eine Pflichtteilsforderung nicht mit Wirkung gegen die Erben rechtsgeschäftlich **anerkennen**.[3] Im Einzelnen ist aber umstritten, wann und ob ein vom Testamentsvollstrecker abgegebenes **Anerkenntnis** wirksam ist. Außergerichtlich ist nach allg. Auffassung ein Anerkenntnis unwirksam.[4] Sofern allerdings ein Testamentsvollstrecker im Prozess ein Anerkenntnis abgibt, soll dieses Anerkenntnis wirksam sein.[5] Eine derartige Auffassung dürfte nicht richtig sein, denn noch nicht einmal bei notwendiger Streitgenossenschaft zwischen dem Testamentsvollstrecker und dem Erben könnte ein prozessuales Anerkenntnis des Testamentsvollstreckers den Erben binden. Anders ist jedoch zu urteilen, wenn der Testamentsvollstrecker mit einer ausdrücklichen Vollmacht oder aber einer Anscheins- oder Duldungsvollmacht der Erben gehandelt hat. Sehr unglücklich und missverständlich formuliert ist die Entscheidung des OLG München.[6]

Dort heißt es:

Nach dem Sinn des § 2213 Abs. 1 S. 3 BGB differenziert die Entscheidung BGHZ 61, 25 deshalb letzten Endes zwischen streitigen und unstreitigen Pflichtteilsansprüchen. Sind Pflichtteilsansprüche nicht streitig, kann der Testamentsvollstrecker Pflichtteilsansprüche erfüllen; er kann deshalb auch bei nicht streitigen Pflichtteilsansprüchen wirksam anerkennen mit der Folge, dass die Verjährung unterbrochen wird, oder aber auf die Erhebung der Einrede der Verjährung verzichten. Im vorliegenden Falle hat die Testaments-

---
3 BGH NJW 1969, 424.
4 *Tanck*, in: Mayer/Süß/Tanck/Bittler/Wälzholz, § 14 Rn 86; BGHZ 51, 125.
5 So Soergel/*Damrau*, § 2213 Rn 10; a.A. *Leipold*, in: Stein/Jonas, § 306 ZPO Rn 26.
6 OLG München Rpfleger 2003, 588 mit Anm. von *Bestelmeyer*, der jedoch auf die eigentliche prozessuale Problematik nicht eingeht.

vollstreckerin für den Kläger erkennbar mit Willen der Beklagten gehandelt. Der Leistung der Abschlagszahlungen haben die Erben nicht widersprochen. Zuletzt hat sich die Testamentsvollstreckerin mit dem oben zitierten Schreiben vom 5.5.1999 gegenüber dem Kläger erklärt. Dieser Äußerung war ein Schriftwechsel zwischen der Testamentsvollstreckerin und den Erben vorangegangen, in der diese die Erben dazu aufgefordert hatte, eine gegenteilige Meinung ausdrücklich zu äußern. Von diesem Schriftwechsel hatte der Kläger Kenntnis.

Der Umkehrschluss aus der genannten BGH Entscheidung ist nicht zwingend. Zwar differenziert der BGH zwischen streitigen und unstreitigen Pflichtteilsansprüchen, hat aber gerade keine Aussage getroffen, wie im Falle der unstreitigen zu entscheiden wäre. Hierzu hat er sich nämlich nicht geäußert. Richtiger Weise kann der Testamentsvollstrecker auch nicht unstreitige Ansprüche mit Wirkung gegen Erben anerkennen. Allerdings ist die Entscheidung des OLG München letzten Endes richtig, denn der Testamentsvollstrecker hatte eine Duldungsvollmacht und konnte so die Erben rechtsgeschäftlich vertreten. Dies hat das OLG in seiner Begründung jedoch leider nicht differenziert dargestellt.

Ist ein zu hoher Pflichtteil anerkannt worden, haftet der Testamentsvollstrecker nach Maßgabe des § 2219 BGB.

12 Aber auch **Anerkenntnisse des Erben** können u.U. den Testamentsvollstrecker nicht binden. Wenn z.B. ein Erbe einen zu hohen Pflichtteil gegenüber dem Erben anerkennt, ist hieran der Testamentsvollstrecker selbst nicht gebunden.[7] Der Erbe benötigt also weiterhin einen Duldungstitel gem. § 748 Abs. 3 ZPO gegen den Testamentsvollstrecker. Wollen die Erben, dass der Testamentsvollstrecker eine Summe an den Pflichtteilsberechtigten ausbezahlt, sollte der Testamentsvollstrecker überprüfen, ob nicht vorrangige Ansprüche (vgl. dazu auch § 327 InsO) zunächst zu erfüllen sind. Ferner sollte wegen des Kürzungsrechts aus § 2318 BGB ein Pflichtteil vor Erfüllung von Auflagen und Vermächtnissen berechnet werden. Alternativ bietet sich die Erfüllung nur gegen Sicherheitsleistung und Vorbehalt der Kürzung an.

13 Wenn die Erben hingegen der Ansicht sind, der **Anspruch** des **Pflichtteilsberechtigten** sei zu hoch, und erkennen nur einen zu niedrigen Wert an, stellt sich für den Testamentsvollstrecker die Frage, ob er dennoch den höheren Anspruch anerkennt und ausbezahlt. Ein Anerkenntnis würde die Erben nicht binden.[8] Da Schadensersatzansprüche aus § 2219 BGB nur der Erbe und der Vermächtnisnehmer, nicht aber der Pflichtteilsberechtigte gegen den Testamentsvollstrecker geltend machen können, ist es ratsam, wenn er sich vom Erben den Wunsch nach Auszahlung bestätigen lässt. Nach erfolgter Zustimmung hat der Erbe keinen Schadensersatzanspruch.

14 Er ist daher zur **Erfüllung** von **Pflichtteilsansprüchen** nur berechtigt, wenn es sich um unstreitige Forderungen handelt. Dabei ist er zur Erfüllung einer unstreitigen Pflichtteilsforderung aber den Erben gegenüber nicht verpflichtet, es sei denn, dass die Grundsätze einer ordnungsgemäßen Nachlassverwaltung dies gebieten und anderenfalls eine Haftung nach § 2219 BGB droht.[9] Eine Forderung ist nur dann unstreitig, wenn über Bestehen, Höhe, Fälligkeit oder sonstige Punkte zwischen Gläubiger und Schuldner keine ernsthaften Meinungsverschiedenheiten bestehen.[10] Problematisch bleibt es, wenn die Erben selbst uneinig wegen der richtigen Summe für den Pflichtteilsberechtigten sind. Dann muss der Testa-

---

7 OLG Celle MDR 1967, 46.
8 Vgl. *Klingelhöffer*, ZEV 2000, 262; *Merkel*, NJW 1967, 1285.
9 Staudinger/*Reimann*, § 2213 Rn 19; *Klingelhöffer*, ZEV 2000, 261.
10 BGH NJW 1969, 424.

mentsvollstrecker eine Entscheidung selbst verantworten und trägt aber nicht das Risiko aus § 2219 BGB, da die Pflichtteilsforderung nicht unstreitig war.

Nach alledem ist es somit falsch, wenn man als Vertreter des Pflichtteilsberechtigten sich zunächst direkt an den Testamentsvollstrecker wendet, um **Auskunft** zu erhalten. Der Erbe darf anschließend den Pflichtteilsberechtigten nicht damit vertrösten, er solle sich direkt an den Testamentsvollstrecker wenden, wenn er Auskunft haben wolle. Dieser braucht sich nicht auf die Abtretung von Auskunftsansprüchen einlassen. Auch die Übermittlung des Nachlassverzeichnisses gem. § 2215 BGB hilft dem Pflichtteilsberechtigten nicht weiter, da dieses vom Bestandsverzeichnis nach § 2314 BGB abweicht (z.B. Stichtag und Umfang). Allerdings hat der Testamentsvollstrecker wiederum dem Erben Auskunft zu erteilen. Hat er jedoch keine Informationen über Vorschenkungen muss der Erbe sich eigenständig um eine vollständige Auskunft des Pflichtteilsberechtigten kümmern. 15

Besonderheiten bestehen im Zusammenhang mit der Altregelung des § 2306 Abs. 1 S. 1 BGB, wenn z.B. die Wirksamkeit der Ernennung zum Testamentsvollstrecker betroffen ist. Dann geht es nicht erstrangig um das Pflichtteilsrecht, so dass § 2213 Abs. 1 S. 2 BGB nicht gilt.[11] Ebenso ist die Klage gegen den Testamentsvollstrecker zu richten, wenn der pflichtteilsberechtigte Erbe, gegen den die Testamentsvollstreckung wegen § 2306 BGB nicht wirkt, eine Unterlassung von Vollsteckungsmaßnahmen verlangt.[12] Ist der Testamentsvollstrecker selbst Gläubiger der Pflichtteilsforderung, so ist die Klage gegen die Erben zu richten. In diesem Fall genügt zur Vollstreckung in den Nachlass lediglich ein Titel gegen den Erben.[13] Gleiches gilt auch für Streitigkeiten, ob dem Testamentsvollstrecker ein Vermächtnis zusteht oder über die Höhe seiner Vergütung nach § 2221 BGB. 16

Problematisch ist, ob dem Testamentsvollstrecker auch die Rechte aus § 2318 BGB (Kürzungsrecht) oder das Recht zur Fristsetzung zur Annahme eines Vermächtnisses nach § 2307 Abs. 2 S. 1 BGB zustehen. Obwohl der Testamentsvollstrecker nicht Vertreter der Erben ist, stehen ihm diese Rechte zu. Andernfalls kann er den Nachlass nicht ordnungsgemäß verwalten. Im Übrigen ist er in den dortigen Fällen – im Unterschied zum Anerkenntnis – einem gesetzlichen Vertreter angenähert. 17

Die **Zwangsvollstreckung** des Pflichtteilsberechtigten nach § 888 ZPO aus einem Auskunftstitel gegen den Erben setzt einen Duldungstitel gegen den Testamentsvollstrecker nicht voraus (siehe dazu § 16 und § 37). Der Umstand, dass nach § 748 Abs. 3 ZPO zur Zwangsvollstreckung wegen eines Pflichtteilsanspruchs auch ein Titel gegen den Testamentsvollstrecker erforderlich ist, hindert nicht, dass nicht auch separat ein Titel gegen den Erben ergehen und insoweit vollstreckt werden kann. 18

> **Lösung des Abwandlungsbeispiels**
> Der Testamentsvollstrecker steht nun vor dem Problem, wie er auf die Forderung des pflichtteilsberechtigten Abkömmlings des Otto Normalerblasser reagiert. Er selbst darf auf keinen Fall einen Pflichtteilsanspruch anerkennen. Die Pflichtteilslast ist aber eine Nachlassverbindlichkeit, die von ihm zu erfüllen ist. Dies gilt auch für den Pflichtteils-Restanspruch gem. § 2305 BGB sowie den Ergänzungsanspruch nach § 2325 BGB, weil beide mit dem Erbfall entstehen.

---

11 Staudinger/*Reimann*, § 2213 Rn 17.
12 *Haegele*, BWNotZ 1974, 110.
13 Soergel/*Damrau*, § 2213 Rn 6.

19 Soweit eine Ausschlagung für die Geltendmachung des Pflichtteilsanspruchs Voraussetzung ist, kann diese im Übrigen wegen des **höchstpersönlichen Charakters des Ausschlagungsrechts** dem Testamentsvollstrecker nicht überlassen werden.

20 Fordert der pflichtteilsberechtigte Jan Hoffmann nunmehr gegenüber dem Testamentsvollstrecker Auskunft über den Nachlass, hat der Testamentsvollstrecker die Möglichkeit, die Auskunft unter Hinweis auf die §§ 2213 Abs. 1 S. 3, 2314 BGB zu verweigern, dem Pflichtteilsberechtigten stehe ein solches Auskunftsrecht nur gegen die Erben zu. Letztendlich führt dies aber lediglich zu einer kleinen Zeitverzögerung, da wiederum die Erben einen Auskunftsanspruch gegen den Testamentsvollstrecker geltend machen werden, um ihrerseits Auskunft zu erteilen. Dem Pflichtteilsberechtigten steht auch kein Anspruch auf Auflistung der Nachlassgegenstände gegenüber dem Testamentsvollstrecker zu. Allerdings ist auch hier wiederum der Testamentsvollstrecker dem Erben gegenüber verpflichtet, alle erforderliche Beihilfe zu leisten.

Somit muss der Testamentsvollstrecker dem Erben folgende **Informationen** geben:
- Auskunft zur Unterstützung bei der Wertermittlung
- genaue Beschreibung der Nachlassgegenstände[14]
- ausnahmsweise Pflicht zur Wertermittlung, wenn der Erbe seinerseits gegenüber einem Pflichtteilsberechtigten nach § 2314 Abs. 1 S. 1 und 2 BGB sowie wegen eines Pflichtteilsergänzungsanspruchs aus § 2325 BGB auskunfts- und wertermittlungspflichtig ist.[15]

21 Bei der **Berechnung des Pflichtteilsanspruchs** ist besondere Sorgfalt geboten. Wenn der Testamentsvollstrecker ein Nachlassverzeichnis erstellt, sind lebzeitige Zuwendungen des Erblassers nicht aufzunehmen. Allerdings benötigt der Testamentsvollstrecker Informationen hierzu, um einerseits den Pflichtteilsanspruch richtig berechnen zu können, andererseits Ausgleichungen bei Vorempfängen im Rahmen des Teilungsplanes zu berücksichtigen. So ist besonderes Augenmerk auf die Abgrenzung von Schenkungen des Erblassers zu seinen letztwilligen Verfügungen zu werfen. Nur auf diese Weise kann die Frage, ob ein Gegenstand überhaupt in den Nachlass fällt und ggf. für die Berechnung der Pflichtteilsansprüche nach § 2325 BGB als Passiva zu berücksichtigen ist, beantwortet werden:
- Schenkungen unter der Bedingung, dass der Beschenkte den Schenker überlebt, wobei die Formvorschrift des § 2301 BGB zu beachten ist;
- bereits vollzogene Schenkungen, welche dagegen den Vorschriften über die Schenkung unter Lebenden nach § 2301 Abs. 2 BGB folgen;
- Schenkungen als Verträge zugunsten Dritter auf den Todesfall.

Die Berechnung und eine ggf. anteilmäßige Verlagerung der Pflichtteilslast auf Vermächtnisnehmer und Auflagenbegünstigte sind ebenfalls vom Testamentsvollstrecker durchzuführen.[16]

22 Dem Testamentsvollstrecker stehen sämtliche **Auskunftsansprüche** zu, die dem Erben selbst zustehen, z.B.:
- Auskunft gegenüber den Erben und Dritten nach §§ 2218, 242 BGB bzw. § 2057 BGB, z.B. bezüglich ausgleichungspflichtiger Vorempfänge und Schenkungen;
- Auskunft gegenüber Hausgenossen des Erblassers nach § 2028 BGB.

---

14 Staudinger/*Reimann*, § 2215 Rn 3.
15 Anspruch folgt neben § 2215 Abs. 1 BGB aus § 2218 BGB i.V.m. § 666 BGB; *Klumpp*, in: Bengel/Reimann, III Rn 65.
16 Wegen der Berechnung der Pflichtteilsansprüche wird auf *Kerscher/Tanck*, 2. Aufl. 1999, § 6 Rn 118 ff. verwiesen.

Er kann dabei auch den Antrag auf Abgabe einer eidesstattlichen Versicherung nach §§ 2057 S. 2, 260, 261 BGB stellen.

Ein Auskunftsschreiben des Testamentsvollstreckers an einen Erben kann z.B. wie folgt formuliert werden.

II. Muster: Auskunftsbegehren des Testamentsvollstreckers an einen Erben

An ▓▓▓▓ (Name Erbe)

Betr.: Auskunft wegen Vorschenkungen des Otto Normalerblasser

Sehr geehrte/r Herr/Frau ▓▓▓▓,

ausweislich der beglaubigten Kopie des Testamentsvollstreckerzeugnisses des Amtsgerichts München vom 29.3.2015 habe ich das Amt des Testamentsvollstreckers über den Nachlass des am 28.2.2015 verstorbenen **Otto Normalerblasser,** ▓▓▓▓ *(Anschrift),* übernommen.

Um einen sachgerechten Teilungsplan aufstellen und um eventuelle Pflichtteilsforderung berechnen zu können, benötige ich Auskunft über etwaige Zuwendungen des vorgenannten Erblassers. Mir steht der Anspruch auf Auskunft aus §§ 2218, 242 BGB zu.

Ich habe Sie daher aufzufordern, die Auskunft zu erteilen durch ein Bestandsverzeichnis, in dem:

1.
- sämtliche Schenkungen des Erblassers an Sie aufgeführt sind
- sämtliche Schenkungen des Erblassers an dritte Personen in den letzten 10 Jahren vor dem Tode des Erblassers aufgeführt sind (diese Angabe ist freiwillig)
- alle Zuwendungen des Erblassers, die eine Ausgleichspflicht nach den §§ 2050 ff., 2316 BGB auslösen können, aufgeführt sind (diese Angabe ist freiwillig, sofern nicht Sie, sondern nur Dritte eine Zuwendung erhalten haben);

2. durch Mitteilung sämtlicher Lebensversicherungsverträge und sonstiger Verträge zugunsten Dritter, die der Erblasser zu Lebzeiten abgeschlossen hat und die bei seinem Tod noch bestanden (diese Angabe ist freiwillig, sofern nicht Sie, sondern nur Dritte eine Zuwendung erhalten haben);

3. durch Mitteilung der Bedingungen bei Zuwendungen, die keine Schenkungen sind, beispielsweise die Übertragung eines Grundstückes gegen den Vorbehalt oder die Einräumung eines Nießbrauchs, Altenteils oder Wohnungsrechts (diese Angabe ist freiwillig, sofern nicht Sie, sondern nur Dritte eine Zuwendung erhalten haben).

Zur Erteilung der Auskunft setze ich eine Frist bis zum ▓▓▓▓ *(Datum).*

Für Ihre Mithilfe danke ich Ihnen.

Rechtsanwalt R als Testamentsvollstrecker

> **Praxistipp**
> Da sowohl für das Nachlassverzeichnis, den Teilungsplan als auch für die Erbschaftsteuererklärung Angaben über Schenkungen benötigt werden, sollte der Testamentsvollstrecker auf jeden Fall Erklärungen über erhaltene Schenkungen von den Erben, Vermächtnisnehmern und Pflichtteilsberechtigten einholen. So kann der Testamentsvollstrecker seine Haftung vermeiden.

III. Muster: Anschreiben an Pflichtteilsberechtigten wegen erhaltener Schenkungen und Vorempfänge

An Jan Hoffmann

Betr.: Pflichtteil nach Otto Normalerblasser

Sehr geehrter Herr Hoffmann,

in Ihrem Schreiben vom 31.3.2015 haben Sie mich als Testamentsvollstrecker des am 28.2.2015 verstorbenen Otto Normalerblasser mit der Bitte angeschrieben, Ihnen Ihren Pflichtteilsanspruch auszubezahlen.

Rein vorsorglich teile ich Ihnen mit, dass ein Testamentsvollstrecker nach dem Gesetz gegenüber Pflichtteilsberechtigten nicht zur Auskunft verpflichtet ist. Nach Rücksprache mit den Erben darf ich Ihnen jedoch das anliegende Nachlassverzeichnis vom 29.2.2015 überreichen. Aus diesem Verzeichnis können Sie sowohl die Nachlass-Aktiva, als auch die Nachlass-Passiva entnehmen.

Um einen eventuellen Pflichtteilsanspruch Ihrerseits berechnen zu können, benötige ich noch Angaben hinsichtlich aller erhaltener ausgleichungs- bzw. anrechnungspflichtiger Schenkungen oder Zuwendungen. Dies können z.B. auch Schenkungen als Verträge zugunsten Dritter auf den Todesfall (z.B. Lebensversicherungen) sein.

Bitte teilen Sie mir daher bis zum

 (Datum)

mit, ob und welche Schenkungen bzw. Zuwendungen Sie vom Erblasser erhalten haben

Sobald ich Ihre Auskunft erhalten habe, werde ich unaufgefordert auf die Angelegenheit zurückkommen.

Für Rückfragen stehe ich gerne zur Verfügung

Mit freundlichen Grüßen

Rechtsanwalt R als Testamentsvollstrecker

Auf keinen Fall darf der Testamentsvollstrecker streitige Pflichtteilsforderungen ohne Zustimmung der Erben rechtsgeschäftlich anerkennen und kann dies auch nicht mit Wirkung gegen diese rechtsgeschäftlich tun.[17]

> **Praxistipp**
> Um Schadensersatzansprüche zu vermeiden, sollte der Testamentsvollstrecker nur absolut unstreitige Pflichtteilsforderungen oder Forderungen, die alle Erben anerkannt haben, erfüllen.

Demzufolge ist es ratsam, wenn sich der Testamentsvollstrecker vor Erfüllung von Pflichtteilsansprüchen an die Erben wendet und eine schriftliche Zustimmung einholt.

IV. Muster: Einholung der Zustimmung

An den

▬▬ *(Erben)*

Betr.: Pflichtteilsansprüche des Herrn Jan Hoffmann

Sehr geehrter Erbe ▬▬ *(Name)*,

---

17 BGHZ 51, 125 = NJW 1969, 424.

nachdem Sie mich gebeten haben, in meiner Funktion als Testamentsvollstrecker in Ihrem Namen Auskunft über den Nachlass dem pflichtteilsberechtigten Herrn Jan Hoffmann zu erteilen, habe ich Herrn Hoffmann ebenfalls um Auskunft hinsichtlich etwaiger Schenkungen aufgefordert.

Aufgrund seiner schriftlichen Stellungnahme, die ich Ihnen in Kopie beigefügt habe, ergibt sich, dass er keine Schenkung zu Lebzeiten erhalten hat, die zu einer Ausgleichungs- oder Anrechnungspflicht führt.

Da Herr Hoffmann als nachgewiesener leiblicher Abkömmling des Otto Normalerblasser bei Eintritt der gesetzlichen Erbfolge alles geerbt hätte, steht ihm somit ein Pflichtteil in Höhe von 50 % des Nachlasses zu.

Anbei habe ich unter Berücksichtigung des Nachlassverzeichnisses vom 29.2.2015 sowie der weiteren Angaben der Erben hinsichtlich erhaltener Schenkungen eine Berechnung des Pflichtteilsanspruchs des Herrn Hoffmann beigefügt. Ich weise darauf hin, dass die Wertangaben im Nachlassverzeichnis nur grob geschätzt sind und ich für diese Wertangaben keine Haftung übernehme.

Ich weise ausdrücklich darauf hin, dass ich zur Erfüllung streitiger Pflichtteilsansprüche und von Pflichtteilsansprüchen, die die Erben nicht anerkannt haben, nach dem Gesetz nicht verpflichtet bin. Im Falle einer gerichtlichen Auseinandersetzung müsste daher eine Klage des Pflichtteilsberechtigten gegen Sie als Erben erfolgen.

Damit ich den Pflichtteilsanspruch erfüllen kann, benötige ich somit Ihre Zustimmung. Ich bitte Sie höflich, die beigefügte Berechnung zu überprüfen, wobei Sie sich ggf. eines Rechtsanwalts bedienen sollten. Zu überlegen wäre auch, ob auf Kosten des Nachlasses nicht die wertvolleren Nachlassgegenstände von einem amtlich bestellten Schätzer zu schätzen wären.

Anliegend übersende ich Ihnen ein an mich gerichtetes Aufforderungsschreiben,

welches Sie bitte im Falle Ihres Einverständnisses bis zum

_____ (Datum)

zurücksenden. Ein Freiumschlag ist beigefügt.

Da der Pflichtteilsberechtigte eine Frist zur Zahlung gesetzt hat, bitte ich um Einhaltung der Frist.

Für Rückfragen stehe ich gerne zur Verfügung.

Rechtsanwalt R als Testamentsvollstrecker

Anlage Antwortschreiben:

An Testamentsvollstrecker

Rechtsanwalt R

Betr.: Pflichtteilsanspruch des Herrn Jan Hoffmann

Hiermit bitte ich Sie, die Summe _____ (Höhe der Summe) an Herrn Jan Hoffman zum Ausgleich seiner Forderung als Pflichtteilsberechtigter nach dem Tode des am 28.2.2015 verstorbenen Otto Normalerblasser auszuzahlen.

(Unterschrift Erbe)

Will der Erbe oder ein Dritter seine Pflichtteilsansprüche gerichtlich geltend machen, ist der Testamentsvollstrecker im Rahmen eines Duldungsantrages mit zu verklagen. Sind für die Erben und den Testamentsvollstrecker unterschiedliche Gerichte örtlich zuständig, ist ein Antrag auf Bestimmung des Gerichts nach § 36 ZPO zu stellen.

28

V. Muster: Klageantrag gegen Erben und Testamentsvollstrecker

An das Landgericht München

Klage

des Herrn Jan Hoffmann, ▌ (Adresse),

– Kläger –

gegen
1.) die Erbin P, ▌ (Adresse)
2.) den Erben F, ▌ (Adresse)
3.) den Testamentsvollstrecker Rechtsanwalt R ▌ (Adresse)

– Beklagte –

wegen Pflichtteilsanspruchs.

Namens und in Vollmacht des Klägers erhebe ich Klage und werde beantragen:

1.) Die Beklagten zu 1.) und 2.) werden als Erben des am 28.2.2015 verstorbenen Otto Normalerblasser verurteilt, an den Kläger ▌ (Summe) nebst Zinsen in Höhe von 5 Prozentpunkten über dem Basiszinssatz seit Rechtshängigkeit zu zahlen.

2.) Der Beklagte zu 3.) hat als Testamentsvollstrecker über den Nachlass des am 28.2.2015 verstorbenen Otto Normalerblasser die Zwangsvollstreckung aus dem Titel aus Ziff. 1.) in den seiner Verwaltung unterliegenden Nachlass zu dulden.

(Es folgen ggf. Anträge zur Sicherheitsleistung, Versäumnisurteil etc.)

Begründung:

▌

Der Antrag zu Ziff. 2.) ist zulässig. Es handelt sich nicht um einen unzulässigen bedingten Antrag. Vorliegend handelt es sich vielmehr um eine zulässige uneigentliche Eventualhäufung. Die Bedingung ist hier ein innerprozessuales Ereignis (vgl. BGH NJW 2001, 1285; BGH NJW 1986, 2821).

§ 39 Die Abgabe der Steuererklärungen

Dr. Michael Bonefeld

Inhalt:

	Rn		Rn
A. Kurzübersicht	1	I. Der Vordruck	9
B. Berichtigung unrichtiger Steuererklärungen	2	II. Erläuterungen zum Erklärungsvordruck	10
		III. Stundung der Erbschaftsteuer	11
I. Muster: Anschreiben an das Finanzamt wegen unrichtiger Einkommensteuererklärungen aus der Vergangenheit	3	1. Antrag auf Stundung	11
		2. Muster: Stundung	13
		E. Steuer und Bewertung der Nachlassgegenstände	15
II. Muster: Anschreiben an Finanzamt wegen vermuteter fehlender Verpflichtung zur Einkommensteuerzahlung	6	F. Rechtsbehelfe gegen den Erbschaftsteuerbescheid	16
C. Abgabe der Erbschaftsteuererklärung	7	I. Muster: Einspruch gegen Erbschaftsteuerbescheid bei vorliegender Vollmacht des Testamentsvollstreckers	17
I. Prüfung der Abgabeverpflichtung	7		
II. Muster: Anschreiben an Finanzamt wegen vermuteter fehlender Verpflichtung zur Erbschaftsteuerzahlung	8	II. Muster: Klage beim Finanzgericht	19
		III. Muster: Tatsächliche Verständigung zwischen Finanzbehörde und Erben	21
D. Ausfüllen des Formulars zur Erbschaftsteuererklärung	9		

A. Kurzübersicht

Kurzübersicht 1

Der Testamentsvollstrecker ist:
– nur Vermögensverwalter i.S.v. § 34 Abs. 3 AO;
– nicht Steuerschuldner, da kein Vermögensinhaber;
– Steuerpflichtiger nur soweit, wie Steuergesetze ihn ausdrücklich verpflichten;
– nur insoweit berechtigt, steuerliche Rechte wahrzunehmen, wie ihn Steuergesetze ausdrücklich ermächtigen;
– nicht ohne Vollmacht der Erben befugt, gegen einen Erbschaftsteuerbescheid Rechtsbehelfe einzulegen;
– nicht berechtigt, einen entsprechenden Teil des Nachlasses an die auszukehren, bevor die Bezahlung der Erbschaftsteuer nicht sichergestellt ist;
– In Bezug auf einen Vermächtnisnehmer tritt zwar eine Steuererklärungspflicht des Testamentsvollstreckers ein, wenn der Testamentsvollstrecker über die bloße Erfüllung des Vermächtnisses hinaus weitere Befugnisse hinsichtlich des vermachten Gegenstands hat. Dies kann bei einer Dauervollstreckung angenommen werden.[1]
– Inhaltsadressaten des Erbschaftsteuerbescheids bleiben die Erben (vgl. Nummer 2.13.4 des AEAO zu § 122 AO). Der Testamentsvollstrecker ist daher auch nicht befugt, den Erbschaftsteuerbescheid anzufechten, es sei denn, er soll persönlich in Anspruch genommen werden.[2] Eine Einspruchsentscheidung zu einem Erbschaftsteuerbescheid in Fällen der Testamentsvollstreckung ist nicht dem Testamentsvollstrecker, sondern den Erben bekannt zu geben, es sei denn, der Testamentsvollstrecker hat den Einspruch als Bevollmächtigter der Erben eingelegt.[3]

---

1 BFH, Urt. v. 11.6.2013 – II R 10/11, NJW-RR 2014, 260 = DB 2013, 2130.
2 BFH, Urt. v. 4.11.1981 – II R 144/78, BFHE 135, 83 = BStBl II 1982, 262.
3 Hinweis E 32 ErbStH 2011.

Hinweis
Die nachfolgenden Formulierungsvorschläge orientieren sich nicht ausschließlich am Ausgangsfall, sondern sind abstrakt gehalten, um möglichst viele Varianten abzuhandeln.

B. Berichtigung unrichtiger Steuererklärungen

Stellt der Testamentsvollstrecker fest, dass der Erblasser keine oder eine nicht richtige Steuererklärung abgegeben hat, muss er nach §§ 34, 153 AO die jeweilige Steuererklärung berichtigen oder nachholen.

I. Muster: Anschreiben an das Finanzamt wegen unrichtiger Einkommensteuererklärungen aus der Vergangenheit

Finanzamt ▬▬▬ *(Ort)*

Steuernummer:

Betr.: Einkommensteuererklärungen 2013 und 2014 des am 28.2.2015 verstorbenen steuerpflichtigen Otto Normalerblasser, ehemals wohnhaft ▬▬▬ *(Ort)*

Sehr geehrte Damen und Herren,

in vorbezeichneter Angelegenheit überreiche ich Ihnen anliegend die Steuererklärungen der Jahre 2013 und 2014.

Aus dem vorgefundenen Nachlass ersehe ich, dass letztmalig ein Einkommensteuerbescheid für 2012 ergangen ist und Erklärungen für 2013 und 2014 noch abzugeben sind.

Anlass für die Aufforderung zur Abgabe einer Einkommensteuererklärung für 2012 durch den verstorbenen Otto Normalerblasser war der Verkauf seines Einfamilienhauses Anfang 2012 in München. In einem Schreiben an das Finanzamt München vom 28.8.2012 (siehe Anlage) hat er die Verwendung des erhaltenen Kaufpreises nachgewiesen.

In der dort vorliegenden Einkommensteuererklärung 2012 vom 4.9.2013 hat der Erblasser die erforderlichen Angaben ohne Zuziehung eines Beraters seinen Kräften entsprechend gemacht. Ich weise darauf hin, dass der Erblasser nach einem Schlaganfall und einer langjährigen Berufskrankheit zu 100 % behindert war.

Nach einer schriftlichen Rückfrage des Finanzamts vom 13.10.2013 erging dann am 19.11.2013 der Einkommensteuerbescheid 2011, der lediglich die Renteneinkünfte in Höhe von 9.048 EUR umfasste mit einer Steuerschuld von 0 EUR.

Aus den vorgefundenen Nachlassunterlagen ersehe ich nunmehr, dass die Kapitaleinkünfte des Erblassers aus der Anlage des Verkaufserlöses in Höhe von 7.133 EUR nicht der Besteuerung unterworfen wurden. Gemäß § 153 i.V.m. § 34 der Abgabenordnung berichtige ich hiermit die abgegebene Steuererklärung 2011 (siehe Anlage) und beantrage

den Erlass eines geänderten Steuerbescheides gem. § 173 Abs. 1 Nr. 2 AO

zugunsten des Erblassers unter Anrechnung der nachgewiesenen Kapitalertragsteuerbeträge.

Den Erblasser trifft kein grobes Verschulden daran, dass die neuen Tatsachen dem Finanzamt erst nachträglich bekannt werden, da er in seiner abgegebenen Steuererklärung nicht angekreuzt hat, dass die Einnahmen aus Kapitalvermögen nicht mehr als 6.100 EUR betragen, sondern die Anlage KSO abgegeben hat.

In dieser Anlage KSO hat er darauf hingewiesen, dass er Einnahmen aus Immobilienanteilen erzielt hat, ohne jedoch einen Betrag zu nennen. In der Rückfrage zur Steuererklärung 2011 vom 13.10.2012, die offensichtlich nach Prüfung der vorliegenden Erklärung erfolgte, wird seitens des Finanzamts hierzu keine weitere Erklärung verlangt. Da sich der Erblasser zu dem Fragenkomplex der Kapitaleinkünfte durchaus, wenn auch ungenau, geäußert hat, trifft ihn kein grobes Verschulden, zumal es das Finanzamt nicht für angebracht erachtet hat, in der Rückfrage zur Steuererklärung entsprechende Angaben zu fordern. Die Voraussetzungen zur Änderung des Steuerbescheids 2007 zugunsten des Erblassers sind somit gegeben. Auf der Grundlage der vorgefundenen Unterlagen wurden nunmehr auch die Steuererklärungen für 2013 und 2014 erstellt.

Die Bescheide erbitte ich an die Anschrift meiner Kanzlei.

Die Erstattungsbeträge aufgrund der Veranlagungen sind bitte auf mein unten angegebenes Anwaltskonto mit dem Vermerk „Otto Normalerblasser Testamentsvollstreckung" zu zahlen.

Mit freundlichen Grüßen

Rechtsanwalt R als Testamentsvollstrecker

Nicht selten wird nach Abgabe der Erbschaftsteuererklärung der Testamentsvollstrecker vom Finanzamt eine **Kontrollmitteilung** nach § 194 Abs. 3 AO hinsichtlich der **Einkommensteuer** erhalten. Wird der Testamentsvollstrecker vom Finanzamt aufgefordert, noch nicht vom Erblasser gefertigte Einkommensteuererklärungen abzugeben, sollte er zunächst selbst prüfen, ob überhaupt ein steuerliches Ergebnis zu erwarten ist. Häufig erhielt der Erblasser lediglich Rente und nur geringes Sparvermögen, so dass eine Zahlung von Einkommensteuer nicht zu erwarten ist. Hierauf sollte dann das Finanzamt unter Vorlage der Unterlagen hingewiesen werden.

Führt die Prüfung allerdings zu dem Ergebnis, dass auf jeden Fall eine nachträgliche Einkommensteuererklärung abzugeben ist, benötigt der Testamentsvollstrecker weitere Informationen über die Vermögenslage des Erblassers für den Veranlagungszeitraum. Dementsprechend sollte er sich an die Banken des Erblassers wenden und **Erträgnisaufstellungen** für den Veranlagungszeitraum anfordern, sofern er nicht bereits aufgrund der am Anfang angeforderten **Kontoverlaufsübersicht** in der Lage ist, das Vermögen zu bestimmen. Ferner ist es zweckmäßig, eine Aufstellung der gezahlten Renten etc. vom jeweiligen Rententräger zu erbeten. Oft erübrigen sich aber Nachfragen, wenn der Erblasser über einen Steuerberater verfügt hat, der über die finanzielle Situation bestens informiert ist. Sofern die Einholung der Einkünfte einige Zeit in Anspruch nimmt ist selbstverständlich rechtzeitig beim Finanzamt ein entsprechender Antrag auf **Fristverlängerung** zu stellen.

II. Muster: Anschreiben an Finanzamt wegen vermuteter fehlender Verpflichtung zur Einkommensteuerzahlung

An das Finanzamt ▓▓▓ (Ort)

Betr.: Otto Normalerblasser Testamentsvollstreckung

Steuernummer 33/121/01567

Sehr geehrte Damen und Herren,

mit Schreiben vom 23.4.2015 erhielt ich eine Kontrollmitteilung Ihres Finanzamtes mit der Aufforderung als Testamentsvollstrecker des am 28.2.2015 verstorbenen Otto Normalerblasser Einkommensteuererklärungen für die Jahre 2013–2014 abzugeben.

Eine Überprüfung der wirtschaftlichen Verhältnisse hat ergeben, dass der Erblasser lediglich über eine monatliche Altersrente von 1.234,56 EUR verfügte.

Anliegend übersende ich Ihnen mein Nachlassverzeichnis vom 29.2.2015 nebst Erträgnisaufstellung der Sparkasse München, aus denen sich die weiteren Vermögenswerte des Erblassers für den Veranlagungszeitraum ergeben. So verfügte er nur über geringes Sparvermögen mit niedriger Verzinsung.

Nach alledem ist ein steuerliches Ergebnis nicht zu erwarten, so dass ich bitte, mich von der Verpflichtung zur Abgabe der Einkommensteuererklärungen für die Jahre 2013–2015 zu befreien.

Mit freundlichen Grüßen

Rechtsanwalt R als Testamentsvollstrecker

C. Abgabe der Erbschaftsteuererklärung

I. Prüfung der Abgabeverpflichtung

7   Da die Abgabefrist der Erbschaftsteuererklärung von einem Monat regelmäßig vom Testamentsvollstrecker kaum einzuhalten ist, sollte grundsätzlich eine **Fristverlängerung nach § 109 Abs. 1 AO** beantragt werden.

Wie oben bereits ausgeführt, ist zunächst zu überprüfen, ob aufgrund des verbleibenden Nachlasses tatsächlich eine Erbschaftsteuererklärung für das Finanzamt notwendig ist. Dies kann zu erheblichen Zeiteinsparungen führen.

> **Praxistipp**
> Bevor Steuererklärungen vom Testamentsvollstrecker gefertigt werden, sollte nach einer Prüfung der wirtschaftlichen Verhältnisse bzw. des Nachlassbestandes gegenüber dem Finanzamt geklärt werden, ob die Abgabeverpflichtung nicht entfallen kann.
> Bei der Nachfrage ist das Nachlassverzeichnis beizufügen und das Finanzamt vorsorglich aufzufordern, Mitteilung zu machen, wenn sich Abweichungen aufgrund der dem Finanzamt vorliegenden Anzeigen Dritter (z.B. Banken) zum Verzeichnis ergeben.

II. Muster: Anschreiben an Finanzamt wegen vermuteter fehlender Verpflichtung zur Erbschaftsteuerzahlung

An das Finanzamt ▓▓▓▓ (Ort)

8   Betr.: Otto Normalerblasser Testamentsvollstreckung

Steuernummer 33/121/01567

Sehr geehrte Damen und Herren,

anliegend übersende ich Ihnen mein Nachlassverzeichnis vom 29.2.2015 nebst Erträgnisaufstellung der Sparkasse München aus denen sich die weiteren Vermögenswerte des Erblassers ergeben.

Dementsprechend verbleibt nur noch eine Nachlassmasse von ca. 12.345,67 EUR, die unter zwei Erben verteilt werden muss.

Nach alledem ist ein steuerliches Ergebnis nicht zu erwarten, so dass ich bitte, mich von der Verpflichtung zur Abgabe der Erbschaftsteuererklärung zu befreien.

Sollten sich aufgrund der Ihnen vorliegenden Anzeigen Abweichungen von meinem Nachlassverzeichnis ergeben, bitte ich um umgehende Mitteilung.

Mit freundlichen Grüßen

Rechtsanwalt R als Testamentsvollstrecker

D. Ausfüllen des Formulars zur Erbschaftsteuererklärung

I. Der Vordruck

Die Erbschaftsteuererklärung ist aufgrund § 150 Abs. 1 AO auf dem amtlich vorgeschriebenen Vordruck abzugeben. Der ausgefüllte Vordruck[4] sieht wie folgt aus:

Vordruck Teil A

Finanzamt München Aktenzeichen: 33/121/01567 Rechtsanwalt R als Testamentsvollstrecker ▮▮▮▮ *(Adresse)* Zutreffendes bitte ankreuzen ☐ oder ausfüllen	München, den 23.4.2015 Bitte bis zum 30.4.2015 mit Unterlagen beim Finanzamt einreichen: Erbschaftsteuererklärung über den (die) Erwerb(e) von Todes wegen: Erblasser(in): Otto Normalerblasser Todestag: Tag Monat Jahr beurkundet vom Standesamt 28.2.2015 München	
A. Allgemeine Angaben 1.1 Letzter Wohnsitz des Erblassers/der Erblasserin und Staatsangehörigkeit		München/ deutsch
1.2 Welches Finanzamt war für ihn/sie zuständig? München		
1.3 Der/Die Erblasser(in) war am Todestag	ledig ☐	verheiratet seit	verwitwet seit (Sterbeort des verstorbenen Ehegatten)	geschieden seit
1.4. In welchem Güterstand lebte der/die Erblasserin zuletzt mit seinem/ihrem Ehegatten? ☐ gesetzlicher Güterstand (Zugewinngemeinschaft); seit wann ☐ gesetzlicher Güterstand nach § 13 FGB (DDR) Wurde Zugewinngemeinschaft vertraglich vereinbart? ☐ Nein ☐ Ja (bitte Vertrag einreichen) ☐ Vertraglicher Güterstand (bitte Vertrag einreichen) ☐ Güterstand nach ausländischem Recht (bitte Vertrag einreichen)		
2.1 Wer hat den Nachlass in Besitz? (Name, Anschrift) Testamentsvollstrecker Rechtsanwalt R, ▮▮▮▮ *(Adresse)*		
2.2 Ist ein/eine ☐ Testamentsvollstrecker(in) ☐ Nachlasspfleger(in) ☐ Nachlassverwalter(in) ☐ Bevollmächtigte(r) der Erwerber(in) benannt? ☐ Nein ☐ Ja (Name, Anschrift) Testamentsvollstrecker Rechtsanwalt R, ▮▮▮▮ *(Adresse)*		
3.1 Hat der/die Erblasser(in) eine Verfügung von Todes wegen (Testament, Erbvertrag) hinterlassen? ☐ Nein ☐ Ja (Name und Anschrift des Gerichts/Notariats) 7 IV 512/2015 AG München, Maxburgstr.		

---

[4] Der nachfolgende Vordruck entspricht in etwa Nr. 635/1 OFD Köln St 15. Das Formular dient nur der Verdeutlichung, zumal in zahlreichen OFD-Bezirken bereits neue Formulare eingeführt wurden.

3.2 Wurde ein Erbschein beantragt?
☐ Nein ☐ Ja (Name und Anschrift des Gerichts/Notariats) 7 IV 544/2015 AG München, Maxburgstr.

4. Hat der/die Erblasser(in) zu seinen/ihren Lebzeiten **Schenkungen** (auch gemischte Schenkungen) oder andere **unentgeltliche Zuwendungen** gemacht?
☐ Nein ☐ Ja, an folgende Personen:

Name und Anschrift des/der Bedachten	Zeitpunkt der Zuwendung	Art und Wert der Zuwendung	Bei Veranlagung von Schenkungsteuer: Zuständiges Finanzamt und Aktenzeichen
Christian Clemens, (Adresse)	1.7.2000	Kapitalvermögen – Bargeld 12.000 EUR	Finanzamt München 123–1.89–12

Bei Vorschenkung von Betriebsvermögen, land- und forstwirtschaftlichem Vermögen oder Anteilen an Kapitalgesellschaften in Anspruch genommen?
☐ Nein ☐ Ja (Name, zuständiges Finanzamt und Aktenzeichen)

Bei der Anfertigung dieser Erbschaftsteuererklärung und der Anlagen haben mitgewirkt
Herr/Frau/Firma   Fernsprecher

Ich (wir) versichere(n), dass ich (wir) die Angaben in dieser Erbschaftsteuererklärung und den beigefügten Anlagen nach bestem Wissen und Gewissen richtig und vollständig gemacht habe(n).
Ort, Datum
München, den 23.4.2015

Fernsprecher   Rechtsanwalt R als Testamentsvollstrecker R
089–123456789   Unterschrift(en)

Steuererklärungen ohne Unterschrift gelten als nicht abgegeben.
Die mit der Steuererklärung angeforderten Daten werden aufgrund der §§ 149 ff. Abgabenordnung, § 31 ErbStG erhoben.

Vordruck Teil B

B. Nachlassgegenstände und außerhalb des Nachlasses angefallene Vermögensgegenstände
1. **Land- und forstwirtschaftliches Vermögen**

1.1 Lage des inländischen Betriebes (Gemeinde und Hofnummer oder Grundbuch und katastermäßige Bezeichnung	Finanzamt und Aktenzeichen	ge-/verpachtet	Anteil des Wirtschaftswerts am Einheitswert	Anteil des Erblassers/Erblasserin v.H. EUR

Für Wohnteil und ggf. Betriebswohnungen bitte Anlage(n) Grundstücke beifügen

Gehört zum Nachlass ein ausländischer land- oder forstwirtschaftlicher Betrieb? ☐ Nein ☐ Ja
Lage des ausländischen Betriebes   Gemeiner Wert in EUR

2. Grundvermögen	
2.1 Gehört zum Nachlass inländischer Grundbesitz? ☐ Nein ☐ Ja, Anzahl der Anlagen … (außer land- oder forstwirtschaftlichen Grundstücken und Betriebsgrundstücken)	
2.2 Gehört zum Nachlass ausländischer Grundbesitz? ☐ Nein ☐ Ja Lage des ausländischen Grundstückes. Gemeiner Wert in EUR	
3. Betriebsvermögen Für jeden Gewerbebetrieb und für jedes einen freien Beruf gewidmete Betriebsvermögen ist eine Vermögensaufstellung auf den Todestag – bei Betriebsgrundstücken auch die Anlage(n) Grundstücke – beizufügen, bei Personengesellschaften auch der Gesellschaftsvertrag und eine Berechnung des auf den/die Erblasser(in) entfallenden Anteils am Betriebsvermögen	
3.1 Gehört zum Nachlass inländisches Betriebsvermögen? ☐ Nein ☐ Ja, Anzahl der Anlagen	
3.2 Gehört zum Nachlass ausländisches Betriebsvermögen? ☐ Nein ☐ Ja Lage des ausländischen Betriebes. Gemeiner Wert in EUR	
4. Übriges Vermögen 4.1. Wertpapiere, Anteile, Genussscheine und dergleichen (z.B. festverzinsliche Wertpapiere, Aktien, Kuxe, Genussscheine an Aktiengesellschaften, GmbH-Anteile, Investmentanteile, Guthaben bei Erwerbs- und Wirtschaftsgenossenschaften)	
4.1.1 Anteile an Kapitalgesellschaften mit Sitz oder Geschäftsleitung im Inland, an deren Nennkapital der/die Erblasser(in) zu mehr als einem Viertel beteiligt war	

Bezeichnung der Anteile	Finanzamt und Steuernummer der Gesellschaft	Wert am Todestag

4.1.2 Andere Anteile, Wertpapiere, Genussschein und dergleichen Bezeichnung der Wertpapiere, Anteile usw., gegebenenfalls Name, Anschrift und Depot-Nr. des verwahrenden Geldinstituts, Nennbetrag/Stückzahl, Kurz am Todestag (Bitte Unterlagen beifügen)		Wert am Todestag (bei festverzinslichen Papieren einschl. Stückzinsen) EUR
Industria Dresdner Bank Aktienfonds gem. Anlage		105.241,02
Internationales Immobilieninstitut gem. Anlage		28.550,38
	Summe 4.1.2	133.791,40

4.2 Kapitalforderungen
(z.B. Bank-, Sparkassen-, Postspar- und Bausparguthaben, Hypotheken und Grundschuldforderungen, Forderungen aus Darlehen, Pacht, Miete, Einlagen als stille(r) Gesellschafter(in), Steuererstattungsansprüche, bei gemeinschaftlichen Forderungen auch der jeweilige Anteil

Art der Kapitalforderung, Name und Anschrift des Schuldners/der Schuldnerin (z.B. Bank und Kontonummer)	Zinssatz	Nennbetrag EUR	Bis zum Todestag noch nicht gutgeschriebene Zinsen	Wert am Todestag EUR
Sparkasse München, Kto. 4711		4.074,07	–	4.074,07

Commerzbank München, Kto. 10815		949,00	–	949,00
HASPA Sparkonto Kto. 3297/12345	3 %	7006,41	40,00	7046,41
Rente LVA Hannover gem. Anlage		21.023,36	–	21.023,36
Guthaben Nebenkostenabrechnung Vermieter Winterberg		201,53	–	201,53
Guthaben Heizkostenabrechnung avacon München		20,55	–	20,55
			Summe 4.2	33.314,92

4.3 Durch den Todesfall fällig gewordene oder später fällig werdende Lebens- und Unfallversicherungen, Sterbegelder, Abfindungsansprüche aus Gesellschaftsverträgen, Renten und andere wiederkehrende Bezüge aus einem privatrechtlichen Vertrag und Dergleichen (z.B. Erbbauzinsen, Kaufpreisrenten, Hinterbliebenenbezüge aufgrund eines Gesellschafsvertrages oder einer Tätigkeit eines/einer Gesellschafters(-in) als beherrschende(r) Gesellschafter(in)/Geschäftsführer(in) einer Kapitalgesellschaft, jedoch keine Hinterbliebenenbezüge aus einem Arbeitsverhältnis bei abhängiger Tätigkeit des Erblassers/der Erblasserin)

Anspruchsberechtigte(r)	Art des Anspruchs, Name des/der Verpflichteten (Bei Versicherungsgesellschaft, Sterbekasse und dergleichen auch Versicherungsnummer; bei Renten und wiederkehrenden Leistungen auch Jahresbetrag angeben)	Wert/Kapitalwert am Todestag EUR
Summe 4.3		

		Wert am Todestag EUR
4.4	Inländische und Ausländische Zahlungsmittel (Bargeld)	22,05
4.5	Unverarbeitete Edelmetalle (z.B. Barrengold), Münzen (soweit keine Zahlungsmittel) sowie ungefasste Edelsteine und Perlen	10,00
4.6	Hausrat einschließlich Wäsche und Kleidungsstücke (Freibeträge werden von Amts wegen berücksichtigt)	32.390,00
4.7	Andere bewegliche körperliche Gegenstände (z.B. Kunstgegenstände und Sammlungen – Münzsammlungen sind unter 4.5 anzugeben – Schmuck, Musikinstrumente, Kraftfahrzeuge, Boote, Tiere) (Freibeträge werden von Amts wegen berücksichtigt)	
4.8	Sonstige Rechte (z.B. Urheberrechte, Erfindungen, Patente) Art der Rechte	

4.9 War der/die Erblasser(in) bei seinem/ihrem Tode an einer ☐ Erbengemeinschaft ☐ fortgesetzten Gütergemeinschaft beteiligt oder war er/sie ☐ Vorerbe(-in) oder ☐ Vorvermächtnisnehmer(in) eines/einer anderen Erblassers(-in)? ☐ Nein Wenn ja, Name, Sterbetag und Wohnsitz des/der betreffenden Erblassers(-in)	

Vordruck Teile C bis F

C. Nachlassverbindlichkeiten

– Verbindlichkeiten aus Vermächtnissen, geltend gemachten Pflichtteilen und Erbersatzansprüchen sind unter F. anzugeben –

1. **Schulden des Erblassers/der Erblasserin, soweit** nicht unter B 3. bereits berücksichtigt (bitte Unterlagen beifügen, z.B. Gläubigerbescheinigung über die Höhe der Schuld am Todestag), Schulden und Lasten im Zusammenhang mit nach § 13a ErbStG befreitem Vermögen eines Betriebes der Land- und Forstwirtschaft oder befreiten Anteilen an Kapitalgesellschaften bitte gesondert angeben. Wird auf die Steuerbefreiung nach § 13a ErbStG verzichtet? ☐ Nein ☐ Ja

Art der Schuld: Name und Anschrift des Gläubigers/der Gläubigerin	Ggf. Zinssatz	Wert am Todestag
Honorar Notar Dr. Wachtelhofen, (Adresse)	–	653,08
Reparaturkosten, Firma Fensterfix, (Adresse)	–	200,00
Hinterlegungskosten Testament, AG München, Am Ochsenmarkt 3, München	–	158,60
Telefonkosten, Deutsche Telekom, (Adresse)	–	59,60
Honorar RA Blender, RA S. Blender, (Adresse)	–	957,69
Behandlungskosten, Städtisches Klinikum, (Adresse)	–	238,00
Mietzins für Erblasserwohnung, Vermieter Winterberg, (Adresse)	–	2.565,21
	Summe 1	4.832,18
2. **Erbfallkosten** (Nur ausfüllen, wenn für den Erbfall insgesamt mehr als 20.000 EUR geltend gemacht werden – bitte Belege beifügen –, sonst Pauschalbetrag von 20.000 EUR bei Summe 2 einsetzen)		
2.1 Kosten der Bestattung des Erblassers/der Erblasserin		
2.2 Kosten für ein angemessenes Grabdenkmal		
2.3 Kosten für die übliche Grabpflege durchschnittlich jährlich anfallende Kosten EUR × 9,3 =		
2.4 Kosten der Nachlassregelung		
2.5 abzüglich Kostenersatz durch die Krankenkasse		
	Summe 2	20.000,00
Gesamtwert der Nachlassverbindlichkeiten Summe 1 und 2		24.832,18

D. Angaben zum Versorgungsfreibetrag
Zur Ermittlung des dem Ehegatten/der Ehegattin und Kindern ggf. zustehenden besonderen Versorgungsfreibetrages sind nachfolgend die hierzu erforderlichen Angaben über die der Erbschaftsteuer nicht unterliegenden Versorgungsbezüge zu machen. Haben der Ehegatte/die Ehegattin und/oder Kinder als Hinterbliebene des Erblassers/der Erblasserin Ansprüche auf gesetzliche oder vertraglich vereinbarte Versorgungsbezüge aus einem Arbeitsverhältnis bei abhängiger Tätigkeit des Erblassers/der Erblasserin? ☐ Nein ☐ Ja, siehe unten. Einmalbeträge sind neben wiederkehrenden Bezügen besonders anzugeben.

Versorgungsberechtige(r)	Geburtsdatum	Art der Bezüge (z.B. Witwenpension, Waisenrente)	Name der Versicherungsanstalt, Pensionskasse, öffentlichen Kasse oder des Arbeitgebers/der Arbeitgeberin	Bruttobeträge der Bezüge, auch Einmalbeträge monatlich/jährlich	Voraussichtliche Dauer der Bezüge bei Kindern

E. Sonstige Angaben und Anträge
1. Beim Güterstand der Zugewinngemeinschaft (Nur ausfüllen, wenn der Erwerb des Ehegatten/der Ehegattin mehr als 600.000 EUR beträgt) Wert der Ausgleichsforderung (§ 5 Abs. 1 ErbStG): EUR ▓▓▓▓▓ (Bitte Berechnung beifügen)
▓▓▓▓
3. Soweit § 25 ErbStG Anwendung findet: Soll der zu stundende Betrag sofort mit dem abgezinsten Barwert abgelöst werden? ☐ Nein ☐ Ja (unterschiedliche Anträge der Erwerber(in) bitte auf besonderer Anlage stellen)
4. Unterhielt der Erblasser/die Erblasserin ein Schließfach bei einem Geldinstitut? ☐ Nein ☐ Ja, bei welchem Geldinstitut? Welche Werte befanden sich in dem Schließfach? Unter welchen Ziffern dieser Steuererklärung sind diese Werte angegeben?
5. Sonstige Anträge, Bemerkungen

F. Angaben über die Erben, Vermächtnisnehmer(in), Pflichtteilsberechtigt(en) und sonstigen anspruchs- oder abfindungsberechtigten Personen						
Lfd Nr.	Familienname, Vorname, Anschrift zuständiges Finanzamt und Steuernummer des Erwerbers/der Erwerberin, bei Kindern des Erblassers/der Erblasserin bis zur Vollendung des 27. Lebensjahres und bei Renten- und Nutzungsberechtigten auch Geburtsdatum	Verwandtschaftsverhältnis: Der/Die Erblasser(in) ist ▓ des Erblassers/der Erblasserin (z.B. Sohn, Tochter, nicht Neffe, Onkel, Cousine und dergleichen, sondern Sohn des Bruders, Bruder des Vaters, Tochter des Bruders der Mutter, Kind des Sohnes/der Tochter, Kind des verstorbenen Sohnes/der verstorbenen Tochter)	Bezeichnung des Erwerbs (Erbteil, Vermächtnis, Pflichtteil, Erbersatzanspruch, Lebensversicherung, Schenkung auf den Todesfall, Abfindung für Erbschaftsausschlagung, Pflichtteilsverzicht usw.)	Bei Erbteilen: Größe in Bruchteilen	Wert, Gesamtwert des einzelnen Erwerbs (bei Pflichtteil und Erbersatzanspruch bitte Berechnung beifügen) EUR
1	R, Elfriede, ▓ (Adresse)	nicht verwandt	Erbe	1/2	82.348,10
2	F, Friedrich, ▓ (Adresse)	nicht verwandt	Erbe	1/2	82.348,10
3	Bergwacht Mittenwald e.V., v.d.d. Vorstand, ▓ (Adresse)	nicht verwandt	Vermächtnisnehmer	–	10.000,00
Summe						174.696,20

II. Erläuterungen zum Erklärungsvordruck

Der Vordruck[5] zur Erbschaftsteuererklärung ist durchweg selbsterklärend, so dass lediglich Besonderheiten für die Testamentsvollstreckung aufgezeigt werden: 10

Unter Teil A Punkt 2.2 ist das Feld Testamentsvollstrecker anzukreuzen. Der Name und die Adresse des Testamentsvollstreckers sind aufzuführen.

Unter Teil B Punkt 4.1.1 sind Wertpapiere einzutragen, die nicht dem Produktivvermögen – insbesondere nicht zum Betriebsvermögen – gehören, z.B.:
 – Aktien
 – festverzinsliche Wertpapiere wie Pfandbriefe oder Obligationen
 – GmbH-Anteile
 – Anteile an Investmentfonds
 – Genossenschaftsanteile.

---

5 Von der Erläuterung des Vordrucks zur Zugewinnausgleichberechnung sowie der Angaben zur vorläufigen Ermittlung des Grundstückswertes wurde aus Platzgründen abgesehen.

Nach § 33 ErbStG besteht eine Anzeigepflicht deutscher Banken über Depots eines Erblassers.

Unter Teil B Punkt 4.2 werden alle weiteren verzinslichen und unverzinslichen Forderungen des Erblassers eingetragen, wie z.B.:
- Steuererstattungsansprüche
- Darlehensforderungen (unabhängig, ob gesichert oder ungesichert – mit ggf. abgezinsten Gegenwartswert)
- rückständige Mietzins-, Pacht-, Gehaltsforderungen
- Ansprüche gegen Versicherungen oder Krankenkassen
- Ansprüche aus Verträgen (z.B. Kaufvertrag).

Mit „Versicherungen auf den Todesfall" unter Teil B Punkt 4.3 sind gemeint:
- Lebens- und Unfallversicherungen
- durch den Todesfall fällig werdende Rente oder wiederkehrende Bezüge.[6]

Nicht gemeint sind z.B. Renten aus einer gesetzlichen Sozialversicherung, Versorgungsbezüge aufgrund einer Versicherungspflicht von Freiberuflern, Versorgungsbezüge nach den Beamtengesetzen sowie Renten aus einer Tätigkeit eines nicht beherrschenden Gesellschafter-Geschäftsführers gegen die Gesellschaft.

Möbel, Einrichtungsgegenständen, Wäsche und Kleidungsstücke fallen unter Teil B Punkt 4.6; andere bewegliche körperliche Gegenstände, wie z.B. Kunstgegenstände, Schmuck, Kfz oder Segelboote, unter Teil B Punkt 4.7.

Unter Teil C Punkt 1 und 2 sind die Schulden des Erblassers aufzuführen. Hierbei wird differenziert zwischen
- Erblasserschulden nach § 10 Abs. 5 Nr. 1 ErbStG (Teil C Punkt 1)
- Erbfallschulden nach § 10 Abs. 5 Nr. 2 und 3 ErbStG (Teil C Punkt 2).

Erblasserschulden sind Schulden, die noch in der Person des Erblassers begründet waren. Hierunter fallen:
- Bankverbindlichkeiten
- Steuerschulden (sowohl fällige als auch bereits entstanden, aber noch nicht fällig)
- Verbindlichkeiten gegenüber Krankenhaus,[7] Ärzten etc.

Nicht hierunter fallen z.B. Betriebsschulden aus Betriebsvermögen.[8]

Der Testamentsvollstrecker sollte hier bedenken, dass es ggf. aufgrund von § 10 Abs. 6 S. 4 ErbStG günstiger sein kann, bei land- und forstwirtschaftlichen Vermögen oder bei Kapitalgesellschaftsanteilen auf die Begünstigung des § 13a ErbStG zu verzichten.[9]

Zwar zählen Verbindlichkeiten aus Vermächtnissen, Auflagen und Pflichtteilsansprüchen ebenfalls zu den Nachlassverbindlichkeiten des § 10 Abs. 5 ErbStG. Diese werden aber erst unter Teil F abgehandelt.

Erbfallschulden sind solche, die aus Anlass des Erbfalls entstanden sind. Hierunter fallen:
- Beerdigungskosten
- Kosten für ein Grabmal
- Grabpflegekosten[10] mit dem Multiplikator 9,3 nach § 13 Abs. 2 BewG

---

6 Vgl. dazu R 8 ErbStR.
7 Ein etwaiger Erstattungsanspruch selbst zählt zum Nachlass!
8 Diese Schulden werden unter Teil B Punkt 3.1 berücksichtigt.
9 Vgl. § 13a Abs. 6 ErbStG.
10 Diese sind nur steuerlich Erbfallschulden. Zivilrechtlich fallen sie nicht unter § 1968 BGB.

– Testamentsvollstreckerhonorar
– Kosten der Nachlassregelung, wie z.B. Kosten für Erbschein und Testamentseröffnung.

Ein etwaiger Erstattungsbetrag der Krankenkasse für die Beerdigungskosten ist vorab abzuziehen.

Für die Erbfallkosten wird ein Pauschbetrag nach § 10 Abs. 5 Nr. 3 S. 2 ErbStG gewährt in Höhe von 20.000 EUR pro Erbfall,[11] so dass man nur bei Überschreiten dieser Summe Teil C Punkt 2 auszufüllen braucht.

Teil D behandelt Angaben zum Versorgungsfreibetrag nach § 17 Abs. 1 ErbStG. Hierbei ist lediglich zu beachten, dass der Versorgungsfreibetrag einem überlebenden Ehegatten dann nicht in voller Höhe von 500.000 EUR zusteht, wenn diesem nicht der Erbschaftsteuer unterliegende Ansprüche aus der gesetzlichen Rentenversicherung zustehen.[12] Der Versorgungsfreibetrag wird also dann um diesen Wert gekürzt. Wenn Kinder die unterschiedlichen Altersgrenzen nach § 17 Abs. 2 ErbStG überschritten haben, kommt es ebenso zu Kürzungen des Versorgungsfreibetrages. Ab dem vollendeten 27. Lebensjahr erhalten die Kinder keinen Versorgungsfreibetrag.

Die Angaben in Teil E sind lediglich in Hinblick auf § 5 ErbStG (Zugewinnausgleichsberechnung) erheblich.

Im abschließenden Teil F werden Angaben über die Erben, Vermächtnisnehmer, Auflagenbegünstigten und Pflichtteilsberechtigten gemacht, die ihre Ansprüche geltend machen. Gleiches gilt für weitere anspruchs- oder abfindungsberechtigte Personen. Wegen §§ 15, 16 ErbStG sind das Verwandtschafts- bzw. Familienverhältnis anzugeben

III. Stundung der Erbschaftsteuer

1. Antrag auf Stundung

Kann der Testamentsvollstrecker aufgrund fehlender flüssiger Barmittel aus dem Nachlass nicht sofort die Erbschaftsteuer entrichten, etwa weil Gelder langfristig angelegt und nur mit erheblichen Verlust gekündigt werden können, sollte er beim Finanzamt eine **Stundung** nach § 222 AO beantragen.

Die Stundung ist nicht antragsgebunden, kann also durch den Testamentsvollstrecker auch durch eine Anregung erfolgen, so dass eine **Bevollmächtigung** durch die Erben nicht notwendig ist. Aus Gründen der Sicherheit ist aber anzuraten, sich auf jeden Fall durch die Erben für Rechtshandlungen im Steuerverfahren bevollmächtigen zu lassen.

Eine Sondervorschrift für die Stundung ist § 28 ErbStG bei Erwerb von Betriebsvermögen oder land- und forstwirtschaftlichen Vermögen. Danach kann die auf diesen Erwerb anfallende Erbschaftsteuer auf Antrag bis zu zehn Jahren zinslos gestundet werden, soweit dies zur Erhaltung des Betriebs notwendig ist. Allerdings wird dies der Ausnahmefall sein, da die Finanzverwaltung derartige Fälle sehr restriktiv auslegt. § 28 Abs. 1 S. 3 ErbStG bleibt von der allg. Stundungsvorschrift des § 222 AO unberührt.

Die Bewilligung der Stundung liegt im Ermessen der Behörde.[13] Nur wenn die Einziehung des Steueranspruchs bei Fälligkeit für den Schuldner eine erhebliche Härte bedeuten und der Anspruch durch die Stundung nicht gefährdet würde, ist die Stundung zu gewähren.

---

11 Nicht pro Erbe.
12 Vgl. dazu R 8 Abs. 1 ErbStR.
13 Ein gesetzlicher Rechtsanspruch ergibt sich lediglich aus § 28 ErbStG.

2. Muster: Stundung

An das Finanzamt ▓▓▓ *(Ort)*

Betr.: Otto Normalerblasser Testamentsvollstreckung

Steuernummer 33/121/01567

Sehr geehrte Damen und Herren,

namens und in beigefügter Vollmacht der Erben P und F beantrage ich als Testamentsvollstrecker des am 28.2.2015 verstorbenen Otto Normalerblasser die

Stundung

der Erbschaftsteuererklärung für den o.g. Erbfall.

Begründung:

Wie sich bereits aus der Erbschaftsteuererklärung ergibt, befinden sich im Nachlass lediglich eine Immobilie und nur geringe Barwerte, aus denen die Erbschaftsteuer nicht gezahlt werden kann. Die Erben sind – wie sich aus den beigefügten Unterlagen ergibt – ebenso nicht in der Lage wegen der Zahlung der Erbschaftsteuer genügend Barmittel zur Verfügung zu stellen.

Der Verkauf der Immobilie ist vor dem Notar Dr. Wachtelhofen am 23.4.2015 erfolgt. Eine Ablichtung des Kaufvertrages habe ich beigefügt.

Die Fälligkeit der Verkaufssumme ist danach für den 31.5.2015, mithin in fünf Wochen, vertraglich festgelegt worden.

Im Hinblick auf die Zeit bis zur Auszahlung des Verkaufserlöses bitte ich um Stundung.

Hilfsweise beantrage wir Vollstreckungsaufschub gem. § 258 AO. Bis zur Entscheidung über meinen Antrag bitte ich durch geeignete Verwaltungsmaßnahmen sicherzustellen, dass Vollstreckungsmaßnahmen unterbleiben.

Mit freundlichen Grüßen

Rechtsanwalt R als Testamentsvollstrecker

Wird die Stundung bewilligt, so fallen nach § 240 Abs. 1 AO keine **Säumniszuschläge** an, wobei allerdings **Stundungszinsen** nach § 234 AO erhoben werden, wenn hierauf das Finanzamt nicht aufgrund Unbilligkeit verzichtet.

Sofern die Stundung nicht gewährt wird, kann der bevollmächtigte Testamentsvollstrecker gegen die Entscheidung nach § 347 Abs. 1 AO **Einspruch** erheben oder im Wege der einstweiligen Anordnung nach § 114 FGO vorläufigen Rechtsschutz fordern.

E. Steuer und Bewertung der Nachlassgegenstände

Den Wert der Nachlassgegenstände kann der Testamentsvollstrecker weitgehend selbst schätzen. Er wird sich nicht selten eines Nachlassversteigerers oder Auktionators bedienen, wenn Teile des Nachlasses verkauft werden sollen. Diese werden im Rahmen ihrer Vorbereitungen den Wert der Gegenstände ohnehin schätzen und der Testamentsvollstrecker kann hierauf zurückgreifen.

Die Einschaltung von Sachverständigen ist immer dann vorzunehmen, wenn sich wertvolle Antiquitäten, Kunstgegenstände oder Schmuck im Nachlass befinden. Nur so lassen sich korrekte Bewertungen vornehmen, da diese auch für die Gewährung der Steuerbegünstigungen nach § 13 ErbStG von Wichtigkeit sind.

F. Rechtsbehelfe gegen den Erbschaftsteuerbescheid

Da der Testamentsvollstrecker nicht zur Einlegung von Rechtsbehelfen gegen Steuerbescheide befugt ist, kann er den Erben ggf. vorschlagen, ihm diesbezüglich eine Vollmacht zu erteilen.

I. Muster: Einspruch gegen Erbschaftsteuerbescheid bei vorliegender Vollmacht des Testamentsvollstreckers

An das Finanzamt ▓▓▓ *(Ort)*

Betr.: Otto Normalerblasser Testamentsvollstreckung

Steuernummer 33/121/01567

Namens und mit Vollmacht der Erben des am 28.2.2015 verstorbenen Otto Normalerblasser lege ich in meiner Funktion als Testamentsvollstrecker gegen den Erbschaftsteuerbescheid vom 14.5.2015

Einspruch

ein und beantrage die

Aussetzung der Vollziehung

ohne Sicherheitsleistung.

Ich beantrage ferner,

die festgesetzte Einkommensteuer auf ▓▓▓ *(Wert)* herabzusetzen.

Begründung:

Die Erben des am 28.2.2015 verstorbenen Otto Normalerblasser haben mich mit der beigefügten Vollmacht ausdrücklich mit der Einlegung von Rechtsbehelfen gegen den Erbschaftsteuerbescheid beauftragt.

Das Finanzamt hat mit Erbschaftsteuerbescheid vom 14.5.2015 die zu zahlende Erbschaftsteuer auf 106.628 EUR bezogen auf einen zu versteuernden Nachlass in Höhe von 463.654 EUR festgesetzt. Zur Begründung wies es aus, dass sich ein Ertragswert der Immobilie in München, Arabellastr. 2, in Höhe von 325.000 EUR ergebe.

Ausweislich des beigefügten Gutachtens des vereidigten Sachverständigen Zimmermann vom 23.4.2015 ist aber tatsächlich von einem Ertragswert in Höhe von lediglich 275.000 EUR auszugehen.

Dementsprechend vermindert sich der bereinigte Nachlasswert um 50.000 EUR.

Unter Berücksichtigung eines zu versteuernden Nachlasses von tatsächlich 413.654 ergibt sich ein Betrag von 95.128 EUR

Die angefochtene Erbschaftsteuerfestsetzung ist demzufolge um 11.500 EUR auf 95.128 EUR herabzusetzen.

In Höhe des Herabsetzungsbetrages ist der Bescheid rechtswidrig, seine Rechtmäßigkeit zumindest ernstlich zweifelhaft, so dass die Aussetzung der Vollziehung zu gewähren ist.

Bis zur Entscheidung über meinen Antrag bitte ich durch geeignete Verwaltungsmaßnahmen sicherzustellen, dass Vollstreckungsmaßnahmen unterbleiben. Hilfsweise beantrage ich Vollstreckungsaufschub gem. § 258 AO.

Ich beantrage die Erörterung des Sach- und Rechtsstands vor Erlass einer Einspruchsentscheidung gem. § 364a AO, soweit Sie meinem Antrag nicht stattgeben.

Rechtsanwalt R als Testamentsvollstrecker

18 Kommt es zu einer gerichtlichen Auseinandersetzung wird ebenfalls eine ausdrückliche Bevollmächtigung durch die Erben benötigt. Es ist daher sinnvoll, die Vollmacht von vornherein dementsprechend zu formulieren.

Die Begründung der Klage wird regelmäßig der im Einspruchsschreiben entsprechen. Allerdings sind zusätzlich ausdrücklich Beweismittel – wie z.B. ein Sachverständigengutachten für den Ertragswert – zu benennen.

II. Muster: Klage beim Finanzgericht

An das

19 Finanzgericht München

Klage

1.) der Erbin P, ▬▬▬ (Adresse)
2.) des Erben F, ▬▬▬ (Adresse)

– Kläger –

Prozessbevollmächtigter: Testamentsvollstrecker Rechtsanwalt R, ▬▬▬ (Adresse)

gegen

das Finanzamt München, vertreten durch den Vorsteher ▬▬▬ (Adresse)

– Beklagte –

wegen Erbschaftsteuer

Namens und in Vollmacht des Klägers erhebe ich Klage gegen den Erbschaftsteuerbescheid vom 14.5.2010 in Gestalt der Einspruchsentscheidung vom 30.6.2015 und werde beantragen:
1. die mit Bescheid vom 14.5.2015 festgesetzte Erbschaftsteuer unter Aufhebung der Einspruchsentscheidung vom 30.6.2005 auf ▬▬▬ EUR herabzusetzen,
2. das Urteil hinsichtlich der Kostenentscheidung für vorläufig vollstreckbar zu erklären,
3. die Zuziehung eines Bevollmächtigten im Vorverfahren für notwendig zu erklären,
4. hilfsweise, die Revision zuzulassen.

Auf die mündliche Verhandlung wird nicht verzichtet.

Gegen eine Übertragung des Rechtsstreits auf den Einzelrichter bestehen keine Bedenken.

Begründung:

▬▬▬ (wie oben)

> **Praxistipp**
> Zur Vermeidung von langwierigen Auseinandersetzungen und Einholung von weiteren Sachverständigengutachten etc., die zusätzliche Kosten verursachen, besteht die Möglichkeit, mit der Finanzbehörde Kontakt aufzunehmen und eine außergerichtliche Einigung herbeizuführen.

20 Bei schwierigen Schätzungsfällen hat sich die tatsächliche Verständigung zwischen Steuerpflichtigen und Finanzbehörde durchgesetzt. Zwar kennt das Steuerrecht wegen des Grundsatzes der Gesetzmäßigkeit keinen Vergleich, dennoch ist eine tatsächliche Verständigung über tatsächliche Umstände (nicht Rechtsfragen) möglich.[14]

Die tatsächliche Verständigung ist schriftlich zu fixieren und bindet die Parteien.

---

14 BFH BStBl II 1985, 354; BFH BStBl II 1991, 673.

III. Muster: Tatsächliche Verständigung zwischen Finanzbehörde und Erben

Nach Erörterung der Sachlage in der Besprechung vom ▓▓▓▓ *(Datum)* erklären das Finanzamt München, vertreten durch den Vorsteher/den zuständigen Sachgebietsleiter der Veranlagungsstelle, und die steuerpflichtigen Erben P und F, vertreten durch den Testamentsvollstrecker Herrn Rechtsanwalt R, übereinstimmend, dass der Ertragswert der Immobilie München, Arabellastr. 2, auf 300.000 EUR festgesetzt wird.

Diese tatsächliche Verständigung bindet die Beteiligten.

▓▓▓▓ *(Ort)*, den ▓▓▓▓ *(Datum)*

(Unterschriften der Beteiligten)

Vertiefung: Siehe Teil 3.

> **Praxistipp**
> Sofern die Finanzbehörde wegen eines Verstoßes gegen § 69 AO einen Haftungsbescheid gegen einen Rechtsanwalt als Testamentsvollstrecker erlässt und wurde nicht zuvor wegen § 191 Abs. 2 AO die Rechtsanwaltskammer angehört, so besteht die Möglichkeit der Anfechtbarkeit des Haftungsbescheides, wobei allerdings wegen § 125 Abs. 3 AO der Bescheid nicht automatisch nichtig ist.

§ 40 Die Auseinandersetzung des Nachlasses

Dr. Michael Bonefeld

Inhalt:

	Rn		Rn
A. Kurzübersicht	1	V. Muster: Sehr ausführlicher Auseinandersetzungsplan bei Teilungsanordnungen, Ausgleichung etc.	12
B. Auseinandersetzungsplan	2		
I. Muster: Anhörung der Erben zum Auseinandersetzungsplan	6	C. Auseinandersetzungsvertrag	14
II. Muster: Auseinandersetzungsplan	7	I. Muster: Auseinandersetzungsvertrag	15
III. Muster: Änderungen im Auseinandersetzungsplan	9	II. Muster: Auseinandersetzungsvertrag mit Grundstücksübertragung	17
IV. Muster: Klage auf Mitwirkung	11		

A. Kurzübersicht

Die wohl umfassendste und wichtigste Aufgabe des Testamentsvollstreckers ist die Auseinandersetzung des Nachlasses.

Kurzübersicht
- § 2204 BGB Regelaufgabe des Testamentsvollstreckers
- Aufstellen eines **Auseinandersetzungsplans**
  - bedarf keiner Form – einseitiges Rechtsgeschäft auch bei Grundstücken im Nachlass
  - vorrangig sind die vom Erblasser getroffenen Anordnungen
  - für die Auseinandersetzung der Miterben gelten im Übrigen die §§ 2042–2056 BGB und die §§ 750–758 BGB
  - Nachlassteilung wie in § 2047 BGB
  - teilbar: Geld, Wertpapiere, Forderungen, Geschäftsanteile (Satzung beachten), unbebaute Grundstücke
  - unteilbar: Hausgrundstücke, Aktien, Schutzrechte
  - Auseinandersetzungs**plan** verbindlich bei Endgültigkeitserklärung durch Testamentsvollstrecker
  - Erben sind zuvor zu hören (§ 2204 Abs. 2 BGB)
  - nur schuldrechtliche Verpflichtung – dinglicher Vollzug notwendig.
- Auch **Auseinandersetzungsvertrag** zwischen Testamentsvollstrecker und Erben möglich – hier: Abweichung vom Erblasserwillen möglich (Haftung für Testamentsvollstrecker am geringsten!)
  - Zustimmungsbedürftigkeit der Erben, Nacherben (vorteilhaft auch für Vermächtnisnehmer, der betroffen ist)
  - keine Form, aber bei Grundstücken notarielle Beurkundung notwendig (§ 311a BGB)

1

B. Auseinandersetzungsplan

Der Testamentsvollstrecker hat zunächst einen **Auseinandersetzungsplan** (auch Teilungsplan), der nur schuldrechtliche Wirkung hat, zu entwerfen. Der Auseinandersetzungsplan muss dem Willen und den besonderen Anordnungen des Erblassers entsprechen. Dabei muss besonderes Augenmerk darauf gelenkt werden, dass auch eine **Auseinandersetzungsreife** besteht, also der Nachlass überhaupt teilbar ist. Eine nicht ausgeglichene Nachlassverbindlichkeit kann also schon zur fehlenden Auseinandersetzungsreife führen.

2

3 Im weiteren Verlauf sind die §§ 2042–2046 BGB und §§ 750–758 BGB zu berücksichtigen. Folgende Reihenfolge ist dabei grundsätzlich einzuhalten:
– Berichtigung der Nachlassverbindlichkeiten unter Berücksichtigung sämtlicher Erblasser- und Erbfallschulden
– Aufteilung des verbleibenden Nachlasses nach dem Verhältnis ihrer Erbteile, wobei insbesondere die Regeln der Ausgleichung zu beachten sind
– Einteilung in teilbare und unteilbare Nachlassgegenstände
– Beachtung der besonderen Erblasseranordnungen
– Anhörung der Erben nach § 2204 Abs. 2 BGB (bei Minderjährigen ist Pflegerbestellung nach §§ 1909, 1911 ff. BGB erforderlich – nicht notwendig für jeden Minderjährigen ein eigener Pfleger[1])
– evtl. Einholung notwendiger Genehmigungen (z.B. beim Familiengericht oder nach §§ 1 ff. Grundstücksverkehrsgesetz)
– Vollzug des Auseinandersetzungsplans
– bei bestehender Einigung unter den Erben alternativ: Erstellen und Vollzug einer Auseinandersetzungsvereinbarung.

Das größte Praxisproblem liegt in der **Teilung des Nachlasses nach den gesetzlichen Regeln**. So sehen die §§ 752 ff. BGB bei beweglichen Gegenständen den Pfandverkauf[2] vor, wenn eine Realteilung (was die Regel ist) nicht möglich ist. Es stellt sich aber die Frage, ob es nicht ordnungsmäßiger Verwaltung nach § 2216 BGB entspricht, statt eines Pfandverkaufes immer einen Freihandverkauf durchführen zu müssen. Dies ist abzulehnen, weil die Vorgehensweise der Auseinandersetzung durch § 2204 BGB mit seinen Verweisungen eindeutig geregelt und die Auseinandersetzung gerade keine Verwaltungsmaßnahme ist. Nur in den Fällen, in denen bereits die Verfügung über den Gegenstand eine Verwaltungsmaßnahme wäre, käme § 2216 BGB zum Tragen. Wann dies der Fall ist, kommt auf den Einzelfall an und wird regelmäßig umstritten sein, wie auch die BGH-Entscheidungen zur Frage der Verfügung zeigen.[3] Sofern es um die Verwertung des Gesamtnachlasses geht, kann jedoch nicht mehr die Rede von einer Verwaltungshandlung sein, da hier der ganze Nachlass wesentlich verändert wird.

4 Heftigster Streit wird meistens bei der **Verteilung des Hausrates** geführt, den der Testamentsvollstrecker gerne aus Vereinfachungsgründen an die einzelnen Erben verteilen will. Häufig scheitert dabei dieses Vorgehen bereits an den höchst unterschiedlichen Wertvorstellungen hinsichtlich einzelner Gegenstände. Eine Verpflichtung des Testamentsvollstreckers, den höchstmöglichen Preis innerhalb Deutschlands für den Hausrat z.B. durch Versteigerung bei eBay zu erhalten, besteht nicht.

> **Praxistipp**
> Um Streit mit den Erben wegen des Hausrates grundsätzlich zu vermeiden, kann dem Erblasser vorgeschlagen werden, den Hausrat von der Testamentsvollstreckung nach § 2208 BGB auszunehmen.
> Auch bietet sich die Vorgehensweise über § 2048 S. 2 BGB an, wonach der Testamentsvollstrecker als Dritter die Auseinandersetzung nach billigem Ermessen vornehmen darf. Allerdings wird auch dies keine Garantie dafür sein, dass die Erben sich gerecht behandelt fühlen und nicht darüber streiten, ob die getroffene Entscheidung nicht tatsächlich unbillig ist.

---

1 *Damrau*, ZEV 1994, 1.
2 Dazu ausführlich: *Damrau*, Der Pfandverkauf als Druckmittel bei der Erbauseinandersetzung, ZEV 2008, 216.
3 Siehe nur BGH ZEV 2006, 24.

Seiner Pflicht zur **Anhörung** der Erben genügt der Testamentsvollstrecker dadurch, dass er den Erben einen Plan zukommen lässt, der einer möglichen Auslegung des Erblasserwillens entspricht.[4] Eine Genehmigung des Plans durch die Erben ist nicht unbedingt erforderlich, so dass der Vollzug ohne Rücksicht auf Einwendungen erfolgen kann. Ebenso führt eine unterlassene Anhörung zwar nicht zur Unwirksamkeit, aber ggf. zur Haftung des Testamentsvollstreckers.

I. Muster: Anhörung der Erben zum Auseinandersetzungsplan

An Erbin P

▬▬▬ (Adresse)

Einschreiben mit Rückschein

Betr.: Auseinandersetzungsplan zum Nachlass des Otto Normalerblasser

Sehr geehrte Frau P,

in vorbezeichneter Angelegenheit habe ich in meiner Eigenschaft als Testamentsvollstrecker auf der Basis des notariellen Testaments vom 19.2.2010 und unter Berücksichtigung der gesetzlichen Vorschriften den anliegenden Auseinandersetzungsplan erstellt.

Ich gebe Ihnen hiermit die Möglichkeit zur Stellungnahme.

Sofern nicht bis zum

▬▬▬ (Datum)

bei mir eine gegenteilige Antwort eingegangen ist, gehe ich von Ihrem Einverständnis mit dem Auseinandersetzungsplan aus und werde dementsprechend die notwendigen weiteren Schritte zum Vollzug des Plans einleiten.

Mit freundlichen Grüßen

Rechtsanwalt R als Testamentsvollstrecker

II. Muster: Auseinandersetzungsplan

Auseinandersetzungsplan für den Nachlass

des am 28.2.2015 verstorbenen Otto Normalerblasser aus München

I. Feststellung der Erben und testamentarischen Anordnungen

Der Erblasser hinterließ ein notarielles Testament, welches folgende Erben vorsieht:
1.) Frau P ▬▬▬ (Adresse) und
2.) Herrn F ▬▬▬ (Adresse)

als Erben zu je 1/2 des Nachlasses

Des Weiteren hat der Erblasser die Erben mit einem Vermächtnis belastet. Danach erhält die Bergwacht Mittenwald e.V. ein Geldvermächtnis in Höhe von 10.000 EUR.

Das Testament ist durch das Nachlassgericht München am (Datum) eröffnet worden und wurde von allen Beteiligten als rechtsgültig anerkannt.

Der Testamentsvollstrecker hat das Amt mit Schreiben vom ▬▬▬ (Datum) angenommen und erhielt daraufhin vom Nachlassgericht München ein Testamentsvollstreckerzeugnis vom ▬▬▬ (Datum).

---

4 OLG Köln ZNotP 1999, 82 = ZEV 1999, 226.

Sämtliche Erben haben die Erbschaft angenommen.

Der Vermächtnisnehmer hat ebenfalls das Vermächtnis angenommen.

Die Erben wurden zum nachfolgenden Teilungsplan angehört.

II. Feststellung des Nachlasses

Für die Auseinandersetzung ist der Nachlass maßgeblich, der am Todestag, den 28.2.2015 bestand. Dieser wurde gemäß dem am 29.4.2015 vom Testamentsvollstrecker aufgestellten Nachlassverzeichnis wie folgt festgestellt:

1.) Immobilien waren nicht im Nachlass vorhanden

2.) Bewegliches Vermögen

a)	Bargeld am Todestag	22,05 EUR
b)	2 Medaillen	10,00 EUR
c)	Hausratsgegenstände laut beigefügter Inventarliste mit Wertschätzungen des Nachlassauktionators Adam	32.390,00 EUR

3.) Geldforderungen

a)	Industria Dresdner Bank Aktienfonds	105.241,02 EUR
b)	Internationales Immobilieninstitut	28.550,38 EUR
c)	Sparkasse München Konto 4711	4.074,07 EUR
d)	Commerzbank München Konto 10815	949,00 EUR
e)	HASPA Sparkonto 3297/12345	7.006,41 EUR
f)	Rente der LVA gem. Leistungsbescheid vom 25.2.2015	21.023,36 EUR
g)	Guthaben aus Nebenkostenabrechnung der Mietwohnung	201,53 EUR
h)	Guthaben aus Heizkostenabrechnung	20,55 EUR
		199.488,37 EUR

4.) Nachlassverbindlichkeiten

a)	Notar Dr. Wachtelhofen, Notarkosten, Rechnung vom 19.2.2015	653,08 EUR
b)	Firma Fensterfix, Zahlung der Reparaturkosten gem. Rechnung vom 15.1.2015	200,00 EUR
c)	Amtsgericht München, Kosten für Löschung Grundschuld, Bescheid vom 20.2.2015	158,60 EUR
d)	Deutsche Telekom, Telefonkosten, Rechnung vom 16.2.2015	59,60 EUR
e)	Rechtsanwalt Blender, Rechtsanwaltskosten für Rechtsstreit Normalerblasser ./. LVA gem. Honorarrechnung vom 17.2.2015	957,69 EUR
f)	Städtisches Klinikum, Rechnung vom 15.1.2015	238,00 EUR
g)	Bestattungskosten für Seebestattung, Trauerhilfe GmbH, Rechnung vom 29.2.2015	1.132,87 EUR

5.) Hinzu kommen die **weiteren Verbindlichkeiten**, die durch den Todesfall entstanden sind oder fortbestanden:

a)	Kosten der Testamentseröffnung, Bescheid vom 4.3.2015	325,00 EUR
b)	Kosten der Erteilung des Testamentsvollstreckerzeugnisses, Bescheid vom 4.3.2015	60,00 EUR
c)	Mietzahlungen für Wohnung des Erblassers bis 31.5.2015 (3 x 855,07 EUR)	2.565,21 EUR
d)	Erbschaftsteuer gem. Bescheid vom 3.6.2015, Finanzamt München[5]	36.579,00 EUR

---

5 Schuldner ist primär der Erbe, jedoch besteht wegen § 32 Abs. 1 S. 2 ErbStG eine Verpflichtung des Testamentsvollstreckers, für die Zahlung der Erbschaftsteuer zu sorgen.

Ferner ist das **Geldvermächtnis** in Höhe von an die Bergwacht Mittenwald e.V. mit Schreiben vom ▓▓▓ *(Datum)* erfüllt worden.	10.000,00 EUR
Zwischensumme Verbindlichkeiten (inklusive Vermächtnis):	52.929,05 EUR
Es besteht somit ein **bereinigter Nachlass** in Höhe von	146.559,32 EUR

III. Aufteilung des Nachlasses

Am Reinnachlass in Höhe von 146.559,32 EUR

Erhalten somit:
1.) Frau P die Hälfte des Nachlasses mithin: 73.279,66 EUR
2.) Herr F die Hälfte des Nachlasses mithin: 73.279,66 EUR

IV. Ausgleichung

Eine Ausgleichung findet aufgrund fehlender ausgleichungspflichtiger Vorempfänge nicht statt.

V. Übersicht der Gesamtansprüche

1.) Die Erben erhalten je 73.279,66 EUR
2.) Der Vermächtnisnehmer erhält 10.000,00 EUR
3.) Die gesicherten und ungesicherten fremden Gläubiger des Otto Normalerblasser erhalten: 6.350,05 EUR
4.) Die zu entrichtende Erbschaftsteuer beläuft sich auf 36.579,00 EUR

Insoweit ergibt sich wiederum ein Bruttonachnachlass in Höhe von: **199.488,37 EUR**

VI. Nachlassverwertung

Auf Wunsch der Erben wurde sämtliches in der Wohnung befindliche Inventar des Otto Normalerblasser durch den Nachlassauktionator Adam versteigert. Der Versteigerungserlös in Höhe von 32.390,00 EUR wird einvernehmlich unter den Erben hälftig geteilt.

VII. Auseinandersetzungsplan

1.) Erbin P fordert: 73.279,66 EUR
    Erbin P erhält eine Auszahlung von: 73.279,66 EUR
2.) Erbe F fordert: 73.279,66 EUR
    Erbe F erhält eine Auszahlung von: 73.279,66 EUR
3.) Vermächtnisnehmer, die Bergwacht Mittenwald e.V. fordert: 10.000,00 EUR
    Vermächtnisnehmer erhält: 10.000,00 EUR
4.) Die fremden Gläubiger und Finanzamt erhalten: 42.929,05 EUR

Somit ergibt sich wiederum ein **Bruttonachlass** von 199.488,37 EUR und ein Nettonachlass von 146.559,32 EUR.

VIII. Vollzug des Auseinandersetzungsplans

1.) Die Testamentsvollstreckervergütung ist von den Erben im Verhältnis ihrer Erbteile zu tragen. Sie beträgt vereinbarungsgemäß 9.970,10 EUR und wird von der jeweiligen Auszahlungssumme an die Erben im Verhältnis $1/2$ zu $1/2$ aus der Nachlassmasse entnommen.
2.) Die Erbschaftsteuer in Höhe von 36.579,00 EUR wurde an das Finanzamt München am ▓▓▓ *(Datum)* überwiesen.
3.) Unteilbare Gegenstände befinden sich nicht mehr im Nachlass.
4.) Die jeweiligen Geldbeträge von nunmehr restlichen 68.294,61 EUR werden auf die angegebenen Konten der Erben überwiesen.

5.) Nach der Überweisung ist die Testamentsvollstreckung beendet. Der Testamentsvollstrecker wird unverzüglich die Beendigung dem Nachlassgericht mitteilen und sämtliche Ausfertigungen – mithin zwei Exemplare – des Testamentsvollstreckerzeugnisses zurückreichen.
6.) Der Teilungsplan wird hiermit für verbindlich erklärt.

München, den ▒▒▒ *(Datum)*

Rechtsanwalt R als Testamentsvollstrecker

8 **Abwandlung des Ausgangsbeispiels**
Im Nachlass befindet sich ein Grundstück im Wert von exakt 100.000 EUR, welches nach dem testamentarisch festgelegten Willen des Erblassers der Freund F erhalten soll. Die Miterbin Frau P weigert sich jedoch, bei der Auflassung des Grundstückes auf F mitzuwirken.

Lösung
Wie oben ausgeführt, hat der Auseinandersetzungsplan keine unmittelbare dingliche Wirkung. Der vom Testamentsvollstrecker im Rahmen seiner Befugnisse aufgestellte Teilungsplan wirkt jedoch verpflichtend und berechtigend für und gegen die Erben.[6] Der Plan führt daher zu einer **Mitwirkungsverpflichtung** der Erben, bei der Übertragung der ihnen vom Testamentsvollstrecker kraft seiner Verfügungsmacht zugewiesenen Nachlassgegenstände mitzuwirken. Diese Mitwirkungspflicht betrifft die Erwerberseite, während der Testamentsvollstrecker aufgrund seines Verwaltungs- und Verfügungsrechts auch bei Vollzug des Teilungsplans für die Erben in Erbengemeinschaft insoweit auf der Veräußererseite handelt. Deutlich wird die Mitwirkungspflicht des erwerbenden Erben etwa bei der Entgegennahme der Auflassung.[7] Verweigert ein Miterbe seine Mitwirkung, kann der Testamentsvollstrecker den Erben auf Mitwirkung verklagen.
Im Gegenzug kann aber der Erbe wegen Ungesetzlichkeit oder offenbarer Unbilligkeit den Auseinandersetzungsplan (wenn diese nach dem billigem Ermessen des Testamentsvollstreckers erfolgen sollte, § 2048 S. 3 BGB) beim Prozessgericht anfechten.[8]

III. Muster: Änderungen im Auseinandersetzungsplan

9 Hinsichtlich des Auseinandersetzungsplans gilt es zunächst, folgende **Änderungen** in den **Formulierungsvorschlag** aufzunehmen:

(wie oben)

Insoweit ergibt sich ein Bruttonachnachlass in Höhe von: **299.488,37 EUR**

VII. Auseinandersetzungsplan
1.) Erbin P fordert: 123.279,66 EUR
    Erbin P erhält eine Auszahlung von: 123.279,66 EUR
2.) Erbe F fordert: 123.279,66 EUR

Erbe F erhält	a) eine Auszahlung in Höhe von:	23.279,66 EUR	sowie
	b) ein Grundstück im Werte von:	100.000,00 EUR	
	Insgesamt:	123.279,66 EUR	

---

6 *Winkler*, Testamentsvollstrecker, Rn 522.
7 *Schaub*, in: Bengel/Reimann, V Rn 95.
8 *Winkler*, Testamentsvollstrecker, Rn 532.

3.) Vermächtnisnehmer, die Bergwacht Mittenwald e.V. fordert:
10.000,00 EUR
Vermächtnisnehmer erhält: 10.000,00 EUR
4.) Die fremden Gläubiger und Finanzamt erhalten: 58.850,05 EUR

Somit ergibt sich wiederum ein Nettonachlass von 250.638,32 EUR (nach Abzug des Vermächtnisses) und ein Bruttonachlass von 299.488,37 EUR.

VIII. Vollzug des Auseinandersetzungsplans

1.) Der Erbe F ist verpflichtet, bei der Auflassung des Grundstücks ▒▒▒▒ *(Beschreibung)* an ihn mitzuwirken. Im Übrigen haben die Erben die ihnen zugeteilten Nachlassgegenstände entgegenzunehmen.
2.) Die Testamentsvollstreckervergütung ist von den Erben im Verhältnis ihrer Erbteile zu tragen. Sie beträgt vereinbarungsgemäß 13.020 EUR und wird von der jeweiligen Auszahlungssumme an die Erben im Verhältnis $1/2$ zu $1/2$ aus der Nachlassmasse entnommen.
3.) Die Erbschaftsteuer in Höhe von 52.500 EUR wurde an das Finanzamt München am ▒▒▒▒ *(Datum)* überwiesen.
4.) Unteilbare Gegenstände befinden sich nicht mehr im Nachlass.
5.) Die jeweiligen Geldbeträge von nunmehr restlichen 68.294,61 EUR werden auf die angegebenen Konten der Erben überwiesen.
6.) Nach dem grundbuchamtlichen Vollzug gem. Nr. 1.) ist die Testamentsvollstreckung beendet. Der Testamentsvollstrecker wird unverzüglich die Beendigung dem Nachlassgericht mitteilen und sämtliche Ausfertigungen – mithin zwei Exemplare – Testamentsvollstreckerzeugnis zurückreichen.
7.) Der Teilungsplan wird hiermit für verbindlich erklärt.

München, den ▒▒▒▒ *(Datum)*

Rechtsanwalt R als Testamentsvollstrecker

Weigert sich der Miterbe, bei der Übertragung der Nachlassgegenstände mitzuwirken, kann er vom Testamentsvollstrecker beim Prozessgericht verklagt werden. Allerdings wird dieser Fall selten eintreten, da der Miterbe regelmäßig ein hohes Eigeninteresse daran hat, dass der Testamentsvollstrecker den Nachlassgegenstand auf ihn überträgt. Häufiger wird hingegen der Fall sein, dass ein Miterbe den bereits in seinen Besitz genommenen Nachlassgegenstand nicht an den anderen Miterben herausgeben will oder z.B. ein Wohnrecht oder ein Nießbrauch an seinem Erbgrundstück nicht zugunsten eines Dritten bestellen will. Wegen der ersten Variante wird auf die Herausgabeklage unter O verwiesen. Wegen der zweiten Variante folgende Abwandlung des Ausgangsbeispiels mit Lösungsvorschlag:

> **Abwandlung des Ausgangsbeispiels**
> Im Nachlass befindet sich ein Grundstück, welches nach dem Willen des Erblassers der Freund F erhalten soll. Frau P soll am Grundstück ein Nießbrauchvermächtnis zustehen. Erbe F weigert sich jedoch, bei der Bestellung des Nießbrauchs für Frau P mitzuwirken.

IV. Muster: Klage auf Mitwirkung

Klage

des Rechtsanwalts R als Testamentsvollstrecker des am 28.2.2015 verstorbenen Herrn Otto Normalerblasser, ▒▒▒▒ *(Adresse)*

– Kläger –

gegen

den Herrn F ▒▒▒▒ *(Adresse)*

– Beklagter –

wegen Mitwirkung zur Auflassung

Als Testamentsvollstrecker des am 28.2.2015 verstorbenen Otto Normalerblasser erhebe ich Klage und werde beantragen:

Der Beklagte wird verurteilt, in Erfüllung des Testaments des genannten Erblassers vom 19.2.2010 die Auflassung des Grundstücks, eingetragen in Grundbuch von München für Obermenzing, Blatt Nr. 11.234, Bestandsverzeichnis 1, Gemarkung Obermenzing, entgegenzunehmen und der Frau P, ▓▓▓▓▓ (Adresse), den Nießbrauch mit dem gesetzlichen Inhalt der §§ 1030 ff. BGB auf deren Lebenszeit zu bestellen und die Eintragung des Nießbrauchs zugunsten der Frau P im Grundbuch an erster Rangstelle zu bewilligen.

(Es folgen ggf. Anträge zur Sicherheitsleistung, Versäumnisurteil etc.)

Begründung:

Der Kläger ist Testamentsvollstrecker über den Nachlass des am 28.2.2015 in München verstorbenen Otto Normalerblasser.

Beweis: Testamentsvollstreckerzeugnis des Amtsgerichts München (Anlage 1)

Der Beklagte ist laut notariellem Testament vom 19.2.2010 des Notars Dr. Wachtelhofen zusammen mit Frau P Erbe des genannten Erblassers. Er soll nach dem genannten Testament das im Klagantrag näher bezeichnete Grundstück im Rahmen der Erbauseinandersetzung erhalten. Frau P soll nach dem Willen des Erblassers ein lebenslanger Nießbrauch an diesem Grundstück zustehen. Das Nießbrauchrecht hat den gesetzlichen Inhalt der §§ 1030 ff. BGB.

Beweis: Notarielles Testament vom 19.2.2010 (Anlage 2)

Frau P hat das Vermächtnis angenommen.

Der Testamentsvollstrecker soll laut Testament ausdrücklich das Vermächtnis durchsetzen. Demgemäß wurde der Beklagte mit Schreiben unter Fristsetzung ohne Erfolg aufgefordert, die Auflassung entgegen zu nehmen und dabei den Nießbrauch zugunsten der Frau P zu bestellen und die Eintragung des Nießbrauchs zu ihren Gunsten im Grundbuch zu bestellen.

Beweis: Aufforderungsschreiben vom 23.4.2015 (Anlage 3)

Klage ist daher geboten.

Der Verkehrswert des Grundstücks beträgt 500.000 EUR

Rechtsanwalt R als Testamentsvollstrecker

V. Muster: Sehr ausführlicher Auseinandersetzungsplan bei Teilungsanordnungen, Ausgleichung etc.

12 Gerade bei werthaltigen Nachlässen mit Immobilienvermögen und zahlreichen Wertpapieranlagen ist ein sehr ausführlicher Auseinandersetzungsplan angezeigt. Dies ist insbesondere bei der schwierigen Ausgleichung nach §§ 2050 ff. BGB der Fall.

Nachfolgend wird ein Plan[9] vorgeschlagen, der in Abänderung des einfachen Ausgangsfalles auf Anordnung des Erblassers eine Ausgleichung unter den drei Erben vorsieht und bei denen zahlreiche Vermächtnisse zu erfüllen waren. Zudem hat der Testamentsvollstrecker im Rahmen des § 2048 BGB Ermessen bei der Auseinandersetzung vom Erblasser zugebil-

---

9 Mein ausdrücklicher Dank gilt Herrn Frank Korndörfer, Diplom Betriebswirt (FH), Finanzökonom (ebs), Finanzfachwirt (FH), Certified Financial Planner, CFP für seine Unterstützung bei der Erstellung des Plans.

ligt bekommen. Ferner sind noch Schenkungen von Todes wegen zu erfüllen.[10] Ein solcher ausführlicher Plan könnte wie folgt aussehen:

Auseinandersetzungsplan zum Stichtag (Datum) (Vorlage zur Anhörung der Erben)

für den Nachlass des am 28.2.2015 verstorbenen Herrn Otto Normalerblasser

I. Feststellung der Erben und testamentarischen Anordnungen

Der Erblasser hinterließ ein notarielles Testament vom ▓▓▓ (*Datum*) (UR-Nr. 1234/15), welches folgende Erben vorsieht:
1.) **Herr Erbe 1** ▓▓▓ (*Name*), wohnhaft ▓▓▓
 als Erbe zu 50 % des Nachlasses
2.) **Herr Erbe 2** ▓▓▓ (*Name*), wohnhaft ▓▓▓
 als Erbe zu 30 % des Nachlasses
3.) **Frau Erbe 3** ▓▓▓ (*Name*), wohnhaft ▓▓▓
 als Erbin zu 20 % des Nachlasses

Der Erblasser hat die Erben mit Geldvermächtnissen in Höhe von insgesamt 736.500 EUR belastet. Die einzelnen Vermächtnisnehmer und deren jeweiliges Geldvermächtnis sind der Anlage 3 (Geldvermächtnisse) zum Nachlassverzeichnis zu entnehmen. Über das Geldvermächtnis zugunsten von ▓▓▓ (*Name*) in Höhe von 100.000 EUR ist Dauertestamentsvollstreckung – bis zur Vollendung des 25. Lebensjahres von ▓▓▓ (*Name*) – angeordnet.

Weiterhin hat der Erblasser die Erben mit Sachvermächtnissen in Höhe von insgesamt nominal 240.000 EUR zugunsten von ▓▓▓ (*Name*) belastet. Die einzelnen Sachvermächtnisse mit Ansatz ihres jeweiligen Verkehrswertes sind dem Nachlassverzeichnis unter B. 9.) a) Punkt 2–5 zu entnehmen. Über die Sachvermächtnisse ist Dauertestamentsvollstreckung – bis zur Vollendung des 25. Lebensjahres von ▓▓▓ (*Name*) – angeordnet.

Ferner hat der Erblasser die Erben mit einer Auflage in Höhe von insgesamt 250.000 EUR zugunsten der OH DO KWAN-Stiftung belastet. Die Auflage ist dem Nachlassverzeichnis unter B. 9.) b) zu entnehmen. Über die Auflage ist Dauertestamentsvollstreckung – für einen Zeitraum von 25 Jahren ab Todestag des Erblassers – angeordnet.

Das Testament ist durch das Nachlassgericht München am ▓▓▓ (*Datum*) eröffnet worden und wurde von allen Beteiligten als rechtsgültig anerkannt.

Der Testamentsvollstrecker, Rechtsanwalt R, hat das Amt mit Erklärung vom ▓▓▓ (*Datum*) vor dem Nachlassgericht angenommen und die Ausstellung des Testamentsvollstreckerzeugnisses beantragt. Das Nachlassgericht München hat das Testamentsvollstreckerzeugnis am ▓▓▓ (*Datum*) erteilt.

Sämtliche Erben haben die Erbschaft angenommen. Sämtliche Vermächtnisnehmer haben ihr jeweiliges Vermächtnis mit gesonderter Erklärung angenommen.

Die Erben wurden zum nachfolgenden Teilungsplan angehört.

II. Feststellung des Nachlasses

Für die Auseinandersetzung ist der Nachlass maßgeblich, der am Todestag bestand. Dieser wurde gemäß dem zum ▓▓▓ (*Datum, Tag der Amtsannahme*) vom Testamentsvollstrecker aufgestellten Nachlassverzeichnis erfasst.

Das Nachlassverzeichnis berücksichtigt zudem die Nachlassmasse (Aktiva) sowie die Nachlassverbindlichkeiten (Passiva), die vor dem Todestag des Erblassers begründet wurden, durch den Todesfall entstanden sind oder über den Todestag hinaus fortbestanden.

---

10 Der Sachverhalt ist frei erfunden – diese Ausführungen stehen in keinerlei Zusammenhang mit einem praktischen Fall.

Demnach ergibt sich zusammenfassend wie folgt:

A. Nachlassmasse – Aktiva

1.)	Grundbesitz	118.000,00 EUR
2.)	Gegenstände des täglichen Gebrauchs	11.498,00 EUR
3.)	Kunstgegenstände, Schmucksachen, Sammlungen usw.	18.000,00 EUR
4.)	Haus- und Küchengeräte, Möbel und Bilder	39.728,00 EUR
5.)	Kraftfahrzeuge, Fahrräder	120,00 EUR
6.)	Bargeld	513,81 EUR
7.)	Depots, Wertpapiere, Investmentanteile	931.630,28 EUR
8.)	Bankguthaben, Tages- und Festgelder, sonstige Guthaben	147.486,98 EUR
9.)	Ausstehende Forderungen	313.990,86 EUR
10.)	Forderungen aus Versicherungsverträgen	505,75 EUR
11.)	Beteiligungen an einer Gesamthand	1.462.565,11 EUR
12.)	Sonstige Forderungen	66.863,49 EUR
Zwischensumme Nachlassmasse – Aktiva (Bruttonachlass)		**3.110.902,28 EUR**

B. Nachlassverbindlichkeiten – Passiva

1.)	Hypotheken, Grundschulden	129.645,94 EUR
2.)	Steuerrückstände	58.990,64 EUR
3.)	Sonstige Verbindlichkeiten	7.824,76 EUR
4.)	Krankheits- und Arztkosten	4.196,94 EUR
5.)	Verbindlichkeiten, die durch den Erbfall entstanden sind	29.369,65 EUR
6.)	Geldvermächtnisse (inkl. Erbschaftsteuereinbehalt)	736.500,00 EUR
7.)	Sachvermächtnisse (Name)	136.855,00 EUR
8.)	Auflage (zugunsten OH DO KWAN Stiftung u.a.)	250.000,00 EUR
Zwischensumme Nachlassverbindlichkeiten – Passiva		**1.353.382,93 EUR**

Es besteht somit ein Reinnachlass (Nettonachlass) zum Todestag des Erblassers in Höhe von **1.757.519,35 EUR**.

III. Aufteilung des Nachlasses

Am Reinnachlass in Höhe von 1.757.519,35 EUR sind die Erben wie folgt beteiligt:

1.) **Herr Erbe 1** (*Name*), zu 50 % des Nachlasses mithin: **878.759,67 EUR**
2.) **Herr Erbe 2** (*Name*), zu 30 % des Nachlasses mithin: **527.255,80 EUR**
3.) **Frau Erbe 3** (*Name*), zu 20 % des Nachlasses mithin: **351.503,86 EUR**

IV. Ausgleichung

Nach testamentarischer Verfügung sind Zuwendungen, die den Erben 3 (*Name*) von dem Erblasser erhalten hat, auf Ihren Erbteil anzurechnen und gegenüber den Miterben auszugleichen.

Alle Miterben sind an der Ausgleichung zu beteiligen.

Maßgebliche Basis zur Berechnung der Ausgleichung ist der Reinnachlass zum Todestag des Erblassers in Höhe von 1.757.519,35 EUR.

Ausgleichspflichtige Zuwendungen der Erblasser an Erbe 3 (*Name*), mit Wertbestimmung zum Zeitpunkt der Zuwendungen, wurden wie folgt festgestellt:

1.)	Barschenkung zum Hauskauf	
	ABC Str. 123, Hamburg (14.9.2006)	350.000,00 EUR

2.)	Nebenkosten des Erwerbs, 1/2 von 35.000,00 EUR	
	ABC Str. 123, Hamburg (14.9.2006)	17.500,00 EUR
3.)	Schenkungsteuer laut Schenkungsteuerbescheid (22.10.2008)	9.740,00 EUR
Gesamtsumme der Zuwendungen		**377.240,00 EUR**

Da die Zeitpunkte der Zuwendungen vom Todesjahr des Erblassers abweichen, ist der Wert der auszugleichenden Zuwendungen unter Berücksichtigung des Kaufkraftschwundes – bis einschließlich des Todesjahres des Erblassers – zu ermitteln.

Zugrunde zu legen sind dabei die Preisindizes für die Lebenshaltung der jeweiligen Jahre, die durch die Bundesbank der Bundesrepublik Deutschland im Statistischen Jahrbuch veröffentlich werden. Für das Zuwendungsjahr 2006 wurde eine Lebenshaltungsindexzahl von 93,90, für das Zuwendungsjahr 2008 eine Lebenshaltungsindexzahl von 98,60 und für das Todesjahr eine Lebenshaltungsindexzahl von 102,10[11] veröffentlicht.

Der auszugleichende Betrag der Zuwendungen unter Berücksichtigung des Kaufkraftschwundes errechnet sich, indem die zugewendete Summe mit der für das Todesjahr des Erblassers geltenden Lebenshaltungsindexzahl multipliziert und durch die Lebenshaltungsindexzahl für das Zuwendungsjahr dividiert wird:

1.)	Barschenkung zum Hauskauf (2006) 350.000 EUR	
	Multiplikator zur Indexierung (102,10 ./. 93,90) = 1,087326944	380.564,43 EUR
2.)	Nebenkosten des Erwerbs (2006) 17.500 EUR	
	Multiplikator zur Indexierung (102,10 ./. 93,90) = 1,087326944	19.028,22 EUR
3.)	Schenkungsteuer (2008) 9.740 EUR	
	Multiplikator zur Indexierung (102,10 ./. 98,60) = 1,035496957	10.085,74 EUR
Gesamtsumme der Zuwendungen (indexiert)		**409.678,39 EUR**

Es bestehen somit – unter Berücksichtigung des Kaufkraftschwundes – ausgleichspflichtige Zuwendungen in Höhe von **409.678,39 EUR**.

Sämtliche ausgleichspflichtigen Zuwendungen sind dem Reinnachlass zum Todestag[12] des Erblassers von 1.757.519,35 EUR hinzuzurechnen. Somit ergibt sich ein Nachlasswert – nach Hinzurechnung – von **2.167.197,74 EUR**.

Am Nachlasswert – nach Hinzurechnung – in Höhe von 2.167.197,74 EUR sind die Erben wie folgt beteiligt:
1.) Herr Erbe 1 (Name), zu 50% des Nachlasses nach Hinzurechnung mithin: **1.083.598,87 EUR**
2.) Herr Erbe 2 (Name), zu 30% des Nachlasses nach Hinzurechnung mithin: **650.159,32 EUR**
3.) Frau Erbe 3 (Name), zu 20% des Nachlasses nach Hinzurechnung, demzufolge zu 433.439,55 EUR, jedoch abzüglich ihrer ausgleichspflichtigen Zuwendungen in Höhe von 409.678,39 EUR, mithin: **23.761,16 EUR**

Somit ergibt sich wiederum ein Reinnachlass (Nettonachlass) zum Todestag des Erblassers in Höhe von **1.757.519,35 EUR**.

Die Ausgleichung führt im Ergebnis zu Teilungsquoten, die von den testamentarischen Erbquoten abweichen.

---

11 Hier wurde ein fiktiver Wert nur zur Verdeutlichung der Berechnung eingesetzt.
12 Der maßgebliche Zeitpunkt für die Nachlassbewertung im Rahmen des Ausgleichungsverfahrens ist umstritten! Der BGH (BGHZ 96, 174, 180 f. = NJW 1986, 931, 932; ebenso Palandt/*Weidlich*, § 2055 Rn 3; Bamberger/Roth/*Lohmann*, § 2055 Rn 4) erklärt den Zeitpunkt des Erbfalls für maßgeblich. Auf diesen Zeitpunkt wird daher vorliegend auch abgestellt. In der Literatur wird jedoch zunehmend auf den Zeitpunkt der Auseinandersetzung abgestellt, vgl. nur: Staudinger/*Werner*, § 2055 Rn 1; Soergel/*Wolf*, § 2055 Rn 1; *Krug*, ZEV 2000, 41, 43; Palandt/*Weidlich*, § 2055 Rn 3; Bamberger/Roth/*Lohmann*, § 2055 Rn 4. Da sich im Regelfall nach dem Erbfall die Werte verändert haben, wird darauf aber im Auseinandersetzungsplan gesondert eingegangen.

Am Reinnachlass in Höhe von 1.757.519,37 EUR sind die Erben nach Ausgleichung nunmehr wie folgt beteiligt:
1.) **Herr Erbe 1** (*Name*), zu gerundet 61,66 % des Nachlasses mithin: **1.083.598,87 EUR**
2.) **Herr Erbe 2** (*Name*), zu gerundet 36,99 % des Nachlasses mithin: **650.159,32 EUR**
3.) **Frau Erbe 3** (*Name*), zu gerundet 1,35 % des Nachlasses mithin: **23.761,16 EUR**

Die neu ermittelten **Teilungsquoten** sind maßgeblich für die Gesamtansprüche der Erben und den nachfolgenden Aufteilungsplan.

V. Übersicht der Gesamtansprüche

1.) Der Erbe 1 (*Name*) erhält einen Nachlasswert von 1.083.598,87 EUR
2.) Der Erbe 2 (*Name*) erhält einen Nachlasswert von 650.159,32 EUR
3.) Die Erbin 3 (*Name*) erhält einen Nachlasswert von 23.761,16 EUR
4.) Die Vermächtnisnehmer erhalten (inkl. Erbschaftsteuereinbehalt) in Summe 736.500 EUR
5.) Die Vermächtnisnehmerin (*Name*) erhält Sachvermächtnisse von 136.855 EUR
7.) Auflage zur Erfüllung von Ansprüchen der OH DO KWAN-Stiftung u.a. 250.000 EUR
8.) Gesicherte und ungesicherte fremde Gläubiger des Erblassers erhalten 230.027,93 EUR

Insoweit ergibt sich wiederum ein Bruttonachlass in Höhe von **3.110.902,28 EUR** zum Todestag des Erblassers.

VI. Nachlassverwertung

Mit gemeinschaftlichem Gespräch des Testamentsvollstreckers mit den Erben am (*Datum*) wurden die gutachterlich bewerteten Nachlassgegenstände gemäß Anlage 1 (Inventarverzeichnis) zum Nachlassverzeichnis in Höhe von insgesamt 33.145 EUR im Rahmen einer Teilauseinandersetzung zwischen den Erben aufgeteilt. Über das restliche Inventar gemäß Anlage 1 (Inventarverzeichnis) zum Nachlassverzeichnis in Höhe von insgesamt 36.714,81 EUR wurde keine (Teil-)Auseinandersetzung vorgenommen.

Das Inventar in der Gesamtheit gemäß Anlage 1 (Inventarverzeichnis) wurde durch die Erben, mit gemeinschaftlicher Erklärung vom (*Datum*), zum (*Datum*) in Besitz genommen.

Die im Nachlass befindliche Eigentumswohnung, -Straße 9c mit Tiefgaragenstellplatz, in Dresden wurde mit Urkunde des Notars, Dr. Friedrich Krause, Nummer 9876/2015 vom 30.7.2015 veräußert. Der verhandelte Kaufpreis wurde von den Käufern in vollständiger Höhe zur (Teil-)Tilgung des bestehenden Darlehens direkt an die anspruchsberechtigte Bank (Bayerische Landesbank) überwiesen und durch die Bank mit ihrer Darlehensforderung verrechnet.

Die Konten sowie ggf. die Depots, bestehend bei der Commerzbank München, dem Bankhaus Metzler, der HypoVereinsbank München, der Augsburger Aktienbank und der Postbank, wurden aufgelöst und alle Guthaben bei der Stadtsparkasse München zusammengeführt.

VII. Auseinandersetzungsplan

1.) Der Erbe 1 (*Name*) fordert einen Nachlasswert von **1.083.598,87 EUR**.
Der Erbe 1 (*Name*) erhält wie folgt:
a) **Inventar gemäß Teilauseinandersetzung** vom (*Datum*) in Höhe von **16.700,00 EUR**:
siehe auch Anlage 1 (Inventarverzeichnis) zum Nachlassverzeichnis

Nr. 120,	Schreibschrank (Bookcase) engl., 19. Jh.	800,00 EUR
Nr. 277,	Biedermeierschrank, verglast, Mahagoni	400,00 EUR
Nr. 334,	silberner Kerzenständer	650,00 EUR
Nr. 340,	Truhe, Eiche	300,00 EUR
Nr. 344,	kl. Halbschrank, Obstholz	300,00 EUR
Nr. 351,	Standuhr, engl. Eiche, 18./19. Jh.	800,00 EUR

Nr. 401,	Armlehnstühle, Louis XVI, um 1800		700,00 EUR
Nr. 444,	Geschirrschrank, Elsaß Loth., Tannenholz		2.000,00 EUR
Nr. 482,	Eck-Buffetschrank, 18. Jh.		500,00 EUR
Nr. 504,	Esszimmertisch, England, Mahagoni		600,00 EUR
Nr. 509,	Platte mit Übertopf, Dresden		150,00 EUR
Nr. 511,	Keramikbecken, ital. (Jardiniere)		250,00 EUR
Nr. 659,	Teppich, blau-rot-gemustert, 1,30 x 3 m, GHOM		800,00 EUR
Nr. 660,	Teppich, 1,32 x 2 m, Hamedan		300,00 EUR
Nr. 661,	Kommode mit Marmorplatte, um 1800		1.500,00 EUR
Nr. 678,	Gemälde Madonna mit Kind, Kopie von Luini		1.200,00 EUR
Nr. 681,	Ikone, Heiligendarstellung, 4 Reihen, 19. Jh.		700,00 EUR
Nr. 682,	Gemälde Landschaft – Karl Heffner – Öl/Lw.		1.500,00 EUR
Nr. 683,	Gemälde Neapolitanische Küstenlandschaft		400,00 EUR
Nr. 689,	Armlehnstuhl, Biedermeierstil		250,00 EUR
Nr. 693,	Klappsekretär, Biedermeier, Mahagoni		600,00 EUR
Nr. 719,	Teppich, rosa-bräunlich-gemustert, Saruk, 335 x 223		800,00 EUR
Nr. 734,	Gemälde Blumenvase, 18. Jh., (J. B. Belin de Fontenay)		1.200,00 EUR
	Summe Inventar gemäß Teilauseinandersetzung		16.700,00 EUR
b)	vom restlichen **Inventar gemäß Teilungsquote** von 61,66 % einen Inventarwert in Höhe von		22.636,52 EUR
c)	**62,50 % des Beteiligungsvermögens** in Höhe von 828.568,82 EUR: siehe auch Anlage 2 (Geschlossene Kapitalbeteiligungen) zum Nachlassverzeichnis		
Nr. 1.a)	Aquila AgrarINVEST III	123456–789[13]	13.281,25 EUR
Nr. 1.b)	Aquila AgrarINVEST III	98765–412	21.250,00 EUR
Nr. 2)	Aquila WaldINVEST III	12/45–789	20.000,00 EUR
Nr. 3)	Pegasus 2	154789	74.920,24 EUR
Nr. 4)	CONTI Beteiligungsfonds V	15876	15.937,50 EUR
Nr. 5)	CONTI MS „Nanga Parbat"	97676	14.062,50 EUR
Nr. 6)	DOBA 17	4578965	19.103,14 EUR
Nr. 7.a)	DOBA 18	897456	13.658,75 EUR
Nr. 7.b)	DOBA 18	159786	33.951,75 EUR

---

13 Zahlen stimmen nicht mit dem Nachlassverzeichnis überein, da es sich um fiktive Nummern handelt.

Nr. 7.c)	DOBA 18	741852	20.293,00 EUR
Nr. 8.b)	DOBA 19	158736	42.097,50 EUR
Nr. 9.a)	DOBA 20	412356	13.068,75 EUR
Nr. 9.b)	DOBA 20	78986545	13.068,75 EUR
Nr. 10.a)	DOBA 25	7412568	10.182,81 EUR
Nr. 11)	DOBA M 1	987456	15.220,00 EUR
Nr. 12.a)	DOBA M 2	3256478	31.725,00 EUR
Nr. 13)	DOBA M Plus 2	15974123	23.618,75 EUR
Nr. 14)	Dr. Winter DS 105 Life Value II	357951	14.138,10 EUR
Nr. 15)	Dr. Winter DS 109 Saturn Glory	741258	10.000,00 EUR
Nr. 16)	Dr. Winter DS 119 DS Republic	951753	7.476,42 EUR
Nr. 17)	Dr. Winter DS 120 Leo Glory	321456	5.870,91 EUR
Nr. 18)	Dr. Winter DS 122 Flugzeugfonds I	987456	17.253,28 EUR
Nr. 19.a)	Dr. Winter DS 97 Front Commodore	123654	15.937,50 EUR
Nr. 19.b)	Dr. Winter DS 97 Front Commodore	789654	15.937,50 EUR
Nr. 19.c)	Dr. Winter DS 97 Front Commodore	852159	19.125,00 EUR
Nr. 20.a)	FuV Early Capital 1	85	45.000,00 EUR
Nr. 20.b)	FuV Early Capital 1	741	30.000,00 EUR
Nr. 21.a)	FuV Solarfonds 2	589	6.125,00 EUR
Nr. 21.b)	FuV Solarfonds 2	956	12.250,00 EUR
Nr. 23)	KanAm USA XIX	7456	19.170,31 EUR
Nr. 25.a)	Nordcapital Energieversorgung 1	201–012	58.369,76 EUR
Nr. 25.b)	Nordcapital Energieversorgung 1	201–0156	7.959,51 EUR
Nr. 26.a)	Nordcapital London 1	772–1439	13.152,01 EUR
Nr. 26.b)	Nordcapital London 1	702–2572	13.152,01 EUR
Nr. 27)	Nordcapital Niederlande 6	888–0566	10.875,00 EUR
Nr. 29.a)	Nordcapital Private Equity Fonds VII	999–0319	62.375,00 EUR
Nr. 29.b)	Nordcapital Private Equity Fonds VII	999–0927	37.425,00 EUR
Nr. 30)	Victory MultiMediaFonds 19	A85236	3.195,57 EUR
Nr. 31)	Victory MultiMediaFonds 20	A85236	1.597,79 EUR
Nr. 32)	Victory MultiMediaFonds 21	A85236	1.118,45 EUR
Nr. 33)	Victory MultiMediaFonds 22	A85236	1.875,00 EUR
Nr. 34)	Victory MultiMediaFonds 23	A17571	3.750,00 EUR
Summe Beteiligungsvermögen			**828.568,82 EUR**

d) eine **Auszahlung** in Höhe von **215.693,53 EUR**

Insoweit erhält der Erbe 1 ▓▓▓ (*Name*) einen Nachlasswert von insgesamt 1.083.598,87 EUR.

2.) **Der Erbe 2** ▓▓▓ (*Name*) fordert einen Nachlasswert von **650.159,32 EUR**.

Der Erbe 2 ▓▓▓ (*Name*) erhält wie folgt:

a) **Inventar gemäß Teilauseinandersetzung** vom ▓▓▓ (*Datum*) in Höhe von **3.350,00 EUR**: siehe auch Anlage 1 (Inventarverzeichnis) zum Nachlassverzeichnis

Nr. 481,	Ikone, Tod Mariens, russisch (rep.) 45 x 34	600,00 EUR
Nr. 680,	Gemälde Wirtshausszene	2.500,00 EUR

	Nr. 871,	Standuhr, Nadelholz, engl., 19. Jh.		250,00 EUR
	Summe Inventar gem. Teilauseinandersetzung			**3.350,00 EUR**
b)	vom restlichen **Inventar gemäß Teilungsquote** von 36,99 % einen Inventarwert in Höhe von			13.581,97 EUR
c)	37,50 % des **Beteiligungsvermögens** in Höhe von 497.141,29 EUR			
	siehe auch Anlage 2 (Geschlossene Kapitalbeteiligungen) zum Nachlassverzeichnis			
	Nr. 1.a)	Aquila AgrarINVEST III	5434-448	7.968,75 EUR
	Nr. 1.b)	Aquila AgrarINVEST III	65436-493	12.750,00 EUR
	Nr. 2)	Aquila WaldINVEST III	8673-43	12.000,00 EUR
	Nr. 3)	Pegasus 2	843	44.952,14 EUR
	Nr. 4)	CONTI Beteiligungsfonds V	354	9.562,50 EUR
	Nr. 5)	CONTI MS „Nanga Parbat"	24	8.437,50 EUR
	Nr. 6)	DOBA 17	1598410	11.461,89 EUR
	Nr. 7.a)	DOBA 18	3589856	8.195,25 EUR
	Nr. 7.b)	DOBA 18	854784	20.371,05 EUR
	Nr. 7.c)	DOBA 18	1874585	12.175,80 EUR
	Nr. 8.b)	DOBA 19	741226	25.258,50 EUR
	Nr. 9.a)	DOBA 20	7485024	7.841,25 EUR
	Nr. 9.b)	DOBA 20	7896780	7.841,25 EUR
	Nr. 10.a)	DOBA 25	74123109	6.109,69 EUR
	Nr. 11)	DOBA M 1	7458934	9.132,00 EUR
	Nr. 12.a)	DOBA M 2	7412540	19.035,00 EUR
	Nr. 13)	DOBA M Plus 2	7896097	14.171,25 EUR
	Nr. 14)	Dr. Winter DS 105 Life Value II	1050741	8.482,86 EUR
	Nr. 15)	Dr. Winter DS 109 Saturn Glory	1090745	6.000,00 EUR
	Nr. 16)	Dr. Winter DS 119 DS Republic	1190852	4.485,85 EUR
	Nr. 17)	Dr. Winter DS 120 Leo Glory	1200259	3.522,54 EUR
	Nr. 18)	Dr. Winter DS 122 Flugzeugfonds I	1222987	10.351,97 EUR
	Nr. 19.a)	Dr. Winter DS 97 Front Commodore	970745	9.562,50 EUR
	Nr. 19.b)	Dr. Winter DS 97 Front Commodore	970789	9.562,50 EUR
	Nr. 19.c)	Dr. Winter DS 97 Front Commodore	971745	11.475,00 EUR
	Nr. 20.a)	FuV Early Capital 1	47	27.000,00 EUR
	Nr. 20.b)	FuV Early Capital 1	789	18.000,00 EUR
	Nr. 21.a)	FuV Solarfonds 2	985	3.675,00 EUR
	Nr. 21.b)	FuV Solarfonds 2	888	7.350,00 EUR
	Nr. 23)	KanAm USA XIX	745	11.502,19 EUR
	Nr. 25.a)	Nordcapital Energieversorgung 1	258-0726	35.021,85 EUR
	Nr. 25.b)	Nordcapital Energieversorgung 1	963-0824	4.775,71 EUR
	Nr. 26.a)	Nordcapital London 1	741-1439	7.891,21 EUR
	Nr. 26.b)	Nordcapital London 1	963-2572	7.891,21 EUR
	Nr. 27)	Nordcapital Niederlande 6	756-0566	6.525,00 EUR
	Nr. 29.a)	Nordcapital Private Equity Fonds VII	507-7894	37.425,00 EUR

Nr. 29.b)	Nordcapital Private Equity Fonds VII	507-7456	22.455,00 EUR
Nr. 30)	Victory MultiMediaFonds 19	A85236	1.917,34 EUR
Nr. 31)	Victory MultiMediaFonds 20	A85236	958,67 EUR
Nr. 32)	Victory MultiMediaFonds 21	A85236	671,07 EUR
Nr. 33)	Victory MultiMediaFonds 22	A85236	1.125,00 EUR
Nr. 34)	Victory MultiMediaFonds 23	A85236	2.250,00 EUR
	Summe Beteiligungsvermögen		497.141,29 EUR

d) eine **Auszahlung** in Höhe von **136.086,12 EUR**

Insoweit erhält der Erbe 2 ▓▓▓▓ (*Name*) einen Nachlasswert von insgesamt 650.159,32 EUR.

3.) **der Erbe 3** ▓▓▓▓ (*Name*) fordert einen Nachlasswert von **23.761,16 EUR**.

Der Erbe 3 ▓▓▓▓ (*Name*) erhält wie folgt:

a) **Inventar gem. Teilauseinandersetzung** vom ▓▓▓▓ (*Datum*) in Höhe von **13.095,00 EUR**:

siehe auch Anlage 1 (Inventarverzeichnis) zum Nachlassverzeichnis

Nr. 48,	Toilettentisch, Eiche, 18. Jh., (Pondreuse)	400,00 EUR
Nr. 329,	Sessel-Lift (Fahrstuhl)	5.000,00 EUR
Nr. 338,	Spiegel, Kopie, ital. Blätterdeko oben, 58 x 98 cm	180,00 EUR
Nr. 518,	Schrank, Eiche, Elsaß Lothringen	1.200,00 EUR
Nr. 748,	Bronzefigur, nach Rodin	400,00 EUR
Nr. 920,	Liter Heizöl, Außentank	5.915,00 EUR
	Summe Inventar gem. Teilauseinandersetzung	**13.095,00 EUR**

b) vom restlichen **Inventar gemäß Teilungsquote** von 1,35 % einen Inventarwert in Höhe von   **496,37 EUR.**

c) eine **Auszahlung** in Höhe von **10.169,79 EUR**.

Insoweit erhält die Erbin 3 (Name) einen Nachlasswert von insgesamt 23.761,16 EUR.

4.) **Die Vermächtnisnehmer** fordern Geldvermächtnisse von insgesamt **736.500,00 EUR**.

Die Vermächtnisnehmer erhalten im Einzelnen wie folgt:

siehe auch Anlage 3 (Geldvermächtnisse)[14] zum Nachlassverzeichnis

Nr. 2.2.a)	▓▓▓▓ (*Name*)	▓▓▓▓ (*Ort*)	25.000,00 EUR
Nr. 2.2.a)	▓▓▓▓ (*Name*)	▓▓▓▓ (*Ort*)	25.000,00 EUR
Nr. 2.2.a)	▓▓▓▓ (*Name*)	▓▓▓▓ (*Ort*)	25.000,00 EUR
Nr. 2.2.a)	▓▓▓▓ (*Name*)	▓▓▓▓ (*Ort*)	25.000,00 EUR
Nr. 2.2.b)	▓▓▓▓ (*Name*)	▓▓▓▓ (*Ort*)	40.000,00 EUR
Nr. 2.2.c)	▓▓▓▓ (*Name*)	▓▓▓▓ (*Ort*)	30.000,00 EUR
Nr. 2.2.d)	▓▓▓▓ (*Name*)	▓▓▓▓ (*Ort*)	25.000,00 EUR

---

14 Nicht als Datei vorhanden, da individuell zu erstellen.

Nr. 2.2.e)	▓▓▓ (Name)	▓▓▓	25.000,00 EUR
		(Ort)	
Nr. 2.2.f)[15]	▓▓▓ (Name)	▓▓▓	25.000,00 EUR
		(Ort)	
....			
Nr. 2.2.hh)	▓▓▓ (Name)	▓▓▓	3.000,00 EUR
		(Ort)	
Summe Geldvermächtnisse			**736.500,00 EUR**

Insoweit erhalten die Vermächtnisnehmer Geldvermächtnisse von insgesamt 736.500,00 EUR.

5.) Die Vermächtnisnehmerin ▓▓▓ (Name), vertreten durch deren gesetzliche Vertreter,[16] fordert als Sachvermächtnis einen Vermögenswert von **136.855,00 EUR**.

Die Vermächtnisnehmerin ▓▓▓ (Name) erhält wie folgt:
siehe auch Anlage 2 (Geschlossene Kapitalbeteiligungen) zum Nachlassverzeichnis

Nr. 8.a)	DOBA 19	17412	37.420,00 EUR
Nr. 10.b)	DOBA 25	28523	23.275,00 EUR
Nr. 12.b)	DOBA M 2	19874	50.760,00 EUR
Nr. 28)	Niederlande 8	789–45	25.400,00 EUR
Summe Beteiligungsvermögen			**136.855,00 EUR**

Insoweit erhält die Vermächtnisnehmerin ▓▓▓ (Name), vertreten durch deren gesetzlichen Vertreter, Sachvermächtnisse von insgesamt 136.855 EUR.

6.) **Zur Erfüllung der Auflage** zur Unterstützung der OH DO KWAN-Stiftung. fordert der Testamentsvollstrecker **250.000 EUR.**
Der Testamentsvollstrecker erhält 250.000 EUR zur Anlage auf einem Sonderkonto unter der Auflage zweckgebundener Verwaltung.

7.) Die gesicherten und ungesicherten **fremden Gläubiger** erhalten insgesamt 230.027,93 EUR.

Somit ergibt sich gemäß Nr. 1.)–7.) des Auseinandersetzungsplans wiederum ein Bruttonachlass von **3.110.902,28 EUR** zum Todestag des Erblassers.

VIII. Vollzug des Auseinandersetzungsplans

1.) **Erfüllung der Vermächtnisse** in Höhe von insgesamt **736.500 EUR**
Laut testamentarischer Anordnung hat der Testamentsvollstrecker neben der Erfüllung der Vermächtnisse auch die Begleichung der Erbschaftsteuer zu veranlassen.
Die Auszahlung der einzelnen Vermächtnisse an die Vermächtnisnehmer (gemäß Nr. VII. 4. des vorliegenden Aufteilungsplans) ist, abzüglich des Steuereinbehalts in Höhe von insgesamt 68.160 EUR, mit einer Gesamtsumme von 668.340 EUR erfolgt. Der Steuereinbehalt in Höhe von 68.160 EUR wird zur abschließenden Zahlung an das Finanzamt Kaufbeuren auf einem Konto bei der Stadtsparkasse München vorgehalten.

2.) **Erfüllung der Sachvermächtnisse** in Höhe von insgesamt **136.855 EUR**
Die Übertragung des Beteiligungsvermögens im Rahmen der Sachvermächtnisse an ▓▓▓ (Name) (gemäß Nr. VII. 5. des vorliegenden Aufteilungsplans) ist mit Antrag gegenüber den jeweiligen Beteiligungsgesellschaften auf (Name) erfolgt.

3.) **Erfüllung der Auflage** in Höhe von **250.000 EUR**
Das für die Erfüllung der Auflage notwendige Sonderkonto ist bei der Stadtsparkasse München, Kontonummer 12 34 56 78 (oder IBAN), eröffnet und der geforderte Betrag (gemäß Nr. VII. 6. des vorliegenden Aufteilungsplans) unter der Auflage zweckgebundener Verwaltung eingezahlt.

---

15 Die Tabelle wurde um die weiteren Namen der Vermächtnisnehmer gekürzt, um übersichtlicher zu bleiben.

16 Eine familiengerichtliche Genehmigung ist für den ordnungsgemäßen Plan auch bei Minderjährigen nicht erforderlich. Vgl. Staudinger/*Reimann*, § 2204 Rn 32; Palandt/*Weidlich*, § 2204 Rn 4.

4.) **Erfüllung der Schenkung** des Erblassers vom ▮▮▮ (*Name*) an Herrn ▮▮▮ (*Name*)
Zur Erfüllung der Schenkung (gemäß Nr. B. 6.) Punkt 6 des Nachlassverzeichnisses) wurden 30 Investmentanteile durch Zertifikatsauflösung im Gesamtwert von 397,96 EUR veräußert.
Herr ▮▮▮ (*Name*) hat mit Überweisung zum ▮▮▮ (*Datum*), den Veräußerungserlös in Höhe von 397,96 EUR erhalten.

5.) **Erfüllung der Schenkung** des Erblassers vom ▮▮▮ (*Datum*) an Herrn ▮▮▮ (*Name*)
Bis zum Stichtag des vorliegenden Auseinandersetzungsplans konnte die Anschrift von Herrn ▮▮▮ (*Name*) durch den Testamentsvollstrecker nicht ermittelt werden.
Das entsprechende Investmentkonto (gemäß Nr. B. 6.) Punkt 7 des Nachlassverzeichnisses) wird bis auf Weiteres fortgeführt.

6.) **Übergabe des Inventars** an die Erben
Das Inventar in der Gesamtheit wurde durch die Erben zum ▮▮▮ (*Datum*) in Besitz genommen.

7.) **Übertragung des Beteiligungsvermögens** in Höhe von insgesamt **1.325.710,11 EUR**
Das Beteiligungsvermögen (gemäß Nr. VII. 1. c) sowie Nr. VII. 2. c) des vorliegenden Aufteilungsplans) ist mit Antrag gegenüber den jeweiligen Beteiligungsgesellschaften auf die Erben 1 ▮▮▮ (*Name*) und 2 ▮▮▮ (*Name*) im Rahmen der Sonderrechtsnachfolge zu übertragen.
Bereits erfolgte Übertragungen auf Basis der testamentarischen Erbquoten sind entsprechend zu korrigieren.
Die aus dem Beteiligungsvermögen während der Testamentsvollstreckung resultierenden liquiditätswirksamen Aufwendungen und Erträge sind bei der Berechnung des abschließenden Auszahlungsbetrages an die Erben individuell in Ansatz bzw. in Abzug zu bringen.

8.) **Begleichung der Erbschaftsteuer** der Erben in Höhe von insgesamt **112.050 EUR**
(Erbschaftsteuer hier angegeben mit 112.050 EUR näherungsweise berechnet, Steuerbescheid steht noch aus)
Laut testamentarischer Anordnung hat der Testamentsvollstrecker die Begleichung der Erbschaftsteuer für die Erben zu veranlassen. Die Erben haben die Erbschaftsteuer auf ihren Erbteil individuell zu tragen.
Gemäß Erbschaftsteuerbescheid vom ▮▮▮ (*Datum*) hat das Finanzamt Kaufbeuren die einzelnen Erben zur Zahlung der Erbschaftsteuer in folgender Höhe aufgefordert:
1.) **Erbe 1** ▮▮▮ (*Name*): **74.760,00 EUR** (näherungsweise)
2.) **Erbe 2** ▮▮▮ (*Name*): **37.290,00 EUR** (näherungsweise)
3.) **Erbe 3** ▮▮▮ (*Name*): **0,00 EUR** (näherungsweise)
Die Erbschaftsteuer in Höhe von insgesamt 112.050 EUR wird zur abschließenden Zahlung an das Finanzamt Kaufbeuren auf einem Konto bei der Stadtsparkasse München vorgehalten.
Die jeweilige Erbschaftsteuer ist bei der Berechnung des abschließenden Auszahlungsbetrages an die Erben in Abzug zu bringen.

9.) **Begleichung der Testamentsvollstreckervergütung** in Höhe von insgesamt **220.000 EUR**
(Die Vergütung – hier angegeben mit 220.000,00 EUR – ist näherungsweise berechnet; Schlussabrechnung steht noch aus)
Die Testamentsvollstreckervergütung ist von den Erben im Verhältnis ihrer Teilungsquoten zu tragen.
Die Vergütung beläuft sich gemäß Schlussabrechnung vom ▮▮▮ (*Datum*) auf insgesamt brutto 220.000 EUR (näherungsweise).
Somit haben zu tragen:
1.) **Erbe 1** ▮▮▮ (*Name*), 61,66 % der Vergütung mithin: **104.310,04 EUR** (näherungsweise)
2.) **Erbe 2** ▮▮▮ (*Name*), 36,99 % der Vergütung mithin: **62.586,03 EUR** (näherungsweise)
3.) **Erbe 3** ▮▮▮ (*Name*), 1,35 % der Vergütung mithin: **2.287,31 EUR** (näherungsweise)
Der jeweils zu tragende Vergütungsanteil ist bei der Berechnung des abschließenden Auszahlungsbetrages an die Erben in Abzug zu bringen.
Auf Basis von Zwischenrechnungen des Testamentsvollstreckers wurden durch Entnahmen aus der Nachlassmasse von insgesamt brutto 169.183,38 EUR bereits ein Teil der Testamentsvollstreckervergütung beglichen.

10.) **Überweisung der Auszahlungsbeträge** an die Erben
Bei der Überweisung der Auszahlungsbeträge sind die von den Erben zu tragende Erbschaftssteuer, die Testamentsvollstreckervergütung sowie sämtliche liquiditätswirksame Vermögensänderungen (Zuflüsse/Abflüsse), die zwischen dem Todestag des Erblassers und dem Stichtag dieses Auseinandersetzungsplans, dem ▓▓▓▓ (*Datum*), im Rahmen der Testamentsvollstreckung zu verbuchen waren, zu berücksichtigen.
Hinsichtlich der liquiditätswirksamen Vermögensänderungen ist zu unterscheiden (1) zwischen Zuflüssen/Abflüssen die einem einzelnen Erben individuell – aufgrund des vorliegenden Auseinandersetzungsplans – zuzuordnen sind und (2) solchen Zuflüssen/Abflüssen zu unterscheiden, die den Erben allgemein – gemäß ihren Teilungsquoten – zuzuordnen sind.
Bis zum Stichtag (Datum) wurden folgende liquiditätswirksame Zuflüsse und Abflüsse verbucht:

1.) **Zuflüsse:**[17]

	a)	Ausschüttungen, Beteiligungsvermögen, Erbe 1 ▓▓▓ (*Name*)		13.686,62 EUR
	b)	Ausschüttungen, Beteiligungsvermögen, Erbe 2 ▓▓▓ (*Name*)		8.211,97 EUR
	c)	Ausschüttungen, Wertpapiere	(allgemein)	43,46 EUR
	d)	Zinseinnahmen, nach Steuern	(allgemein)	1.161,59 EUR
	e)	Mieteinnahmen, ETW-Dresden	(allgemein)	3.060,68 EUR
	f)	Kursgewinne, Wertpapiere	(allgemein)	34.682,67 EUR

Summe Zuflüsse   60.846,99 EUR

2.) **Abflüsse:**

	a)	Investitionen, Beteiligungsvermögen, Erbe 1 ▓▓▓ (*Name*)		6.018,75 EUR
	b)	Investitionen, Beteiligungsvermögen, Erbe 2 ▓▓▓ (*Name*)		3.611,25 EUR
	c)	Bankgebühren	(allgemein)	1.715,36 EUR
	d)	Honorare und Gebühren	(allgemein)	19.453,77 EUR
	e)	Aufwendungen Darlehen, ETW-Dresden	(allgemein)	19.567,50 EUR
	f)	Aufwendungen Verkauf, ETW-Dresden	(allgemein)	1.157,54 EUR
	g)	Verzinsung, Vermächtnis (Name)	(allgemein)	182,53 EUR
	h)	Wertentwicklung, Vermächtnis (Name)	(allgemein)	2.551,02 EUR
	i)	Laufende Kosten, EFH Gräfelfing	(allgemein)	1.052,68 EUR
	j)	Aufwendungen, Sonstiges	(allgemein)	100,00 EUR

Summe Abflüsse   55.410,40 EUR

In der Folge ergeben sich von den ermittelten Auszahlungsbeträgen (gemäß Nr. VII. 1. d), 2. d) und 3. c) des vorliegenden Aufteilungsplans) zu korrigierende Auszahlungsbeträge.

1.) **Erbe 1** ▓▓▓ (*Name*)
Auszahlungsbetrag gem. Nr. VII. 1. d)   215.693,53 EUR
Korrekturen bis zum Stichtag ▓▓▓ (*Datum*):

a)	(–)	Anteil Erbschaftssteuer (näherungsweise)	74.760,00 EUR
b)	(–)	Anteil Testamentsvollstreckervergütung (näherungsweise)	104.310,04 EUR

---

[17] Demzufolge werden vorliegend alle Zuflüsse auf alle Erben verteilt. So fallen z.B. die Miteinnahmen für die ETW zugunsten aller Erben an und nicht nur für denjenigen Miterben, der später die Immobilie zu Alleineigentum erhält. Früchte von Nachlassgegenständen sind wegen §§ 953, 2041 BGB zunächst Gesamthandsvermögen der Erbengemeinschaft.

c)	(−)	Abflüsse individuell (Investitionen, Beteiligungsvermögen)	6.018,75 EUR
d)	(−)	Abflüsse allgemein, gem. Teilungsquote von 61,66 %	28.225,91 EUR
e)	(+)	Zuflüsse individuell (Investitionen, Beteiligungsvermögen)	13.686,62 EUR
f)	(+)	Zuflüsse allgemein, gem. Teilungsquote von 61,66 %	24.013,64 EUR
		Korrigierter Auszahlungsbetrag	**40.079,08 EUR**

Somit erhält der Erbe 1 ▓▓▓ (*Name*) einen Auszahlungsbetrag von **40.079,08 EUR**.
Bei Veränderungen nach dem Stichtag ▓▓▓ (*Datum*) kann sich ein hiervon abweichender Auszahlungsbetrag ergeben.

2.) **Erbe 2** ▓▓▓ (*Name*)

		Auszahlungsbetrag gem. Nr. VII. 2. d)	136.086,12 EUR
		Bis zum Stichtag ▓▓▓ (*Datum*) ergeben sich folgende Korrekturen:	
a)	(−)	Anteil Erbschaftssteuer (näherungsweise)	37.290,00 EUR
b)	(−)	Anteil Testamentsvollstreckervergütung (näherungsweise)	62.586,03 EUR
c)	(−)	Abflüsse individuell (Investitionen, Beteiligungsvermögen)	3.611,25 EUR
d)	(−)	Abflüsse allgemein, gem. Teilungsquote von 36,99 %	16.935,55 EUR
e)	(+)	Zuflüsse individuell (Investitionen, Beteiligungsvermögen)	8.211,97 EUR
f)	(+)	Zuflüsse allgemein, gem. Teilungsquote von 36,99 %	14.408,19 EUR
		Korrigierter Auszahlungsbetrag	**38.283,45 EUR**

Somit erhält der Erbe 2 ▓▓▓ (*Name*) einen Auszahlungsbetrag von **38.283,45 EUR**.
Bei Veränderungen nach dem Stichtag ▓▓▓ (*Datum*) kann sich ein hiervon abweichender Auszahlungsbetrag ergeben.

3.) **Erbe 3** ▓▓▓ (*Name*)

		Auszahlungsbetrag gem. Nr. VII. 3. c)	10.169,79 EUR
		Bis zum Stichtag ▓▓▓ (*Datum*) ergeben sich folgende Korrekturen:	
a)	(−)	Anteil Erbschaftssteuer (näherungsweise)	0,00 EUR
b)	(−)	Anteil Testamentsvollstreckervergütung (näherungsweise)	2.287,31 EUR
c)	(−)	Abflüsse individuell (Investitionen, Beteiligungsvermögen)	0,00 EUR
d)	(−)	Abflüsse allgemein, gem. Teilungsquote von 1,35 %	618,94 EUR
e)	(+)	Zuflüsse individuell (Investitionen, Beteiligungsvermögen)	0,00 EUR
d)	(+)	Zuflüsse allgemein, gem. Teilungsquote von 1,35 %	526,57 EUR
		Korrigierter Auszahlungsbetrag	**7.790,11 EUR**

Somit erhält Erbe 3 ▓▓▓ (*Name*) einen Auszahlungsbetrag von **7.790,11 EUR**.
Bei Veränderungen nach dem Stichtag ▓▓▓ (*Datum*) kann sich ein hiervon abweichender Auszahlungsbetrag ergeben.

11.) Unteilbare Gegenstände befinden sich nicht mehr im Nachlass.

12.) Erst mit abschließendem Vollzug des Auseinandersetzungsplans wird die Testamentsvollstreckung beendet. Die Dauertestamentsvollstreckung für ▮▮▮ (*Name*) sowie zur Erfüllung der Auflage zugunsten der OH DO KWAN-Stiftung besteht darüber hinaus fort.
13.) Der Teilungsplan wird hiermit für verbindlich erklärt.

C. Auseinandersetzungsvertrag

Statt eines Auseinandersetzungsplans kann der Testamentsvollstrecker auch einen **Auseinandersetzungsvertrag** vorschlagen. Dieser tritt dann an die Stelle eines Plans, wobei sogar vom Willen des Erblassers abgewichen werden kann, wenn alle Parteien zustimmen.

> **Praxistipp**
> Ein Auseinandersetzungsvertrag ist grundsätzlich einem Auseinandersetzungsplan vorzuziehen. Aufgrund der Einigung aller Parteien wird die Haftung des Testamentsvollstreckers quasi ausgeschlossen. Zudem kann in einem notariell beurkundeten Auseinandersetzungsvertrag der Testamentsvollstrecker seine Honorar- und Aufwendungsersatzansprüche durch eine entsprechende Zwangsvollstreckungsunterwerfung der Erben sichern lassen.
> Gibt es minderjährige Erben, ist unbedingt § 1822 Nr. 2 BGB zu beachten, wonach der gesetzliche Vertreter die Genehmigung des Familiengerichts benötigt. Ferner sind das Vertretungsverbot der Eltern nach §§ 1629, 1795 BGB ebenso wie das Doppelvertretungsverbot nach § 181 2. Alt. BGB zu beachten.

I. Muster: Auseinandersetzungsvertrag

Auseinandersetzungsvertrag
[privatschriftliche Form, da kein Grundbesitz vorhanden]

1.) Frau P, ▮▮▮ *(Adresse)*,
2.) Herr F, ▮▮▮ *(Adresse)*,
3.) Rechtsanwalt R ▮▮▮ *(Adresse)*, handelnd als Testamentsvollstrecker des Nachlasses des am 28.2.2015 verstorbenen Otto Normalerblasser,

§ 1

Der am 28.2.2015 verstorbene Otto Normalerblasser ist aufgrund notariellen Testaments vom 19.2.2010 von den Beteiligten zu 1.) und 2.) zu je $1/2$ beerbt worden. Hierzu wird auf den Nachlassakt des Amtsgerichts – Nachlassgerichts – München, VI 512/2015 und der darin enthaltenen Eröffnungsniederschrift des Testaments vom 15.3.2015 Bezug genommen.

Zur Auseinandersetzung des Nachlasses werden die nachfolgenden Vereinbarungen getroffen.

§ 2

Der Nachlass wurde gemäß dem am 29.2.2015 vom Testamentsvollstrecker aufgestellten Nachlassverzeichnis wie folgt festgestellt:

1.) **Immobilien** waren nicht im Nachlass vorhanden

2.) **Bewegliches Vermögen**

a)	Bargeld am Todestag	22,05 EUR
b)	2 Medaillen	10,00 EUR

c)	Hausratsgegenstände laut beigefügter Inventarliste mit Wertschätzungen des Nachlassauktionators Adam	32.390,00 EUR

3.) Geldforderungen

a)	Industria Dresdner Bank Aktienfonds	105.241,02 EUR
b)	Internationales Immobilieninstitut	28.550,38 EUR
c)	Sparkasse München Konto 4711	4.074,07 EUR
d)	Commerzbank München Konto 10815	949,00 EUR
e)	KSP-M-STA Sparkonto 3297/12345	7.006,41 EUR
f)	Rente der LVA gem. Leistungsbescheid vom 25.2.2010	21.023,36 EUR
g)	Guthaben aus Nebenkostenabrechnung der Mietwohnung	201,53 EUR
h)	Guthaben aus Heizkostenabrechnung	20,55 EUR
Zwischensumme:		**199.488,37 EUR**

4.) Nachlassverbindlichkeiten

a)	Notar Dr. Wachtelhofen, Notarkosten Rechnung vom 19.2.2015	653,08 EUR
b)	Firma Fensterfix, Zahlung der Reparaturkosten gem. Rechnung vom 15.1.2015	200,00 EUR
c)	Amtsgericht München, Kosten für Löschung Grundschuld, Bescheid vom 20.2.2015	158,60 EUR
d)	Deutsche Telekom, Telefonkosten, Rechnung vom 16.2.2015	59,60 EUR
e)	Rechtsanwalt Blender, Rechtsanwaltskosten für Rechtsstreit Normalerblasser ./. LVA gem. Honorarrechnung vom 17.2.2015	957,69 EUR
f)	Städtisches Klinikum, Rechnung vom 15.1.2015	238,00 EUR
g)	Bestattungskosten für Seebestattung, Trauerhilfe GmbH, Rechnung vom 29.2.2015	1.132,87 EUR

Hinzu kommen die **weiteren Verbindlichkeiten**, die durch den Todesfall entstanden sind oder fortbestanden:

a)	Kosten der Testamentseröffnung, Bescheid vom 4.3.2015	325,00 EUR
b)	Kosten der Erteilung des Testamentsvollstreckerzeugnisses, Bescheid vom 4.3.2015	60,00 EUR
c)	Mietzahlungen für Wohnung des Erblassers bis 31.5.2015 (3 x 855,07 EUR)	2.565,21 EUR
d)	Erbschaftsteuer gem. Bescheid vom 3.6.2015, Finanzamt München[18]	36.579,00 EUR

Ferner ist das **Geldvermächtnis** in Höhe von an die Bergwacht Mittenwald e.V. mit Schreiben vom ▬▬▬ (Datum) erfüllt worden.	10.000,00 EUR
Zwischensumme (inklusive Vermächtnis):	**52.929,05 EUR**
Es besteht somit ein **bereinigter Nachlass** in Höhe von	**146.559,32 EUR**

Die Parteien erklären übereinstimmend, dass ihnen weder weitere Nachlassgegenstände, noch -verbindlichkeiten bekannt sind. Sofern weitere Nachlassgegenstände oder -verbindlichkeiten nachträglich bekannt werden, verpflichten sich die Parteien die Beteiligten unverzüglich zu benachrichtigen und – soweit erforderlich – die in dieser Urkunde getroffene Erbauseinandersetzung zu berichtigen.[19]

---

18 Schuldner ist primär der Erbe, jedoch besteht wegen § 32 Abs. 1 S. 2 ErbStG eine Verpflichtung des Testamentsvollstreckers, für die Zahlung der Erbschaftsteuern zu sorgen.

19 Dieser Zusatz kann selbstverständlich bereits auch im Auseinandersetzungsplan aufgenommen werden.

§ 3

Die Beteiligten zu 1.) und 2.) erklären übereinstimmend keinerlei ausgleichungspflichtige Vorempfänge erhalten zu haben.[20]

§ 4

Der Testamentsvollstrecker Rechtsanwalt R. hat einen Auseinandersetzungsplan aufgestellt und die Erben dazu angehört.

Das noch bestehende Konto bei der Sparkasse München 4711 (oder IBAN) wird hiermit gekündigt und der Beteiligte zu 3.) wird beauftragt und ermächtigt, die Kündigung gegenüber der Sparkasse München auszusprechen. Der auf diesem Konto befindliche Betrag wird verteilt:

Aufgrund dieses Plans erhalten die Beteiligten zu 1.) und 2.) vom Testamentsvollstrecker eine Auszahlung von 73.279,66 EUR.

Weitere unteilbare Nachlassgegenstände befinden sich nicht mehr im Nachlass.

§ 5

Die Beteiligten zu 1.) und 2.) erklären hiermit verbindlich, dass dem Beteiligten zu 3.) eine Testamentsvollstreckervergütung in Höhe von 9.970,10 EUR inkl. Mehrwertsteuer zusteht, und erklären die Abtretung einer jeweiligen Summe in Höhe von 4.985,05 EUR aus ihrem Auszahlungsanspruch gegenüber der Sparkasse München hinsichtlich des Kontos 4711 an den Beteiligten zu 3.), der hiermit die Abtretung annimmt.

Die Beteiligten zu 1.) und 2.) weisen hiermit die Sparkasse München an, den vorgenannten Betrag an die Beteiligten zu 1.) und 2.) auszuzahlen und die Summe von je 4.985,05 EUR an den Beteiligten zu 3.) zu überweisen.

Der Beteiligte zu 3.) erklärt, dass mit der Auszahlung der Vergütung keine weiteren Ansprüche, insbesondere keine Aufwendungsersatzansprüche, mehr bestehen.

§ 6

Mit Vollzug dieses Auseinandersetzungsvertrages ist die Testamentsvollstreckung beendet. Der Testamentsvollstrecker wird unverzüglich die Beendigung dem Nachlassgericht mitteilen und sämtliche Ausfertigungen – mithin zwei Exemplare – Testamentsvollstreckerzeugnis zurückreichen.

§ 7 Nachträgliche Verbindlichkeiten[21]

1. Sollten nachträglich Nachlassverbindlichkeiten gegen die Erbengemeinschaft oder gegen einzelne Erben als Gesamtschuldner erhoben werden, verpflichten sich der Testamentsvollstrecker bzw. die Erben, sich gegenseitig unverzüglich darüber umfassend zu unterrichten.

2. Wird die Verbindlichkeit von dem Testamentsvollstrecker oder der Mehrheit der Erben anerkannt oder rechtskräftig festgestellt, verpflichten sich sämtliche Erben den oder die in Anspruch genommenen Miterben unverzüglich von der Verbindlichkeit in der Höhe freizustellen, die ihrer eigenen Erbquote entspricht.

§ 8 Nachträgliche Forderungen

1. Sollten nachträglich Nachlassforderungen dem Testamentsvollstrecker oder der Erbengemeinschaft bekannt werden, verpflichten sich der Testamentsvollstrecker bzw. die Erben, sich gegenseitig vor einer Geltendmachung unverzüglich darüber umfassend zu unterrichten.

---

20 Sind Ausstattungen streitig, so ist dringend anzuraten, noch keinen Auseinandersetzungsplan zu erstellen, sondern eine Feststellungsklage einzureichen, um sich Klarheit verschaffen zu können. Ggf. kann gerade durch einen Auseinandersetzungsvertrag das Problem der Ausstattung verglichen und damit abschließend geregelt werden.
21 Nach Rißmann/*Rißmann*, Die Erbengemeinschaft, § 7 Rn 89.

2. Sofern der Testamentsvollstrecker sein Amt bereits beendet hat, entscheiden die Erben mit einfacher Mehrheit, ob die Forderung für alle Erben geltend gemacht wird. Ansonsten entscheidet der Testamentsvollstrecker. Kommt eine Mehrheit für die Geltendmachung der Forderung nicht zu Stande, sind die ablehnenden Erben verpflichtet, ihren Anteil auf die zustimmenden Erben zu übertragen, die dann die Forderung auf eigenes Risiko im eigenen Namen geltend machen können.

3. Nachträglich realisierte Forderungen werden im Verhältnis der o.a. Erbquoten zwischen den Erben verteilt, es sei denn, ein Erbe hat sich nicht an den Kosten der Geltendmachung beteiligt. In diesem Fall wächst sein Anteil den anderen Erben an.

4. Wird ein Erbe entgegen Ziff. 1 nicht informiert, so ist er nicht verpflichtet, Kosten der Geltendmachung zu tragen. Er behält in diesem Fall seinen Anspruch auf seinen Anteil an der Forderung.

(Kostenregelung und Belehrungen etc.)

16 **Abwandlung des Ausgangsbeispiels**
Im Nachlass befindet sich ein Grundstück, welches nach dem Willen des Erblassers der Freund F als Vorausvermächtnis erhalten soll.

II. Muster: Auseinandersetzungsvertrag mit Grundstücksübertragung

Auseinandersetzungsvertrag

17 (Urkundeneingang für notarielle Urkunde [in Protokollform] mit Vorbefassungserklärung etc.)

Beteiligte:
1.) Frau P, (Adresse),
2.) Herr F, (Adresse),
3.) Rechtsanwalt R (Adresse), handelnd als Testamentsvollstrecker,

§ 1

Der am 28.2.2015 verstorbene Otto Normalerblasser ist aufgrund notariellen Testaments vom 19.2.2010 von den Beteiligten zu 1.) und 2.) zu je $1/2$ beerbt worden. Hierzu wird auf den Nachlassakt des Amtsgerichts – Nachlassgerichts – München, VI 512/2015 und der darin enthaltenen Eröffnungsniederschrift des Testaments vom 15.3.2015 Bezug genommen.

Zur Auseinandersetzung des Nachlasses werden die nachfolgenden Vereinbarungen getroffen.

§ 2

Der Nachlass wurde gemäß dem am 29.4.2015 vom Testamentsvollstrecker aufgestellten Nachlassverzeichnis wie folgt festgestellt:

1.) Immobilien

(wie oben)

§ 3

(wie oben)

§ 4

Der Testamentsvollstrecker Rechtsanwalt R. hat einen Auseinandersetzungsplan aufgestellt und die Erben dazu angehört.

In Erfüllung des angeordneten Vermächtnisses überträgt hiermit der Beteiligte zu 3.) als Testamentsvollstrecker das unter § 2 aufgeführte Grundstück in München auf den Beteiligten zu 2.) zu seinem Alleineigentum ohne Anrechnung auf seinen Erbteil.

Die Vertragsparteien sind sich über den Eigentumsübergang auf den Beteiligten zu 2.) einig, bewilligen und beantragen sogleich die Eintragung der Rechtsänderung nebst Löschung des Testamentsvollstreckervermerks im Grundbuch. Eine Vormerkung soll nicht eingetragen werden. Hierauf wurde einvernehmlich verzichtet. Dementsprechend genügt die Vollzugsmitteilung des Notars, welche hiermit beantragt wird.

Das noch bestehende Konto bei der Sparkasse München 4711 wird hiermit gekündigt und der Beteiligte zu 3.) wird beauftragt und ermächtigt, die Kündigung gegenüber der Sparkasse München auszusprechen. Der auf diesem Konto befindliche Betrag wird verteilt:

Aufgrund dieses Plans erhalten die Beteiligten zu 1.) und 2.) vom Testamentsvollstrecker eine Auszahlung von 73.279,66 EUR.

Weitere unteilbare Nachlassgegenstände befinden sich nicht mehr im Nachlass.

§ 5

▬▬▬ (Ausführungen zum Nutzungsübergang, Haftung etc.)

§ 6

(wie oben § 5)

§ 7

(wie oben § 6)

(evtl. Zwangsvollstreckungsunterwerfung der Erben bezüglich der Vergütung des Testamentsvollstreckers)

§ 8

▬▬▬ (Kostenregelung und Belehrungen etc.)

Vertiefung: Siehe § 18.

§ 41 Die Beendigung des Testamentsvollstreckeramtes

Dr. Michael Bonefeld

Inhalt:

	Rn		Rn
A. Allgemeines	1	I. Muster: Abschlussschreiben an das Nachlassgericht	7
B. Kündigung durch Testamentsvollstrecker	2	II. Muster: Rückforderung des Testamentsvollstreckerzeugnisses	9
I. Beendigung des Amtes	2		
II. Muster: Kündigungsschreiben des Testamentsvollstreckers	3	E. Einvernehmliche Kündigung des Testamentsvollstreckers	10
C. Löschung des Testamentsvollstreckervermerks im Grundbuch	4	F. Einvernehmliche und Teilkündigung	12
I. Änderung des Grundbuches nach Amtsbeendigung	4	I. Die freiwillige Beendigung des Amtes	12
II. Muster: Löschungsantrag	5	II. Muster: Freiwillige Freigabe von einem Nachlassgegenstand	15
D. Rückgabe des Testamentsvollstreckerzeugnisses	6		

A. Allgemeines

Kurzübersicht 1

- mit Erledigung aller dem Testamentsvollstrecker zugewiesenen Aufgaben
- bei Erschöpfung des gesamten Nachlasses
- ansonsten: §§ 2226, 2227 BGB (Kündigung, Entlassung, Zeitablauf)
- Testamentsvollstreckerzeugnis wird automatisch nach § 2368 Abs. 3 BGB kraftlos – kein gutgläubiger Erwerb mehr
- von Amts wegen durch Gericht einzuziehen – ggf. wieder auszuhändigen, wenn noch Aufgaben erfüllt werden müssen
- Grundbuchvermerk ist zu löschen.

B. Kündigung durch Testamentsvollstrecker

I. Beendigung des Amtes

Normalerweise endet die Testamentsvollstreckung mit der Erledigung aller zugewiesenen Aufgaben und damit quasi von selbst. Hat sich der Testamentsvollstrecker jedoch entschlossen, bereits vor dieser Erledigung das Amt aufzugeben, kann er nach § 2226 S. 2 BGB durch einfache Erklärung gegenüber dem Nachlassgericht sein Amt kündigen. Hierbei hat er allerdings darauf zu achten, nicht zur Unzeit zu kündigen, da er sich andernfalls schadensersatzpflichtig machen würde.[1] 2

II. Muster: Kündigungsschreiben des Testamentsvollstreckers

An das Nachlassgericht München

Aktenzeichen: 3

Mit Testamentsvollstreckerzeugnis vom ▬▬▬ *(Datum)* bin ich zum Testamentsvollstrecker des am 28.2.2015 verstorbenen

---

1 *Winkler*, Testamentsvollstrecker, Rn 788.

Otto Normalerblasser

ernannt worden.

Hiermit kündige ich mein Testamentsvollstreckeramt mit Wirkung zum ▓▓▓ (Datum).

Die mir erteilte Ausfertigung des Testamentsvollstreckerzeugnisses vom ▓▓▓ (Datum) reiche ich hiermit zurück zu den Nachlassakten, wobei ich über weitere Ausfertigungen nicht verfüge.

Rechtsanwalt R als Testamentsvollstrecker

> **Praxistipp**
> Wurde das Amt durch den Testamentsvollstrecker gekündigt, kann er keinen Gebrauch mehr von einem etwaigen Ernennungsrecht für einen Ersatztestamentsvollstrecker machen.
> Das Ernennungsrecht ist also spätestens im Kündigungsschreiben an das Nachlassgericht auszuüben, wobei wegen § 2199 Abs. 3 BGB i.V.m. § 2198 Abs. 1 S. 2 BGB die Erklärung **in öffentlich beglaubigter** Form abzugeben ist.
> Eine Nachholung der Ernennung ist nicht möglich.

C. Löschung des Testamentsvollstreckervermerks im Grundbuch

I. Änderung des Grundbuches nach Amtsbeendigung

4   Nicht vergessen darf der Testamentsvollstrecker, am Schluss seiner Tätigkeit einen eventuell eingetragenen Testamentsvollstreckervermerk nach §§ 13, 52 GBO im Grundbuch löschen zu lassen. Dabei ist darauf zu achten, dass der Antrag substantiiert ist. Somit muss die Unrichtigkeit des Grundbuches nachgewiesen werden. Die simple Erklärung, die Testamentsvollstreckung sei abgeschlossen, reicht nicht aus. Es bedarf vielmehr zum Nachweis einer öffentlichen Urkunde.²

Der Unrichtigkeitsnachweis nach § 22 GBO wird dabei grundsätzlich nicht durch die Bestätigung der Erbscheinseinziehung erbracht, sondern wegen § 35 GBO durch einen neuen Erbschein, auf dem kein Testamentsvollstreckervermerk aufgeführt ist. Alternativ reicht eine entsprechende öffentliche Verfügung von Todes wegen mit Eröffnungsniederschrift.³ Hier ist die konkrete Praxis der Grundbuchämter zu erfragen.

> **Praxistipp**
> Um weitere Kosten zu vermeiden, sollte vorsorglich das Grundbuchamt nach der jeweiligen Praxis befragt werden. Manche Grundbuchämter lassen sogar die Bestätigung des Nachlassgerichts von der Einziehung des Testamentsvollstreckerzeugnisses oder des Erbscheines aufgrund der Beendigung der Tätigkeit als Testamentsvollstrecker als Unrichtigkeitsnachweis ausreichen.

II. Muster: Löschungsantrag

An das Amtsgericht München

5   Grundbuchamt

Betr.: Grundstück ▓▓▓ Flur ▓▓▓ Grundbuch von ▓▓▓

---

2   Eingehend hierzu *Winkler*, Testamentsvollstrecker, Rn 830; *Schaub*, in: Bauer/von Oefele, § 52 GBO Rn 97 ff.
3   *Winkler*, Testamentsvollstrecker, Rn 830.

Ich bin zum Testamentsvollstrecker des am 28.2.2015 verstorbenen

Otto Normalerblasser

ernannt worden. Entsprechendes Testamentsvollstreckerzeugnis wurde unter dem ▨ *(Datum)* vom Amtsgericht München erteilt.

Daraufhin ist ein Testamentsvollstreckervermerk in das Grundbuch für das Grundstück im Grundbuch von München ▨ Flur ▨ eingetragen worden.

Hiermit zeige ich an, dass ich mein Amt als Testamentsvollstrecker zum ▨ *(Datum)* beendet habe. Damit ist auch die gesamte Testamentsvollstreckung beendet worden. Ein Nachweis in Form eines neu erteilten Erbscheins ohne Testamentsvollstreckervermerk ist beigefügt.

Ich beantrage, den Testamentsvollstreckervermerk an dem vorgenannten Grundstück zu löschen. Um Vollzugsmitteilung des Grundbuchamts an mich wird gebeten.

Rechtsanwalt R als Testamentsvollstrecker

D. Rückgabe des Testamentsvollstreckerzeugnisses

Im Falle der ordnungsgemäßen Abwicklung der Testamentsvollstreckung wird das vom Nachlassgericht erteilte Testamentsvollstreckerzeugnis nach § 2368 Abs. 3 BGB automatisch unwirksam und von Amts wegen durch das Nachlassgericht eingezogen. Trotz der automatischen Beendigung der Testamentsvollstreckung ist es für den Testamentsvollstrecker ratsam, sich sowohl abschließend an das Nachlassgericht als auch an die Erben zu wenden. Hierdurch wird die „offizielle" Beendigung förmlich manifestiert.

I. Muster: Abschlussschreiben an das Nachlassgericht

An das Amtsgericht München

– Nachlassgericht –

Az: ▨

Ich wurde zum Testamentsvollstrecker des am 28.2.2015 verstorbenen

Otto Normalerblasser

ernannt. Entsprechendes Testamentsvollstreckerzeugnis wurde unter dem ▨ *(Datum)* durch das Amtsgericht München erteilt.

Hiermit zeige ich an, dass mein Amt als Testamentsvollstrecker zum ▨ *(Datum)* beendet ist, weil ▨ *(Begründung)*.

Die mir erteilte Ausfertigung des o.g. Testamentsvollstreckerzeugnisses reiche ich hiermit zu den Nachlassakten zurück, wobei ich über weitere Ausfertigungen nicht verfüge.

Ich bitte, mir den Empfang des Testamentsvollstreckerzeugnisses schriftlich zu bestätigen.

Rechtsanwalt R als Testamentsvollstrecker

Stellt sich nach erfolgter Rückgabe des Testamentsvollstreckerzeugnisses heraus, dass das Amt tatsächlich noch nicht abgeschlossen ist, weil z.B. plötzlich noch ein weiterer bisher unbekannter Nachlassgegenstand aufgefunden wurde, braucht kein neues Testamentsvollstreckerzeugnis beantragt werden. Es muss lediglich das Nachlassgericht um Aushändigung des alten Testamentsvollstreckerzeugnisses gebeten werden.

II. Muster: Rückforderung des Testamentsvollstreckerzeugnisses

An das Amtsgericht München

– Nachlassgericht –

Az: ▇▇▇▇

Mit Schreiben vom ▇▇▇▇ *(Datum)* habe ich gegenüber den Nachlassgericht erklärt, mein Amt beendet zu haben, und das Testamentsvollstreckerzeugnis vom ▇▇▇▇ *(Datum)* des Amtsgerichts München zurückgereicht.

Nunmehr hat sich nachträglich herausgestellt, dass der Nachlass noch nicht vollständig aufgeteilt wurde. Zwischenzeitlich hat sich eine Person gemeldet und eine wertvolle Briefmarkensammlung des Erblassers zurückgebracht, die sie sich ausgeliehen hatte. Dies war bis dato völlig unbekannt geblieben.

Ich bitte daher, dass zu den Nachlassakten zurückgereichte Testamentsvollstreckerzeugnis vom ▇▇▇▇ *(Datum)* wieder an mich auszuhändigen, wobei ich vorsorglich darauf hinweise, dass es durch meine vorherige Rückgabe nicht kraftlos geworden ist (OLG Köln Rpfleger 1986, 261; BayObLGZ 1953, 357).

Rechtsanwalt R als Testamentsvollstrecker

E. Einvernehmliche Kündigung des Testamentsvollstreckers

Umstritten ist, ob der Testamentsvollstrecker das Amt auch einvernehmlich mit den Erben kündigen kann. Der Testamentsvollstrecker kann mit den Erben eine Abrede treffen, wonach er zur Niederlegung des Amtes unter bestimmten Voraussetzungen verpflichtet wird. Dieser Anspruch kann von den Erben eingeklagt werden.[4] Die Nichterfüllung dieses Anspruchs kann ggf. einen Entlassungsgrund aus § 2227 BGB darstellen. Der Vertrag kann aber nicht dergestalt abgeschlossen werden, dass der Testamentsvollstrecker jederzeit auf Verlangen der Erben verpflichtet ist, das Amt niederzulegen, da hierdurch seine Unabhängigkeit gefährdet ist. Verpflichtungsgrund für die Niederlegung kann daher lediglich ein Grund sein, der nicht im Ermessen der Erben steht. Eine anders lautende Vereinbarung zwischen den Erben und dem Testamentsvollstrecker ist unwirksam.

Letztlich ist jedoch wegen der extensiven Auslegung des Ersuchens in § 2200 BGB zu beachten, dass selbst bei einer möglichen einvernehmlichen Kündigung des Testamentsvollstreckers nicht das Amt an sich wegfallen muss und ohne Weiteres das Nachlassgericht einen Nachfolger bestimmen kann.

Vereinbarungen zwischen Testamentsvollstreckern und Erben über die vorzeitige Beendigung der Testamentsvollstreckung sind nur dann wirksam, wenn sie die Unabhängigkeit des Testamentsvollstreckeramtes[5] bestehen lassen, was aber wohl in der Praxis kaum erreicht werden kann.

Des Weiteren fehlt eine gesetzliche Regelung für eine mögliche Teilkündigung durch den Testamentsvollstrecker. Letztlich ist eine Teilkündigung nur dann zulässig, wenn einzelne abtrennbare Aufgabenbereiche vorliegen und ferner davon ausgegangen werden kann, dass eine Teilniederlegung des Amtes mit dem Erblasserwillen vereinbar ist.[6] Eine unzulässige Teilkündigung führt wegen des fehlenden Willens, das Amt insgesamt aufzugeben, nicht

---

4 BGHZ 25, 275 = BGH NJW 1962, 912.
5 *Reimann*, NJW 2005, 789 ff.
6 OLG Hamm NJW-RR 1991, 837; a.A. Soergel/*Damrau*, § 2226 Rn 3.

automatisch zur vollständigen Beendigung des Testamentsvollstreckeramtes. Nach einer Auffassung[7] soll das Amt des Testamentsvollstreckers sogar teilbar sein, was Auswirkungen auf die Annahme des Amtes hat. Nach dieser Meinung soll eine Teilannahme, als auch eine teilweise Beendigung durch Kündigung oder Entlassung denkbar sein. Ausschlaggebendes Kriterium sei dabei der jeweils hypothetische Erblasserwille.

Erblasser oder die Erben können ferner mit dem Testamentsvollstrecker einen **Vertrag** schließen, wonach sein Kündigungsrecht aus § 2226 BGB ausgeschlossen werden soll. Dabei handelt es sich um einen Verzicht. Verpflichtet sich eine Person zur Ausführung des Testamentsvollstreckeramtes per Vertrag, so ist darin eine **Kündigungsabrede** zu sehen.[8] Dabei bleibt die Kündigung aus wichtigem Grunde weiterhin möglich. Sofern kein wichtiger Grund vorliegt, kann dies zu **Schadensersatzansprüchen** des Testamentsvollstreckers führen.

F. Einvernehmliche und Teilkündigung

I. Die freiwillige Beendigung des Amtes

Der Testamentsvollstrecker hat auch die Möglichkeit einer Kündigungsabrede mit den Erben. So kann er sich gegenüber dem Erben wirksam verpflichten, das Amt zu einer bestimmten Zeit oder bei Eintritt eines bestimmten Ereignisses niederzulegen.[9] Dann ist sogar die Amtsniederlegung durch die Erben einklagbar und kann ggf. ein Entlassungsgrund darstellen, wenn sich der Testamentsvollstrecker nicht an die Abrede hält.[10] Derartige Kündigungsabreden sind aber nur dann zulässig, wenn dadurch die Unabhängigkeit des Testamentsvollstreckers und seine Verpflichtung zur ordnungsgemäßen Verwaltung nicht beeinträchtigt werden.[11] Eine Verpflichtung des Testamentsvollstreckers, das Amt jederzeit auf Verlangen eines oder aller Erben niederzulegen, ist somit unzulässig, sofern der Erblasser nicht seine Billigung ausdrücklich oder wenigstens stillschweigend hierzu erteilt hat.

12

Die Kündigung des Testamentsvollstreckers hat in den wenigsten Fällen die totale Beendigung der Testamentsvollstreckung zur Folge, obwohl das Nachlassgericht nicht dem Ersuchen des Erblassers durch eine Ernennung eines neuen Testamentsvollstreckers nachkommen muss.[12] In der Praxis wird jedoch § 2200 BGB von den Nachlassgerichten sehr weit ausgelegt und es kommt unweigerlich zur Ernennung eines Testamentsvollstreckers.

13

Statt auf das ganze Amt kann der Testamentsvollstrecker als Alternative lediglich die **Kündigung auf einen Teil seines Amtes beschränken**, sofern der Erblasser ihm eine solche Teilkündigung im Rahmen der letztwilligen Verfügung zugestanden hat.[13] Andernfalls kommt es zur Totalkündigung.[14]

Die bessere Alternative wird i.d.R. die **partielle Freigabe von Nachlassgegenständen nach § 2217 BGB** sein. Die Gefahr besteht jedoch darin, nicht diejenigen Gegenstände herauszugeben, die zur Erfüllung von Pflichten benötigt werden. So nützt eine Zustimmung der

14

---

7 *Grunsky/Hohmann*, ZEV 2005, 41 ff.
8 MüKo/*Zimmermann*, § 2226 Rn 4.
9 RGZ 156, 70; BGH NJW 1962, 912.
10 RGZ 156, 75; BGHZ 25, 281 = NJW 1962, 91; BGH FamRZ 1966, 140.
11 Staudinger/*Reimann*, § 2226 Rn 2.
12 OLG Hamm Rpfleger 1984, 316; BayObLGZ 1964, 153.
13 KGJ 43 A 88; KG HRR 1939 Nr. 167.
14 A.A. OLG Hamm FamRZ 1992, 113 m. abl. Anm. *Reimann*.

Erben zur Freigabe wenig, wenn hierdurch ein Vermächtnisnehmer benachteiligt wird, denn dieser ist nach § 2219 BGB neben den Erben Haftungsgläubiger.

Ist der Gegenstand freigegeben, so besteht jedoch ein praktisches Problem, z.B. bei Immobilien. Der Unrichtigkeitsnachweis nach § 22 GBO muss wegen § 35 GBO durch einen neuen Erbschein, auf dem kein Testamentsvollstreckervermerk aufgeführt ist, erfolgen. Die Alternative einer abstrakten Löschungsbewilligung durch den Testamentsvollstrecker nach § 19 GBO wird von der herrschenden Meinung abgelehnt.[15]

Vorsorglich sollte aber vorab die konkrete Praxis der Grundbuchämter erfragt werden. Die Freigabeerklärung sollte gleich mit beurkundet werden, wenn das Grundbuchamt ohne neuen Erbschein das Grundbuch berichtigen soll.

II. Muster: Freiwillige Freigabe von einem Nachlassgegenstand

Testamentsvollstreckung über den Nachlass des am 28.2.2015 verstorbenen Otto Normalerblasser

Vereinbarung über die Freigabe eines Nachlassgegenstandes

zwischen

Herrn Rechtsanwalt R als Testamentsvollstrecker über den Nachlass des Otto Normalerblasser und

Frau P ▓▓▓▓▓ sowie

Herrn F ▓▓▓▓▓ als Erben zu je ½.

1.) Die Parteien sind sich einig, dass der Testamentsvollstrecker das Bild „Röhrender Hirsch" von Alois Müller 30 cm x 40 cm als Nachlassgegenstand der Erbin Frau P zum ▓▓▓▓▓ (Datum) aushändigen darf. Das Bild wird vom Testamentsvollstrecker offenbar nicht mehr zur Erfüllung der vom Otto Normalerblasser übertragenen Aufgaben benötigt. Der Miterbe Herr F stimmt der Übergabe ausdrücklich zu.

2.) Der Wert des unter Ziffer 1. genannten Nachlassgegenstandes wird einvernehmlich mit 1.200 EUR festgesetzt. Dieser Wert ist auf ihren späteren Auseinandersetzungsanspruch anzurechnen.

3.) Sollte sich dennoch feststellen, dass der unter Ziffer 1. genannte Gegenstand zur Erfüllung der Aufgaben des Testamentsvollstreckers benötigt wird, so erklärt sich die Erbin Frau F bereits jetzt unwiderruflich bereit, den Gegenstand binnen einer Frist von drei Tagen nach Aufforderung durch den Testamentsvollstrecker auszuhändigen. In diesem Falle entfällt die Anrechnung aus Ziffer 2.

4.) Die Parteien stellen den Testamentsvollstrecker von jedweden Haftungsansprüchen in Zusammenhang mit der Herausgabe des unter Ziffer 1. genannten Nachlassgegenstandes frei.

▓▓▓▓▓ (Ort), ▓▓▓▓▓ (Datum)   Unterschriften der Erben
                                Unterschrift Testamentsvollstrecker

---

15 OLG Hamm Rpfleger 1958, 15.

§ 42 Entlastung des Testamentsvollstreckers und Möglichkeiten der Haftungsbeschränkung

Dr. Michael Bonefeld

Inhalt:

	Rn
A. Allgemeines	1
B. Bestehen eines Entlastungsanspruchs	2
I. Allgemeines	2
II. Der Rechtscharakter der Entlastung	9
1. Rechtliche Einordnung und Wirkungen	9
2. Formulierung für die Kautelarpraxis	20
3. Muster: Vertraglicher Verzicht auf die Haftung eines Testamentsvollstreckers	21
4. Muster: Vertraglicher Haftungsverzicht mit „pactum de non petendo"	22
III. Generalbereinigungsvertrag	23
C. Gerichtliche Möglichkeiten zur Durchsetzung einer Entlastung	24
I. Keine Durchsetzbarkeit mittels Leistungsklage	25
II. Durchsetzbarkeit mittels negativer Feststellungsklage	27
D. Kautelarjuristische Möglichkeiten zur Durchsetzung einer Entlastung	37
I. Kein Anspruch auf Entlastung als Vermächtnis	38
II. Verjährungsverkürzung per Vermächtnis oder Haftungsverzicht via Auflage	40
III. Kein Anspruch auf Entlastungsbeschluss in Form eines Vermächtnisses oder Auflage	44
E. Klage auf Einwilligung nach § 2206 Abs. 2 BGB als alternative Vorgehensweise	46
F. Entlastungsanspruch de lege ferenda?	55
I. Kontrolle der Rechnungslegung durch das Nachlassgericht?	57
II. Vermittlung der Rechnungsabnahme durch das Nachlassgericht?	60
III. Muster: Abschlussschreiben an Erben mit gleichzeitiger Rechenschaftslegung und Aufforderung zur Entlastung	62
IV. Muster: Negative Feststellungsklage	63
V. Muster: Positive Feststellungsklage	65

A. Allgemeines

Der Testamentsvollstrecker hat spätestens zur Zeit der Auseinandersetzung Rechenschaft abzulegen, um den Erben eine Prüfung zu ermöglichen, ob und in welcher Höhe ihm Ansprüche gegen ihn zustehen.[1] Hat der Testamentsvollstrecker seine aus §§ 2218, 666 BGB resultierende Verpflichtung erfüllt und Rechnung gelegt, hat er auch einen Anspruch gegenüber den Erben, dass diese den Bericht in angemessener Frist überprüfen.

Ist die gesetzte Frist ohne eine Stellungnahme oder eine Rüge abgelaufen, so verlieren die Erben nach Treu und Glauben ihr Rügerecht, sofern eine nach den Umständen angemessene Frist gesetzt wurde.[2]

1

B. Bestehen eines Entlastungsanspruchs

I. Allgemeines

Nach der herrschenden Literaturmeinung steht dem Testamentsvollstrecker **kein Entlastungsanspruch** zu. Er kann somit auch nicht auf Anerkennung seiner Rechnung klagen.[3] Eine Mindermeinung[4] will dem Testamentsvollstrecker einen Entlastungsanspruch jedoch zuzubilligen, da keine Differenzierung zwischen einem Testamentsvollstrecker und einem

2

---

1 *Winkler*, Testamentsvollstrecker, Rn 551.
2 MüKo/*Seiler*, § 666 GBO Rn 12; Staudinger/*Wittmann*, 1995, § 666 GBO Rn 13.
3 Staudinger/*Reimann*, § 2218 Rn 21; *Winkler*, Testamentsvollstrecker, Rn 484, 554.
4 *Klumpp*, in: Bengel/Reimann, VI Rn 336.

Beauftragten hinsichtlich der Rechnungslegung nach § 666 BGB zu rechtfertigen ist.[5] Dieser Anspruch kann aber nicht mit einer Leistungsklage durchgesetzt werden.[6] Der Testamentsvollstrecker hat dann allerdings die Möglichkeit, wenigstens eine **Feststellungsklage** gegenüber dem Erben einzureichen, dass diesem nach der Rechenschaftslegung keine weiteren Ansprüche mehr zustehen, oder dass der Testamentsvollstrecker seine Pflichten hinsichtlich der Ausführung einzelner Geschäfte ordnungsgemäß geführt hat.[7]

3   Richtigerweise ist dem Testamentsvollstrecker kein Entlastungsanspruch zuzubilligen.[8] Die Entlastung des Testamentsvollstreckers ist die Billigung einer in der Vergangenheit liegenden Verwaltung durch den Testamentsvollstrecker. Sie ist nicht das Korrelat der Rechnungslegung und darf nicht über ihre Rechtsfolge erklärt werden. Vielmehr bedarf es einer strikten Trennung zwischen Rechtsnatur und Rechtsfolgen der Entlastung. Die Entlastung ist lediglich eine einseitige Erklärung ohne rechtsgeschäftlichen Charakter. Sie ist kein Vertrag oder geschäftsähnliche Erklärung, sondern eine bloße Tathandlung. Die Entlastung hat den Zweck der Schaffung von Rechtssicherheit und Rechtsklarheit. Sie hat Klarstellungs- sowie Abschluss- oder Abgrenzungsfunktion.

4   Der Testamentsvollstrecker kann nicht nur vom Erben entlastet werden. Trotz des fehlenden Verweises in § 2218 BGB müssen auch weitere Personen eine Möglichkeit zur Entlastung haben, sofern sie von der Testamentsvollstreckung konkret betroffen sind. Dies sind neben dem Vermächtnisnehmer auch der Auflagenbegünstigte, sofern ihm ein Vermögensvorteil, wie bspw. im Rahmen einer Wertauflage, zugewendet wird. Gleiches gilt für den Erbteilserwerber und den Pfändungsgläubiger. Ebenso hat der Testamentsvollstreckernachfolger die Möglichkeit, seinen Vorgänger zu entlasten, ohne dass dies aber Auswirkungen auf Rechte der Erben haben kann.

5   Die Entlastung wird regelmäßig nach der Rechenschaftslegung durch den Testamentsvollstrecker bzw. nach Beendigung der Testamentsvollstreckung von Seiten der Erben erfolgen. Der Testamentsvollstrecker ist seinerseits verpflichtet, die Erben umfassend zu informieren. Dies geschieht durch eine Aufklärungspflicht, einer Auskunfts- und Rechenschaftspflicht. Während die beiden ersten Pflichten unaufgefordert erfüllt werden müssen, muss der Testamentsvollstrecker nur auf Verlangen Rechnung legen. Die Aufklärungspflicht orientiert sich im Einzelfall an der Verantwortlichkeit und kann bei geplanten Risikogeschäften des Testamentsvollstreckers weitergehende Hinweis- und Beartungspflichten auslösen.

6   Der Testamentsvollstrecker hat entgegen einer weit verbreiteten Ansicht keinen Anspruch auf Überprüfung der Rechnungslegung durch die Erben. Zwischen Erben und Testamentsvollstrecker besteht gerade kein gegenseitiges Treueverhältnis wie im Auftragsrecht.

Zu den weiteren Pflichten des Testamentsvollstreckers gehört die Aufstellung eines Auseinandersetzungsplans, zu denen vorab die Erben nach § 2204 Abs. 2 BGB angehört werden müssen. Ein Schweigen auf einen Auseinandersetzungsplan innerhalb einer angemessenen Frist kann entgegen der Literaturansicht nicht als Zustimmung aufzufassen sein. Ein bloßes Schweigen zum Plan würde nur dann als Zustimmung ausreichen, wenn der Erbe verpflichtet gewesen wäre, gegenüber dem Testamentsvollstrecker seinen ablehnenden Willen zu äußern. Eine derartige Pflicht des Erben besteht nicht. Mit der Zustimmung zum Auseinandersetzungsplan kann somit keine Entlastung verbunden sein.

---

5 *Klumpp*, in: Bengel/Reimann, VI Rn 338; MüKo/*Zimmermann*, § 2218 Rn 12; Erman/*M. Schmidt*, § 2218 Rn 4.
6 Hierzu ausführlich: *Klumpp*, in: Bengel/Reimann, VI Rn 341 ff.
7 *Klumpp*, in: Bengel/Reimann, VI Rn 335 m.w.N.
8 Meine in der ersten Auflage geäußerte gegenläufige Ansicht gebe ich also ausdrücklich auf.

Lediglich im Bereich des Aktienrechts und der Insolvenzordnung hat der Gesetzgeber sich entschieden, der Entlastung keine automatische Präklusionswirkung zukommen zu lassen. In den anderen geprüften Bereichen konnte festgestellt werden, dass die Rechtsprechung meist ohne die tatsächliche Rechtsnatur der Entlastung zu überprüfen, sofort die Rechtsfolge der Entlastung mehr umschrieben als deutlich gemacht hat. So soll die Entlastung z.B. im Vereinsrecht und Gesellschaftsrecht lediglich eine Wirkung wie ein **Verzicht** oder ein **negatives Schuldanerkenntnis** haben, ohne aber ein solcher Vertrag zu sein. Dies wird damit gegründet, dass in diesen Fällen die Entlastung ein einseitiges keiner Annahme bedürftiges Rechtsgeschäft ist. Vertragsfiktion und einseitiges Rechtsgeschäft dürften sich aber rechtsdogmatisch ausschließen. Eine im Gesellschaftsrecht erteilte Entlastung kann sogar im Unterschied zu den anderen Entlastungen aufgrund eines Verstoßes gegen die Treuepflicht unwirksam sein.

Einfacher und klarer sind die Verhältnisse, wenn Gerichte das Anerkennen der Rechnungslegung vermitteln, wie z.B. im Vormundschaftsrecht. Dort kommt es dann regelmäßig zu ausdrücklichen Entlastungsverträgen, die in der Tat negative Schuldanerkenntnisverträge sind. Dementsprechend wird überwiegend die Ansicht vertreten, dass außerhalb des Vereins- und Gesellschaftsrechts die Entlastung ein **negativer Schuldanerkenntnisvertrag** i.S.d. § 397 Abs. 2 BGB ist.

Ganz überwiegend wird ein Anspruch auf Entlastung abgelehnt, da ein Vertrauensbeweis nicht erzwingbar sei. Lediglich einzelne Stimmen billigen dem Gesellschaftergeschäftsführer, Verwalter oder Vorstand dann einen Anspruch auf Entlastung zu, wenn er sich tatsächlich nichts zu Schulden kommen lassen hat. Im Bereich des Vereinsrechts und des Rechts der WEG soll danach eine Entlastung der ordnungsgemäßen Verwaltung entsprechen. Anders ist dies im Bereich des Auftragsrechts. Hier wird von der herrschenden Ansicht ein Anspruch auf Entlastung des Geschäftsbesorgers mit dem nicht stichhaltigen Argument gebilligt, da die Entlastung das Korrelat zur Rechnungslegung sei.

II. Der Rechtscharakter der Entlastung

1. Rechtliche Einordnung und Wirkungen

Die rechtsgeschäftliche Deutung der Entlastung im Testamentsvollstreckerrecht ist nicht angezeigt. Rechtsfolge einer Entlastung ist nicht ein Verzichtsvertrag o.Ä. Vielmehr ist die Präklusionswirkung aus dem Verbot des widersprüchlichen Verhaltens herzuleiten. Für ein „venire contra factum proprium" bedarf es zunächst eines vertrauensbildenden Vorverhaltens der Erben bei der Entlastung des Testamentsvollstreckers. Dies geschieht regelmäßig durch eine ausdrückliche Entlastung durch die Erben, da hierdurch Vertrauen in die Abschlussfunktion der Entlastung beim Testamentsvollstrecker aufgebaut wird. Eine konkludente Entlastung ist entgegen der herrschenden Ansicht nicht möglich, da Grundlage einer Entlastung immer ein Beschluss sein muss. Eine Entlastung bedarf aktiven Handelns.

Die Schutzwürdigkeit des Vertrauens des Testamentsvollstreckers bestimmt die Reichweite der Präklusion. Hat der Erbe trotz Kenntnis konkreter Ansprüche oder bei Erkennbarkeit von Pflichtverletzungen den Testamentsvollstrecker dennoch entlastet, kann er keine Ersatzansprüche mehr gegen ihn geltend machen. Ein Vertrauen auf die Abschlussfunktion der Entlastung kann sich hingegen nicht bei einer Entlastung unter Vorbehalt entwickeln. Als Korrektiv der Auswirkungen des venire contra factum proprium dient die Billigkeitskontrolle. Danach ist zu prüfen, ob der Vertrauensschutz des Testamentsvollstreckers höherrangige Normen und Interessen entgegenstehen. Dies ist insbesondere der Fall, wenn die Entlastungsfolge keine reine Binnenwirkung, sondern Außenwirkung hat und bspw. Gläubiger der Erben durch die Entlastung benachteiligt würden.

11 Die Erben sind nach der Entlastung mit Präklusionswirkung mit der Geltendmachung sämtlicher Ersatzansprüche ausgeschlossen. Hierunter fallen nicht nur Schadensersatzansprüche aus § 2219 BGB oder § 823 BGB, der Testamentsvollstrecker ist auch nicht mehr nach §§ 2218, 667 BGB verpflichtet, das aus der Geschäftsführung, aus einer Geschäftsführung ohne Auftrag oder aus ungerechtfertigter Bereicherung Erlangte herauszugeben. Ebenso verliert der Erbe die Möglichkeit, im Falle einer gesamtschuldnerischen Haftung zusammen mit dem Testamentsvollstrecker, von diesem im Innenverhältnis freigestellt zu werden. Ein Entlastungsantrag nach § 2227 BGB kann auch auf solche Gründe gestellt werden, die zeitlich vor dem Entlastungsbeschluss liegen. Das Gericht ist nicht an einen Entlastungsbeschluss der Erben gebunden.

12 Die Entlastungsverweigerung ist nicht unbedingt ein Vertrauensentzug gegenüber dem Testamentsvollstrecker. Es bedarf dazu einer Einzelfallbetrachtung. Sie bleibt für den Testamentsvollstrecker auch folgenlos, sofern nicht gleichzeitig ein erfolgreicher Entlastungsantrag gestellt oder Ersatzansprüche geltend gemacht wurden. Der Testamentsvollstrecker kann seinerseits die sofortige Kündigung aussprechen.

13 Die Erbengemeinschaft bleibt in Anbetracht des Surrogationsprinzips aus § 2041 BGB für die Beschlussfassung zur Entlastung bestehen, auch wenn der Auseinandersetzungsplan oder -vertrag bereits vollzogen ist. Die Beschlussfassung über die Entlastung ist eine Art der Nachlassverwaltung und unterliegt damit den Regelungen der §§ 2038 ff. BGB. Die Entlastung ist, obwohl Realakt, als Verfügung i.S.d. § 2040 Abs. 1 BGB zu werten. Sie hat kraft Präklusion Gestaltungswirkung, so dass § 2040 Abs. 1 BGB anwendbar ist. Dies hat zur Folge, dass das Einstimmigkeitsprinzip gilt. Im Unterschied zum Gesellschaftsrecht können daher keine sachfremden Abstimmungen zum Schaden der Minderheit vorgenommen werden. Wollen einzelne Erben dem Testamentsvollstrecker Entlastung erteilen, um eine mögliche gerichtliche Auseinandersetzung mit dem Testamentsvollstrecker zu vermeiden, haben sie die Möglichkeit zur Mitwirkungsklage gegen den Miterben.

14 Ist der Testamentsvollstrecker zugleich gesetzlicher Vertreter, Vormund oder Betreuer des Erben ist eine Bestellung eines Ergänzungspflegers nicht notwendig, denn der Minderjährige bzw. Betreute etc. hat keinerlei Nachteile durch die Entlastung, die von seinem gesetzlichen Vertreter bzw. Vormund oder Betreuer ausgesprochen wird, der zugleich Testamentsvollstrecker ist. Einerseits ist ein Testamentsvollstrecker, wenn dieser gleichzeitig Miterbe wäre, vom Stimmrecht bei der Beschlussfassung ausgeschlossen. Andererseits kann durch die Entlastung durch den gesetzlichen Vertreter etc. in Personalunion nur insoweit Präklusionswirkung entfaltet werden, wie Vertrauen entstehen konnte. Dies führt zu der paradoxen Situation, dass ein Minderjähriger oder Betreuter etc. mehr Vorteile durch eine Entlastung von Seiten seines gesetzlichen Vertreters etc. als Testamentsvollstrecker hätte als durch eine Entlastung, die durch einen Ergänzungspfleger erteilt wird. Der Testamentsvollstrecker hat also mehr Vorteile, wenn der Rechtsprechung folgend ein Ergänzungspfleger bestellt würde und er durch ihn entlastet wird. Zu trennen sind hiervon die Fälle, bei denen Schadensersatzansprüche gegen den Testamentsvollstrecker nach § 2219 BGB geltend gemacht werden. Hier ist wegen der Interessenkollision ein Ergänzungspfleger zu bestellen.

15 Wird dem Testamentsvollstrecker als Geschäftsführer oder Vorstandsmitglied einer Gesellschaft Entlastung erteilt, hat dies nicht automatisch seine Entlastung als Testamentsvollstrecker zur Folge. Sind allerdings Gesellschafter und Erben kongruent und umfasst die Testamentsvollstreckung nur die Gesellschaftsanteile, so ist regelmäßig auch gleichzeitig eine

Bonefeld

beiderseitige Entlastung ausgesprochen. Der Testamentsvollstrecker unterliegt bei der Abstimmung zur Entlastung einem Stimmverbot.

Eine Entlastung des Testamentsvollstreckers hat auch eine Entlastung des Testamentsvollstreckers als Bevollmächtigter zur Folge und umgekehrt. Lediglich in den Fällen, bei denen zeitlich unterschiedliche Beendigungen gegeben sind, kann eine Entlastung für das eine Amt nicht gleichzeitig für das andere Amt gelten. Der sicherste Weg wird aber sein, sich jeweils eine auf den Aufgabenkreis bezogene Entlastung erklären zu lassen.[9] Eine Gesamt- bzw. Blockabstimmung ist nur dann zulässig, wenn alle Mitglieder der Erbengemeinschaft einvernehmlich eine derartige Abstimmung wünschen. Die Testamentsvollstrecker als Miterben sind bei dieser Abstimmung weiterhin stimmberechtigt. Eine Blockabstimmung mit der Folge des Stimmverbotes für alle Testamentsvollstrecker als Miterben kann also nicht gegen ihren Willen durchgesetzt werden.

Im Rahmen der Beseitigungsmöglichkeiten einer fehlerhaften Entlastung muss zwischen der Beschlussfassung und der Kundgabe derselben an den Testamentsvollstrecker differenziert werden. Ist der Entlastungsbeschluss dem Testamentsvollstrecker noch nicht mitgeteilt worden, kann ebenfalls die Stimmabgabe noch vom einzelnen Erben widerrufen werden, sofern ein wichtiger Grund vorliegt. Die Stimmabgabe ist nach Maßgabe der §§ 119 ff., 142 f. BGB anfechtbar. Der Entlastungsbeschluss lässt sich hingegen nicht anfechten. Der Erbe kann nicht damit gehört werden, es hätte der ordnungsgemäßen Verwaltung der Erbengemeinschaft nach § 2038 BGB widersprochen, dem Testamentsvollstrecker die Entlastung zu erteilen. Der im Schrifttum teilweise vertretenen Ansicht ist nicht zuzufolgen, wonach die Regelungen zur Beschlussfassung aus dem Körperschaftsrecht, wie in §§ 34, 35 BGB, § 47 Abs. 4 GmbHG, ergänzend herangezogen werden. § 2038 BGB kennt gerade keine Formerfordernisse für die Beschlussfassung. Zudem stellt die Nichtanhörung der Minderheit eine Verletzung des zwischen den Erben bestehenden Schuldverhältnisses dar. Richtigerweise kann der Beschluss der Erbengemeinschaft über die Entlastung formfrei und jederzeit erfolgen. War der Ersatzanspruch gegen den Testamentsvollstrecker erkennbar, wurden aber einzelne Erben über das Vorhandensein dieser Ansprüche durch den Testamentsvollstrecker arglistig getäuscht, so erfolgt keine Korrektur des Ergebnisses durch eine Anfechtung nach §§ 123, 142 BGB, sondern es kann sich der Testamentsvollstrecker wegen des venire contra factum proprium nach Maßgabe des § 242 BGB nicht auf eine Präklusionswirkung berufen. Eine Anfechtung ist mithin nicht notwendig. Wegen des Einstimmigkeitsprinzips innerhalb der Erbengemeinschaft führt dies immer zum Ausschluss der Präklusion, auch wenn nur ein einzelner Erbe getäuscht wurde. Waren hingegen die Ersatzansprüche gegen den Testamentsvollstrecker ohne weiteres erkennbar, hat keine arglistige Täuschung durch den Testamentsvollstrecker vorgelegen. Dann scheidet ohnehin eine Anfechtbarkeit aus. Da die Entlastung nicht rechtsgeschäftliche gedeutet werden kann, ist sie auch nicht kondizierbar.

Dem Testamentsvollstrecker ist kein Anspruch auf Entlastung zuzubilligen. Die Befürworter eines solchen Anspruchs fußen ihre Argumentation entweder auf der unrichtigen Behauptung, im Auftragsrecht habe der Beauftragte einen Entlastungsanspruch, oder sie halten einen Anspruch schlichtweg für notwendig. Der dort propagierte Anspruch auf Entlastung dient häufig als Prämisse und nicht als Resultat. Wenn die Entlastung ausgesprochen wird, so liegt es an der persönlichen Leistung des Entlasteten und nicht an einer ständigen Übung, die es in der Praxis nicht gibt. Es handelt sich um nicht judizierbare psychologische Tatbestände. Wie man eine Verzeihung nach §§ 2337, 2343 BGB als Realakt nicht einfordern

---
9 Zu Recht *Schmidl*, ZEV 2009, 123.

kann, kann auch keine Vertrauenskundgebung eingefordert werden. Auf die in diesem Zusammenhang im GmbH-Recht erfolgte BGH-Rechtsprechung[10] darf zurückgegriffen werden, wonach ein Recht auf Entlastung weder mit deren Zweck, noch um der an sie geknüpften im Belieben aller Gesellschafter (oder im übertragenden Sinn: aller Erben) stehenden und deshalb nicht erzwingbaren Rechtsfolgen Willen geboten ist. Etwaige Zumutbarkeitserwägungen wegen der 30-jährigen Verjährungsfrist vermögen nicht zu überzeugen. Bei der Entscheidung der Erbengemeinschaft über die Entlastung handelt es sich um eine reine Ermessensentscheidung.

19 Die Entlastung ist formlos möglich. In einer vorbehaltlosen Zahlung der Aufwendungen des Testamentsvollstreckers ist konkludent eine Entlastung zu sehen. Aus Beweisgründen sollte aber eine Entlastungserklärung **schriftlich** fixiert werden.

> **Praxistipp**
> Zum Abschluss der Tätigkeit als Testamentsvollstrecker ist den Erben ein Rechenschaftsbericht vorzulegen und dabei gleichzeitig eine den jeweiligen Umständen angemessene Frist zu setzen, den Testamentsvollstrecker für seine Tätigkeit zu entlasten.

2. Formulierung für die Kautelarpraxis

20 Im Einzelnen wird es dem Testamentsvollstrecker nicht auf die Entlastung als Vertrauenskundgabe und Bewertung seiner Tätigkeit ankommen, sondern vielmehr darauf, dass durch eine vertragliche Vereinbarung seine Haftung ausgeschlossen wird, damit er auch für sich die Testamentsvollstreckung insgesamt als abgeschlossen betrachten kann.

Für die Kautelarpraxis sind deutliche Formulierungen notwendig.

Wird in einem Auseinandersetzungsvertrag lediglich davon gesprochen: „*Dem Testamentsvollstrecker wird Entlastung erteilt*", wird im Rahmen einer späteren gerichtlichen Auseinandersetzung zu prüfen sein, wie weit die Präklusionswirkung dieser ausdrücklich erklärten Entlastung gehen soll. Eine Entlastung muss nicht unbedingt gleichbedeutend mit einer vollständigen „Enthaftung" sein. Günstiger wäre sicherlich eine Formulierung, die die Reichweite deutlich macht und zudem klärt, dass die Erben keine Ersatzansprüche gegen den Testamentsvollstrecker mehr geltend machen können. *Schmidl*[11] weist jedoch darauf hin, dass eine Haftungsfreisetzung, sei sie auch individuell vereinbart, dennoch von den Gerichten grundsätzlich an § 51a BRAO und den §§ 305 ff. BGB gemessen wird. Insofern ließe sich grobe Fahrlässigkeit nicht rechtssicher ausschließen. Ohnehin wäre nach hiesiger Auffassung die Präklusionswirkung vielmehr an § 242 BGB zu messen, so dass in der Praxis bei Gericht wahrscheinlich man zu einem identischen Ergebnis käme. Alternativ zu den nachfolgenden Vorschlägen kann in einem eigenen Dokument die Entlastung für die Tätigkeit z.B. als Anwalt erfolgen bzw. eine Haftungsbeschränkung unter Beachtung des § 51a Abs. 1 Nr. 2 BRAO.[12]

Eine anderslautende Formulierung könnte nach erfolgter ausdrücklicher Zustimmung zum Auseinandersetzungsplan im Rahmen eines Auseinandersetzungsvertrages z.B. lauten:

---

10 BGHZ 94, 324.
11 *Schmidl*, ZEV 2009, 123.
12 *Schmidl*, ZEV 2009, 123.

3. Muster: Vertraglicher Verzicht auf die Haftung eines Testamentsvollstreckers

Hiermit erkennen wir, die Erben A, B, C, an, dass Herr/Frau X, der/die als Testamentsvollstrecker/in über den Nachlass des am ▒▒▒▒ *(Datum)* verstorbenen Erblassers ▒▒▒▒ *(Name)* uns gegenüber ordnungsgemäß nach §§ 2218, 666 BGB Rechnung gelegt hat. Wir haben uns von der ordnungsgemäßen Tätigkeit durch Durchsicht der Unterlagen am ▒▒▒▒ *(Datum)* des Testamentsvollstreckers überzeugt und erkennen an, dass dieser pflichtgemäß gehandelt hat.

21

Hiermit erklären wir, dass keinerlei Haftungsansprüche – gleich welcher Art, gleich ob bekannt oder unbekannt – gegenüber dem Testamentsvollstrecker von unserer Seite bestehen und wir keinerlei Haftungsansprüche geltend machen werden.

4. Muster: Vertraglicher Haftungsverzicht mit „pactum de non petendo"

Alternativ kann auch ein vertraglicher Verzicht mit einem vorsorglich erklärten „pactum de non petendo" formuliert werden.

22

Hiermit erkennen wir, die Erben A, B, C, an, dass Herr/Frau X, der/die als Testamentsvollstrecker/in über den Nachlass des am ▒▒▒▒ *(Datum)* verstorbenen Erblassers ▒▒▒▒ *(Name)* uns gegenüber ordnungsgemäß nach §§ 2218, 666 BGB Rechnung gelegt hat. Wir haben uns von der ordnungsgemäßen Tätigkeit durch Durchsicht der Unterlagen am ▒▒▒▒ *(Datum)* des Testamentsvollstreckers überzeugt und erkennen an, dass dieser pflichtgemäß gehandelt hat.

Hiermit verzichten wir auf alle eventuell bestehenden Haftungsansprüche – gleich welcher Art, gleich ob bekannt oder unbekannt – gegenüber dem Testamentsvollstrecker und machen diese nicht geltend.

III. Generalbereinigungsvertrag

Sofern tatsächlich Haftungsansprüche gegen den Testamentsvollstrecker bestehen, die Erben aber diese nicht geltend machen wollen, besteht die Möglichkeit einer ausdrücklichen Generalbereinigung, was in der Praxis sehr selten vorkommt. Eine Generalbereinigung unterscheidet sich von der Entlastung dadurch, dass hier wirklich ein schuldbereinigender Vertrag zustande kommt. Der Inhalt richtet sich danach, ob vom Nichtbestehen oder von Bestehen von Ersatzansprüchen der Erbengemeinschaft gegen den Testamentsvollstrecker ausgegangen wird. Dann handelt es sich entweder um einen negativen Schuldanerkenntnisvertrag oder um einen Erlass- bzw. Verzichtsvertrag. Ein weiterer Unterschied liegt darin, dass ein Generalbereinigungsvertrag gerade nicht die Ordnungsmäßigkeit der Testamentsvollstreckung konstatiert, sondern auf die Beseitigung von Ersatzansprüchen zielt. Hier ist nicht die Präklusion Folge einer Entlastung, sondern der Verzicht ist Gegenstand des von den Erben erklärten Willens. Ferner erfolgt eine Generalbereinigung nur nach Beendigung der gesamten Testamentsvollstreckung und erfolgt nicht periodisch, wie dies bei der Entlastung eines Dauertestamentsvollstreckers der Fall ist.

23

Ein Anspruch auf Abschluss eines Generalbereinigungsvertrages besteht freilich nicht. Die Erben werden in praxi allerdings selten einen einseitigen Verzicht erklären, sondern fordern auch von Seiten des Testamentsvollstreckers eine Erklärung, dass dieser selbst keine Ansprüche gegen die Erben stellt.

C. Gerichtliche Möglichkeiten zur Durchsetzung einer Entlastung

Haben die Erben die Entlastung nicht erteilt oder wollen sie keinen Vertrag mit Verzichtswirkungen zugunsten des Testamentsvollstreckers abschließen, ist aber der Testamentsvoll-

24

strecker der Ansicht, er habe keine Pflichtenverletzungen begangen bzw. er habe einen Anspruch auf eine Entlastung, bleibt ihm nur noch die Möglichkeit der gerichtlichen Klärung.

I. Keine Durchsetzbarkeit mittels Leistungsklage

25 Noch zum alten Aktienrecht hatte das Reichsgericht[13] entschieden, eine Entlastung könne mittels Leistungsklage geltend gemacht werden. Vorwiegend im Schrifttum[14] zum GmbH-Recht wird teilweise immer noch die These der Durchsetzung einer Entlastung mittels Leistungsklage vertreten. Diese Autoren sehen auch nach der Entscheidung des BGH[15] einen Anspruch auf Entlastung, ohne den freilich keine Leistungsklage erfolgreich eingereicht werden kann. Danach sei eine Entlastungsverweigerung nach erfolgter korrekter Rechnungslegung eine unzulässige Diskriminierung.

26 Entgegen einem Großteil in der Literatur ist ein Anspruch auf Entlastung abzulehnen. Wie oben bereits erläutert, kommt eine Entlastungsklage bereits wegen fehlenden Anspruchs auf Entlastung nicht in Frage. Es ist sinnlos, einen Verzicht auf Ersatzansprüche davon abhängig zu machen, dass es diese Ansprüche nicht gibt.[16] Ein Entlastungsbeschluss ist keine Willenserklärung. Eine Entlastungsklage wäre nur dann zulässig, wenn für die Vollstreckungsfolge nach § 894 Abs. 1 ZPO eine Willenserklärung erfolgt. Inhalt einer Leistungsklage könnte somit die Verpflichtung zur Abgabe der einzelnen Stimmabgabe, die eine Willenserklärung wäre.

Als Alternative käme bei Annahme eines Erfüllungsanspruchs folgender Klageantrag in Betracht: *„... die Beklagten zu verurteilen, sich gegenüber dem Kläger zu erklären, ob die Entlastungsverweigerung für die Tätigkeit als Testamentsvollstrecker über den Nachlass des am ... verstorbenen Erblassers ... für die Rechnungslegungsperiode ... mit dem Bestehen von Ersatzansprüchen gegen den Kläger begründet wird, wenn ja, mit welchen Ansprüchen konkret."*[17] Im Einzelnen müsste dann eine Handlung und nicht eine Willenserklärung ausgeurteilt werden, die nach § 888 ZPO zu vollstrecken wäre.[18] Nach der hier vertretenen Ansicht hat aber der Testamentsvollstrecker keinen Anspruch auf Begründung, warum keine Entlastung erfolgt ist.

II. Durchsetzbarkeit mittels negativer Feststellungsklage

27 Der Testamentsvollstrecker kann richtigerweise eine Entlastungsklage nur in Form einer Feststellungsklage beim Zivilgericht einreichen. Eine derartige Klage kann nur negative Feststellungsklage sein und zwar in Bezug auf sämtliche Haftungstatbestände innerhalb der Entlastungsperiode.[19]

---

13 RGZ 89, 396 = JW 1917, 657 ff.
14 *Buchner*, GmbHR 1988, 14; *Zöllner*, in: Baumbach/Hueck, § 46 GmbHG Rn 28; *Schuricht*, S. 79. Für die Testamentsvollstreckung: *Klumpp*, in: Bengel/Reimann, VI Rn 341.
15 BGHZ 94, 324 ff. = NJW 1986, 130 ff.
16 *Hoeniger*, DJZ 1922, 144; *Schmidt*, ZGR 1978, 441; *Borsche*, S. 158.
17 In Anlehnung an *Ahrens*, ZGR 1987, 135.
18 *Ahrens*, ZGR 1987, 136.
19 So bereits *Breit*, JW 1917, 658; *K. Schmidt*, ZGR 1978, 439; *Dernburg*, § 40 I; *Borsche*, S. 167; *Tellis*, S. 130 ff. m.w.N. Eine positive Feststellung scheidet wegen des übereinstimmenden Inhalts mit einer Leistungsklage von vornherein aus.

Nach der überwiegenden Auffassung im Recht der Testamentsvollstreckung[20] kann der Testamentsvollstrecker bei Streit über seine Abrechnung durch eine Feststellungsklage klären lassen, ob der Erbe über die erfolgte Abrechnung hinaus weitere Ansprüche gegen den Testamentsvollstrecker hat. *Klumpp*[21] befürchtet angesichts der oben angeführten Rechtsprechung, dass auch die allgemeine negative Feststellungsklage wegen der zu hohen Anforderungen an ein Rechtsschutzbedürfnis genommen werden könnte. In der Tat hat die Rechtsprechung zum GmbH-Recht für eine negative Feststellungsklage nur dann ein Rechtsschutzbedürfnis anerkannt, wenn sich die nicht entlastende Gesellschaft etc. ganz konkreter Ansprüche berühmt.[22]

Ein Großteil in der Literatur[23] ist dem entgegengetreten und sieht generell bei Entlastungsverweigerung ein Rechtsschutzbedürfnis gegeben. Nach der im Bereich des Vereinsrechts entwickelten vermittelnden Rechtsprechung[24] kann bei verweigerter Entlastung eine negative Feststellungsklage im Hinblick auf das Nichtbestehen von Schadensersatzansprüchen erhoben werden, wenn nicht ausgeschlossen werden kann, dass solche Ansprüche geltend gemacht werden können.

Ein **Rechtsschutzbedürfnis** ist grundsätzlich nur dann gegeben, wenn dem Recht oder der Rechtslage des Klägers eine gegenwärtige Gefahr der Unsicherheit droht und wenn das Urteil auf die Feststellungsklage geeignet ist, diese Gefahr zu beseitigen.[25] Bei der negativen Feststellungsklage kann somit ein Rechtsschutzbedürfnis nur aus einer von den beklagten Erben aufgestellten Bestandsbehauptung der vom Testamentsvollstrecker verneinten Rechtslage entstehen. Die Erben müssen sich somit eines konkreten Anspruchs berühmen, damit der Testamentsvollstrecker Klage erheben kann. 28

Die Generalklausel des Feststellungsinteresses muss einzelfallbezogen konkretisiert werden. *Baltzer*[26] hebt zu Recht bei der Definition des Berühmens darauf ab, ob *„die Äußerung des Beklagten nach Inhalt, Gegenstand, Art und Wirkung so beschaffen"* ist, *„daß der Kläger bei verständiger Würdigung der Umstände berechtigterweise zu der Annahme gelangen kann, der Beklagte trete seiner Situationsbeurteilung entschieden und mit dem Anspruch, seinerseits im Recht zu sein, hindernd in den Weg und werde die Gegenposition von sich aus, ohne das Zutun eines Dritten auch nicht aufgeben."* Im Einzelnen kommt es also darauf an, wie der Testamentsvollstrecker die Nichterteilung der Entlastung verstehen konnte. Hierzu ist eine Fallgruppenbildung erforderlich, die nachfolgend erörtert wird.

Eindeutig ist der Fall, wenn die Erben Ersatzansprüche allg. zum Anlass nehmen, die Entlastung zu verweigern. Dann ist nach allen Ansichten eine negative Feststellungsklage möglich. Die Nennung eines konkreten Haftungstatbestandes ist nicht erforderlich. 29

Häufigster Fall ist jedoch das Schweigen der Erben, denn eine Entlastungsentscheidung erfolgt nicht wie bei der AG oder der GmbH aufgrund gesetzlicher bzw. satzungsmäßiger Anordnung. Demzufolge fehlt eine irgendwie geartete Äußerung der Erben. Dies bedeutet: 30

---

20 Staudinger/*Reimann*, § 2218 Rn 20.
21 *Klumpp*, in: Bengel/Reimann, VI Rn 343.
22 Vgl. *Thomas/Putzo*, § 256 ZPO Rn 15; *Zöllner*, in: Baumbach/Hueck, § 46 GmbHG Rn 30 m.w.N., der zudem darauf hinweist, dass sich die richtige Beurteilung, ob tatsächlich Ersatzansprüche gegeben sind, den Gesellschaftern entzieht.
23 So z.B. *Schmidt*, ZGR 1978, 442 ff.; *Breit*, JW 1917, 658; *Tellis*, S. 139 ff.; *Tellis*, GmbHR 1989, 116; *Borsche*, S. 171 ff.; Rowedder/*Koppensteiner*, § 46 GmbHG Rn 25.
24 Vgl. zum Vereinsrecht: OLG Köln NJW-RR 1997, 483 = JuS 1997, 658; OLG Celle NJW-RR 1994, 1545.
25 BGHZ 69, 147; BGH NJW 1984, 1118; BGH WM 1986, 690.
26 *Baltzer*, S. 136.

Ohne Erklärung kein Berühmen und damit kein Feststellungsinteresse. Ein Schweigen oder passives Verhalten genügt nicht,[27] es sei denn, der Testamentsvollstrecker darf eine klarstellende anderslautende Äußerung nach Treu und Glauben erwarten.[28] Der Testamentsvollstrecker hat einerseits keinen Anspruch auf Entlastung. Andererseits spricht gegen ein generelles Feststellungsinteresse des Testamentsvollstreckers, dass die Erben nicht zu einer irgendwie gearteten Stellungnahme gezwungen werden können. Denn die im GmbH-Recht zur Begründung eines generellen Feststellungsinteresses angeführte Sonderrechtsbeziehung zwischen Geschäftsführer und GmbH gibt es zwischen Testamentsvollstrecker und Erben nicht. Der Testamentsvollstrecker ist vom Erben unabhängig und kann sich noch nicht einmal diesen vertraglich völlig unterwerfen oder auf seine Unabhängigkeit rechtswirksam verzichten.[29] Insofern besteht auch kein Anspruch des Testamentsvollstreckers, dass die Erben nach verweigerter Entlastung diesem erklären, warum sie ihn nicht entlasten.

31 Wurde die Entlastung nicht erteilt und haben die Erben die Verweigerung mit haftungsirrelevanten Zweckmäßigkeitsbedenken oder konkreten vertrauensstörenden Vorkommnissen begründet, die selbst objektiv keine Haftung nach § 2219 BGB begründen, besteht kein Feststellungsinteresse. Dem Testamentsvollstrecker wird hierdurch schlichtweg nur das Vertrauen nicht ausgesprochen bzw. die Art und Weise der Amtsführung wird nicht gebilligt. Etwaige Ersatzansprüche werden gerade nicht angedeutet, so dass auch nach der Definition von *Baltzer* Gegenstand der Beurteilung keine Ersatzansprüche, sondern rein subjektive Befindlichkeiten der Erben ausschlaggebend waren.

32 Der Unterschied zwischen einer negativen Feststellungsklage auf Feststellung, dass der oder die Erben keinen Ansprüche mehr gegen den Testamentsvollstrecker haben, und einem Entlastungsanspruch bzw. der ausdrücklich erklärten Entlastung ist erheblich. So soll einem Feststellungsurteil regelmäßig eine weitertragende Bedeutung zukommen als einem Dechargeanspruch.[30] Danach soll sich ein Urteil nicht nur auf die erkennbaren Ansprüche beziehen, sondern auch sämtliche Ersatzansprüche umfassen.[31] Nach überwiegender Ansicht[32] wird also das umstrittene materielle Recht schlechthin verneint. Dieser Ansatz ist teilweise in der Literatur[33] auf Kritik gestoßen. Da dem Gericht dieselben Informationsquellen wie die Entlastenden bei der Entscheidung zur Verfügung stehen, dürfe auch das Urteil nur so weit wirken wie ein Entlastungsbeschluss. Demgemäß wirke es nur soweit sich aus den Unterlagen und den sonstigen Informationsquellen die Vorgänge erkennen lassen.[34]

33 In der Tat spricht gegen eine weitergehende Wirkung, dass andernfalls der Testamentsvollstrecker angehalten wird, den Erben und dem Gericht Pflichtwidrigkeiten zu verheimlichen. Bei einem Entlastungsbeschluss würde eine Interessenabwägung bei einem solchen Sachverhalt zu einer fehlenden Präklusionswirkung führen. Des Weiteren würde es aus taktischen Gründen für die Erben immer besser sein, den Testamentsvollstrecker zu entlasten, um sich anschließend auf eine Nichterkennbarkeit von Ersatzansprüchen zu berufen.

34 Die Reichweite der Rechtskraft des Urteils einzugrenzen, ist der falsche Ansatz. Zum einen ist die **generelle** Nichtfeststellung von Pflichtwidrigkeiten des Testamentsvollstreckers

---

27 OLG München OLGR 2002, 171 f.
28 Vgl. BGHZ 69, 46; RG JW 1909, 76; *Baltzer*, S. 138.
29 Staudinger/*Reimann*, § 2218 Rn 8; *Offergeld*, S. 75; BGHZ 25, 280; RGZ 81, 170.
30 So RGZ 89, 396 ff. = JW 1917, 657 ff.; OLG Hamburg OLGZ 16, 282.
31 RGZ 89, 397 = JW 1917, 658.
32 Zöller/*Greger*, § 322 Rn 12; OLG Celle NdsRpfl 1976, 196; a.A. *Leipold*, in: Stein/Jonas, § 322 Rn 106.
33 *Wagner*, S. 64 f.; *Flechtheim*, JW 1920, 700; *Breit*, JW 1917, 658; *Hueck*, GmbHR 1959, 193; *Borsche*, S. 179 f.
34 *Borsche*, S. 182; *Flechtheim*, JW 1920, 700.

Streitgegenstand, sofern nicht im Antrag nur auf eine bestimmte Handlung des Testamentsvollstreckers Bezug genommen wurde. Eine Beschränkung auf eine Nichtfeststellung von Ansprüchen, die sich aus den vorgelegten Unterlagen und Informationen ergeben könnten, ist somit nicht mehr möglich. Zum anderen haben Urteile Klarstellungsfunktion und sollen den Parteien Rechtsklarheit geben. Aus diesem Grunde lässt der Gesetzgeber es auch nur in den Fällen der §§ 578 ff. ZPO unter sehr eingeschränkten Möglichkeiten zu, ein rechtskräftiges Urteil nachträglich abzuändern. Würde über dem Urteil der negativen Feststellungsklage weiterhin das Damoklesschwert der möglichen nicht vollständigen Klärung des Rechtsverhältnisses schweben, wäre dem Rechtsfrieden nicht gedient. Insofern muss der unterlegene Beklagte alle Anstrengungen im Prozess unternehmen, um seinerseits alles zu beleuchten und Pflichtwidrigkeiten zu erkennen. Es ist außerdem kein Grund ersichtlich, warum der Beklagte einer negativen Feststellungsklage mehr geschützt werden sollte als ein Beklagter einer Leistungsklage. Auch dort besteht die Möglichkeit, dass der Kläger sich im Prozess Vorteile durch einen nicht vollständigen Tatsachenvortrag verschafft. Der Erbe hat im Übrigen die Möglichkeit als Antwort auf eine negative Feststellungsklage seinerseits mit einer Leistungsklage zu antworten. Dann muss er konkrete Ansprüche im Rahmen der Klage geltend machen. Bleibt er passiv und wird der negativen Feststellungsklage stattgegeben, dann wird durch das Urteil der ganze Tatsachenstoff erledigt, der der betreffenden Entlastungsperiode objektiv angehört.[35] Dies ist nur recht und billig.

Die oben beschriebene Diskrepanz besteht hingegen dann nicht, wenn wie hier in Übereinstimmung mit der Rechtsprechung zur Entlastung eines GmbH-Geschäftsführers ein konkretes Berühmen eines Ersatzanspruchs für das Rechtsschutzinteresse gefordert wird. Obsiegt nämlich der Testamentsvollstrecker mit seiner negativen Feststellungsklage, dann ist dem Tenor und den Gründen des Urteils zu entnehmen, welches Recht rechtskraftfähig verneint wurde.[36] Ließe man eine negative Feststellungsklage bereits in den Fällen der Möglichkeit von Ersatzansprüchen ohne konkretes Berühmen oder gar generelles Feststellungsinteresse bei Entlastungsverweigerung zu, müsste man die Diskrepanz in Kauf nehmen. Muss sich hingegen der Erbe eines Ersatzanspruchs konkret berühmen und erfolgt anschließend daraufhin eine negative Feststellungsklage des Testamentsvollstreckers, würde im Falle seines Obsiegens auch nur über den Anspruch geurteilt, dessen sich der Erbe berühmt hatte. Wird später eine andere Pflichtwidrigkeit offenbar, kann dann der Testamentsvollstrecker durch den Erben verklagt werden. Dies wäre unmöglich, wenn man dem Testamentsvollstrecker ein generelles Feststellungsinteresse zu billigen und im Rahmen einer Klage vom Gericht bestätigt würde, dass keine Ansprüche gegen ihn bestehen.

Ein weiterer Unterschied zwischen Leistungs- und Feststellungsklage wäre, dass eine Anerkennung der Tätigkeit des Testamentsvollstreckers mit gleichzeitiger Entlastung wegen Irrtums oder aus anderen Gründen angefochten werden kann, während dies für ein Feststellungsurteil nicht gilt.

D. Kautelarjuristische Möglichkeiten zur Durchsetzung einer Entlastung

Der Erblasser kann nur sehr eingeschränkt im Rahmen seiner Verfügung von Todes wegen die Rechte des Testamentsvollstreckers erweitern. Durch das Befreiungsverbot des § 2220 BGB ist es dem Erblasser nicht möglich, den Testamentsvollstrecker von seinen Verpflichtungen aus den §§ 2215, 2216, 2218 und 2219 BGB zu befreien. Dabei handelt es sich

---

35 So auch *Schmidt*, ZGR 1978, 445; *Boeters*, JW 1920, 700; *Tellis*, S. 131 f.
36 Vgl. BGH NJW 1994, 659; BayObLGZ 87, 333; Zöller/*Greger*, § 322 ZPO Rn 9 ff.

um zwingendes Recht. Der Erblasser kann daher weder innerhalb, noch außerhalb seiner Verfügung von Todes wegen den Erben ihre Rechte aus den vorgenannten Vorschriften entziehen. Hintergrund des Befreiungsverbotes aus § 2220 BGB ist, dass der Erbe nicht der Willkür des Testamentsvollstreckers ausgeliefert sein soll.[37] Die Erben können selbstverständlich auf den Schutz des § 2220 BGB verzichten und jederzeit mit dem Testamentsvollstrecker einen Verzichtsvertrag über etwaige Haftungsansprüche schließen oder ihm Haftungserleichterungen gewähren.[38]

Insbesondere am Beginn der Amtsübernahme sollte der Testamentsvollstrecker neben einer Vergütungsvereinbarung auch versuchen, mit den Erben etc. eine Vereinbarung zu treffen, wonach seine Haftung auf Vorsatz und grobe Fahrlässigkeit beschränkt wird. Derartige Vereinbarungen sind allerdings nicht die Regel, sondern vielmehr die Ausnahme. Insofern ist von Interesse, ob der Erblasser nicht einseitig zugunsten des Testamentsvollstreckers Verfügungen treffen darf.

I. Kein Anspruch auf Entlastung als Vermächtnis

38 Fraglich ist, ob der Erblasser zugunsten des Testamentsvollstreckers ein Vermächtnis dahingehend zubilligen kann, wonach dieser von seiner Haftung befreit würde. Ein derartiges „legatum liberationis" stellt nach einhelliger Auffassung[39] ein Verstoß gegen das Befreiungsverbot dar. In dem grundlegenden Urteil des Reichsgerichts[40] hierzu heißt es:

> „*Dieser Vorschrift [gemeint ist § 2220 BGB] ist der Wille des Gesetzgebers zu entnehmen, nicht zuzulassen, daß ein Erblasser dem Erben mit gebundenen Händen dem ausgedehnten Machtbereich des Testamentsvollstreckers überliefert. Die den weitgehenden Befugnissen des letzteren entsprechenden Verpflichtungen werden vom Gesetz als so bedeutungsvoll angesehen und mit so großer Bestimmtheit aufgestellt, daß es auch dem Erblasser verboten sein soll, zum Nachteil des Erben daran etwas zu ändern. Ist aber dies die Absicht des Gesetzes, so liegt darin auch der Wille, dem Erblasser jede Beschränkung des Erben in der Geltendmachung derjenigen Rechte gegen den Testamentsvollstrecker zu verwehren, die sich aus der Verletzung der gedachten Verpflichtungen ergeben."*

39 Ein Befreiungsvermächtnis würde im Übrigen auch kaum von Bedeutung sein, da im Rahmen eines Separationsverfahrens der Vermächtnisnehmer hinter die übrigen Nachlassgläubiger zurückgesetzt ist.[41] Zwar kennt das österreichische ABGB ein Befreiungsvermächtnis in § 663 ABGB, aber keine § 2220 BGB entsprechende Vorschrift. Gleiches gilt für das schweizerische Recht. Insofern scheitert ein positiver Rechtsvergleich. Hat der Erblasser dem Testamentsvollstrecker ein unwirksames „legatum liberationis" zubilligen wollen, ist auch eine Umdeutung in eine Auflage zugunsten des Testamentsvollstreckers wegen des Umgehungsverbotes nicht möglich.[42]

---

37 *J. Müller*, in: Bengel/Reimann, XII Rn 83; *Pickel*, S. 207 f.; Staudinger/*Reimann*, § 2220 Rn 1 m.w.N.
38 *Mayer*, in: Bamberger/Roth, § 2220 Rn 7; Staudinger/*Reimann*, § 2219 Rn 15 ff. m.w.N.
39 RGZ 133, 128 ff.; *J. Müller*, in: Bengel/Reimann, XII Rn 81; *Zimmermann*, Rn 777; *Pickel*, S. 208; Staudinger/*Reimann*, § 2219 Rn 15 f.; Soergel/*Damrau*, § 2220 Rn 3; *Muscheler*, S. 214; *Kipp/Coing*, § 73 II 7; *v. Lübtow*, S. 990; *Brox/Walker*, Rn 419; *Winkler*, Rn 566 m.w.N.
40 RGZ 133, 135.
41 So *Muscheler*, S. 214; *Pickel*, S. 208.
42 *J. Müller*, in: Bengel/Reimann, XII, 3. Aufl. 2001, Rn 84.

Wegen § 2220 BGB scheitert auch der Versuch, durch Anordnung einen anderen Haftungsmaßstab für den Testamentsvollstrecker zu erreichen und ihn nur für Vorsatz und grober Fahrlässigkeit haften zu lassen.[43]

II. Verjährungsverkürzung per Vermächtnis oder Haftungsverzicht via Auflage

Wenn kein Befreiungsvermächtnis möglich ist, stellt sich die Frage, ob der Erblasser die Verjährungsfrist für die Haftung des Testamentsvollstreckers (vor der Reform) von 30 Jahren[44] reduzieren darf. Diejenigen Autoren, die einen Entlastungsanspruch befürworteten, haben als Argument immer wieder die unzumutbare Situation der 30jährigen Ungewissheit für den Testamentsvollstrecker ins Feld geführt. 40

Hierin könnte wiederum ein Versuch zur Umgehung des Befreiungsverbotes nach § 2220 BGB gesehen werden, denn die durch § 2220 BGB geschützten Verpflichtungen des Testamentsvollstreckers dürfen in keiner Weise eingeschränkt oder ausgehöhlt werden.[45] *J. Müller*[46] setzt sich hingegen für eine nicht zu strenge Auslegung des Gesetzeswortlauts ein, damit es nicht zu ungerechten Ergebnissen kommt. Der Erblasser wolle nicht zuletzt durch eine Anordnung zugunsten des Testamentsvollstreckers nicht die Erben schwächen, sondern vielmehr Streit vermeiden helfen. Auch nach seiner Ansicht kommt ein Befreiungsvermächtnis aber nicht in Frage. Beispiele, was dann für den Erblasser erlaubt sei, nennt er nicht. 41

Eine Möglichkeit könnte für den Erblasser sein, dem Testamentsvollstrecker einen Anspruch auf Abschluss eines Verjährungsfristverkürzungsvertrages mit den Erben oder Vermächtnisnehmern im Wege eines Vermächtnisses oder einer Auflage zu geben. Aufgrund des Schuldrechtsmodernisierungsgesetzes kam es zur Reform des Verjährungsrechts, welche auch Auswirkungen auf das Erbrecht hat.[47] Bereits vor der Reform hat die Rechtsprechung[48] Vereinbarungen zur Verkürzung der Verjährung zugelassen. Nach § 202 Abs. 1 BGB kann aber die Verjährung bei Haftung wegen Vorsatzes nicht im Voraus durch Rechtsgeschäft erteilt werden. Es bliebe somit nur die Möglichkeit, eine Verjährungsverkürzung für die Fälle der Fahrlässigkeit im Voraus zu vereinbaren. Die nachträgliche Vereinbarung ist hingegen immer möglich,[49] spielt aber vorliegend für den Testamentsvollstrecker keine Rolle. Es sind gleichwohl Grenzen der Verjährungsverkürzung zu beachten. Zwar hat der Gesetzgeber keine Mindestfristen vorgesehen, es findet aber bei vorgegebenen verkürzten Fristen eine Kontrolle über § 242 BGB statt, um eine unangemessene Verkürzung zum Nachteil des Anspruchsinhabers zu vermeiden.[50] Im einzelnen kommt es bei der Beantwortung der Frage einer unangemessene Abkürzung darauf an, ob durch die Verjährungsverkürzung die Durchsetzung der Ansprüche weitgehend verhindert werden sollen. 42

---

43 MüKo/*Zimmermann*, § 2220 Rn 2; *Pickel*, S. 207; *J. Müller*, in: Bengel/Reimann, XII Rn 82 m.w.N.
44 Durch seine Entscheidung vom 18.9.2002 (ZErb 2002, 356 f.) hat der BGH nunmehr entgegen zahlreicher Stimmen in der Lit. mit der herrschenden Ansicht festgestellt, dass Schadensersatzansprüche nach § 2219 Abs. 1 BGB gegen den Testamentsvollstrecker in 30 Jahren verjähren. So auch: Soergel/*Damrau*, § 2219 Rn 10; Palandt/*Weidlich*, § 2219 Rn 1; Staudinger/*Reimann*, § 2219 Rn 22; MüKo/*Zimmermann*, § 2219 Rn 15. A.A. *Pickel*, S. 198 ff.
45 So MüKo/*Zimmermann*, § 2220 Rn 3 m.w.N.
46 *J. Müller*, in: Bengel/Reimann, XII Rn 83 (wie bereits in den Vorauflagen auch schon *Riederer von Paar*).
47 Hierzu *Krug*, S. 50.
48 Vgl. Palandt/*Grüneberg*, § 276 Rn 57.
49 Palandt/*Ellenberger*, § 202 Rn 3.
50 Vgl hierzu: NK-BGB/*Mansel*, § 202 BGB Rn 17 ff. m.w.N.

Die Lösung des Problems ist zwischenzeitlich durch die Erbrechtsreform seit dem 1.1.2015 obsolet. Nunmehr unterliegen Ansprüche gegen den Testamentsvollstrecker der Regelverjährung von **3 Jahren**.

43 In der Praxis sind zwischenzeitlich auch Formulierungen zu finden, wonach die Erben im Wege einer Auflage verpflichtet sind, auf Ansprüche aus § 2219 BGB oder auch aus § 2215 BGB zu verzichten. Nach hiesiger Auffassung lässt in Ablehnung der geäußerten Ansicht von *J. Müller* § 2220 BGB keinerlei Spielraum für eine Reduzierung der Rechte der Erben zu. Jedwede Einschränkung der Haftung ist unzulässig.[51] Hierzu gehört auch, die Durchsetzung von Ansprüchen zu erschweren.

III. Kein Anspruch auf Entlastungsbeschluss in Form eines Vermächtnisses oder Auflage

44 Abschließend ist fraglich, ob dem Testamentsvollstrecker ein Anspruch auf Entlastungsbeschluss in Form eines Vermächtnisses oder Auflage vom Erblasser zugewendet werden kann. Eine Vermächtniszuwendung dürfte daran scheitern, dass die Entlastung nur eine Realhandlung ist. Inhalt eines Vermächtnisses kann aber nur eine Zuwendung eines Vermögensvorteils oder Forderung etc. werden.[52] Dementsprechend bliebe lediglich die Möglichkeit einer Auflage, mit der ein Tun zugunsten des Testamentsvollstreckers – mithin die Herbeiführung eines Entlastungsbeschlusses – angeordnet wird. Der Nachteil dieser Konstruktion könnte auf den ersten Blick darin liegen, dass der begünstigte Testamentsvollstrecker keinen Anspruch auf die Leistung nach § 1940 BGB hat. Nach § 2194 BGB ist der Testamentsvollstrecker aber selbst vollzugsberechtigt.[53] Freilich kann wegen § 2220 BGB den Erben nicht vorgegeben werden, wie der Beschluss auszufallen hat. Die Auflage zugunsten des Testamentsvollstreckers kann lediglich ein Nichtstun der Erben verhindern. Im Ergebnis würde der Testamentsvollstrecker nur ein sehr stumpfes Schwert in der Hand haben, um eine Entlastung herbeizuführen, da er eine Billigung seiner Geschäftsführung nicht erzwingen kann.

45 Nach alledem wird deutlich, dass der Erblasser eigentlich nur den Testamentsvollstrecker faktisch von einer Haftung dadurch befreien kann, in dem er ihm ein Vermächtnis zukommen lässt, wonach er einen Geldbetrag erhält, den der Abschluss einer umfassenden Haftpflichtversicherung kostet.[54] Ebenso könnten alternativ die Erben mit einem Verschaffungsvermächtnis belastet werden, wonach diese zugunsten des Testamentsvollstreckers eine Haftpflichtversicherung abschließen müssten. In diesem Zusammenhang könnten allerdings wiederum erbschaftssteuerliche Probleme für den Testamentsvollstrecker auftreten, wenn der zugewendete Vermögensvorteil seinen Freibetrag aus § 16 ErbStG übersteigen wird.

> **Praxistipp**
> Um den Regress gegenüber dem Testamentsvollstrecker faktisch zu meiden, gleichzeitig aber die Erben nicht schutzlos werden zu lassen, bietet sich eine Verwaltungsanordnung nach § 2216 Abs. 2 BGB an, wonach der Testamentsvollstrecker via Testament verpflichtet wird, eine (ausreichende) Versicherung auf Kosten des Nachlasses schließen zu können.
> Hat der Erblasser diesbezüglich nichts veranlasst, ist dem Testamentsvollstrecker aber bei gefahrgeneigtem Nachlass ein Aufwendungsersatzanspruch in Höhe der Versiche-

---

51 So wohl im Ergebnis auch MüKo/*Zimmermann*, § 2220 Rn 3; *Mayer*, in: Bamberger/Roth, § 2220 Rn 3; Palandt/*Weidlich*, § 2220 Rn 1.
52 Palandt/*Weidlich*, Einf. v. § 2147 Rn 6 m.w.N.
53 MüKo/*Zimmermann*, § 2194 Rn 4.
54 So auch *Zimmermann*, Rn 777.

rungskosten zuzubilligen, weil er derartige Aufwendungen nach §§ 2218, 670 BGB für erforderlich halten durfte.

E. Klage auf Einwilligung nach § 2206 Abs. 2 BGB als alternative Vorgehensweise

§ 2206 BGB gibt dem Testamentsvollstrecker die Möglichkeit, sein Haftungsrisiko nach § 2219 BGB zu minimieren, indem er bereits während, d.h. vor Abschluss seiner Amtstätigkeit, gerichtlich klären lässt, ob die von ihm durchzuführende oder bereits durchgeführte Maßnahme ordnungsgemäßer Verwaltung entspricht. In zahlreichen Fällen wird zweifelhaft sein, ob der Testamentsvollstrecker den Nachlass verpflichten kann. Aus diesem Grunde ist häufig eine Zustimmungs- oder Einwilligungsklage des Testamentsvollstreckers gegen die Erben geboten, die keine Zustimmung bzw. Einwilligung zur geplanten Maßnahme erteilen wollen. Haben die Erben ihre Zustimmung oder Einwilligung nicht erteilt, ist regelmäßig auch nicht damit zu rechen, dass der Testamentsvollstrecker durch sie entlastet wird. Aus diesem Grunde bietet sich gerade diese Vorgehensweise für den Testamentsvollstrecker an, der Sicherheit über seine Haftung erhalten und nicht auf das Gutdünken der Erben angewiesen zu sein. Die Einwilligung ist aber nicht Voraussetzung für das Entstehen der Nachlassverbindlichkeit.[55]

46

Der Testamentsvollstrecker wird aber nur dann Erfolg haben, wenn die Voraussetzungen nach § 2206 Abs. 1 BGB gegeben sind. So darf er gem. § 2206 Abs. 1 S. 1 BGB nur über Nachlassgegenstände verfügen, wenn dies zur ordnungsgemäßen Nachlassverwaltung erforderlich ist oder eine erweiterte Verpflichtungsbefugnis nach den Vorschriften der §§ 2207, 2209 S. 2 BGB vorliegt.[56]

47

Dementsprechend ist hinsichtlich der vom Testamentsvollstrecker eingegangenen Verpflichtungsgeschäfte zu unterscheiden:
– handelt es sich um eine Verfügung über einen Nachlassgegenstand, § 2206 Abs. 1 S. 2 BGB oder
– um ein sonstiges Verpflichtungsgeschäft, durch den der Nachlass verpflichtet wird.

Der Maßstab der ordnungsgemäßen Verwaltung ist grundsätzlich nach § 2216 Abs. 1 BGB anzulegen. Erweist sich dabei, dass die Eingehung der Verbindlichkeit objektiv nicht erforderlich für sie war, kann trotzdem eine wirksame Nachlassverbindlichkeit vorliegen. Voraussetzung hierfür ist, dass der Vertragspartner des Testamentsvollstreckers annimmt oder ohne Fahrlässigkeit annehmen durfte, die Eingehung sei zur ordnungsgemäßen Verwaltung erforderlich.[57] Leichte Fahrlässigkeit ist dabei bereits schädlich.[58]

48

In diesem Zusammenhang ist fraglich, ob eine **Prüfungspflicht** besteht. Diese Frage wird unterschiedlich beantwortet. Der überwiegende Teil in der Literatur[59] verneint zu Recht eine Prüfungspflicht. Eine Minderheitsmeinung im Schrifttum[60] befürwortet eine derartige

---

55 *Lange/Kuchinke*, § 31 dort Fn 276.
56 Z.B. Miet-, Dienst- und Darlehensverträge. Ebenso die Eingehung von Wechselverbindlichkeiten für den Nachlass, Schuldanerkenntnisse, Vergleiche und Anerkenntnisse. *Offergeld*, S. 148. Zu den Grauzonen der rechtlichen Befugnisse des Testamentsvollstreckers: *Lauer*, S. 193 ff.
57 BGH NJW 1983, 40; Staudinger/*Reimann*, § 2206 Rn 11.
58 Soergel/*Damrau*, § 2206 Rn 3; *Offergeld*, S. 148.
59 Soergel/*Damrau*, § 2206 Rn 3; *Lange/Kuchinke*, § 31 VI 3 c.
60 MüKo/*Zimmermann*, § 2206 Rn 7; Staudinger/*Reimann*, § 2206 Rn 11.

Prüfungspflicht. Eine Prüfungs- oder Nachforschungspflicht des Vertragspartners sei je eher zu bejahen, desto mehr durch die erkennbaren Verhältnisse der Verdacht der Ordnungswidrigkeit der Maßnahme für einen verständigen Vertragspartner nahe gelegt wird. Hat dann der Testamentsvollstrecker beim Vertragsschluss außerhalb seiner Verpflichtungsbefugnis gehandelt, so haftet er persönlich aus § 179 BGB als falsus procurator.[61]

49 Richtigerweise wird man aber eine persönliche Haftung des Testamentsvollstreckers aufgrund § 179 Abs. 3 BGB scheitern lassen müssen, da die Erkennbarkeit der Ordnungswidrigkeit zugleich die der fehlenden Verpflichtungsmacht bedingt.[62]

Nach § 2206 Abs. 1 S. 2 BGB kann der Testamentsvollstrecker auch Verfügungen über einen Nachlassgegenstand treffen. Dann entspricht nach § 2206 Abs. 1 S. 2 BGB die Verpflichtungsbefugnis der Verfügungsbefugnis des § 2205 S. 2 BGB.[63] Dabei erfolgt eine Beschränkung der Verpflichtungsbefugnis nur durch das Schenkungsverbot nach § 2205 S. 3 BGB oder durch mögliche Anordnungen des Erblassers nach § 2208 BGB.

Wenn der Testamentsvollstrecker ein Grundstück veräußern oder belasten will,[64] muss ebenso für die Wirksamkeit der Verpflichtung nach außen die Eingehung des Verpflichtungsgeschäftes zur ordnungsgemäßen Verwaltung des Nachlasses erforderlich gewesen sein.

50 Bei Verfügungen über Nachlassgegenständen ist die Vertretungsmacht des Testamentsvollstreckers hinsichtlich des zugrundeliegenden Verpflichtungsgeschäftes nicht auf solche Geschäfte beschränkt, die zur ordnungsgemäßen Verwaltung des Nachlasses erforderlich sind. Eine Ausnahme gilt hier für kollusives Zusammenwirken zwischen dem Testamentsvollstrecker und seinem Vertragspartner. Kannte der Dritte die rechtsmissbräuchliche Ausübung oder musste er sie zumindest kennen, kann er keine Rechte gegen den Nachlass geltend machen.[65] Die Verfügung ist dann insgesamt unwirksam und der Dritte könnte lediglich den Testamentsvollstrecker nach § 179 BGB persönlich in Anspruch nehmen, wobei auch hier angesichts des § 179 Abs. 3 BGB Zweifel bestehen.[66]

51 Hat der Testamentsvollstrecker gesetzesgemäß gehandelt, hat er einen Anspruch auf Einwilligung nach § 2206 Abs. 2 BGB. Er kann somit erzwingen, dass der Erbe in die Eingehung dieser Verbindlichkeit einwilligt bzw. zustimmt. Eine Verpflichtung zur Einwilligung besteht aber nur dann, sofern die Eingehung der Verbindlichkeit tatsächlich zur ordnungsge-

---

61 *Winkler*, Rn 193; Palandt/*Weidlich*, § 2206 Rn 1.
62 MüKo/*Zimmermann*, § 2206 Rn 8.
63 MüKo/*Zimmermann*, § 2206 Rn 8.
64 Aufgrund des Trennungsprinzips gilt dies nicht für eine Kreditaufnahme, die durch ein Grundpfandrecht abgesichert wird, weil das Sicherungsgeschäft von der Darlehensaufnahme zu trennen ist.
65 BGH NJW 1983, 40; BGH NJW-RR 1989, 642 f.; MüKo/*Zimmermann*, § 2206 Rn 5.
66 *Lange/Kuchinke*, § 31 IV 3c m.w.N. Auch trifft den Vertragspartner keine besondere Nachforschungs- oder Prüfungspflicht, wie weit der Testamentsvollstrecker im Innenverhältnis gebunden ist. Ein guter Glaube des Vertragspartners an das Bestehen der Verfügungsbefugnis ist nicht geschützt (Staudinger/*Reimann*, § 2206 Rn 12; MüKo/*Zimmermann*, § 2206 Rn 5.) Da Verfügungsbeschränkungen aus Anordnungen des Erblassers nach § 2208 BGB herrühren ist eine Eintragung in das Testamentsvollstreckerzeugnis notwendig. Insoweit ist es ratsam, vor einer Verfügung sich das Testamentsvollstreckerzeugnis vorlegen zu lassen. Beim Verstoß gegen das Schenkungsverbot nach § 2205 S. 3 BGB kommt es nach h.M. (BGH NJW 1963, 1614) nicht darauf an, dass der Dritte die Unentgeltlichkeit erkennen konnte. Unentgeltlichkeit ist danach bereits bei der kleinsten Divergenz von Leistung und Gegenleistung geleistet.

mäßen Verwaltung erforderlich ist. Dabei sind nur der Erbe und der Vorerbe einwilligungspflichtig.[67]

Willigt der Erbe ein, entlastet diese Einwilligung gleichzeitig den Testamentsvollstrecker von seiner Haftung nach § 2219 BGB.[68] Der Erbe verliert jedoch nicht die Möglichkeit einer Haftungsbeschränkung.

Da die Einschränkung der Verpflichtungsbefugnis allein im Interesse der Erben erfolgt, ist eine nachträgliche Einwilligung zu einer Verfügung möglich, die der Testamentsvollstrecker ohne Verpflichtungsbefugnis vorgenommen hat.[69]

Große Probleme machen in der Praxis auch vom Testamentsvollstrecker vorgenommene **Vergleiche**. Gerade für einen Vergleich kann nicht von vornherein ausgeschlossen werden, dass er eine (ganz oder teilweise) unentgeltliche und daher unwirksame Verfügung enthält.

So hat bereits das Reichsgericht[70] erklärt, es sei falsch, den Schulderlass durch einen Vorerben schon deshalb als entgeltlich anzusehen, weil er nach dem Willen der Beteiligten die Abfindung für Gegenansprüche habe bilden sollen. Wenn es dem rein subjektiven, sei es auch gutgläubigen Ermessen des Vorerben anheim gestellt bleibe, über die Angemessenheit von Leistung und Gegenleistung zu befinden, dann werde das unter Umständen zur schwersten Benachteiligung des Nacherben und damit zur Vereitelung des Gesetzeszwecks führen können.

Der BGH[71] hat dieser Rechtsprechung ausdrücklich mit der weiteren Maßgabe zugestimmt, für § 2205 S. 3 BGB könne nichts anderes gelten.

Eine genaue Grenzziehung, wann eine Verfügung, die ein Testamentsvollstrecker in einem Vergleich trifft, als unentgeltlich anzusehen ist, ist nicht genau möglich. Regelmäßig ist die Grenze jedenfalls überschritten, wenn der Nachlass infolge des Vergleichs nahezu zwei Drittel des Wertes der aufgegebenen Forderung eingebüßt hat.[72]

Die Möglichkeit zum Abschluss von Vergleichen ist dem Testamentsvollstrecker nicht gänzlich abgeschnitten, zumal ihm ein gewisser Ermessensspielraum zuzubilligen ist.

Es ist daher auf jeden Fall für den Testamentsvollstrecker ratsam, von dieser Möglichkeit des § 2206 BGB Gebrauch zu machen, um vor späteren Vorwürfen sicher zu sein.[73]

Ein nach Maßgabe des § 2206 Abs. 2 BGB erstrittener Titel vollstreckt sich quasi selbst nach § 894 ZPO. Wurde der Erbe zur Abgabe der Einwilligung als Willenserklärung verurteilt, so gilt die Erklärung als abgegeben, sobald das Urteil in Rechtskraft erwachsen ist.

Die Vorgehensweise nach § 2206 BGB bietet sich somit insbesondere zur Klarstellung der Fälle an, in denen zweifelhaft ist, ob der Testamentsvollstrecker im Sinne einer ordnungsgemäßen Verwaltung handelt, dieser sich aber seiner Sache sicher ist. Geht die Klage verloren, muss er mit einem Entlassungsantrag nach § 2227 BGB rechnen, der nicht zwingend zur

---

67 Palandt/*Weidlich*, § 2206 Rn 3; *Zimmermann*, Rn 406.
68 Lange/*Kuchinke*, § 31 VI f.; Planck/*Flad*, § 2206 Anm. 18; *v. Lübtow*, S. 954; Staudinger/*Reimann*, § 2206 Rn 14 m.w.N.
69 MüKo/*Zimmermann*, § 2206 Rn 11; *Müller*, JZ 1981, 371.
70 RGZ 81, 364.
71 BGH NJW 1991, 842.
72 BGH NJW 1991, 842.
73 Der Vertragspartner ist generell im Streitfall beweispflichtig, Gleiches gilt auch für den Einwand der unzulässigen Rechtsausübung. (Bengel/*Dietz*, in: Bengel/Reimann, I Rn 86; Palandt/*Weidlich*, § 2206 Rn 1; Soergel/*Damrau*, § 2206 Rn 3; *Winkler*, Testamentsvollstrecker, Rn 184).

Entlassung führt.[74] Eine Klage nach § 2206 BGB wird zudem nicht unbedingt das Vertrauensverhältnis zwischen Erben und Testamentsvollstrecker als Basis für eine Entlastung stärken. Angesichts des fehlenden Anspruchs auf Entlastung wird dem Testamentsvollstrecker zur Vermeidung einer Haftung dieser Weg allerdings anzuraten sein.

F. Entlastungsanspruch de lege ferenda?

55   Gegen eine gesetzliche Verankerung eines ausdrücklichen Entlastungsanspruchs spricht die in der Rechtsprechung immer wieder zu Recht hervorgehobene fehlende Möglichkeit, Vertrauen einzufordern. Wie die Untersuchung gezeigt hat, findet sich daher aus gutem Grund keine gesetzliche Regelung, die einem Verwalter oder Vorstand einen einklagbaren Anspruch zubilligt. Im Gegenteil. So wurde mit § 120 AktG sowie § 66 InsO deutlich gemacht, dass eine Entlastung bzw. die Abnahme der Rechnungslegung keinerlei Wirkung haben soll.

56   Zwar ist die Rechnungslegung nicht für die Entlastung Voraussetzung, denn es kann auf diese ohne weiteres von Seiten der Erben verzichtet werden, aber häufig Grundlage des späteren Entlastungsbeschlusses. Regelmäßig haben die Erben ohne rechtliche Unterstützung von Seiten eines Anwalts keine Möglichkeit, die Rechnungslegung ihrem Inhalt nach rechtlich nachzuvollziehen. Es stellt sich daher die Frage, ob nicht de lege ferenda, das Nachlassgericht wie beispielsweise das Vormundschaftsgericht in § 1892 BGB die Rechnungsabnahme vermitteln soll. Ebenso hat sich der Gesetzgeber für eine Kontrolle der Rechnungslegung durch das Insolvenzgericht nach Maßgabe des § 66 Abs. 2 InsO oder durch das Gericht im Fall des § 154 S. 3 ZVG entschieden.

I. Kontrolle der Rechnungslegung durch das Nachlassgericht?

57   Der Gesetzgeber hat sich für eine „Machtfülle"[75] des Testamentsvollstreckers und lediglich für eine Kontrolle durch die Erben entschieden. Nur in wenigen Bereichen kann das Nachlassgericht und nur auf Antrag eines Beteiligten wie z.B. der Erben kann es gegenüber dem Testamentsvollstrecker tätig werden. Bei Vorliegen eines wichtigen Grundes i.S.d. § 2227 BGB kann es den Testamentsvollstrecker auf Antrag entlassen. Ferner scheidet das Nachlassgericht nach Maßgabe des § 2224 BGB bei Meinungsverschiedenheiten unter mehreren Testamentsvollstreckern. Ansonsten ist das Nachlassgericht bei Streitigkeiten über die Art und Weise der Testamentsvollstreckung oder die Auseinandersetzung nicht unmittelbar zuständig. Solche Streitigkeiten spielen ausschließlich bei der Überprüfung eines Entlassungsgrundes eine Rolle.

Auch kann das Nachlassgericht selbst nicht in die Verwaltung des Testamentsvollstreckers eingreifen, sondern nur in Anordnungen des Erblassers über die Verwaltung. So kann in bestimmten Fällen eine Anordnung nach § 2216 Abs. 2 S. 2 BGB vom Nachlassgericht außer Kraft gesetzt werden.

58   Der Erblasser hat aber in gewissen Umfang die Möglichkeit der Anordnung zur weitergehenden Kontrolle des Testamentsvollstreckers. Eine Verpflichtung zur vorherigen Einho-

---

74   Seinen Anspruch auf Aufwendungsersatz nach §§ 2218, 670, 257 BGB wegen der Verfahrenskosten verliert er nur dann, wenn er den Prozess pflichtwidrig geführt hat, also bei überflüssiger, leichtfertiger oder durch persönliche Interessen beeinflusster Prozessführung.
75   So *Reimann*, in: Bengel/Reimann, II Rn 104.

lung von Weisungen beim Nachlassgericht kann aber nicht angeordnet werden.[76] Es kann hingegen durch ihn die Rechte des Testamentsvollstreckers aus § 2208 BGB eingeschränkt werden. Zudem ist durch den Erblasser eine Unterstellung des Testamentsvollstreckers der Aufsicht beliebiger Dritter möglich, wobei allerdings derartige Anordnungen nur schuldrechtliche Wirkungen haben.[77] Darüber hinaus hat der Erblasser die Möglichkeit, den Testamentsvollstrecker bei beschränkt geschäftsfähigen Erben oder bei minderjährigen Erben unter die zusätzliche Kontrolle durch das Vormundschaftsgericht zu unterwerfen.[78]

Ein Regelungsbedürfnis der weitergehenden Kontrolle besteht nicht. Dies muss im Belieben des Erblassers bleiben, der die Testamentsvollstreckung anordnet. Dieser muss eigenständig entscheiden, ob er einen Testamentsvollstrecker mit Machtfülle oder einen stark kontrollierten Testamentsvollstrecker wünscht. Eine weitere Kontrollmöglichkeit in Form der vorherigen Kontrolle der Rechnungslegung durch das Nachlassgericht ist daher abzulehnen.

II. Vermittlung der Rechnungsabnahme durch das Nachlassgericht?

Auch eine Vermittlung der Rechnungsabnahme durch das Nachlassgericht ist nicht notwendig. Vermittlung bedeutet nach § 1892 Abs. 2 BGB, dass erst eine Kontrolle der Rechnungslegung und anschließend durch das Gericht eine Abnahmeverhandlung erfolgt. Das Vormundschaftsgericht kann versuchen, wenn seine eigene Prüfung oder die Beanstandung durch einen Beteiligten Anlass gibt, im Wege der Vermittlung eine erforderliche Berichtigung und Ergänzung der Schlussrechnung herbeizuführen.[79] Ansonsten kann es dem Mündel zur Abnahme der Rechnungslegung raten. Das Erscheinen zu einer solchen Abnahmeverhandlung kann nicht vom Gericht erzwingen werden. Ebenso kann es keine der Parteien zur Abnahme der Rechnungslegung verpflichten. Hintergrund der Regelung ist der besondere Schutz des Mündels. Einen derartigen Schutz bedürfen aber die (meist erwachsenen und geschäftsfähigen) Erben nicht. Sollen minderjährige oder beschränkt geschäftsfähige Erben mehr geschützt werden, so kann der Erblasser wie oben beschrieben eine diesbezügliche Anordnung treffen.

Eine besondere Abnahmeverhandlung ist ebenso nicht notwendig, da die Erben vor Abschluss der Testamentsvollstreckung ohnehin zum Auseinandersetzungsplan angehört werden und hierbei bereits eventuelle Konflikte geklärt werden. Eine obligatorische Abnahme- oder Entlastungsverhandlung vor dem Nachlassgericht macht wenig Sinn, zumal das Erscheinen der Parteien nicht erzwungen werden kann und auch nicht erzwungen werden sollte. Wenn nämlich die Erben den Testamentsvollstrecker nicht entlasten wollen, weil sie der Ansicht sind, er habe pflichtwidrig gehandelt, kommt man mit dem rein mediativen Charakter einer solchen Verhandlung kaum weiter, da wegen der konträren Ansichten ohnehin das Zivilgericht angerufen werden würde, bei der es wiederum eine obligatorische Güterverhandlung nach § 278 ZPO gibt. Ist zudem das Vertrauensverhältnis zwischen den Erben und dem Testamentsvollstrecker derart erschüttert hilft auch keine Abnahmeverhandlung durch Gericht, da aller Wahrscheinlichkeit nach ein Entlassungsverfahren nach § 2227 BGB angestrengt wird. Letztlich hätte eine solche Entlastungsvermittlung durch das Nachlassgericht nur in den Fällen der anschließenden reibungslosen Entlastung einen Sinn. Für derartige reibungslose Fälle sollte aber nicht unnötigerweise ein Gericht zuständig sein, sondern sollte im Bereich der Privatautonomie bleiben.

---

76 *Zimmermann*, Rn 335; *Reimann*, in: Bengel/Reimann, II Rn 106.
77 *Reimann*, in: Bengel/Reimann, II Rn 109.
78 Palandt/*Weidlich*, Vor § 2197 Rn 3 m.w.N.
79 Staudinger/*Engler*, § 1892 Rn 12; Soergel/*Zimmermann*, § 1892 Rn 4 m.w.N.

III. Muster: Abschlussschreiben an Erben mit gleichzeitiger Rechenschaftslegung und Aufforderung zur Entlastung

An ▓▓▓▓ *(Erben)*

Betr.: Testamentsvollstreckung Otto Normalerblasser

Sehr geehrte Frau P,

hiermit zeige ich an, dass ich mein Amt als Testamentsvollstrecker zum ▓▓▓▓ *(Datum)* beendet habe. Die Testamentsvollstreckung endet nach dem Gesetz automatisch mit der Erledigung aller dem Testamentsvollstrecker zugewiesenen Aufgaben.

Nachfolgend lege ich abschließend Rechenschaft über den Nachlass des am 28.2.2015 verstorbenen Otto Normalerblasser in München für die Zeit vom Amtsantritt, den ▓▓▓▓ *(Datum)*, bis zum heutigen Tage, den ▓▓▓▓ *(Datum)*:

Zunächst verweise ich zur Vermeidung von Wiederholungen auf das vorsorglich nochmals beigefügte Nachlassverzeichnis vom 29.2.2015 hinsichtlich der am 29.2.2015 bestehenden Aktiva und Passiva.

I. Folgende **Nachlassverbindlichkeiten** sind nach dem 29.2.2015 entstanden und durch mich vom Konto der Sparkasse München 4711 ausgeglichen worden:

1.)	Steuerberater Groß, Kostenrechnung für Erstellung der Einkommensteuererklärungen für die Jahre 2013–2015	1.317,75 EUR
2.)	Vermieter Winterberg, Mietzins für die Wohnung ▓▓▓▓ bis zum 31.5.2015	3.420,28 EUR
3.)	Amtsgericht München, Kosten der Eröffnung Testament, Bescheid vom 17.3.2015	60,00 EUR
4.)	Amtsgericht München, Kosten der Erteilung Testamentsvollstreckerzeugnis, Bescheid vom 20.3.2015	325,00 EUR
5.)	Auktionator Adam, Kosten der Versteigerung des Inventars vom 23.4.2015	257,00 EUR
6.)	Städt. Klinikum München, Kosten für Behandlung bis zum 28.2.2015 gem. Rechnung vom 27.3.2015, da keine Übernahme der priv. Krankenversicherung	689,00 EUR

II. Des Weiteren konnten folgende **Einnahmen** verbucht werden:

1.)	Rückerstattung des Finanzamtes München, Einkommensteuer 1997 gem. Bescheid vom 27.4.2015	357,00 EUR
2.)	Rückerstattung des Finanzamtes München, Einkommensteuer 1998 gem. Bescheid vom 27.4.2015	1.290,00 EUR
3.)	Rückerstattung des Finanzamtes München, Einkommensteuer 1999 gem. Bescheid vom 27.4.2015	1.477,80 EUR
4.)	Rückerstattung aus Haftpflichtversicherung der Allianz Versicherungs AG gem. Schreiben vom 3.4.2015	354,00 EUR

III. Das Girokonto der Sparkasse München 4711 weist einen Stand von 207,35 EUR zum heutigen Tage, den ▓▓▓▓ *(Datum)* aus. Sämtliche Kontoauszüge seit dem Todestag habe ich in Kopie für Sie beigefügt.

Die weiteren Beträge aus den bestehenden Kontoverbindungen und des Sparbuchs bei der HASPA wurde Ihnen gegen Quittung am 23.4.2015 bereits ausbezahlt.

Wie mit Ihnen mit Bestätigung vom 3.3.2015 vereinbart, habe ich die Anlageform des Erblassers bei der Industria Dresdner Bank und beim Internationalen Immobilien Institut nicht geändert, sondern bis zum 30.4.2015 bestehen lassen. Anschließend wurde das Geld auf das Konto bei der Commerzbank München

Bonefeld

10815 überwiesen und verteilt. Wegen der bereits erhaltenen Gelder verweise ich auf den Auseinandersetzungsvertrag vom 5.5.2015.

Die jeweiligen Kontoauszüge sind ebenfalls in Kopie beigefügt.

IV. Aufgrund der Vereinbarung vom 3.3.2015 habe ich mir erlaubt, gemäß der Möhring'schen Tabelle meine Testamentsvollstreckergütung vom Konto bei der Commerzbank 10815 in Höhe von 9.970,09 EUR zu entnehmen. Eine genaue Abrechnung ist Ihnen mit Schreiben vom 5.5.2015 bereits zugegangen.

V. Für die gute Zusammenarbeit darf ich mich herzlich bei Ihnen bedanken.

Sofern ich keine Mitteilungen hinsichtlich meines abschließenden Rechenschaftsberichts bis zum

_____ (Datum)

erhalte, gehe ich davon aus, dass die Testamentsvollstreckung mit Ihrem Einverständnis als abgeschlossen gilt.

Alternativ:

Damit ich meine Tätigkeit endgültig einstellen kann, bitte ich Sie, die beigefügte Anlage mir unterschrieben bis zum

_____ (Datum)

zurückzusenden. Ein Freiumschlag ist beigefügt.

Sollten Sie Beanstandungen hinsichtlich des abschließenden Rechenschaftsberichts haben, bitte ich Sie, diese ausführlich auf dem beigefügten Schreiben zu begründen, um eine Klärung herbeizuführen.

Für Rückfragen stehe ich selbstverständlich gerne zur Verfügung.

Rechtsanwalt R als Testamentsvollstrecker

Anlage für Alternative:

An Rechtsanwalt R

_____ (Adresse)

Betr.: Testamentsvollstreckung durch Rechtsanwalt R hinsichtlich des Nachlasses des am 28.2.2015 verstorbenen Otto Normalerblasser

Hiermit bestätige ich den Erhalt des abschließenden Rechenschaftsberichts des Testamentsvollstreckers Rechtsanwalt R vom _____ (Datum) mit sämtlichen Anlagen.

Zutreffendes ankreuzen
☐ Nach Prüfung des Rechenschaftsberichts habe ich keine Beanstandungen. Ich entlaste hiermit ausdrücklich den Testamentsvollstrecker und betrachte die Testamentsvollstreckung ebenfalls für beendet.
☐ Ich habe folgende Beanstandungen:

_____ (Ort), _____ (Datum)

Unterschrift des Erben

IV. Muster: Negative Feststellungsklage

Wollen die Erben einer Entlastung nicht zustimmen, sollte der Testamentsvollstrecker nicht davor zurückschrecken eine **Klage** einzureichen. Die Klage ist in eigenem Namen beim Prozessgericht einzureichen, so dass der Testamentsvollstrecker bei Unterliegen auch die Kosten des Rechtsstreits trägt. Aufgrund der oben aufgeführten herrschenden Ansicht sollte aus Vorsichtsgründen keine Leistungs-, sondern eine **negative Feststellungsklage** erhoben werden.

64 An das Amtsgericht München

Klage

des Rechtsanwalts R, ▓▓▓ *(Adresse)*

– Kläger –

gegen
1.) die Frau P ▓▓▓ *(Adresse)*
2.) den Herrn F ▓▓▓ *(Adresse)*

– Beklagte –

wegen Feststellung.

Ich erhebe Klage und werde beantrage:

Es wird festgestellt, dass den Beklagten nach der Rechnungslegung des Testamentsvollstreckers des Otto Normalerblasser, Rechtsanwalt R, vom ▓▓▓ *(Datum)* keine weiteren Ansprüche mehr gegen den Testamentsvollstrecker zustehen.

Begründung:

Der Kläger ist Testamentsvollstrecker des am 28.2.2015 in München verstorbenen Otto Normalerblasser.

Beweis: Testamentsvollstreckerzeugnis des Amtsgerichts München (Anlage 1)

Die Beklagten sind laut notariellem Testament vom 19.2.2010 des Notars Dr. Wachtelhofen Erben.

Beweis: Notarielles Testament vom 19.2.2010 (Anlage 2)

Mit abschließenden Schreiben vom ▓▓▓ *(Datum)* hat der Kläger den Beklagten gegenüber hinsichtlich seiner kompletten Amtsführung Rechenschaft abgelegt und diese bis zum ▓▓▓ *(Datum)* aufgefordert, ihn zu entlasten.

Beweis: Rechenschaftslegung vom ▓▓▓ *(Datum)* (Anlage 3)

Die Beklagten haben jedoch die Ansicht vertreten, ihnen würden noch Ansprüche aus dem Nachlass zustehen, ohne diese näher zu bezeichnen.

Wie sich aus dem Rechenschaftsbericht eindeutig ergibt, stehen den Erben keine weiteren Ansprüche aus dem Nachlass zu.

Im Einzelnen:

▓▓▓ *(weitere Ausführungen)*

Nach allgemeiner Auffassung (*Winkler*, Der Testamentsvollstrecker, Rn 484; *Klumpp*, in: Bengel/Reimann, Handbuch der Testamentsvollstreckung, VI Rn 335 m.w.N.) besteht für den Testamentsvollstrecker ein Rechtsschutzbedürfnis auf Feststellung nach Rechenschaftsablegung dahingehend, dass die Erben keine weiteren Ansprüche haben.

Klage ist daher geboten.

Rechtsanwalt R als Testamentsvollstrecker

V. Muster: Positive Feststellungsklage

65 Alternativ kann statt einer negativen Feststellungsklage auch ein **positiver Feststellungsantrag** gestellt werden. Dieser bietet sich immer an, wenn lediglich wegen einer konkreten Verwaltungsmaßnahme Streit besteht und der Testamentsvollstrecker nicht bereits vorher auf Zustimmung geklagt hat. Diese könnte wie folgt formuliert werden:

An das Amtsgericht München

Klage

des Rechtsanwalts R, ▓▓▓▓ *(Adresse)*

– Kläger –

gegen
1.) die Frau P ▓▓▓▓ *(Adresse)*
2.) den Herrn F ▓▓▓▓ *(Adresse)*

– Beklagte –

wegen Feststellung.

Ich erhebe Klage und werde beantragen:

Es wird festgestellt, dass der Testamentsvollstrecker des am 28.2.2015 verstorbenen Otto Normalerblasser, Rechtsanwalt R, bei der Ausführung ▓▓▓▓ *(konkretes einzelnes Geschäft)* seine Pflichten als Testamentsvollstrecker ordnungsgemäß erfüllt hat.

Will der Testamentsvollstrecker seine Arbeit nicht beenden und beantragt keine Löschung des Testamentsvollstreckervermerks im Grundbuch, können die Erben ebenfalls eine Feststellungsklage einreichen, um die Beendigung der Tätigkeit feststellen zu lassen. Sie müssen dann anschließend einen neuen Erbschein ohne Testamentsvollstreckervermerk beantragen, damit sie diesen dem Grundbuchamt vorlegen können. Alternativ kann von den Erben nach § 2227 BGB beantragt werden, den Testamentsvollstrecker wegen einer Pflichtverletzung zu entlassen, da er grundlos die Beendigung des Amtes verweigert.

§ 43 Testamentsvollstreckung und Kollisionsrecht

Dr. Michael Bonefeld

Inhalt:

	Rn		Rn
A. Allgemeines	1	C. Muster: Internationale Nachlassvollmacht (englische Fassung)	9
B. Muster: Internationale Nachlassvollmacht (deutsche Fassung)	8		

A. Allgemeines

Die Testamentsvollstreckung mit Auslandsbezug ist angesichts des zahlreichen Auslandsvermögens von Deutschen und angesichts vieler ausländischer Mitbürger mit erheblichen Vermögen in der letzten Zeit stark gestiegen. Jedoch führt nicht selten aufgrund einer fehlenden Abstimmung mit internationalen Regeln die einst angeordnete Testamentsvollstreckung ins Leere. Insofern ist es bereits in der Beratungssituation vor dem Erbfall sehr wichtig, die Berührung mit einer ausländischen Rechtsordnung und der Möglichkeit einer Testamentsvollstreckung zu berücksichtigen. Andernfalls sind Ersatzkonstruktionen für eine Handlungsfähigkeit des Testamentsvollstreckers z.B. als Bevollmächtigten in Erwägung zu ziehen. 1

Die Testamentsvollstreckung unterliegt dem **Erbstatut**.[1] Somit hat das Erbstatut Bedeutung für die rechtliche Einordnung und die Beurteilung der Zulässigkeit der Testamentsvollstreckerernennung, die Zulässigkeit der Testamentsvollstreckung selbst, die Einzelbefugnisse des Testamentsvollstreckers sowie seine Rechtsstellung nebst seiner Entlassung.[2] 2

Nach Art. 25 Abs. 1 EGBGB wird auf das **Heimatrecht** des Erblassers verwiesen. Maßgeblich ist die Staatsangehörigkeit des Erblassers im Todeszeitpunkt. Das Erbstatut ist somit unwandelbar. Sofern der Erblasser Deutscher war, kann somit auch aus deutscher Sicht eine Testamentsvollstreckung im Ausland nach deutschem Recht möglich sein und zwar soweit, wie der extraterritoriale Geltungsanspruch des deutschen Rechts reicht und nicht durch Art. 3a EGBGB eingeschränkt ist.[3] Ob letztendlich eine Testamentsvollstreckung faktisch im Ausland nach deutschem Recht möglich ist, bestimmt sich nicht nach dem deutschen Recht, sondern nach dem Recht des Ziellandes.[4] Die Handlungsvollmacht des deutschen Testamentsvollstreckers kann durch international-verfahrensrechtliche Bestimmungen, durch eine andere Anknüpfung des Testamentsvollstreckungsstatus oder durch den *ordre public* stark beschränkt werden. 3

Die Berührung mit dem Kollisionsrecht gehört zu den schwierigsten Beratungsfeldern. Insbesondere wegen sog. hinkender Rechtsverhältnisse kann manchmal die beste Regelung nach deutschem Recht in Leere gehen. Haben bspw. deutsche Eheleute einen Erbvertrag mit Testamentsvollstreckungsanordnung abgefasst und ziehen sie anschließend nach Belgien, muss zunächst überprüft werden, ob überhaupt der deutsche Erbvertrag in Belgien anerkannt wird (was nicht der Fall ist). Ebenso führt die Anordnung einer Testamentsvollstreckung z.B. für einen österreichischen Staatsangehörigen hinsichtlich seines deutschen 4

---

1 LG Heidelberg IPRax 1992, 171; BGH NJW 1963, 46.
2 BGH NJW 1963, 46.
3 Dazu *von Oertzen*, ZEV 1995, 167 ff.
4 Siehe *von Oertzen*, ZEV 1995, 170.

Vermögens in Leere, weil nur wegen der in Deutschland belegenen Immobilie nach Art. 25 Abs. 2 EGBGB eine Testamentsvollstreckung angeordnet werden kann, nicht aber wegen des ganzen beweglichen Restvermögens in Deutschland.

5 Für Erbfälle am oder nach dem **17.8.2015** gilt nach Art. 83 Abs. 1 EU-ErbVO die neue **Europäische Erbrechtsverordnung**. Dabei ist grundsätzlich nicht der Zeitpunkt der Errichtung einer Verfügung von Todes wegen maßgebend. Das Erbrecht knüpft dann an den gewöhnlichen Aufenthalt des Erblassers an (Art. 21 EU-ErbVO). Somit kommt es zu einem Gleichlauf zwischen Zuständigkeit der Gerichte und Erbstatut. Der Erblasser kann jedoch in einer Verfügung von Todes wegen sein Heimatrecht wählen (Art. 22 EU-ErbVO). Das Erbstatut wird grundsätzlich einheitlich bestimmt. Art. 25 EGBGB dürfte dann obsolet sein.

6 Die Rechte und Pflichten des Testamentsvollstreckers richten sich nach **Art. 29 EU-ErbVO**. Im neuen Europäischen Nachlasszeugnis (Art. 63 EU-ErbVO), welches auch vom Testamentsvollstrecker beantragt werden kann, befindet sich der Nachweis der Rechte und Befugnisse von Testamentsvollstreckern. Art. 29 EU-ErbVO lautet:

Art. 29 EU-ErbVO Besondere Regelungen für die Bestellung und die Befugnisse eines Nachlassverwalters in bestimmten Situationen
(1) Ist die Bestellung eines Verwalters nach dem Recht des Mitgliedstaats, dessen Gerichte nach dieser Verordnung für die Entscheidungen in der Erbsache zuständig sind, verpflichtend oder auf Antrag verpflichtend und ist das auf die Rechtsnachfolge von Todes wegen anzuwendende Recht ausländisches Recht, können die Gerichte dieses Mitgliedstaats, wenn sie angerufen werden, einen oder mehrere Nachlassverwalter nach ihrem eigenen Recht unter den in diesem Artikel festgelegten Bedingungen bestellen. Der/die nach diesem Absatz bestellte(n) Verwalter ist/sind berechtigt, das Testament des Erblassers zu vollstrecken und/oder den Nachlass nach dem auf die Rechtsnachfolge von Todes wegen anzuwendenden Recht zu verwalten. Sieht dieses Recht nicht vor, dass eine Person Nachlassverwalter ist, die kein Berechtigter ist, können die Gerichte des Mitgliedstaats, in dem der Verwalter bestellt werden muss, einen Fremdverwalter nach ihrem eigenen Recht bestellen, wenn dieses Recht dies so vorsieht und es einen schwerwiegenden Interessenskonflikt zwischen den Berechtigten oder zwischen den Berechtigten und den Nachlassgläubigern oder anderen Personen, die für die Verbindlichkeiten des Erblassers gebürgt haben, oder Uneinigkeit zwischen den Berechtigten über die Verwaltung des Nachlasses gibt oder wenn es sich um einen aufgrund der Art der Vermögenswerte schwer zu verwaltenden Nachlasses handelt. Der/die nach diesem Absatz bestellte(n) Verwalter ist/sind die einzige(n) Person(en), die befugt ist/sind, die in den Absätzen 2 oder 3 genannten Befugnisse auszuüben.
(2) Die nach Absatz 1 bestellte(n) Person(en) üben die Befugnisse zur Verwaltung des Nachlasses aus, die sie nach dem auf die Rechtsnachfolge von Todes wegen anzuwendenden Recht ausüben dürfen. Das bestellende Gericht kann in seiner Entscheidung besondere Bedingungen für die Ausübung dieser Befugnisse im Einklang mit dem auf die Rechtsnachfolge von Todes wegen anzuwendenden Recht festlegen. Sieht das auf die Rechtsnachfolge von Todes wegen anzuwendende Recht keine hinreichenden Befugnisse vor, um das Nachlassvermögen zu erhalten oder die Rechte der Nachlassgläubiger oder anderer Personen zu schützen, die für die Verbindlichkeiten des Erblassers gebürgt haben, so kann das bestellende Gericht beschließen, es dem/den Nachlassverwalter(n) zu gestatten, ergänzend diejenigen Befugnisse, die hierfür in seinem eigenen Recht vorgesehen sind, auszuüben und in seiner Entscheidung besondere Bedingungen für die Ausübung dieser Befugnisse im Einklang mit diesem Recht festlegen. Bei der Ausübung solcher ergänzenden Befugnisse hält/halten der/die Verwalter das auf die Rechtsnach-

folge von Todes wegen anzuwendende Recht in Bezug auf den Übergang des Eigentums an dem Nachlassvermögen, die Haftung für die Nachlassverbindlichkeiten, die Rechte der Berechtigten, gegebenenfalls einschließlich des Rechts, die Erbschaft anzunehmen oder auszuschlagen, und gegebenenfalls die Befugnisse des Vollstreckers des Testaments des Erblassers ein.

(3) Ungeachtet des Absatzes 2 kann das nach Absatz 1 einen oder mehrere Verwalter bestellende Gericht ausnahmsweise, wenn das auf die Rechtsnachfolge von Todes wegen anzuwendende Recht das Recht eines Drittstaats ist, beschließen, diesen Verwaltern alle Verwaltungsbefugnisse zu übertragen, die in dem Recht des Mitgliedstaats vorgesehen sind, in dem sie bestellt werden. Bei der Ausübung dieser Befugnisse respektieren die Nachlassverwalter jedoch insbesondere die Bestimmung der Berechtigten und ihrer Nachlassansprüche, einschließlich ihres Anspruchs auf einen Pflichtteil oder ihres Anspruchs gegen den Nachlass oder gegenüber den Erben nach dem auf die Rechtsnachfolge von Todes wegen anzuwendenden Recht.

Nach alledem sind unbedingt im Vorfeld etwaige kollisionsrechtliche Probleme zu erfassen und einer Lösung zuzuführen. Am besten ist es natürlich, wenn man die Möglichkeit hat, den Nachlass unter deutsches Rechts fallen zu lassen, wie z.B. durch Einbringung von Immobilien in eine deutsche Gesellschaft o.Ä. oder durch die neue Möglichkeit der Rechtswahl nach Inkrafttreten der EU-ErbVO.

Sofern nicht deutsches Recht im Ausland zur Anwendung kommt, bietet sich der Weg der Vollmacht an. So sollte z.B. der Erbe mit der Auflage belegt werden, dem Testamentsvollstrecker eine **internationale Nachlassvollmacht nach dem Muster der Kommission für europäische Angelegenheiten (CAE) der internationalen Union des lateinischen Notariats (UINL)** für die Dauer der Testamentsvollstreckung zu erteilen. Damit die Vollmacht nicht ohne Weiteres widerrufen werden kann, ist an eine Bedingung zu denken.

Alternativ können auch postmortale oder transmortale Vollmachten durch den Erblasser dem späteren Testamentsvollstrecker erteilt werden, wobei sich dann immer aber auch das Problem der Widerrufsmöglichkeit durch die Erben stellt oder aber die Problematik, dass in zahlreichen Ländern derartige Vollmachten über den Tod hinaus unwirksam sind. Ob die Probleme des Wirkungsstatuts überall durch eine Rechtswahl nach deutschem Recht gelöst werden können, ist noch nicht abschließend geklärt, sollte aber zumindest versucht werden.[5]

B. Muster: Internationale Nachlassvollmacht (deutsche Fassung)

Nachlassvollmacht[6]

▧▧▧ *(Übliche Eingangsformel notarieller Urkunden, Angabe der Erschienenen und ggf. eines Vertretungsverhältnisses)*

Der Vollmachtgeber

▧▧▧ (Name des oder der Erben)

erklärt, hierdurch zu seinem Bevollmächtigten zu bestellen

Rechtsanwalt ▧▧▧, geboren am ▧▧▧

---

5 Ausführlich dazu *Süß*, ZEV 2008, 69.
6 Text nach Vorschlag der *Union Internationale Du Notariat Latin – Commission des affaires europeennes*.

wohnhaft ▓▓▓▓,

geschäftsansässig ▓▓▓▓

dem er Vollmacht erteilt, die Erbschaft nach

Otto Normalerblasser,

verstorben am 25.2.2015,

für ihn anzutreten und abzuwickeln, gegebenenfalls auch jedes Gemeinschaftsvermögen oder Gesamtgut, das etwa zwischen dem Verstorbenen und seinem Ehepartner oder einer anderen Person bestanden hat. Infolgedessen und zu diesem Zweck soll der Bevollmächtigte berechtigt sein:

I. – ALLE SICHERUNGSMAßNAHMEN OHNE JEDE EINSCHRÄNKUNG ZU TREFFEN

Die Versiegelung jeder Art zu beantragen; die Entsiegelung mit oder ohne gleichzeitige Aufnahme eines Verzeichnisses der versiegelt gewesenen Gegenstände zu verlangen.

Die Errichtung von Nachlassverzeichnissen (Inventar) und die Öffnung von Schließfächern und versiegelten Briefen zu veranlassen.

Von allen Testamenten, Testamentsnachträgen und Schenkungen Kenntnis zu nehmen.

Von jedem Dritten Auskünfte über alle Bestandteile des Aktivvermögens und der Schulden zu erwirken.

Alle gerichtlichen Maßnahmen zur Sicherung des Nachlassvermögens zu beantragen.

II. – DIE ERBENSTELLUNG EINZUNEHMEN

Die Erbschaft ohne Einschränkung oder unter der Rechtswohltat des Inventars anzunehmen oder sie auszuschlagen; der Erfüllung von Vermächtnissen jeder Art zuzustimmen oder zu widersprechen, sie auszuliefern oder entgegenzunehmen, (auch) ihre Herabsetzung (nach Belieben) zu verlangen.

III. – ZU HANDELN UND ZU VERWALTEN

Verwaltungshandlungen jeder Art mit den weitestgehenden Befugnissen durchzuführen und insbesondere:

a) Den Inhalt von Schließfächern aller Art zu entnehmen, Effekten, Wertsachen und Geldsummen, sie mögen Erträgnisse oder Kapitalien darstellen, in Empfang zu nehmen und darüber zu quittieren; auf jede vorhandene Sicherheit gegen Bezahlung zu verzichten.

b) Konten bei Banken jeder Art zu eröffnen und bestehen zu lassen, Geldbeträge einzuzahlen und abzuheben, Schecks auszustellen, einzuziehen und zu indossieren, Effekten und Wertsachen in Verwahrung zu geben oder zu entnehmen.

c) Renten, Aktien, Obligationen und Effekten aller Art, die an den Börsen notiert (bewertet) werden, zu erwerben, zu zeichnen und zu verkaufen.

d) Schließfächer zu mieten und alle darauf bezüglichen Rechte auszuüben.

e) Vermögensteile zu vermieten oder zu verpachten; Grundstücke zu pachten, alles das unter Verpflichtungen und Bedingungen, die der Bevollmächtigte bestimmt.

f) An Versammlungen von Gesellschaften, Verbänden oder Berufsvereinigungen (Syndikaten) teilzunehmen, Ämter auszuüben, das Stimmrecht auszuüben und Protokolle zu unterzeichnen.

g) Den Vollmachtgeber bei Versicherungsgesellschaften zu vertreten und insbesondere Versicherungsscheine zu unterzeichnen und sie zu kündigen.

h) Den Vollmachtgeber bei Behörden und insbesondere bei der Postverwaltung und allen Finanzämtern zu vertreten.

Zu diesem Zweck Erklärungen aller Art zu unterzeichnen, Steuern und Abgaben zu bezahlen, Beschwerden (Einsprüche) und freiwillige oder streitige Gesuche vorzubringen, Stundungen zu erwirken, Bürgschaften zu vereinbaren, Eintragungen aller Art in den Grundbüchern und Hypothekenregistern zu bewilligen.

i) In Fällen von Konkurs, Zwangsvergleich oder gerichtlicher Liquidation von Schulden an Gläubigerversammlungen teilzunehmen und den Vollmachtgeber zu vertreten.

IV. – ZU VERFÜGEN

a) Grundstücke, Handelsgeschäfte, Schiffe, Aktien, Obligationen – auch soweit sie an der Börse nicht notiert sind – bewegliche Sachen und Rechte ohne Ausnahme, Forderungen, Erbschaftsrechte und überhaupt alle erdenklichen Rechtsgüter zu erwerben, zu verkaufen und auszutauschen zu Preisen und gegen Verpflichtungen und Bedingungen, die der Bevollmächtigte bestimmt.

Kaufgelder zu kassieren, darüber zu quittieren, auf Eintragungen zu verzichten, auch wenn sie von Amts wegen zu bewirken sind.

b) Hypotheken, Pfandrechte und überhaupt Sicherheiten aller Art auch ohne Bezahlung aufheben bzw. löschen zu lassen, Subrogationen (Ersatz bzw. Auswechslung von Sicherheiten) zuzustimmen.

V. – AUFZUTEILEN

Die Abwicklung und Teilung des Nachlasses oder ein der Teilung gleichwertiges Rechtsgeschäft in jeder Form gütlich oder gerichtlich durchführen; Anteile am Nachlass im Namen des Vollmachtgebers mit oder ohne Ausgleichssumme (Geldausgleich) zu empfangen, auf Eintragungen zu verzichten, auch wenn sie von Amts wegen zu bewirken sind.

VI. – GERICHTLICHE SCHRITTE EINZULEITEN

a) Den Vollmachtgeber sowohl als Kläger als auch als Beklagten vor Gericht zu vertreten, Verteidiger und gerichtliche Hilfspersonen zu bestellen. Prozesshandlungen oder Vollstreckungsmaßnahmen jeder Art zu bewirken oder zu beantragen.

b) Einen Schiedsvertrag oder einen Vergleich abzuschließen.

VII. – VERSCHIEDENE VERFÜGUNGEN

Zu obigen Zwecken Urkunden und Schriftstücke aller Art auszustellen und zu unterzeichnen, Eintragungen im Grundbuch zu beantragen, den Wohnsitz zu bestimmen, Untervollmacht zu erteilen und überhaupt alles Nötige zu tun.

DIESE NIEDERSCHRIFT

(Es folgt die übliche Schlussformel notarieller Urkunden)

C. Muster: Internationale Nachlassvollmacht (englische Fassung)

POWER OF ATTORNEY TO WIND UP AN ESTATE

(Übliche Eingangsformel notarieller Urkunden, Angabe der Erschienenen und ggf. eines Vertretungsverhältnisses)

Who has hereby appointed as Attorney for the following purposes:

Mr./Mrs. , born
Address home ,
Address office

To whom **(Name des oder der Erben)** gives Power to get in and wind up the Estate of

Mr. Otto Normalerblasser

who died on the 25.2.2015 at Munich.

And, if applicable, any community of property or property remaining in undivided ownership which may have existed between the deceased and his/or her spouse or any other person.

Consequently and in relation thereto:

I. - TO TAKE ANY PROTECTIVE MEASURES

Without stating in what capacity:

Require any seals to be affixed, apply for the removal thereof with or without inventory.

To cause any inventories to be made and any safe-deposit boxes and sealed packets to be, opened.

To take cognisance of any wills, codicils and deeds of gift.

To obtain from any third parties any information in respect of any assets and liabilities.

To apply for any judicial measures to be taken for the protection of the assets.

II. - DECISIONS

To accept the estate either unconditionally or subject to inventory or disclaim the same. To agree to or contest the vesting of any legacies, make or accept delivery thereof To apply for any reductions of legacies exceeding the amount of which the testator may dispose.

III. - TO MANAGE AND ADMINISTER

To carry out any acts of administration with the widest powers and more particularly:

a) To withdraw the contents of any safe-deposit boxes, receive any securities, shares and any monies in the nature of income or capital, give receipt therefor, release against payment any sureties whatsoever.

b) To open and operate any accounts with any banks, deposit and withdraw any monies, draw, settle and indorse any cheques, deposit and withdraw any shares and securities.

c) To rent any safe-deposit boxes, exercise all rights relating thereto.

d) To acquire, subscribe for and sell any annuities, shares, debentures and any quoted securities whatsoever.

e) To rent and let on lease any property. To take any immovable properties on lease, on such terms and subject to such conditions as the Attorney shall deem fit.

f) To attend any meetings of companies, associations or organisations, carry out any duties threat, vote and sign any minutes.

g) To represent the Donor in relation to any Insurance Companies and more particularly subscribe any policies or surrender the same.

h) To represent the Donor in relation to public departments and in particular in relation to the Post Office, and any Revenue authorities. For such purposes, to make any declarations, pay any duties and taxes, make any claims and applications whether by agreement or by way of contentious proceedings. To obtain time for payment, furnish any guarantees, agree to any entries in the land or charges registers.

i) In the event of bankruptcy, schemes of arrangement, or judicial liquidation of any debtors, take part in any meetings of creditors and represent the Donor.

IV. - DISPOSITION

a) To acquire, sell and exchange any immovable property, business goodwill, ships, shares debentures whether quoted or not any corporeal and incorporeal movables without exception, any debts receivable, any rights of succession and generally any assets whatsoever, at such price and subject to such terms and conditions as the attorney shall deem fit.

To receive the consideration therefore, give receipt therefore and waive any registrations including those made by Operation of law.

b) Release any mortgages, pledges and generally any sureties whatsoever with or without payment, agree to any subrogations.

V. – APPORTIONMENT

To proceed with any accounts, liquidation and apportionment or acts equivalent to apportionment either by agreement or judicially, accept any lots in the name of the Donor with or without compensation, waive any registrations including those made by Operation of law.

VI. – ACTING IN LEGAL PROCEEDINGS

a) To represent the Donor in legal proceedings both as Plaintiff and Defendant, appoint Counsel and other legal representatives, take or require any legal proceedings or acts of a procedural nature, or any measures for execution.

b) Compromise and compound.

VII. – SUNDRY PROVISIONS

For the above purposes execute and sign any deeds and documents, apply for any entries in the Land Registry, give an address for Service, substitute and generally do whatever may be necessary.

WHEREOF AN ACT

(Es folgt die übliche Schlussformel notarieller Urkunden)

Sofern eine internationale Nachlassvollmacht erteilt wurde, sollte den Erben wenigstens dann die Möglichkeit zum Widerruf der Vollmacht gegeben werden, wenn auch die Voraussetzungen für § 2227 BGB vorliegen.

§ 44 Anwaltliche Angriffsstrategien gegen den Testamentsvollstrecker und Verteidigungsstrategien des Testamentsvollstreckers

Dr. Michael Bonefeld

Inhalt:	Rn		Rn
A. Wirksame Anordnung der Testamentsvollstreckung	1	2. Muster: Klageantrag des Testamentsvollstreckers zur Ausführung seines Auseinandersetzungsplans	27
B. Exkurs: Zulässigkeit der Testamentsvollstreckung durch Steuerberater und Banken	3	E. Maßnahmen bei Kapitalanlageentscheidungen des Testamentsvollstreckers	28
C. Weitere Maßnahmen, sofern Testamentsvollstreckeranordnung wirksam	9	I. Muster: Antrag nach § 2216 Abs. 2 BGB	30
I. Muster: Stellungnahme zur Ernennung einer Person zum Testamentsvollstrecker durch das Gericht	10	II. Muster: Klage auf Einhaltung einer Verwaltungsanordnung nach § 2216 Abs. 2 BGB	32
II. Muster: Stellungnahme zur Absicht der Erteilung eines bestimmten Testamentsvollstreckerzeugnisses	12	III. Muster: Klage auf Vornahme einer Handlung gem. § 2216 Abs. 1 BGB	34
III. Muster: Einziehung eines falschen Testamentsvollstreckerzeugnisses	13	IV. Muster: Erlass einer einstweiligen Verfügung auf Unterlassung einer vom Testamentsvollstrecker vorgesehenen Handlung	36
D. Typische Fehlerquellen bei der Tätigkeit des Testamentsvollstreckers	14	V. Muster: Vereinbarung mit den Erben wegen einer Kapitalanlageentscheidung	38
I. Typische Fehlerquellen beim Nachlassverzeichnis	15	F. Vergütung des Testamentsvollstreckers	39
1. Muster: Anschreiben an den Testamentsvollstrecker wegen eines fehlerhaften Nachlassverzeichnisses	17	I. Muster: Negative Feststellungsklage des Testamentsvollstreckers gegen die Erben wegen angeblicher Zuvielvergütung	50
2. Muster: Auskunftsbegehren gegenüber dem Testamentsvollstrecker	19	II. Muster: Klageantrag bei Vergütungsklage des Testamentsvollstreckers	52
II. Typische Fehlerquellen beim Auseinandersetzungsplan	20	III. Muster: Abrechnung und Erläuterung der vom Testamentsvollstrecker geforderten Vergütung für die Erben	54
1. Muster: Feststellungsantrag auf Feststellung der Unwirksamkeit eines Auseinandersetzungsplans eines Testamentsvollstreckers	23	G. Entlassungsverfahren nach § 2227 BGB	55
		I. Muster: Entlassungsantrag nach § 2227 BGB	56
		II. Problem des Versagungsermessens	57

A. Wirksame Anordnung der Testamentsvollstreckung

Die Einsetzung eines Testamentsvollstreckers wird nicht immer von den Betroffenen begrüßt. Häufig werden Anwälte aufgesucht, um gegen den Testamentsvollstrecker vorzugehen. Meistens wird der Rechtsanwalt gebeten, alles daran zu setzen, den Testamentsvollstrecker abzusetzen, also einen Entlassungsantrag zu stellen. Dem Mandanten sollte von vornherein deutlich gemacht werden, dass durch die Absetzung eines Testamentsvollstreckers nicht immer auch gleichzeitig das Amt erlöscht. 1

Am Anfang seiner Bemühungen sollte man darauf achten, ob die Anordnung der Testamentsvollstreckung überhaupt wirksam ist. Hierzu sei auf die Ausführungen in § 28 Rn 2 bzw. auf die nachfolgende Checkliste verwiesen.

Checkliste: Wirksame Anordnung der Testamentsvollstreckung 2
– Ist die letztwillige Verfügung mit der Testamentsvollstreckeranordnung überhaupt wirksam?
  – Verstoß gegen Bindungswirkung eines gemeinschaftlichen Testamentes (fehlende Testierfreiheit)?
  – War der Erblasser testierfähig (fehlende Testierfähigkeit)?
  – Beurkundungsmangel gem. §§ 7, 27 BeurkG (beurkundender Notar setzt sich selbst zum Testamentsvollstrecker ein)?

- Ergibt die Auslegung, dass lediglich ein Verwaltungsvermächtnis, ein Nießbrauchvermächtnis oder eine Vorerbschaft statt einer Testamentsvollstreckeranordnung vorliegt?
- Ist der Testamentsvollstrecker überhaupt formwirksam ernannt? (vgl. § 2199 Abs. 3 BGB i.V.m. § 2198 Abs. 1 S. 2 BGB oder fehlende Geschäftsfähigkeit der Ernennenden)
- Kann ein Dritter oder das Nachlassgericht noch einen (neuen) Testamentsvollstrecker ernennen?
- Kann der Dritte zu einem Verzicht auf sein Bestimmungsrecht wirksam bewegt werden, ggf. unter Fristsetzung nach § 2198 Abs. 2 BGB?
- Darf der Testamentsvollstrecker überhaupt das Amt ausüben (Ist Testamentsvollstrecker ein Notar, der TV selbst beurkundet hat?)

B. Exkurs: Zulässigkeit der Testamentsvollstreckung durch Steuerberater und Banken

Die wichtigste Änderung für die Testamentsvollstreckung erfolgte durch § 5 RDG – Rechtsdienstleistungen im Zusammenhang mit einer anderen Tätigkeit. Dieser lautet:

§ 5 RDG Rechtsdienstleistungen im Zusammenhang mit einer anderen Tätigkeit
(1) ¹Erlaubt sind Rechtsdienstleistungen im Zusammenhang mit einer anderen Tätigkeit, wenn sie als Nebenleistung zum Berufs- oder Tätigkeitsbild gehören. ²Ob eine Nebenleistung vorliegt, ist nach ihrem Inhalt, Umfang und sachlichen Zusammenhang mit der Haupttätigkeit unter Berücksichtigung der Rechtskenntnisse zu beurteilen, die für die Haupttätigkeit erforderlich sind.
(2) Als erlaubte Nebenleistungen gelten Rechtsdienstleistungen, die im Zusammenhang mit einer der folgenden Tätigkeiten erbracht werden:
1. Testamentsvollstreckung,
2. Haus- und Wohnungsverwaltung,
3. Fördermittelberatung.

In der Begründung zu § 5 RDG-E heißt es:

„*§ 5 dient dazu, einerseits die Berufsausübung nicht spezifisch rechtsdienstleistender Berufe nicht zu behindern, andererseits den erforderlichen Schutz der Rechtsuchenden vor unqualifiziertem Rechtsrat zu gewährleisten. Die Vorschrift findet auf alle Arten von Rechtsdienstleistungen Anwendung, gilt also für alle in diesem Gesetz sowie die in anderen Gesetzen geregelten Rechtsdienstleistungsbefugnisse. Die Vorschrift stellt den Grundsatz auf, dass Rechtsdienstleistungen als Nebenleistungen erlaubt sein können. Im Unterschied zu dem früheren Art. 1 § 5 RBerG findet weder eine Ausgrenzung der freien Berufe statt, noch wird der Anwendungsbereich der neuen Regelung beschränkt durch die Aufzählung beispielhafter Berufsgruppen. Die Heraushebung einzelner Tätigkeiten in Absatz 2 dient nicht der Einschränkung des Anwendungsbereichs des Absatz 1, sondern geht inhaltlich über diesen hinaus. Nach Absatz 1 können Rechtsdienstleistungen zunächst als Nebenleistungen anderer beruflicher Tätigkeiten zulässig sein. Der Beruf braucht nicht gesetzlich geregelt zu sein, es genügt, dass es sich um eine fest umrissene berufliche Betätigung handelt. Als Beruf kommt daher zum Beispiel auch die Tätigkeit des Erbenermittlers in Betracht, der neben detektivischen und genealogischen Tätigkeiten auch rechtsdienstleistende Tätigkeiten erbringt. Nach der Regelung in Absatz 1 sind dabei die rechtsdienstleistenden Tätigkeiten solange zulässig, wie sie nicht den Kern und Schwerpunkt der Tätigkeit darstellen; dies ist in jedem Einzelfall gesondert zu prüfen und zu beurteilen; überwiegt der rechtliche Anteil der Tätigkeit, so bleibt dem Erbener-*

mittler die Zusammenarbeit mit einem Rechtsanwalt. *Rechtsdienstleistungen können auch als zulässige Nebenleistungen anderer gesetzlich geregelter Tätigkeiten erlaubt sein. So kann etwa ein Hochschullehrer, der nach den Vorschriften der jeweiligen Verfahrensordnung befugt ist, als Verfahrensbevollmächtigter oder Verteidiger aufzutreten, aufgrund dieser ihm gesetzlich zugewiesenen Befugnis auch außergerichtlich alle Rechtsdienstleistungen erbringen, die im Zusammenhang mit der gerichtlichen Vertretung stehen oder ihrer Vorbereitung dienen. Er ist also in diesem Umfang zur vorgerichtlichen Beratung und Vertretung befugt.*

Eine Nebenleistung liegt nur vor, wenn die nicht zur Hauptleistung gehörende rechtsberatende oder rechtsbesorgende Tätigkeit die Leistung insgesamt nicht prägt, wenn es sich also insgesamt nicht um eine spezifisch rechtliche Tätigkeit handelt. Abzustellen ist dabei darauf, ob eine Dienstleistung als überwiegend rechtlich oder als wirtschaftlich geprägt anzusehen ist. Die Grenzziehung im Einzelfall wird dabei auch künftig durch die Rechtsprechung vorzunehmen sein. Dabei soll die Neufassung der Vorschrift, den Vorgaben des Bundesverfassungsgerichts entsprechend, den Weg für eine neue, weitere Auslegung der zulässigen Nebentätigkeit durch die Rechtsprechung eröffnen. Anders als bisher soll es künftig nicht mehr entscheidend darauf ankommen, ob die Dienstleistung ohne rechtsdienstleistenden Anteil überhaupt erbracht werden kann. Maßgebend ist vielmehr, ob die Rechtsdienstleistung nach der Verkehrsanschauung ein solches Gewicht innerhalb der Gesamtleistung hat, dass nicht mehr von einer bloßen Nebenleistung ausgegangen werden kann.

Häufig wird es sich nach der neuen Definition des Begriffs in § 2 bei diesen Nebenleistungen allerdings gar nicht mehr um Rechtsdienstleistungen handeln (vgl. auch Begr. zu § 2 Abs. 2). Die Vorschrift soll aber dazu dienen, Grauzonen aufzulösen in Bereichen, in denen den Kunden des Dienstleistenden nicht verständlich zu machen wäre, dass für die „Nebenleistung" die Einschaltung eines Rechtsanwalts erforderlich sein soll (z.B. im Bereich der „Serviceleistungen" von Kfz-Reparaturwerkstätten oder -Sachverständigen im Bereich der Schadensabwicklung).

Geht es dagegen um eine rechtsberatende oder rechtsbesorgende Tätigkeit, die regelmäßig von einem Rechtsanwalt oder einer Rechtsanwältin zu erledigen ist (und die auch innerhalb einer Rechtsanwaltskanzlei nicht durch nichtanwaltliche Mitarbeiter erledigt wird), so spricht die Intensität und das Gewicht dieser Tätigkeit regelmäßig gegen die Einordnung als bloße Nebentätigkeit. Für die Einordnung als Nebentätigkeit oder prägende Tätigkeit kommt es daher nicht so sehr auf den prozentualen Anteil der Tätigkeit an der Gesamttätigkeit oder ihren Umfang als vielmehr auf die Qualität der Tätigkeit an.

Zu Absatz 2

Die Regelung in Absatz 2 dient dazu, einzelne für die Praxis bedeutsame Fälle insgesamt dem Streit darüber zu entziehen, ob die Rechtsdienstleistung lediglich Nebenleistung ist. Dies wird für die in Absatz 2 abschließend aufgeführten Tätigkeiten unwiderleglich vermutet, so dass diese stets erlaubt sind, auch wenn der rechtsdienstleistende Teil der Tätigkeit im Einzelfall ein solches Gewicht erlangen kann, dass er nach der Definition in Absatz 1 nicht immer als bloße Nebenleistung anzusehen wäre. Auch in den Fällen des Absatz 2 ist jedoch Voraussetzung, dass die Rechtsdienstleistung im Zusammenhang mit den hier genannten Tätigkeiten steht.

Zu Nummer 1 (Testamentsvollstreckung)

Die wirtschaftlich bedeutsame Frage, ob Banken und Sparkassen, aber auch Wirtschaftsprüfungsunternehmen, Steuerberater oder sonstige vom Erblasser eingesetzte Personen, geschäftsmäßig Testamentsvollstreckungen übernehmen dürfen, hat in den vergangenen Jahren verstärkt die Gerichte beschäftigt. Eine Entscheidung des Bundesgerichtshofs steht noch aus. Durch die Regelung in Nummer 1 wird die Testamentsvollstreckung nunmehr insgesamt, also unabhängig davon, ob es sich um einen Fall der Verwaltungsvollstreckung oder der Abwicklungsvollstreckung handelt und ob der Testamentsvollstrecker vom Erblasser oder vom Nachlassgericht eingesetzt ist, für zulässig erklärt. Wird der Testamentsvollstrecker nicht vom Erblasser, sondern nach § 2200 BGB vom Nachlassgericht eingesetzt, so handelt es sich um einen Fall gerichtlicher Bestellung und damit, wie das Bundesverfassungsgericht in einem obiter dictum festgestellt hat (vgl. BVerfG, 1 BvR 2251/01 v. 27.9.2002, NJW 2002, 3531, 3533 – „Erbenermittler"), bereits nach geltendem Recht um eine zulässige Rechtsbesorgung. In der Regel wird der Testamentsvollstrecker allerdings vom Erblasser ernannt und erklärt lediglich gegenüber dem Nachlassgericht die Annahme des Amtes (§ 2202 BGB). Seine Tätigkeit wird – auch in den Fällen des § 2200 BGB – durch das Nachlassgericht nicht überwacht, weshalb zum geltenden Recht teilweise die Ansicht vertreten worden ist, für die Frage der Zulässigkeit der Testamentsvollstreckung könne es darauf, von wem der Testamentsvollstrecker ernannt worden sei, nicht ankommen. Entscheidend ist vielmehr, dass bei der Testamentsvollstreckung die Verwaltung fremden Vermögens eine maßgebliche Rolle spielt, was ausdrücklich § 2205 BGB zu entnehmen ist. Der geschäftsmäßige Testamentsvollstrecker übt, ähnlich wie der Berufsbetreuer, eine vom Rechtsanwaltsberuf verschiedene berufliche Tätigkeit aus, die sich auch als Treuhandtätigkeit einordnen lässt. Es ist daher gerechtfertigt, die im Zusammenhang mit dieser vermögensverwaltenden Tätigkeit anfallenden Rechtsdienstleistungen insgesamt für zulässig zu erklären, auch wenn diese im Einzelfall ein erhebliches Gewicht erlangen können. Bei der reinen Verwaltungsvollstreckung gemäß § 2209 Satz 1 1. Halbsatz BGB wird dem Testamentsvollstrecker die Verwaltung des Nachlasses bereits als selbstständige Aufgabe übertragen. Sie ist auf die Anlage des Vermögens und die Erzielung von Erträgen gerichtet, so dass stets eine hauptsächlich vermögensverwaltende Tätigkeit vorliegt. Wurde der Testamentsvollstrecker aber nur zur Abwicklung der letztwilligen Verfügungen des Erblassers (§ 2203 BGB) ernannt und obliegt ihm insbesondere die Auseinandersetzung des Nachlasses (§ 2204 BGB), so können diese Tätigkeiten einen solchen Umfang annehmen, dass sie nach der Definition in Absatz nicht mehr als bloße Nebenleistung anzusehen wären. Gleichwohl soll künftig jede Art von Testamentsvollstreckung zulässig sein. In den Fällen, in denen der Erblasser die Entscheidung trifft, die Testamentsvollstreckung einem Kreditinstitut, einem Wirtschaftsprüfungsunternehmen oder einer sonstigen Person seines Vertrauens zu übertragen, ist es auch aus Gründen der Testierfreiheit geboten, die gesamte Abwicklung eines Nachlasses als zulässiges Annexgeschäft zur vermögensverwaltenden Tätigkeit des Testamentsvollstreckers anzusehen. Interessenkonflikte, die aus Gründen des Verbraucherschutzes einer Zulässigkeit der Testamentsvollstreckung insbesondere durch Kreditinstitute entgegenstehen könnten, bestehen regelmäßig ausschließlich im vermögensverwaltenden Tätigkeitsbereich und nicht in dem Bereich, in dem der Testamentsvollstrecker rechtsbesorgende Tätigkeiten erbringt, also etwa Vermächtnisse erfüllt oder den Nachlass auseinandersetzt. Diese Interessenkonflikte liegen eher vor, wenn der Erblasser, was der Gesetzgeber als Ausfluss der Testierfreiheit bewusst in Kauf genommen hat, etwa einen der Miterben zum Testamentsvollstrecker einsetzt. Probleme, die sich aus der vom Erblasser gewünschten Anlage des Nachlassvermögens bei der testamentsvollstreckenden Bank ergeben können, sind daher solche der Vermögensverwaltung, wie sie in gleicher Weise auch bei jeder Vermögensanlage und -verwaltung für Lebende auftreten. Auch ein Fall der Unvereinbarkeit nach § 4 liegt daher in diesen Fällen regelmäßig nicht vor."

4 Trotz der Zulassung der Testamentsvollstreckung durch Banken und Steuerberater aufgrund des RDG wird insbesondere im Bereich der Banken die eigentliche Problematik nur verla-

gert. Bei Banken handelt es sich regelmäßig um juristische Personen, die durch ihre Organe vertreten werden. In der Praxis werden wohl kaum die einzelnen Bankvorstände die eigentliche Testamentsvollstreckertätigkeit selbst durchführen, sondern sich durch Angestellte des Bankunternehmens vertreten lassen. Dies wird aber nur in seltenen Fällen zulässig sein. Insofern ist das **Substitutionsverbot** zu beachten.

Der Testamentsvollstrecker darf nämlich auch einzelne Obliegenheiten im Zweifel nicht auf Dritte übertragen (§ 664 Abs. 1 S. 2 BGB; sog Substitution oder Vollübertragung im Gegensatz zur bloßen Zuziehung eines Gehilfen nach § 664 Abs. 1 S. 3 BGB).[1]

> **Praxistipp**
> Der Erblasser kann nach § 2216 Abs. 2 S. 1 BGB durch letztwillige Anordnung die Übertragung einzelner Obliegenheiten ausdrücklich dem Testamentsvollstrecker gestatten.

Das Substitutionsverbot soll dann nicht gelten, wenn die Wahrnehmung durch Dritte nach den Grundsätzen einer ordnungsmäßigen Verwaltung gem. § 2216 Abs. 1 BGB bei Berücksichtigung der Umstände des Einzelfalls und der Verkehrssitte unbedenklich ist.[2]

Anders ist zu urteilen, wenn es sich beispielsweise um eine Firmenfortführung handelt. Dann kann der Testamentsvollstrecker Prokura erteilen, da er weiter eine Inhaberstellung hat.[3] Zudem darf der Testamentsvollstrecker sowohl für einzelne Geschäfte als auch für einen bestimmten Kreis von solchen Geschäften (z.B. Giroverkehr) Vollmacht erteilen.[4]

Sofern nicht eine Bank, sondern – wie in der Praxis nicht selten – ein Bankangestellter als Testamentsvollstrecker eingesetzt wurde, stellt sich die Frage, ob hier dann der Erblasser bei der Anordnung im Irrtum war und die Anordnung angefochten werden kann, wenn der Bankangestellte nicht mehr bei der Bank arbeitet, bei der der Erblasser damals seine Konten hatte. Ggf. könnte in der Anordnung „zu meinem Testamentsvollstrecker setze ich Herrn Heinz Wessely von der Sparkasse München, Hauptfiliale ein" auch eine Bedingung gesehen werden, dass die ausgewählte Person zum Zeitpunkt des Erbfalles noch bei dieser Bank arbeitet. Hier ist bei der Anordnung auf genaue Formulierung zu achten, damit keine Zweifel bestehen, was der Erblasser für den Fall des Bankwechsels des Erblassers einerseits und/oder des Ernannten andererseits gewollt hat.

Problematisch ist die Erteilung einer **Generalvollmacht**. Eine solche wird zum Teil befürwortet, wenn dies mit dem Erblasserwillen zu vereinbaren ist.[5] Die Konstituierung des Nachlasses bzw. Erstellung des Nachlassverzeichnisses ist höchstpersönliche Uraufgabe und eben nicht nur bloße Einzelaufgabe des Testamentsvollstreckers und kann nach hiesiger Auffassung somit nicht ohne weiteres auf Dritte – auch nicht per Generalvollmacht – übertragen werden. Andernfalls würde er wesentliche Bereiche der Testamentsvollstreckung aus der Hand geben. Des Weiteren dürfte es sich bei den eigenen Angestellten der Bank auch nicht um „selbstständige Vertragspartner" handeln, denen man ansonsten Aufgaben übertragen dürfte.

---

1 Staudinger/*Reimann*, § 2218 Rn 10; MüKo/*Zimmermann*, § 2218 Rn 5 f.
2 Staudinger/*Reimann*, § 2218 Rn 10 f.; MüKo/*Zimmermann*, § 2218 Rn 7.
3 KGJ 41, 75; Staudinger/*Reimann*, § 2205 Rn 93 ff.; MüKo/*Zimmermann*, § 2218 Rn 7.
4 KG OLGE 9, 408; 19, 275; KGJ 32 A 90, 93; Staudinger/*Reimann*, § 2218 Rn 11.
5 So z.B. Palandt/*Weidlich*, § 2218 Rn 2; Staudinger/*Reimann*, § 2218 Rn 13; Soergel/*Damrau*, § 2218 Rn 3. A.A. z.B. *Kipp/Coing*, § 73 II 5 b; *v. Lübtow*, II, S. 987; *Winkler*, Testamentsvollstrecker, Rn 468.

Praxistipp
Will der Erblasser die Erteilung einer Generalvollmacht durch den Testamentsvollstrecker zulassen oder nicht zulassen, sollte unbedingt eine Klarstellung in der letztwilligen Verfügung erfolgen.

Zukünftig hat also der Rechtsberater bei Testamentsvollstreckung von Banken besonders auf das Substitutionsverbot zu achten. Bei einem Verstoß ist dann ein Entlassungsantrag nach § 2227 BGB zu stellen.

Ist die Testamentsvollstreckung durch die Banken zulässig angeordnet worden, ist darauf zu achten, ob die Bank überhaupt wegen Interessenkollision den Nachlass nach § 2216 BGB ordnungsgemäß verwaltet oder ob sie, wenn die Interessenkollision nicht zur Entlassung nach § 2227 BGB führt, nicht wenigstens nach § 2219 BGB in die Haftung genommen werden kann. *Schmitz*[6] hat unter Zuhilfenahme der von den US-amerikanischen Gerichten entwickelten Fallgruppen i.S.d. duty of loyalty für eine Verwaltungsvollstreckung durch Banken folgende Richtlinien formuliert, denen man ohne Weiteres zustimmen kann:

Der Verwaltungsvollstrecker ist im Rahmen seiner Pflicht zur ordnungsmäßigen Verwaltung i.S.d. § 2216 Abs. 1 BGB verpflichtet, Kollisionen zwischen den Interessen der Erben und Vermächtnisnehmer bzw. des Nachlasses auf der einen Seite und seinen persönlichen Interessen oder denen Dritter auf der anderen Seite zu vermeiden. Im Einzelnen liegt ein Pflichtverstoß vor, wenn er
a) Kapitalanlagen, die in seinem persönlichen Eigentum stehen, für den Nachlass erwirbt oder Kapitalanlagen des Nachlasses an sich persönlich veräußert;
b) Kapitalanlagen für den Nachlass erwirbt oder veräußert, an denen für den Verwaltungsvollstrecker z.B. in Form einer Provision, einer Kommission oder eines Bonus ein eigenes persönliches Interesse besteht;
c) Kapitalanlagen für den Nachlass erwirbt, die von ihm oder von Organisationen, in denen er eine leitende Funktion ausübt, emittiert worden sind;
d) Kapitalanlagen für den Nachlass erwirbt oder veräußert, an denen ein Interesse Dritter besteht.
Das eigene Interesse umfasst die Interessen von Angehörigen oder von Organisationen, in denen der Verwaltungsvollstrecker leitend tätig ist.

C. Weitere Maßnahmen, sofern Testamentsvollstreckeranordnung wirksam

Ist die Testamentsvollstreckeranordnung wirksam, sollten sämtliche Rechte des Erben ausgenutzt werden. So hat der Erbe bereits bei der Anhörung die Möglichkeit gegen die Ernennung eines bestimmten Testamentsvollstreckers vorzugehen.

I. Muster: Stellungnahme zur Ernennung einer Person zum Testamentsvollstrecker durch das Gericht

An das Amtsgericht München

– Nachlassgericht –

Betr.: Otto Normalerblasser, geb. ▮▮▮▮ *(Datum)*, zuletzt wohnhaft ▮▮▮▮ *(Ort)*

Sehr geehrte Damen und Herren!

---

6 *Schmitz*, ZErb 2005, 74.

In vorbezeichneter Angelegenheit zeige ich unter Vorlage der Originalvollmacht an, dass mich Frau ▮ um anwaltliche Hilfe gebeten hat.

Mit Schreiben des Amtsgerichtes München – Nachlassgericht – vom ▮ *(Datum)* wurde meine Mandantin zur Stellungnahme zur beabsichtigten Ernennung des Herrn ▮ als Testamentsvollstrecker aufgefordert.

Namens und in Vollmacht meiner Mandantin nehme ich wie folgt Stellung:

Meine Mandantin hat erhebliche Einwendungen gegen eine Ernennung des Herrn ▮ zum Testamentsvollstrecker über den Nachlass des Herrn Otto Normalerblasser. Herr ▮ ist vom Landgericht in Traunstein am ▮ zu einer Freiheitsstrafe von zwei Jahren auf Bewährung wegen mehrfachen Betruges und Unterschlagung verurteilt worden.

Die Ernennung des Herrn ▮ als Testamentsvollstrecker entspricht daher nicht einer nach pflichtgemäßem Ermessen des Nachlassgerichts getroffenen Auswahl.

Rechtsanwalt

Als weitere Maßnahme sollte überprüft werden, ob eine vom Erblasser angeordnete Beschränkung des Aufgabenkreises auch in das Testamentsvollstreckerzeugnis aufgenommen worden ist.

II. Muster: Stellungnahme zur Absicht der Erteilung eines bestimmten Testamentsvollstreckerzeugnisses

An das Amtsgericht München

– Nachlassgericht –

Betr.: Otto Normalerblasser, geb. ▮ *(Datum)*, zuletzt wohnhaft ▮ *(Ort)*

Sehr geehrte Damen und Herren!

In vorbezeichneter Angelegenheit zeige ich unter Vorlage der Originalvollmacht an, dass mich Frau ▮ um anwaltliche Hilfe gebeten hat.

Mit Schreiben des Amtsgerichtes München – Nachlassgericht – vom ▮ *(Datum)* wurde meine Mandantin zur Stellungnahme zur beabsichtigten Ausstellung des Testamentsvollstreckerzeugnisses aufgefordert.

Namens und in Vollmacht meiner Mandantin nehme ich wie folgt Stellung:

Meine Mandantin hat erhebliche Einwendungen gegen die Ausstellung des angekündigten Testamentsvollstreckerzeugnisses für Herrn ▮ zum Testamentsvollstrecker über den Nachlass des Herrn Otto Normalerblasser.

Offensichtlich ist übersehen worden, dass der Aufgabenkreis des Testamentsvollstreckers vom Erblasser durch § 2 des Testaments von ▮ ausdrücklich beschränkt worden. Dort heißt es:

„Die Testamentsvollstreckung umfasst lediglich mein Grundstück in der Ludwig-Thoma-Str. 123 in Grünwald."

Somit liegt eine Beschränkung i.S.d. § 2208 Abs. 1 S. 2 BGB vor, welche im Testamentsvollstreckerzeugnis aufzunehmen ist, da der gesetzliche Normalfall abweicht.

Eine Erteilung des beantragten Testamentsvollstreckerzeugnisses ohne Angabe der genannten Beschränkung würde das Verwaltungsrecht des Testamentsvollstreckers auf den gesamten Nachlass unzulässiger Weise ausweiten.

Der Antrag des Testamentsvollstreckers ist daher zurückzuweisen.

Rechtsanwalt

III. Muster: Einziehung eines falschen Testamentsvollstreckerzeugnisses

13 Wenn bereits ein falsches Testamentsvollstreckerzeugnis erteilt wurde, kann man sich mit folgendem Anschreiben dagegen wehren:

An das Amtsgericht München

– Nachlassgericht –

Betr.: Otto Normalerblasser, geb. ▒▒▒▒ (Datum), zuletzt wohnhaft ▒▒▒▒ (Ort)

Sehr geehrte Damen und Herren,

in vorbezeichneter Angelegenheit zeige ich unter Vorlage der Originalvollmacht an, dass mich Frau ▒▒▒▒ um anwaltliche Hilfe gebeten hat.

Mit Schreiben des Amtsgerichtes München – Nachlassgericht – vom ▒▒▒▒ (Datum) wurde meine Mandantin zur Stellungnahme zur beabsichtigten Ausstellung des Testamentsvollstreckerzeugnisses aufgefordert.

Namens und in Vollmacht meiner Mandantin stelle ich folgenden Antrag:

Das Herrn/Frau ▒▒▒▒ (Name) erteilte Testamentsvollstreckerzeugnis vom ▒▒▒▒ (Datum) ist wegen Unrichtigkeit einzuziehen,

hilfsweise für kraftlos zu erklären, §§ 2368 Abs. 3, 2361 BGB.

Begründung:

Offensichtlich ist übersehen worden, dass der Aufgabenkreis des Testamentsvollstreckers vom Erblasser durch § 2 des Testaments von ▒▒▒▒ ausdrücklich beschränkt worden. Dort heißt es:

„Die Testamentsvollstreckung umfasst lediglich mein Grundstück in der Ludwig-Thoma-Str. 123 in Grünwald."

Somit liegt eine Beschränkung i.S.d. § 2208 Abs. 1 S. 2 BGB vor, welche im Testamentsvollstreckerzeugnis aufzunehmen ist, da der gesetzliche Normalfall abweicht.

Das Herrn/Frau ▒▒▒▒ (Name) am ▒▒▒▒ (Datum) erteilte Testamentsvollstreckerzeugnis ist daher unrichtig, da es die Beschränkung der Testamentsvollstreckung auf das o.g. Grundstück nicht ausweist. Die Erteilung des Testamentsvollstreckerzeugnisses in der vorliegenden Art ohne Angabe der genannten Beschränkung weitet das Verwaltungsrecht des Testamentsvollstreckers auf den gesamten Nachlass in unzulässiger Weise aus.

Demgemäß ist somit das Testamentsvollstreckerzeugnis nach §§ 2368 Abs. 3, 2361 Abs. 1 BGB von Amts wegen einzuziehen, hilfsweise gem. §§ 2368 Abs. 3, 2361 Abs. 2 BGB für kraftlos zu erklären.

Rechtsanwalt

D. Typische Fehlerquellen bei der Tätigkeit des Testamentsvollstreckers

14 In Laufe der Testamentsvollstreckung gibt es zwei Bereiche, bei denen in der Praxis die meisten Fehler gemacht werden. Der eine Bereich ist die **Erstellung des Nachlassverzeich-**

nisses nach § 2215 BGB, der andere die Aufstellung eines richtigen **Auseinandersetzungsplans**.

I. Typische Fehlerquellen beim Nachlassverzeichnis

Beim Nachlassverzeichnis werden immer wieder die gleichen Fehler gemacht. Dabei ist die Erstellung eines ordnungsgemäßen Nachlassverzeichnisses eine der zentralen Aufgaben des Testamentsvollstreckers. Um einen Entlassungsantrag nach § 2227 BGB zu rechtfertigen bedarf es eines Beweises, dass der Testamentsvollstrecker nicht in der Lage, mithin unfähig ist, eine Testamentsvollstreckung korrekt durchzuführen. Typische Sollbruchstellen sind:
– falsches Datum – Todestag statt Tag der Annahme bzw. Tag der Aufnahme
– nicht nachvollziehbare Auskunft
– fehlende Unterschrift unter dem Verzeichnis (streitig).

Wendet man sich an den Testamentsvollstrecker wegen eines fehlerhaften Nachlassverzeichnisses, ist es ratsam, nicht gleich auf alle Fehler hinzuweisen, denn dann macht man es dem Testamentsvollstrecker zu leicht. Vielmehr sollte nur ein Fehler aufgezeigt werden, gleichzeitig aber deutlich gemacht werden, dass weitere Fehler noch bestehen. Dann ist es Sache des Testamentsvollstreckers die weiteren Fehler zu entdecken. Ist er hierzu nicht in der Lage, unterstreicht er ggf. seine Unfähigkeit. Ob allerdings dann bereits ein Entlassungsantrag durchgreift, ist einzelfallabhängig.

1. Muster: Anschreiben an den Testamentsvollstrecker wegen eines fehlerhaften Nachlassverzeichnisses

An

▬▬▬ *(Adresse Testamentsvollstrecker)*

Betr.: Testamentsvollstreckung über den Nachlass des Otto Normalerblasser, geb. ▬▬▬ *(Datum)*, zuletzt wohnhaft ▬▬▬ *(Ort)*

Sehr geehrter Herr ▬▬▬,

in vorbezeichneter Angelegenheit zeige ich unter Vorlage der Originalvollmacht an, dass mich Frau ▬▬▬ um anwaltliche Hilfe gebeten hat.

Mit Schreiben vom ▬▬▬ *(Datum)* haben Sie meiner Mandantin ein Nachlassverzeichnis übersandt.

Dieses Nachlassverzeichnis entspricht nicht den Erfordernissen des § 2215 BGB. So ist u.a. ▬▬▬.

Ich setze Ihnen eine Frist zur Nachbesserung bis zum ▬▬▬ *(Datum)*.

Rechtsanwalt

Ist dann nur der genannte Fehler verbessert worden, erfolgt ein weiteres Schreiben an den Testamentsvollstrecker, in dem der zweite Fehler dargelegt wird.

Um herauszufinden, ob der Testamentsvollstrecker möglicher Weise über Nachlassgelder unzulässig verfügt hat, besteht die Möglichkeit, von ihm Auskunft über den derzeitigen Nachlass zu erlangen.

2. Muster: Auskunftsbegehren gegenüber dem Testamentsvollstrecker

An den

Testamentsvollstrecker R

Betr.: Testamentsvollstreckung über den Nachlass des Otto Normalerblasser

Sehr geehrter Herr Rechtsanwalt R,

in vorbezeichneter Angelegenheit vertreten wir bekanntlich die Interessen des Erben F. Eine Vollmacht liegt Ihnen bereits vor.

Wie Sie unserem Mandanten zwischenzeitlich mitgeteilt haben, haben Sie bereits die Ihnen bekannten Nachlassverbindlichkeiten berichtet. Des Weiteren konnten Sie sich hinsichtlich einzelner Verbindlichkeiten eine vergleichsweise Einigung mit den Nachlassgläubigern erzielen. Etwaige Forderungen, die der Erblasser zu Lebzeiten gegenüber Dritten hatte, haben Sie ebenfalls eingezogen. Es haben sich somit nach Ihren eigenen Angaben erhebliche Veränderungen bezüglich des von Ihnen erteilten Nachlassverzeichnisses vom ▒▒▒▒ ergeben.

Da Sie diesbezüglich bis dato keine detaillierten Auskünfte erteilt bzw. unseren Mandanten als Erben von den Ihnen getroffenen Maßnahmen nicht informiert haben, fordern wir Sie namens und in Vollmacht unseres Mandanten auf,

Auskunft über den Bestand des Nachlasses zum ▒▒▒▒ durch Vorlage eines Bestandsverzeichnisses gem. § 260 Abs. 1 BGB zu erteilen.

Hierzu setzen wir eine Frist bis zum ▒▒▒▒.

Rechtsanwalt

II. Typische Fehlerquellen beim Auseinandersetzungsplan

20 Wenn der Testamentsvollstrecker einen Auseinandersetzungsplan vorlegt, sind meist nicht die Vorschriften der § 2204 i.V.m. §§ 2042 bis 2057a und die §§ 750 bis 758 BGB beachtet worden. Dann wird der Auseinandersetzungsplan einfach zu früh vorgelegt, obwohl noch keine **Auseinandersetzungsreife** gegeben ist. Auf diese Auseinandersetzungsreife sollte somit besonderes Augenmerk gelenkt werden.

21 Obwohl in § 2204 Abs. 1 BGB nur auf die §§ 2042 bis 2056 BGB verwiesen wird, hatte (entgegen der Begründung im Rahmen der Erbrechtsreform zur Änderung des § 2204 BGB) der Testamentsvollstrecker dennoch die Vorschrift des § 2057a BGB zu beachten. Bei der Einführung des § 2057a BGB durch das NEhelG vom 19.8.1969 ist schlichtweg eine Anpassung der Vorschrift des § 2204 BGB übersehen worden. Es handelt sich somit um einen redaktionellen Fehler des Gesetzgebers. Bräuchte der Testamentsvollstrecker § 2057a BGB nicht zu beachten, würde die Erstellung des Auseinandersetzungsplans ohne Beachtung des § 2057a BGB die Auseinandersetzung unsinnig machen. Da der Testamentsvollstrecker nicht über den Ausgleichsanspruch des Erben verfügen kann, hätte der Erbe weiterhin einen Ausgleichsanspruch nach erfolgter Ausgleichung durch den Testamentsvollstrecker. Ein solches Ergebnis macht keinen Sinn. Insofern ist also vom Testamentsvollstrecker auch § 2057a BGB bei der Auseinandersetzung zu beachten.

22 Droht der Vollzug des Auseinandersetzungsplans durch den Testamentsvollstrecker, so kann der Erbe auch eine **Einstweilige Verfügung nach § 940 ZPO** beantragen.[7] Zulässig ist auch eine **Leistungsklage**, die auf eine Auseinandersetzung nach der Vorgabe des Erblas-

---

[7] Soergel/*Damrau*, § 2204 Rn 25.

sers zielt. Ist eine solche Anordnung aber nicht vorhanden, so hat die Auseinandersetzung nach billigem Ermessen erfolgen.

Eine weitere Variante besteht in einem eigenen Feststellungsantrag:

1. Muster: Feststellungsantrag auf Feststellung der Unwirksamkeit eines Auseinandersetzungsplans eines Testamentsvollstreckers

Landgericht

– Zivilkammer –

Klage

des Herrn F ,

– Kläger –

Prozessbevollmächtigter: Rechtsanwalt

gegen

Rechtsanwalt R als Testamentsvollstrecker über den Nachlass des am 28.2.2015 verstorbenen Otto Normalerblasser

– Beklagter –

wegen Feststellung.

Namens und in Vollmacht des Klägers erhebe ich Klage und werde beantragen

Es wird festgestellt, dass der vom Beklagten aufgestellte und für verbindlich erklärte Teilungsplan vom 29.9.2015 zur Auseinandersetzung des Nachlasses des am 28.2.2015 verstorbenen Otto Normalerblasser unwirksam ist.

Begründung:

Da der Testamentsvollstrecker in seinem von ihm für verbindlich erklärten Auseinandersetzungsplans unzulässiger Weise nicht die Ausstattung des weiteres Miterben X vom 23.4.1999 im Rahmen des § 2050 BGB berücksichtigt. Demzufolge ist im Auseinandersetzungsplan keine Ausgleichung vorgenommen worden.

Insofern besteht ein Feststellungsinteresse des Klägers.

Eine Erhebung einer Leistungsklage ist dem Kläger nicht möglich, da sich erst durch die Feststellung der vorzunehmenden Ausgleichung der ausgleichungspflichtige Mehrempfang des Miterben X durch den Beklagten als Testamentsvollstrecker zu ermitteln ist. Erst danach kann unter Zugrundelegung des Wertes der Ausgleichung ein neuer Auseinandersetzungsplan aufgestellt werden.

Rechtsanwalt

Als weitere Möglichkeit die Auseinandersetzung zu verhindern, ist das Herbeiführen eines einstimmigen **Beschlusses der Erbengemeinschaft, sich nicht auseinanderzusetzen** bzw. die Erbengemeinschaft – hinsichtlich des ganzen Nachlasses oder hinsichtlich einzelner Nachlassgegenstände, für immer, für unbestimmte Zeit oder bis zu einem bestimmten Zeitpunkt – weiterzuführen. Ein solcher Beschluss ist für den Testamentsvollstrecker – allerdings nur schuldrechtlich – bindend.[8] Er kann also dennoch weiterhin über Nachlassge-

---

[8] BayObLGZ 21, 312; OLG München DNotZ 1936, 810; Palandt/*Weidlich*, Rn 2; *Winkler*, Testamentsvollstrecker, Rn 542; Soergel/*Damrau*, Rn 5.

genstände mit dinglicher Wirkung verfügen. Er kann sich dann aber schadensersatzpflichtig machen.

25 Durch einen derartigen Beschluss der Erbengemeinschaft soll das Amt erlöschen. Nach hiesiger Auffassung kommt es jedoch wieder zum Aufleben der bis dahin ruhenden Testamentsvollstreckung, wenn die Erben den Beschluss wieder aufheben.[9]

26 **Verteidigungsstrategie des Testamentsvollstreckers**

Der Testamentsvollstrecker sollte bereits bei der Vorbereitung des Auseinandersetzungsplans die Erben einbinden und deutlich machen, dass im Falle einer Nichteinigung der Testamentsvollstrecker ohne weiteres berechtigt ist, die Auseinandersetzungsreife durch Pfandverkauf oder Teilungsversteigerung herbeizuführen.

Ist sich der Testamentsvollstrecker über die Richtigkeit seines Auseinandersetzungsplans sicher, so kann er Feststellungsklage erheben, dass der von ihm vorgelegte Auseinandersetzungsplan den Vorschriften der § 2204 i.V.m. §§ 2042 bis 2056, 2057 BGB entspricht bzw. dass bestimmte Nachlassgegenstände in der von ihm vorgeschlagenen Art und Weise auszugleichen sind. Obwohl der Testamentsvollstrecker auch ohne Zustimmung der Erben einfach den Auseinandersetzungsplan durchführen könnte, ist ihm dennoch ein berechtigtes Rechtsschutzinteresse an der Feststellung zuzubilligen.

Ferner kann er auch versuchen, die Durchführung gerichtlich durchzusetzen.

2. Muster: Klageantrag des Testamentsvollstreckers zur Ausführung seines Auseinandersetzungsplans

27 1. Die Beklagte wird verurteilt, in Ausführung des vom Kläger in seiner Eigenschaft als Testamentsvollstrecker über den Nachlass des am 28.2.2015 verstorbenen Otto Normalerblasser aufgestellten Teilungsplans vom 29.9.2015 den Geldbetrag von Höhe von 73.279,66 EUR entgegenzunehmen:
2. Der Beklagte wird verurteilt, in Ausführung des vom Kläger in seiner Eigenschaft als Testamentsvollstrecker über den Nachlass des am 28.2.2015 verstorbenen Otto Normalerblasser aufgestellten Teilungsplans vom 29.9.2015 in die Auflassung des im Grundbuch des Amtsgerichts München von Obermenzing Blatt 1234 eingetragenen Grundstückes an ihn einzuwilligen.

E. Maßnahmen bei Kapitalanlageentscheidungen des Testamentsvollstreckers

28 Erhebliche Meinungsverschiedenheiten bestehen häufig zwischen Testamentsvollstrecker und den Erben, wenn es um die Frage von Kapitalanlageentscheidungen geht. Ist der Erbe der Ansicht, der Testamentsvollstrecker habe die falsche Anlagestrategie eingeschlagen, sollte er ihn umgehend darauf hinweisen und dagegen protestieren, um nicht eine konkludente Zustimmung zu erteilen. Statt jedoch nur einfach gegen die Anlageentscheidung des Testamentsvollstreckers zu sein, ist es ratsam selbst konstruktiv einen Vorschlag zur Kapitalanlageentscheidung vorzubringen.

29 Hat der Erblasser eine Verwaltungsanordnung nach § 2216 Abs. 2 BGB getroffen, so besteht von Seiten des Erben und des Testamentsvollstreckers diese Anordnung durch das Nachlassgericht per Antrag außer Kraft setzen zu lassen.

---

9 Ebenso MüKo/*Zimmermann*, § 2226 Rn 9. A.A. Staudinger/*Reimann*, § 2204 Rn 7, wonach der frühere Testamentsvollstrecker nicht mehr zur Auseinandersetzung berufen sein soll. Wohl aber soll dann eine amtliche Vermittlung der Auseinandersetzung zulässig sein.

I. Muster: Antrag nach § 2216 Abs. 2 BGB

An das Amtsgericht

– Nachlassgericht –

Betr. Testamentsvollstreckung über den Nachlass des am 28.2.2015 verstorbenen Otto Normalerblasser

Ausweislich des beigefügten Testamentsvollstreckerzeugnisses bin ich der Testamentsvollstrecker über den Nachlass des am 28.2.2015 verstorbenen Otto Normalerblasser. Zudem nehme ich Bezug auf die Nachlassakte IV 123/2015

Hiermit beantrage ich als Testamentsvollstrecker:

Die Anordnung des Herrn Otto Normalerblasser in der letztwilligen Verfügung vom 19.2.2010, eröffnet durch das Amtsgericht – Nachlassgericht – München am 25.3.2015, unter Ziffer 8 mit dem Inhalt: „Der Pkw BMW darf nicht unter einem Preis von 20.000 DM verkauft werden" wird außer Kraft gesetzt.

Begründung:

Die Anordnung des Otto Normalerblasser in seiner letztwilligen Verfügung vom 19.2.2010 ist eine Verwaltungsanordnung i.S.d. § 2216 Abs. 2 BGB. Diese wäre daher vom Testamentsvollstrecker zu befolgen. Der Verkauf des Pkw ist im Hinblick auf die Begleichung von Nachlassverbindlichkeiten unbedingt erforderlich. Ausweislich des beigefügten Nachlassverzeichnisses reichen die im Nachlass vorhandenen Nachlassmittel für die Begleichung der Nachlassverbindlichkeiten nicht aus.

Nach dem beigefügten Gutachten des öffentlich bestellten und vereidigten Sachverständigen Purschke, welches in Kopie in der Anlage beigefügt ist, hat der Pkw BMW aufgrund seines Baujahrs und Zustandes lediglich einen Wert von 7.000 EUR. Der vom Erblasser vorgegebene Kaufpreis ist somit auf dem Markt bei weitem nicht zu erreichen.

Müsste der Testamentsvollstrecker die Anordnung des Otto Normalerblasser befolgen, hätte dies zur Folge, dass der Pkw BMW nicht veräußert werden könnte.

Eine weitere Verzögerung eines Verkaufs würde ferner zu einem weiteren Wertverlust führen. Zudem hat der Nachlassgläubiger Rassfeld bereits damit gedroht, in den Nachlass des Otto Normalerblasser zu vollstrecken und den o.g. Pkw zu pfänden. Eine Verwertung des Pkw im Zwangsvollstreckungsverfahren würde sicherlich zu einem noch geringeren Erlös als 7.500 EUR führen, so dass die Vollstreckung noch in weiteres Vermögen des Otto Normalerblasser erfolgen würde. Die Substanz des Nachlasses wäre also gefährdet.

Der Testamentsvollstrecker hat ein verbindliches Kaufangebot des Autohauses Reiter für den o.g. Pkw für 7.500 EUR. Mit Verkauf des BMW könnte umgehend der Nachlassgläubiger Rassfeld befriedigt werden.

Die Außerkraftsetzung der im Antrag genannten Anordnung des Erblassers ist daher dringend zur Vermeidung einer erheblichen Gefährdung für den Nachlass erforderlich.

Die Erben haben sich zwar mit einem Verkauf des Pkw bereit erklärt, weigerten sich jedoch rechtsverbindliche Stellungnahmen abzugeben, so dass ein Antrag nach § 2216 Abs. 2 BGB geboten ist.

Rechtsanwalt R als Testamentsvollstrecker

Weigert sich der Testamentsvollstrecker eine Verwaltungsanordnung zu befolgen, so kann selbstverständlich der Erbe seinerseits die Einhaltung dieser Anordnung einklagen.

II. Muster: Klage auf Einhaltung einer Verwaltungsanordnung nach § 2216 Abs. 2 BGB

An das

Landgericht

– Zivilkammer –

Klage

der Frau P

– Klägerin –

Prozessbevollmächtigter: Rechtsanwalt

gegen

Rechtsanwalt R als Testamentsvollstrecker über den Nachlass des am 28.2.2015 verstorbenen Otto Normalerblasser

– Beklagter –

wegen Vornahme einer Handlung.

Namens und in Vollmacht der Klägerin erhebe ich Klage und werde beantragen:

Der Beklagte wird verurteilt, den Hedgefonds XY aufzulösen und das sich daraus ergebene Vermögen wieder in das Aktiendepot AB bei der Privatbank Merkel Spatz in München mit der Nummer 01234567 einzubringen.

Begründung:

Der Beklagte ist der Testamentsvollstrecker des am 28.2.2015 verstorbenen Otto Normalerblasser.

Beweis: Beiziehung der Nachlassakten des AG München IV 123/2015

Der Erblasser hat eine letztwillige Verfügung hinterlassen, in der unter Ziffer 9 eine Verwaltungsanordnung gem. § 2216 Abs. 2 BGB aufgeführt ist.

Beweis: Wie vor.

Dort heißt es:

Der Testamentsvollstrecker ist verpflichtet, meine Kapitalanlageentscheidung bei der Privatbank Merkel Spatz in München weiter zu führen und hat den Vorschlägen meiner Vermögensberaterin Frau Gretel Folge zu leisten.

Die Klägerin begehrt vom Beklagten als Testamentsvollstrecker die Erfüllung bzw. Einhaltung dieser Verwaltungsanordnung gem. § 2216 Abs. 2 BGB.

Der Beklagte hat entgegen der Verwaltungsanordnung umgehend, d.h. am 14.5.2015, das Aktiendepot entgegen den einschlägigen Rat der Vermögensverwalterin aufgelöst und das Vermögen von 123.456,67 EUR in einen Hedgefonds bei der XY-Bank eingezahlt.

Gegenüber der Vermögensverwalterin hat er sogar zugegeben, dass er dies nur deshalb mache, weil er die Hälfte der Provision vom Angestellten der XY-Bank Herrn Adrian als Dank quasi als Gegenleistung erhält.

Beweis: Zeugnis der Frau Gretel

Der Testamentsvollstrecker hat damit eindeutig gegen die Verwaltungsanordnung des Erblassers verstoßen und ist verpflichtet, wieder das Vermögen in das ehemalige Aktiendepot bei der genannten Bank einzubringen.

Die Kapitalanlageentscheidung des Erblassers gefährdet auch nicht den Nachlass. Ausweislich der beigefügten Portfolioanalyse und des Verlaufes des Aktiendepots hat sich das Depot in den letzten Jahres immer positiv entwickelt und einen jährlichen Ertrag von 5,5 % ergeben.

Mit Schreiben vom 26.5.2015 wurde der Beklagte aufgefordert, das Vermögen aus dem Hedgefonds umgehend wieder in das Aktiendepot bei der o.g. Bank einzubringen. Da der Beklagte sich weigerte, ist die Klage geboten.

Die Klägerin behält sich vor, die Klage wegen eines möglicherweise zusätzlich entstandenen Vermögensschadens gem. § 2219 BGB zu erweitern.

Rechtsanwalt

Des Weiteren besteht die Möglichkeit, den Testamentsvollstrecker auch zur Vornahme einer bestimmten Handlung zu verklagen, sofern es sich um eine Handlung handelt, die ordnungsgemäßer Verwaltung entspricht.

III. Muster: Klage auf Vornahme einer Handlung gem. § 2216 Abs. 1 BGB

An das

Landgericht

– Zivilkammer –

Klage

der Frau P

– Klägerin –

Prozessbevollmächtigter: Rechtsanwalt

gegen

Rechtsanwalt R als Testamentsvollstrecker über den Nachlass des am 28.2.2015 verstorbenen Otto Normalerblasser

– Beklagter –

wegen Vornahme einer Handlung.

Namens und in Vollmacht der Klägerin erhebe ich Klage und werde beantragen:

Der Beklagte wird verurteilt, an den Herrn Jan Hoffmann eine Zahlung von 12.345,67 EUR als Ausgleich für seine Pflichtteilsansprüche nach seinem Vater, den am 28.2.2015 verstorbenen Otto Normalerblasser, zu zahlen.

Begründung:

Der Beklagte ist der Testamentsvollstrecker des am 28.2.2015 verstorbenen Otto Normalerblasser.

Beweis: Beiziehung der Nachlassakten des AG München IV 123/2015

Der Erblasser ist der leibliche Vater des Herrn Jan Hoffmann. Die Vaterschaft wurde im Rahmen eines Vaterschaftsfeststellungsverfahrens vor dem Familiengericht München festgestellt.

Beweis: Vorlage des Urteils des AG München vom 14.5.1980 (Anlage)

In seiner letztwilligen Verfügung vom 19.2.2015 hat er angeordnet, dass seinem Sohn der Pflichtteil entzogen wird, da er ihn in den letzten zwei Jahren nie besucht hat. Der Testamentsvollstrecker hält diese Anordnung für bindend und weigert sich, dem Jan Hoffmann den Pflichtteil auszuzahlen.

Zwischen den Parteien ist der Auszahlungsbetrag von 12.345,67 EUR unstreitig, wie sich aus dem Schriftverkehr, der in der Anlage beigefügt ist, ergibt.

Die eigentliche Streitfrage reduziert sich somit nur auf die Fragen, ob es sich bei der Pflichtteilsentziehung um eine bindende Verwaltungsanordnung handelt und ob der Testamentsvollstrecker verpflichtet ist, den Pflichtteil auszuzahlen.

Die Klägerin begehrt vom Beklagten als Testamentsvollstrecker die Auszahlung des Pflichtteils an den Herrn Jan Hoffmann, weil es sich um eine ordnungsgemäße Verwaltung im Sinne des § 2216 Abs. 1 BGB handelt.

Die vermeintliche Anordnung an den Testamentsvollstrecker, den Pflichtteil nicht an den Sohn auszuzahlen, ist keine Verwaltungsanordnung i.S.d. § 2216 Abs. 2 BGB, sondern lediglich ein nicht bindender Wunsch, denn das Pflichtteilsrecht steht dem außerhalb der Verwaltung liegenden Erbrechtes nahe.

Zudem ist der Entziehungsgrund, den der Erblasser in der letztwilligen Verfügung aufgeführt hat, kein hinreichender Grund, der nach § 2333 BGB tatsächlich die Entziehung des Pflichtteils zur Folge hätte. Aus diesem Grund hat Herr Jan Hoffmann über seinen Rechtsanwalt bereits Klage angedroht.

Mit Schreiben vom 26.5.2015 wurde der Beklagte aufgefordert, den unstreitigen Pflichtteil an Herrn Jan Hoffmann auszuzahlen. Da der Beklagte sich weigerte, ist die Klage geboten.

Rechtsanwalt

35 Sofern der Testamentsvollstrecker bereits die Vornahme einer bestimmten Handlung angekündigt hat, die der Erbe unbedingt verhindern will, ist in der Praxis Eile geboten. Ein Hauptsacheverfahren würde erst abgeschlossen sein, wenn bereits die ungewünschte Handlung vorgenommen wurde. Aus diesem Grund ist unter Abwägung des Schadensersatzrisikos zu überlegen, ob nicht der Erlass einer einstweiligen Verfügung beantragt werden sollte.

IV. Muster: Erlass einer einstweiligen Verfügung auf Unterlassung einer vom Testamentsvollstrecker vorgesehenen Handlung

36 An das

Landgericht

– Zivilkammer –

Antrag auf Erlass einer einstweiligen Verfügung

der Frau P

– Antragstellerin –

Verfahrensbevollmächtigter: Rechtsanwalt

gegen

Rechtsanwalt R als Testamentsvollstrecker über den Nachlass des am 28.2.2015 verstorbenen Otto Normalerblasser

– Antragsgegner –

wegen Unterlassung der Vornahme einer Handlung.

Namens und in Vollmacht der Antragstellerin bitte ich um Erlass folgender einstweiligen Verfügung wegen Eilbedürftigkeit ohne mündliche Verhandlung durch den Vorsitzenden allein:

1. Dem Antragsgegner wird untersagt, das Aktiendepot AB bei der Privatbank Merkel Spatz in München mit der Nummer 01234567 aufzulösen und das Vermögen in ein Börsentermingeschäft für Rinderhälften an der Börse von London zu investieren.
2. Dem Antragsgegner wird für den Fall der Zuwiderhandlung gegen vorstehende Verpflichtung ein Ordnungsgeld bis zur Höhe von 500.000 EUR und für den Fall, dass dies nicht beigetrieben werden kann, eine Ordnungshaft bis zu sechs Monaten angedroht.

Begründung:

Mit dem Antrag begehrt die Antragstellerin die Unterlassung einer Handlung des Antragsgegners als Testamentsvollstrecker, die nicht den Grundsätzen einer ordnungsgemäßen Verwaltung des Nachlasses nach § 2216 BGB entspricht.

1. Verfügungsanspruch

Der Antragsgegner ist der Testamentsvollstrecker des am 28.2.2015 verstorbenen Otto Normalerblasser.

Glaubhaftmachung: Beglaubigte Abschrift des Testamentsvollstreckerzeugnisses

Die Antragstellerin ist die Erbin des Otto Normalerblasser.

Glaubhaftmachung: Beigefügter Erbschein des Nachlassgerichts München

Der Erblasser hat eine letztwillige Verfügung hinterlassen, in der unter Ziffer 9 eine Verwaltungsanordnung gem. § 2216 Abs. 2 BGB aufgeführt ist.

Glaubhaftmachung: Beglaubigte Kopie der eröffneten letztwilligen Verfügung nebst Eröffnungsprotokoll des Nachlassgerichts München

Dort heißt es:

Der Testamentsvollstrecker ist verpflichtet, meine Kapitalanlageentscheidung bei der Privatbank Merkel Spatz in München weiter zu führen und hat den Vorschlägen meiner Vermögensberaterin Frau Gretel Folge zu leisten.

Der Antragsgegner will entgegen der Verwaltungsanordnung das Aktiendepot entgegen den einschlägigen Rat der Vermögensverwalterin auflösen und das Vermögen von 123.456,67 EUR in ein höchst spekulatives Börsentermingeschäft an der Börse von Buenos Aires zu investieren.

Glaubhaftmachung: Eidesstattliche Versicherung der Vermögensverwalter Gretel (Anlage)

Die vom Antragsgegner beabsichtigte Umschichtung des Vermögens erfolgt entgegen der ausdrücklichen Verwaltungsanordnung des Erblassers und widerspricht den Grundsätzen der ordnungsgemäßen Verwaltung des Nachlasses durch den Testamentsvollstrecker im Sinne des § 2216 BGB.

Durch das beigefügte Sachverständigengutachten wird belegt, dass das geplante Börsentermingeschäft an der Börse von London nicht nur höchst spekulativ ist, sondern die überwiegende Wahrscheinlichkeit sogar für einen Totalverlust zur Folge haben wird. In England ist ausweislich der beigefügten Information der englischen Industrie- und Handelskammer die Rinderseuche BSE ausgebrochen, so dass der Markt für englische Rinderhälften eingebrochen ist und auch nicht zu erwarten ist, dass dieser sich alsbald erholt.

2. Verfügungsgrund

Die Kapitalanlageentscheidung des Testamentsvollstreckers gefährdet wie dargelegt und begründet den Bestand des Nachlasses. Zwar darf der Antragsgegner grundsätzlich Verbindlichkeiten für den Nachlass eingehen. Er ist aber gem. § 2216 Abs. 2 BGB an die Verwaltungsanordnung des Otto Normalerblasser gebunden. Selbst wenn keine Verwaltungsanordnung vorliegen würde, so entspricht die geplante Kapitalanlagenentscheidung nicht den Grundsätzen der ordnungsgemäßen Verwaltung des Nachlasses nach § 2216 Abs. 1 BGB.

Der Antragsgegner hat zum einen seinen Entschluss gegenüber der Vermögensverwalterin angekündigt und zum anderen in einem Schreiben vom 18.5.2015, aufgrund einer Anfrage der Antragstellerin.

Glaubhaftmachung: Beigefügtes Schreiben des Antragsgegners vom 18.5.2015

Dort hat er erklärt, dass er am 20.5.2015, also bereits morgen, die Umschichtung des Vermögens tätigen will. Aus diesem Grund steht die Gefährdung des Bestandes des Nachlasses durch die geplante Handlung des Testamentsvollstreckers unmittelbar bevor.

Der Antragsgegner wurde ohne Erfolg aufgefordert, die Handlung zu unterlassen.

Glaubhaftmachung: Eidesstattliche Versicherung der Antragstellerin (Anlage)

Wegen der Dringlichkeit der Angelegenheit kann ohne mündliche Verhandlung entschieden werden.

Rechtsanwalt

Verteidigungsstrategie des Testamentsvollstreckers

Wie bereits dargelegt, ist dem Testamentsvollstrecker dringend anzuraten, mit den Erben eine Vereinbarung zu treffen und ihnen eine Geschäftsordnung vorzuschlagen.

Am einfachsten ist es natürlich, wenn man den Vorschlägen der Erben folgt und sich eine Haftungsfreistellung erteilen lässt. Auch eine Einwilligung der Erben in die Maßnahme führt dazu, dass diese keine Schadensersatzansprüche geltend machen können.[10] Gleiches gilt auch, wenn man dem Erbenvorschlag folgt, ohne dass eine ausdrückliche Haftungsfreistellung erfolgt ist.

Wichtig ist die Einbeziehung der Vermächtnisnehmer in etwaige Haftungsfreistellungen, da diese nach § 2219 BGB auch Haftungsgläubiger sein können!

Am günstigsten für den Testamentsvollstrecker ist es natürlich, wenn er bereits im Vorfeld der Erstellung der letztwilligen Verfügung darauf einwirkt, dass der Erblasser ganz konkrete Kapitalanlageanordnungen in die Verfügung mit aufnimmt oder ihm gestattet bzw. ihn verpflichtet, den Rat eines Vermögensverwalters zu befolgen. Dann ist er nur im Falle der erheblichen Gefährdung des Nachlasses verpflichtet, einen Antrag nach § 2216 Abs. 2 BGB zu stellen.

V. Muster: Vereinbarung mit den Erben wegen einer Kapitalanlageentscheidung

Vereinbarung

zwischen Herrn Rechtsanwalt als Testamentsvollstrecker über den Nachlass des am 28.2.2015 verstorbenen Otto Normalerblasser

und

Frau P und Herrn F als Erben des o.g. Erblassers.

Die Parteien schließen folgende Vereinbarung hinsichtlich der Kapitalanlage bei der Privatbank Merkel Spatz

1. Auf ausdrücklichen Wunsch der Erben wird der Testamentsvollstrecker den auf dem Girokonto bei der Kreissparkasse München-Starnberg befindlichen Betrag von 123.456,78 EUR in das Aktiendepot XY bei der Privatbank Merkel Spatz bis zum 29.9.2015 einzahlen. Kommt es aufgrund dieser Kapitalanlageentscheidung zu einem Wertverlust, so verzichten die Erben schon jetzt auf jegliche Haftungsansprüche gegen den Testamentsvollstrecker. (Alternative: es sei denn, es ist ein Verlust von mehr als 60 % ausgehend vom ursprünglich investierten Anfangskapital entstanden.) (Weitere Alternative: Die Erben stellen im Übrigen bei Haftungsansprüchen aus § 2219 BGB des Vermächtnisnehmers gegen den Testamentsvollstrecker diesen frei.)

2. Er ist berechtigt, den Empfehlungen der Vermögensberaterin Gretel von der Privatbank Merkel Spatz zu folgen. Auf Verlangen der Erben ist auch ein anderer Berater einzuschalten. Soweit die Erben hinsichtlich der Anlage von Nachlasswerten Sonderbeschlüsse fassen und der Testamentsvollstrecker diesen Anlagebeschlüssen entspricht, so verzichten die Erben ebenfalls schon jetzt auf jegliche Haftungsansprüche gegen den Testamentsvollstrecker, soweit der Anlagebeschluss nicht evident unsinnig oder gefährlich ist.

---

10 Vgl. BGH Urt. v. 4.11.1968, Az. III ZR 93/66, n.v.

3. Der Testamentsvollstrecker ist berechtigt, im Zuge der Verwaltung des Nachlasses Steuerberater, Wirtschaftsprüfer, Vermögensberater und sonstige sachkundige Personen zu Lasten des Nachlasses zu beauftragen, soweit er dies nach pflichtgemäßem Ermessen für erforderlich erachtet.

(Ort, Datum)

(Unterschrift Erben)

(Unterschrift Testamentsvollstrecker)

F. Vergütung des Testamentsvollstreckers

Eine weitere Angriffsmöglichkeit ist die Vergütung des Testamentsvollstreckers. Insbesondere in den Fällen, in denen die Vergütung nicht vom Erblasser festgelegt wurde, ist die Vergütung ein Streitfeld. Wann eine Vergütung tatsächlich angemessen i.S.d. § 2221 BGB ist, ist natürlich von den einzelnen Gegebenheiten abhängig. Auf diese sollen hier nicht näher eingegangen werden. Stattdessen sollen typische Fehlerquellen aufgeführt werden, die ggf. auch zur Entlassung nach § 2227 BGB führen können.
– Die Vergütung ist grundsätzlich erst nach Beendigung des Amtes fällig, dennoch entnimmt Testamentsvollstrecker sich einen Vorschuss auf die Vergütung.
– Bei längerer Dauertestamentsvollstreckung entnimmt der Testamentsvollstrecker zu viel oder noch vor Ablauf des Verwaltungsjahres.
– Obwohl es sich um persönliche Klagen des Testamentsvollstreckers handelt, entnimmt der Testamentsvollstrecker den Gerichtskostenvorschuss oder die Kosten für den Rechtsanwalt als Aufwendungsersatz.
– In der Praxis von erheblicher Relevanz ist die nicht selten ungeklärte Frage, inwieweit der Testamentsvollstrecker den Auswendungsersatz für Hilfspersonen sich auf die eigene Vergütung (zumindest) teilweise anrechnen lassen muss.

Hat der Testamentsvollstrecker sich am Schluss der Testamentsvollstreckung die Vergütung entnommen und ist diese nach Auffassung des Erben nicht angemessen i.S.d. § 2221 BGB kann er im Klagewege gegen den Testamentsvollstrecker vorgehen, indem er z.B. auf Rückzahlung der zu viel entnommenen Vergütung verklagt wird.

Muster: Klage auf Rückzahlung zu viel entnommener Vergütung durch den Testamentsvollstrecker

Landgericht

– Zivilkammer –

Klage

des Herrn F

– Kläger –

Prozessbevollmächtigter: Rechtsanwalt

gegen

Rechtsanwalt R als Testamentsvollstrecker über den Nachlass des am 28.2.2015 verstorbenen Otto Normalerblasser

– Beklagter –

wegen ungerechtfertigter Bereicherung.

Namens und in Vollmacht des Klägers erhebe ich Klage und werde beantragen:

Der Beklagte wird verurteilt, an den Kläger 25.000 EUR nebst Zinsen in Höhe von 5 Prozentpunkten über dem Basiszinssatz seit Rechtshängigkeit zu zahlen.

(es folgen ggf. Anträge zur Sicherheitsleistung, Versäumnisurteil etc.)

Begründung:

Der Testamentsvollstrecker hat sich insgesamt 75.000 EUR aus dem Nachlass entnommen, obwohl der Erblasser die Vergütung ausdrücklich in seiner letztwilligen Verfügung geregelt hat und diese mit 5 % des Bruttonachlasswertes festsetzte.

Der tatsächliche Bruttonachlasswert ist 1 Mio. EUR, so dass sich eine Vergütung von insgesamt 50.000 EUR ergibt.

Beweis: Sachverständigengutachten

Der Beklagte hat den Bruttonachlass mit 1,5 Mio. EUR angesetzt, obwohl laut Sachverständigengutachten und später auch erzielten Verkaufserlös die im Nachlass befindliche Immobilie lediglich einen Wert von 900.000 EUR hatte und nach Abzug der Verbindlichkeiten noch weitere Vermögenswerte von 100.000 EUR bestanden.

(Rechtsanwalt)

42   Hat der Testamentsvollstrecker lediglich die Entnahme eines bestimmten Betrages für seine Vergütung angekündigt und diese noch nicht vollzogen, dann bietet sich auch zur Vorbereitung und Absicherung eines Hauptsacheverfahrens z.B. für den Fall der Verwirkung der Vergütung die Beantragung einer Einstweiligen Verfügung an.

43   **Muster: Erlass einer einstweiligen Verfügung auf Unterlassung einer vom Testamentsvollstrecker vorgesehenen Entnahme einer Vergütung**

An das

Landgericht

– Zivilkammer –

Antrag auf Erlass einer einstweiligen Verfügung

der Frau P

– Antragstellerin –

Verfahrensbevollmächtigter: Rechtsanwalt

gegen

Rechtsanwalt R als Testamentsvollstrecker über den Nachlass des am 28.2.2015 verstorbenen Otto Normalerblasser

– Antragsgegner –

wegen Unterlassung der Vornahme einer Handlung.

Namens und in Vollmacht der Antragstellerin bitte ich um Erlass folgender einstweiligen Verfügung wegen Eilbedürftigkeit ohne mündliche Verhandlung durch den Vorsitzenden allein:

1. Dem Antragsgegner wird bis zur rechtskräftigen Entscheidung darüber, ob ihm ein Anspruch auf Testamentsvollstreckervergütung über den Nachlass des am 20.2.2015 verstorbenen Otto Normalerblassers zusteht, untersagt, sich eine Testamentsvollstreckervergütung oder Teile davon aus dem Nachlass des Otto Normalerblassers zu entnehmen.

2. Dem Antragsgegner wird für den Fall der Zuwiderhandlung gegen vorstehende Verpflichtung ein Ordnungsgeld bis zur Höhe von 500.000 EUR und für den Fall, dass dies nicht beigetrieben werden kann, eine Ordnungshaft bis zu sechs Monaten angedroht.

Begründung:

▓▓▓▓▓ (z.B. insbesondere Ausführungen zur Verwirkung der Vergütung)

Verteidigungsstrategie des Testamentsvollstreckers

Will der Testamentsvollstrecker seinerseits eine Klage auf Rückzahlung verhindern, kann er selbst eine Leistungsklage einreichen. Allerdings sollte man zur Vermeidung eines sofortigen Teilanerkenntnisses nur die Summe einklagen, die über der Summe liegt, die von den Erben als angemessen erachtet wird. Diese von den Erben als angemessen erachtete Vergütung kann sich der Testamentsvollstrecker selbst aus dem Nachlass entnehmen.

Nach hiesiger Auffassung sollte er sich bei der Klage statt auf eine bestimmte Tabelle zu berufen, der Einfachheit halber den Mittelwert aller Tabellen auswählen, denn der Mittelwert aller Tabellen dürfte grundsätzlich eine angemessene Vergütung darstellen. Die nachfolgende Tabelle soll dabei behilflich sein:[11]

Vermögen in EUR	Alte Rheinische Tabelle	Tschischgale	Möhring	Eckelskemper	Berliner Praxis	Deutscher Notar Verein	**Mittelwert in EUR**[12]
50.000	1.600	2.000	2.910	2.000	2.050	2.000	2.093
250.000	5.600	7.000	10.110	8.000	6.850	10.000	7.927
500.000	10.600	13.250	19.110	14.250	12.850	15.000	14.177
1 Mio.	15.600	19.500	28.110	26.750	18.850	25.000	22.302
1,5 Mio.	20.600	25.750	33.110	38.000	23.850	37.500	29.802
2,5 Mio.	30.600	38.250	43.110	58.000	33.850	62.500	44.385
5 Mio.	55.600	69.500	68.110	83.000	58.850	100.000	72.510

Sicherlich ist es angesichts der veralteten Rheinischen Tabelle auch gerechtfertigt, auf diese alte Vergütung einen Zuschlag bis zu 20 % wegen des eingetretenen Kaufpreisschwundes[13] zu machen, so dass sich das arithmetische Mittel weiter nach oben verlagert.

Alternativ kann man sich natürlich auch nur auf die tatsächlich in der Praxis relevanten Vergütungsvorschläge stützen. Die Tabelle von *Tschischgale*[14] und die sog. Berliner Praxis dürften dann ausscheiden. Auch hier zeigt sich, wie sehr die überaltete Rheinische Tabelle den Mittelwert drückt.[15]

---

11 Tabelle ohne Mittelwerte von *Lieb*, S. 59.
12 Die Beträge sind ab- oder aufgerundet.
13 Zustimmend *Lieb*, S. 55. Ebenso *Birk*, S. 75 ff. m.w.N. Teilweise werden auch Zuschläge von 25 bis sogar 50 % für gerechtfertigt erachtet.
14 Hier liegt lediglich aus den letzten Jahren eine Entscheidung des OLG Frankfurt vor, wonach diese Tabelle durchaus eine angemessene Vergütung darstellen kann. Im Einzelnen haben sich in der Praxis tatsächlich nur die aufgeführten Vorschläge etabliert.
15 Wegen der Überalterung ist eine Anpassung der Rheinischen Tabelle angemessen.

Vermögen in EUR	Alte Rheinische Tabelle	Möhring	Eckelskemper	Deutscher Notar Verein	**Mittelwert in EUR**[16]
50.000	1.600	2.910	2.000	2.000	2.128
250.000	5.600	10.110	8.000	10.000	8.428
500.000	10.600	19.110	14.250	15.000	14.740
1 Mio.	15.600	28.110	26.750	25.000	23.865
1,5 Mio.	20.600	33.110	38.000	37.500	32.303
2,5 Mio.	30.600	43.110	58.000	62.500	48.553
5 Mio.	55.600	68.110	83.000	100.000	76.678

47 Diese Streitigkeiten über Vergütungsfragen sind vor dem sachlich und örtlich zuständigen Prozessgericht und nicht vor dem Nachlassgericht auszutragen.

Sofern der Erblasser dies nicht ausdrücklich angeordnet hat, steht dem Testamentsvollstrecker selbst nicht das Recht zu, die Vergütung verbindlich festzusetzen.[17]

Bei der Vergütungsklage ist streitig, welchen Antrag der Testamentsvollstrecker stellen muss.

Zum einen wird dargelegt, dass der Testamentsvollstrecker nicht auf Leistung an sich klagt, sondern vielmehr auf Festsetzung eines bestimmten Betrages, den er aus dem Nachlass entnehmen darf.[18] Etwaige Vorentnahmen sind zu berücksichtigen.

Zum anderen wird eine Feststellungsklage für richtig erachtet,[19] wonach festgestellt wird, dass der Testamentsvollstrecker berechtigt ist, eine genau bezifferte Summe als Testamentsvollstreckervergütung aus dem Nachlass für seine Tätigkeit in einem bestimmten Zeitraum zu entnehmen. Im Einzelnen geht es dann nicht um die Schlussvergütung, sondern um eine Teilvergütung.[20] Sofern es sich um eine Schlussvergütung handelt, soll eine Klage gegen die Erben auf Leistung an den Testamentsvollstrecker erfolgen.

Zu beachten ist, dass bei Erhebung einer Klage auf Feststellung oder Zahlung der angemessenen Vergütung deren Höhe im Klageantrag grundsätzlich betragsmäßig wegen § 253 Abs. 2 Nr. 2 ZPO genau zu bezeichnen ist. Eine Ausnahme wird nur dann gemacht, wenn eine Bezifferung entweder nicht möglich oder nicht zumutbar ist. Wie bei einer Schmerzensgeldklage ist dann jedoch die Angabe eines Mindestbetrags und der Bemessungsgrundlage erforderlich. Die Bestimmung der angemessenen Vergütung darf nicht in das Ermessen des Gerichts gestellt werden.

48 In der Praxis dürfte jedoch der Testamentsvollstrecker kaum in die Verlegenheit kommen, eine Leistungsklage zu erheben. Vielmehr kann er sich die beanspruchte Vergütung selbst aus dem Nachlass entnehmen, sofern dieser Betrag noch vorhanden ist. Ist dies nicht der Fall, darf er nicht ohne weiteres Nachlassgegenstände veräußern, nur um seine Vergütung sicherzustellen. So muss eine derartige Vorgehensweise ordnungsmäßiger Verwaltung des Nachlasses gem. § 2216 Abs. 1 BGB entsprechen.[21] Dies wird aber regelmäßig der Fall sein,

---

16 Die Beträge sind ab- oder aufgerundet.
17 Ausführlich: *Lieb*, S. 133.
18 So *Littig*, in: Krug/Rudolf/Kroiß/Bittler, § 13 Rn 310. Ebenso *Birk*, S. 128.
19 So *Zimmermann*, in: Münchner Prozessformularbuch, R II. 5.
20 Wegen der Subsidiarität der Feststellungsklage dürfte die Zulässigkeit sehr problematisch sein.
21 BGH WM 1973, 360; BGH NJW 1963, 1615; *Lieb*, S. 134.

zumal der Testamentsvollstrecker ohnehin nach Maßgabe des § 2204 BGB vorgehen und den Nachlass gemäß der Teilungsregeln „versilbern" darf. Zudem ist die Vergütung Nachlassverbindlichkeit, die es ebenfalls mit Nachlassmitteln zu begleichen gilt. Allerdings kommt es auf den Einzelfall an.

Richtet sich der Vergütungsanspruch z.B. gegen einen Vermächtnisnehmer, kann der Testamentsvollstrecker die Vergütung nicht dem Nachlass entnehmen, sondern sein Anspruch richtet sich direkt gegen den Vermächtnisnehmer. Dann wird der Testamentsvollstrecker um eine Leistungsklage nicht umhin kommen.

Sind die Erben der Ansicht, der Testamentsvollstrecker habe zu viel für die Vergütung nach § 2221 BGB entnommen kann der Testamentsvollstrecker selbst eine negative Feststellungsklage einreichen und feststellen lassen:

I. Muster: Negative Feststellungsklage des Testamentsvollstreckers gegen die Erben wegen angeblicher Zuvielvergütung

„Es wird festgestellt, dass den Erben ▮▮▮ nach dem am 24.2.2015 verstorbenen Otto Normalerblasser keine Rückforderungsansprüche hinsichtlich der vom Kläger als Testamentsvollstrecker über den Nachlass des am 24.2.2015 verstorbenen Otto Normalerblasser am ▮▮▮ entnommenen Vergütung nach § 2221 BGB zustehen."

Wollen die Erben gegen den Testamentsvollstrecker die Vergütung oder einen Teil der Vergütung im Klagewege zurückverlangen, so muss die Klage gegen den Testamentsvollstrecker persönlich gerichtet werden. Da der Anspruch kraft Surrogation zum Nachlass gehört, kann diesen Anspruch entweder nur der Nachfolger des Testamentsvollstreckers oder bei Fehlen eines solchen Nachfolgers, die Erben im Rahmen des § 2039 BGB anmelden.

Entscheidet der Testamentsvollstrecker sich zur Leistungsklage, ist es aus Kostenrisikogründen ratsam, die Klage nur auf den streitigen überschießenden Betrag zu beziehen.

II. Muster: Klageantrag bei Vergütungsklage des Testamentsvollstreckers

An das Landgericht ▮▮▮

Klage

des Rechtsanwalts R als Testamentsvollstrecker über den Nachlass des am 24.2.2015 verstorbenen Otto Normalerblasser

– Kläger –

gegen
1. Willi Meier,
2. Elfriede Müller,

– Beklagte –

wegen Testamentsvollstreckervergütung.

Als Testamentsvollstrecker über den Nachlass des am 24.2.2015 verstorbenen Otto Normalerblasser erhebe ich Klage und werde beantragen:

Die Beklagten werden als Gesamtschuldner verurteilt, an den Kläger 12.000 EUR nebst 5 % über dem Basiszinssatz seit dem ▮▮▮ zu zahlen.

Alternativ:

Die Beklagten werden als Gesamtschuldner verurteilt, den den Kläger 12.000 EUR nebst 5 % Zinsen über den Basiszinssatz seit dem ▨▨▨ abzüglich der am ▨▨▨ vom Kläger bereits dem Nachlass entnommenen Vergütung in Höhe von 10.000 EUR.

▨▨▨ (es folgen ggf. Anträge zur Sicherheitsleistung, Versäumnisurteil etc.)

53 Bei der Begründung der Klage ist wegen des unbestimmten Rechtsbegriffs der angemessenen Vergütung besonderes Augenmerk auf die ausführliche Darlegung folgender Punkte zu legen:
– Umfang und Wert des Nachlasses
– Besonderheiten der Testamentsvollstrecker-Verpflichtungen
– Dauer der Testamentsvollstreckung
– Anwendung besonderer Kenntnisse des Testamentsvollstrecker
– Zahl und Alter der Beteiligten
– Erfolg der Tätigkeit als Testamentsvollstrecker
– Steuerbelastung der Vergütung mit Umsatzsteuer
– Darlegung der Höhe der Vergütung unter Einbeziehung des jeweiligen Vergütungsvorschlags oder der Mittelgebühr aller Vergütungstabellen.

III. Muster: Abrechnung und Erläuterung der vom Testamentsvollstrecker geforderten Vergütung für die Erben

54 Um den Erben die Höhe der geforderten Vergütung nachvollziehbar und transparent zu machen, bietet sich in der Praxis an, einmal im Einzelnen die Zusammensetzung der verschiedene Tatbestände zu erläutern:

Vergütung des Testamentsvollstreckers

für die Abwicklung des Nachlasses

des am ▨▨▨ (Datum) verstorbenen Otto Normalerblasser

Abrechnung

I. Ausgangslage

Der Erblasser, Herr Otto Normalerblasser, geboren am ▨▨▨ (Datum), hat mit notariell beurkundetem Testament vom ▨▨▨ (Datum) (UR-Nr. ▨▨▨) Testamentsvollstreckung angeordnet und die Aufgaben hierzu wie folgt definiert:
– Erfüllung der Vermächtnisse,
– Verteilung des Nachlasses nach Ermessen des Testamentsvollstreckers unter den Erben unter Ausgleichung von Vorschenkungen und ggf. unter Veräußerung des Nachlassvermögens,
– Abgabe der erforderlichen Erklärungen gegenüber dem Finanzamt für die Erben und Vermächtnisnehmer und
– Verwaltung des den jeweiligen Vermächtnisnehmern zufallenden Vermögens im Rahmen von Dauertestamentsvollstreckungen.

Dabei ist der Testamentsvollstrecker von den Beschränkungen des § 181 BGB befreit und in der Eingehung von Verbindlichkeiten für den Nachlass befugt.

Zum Testamentsvollstrecker hat der Erblasser Herrn Rechtsanwalt R bestimmt.

Das Testament ist durch das Nachlassgericht München am ▨▨▨ (Datum) eröffnet worden und wurde von allen Beteiligten als rechtsgültig anerkannt. Sämtliche Erben haben die Erbschaft angenommen.

Herr Rechtsanwalt R hat das Amt des Testamentsvollstreckers mit Erklärung vom ▬▬▬ *(Datum)* vor dem Nachlassgericht angenommen. Das Nachlassgericht München hat das Testamentsvollstreckerzeugnis am ▬▬ *(Datum)* erteilt.

Der Testamentsvollstrecker, Rechtsanwalt R, begleitet das Amt seit Annahmeerklärung ohne Unterbrechungen.

Der Testamentsvollstrecker hat gem. § 2221 BGB einen Anspruch auf eine angemessene Vergütung für die Führung des Amtes, sofern nicht der Erblasser etwas anderes bestimmt hat. Die Vergütung bestimmt sich demnach in erster Linie nach dem Willen des Erblassers.

Der Erblasser hat sich hierzu konkret geäußert und in seinem notariellen Testament die Vergütung des Testamentsvollstreckers mit folgendem Wortlaut bestimmt:

„Die Vergütung des Testamentsvollstreckers richtet sich grundsätzlich nach den Empfehlungen des Deutschen Notarvereins zum Zeitpunkt der Annahme des Amtes durch den Testamentsvollstrecker."

Die Empfehlungen des Deutschen Notarvereins (Richtlinien der Bundesnotarkammer, DNotV-Empfehlungen), die im Jahr 2000 veröffentlicht wurden und bislang ohne Anpassungen oder weitere Konkretisierungen geblieben sind, wären damit vorgabegemäß die Vergütungsrichtlinien, an denen der Testamentsvollstrecker seine Vergütung zu orientieren hat.

Davon abweichend käme aber eine individuelle Vereinbarung mit allen Erben über die zu zahlende Vergütung in Betracht, selbst dann, wenn diese Vereinbarung der Vergütungsanordnung des Erblassers im Wesentlichen widersprechen würde.

Eine solche Vereinbarung ist hier zwischen den Erben und dem Testamentsvollstrecker nicht zustande gekommen. Der Vergütungsvorschlag des Testamentsvollstreckers zu Beginn der Testamentsvollstreckung, erstmalig besprochen am ▬▬▬, hinsichtlich einer Grundgebühr von 2 % vom Nachlasswert zzgl. eines Zuschlags von 20 % bis 30 %, haben die Erben abgelehnt. Einen Gegenvorschlag zur Vergütung haben die Erben dem Testamentsvollstrecker nicht unterbreitet.

In der Folge kommen die DNotV-Empfehlungen, wie von dem Erblasser vorgegeben, zum Ansatz und sind Maßgabe für den Testamentsvollstrecker zur Bemessung seiner Vergütung.

II. Gebührenempfehlung des Deutschen Notarvereins (DNotV-Empfehlungen)

Der Deutsche Notarverein schlägt vor, die Vergütung des Testamentsvollstreckers nach den folgenden Grundsätzen zu bemessen. Dabei werden neben einem fixen Vergütungsgrundbetrag variable Zuschläge für die einzelnen Tätigkeiten vorgesehen, damit die Vergütung der individuellen Arbeit und der Verantwortung des konkreten Falles angepasst werden kann, andererseits aber auch kalkulierbar bleibt.

1. Vergütungsgrundbetrag

Der Vergütungsgrundbetrag deckt die einfache Testamentsvollstreckung (normale Verhältnisse, glatte Abwicklung) ab, d.h. die Nachlassverwaltung bis zur Abwicklung der erbschaftsteuerlichen Fragen, einschließlich der Überleitung des Nachlasses auf einen Nachfolger als Testamentsvollstrecker oder der Freigabe des Nachlasses an die Erben. Die Bemessungsgrundlage für den Vergütungsgrundbetrag ist der am Todestag des Erblassers bestehende Bruttowert des Nachlasses. Verbindlichkeiten sind nur dann vom Bruttowert des Nachlasses abzuziehen, wenn der Testamentsvollstrecker nicht mit den Verbindlichkeiten befasst ist.

Höhe des Vergütungsgrundbetrages (vorbehaltlich einer zu gegebener Zeit vorzunehmenden Anpassung an die Preisentwicklung):

Nachlasswert bis	250.000 EUR	4,0 % als Grundvergütung
bis	500.000 EUR	3,0 %
bis	2.500.000 EUR	2,5 %
bis	5.000.000 EUR	2,0 %
über	5.000.000 EUR	1,5 %

mindestens aber der höchste Betrag der Vorstufe.

Bei Nacherbentestamentsvollstreckung oder bloß beaufsichtigender Testamentsvollstreckung erhält der Testamentsvollstrecker wegen der dann geringeren Belastung anstelle des vollen Grundbetrages $2/10$ bis $5/10$ des Grundbetrages.

Besteht die Aufgabe des Testamentsvollstreckers lediglich in der Erfüllung von Vermächtnissen, so erhält er nur den Vergütungsgrundbetrag, welcher sich nach dem Wert der Vermächtnisgegenstände bemisst.

2. Zuschläge zum Vergütungsgrundbetrag bei Abwicklungsvollstreckung

Die Entlastung des Testamentsvollstreckers durch die Hinzuziehung externer Sachverständiger (z.B. Rechtsanwälte, Steuerberater) ist bei Bemessung der Zuschläge angemessen zu berücksichtigen.

Die Zuschläge sind, wenn nachfolgend nichts anderes vorgesehen ist, jeweils fällig, wenn die betreffende Tätigkeit beendet ist. Bei der Bemessung der Zuschläge ist mangels besonderer Anhaltspunkte vom Mittelwert der Spanne auszugehen.

Die Gesamtvergütung soll in der Regel insgesamt das Dreifache des Vergütungsgrundbetrages nicht überschreiten.

a) Aufwendige Grundtätigkeit

Zuschlag von $2/10$ bis $10/10$ des Vergütungsgrundbetrages, wenn die Konstituierung des Nachlasses aufwendiger als im Normalfall ist, etwa durch besondere Maßnahmen zur Ermittlung, Sichtung und Inbesitznahme des Nachlasses, Erstellung eines Nachlassverzeichnisses, Bewertung des Nachlasses, Regelung von Nachlassverbindlichkeiten einschließlich inländischer Erbschaftsteuer. Normalfall: aus Bargeld, Wertpapierdepot oder Renditeimmobilie zusammengesetzter Nachlass, der z.B. durch bloßes Einholen von Kontoauszügen, Grundbucheinsichten und Sichtung von Mietverträgen konstituiert ist.

b) Auseinandersetzung

Zuschlag von $2/10$ bis $10/10$ des Vergütungsgrundbetrages, wenn der Nachlass auseinanderzusetzen ist (Aufstellung eines Teilungsplans und dessen Vollzug) oder Vermächtnisse zu erfüllen sind.

c) Komplexe Nachlassverwaltung

Zuschlag von $2/10$ bis $10/10$ des Vergütungsgrundbetrages bei komplexem Nachlass, d.h. für aus der Zusammensetzung des Nachlasses resultierende Schwierigkeiten seiner Verwaltung, z.B. bei Auslandsvermögen, Gesellschaftsbeteiligung, Beteiligung an Erbengemeinschaft, im Bau befindlicher oder anderer Problemimmobilie, hohen oder verstreuten Schulden, Rechtsstreitigkeiten, Besonderheiten im Hinblick auf die Beteiligten (z.B. Minderjährige, Pflichtteilsberechtigte, Erben mit Wohnsitz im Ausland).

Zusammen mit dem Zuschlag gemäß Buchst. d) in der Regel nicht mehr als $15/10$ des Vergütungsgrundbetrages.

d) Aufwendige oder schwierige Gestaltungsaufgaben

Zuschlag von $2/10$ bis $10/10$ des Vergütungsgrundbetrages für aufwendige oder schwierige Gestaltungsaufgaben im Vollzug der Testamentsvollstreckung, die über die bloße Abwicklung hinausgehen, z.B. Umstrukturierung, Umschuldung, Verwertung („Versilbern des Nachlasses", Verkäufe).

Bonefeld

Zusammen mit dem Zuschlag gemäß Buchst. c) in der Regel nicht mehr als $^{15}/_{10}$ des Vergütungsgrundbetrages.

e) Steuerangelegenheiten

Zuschlag von $^{2}/_{10}$ bis $^{10}/_{10}$ des Vergütungsgrundbetrages für die Erledigung von Steuerangelegenheiten. Buchst. a) umfasst nur die durch den Erbfall entstehenden inländischen Steuern (Erbschaftsteuer), nicht jedoch zuvor bereits entstandene oder danach entstehende Steuern oder ausländische Steuerangelegenheiten (z.B. nachträgliche Bereinigung von Steuerangelegenheiten, Einkommensteuererklärungen). Bezieht sich die Steuerangelegenheit nur auf einzelne Nachlassgegenstände, ermittelt sich der Zuschlag nach deren Wert aus dem für den Gesamtnachlasswert einschlägigen Prozentsatz.

III. Vergütung des Testamentsvollstreckers für die Nachlassabwicklung nach Otto Normalerblasser

1. Verlauf und Leistungen der Nachlassabwicklung

Der Testamentsvollstrecker war mit der Konstituierung, der Auseinandersetzung und der dafür notwendigen Nachlassverwaltung im Rahmen der ihm gemäß Testament obliegenden Aufgaben über einen längeren Zeitraum von rund 2 Jahren und 5 Monaten befasst (Abwicklungsvollstreckung).

Im Folgenden wird im Rahmen einer Detailbetrachtung stichpunktartig auf den Abwicklungsverlauf sowie auf die wesentlichen Aspekte der Nachlassabwicklung eingegangen, die abschließend in einer Gesamtschau zusammengefasst werden.

In Ergänzung zu den nachstehenden Ausführungen wird auf die erstellten Tätigkeitsberichte, das Nachlassverzeichnis in der Endfassung und den Auseinandersetzungsplan inklusive weiterer Anlagen (Inventarverzeichnis, geschlossene Kapitalanlagen, Geldvermächtnisse sowie rechtliche Aspekte und Kosten – geschlossene Kapitalbeteiligungen) verwiesen.

1.1 Detailbetrachtung

- Erstellung Nachlassverzeichnis (fortlaufende Aktualisierung je nach Informationsgewinnung, Vorlage und Erläuterung gegenüber den Erben)
- Erstellung Inventarverzeichnis (Anfertigung von Belegfotos, Sichtung und Einzelerfassung des Inventars vor Ort, Aufnahme Bildverzeichnis und Zuteilung Aktiva-Struktur)
- Nachlassermittlung „Bankschließfach" (Geltendmachung des Herausgabeanspruchs „Schließfachschlüssel" (Terminvorschläge zur Übergabe, Angebote zur gemeinsamen Schließfachöffnung), Unterlagenzusammenstellung und Klageverfahren zur Schließfachöffnung, Prüfung der Klageerwiderung und Vorbereitung schriftliche Stellungnahme, positive Prozessverlaufsaussicht dennoch Vergleich zur Verfahrensverkürzung, gemeinsame Schließfachöffnung und Feststellung Schließfachinhalt, Protokollerstellung/Vervollständigung, Auftrag zur Schließfachrückgabe)
- Bewertung des Inventars (Internet-Recherche zu einzelnen Inventargegenständen und Wertbestimmung, Prüfung und Zusammenführung der Sachverständigenwerte „SV" zu einem Gesamtwert)
- Bewertung der Immobilie „Eigentumswohnung Dresden" (Wertermittlung im Ertragswertverfahren auf Basis Mietvertrag, Grundbuchauszug, Internet-Recherche/Immobilien-Scout24, Wertansatz)
- Bewertung der geschlossenen Kapitalbeteiligungen (Bewertung der Kapitalbeteiligungen zu Verkehrswerten [schriftliche Abforderung der Werte von den einzelnen Gesellschaften und Kontrolle der Verkehrswerte, sofern keine Mitteilung erfolgt oder möglich, teilweise Bewertung auf Basis Sichtung und Prüfung von Geschäftsberichten der zurückliegenden Jahre – Bilanzen, GuV, Managementinformationen, Beiratsberichte – sowie unter Berücksichtigung von aktueller Steuerauffassung und Steuerrechtsprechung], Plausibilitätsprüfungen, schrittweise Erfassung sowie Berechnung der Werte je nach Informationseingang, Währungsumrechnung, Kontrollvorgänge); Ermittlung der Steuerwerte der geschlossenen Kapitalbeteiligungen (schriftliche Abforderung und Kontrolle der Steuerwerte, Plausibilitätsprüfungen, schrittweise Erfassung sowie Berechnung der Werte je nach Informationseingang, Währungsumrechnung, Kontrollvorgänge).

Hinweis zu „Geschlossene Kapitalbeteiligungen"
Bei einer geschlossenen Kapitalanlage (geschlossener Fonds) handelt es sich in der Regel um eine öffentlich angebotene Kapitalanlage in der Rechtsform einer inländischen Gesellschaft, bei der das

maximale Gesellschaftskapital (Fondsvolumen) bei Gesellschaftsgründung (Emission) feststeht und die nur während eines bestimmten Zeitraums (sog. Platzierungszeitraum) den Gesellschaftern (Investoren) zum Beitritt offensteht.

Das Gesellschaftskapital (Fondsvolumen) einer geschlossenen Kapitalanlage kann sich vollständig aus Eigenkapital oder aus einer Mischung aus Eigen- und Fremdkapital zusammensetzen. Eine geschlossene Kapitalanlage setzt das ihr zur Verfügung stehende Kapital zum Erwerb und Management eines oder mehrerer bestimmter Investitionsobjekte (z.B. Immobilien, Schiffe, Flugzeuge, Private Equity) ein. Als Gesellschaftsrechtsform einer geschlossenen Kapitalanlage trifft man in der Praxis überwiegend auf die deutsche GmbH & Co. KG.

Eine geschlossene Kapitalanlage räumt ihren Investoren, die das haftende Eigenkapital stellen, eine Gesellschafterstellung ein. Den Investoren wird damit nicht nur ein Teil des Gesellschaftsvermögens zugeordnet, sondern auch eine Reihe von Mitbestimmungs- sowie Gestaltungsrechten – etwa das Recht, außerordentliche Gesellschafterversammlungen zu initiieren, auf Gesellschaftsversammlungen sein Stimmrecht gemäß seinem Anteil am Gesellschaftsvermögen auszuüben, den Wirtschaftsprüfer zu bestimmen oder der Geschäftsführung Entlastung zu erteilen oder zu verweigern. Eine geschlossene Kapitalbeteiligung, beispielsweise im Rahmen der Rechtsform einer GmbH & Co. KG, wird daher auch als „unternehmerische Beteiligung" bezeichnet.

Für eine geschlossene Kapitalbeteiligung bzw. unternehmerische Beteiligung findet keine laufende, tägliche Wertermittlung statt. Einen geregelten Markt, wie er beispielsweise für Aktien, Anleihen usw. (Wertpapiere) besteht, gibt es für geschlossene Kapitalanlagen nicht.

Einzige Informationsinstrumente für die Gesellschafter und damit auch für Dritte sind ausschließlich die jährlichen Geschäftsberichte (Bilanz, GuV, Stellungnahme zum Geschäftsbericht der Geschäftsführung, Beiratsbericht), unterjährige Mitteilungen der Geschäftsführung und einmal im Jahr angesetzte Gesellschafterversammlungen im schriftlichen Umlaufverfahren oder ggf. im Präsenzverfahren.

- Erarbeitung der Nachlassforderungen und der Nachlassverbindlichkeiten (Einforderung des Lizenzanspruches (Prüfung der Abrechnungen, Prüfung der vorgelegten Bilanzen, der Lizenzverteilungsabrechnungen, des Gesellschaftsvermögens, des Gesellschafterbeschlusses, Feststellung und Einforderung des zusätzlichen Guthabenanspruchs gegenüber der Otto Normal Erblasser Familien GbR, Geltendmachung von Nachberechnungen, Überlegungen zur Problemlösung, Erarbeitung von Vergleichsangebot und Erstellung Erbenvereinbarung, Verhandlungen zur Umsetzung, Mitteilung Nachlassgericht, Verhandlungen zur abschließenden schriftlichen Abgeltungsvereinbarung); Erfassung und Abwicklung von Krankheits- und Arztkosten (Zusammenstellung von Rechnungen und Belegen, Begleichung von Rechnungen, Abrechnung und Einreichung von Rechnungen und Belegen bei Krankenversicherung zur Rückerstattung, Kontrolle der zurückgesandten, rechnungsübergreifenden Krankenversicherungsabrechnungen, Überprüfung der Zahlungseingänge); Antrag und Verhandlung mit Versicherungsgesellschaft zur Anerkennung der Pflegestufe III (es blieb bei Pflegestufe II); Recherche und Feststellung sowie mehrfache Einforderung der Abrechnung „Betreuungskonto" (Prüfung der Abrechnung, Prüfung der vorgelegten Kontoauszüge, Rechnungen und Belege, Kontoabschluss inklusive Rückforderung von Kosten (RA-Kosten, Einforderung Guthaben); Erfassung und Abwicklung „Kaution Immobilie ABC Str." (Prüfung Abrechnung, Beschaffung Einverständniserklärung der Erben, Kautionserstattung)
- Abwendung von Nachlassverbindlichkeiten (Abwendung von Forderungen der Fensterfix KG [Fenster, Türen] in Höhe von 1.234,56 EUR – Prüfung Auftragsunterlagen und Belege, rechtliche Würdigung, Mitteilung über unbegründete Forderung, abschließend keine weitere Anspruchsforderung mehr durch Fensterfix KG); Abwendung Rückforderung von erfolgten Ausschüttungen aus bereits verkaufter Beteiligung (an Bayer Neumann) des Erblassers noch zu seinen Lebzeiten in Höhe von 21.000 EUR (Prüfung Aufforderungsschreiben Bayer Neumann zur Rückzahlung, rechtliche Würdigung und Prüfung Handlungsoptionen, Mitteilung über unbegründete Rückzahlungsforderung [Ansatz BGH-Urteil], abschließend keine weitere Anspruchsforderung mehr durch Bayer Neumann); Abwendung Schätzandrohung (notwendige Mitteilung über Bedarfswert) wegen Nichterledigung durch die Erben (Prüfung Sachverhalt und Information zur Feststellung des Bedarfswertes, Klärung mit Finanzamt Dresden); Abwendung Grundsteuer und Mahnungsgebühren in Höhe von 56,78 EUR durch Landeshauptstadt Dresden (Prüfung Sachverhalt, Klärung mit verschiedenen Verwaltungsstellen, Erwirkung der Aufhebung der erstellten

Bescheide); Prüfung Gebührenabrechnung zur Testamentseröffnung und Einspruch bezüglich Immobilienverkehrswertberechnung (in der Folge Gebührenrückerstattung von 258 EUR)
- Klärung und Abwicklung Erbschaftsteuer der drei Erben (Unterlagenzusammenstellung, Vorbereitungen (Werte) zur Erbschaftsteuererklärung und Weiterleitung, Prüfung der erstellten Erbschaftsteuererklärung im Entwurf (Ergänzungen und Korrekturen), überschlägige Berechnungen zur voraussichtlichen Erbschaftsteuerforderung, Ermittlung und Berechnung der Änderungen gegenüber der ursprünglich eingereichten Erbschaftsteuererklärung (hinsichtlich Nachlasswerte, Teilungsquoten, Einkommensteuerkorrekturen), Verhandlungen und persönlicher Gesprächstermin mit Finanzamt Kaufbeuren, Prüfung und Klärung der Mitteilung zur Besteuerungsabsicht des Finanzamtes Kaufbeuren, Information und Abklärungsgesuch mit den Erben, Begleichung der festgesetzten Erbschaftsteuer)
- Erfüllung und Abwicklung der Vermächtnisse (Erarbeitung und Erstellung Formularwesen (Formblätter) zur effizienten Abwicklung der zahlreichen Vermächtnisse, teilweise Adressenrecherche, Adressenzusammenstellung, Information der Vermächtnisnehmer und Abforderung der zur Erfüllung notwendigen Angaben, Eingangskontrolle und Erfassung der Annahmeerklärungen, Eingangskontrolle und Erfassung der Angaben zu den Vorschenkungen, Eingangskontrolle und Erfassung der Bankdaten, Erinnerungen und Nachforderungen von ausstehenden Informationen von Vermächtnisnehmern, Auswertung der Angaben zur den Vorschenkungen und Berechnung der voraussichtlichen Erbschaftsteuer (Erbschaftsteuereinbehalt) der Vermächtnisnehmer, Überweisung der 1. Teilauszahlung, Eingangskontrolle und Erfassung der Bestätigungen über Erhalt der 1. Teilzahlung, Information der Vermächtnisnehmer über Auszahlungsverzögerung der 2. Teilzahlung und Abforderung der Steuerdaten, Eingangskontrolle und Erfassung der Steuerdaten, Erstellung Erbschaftsteuererklärung für Vermächtnisnehmer ▬▬▬ *(Name)* mit spezieller Überprüfung und Klärung von Steuerfragen mit Finanzamt (Vermächtnisnehmer im Ausland – USA – lebend), Abrechnung der 2. Teilzahlung gegenüber den Vermächtnisnehmern (Freibetrag, ggf. Vorschenkungen, Steuerklasse, Steuereinbehalt), Überweisung der 2. Teilzahlung, Eingangskontrolle und Erfassung der Bestätigungen über Erhalt der 2. Teilzahlung, Erinnerungen und Nachforderungen von ausstehenden Auszahlungsbestätigungen und Erfüllung der Vermächtnisse, Einrichtung Rücklagenkonto (Aktivsparen, Steuereinbehalt) bei Bank, Abforderung der entsprechenden Steuerbescheide der Vermächtnisnehmer, Prüfung der übermittelten Steuerbescheide der Vermächtnisnehmer und 1 Einspruch gegenüber Finanzamt zur gesonderten Prüfung, Überweisung der Erbschaftsteuern der Vermächtnisnehmer an das Finanzamt, Prüfung der Mitteilung zu Besteuerungsabsicht des Finanzamtes Kaufbeuren für Vermächtnisnehmer ▬▬▬ *(Name)* und Begleichung der festgesetzten Erbschaftsteuer, Information sämtlicher Vermächtnisnehmer über vollständige, abgeschlossene Vermächtniserfüllung)
- Erfüllung und Abwicklung der Vermächtnisse von ▬▬▬ *(Name)* – Minderjährige – (Information der Erziehungsberechtigten und Abforderung der zur Erfüllung notwendigen Informationen, mehrmalige Aufforderungen an Erziehungsberechtigten zur Erklärung und Angabe der notwendigen Informationen, Information Familiengericht gem. § 1640 BGB über Vermächtniszuwendung sowie Hinweis auf ausstehende Annahmeerklärung der Erziehungsberechtigten, Prüfung Stellungnahme der Erziehungsberechtigten an das Familiengericht, Überlegungen zur Problemlösung, zur Verfahrensverkürzung, Wertung der Ausführungen der Erziehungsberechtigten an das Familiengericht als Vermächtnisannahme, Information an Familiengericht über Erledigung des Sachverhalts gem. vorstehendem Punkt, Unterlagenzusammenstellung und Erstellung Erbschaftsteuererklärung für ▬▬▬ *(Name)*, Einrichtung Treuhandkonto ohne aufgeforderter Mitwirkung der Erziehungsberechtigten, Erfüllung Geldvermächtnis durch Einzahlung auf Treuhandkonto, Erfüllung der 4 weiteren Sachvermächtnisse (hier geschlossene Kapitalbeteiligungen, Einholung notarieller Vollmacht mit Unterschriftenbeglaubigung, Zusammenstellung Unterlagen, Antrag an die einzelnen Gesellschaften zur Übertragung, Abwicklungskontrolle), Prüfung der Mitteilung zu Besteuerungsabsicht des Finanzamtes Kaufbeuren von ▬▬▬ *(Name)* und Begleichung der festgesetzten Erbschaftsteuer, Beginn Dauertestamentsvollstreckung)
- Erfüllung und Abwicklung der Auflage – OH-DO-KWAN-Stiftung und Förderung junger Judoka – (Information und Aufklärung Hauptbegünstigten (OH-DO-KWAN-Stiftung), Recherche zur Umsetzung der Vorgabe „Förderung junger Judoka", Information und Aufklärung „Freunde und Förderer des Deutschen Judobundes", Einrichtung Sonderkonto und Depot zur separaten Verwaltung der Auflage, Wertpapierübertragungen in Depot, Berechnung sowie Überweisung und Disposition der fehlender Restliquidität

zur Vervollständigung des zur Erfüllung der Auflage notwendigen Kapitals, Berichterstattung an die Erben, Beginn der Dauertestamentsvollstreckung)
- Erfüllung und Abwicklung der Schenkungen des Erblassers (Prüfung Zertifikatsbestimmungen und Verkaufsmodalitäten wegen Spezialfall „Zertifikat", Zusammenstellung Unterlagen und Abwicklung Verfügungsaufträge, Adressenrecherche, Information an Schenkungsbegünstigten und Auszahlung Verkaufserlös, Überlegungen zur Erfüllung der ausstehenden und nicht erfüllbaren Schenkung, abschließende Vereinbarung mit den Erben hierzu)
- Inventar (Prüfung vorzeitiger Inventar-Aufteilungswunsch der Erben, Erstellung Erbenerklärung zur gewünschten, teilweisen Verteilung von Nachlassgegenständen und Übersendung, gemeinsame (Teil-)Auseinandersetzung der durch die Sachverständigen bewerteten Nachlassgegenstände, Verweigerung Erbenerklärung zur besprochen Teilauseinandersetzung, Feststellung der Entnahme sämtlicher Nachlassgegenstände (Inventar) der Erben ohne Genehmigung, rechtliche Würdigung des Sachverhaltes und Prüfung Handlungsoptionen, Aufforderung der Erben zur Erklärung über einvernehmliche Übernahme/Aufteilung des gesamten Inventars durch die Erben)
- Berücksichtigung und Bewertung der Vorschenkungen des Erblassers an die Erben (Schenkungen an den Erben 3 ▓▓▓▓ (Name); Schenkung 30%-iger Anteil an der Otto Normalerblasser Familien GbR des Erblassers an die Erben (Prüfung Übertragungsurkunde und möglicher Wertansatz der GbR-Schenkungen, Abforderung der Schenkungswerte von den Erben (keine Auskunft durch die Erben), Auskunftsersuchen an Finanzamt, Prüfung der übermittelten Schenkungsteuererklärung eines Erben, Überlegungen zur Problemlösung, Vergleichsangebot zum gemeinsamen Verzicht der Erben auf Anrechnung bzw. Ausgleichung der GbR-Schenkungen, Erklärung der Erben über Anrechnungsverzicht auf Basis des übermittelten Vereinbarungsentwurfs)
- Klärung rechtlicher Aspekte zur Auseinandersetzung der geschlossenen Kapitalbeteiligungen (Ermittlung der unterschiedlichen Gesellschafterstellungen – Direktkommanditist, atypisch Stiller Gesellschafter, Treugeber), Prüfung möglicher rechtlicher Konsequenzen aus der Gesellschafterstellung zur Auseinandersetzung, Prüfung unterschiedlicher Gestaltungsmöglichkeiten zur Erbauseinandersetzung (Fortführung in ungeteilter Erbengemeinschaft, Zusammenführung Neu-Gesellschaft/Bestands-GbR zur einheitlichen Verwaltung), Sichtung der Gesellschaftsverträge, Abforderung der unterschiedlichen Gesellschaftsbruchteilregelungen (Quotenregelungen: exakte Berechnung oder 100- oder 1.000-Rundung), Ermittlung der Kostenregelungen bei Beteiligungsübertragungen (Gesellschaftskosten, Notarkosten, Handelsregister), Verhandlung zur Kostenvermeidung und Verrechenbarkeit mit Ausschüttungen)
- Ermittlung der allgemeinen Teilungsquoten der 3 Erben (Überprüfung Stichtagsregelung und Festlegung Bezugsgröße, Wertansatz und Indexierung, Berechnung der Ausgleichung, Berechnung der neuen Teilungsquoten sowie deren Aktualisierung)
- Festlegung der gesonderten Teilungsquoten zur Auseinandersetzung der geschlossenen Kapitalbeteiligungen vor dem Hintergrund der ermittelten allgemeinen Teilungsquoten (grundsätzliche Überlegungen und Prüfung von sinnvollen Möglichkeiten zur Auseinandersetzung der Beteiligungen, rechtliche Würdigung der Möglichkeiten, Rücksprache mit den Gesellschaften, Festlegung der Teilungsquoten in Anlehnung an die Erbquoten und Einarbeit der abgeforderten Quotenregelungen, Abweichungsanalyse (Umfang der Abweichungen von festgelegten Teilungsquoten durch Berücksichtigung der Quotenregelungen), Feinjustierung der Teilungsquoten je Gesellschaftsbeteiligung (Näherungsverfahren), Plausibilitätskontrolle der festgelegten Abweichungen, Berechnung der Übertragungswerte)
- Erarbeitung und Erstellung Auseinandersetzungsplan (schriftliche Herleitung und Darlegung der wesentlichen Grundlagen zu Planinhalt, Aufteilungsvorhaben sowie zum Verlauf (Abwicklung) bzw. Stand des Vollzugs (Vermächtnisse, Auflage, Schenkungen, Steuern usw.) und zum Abschluss der vollständigen Nachlassauseinandersetzung, Zusammenfassung und Berechnung sowie Zuweisung (an Erben) der Liquiditätsveränderungen während der Testamentsvollstreckung, Berechnung der effektiven Auszahlungsbeträge an die Erben, Aufnahme und Berechnung nicht liquiditätswirksamer Vermögensveränderungen zur Vollständigkeit und Information, Überlegungen zur kosteneffizienten Übertragung der geschlossenen Beteiligungen, Ergebnis: Vorschlag zur grundlegenden Änderung der Gesellschafterstellung der Erben bei Übertragung)

Bonefeld

- Anhörung der Erben (persönlicher Gesprächstermin sowie mehrmals im schriftlichen Verfahren, Protokoll, schriftliche Sachverhaltsaufklärungen, Aktualisierungen des Auseinandersetzungsplans und Inkenntnissetzung der Erben)
- Verbindlichkeitserklärung und Vollzug des Auseinandersetzungsplans (Liquiditätsauszahlung an Erben; Übertragung der geschlossenen Kapitalbeteiligungen (Zusammenstellung Unterlagen, Antrag an die einzelnen Gesellschaften zur Übertragung, Klärung Rückfragen der Gesellschaften, Information der unterschiedlichen Finanzämter (zu Rechtsnachfolge und Teilungsquoten), Begleitung/Kontrolle der Übertragungsvorgänge)
- Abschluss der Testamentsvollstreckung (Zusammenstellung Belege und abschließende Erstellung Rechnungslegung (Abschluss Buchungsjournal „Einnahmen/Ausgaben" mit einzelnen Belegen, Abrechnung Testamentsvollstreckervergütung), endgültiger Abschluss der Testamtensvollstreckung (Rückstellungsauflösung und Verrechnung, Kontoabschluss Stadtsparkasse, Abschlussinformation Erben und Nachlassgericht, Entlastung usw.) noch nicht erfolgt)
- Verwaltung der geschlossenen Kapitalbeteiligungen (Sichtung und Prüfung der Gesellschaftsinformationen (Geschäftsberichte, Bilanzen, GuV, Stellungnahmen der Geschäftsleitungen, Berichte der Beiräte), Übermittlung von Gesellschaftsinformationen an Erben, Vorbereitungen von Entscheidungen und Abstimmungsverhalten zu den Gesellschafterversammlungen im schriftlichen Beschlussverfahren (Beiratswahlen, Beschlussfassungen (Ausschüttungen, Vertragsänderungen), Teilnahme an 3 Gesellschafterversammlungen, Teilnahme an Gesellschaftskapitalerhöhungen (Entscheidungsvorbereitung (rechtliche Prüfung und Würdigung) und Befragung der Erben hierzu (Meinung, Entscheidung), Abstimmung und Abwicklung der Kapitalerhöhungen), Klärung von Rückfragen/Aufforderungen der Gesellschaften (laufende Verwaltung der Beteiligungen), Durchsicht und Weiterleitung der Steuermitteilungen an Steuerberater, Zweitmarktrecherchen zu den geschlossenen Kapitalbeteiligungen (Prüfung Kauf-/Verkaufsangebote, Erfassung der über den Zweitmarkt abgewickelte Transaktionen, Plausibilitätskontrolle)
- Verwaltung der Konten sowie Buchführung (Belegverwaltung, Führung und Auswertung zusammenfassendes Buchungsjournal für mehrere Konten (Zahlungseingänge/-ausgänge (Augsburger Aktienbank, HypoVereinsbank, Postbank, Commerzbank, Stadtsparkasse), laufende Nachlassliquiditätskontrolle und vorausschauende Liquiditätsplanung, Zusammenführung sämtlicher Konten des Erblassers im späteren Verwaltungsverlauf bei der Stadtsparkasse München, Zinsverhandlungen mit der Stadtsparkasse (Aktivsparkonten für Vermächtnisnehmer/in) zur Verbesserung der Ertragszinsen, Zinsverbesserungen konnten mehrmals erreicht werden)
- Anfertigung Gesprächsprotokolle und Berichterstattungen über den jeweiligen Verlaufsstand der langdauernden Testamentsvollstreckung, Übermittlung an Erben
- Abwendung Konto- und Depot-Verfügungsbeschränkungen (unerledigte Rückgabe bzw. Nichtausführung von Überweisungen und Wertpapiertransaktionen aufgrund Mitteilung der Erben (durch Rechtsbeistand) gegenüber Instituten (HypoVereinsbank, ▬-Aktienbank, Stadtsparkasse) hinsichtlich laufendes Entlassungsverfahren und Aufforderung zur Verfügungsbeschränkung des Testamentsvollstreckers, in der Folge Verfügungsbefugnis des Testamentsvollstreckers nur mit TV-Zeugnis im Original und/ oder Zustimmung der Erben möglich, Prüfung und rechtliche Würdigung der Verfügungsbeschränkung, Einspruch und Klärung Sachverhalt sowie Aufforderungen zur Erledigung der erteilten Aufträge, Einholung Bestätigung Nachlassgericht, Abwendung Verfügungsbeschränkungen bei HypoVereinsbank und Stadtsparkasse, Verfügungsbeschränkung bzgl. Konto und Wertpapieren bei ▬-Aktienbank blieb bestehen)
- Klärung „Widerruf Postnachsendeantrag" (Feststellung „geänderter Postnachsendeantrag", Nachforschung zum Sachverhalt bei Post, Prüfung und rechtliche Würdigung der Mitteilung der Post über den Widerruf der Erben des durch den Testamtensvollstrecker gestellten Postnachsendeantrages, Abforderung von näheren Hintergründen hierzu bei Post, Nachforschung bei wesentlichen Adressen zum Nachlass (geschlossene Kapitalanlagen (Gesellschaften), Behörden usw.) bzgl. ggf. fehlender Post)
- Verwaltung und Verkauf der Immobilie – Eigentumswohnung Dresden – (Eigentumsübertragung auf Erbengemeinschaft, Eintrag Vermerk über Anordnung der Testamentsvollstreckung im Grundbuch, Unterlagenzusammenstellung und Auftrag für sachverständiges Wertgutachten zum Verkehrswert (siehe Gutachten, Ertragswert 124.000 EUR, Verkehrswert 120.000 EUR), Prüfung Wirtschaftsplan im Entwurf

Bonefeld

und in Endfassung sowie Jahresabrechnung 2014, Prüfung Rücklagenkonto, Prüfung/Vorbereitung zu Beschlussanträgen zur Wohnungseigentümerversammlung, Auftrag an Immobilienmakler (░░░░ Immobilien) zum Immobilienverkauf, Mitteilung der Erben an Verwaltungsgesellschaft über Verkaufsverbot, Prüfung und Sachverhaltsklarstellung (Vorlage TV-Zeugnis, Eintragungsbekanntmachung), Prüfung Schreiben RA Dr. Winzig an beauftragten Makler sowie Verwaltungsgesellschaft über weiterhin gefordertes Verkaufsverbot, Rückzug Makler und Verwaltungsgesellschaft, Verkauf der Immobilie (Prüfung Angebot, Unterlagenzusammenstellung für Käufer, Prüfung Kaufvertragsentwurf sowie Verhandlung dessen, Verkauf (mit Notartermin Dresden) der Immobilie zu 122.000 EUR), Information Mieter und Einholung Einverständniserklärung (Mietübergang, Mietsicherheit), Abwicklung Übergang Mietverhältnis (Mieter, Käuferin, Verwaltungsgesellschaft), Prüfung Schlussabrechnung Verwaltungsgesellschaft und Nacherklärung hierzu, Prüfung Schriftverkehr zu den geforderten Abrechnungen (Käuferin, Verwaltungsgesellschaft), Abrechnung Miete und Abschlusszahlung)

- Schuldenregulierung Immobilie – Eigentumswohnung Dresden – (Umschreibung Darlehen auf Erbengemeinschaft (Legitimationsprüfung der Erben), Antrag/Verhandlung mit der Bank über Teilpfandfreigabe (ursprünglich nicht freigegebene Zusatzsicherheit/Tilgungsersatz, Hinweis auf vertragswidriges Verhalten der Bank), Einspruch und Abwicklung zur Hypothekenrückführung in Verbindung der Zusatzsicherheit (Pfand) beim Bankhaus Metzler, Abwicklung notarieller Eigentumsübertragung (Problemklärung), Prüfung Pfandfreigabe durch die Bank und Abwicklung Wertpapierdepot, Abwicklung Hypothekentilgung, Prüfung Schlussabrechnung Bank)
- Erfassung und Nachprüfung sowie Abrechnungskontrolle der jahresübergreifenden, mehrfachen (ca. 48) Einkommen- und Kirchensteuerkorrekturen des Finanzamtes (sowohl Rückerstattungen als auch Nachzahlungen) des Erblassers der Jahre 2010 bis einschließlich 2014, Erledigung der US-Steuerangelegenheiten (Unterlagen KanAm zum Auftrag Orson LLP, Klärung US-Quellensteuer-Sachverhalt zu „Life Value")
- Erledigung offener Einspruchsverfahren (Klärung Einspruchsverfahren aus dem Jahr 2011 (Prüfung Sachverhalt aus Finanzamtsmitteilung (Abschreibung/Werbungskosten, Mietvertrag), Mitteilung über Aufrechterhaltung des Einspruches aus 2011, in der Folge Anerkennung und Steuerrückerstattung in Höhe von 23.456,78 EUR für den Nachlass); Klärung Einspruchsverfahren aus den Jahren 2013 zum Solidaritätszuschlag)
- Klärung der Einkommensteuer-Angelegenheiten zur Einkommensteuererklärung 2013 (eingereicht in 2014) des Erblassers (Unterlagenzusammenstellung, Klärung von offenen Fragen sowie Nachreichung von Unterlagen zur Einkommensteuererklärung, Nachprüfung der Berechnung zu den Einkünften aus Gewerbebetrieb, Nachprüfung der erstellten Erklärung und Weiterleitung im Original an Finanzamt, Nachprüfung Einkommensteuerbescheid, Initiierung Einspruch zur Berücksichtigung des Behinderungsgrades des Erblassers von 100 % (in der Folge zusätzliche Steuerrückerstattung von rund 589 EUR); Klärung Steuersachverhalt bezüglich ABC-Str. (Mieteinnahmen, Objektkosten, Nebenkosten) und Initiierung Einspruch zum Einkommensteuerbescheid 2013, Information Erben)
- Klärung der Einkommensteuer-Angelegenheiten für die Erbengemeinschaft der Jahre 2015 (Vorgänge hierzu noch nicht abgeschlossen, Steuererklärung für 2015 der Erbengemeinschaft im April 2015 geprüft und eingereicht)

1.2 Gesamtbetrachtung

Der Pflichtenkreis des Testamentsvollstreckers und die sich daraus ergebende Verantwortung sowie die damit verbundenen Aufgaben waren umfassend. Dies betraf viele unterschiedliche Themenfelder, wie u.a. die Ermittlung und Regelung sowie die Abwehr oder Einforderung zahlreicher, sich erst im Zeitablauf ergebenden Nachlassforderungen und Verbindlichkeiten, die Klärung einer großen Anzahl erbschaft- wie einkommensteuerlicher Sachverhalte, die Erfüllung zahlreicher Vermächtnisse, die Lösung vieler spezieller Bewertungs- und Rechtsfragen wie auch die insgesamt zur Aufgabenerfüllung notwendige Umsetzung einer effizienten Abwicklungsorganisation.

Die Komplexität der testamentarisch bestimmten Aufgaben und die Zusammensetzung des Nachlasses selbst verursachten zur ordnungsgemäßen Erledigung der einzelnen Vorgänge zudem unzählige Kommunikations-, Kontroll- und Überprüfungsprozesse. Dies ergab sich nicht nur aus der länger dauernden Nachlassverwaltung, sondern auch daraus, dass die Aufgaben nicht blockartig nacheinander, sondern – verbunden mit lückenhafter sowie zeitversetzter Informationsbereitstellung – parallel abzuarbeiten waren und hierbei eine große Zahl von Personen, Gesellschaften und Behörden zu berücksichtigen bzw. betroffen waren.

Den jeweiligen korrekt zu erledigenden, teilweise sehr kleinen Teilaufgaben bzw. Teilschritten kamen aber in Summe, sowohl hinsichtlich der Erbschaftsteuer für die Erben und Vermächtnisnehmer, der Einkommensteuer des Erblassers, als auch hinsichtlich der Durchführung der Erbauseinandersetzung und Vermächtniserfüllung selbst, eine große Bedeutung zu und war mit einer entsprechenden Verantwortung für den Testamentsvollstreckers verbunden.

Schlussendlich ist es gelungen, auf Grundlage der Verhandlungs- und Organisationsfähigkeiten des Testamentsvollstreckers die durch den Erblasser vorgegebenen Aufgabengebiete wie auch die sich erst im Verlauf der Nachlassabwicklung ergebenen Aufgaben erfolgreich zu erledigen. Ganz allgemein, aber auch in Anbetracht des Verlaufs der Nachlassabwicklung war dies grundsätzlich nicht einfach und darüber hinaus nicht glatt zu erfüllen gewesen, weil die Aufgaben weiterhin nur mit Überwindung erheblicher Widerstände abgeschlossen werden konnten.

So musste der Verkauf der Immobilie aufgrund der Intervention der Erben selbst durchgeführt werden. Ferner musste wegen der Beteiligung einer Minderjährigen zur Durchsetzung bzw. Erfüllung deren Vermächtnisse das Familiengericht eingeschaltet werden. Ebenso war die Durchführung eines Prozesses gegen die Erben auf Herausgabe von Nachlassbestandteilen notwendig geworden.

Darüber hinaus war die Ermittlung bzw. Auskunftseinholung zu den Vorschenkungen hinsichtlich der Otto Normalerblasser-Familien GbR und deren abschließender Berücksichtigung mit Erschwerungen verbunden. Zusätzlich konnte erst nach aufwendigen, mehrmonatigen Verhandlungen erreicht werden, dass seitens der Otto Normalerblasser-Familien GbR die vollständigen Lizenzansprüche an den Nachlass ausgekehrt wurden.

Ferner war der Testamentsvollstrecker mit Bank-Verfügungsbeschränkungen konfrontiert, die nur mit hohem Aufwand berücksichtigt oder abgewendet werden konnten. Auch wurde der Postnachsendeantrag des Testamentsvollstreckers unmittelbar nach Antragstellung durch die Erben widerrufen, so dass in der Folge aufwendige Belegnachforschungen notwendig wurden.

Und zu alle dem waren mit der Abwehr des Entlassungsverfahrens über zwei Instanzen erhebliche zusätzliche Arbeitsbelastungen einhergegangen.

In der Gesamtbetrachtung – sowohl unter Berücksichtigung der einzelnen Sachverhalte und Aufgaben als auch unter Würdigung der aufgelaufenen Zeitstunden – war die Abwicklungsvollstreckung – von der Konstituierungsphase über die Nachlassverwaltung bis hin zur Auseinandersetzung – ungewöhnlich vielschichtig, anspruchsvoll und zeitaufwendig sowie mit zahlreichen Problemen und Widerständen verbunden.

2. Vergütungsabrechnung unter Berücksichtigung der individuellen Umstände

Unter Berücksichtigung des Umfangs und des Wertes des Bruttonachlasses nach Otto Normalerblasser in Höhe von 3.099.999 EUR, der Dauer der Nachlassverwaltung von rund 2 Jahren und 5 Monaten, des beschriebenen Arbeitsumfangs sowie der damit verbundenen Schwierigkeiten bzw. zu überwindenden Widerstände zur ordnungsgemäßen Aufgabenerledigung, der Größe der Verantwortung gegenüber den Erben und Vermächtnisnehmern, der Verwertung besonderer steuerlicher wie gesellschaftsrechtlicher und erbschaftsrechtlicher Kenntnisse und Erfahrungen und des letztlich erzielten Erfolgs der Nachlassabwicklung ergibt sich gemäß der DNotV-Empfehlungen nachstehende Vergütungsabrechnung:

Vergütungsgrundbetrag vom Bruttonachlasswert 3.099.999 EUR

gem. Nachlasswert-Stufe 2,5 Mio. EUR bis 5,0 Mio. EUR 2,0 %,
mindestens jedoch 2,5 % aus Höchstbetrag der Vorstufe von 2,5 Mio. EUR   62.500,00 EUR

a)	Zuschlag 7/10 für die **Auseinandersetzung und Erfüllung der Vermächtnisse**	43.700,00 EUR
b)	Zuschlag 5/10 für die **komplexe Nachlassverwaltung über einen längeren Zeitraum**	28.125,00 EUR
c)	Zuschlag 5/10 für die **aufwendigen Gestaltungsaufgaben**	28.125,00 EUR
d)	Zuschlag 3/10 für die **Steuerangelegenheiten**	18.750,00 EUR

Ergebnis einheitliche Nettovergütung	187.500,00 EUR
zzgl. 19 % Umsatzsteuer	35.625,00 EUR
Ergebnis einheitliche Bruttovergütung	**223.125,00 EUR**

Somit berechnet der Testamentsvollstrecker unter Berücksichtigung sämtlicher individueller Umstände der Nachlassabwicklung nach Otto Normalerblasser eine einheitliche Bruttovergütung in Höhe von **223.125,00 EUR**.

Die einheitliche Bruttovergütung bzw. Testamentsvollstreckervergütung ist von den Erben im Verhältnis ihrer ermittelten Teilungsquoten zu tragen.

Die Testamentsvollstreckervergütung ist bereits über mehrere Abrechnungen des Testamentsvollstreckers vollständig beglichen und über den Auseinandersetzungsplan zum Stichtag ▇▇▇ *(Datum)* unter Punkt VIII. Vollzug des Auseinandersetzungsplans entsprechend berücksichtigt. Dies betrifft ebenfalls die Auslagen des Testamentsvollstreckers in Höhe von insgesamt **6.789,00 EUR** sowie die Kosten aus gesondert abgerechneten Steuerberatungsleistungen in Höhe von insgesamt **12.3456,00 EUR** und Rechtsberatungsleistungen in Höhe von insgesamt **5.678,00 EUR**.

Soweit sich nach dem Stichtag ▇▇▇ *(Datum)* weitere wie oben aufgeführte Kosten ergeben haben bzw. ergeben werden, sind diese von den Erben mittels Verrechnung der unter anderem hierfür gebildeten Rückstellungen zu tragen.

Entsprechende Belege sind dem Buchungsjournal beigefügt.

▇▇▇ *(Ort, Datum)*

Rechtsanwalt R als Testamentsvollstrecker

G. Entlassungsverfahren nach § 2227 BGB

55   Häufig wird der Rechtsanwalt gebeten, gegen einen Testamentsvollstrecker einen Entlassungsantrag nach § 2227 BGB beim Nachlassgericht zu stellen.

Ein **Antrag auf Erlass einer einstweiligen Anordnung auf Einziehung des Testamentsvollstreckerzeugnisses** ist mangels einer Regelung und der fehlenden Möglichkeit einer analogen Anwendung von § 64 FamFG nicht möglich.[22] Ohnehin würde der Einzug des Testamentsvollstreckerzeugnisses rechtlich keine Vorteile bringen, da der Testamentsvollstrecker sein Recht nicht aus dem Testamentsvollstreckerzeugnis ableitet und bei vorläufiger Einziehung das Testamentsvollstreckerzeugnis wegen §§ 2368 Abs. 3, 2361 Abs. 1 S. 2 BGB nicht kraftlos würde, also ein gutgläubiger Erwerb ohne Weiteres noch möglich wäre.

---

22   So auch *Zimmermann*, Rn 296. Dazu auch OLG Schleswig ZEV 2010, 367 m. Anm. *Zimmermann*, der auf die neue Rechtslage des FamFG hinweist.

Ebenso ist ein **Antrag auf Erlass einer einstweiligen Anordnung auf vorläufige Entlassung oder das Eingreifen in die Amtsführung** unzulässig, da das Nachlassgericht nur für die endgültige Amtsbeendigung zuständig ist.[23] Es bleibt somit nur die Möglichkeit eines Entlassungsantrages nach § 2227 BGB. Nach § 49 Abs. 1 FamFG kann das Nachlassgericht durch einstweilige Anordnungen eine vorläufige Maßnahme treffen, soweit dies gerechtfertigt ist und ein dringendes Bedürfnis für sofortiges Tätigwerden besteht. Nach *Zimmermann*[24] kann bei Vorliegen der Voraussetzungen das Gericht daher dem Testamentsvollstrecker z.B. die Verfügung über alle oder bestimmte Nachlassgegenstände verbieten, so dass dann keiner darüber verfügen kann, auch nicht der Erbe. In keinem Fall darf die Hauptsache vorweggenommen werden.

I. Muster: Entlassungsantrag nach § 2227 BGB

An das

Amtsgericht

– Nachlassgericht –

In dem

Nachlassverfahren des am 28.2.2015 verstorbenen

Otto Normalerblasser, zuletzt wohnhaft ▇▇▇,

Az.: ▇▇▇

Namens und in Vollmacht des Miterben Willi Müller nach dem am 28.2.2015 verstorbenen Otto Normalerblasser beantrage ich

Rechtsanwalt R als Testamentsvollstrecker über den Nachlass des am 28.2.2015 in München verstorbenen Otto Normalerblasser aus wichtigem Grund nach § 2227 BGB zu entlassen.

Begründung:

Ausweislich des beigefügten Erbscheines ist mein Mandant Miterbe zu $^1/_3$ nach dem am 28.2.2015 verstorbenen Otto Normalerblasser.

Es wurde Testamentsvollstreckung angeordnet und der Rechtsanwalt R ausweislich des in Kopie beigefügten Testamentsvollstreckerzeugnisses zum Testamentsvollstrecker ernannt. Dieser hat das Amt angenommen und führt es fort.

Auf die Nachlassakten Az. ▇▇▇ wird Bezug genommen.

Trotz mehrfacher Aufforderung durch anwaltliche Schriftsätze vom 1.4.2015, 21.4.2015 sowie 14.5.2015 hat der Testamentsvollstrecker bis heute kein Nachlassverzeichnis nach § 2215 Abs. 1 BGB erstellt oder gar einen Zwischenbericht über den Stand der Testamentsvollstreckung den Erben zukommen lassen. Er verweigert vielmehr jegliche Auskünfte über den Nachlass.

Des Weiteren hat er bis heute keine einzige Nachlassverbindlichkeit des Erblassers ausgeglichen, so dass nunmehr mehrere Rechtsstreitigkeiten rechtshängig sind, obwohl die Forderungen der Gläubiger unstreitig sind und offensichtlich genügend Aktiva vorhanden sind.

Der Testamentsvollstrecker hat bis dato keinerlei Tätigkeit entfaltet.

Die völlige Untätigkeit des Testamentsvollstreckers stellt nach BGH NJW 1962, 912 eine grobe Pflichtverletzung dar und legt den Schluss nahe, dass der Testamentsvollstrecker zur ordnungsgemäßen Geschäftsführung unfähig ist.

---

23 Vgl. OLG Köln NJW-RR 1987, 71.
24 *Zimmermann*, ZEV 2010, 368.

Somit liegt ein wichtiger Grund zur Entlassung des Testamentsvollstreckers im Sinne des § 2227 BGB vor. Dem Antrag ist dementsprechend stattzugeben.

Rechtsanwalt

II. Problem des Versagungsermessens

57 Der Mandant sollte jedoch auf mehrere Besonderheiten hingewiesen werden. Zum einen besteht ein Versagungsermessen des Gerichts und zum anderen führt i.d.R. die Entlassung des Testamentsvollstreckers nicht zum gewünschten Ziel des völligen Wegfalls des Testamentsvollstreckeramtes.

Die Rechtsprechung legt nämlich § 2200 BGB sehr extensiv aus und sieht bereits in der Anordnung einer Testamentsvollstreckung ein Ersuchen i.S.d. § 2200 BGB.

Aufgrund der Formulierung in § 2227 BGB besteht ein Versagungsermessen, wobei das Gericht im Rahmen seiner pflichtgemäßen Ermessensprüfung abwägen muss, ob nicht überwiegende Gründe für das Verbleiben des Testamentsvollstreckers sprechen oder nicht.[25] Dabei ist der mutmaßliche Wille des Erblassers, ob dieser eine mangelhafte Verwaltung nicht einem völligen Wegfall der Testamentsvollstreckung vorgezogen hätte, als Abwägungskriterium zu berücksichtigen. Ferner sind die Interessen der Antragsteller und der Erben abzuwägen, die an eine Testamentsvollstreckung ggf. festhalten wollen und ob der Erbe den Nachlass selbst ordnungsgemäß verwalten könne.[26] Eine etwaige mangelnde Kooperationsbereitschaft der Erben kann sogar zu deren Lasten berücksichtigt werden.[27]

58 Die Rechtsprechung ist jedoch recht inkonsequent. Die Gerichte versagen die Entlassung des Testamentsvollstreckers regelmäßig mit dem Argument, dass der Erblasser eine schlechte Durchführung der Testamentsvollstreckung durch den ernannten Testamentsvollstrecker einem völligen Wegfall der Testamentsvollstreckung vorgezogen hätte. Angesichts der extensiven Auslegung des § 2200 BGB stellt sich aber grundsätzlich gar nicht diese Frage. Hierauf sollte im Entlassungsverfahren deutlich hingewiesen werden. Vielmehr stellt sich die Frage: Hätte der Erblasser eine schlechte Durchführung der Testamentsvollstreckung durch den ernannten Testamentsvollstrecker einer Ernennung eines Neuen Testamentsvollstreckers durch das Nachlassgericht nach Maßgabe des § 2200 BGB vorgezogen? Diese Frage wird aber regelmäßig zu verneinen sein, so dass eigentlich das Versagungsermessen reduziert sein dürfte.

59 Des Weiteren kann das zunächst erfolgreiche Entlassungsverfahren negative Konsequenzen haben, wenn der Testamentsvollstrecker wiederum erfolgreich in die Beschwerde geht. Über den Entlassungsantrag entscheidet nach § 16 Abs. 1 Nr. 5 RPflG der **Nachlassrichter,** der nach Vorliegen eines Antrages alle erforderlichen Ermittlungen von Amts wegen vorzunehmen und sich nicht auf die Prüfung der im Antrag enthaltenen Gründe beschränken darf, wobei ihm allerdings vom Gesetzgeber Ermessen zugebilligt wurde.[28] Die durch **Beschluss** ergehende Entscheidung wird mit der Zustellung an den Testamentsvollstrecker gem. § 15 FamFG wirksam. Hierdurch endet auch das Amt des Testamentsvollstreckers. Gegen den Entlassungsbeschluss kann der Testamentsvollstrecker das Rechtsmittel der **sofortigen Be-**

---

25 *Winkler,* Testamentsvollstrecker, Rn 800; Staudinger/*Reimann,* § 2227 Rn 32; Soergel/*Damrau,* § 2227 Rn 7 m.w.N.
26 BayObLG FamRZ 1987, 101.
27 OLG Düsseldorf ZEV 1999, 226.
28 OLG Zweibrücken FamRZ 1999, 472; OLG Oldenburg FamRZ 1999, 472; Palandt/*Weidlich,* § 2227 Rn 9.

schwerde nach §§ 58 ff. FamFG einreichen, wobei die Beschwerde **keine aufschiebende Wirkung** hat, bis das Beschwerdegericht die Entlassungsverfügung nach § 49 FamFG aufhebt. Die frühere Differenzierung der Frist danach, ob der Testamentsvollstrecker mit der Entlassung einverstanden war (damals § 81 Abs. 2 FGG) ist entfallen.[29]

> **Praxistipp**
> Per Antrag einer Einstweiligen Anordnung des Testamentsvollstreckers kann das Beschwerdegericht nach § 49 FamFG anordnen, dass der Testamentsvollstrecker vorerst das Amt weiterführen darf, wenn das Nachlassgericht dem Entlassungsantrag gefolgt ist. Wenn er das Amt weiterführt, dann haftet der Testamentsvollstrecker selbstverständlich für die Schäden, die er verursacht hat. Insofern muss er abwägen, ob er das Amt nicht „ruhen" lässt.

Das Problem, welches sich durch eine erfolgreiche sofortige Beschwerde durch den Testamentsvollstrecker für den Erben ergibt, ist, dass nach § 47 FamFG analog die in der Zwischenzeit bis zur Aufhebung des Entlassungsbeschlusses vom Testamentsvollstrecker getätigten **Rechtsgeschäfte** aber **wirksam** sind.[30] Eine vorübergehende Entlassung ist ebenso unzulässig wie eine durch einstweilige Anordnung des Nachlassgerichtes vorläufige Amtsenthebung.[31] **Antragsberechtigt** können auch die Beteiligten sein, die den ursprünglichen Entlassungsantrag selbst nicht gestellt haben, aber noch weiterhin zur Stellung eines Entlassungsantrages berechtigt wären. Hebt das Landgericht die Entlassung des Testamentsvollstreckers durch das Nachlassgericht auf, so ist eine Entlassung mit der Bekanntgabe an den Testamentsvollstrecker nach §§ 38, 39 FamFG wirksam, also nicht erst mit der Rechtskraft. Die Einlegung der Beschwerde ist möglich, die aber keine aufschiebende Wirkung hat. Das Beschwerdegericht kann nach Eingang der Beschwerde durch eine **einstweilige Anordnung** den Testamentsvollstrecker nach § 64 Abs. 3 FamFG vorläufig weiterhin im Amt belassen.[32] Ein solcher Antrag wird in den seltensten Fällen aus Sicht des Erben gewünscht sein, da dieser den Testamentsvollstrecker nicht länger im Amt wünscht. Allerdings würde dann die Kausalität für den Schaden fehlen, der zwischen Entlassung durch das Nachlassgericht und Aufhebung des Beschlusses durch das Beschwerdegericht entstanden ist.

Ist neben der Entlassung z.B. die Haftung des Testamentsvollstreckers wegen fehlerhafter Kapitalanlageentscheidung fraglich, sollte sich der Rechtsanwalt ein **isoliertes Entlassungsverfahren** gut überlegen. Durch die erfolgreiche Entlassung endet auch das Amt des Testamentsvollstreckers, welches erst wieder durch den Beschluss des Beschwerdegerichts auflebt. Was ist dann aber, wenn in der Zwischenzeit weiter die Kapitalanlage des Testamentsvollstreckers einen negativen Verlauf gezeigt hat. Ist der Testamentsvollstrecker dann überhaupt für den Zeitraum von der Entlassung bis zum Wiederaufleben des Amtes für den dann entstandenen Schaden kausal? Dies wird man wohl im Ergebnis verneinen müssen, denn der Testamentsvollstrecker hätte in dieser Zeit nicht auf die Kapitalanlage positiv einwirken können. Da derartige Verfahren über zwei Instanzen recht lange dauern können, ist zumindest diese Gefahr, dass ein dann weiter entstehender Schaden nicht gegenüber den Testamentsvollstrecker geltend gemacht werden kann, dem Mandanten gegenüber deutlich zu machen.

---

29 *Zimmermann*, ZErb 2009, 89.
30 Soergel/*Damrau*, § 2227 Rn 21.
31 *Winkler*, Testamentsvollstrecker, Rn 810.
32 *Zimmermann*, ZErb 2009, 89.

> **Praxistipp**
> Um hier selbst nicht als Rechtsanwalt in die Haftung zu geraten, sollte unter Vorlage der erstinstanzlichen Entscheidung versucht werden, bei der Bank eine Änderung der Kapitalanlage herbeizuführen.

62 In der Praxis wird vom Gericht nicht eigenständig nach erfolgreichem Entlassungsverfahren sofort ein neuer Testamentsvollstrecker ernannt, sofern nicht das Amt insgesamt weggefallen ist. Es kommt damit zu einer Hängepartie. Die Banken reagieren meist nicht auf den bloßen Entlassungsbeschluss, solange nicht ein Erbschein ohne Testamentsvollstreckervermerk vorliegt. Demnach sollte man sofort nach Erhalt des positiven Entlassungsbeschlusses versuchen, einen neuen Erbschein ohne Testamentsvollstreckervermerk zu erhalten. Wird dieser nicht umgehend erteilt, sollte versucht werden, wenigstens nach § 1960 BGB analog eine **Nachlasspflegschaft** oder nach § 1913 BGB eine **Pflegschaft für den unbekannten Testamentsvollstrecker** zu beantragen. Letzter Antrag ist nicht beim Nachlassgericht wie bei § 1960 BGB, sondern beim Betreuungsgericht zu stellen.

> **Praxistipp**
> Nach erfolgreichem Entlassungsverfahren und Beendigung der Testamentsvollstreckung umgehend einen neuen Erbschein ohne Testamentsvollstreckervermerk beantragen! Gegebenenfalls ist zudem ein Feststellungsantrag zu stellen: „Es wird festgestellt, dass die Testamentsvollstreckung über den Nachlass des am ... *(Datum)* verstorbenen Otto Normalerblasser mit der Kündigung/Tod/Entlassung des Testamentsvollstreckers Herrn Rechtsanwalt R am ... *(Datum)* beendet ist."

3. Teil: Die Testamentsvollstreckung im Steuerrecht

§ 45 Die Vergütung des Testamentsvollstreckers im Steuerrecht

Peter Neubauer/Dr. Anja Vassel-Knauf, LL.M.

Inhalt:

	Rn		Rn
A. Einkommensteuer	1	III. Besonderheiten der Unternehmensfortführung	58
I. Grundlagen	1	IV. Der Grundsatz des einheitlichen Unternehmens	60
II. Gewinnermittlung	13	V. Ort der sonstigen Leistung	61
III. Die Gewährung der Tarifermäßigung gem. § 34 Abs. 1, Abs. 2 Nr. 4 EStG	23	VI. Bemessungsgrundlage und Entgelt	64
IV. Die Abzugsfähigkeit der Testamentsvollstreckervergütung bei der Einkommensteuer	30	VII. Die Testamentsvollstreckervergütung als Brutto- oder Nettobetrag	71
B. Erbschaftsteuer	34	VIII. Vorsteuerabzug bei den Erben	72
I. Erfassung beim Testamentsvollstrecker	34	IX. Die Kleinunternehmerregelung nach § 19 UStG	73
II. Abzugsfähigkeit bei der Erbschaftsteuer	39	E. Der Testamentsvollstrecker im Besteuerungsverfahren	77
C. Der Testamentsvollstrecker als Unternehmenstreuhänder und Bevollmächtigter	40	I. Außenprüfung	77
I. Ausgangspunkt	40	II. Haftung	80
II. Die Vollmachtslösung	42	F. Übersicht zur steuerlichen Behandlung der Testamentsvollstreckervergütung (Checkliste)	81
III. Die Treuhandlösung	43		
D. Umsatzbesteuerung des Testamentsvollstreckers	50		
I. Grundsatz	50		
II. Die Unternehmereigenschaft des Testamentsvollstreckers	51		

A. Einkommensteuer

I. Grundlagen

Gemäß § 18 Abs. 1 Nr. 3 EStG fallen unter die **Einkünfte aus selbstständiger Arbeit** die Vergütungen für die Vollstreckung von Testamenten.[1] Dabei handelt es sich um eine sogenannte sonstige selbstständige Arbeit. Hierzu gehören sämtliche Tätigkeiten, die dem Testamentsvollstrecker nach dem Gesetz und den Verfügungen des Erblassers übertragen werden, so etwa auch die Führung und Überwachung eines hinterlassenen Gewerbebetriebs für Rechnung der Erben.[2] Der Gesetzgeber unterscheidet dabei einerseits zwischen den **freiberuflichen Tätigkeiten**, die in § 18 Abs. 1 Nr. 1 EStG geregelt sind und den sonstigen selbstständigen Arbeiten, die vor allem in einer **vermögensverwaltenden Betätigung** bestehen. Erforderlich ist dafür stets, dass die unter § 18 Abs. 1 Nr. 3 EStG fallende Tätigkeit mindestens vorübergehend ausgeübt wird und nicht nur gelegentlich erfolgt.[3] Bei nur **gelegentlicher Ausübung** fällt die Vergütung unter § 22 Nr. 3 EStG.[4]

1

---

1 *Eckelskemper*, in: Bengel/Reimann, Kap. 10, Rn 177; *Kanzler*, FR 1994, 114.
2 *Korn*, in: Korn/Carlé/Stahl/Strahl, § 18 EStG Rn 97, *Brandt*, in: Herrmann/Heuer/Raupach, EStG, § 18 Rn 261, *Möhring/Seebrecht*, BB 1977, 1561.
3 *Frotscher/Siewert*, EStG, § 18 Rn 11, 30 (ohne Wiederholungsabsicht); BFH Urt. v. 26.10.1977, Az. I R 110/76, BStBl II 1978, 137.
4 *Kirchhof/Lambrecht*, EStG, § 18 Rn 6; zustimmend *Eckelskemper*, in: Bengel/Reimann, Kap. 10, Rn 177; beachte jedoch Frotscher/*Siewert*, EStG, § 18 Rn 95, der eine gelegentliche Tätigkeit gerade als Wesensmerkmal des § 18 Abs. 1 Nr. 3 EStG ansieht.

2   Eine sonstige selbstständige Tätigkeit i.S.d. § 18 Abs. 1 Nr. 3 EStG liegt nur bei Ausübung einer **leitenden und eigenverantwortlichen Tätigkeit** des Testamentsvollstreckers vor. Aus diesem ungeschriebenen gesetzlichen Tatbestandsmerkmal entwickelte die Rechtsprechung die so genannte „**Vervielfältigungstheorie**".[5] Diese Vervielfältigungstheorie galt seit dem Steueränderungsgesetz 1960 nicht mehr für die Tätigkeit freier Berufe gem. § 18 Abs. 1 Nr. 1 EStG, wohl aber im Anwendungsbereich des § 18 Abs. 1 Nr. 3 EStG.

3   Die Anwendung der Grundsätze der Vervielfältigungstheorie auf die unter § 18 Abs. 1 Nr. 3 EStG fallenden Testamentsvollstrecker führte bereits dann zur Erzielung gewerblicher Einkünfte i.S.d. § 15 EStG, wenn die Tätigkeit einen Umfang annahm, der die ständige Beschäftigung mehrerer Angestellte oder die Einschaltung von Subunternehmern erforderte und diese nicht nur untergeordnete, vorbereitende bzw. mechanische Tätigkeiten ausübten. Dies war in der Regel bereits dann erfüllt, wenn mehr als ein qualifizierter Mitarbeiter, der nicht nur bloße Hilfstätigkeiten verrichtete, zum Einsatz kam. Die Umqualifizierung der Einkünfte führte zur Einkommensteuer- und Gewerbesteuerpflicht.[6] Die Wirkungen der zusätzlichen Gewerbesteuerbelastung wurde durch die pauschale Gewerbesteueranrechnung nach § 35 EStG abgemildert.[7] Für Freiberufler i.S.d. § 18 Abs. 1 Nr. 1 EStG (Wirtschaftsprüfer, Steuerberater, Rechtsanwälte und Notare) war die Beschäftigung fachlich vorgebildeter Mitarbeiter grundsätzlich unschädlich, solange der Berufsträger aufgrund eigener Fachkenntnisse weiterhin leitend und eigenverantwortlich tätig war. So konnte die Beschäftigung von Fachgehilfen, Büropersonal oder technischem Personal alleine nicht zur Gewerblichkeit der Testamentsvollstreckertätigkeit führen.[8]

4   Der BFH hat nunmehr in zwei Urteilen vom 15.12.2010 die **Vervielfältigungstheorie aufgegeben**.[9] Obwohl es in den Urteilen um Rechtsanwälte ging, die Insolvenzverwaltung betrieben, sind die Grundsätze u.E. für alle unter § 18 Abs. 1 Nr. 3 EStG zu subsumierenden Tätigkeiten – mithin auch die Testamentsvollstreckung – anzuwenden.[10] So sieht der BFH keinen Anhaltspunkt mehr dafür, dass der Gesetzgeber die Zulässigkeit des Einsatzes fachlich vorgebildeter Mitarbeiter nach Art der Zuordnung ihrer Tätigkeit unterschiedlich beurteilt sehen wollte. Auch hält er nicht mehr daran fest, dass allein aus der Stellung der Regelungen der Sätze 3 und 4 des § 18 Abs. 1 Nr. 1 EStG im Umkehrschluss auf die Unzulässigkeit des Einsatzes qualifizierter Mitarbeiter im Rahmen des § 18 Abs. 1 Nr. 3 EStG geschlossen werden kann. Zudem fehlen sachliche Gründe für die Ungleichbehand-

---

5   Vgl. BFH Urt. v. 15.6.2010 – VIII R 10/09 (zum Rechtsanwalt als Betreuer); BFH Urt. v. 28.4.2005, Az. IV R 41/03, BStBl II 2005, 611; BFH Urt. v. 7.11.1957, Az. IV 668/55 U, BStBl III 1958, 34; BFH Urt. v. 11.8.1994, Az. IV R 126/91, BStBl II 1994, 936 = BB 1994, 2256 = DB 1994, 2481 = DStR 1994, 1844; BFH Urt. v. 12.12.2001, Az. XI R 56/00, BStBl II 2002, 202; vgl. auch *Korn*, DStR 1995, 1250; *Schmidt/Wacker*, EStG, § 18 Rn 23.

6   BFH Urt. v. 28.4.2005, Az. IV R 41/03, BStBl II 2005, 611.

7   *Förster*, FR 2000, 866; *Füger/Rieger*, DStR 2002, 933; *Kollruss*, Stbg 2000, 559; *Korezkij*, BB 2001, 333; *Korezkij*, BB 2001, 389; *Korezkij*, BB 2002, 2099; *Neu*, DStR 2000, 1933; *Schiffers*, Stbg 2001, 403; *Wesselbaum-Neugebauer*, DStR 2001, 180.

8   BFH Urt. v. 10.6.1988, BStBl II 1988, 782 = BB 1988, 1872 = DB 1988, 2031 = DStR 1988, 676; *Korn*, DStR 1995, 1250; Frotscher/*Siewert*, § 18 EStG Rn 85 ff., BFH Urt. v. 29.7.1965, Az. IV 61/65 U, BStBl III 1965, 557.

9   BFH Urt. v. 15.12.2010, Az. VIII R 50/09, BStBl II 2011, 506; Az. VIII R 37/09, BFH/NV 2011, 1303.

10 Vgl. dazu auch die Verfügung der OFD Koblenz vom 23.9.2011, DStR 2012, 188; die OFD Koblenz bringt bereits in der Überschrift ihrer Verfügung zum Ausdruck, dass sie die Aufgabe der Vervielfältigungstheorie auf jede Tätigkeit i.S.v. § 18 Abs. 1 Nr. 3 EStG beziehen will; dazu auch *Siemon*, BB 2011, 873; kritisch Schmidt/*Wacker*, EStG, § 18 Rn 32, der von einer bedenklichen Rechtsprechungskorrektur spricht und insbesondere Präzisierungen für weitere Berufsgruppen einfordert.

lung. Schließlich spricht auch der Anlass für die Entwicklung der Vervielfältigungstheorie durch den RFH, nämlich den Einsatz von Personal deshalb zu begrenzen, um den herausgehobenen Status der freien Berufe sicherzustellen, gerade deshalb gegen deren Anwendung, da der Gesetzgeber mit dem StÄndG 1960 diese Begrenzung durch die offenere Regelung des § 18 Abs. 1 Nr. 1 S. 3 und 4 EStG ersetzte. Diese Erleichterung muss daher erst recht für die weniger herausgehobenen und eher kaufmännisch geprägten Tätigkeiten des § 18 Abs. 1 Nr. 3 EStG gelten.

Auch nach Aufgabe der Vervielfältigungstheorie entfällt nicht die **Einstiegsprüfung**, unter welche Vorschrift (Nr. 1 oder Nr. 3) die Tätigkeit des Freiberuflers als Testamentsvollstrecker einzuordnen ist, da sich die daran anschließenden Rechtsfolgen durchaus noch unterschieden können.[11] Der BFH führt in den o.a. Urteilssachverhalten aus, dass *„sich die Tätigkeit des Insolvenzverwalters in den letzten Jahrzehnten zu einem verfassungsrechtlich geschützten, eigenständigen Beruf entwickelt hat, bei dessen Ausübung die kaufmännisch-praktische Betätigung, wenn auch unter Verwertung besonderer Wirtschafts- und Rechtskenntnisse, überwiegt"*. Dies rechtfertigt die Einordnung unter § 18 Abs. 1 Nr. 3 EStG unabhängig davon, ob der Ausführende auch zu den Personen der Ziffer 1 zählt. Diese leitbildbezogene Aussage kann wohl nicht ohne Weiteres auf Berufsträger übertragen werden, die eine Testamentsvollstreckertätigkeit ausüben, da die Testamentsvollstreckung im Gegensatz zur Insolvenzverwaltung (noch) nicht als selbstständiger Berufszweig anzusehen ist,[12] sondern im Regelfall als bloße Nebentätigkeit ausgeführt wird. Sofern also nicht eine organisatorische Trennung und Sonderung zwischen der sonstigen freiberuflichen Tätigkeit und der Testamentsvollstreckung vorliegt, ist weiter von dem Grundsatz auszugehen, dass der Testamentsvollstrecker diese im Rahmen seiner freiberuflichen Tätigkeit nach § 18 Abs. 1 Nr. 1 EStG ausübt.

5

Für die Praxis bedeutsam bleibt die Frage, wann die Tätigkeit des Testamentsvollstreckers die **Grenze zur Gewerblichkeit** überschreitet. Die Arbeitsleistung muss beim Einsatz von qualifiziertem Personal den „Stempel seiner Persönlichkeit" tragen. Dies bedeutet, dass Entscheidungen über das „ob" bestimmter Tätigkeiten vom Testamentsvollstrecker höchstpersönlich getroffen werden müssen. Dies setzt leitendes und eigenverantwortliches Handeln voraus. Eine leitende Tätigkeit liegt dann vor, wenn der Testamentsvollstrecker die Grundzüge für die Organisation des Tätigkeitsbereichs und die Durchführung der Tätigkeiten selbst festlegt, diese überwacht und alle grundlegenden Fragen selbst entscheidet.[13] Eigenverantwortlich ist die Tätigkeit nur dann, wenn der Freiberufler die Möglichkeit hat, die persönliche Durchführung der Arbeiten und Einzelleistungen selbst zu überprüfen oder daran teilzunehmen. Die kaufmännisch-technische Umsetzung („wie") kann dann unter Zuhilfenahme von Angestellten oder fremdbetrieblich tätigen Dritten erfolgen, ohne dass eine Umqualifizierung in gewerbliche Einkünfte zu befürchten wäre. Ist die Anzahl von eingesetzten Mitarbeitern so, dass die Arbeitsergebnisse nicht mehr sachgerecht überprüft werden können, dürfte die Schwelle zur Gewerblichkeit überschritten sein. Bei Testamentsvollstreckungen ist das Vorliegen derartiger Delegationsintensität kaum vorstellbar und in der Praxis nicht anzutreffen.

6

In manchen Fällen wird der Testamentsvollstrecker ein **Interesse** daran haben, gewerbliche Einkünfte zu erzielen. Grundsätzlich ist dem Freiberufler die gewerbliche Tätigkeit uner-

7

---

11 Vgl. bspw. § 34 EStG sowie § 193 Abs. 1 AO, die nur für Freiberufler gelten, nicht aber für sonstige selbständig Tätige, *Intemann*, in: Pahlke/Koenig, § 193 AO Rn 46; vgl. auch BFH, Urt. v. 5.11.1981, Az. IV R 178/79, BStBl II 1982, 184.
12 BFH Beschl. v. 14.7.2008, Az. VIII B 179/07, BFH/NV 2008, 187.
13 Schmidt/*Wacker*, EStG, § 18 Rn 24.

wünscht, da hierdurch zusätzliche Steuerlasten nach dem Gewerbesteuergesetz entstehen. Durch die **Gewerbesteueranrechnung des § 35 EStG** auf die Einkommensteuer ist jedoch eine pauschale Anrechnung vorgesehen.[14] Die zwischenzeitlich bestehende Möglichkeit einer Überkompensation der Gewerbesteuer ist vom Gesetzgeber wieder beseitigt worden, so dass der Abzug des Steuerermäßigungsbetrags auf die tatsächlich zu zahlende Gewerbesteuer beschränkt wurde (§ 35 Abs. 1 S. 5 EStG). Das Ziel gewerblicher Einkünfte lässt sich im Übrigen durch Betreibung der Testamentsvollstreckung mit einer **gewerblich geprägten GmbH & Co. KG** erreichen.

8   Zum Testamentsvollstrecker wird i.d.R. eine natürliche Person eingesetzt. Handelt es sich dabei um einen Freiberufler, so übt er häufig seine freiberufliche Praxis im Rahmen einer **Sozietät oder Partnerschaftsgesellschaft** aus, also in steuerlicher Hinsicht einer freiberuflichen Mitunternehmerschaft. In diesem Fall sind steuerlich Besonderheiten zu beachten.

9   Zunächst stellt sich die Frage, wem das Honorar des Testamentsvollstreckers zuzurechnen ist und inwiefern **Mitunternehmergrundsätze** die Besteuerung beeinflussen. Grundsätzlich wird die Tätigkeit gem. § 18 Abs. 1 Nr. 3 EStG auch dann der freiberuflichen Tätigkeit des Testamentsvollstreckers zugerechnet, wenn er diese freiberufliche Tätigkeit im Übrigen im Rahmen einer Sozietät ausübt.[15] Dies besagt jedoch noch nicht, ob die Einkünfte auch im Rahmen der Mitunternehmerschaft erfasst werden oder ob dies nicht der Fall ist. Meist wird insoweit in den Gesellschaftsverträgen der Sozietäten und Partnerschaftsgesellschaften vereinbart, dass die Honorare aus Testamentsvollstreckungen ausschließlich demjenigen Partner/Sozius zustehen, der die Testamentsvollstreckung übernommen hat. In diesem Fall handelt es sich entweder um Sonderbetriebseinnahmen der Mitunternehmerschaft oder – regelmäßig vorzugswürdig und gewollt[16] – um Einnahmen der Mitunternehmerschaft, die jedoch aufgrund einer besonderen Gewinnverteilungsabrede dem Ausführenden allein zustehen. Ist hingegen im Rahmen des Sozietäts- oder Partnerschaftsgesellschaftsvertrages geregelt, dass auch Testamentsvollstreckungen ausschließlich für Rechnung der Sozietät ausgeübt werden, so handelt es sich insoweit um Einnahmen, die der Sozietät als solcher zuzurechnen sind und mit dem allgemeinen Gewinnverteilungsschlüssel zu verteilen sind. Die Erträge und Aufwendungen sind in jedem Fall im Rahmen der einheitlichen und gesonderten Gewinnfeststellung zu berücksichtigen.

10 Besonderheiten gelten im Rahmen einer Mitunternehmerschaft weiter für den Fall, dass ein einzelner oder mehrere Sozien oder Partner im Rahmen der **Mitunternehmerschaft eine gewerbliche Tätigkeit** ausüben. Während bei Einzelpersonen unterschiedliche Tätigkeiten voneinander getrennt werden, so dass eine gewerbliche Tätigkeit neben einer freiberuflichen Tätigkeit bestehen kann, ist dies nach § 15 Abs. 3 Nr. 1 EStG bei Mitunternehmerschaften anders.[17] Danach ist die Tätigkeit einer Mitunternehmerschaft **stets insgesamt eine gewerbliche**, sofern in der Mitunternehmerschaft auch eine gewerbliche Tätigkeit i.S.d. **§ 15 Abs. 2 S. 1 EStG** ausgeübt wird.[18] Nach der Rechtsprechung des BFH[19] ist von der vorstehend

---

14 § 35 EStG neu gefasst durch StSenkG vom 23.10.2000 und zwischenzeitlich wiederum geändert. Vgl. *Wendt*, FR 2000, 1173 ff.; *Neu*, DStR 2000, 1933 ff.; *Hey*, FR 2001, 870 ff.; *Jachmann*, BB 2000, 1432 ff.; *Ritzer/Stangl*, DStR 2002, 1068; *Neu*, DStR 2002, 1078 ff.
15 BFH Urt. v. 6.9.1990, Az. IV R 125/89, BStBl II 1990, 1028 = DStR 1990, 737 = DB 1990, 2505.
16 Dies ist i.d.R. aus Gründen der umsatzsteuerlichen Vereinfachung wünschenswert.
17 BFH Urt. v. 28.10.2008, VIII R 73/06, BStBl II 2009, 647.
18 BFH Urt. v. 28.10.2008, VIII R 73/06, BStBl II 2009, 647. Vgl. *Neu*, DStR 1999, 2109; *Drüen*, FR 2000, 177; *Kempermann*, DStR 2002, 664.
19 BFH Urt. v. 11.8.1999, Az. XI R 12/98, BStBl II 2000, 229 = BB 1999, 2175 = DB 1999, 2495 = DStR 1999, 1688.

bezeichneten **Infektion** gem. § 15 Abs. 3 Nr. 1 EStG lediglich derjenige Fall ausgenommen, wenn sich der gewerbliche Anteil gemessen an der Gesamttätigkeit der Gesellschaft als völlig untergeordnet darstellt. Dies war im bezeichneten BFH-Urteil bei einem Anteil am Gesamtumsatz von 1,25 % der Fall. Bei einem Gewinnanteil eines Nicht-Freiberuflers an einer sonst freiberuflichen Gesellschaft von 3,35 % an den Gesamteinkünften ist die Grenze der Unwesentlichkeit überschritten.[20] Um die **Infektion** der freiberuflichen Tätigkeit einer Sozietät oder Partnerschaft durch gewerbliche Einkünfte zu **vermeiden**, ist es ratsam, „gewerbeverdächtige" Tätigkeiten auf selbstständige, ggf. personenidentische Gesellschaften oder Partnerschaften zu übertragen (sog. Ausgliederungsmodell).[21] Insofern spricht bei Gefahr der Anwendung der Vervielfältigungstheorie viel dafür, das Amt des Testamentsvollstreckers entweder persönlich oder in einer getrennten Gesellschaft auszuüben. Ob diese personenidentisch ist oder nicht, ist zwar für die wirtschaftliche Teilhabe der Mitgesellschafter von Bedeutung, steuerrechtlich hingegen belanglos.

> **Gestaltungstipp**
> Zur Vermeidung der gewerblichen Einfärbung aller Freiberufler einer Sozietät oder Partnerschaft empfiehlt es sich, bei Gefahr der Gewerblichkeit, die Tätigkeit als Testamentsvollstrecker außerhalb der Sozietät oder in einer Schwesterpersonengesellschaft auszuüben.

Werden **mehrere Testamentsvollstrecker** gleichzeitig eingesetzt, so entsteht hierdurch keine Mitunternehmerschaft. Die vom Erblasser angeordnete Gesamtvertretung der Testamentsvollstrecker betrifft allein die Vertretungsbefugnis nach außen und führt nach Meinung des FG Hamburg[22] weder zivilrechtlich noch steuerrechtlich zu Gesamteinkünften einer Mitunternehmerschaft. Vielmehr erhält jeder der eingesetzten Testamentsvollstrecker eine eigene Vergütung, die sich nach der ihm übertragenen Tätigkeit richtet.[23] Nach Ansicht des FG Hamburg sind die Einkünfte daher nicht einheitlich und gesondert festzustellen.

11

Übernimmt eine Kapitalgesellschaft eine Testamentsvollstreckung, so erzielt diese nach § 8 Abs. 2 KStG stets gewerbliche Einkünfte. Eine Kapitalgesellschaft kann insoweit grds. keinen steuerlichen privaten Bereich haben,[24] selbst wenn der Geschäftsführer der GmbH ein naher Angehöriger des Testierenden ist. Insoweit ist allenfalls die testamentarische Anordnung kritisch auszulegen, ob tatsächlich die GmbH zum Testamentsvollstrecker benannt werden sollte oder eigentlich der Geschäftsführer persönlich.

12

II. Gewinnermittlung

Ist der Testamentsvollstrecker ausnahmsweise als Gewerbetreibender anzusehen, so gilt für ihn für die Gewinnermittlung das allgemeine Recht von **Buchführung und Bilanzierung**. Handelt der Testamentsvollstrecker als Freiberufler (§ 18 Abs. 1 Nr. 1 EStG) oder im Rahmen der sonstigen selbstständigen Tätigkeit gem. § 18 Abs. 1 Nr. 3 EStG, so ist der Testa-

13

---

20 BFH Urt. v. 28.10.2008, VIII R 69/06 BStBl II 2009, 642 – der BFH scheint die de-minimis-Grenze für einen solchen Fall nicht anwenden zu wollen.
21 BFH Urt. v. 10.8.1994, Az. I R 133/93, BStBl II 1995, 171 = BB 1995, 27 = DStZ 1995, 83 = DStR 1994, 1887; BFH Urt. v. 10.11.1983, Az. IV R 86/80, BStBl II 1984, 152; *Korn*, DStR 1995, 1249, 1254, *Hutter*, in: Blümich, § 18 EStG Rn 84.
22 FG Hamburg, Urt. v. 27.2.2001, Az. V 148/00, EFG 2001, 868, rkr.; vgl. zivilrechtlich zur Vergütung zweier Testamentsvollstrecker mit ähnlichem Aufgabenbereich OLG Karlsruhe, Urt. v. 21.12.2000, Az. 9 U 203/99, JurBüro 2001, 206 = BWNotZ 2001, 69.
23 *Lorz*, in: Scherer, MAH Erbrecht, § 19 Rn 182.
24 BFH, Urt. v. 14.7.2004, Az. I R 57/03.

mentsvollstrecker grds. befugt, eine **Einnahmen-Überschuss-Rechnung** gem. § 4 Abs. 3 EStG durchzuführen.[25] Zur Bilanzierung ist er dann nicht verpflichtet. In diesem Fall gilt das **Zuflussprinzip** gem. § 11 EStG. Einnahmen und Ausgaben sind danach erst mit dem Abfluss oder Zufluss der jeweiligen Ausgabe oder Einnahme anzusetzen und nach diesem Kriterium der jeweiligen **Gewinnermittlungsperiode** (Kalenderjahr) zuzurechnen. Der Erlass einer Forderung (§ 397 BGB) aus privaten Gründen führt zu einer Zuflussfiktion.

14 Grundsätzlich hat der freiberuflich tätige Testamentsvollstrecker den Überschuss seiner gesamten Betriebseinnahmen über seine Betriebsausgaben zu versteuern (§ 4 Abs. 3 S. 1 EStG). Der Begriff der **Betriebsausgaben** ist in § 4 Abs. 4 EStG legal definiert. Betriebsausgaben sind danach Aufwendungen, die durch den Betrieb veranlasst sind. Der Begriff der **Betriebseinnahmen** ist hingegen im Gesetz nicht definiert.[26] Der Begriff der Betriebseinnahmen wird jedoch spiegelbildlich zu § 4 Abs. 4 EStG dadurch gebildet, dass Betriebseinnahmen all diejenigen Zugänge von Wirtschaftsgütern in Form von Geld oder Geldeswert sind, die durch den Betrieb veranlasst sind.[27]

15 Im Regelfall bereitet die Ermittlung der Betriebseinnahmen des Testamentsvollstreckers keine weiteren Schwierigkeiten. Seine gesamte Vergütung ist dem Grundsatz nach Betriebseinnahme und damit zu versteuern. Problematisch und umstritten war lediglich der Fall, in dem die **Testamentsvollstreckervergütung den Rahmen des Angemessenen übersteigt**. Erbschaftsteuerlich ging die h.M. bisher davon aus, dass lediglich in Höhe der angemessenen Vergütung ein entgeltliches Austauschgeschäft vorliege, im Übrigen es sich aber um eine versteckte, ggf. durch die Amtsannahme bedingte **Vermächtniszuwendung** handle. Diese Mehrzuwendung unterlag nach bisheriger Ansicht der Erbschaftsteuer.[28] Um die Frage der Angemessenheit erst gar nicht aufzuwerfen, sollte sich die Praxis an den einschlägigen und verbreiteten Tabellen zur Ermittlung einer angemessenen Testamentsvollstreckervergütung orientieren.[29] Der II. Senat des BFH[30] hat in seinem Urt. v. 2.2.2005 eine Kehrtwende vollzogen. Er hat die unangemessen hohe Testamentsvollstreckervergütung als nicht erbschaftsteuerpflichtig angesehen, sofern die Zuwendung von der Übernahme des Amtes abhängt. Stattdessen soll die vollständige Vergütung grds. der Einkommensteuer unterliegen.

16 Aus dem Umstand, dass der den angemessenen Teil der Vergütung übersteigende Teil **bisher** der Erbschaftsteuer unterlag, hätte man herleiten können, dass der unangemessene Teil dann nicht einkommensteuerlich zu den Betriebseinnahmen gem. § 4 EStG gerechnet werden konnte. In diesem Sinne war davon auszugehen, dass es sich bei einer das angemessene Maß übersteigenden Vergütung um eine einkommensteuerlich unbeachtliche Schenkung bzw. um ein entsprechendes Vermächtnis handeln konnte. Diese Ansicht ist immer noch überzeu-

---

25 Voraussetzung: keine Buchführungs-/Bilanzierungspflicht durch Überschreitung von bestimmten Umsatz-/Gewinngrenzen, vgl. § 241a HGB bzw. §§ 140, 141 AO.
26 Schmidt/*Heinicke*, EStG, § 4 Rn 420.
27 BFH Urt. v. 22.7.1988, Az. III R 175/85, BStBl II 1988, 995 = BB 1988, 2225 = DB 1988, 2605 = DStR 1988, 743.
28 FG Düsseldorf Urt. v. 9.1.2002, Az. 4 K 7055/99 Erb, ZErb 2003, 387 (Vorinstanz zu BFH v. 2.2.2005, BStBl II 2005, 489 = FR 2005, 764); *Korn*, in: Korn/Carlé/Stahl/Strahl, § 18 EStG Rn 97; *Klingelhöffer*, 247 f., Rn 426; die Versteuerung als Vermächtnis ist vorteilhaft, da bei Anwendung des Erbschaftsteuergesetzes Freibeträge absetzbar sind und zudem im Vergleich zum Einkommensteuergesetz regelmäßig niedrigere Steuersätze anzuwenden sind.
29 Vgl. *Reimann*, DStR 2002, 2008 ff.; vgl. zur angemessenen Testamentsvollstreckervergütung *Zimmermann*, ZEV 2001, 334 ff.
30 BFH v. 2.2.2005, BStBl II 2005, 489 = FR 2005, 764; siehe dazu ausführlich *Paus*, DStZ 2005, 749 ff.; *Wälzholz*, ZErb 2005, 247 ff.

gend, wird aber nur dann Anerkennung von der Finanzverwaltung und der Finanzrechtsprechung finden können, wenn klar angeordnet ist, dass es dem Erblasser und **Testamentsgestalter** darum ging, die Gewährung zusätzlicher Leistungen auf privaten Umständen als vermächtnisweise Zuwendung anzuordnen. Eine entsprechende klarstellende Testamentsregelung empfiehlt sich (vgl. unten Rn 35).[31]

> **Gestaltungstipp** 17
> Um die Besteuerung mit Einkommensteuer zu vermeiden, sollte die über das Angemessene hinausgehende Vergütung ausdrücklich als unbedingtes Vermächtnis zugunsten des Testamentsvollstreckers ausgesetzt werden, die von der Übernahme des Amtes als Testamentsvollstrecker unabhängig ist. Das steuerliche Gestaltungsziel ist jedoch mit dem zivilrechtlich Gewollten abzugleichen: Soll der Begünstigte den Betrag auch erhalten, wenn er das Amt als Testamentsvollstrecker nicht übernimmt?

Dementsprechend hat der **BFH** entschieden,[32] „im Zweifel"[33] sei auch ein unangemessener Teil einer Vergütung noch als Gegenleistung für die Tätigkeit als Testamentsvollstrecker anzusehen und daher durch die Übernahme der Testamentsvollstreckung veranlasst. **Einkommensteuerlich** handele es sich daher um eine **weitere Betriebseinnahme** – unabhängig von deren Unangemessenheit. Im Übrigen schließe Erbschaft- und Einkommensteuer sich nicht gegenseitig aus. Dies habe sich früher bereits aus § 35 EStG a.F. ergeben.[34] Für den Gestalter, der die Einkommensteuerpflicht vermeiden möchte, gilt es die Zweifelsregel des BFH zu widerlegen. 18

Nach zutreffender Ansicht ist hinsichtlich der vorstehenden Frage zu **differenzieren**: Zutreffend ist zwar, dass auch eine unangemessen hohe Vergütung, die der Erblasser gezielt dem Testamentsvollstrecker als Gegenleistung für seine Testamentsvollstreckertätigkeit zukommen lassen wollte, eine Betriebseinnahme darstellt. Daran kann kein Zweifel bestehen. Es muss dem Erblasser unbenommen sein, dem Testamentsvollstrecker eine angemessene Testamentsvollstreckervergütung zuzuwenden und darüber hinaus unter bestimmten Bedingungen Vermächtnisse zuzuwenden, die nicht als Betriebseinnahme der Einkommensteuer unterliegen. Entsprechende Anordnungen sind daher zu akzeptieren, sofern die Zuwendung klar **unabhängig** von der Übernahme des Amtes als Testamentsvollstrecker ist. 19

Für die **Praxis der Testamentsgestaltung** ist damit zu differenzieren. Um Auseinandersetzungen mit der Finanzverwaltung zu vermeiden, sollten zusätzliche Leistungen zugunsten des Testamentsvollstreckers als unbedingtes Vermächtnis angeordnet werden, damit die Erfassung als Betriebseinnahme vermieden wird. Zweifelhaft ist, ob ein **Missbrauch rechtlicher Gestaltungsmöglichkeiten** i.S.d. § 42 AO vorliegt, wenn der Erblasser dem Testamentsvollstrecker keine Vergütung zukommen lässt, stattdessen jedoch ein unbedingtes Vermächtnis aussetzt. Ist in diesem Fall das Vermächtnis unter der Bedingung der Übernahme der Testamentsvollstreckung ausgesetzt worden, so handelt es sich in Wirklichkeit nicht um einen erbschaftsteuerpflichtigen Vorgang, sondern **ausschließlich** um einen 20

---

31 Vgl. auch differenzierend *Kirnberger*, ZEV 2001, 267.
32 BFH Urt. v. 2.2.2005, BStBl II 2005, 489 = DB 2005, 1148; BFH Urt. v. 6.9.1990, Az. IV R 125/89, BStBl II 1990, 1028 = DB 1990, 2505 = DStR 1990, 737; *Paus*, DStZ 2005, 749 ff.; FG Berlin Urt. v. 11.2.1986, EFG 1986, 603 für die Zuwendung einer Wohnung unter der Bedingung der Annahme des Amtes als Testamentsvollstrecker. Vgl. auch *J. Mayer*, in: Bamberger/Roth, § 2221 Rn 30, 31.
33 Diese sind widerleglich!
34 Vgl. zum Ganzen *Eckelskemper*, in: Bengel/Reimann, Kap. 10, Rn 205 ff.; *Winkler*, Testamentsvollstrecker, Rn 653 f.

einkommensteuerlichen.³⁵ Die Zuwendung ist dann insgesamt als Betriebseinnahme zu erfassen.

21 Es besteht auch **keine** rechtlich haltbare **Vermutung** dahingehend, dass alle erbrechtlichen Zuwendungen zugunsten eines Testamentsvollstreckers, die nicht durch die Annahme des Amtes als Testamentsvollstrecker bedingt sind, als Betriebseinnahmen zu erfassen sind. Dies belegt auch der folgende Beispielsfall:

> **Beispiel**
> Erblasser E hat drei Kinder und umfangreiches Vermögen. Zur Vermeidung von Streit möchte er eines seiner Kinder (K 1) zum Testamentsvollstrecker ernennen, der entsprechend seinen detaillierten Vorgaben im Testament das Vermögen zu verteilen hat. Als Testamentsvollstreckervergütung erhält er bereits konkret festgesetzt einen Betrag in Höhe von 50.000 EUR. Ferner erhält das Kind K 1 einen Betrieb zur Fortführung im Rahmen der Erbauseinandersetzung vorausvermächtnisweise zugewiesen, der ungefähr seiner gesetzlichen Erbquote von 1/3 entspricht.

22 Würde man im vorstehenden Beispielsfall von der grundsätzlichen Regelung ausgehen, dass alle erbrechtlichen Erwerbe zugunsten des Testamentsvollstreckers gleich Betriebseinnahmen wären, so hätte das Kind K 1, als der Testamentsvollstrecker, den Wert des vollständigen Betriebes nicht nur bei der Erbschaftsteuer, sondern auch als Einkünfte nach § 18 Abs. 1 Nr. 3 EStG oder § 15 EStG zu versteuern. Dass dies nicht sein kann, liegt auf der Hand. Zutreffend ist daher die Annahme von *Eckelskemper*,³⁶ wonach bei einem Testamentsvollstrecker aus dem Kreis der gesetzlichen Erben ein Vorrang der erbschaftsteuerlichen Betrachtungsweise gelten müsse. Dies sollte sich jedoch nicht ausschließlich auf die Fälle eines Begünstigten aus dem Kreis der gesetzlichen Erbberechtigten beziehen. Im Einzelfall hat das Gleiche zu gelten bei Vermögenszuwendungen zugunsten eines **nichtehelichen Lebenspartners oder sonstiger nahestehender Personen**. Insoweit kommt es dann auf die Details im Einzelfall an.

III. Die Gewährung der Tarifermäßigung gem. § 34 Abs. 1, Abs. 2 Nr. 4 EStG

23 Häufig erhält der Testamentsvollstrecker seine Vergütung durch Zahlung eines **einmaligen Gesamtbetrages**, obwohl er eine **mehrjährige Tätigkeit** für die Vergütung auszuüben hat. Hier stellt sich die Frage, ob die **Tarifermäßigung** gem. § 34 Abs. 1, Abs. 2 Nr. 4 EStG zu gewähren ist.³⁷ Liegen außerordentliche Einkünfte vor, so wird nach der Tarifvorschrift des § 34 Abs. 1 EStG das Einkommen so ermittelt, als wäre der Zufluss gleichmäßig auf fünf Jahre verteilt zugeflossen. Die progressionsnachteilige Wirkung der steuerlichen Erfassung in einem Veranlagungszeitraum soll auf diese Art und Weise ausgeglichen werden.

24 Gemäß § 34 Abs. 2 Nr. 4 EStG kommen als **außerordentliche Einkünfte** Vergütungen für mehrjährige Tätigkeiten in Betracht. Dies setzt zunächst voraus, dass die Tätigkeit in mindestens **zwei Kalenderjahren** bzw. Veranlagungszeiträumen ausgeübt worden ist.³⁸ Nach der ständigen Rechtsprechung des BFH kann die Tarifermäßigung gem. § 34 Abs. 2

---

35 So auch BFH Urt. v. 2.2.2005, Az. IV R 126/91, II R 18/03; dazu *Paus*, DStZ 2005, 749 ff.
36 *Eckelskemper*, in: Bengel/Reimann, Kap. 10, Rn 214.
37 Vgl. dazu BFH Urt. v. 28.6.1973, Az. IV R 77/70, BStBl II 1973, 729; Frotscher/*Siewert*, § 18 EStG Rn 97; *Eckelskemper*, in: Bengel/Reimann, Kap. 10, Rn 198 ff.
38 Schmidt/*Wacker*, EStG, § 34 Rn 40.

Nr. 4 EStG **grds. nicht bei den Gewinneinkunftsarten** angewandt werden.[39] Hauptanwendungsfall des § 34 Abs. 2 EStG sind danach Einkünfte aus nichtselbstständiger Arbeit. Eine Anwendung auf Testamentsvollstrecker, deren Vergütung als gewerbliche Einkünfte zu versteuern ist, ist daher allenfalls bei Gewinnermittlung nach **§ 4 Abs. 3 EStG** möglich.[40] Denn bei bilanzierenden Steuerpflichtigen wird die periodengerechte Ertragszuordnung und Versteuerung durch die Bilanzierung nach dem Realisationsprinzip bzw. durch Rechnungsabgrenzungsposten nach § 250 HGB gewährleistet. Zu ungerechtfertigten Progressionsnachteilen kann es daher bei bilanzierenden Steuerpflichtigen grds. nicht kommen.

Diese Rechtsprechung beruht auf der Überlegung, § 34 EStG solle Härten beseitigen oder mindern, die sich im Rahmen einer Periodenbesteuerung durch die **Progressionswirkung** ergeben. Soll der Nachteil des Zuflusses von Einnahmen in einem Veranlagungszeitraum, der wirtschaftlich jedoch mehreren Jahren zugehöre, ausgeglichen werden, so erfordere dies, dass die zusammengeballte Entlohnung eine entsprechende Progressionswirkung typischerweise erwarten lasse. Dies sei bei einem für Freiberufler üblichen Honorar jedoch nicht der Fall. Es handele sich vielmehr um eine übliche Entlohnung im Rahmen der regulären Tätigkeit. 25

Auch nach **Aufgabe der Vervielfältigungstheorie** dürfte sich an der restriktiven Auslegung des § 34 EStG für Freiberufler durch diese Rechtsprechung nichts ändern, da nach wie vor an der Einstiegsprüfung, unter welche Norm (§ 18 Abs. 1 Nr. 1 bzw. § 18 Abs. 1 Nr. 3 EStG) die Tätigkeit zu subsumieren ist, festgehalten wird und damit auch an deren Unterscheidbarkeit. Der BFH hat zudem in mehreren Urteilen festgestellt, dass er eine verfassungswidrige Benachteiligung der Freiberufler nicht sieht und dies u.a. mit dem Zweck der Vorschrift begründet.[41] 26

In bestimmten **Ausnahmefällen** kann diese Tarifvorschrift dennoch Anwendung finden. Nach h.M.[42] ist § 34 Abs. 2 Nr. 4 i.V.m. § 34 Abs. 1 EStG auf selbstständig Tätige anzuwenden, wenn die Tätigkeit des Steuerpflichtigen von der übrigen Tätigkeit abgrenzbar ist und nicht zum regelmäßigen Gewinnbetrieb gehört, **oder** wenn der Steuerpflichtige sich während der gesamten Dauer ausschließlich der einen Sache gewidmet und die Vergütung dafür in einem Kalenderjahr erhalten hat. So heißt es in dem **BFH-Urteil**[43] vom 28.6.1973: 27

> *„Eine Ausnahme gilt nur für Einkünfte aus selbstständiger Arbeit,*
> *a) wenn der Steuerpflichtige sich während mehrerer Jahre ausschließlich der einen Sache gewidmet und die Vergütung dafür in einem Veranlagungszeitraum erhalten hat oder*
> *b) wenn eine sich über mehrere Jahre erstreckende Sondertätigkeit, die von der übrigen Tätigkeit des Steuerpflichtigen ausreichend abgrenzbar ist und nicht zum regelmäßigen Gewinnbetrieb gehört, in einem Veranlagungszeitraum entlohnt wird.[44]"*

---

39 BFH Urt. v. 28.6.1973, Az. IV R 77/70, BStBl II 1973, 729; Schmidt/*Wacker*, EStG, § 34 Rn 38; BFH Urt. v. 17.2.1993, Az. I R 119/91, BFH/NV 1993, 593; BFH Beschl. v. 28.5.2001, Az. XI B 37/00, BFH/NV 2001, 1546; Frotscher/*Siewert*, § 18 EStG Rn 97.
40 R 200 Abs. 3 EStR 2003; vgl. auch BFH Urt. v. 17.2.1993, Az. I R 119/91, BFH/NV 1993, 593; BFH Urt. v. 28.6.1973, Az. IV R 77/70, BStBl II 1973, 729; krit. dazu Schmidt/*Wacker*, EStG, § 34 Rn 38.
41 Vgl. z.B. BFH Beschl. v. 30.7.2007, BFH/NV 2007, 1890; *Eckelskemper*, in: Bengel/Reimann, Kap. 10, Rn 203.
42 BFH Urt. v. 28.6.1973, Az. IV R 77/70, BStBl II 1973, 729; R 34.4 Abs. 3 EStR 2005; Schmidt/*Wacker*, EStG, § 34 Rn 46.
43 BFH Urt. v. 28.6.1973, Az. IV R 77/70, BStBl II 1973, 729.
44 BFH Urt. v. 10.5.1961, BStBl III 1961, 354; BFH Urt. v. 10.5.1961, BStBl III 1961, 532.

28 Es bleibt also festzuhalten: Die Tarifvergünstigung des § 34 Abs. 1, Abs. 2 Nr. 4 EStG ist nur bei einer mehrjährigen Widmung einer einzigen Testamentsvollstreckung zu gewähren, oder aber bei einem mehrjährig tätigen Testamentsvollstrecker, der im Übrigen nicht freiberuflich tätig ist.[45] § 34 Abs. 1 EStG ist nach Meinung des BFH[46] selbst dann nicht zu gewähren, wenn ein Wirtschaftsprüfer, Steuerberater, Rechtsanwalt oder sonstiger rechtsberatender Freiberufler in 25-jähriger Berufsausübung nur ein einziges Mal als Testamentsvollstrecker tätig geworden sei. Darauf komme es nicht an. Denn unabhängig von dem vorstehend bezeichneten Umstand sei der Freiberufler dennoch stets im Rahmen seines Berufes tätig.

Eine **praktische Relevanz** hat die Frage der Anwendbarkeit des § 34 Abs. 2 Nr. 4 EStG nur dann, wenn der Testamentsvollstrecker nicht sowieso – also auch ohne Berücksichtigung des Honorars als Testamentsvollstrecker – im Spitzensteuersatz als Grenzsteuersatz besteuert wird. Denn nur dann kann sich die Progressionsmilderung überhaupt auswirken. Bei Freiberuflern wird diese Frage daher meist erst nach dem Eintritt in den Ruhestand bedeutsam.

29 | **Gestaltungstipp**
| Die Nachteile der progressionssteigernden Wirkung des Zuflusses der Testamentsvollstreckervergütung lassen sich unabhängig von der Anwendung des § 34 EStG dadurch vermeiden, dass der Erblasser in seinem Testament bereits den Zufluss der Testamentsvollstreckervergütung verteilt auf mehrere Jahre anordnet. Auf diese Art und Weise lassen sich Progressionsnachteile ohne Anwendung des § 34 EStG vermeiden.[47]

IV. Die Abzugsfähigkeit der Testamentsvollstreckervergütung bei der Einkommensteuer

30 Hinsichtlich der Abzugsfähigkeit der Testamentsvollstreckervergütung bei der Einkommensteuer der Erben ist zu **differenzieren**. Der Bundesfinanzhof[48] hat die Rechtsprechung des Reichsfinanzhofes aufgegeben, wonach zwischen freiwilliger und aufgezwungener Testamentsvollstreckung unterschieden wurde.[49] Nicht abzugsfähig sind all diejenigen Kosten, die der reinen **Vermögens- und Privatsphäre** der Erben zuzuordnen sind.[50] Hier gilt der Grundsatz, ein Vermögenserwerb durch einen Erbfall stellt keine Erzielung von Einkünften i.S.d. Einkommensteuergesetzes dar.[51] Hängen Teile der Testamentsvollstreckervergütung hingegen mit der **Einkommenserzielung** zusammen und sind sie durch die Einkommenserzielung veranlasst, so handelt es sich um abzugsfähige **Betriebsausgaben oder Werbungskosten**.[52] Nach den vorstehenden Grundsätzen sind die Testamentsvollstreckergebühren für die **Konstituierung** des Nachlasses sowie für dessen **Auseinandersetzung** oder Ab-

---

45 Vgl. krit. *Eckelskemper*, in: Bengel/Reimann, Kap. 10, Rn 201 ff.
46 BFH Urt. v. 28.6.1973, Az. IV R 77/70, BStBl II 1973, 729.
47 Vgl. *Eckelskemper*, in: Bengel/Reimann, Kap. 10, Rn 204; *Seidenfus/Huber*, INF 2001, 385, 390; *Wälzholz*, ZErb 2005, 247.
48 BFH Urt. v. 1.6.1978, Az. IV R 36/73, BStBl II 1978, 499; BFH Urt. v. 22.1.1980, Az. VIII R 47/77, BStBl II 1980, 351. Vgl. auch BFH Urt. v. 18.7.1972, BStBl II 1972, 878 – letzteres Urt. noch zur alten Ansicht.
49 RFH Urt. v. 23.6.1933, RStBl 1933, 991; RFH Urt. v. 19.6.1935, RStBl. 1935, 1357; zur Rechtsprechung des RFH vgl. *Grube*, DB 2003, 2300; *Ebeling*, BB 1979, 157 ff.
50 Vgl. Schmidt/*Loschelder*, EStG, § 12 Rn 25 „Testamentsvollstrecker".
51 Vgl. grundlegend BFH Beschl. v. 5.7.1990, BStBl II 1990, 837 (Entscheidung des Großen Senats zur Auseinandersetzung der Erbengemeinschaft).
52 BFH Urt. v. 1.6.1978, Az. IV R 36/73, BStBl II 1978, 499; vgl. auch *Winkler*, Testamentsvollstrecker, Rn 651.

wicklung keine Werbungskosten bei den aus der Erbschaft zu erwartenden Einkünften.[53] Unter Konstituierung ist dabei die Ermittlung des Nachlasses, seine Inbesitznahme, die Aufstellung des Verzeichnisses und die Regelung der vom Erblasser herrührenden Schulden sowie die Kosten der Erbschaftsteuererklärung zu verstehen. Kosten, die allein durch die Auseinandersetzung und Abwicklung entstehen, sind ebenfalls nicht abzugsfähig.[54] Diese durch die Testamentsvollstreckung ausgelösten Kosten sind dem privaten Vermögensbereich zuzuordnen, da sie das Schicksal des Erbfalles als rein privaten Vorgang teilen.[55] Der vorstehenden Ansicht des BFH ist grds. zuzustimmen. Zweifelhaft ist lediglich die Nichtabzugsfähigkeit der sog. Auseinandersetzungsgebühr. Da sich die Auseinandersetzung einer Erbengemeinschaft[56] bei Leistung von Ausgleichszahlungen nicht im privaten Bereich, sondern im steuerbaren Bereich durch steuerpflichtige Veräußerungsgeschäfte bewegt, sind darauf entfallende Gebührenanteile des Testamentsvollstreckers auch steuerlich zu berücksichtigen.[57]

Anders ist die Situation hinsichtlich einer **Dauer- oder Verwaltungstestamentsvollstreckung**. Entfallen hier Teile der Testamentsvollstreckervergütung auf die dauerhafte Verwaltung des Nachlassvermögens und insbesondere die Fortführung eines Betriebes, so handelt es sich um **Betriebsausgaben**, bzw. bei Überschusseinkünften um **Werbungskosten**, wenn man einen zeitlichen Zusammenhang dieser Ausgaben zum Erbfall nicht mehr herstellen kann.[58] Die Kosten der Testamentsvollstreckung müssen in diesen Fällen genauso behandelt werden, wie die Kosten für einen Treuhänder oder Fremdgeschäftsführer. Der Aufteilung der Testamentsvollstreckergebühr in abzugsfähige und nicht abzugsfähige Teile steht nach einhelliger Meinung nicht das **Aufteilungsverbot des § 12 Nr. 1 EStG** entgegen.[59] Für die Praxis der Testamentsgestaltung empfiehlt es sich daher, höchst vorsorglich[60] im Rahmen der Dauertestamentsvollstreckung die einzelnen Vergütungsbestandteile gegebenenfalls dahingehend aufzuteilen, dass ein Prozentsatz der Testamentsvollstreckervergütung für die Konstituierung des Nachlasses und spätere Auseinandersetzung geschuldet ist, und ein bestimmter anderer, regelmäßig jährlich fälliger Teil der Testamentsvollstreckervergütung für die Dauertestamentsvollstreckung geschuldet wird. Der letztere Teil ist dann deutlich unterscheidbar einer bestimmten Leistung zugeordnet und kann bei der Einkommensteuer abgesetzt werden.

---

53 BFH Urt. v. 22.1.1980, Az. VIII R 47/77, BStBl II 1980, 351; erneut bestätigt durch BFH Urt. v. 14.9.1999, Az. III R 39/97, BStBl II 2000, 69 (zur Vormundschaft und Ergänzungspflegschaft); *Noll/Schuck*, DStR 1993, 1437, 1438; *Ebeling*, BB 1992, 325 krit. zu der Frage der Nichtabzugsfähigkeit der Auseinandersetzungsgebühr.
54 BFH Urt. v. 22.1.1980, Az. VIII R 47/77, BStBl II 1980, 351. Ebenso die h.M. in der Rechtslehre: *Bartone*, in: Korn/Carlé/Stahl/Strahl, § 4 EStG Rn 778 „Testamentsvollstreckung"; *Noll/Schuck*, DStR 1993, 1437, 1438.
55 BFH Urt. v. 1.6.1978, Az. IV R 36/73, BStBl II 1978, 499. A.A. *Ebeling*, BB 1992, 325 ff., der im Hinblick auf die neue Sicht der Erbauseinandersetzung bei Vorliegen einer Erbengemeinschaft stets von der Abzugsfähigkeit der Testamentsvollstreckergebühren ausgeht.
56 Vgl. Großer Senat des BFH Beschl. v. 5.7.1990, BStBl II 1990, 837 ff.
57 So vor allem überzeugend *Grube*, DB 2003, 2300, 2303 f.; *Wied*, in: Blümich, § 4 EStG Rn 940 „Testamentsvollstreckung".
58 BFH Urt. v. 22.1.1980, Az. VIII R 47/77, BStBl II 1980, 351; BFH Urt. v. 1.6.1978, Az. IV R 36/73, BStBl II 1978, 499.
59 *Wolff-Diepenbrock*, in: Littmann/Bitz/Pust, §§ 4,5 EStG Rn 2106 u. 2108; *Grube*, DB 2003, 2300, 2303 m.w.N.; siehe zur Lockerung dieses Grundsatzes BFH Urt. v. 21.9.2009, GrS 1/06, BStBl II 2010, 672.
60 Auch ohne entsprechende Anordnung sind die Vergütungsbestandteile nach den üblichen Tabellen unterscheidbar.

Bei der Verwaltung von **Kapitalvermögen** ist seit 1.1.2009 zu beachten, dass mit Einführung der Abgeltungsteuer ein Werbungskostenabzug ausgeschlossen ist.[61] Umfasst die Verwaltung des Vermögens neben Kapitaleinkünften weitere, steuerlich relevante Vermögensbestandteile (z.B. Vermietungsobjekte), sind die Aufwendungen im Regelfall nach den Grundsätzen der Steuerberatervergütungsverordnung aufzuteilen. Andere Aufteilungsmaßstäbe (sachgerechte Schätzung) dürften von der Finanzverwaltung nur in Ausnahmefällen und nur bei entsprechender Dokumentation akzeptiert werden.

32 Wird eine **unangemessen hohe Testamentsvollstreckervergütung** ganz oder teilweise für einzelne Leistungen festgesetzt, so sind die unangemessenen Anteile einkommensteuerlich nicht abzugsfähig, soweit sie als **Vermächtnis privat veranlasst** sind. Nach wohl h.M. gilt dieses Abzugsverbot auch für solche überhöhten Vergütungen, die im Übrigen beim Testamentsvollstrecker gleichwohl der Einkommensteuer unterliegen, also wenn die überhöhte Vergütung nicht unabhängig von der Übernahme des Testamentsvollstreckeramtes geschuldet ist. Sie sind dann zwar beim Testamentsvollstrecker als Einnahmen zu versteuern, beim Nachlass aber nicht abzugsfähig.[62] Der Abzug der normalerweise abzugsfähigen Gebührenanteile des Testamentsvollstreckers ist auch dann ausgeschlossen, wenn und soweit sie sich auf Vermögen beziehen, dessen Einkünfte in Deutschland nicht einkommensteuerbar oder nicht einkommensteuerpflichtig sind.[63] Diese Ansicht der h.M. sollte nach dem Urteil des BFH vom 2.2.2005[64] nicht mehr aufrecht erhalten werden, da der uneingeschränkten Besteuerung als Betriebseinnahmen beim Testamentsvollstrecker die einkommensteuerliche Abzugsfähigkeit des Aufwands bei dem Erben oder der Erbengemeinschaft konsequenterweise folgen muss. Dies folgt aus dem objektiven Nettoprinzip, da die Leistungsfähigkeit unausweichlich auch dann durch die Vergütung des Testamentsvollstreckers gemindert wird, wenn diese allgemein als unangemessen hoch angesehen wird.

33 Als **außergewöhnliche Belastung** nach § 33 EStG können Testamentsvollstreckervergütungen nie abziehbar sein, da immer die Möglichkeit der Ausschlagung der Erbschaft besteht, so dass diese Aufwendungen nicht zwangsläufig i.S.d. Einkommensteuergesetzes sind.

B. Erbschaftsteuer

I. Erfassung beim Testamentsvollstrecker

34 Grundsätzlich unterliegt die Vergütung des Testamentsvollstreckers nicht der Erbschaftsteuer. Es handelt sich beim Testamentsvollstrecker regelmäßig um Einkünfte i.S.d. Einkommensteuergesetzes und nicht um einen Vermögensanfall von Todes wegen. Anders kann dies hingegen nur ganz ausnahmsweise sein, wenn die dem Testamentsvollstrecker ausgesetzte **Vergütung unangemessen hoch** und unabhängig von der Übernahme des Amtes als Vermächtnis geschuldet ist (siehe bereits vorstehend). In vergleichbaren Fällen geht die Zivilrechtsprechung weitergehend davon aus, die dem Testamentsvollstrecker zugewandte Vergütung sei **zivilrechtlich aufzuspalten** in die eigentliche Testamentsvollstreckervergütung

---

61 Im Rahmen der Günstigerprüfung nach § 32d Abs. 6 EStG kann der Antrag gestellt werden, den tariflichen Steuersatz anzuwenden. Nach Ansicht des FG Baden-Württemberg v. 17.12.2012 (EFG 2013, 1041) können in diesen Fällen die tatsächlich entstandenen Werbungskosten abgezogen werden (Rev. eingelegt, BFH VIII R 13/13); ein weiteres Musterverfahren ist in diesem Zusammenhang anhängig mit dem Az. BFH VIII R 18/14.
62 *Noll/Schuck*, DStR 1993, 1437, 1438 f.
63 *Noll/Schuck*, DStR 1993, 1437, 1439.
64 BFH Urt. v. 2.2.2005, BStBl II 2005, 489 = DB 2005, 1148; siehe auch *Paus*, DStZ 2005, 749 ff.

i.S.d. § 2221 BGB und in ein **Vermächtnis**.[65] Hintergrund dieser Erwägung sind insbesondere Fragen der Verteilungsreihenfolge im Falle der Nachlassinsolvenz; sie geht daher auch in anderen Fällen der fehlenden Angemessenheit von einem Erwerb als Vermächtnis aus. Das Erbschaftsteuerrecht folgt im Grundsatz dem Zivilrecht. Aus diesem Grunde ist bis 2005 nach h.M.[66] der dem Testamentsvollstrecker zusätzlich zugewandte Vermögensbestandteil erbschaftsteuerpflichtig gem. § 3 Abs. 1 Nr. 1 ErbStG. Erbschaftsteuerpflichtig ist dabei nur der unangemessene Teil der Nettovergütung – also nach Abzug der Umsatzsteuer.[67] Denn um diese ist der Testamentsvollstrecker nicht bereichert. Demgegenüber hat der BFH[68] nun festgestellt, dass eine unangemessen hohe Testamentsvollstrecker-Vergütung grds. nur der Einkommensteuer, nicht aber zusätzlich dem ErbStG unterliegt, sofern die Zuwendung tatsächlich und rechtlich mit der Amtsausführung zusammenhängt. Die zivilrechtliche Beurteilung als Vermächtnis hat nach Ansicht des BFH nur zivilrechtliche Gründe in Fällen der Nachlassinsolvenz. Nur soweit ein tatsächlicher und rechtlicher Zusammenhang mit der Testamentsvollstreckertätigkeit aufgrund besonderer Umstände des Einzelfalls nicht hergestellt werden kann, kommt eine Einordnung als Vermächtnis in Frage.

Unter Umständen kann aber aufgrund des persönlichen Einkommensteuersatzes des Testamentsvollstreckers auch daran gedacht werden, einen Teil der Testamentsvollstreckervergütung **gezielt** als **Vermögenszuwachs von Todes wegen ohne Gegenleistung** anzusehen und so diesen Teil nicht der Einkommensteuer, sondern der Erbschaftsteuer zu unterwerfen. Insbesondere wenn Familienmitglieder zu Testamentsvollstreckern berufen werden sollen, kann eine unentgeltliche und damit einkommensteuerlich nicht relevante Amtserfüllung zugunsten eines Vermächtnisses im Hinblick auf die jeweils anzuwendenden Steuersätze und Freibeträge sinnvoll sein. Der BFH hat in einer in diesem Zusammenhang ergangenen Entscheidung[69] eine Aufteilung in einkommensteuerlich relevante Tätigkeitsvergütung und Vermögenszuwachs von Todes wegen verneint, da in dem zu entscheidenden Fall die unangemessen **hohe Vergütung als Anreiz für besonders gute Testamentsvollstreckertätigkeit** gesehen wurde. Es ist daher eher davon auszugehen, dass bei nicht eindeutiger Aufteilung zwischen Vermächtnis und Vollstreckervergütung die Zuwendung insgesamt ihre Ursache in der Testamentsvollstreckung hat und deshalb auch insgesamt unter § 18 Abs. 1 Nr. 3 EStG fällt. Eine Doppelbesteuerung mit Erbschaftsteuer scheidet dann aus.[70]

Entscheidendes Kriterium für die Einordnung als Vermögensanfall von Todes wegen ohne eindeutige **Aufteilungsanordnung** des Erblassers kann nur die Frage der Angemessenheit der Vergütung sein. Die Darlegungslast für die Unangemessenheit einer Vergütung trägt immer derjenige, der sich darauf beruft. Zunächst kann man sich zur Bestimmung des angemessenen Satzes auf die **bekannten Tabellen** stützen (siehe oben § 21 Rn 32 ff.),[71] jedoch dürfen die konkreten Umstände des Einzelfalles, wie zum Beispiel Arbeitsaufwand

---

65 Vgl. dazu *Winkler*, Testamentsvollstrecker, Rn 626; Palandt/*Weidlich*, § 2221 Rn 1; BayObLG, Urt. v. 4.2.1982, Rpfleger 1982, 226, 227; *J. Mayer*, in: Bamberger/Roth, § 2221 Rn 30.
66 FG Düsseldorf Urt. v. 9.1.2002, Az. 4 K 7055/99 Erb, ZErb 2003, 387; *Kirnberger*, ZEV 2001, 267, 268; Palandt/*Weidlich* § 2221 Rn 1; so noch *Brandt*, in: Herrmann/Heuer/Raupach, EStG, § 18 Rn 261; *Korn*, in: Korn/Carlé/Stahl/Strahl, § 18 EStG Rn 97; *Klingelhöffer*, 247 f. Rn 426.
67 FG Düsseldorf Urt. v. 9.1.2002, Az. 4 K 7055/99 Erb, ZErb 2003, 387 – dabei wird zu Unrecht unterstellt, der unangemessene Teil der Vergütung sei umsatzsteuerpflichtig. Dem ist jedoch nicht so, siehe dazu unten § 45 Rn 65.
68 BFH Urt. v. 2.2.2005, BStBl II 2005, 489 = DB 2005, 1148 = FR 2005, 764; dazu *Paus*, DStZ 2005, 749 ff.
69 BFH Urt. v. 6.9.1990, BStBl II 1990, 1028.
70 BFH Urt. v. 2.2.2005, BStBl II 2005, 489 = DB 2005, 1148 = FR 2005, 764.
71 Vgl. hierzu ausführlich *Reimann*, ZEV 1995, 57.

und verbundenes Risiko nicht völlig außer Acht gelassen werden. Eine mit unabhängigen Dritten vereinbarte Vergütung gilt grundsätzlich als angemessen. Bei persönlichen Beziehungen zwischen dem Erblasser und dem von ihm eingesetzten Testamentsvollstrecker kann dagegen eher eine unangemessene Vergütung vorliegen. Im Zweifel fällt aber auch diese der Einkommensteuer und nicht der Erbschaftsteuer zu, wenn sie Gegenleistung für die zu erbringenden Dienstleistungen sein soll.[72]

37 Im Zusammenspiel mit der einkommensteuerlichen Rechtsprechung zum weiten Betriebseinnahmenbegriff beim Testamentsvollstrecker konnte dies früher zu einer **Doppelbelastung mit Erbschaftsteuer sowie Einkommensteuer** führen (vgl. Rn 16). Ein entsprechender Fall der Doppelbelastung mit Erbschaft- und Einkommensteuer war auch möglich bei Vereinbarung einer vorweggenommenen Erbfolge durch einen Elternteil zugunsten des Kindes mit Vorbehalt von Versorgungsleistungen i.S.d. § 10 Abs. 1 Nr. 1a EStG zugunsten des übertragenden Elternteils und hälftig zugunsten von dessen Ehegatten. Die dem Ehegatten zufließenden Beträge der Versorgungsleistungen sind einerseits schenkungsteuerpflichtig als Vermögenszuwendung des Ehegatten und gleichzeitig einkommensteuerpflichtig gem. § 22 Nr. 1 EStG.[73] Die Gefahr der Doppelbelastung mit Einkommen- und Erbschaftsteuer ist seit 2005 durch das Urteil des BFH[74] v. 2.2.2005 gebannt. Danach bleibt auch bei unangemessen hoher Vergütung nur die Einkommensteuer, sofern die Zuwendung nicht unabhängig von der Übernahme des Amtes erfolgt.

38 In erster Linie sollte nur eine angemessene **Testamentsvollstreckervergütung** festgesetzt werden. Sollten darüber hinausgehende Vermögenszuwendungen zugunsten des Testamentsvollstreckers gewünscht sein, so sollte dieser einen **unbedingten Vermächtnisanspruch** erhalten.[75] Dabei kann in der Verfügung von Todes wegen klargestellt werden, dass diese Vermächtniszuwendung unabhängig von der Einsetzung zum Testamentsvollstrecker auf privater Grundlage erfolgt und unabhängig von der Übernahme dieses Amtes.[76] Dies ist i.d.R. vorteilhaft, da die Steuersätze des EStG meist höher sind als die des ErbStG und Freibeträge gewährt werden. **Alternativ** kann die Erbschaftsteuerbelastung vermieden werden, wenn ausdrücklich dargelegt wird, dass keine unentgeltliche Zuwendung erfolgen soll, sondern der Erblasser den Arbeitsaufwand für so groß, die Angelegenheit für so komplex und schwierig hält, dass er aus diesem Grund die Testamentsvollstreckervergütung, wie festgesetzt, tatsächlich für den Arbeitsanfall angemessen hält.[77] Dies ist erbschaftsteuerlich zu beachten, sofern es sich tatsächlich um einen besonders schwierigen oder aufwendigen Fall handelt und **kein Gestaltungsmissbrauch** i.S.d. § 42 AO vorliegt. Höchstrichterli-

---

72 BFH Urt. v. 2.2.2005, BStBl II 2005, 489 = DB 2005, 1148 = FR 2005, 764.
73 Vgl. zu den damit verbundenen Problemen FinMin Baden-Württemberg Schreiben v. 25.6.2003, DStR 2003, 1485; *Wälzholz*, NotBZ 2002, 91 ff. = Stbg 2002, Heft 4; erbschaftsteuerlich *Wälzholz*, ZErb 2003, 337.
74 BFH Urt. v. 2.2.2005, BStBl II 2005, 489 = DB 2005, 1148 = FR 2005, 764; siehe auch *Wälzholz*, ZErb 2005, 247 ff.
75 Vgl. zur Aufspaltung der Vergütung in einen angemessenen und einen unangemessenen Teil auch *Kirnberger*, ZEV 2001, 267, 268.
76 Auf diese Art und Weise wird die Erfassung als einkommensteuerpflichtige Betriebseinnahme beim Testamentsvollstrecker vermieden, da der betriebliche Bezug, also die Veranlassung fehlt. Ebenso – allerdings ohne Erörterung des grundlegenden Problems – *Groll*, Die Testamentsvollstreckung, in: Praxishandbuch Erbrechtsberatung, Teil C. IX. Rn 156.
77 Vgl. zu den üblicherweise vorzunehmenden Zu- oder Abschlägen *Reimann*, DStR 2002, 2008, 2009 ff.

che Finanzrechtsprechung existiert zu einem entsprechenden Sachverhalt jedoch – soweit ersichtlich – nicht.[78]

II. Abzugsfähigkeit bei der Erbschaftsteuer

Die dem Testamentsvollstrecker zustehende Vergütung ist gem. **§ 10 Abs. 5 Nr. 3 S. 1** ErbStG als **Erbfallverbindlichkeit** im Rahmen der Erbschaftsteuer abziehbar, soweit sie nicht auf die **Verwaltung** des Nachlasses entfällt.[79] Ganz **entgegengesetzt der einkommensteuerlichen Abzugsfähigkeit** der Testamentsvollstreckungsgebühr ist also erbschaftsteuerlich nur die **Abwicklungsgebühr** als Regelvergütung sowie die **Konstitutionsgebühr** für die Inbesitznahme sowie die **Auseinandersetzungsgebühr** als Nachlassverbindlichkeit **abzugsfähig**. Während einkommensteuerlich gerade die Gebühr für die Verwaltung und Dauertestamentsvollstreckung als Betriebsausgaben oder Werbungskosten abzugsfähig ist, scheitert die Abzugsfähigkeit dieser Gebühr bei der Erbschaftsteuer an der Regelung des § 10 Abs. 5 Nr. 3 S. 3 ErbStG.[80] Gestalterisch lässt sich die erbschaftsteuerrechtliche Abzugsfähigkeit der gesamten Vergütung erreichen, wenn der Testamentsvollstrecker vollständig unentgeltlich tätig wird und ein Vermächtnis zugewandt erhält, das ausdrücklich von der Übernahme des Amtes unabhängig ist.[81] Eine derartige Gestaltung müsste jedoch klar und eindeutig so gestaltet werden und wird dem Erblasserwillen regelmäßig nicht entsprechen.

Nicht abzugsfähig sind zudem die Kosten der Erben für das Einspruchs- und Klageverfahren gegen die festgesetzte Erbschaftsteuer.[82] Auch wenn die Erben hier durch den Testamentsvollstrecker vertreten werden, handelt es sich nicht um Testamentvollstreckertätigkeit i.S.v. § 10 Abs. 5 Nr. 3 ErbStG.[83]

C. Der Testamentsvollstrecker als Unternehmenstreuhänder und Bevollmächtigter

I. Ausgangspunkt

Besonderheiten gelten zivil- wie steuerrechtlich in dem Fall, wenn der Testamentsvollstrecker ein **Einzelunternehmen** oder einen **Gesellschaftsanteil** eines persönlich haftenden Gesellschafters fortzuführen hat. Zivilrechtlich ist es dabei unzulässig, wenn der Testamentsvollstrecker als solcher das Unternehmen fortführt. Es würde nach herrschender, wenn auch umstrittener Ansicht jedoch den Bestimmungen des Handelsrechts widersprechen, wenn die Haftung des Geschäftsinhabers, also der Erben, für die nach dem Erbfall begründeten Geschäftsverbindlichkeiten auf den Nachlass beschränkt werden könnte (siehe

---

78 Vgl. zum Verhältnis Einkommensteuer/Erbschaftsteuer auch *Eckelskemper*, in: Bengel/Reimann, Kap. 10, Rn 205 ff.
79 Vgl. *Noll/Schuck*, DStR 1993, 1437 ff.; *Schuhmann*, UVR 1991, 363; *Grube*, DB 2003, 2300; *Ebeling*, BB 1979, 157; *Jüptner*, in: Fischer/Jüptner/Pahlke/Wachter, § 10 ErbStG Rn 214; *Kien-Hümbert*, in: Moench, § 31 ErbStG Rn 13.
80 *Fischer*, in: Fischer/Jüptner/Pahlke/Wachter, ErbStG, § 3 Rn 268; *Groll*, Die Testamentsvollstreckung, in: Praxishandbuch Erbrechtsberatung, Teil C. IX. Rn 156; *Troll/Gebel/Jülicher*, § 10 ErbStG Rn 225; *J. Mayer*, in: Bamberger/Roth, § 2221 Rn 30.
81 Dies schlägt *Fischer*, in: Fischer/Jüptner/Pahlke/Wachter, § 3 ErbStG Rn 268 vor.
82 H E 10.7 „Steuerberatungskosten und Rechtsberatungskosten im Rahmen des Besteuerungs- und Wertfeststellungsverfahrens" ErbStR.
83 BFH Urt. v. 20.6.2007, BStBl II 2007, 722.

auch die Ausführungen in § 19 Rn 1 ff.),[84] da der Testamentsvollstrecker die Erben nur auf den Nachlass beschränkt verpflichten kann (§ 2211 BGB).

41 Aus diesem Grunde sind vor allem **zwei Alternativkonstruktionen**[85] gefunden worden, bei denen entweder die Erben oder der Testamentsvollstrecker unbeschränkt persönlich haften. Während ersteres bei der sog. **Vollmachtslösung** der Fall ist, wird letzteres über die sog. **Treuhandlösung** erreicht.

II. Die Vollmachtslösung

42 Bei der Vollmachtslösung tritt der Testamentsvollstrecker stets im Namen der Erben nach außen aufgrund einer rechtsgeschäftlichen Vollmacht auf (vgl. dazu bereits § 19 Rn 4 ff.). In diesem Fall ist bei Fortführung des Einzelunternehmens der Erbe bzw. die Erbengemeinschaft **Kaufmann** i.S.d. HGB und **einkommensteuerrechtlicher, gewerbesteuerrechtlicher sowie umsatzsteuerlicher Unternehmer bzw. Unternehmensinhaber**. In den Rechnungen i.S.d. Umsatzsteuergesetzes ist der Erbe oder die Erbengemeinschaft als Leistender aufzuführen.[86] Der Umfang der persönlichen Haftung der Erben über den Nachlass hinaus für Altschulden des Erblassers kann durch Nichtfortführung der Firma beschränkt werden (§§ 27, 25 HGB). Der Testamentsvollstrecker hat jedoch für die **betrieblichen Steuern** (UStG, GewStG) nach § 34 Abs. 3 oder § 35 AO die steuerlichen Pflichten zu erfüllen.[87] Der Testamentsvollstrecker wird durch die Unternehmensfortführung also nicht zum Gewerbetreibenden bzw. umsatzsteuerrechtlichen Unternehmer. Er ist damit grds. nicht Inhaltsadressat von Steuerbescheiden, es sei denn, er würde durch Haftungsbescheid z.B. nach § 69 AO selbst in Anspruch genommen.

III. Die Treuhandlösung

43 Problematischer sind hingegen die Verhältnisse bei einer **Treuhandtestamentsvollstreckung**. Insoweit ist zu unterscheiden zwischen der sog. **Ermächtigungstreuhand** und der **Vollrechtstreuhand**.[88] Bei der sog. Ermächtigungstreuhand wird – ähnlich einer Vollmachtserteilung – der Treuhänder ohne Rechtsübertragung aller Gegenstände auf den Treuhänder lediglich ermächtigt, im eigenen Namen über die Vermögensgegenstände zu verfügen (vgl. bereits § 19 Rn 8). Bei der Vollrechtstreuhand erhält der Testamentsvollstrecker hingegen treuhänderisch das gesamte Unternehmen übertragen und führt es als Treuhänder im eigenen Namen, wirtschaftlich allerdings auf Rechnung des oder der Erben fort. Bei beiden Treuhandlösungen handelt der Testamentsvollstrecker nach außen hin ausschließlich im eigenen Namen, wirtschaftlich jedoch für den oder die Erben.

44 **Umsatzsteuerrechtlich** ist insoweit inzwischen anerkannt, dass der Testamentsvollstrecker als **Treuhänder selbst umsatzsteuerrechtlicher Unternehmer** und damit auch Umsatz-

---

84 Vgl. BFH Urt. v. 11.10.1990, Az. VI R 75/85, BStBl II 1991, 191; *Lübke*, in: Burandt, § 8 Rn 97 f.
85 Vgl. rein zivilrechtlich zu Personengesellschaften *Everts*, MittBayNot 2003, 427, 431; *Groll*, Die Testamentsvollstreckung, in: Praxishandbuch Erbrechtsberatung, Teil C. IX. Rn 159 ff.; vgl. auch zu Personengesellschaften *Faust*, DB 200, 189 ff.
86 *Klenk*, in: Sölch/Ringleb, UStG, § 2 Rn 224.
87 *Kapp*, DStR 1985, 725, 728; *Loose*, in: Tipke/Kruse, § 34 AO Anm. 30, der sich insoweit auf § 35 AO stützt u. nicht auf § 34 AO; *König*, in: Pahlke/König, AO, § 34 Rn 35; *Piltz/Holtz*, in: Bengel/Reimann, Kap. 8 Rn 143; *Groll*, Die Testamentsvollstreckung in: Praxishandbuch Erbrechtsberatung, Teil C. IX. Rn 155; vgl. auch *Kempermann*, DStR 1979, 63, 65.
88 Vgl. BFH Urt. v. 11.10.1990, Az. VI R 75/85, BStBl II 1991, 191.

steuerschuldner ist. Die Treugeber sind hingegen nicht Schuldner der Umsatzsteuer.[89] Bei den Treuhandlösungen ist der Fall daher anders zu behandeln, als bei der umsatzsteuerlichen Behandlung des Insolvenzverwalters oder des Zwangsverwalters.[90] Die Besonderheit im Rahmen des Umsatzsteuergesetzes beruht darauf, dass die Bestimmung des Leistenden und der Person des Unternehmers davon abhängt, wie der jeweilige Steuerpflichtige nach außen am Rechtsverkehr teilnimmt.[91] Insoweit macht es keinen Unterschied, ob es sich um eine Vollrechtstreuhand oder um eine Ermächtigungstreuhand handelt. Dementsprechend ist auch der Testamentsvollstecker als Treuhänder zum Vorsteuerabzug befugt.[92] Gegebenenfalls können beim Leistungsaustausch zwischen dem Testamentsvollstecker und dem Erben ebenso umsatzsteuerrechtliche Leistungen erbracht werden, die wiederum den Erben zum Vorsteuerabzug berechtigen.

Ertragsteuerlich ist die Behandlung des Testamentsvollstreckers, der ein Unternehmen als Treuhänder fortführt, **umstritten**. Dabei geht es insbesondere um die Frage, ob der **Testamentsvollstrecker als Unternehmer** bzw. **Mitunternehmer** neben oder anstelle des bzw. der Erben angesehen werden kann. Im Grundsatz ist von **§ 39 AO** auszugehen. Danach sind Wirtschaftsgüter grundsätzlich nicht dem Treuhänder, sondern dem Treugeber zuzurechnen, auch wenn zivilrechtlicher Eigentümer der Treuhänder ist. Dementsprechend ist nach h.M. der Treugeber gewerblicher Unternehmer.[93] Diesem Grundsatz folgend, entspricht es verbreiteter Meinung, dass nur der bzw. die Erben Unternehmer bzw. Mitunternehmer sind, auch wenn der Testamentsvollstrecker das Unternehmen im eigenen Namen fortführt.[94] Dieses Ergebnis ist jedoch **keineswegs unumstritten**. So wurde noch 1987 vom gleichen, dem VIII. Senat des BFH die Ansicht vertreten, ein Treuhänder, hier also der Testamentsvollstrecker, werde Mitunternehmer hinsichtlich des Unternehmens neben dem bzw. den Erben.[95] Das bezeichnete **BFH-Urt. v. 17.11.1987** betrifft zwar keinen Fall des Testamentsvollstreckers. Es besagt jedoch, dass eine Person, die treuhänderisch einen Gesellschaftsanteil für einen Dritten hält, selbst als Mitunternehmer anzusehen ist. Mitunternehmer ist, wer **Mitunternehmerinitiative und Mitunternehmerrisiko** trägt.[96] Die Mitunternehmerinitiative des Treuhänder-Testamentsvollstreckers ist wohl gegeben, da er die Geschicke des Unternehmens selbst im eigenen Namen lenkt und nach außen handelt, wenn auch im Innenverhältnis treuhänderisch gebunden. **Mitunternehmerrisiko** wird vom BFH im genannten Urt. v. 17.11.1987 damit begründet, dass der Testamentsvollstrecker uneingeschränkt den Gläubigern nach außen haftet. Die tatsächliche uneingeschränkte Haftung für alle Verbindlichkeiten des fortgeführten Einzelunternehmens ist zwar zutreffend. Dies entspricht auch der Mitunternehmerstellung der Komplementär-GmbH bei der GmbH & Co. KG, obwohl die GmbH, die am Vermögen der KG nicht beteiligt ist, ebenso an den Erträgen der KG nicht unmittelbar profitiert. Dennoch darf dieser Sachverhalt nicht

45

---

89 BFH Urt. v. 11.10.1990, Az. VI R 75/85, BStBl II 1991, 191.
90 BFH Urt. v. 11.10.1990, Az. VI R 75/85, BStBl II 1991, 191.
91 *Klenk*, in: Sölch/Ringleb, § 2 UStG Rn 224.
92 BFH Urt. v. 18.2.2009, V R 82/07, BStBl II 2009, 876.
93 Schmidt/*Wacker*, EStG, § 15 EStG Rn 138; BFH Urt. v. 10.12.1992, Az. XI R 45/88, BStBl II 1993, 538.
94 Schmidt/*Wacker*, EStG, § 15 Rn 141; BFH Urt. v. 16.5.1995, Az. VIII R 18/93, BStBl II 1995, 714 = BB 1995, 1937 = DB 1995, 1943 = DStR 1995, 1423 = DStZ 1995, 724; dazu auch zustimmend *G. Söffing*, NWB Fach 3, 9675; *Gschwendtner*, DStZ 1995, 708, 709.
95 BFH Urt. v. 17.11.1987, Az. VIII R 83/84, DB 1988, 996 = BFHE 152, 230 = HFR 1988, 341; dies hält auch der Große Senat des BFH für möglich, BFH Beschl. v. 25.6.1984, BStBl II 1984, 751.
96 Ständige Rspr. seit der Entscheidung des Großen Senats in BFH Beschl. v. 25.6.1984, Az. GrS 4/82, BStBl II 1984, 751; BFH Urt. v. 7.11.2000, VIII R 16/97, BStBl II 2001, 186.

darüber hinweg täuschen, dass er sein gesamtes wirtschaftliches Engagement ausschließlich auf Rechnung des bzw. der Erben durchführt. Wer weder am laufenden noch am Gesamtgewinn eines Unternehmens beteiligt ist, kann nach ständiger Rechtsprechung des BFH nicht Mitunternehmerrisiko tragen.[97] Der Testamentsvollstrecker hat stets den Erstattungsanspruch gegen den oder die Erben. Aus diesem Grund ist u.E. im vorliegenden Fall ein ausreichendes **Mitunternehmerrisiko abzulehnen.** Der Testamentsvollstrecker ist daher nicht Mitunternehmer, wohl aber der Erbe/Miterbe; dies entspricht auch der neueren Rechtsprechung des BFH.[98]

46 Die steuerrechtliche Bedeutung liegt vor allen Dingen in Folgendem:[99] Würde der Treuhändertestamentsvollstrecker als Mitunternehmer des Unternehmens angesehen werden, so wären alle Vergütungen, die ihm aus diesem Verhältnis zufließen, **Sonderbetriebseinnahmen** gem. § 15 Abs. 1 Nr. 2 EStG. Aufgrund der Qualifikationsfunktion des § 15 Abs. 1 Nr. 2 EStG würden die ansonsten § 18 EStG unterfallenden Einkünfte in diesem Fall zu **gewerblichen Einkünften umfunktioniert** werden. Dies hätte vor allem Auswirkungen bei der **Gewerbesteuer**.[100] Folgt man hingegen der hier vertretenen Meinung, so ist der Testamentsvollstrecker auch als Treuhänder nicht Unternehmer bzw. Mitunternehmer im einkommensteuerlichen und ertragsteuerlichen Sinne.

> **Gestaltungstipp**
> Will man das Risiko der Umqualifizierung in gewerbliche Einkünfte vermeiden, so sollte der Testamentsvollstrecker nicht die Treuhandlösung zur Fortführung eines Unternehmens wählen, sondern die Vollmachtslösung. So wird der Testamentsvollstrecker auch nicht selbst Schuldner der Umsatzsteuer.

47 Ertragsteuerlich interessant ist schließlich noch folgender, an ein BFH-Urteil[101] angelehnter Sachverhalt:[102]

> **Beispiel**
> Es wird für den Todesfall ein Dauertestamentsvollstrecker über einen Gesellschaftsanteil einer Mitunternehmerschaft angeordnet. Ferner erhält der Testamentsvollstrecker persönlich vermächtnisweise einen Ertragsnießbrauch an dem Gesellschaftsanteil zugewandt. Übt der Testamentsvollstrecker, auf den der Gesellschaftsanteil zivilrechtlich im Sinne einer Vollrechtstreuhand übertragen wird, nunmehr sämtliche Verwaltungsrechte aus dem Gesellschaftsanteil aus und stehen ihm – wenn auch aufgrund des neben der Testamentsvollstreckung bestehenden Vermächtnisses – die Erträge oder Teile der Erträge des Mitunternehmeranteils zu, so verschärft sich die Frage nach der Mitunterneh-

---

97 BFH Urt. v. 28.10.1999, Az. VIII R 66–70/97, BStBl II 2000, 187; BFH Urt. v. 18.6.1998, Az. IV R 94/96, BFH/NV 1999, 295.
98 Von der Unternehmereigenschaft des begünstigten Erben/Vermächtnisnehmers trotz angeordneter Testamentsvollstreckung geht auch der BFH aus, BFH Urt. v. 16.5.1995, BStBl II 1995, 714 = BB 1995, 1937 = DB 1995, 1943 = DStR 1995, 1423 = DStZ 1995, 724; dazu auch zustimmend *G. Söffing*, NWB Fach 3, 9675; BFH Urt. v. 24.9.1991, BStBl II 1992, 330 = BB 1992, 975 = DB 1992, 1324 = DStR 1992, 495 = DStZ 1993, 53; BFH Urt. v. 22.10.1991, BFH/NV 1992, 449 unter 2. der Entscheidungsgründe; BFH Urt. v. 17.10.1979, BStBl II 1980, 225 unter 1b) der Entscheidungsgründe; ebenso wie hier für den Regelfall Schmidt/*Wacker*, EStG, § 15 Rn 301; *Bock*, in: Blümich, § 15 EStG Rn 362; *Groll*, Die Testamentsvollstreckung in: Praxishandbuch Erbrechtsberatung, Teil C. IX. Rn 153. A.A. möglicherweise *J. Mayer*, in: Bamberger/Roth, § 2221 Rn 32 a.E.
99 Vgl. auch *Piltz/Holtz*, in: Bengel/Reimann, Kap. 8 Rn 109 f.
100 Dieser Effekt ist durch § 35 EStG wesentlich gemildert.
101 Nach BFH Beschl. v. 26.11.1996, Az. IV B 23/96, BFH/NV 1997, 393.
102 Vgl. dazu BFH Beschl. v. 26.11.1996, Az. IV B 23/96, BFH/NV 1997, 393.

merstellung des Testamentsvollstreckers. Ist diese zu bejahen, so ist die Testamentsvollstreckervergütung insgesamt eine gewerbliche Einnahme i.S.d. § 15 Abs. 1 Nr. 2 EStG.

Der BFH hat in der ihm vorliegenden Sache vom 26.11.1996 diesen Fall nicht entscheiden können.[103] Es spricht vieles dafür, das oben abgelehnte **Mitunternehmerrisiko** hier zu bejahen, da er aufgrund des Ertragsnießbrauches an dem **wirtschaftlichen Ergebnis der Gesellschaft teil hat** und damit Mitunternehmerrisiko trägt. Er ist auch bei Veräußerung von Wirtschaftsgütern an den stillen Reserven des Unternehmens beteiligt. In diesem Fall ist der Testamentsvollstrecker daher wohl als Mitunternehmer anzusehen. Andererseits ließe sich auch die Ansicht vertreten, Nießbrauch und Testamentsvollstreckerstellung seien **getrennt voneinander** zu betrachten. Dann bliebe es bei der Verneinung der Mitunternehmerstellung des Testamentsvollstreckers.

48

Auch in anderen – allerdings besonders gelagerten – Fällen ist der BFH davon ausgegangen, dass der Treugeber und nicht der Treuhänder Mitunternehmer einer Mitunternehmerschaft ist; dies auch bei einer reinen Vereinbarungstreuhand.[104]

49

D. Umsatzbesteuerung des Testamentsvollstreckers

I. Grundsatz

Der Umsatzsteuer unterliegen gem. § 1 Abs. 1 Nr. 1 UStG die Lieferungen und sonstigen Leistungen, die ein Unternehmer im Inland gegen Entgelt im Rahmen seines Unternehmens ausführt (Steuerbarkeit). Lieferungen (§ 3 Abs. 1 UStG), d.h. die Verschaffung der Verfügungsmacht an vertretbaren Gegenständen, werden vom Testamentsvollstrecker in aller Regel nicht erbracht. Maßgebliche umsatzsteuerliche Handlung kann allenfalls eine **sonstige Leistung** (§ 3 Abs. 9 S. 1 UStG) sein. Zur Steuerbarkeit bedarf es zwingend der Unternehmereigenschaft. **Unternehmer** ist nach § 2 Abs. 1 S. 1 UStG, wer eine gewerbliche oder berufliche Tätigkeit selbstständig ausübt. Gewerblich oder beruflich ist gem. § 2 Abs. 1 S. 3 UStG jede nachhaltige Tätigkeit zur Erzielung von Einnahmen. Auf eine Gewinnerzielungsabsicht kommt es im Gegensatz zum Ertragsteuerrecht dabei nicht an. Liegen die Voraussetzungen zur Steuerbarkeit nach § 1 Abs. 1 Nr. 1 UStG vor, sind die ausgeführten Umsätze mangels Steuerbefreiung regelmäßig auch steuerpflichtig.

50

II. Die Unternehmereigenschaft des Testamentsvollstreckers

Grundsätzlich erbringt ein Testamentsvollstrecker eine sonstige Leistung gegenüber dem bzw. den Erben gegen Entgelt. Die Leistungen erfolgen auch aus Anlass eines **Leistungsaustauschs**.[105] Im Einzelfall kann es schwierig sein zu entscheiden, ob der Testamentsvollstrecker den Begriff des Unternehmers i.S.d. UStG erfüllt. Der **Unternehmerbegriff** des UStG ist dabei weiter als derjenige des EStG.[106] Die erforderliche Selbstständigkeit erfüllt der Testamentsvollstrecker in aller Regel, da er nicht weisungsgebunden ist.[107]

51

---

103 BFH Beschl. v. 26.11.1996, Az. IV B 23/96, BFH/NV 1997, 393.
104 BFH Urt. v. 11.10.1984, Az. IV R 179/82, BStBl II 1985, 247.
105 BFH Beschl. v. 10.6.2002, Az. V B 135/01, ZEV 2002, 469, 470 = BFH/NV 2002, 1504; *Kirnberger*, ZEV 1998, 342, 343 f.; vgl. auch *Robisch*, in: Bunjes, § 1 UStG Rn 14 m.w.N.
106 So fällt insbesondere auch der Vermieter unter den Unternehmerbegriff des UStG, nicht aber unter denjenigen des EStG, vgl. zum UStG BFH Urt. v. 18.12.2003, DStRE 2004, 985 = Haufe-Index, 1143934; BFH Beschl. v. 14.11.2003, Haufe-Index, 1113607.
107 Vgl. dazu *Korn*, in: Bunjes, § 2 UStG Rn 91, unter Rn 101 ausdrücklich ebenso zum Treuhänder.

52 Problematisch kann unter Umständen jedoch das **Erfordernis der Nachhaltigkeit** des Testamentsvollstreckers sein. Handelt es sich um einen **Freiberufler**, der im Rahmen seiner freiberuflichen Tätigkeit regelmäßig oder auch nur gelegentlich Testamentsvollstreckungen durchführt, ist das Kriterium der Nachhaltigkeit als erfüllt anzusehen. Die Tätigkeit des Freiberuflers erfolgt auf eine bestimmte Dauer mit regelmäßigen Wiederholungen sowie geschäftsmäßig. Das Gesamtbild der Verhältnisse wird insoweit durch die daneben betriebene sonstige freiberufliche Tätigkeit geprägt. Abgrenzungsprobleme ergeben sich aber bei **sonstigen Privatpersonen**, die lediglich einmalig eine Testamentsvollstreckung durchführen. Die frühere Rechtsprechung hatte die Nachhaltigkeit der Tätigkeit jedenfalls dann abgelehnt, sofern es sich ausschließlich um eine kurze und einfache Auseinandersetzungs- und Abwicklungsvollstreckung handelt.[108] Die Grenzen zur nichtunternehmerischen Betätigung werden von der neueren Rechtsprechung allerdings sehr eng gezogen. So hat der BFH entschieden, auch eine einzige länger (zwei Jahre) andauernde Auseinandersetzungstestamentsvollstreckung könne eine nachhaltige Tätigkeit begründen.[109] **Kriterien der Nachhaltigkeit** sind insbesondere die Dauer, die auf Wiederholung angelegte Tätigkeit, die Durchführung mehrerer Umsätze, die Intensität des Tätigwerdens und die Beteiligung am Markt sowie die Höhe der Erlöse.[110] Der Tendenz nach nimmt die **Rechtsprechung der Finanzgerichte** i.d.R. eine unternehmerische Tätigkeit des Testamentsvollstreckers an und bejaht damit die Umsatzsteuerpflicht.[111] So lauten die Leitsätze der **BFH-Entscheidung**[112] vom 30.5.1996:

> *„Auch eine Tätigkeit als Testamentsvollstrecker in nur einem Verfahren zur Auseinandersetzung eines Nachlasses kann nachhaltig sein. Nachhaltigkeit ist nicht bereits deshalb zu verneinen, weil keine Verwaltungs-, sondern eine sog. Auseinandersetzungstestamentsvollstreckung ausgeführt wird und diese nur einen durchschnittlichen bürgerlichen Haushalt betrifft. Die Nachhaltigkeit einer durch zahlreiche Einzelhandlungen geprägten Vollstreckertätigkeit wird nicht dadurch in Frage gestellt, dass der Testamentsvollstrecker z.B. die Führung von Prozessen einem Rechtsanwalt überträgt."*

53 Im Urteil des FG Rheinland-Pfalz vom 14.2.2013 wurde nochmals betont, dass es nicht alleine darauf ankommt, ob nur ein einzelner Auftrag erteilt bzw. nur eine einzelne Rechnung erstellt wurde. Ebenfalls nicht entscheidend ist es, ob die Testamentsvollstreckung aus privatem Anlass übernommen wurde. Im zugrunde liegenden Sachverhalt hatte der Testamentsvollstrecker nur 2 Gegenstände übertragen, aber gleichzeitig ein Unternehmen zwischen Annahme der Tätigkeit und der Übergabe für zwei Monate geführt. Auch wenn in dem Zeitraum keine unternehmerischen Entscheidungen von wesentlicher Bedeutung zu treffen waren, kam das FG in seiner Gesamtschau zu einer nachhaltigen und damit unternehmerischen Tätigkeit.[113]

---

108 FG Hamburg Urt. v. 21.10.1983, EFG 1984, 316; *Kirnberger*, ZEV 1998, 342, 343; *Hackenberg*, NWB F 18, 4011, 4020; *J. Mayer*, in: Bamberger/Roth, § 2221 Rn 33.
109 BFH Urt. v. 7.9.2006, BStBl II 2007, 148 = UR 2007, 16; BFH Urt. v. 30.5.1996, Az. V R 26/93, BFH/NV 1996, 938 = UR 1997, 143; BFH Urt. v. 26.9.1991, Az. V R 1/87, BFH/NV 1992, 418; ebenso BFH Beschl. v. 10.6.2002, Az. V B 135/01, ZEV 2002, 469 = BFH/NV 2002, 1504; *Korn*, in: Bunjes, § 2 UStG Rn 67; *Klenk*, in: Sölch/Ringleb, § 2 UStG Rn 180 „Testamentsvollstrecker". Krit. hingegen *Kirnberger*, ZEV 1998, 342 ff. m. zahlreichen w.N.
110 Vgl. BFH Urt. v. 18.7.1991, Az. V R 86/87, BStBl II 1991, 776; BFH Urt. v. 24.11.1992, Az. V R 8/89, BStBl II 1993, 379; BFH Urt. v. 13.11.2003, BStBl II 2004, 472; sowie die Auflistung in *Korn*, in: Bunjes, § 2 UStG Rn 65.
111 So auch *Eckelskemper*, in: Bengel/Reimann, Kap. 10, Rn 223 ff.
112 BFH Urt. v. 30.5.1996, Az. V R 26/93, BFH/NV 1996, 938 = UR 1997, 143.
113 FG Rheinland-Pfalz, 6 K 1914/10.

Anders wird man nur diejenigen Fälle betrachten können, in denen ein selbst aus dem Testament begünstigter **Vermächtnisnehmer oder Miterbe**[114] beispielsweise als Testamentsvollstrecker ermächtigt wird, sich den Vermächtnisgegenstand auf sich selbst zu übertragen. Hier erschöpft sich die gesamte Tätigkeit in der Erfüllung des Vermächtnisses. Eine Nachhaltigkeit oder sonst unternehmerische Tätigkeit i.S.d. UStG kann hier nicht festgestellt werden. Jedoch schließt allein die Übernahme der Testamentsvollstreckertätigkeit aus privatem Anlass, beispielsweise einer Miterbenstellung, nach Ansicht des BFH[115] die Nachhaltigkeit der Testamentsvollstreckertätigkeit nicht grundsätzlich aus. Vielmehr müssen auch die weiteren Kriterien geprüft werden, insbesondere die Anzahl der erforderlichen Tätigkeiten. Bei **einfachen und kurzfristigen Auseinandersetzungen** des Nachlasses kann dagegen die Nachhaltigkeit regelmäßig verneint werden.

54

Dauertestamentsvollstreckungen oder auf andere Weise **lang andauernde Verfahren** führen stets zur **Unternehmereigenschaft** des Testamentsvollstreckers.[116] Dies gilt selbst dann, wenn der Testamentsvollstrecker nur eine einzige Testamentsvollstreckung übernimmt. Die Testamentsvollstreckung erschöpft sich regelmäßig nicht in einzelnen oder wenigen Handlungen, sondern begründet ein auf **längere Dauer angelegtes Rechtsverhältnis**, in dessen Verlauf eine Vielzahl von Durchführungshandlungen im Rahmen der Dauertestamentsvollstreckung ausgeführt wird.[117] Der Dauertestamentsvollstrecker ist damit stets, der Abwicklungstestamentsvollstrecker zumindest im Regelfall, bei Freiberuflern wiederum stets als Unternehmer anzusehen. Ihre Testamentsvollstreckervergütung unterliegt damit grundsätzlich dem Umsatzsteuergesetz.

55

Ist der Testamentsvollstrecker ein **Freiberufler** und übt seine **sonstige freiberufliche Tätigkeit** innerhalb einer Sozietät oder Partnerschaftsgesellschaft aus, so ist nicht offensichtlich, wer **Leistender i.S.d. Umsatzsteuergesetzes** ist. Dies kann entweder der Testamentsvollstrecker als solcher sein oder aber die Sozietät als Ganzes. Dass Personengesellschaften und damit auch eine GbR selbst Leistende i.S.d. Umsatzsteuergesetzes sein können, ist umsatzsteuerrechtlich seit langem anerkannt.[118] Ob im Einzelfall der Freiberufler im Rahmen seiner Sozietät tätig wird oder seine Tätigkeit außerhalb der Sozietät entfaltet, hängt von den **Umständen des Einzelfalles** und der Darstellung nach außen hin ab.[119] Dies gilt unabhängig von der zivilrechtlichen Vorfrage, ob eine GbR selbst zum Testamentsvollstrecker bestellt werden kann oder nicht.[120] Zunächst haben sich einige OFD und LFD[121]

56

---

114 FG München, Urt. v. 9.12.2004, DStRE 2005, 595. In richtlinienkonformer Auslegung liege dann keine wirtschaftliche Tätigkeit i.S.v. Art. 4 Abs. 1, 2 der Richtlinie 77/388/EWG vor.
115 BFH Urt. v. 7.9.2006, BStBl II 2007, 148 = DB 2007, 1339 = UR 2007, 16.
116 BFH Urt. v. 26.9.1991, Az. V R 1/87, BFH/NV 1992, 418; BFH Urt. v. 7.8.1975, Az. VI R 43/71, BStBl II 1976, 57.
117 BFH Urt. v. 7.8.1975, Az. VI R 43/71, BStBl II 1976, 57.
118 BFH Beschl. v. 14.11.2003, Az. V B 57/02, Haufe-Index, 1113607; BFH Urt. v. 16.8.2001, Az. V R 67/00, BFH/NV 2002, 223; BFH Urt. v. 7.11.2000, BFH/NV 2001, 402 = BB 2001, 348 = DB 2001, 740 = DStR 2001, 212; R 16 Abs. 1 UStR.
119 *Robisch*, in: Bunjes, § 1 UStG Rn 106; BFH Urt. v. 13.3.1987, Az. V R 33/79, BStBl II 1987, 524 = BB 1987, 1168 = DB 1987, 1516 = DStR 1987, 521; vgl. auch BFH Urt. v. 21.1.993, Az. V R 30/88, BStBl II 1993, 384.
120 Dies wurde früher verneint, vgl. Staudinger/*Reimann*, 12. Aufl., § 2197 Rn 16; Soergel/*Damrau*, 11. Aufl., § 2197 Rn 6. Diese Frage ist jedoch im Hinblick auf die neue Rspr. des BGH zur Teilrechtsfähigkeit einer GbR neu zu überdenken; für die Zulässigkeit einer GbR als Testamentsvollstrecker daher auch *Reimann*, in: Bengel/Reimann, Kap. 2, Rn 180.
121 So z.B. OFD Karlsruhe v. 29.2.2008, DStR 2008, 923; LFD Thüringen v. 3.12.2008, UR 2009, 286 aufgehoben durch Verf. v. 17.4.2009, UR 2009, 465; krit. Anmerkungen zu dieser Auffassung Linse/*Glaubitz*, DStR 2008, 2052.

auf den Standpunkt gestellt, dass bei Übernahme höchstpersönlicher Ämter, wie der des Testamentsvollstreckers, allein der ausführende und beauftragte Sozius bzw. Partner Leistender i.S.d. Umsatzsteuerrechts sei. Folglich müssten diese als Unternehmer behandelt werden, unabhängig von ihrer Stellung innerhalb der Kanzlei als Sozius, Partner oder auch Angestellter. Probleme hätten sich bei Aufrechterhaltung dieser Auffassung insbesondere im Rahmen des Vorsteuerabzugs ergeben, wenn für die Testamentsvollstreckertätigkeit, wie regelmäßig üblich, die Büroausstattung und Software des Arbeitgebers bzw. der Sozietät genutzt werden. Daher ist das Bundesfinanzministerium[122] dem einzig sinnvollen Ansatz gefolgt: Umsätze, die ein Angestellter bzw. an einer Sozietät oder Gesellschaft beteiligter Rechtsanwalt, Steuerberater oder Wirtschaftsprüfer als Testamentsvollstrecker erzielt, sind der Sozietät bzw. dem Arbeitgeber zuzurechnen. Dies gilt selbst dann, wenn ausschließlich diese eine Person innerhalb der Gesellschaft Testamentsvollstreckertätigkeiten übernimmt. Somit hat die Sozietät bzw. der Arbeitgeber im eigenen Namen und unter Angabe der eigenen Steuernummer die Tätigkeit abzurechnen. Diese Grundsätze finden allerdings keine Anwendung, wenn das Amt als Testamentsvollstrecker neben der Sozietät und ausschließlich für eigene Rechnung ausgeübt wird.

57 Steht die Unternehmereigenschaft ohnehin fest, ist das Merkmal der Nachhaltigkeit für zusätzlich übernommene Tätigkeiten regelmäßig als erfüllt anzusehen.[123] Die Testamentsvollstreckertätigkeit wird damit, unabhängig von deren eigenständiger Beurteilung, immer nachhaltig ausgeführt, wenn diese als Neben- bzw. Hilfsgeschäft aufgrund eines wirtschaftlichen Zusammenhangs mit der Haupttätigkeit des Unternehmers verknüpft ist. Dies wird insbesondere für Berufsträger gelten, die bereits unternehmerisch tätig sind, da die Übernahme der Testamentsvollstreckung dann nicht von deren Hauptleistung getrennt werden kann und somit deren umsatzsteuerlicher Beurteilung zu folgen hat.[124]

III. Besonderheiten der Unternehmensfortführung

58 Besonderheiten gelten hinsichtlich der Frage, ob im Rahmen der Fortführung des Unternehmens des oder der Erben die **Umsätze den Erben oder dem Testamentsvollstrecker zuzurechnen** sind. Insoweit sind bei der **Vollmachtslösung** der oder die Erben die Unternehmer, nicht aber der Testamentsvollstrecker. Anderes gilt nur, wenn der Testamentsvollstrecker das Unternehmen im Rahmen der **Treuhandlösung** im eigenen Namen nach außen fortführt.[125] Dies gilt nach Ansicht des BFH ausdrücklich sowohl für den Fall der Ermächtigungstreuhand als auch für den Fall der Vollrechtstreuhand.

59 Die vorstehenden Grundsätze gelten allerdings nur bei Fortführung eines **Einzelunternehmens** durch den Testamentsvollstrecker, nicht aber bei Fortführung eines **Mitunternehmeranteils** eines Gesellschafters. Denn hier ist und bleibt stets die **Gesellschaft selbst Unternehmer** i.S.d. des Umsatzsteuerrechts.[126] Der Testamentsvollstrecker wird insoweit niemals Unternehmer des von der Mitunternehmerschaft betriebenen Unternehmens und damit auch nicht selbst Umsatzsteuerschuldner. Hat er jedoch aufgrund der Treuhandabtretung das Eigentum an dem Mitunternehmeranteil eines persönlich haftenden Gesellschafters

---

122 BMF v. 28.7.2009, BStBl I 2009, 864 = DStR 2009, 1646 = UR 2009, 656.
123 BFH Urt. v. 20.9.1990, BStBl 1991, 35.
124 *Korn*, in: Bunjes, § 2 UStG Rn 52.
125 BFH Urt. v. 11.10.1990, Az. V R 75/85, BStBl II 1991, 191 = BB 1991, 537 = DB 1991, 634; R 16 UStR Abs. 5; *Häfke*, ZEV 1997, 429, 434.
126 Vgl. zur Unternehmereigenschaft der Gesellschaft selbst BFH Beschl. v. 14.11.2003, Az. V B 57/02, Haufe-Index, 1113607; BFH Urt. v. 16.8.2001, Az. V R 67/00, BFH/NV 2002, 223; BFH Urt. v. 7.11.2000, BFH/NV 2001, 402 = BB 2001, 348 = DB 2001, 740 = DStR 2001, 212.

erworben, so treffen ihn als Gesellschafter alle steuerlichen Pflichten für die Gesellschaft als deren Organ, § 34 Abs. 1 AO.

IV. Der Grundsatz des einheitlichen Unternehmens

Das Unternehmen umfasst gem. § 2 Abs. 1 S. 2 UStG die gesamte gewerbliche oder berufliche Tätigkeit des Unternehmers. Innenumsätze[127] zwischen mehreren Teilen des **einheitlichen umsatzsteuerlichen Unternehmens** des Testamentsvollstreckers sind nicht steuerbar. Dies hat beispielsweise Bedeutung, wenn ein Testamentsvollstrecker mehrere Unternehmen als Treuhänder fortführt und zwischen diesen Unternehmen Umsätze getätigt werden. Werden zur internen Verrechnung dennoch fälschlich Abrechnungspapiere mit gesondertem Umsatzsteuerausweis erteilt, handelt es sich um unternehmensinterne Belege, die nicht die Rechtsfolgen des § 14c Abs. 2 UStG (Steuerschuld des Mehrbetrags bei unberechtigtem Steuerausweis) auslösen.[128]

60

Keine Besonderheiten ergeben sich bei der Unternehmensfortführung auf der Grundlage der Vollmachtslösung, da dann die Erben die Unternehmereigenschaft behalten und der Testamentsvollstrecker umsatzsteuerlich außerhalb des Unternehmenskreises der Erben steht.

V. Ort der sonstigen Leistung

Steuerbar sind nach § 1 Abs. 1 Nr. 1 UStG nur die im Inland ausgeführten Umsätze. Die Bestimmung des Ortes der sonstigen Leistungen richtet sich nach § 3a UStG. Wird die Leistung an einen Unternehmer für dessen Unternehmen erbracht, gilt nach § 3a Abs. 2 UStG das **Empfängerortprinzip**. Erbringt der Testamentsvollstrecker seine Leistungen an
- Nichtunternehmer,
- Unternehmer, wenn die Leistungen nicht für ihr Unternehmen bezogen werden,
- nicht unternehmerisch tätige juristische Personen, denen keine USt-IdNr. erteilt worden ist,

61

richtet sich die Ortsbestimmung nach § 3a Abs. 1 UStG. Die Leistung gilt dort als ausgeführt, wo **der Testamentsvollstrecker sein Unternehmen betreibt**, mithin regelmäßig im Inland.

Für bestimmte **Katalogleistungen** an Nichtunternehmer im Drittlandsgebiet (d.h. weder Inland noch übriges Gemeinschaftsgebiet) gelten Sonderregelungen (§ 3a Abs. 4 UStG). Betroffen davon sind grundsätzlich auch Freiberufler (insbesondere Rechtsanwälte, Steuerberater, Wirtschaftsprüfer), die Beratungsleistungen i.S.d. § 3a Abs. 4 S. 2 Nr. 3 UStG an Privatpersonen mit Wohnsitz im Drittland erbringen. In diesen Fällen gelten die Leistungen am Wohnsitz des Empfängers als ausgeführt und unterliegen den umsatzsteuerlichen Vorschriften des Empfängerlandes. Die Vorschrift erfasst die berufstypischen Leistungen der dort bezeichneten Berufsgruppen. Eine Anwendung der Sonderregelung wäre daher nur dann angezeigt, wenn die Testamentsvollstreckung als eine berufstypische Leistung zu qualifizieren wäre.

So hatte sich der BFH im Jahr 2003 mit einem Sachverhalt auseinanderzusetzen, in dem ein Freiberufler als im Inland ansässiger Testamentsvollstrecker seine Leistungen an einen in

62

---

127 Ganz h.M., vgl. nur *Klenk*, in: Sölch/Ringleb, § 2 UStG Rn 181.
128 Vgl. A 14.1 Abs. 4 UStAE.

Amerika lebenden US-amerikanischen Staatsbürger erbrachte.[129] Der BFH hat entschieden, dass die Tätigkeit als Testamentsvollstrecker keine berufstypische Tätigkeit oder dieser ähnlichen Leistung darstellt und weder gewöhnlich noch hauptsächlich ausgeübt werde. Leistungsort ist also auch in einem derartigen Fall Deutschland.

63 In der Ansicht, dass die Testamentsvollstreckung keine einer rechtsanwaltlichen Tätigkeit ähnliche Tätigkeit darstellt, wurde der BFH im Jahr 2007 vom EuGH[130] bestätigt. In weiteren Urteilen des BFH[131] wurde diese Rechtsprechung übernommen, so dass es für die Testamentsvollstreckertätigkeit bei der Grundregel des § 3a Abs. 1 UStG bleibt. Entsprechend hat sich die Finanzverwaltung mit Schreiben vom 4.9.2009[132] zum Ort der sonstigen Leistung in Fällen der Testamentsvollstreckung geäußert. Auch nach Umsetzung des Unionrechts durch das sog. Mehrwertsteuerpakets ab 1.1.2010 und der grundsätzlichen Überarbeitung der Ortsbestimmungen für sonstige Leistungen ist für die Testamentsvollstreckung die Grundnorm des § 3a Abs. 1 UStG beachtlich.

VI. Bemessungsgrundlage und Entgelt

64 Die Bemessungsgrundlage ist der in Geld ausgedrückte Wert, auf dessen Grundlage unter Anwendung des Steuersatzes die Steuer berechnet wird. **Entgelt** ist nach § 10 Abs. 1 S. 2 UStG alles, was der Leistungsempfänger aufwendet, um die Leistung zu erhalten, jedoch abzüglich der Umsatzsteuer.

65 Ist der Testamentsvollstrecker – wie meist – umsatzsteuerpflichtig, so ist in der **Bemessungsgrundlage** i.S.d. § 10 UStG nicht nur die eigentliche Gebühr des Testamentsvollstreckers zu berücksichtigen, sondern auch dessen Auslagen, die er aus dem Nachlass ersetzt verlangen kann.[133] Auch die **Auslagen** sind also um die Umsatzsteuer von derzeit 19 % zu erhöhen. Dabei handelt es sich nicht um sog. durchlaufende Posten i.S.d. § 10 Abs. 1 S. 6 UStG, da diese Beträge vom Testamentsvollstrecker nicht **im Namen und auf Rechnung**[134] der Erben ausgegeben werden, sondern die zugrunde liegenden Rechtsgeschäfte im eigenen Namen als Testamentsvollstrecker getätigt werden.

66 **Gestaltungstipp**
Die Umsatzsteuerpflicht auf die Auslagen lässt sich vermeiden, wenn die Voraussetzungen des § 10 Abs. 1 S. 6 UStG herbeigeführt werden. Dazu müssen die Erben den Testamentsvollstrecker bevollmächtigen, alle Auslagengeschäfte in ihrem Namen abzuschließen. Die diesbezüglichen Rechtsgeschäfte sind dann im Namen und auf Rechnung der Erben abzuschließen. Zu einer solchen Vorgehensweise ist der Testamentsvollstrecker allerdings nicht verpflichtet. Ob die Erben dann wiederum zum Vorsteuerabzug berech-

---

129 BFH Urt. v. 5.6.2003, BStBl II 2003, 734 = DStR 2003, 1392 = BB 2003, 1882 = BFH/NV 2003, 1277 = BFHE 202, 191 = ZErb 2003, 322.
130 EuGH Urt. v. 6.12.2007, DB 2008, 37 = ZEV 2008, 85 = NJW 2008, 975.
131 BFH Urt. v. 3.4.2008, BStBl II 2008, 900 = BB 2008, 1423 = DStR 2008, 1230. Siehe dazu auch *Schulze/Lendermann*, ZSteu 2009, 204; *Philipowski*, IStR 2008, 104 ff.
132 BMF v. 4.9.2009, Az. IV B 9 – S 7117/08/10001, BStBl I 2009, 1005 = DB 2009, 679.
133 Vgl. *Korn*, in: Bunjes, § 10 UStG Rn 17. Zu den Besonderheiten von Auslagen bei Freiberufler, die nach einer gesetzlichen Gebührenordnung abgerechnet werden, BFH Beschl. v. 27.2.1989, Az. V B 75/88, BFH/NV 1989, 744; BFH Urt. v. 24.8.1967, Az. V 239/64, BStBl III 1967, 719 (diese Sonderfälle sind unseres Erachtens auf den Testamentsvollstrecker nicht übertragbar, da es hier für die Auslagen an einer gesetzlichen Gebührenordnung fehlt).
134 Beides muss kumulativ vorliegen, BFH Urt. v. 24.9.1987, BStBl II 1988, 29; *Wagner*, in: Sölch/Ringleb, § 10 UStG Rn 221.

tigt sind, hängt davon ab, inwieweit die Erben Unternehmer sind, der die Leistungen für sein Unternehmen bezogen hat.

Auch eine Entschädigung, die die Erben dem Testamentsvollstrecker für den **Verzicht auf die Ausübung seiner Testamentsvollstreckertätigkeit**[135] zahlen, kann als sonstige Leistung **umsatzsteuerpflichtig** sein. Der BFH[136] hat hierzu in seinem Urt. v. 6.5.2004 entschieden, dass Grundlage einer sonstigen Leistung nicht nur vertragliche, sondern auch gesetzliche Schuldverhältnisse sein können. Der zur Annahme einer sonstigen Leistung erforderliche Vorteil bei den Erben liegt in der „Befreiung von den Fesseln der Testamentsvollstreckung". Soweit es sich daher bei der Entschädigung für den Verzicht nicht um einen echten Schadensersatz, sondern um eine Geldzuwendung im Leistungsaustausch handelt, unterliegt dieser Umsatz des Testamentsvollstreckers der Umsatzsteuer. 67

Auf der Grundlage der Entscheidung des BFH,[137] dass auch der ganze oder teilweise Verzicht auf die Ausübung einer gewerblichen oder beruflichen Tätigkeit eine sonstige Leistung darstellt, hat das FG München[138] die Aufgabeentschädigung eines Testamentsvollstreckers[139] vollumfänglich der Umsatzsteuer unterworfen, und zwar unabhängig von der zivilrechtlichen Unwirksamkeit des zugrunde liegenden Rechtsgeschäfts im speziellen Fall. Es war nur auf die Leistung im wirtschaftlichen Sinn abzustellen.

Die Umsätze werden, dem Prinzip der Bemessung nach der **Gegenleistung** folgend, nach dieser bemessen. Abweichend von der früheren Rechtsprechung des BFH soll es auf eine finale Verknüpfung zwischen der Leistung und der Gegenleistung nicht mehr ankommen. Maßgeblich ist ein unmittelbarer, erforderlich aber kein innerer, synallagmatischer Zusammenhang.[140] Die Ausrichtung an der Gegenleistung ist insoweit sachgerecht, als diese in der Mehrzahl der Fälle in Geld besteht und damit einen objektiven Maßstab für den Leistenden darstellt. Auch wenn Leistung und Gegenleistung wertmäßig nicht übereinstimmen, bleibt die Gegenleistung maßgebend. Auf die Angemessenheit des Entgelts kommt es grundsätzlich nicht an.[141] 68

Damit dürfte eine **unangemessen hohe Vergütung**, die nur für den Fall der Amtsübernahme zu gewähren ist, in voller Höhe der Umsatzsteuer unterliegen. Lediglich in dem Fall, wenn die Zuwendung unabhängig von der Übernahme des Amtes dem Testamentsvollstrecker als Vermächtnis zusteht, erfolgt die Zuwendung außerhalb eines umsatzsteuerlichen Leistungsaustausches.[142] Es bietet sich an, bei ungewöhnlich hohen Zuwendungen an den Testamentsvollstrecker zwischen den Gebühren und einer freigebigen, von der Amtsübernahme unabhängigen, nicht steuerbaren, Vermächtniszuwendung zu unterscheiden. 69

Bei Vereinbarung von zu **niedrigen Entgelten** scheidet eine Korrektur durch Anhebung der Bemessungsgrundlage regelmäßig aus. Wird der Testamentsvollstrecker unentgeltlich tätig, könnte über § 3 Abs. 9a S. 1 Nr. 2 UStG in Ausnahmefällen dann eine sonstige Leistung fingiert werden, wenn die Tätigkeit ausschließlich aufgrund einer Verbundenheit mit 70

---

135 Zur zivilrechtlichen Zulässigkeit einer solchen Vereinbarung vgl. *Reimann*, Vereinbarungen zwischen Testamentsvollstreckern und Erben über die vorzeitige Beendigung der Testamentsvollstreckung, NJW 2005, 789.
136 BFH Urt. v. 6.5.2004, Az. V R 40/02, BStBl II 2004, 854.
137 BFH Urt. v. 13.11.2003, BFHE 2003, 540.
138 FG München v. 7.12.2006, 14 K 2715/05, Haufe-Index 1834094.
139 Siehe dazu *Kühn*, ZErb 2009, 140 ff.; *Reimann*, NJW 2005, 789 ff.
140 *Schwarz/Widmann/Radeisen*, UStG § 10 Rn 1.3.2.1.
141 *Korn*, in: Bunjes, § 10 UStG Rn 12.
142 *Eckelkemper*, in: Bengel/Reimann, Kap. 10, Rn 240; *Kirnberger*, ZEV 1998, 342, 344; *ders.*, ZEV 2001, 267, 268; *ders.* ZEV 2001, 261,143.

dem Erben und damit für Zwecke erfolgt, die außerhalb des Unternehmens liegen.[143] Bei diesen Leistungen wird die Bemessungsgrundlage nach den bei der Ausführung dieser Umsätze entstandenen Ausgaben bestimmt (§ 10 Abs. 4 Nr. 3 UStG).

VII. Die Testamentsvollstreckervergütung als Brutto- oder Nettobetrag

71 In manchen Fällen legt der Erblasser einen festen Betrag als angemessene Vergütung fest. Dann stellt sich die Frage, ob in diesem Betrag die Umsatzsteuer **enthalten** ist **oder** diese **zusätzlich** vom Erben **geschuldet** wird. Diese Frage ist umstritten. Nach Ansicht von *Reimann*[144] und der „Neuen Rheinischen Tabelle"[145] ist die Umsatzsteuer zusätzlich zu dem nach der Tabelle sich ermittelnden Betrag an den Testamentsvollstrecker zu zahlen. Da dies die Grundannahme der Tabelle ist, ist die Umsatzsteuer also bei Verweisung auf die Tabelle zusätzlich geschuldet. Ist hingegen **keine** entsprechende mittelbare oder unmittelbare **Anordnung** getroffen worden, so geht die überwiegende Ansicht davon aus, die Anordnung des Erblassers sei als **Bruttoanordnung** zu verstehen, die Umsatzsteuer sei also in dem angeordneten Betrag enthalten und nicht zusätzlich zu entrichten.[146] Vermittelnd vertritt *Eckelskemper*[147] zwischenzeitlich die Ansicht, die Vergütung sei so zu bemessen, dass Erbe und Testamentsvollstecker die Umsatzsteuer je hälftig zu tragen hätten. Diese Lösung hat den Vorteil salomonischer Ausgeglichenheit: „Die Weisheit liegt stets in der Mitte."

Um Zweifel zu vermeiden, sollte der Erblasser klarstellend in der Verfügung von Todes wegen angeben, dass der jeweilige geschuldete Tabellenbetrag als Nettozuwendung zuzüglich Umsatzsteuer geschuldet ist.

VIII. Vorsteuerabzug bei den Erben

72 Sind der oder die Erben keine umsatzsteuerrechtlichen Unternehmer, so muss der Testamentsvollstrecker den Erben die Umsatzsteuer in Rechnung stellen, diese können sich die Umsatzsteuer jedoch nicht vom Finanzamt nach § 15 UStG zurückholen. Dieser sog. **Vorsteuerabzug** ist nach § 15 UStG nur insoweit gestattet, als die Erben als Leistungsempfänger die bezogenen umsatzsteuerpflichtigen Leistungen für sog. **Abzugsumsätze** verwandt haben.[148] Das sind alle umsatzsteuerpflichtigen Folgeumsätze. Haben beispielsweise die Erben mehrere Wohnungen geerbt, die der Erblasser und auch die Erben umsatzsteuerpflichtig vermieten, so können sie die in den Testamentsvollstreckergebühren enthaltene Umsatzsteuer, die auf dieses Vermögen entfällt, als Vorsteuer geltend machen. Die einzelnen Gebührentatbestände[149] der Testamentsvollstreckervergütung sind dabei im Einzelfall da-

---

143 *Leonard*, in: Bunjes, § 3 UStG Rn 265.
144 DStR 2002, 2008, 2011. A.A. LG München Urt. v. 2.2.2007, Az. 20 O 16805/06, ZEV 2007, 529 – im Zweifel sei vom Bruttobetrag auszugehen. Siehe auch LG Köln Urt. v. 26.9.2006 – 18 O 140/05, RNotZ 2007, 40; OLG Köln Beschl. v. 2.5.2007, Az. 2 U 126/06, RNotZ 2007, 548 m. Anm. *Eckelskemper*.
145 Vgl. die Tabelle des deutschen Notarvereins in Notar 2000, 2 ff. = ZEV 2000, 181 = DNotZ 2000, 322; auch *Reimann*, DNotZ 2001, 344 ff.
146 So OLG Köln Urt. v. 8.7.1993, NJW-RR 1994, 269 = ZEV 1994, 118 – zur alten Rheinischen Tabelle; ebenso OLG Frankfurt Main Urt. v. 16.2.2000, MDR 2000, 788; MüKo/*Zimmermann*, § 2221 Rn 15 – auch zur Gegenmeinung; *J. Mayer*, in: Bamberger/Roth, § 2221 Rn 33 a.E.; *Winkler*, Testamentsvollstrecker, Rn 660. Krit. hingegen *Tiling*, ZEV 1998, 337; krit. auch *Eckelskemper*, in: Bengel/Reimann, Kap. 10, Rn 243 f.
147 *Eckelskemper*, in: Bengel/Reimann, Kap. 10, Rn 249.
148 *Kirnberger*, ZEV 1998, 342, 344.
149 Vgl. *J. Mayer*, in: Bamberger/Roth, § 2221 Rn 9 f.

raufhin zu untersuchen, ob sie in einem **Zusammenhang mit umsatzsteuerpflichtigen Folgeumsätzen** stehen. Dies wird regelmäßig nur hinsichtlich der **Verwaltungs- und der Auseinandersetzungsgebühr**, nicht aber für die Grund- und Konstituierungsgebühr in Betracht kommen.

IX. Die Kleinunternehmerregelung nach § 19 UStG

§ 19 enthält eine ausschließlich im Umsatzsteuergesetz verankerte Sonderregelung für Unternehmer mit geringem Gesamtumsatz. Die Vorschrift dient primär der Verwaltungsvereinfachung, wirkt jedoch wie eine dem materiellen Recht zuzuordnende Steuerbefreiung ohne Vorsteuerabzug.[150]

73

Die Vorteile der **Kleinunternehmerregelung** bestehen in erster Linie darin, dass auf die dem Grunde nach steuerpflichtigen Umsätze keine Umsatzsteuer erhoben wird. Entsprechend ist ein Vorsteuerabzug aus Eingangsrechnungen ausgeschlossen. Da in den Rechnungen über ausgeführte Leistungen die Umsatzsteuer nicht ausgewiesen werden darf, entsteht, falls der Leistungsempfänger kein Unternehmer ist – und damit dem Grunde nach nicht zum Vorsteuerabzug berechtigt wäre – ein Kostenvorteil in Höhe der derzeit gültigen Umsatzsteuer. Damit würde sich auch die Diskussion über Brutto- oder Nettovereinbarung erübrigen.

Die Anwendung der Kleinunternehmerregelung setzt am **Gesamtumsatz** (§ 19 Abs. 3 UStG) zzgl. darauf entfallender Umsatzsteuer an. Dieser darf im vorangegangenen Jahr 17.500 EUR nicht überstiegen haben und im laufenden Kalenderjahr 50.000 EUR voraussichtlich nicht übersteigen. Dazu sind Prognoserechnungen anzustellen.

74

Die Kleinunternehmerregelung ist eine subjektive Steuerbefreiung und bezieht sich auf das **Gesamtunternehmen**. Führt der Testamentsvollstrecker bspw. seine Tätigkeit außerhalb seines Einzelunternehmens aus, sind die Umsatzgrenzen auf Basis aller dem Grunde nach steuerpflichtigen Leistungen des entsprechenden Zeitraums zu bestimmen.[151]

Da sich die Regelung nachteilig auswirken kann, hat der Unternehmer die Möglichkeit, durch eine Erklärung gegenüber dem Finanzamt auf diese zu **verzichten**. Dies kann konkludent durch Berechnung der Umsatzsteuer in den Umsatzsteuererklärungen erfolgen.

75

Vorteilhaft dürfte die Anwendung der Kleinunternehmerregelung i.R.d. Testamentsvollstreckertätigkeit insbesondere dann sein, wenn der Testamentsvollstrecker selbst nur geringe Eingangsumsätze bezieht (da kein Vorsteuerabzug) bei umsatzsteuerlich relevanten Ausgangsumsätzen an Nichtunternehmererben.[152] In der Praxis dürfte die Regelung aufgrund der geringen Umsatzgrenzen jedoch eher von geringer Relevanz sein.

76

E. Der Testamentsvollstrecker im Besteuerungsverfahren

I. Außenprüfung

Gemäß § 193 Abs. 1 AO ist eine **Außenprüfung** nur bei solchen Steuerpflichtigen ohne weiteres zulässig, die einen gewerblichen, land- und forstwirtschaftlichen oder einen freiberuflichen Betrieb unterhalten. **Freiberufler** sind ausschließlich selbstständig Tätige i.S.d.

77

---

150 *Stadie*, in: Rau/Dürrwächter, § 19 UStG Rn 6.
151 *Korn*, in: Bunjes, § 19 UStG Rn 9.
152 Zu weiteren verfahrensrechtlichen Erleichterungen vgl. z.B. *Lippros*, Umsatzsteuer, 1090 ff.

§ 18 Abs. 1 Nr. 1 EStG. Vor diesem Hintergrund wurde die Frage strittig, ob auch bei einem reinen **Testamentsvollstrecker**, der Einkünfte aus selbstständiger Tätigkeit gem. § 18 Abs. 1 Nr. 3 EStG hat, eine Außenprüfung angeordnet werden kann. Zutreffend hat der BFH[153] entschieden, dass eine Außenprüfung nicht auf § 193 Abs. 1 AO gestützt werden könne, sofern der Testamentsvollstrecker nicht gleichzeitig freiberuflich tätig sei. Dabei komme es nicht darauf an, ob die steuerlichen Verhältnisse des Testamentsvollstreckers in gleichem Maße prüfungsbedürftig seien, wie diejenigen eines Freiberuflers. Diese Entscheidung ist im Hinblick auf seine strenge **Orientierung am Gesetzeswortlaut** zu begrüßen. Die vorstehende Problematik ist damit eindeutig für diejenigen Fälle entschieden, in denen der Testamentsvollstrecker kein Freiberufler ist. Problematisch ist die Frage hingegen immer noch in den Fällen, in denen der **Testamentsvollstrecker** einerseits Testamentsvollstrecker, **gleichzeitig aber auch Freiberufler** ist. Hier stellt sich die Frage, ob die Tätigkeit als Testamentsvollstrecker wiederum der **freiberuflichen Tätigkeit zugerechnet** werden kann, so dass zumindest im Rahmen einer Außenprüfung beim Freiberufler **auch die Verhältnisse der Testamentsvollstreckung untersucht** werden können. Dies ist zu bejahen. Die Rechtsprechung geht davon aus, im Rahmen einer Außenprüfung dürften alle für die Besteuerung maßgeblichen Verhältnisse geprüft werden, auch soweit diese nicht mit dem Betrieb oder freiberuflichen Tätigkeit zusammenhängen.[154]

78 Im Übrigen hat der BFH in seinem Urt. v. 5.11.1981[155] festgestellt, die Anordnung einer **Außenprüfung nach § 193 Abs. 1 AO** sei nur möglich, wenn der Steuerpflichtige einen gewerblichen oder land- und forstwirtschaftlichen Betrieb unterhalten hat oder tatsächlich freiberuflich tätig war. Dies müsse bei Erlass der Prüfungsanordnung bereits feststehen. Hiernach könnte in **Zweifelsfällen** keine Außenprüfung nach § 193 AO angesetzt werden. Diese Rechtsprechung hat der BFH in der Zwischenzeit jedoch korrigiert.[156] Nach dieser neueren Entscheidung kann Gegenstand einer Außenprüfung auch die Überprüfung der Frage sein, ob der Steuerpflichtige tatsächlich einen Gewerbebetrieb unterhält, sofern hierfür **konkrete Anhaltspunkte** vorliegen.

79 Hilfsweise kann eine Außenprüfung stets nach **§ 193 Abs. 2 Nr. 2 AO** angeordnet werden, wenn die für die Besteuerung erheblichen Verhältnisse der Aufklärung bedürfen und eine Prüfung an Amtsstelle nicht zweckmäßig ist. Diese Regelung ist auch beim Testamentsvollstrecker möglich und anwendbar.[157]

II. Haftung

80 Zahlen die Erben die Erbschaftsteuer nicht, so kann unter den Voraussetzungen der §§ 69, 34 Abs. 3, 35 AO eine **persönliche Haftung des Testamentsvollstreckers** in Betracht kommen. In diesem Fall muss die Finanzverwaltung einen **Haftungsbescheid** gem. § 191 AO erlassen (zur Haftung des Testamentsvollstreckers im Einzelnen vgl. § 46 Rn 135 ff.). Gemäß § 191 AO muss die Finanzbehörde der **zuständigen Berufskammer** Gelegenheit geben, die Gesichtspunkte vorzubringen, die von ihrem Standpunkt für die Entscheidung von Bedeutung sind, sofern es sich bei der Person i.S.d. § 69 AO um einen **Rechtsanwalt, Patentanwalt, Notar, Steuerberater, Steuerbevollmächtigten, Wirtschaftsprüfer oder vereidigten Buchprüfer** handelt, der in Ausübung seines Berufes gehandelt hat. Hier war

---
153 BFH Urt. v. 5.11.1981, Az. IV R 178/79, BStBl II 1982, 184 = BFHE 134, 400.
154 Vgl. *von Wedelstädt*, in: Kühn/von Wedelstädt, AO, § 193 Rn 9.
155 BStBl II 1982, 184.
156 BFH Urt. v. 23.10.1990, Az. VIII R 45/88, BStBl II 1991, 278 = DB 1991, 582 = BFHE 163, 98.
157 BFH Urt. v. 5.11.1981, Az. IV R 178/79, BStBl II 1982, 184.

zwischenzeitlich streitig geworden, ob ein entsprechender freiberuflicher Berufsträger bei Wahrnehmung einer Testamentsvollstreckung in Ausübung seines freien Berufes handelt. Zutreffend ist der BFH davon ausgegangen, dass ein entsprechender **Freiberufler**, der zum Testamentsvollstrecker ernannt wird, i.d.R. gerade **wegen seiner besonderen Kenntnisse zu diesem Amt ernannt** wird. Aus diesem Grunde ist vom Grundsatz her davon auszugehen, dass ein Freiberufler, der als Testamentsvollstrecker tätig wird, **im Zweifel in Ausübung seines Berufes** i.S.d. § 191 Abs. 2 AO handelt.[158] Entsprechend sollte konsequenterweise diese Ansicht jedoch auch bei der Frage der Zuordnung der Testamentsvollstreckertätigkeit im Rahmen des § 18 Abs. 1 Nr. 1 EStG ausgelegt werden.

F. Übersicht zur steuerlichen Behandlung der Testamentsvollstreckervergütung (Checkliste)

Die vorstehend erläuterten Folgen der steuerlichen Behandlung der Vergütung des Testamentsvollstreckers werden im Folgenden zur schnelleren Erfassung in einer kleinen Checkliste zusammengefasst. Hinsichtlich der jeweiligen Begründung wird auf den vorstehenden Teil verwiesen.

- Die Vergütung des Testamentsvollstreckers ist bei Wiederholungsabsicht grds. **steuerbar** nach § 18 Abs. 1 Nr. 3 EStG, bei nur gelegentlicher Ausübung hingegen nach § 22 Nr. 3 EStG zu versteuern; bei **Freiberuflern** gehört die Vergütung bei fehlender organisatorischer Trennung zu den Einkünften aus **§ 18 Abs. 1 Nr. 1 EStG**, nicht hingegen zu § 18 Abs. 1 Nr. 3 EStG (str.).
- Die Vervielfältigungstheorie wurde aufgegeben. Dies führt dazu, dass eine Umqualifizierung der Einkünfte in gewerbliche Einkünfte gem. § 15 EStG im Anwendungsbereich des § 18 Abs. 1 Nr. 3 EStG nicht mehr alleine von der Mitwirkung qualifizierten Personals abhängt. Die Änderung der Rechtsprechung hat keine Auswirkungen auf die Einordnung der Tätigkeit in Ziffer 1 oder Ziffer 3 des § 18 Abs. 1 EStG und die sich daran anschließenden weiteren Rechtsfolgen.
- Auch eine **unangemessen hohe Vergütung** für den Testamentsvollstrecker wird nicht aufgeteilt in einen der **Einkommensteuer** unterliegenden, angemessenen Teil und einen unangemessenen Teil, der als Vermächtnis der **Erbschaftsteuer** und nach h.M. (str.) gleichzeitig der Einkommensteuer unterliegt. Anderes gilt nur, wenn es sich ausdrücklich um ein selbstständiges Vermächtnis handelt, das nicht von der Übernahme des Amts als Testamentsvollstrecker abhängig ist. Somit unterliegt auch der unangemessene Teil der Vergütung der Umsatzsteuer.
- Der Testamentsvollstrecker ist grds. sowohl als Abwicklungs- als auch als Dauer- oder Verwaltungstestamentsvollstrecker **umsatzsteuerpflichtiger Unternehmer**. Eine Ausnahme gilt nur bei einfachen Kleinnachlässen, die in kurzer Zeit (Obergrenze ca. 12 Monate) abgewickelt werden.
- Die im Testament festgesetzte Vergütung ist grds. nach h.M. eine **Bruttovergütung**, so dass der Testamentsvollstrecker nicht zusätzlich die USt verlangen kann, sondern diese aus seinem Honorar abführen muss. **Gegenteilige Festsetzung** im Testament ist möglich und bei der neuen Rheinischen Tabelle (= Deutscher Notarverein) der Regelfall. Zur Vermeidung von Unstimmigkeiten sollte jedoch eine ausdrückliche Regelung in der Testamentsvollstreckervereinbarung getroffen werden.

---

158 BFH Urt. v. 13.5.1998, Az. II R 4/96, BStBl II 1998, 760.

– Die Testamentsvollstreckergebühren können hinsichtlich der Verwaltungsgebühr bei der **Einkommensteuer** der Erben abgezogen werden; hinsichtlich der Auseinandersetzungsgebühr ist dies strittig. Bei der **Erbschaftsteuer** können umgekehrt alle Testamentsvollstreckergebühren nach § 10 Abs. 5 Nr. 3 ErbStG abgesetzt werden – mit Ausnahme der auf die Verwaltung des Nachlass entfallenden Gebührenanteile. Die Erben können die **Vorsteuer nach § 15 UStG** hinsichtlich der Verwaltungs- und im Einzelfall auch hinsichtlich der Auseinandersetzungsgebühr geltend machen, soweit sie das Nachlassvermögen zu umsatzsteuerpflichtigen Umsätzen im Rahmen der Verwaltung oder Auseinandersetzung verwenden.

§ 46 Steuerliche Folgen der Testamentsvollstreckung

Peter Neubauer/Dr. Anja Vassel-Knauf, LL.M.

Inhalt:

	Rn
A. Einführung	1
I. Zeitliche Unterscheidungen	3
II. Das Verhältnis des zivilrechtlichen Aufgabenumfangs zum steuerlichen Pflichtenkreis des Testamentsvollstreckers	8
B. Der Testamentsvollstrecker im Steuerverfahren	15
I. Steuerschuldnerschaft und Zurechnung	15
1. Allgemein	16
2. Erblassersteuern	18
3. Erbfallsteuern – insbesondere ErbStG	22
4. Nachlasserbensteuern	23
II. Anzeigepflichten, insbesondere § 30 ErbStG	29
III. Die Steuererklärungspflicht	33
1. Steuern des Erblassers	34
2. Erbfallsteuern	35
a) Einführung	35
b) Personelle und gegenständliche Beschränkung des Vollstreckungsumfangs	36
c) Das Verhältnis zum Erben	39
d) Das Erfordernis der Aufforderung des Testamentsvollstreckers zur Abgabe der Erklärung	40
e) Folgeprobleme der Festsetzungsverjährung	45
f) Das Problem der Informationslücke	46
g) Die Ausübung von Wahlrechten	48
h) Unterzeichnung der Steuererklärung	49
i) Mandatierung eines Steuerberaters	50
3. Nachlasserbensteuern	51
a) Grundsatz	51
b) Unternehmensfortführung	54
c) Das Problem unbekannter Erben	55
IV. Adressat und Bekanntgabe des Steuerbescheides	56
1. Allgemeines	57
2. Steuerschulden des Erblassers	62
3. Die Bekanntgabe des Erbschaftsteuerbescheides	64
4. Nachlasserbensteuern	75
V. Die Rechtsbehelfsbefugnis, -frist und Wiedereinsetzung	76
1. Erblassersteuern	77
2. Erbschaftsteuer und Nachlasserbensteuern	78
3. Rechtsmittelfrist	80
VI. Die Berichtigungspflicht gem. § 153 Abs. 1 S. 1, 2 AO	82
VII. Die Erfüllung der Steuerschuld	90
1. Erblassersteuern	92
2. Erbschaftsteuer	93
3. Nachlasserbensteuern	98
4. Verfassungswidrigkeit der Erbschaftsteuerreform und vorläufiger Rechtsschutz	99
VIII. Steuererstattungen	100
1. Erblassersteuern	102
2. Erbschaftsteuer	103

	Rn
3. Nachlasserbensteuern	104
4. Der bevollmächtigte Testamentsvollstrecker	106
IX. Die Ausübung steuerrechtlicher Wahlrechte	107
1. Einführung	108
2. Erblassersteuern	110
3. Erbschaftsteuer und Nachlasserbensteuern	111
X. Die Vollstreckung von Steuerschulden in den Nachlass	112
XI. Sonderprobleme bei Vorhandensein mehrerer Testamentsvollstrecker	115
XII. Sonderprobleme bei gleichzeitiger Nachlassverwaltung (§§ 1975 ff. BGB)	117
C. Informationspflichten und Auskunftsansprüche zwischen Erben und Testamentsvollstrecker	118
D. Besonderheiten bei der Betriebsaufspaltung	120
E. Steuerliche Haftungsgefahren für den Testamentsvollstrecker	122
I. Allgemeines	122
II. Die Haftung gem. § 69 AO i.V.m. § 34 AO	127
III. Haftung wegen Steuerhinterziehung gem. § 71 AO – einschließlich Strafrecht	135
1. Ausgangspunkt	135
2. Strafbefreiende Selbstanzeige	137
IV. Haftung für die Bezahlung der Erbschaftsteuer, § 32 Abs. 1 S. 2 ErbStG	139
V. Die Haftung gem. § 20 Abs. 6 S. 2 ErbStG	150
F. Besonderheiten bei Fortsetzung eines Unternehmens durch den Testamentsvollstrecker	154
I. Vollmachtslösung	155
II. Treuhandlösung	156
III. Besonderheiten bei Mitunternehmerschaften	157
G. Steuerliche Problemfälle der Tätigkeit des Testamentsvollstreckers	158
I. Grundsätze der Erbauseinandersetzung im Einkommensteuerrecht	158
1. Erbauseinandersetzung über Privatvermögen	159
2. Erbauseinandersetzung über Betriebsvermögen	164
II. Die Erbauseinandersetzung im neuen Erbschaftsteuerrecht	166
III. Ausschlagung gegen Abfindung mit begünstigtem Vermögen	170
IV. Leistung an Erfüllungs statt und Pflichtteilserlass	172
V. Einkommensteuerliche Steuerermäßigung bei Belastung mit Erbschaftsteuer	178
VI. Die Entnahme durch den Testamentsvollstrecker	179
VII. Steuerliche Probleme bei der Erfüllung von Vermächtnissen	180

A. Einführung

1 Die Anordnung von Testamentsvollstreckung hat auch **steuerliche Wirkungen**. Diese gelten für den Testamentsvollstrecker als besonders **gefährlich**,[1] was meist auf fehlenden Kenntnissen dieser sehr komplexen Materie beruht. Der Testamentsvollstrecker hat entsprechend den Anordnungen des Erblassers unterschiedliche Aufgabengebiete. Je nach **Umfang der zivilrechtlichen Befugnisse** und Aufgaben variieren auch die **steuerlichen Verpflichtungen und Rechte**. Bei einem Erbfall ohne Anordnung von Testamentsvollstreckung ist die Zuordnung der steuerlichen Rechte und Verpflichtungen i.d.R. unproblematisch. Der oder die Erben haben grundsätzlich die Erbschaftsteuererklärungen sowie die ausstehenden sonstigen Steuererklärungen des Erblassers abzugeben und die Steuern selbst zu entrichten. Anders ist dies bei Anordnung von Testamentsvollstreckung. Die Testamentsvollstreckung führt zu einem **Auseinanderfallen der materiell-rechtlichen Inhaberschaft des Vermögens bei den Erben und die Verwaltung des Vermögens** durch den Testamentsvollstrecker. Es ist daher zu klären, welche Verpflichtungen den Erben persönlich und welche Verpflichtungen dem Testamentsvollstrecker zufallen. Dabei sind insbesondere folgende **Fragen** zu klären:
– Wem werden die Einkünfte der Erbengemeinschaft zugerechnet?
– Wer hat welche Steuererklärungen abzugeben?
– Wem ist ein Steuerbescheid bekannt zu geben?
– Wer kann gegen einen Steuerbescheid Rechtsbehelfe einlegen?
– Welche Anzeigen sind vom Erben und welche Anzeigen sind von dem Testamentsvollstrecker zu erstatten?
– In welchem Umfang ist ein Testamentsvollstrecker verpflichtet, unzutreffende Steuererklärungen des Erblassers zu berichtigen?
– Wer hat die anfallenden Steuern aus welchem Vermögen zu erfüllen?
– Wer kann steuerrechtliche Wahlrechte ausüben?
– Welche persönlichen Haftungsgefahren resultieren in steuerlicher Hinsicht aus der Tätigkeit als Testamentsvollstrecker?

2 Die vorstehenden Fragen sind nur eine unvollständige Aufzählung möglicher Problembereiche, die in steuerlicher Hinsicht durch die Anordnung von Testamentsvollstreckung ausgelöst werden.

I. Zeitliche Unterscheidungen

3 **Merksatz: Unterscheide stets zwischen Steuern, die noch zu Lebzeiten des Erblassers entstanden sind, der Erbschaftsteuer durch den Erbfall und den Steuern, die nach dem Ableben des Erblassers entstehen.**

Hinsichtlich der im Folgenden zu behandelnden Fragen ist zwischen diesen drei unterschiedlichen Zeitabschnitten zu unterscheiden. Zunächst (**erste Fallgruppe**) sind diejenigen Steuerschuldverhältnisse zu untersuchen, bei denen der **Steuertatbestand bereits durch den Erblasser vor dem zu betrachtenden Erbfall verwirklicht** worden war.

---

1 So ausdrücklich warnend *Groll*, Die Testamentsvollstreckung in: Praxishandbuch Erbrechtsberatung, Teil C. IX. Rn 146.

Beispiel 1
Erblasser E hat im VZ 01 eine Erbschaft von 1 Mio. EUR gemacht und weder die Erbschaftsteuererklärung noch die Anzeige des Erwerbs abgegeben. Die Steuerpflicht ist bereits mit diesem Erbanfall entstanden. E verstirbt in VZ 02.

Beispiel 2
Der Erblasser betreibt ein kaufmännisches Einzelunternehmen. Er verstirbt am 17.5. des VZ 02. Die bis zum Tode des Erblassers entstandenen Gewinne fallen ebenfalls in diese Fallgruppe 1. Die Steuerpflicht ist insoweit bereits durch den Erblasser verwirklicht worden.

Unter die **zweite Fallgruppe** fallen Steuern, die **anlässlich des Todes** entstehen. Der Todesfall als solcher löst regelmäßig nur Erbschaftsteuer aus. Da es sich beim Erwerb von Todes wegen um einen unentgeltlichen Erwerb handelt, der regelmäßig zu Vermögenszuwächsen führt, die nicht am Markt erwirtschaftet werden und somit nicht unter eine der Einkunftsarten des § 2 EStG zu subsumieren ist, scheidet eine Steuerpflicht nach dem EStG grds. aus. Lediglich in Ausnahmefällen kann der Todesfall neben der Erbschaftsteuer auch eine **Einkommensteuerbelastung** auslösen.[2] So wird von der Erbschaftsteuer der Erwerb eines Stammrechts auf wiederkehrende Leistungen erfasst, die spätere Nutzung dieses Rechts durch Empfang der wiederkehrenden Leistungen unterliegt jedoch der Einkommensteuer.[3] Ebenso unterliegen bestimmte Forderungen des Erblassers zur Zeit des Erbfalls, die noch nicht in der Einkommensteuererklärung berücksichtigt werden konnten,[4] der Erbschaftsteuer. Weiter kann es zu einer **doppelten Belastung mit Einkommen- und Erbschaftsteuer** kommen, wenn durch den Todesfall eine Entnahme realisiert wird, beispielsweise durch Entnahme von Sonderbetriebsvermögen oder Beendigung der Betriebsaufspaltung (zur Betriebsaufspaltung vgl. Rn 120).[5] Für den Fall der Entnahme aufgrund des Todesfalles gelten die Ausführungen über die Steuerpflichten, die erst durch die Erben verwirklicht werden (**dritte Fallgruppe**). 4

Soweit es sich um einen **Grundstückserwerb von Todes wegen** handelt, bestimmt § 3 Nr. 2 GrEStG, dass keine **Grunderwerbsteuer** anfällt. Lediglich im Fall von Grundstücksschenkungen kann es insbesondere im Zusammenhang mit dem Erwerbstatbestand des § 1 Abs. 2a, Abs. 3 GrEStG zu einer Doppelbelastung des Erwerbers mit Erbschaft- und Grunderwerbsteuer führen.[6] Nicht befreit ist zudem nach Auffassung des BFH[7] der Erwerb eines Grundstücks zur Erfüllung eines Pflichtteilsanspruchs **an Erfüllung Statt**, da das 5

---

2 Vgl. hierzu zuletzt BFH v. 12.9.2011, Az. VIII B 70/09, BFH/NV 2012, 229, ZEV 2012, 58, der die Ertragsbesteuerung bei gleichzeitiger Erbschaftsteuerpflicht ausdrücklich zurücktreten lässt. Zum Verhältnis Einkommensteuerpflicht/Erbschaftsteuerpflicht vgl. auch die anhängige Verfassungsbeschwerde beim BVerfG unter Az. 1 BvR 1432/10 (Vorinstanz: BFH v. 17.2.2010, Az. II R 23/09, BStBl II 2010, 641).
3 So ist z.B. ein Rentenvermächtnis im Rahmen der Erbschaftsteuer mit dem Kapitalwert zu berücksichtigen. Bei der Einkommensteuer müssen dann die jährlich erhaltenen Bezüge als Versorgungsleistungen in vollem Umfang angesetzt werden, § 10 Abs. 1 Nr. 1a EStG. § 35b EStG in der Fassung der Erbschaftsteuerreform 2009 führt inzwischen wieder eine Vermeidung der Doppelbesteuerung herbei. Vgl. hierzu *Troll/Gebel/Jülicher*, § 3 Rn 178; *Gebel*, BB 2001, 2554; *Jochum*, UVR 2000, 203, a.A. *Geck*, DStR 2010, 1977.
4 Dies ist insbesondere bei Zinserträgen regelmäßig der Fall, da diese erst mit Ablauf der Zinsperiode gutgeschrieben werden. Eine rechnerische Aufteilung in vor dem Erbfall entstandene und nach dem Erbfall entstandene Zinsen ist nicht statthaft. Vgl. hierzu *Geck*, in: Kapp/Ebeling, ErbStG, Einl. Rn 14.
5 Vgl. *Troll/Gebel/Jülicher*, ErbStG, Einf. Rn 18.
6 Vgl. hierzu ausführlich *Halaczinsky*, ZEV 2003, 97.
7 BFH Urt. v. 10.7.2002, Az. II R 11/01, BStBl II 2002, 775.

Grundstück selbst nicht von Todes wegen erworben wird.[8] Neben mittelbaren Grundstücksschenkungen ist auch die Anteilsvereinigung durch Anteilsübertragung infolge Erbanfalls nach § 1 Abs. 3 GrEStG sowohl erbschaft- als auch grunderwerbsteuerpflichtig.[9] Für diese an den Tod anknüpfenden Steuertatbestände gelten die Ausführungen in der nachfolgenden dritten Fallgruppe, da sie erst mit dem Ableben des Erblassers abgeschlossen sind und daher nicht mehr dem Erblasser zugerechnet werden können.

6 Die **dritte Fallgruppe** betrifft diejenigen Steuern, deren **Steuertatbestand nach dem Todesfall verwirklicht** wird. Dies ist beispielsweise bei Fortführung des Einzelunternehmens nach dem Ableben des Erblassers, bei Einkünften aus vererbten Kapitalvermögen oder Vermietung und Verpachtung vererbter Grundstücke, umsatzsteuerpflichtigen Vorgängen in diesem Zusammenhang oder der Übertragung von geerbten Grundstücken der Fall. In all diesen Fällen stellt sich für die Dauer der Testamentsvollstreckung die Frage, inwieweit die Vorgänge dem Testamentsvollstrecker oder den Erben zuzurechnen sind und wer die steuerlichen Verpflichtungen zu erfüllen hat.

7 Im Folgenden wird deshalb jeweils danach unterschieden, ob es sich um Steuern handelt, die aus der Zeit des Erblassers stammen (**Erblassersteuern**), die aufgrund des Erbfalles selbst verursacht worden sind (**Erbfallsteuern**) oder die in der Zeit nach dem Erbfall ausgelöst worden sind (**Erbensteuern oder auch Nachlasserbensteuern**[10]).[11] Bei den vorstehenden Klammerzusätzen handelt es sich nicht um steuerrechtliche Fachbegriffe; sie werden lediglich der Einfachheit halber wie bezeichnet verwandt.

II. Das Verhältnis des zivilrechtlichen Aufgabenumfangs zum steuerlichen Pflichtenkreis des Testamentsvollstreckers

8 Merksatz: Die steuerlichen Pflichten des Testamentsvollstreckers können nie weiter reichen als seine zivilrechtlichen Befugnisse.

9 Die **Befugnisse eines Testamentsvollstreckers** können je nach den Anordnungen des Erblassers sehr unterschiedlich ausgestaltet sein (vgl. dazu bereits § 2 und § 3). So kann ein Testamentsvollstrecker nur die Ausführung der letztwilligen Verfügung (§ 2203 BGB) oder die Bewirkung der Auseinandersetzung (§ 2204 BGB) zu erledigen haben. Die Tätigkeit des Testamentsvollstreckers kann auf einen einzelnen Erbteil, auf einzelne Gegenstände, wie Unternehmen oder Grundstücke oder zeitlich beschränkt werden. Im Gegensatz zu den vorstehend bezeichneten beschränkten Aufgabenkreisen eines Testamentsvollstreckers kann ein Testamentsvollstrecker mit einer dreißigjährigen Verwaltungstestamentsvollstreckung (Dauertestamentsvollstreckung) einschließlich der anschließenden Auseinandersetzung betraut sein. In diesem Fall hat der Testamentsvollstrecker gem. §§ 2205, 2209 BGB weitreichende Verwaltungs- und Verfügungsbefugnisse.

10 Seit der Entscheidung des BFH vom 7.10.1970[12] ist anerkannt, dass sich die **steuerlichen Verpflichtungen** des Testamentsvollstreckers nur **in den Grenzen seiner zivilrechtlichen Befugnisse** bewegen können.[13] Insoweit muss stets der Umfang der einzelnen Verpflichtun-

---

8 Vgl. hierzu *Geck*, in Kapp/Ebeling, Einl. Rn 34 f.
9 Vgl. BFH Urt. v. 8.6.1988, Az. II R 143/86, BStBl II 1988, 785; BFH Urt. v. 31.3.1982, Az. II R 92/81, BStBl II 1982, 424.
10 Zur Terminologie siehe BFH Urt. v. 28.4.1992, Az. VII R 33/91 BStBl II 1992, 781 = BB 1993, 717 = DStR 1992, 1724. Diese Terminologie ist nicht immer zivilrechtlich dogmatisch korrekt.
11 BFH Urt. v. 28.3.1973, BStBl II 1973, 544.
12 BFH Urt. v. 7.10.1970, BStBl II 1971, 119.
13 Ganz h.M. *Schwarz*, § 34 AO Rn 20.

gen des jeweiligen Testamentsvollstreckers überprüft werden. Stehen dem Testamentsvollstrecker also keine entsprechenden zivilrechtlichen Verwaltungsbefugnisse zu, so können ihn auch nicht die steuerlichen Verpflichtungen treffen. Daraus folgt: der **uneingeschränkte Dauertestamentsvollstrecker** über den Gesamtnachlass hat für die Dauer seiner Testamentsvollstreckung sämtliche steuerrechtlichen Verpflichtungen zu erfüllen, die der Gesetzgeber ihm zugewiesen hat. Hierzu gehört neben der Abgabe der **Erbschaftsteuererklärung** (§ 31 Abs. 5 ErbStG) auch die Erfüllung der steuerlichen Pflichten, die bereits in der Person des Erblassers entstanden sind, wie z.B. die **Abgabe noch ausstehender Steuererklärungen**.[14] Steuerliche Pflichten, die Vermögensteile betreffen, die nicht der Testamentsvollstreckung unterliegen, brauchen dem gegenüber nicht vom Testamentsvollstrecker erfüllt zu werden.[15] So hat beispielsweise der Testamentsvollstrecker, der ausdrücklich **nur für in Deutschland belegenes Vermögen** eingesetzt worden ist, die steuerlichen Verpflichtungen auch nur hinsichtlich des in Deutschland belegenen Vermögens zu erfüllen. Nur hierzu hat er auch die entsprechenden zivilrechtlichen Möglichkeiten.

Außer in den Fällen des § 2338 BGB erstreckt sich die Wirkung der Testamentsvollstreckung nicht auf den Anspruch eines **Pflichtteilsberechtigten**. Für diesen hat der Testamentsvollstrecker daher grds. keine Steuerklärungen abzugeben. Anders ist dies nur bei Pflichtteilsbeschränkung in guter Absicht nach § 2338 BGB, da dann der Testamentsvollstrecker auch Dauertestamentsvollstrecker über den Pflichtteilsanspruch ist.

11

Die **Orientierung des steuerlichen Pflichtenumfangs** des Testamentsvollstreckers **an seinen zivilrechtlichen Befugnissen** hat seinen ausdrücklichen Niederschlag im Gesetz gefunden. So heißt es in § 34 Abs. 3 AO, dass die Vermögensverwalter, zu denen auch der Testamentsvollstrecker zählt, die steuerlichen Verpflichtungen nach § 34 Abs. 1 AO nur zu erfüllen haben, „soweit ihre Verwaltung reicht". Damit verweist der Gesetzgeber hinsichtlich des Pflichtenumfangs des Testamentsvollstreckers auf das Zivilrecht.

12

Folglich treffen einen bloßen **Überwachungstestamentsvollstrecker** (nur beaufsichtigender Testamentsvollstrecker) keinerlei steuerliche Verpflichtungen (vgl. dazu § 14 Rn 4). Das Gleiche gilt für Testamentsvollstrecker, die beispielsweise nur die Kompetenz haben, dass über bestimmte Vermögensgegenstände ohne ihre Zustimmung keine Verfügungen vorgenommen werden können.[16]

Die vorstehenden Ausführungen legen für den Gestalter die Frage nahe, ob es möglich ist, einen Testamentsvollstrecker zum vollumfassenden Dauertestamentsvollstrecker einzusetzen, seine zivilrechtlichen **Aufgabenbefugnisse** jedoch dahingehend in der Verfügung von Todes wegen **zu beschränken**, dass er keinerlei steuerliche Kompetenzen hat, auch nicht erbschaftsteuerlich. Eine solche Gestaltung ist nicht anzuerkennen. Sie ist mit der zwingenden Aufgabenzuordnung des Steuerrechts nicht vereinbar und steht nicht zur Disposition der Beteiligten. Soweit Vermögen also der Verwaltung des Testamentsvollstreckers unterliegt, kann ihm nicht willkürlich die Erfüllung steuerlicher Aufgaben entzogen werden. Dieses Ziel lässt sich nur durch vollständige, auch zivilrechtlich wirkende Begrenzung seiner Aufgaben erreichen.

13

Soweit die nachfolgenden Ausführungen in diesem Kapitel nicht hinsichtlich der Befugnisse des Testamentsvollstreckers unterscheiden, wird vom **Dauertestamentsvollstrecker mit vollumfassenden zivilrechtlichen Befugnissen** ausgegangen. Je umfassender die Befugnisse

14

---

14 *Loose*, in: Tipke/Kruse, § 34 Rn 29.
15 *Schwarz*, § 34 AO Rn 20.
16 In diesem Sinn auch *Zimmermann*, Testamentsvollstreckung, Rn 575.

des Testamentsvollstreckers sind, desto schwieriger ist die steuerliche Abgrenzung der Verpflichtungen zwischen den Erben und dem Testamentsvollstrecker.

B. Der Testamentsvollstrecker im Steuerverfahren

I. Steuerschuldnerschaft und Zurechnung

15 Übersichten

	Steuerschuldner
Erblassersteuern	Erblasser/nach seinem Ableben die Erben gem. § 45 AO
Erbschaftsteuer	Erwerber des jeweiligen Vermögens
Nachlasserbensteuern	Erben

	Unternehmer – EStG/KStG/GewStG
Erblassersteuern	Erblasser/nach seinem Ableben die Erben gem. § 45 AO
Erbschaftsteuer	–
Treuhandlösung	Erbe/Erbengemeinschaft – anders UStG!
Vollmachtslösung	Erbe/Erbengemeinschaft

	Wirtschaftliches Eigentum – EStG/KStG/GewStG
Erblassersteuern	Erblasser/nach dem Ableben die Erben gem. § 45 AO
Erbschaftsteuer	–
Nachlassvermögen – außer Unternehmen	Erbe/Erbengemeinschaft
Treuhandlösung	Erbe/Erbengemeinschaft
Vollmachtslösung	Erbe/Erbengemeinschaft

1. Allgemein

16 Gemäß § 43 AO bestimmen die **Einzelsteuergesetze**, wer Steuerschuldner ist. Sie bestimmen ferner, ob ein Dritter die Steuer für Rechnung des Steuerschuldners zu entrichten hat. Insoweit ist daher nach den einzelnen **Steuerarten zu differenzieren**.[17]

17 Grundsätzlich ist der **Testamentsvollstrecker nicht der Steuerschuldner**. Die Abgabenordnung definiert das Steuerschuldverhältnis allerdings weitergehend. In die Ansprüche aus dem **Steuerschuldverhältnis** sind gem. § 37 AO nicht nur der Steueranspruch als solcher, sondern auch der **Haftungsanspruch** einbezogen (vgl. zur Steuerhaftung des Testamentsvollstreckers gem. §§ 34, 69 AO Rn 127 ff.). Die Definition des **Steuerpflichtigen gem. § 33 AO** ist ebenfalls weitergehend als die des Steuerschuldners. Danach ist Steuerpflichtiger,

---

17 Vgl. die Übersicht der Steuerschuldner von Besitz- und Verkehrssteuern in *Schwarz*, § 43 AO Rn 6.

wer eine Steuer schuldet, für eine Steuer haftet, eine Steuer für Rechnung eines Dritten einzubehalten und abzuführen hat, wer eine Steuererklärung abzugeben, Sicherheit zu leisten, Bücher und Aufzeichnungen zu führen oder andere ihm durch die Steuergesetze auferlegten Verpflichtungen zu erfüllen hat. Im Hinblick auf die unten noch darzustellende Steuerhaftung des Testamentsvollstreckers gem. §§ 34 oder 35, 69 AO ist der **Testamentsvollstrecker** insoweit in jedem Fall **Steuerpflichtiger i.S.d. § 33 AO**. Im Einzelnen ist wie folgt zu differenzieren:

2. Erblassersteuern

Für die Zeit bis zum Ableben des Erblassers wurden die einzelnen **Steuertatbestände durch den Erblasser selbst verwirklicht**. Mit dem Ableben des Erblassers erlischt seine Einkommensteuerpflicht.[18] Für die bis zu diesem Zeitpunkt entstandene **Einkommensteuer** wird auf den Todeszeitpunkt eine einkommensteuerrechtliche Veranlagung durchgeführt. Der oder die Erben treten als **Gesamtrechtsnachfolger** gem. § 45 AO an die Stelle des Erblassers als Steuerschuldner.[19] Die Steuerschuldnerschaft des Erblassers geht damit insoweit auf die Erben über. Lediglich die Verlustvorträge sind nicht vererblich.[20] Die Erben schulden daher dem Finanzamt die Steuer aus dem letzten Veranlagungszeitraum des Erblassers sowie eventuell noch nicht beglichene Ertragsteuern aus vorangegangenen Veranlagungszeiträumen.

18

Soweit **Dauer-, Verwaltungs- oder Auseinandersetzungstestamentsvollstreckung** angeordnet wurde, ist jedoch der Testamentsvollstrecker für die Einkommensteuererklärungen für das Einkommen des Erblassers erklärungspflichtig.[21] Insoweit können auch Betriebs- bzw. Außenprüfungen für die Zeit vor dem Erbfall gegenüber dem Testamentsvollstecker angeordnet werden.[22] Er wird jedoch nicht zum Steuerschuldner.[23]

Gewerbesteuerlich endet der Gewerbebetrieb mit dem Tode des Erblassers. Der bzw. die Erben eröffnen gewerbesteuerlich einen neuen Betrieb. Hinsichtlich der bis zum Todestag entstandenen Gewerbesteuer gelten die vorstehenden Ausführungen entsprechend.[24] Die Fortführung des Betriebs durch den oder die Erben stellt gewerbesteuerlich eine Neugründung eines Betriebs dar (§ 2 Abs. 5 GewStG).[25] Dabei dürfen in der Person des Erblassers

19

---

18 Schmidt/*Heinicke*, EStG, § 1 Rn 14; *Piltz/Holtz*, in: Bengel/Reimann, Kap. 8 Rn 14; siehe auch *Röhrig/Doege*, DStR 2006, 969; BMF Schreiben zur Erbengemeinschaft und Erbauseinandersetzung v. 14.3.2006, Az. IV B 2 – S 2242 – 7/06, BStBl I 2006, 253 und v. 30.3.2006, Az. IV B 2 – S 2242 – 15/06, DStR 2006, 652.
19 BFH Urt. v. 28.3.1973, BStBl II 1973, 544.
20 BFH v. 17.12.2007, Az. GrS 2/04, DStR 2008, 545; *Fischer/Lackus*, DStR 2014, 302; *Birnbaum*, DB 2008, 778 ff.; *Campos-Nave*, StC 2008, 25; *Dötsch*, DStR 2008, 641; *M. Fischer*, DStR 2008, 697; *Röder*, ZEV 2008, 205; *Rothenberger*, EStB 2008, 126; *Schulte/Knief*, BB 2008, 1038; *Staats*, ZErb 2008, 157; *Wälzholz*, DStR 2008, 1769 ff.
21 BFH Urt. v. 7.10.1970, BStBl II 1971, 119; *Pflüger*, in: Herrmann/Heuer/Raupach/, EStG, § 25 Rn 40, vgl. unten Rn 34 ff.
22 BFH Urt. v. 24.8.1989, BStBl II 1990, 2, 3; FG Baden-Württemberg Urt. v. 12.2.1990, EFG 1990, 400; *König*, in: Pahlke/Koenig, AO, § 34 Rn 35. Für Zeiten nach dem Todesfall des Erblassers sind die Außenprüfungen hingegen gegenüber den Erben anzuordnen (str.), vgl. *Loose*, in: Tipke/Kruse, AO, § 34 Rn 29 m.w.N.
23 BFH Urt. v. 16.12.1977, Az. III R 35/77, BStBl II 1978, 383.
24 Siehe dazu auch *Piltz/Holtz*, in: Bengel/Reimann, Kap. 8 Rn 18.
25 BFH Urt. v. 1.4.1971, BStBl II 1971, 526.

entstandene Verluste gem. § 10a GewStG mangels Unternehmeridentität nicht auf die Erben übertragen werden.[26]

20 Die **Umsatzsteuerpflicht** setzt die Bewirkung von Leistungen durch einen Unternehmer voraus. Die Unternehmereigenschaft ist an die Person des Unternehmers geknüpft. Mit dem Tod des Erblassers erlöschen seine Unternehmereigenschaft und damit auch sein Unternehmen. Die Unternehmereigenschaft geht daher bei dessen Tod nach h.M. nicht auf den oder die **Gesamtrechtsnachfolger** gem. § 45 AO über.[27] Die **Unternehmereigenschaft** als solche ist **nicht vererblich**.[28] Der Erbe schuldet die Umsatzsteuer als Gesamtrechtsnachfolger in die abgabenrechtliche Stellung des Erblassers, die auf die Umsatztätigkeit des Erblassers zurückgeht. Die durch den Erblasser verwirklichten umsatzsteuerpflichtigen Vorgänge und die daraus folgenden Steueransprüche hat der Erbe zu begleichen. Dies betrifft sowohl bereits entstandene Steuerschulden des Erblassers als auch Steuerschulden, die noch nicht entstanden sind, da z.B. der Voranmeldezeitraum erst nach dem Erbfall endet.[29]

Bei Anordnung von Testamentsvollstreckung können die ausstehenden Umsatzsteuererklärungen sowie Umsatzsteuervoranmeldungen für die abgeschlossene Umsatztätigkeit des Erblassers vom Testamentsvollstrecker abgegeben werden.

21 Hat der Erblasser vor seinem Tode eine Erbschaft erlangt oder erbschaftsteuerpflichtige Schenkungen i.S.d. ErbStG erhalten, so ist gem. § 20 ErbStG der Erblasser Steuerschuldner geworden. Diese Stellung geht gem. § 45 AO auf den oder die Erben über. Der Testamentsvollstrecker wird nicht Steuerschuldner dieser Erblassersteuer.

3. Erbfallsteuern – insbesondere ErbStG

22 Die vorstehenden Grundsätze gelten lediglich für die Steuertatbestände, die der Erblasser noch selbst verwirklicht hat. An **Steuern, die durch den Todesfall** ausgelöst werden, ist an dieser Stelle nur die **Erbschaftsteuer** zu erwähnen. **Steuerschuldner** nach dem ErbStG ist nach dessen § 20 Abs. 1 der Erwerber, also grundsätzlich der Erbe, der Vermächtnisnehmer, der Pflichtteilsberechtigte oder Beschenkte. Daran ändert auch die Anordnung einer Testamentsvollstreckung nichts.[30] Die Verpflichtungen des Testamentsvollstreckers sind an anderer Stelle näher geregelt. Zum Steuerschuldner wird der Testamentsvollstrecker dadurch nicht.

4. Nachlasserbensteuern

23 Für Steuertatbestände, die **nach dem Erbfall verwirklicht** werden, gilt Folgendes: Steuerschuldner bei der **Einkommensteuer** ist grundsätzlich derjenige, der einen Tatbestand des EStG verwirklicht und mit Gewinnerzielungs- bzw. Überschusserzielungsabsicht handelt.[31] Dementsprechend hat der BFH entschieden, dass die einkommensteuerrechtlichen Ansprüche sich auch gegen den Erben richten, soweit sie aus Erträgen des Nachlassvermögens resultieren und sich nicht gegen den Nachlass richten.[32] Der Nachlass ist weder Einkom-

---

26 *Blümich*, GewStG, § 10a Rn 65.
27 *Korn*, in: Bunjes, § 2 UStG Rn 176; BFH Urt. v. 19.11.1970, BStBl II 1971, 121; A 2.6 Abs. 5 UStAE.
28 Vgl. statt vieler *Nieskens*, in: Rau/Dürrwächter, § 13a UStG Rn 103.
29 *Nieskens*, in: Rau/Dürrwächter, § 13a UStG Rn 103.
30 Vgl. *Lorz*, in: MAH Erbrecht, § 19 Rn 291; *Moench/Kien-Hümbert*, DStR 1987, 38, 39.
31 Vgl. Schmidt/*Weber-Grellet*, EStG, § 2 Rn 18.
32 BFH Urt. v. 7.10.1970, BStBl II 1971, 119; BFH Beschl. v. 29.11.1995, BStBl II 1996, 322 = DStR 1996, 505 = BFH/NV 1996, 79 = BB 1996, 879 = DB 1996, 1117.

mensteuer- noch Körperschaftsteuersubjekt.³³ Der **Tatbestand der Einkunftserzielung** wird trotz der Beschränkung der Verfügungs- und Verwaltungsbefugnisse der Erben **durch die Erben verwirklicht**. Konsequenterweise hat der BFH sowohl verfahrensrechtlich als auch steuerrechtlich die Erben als Steuerpflichtigen angesehen. Folglich seien auch die Erben Inhaltsadressaten des Steuerbescheides, nicht aber der Testamentsvollstrecker (vgl. hierzu Rn 57 ff.). Denn der Steuerbescheid konkretisiert einen bestimmten Steueranspruch im Hinblick auf einen bestimmten Steuertatbestand gegenüber einer bestimmten Person. Dies können nach überzeugender Meinung des BFH bei einkommensteuerrechtlich relevanten Einkünften, die nach dem Ableben des Erblassers erwirtschaftet werden, nur die Erben sein, nicht aber der Testamentsvollstrecker.³⁴ Die Testamentsvollstreckung begründet nach überzeugender Meinung des BFH³⁵ zwar Verwaltungs- und Verfügungsbeschränkungen des Erben; sie berührt aber nicht die Tatsache, dass der Tatbestand der Einkunftserzielung nach dem Tod des Erblassers grds. allein von den Erben verwirklicht wird.

Dementsprechend werden die **Einkünfte** aus der Vermietung und Verpachtung von Nachlassgrundstücken, die gewerblichen Einkünfte aus der Fortführung eines Einzelbetriebes oder eines Anteils an einer Mitunternehmerschaft oder Dividendeneinkünfte aus den vom Testamentsvollstrecker verwalteten Kapitalgesellschaftsanteilen ausschließlich **den oder dem Erben zugerechnet**. Dies gilt ebenso für die **Gewerbesteuer**. Der oder die Erben werden auch wirtschaftliche Eigentümer des Nachlasses. Die Anordnung von Testamentsvollstreckung führt nicht zum Übergang des wirtschaftlichen Eigentums gem. § 39 AO auf den Testamentsvollstrecker.³⁶ Die Rechtslage deckt sich insoweit mit den Fällen der Nachlassverwaltung.³⁷

Nur in **Ausnahmefällen** kann das **wirtschaftliche Eigentum** am Nachlass oder zumindest einzelner Nachlassgegenstände **auf den Testamentsvollstrecker übergehen**. So lag es in dem Fall des BFH³⁸ vom 18.9.2003. Dort hatte ein zum Testamentsvollstrecker bestellter Nacherbe mit Zustimmung des Vormundschaftsgerichts (seit 1.9.2009: Betreuungsgericht) mit eigenen Mitteln und auf eigene Rechnung ein von ihm verwaltetes Nachlassgrundstück bebaut. Im Hinblick auf die gesicherte Erwerbsanwartschaft des Testamentsvollstreckers als Nacherbe und den Umstand der selbst getragenen Herstellungskosten ist der BFH davon ausgegangen, der Testamentsvollstrecker sei ausnahmsweise selbst wirtschaftlicher Eigentümer der Gebäude geworden.

Steuerschuldner der **Gewerbesteuer** ist nach § 5 GewStG der Unternehmer. Als Unternehmer gilt derjenige, für dessen Rechnung das Gewerbe betrieben wird. Somit sind ausschließlich die Erben Unternehmer im Gewerbesteuerrecht, da das Unternehmen vom Testamentsvollstrecker unabhängig von der Art der Testamentsvollstreckung (Treuhand- oder

---

33 BFH Beschl. v. 29.11.1995, BStBl II 1996, 322 = DStR 1996, 505 = BFH/NV 1996, 79 = BB 1996, 879 = DB 1996, 1117.
34 BFH Urt. v. 7.10.1970, BStBl II 1971, 119.
35 BFH Beschl. v. 29.11.1995, BStBl II 1996, 322 = DStR 1996, 505 = BFH/NV 1996, 79 = BB 1996, 879 = DB 1996, 1117.
36 BFH Urt. v. 9.7.1954, BStBl III 1954, 250; BFH Urt. v. 16.5.1995, Az. VIII R 18/93, BStBl II 1995, 714 = BB 1995, 1937 = DB 1995, 1943 = DStR 1995, 1423 = DStZ 1995, 724; BFH Urt. v. 4.2.1998, Az. XI R 35/97, BStBl II 1998, 542 = BFH/NV 1998, 921 = BB 1998, 886 = DB 1998, 963 = DStR 1998, 336 = DStZ 1998, 484; BFH Urt. v. 30.11.1989, Az. I R 19/87, BStBl II 1990, 246; *Schwarz*, AO § 39 Rn 34; *Drüen*, in: Tipke/Kruse, § 39 AO Rn 25; *Troll/Gebel/Jülicher*, ErbStG, § 3 Rn 55. Anders kann dies hingegen bei Sonderkonstellationen sein, vgl. dazu bspw. *Daragan/Zacher-Röder*, DStR 1999, 89, 91.
37 BFH Urt. v. 28.4.1992, BStBl II 1992, 781.
38 BFH Urt. v. 18.9.2003, Az. X R 21/01, BFH/NV 2004, 306.

Vollmachtslösung) auf Rechnung der Erben geführt wird. Personengesellschaften sind dagegen selbst Steuerschuldner (§ 5 Abs. 1 S. 3 GewStG), unabhängig von der Anerkennung ihrer (Teil-)Rechtsfähigkeit im Übrigen Zivil- oder Steuerrecht.

27 **Umsatzsteuerlich** ist gem. § 13a Abs. 1 Nr. 1 UStG Steuerschuldner grundsätzlich der Unternehmer. Betätigt der Erbe sich als umsatzsteuerlicher Unternehmer, begründet er damit ein Unternehmen und tätigt selbst umsatzsteuerpflichtige Lieferungen oder sonstige Leistungen. In diesem Fall verwirklicht er selbst den Umsatzsteuertatbestand. Auch bei nur kurzfristiger Fortführung des Unternehmens durch den Erben wird dieser selbst Unternehmer.[39] Der Erbe selbst und regelmäßig nicht der Testamentsvollstrecker wird Unternehmer, wenn er in seiner Person umsatzsteuerpflichtige Lieferungen oder Leistungen ausführt oder diese in seinem Namen durch den Testamentsvollstrecker ausgeführt werden.[40] An den vorstehenden Grundsätzen ändert sich durch die Anordnung von Testamentsvollstreckung grundsätzlich nichts.

28 **Besonderheiten** gelten nur in den Fällen, in denen der Testamentsvollstrecker ein einzelkaufmännisches **Unternehmen als Treuhänder** für den/die Erben im eigenen Namen fortführt.[41] Der **Testamentsvollstrecker** wird dann nach Auffassung der Rechtsprechung und der Finanzverwaltung als **umsatzsteuerlicher Unternehmer** gesehen.[42] Maßgeblich und entscheidend sei das **Auftreten des Testamentsvollstreckers nach außen**. In den Fällen der Vollmachtslösung bei Fortführung eines Einzelunternehmens tritt der Testamentsvollstrecker namens der Erbengemeinschaft oder des Erben nach außen auf. In diesem Fall verbleibt es beim Grundsatz, dass der oder die Erben Unternehmer und damit auch Steuerschuldner sind.[43] Bei den Treuhandlösungen tritt der Testamentsvollstrecker jedoch nach außen im eigenen Namen auf. Er, der Testamentsvollstrecker allein, wird aus den getätigten Umsatzgeschäften berechtigt und verpflichtet. Er allein ist der zivilrechtliche Vertragspartner.[44] Ausschlaggebend ist das Auftreten im eigenen Namen. In diesem Fall wird der Testamentsvollstrecker Unternehmer i.S.d. Umsatzsteuergesetzes.[45]

Führt eine **Erbengemeinschaft** das Unternehmen des Erblassers fort, so ist nicht der einzelne Erbe, sondern die Erbengemeinschaft Unternehmer und damit selbst **umsatzsteuerpflichtig**.[46]

II. Anzeigepflichten, insbesondere § 30 ErbStG

29 Hinsichtlich der **steuerrechtlichen Anzeigepflichten**[47] gelten grundsätzlich die gleichen Ausführungen, wie zur Verpflichtung zur Abgabe von Steuererklärungen. Hinsichtlich der sich auf die Zeiten des Erblassers beziehenden Steuern treffen die Anzeigepflichten

---

39 Vgl. RFH Urt. v. 29.8.1944, RStBl 1944, 701 – 18 Tage Fortführung bereits als grenzwertig angesehen.
40 A 2.6 Abs. 5 UStAE; BFH Urt. v. 24.11.1992, BStBl II 1993, 379; OFD Frankfurt Schreiben v. 22.10.1996, DStR 1997, 71 = DB 1996, 2415; *Korn*, in: Bunjes, § 2 UStG Rn 176.
41 Vgl. dazu *Lorz*, in: MAH Erbrecht, § 19 Rn 305 ff. Aus einkommensteuerlicher Sicht erzielt der Treuhänder dann nicht mehr Einkünfte aus selbstständiger Tätigkeit, sondern gewerbliche Einkünfte. Die Gewinne aus dem Unternehmen werden jedoch weiterhin den Erben zugerechnet, so dass nur sie Steuerschuldner der Einkünfte aus der Mitunternehmerschaft sind.
42 BFH Urt. v. 11.10.1990, BStBl II 1991, 191; A 16 Abs. 5 S. 3 UStR; *Robisch*, in: Bunjes, § 1 UStG Rn 107; *Piltz/Holtz*, in: Bengel/Reimann, Kap. 8 Rn 114.
43 *Birkenfeld/Wäger*, § 41 Rn 311.
44 BFH Urt. v. 11.10.1990, BStBl II 1991, 191; *Nieskens*, in: Rau/Dürrwächter, § 13a UStG Rn 133.
45 *Leipold*, in: Sölch/Ringleb, § 13a UStG Rn 43.
46 *Korn*, in: Bunjes, § 2 UStG Rn 30; *Birkenfeld*, UR 1992, 29.
47 Steuerrechtliche Anzeigepflichten ergeben sich z.B. aus §§ 137 ff. AO, § 29 Abs. 4 EStDV.

grundsätzlich den Testamentsvollstrecker; hinsichtlich derjenigen Steuern, deren Tatbestände nach dem Ableben des Erblassers verwirklicht werden, treffen die steuerlichen Anzeigepflichten grundsätzlich die Erben, soweit diese auch zur Abgabe einer Steuererklärung verpflichtet sind. Im Übrigen, soweit also der Testamentsvollstrecker zur Abgabe einer Steuererklärung verpflichtet wäre, hat er den steuerlichen Anzeigepflichten selbst nachzukommen, denn diese sind i.d.R. ein Annex oder eine Vorbereitung zur Abgabe der Steuererklärung.

Besonderheiten gelten für die **erbschaftsteuerlichen Anzeigepflichten** gem. § 30 ErbStG. Gemäß § 30 Abs. 1 ErbStG ist jeder der Erbschaftsteuer unterliegende Erwerb vom Erwerber innerhalb einer **Frist von drei Monaten** nach erlangter Kenntnis vom Erwerb dem für die Verwaltung der Erbschaftsteuer zuständigen Finanzamt anzuzeigen. Diese Anzeigepflicht hat vor allem insoweit praktische Bedeutung, als bei Nichterfüllung der Anzeigepflicht die Festsetzungsverjährung gem. **§ 170 Abs. 2 AO** einer **Anlaufhemmung** unterliegt.[48]

30

Die Anzeigepflicht gem. § 30 ErbStG trifft ausweislich des Wortlauts des § 30 ErbStG die **Erben, nicht jedoch den Testamentsvollstrecker.**[49] Diese Auffassung ist überzeugend, da es sich hierbei nicht um eine Frage der Verwaltung des Nachlasses handelt, sondern eine persönlich die Erben treffende Verpflichtung.[50] Hinzukommt, dass es im Erbschaftsteuerrecht **keine allgemeine Steuererklärungspflicht** gibt, sondern eine Erklärungspflicht nur für denjenigen besteht, den das Finanzamt hierzu auffordert. Sinn und Zweck der Anzeigepflicht ist es, dem Finanzamt die Prüfung zu ermöglichen, ob es eine Steuererklärung und von wem es diese anfordert.[51] Auch der BFH[52] geht davon aus, dass die Anzeigepflicht des § 30 Abs. 1 ErbStG ausschließlich den Erben selbst, nicht jedoch den Testamentsvollstrecker trifft.

31

Die Anzeigepflicht entfällt gem. § 30 Abs. 3 ErbStG, wenn der Erwerb auf einer von einem deutschen Gericht oder deutschem Notar eröffneten Verfügung von Todes wegen beruht und sich aus der Verfügung das Verhältnis des Erwerbers zum Erblasser unzweifelhaft ergibt. Nach § 34 Abs. 1 ErbStG sind Gerichte, Beamte, Behörden und Notare, die im Rahmen ihrer Amtstätigkeit erbschaftsteuerlich bedeutsame Kenntnisse erlangen, zur Anzeige dieser Sachverhalte verpflichtet. Mit dem Verhältnis des Erwerbers zum Erblasser ist dabei nicht das Verwandtschaftsverhältnis gemeint.[53] Ausreichend ist es hingegen, wenn der Name des Erblassers und des Erben sowie der Rechtsgrund des Erwerbs aus der Verfügung von Todes wegen hervorgehen.[54] Für den Rechtsgrund des Erwerbs genügt die Kenntnis von der Anordnung der Erbschaft, eines Vermächtnisses oder einer Auflage. Dem **Zweck**

32

---

48 Vgl. zu den Voraussetzungen der Festsetzungsverjährung BFH Beschl. v. 9.6.1999, BStBl II 1999, 529 = NJW-RR 1999, 1594 = DStR 1999, 1226 = ZEV 1999, 325 = BB 1999, 2285 = DB 1999, 1639; BFH Urt. v. 16.10.1996, BStBl II 1997, 73 = DB 1997, 140 = DStRE 1997, 80 = DStZ 1997, 230.
49 *Groll*, Die Testamentsvollstreckung, in: Praxishandbuch Erbrechtsberatung, Teil C. IX. Rn 150; *Piltz/Holtz*, in: Bengel/Reimann, Kap. 8 Rn 56; *Meincke*, § 31 ErbStG Rn 12; *Jülicher*, in: *Troll/Gebel/Jülicher*, § 31 ErbStG Rn 25; § 30 Rn 7; *Zimmermann*, Testamentsvollstreckung, Rn 554; a.A. möglicherweise *Vernekohl*, 16, 18.
50 *Jülicher*, in: Troll/Gebel/Jülicher, § 30 ErbStG Rn 7.
51 In diesem Sinn wohl auch *Meincke*, § 30 ErbStG Rn 2.
52 BFH Beschl. vom 11.5.2012, II B 63/11, BFH/NV 2012, 1455; BFH Beschl. v. 9.6.1999, BStBl II 1999, 529 = NJW-RR 1999, 1594 = DStR 1999, 1226 = ZEV 1999, 325 = BB 1999, 2285 = DB 1999, 1639.
53 BFH Urt. v. 16.10.1996, BStBl II 1997, 73 = DB 1997, 140 = DStRE 1997, 80 = DStZ 1997, 230; vgl. auch BFH Beschl. v. 9.6.1999, BStBl II 1999, 529 = NJW-RR 1999, 1594 = DStR 1999, 1226 = ZEV 1999, 325 = BB 1999, 2285 = DB 1999, 1639.
54 *Jülicher*, in: Troll/Gebel/Jülicher, § 30 ErbStG Rn 28.

des § 30 ErbStG ist dann bereits Genüge getan, da das Finanzamt bereits anhand des Sachverhalts erkennen kann, ob möglicherweise eine Steuerpflicht entstanden ist. Das Finanzamt ist nach dem **steuerrechtlichen Amtsermittlungsgrundsatz** gegebenenfalls verpflichtet, entsprechende Nachforschungen anzustellen. Die Anzeige nach § 30 ErbStG soll nach überzeugender Meinung des BFH die Erbschaftsteuererklärung nicht vorwegnehmen.[55]

Die Anzeigepflicht des **§ 33 ErbStG** i.V.m. **§ 1 ErbStDV** gilt hingegen nur für **Banken, Sparkassen und sonstige Vermögensverwalter,** nicht jedoch für den **Testamentsvollstrecker.** Dieser tritt sein Amt erst nach dem Ableben des Erblassers an, während § 33 ErbStG dem Finanzamt bei der Ermittlung solchen Vermögens helfen soll, das im Todeszeitpunkt dem Erblasser zugestanden hat.

III. Die Steuererklärungspflicht

33 **Übersicht**

	Steuererklärungspflicht
Erblassersteuern	Erblasser/nach dem Ableben der Testamentsvollstrecker für alle Steuerarten
Erbschaftsteuer	Testamentsvollstrecker – nach Aufforderung durch das Finanzamt (str.) Finanzamt kann Mitunterzeichnung durch Erbe verlangen
Nachlasserbensteuern – außer Betrieb	Erben (h.M. – str.)
Vollmachtslösung	Erben für private Steuern (insbes. EStG) Testamentsvollstrecker für betriebliche Steuern (GewStG, UStG)
Treuhandlösung	Erben für private Steuern (insbes. EStG); Testamentsvollstrecker für betriebliche Steuern (GewStG, UStG)

1. Steuern des Erblassers

34 Gemäß **§ 149 Abs. 1 S. 1 AO** bestimmen die einzelnen Steuergesetze, wer zur Abgabe einer Steuererklärung verpflichtet ist. Grundsätzlich ist dies der Steuerschuldner. Hinsichtlich der **vom Erblasser herrührenden Steuerbelastungen** ist der Steuerschuldner jedoch verstorben. Gemäß § 45 AO gehen die Verpflichtungen des Verstorbenen im Wege der Gesamtrechtsnachfolge auf den oder die Erben über. Sie sind fortan Steuerschuldner. Dennoch haben bei Anordnung von Testamentsvollstreckung nicht der oder die Erben die Steuererklärungspflichten des Erblassers zu erfüllen.[56] Dies folgt aus § 34 Abs. 3 AO. Danach haben die Vermögensverwalter, insbesondere also der **Testamentsvollstrecker** in den Grenzen der zivilrechtlichen Verwaltungsbefugnisse **die steuerlichen Pflichten** für die in der Person des Erblassers entstandenen Steuern und für vor dem Erbfall liegende Besteuerungsabschnitte **nach § 34 Abs. 1 AO zu erfüllen.**[57] Dies gilt nicht nur für die Ertragsteuerarten, sondern

---

[55] BFH Urt. v. 16.10.1996, BStBl II 1997, 73 = DB 1997, 140 = DStRE 1997, 80 = DStZ 1997, 230.
[56] *Piltz/Holtz,* in: Bengel/Reimann, Kap. 8 Rn 29; *Zimmermann,* Testamentsvollstreckung, Rn 576.
[57] *Pahlke/Koenig,* § 34 AO Rn 35; *Vernekohl,* 16, 17; vgl. auch *Rüsken,* in: Klein, § 34 AO Rn 26 m.w.N.; *Häfke,* ZEV 1997, 429, 431.

für **alle Steuerarten**, für die der Erblasser verpflichtet gewesen wäre, die Steuererklärungen abzugeben und für die er den Steuertatbestand verwirklicht hat.⁵⁸ Dementsprechend hat der Testamentsvollstrecker auch die Umsatzsteuererklärungen des Erblassers für bis zu dessen Tod getätigte Umsätze abzugeben.⁵⁹

2. Erbfallsteuern

a) Einführung

An Erbfallsteuern kommt vor allem die **Erbschaftsteuer** in Betracht. Die Steuererklärungspflicht ist in § 31 ErbStG geregelt.⁶⁰ Danach kann grundsätzlich das Finanzamt von jedem an einem Erbfall Beteiligten die Abgabe einer Steuererklärung innerhalb einer von dem Finanzamt zu bestimmenden **Frist** verlangen. Die Frist muss mindestens einen Monat betragen. Eine Pflicht zur Abgabe der Erbschaftsteuererklärung entsteht erst mit dieser Aufforderung durch das Finanzamt.⁶¹ Der Testamentsvollstrecker selbst ist nicht verpflichtet, dem Finanzamt anzuzeigen, dass ein Erwerb von Todes wegen bei den Erben vorliegt. Vielmehr erfolgt die Anzeige durch das Nachlassgericht, nachdem ein Testamentsvollstreckerzeugnis bzw. ein entsprechender Erbschein, der mit einem Hinweis auf das Vorliegen von Testamentsvollstreckung zu versehen ist, erteilt wurde.

35

Die Steuererklärungspflicht gilt nach § 31 Abs. 1 S. 1 ErbStG unabhängig davon, ob der jeweilige Beteiligte selbst steuerpflichtig ist oder nicht. Auch wenn der Testamentsvollstrecker grundsätzlich Beteiligter i.S.d. § 78 AO wäre, geht die ganz h.M. dennoch davon aus, der **Testamentsvollstrecker falle nicht unter § 31 Abs. 1 ErbStG, sondern** unter § 31 **Abs. 5 ErbStG**. Beteiligter i.S.v. § 31 Abs. 1 ErbStG ist nur, wer potentiell steuerpflichtig ist.⁶²

§ 31 Abs. 5 ErbStG bestimmt vielmehr als Spezialregelung, dass vorrangig vor den am Erbfall nach § 31 Abs. 1 ErbStG Beteiligten der Testamentsvollstrecker die Erbschaftsteuererklärung abzugeben hat. Die Steuererklärungsverpflichtung des Testamentsvollstreckers umfasst auch die erforderlichen Erklärungen für die Feststellung der Bewertungsgrundlagen.⁶³ Das Finanzamt kann zudem verlangen, dass die Steuererklärung auch von einem oder mehreren Erben mitunterschrieben wird, § 31 Abs. 5 S. 2 ErbStG.

b) Personelle und gegenständliche Beschränkung des Vollstreckungsumfangs

Der Wortlaut des § 31 Abs. 5 ErbStG erweckt den Eindruck, als habe ein Testamentsvollstrecker stets die Steuererklärung für jeden steuerpflichtigen Erwerb abzugeben. Dem ist jedoch nicht so.⁶⁴ Auch § 31 Abs. 5 ErbStG gilt für den Testamentsvollstrecker **nur im Umfang seiner Verwaltungsbefugnis**. Der Testamentsvollstrecker hat daher beispielsweise

36

---

58 *Häfke*, ZEV 1997, 429, 431.
59 Folge aus § 34 Abs. 3 AO.
60 Siehe *Tolksdorf/Simon*, ErbStB 2008, 336 ff.
61 BFH Beschl. v. 9.6.1999, BStBl II 1999, 529 = NJW-RR 1999, 1594 = DStR 1999, 1226 = ZEV 1999, 325 = BB 1999, 2285 = DB 1999, 1639.
62 *Wilms/Jochum*, § 31 ErbStG Rn 15; *Meincke*, § 31 ErbStG Rn 3 unter Berufung auf BFH Urt. v. 17.2.1993, BStBl II 1993, 580; *Schuck*, in: Viskorf/Knobel/Schuck/Wälzholz, § 31 ErbStG Rn 7.
63 OFD Koblenz v. 15.1.2006, DB 2006, 477; *Schuck*, in: Viskorf/Knobel/Schuck/Wälzholz, § 31 ErbStG Rn 13; *Troll/Gebel/Jülicher*, § 31 ErbStG Rn 25.
64 BFH Urt. v. 11.6.2013, BStBl II 2013, 924; BFH Beschl. v. 9.6.1999, BStBl II 1999, 529 = DStR 1999, 1226 = ZEV 1999, 325 = BB 1999, 2285; *Eisele*, in: Kapp/Ebeling, § 31 ErbStG Rn 19; *Petzold*, NWB Fach 10 S. 635, 636; *Tolksdorf/Simon*, ErbStB 2008, 336, 337 f.

grundsätzlich keine Steuererklärung für den Pflichtteilsberechtigten oder Vermächtnisnehmer[65] abzugeben, soweit die Testamentsvollstreckung nicht auch davon umfasst ist. Beim Pflichtteilsberechtigten kann dies nur im Fall der Pflichtteilsbeschränkung in guter Absicht nach § 2338 BGB der Fall sein.[66] Das Gleiche gilt für denjenigen, der aufgrund eines Vertrages zugunsten Dritter auf den Todesfall gem. §§ 328, 331 BGB einen erbschaftsteuerpflichtigen Erwerb erlangt, dies jedoch außerhalb des Nachlasses und frei von der Testamentsvollstreckung.[67] Diese überzeugende Auslegung durch den BFH[68] ergibt sich aus der bürgerlich-rechtlichen Stellung des Testamentsvollstreckers. Der Testamentsvollstrecker ist nicht Eigentümer, sondern nur Verwalter des Nachlasses, § 2205 BGB. Wie im Erbschaftsteuerrecht üblich, werden die erbschaftsteuerlichen Begriffe aus den zivilrechtlichen abgeleitet.[69] Insoweit ist auch der Begriff des Testamentsvollstreckers in § 31 Abs. 5 ErbStG dem Zivilrecht entlehnt. Es sind deshalb dessen Grenzen einzuhalten. Nach Meinung des BFH[70] kann daher der erbschaftsteuerrechtliche Aufgabenkreis nicht über den durch das Zivilrecht gezogenen Rahmen hinausgehen. Handelt es sich um einen Dauer- oder Verwaltungstestamentsvollstrecker für den Gesamtnachlass, so greift zweifelsfrei die Verpflichtung nach § 31 Abs. 5 ErbStG ein. Für Vermächtnisnehmer oder Pflichtteilsberechtigte hat der Testamentsvollstrecker regelmäßig jedoch keine dementsprechenden Befugnisse zivilrechtlicher Art. Anderes gilt nach Meinung des BFH, wenn der Erblasser auch hinsichtlich eines Vermächtnisses Testamentsvollstreckung über die bloße Erfüllung hinaus angeordnet hat.[71] Dabei entsteht die Steuererklärungspflicht des Testamentsvollstreckers bei Anordnung von Testamentsvollstreckung über Vermächtnisse nicht bereits mit der Aufgabenzuweisung der Vermächtniserfüllung, sondern erst dann, wenn der Testamentsvollstrecker verpflichtet ist, auch den Vermächtnisgegenstand nach Erfüllung des Vermächtnisses zu verwalten (§ 2223 BGB).[72] Für den Pflichtteilsberechtigten kann der Testamentsvollstrecker nur dann erklärungspflichtig werden, wenn der Pflichtteilsanspruch nach § 2338 BGB (Pflichtteilsbeschränkung in guter Absicht) der Dauertestamentsvollstreckung unterliegt.

37 Ist der **Testamentsvollstrecker gegenständlich beschränkt** (vgl. zum Zivilrecht unter § 14 Rn 5) auf einen bestimmten Gegenstand als Dauer- oder Verwaltungstestamentsvollstrecker eingesetzt, so hat er auch lediglich diesbezüglich die Steuererklärungspflichten zu erfüllen.[73]

---

65 *Tolksdorf/Simon*, ErbStB 2008, 336 ff.; *Pahlke*, in: Fischer/Jüptner/Pahlke/Wachter, § 31 ErbStG Rn 44. Die Verwaltungsvollstreckung kann sich allerdings auch auf ein Vermächtnis auch nach dessen Erfüllung beziehen, vgl. *Groll*, Die Testamentsvollstreckung, in: Praxishandbuch Erbrechtsberatung, Teil C. IX. Rn 64.Vgl. hierzu ausdrücklich BFH Urt. v. 11.6.2013, BStBl II 2013, 924.
66 Zustimmend *Troll/Gebel/Jülicher*, § 31 ErbStG Rn 26.
67 *Wilms/Jochum*, § 31 ErbStG Rn 33 – insbes. zu Lebensversicherungen; vgl. auch allg. zur „Vererbung" von echten Verträgen zugunsten Dritter *J. Mayer*, DNotZ 2000, 905 ff.
68 BFH Urt. v. 5.12.1990, BStBl II 1991, 181; BFH Beschl. v. 9.6.1999, BStBl II 1999, 529 = NJW-RR 1999, 1594 = DStR 1999, 1226 = ZEV 1999, 325 = BB 1999, 2285 = DB 1999, 1639.
69 Dazu grundlegend *Crezelius*, Erbschaft- und Schenkungsteuer in zivilrechtlicher Sicht, Herne/Berlin 1979; *Geck*, in: Kapp/Ebeling, § 1 Rn 6.
70 BFH Urt. v. 11.6.2013, BStBl II 2013, 924; BFH Beschl. v. 9.6.1999, BStBl II 1999, 529 = DStR 1999, 1226 = ZEV 1999, 325 = BB 1999, 2285 = DB 1999, 1639; anders noch BMF vom 14.8.1986, BStBl I 1986, 458.
71 *Schuck*, in: Viskorf/Knobel/Schuck/Wälzholz, § 31 ErbStG Rn 14; *Eisele*, in: Kapp/Ebeling, § 31 ErbStG Rn 19; *Troll/Gebel/Jülicher*, § 31 ErbStG Rn 26.
72 Vgl. BFH Beschl. v. 9.6.1999, BStBl II 1999, 529 = NJW-RR 1999, 1594 = DStR 1999, 1226 = ZEV 1999, 325 = BB 1999, 2285 = DB 1999, 1639; *Schuck*, in: Viskorf/Knobel/Schuck/Wälzholz, § 31 ErbStG Rn 14.
73 *Schuck*, in: Viskorf/Knobel/Schuck/Wälzholz, § 31 ErbStG Rn 14; vgl. auch *Mayer/Bonefeld/Daragan*, Testamentsvollstreckung, 1. Aufl. 2000 Rn 893 ff.

Dies gilt insbesondere dann, wenn ein Testamentsvollstrecker ausschließlich über das gesamte Inlandsvermögen zum Testamentsvollstrecker eingesetzt ist. Erklärungen über **Auslandsvermögen** hat der Testamentsvollstrecker in diesem Fall nicht abzugeben. Das Gleiche kann auch gelten, wenn die Dauertestamentsvollstreckung sich ausschließlich auf ein einzelnes Grundstück, ein einzelnes Unternehmen oder eine bestimmte Gesellschaftsbeteiligung bezieht. **§ 31 Abs. 5 ErbStG setzt keine Dauertestamentsvollstreckung gem. § 2209 BGB voraus.** Auch der **Auseinandersetzungstestamentsvollstrecker** hat die Verpflichtung gem. § 31 Abs. 5 ErbStG zu erfüllen.

Die vorstehenden Ausführungen sind zunächst einleuchtend, lösen jedoch kaum lösbare Folgeprobleme aus:

> **Beispiel**
> Der Testamentsvollstrecker erhält die Aufgabenzuweisung, das im Nachlass der Erbengemeinschaft befindliche **Grundstück** über zehn Jahre für die Erbengemeinschaft **zu verwalten**. Den umfangreichen sonstigen Nachlass soll er nicht verwalten und auch nicht auseinandersetzen. Wer hat wie viele Steuererklärungen über welches Vermögen abzugeben? Sind mehrere Erbschaftsteuerbescheide zu erlassen und wem sind diese bekannt zu geben?

Unseres Erachtens sind in einem solchen Fall **sowohl vom Testamentsvollstrecker als auch von den Erben Erbschaftsteuererklärungen** abzugeben – von den Erben für das freie Vermögen, vom Testamentsvollstrecker für das Verwaltungsvermögen. Diese Erklärungen können allerdings aus Vereinfachungsgründen auch in einer gemeinsam unterzeichneten Erklärung abgegeben werden. Dabei sollte dann klargestellt werden, wen für welche Teile die Verantwortung trifft, da es materiell weiterhin zwei getrennte Erklärungen bleiben. Der Steuerbescheid hat für jeden Erben dann einheitlich zu ergehen. Eine **Aufspaltung** in mehrere Erwerbsteile ist nicht möglich. Der Steuerbescheid kann aufgrund des beschränkten Aufgabenumfangs nicht allein dem Testamentsvollstrecker bekannt gegeben werden, denn er beinhaltet Festsetzungen, die nicht allein das von ihm verwaltete Vermögen betreffen. Gleichzeitig genügt eine **Bekanntgabe** allein an die Erben nicht den Anforderungen des § 32 Abs. 1 S. 1 ErbStG. Aus diesem Grunde genügt unseres Erachtens nur eine förmlich Bekanntgabe sowohl an den Testamentsvollstrecker als auch an den jeweiligen Erben.[74] Der Bescheid wird erst mit der Bekanntgabe an den letzten der Bekanntgabeadressaten wirksam. Die Rechtsbehelfsfristen laufen erst ab dem Zeitpunkt der letzten Bekanntgabe.

38

Eine Erklärungspflicht für Vermögensgegenstände, die sich außerhalb des Nachlasses „vererben",[75] wie insbesondere die Zuwendung von Vermögensgegenständen durch **Vertrag zugunsten Dritter** auf den Todesfall wird von der Steuererklärungspflicht nicht erfasst.

c) Das Verhältnis zum Erben

Ungeklärt war lange Zeit, ob ein Testamentsvollstrecker gem. § 31 Abs. 5 ErbStG eine Erbschaftsteuererklärung erst dann abzugeben hat, wenn das Finanzamt vorab dem oder den Erben eine **Frist** gem. § 31 Abs. 1 ErbStG gesetzt hat. Diese Frage ist nunmehr durch

39

---

[74] Anders noch die 1. Auflage dieses Werkes: *Mayer/Bonefeld/Daragan*, Testamentsvollstreckung, 1. Aufl. 2000, Rn 895. Zumindest für die Möglichkeit der Bekanntgabe an den Testamentsvollstrecker *Pahlke*, in: Fischer/Jüptner/Pahlke/Wachter, § 32 ErbStG Rn 3.

[75] *J. Mayer*, DNotZ 2000, 905 ff.

Entscheidung des BFH[76] vom 7.12.1999 geklärt. Danach **setzt** die Verpflichtung zur Abgabe einer Steuererklärung **keine Fristsetzung gegenüber dem oder den Erben voraus**. Diese Auffassung ist überzeugend.[77] Für die vom BFH vertretene Ansicht spricht zunächst der Wortlaut des § 31 Abs. 5 ErbStG, der eine selbstständige Verpflichtung des Testamentsvollstreckers unabhängig von § 31 Abs. 1 ErbStG begründet. Ferner würde eine entsprechende Fristsetzung gegenüber dem oder den Erben insofern wenig Sinn machen, als nach § 31 Abs. 5 ErbStG die Verpflichtung zur Abgabe der Steuererklärung auf den Testamentsvollstrecker übergeht. Eine Verpflichtung zur Abgabe einer Steuererklärung besteht für den oder die Erben bei Anordnung von umfassender Testamentsvollstreckung i.S.d. § 31 Abs. 5 ErbStG nicht.[78] Bei Testamentsvollstreckung hat das Finanzamt nach § 31 Abs. 5 S. 2 ErbStG lediglich die Möglichkeit, auch die **Mitunterschrift von Erben** zu verlangen. Würde hingegen eine Fristsetzung nach § 31 Abs. 1 ErbStG zur Voraussetzung der Steuererklärungspflicht des Testamentsvollstreckers gemacht, müsste konsequenterweise eine Mitunterschrift der Erben stets verlangt werden. Dies ist ausweislich des klaren Wortlauts des § 31 Abs. 5 S. 2 ErbStG jedoch nicht der Fall. Überzeugend beruft sich daher der BFH in seiner Entscheidung vom 7.12.1999 auf das **Gebot der Rechtssicherheit und den Bestimmtheitsgrundsatz**. Für diese Auslegung spricht schließlich auch die Entstehungsgeschichte des § 31 Abs. 5 ErbStG.[79] Die gegenteilige Auffassung von *Viskorf*,[80] wonach die Steuerklärungspflicht des Testamentsvollstreckers erst nach Aufforderung des oder der Erben entstehe, vermag nach alledem nicht zu überzeugen. Es ist somit ausreichend, wenn allein der Testamentsvollstrecker zur Abgabe der Erbschaftsteuererklärung aufgefordert wird.

Hat der Erbe Kenntnis des Umstandes, dass die Steuererklärung des Testamentsvollstreckers unzutreffend ist, so ist er zur Berichtigung verpflichtet.[81]

d) Das Erfordernis der Aufforderung des Testamentsvollstreckers zur Abgabe der Erklärung

40 **Entschieden** ist nunmehr vom BFH auch die Frage, inwiefern der Testamentsvollstrecker zur Abgabe einer Steuererklärung überhaupt **erst nach Aufforderung durch das Finanzamt** verpflichtet ist.[82] Eine entsprechende Aufforderung ist im Gesetz nicht ausdrücklich erwähnt. § 31 Abs. 5 ErbStG ist jedoch dahingehend auszulegen, dass der Testamentsvollstrecker nicht verpflichtet ist eine Steuererklärung abzugeben, ohne vom Finanzamt ausdrücklich hierzu aufgefordert worden zu sein. Nach dem Sinn und Zweck des § 31 ErbStG kann die Verpflichtung des Testamentsvollstreckers nicht weiter reichen als die den Beteilig-

---

76 Beschluss v. 7.12.1999, Az. II B 79/99, BStBl II 2000, 233 = BB 2000, 552 = DB 2000, 552 = DStR 2000, 468 = DStZ 2000, 457; Anm. *Viskorf*, FR 2000, 404; vgl. dazu auch *Halaczinsky*, NWB Fach 10, 1437, 1451.
77 Ebenso *Halaczinsky*, NWB Fach 10, 1437, 1451; offen gelassen noch von BFH Beschl. v. 9.6.1999, BStBl II 1999, 529 = NJW-RR 1999, 1594 = DStR 1999, 1226 = ZEV 1999, 325 = BB 1999, 2285 = DB 1999, 1639.
78 Ebenso *Pahlke*, in: Fischer/Jüptner/Pahlke/Wachter, § 31 ErbStG Rn 42.
79 BT-Drucks VI/3412, S. 75 f.
80 FR 1999, 1257, 1258.
81 BGH v. 11.9.2007, 5 StR 213/07, ZEV 2008, 104; *Schuck*, in: Viskorf/Knobel/Schuck/Wälzholz, § 31 ErbStG Rn 13.
82 BFH Urt. v. 11.6.2013, Az. II R 10/11, BStBl II 2013, 924; offen gelassen noch v. BFH Beschl. v. 7.12.1999, BStBl II 2000, 233 = BB 2000, 552 = DB 2000, 552 = DStR 2000, 468 = DStZ 2000, 457; für eine unmittelbare Steuererklärungspflicht des Testamentsvollstreckers noch in einem obiter dictum BFH Urt. v. 16.10.1996, Az. II R 43/96, BStBl II 1997, 73 = DB 1997, 140 = DStRE 1997, 80 = DStZ 1997, 230. Vgl. dazu auch *Wilms/Jochum*, § 31 ErbStG Rn 35; *Viskorf*, FR 1999, 1257, 1258.

ten selbst obliegende Pflicht.[83] Da der Testamentsvollstrecker die Steuererklärung anstelle der Beteiligten abgibt, diese selbst jedoch stets nur nach Aufforderung verpflichtet sind, kann für den Testamentsvollstrecker nichts anderes gelten.[84] Dies erscheint auch im Hinblick auf die **Gesetzesentstehung** richtig, denn die Vorgängervorschrift zu § 31 Abs. 5 ErbStG, § 4 Abs. 2 der ErbStDV, sprach davon, dass die Steuererklärung vom Testamentsvollstrecker zu verlangen ist. Aus der Gesetzesbegründung zum neuen ErbStG ergibt sich nicht, dass eine sachliche Änderung durch die neue Vorschrift herbeigeführt werden sollte.[85] Hierfür spricht auch der Gedanke der **Verwaltungsvereinfachung**. § 31 Abs. 1 ErbStG soll der Finanzverwaltung eine Vorprüfung ermöglichen. Die Finanzverwaltung soll nur diejenigen Fälle zur Abgabe einer ErbSt-Erklärung auffordern, bei denen voraussichtlich mit der Entstehung einer Steuerlast zu rechnen ist. Würde § 31 Abs. 5 ErbStG anders ausgelegt und der Testamentsvollstrecker stets zur Abgabe einer Steuererklärung verpflichtet, so würde dieser Vereinfachungseffekt insoweit systemwidrig beseitigt.[86]

Sind mehrere Testamentsvollstrecker jeweils für den Gesamtnachlass zuständig, muss die Aufforderung zur Abgabe der Steuererklärung an einen von ihnen genügen.[87] Ist dagegen vom Erblasser Testamentsvollstreckung für unterschiedliche Vermögensgegenstände durch unterschiedliche Testamentsvollstrecker angeordnet (z.B. für Inlands- und Auslandsvermögen), muss jeder der Testamentsvollstrecker zur Abgabe einer Erbschaftsteuererklärung für den von ihm verwalteten Teil des Nachlasses aufgefordert werden.[88] 41

Soweit eine **Aufforderung zur Abgabe der Steuererklärung** durch das Finanzamt gegen den Testamentsvollstrecker ergangen ist, ist der Testamentsvollstrecker im eigenen Namen hiergegen **nicht rechtsbehelfsbefugt**. Grund hierfür ist, dass der Testamentsvollstrecker durch die Aufforderung nicht in seinen Rechten verletzt sein kann.[89] Wenn er nicht einmal gegen den an ihn nach § 32 Abs. 1 S. 1 ErbStG gerichteten Steuerbescheid rechtsbehelfsbefugt ist, dann kann auch nichts anderes für die Aufforderung zur Abgabe einer Steuererklärung gelten. Ist der Testamentsvollstrecker aufgrund seiner zivilrechtlichen Beschränkungen[90] nicht zur Abgabe einer Steuererklärung befugt, so ist die Aufforderung wirkungslos und nichtig, da sie dem falschen Beteiligten zugestellt wurde. Der Testamentsvollstrecker muss keinen Rechtsbehelf einlegen. Hat er sich hingegen geirrt, so wird durch die Aufforderung die Anlaufhemmung der Festsetzungsverjährung nach § 170 Abs. 2 Nr. 1 AO ausgelöst. **Verspätungszuschläge** können gegen den Testamentsvollstrecker als eigentlich Verpflichteten festgesetzt werden (§ 152 AO).[91] Hiergegen ist der Testamentsvollstecker dann rechtsbehelfsbefugt. 42

---

83 BFH Urt. v. 11.6.2013, BStBl II 2013, 924; *Pahlke*, in: Fischer/Jüptner/Pahlke/Wachter, § 31 ErbStG Rn 41; *Schuck*, in: Viskorf/Knobel/Schuck/Wälzholz, § 31 ErbStG Rn 13.
84 *Schuck*, in: Viskorf/Knobel/Schuck/Wälzholz, § 31 ErbStG Rn 13; *Viskorf*, FR 1999, 1257, 1258; *Wilms/Jochum*, § 31 ErbStG Rn 35; *Pahlke*, in: Fischer/Jüptner/Pahlke/Wachter, § 31 ErbStG Rn 41; *Meincke*, § 31 ErbStG Rn 12; *Loose*, in: Tipke/Kruse, § 34 AO Rn 31.
85 BT-Drucks VI/3412, S. 75 f.; so auch BFH Beschl. v. 7.12.1999, BStBl II 2000, 233 = BB 2000, 552 = DB 2000, 552 = DStR 2000, 468 = DStZ 2000, 457.
86 Ähnlich argumentiert *Viskorf*, FR 1999, 1257 ff. – mit gleichem Ergebnis wie hier.
87 So schon RFH Urt. v. 17.12.1924, RFHE 15, 146.
88 So auch *Jülicher*, in: Troll/Gebel/Jülicher, § 31 ErbStG Rn 28.
89 Vgl. zur Rechtsbehelfsbefugnis gegen den Steuerbescheid selbst BFH Urt. v. 4.11.1981, BStBl II 1982, 262; krit. dazu *Oswald*, DVR 1982, 130 ff.
90 Bspw. Aufforderung zur Abgabe einer Steuererklärung für einen Vermächtnisnehmer, der nicht seiner Testamentsvollstreckung unterliegt.
91 Vgl. *Rätke*, in: Klein, § 152 AO Rn 35 m.w.N.

43 Gibt der Testamentsvollstrecker Steuererklärungen, zu deren Abgabe er verpflichtet ist, verspätet oder nicht ab, so können gegen ihn **Verspätungszuschläge** (§ 152 AO) oder **Zwangsgelder** (§ 328 AO) festgesetzt werden.[92] Diese Bescheide treffen den Testamentsvollstrecker selbst, so dass er gegen entsprechende Bescheide selbst rechtsbehelfsbefugt ist.

44 Regelmäßig wird der Testamentsvollstrecker sich nicht lange bitten lassen, die Steuererklärung abzugeben. Unaufgefordert sollte er dies hingegen nicht tun, da er den Erben ansonsten ggf. die Möglichkeit der Festsetzungsverjährung nimmt. Der Testamentsvollstrecker hat jedoch ein großes Interesse daran, die Steuererklärung möglichst schnell abzugeben und den Erbschaftsteuerbescheid zu erhalten, da er erst nach Sicherstellung und ggf. Begleichung der Erbschaftsteuer das Vermögen unter die Erben verteilen kann (siehe Rn 120 ff. zu den möglichen Haftungsfolgen für den Testamentsvollstrecker). Verzögerungen bei der Abwicklung des Erbschaftsteuersachverhaltes sind daher meist für den Erben und den Testamentsvollstrecker unerwünscht.

e) Folgeprobleme der Festsetzungsverjährung

45 Unterlässt das Finanzamt über vier Jahre[93] nach Ablauf des Kalenderjahres des Erbfalls hinaus, den Testamentsvollstrecker zur Abgabe der Steuererklärung aufzufordern, so erlischt gem. § 47 AO durch **Festsetzungsverjährung** der Erbschaftsteueranspruch. Eine **Anlaufhemmung** gem. § 170 Abs. 2 AO tritt nicht ein,[94] da der Testamentsvollstrecker mangels Aufforderung zur Abgabe der Steuererklärung noch nicht eine konkrete Verpflichtung zur Abgabe hatte, gegen die er hätte verstoßen können. Die Hemmung des Anlaufs der Festsetzungsfrist im Sinn von § 170 Abs. 2 S. 1 Nr. 2 AO ist an das Bestehen einer Handlungspflicht des Steuerpflichtigen oder seines Vertreters bzw. der für ihn zum Handeln Verpflichteten geknüpft.[95] Der Testamentsvollstrecker hat weder die Stellung eines Vertreters des Erblassers noch des Erben, er handelt vielmehr als Inhaber eines privaten Amtes.[96] Der Testamentsvollstrecker erfüllt zudem eine eigene **Steuererklärungspflicht nach § 31 Abs. 5 ErbStG** und nicht die Erklärungspflicht eines am Erbfall Beteiligten nach § 31 Abs. 1 S. 1 ErbStG. Dennoch handelt er nach der Rechtsprechung des BFH wie jemand, der für den oder die Erben handelt, indem er die Rechte und Pflichten der Erben im Rahmen seiner Verwaltungsbefugnis wahrzunehmen hat. Er ist somit einem gesetzlichen **Vertreter gleichzustellen**.[97] Erfüllt daher der Testamentsvollstrecker seine Erklärungspflicht nicht rechtzeitig, so führt dies zur **Anlaufhemmung nach § 170 Abs. 2 S. 1 Nr. 1 AO**, die auch **Wirkung gegen die Erben** erlangt.

f) Das Problem der Informationslücke

46 Die Steuererklärung ist gem. §§ 149, 150 AO auf dem bundesweit vorgegebenen amtlichen Vordruck abzugeben. Das größte Problem der Abgabe der Steuererklärung durch den Testamentsvollstrecker gem. § 31 Abs. 5 ErbStG besteht darin, dass der Testamentsvollstre-

---

92 Vgl. allg. *Rüsken*, in: Klein, § 34 AO Rn 1, 2; *Häfke*, ZEV 1997, 429, 431.
93 Dies entspricht der regulären Frist für die Festsetzungsverjährung nach § 169 Abs. 2 Nr. 2 AO, vgl. BFH Beschl. v. 22.1.1997, BStBl II 1997, 266 = BB 1997, 669 = DStR 1997, 495.
94 Längstens 3 Jahre nach Ablauf des Kalenderjahres des Eintritts des Erbfalls kann die Anlaufhemmung wirken (§ 170 Abs. 2 Nr. 1 AO). Auch ohne Aufforderung durch das Finanzamt beginnt dann die Festsetzungsverjährungsfrist von 4 Jahren.
95 BFH Urt. v. 16.2.1994, BStBl II 1994, 866 zu II. 2b).
96 Vgl. BGH Urt. v. 7.7.1982, NJW 1983, 40 unter Hinw. auf BGH, NJW 1957, 1916.
97 Vgl. BFH Beschl. v. 7.12.1999, BStBl II 2000, 233 = BB 2000, 552 = DB 2000, 552 = DStR 2000, 468 = DStZ 2000, 457.

cker mit umfassender Verwaltungsbefugnis grundsätzlich den amtlichen Vordruck vollständig auszufüllen hat, soweit es um den Nachlass als solchen geht. Der Testamentsvollstrecker wird i.d.R. jedoch nicht über sämtliche Informationen verfügen, die er benötigt, um die Steuererklärung vollständig und korrekt abzugeben. Dies gilt insbesondere für die Angabe von Vorschenkungen gem. § 14 ErbStG.[98] Umstritten ist insofern, ob der Testamentsvollstrecker einen Anspruch auf Auskunft gegen den oder die Erben bzw. die seiner Testamentsvollstreckung unterliegenden Vermächtnisnehmer hat.[99] Gesetzlich begründete Auskunftsansprüche bezüglich Zuwendungen gem. §§ 328, 331 BGB hat der Testamentsvollstrecker unstreitig nicht. Diesbezüglich kann den Testamentsvollstrecker deshalb auch keine Steuererklärungspflicht gegenüber dem Finanzamt treffen.[100] Teilweise wird in der Tat die Ansicht vertreten, der Testamentsvollstrecker habe auch keinerlei Auskunftsansprüche gegen die seiner Testamentsvollstreckung unterliegenden Personen.[101] Dem kann nicht gefolgt werden. Wenn der Gesetzgeber dem Testamentsvollstrecker eine gesetzliche Verpflichtung wie in § 31 Abs. 5 ErbStG auferlegt, so ist das Gesetz so auszulegen, dass ihm damit auch die erforderlichen Annexkompetenzen und Ansprüche zugewiesen werden. Dies folgt aus § 2218 BGB in Verbindung mit § 242 BGB; hilfsweise lässt sich dieser Informationsanspruch auch aus § 31 ErbStG herleiten.

Sollten dem Testamentsvollstrecker **Informationen nicht aus eigener Kenntnis** oder aus Unterlagen bekannt sein, so sollte der Testamentsvollstrecker das Finanzamt darauf hinweisen, welche Informationen ihm von den Erben zur Verfügung gestellt wurden und welche Informationen ihm nicht zur Verfügung gestellt wurden.[102] Der Testamentsvollstrecker ist nicht verpflichtet, das Finanzamt auf mögliche steuerpflichtige Sachverhalte hinzuweisen, die nicht seiner Testamentsvollstreckung unterliegen, also nicht von seiner Erklärungspflicht gem. § 31 Abs. 5 ErbStG erfasst sind.[103]

Der Testamentsvollstrecker ist allerdings nicht verpflichtet, einen Prozess gegen den oder die Erben zu führen, wenn diese dem Testamentsvollstrecker erforderliche **Informationen vorenthalten** und nicht zur Verfügung stellen. In einem entsprechenden zivilrechtlichen Prozess würde dem Testamentsvollstrecker wohl das **Rechtschutzbedürfnis** fehlen,[104] wenn er sich nicht vorab hilfesuchend an die Finanzverwaltung wendet. Denn das Finanzamt hat die Möglichkeit gem. § 31 Abs. 5 S. 2 ErbStG **die Miterben** durch das Verlangen der **Mitunterzeichnung** mit in die Pflicht zu nehmen. Dies ist zunächst der einfachere Weg. Verweigert die Finanzverwaltung ihre Unterstützung, scheidet eine gerichtliche Vorgehensweise gegen das Finanzamt aus. Einen Anspruch auf Unterstützung durch das Finanzamt hat der Testamentsvollstrecker nicht.

47

g) Die Ausübung von Wahlrechten

Im Rahmen der Abgabe der Erbschaftsteuererklärung sind meistens auch Wahlrechte des ErbStG und des BewG auszuüben. **Erbschaftsteuerliche Wahlrechte** knüpfen an die Pflicht zur Zahlung der ErbSt. Die ErbSt schuldet grundsätzlich der Erbe; der Nachlass, den der

48

---

98 *Zimmermann*, Testamentsvollstreckung, Rn 559.
99 Bejahend: *Lorz*, in: MAH Erbrecht, § 19 Rn 295; *Piltz/Holtz*, in: Bengel/Reimann, Kap. 8 Rn 157; verneinend: *Zimmermann*, Testamentsvollstreckung, Rn 559; *Petzold*, NWB Fach 10 S. 635, 636.
100 BFH Urt. v. 5.12.1990, BStBl II 1991, 181.
101 *Zimmermann*, Testamentsvollstreckung, Rn 559; *Petzold*, NWB Fach 10 S. 635, 636; a.A. *Piltz/Holtz*, in: Bengel/Reimann, Kap. 8 Rn 157.
102 *Petzold*, NWB Fach 10 S. 635, 636.
103 *Piltz/Holtz*, in: Bengel/Reimann, Kap. 8 Rn 61.
104 So *Zimmermann*, Testamentsvollstreckung, Rn 559.

Testamentsvollstrecker verwaltet, haftet nur bis zur Auseinandersetzung für deren Bezahlung. Somit können die **Wahlrechte grundsätzlich nur vom Erben** selbst ausgeübt werden (z.B. Steuerklassenwahl bei Nacherbschaft, Aussetzung der Versteuerung). Zu weiteren Einzelheiten sei auf die Ausführungen unter Rn 111 ff. verwiesen.

h) Unterzeichnung der Steuererklärung

49 Der Testamentsvollstrecker hat die Steuererklärung grundsätzlich **eigenhändig** zu unterzeichnen. Der oder die Erben sind grundsätzlich nicht verpflichtet, bei Anordnung von Testamentsvollstreckung i.S.d. § 31 Abs. 5 ErbStG die Steuererklärung zu unterzeichnen. Das Finanzamt hat jedoch die Möglichkeit, eine entsprechende **Mitunterschrift** von einem oder mehreren Erben zu verlangen. Dies befreit den Testamentsvollstrecker jedoch nicht von der Verpflichtung, selbst die Unterschrift unter die Steuererklärung zu leisten. Die Möglichkeit die Mitunterschrift der Erben zu verlangen, kann der **Testamentsvollstrecker** zwar anregen, jedoch **nicht erzwingen**.[105]

i) Mandatierung eines Steuerberaters

50 Zur Erfüllung der Pflicht zur Abgabe der Erbschaftsteuererklärung darf der Testamentsvollstrecker einen **Steuerberater hinzuziehen, sofern dies einer ordnungsgemäßen Verwaltung entspricht**.[106] Ist der Testamentsvollstrecker selbst Steuerberater oder Rechtsanwalt, so darf er regelmäßig bei Sachverhalten mit gewöhnlichem Schwierigkeitsgrad keinen weiteren Steuerberater auf Rechnung des Nachlasses beauftragen. Denn die Abgabe der Erbschaftsteuererklärung ist von den üblichen Testamentsvollstreckergebühren abgegolten und grds. nicht nur einem Steuerberater zumutbar. Auch bei sonstigen Testamentsvollstreckern ist von gewissen steuerlichen Grundkenntnissen auszugehen. Falls der Testamentsvollstrecker selbst keine Steuerrechtskenntnisse besitzt, ist er hingegen zur Mandatierung eines Steuerberaters zur Vermeidung von Schadensersatzansprüchen verpflichtet; das Gleiche kann bei besonders komplexen Sachverhalten gelten.

Von der vorstehenden Frage des zivilrechtlichen Auslagenersatzes ist die steuerliche Abzugsfähigkeit der Aufwendungen zu unterscheiden. Insoweit gilt: Die Kosten der Erstellung der Steuererklärung sind unabhängig davon, ob der Testamentsvollstrecker selbst steuerberatend tätig ist oder einen fremden Steuerberater beauftragt, als **Nachlassregulierungskosten** vom Nachlass gem. § 10 Abs. 5 Nr. 3 ErbStG abzuziehen.[107] Der Testamentsvollstrecker sollte zu diesem Zweck auf eine detaillierte und genau aufgegliederte Abrechnung der Kosten achten.

3. Nachlasserbensteuern

a) Grundsatz

51 Grundsätzlich sind **der oder die Erben** verpflichtet, diejenigen Steuererklärungen abzugeben, die die Steuergesetze ihnen auferlegen, wenn sie nach dem Ableben des Erblassers mit dem Nachlassvermögen steuerrelevante Sachverhalte verwirklichen. Den Übergang dieser Verpflichtungen auf den Testamentsvollstrecker kann lediglich **§ 34 Abs. 3 AO** oder **§ 35**

---

105 Ebenso *Piltz/Holtz*, in: Bengel/Reimann, Kap. 8 Rn 63.
106 insofern nicht eindeutig Palandt/*Weidlich*, § 2218 Rn 2; differenzierend auch MüKo/*Zimmermann*, § 2221 Rn 26.
107 FG München Urt. v. 21.10.1982, EFG 1983, 243 f.; OFD Koblenz Schreiben v. 16.8.2002, NWB-EN 1362/2002; *Meincke*, ErbStG, § 10 Rn 45; *Lorz*, in: MAH Erbrecht, § 19 Rn 312.

AO herbeiführen. Danach hat der **Testamentsvollstrecker als Vermögensverwalter** diejenigen steuerlichen Verpflichtungen zu erfüllen, so weit seine Verwaltung reicht. Die **Einkommensteuererklärungen** der Erben betreffen stets nicht ausschließlich das Nachlassvermögen, sondern erfassen immer auch Angaben über Sonderausgaben, persönliche Freibeträge, außergewöhnliche Belastungen und andere persönliche Sachverhalte, die keinen Bezug zum Nachlass haben. Die Abgabe einer Einkommensteuererklärung für die Erben durch den Testamentsvollstrecker kann daher von § 34 Abs. 3 AO nicht gedeckt sein. Dementsprechend hat der BFH[108] wiederholt entschieden, dass zumindest in den Fällen, in denen der Erbe feststehe, es **nicht Aufgabe des Testamentsvollstreckers sei, die öffentlich-rechtlichen Pflichten des Erben zu erfüllen**. Dies gelte insbesondere auch für die einkommensteuerlichen Angelegenheiten der Erben.[109] Das Gleiche gilt nach h.M. auch für die **Grunderwerbsteuer, Grundsteuer oder Umsatzsteuer**.[110] Die Erben haben in diesem Zusammenhang über § 2218 i.V.m. § 666 BGB einen Auskunftsanspruch gegen den Testamentsvollstrecker bezüglich der zur Erstellung der Steuererklärungen erforderlichen Informationen und Nachweise, die den Nachlass betreffen.[111]

Dies soll nach Ansicht des BFH auch für solche **Steuererklärungen** gelten, die sich **ausschließlich auf den Nachlass beziehen**.[112] Danach hat der Testamentsvollstrecker selbst solche Steuererklärungen nicht abzugeben, welche die Abgabe einer Erklärung über eine einheitlich und gesonderte Feststellung nach §§ 179 ff. AO von von ihm selbst verwaltetem Nachlassvermögen betreffen (z.B. bei Einkünften aus Vermietung und Verpachtung hinsichtlich eines Nachlassgrundstücks oder eine einheitlich und gesonderte Gewinnfeststellungserklärung für einen im Nachlass befindlichen Mitunternehmeranteil). Für diese Ansicht spricht lediglich, dass auch hier Sonderbetriebsausgaben und Sonderbetriebseinnahmen der einzelnen Erben im Rahmen der einheitlichen und gesonderten Gewinnfeststellung zu erfassen sind und diese i.d.R. nicht zum Nachlass gehören. 52

Es ist nicht zu verkennen, dass die enge Auslegung des § 34 AO die Stellung und den Aufgabenumfang des Testamentsvollstreckers schwächt. Im Übrigen findet sich im Gesetz keinerlei Anhaltspunkt dafür, dass der Testamentsvollstrecker im Rahmen der Testamentsvollstreckung nur zivil- und keine öffentlich-rechtlichen Verpflichtungen wahrzunehmen habe. Dies ist eine **Sonderposition des Steuerrechts**, die keineswegs auch für das Baurecht, Gewerberecht, Umweltrecht, das Recht der Altlastenbeseitigung oder Ähnliches Geltung beansprucht. Das Steuerrecht sollte diesen Grundansatz, öffentliche Pflichten aus dem Aufgabenbereich des Testamentsvollstreckers insgesamt auszuklammern, **erneut überdenken**.[113] Wenn der Testamentsvollstrecker umfassende Verwaltungsbefugnisse für den Nachlass hat, so ist nicht einzusehen, warum er dann grds. keine steuerlichen Erklärungspflichten 53

---

108 BFH Beschl. v. 29.11.1995, BStBl II 1996, 322 = DStR 1996, 505 = BFH/NV 1996, 79 = BB 1996, 879 = DB 1996, 1117; BFH Urt. v. 28.4.1992, BStBl II 1992, 781; BFH Urt. v. 5.6.1991, BStBl II 1991, 820; BFH Urt. v. 16.4.1980, BStBl II 1980, 605; BFH Urt. v. 7.10.1970, BStBl II 1971, 119; ebenso *Noll/Schuck*, DStR 1993, 1437, 1438.
109 BFH Urt. v. 7.10.1970, BStBl II 1971, 119; BFH Urt. v. 10.7.1991, BFH/NV 1992, 223; BFH Urt. v. 16.4.1980, Az. VII R 81/79, BStBl II 1980, 605; *Piltz/Holtz*, in: Bengel/Reimann, Kap. 8 Rn 5.
110 Besonderheiten gelten für die Gewerbe- und Umsatzsteuer bei Fortführung eines Unternehmens durch den Testamentsvollstrecker, siehe Rn 54.
111 Palandt/*Weidlich*, § 2218 Rn 18; *Piltz/Holtz*, in: Bengel/Reimann, Kap. 8 Rn 158.
112 BFH Urt. v. 29.8.1973, Az. I R 242/71, BStBl II 1974, 100; *Loose*, in: Tipke/Kruse, § 34 AO Rn 29; *Piltz/Holtz*, in: Bengel/Reimann, Kap. 8 Rn 145; *Zimmermann*, Testamentsvollstreckung, Rn 586; so wohl auch *König*, in: Pahlke/König, § 34 AO Rn 35.
113 Weitgehend hinsichtlich der steuerlichen Pflichten des Testamentsvollstreckers auch MüKo/*Zimmermann*, § 2203 Rn 11.

für den Nachlass erfüllen soll. Beim Insolvenzverwalter wird dies im Übrigen ganz entgegengesetzt gesehen, indem seine steuerlichen Erklärungspflichten sehr weit ausgedehnt werden.[114] Unseres Erachtens gibt es keinen beachtlichen Grund beide Verwalter unterschiedlich zu behandeln.

Wichtigster Vorteil der hier abgelehnten h.M. ist hingegen, dass sich durch die Verneinung einer Verpflichtung des Testamentsvollstreckers zur Abgabe von Steuererklärungen für Nachlasserbensteuern die Haftungsgefahren des Testamentsvollstreckers in diesem Bereich deutlich reduzieren.

b) Unternehmensfortführung

54 **Ausnahmsweise** ist der **Testamentsvollstrecker verpflichtet**, auch für solche Steuern Steuererklärungen abzugeben, die sich auf Zeiten nach dem Todesfall des Erblassers beziehen. Dies kann sich insbesondere für die **betrieblichen Steuern** (Umsatzsteuer, Gewerbesteuer oder eine einheitlich und gesonderte Gewinnfeststellung) ergeben, wenn ein Testamentsvollstrecker ein Einzelunternehmen im Rahmen der **Vollmachts- oder Treuhandlösung** fortführt.[115] Die Einkommensteuer zählt jedoch in keinem Fall dazu. Teilweise wird die Pflicht zur Abgabe der Steuererklärung für betriebliche Steuern bei der Vollmachtslösung auf § 35 AO gestützt, da der Testamentsvollstrecker ohne besondere Bevollmächtigung die Erben nur bis zur Höhe des Nachlasses verpflichten könne.[116] Auch die **Umsatzsteuererklärung** der Erbengemeinschaft oder des Erben hat der Testamentsvollstrecker nach § 34 Abs. 3 bzw. § 35 AO abzugeben, sofern sich die Sachverhalte auf den Nachlass beziehen und der Testamentsvollstrecker das umsatzsteuerliche Unternehmen für den Nachlass fortführt.[117] Bei einem Alleinerben, der auch außerhalb des Nachlasses umsatzsteuerpflichtiger Unternehmer ist, kann dies bei der Vollmachtslösung zu einem Konflikt mit dem **Grundsatz der Einheitlichkeit des umsatzsteuerlichen Unternehmens** führen (vgl. dazu bereits § 45 Rn 60). Unseres Erachtens hat hier die Erklärungspflicht des Testamentsvollstreckers Vorrang. Solche Konflikte im Zusammenhang mit dem Grundsatz der Einheitlichkeit des Unternehmens treten auch in den vergleichbaren Fällen des Insolvenzverwalters auf.[118]

Auch soweit der Testamentsvollstrecker nicht zur Abgabe von Steuererklärungen verpflichtet sein sollte, so ist er gem. §§ 89, 90, 92 AO in Verbindung mit § 34 Abs. 3, 1 AO verpflichtet, dem Finanzamt alle für die Besteuerung erforderlichen **Auskünfte zu erteilen und Informationen und Unterlagen** zur Verfügung zu stellen.

---

114 BFH Urt. v. 23.8.1994, Az. VIII R 143/92, BStBl II 1995, 194.
115 *Loose*, in: Tipke/Kruse, § 34 AO Anm. 30, der sich insoweit auf § 35 AO stützt und nicht auf § 34 AO; *König*, in: Pahlke/König, § 34 AO Rn 35; *Piltz/Holtz*, in: Bengel/Reimann, Kap. 8 Rn 143; *Groll*, Die Testamentsvollstreckung in: Praxishandbuch Erbrechtsberatung, Teil C. IX. Rn 155; *Hübschmann/Hepp/Spitaler*, § 34 AO Anm. 78; vgl. auch *Kempermann*, DStR 1979, 63, 65; vgl. hierzu auch oben unter § 19.
116 *Loose*, in: Tipke/Kruse, § 34 AO Anm. 30; *Schwarz*, § 34 AO Rn 20; dies hält auch *König*, in: Pahlke/König, § 34 AO Rn 35 a.E. für möglich.
117 *König*, in: Pahlke/König, § 34 AO Rn 35; bei der Treuhandlösung ist der Testamentsvollstrecker selbst Unternehmer im umsatzsteuerlichen Sinne und schuldet selbst die Umsatzsteuer; bei der Vollmachtslösung ist er zur Abgabe der Steuererklärung nach § 35 AO verpflichtet.
118 BFH, Urt. v. 20.12.2012, Az. V R 23/11, BStBl II 2013, 334; BFH Urt. v. 15.6.1999, Az. VII R 3/97, BStBl II 2000, 46; BFH Urt. v. 28.6.2000, Az. V R 87/99, BStBl II 2000, 639 = DB 2000, 2050.

c) Das Problem unbekannter Erben

Teilweise wird in der Rechtslehre die Meinung vertreten, dass sich die Verpflichtung zur Abgabe von Steuererklärungen anders darstellen könne, wenn die **Erben noch nicht ermittelt** werden konnten bzw. sich die Erben über die testamentarisch angeordnete Aufteilung des Nachlasses noch gerichtlich auseinandersetzen. Dann sei möglicherweise der Testamentsvollstrecker zur Abgabe aller Steuererklärungen verpflichtet. Diese Ansicht wurde auch vom **BFH** angedeutet.[119] Dem ist jedoch nicht zu folgen. Diese Ansicht beruht allein auf fiskalischen Überlegungen, ist aber **mit dem Gesetz nicht vereinbar**. Hinsichtlich der Frage, welche steuerlichen Verpflichtungen ein Testamentsvollstrecker hat, unterscheiden weder das BGB noch § 34 AO oder andere steuerliche Gesetze danach, ob Erben ermittelt werden konnten oder nicht. Der Pflichtumfang des Testamentsvollstreckers kann nicht von dem „Bekanntheitsgrad" der Erben abhängen. Die Abgabenordnung weist auch einen anderen Weg: Gemäß **§ 81 AO** kann das Finanzamt veranlassen, dass das Betreuungsgericht für einen Beteiligten, dessen Person unbekannt ist, einen geeigneten Vertreter bestellt.[120] Einkommensteuererklärungen werden insoweit jedoch kaum abgegeben werden können, da insoweit stets auch alle übrigen persönlichen Umstände des später ermittelten Erben zu berücksichtigen sind.

55

IV. Adressat und Bekanntgabe des Steuerbescheides
Übersicht

56

	Inhaltsadressat	Bekanntgabeadressat
Erblassersteuern	Erblasser/nach dem Ableben der Erbe für alle Steuerarten	Erblasser/nach dem Ableben der Testamentsvollstrecker für alle Steuerarten oder der Erbe (Wahlrecht)
Erbschaftsteuer	grds. Erwerber	Testamentsvollstrecker in den Grenzen der Steuererklärungspflicht, § 32 Abs. 1 S. 1 ErbStG
Nachlasserbensteuern – außer Betrieb	Erbe	Erbe
Vollmachtslösung	Erbe, auch für betriebliche Steuern (GewStG, UStG)	Erbe, auch für betriebliche Steuern (GewStG, UStG)
Treuhandlösung	Erbe, auch für betriebliche Steuern (GewStG) Anders nur für UStG	Erbe, auch für betriebliche Steuern (GewStG), anders nur für UStG
In den vorstehenden Fällen erfolgt dennoch eine Adressierung und Bekanntgabe an den Testamentsvollstrecker, sofern er als Haftungsschuldner für Steuerschulden des Erben in Anspruch genommen werden soll oder mittels Duldungsbescheid, wenn er die Zwangsvollstreckung in den Nachlass zu dulden hat.		

---

119 *Piltz/Holtz*, in: Bengel/Reimann, Kap. 8 Rn 146; BFH Urt. v. 7.10.1970, BStBl II 1971, 119; BFH Urt. v. 16.4.1980, BStBl II 1980, 605; vgl. auch *Kempermann*, DStR 1979, 63, 64.
120 *Eisele*, in: Kapp/Ebeling, § 32 ErbStG Rn 21, inkonsequent jedoch anders ebendort in Rn 24.

1. Allgemeines

57 Voraussetzung für die Wirksamkeit eines Verwaltungsaktes ist seine hinreichende **Bestimmtheit** i.S.d. § 119 Abs. 1 AO und die **Bekanntgabe** an denjenigen, für den er bestimmt ist oder der von ihm betroffen wird (§§ 124, 122 AO). Hinsichtlich der wirksamen Bekanntgabe eines Steuerbescheides ist zu unterscheiden zwischen dem sog. **Inhaltsadressaten** und dem **Bekanntgabeadressaten**.[121] Inhaltsadressat eines Steuerbescheides ist immer der Steuerschuldner. Der Inhaltsadressat muss so genau bezeichnet sein, dass keine Zweifel an seiner Identität bestehen.

58 **Bekanntgabeadressat** ist hingegen diejenige Person, der der Verwaltungsakt bekannt zu geben ist. Bekanntgabeadressat und Inhaltsadressat können auseinanderfallen, wenn Dritte für den Steuerschuldner die steuerlichen Pflichten zu erfüllen haben. Dies ist insbesondere bei Testamentsvollstreckern in bestimmten Teilbereichen der Fall. Es ist daher genau zu unterscheiden, wer der jeweilige Steuerschuldner und damit als Inhaltsadressat im Steuerbescheid zu bezeichnen ist und wem der Steuerbescheid bekannt zu geben ist.[122] Auch hier ist zu unterscheiden zwischen den einzelnen steuerlichen Phasen der Testamentsvollstreckung, nämlich den Steuern, die bereits vor dem Todesfall veranlasst wurden, den Erbfallsteuerschulden und den Steuerschulden, die durch die Erben verwirklicht wurden.

59 Auch soweit nachfolgend ausgeführt wird, dass der Steuerbescheid nicht dem Testamentsvollstrecker bekannt zu geben ist, so kann dies im Einzelfall anders sein, wenn der oder die Erben den **Testamentsvollstrecker bevollmächtigt** haben, deren Steuererklärung abzugeben und den Steuerbescheid entgegenzunehmen. In diesem Fall wird der Testamentsvollstrecker als Empfangsbevollmächtigter tätig. Dies muss jedoch eindeutig aus dem Steuerbescheid hervorgehen.

60 Unklar ist, ob eine **trans-**[123] **oder postmortale**[124] **Vollmacht** des Erblassers zugunsten des späteren Testamentsvollstreckers auch zur Abgabe von Steuererklärungen und zur Entgegennahme von Steuerbescheiden für die Erben berechtigt.[125] Unseres Erachtens kann der Testamentsvollstrecker sich auf die trans- oder postmortale Vollmacht berufen, jedoch nur, soweit im Rahmen des Steuerverfahrens **ausschließlich** steuerliche Fragen des Nachlasses selbst betroffen sind. Für die Abgabe oder Entgegennahme von Einkommensteuerbescheiden des oder der Erben ist der Testamentsvollstrecker beispielsweise nicht befugt,[126] da hier auch **persönlich Angelegenheiten** des/der Erben betroffen sind. Dafür bedürfte es einer von allen Erben selbst erteilten Vollmacht.[127]

---

121 AEAO zu § 122 Tz 1.2.; BFH Beschl. v. 29.11.1995, BStBl II 1996, 322 = DStR 1996, 505 = BFH/NV 1996, 79 = BB 1996, 879 = DB 1996, 1117.
122 Vgl. BFH Urt. v. 10.7.1991, BFH/NV 1992, 223 – zu einem Fall der Unwirksamkeit wegen Unbestimmtheit des Adressaten.
123 Vollmacht des Erblassers, die zu Lebzeiten und über den Tod hinaus wirkt.
124 Vollmacht des Erblassers, die erst ab dem Tod wirkt.
125 *Häfke*, ZEV 1997, 429, 432; vgl. auch *Meincke*, § 32 ErbStG Anm. 14; *Petzold*, NWB, F. 10, 625, 640, zur parallel gelagerten Frage der Vollmacht zur Einlegung von Rechtsbehelfen.
126 Siehe auch zur Rechtsmitteleinlegung durch den Testamentsvollstrecker *Schuck*, in: Viskorf/Knobel/Schuck/Wälzholz, § 32 ErbStG Rn 15; ebenso für die Erbschaftsteuererklärung *Troll/Gebel/Jülicher*, § 32 ErbStG Rn 12.
127 Zum Konkurrenzverhältnis zwischen einem kraft trans- bzw. postmortalen Vollmacht Bevollmächtigten und einem vom Erblasser eingesetzten Testamentsvollstreckers vgl. *Amann*, MittBayNot 2013, 367 mit weiteren Nachweisen aus der Rechtsprechung.

Stets nichtig und damit unwirksam ist ein **Bescheid, der an den bereits verstorbenen Erblasser** adressiert wurde und diesem bekannt gegeben werden soll.[128] In einem solchen Fall bedarf es nicht der Anfechtung des Bescheides. Die Nichtigkeit ist von Amts wegen zu berücksichtigen. Ein nichtiger Bescheid kann nicht bestandskräftig und damit auch nicht unanfechtbar werden.

2. Steuerschulden des Erblassers

Soweit ein Steuerbescheid für Steuertatbestände zu erlassen ist, die noch vom Erblasser verwirklicht wurden, so steht der Finanzverwaltung nach allgemeiner Ansicht bei der Auswahl des Bekanntgabeadressaten ein **Wahlrecht** zu. Dies wird auch in der Rechtslehre weitgehend anerkannt.[129] Der Steuerbescheid, dessen Inhaltsadressaten stets der oder die Erben sind, kann **entweder dem oder den Erben oder dem Testamentsvollstrecker** gem. § 45 Abs. 2 AO i.V.m. § 2213 Abs. 1 BGB bekannt gegeben werden, da dieser zur Erfüllung von Nachlassverbindlichkeiten verpflichtet ist.[130] Nach der Verwaltungsanweisung der Finanzverwaltung soll in den Fällen, in denen der Steuerbescheid den Erben unmittelbar bekannt gegeben wird, dem Testamentsvollstrecker eine Ausfertigung des Steuerbescheides zur Kenntnis gegeben werden. Um gegen den Nachlass vorgehen und in diesen vollstrecken zu können, bedarf es entweder eines vollstreckbaren Verwaltungsaktes gegen den Testamentsvollstrecker oder eines Steuerbescheides gegen den Erben sowie eines Duldungsbescheides gegen den Testamentsvollstrecker gem. § 191 Abs. 1 AO, § 219 AO.[131] Letzterer ist an den Testamentsvollstrecker als Inhalts- und Bekanntgabeadressat zu richten.

Aus dem Steuerbescheid muss **eindeutig hervorgehen, ob** er sich als Inhaltsadressaten an den oder die **Erben oder** an den **Testamentsvollstrecker** richtet. Der BFH hatte einen Fall zu entscheiden, in dem der Erblasser selbst eine Schenkung erhalten hatte und nunmehr ein Schenkungsteuerbescheid für die bereits beim Erblasser verwirklichten Schenkungsteuerschulden erlassen werden sollte.[132] Das Finanzamt adressierte den Schenkungsteuerbescheid an den Testamentsvollstrecker mit dem Hinweis „als Testamentsvollstrecker und Zustellungsvertreter der Erben nach (…)". Nach überzeugender Meinung des BFH[133] ist ein solcher Steuerbescheid inhaltlich unbestimmt, da nicht eindeutig daraus hervorgeht, ob dem Testamentsvollstrecker der Bescheid lediglich mit Wirkung für die Erben zugestellt werden sollte oder ob ihm der Bescheid selbst als Verfügungsberechtigten über den Nachlass sowie zugleich als Zustellungsvertreter der Erben bekannt gegeben werden sollte. Darüber hinaus fehlte eine namentliche Nennung der Gesamtrechtsnachfolger, so dass der Bescheid auch aus diesem Grund unwirksam war. Im Allgemeinen sind nicht hinreichend bestimmte Verwaltungsakte nichtig.[134] Wird bei der Bekanntgabe des Bescheids an den Testamentsvoll-

---

128 AEAO zu § 122 Tz. 4.1.2; BFH Urt. v. 17.6.1992, BStBl II 1993, 174; *Seer*, in: Tipke/Kruse, § 122 AO Rn 25.
129 *Zimmermann*, Testamentsvollstreckung, Rn 578; *Piltz/Holtz*, in: Bengel/Reimann, Kap. 8 Rn 31; *Häfke*, ZEV 1997, 429, 431; *Seidenfus/Huber*, INF 2001, 385, 386.
130 AEAO zu § 122 Tz. 2.13.1.1; BFH Urt. v. 15.2.1978, BStBl II 1978, 491; BFH Urt. v. 8.3.1979, BStBl II 1979, 501 (offen); BFH Urt. v. 30.9.1987, BStBl II 1988, 120; BFH Urt. v. 16.12.1977, Az. III R 35/77, BStBl II 1978, 383.
131 BFH Beschl. v. 29.11.1995, BStBl II 1996, 322 = DStR 1996, 505 = BFH/NV 1996, 79 = BB 1996, 879 = DB 1996, 1117, 325; BFH Urt. v. 30.9.1987, Az. II R 42/84, BStBl II 1988, 120.
132 BFH Urt. v. 30.9.1987, Az. II R 42/84, BStBl II 1988, 120 = NJW 1989, 936.
133 BFH Urt. v. 30.9.1987, Az. II R 42/84, BStBl II 1988, 120.
134 BFH Beschl. v. 12.10.1988, DStR 1989, 37; BFH Urt. v. 18.3.1986, BStBl II 1986, 524; BFH Urt. v. 19.8.1999, BFH/NV 2001, 409; FG Münster v. 19.4.2013, Az. 14 K 3020/10, EFG 2014, 238 (dagegen ist Rev. eingelegt unter BFH VIII R 59/13).

strecker nicht darauf verwiesen, dass die Bekanntgabe an ihn aufgrund seiner Eigenschaft als Testamentsvollstrecker (= Bekanntgabeadressat) und nicht als Steuerschuldner erfolgt, ist der Bescheid nach Ansicht des BFH ausnahmsweise dann nicht nichtig, wenn sich aus nach den Umständen eindeutig ergibt, dass eine Inanspruchnahme als Steuerschuldner eindeutig nicht in Betracht kommt.[135]

3. Die Bekanntgabe des Erbschaftsteuerbescheides

64 Hinsichtlich der Bekanntgabe des Erbschaftsteuerbescheides ist danach **zu unterscheiden**, ob der Testamentsvollstrecker nach Maßgabe des § 31 Abs. 5 ErbStG dazu verpflichtet war, die Steuererklärung abzugeben oder nicht. Soweit es sich um die Erbschaftsteuererklärung für einen Erben oder Vermächtnisnehmer handelt, der der Testamentsvollstreckung unmittelbar unterliegt, so greift § 31 Abs. 5 ErbStG ein.[136] Für diesen Fall existiert die **Spezialvorschrift des § 32 Abs. 1 S. 1 ErbStG**. Handelt es sich hingegen um die Erbschaftsteuererklärung und den Erbschaftsteuerbescheid für ein **nicht der Testamentsvollstreckung unterliegendes, also nur zu erfüllendes Vermächtnis** oder den Erwerb nach §§ 328, 331 BGB, insbesondere also um den Erwerb aufgrund von Lebensversicherungsverträgen oder sonstigen Verträgen zugunsten Dritter auf den Todesfall oder einen Pflichtteilsberechtigten, so ist **dies nicht** mehr vom **Aufgabenbereich des Testamentsvollstreckers** nach § 31 Abs. 5 ErbStG umfasst.[137] In diesen Fällen ist der Erbschaftsteuerbescheid an den jeweiligen steuerpflichtigen Erwerber als Inhalts- und Bekanntgabeadressat zu richten.[138] Ein dennoch an den Testamentsvollstrecker bekannt gegebener Steuerbescheid entfaltet keine Wirkung gegenüber den nicht der Testamentsvollstreckung unterliegenden Personen.

65 War der Testamentsvollstrecker also nach § 31 Abs. 5 ErbStG verpflichtet, die Erbschaftsteuererklärung abzugeben, so ist der Steuerbescheid abweichend von § 122 Abs. 1 S. 1 AO dem Testamentsvollstrecker bekannt zu geben (§ 32 Abs. 1 S. 1 AO).[139] Inhaltsadressat, also **Steuerschuldner bleibt hingegen der Erbe**.[140] Anderes gilt nur dann, wenn der **Testamentsvollstrecker wegen Zahlung der Erbschaftsteuerschuld** nach § 32 Abs. 1 S. 2 ErbStG auf Zahlung aus dem Nachlass **in Anspruch genommen** werden soll. In diesem Fall kann der Testamentsvollstrecker sowohl Inhalts- als auch Bekanntgabeadressat sein. Bei der Bekanntgabe des Erbschaftsteuerbescheides an den Testamentsvollstrecker gem. § 32 Abs. 1 S. 1 ErbStG muss der Bescheid so formuliert sein, dass sich eine Auslegung ausschließen lässt, der Testamentsvollstrecker werde in Anspruch genommen, weil er gem. § 32 Abs. 1 S. 2 ErbStG für die Zahlung der Steuer zu sorgen habe.[141] Ist der Bescheid insoweit nicht eindeutig, so ist dieser nach Anfechtung durch den Testamentsvollstrecker

---

135 BFH Urt. v. 28.1.1998, BFH/NV 1998, 855.
136 Bzgl. Vermächtnissen vgl. FG München Urt. v. 23.8.2000, ZEV 2001, 287 = EFG 2001, 301. Anders noch zum alten Recht, vgl. BFH Urt. v. 20.10.1970, BStBl II 1970, 826; BFH Urt. v. 21.11.1979, BStBl II 1980, 207. Vgl. rechtspolitisch krit. zu dieser Regelung *Moench/Kien-Hümbert*, DStR 1987, 38, 39 f.
137 *Volquardsen*, in: Daragan/Halaczinsky/Riedel, § 32 Rn 15; *Pahlke*, in: Jüptner/Fischer/Pahlke/Wachter, § 32 ErbStG Rn 2 – anders nur wenn auch Testamentsvollstreckung über den Vermächtnisgegenstand selbst (§ 2223 BGB) angeordnet ist.
138 BFH Urt. v. 14.11.1990, BStBl II 1991, 49 = DB 1991, 847 = BB 1991, 400; BFH Urt. v. 14.11.1990, BStBl II 1991, 52 = BB 1991, 398; BFH Urt. v. 5.12.1990, BStBl II 1991, 181; AEAO zu § 122, 2.13.4.1.; *Petzold*, NWB Fach 10 S. 635, 637.
139 Vgl. *Sosnitza*, UVR 1992, 342, 348.
140 H E 32 ErbStR 2011; dazu auch *Halaczinsky*, NWB Fach 10, 1437, 1451; vgl. auch *Kempermann*, DStR 1979, 63, 64 f.
141 *Pahlke*, in: Fischer/Jüptner/Pahlke/Wachter, § 32 ErbStG Rn 4; *Petzold*, NWB Fach 10 S. 635, 637 a.E. m.w.N.

aufzuheben. In diesem Fall ist der Testamentsvollstrecker ausnahmsweise auch zur Anfechtung rechtsbehelfsbefugt (§ 350 AO).[142] Als nicht eindeutig hat es der BFH angesehen, wenn der Bescheid wie folgt adressiert wird: „Erbschaftsteuerbescheid über den Erwerb des Herrn … von Todes wegen nach Herrn …". Eine Bezugnahme auf § 32 ErbStG genüge ebenso wenig, da dies auch eine Inanspruchnahme nach § 32 Abs. 1 S. 2 ErbStG beinhalten könne. Die Eindeutigkeit lässt sich nach Meinung des BFH durch einen Vermerk erreichen, wonach der Bescheid dem Testamentsvollstrecker als Zugangsvertreter mit Wirkung für und gegen den Erben oder Vermächtnisnehmer bekannt gegeben werde.[143]

Grundsätzlich erfolgt die Festsetzung eines Steuerbescheides in der endgültigen Form. Sind jedoch die tatsächlichen Grundlagen der Besteuerung noch nicht endgültig festgestellt, so kann die Steuer unter dem **Vorbehalt der Nachprüfung** i.S.d. § 164 AO erfolgen. Steht die Geldmachung des Pflichtteilsanspruches, die Höhe des tatsächlich vorhandenen Vermögens oder die genaue Anzahl der Erben noch nicht fest, so erfolgt die Steuerfestsetzung i.d.R. **vorläufig** i.S.d. § 165 AO.[144] 66

Ist die **Testamentsvollstreckung gegenständlich beschränkt**, so fragt es sich, wem der einheitliche Steuerbescheid für den Gesamterwerb des/der Erben bekannt zu geben ist – dem Erben allein, dem Testamentsvollstrecker allein oder beiden gemeinsam (vgl. dazu bereits Rn 36). 67

Unterliegen mehrere **Vermächtnisse der Dauertestamentsvollstreckung** und sind mehrere Erben vorhanden, so ergehen für jeden steuerpflichtigen Erwerber getrennte Steuerbescheide. Die einzelnen Erwerber sind keine Gesamtschuldner; es kann daher nach h.M. kein zusammengefasster Steuerbescheid i.S.d. § 155 Abs. 3 AO ergehen.[145] 68

Die Regelung des § 32 Abs. 1 S. 1 ErbStG gilt auch für Erwerbe, die nicht eine Erbschaft i.S.d. § 1922 BGB betreffen, sondern auch für erbschaftsteuerpflichtige Erwerbe, die allein auf schuldrechtlichen Ansprüchen wie einem **Vermächtnis, dem Pflichtteilsrecht oder einer Auflage** beruhen, sofern diese vom Testamentsvollstrecker zu verwalten sind.[146] Ist der Testamentsvollstrecker nicht mit der Dauertestamentsvollstreckung über ein Vermächtnis betraut, so kann der Erbschaftsteuerbescheid hinsichtlich des Vermächtnisanfalls nicht dem Testamentsvollstrecker nach § 32 Abs. 1 S. 1 ErbStG zugestellt werden.[147] Erfolgt dies dennoch, so bewirkt es die Unwirksamkeit des Steuerbescheides. Die fehlerfreie Zustellung der Einspruchsentscheidung führt jedoch zur Heilung des ursprünglichen Mangels und ursprünglich unwirksamen Verwaltungsakts.[148] 69

Nach Meinung der Finanzverwaltung[149] ist in den Fällen des § 32 Abs. 1 S. 1 der Erbschaftsteuerbescheid wie folgt **an den Testamentsvollstrecker zu adressieren**, wenn er diesem für die Erben als Inhaltsadressaten bekannt gegeben wird: 70

---

142 BFH Urt. v. 18.3.1986, BStBl II 1986, 524.
143 BFH Urt. v. 18.3.1986, BStBl II 1986, 524.
144 Vgl. auch *Troll/Gebel/Jülicher*, § 32 ErbStG Rn 3.
145 *Moench/Kien-Hümbert*, DStR 1987, 38, 39; *Troll/Gebel/Jülicher*, § 32 ErbStG Rn 6; *Eisele*, in: Kapp/Ebeling, § 31 ErbStG Rn 15, 18.
146 AEAO zu § 122 Tz 2.13.4.1.
147 BFH Urt. v. 14.11.1990, BStBl II 1991, 49 = BB 1991, 400 = DB 1991, 847; *Pietsch*, UVR 1991, 237, 239.
148 BFH Urt. v. 14.11.1990, BStBl II 1991, 49 = BB 1991, 400 = DB 1991, 847.
149 AEAO zu § 122 Tz 2.13.4.1.

Anschriftenfeld:	Name und Anschrift des Testamentsvollstreckers
Bescheidkopf:	Erbschaftsteuerbescheid über den Erwerb des (Name des Erben/Miterben) aufgrund des Ablebens von (…).
Erläuterungen:	Der Bescheid wird Ihnen als nach § 32 Abs. 1 S. 1 ErbStG mit Wirkung für und gegen den oben bezeichneten Erben bekannt gegeben. Dieser ist Steuerschuldner.

71 Mit der Bekanntgabe des Steuerbescheides an den Testamentsvollstrecker wird der Bescheid mit Wirkung für die Erben gem. § 124 AO wirksam.[150] Der Testamentsvollstrecker ist insoweit **Zugangsvertreter der Erben**, selbst wenn diese keine Kenntnis vom Steuerbescheid erhalten.[151] Üblicherweise wird jedoch von der Finanzverwaltung der Steuerbescheid in **Kopie dem betroffenen Erben** zur Kenntnis gegeben.[152] Zwingend erforderlich ist dies rechtlich jedoch nicht.

72 Die Bekanntgabe des Erbschaftsteuerbescheides an den Testamentsvollstrecker setzt die **Rechtsbehelfsfrist** für die Anfechtung durch den oder die Erben in Lauf.[153] Der Testamentsvollstrecker ist daher zur Vermeidung einer zivilrechtlichen Haftung gem. § 2219 BGB verpflichtet, den Erbschaftssteuerbescheid unverzüglich dem Erben mitzuteilen. Er kann diesen gegebenenfalls auf den Lauf der Anfechtungsfrist hinweisen. Eine zivilrechtliche Verpflichtung zu diesem Hinweis besteht unseres Erachtens jedoch nicht, zumal i.d.R. mit dem Steuerbescheid eine Rechtsbehelfsbelehrung verbunden ist.

> **Beratungstipp**
> Der Testamentsvollstrecker sollte stets unmittelbar nach Erhalt des Erbschaftsteuerbescheides diesen den jeweiligen Erwerbern zuleiten, die von diesem Bescheid betroffen sind und deshalb möglicherweise dagegen einspruchsbefugt sind.

73 Informiert der Testamentsvollstrecker den oder die Erben nicht rechtzeitig über den Erlass des Erbschaftsteuerbescheides, so dass die Rechtsmittelfrist bereits abgelaufen ist, so ist ihnen auf Antrag **Wiedereinsetzung in den vorherigen Stand** gem. § 110 AO zu gewähren.[154] Die verspätete Unterrichtung kann ihnen nicht über § 110 Abs. 1 S. 2 AO zugerechnet werden, da der Testamentsvollstrecker nicht Vertreter, sondern Zugangsvertreter kraft Gesetz ist.[155] Nach Ablauf eines Jahres seit dem Ende der versäumten Frist ist jedoch auch die Möglichkeit der Wiedereinsetzung in den vorigen Stand erloschen, soweit die Verhinderung nicht auf höherer Gewalt beruhte, § 110 Abs. 3 AO.

74 Der Steuerbescheid wird aber auch umgekehrt nur wirksam, wenn er dem Testamentsvollstrecker bekannt gegeben wird.[156] So wird ein Erbschaftsteuerbescheid, der fälschlicherweise nur dem Erben trotz angeordneter Testamentsvollstreckung bekannt gegeben wird, erst mit Weiterleitung an den Testamentsvollstrecker wirksam und dadurch der Bekanntgabemangel geheilt. Erst mit Weiterleitung beginnt die Rechtsmittelfrist zu laufen.[157] Erfolgt dies lange

---

150 AEAO zu § 122 Tz 2.13.4.1; *Halaczinsky*, NWB Fach 10, 1437, 1451.
151 BFH Urt. v. 14.11.1990, BStBl II 1991, 49 = DB 1991, 847 = BB 1991, 400; BFH Urt. v. 14.11.1990, BStBl II 1991, 52 = DB 1991, 847 = BB 1991, 398; *Eisele*, in: Kapp/Ebeling, § 32 ErbStG Rn 10 ff.; *Troll/Gebel/Jülicher*, § 32 ErbStG Rn 11, 17.
152 *Sosnitza*, UVR 1992, 342, 348.
153 *Halaczinsky*, NWB Fach 10, 1437, 1451.
154 *Sosnitza*, UVR 1992, 342, 348.
155 BFH Urt. v. 14.11.1990, BStBl II 1991, 52; *Pietsch*, UVR 1991, 237, 238; *Halaczinsky*, NWB Fach 10, 1437, 1451.
156 *Halaczinsky*, NWB Fach 10, 1437, 1451.
157 BFH Urt. v. 8.12.1988, BStBl II 1989, 346;BFH, Beschl. vom 21.2.2013, II B 113/12, BFH/NV 2013, 899; *Troll/Gebel/Jülicher*, § 32 ErbStG Rn 19.

Zeit nicht und wird von dem Erben Einspruch eingelegt und der Einspruchsbescheid zutreffender Weise[158] dem Erben bekannt gegeben, so ist damit auch die ursprünglich fehlerhafte Bekanntgabe geheilt.[159]

4. Nachlasserbensteuern

Betrifft die Steuerpflicht Tatbestände, die erst nach dem Erbfall verwirklicht wurden, so ist der Erbe Steuerschuldner auch für Steuertatbestände, die das der Testamentsvollstreckung unterliegende Nachlassvermögen betreffen. Die **Steuerbescheide** sind daher grundsätzlich dem **Erben als Inhaltsadressaten und Bekanntgabeadressaten** bekannt zu geben.[160] Dies gilt nach Meinung der Finanzverwaltung auch für die Einkommensteuer und die Gewerbesteuer, wenn der Testamentsvollstrecker ein Unternehmen im eigenen Namen weiterführt[161] und erst Recht bei Fortführung aufgrund der Vollmachtslösung. Ein Bescheid kann als Inhalts- und Bekanntgabeadressaten nur dann an den Testamentsvollstrecker gerichtet werden, wenn dieser nach § 2213 Abs. 1 BGB für die Verwaltung des gesamten Nachlasses zuständig ist und in den Nachlass vollstreckt werden soll.[162] Umsatzsteuerlich ist der Testamentsvollstrecker nur dann der richtige Inhalts- und Bekanntgabeadressat von umsatzsteuerlichen Bescheiden, wenn er das Einzelunternehmen als Treuhänder im eigenen Namen fortführt (vgl. bereits Rn 54).

75

Überzeugend geht die Finanzverwaltung davon aus, dass bei **unbekannten, noch nicht ermittelten Erben** Steuerbescheide für vor dem Eintritt des Erbfalls verwirklichte Steuertatbestände sowie für Nachlasserbensteuern nicht dem Testamentsvollstrecker bekannt zu geben sind, sondern dem Nachlasspfleger als gesetzlichem Vertreter.[163] Der Testamentsvollstrecker ist nicht kraft Amtes Vertreter der unbekannten Erben.

V. Die Rechtsbehelfsbefugnis, -frist und Wiedereinsetzung

Übersicht

76

	Rechtsbehelfsbefugnis
Erblassersteuern	Erblasser/nach dem Ableben der Erbe für alle Steuerarten
Erbschaftsteuer	Erben
Nachlasserbensteuern – außer Betrieb	Erben
Vollmachtslösung	Erben
Treuhandlösung	Erben für private Steuern (insbes. EStG); Testamentsvollstrecker für betriebliche Steuern (GewStG, UStG)

---

158 Denn § 32 ErbStG gilt nicht für die Bekanntgabe des Einspruchsbescheides; den Einspruch können nur die Erben einlegen; ihnen ist auch der Einspruchsbescheid bekannt zu geben, vgl. FinMin Saarland Schreiben v. 25.1.2001, NWB-EN 303/2001.
159 Vgl. BFH Urt. v. 14.11.1990, BStBl II 1991, 49 = DB 1991, 847 = BB 1991, 400; *Eisele*, in: Kapp/Ebeling, § 32 ErbStG Rn 15.
160 BFH Urt. v. 7.10.1970, BStBl II 1971, 119; BFH Beschl. v. 29.11.1995, BStBl II 1996, 322 = DStR 1996, 505 = BFH/NV 1996, 79 = BB 1996, 879 = DB 1996, 1117; AEAO zu § 122 Tz. 2.13.1.2.
161 BFH Urt. v. 16.2.1977, BStBl II 1977, 481 für Gewerbesteuermessbescheide; AEAO zu § 122 Tz. 2.13.1.2.
162 AEAO zu § 122 Tz. 2.13.1.2.
163 Zutreffend so AEAO zu § 122 Tz. 2.13.1.3.

> **Ausnahme:**
> Abweichend von den vorstehenden Grundsätzen ist der Testamentsvollstrecker selbst rechtsbehelfsbefugt, wenn der Bescheid an ihn unklar adressiert ist oder er mittels Haftungs- oder er für den Nachlass mittels Duldungsbescheid oder nach § 32 Abs. 1 S. 1 ErbStG auf Zahlung für den Nachlass in Anspruch genommen wird.

1. Erblassersteuern

77   Gemäß § 350 AO ist lediglich **befugt Einspruch einzulegen**, wer geltend macht, durch einen Verwaltungsakt oder dessen Unterlassung beschwert zu sein. Diese **Beschwer fehlt i.d.R. dem Testamentsvollstrecker**, so dass er grundsätzlich nicht befugt ist, Einspruch gegen einen Steuerbescheid einzulegen. Dies gilt nach h.M. für den Fall der Geltendmachung von Steuern aus der Zeit des Erblassers, da die Abwehr von Steueransprüchen kein der Verwaltung des Testamentsvollstreckers unterliegendes Recht i.S.v. § 2212 BGB sei.[164] Auch für einen einheitlichen und gesonderten Gewinnfeststellungsbescheid aus der Zeit vor dem Erbfall ist der Testamentsvollstrecker nicht aus eigenem Recht rechtsbehelfsbefugt.[165] Eine **Klagebefugnis** oder allgemeine Rechtsbehelfsbefugnis setzt die Verletzung rechtlich geschützter Interessen voraus. Ein **bloß wirtschaftliches Interesse** am Wegfall der festgestellten Besteuerungsgrundlage begründet hingegen nicht die Befugnis zur Anfechtung eines Bescheides, der gegen einen anderen gerichtet ist.[166] So aber liegen die Dinge nach Meinung des BFH beim Testamentsvollstrecker. Auch aus §§ 2212 und 2213 BGB folge nichts anderes.[167] Die Steuerschuldner hätten selbst unberechtigte Steueransprüche abzuwehren; dies sei nicht Aufgabe des Testamentsvollstreckers.[168] Hierdurch wird § 2212 BGB im steuerrechtlichen Bereich weitgehend seiner Bedeutung und seines Anwendungsbereiches beraubt. Dies vermag nicht zu überzeugen.

2. Erbschaftsteuer und Nachlasserbensteuern

78   Weiter gilt die **mangelnde Rechtsmittelbefugnis** des Testamentsvollstreckers nach h.M. für den Erbschaftsteuerbescheid[169] sowie zu Recht für Steuerbescheide für die Zeit nach dem Tod des Erblassers.[170] Einspruchsbefugt ist der Testamentsvollstrecker jedoch stets dann, wenn ein Steuerbescheid **ungenau in der Adressierung** bezeichnet ist, so dass diese auch die Auslegung zulässt, dass der Testamentsvollstrecker selbst nach § 34, 35, 69 AO oder

---

164   BFH Beschl. v. 29.11.1995, BStBl II 1996, 322, 324 = DStR 1996, 505 = BFH/NV 1996, 79 = BB 1996, 879 = DB 1996, 1117; BFH Urt. v. 8.6.1988, BStBl II 1988, 946; zu Recht krit. hierzu *Zimmermann*, Testamentsvollstreckung, Rn 579.
165   BFH Urt. v. 4.11.1981, BStBl II 1982, 262; BFH Urt. v. 15.2.1978, BStBl II 1978, 491.
166   BFH Urt. v. 15.2.1978, BStBl II 1978, 491.
167   BFH Urt. v. 8.6.1988, BStBl II 1988, 946 – dies gilt wohl auch für die Abwehr von Steuerbescheiden, soweit dies zu Steuererstattungen in der Folge führen würde; dies macht den Prozess nicht zu einem sog. Aktivprozess, den nach § 2212 BGB nur der Testamentsvollstrecker führen dürfte.
168   BFH Urt. v. 15.2.1978, BStBl II 1978, 491. Vgl. auch BFH Urt. v. 8.6.1988, BStBl II 1988, 946; BFH Urt. v. 16.12.1977, Az. III R 35/77, BStBl II 1978, 383.
169   *Volquardsen*, in: Daragan/Halaczinsky/Riedel, § 32 Rn 14; BFH Urt. v. 15.2.1978, BStBl II 1978, 491; BFH Urt. v. 4.11.1981, BStBl II 1982, 262; H 88 ErbStH 2003; *Kapp*, DStR 1985, 725, 727; *Petzold*, NWB Fach 10 S. 635, 638; *Halaczinsky*, NWB Fach 10, 1437, 1451. Krit. *Oswald*, DVR 1982, 130 ff.; a.A. noch *Kapp*, BB 1981, 113, 115.
170   BFH Urt. v. 4.11.1981, BStBl II 1982, 262; BFH Beschl. v. 29.11.1995, BStBl II 1996, 322 = DStR 1996, 505 = BFH/NV 1996, 79 = BB 1996, 879 = DB 1996, 1117; BFH Urt. v. 16.12.1977, BStBl II 1977, 481 für Gewerbesteuermessbescheide.

aber nach § 32 Abs. 1 S. 1 ErbStG in Anspruch genommen werden soll und der Steuerbescheid ihm insoweit auch als Testamentsvollstrecker zugestellt wird.[171] Selbstverständlich ist der Testamentsvollstrecker auch dann rechtsbehelfsbefugt, wenn er unmittelbar als **Haftungsschuldner**, mit **Leistungsgebot** nach § 32 Abs. 1 S. 2 ErbStG oder mit **Duldungsbescheid** nach § 77 AO in Anspruch genommen wird.[172] Schließlich ist der Testamentsvollstrecker rechtsbehelfsbefugt, wenn ihm bei einer **Unternehmensfortführung** ein an ihn selbst zu richtender Bescheid (z.B. UStG, GewStG bei Treuhandlösung) zugeht.

Von den vorstehenden Fallkonstellationen ist derjenige Sachverhalt zu unterscheiden, in dem der oder die Erben den Testamentsvollstrecker **bevollmächtigt** haben, sie in Steuerangelegenheiten zu vertreten. Als Stellvertreter und Bevollmächtigter des oder der Erben i.S.v. § 80 AO ist der Testamentsvollstrecker befugt, namens der Erben einen Einspruch einzulegen.[173] Die Bevollmächtigung sollte schriftlich erfolgen, da der Testamentsvollstrecker kraft Gesetzes nur die Vertretungsbefugnis für den Zugang der Erbschaftsteuerbescheide gem. § 30 ErbStG erhalten hat. Diese gilt jedoch nicht für das sich unter Umständen anschließende Einspruchsverfahren.[174] Im entschiedenen Fall hat das Finanzamt die Vorlage der Bevollmächtigung mehrfach angefordert. Die Vermutung der ordnungsgemäßen Bevollmächtigung zugunsten Angehöriger steuerberatender Berufe[175] gilt nicht, wenn der Steuerberater in seiner Funktion als Testamentsvollstrecker einen Einspruch einlegt. Im Einzelnen hängt der Umfang des rechtlich Zulässigen auch hier davon ab, was in der schriftlichen Bevollmächtigung vereinbart wurde.

79

Eine postmortale Vollmacht des Erblassers soll für das Erbschaftssteuerverfahren nach einer teilweise vertretenen Ansicht nicht ausreichend sein. Denn bei der Erbschaftsteuer handelt es sich um eine persönliche Steuerschuld der Erben und nicht des Erblassers.[176] Die Praxis sollte sich daher nicht auf eine solche Vollmacht verlassen, wenn Rechtsmittel eingelegt werden sollen.

Der Einspruchsbescheid für einen von den Erben eingelegten Bescheid ist den Erben zuzustellen. § 32 ErbStG gilt insoweit nicht mehr.[177]

3. Rechtsmittelfrist

Die Rechtsbehelfsfrist gem. § 355 AO **beginnt** im Regelfall **mit Zustellung** des Bescheides an die Erben zu laufen. Für diesen Fall gelten keine Besonderheiten. In den Fällen, in denen der Testamentsvollstrecker hingegen insbesondere nach § 32 Abs. 1 S. 1 ErbStG Zustellungsvertreter der Erben ist, beginnt die Rechtsbehelfsfrist mit der Bekanntgabe des Bescheides an den Testamentsvollstrecker zu laufen.[178] Hieraus resultiert einerseits das **Haftungsproblem für den Testamentsvollstrecker**, wenn die Erben die Rechtsbehelfsfrist versäumen, weil der Testamentsvollstrecker die Erben nicht rechtzeitig über den Steuerbescheid in

80

---

171 BFH Urt. v. 4.11.1981, BStBl II 1982, 262; BFH Urt. v. 10.7.1991, BFH/NV 1992, 223; BFH Beschl. v. 29.11.1995, BStBl II 1996, 332; BFH Urt. v. 18.3.1986, BStBl II 1986, 524; *Halaczinsky*, NWB Fach 10, 1437, 1451; *Petzold*, NWB Fach 10 S. 635, 638; *Lorz*, in: MAH Erbrecht, § 19 Rn 289.
172 So auch BFH Urt. v. 4.11.1981, BStBl II 1982, 262; *Oswald*, DVR 1982, 130; *Piltz/Holtz*, in: Bengel/Reimann, Kap. 8 Rn 85.
173 *Häfke*, ZEV 1997, 429, 432.
174 FG München v. 17.1.2007, EFG 2007, 1303.
175 § 80 Nr. 1 S. 2 AEAO.
176 So auch *Troll/Gebel/Jülicher*, § 32 ErbStG Rn 22, *Meincke*, § 32 ErbStG Rn 14; a.A. *Pahlke*, in: Fischer/Jüptner/Pahlke/Wachter, § 32 ErbStG Rn 8.
177 FinMin Saarland Schreiben v. 25.1.2001, NWB-EN 303/2001.
178 *Halaczinsky*, NWB Fach 10, 1437, 1451; *Eisele*, in: Kapp/Ebeling, § 32 ErbStG Rn 14.

Kenntnis gesetzt hat.[179] In Fällen der Fristversäumnis eröffnet jedoch § 110 AO den Weg zur **Wiedereinsetzung in den vorigen Stand**, sofern der Erbe ohne Verschulden verhindert war, die gesetzliche Frist einzuhalten. Hat der Erbe mangels Unterrichtung durch den Testamentsvollstrecker nicht rechtzeitig von dem Steuerbescheid erfahren, so ist dies i.d.R. für den Erben unverschuldet. Das Verschulden des Testamentsvollstreckers kann dem Erben auch nicht zugerechnet werden, „weil der Testamentsvollstrecker nur kraft Gesetzes Zugangsvertreter, nicht aber Vertreter i.S.d. § 110 Abs. 1 S. 2 AO ist".[180] Der BFH geht in der genannten Entscheidung davon aus, dass nach einem Jahr seit Ende der versäumten Frist die Wiedereinsetzung in keinem Fall mehr beantragt werden kann, § 110 Abs. 3 AO. Für einen solchen Fall hätte der Testamentsvollstrecker gegebenenfalls für sein Verschulden gem. § 2219 BGB gegenüber den Erben einzustehen.[181]

81 Anderes gilt nur, sofern der **Testamentsvollstrecker** den Einspruch **als Bevollmächtigter** der Erben eingelegt hat.[182] In diesem Fall sind die Rechtsmittel zulässig, da insoweit auf die Beschwer des/der Erben abzustellen ist.

Die vorstehenden Ausführungen gelten nicht nur für die Einlegung eines Einspruchs, sondern gelten in gleichem Maße für die Durchführung des **einstweiligen Rechtschutzes** im Wege der Aussetzung der Vollziehung sowie im gerichtlichen Klageverfahren.[183] Die vorstehenden Ausführungen haben ebenso Auswirkungen auf die **Bestellung eines Prozessbevollmächtigten**. Ist der Testamentsvollstrecker nicht selbst klagebefugt, so ist er auch nicht befugt, einen Prozessbevollmächtigten für die allein klagebefugten Erben zu bestellen.[184] Anderes gilt nur, wenn er hierzu ausdrücklich bevollmächtigt worden ist.

VI. Die Berichtigungspflicht gem. § 153 Abs. 1 S. 1, 2 AO

82 Gemäß § 153 AO ist ein Steuerpflichtiger bis zum Ablauf der Festsetzungsfrist verpflichtet, eine richtig stellende Anzeige vorzunehmen, wenn er nachträglich erkennt, dass eine von ihm oder für ihn abgegebene **Erklärung unrichtig oder unvollständig** ist und es dadurch zu einer Verkürzung von Steuern kommen kann oder bereits gekommen ist.[185] Diese Verpflichtung trifft gem. § 153 Abs. 1 S. 2 AO auch den **Gesamtrechtsnachfolger** eines Steuerpflichtigen (§ 45 AO) und die nach §§ 34, 35 AO für den Gesamtrechtsnachfolger oder den Steuerpflichtigen handelnden Personen, unabhängig davon, ob der Steuerpflichtige ursprünglich die Unrichtigkeit kannte.[186] Die **Berichtigungspflicht gilt mithin auch für den Testamentsvollstrecker**[187] und die Erben. Zunächst ist festzuhalten, dass die Berichtigungspflicht mit dem **Ablauf der Festsetzungsverjährungsfrist** erlischt. Bis zu diesem Zeitpunkt muss der Testamentsvollstrecker alle steuererheblichen Erklärungen des Erblassers, die er bei Durchsicht der ihm zur Verfügung gestellten Unterlagen als unrichtig oder

---

179 Vgl. BFH Urt. v. 14.11.1990, BStBl II 1991, 52 = BB 1991, 398 = DB 1991, 847.
180 *Volquardsen*, in: Daragan/Halaczinsky/Riedel, § 32 ErbStG Rn 14; BFH Urt. v. 14.11.1990, BStBl II 1991, 52 = BB 1991, 398 = DB 1991, 847; ebenso *Halaczinsky*, NWB Fach 10, 1437, 1451.
181 *Häfke*, ZEV 1997, 429, 432.
182 Finanzministerium Saarland, Erlass v. 25.1.2001, NWB-EN-Nr. 303/2001; *Eisele*, in: Kapp/Ebeling, § 32 ErbStG Rn 16.
183 BFH Beschl. v. 29.11.1995, BStBl II 1996, 322 = DStR 1996, 505 = BFH/NV 1996, 79 = BB 1996, 879 = DB 1996, 1117.
184 BFH Urt. v. 10.7.1991, BFH/NV 1992, 223.
185 Siehe zu diesem Problemkreis insbes. *Halaczinsky*, DStR 2006, 828 ff.; *Stahl/Durst*, ZEV 2008, 467 ff.; *Schwedhelm*, FR 2007, 937 ff.; *Becker*, ZEV 2007, 208 ff.; *Wälzholz/Szczesny*, BBEV 2007, 377 ff.
186 BFH Beschl. v. 7.3.2007, BFH/NV 2007, 1801.
187 *Pahlke/Koenig*, § 34 AO Rn 35; *Eisele*, in: Kapp/Ebeling, § 32 ErbStG Rn 9.

unvollständig erkennt, dem Finanzamt anzeigen und berichtigen. Verstößt der Testamentsvollstrecker gegen die Verpflichtung des § 153 AO, so kann er gegebenenfalls unter den jeweiligen Voraussetzungen der Norm nach § 69 AO in die Vertreterhaftung, über § 71 AO in die **Haftung** für die hinterzogene bzw. verkürzte Steuer oder selbst je nach Schuldgrad in die Strafbarkeit wegen Steuerverkürzung bzw. Steuerhinterziehung gelangen (vgl. ausführlich Rn 128 und 136).[188] Dies kann zu einer persönlichen Haftung des Testamentsvollstreckers mit seinem Eigenvermögen führen.

Umgekehrt trifft auch den Erben eine Berichtigungspflicht nach § 153 AO, wenn er vor Ablauf der Festsetzungsfrist die Unvollkommenheit der Angaben des Testamentsvollstreckers erkannt hat. Somit trifft den Erben der Vorwurf der Steuerhinterziehung, wenn er eine Berichtigung in einem solchem Fall unterlässt. Dies gilt nach Ansicht des BGH in einem Steuerstrafverfahren[189] auch dann, wenn der Erbe vom Finanzamt nicht zur Unterzeichnung der Erbschaftsteuererklärung aufgefordert wurde. Eine nachträgliche Berichtigungspflicht wurde ausdrücklich bejaht. Somit ist bei positiver Kenntnis über die Zusammensetzung des Nachlasses eine Berufung der Erben darauf, dass allein der Testamentsvollstrecker zur Abgabe der Erbschaftsteuererklärung verpflichtet war, für einen Strafausschluss der Erben nicht ausreichend. Gleiches muss gelten, wenn Vorschenkungen i.S.d. § 14 ErbStG nicht angegeben werden. 83

Der Testamentsvollstrecker hat die Berichtigungspflicht nur bzgl. desjenigen **Vermögens, das seiner Testamentsvollstreckung unterliegt**.[190] Hat der Erblasser **illegales Auslandsvermögen** und will er den Testamentsvollstrecker aus den potentiellen Haftungsgefahren des § 153 Abs. 1 S. 2 AO heraushalten, sollte er die Testamentsvollstreckung gegenständlich auf das im Inland belegene Vermögen beschränken. 84

> **Gestaltungstipp**
> Um Haftungsgefahren des Testamentsvollstreckers zu vermeiden, sollte bei geeigneten Fällen die Testamentsvollstreckung allein auf das Inlandsvermögen beschränkt werden. Dann muss der Testamentsvollstrecker bzgl. des Auslandsvermögens keine Berichtigung nach § 153 Abs. 1 S. 2 AO abgeben. Dies liegt auch im Interesse des Erblassers, der eine Aufdeckung seines Auslandsvermögens durch den Testamentsvollstrecker möglichst vermeiden will.

Die Berichtigungspflicht ist in folgenden Fällen denkbar: 85
– Der Testamentsvollstrecker hat selbst eine **unzutreffende Steuererklärung** für den Erblasser oder die Erben (Erbschaftsteuererklärung) abgegeben und erkennt nachträglich vor Ablauf der Festsetzungsverjährungsfrist die Unrichtigkeit seiner eigenen Erklärung;[191]
– der Testamentsvollstrecker erkennt bei der Aufnahme des vorhandenen Vermögens, dass die **bisherigen Steuererklärungen** des verstorbenen Steuerpflichtigen unvollständig waren,[192] beispielsweise wesentliche Zinseinkünfte verschwiegen wurden.

Weitgehend ungeklärt ist die Frage, ob der Testamentsvollstrecker sich seiner Berichtigungspflicht nach § 153 AO durch **sofortige Amtsniederlegung** entziehen kann. Die Pflichten des Testamentsvollstreckers gelten nur für die Dauer seines Amtes und enden daher grds. mit der Amtsniederlegung. Danach können keine weiteren steuerlichen Handlungen für 86

---

188 Vgl. auch Schwarz/*Dumke*, § 153 AO Rn 18 a.E.; *Groll*, Die Testamentsvollstreckung, in: Praxishandbuch Erbrechtsberatung, Teil C. IX. Rn 147; *Stahl/Durst*, ZEV 2008, 467 ff.
189 BGH Urt. v. 11.9.2007, BFH/NV 2008, Beil. 1, 64, NStZ 2008, 411; *Geck/Messner*, ZEV 2008, 104.
190 *Piltz*, in: Bengel/Reimann, Kap. 8 Rn 62.
191 Vgl. so bspw. BFH Beschl. v. 22.1.1997, BStBl II 1997, 266 = BB 1997, 669 = DStR 1997, 495.
192 *Pahlke/Koenig*, § 34 AO Rn 35.

den Nachlass von ihm erwartet werden.[193] Er ist ab dem Zeitpunkt des Wirksamwerdens der Niederlegung nicht mehr Vermögensverwalter i.S.d. § 34 Abs. 3 oder Vertreter i.S.d. § 35 AO. Dass er zumindest für eine kurze Zeit, nachdem er Kenntnis erlangt hatte, das Amt noch bekleidete, kann daran nichts ändern. Denn die Erklärung ist unverzüglich,[194] nicht aber sofort abzugeben. Daher kann dem Testamentsvollstrecker bei sofortiger Amtsniederlegung wohl kein Vorwurf gemacht werden.

87 Stellt der Testamentsvollstrecker jedoch fest, dass **die Erben**, über deren Nachlass er die Testamentsvollstreckung als Dauertestamentsvollstrecker auszuführen hat, die von ihm verwalteten **Einkünfte unzutreffend angeben**, wird man den Testamentsvollstrecker nicht als verpflichtet ansehen können, Steuererklärungen der Erben hinsichtlich der von ihm verwalteten Vermögensgegenstände nach § 153 AO zu berichtigen.[195] Zwar legt § 153 Abs. 1 S. 2 AO die Berichtigungsverpflichtung auch den Verwaltern i.S.d. §§ 34, 35 AO auf. Dies kann jedoch nur insoweit gelten, als der Testamentsvollstrecker auch die Befugnis und Verpflichtung hätte, selbst die steuerlichen Angelegenheiten für die Erben zu erledigen. Diese Verpflichtung des Testamentsvollstreckers wird jedoch von der h.M.[196] abgelehnt, da die Erben selbst verpflichtet sind, ihre Steuererklärung abzugeben. Soweit dies der Fall ist, wird man den Testamentsvollstrecker nicht zum Ersatzbetriebsprüfer oder Steuerfahnder machen können; seine Befugnisse umfassen nach h.M. nicht die Wahrnehmung der steuerlichen Pflichten der Erben. Anderes wird nur zu gelten haben, soweit der Testamentsvollstrecker gem. §§ 34 Abs. 3, 35 AO ausnahmsweise verpflichtet ist, Steuererklärungen für die Erben abzugeben. Dies ist grds. nur für die **betrieblichen Steuern bei Fortführung eines Unternehmens** der Fall. Dann geht es jedoch nicht um die Korrektur von Steuererklärungen des oder der Erben, sondern um die Korrektur der eigenen Steuererklärung des Testamentsvollstreckers.

88 Der Testamentsvollstrecker hat selbstständig im Rahmen des § 153 Abs. 1 AO zu prüfen, ob **Festsetzungsverjährung gem. § 169 AO** bereits eingetreten ist. Bei der Anzeige nach § 153 AO handelt es sich nicht um eine Anzeige i.S.v. § 170 Abs. 2 Nr. 1 AO, die eine Anlaufhemmung der Festsetzungsfrist zur Folge hat. Solange die eingereichte Erklärung nicht derart lückenhaft ist, dass sie einer Nichteinreichung gleichkommt, läuft die Festsetzungsfrist ab Abgabe der Steuererklärung[197] und wird auch nicht durch den Eintritt der Anzeigepflicht nach § 153 AO unterbrochen.[198] Zeigt ein Steuerpflichtiger einen Erwerb nach § 30 ErbStG an und fordert das Finanzamt zur Abgabe einer Steuererklärung auf, so endet die Anlaufhemmung erst mit der Einreichung der Steuererklärung.[199] War die Steuererklärung nicht unterschrieben, so endet die Anlaufhemmung noch nicht.[200] Als prob-

---

193 *Stöcker*, in: Beermann/Gosch, § 153 AO Rn 7; a.A. *Dumke*, in: Schwarz, § 153 AO Rn 4.
194 *Stöcker*, in: Beermann/Gosch, § 153 AO Rn 22.
195 Ebenso *Häfke*, ZEV 1997, 429, 431 inzident.
196 BFH Beschl. v. 29.11.1995, BStBl II 1996, 322 = DStR 1996, 505 = BFH/NV 1996, 79 = BB 1996, 879 = DB 1996, 1117; BFH Urt. v. 28.4.1992, BStBl II 1992, 781; BFH Urt. v. 5.6.1991, BStBl II 1991, 820; BFH Urt. v. 16.4.1980, BStBl II 1980, 605; BFH Urt. v. 7.10.1970, BStBl II 1971, 119; ebenso wohl *Pahlke/Koenig*, § 34 AO Rn 35; *Loose*, in: Tipke/Kruse, § 34 AO Rn 29.
197 Siehe BFH Urt. v. 27.8.2008, II R 36/06, BStBl II 2009, 232; BFH Beschl. v. 22.1.1997, BStBl II 1997, 266 = BB 1997, 669 = DStR 1997, 495; *Rüsken*, in: Klein, § 170 AO Rn 8 ff.; *Frotscher*, in: Schwarz, § 170 AO Rn 28; *Kruse*, in: Tipke/Kruse, § 170 AO Rn 12.
198 BFH Beschl. v. 22.1.1997, Az. II B 40/96, BStBl II 1997, 266 = BB 1997, 669 = DStR 1997, 495; *Frotscher*, in: Schwarz, § 170 AO Rn 9 21; *Kruse*, in: Tipke/Kruse, § 170 AO Rn 14.
199 BFH Urt. v. 27.8.2008, II R 36/06, BStBl II 2009, 232; siehe auch *Pahlke*, in: Fischer/Jüptner/Pahlke/Wachter, § 31 ErbStG Rn 1.
200 BFH Urt. v. 10.11.2004, II R 1/03, BStBl II 2005, 244.

lematisch erweist es sich dabei regelmäßig bei den typischen Sachverhalten, dass der Testamentsvollstrecker kaum die Möglichkeit hat, die Festsetzungsverjährungsfrist genau zu ermitteln. Denn diese hängt wesentlich von **subjektiven Tatbestandsmerkmalen** ab. So verlängert sie sich insbesondere bei leichtfertiger Steuerverkürzung auf fünf Jahre und bei Vorliegen einer **Steuerhinterziehung** des Erblassers auf **zehn Jahre**.[201] Im Zweifel wird der Testamentsvollstrecker, sofern er keine konkreten Anhaltspunkte für das Gegenteil hat, unterstellen dürfen, dass der Erblasser keine Steuerhinterziehung begangen hat. In unklaren Sachverhalten wird man dem Testamentsvollstrecker raten müssen, die Anzeige nach § 153 Abs. 1 AO zu tätigen, gleichzeitig jedoch gegen einen gegebenenfalls ergehenden Steuerbescheid Einspruch wegen Ablaufs der Festsetzungsverjährungsfrist durch die Erben einlegen zu lassen. Gerade die Frage der Leichtfertigkeit der Steuerverkürzung ist dabei für den Testamentsvollstrecker schwer zu prüfen.

Der Testamentsvollstrecker ist nicht bei jeglichen **Zweifeln an der Richtigkeit** von Steuererklärungen des Erblassers oder seiner selbst verpflichtet, die Berichtigungserklärung nach § 153 AO abzugeben. Die bloße **fahrlässige oder** auf **Leichtfertigkeit** beruhende Unkenntnis **reicht noch nicht** für § 153 Abs. 1 AO aus.[202] Erforderlich ist vielmehr **positive Kenntnis der Unrichtigkeit** oder Unvollständigkeit. Drängen sich dem Testamentsvollstrecker jedoch konkrete Anhaltspunkte auf, dass möglicherweise seine eigenen Steuererklärungen oder die des Erblassers unzutreffend seien, so trifft ihn die Verpflichtung, den maßgeblichen Sachverhalt zu überprüfen und anhand des gefundenen Ergebnisses über die Vornahme der Berichtigung zu entscheiden. Kommt er dieser Verpflichtung nicht nach, so haftet er gegebenenfalls gem. § 69 AO für die Nichtabgabe der Berichtigungserklärung. Das bloße Verschließen der Augen vor Tatsachen, die sich dem Testamentsvollstrecker aufdrängen müssen, entlastet diesen also noch nicht.[203] Zutreffend weisen *Piltz/Holtz*[204] aber auch darauf hin, dass eine Verpflichtung zur Suche nach Unrichtigkeiten ohne konkrete Anhaltspunkte nicht bestehe.[205]

89

> **Beratungstipp**
> Der Testamentsvollstrecker sollte zwar den Nachlassbestand gründlich ermitteln, er sollte aber nicht gezielt nach hinterzogenen Steuern oder Auslandsvermögen suchen, da erst die positive Kenntnis die Anzeigepflicht des § 153 AO auslöst.

---

201 *Häfke*, ZEV 1997, 429, 431.
202 *Dumke*, in: Schwarz, § 153 AO Rn 16.
203 Vgl. auch *Häfke*, ZEV 1997, 429, 431.
204 *Piltz/Holtz*, in: Bengel/Reimann, Kap. 8 Rn 25.
205 Ebenso *Häfke*, ZEV 1997, 429, 431; *Seer*, in: Tipke/Kruse/Seer, § 153 AO Rn 12.

VII. Die Erfüllung der Steuerschuld

Übersicht

	Erfüllung der Steuerschuld
Erblassersteuern	Erblasser/nach dem Ableben der Testamentsvollstrecker für alle Steuerarten
Erbschaftsteuer	Erbe und Testamentsvollstrecker nach § 32 Abs. 1 S. 2 ErbStG
Nachlasserbensteuern – außer Betrieb	Erben – aber Testamentsvollstrecker soll den Erben Geldmittel für Steuerschulden im Rahmen der ordnungsgemäßen Verwaltung zur Verfügung stellen
Vollmachtslösung	Erben
Treuhandlösung	Erben für private Steuern (insbes. EStG); Testamentsvollstrecker für betriebliche Steuern (GewStG, UStG)

91 Auch hinsichtlich der Begleichung der Steuerschulden ist zwischen den unterschiedlichen zeitlichen Phasen der Testamentsvollstreckung zu unterscheiden.

1. Erblassersteuern

92 Gemäß § 2205 BGB hat der Testamentsvollstrecker den Nachlass zu verwalten. Zur Verwaltung des Nachlasses gehört auch die **Begleichung von Verbindlichkeiten** des Erblassers. Deshalb und nach § 34 Abs. 3 AO ist der Testamentsvollstrecker verpflichtet, die Steuern, die durch Steuertatbestandsverwirklichung des Erblassers noch ausgelöst wurden, für Rechnung des Nachlasses zu begleichen.[206]

2. Erbschaftsteuer

93 Für die durch den Todesfall ausgelöste Erbschaftsteuer enthält **§ 32 Abs. 1 S. 2 ErbStG** gegenüber § 34 AO eine **Spezialvorschrift**. Danach hat der Testamentsvollstrecker **für die Zahlung der Erbschaftsteuer zu sorgen**, da nur er die Verfügungsbefugnis über den Nachlass hat. Nach § 32 Abs. 1 S. 3 ErbStG kann das Finanzamt, wenn zu befürchten steht, dass das Nachlassvermögen schon vor Bezahlung der Erbschaftsteuer auseinandergesetzt wird oder besonderes hohe Erbschaftsteuerzahlungen im Raum stehen, die Leistung von Sicherheiten aus dem Nachlass verlangen. Sicherheitsleistungen für die zu zahlende Erbschaftsteuer können gem. § 241 AO i.V.m. § 32 Abs. 1 S. 3 ErbStG insbesondere in folgender Art und Weise erbracht werden:
– Hinterlegung von Zahlungsmitteln,
– die Verpfändung von Wertpapieren,
– Verpfändung eines Sparbuchs,
– Verpfändung von Forderungen gegen Bund oder ein Land,
– durch die Bestellung von erstrangigen Hypotheken, Grund- oder Rentenschulden an Grundstücken oder Erbbaurechten,
– durch Schuldversprechen, Bürgschaften oder Wechselverpflichtungen von tauglichen Steuerbürgen i.S.d. § 244 AO.

94 Die Verpflichtung des Testamentvollstreckers, für die Bezahlung der Erbschaftsteuer zu sorgen, gilt allerdings nur **in den Grenzen des § 31 Abs. 5 ErbStG**, also nur insoweit, als

---

[206] *König*, in: Pahlke/Koenig, § 34 AO Rn 35; *Zimmermann*, Testamentsvollstreckung, Rn 580.

der Testamentsvollstrecker für einzelne Begünstigte verpflichtet ist, die Steuererklärung abzugeben. Insoweit sei auf die Ausführungen unter Rn 3 ff. verwiesen. Dementsprechend erfasst die Pflicht zur Sicherstellung der Steuerzahlung nicht die Steuer aufgrund des Pflichtteils oder eines Vermächtnisses, das der Testamentsvollstecker danach nicht mehr nach § 2223 BGB verwaltet, sondern nur erfüllt.[207] Diese Frage ist allerdings noch nicht höchstrichterlich geklärt.[208] Sofern der Erblasser den Erben jedoch die Verpflichtung auferlegt hat, auch die Erbschaftsteuer des Vermächtnisnehmers zu tragen, so hat dies der Testamentsvollstrecker zu erfüllen.[209] Die Verpflichtung nach § 32 Abs. 1 S. 2 ErbStG gilt nicht nur für den **Dauer- oder Verwaltungstestamentsvollstrecker**, sondern auch für den reinen **Abwicklungstestamentsvollstrecker**.[210] Aufgrund der Regelung des § 32 Abs. 1 S. 2 ErbStG ist das Finanzamt befugt, den Testamentsvollstrecker durch Steuerbescheid aufzufordern, die Erbschaftsteuer zu zahlen.[211]

> **Beratungstipp**
> Der Testamentsvollstrecker sollte in jedem Fall bis zur endgültigen Erledigung des Erbschaftsteuerfalls so viel Vermögen unverteilt zurückhalten, dass ausreichend Masse zur Begleichung der Erbschaftsteuerschulden verbleibt.

§ 32 Abs. 1 S. 2 ErbStG zwingt den Testamentsvollstrecker dazu, die **Erbauseinandersetzung oder sonstige Freigabe von Vermögen** so lange zurückzustellen, bis entweder die Erbschaftsteuer bezahlt oder deren Bezahlung zumindest sichergestellt ist.[212] Da die Einhaltung des § 32 Abs. 1 S. 2 ErbStG jedoch im grob fahrlässigen **Verletzungsfall** mit der **persönlichen Haftung** (siehe dazu Rn 128 ff.) des Testamentsvollstreckers nach § 69 AO i.V.m. § 34 AO verknüpft ist, tauchen Probleme auf, wenn sich ursprünglich getroffene Annahmen als unzutreffend erweisen. Dies ist stets dann der Fall, wenn Steuerbescheide nachträglich geändert werden müssen oder bei einem Vorbehalt der Nachprüfung oder einem vorläufigen Steuerbescheid von Anfang an feststeht, dass der Steuerbescheid noch weitgehend änderbar ist (vgl. dazu unten beim Haftungsrecht Rn 145). Die gravierendsten Fälle dürften darin bestehen, dass nachträglich wesentliches weiteres Nachlassvermögen gefunden wird oder dass aufgrund des Verstoßes gegen die Begünstigungsvoraussetzungen beim **Betriebsvermögen** (§ 13a ErbStG) nachträglich eine deutlich höhere Erbschaftsteuer fällig wird.[213] Teilweise wird die Ansicht vertreten, der Testamentsvollstrecker sei aus haftungsrechtlichen Gründen verpflichtet, zumindest bei der länger andauernden Dauertestamentsvollstreckung sich auch auf den Wegfall der Voraussetzung des § 13a ErbStG innerhalb der 5- bzw. 7-Jahresfrist einzustellen und entsprechend Vorsorge zu treffen.[214] Die Auffassung von *Piltz* ist insofern nicht überzeugend, als der Erbschaftsteuerbescheid mit seiner Bekanntgabe wirksam wird. Ab diesem Moment entfaltet er Tatbestandswirkung und kann vom Grundsatz her nur unter bestimmten Voraussetzungen geändert werden. Der Testamentsvollstrecker muss sich diesbezüglich daher auf die Bindungswirkung des rechtswirk-

---

207 *Pahlke*, in: Fischer/Jüptner/Pahlke/Wachter, § 32 ErbStG Rn 3; *Schuck*, in: Viskorf/Knobel/Schuck/Wälzholz, § 32 ErbStG Rn 8.
208 *Troll/Gebel/Jülicher*, § 32 ErbStG Rn 28.
209 *Troll/Gebel/Jülicher*, § 32 ErbStG Rn 28.
210 *Zimmermann*, Testamentsvollstreckung, Rn 569; FG Hessen Urt. v. 23.2.1995, EFG 1996, 666 = ZEV 1996, 398.
211 *Piltz/Holtz*, in: Bengel/Reimann, Kap. 8 Rn 79; zweifelnd *Zimmermann*, Testamentsvollstreckung, Rn 569.
212 *Groll*, Die Testamentsvollstreckung, in: Praxishandbuch Erbrechtsberatung, Teil C. IX. Rn 146; *Kapp*, DStR 1985, 725, 726.
213 Vgl. dazu ausführlich Rn 141 ff.
214 Dazu zum alten Erbschaftsteuerrecht *Piltz*, ZEV 2001, 262, 265.

sam erlassenen Steuerbescheides verlassen können. Vorsorge für alle erdenklichen Eventualitäten, die als rückwirkende Ereignisse noch auf den Erbschaftsteuerbescheid einwirken können, sind vom Testamentsvollstrecker nicht zu verlangen.[215]

96 Wichtig ist hingegen der Hinweis von *Piltz*,[216] dass der Testamentsvollstrecker regelmäßig nicht mit Sicherheit abschätzen kann, ob das von ihm ermittelte Vermögen vollständig ist. Zur Reduzierung der Eigenhaftungsrisiken sollte er sich daher von den Erben bzw. Vermächtnisnehmern eine **Erklärung** unterzeichnen lassen, dass ihnen ebenfalls **keine weiteren Nachlasswerte bekannt** sind. Im Übrigen empfiehlt *Piltz*, im Zweifel einen gewissen Sicherheitseinbehalt zusätzlich zurückzuhalten. Letzteres steht bei der Abwicklungsvollstreckung wiederum im Widerspruch zum Ziel der zügigen Nachlassabwicklung.

97 § 32 Abs. 1 S. 2 ErbStG gestattet dem Testamentsvollstrecker, die Erbschaftsteuer dem Nachlass zu entnehmen,[217] obwohl die Erbschaftsteuerverpflichtung steuerrechtlich den Erben als solchen trifft und insoweit insbesondere keine Haftungsbeschränkung auf das Nachlassvermögen möglich ist. Da es sich dennoch nach h.M. um eine Nachlassverbindlichkeit handelt,[218] ist die Begleichung durch den Testamentsvollstrecker auch gegenüber den Nachlassgläubigern dennoch gestattet und benachteiligt diesen nicht.

3. Nachlasserbensteuern

98 Steuern, die durch die Erben veranlasst werden, hat der **Testamentsvollstrecker** grds. **nicht zu zahlen**. Die Steuerschuld entsteht, völlig unabhängig von der Anordnung einer Testamentsvollstreckung, in der Person der Erben – abgesehen von den **Besonderheiten bei Fortführung eines Einzelunternehmens** durch den Testamentsvollstrecker. Diese sind daher unmittelbar zur Zahlung verpflichtet. Zivilrechtlich können der oder die Erben jedoch vom Testamentsvollstrecker im Rahmen der ordnungsgemäßen Verwaltung die Auskehrung der zur Begleichung der Steuerschuld erforderlichen Mittel verlangen (§ 2216 BGB).[219] Der Testamentsvollstrecker ist jedoch nur verpflichtet, die auf die Nachlasseinkünfte entfallenden **Steuerbeträge** aus den **Nachlasserträgen zur Verfügung zu stellen**.[220] Ferner kann er nach den zwingenden (§ 2220 BGB) Grundsätzen einer ordnungsgemäßen Verwaltung die Auskehrung der zur Begleichung der Steuern erforderlichen Beträge verweigern, wenn er sie anderweitig zur Erhaltung und Verwaltung des Nachlasses benötigt. Der Testamentsvollstrecker hat **im Einzelfall die Interessen abzuwägen**, wobei grds. die berechtigten Interessen des Nachlasses vorrangig zu beachten sind. Dies gilt ausdrücklich auch, wenn sich ein Unternehmen im Nachlass befindet und vom Testamentsvollstrecker verwaltet wird.[221]

---

215 I.E. ebenso *Groll*, Die Testamentsvollstreckung, in: Praxishandbuch Erbrechtsberatung, Teil C. IX. Rn 152, *Purrucker*, ZErb 2011, 265, 266; in diesem Sinn auch *Schauer*, ZEV 2012, 92.
216 *Piltz*, ZEV 2001, 262, 265.
217 *Groll*, Die Testamentsvollstreckung, in: Praxishandbuch Erbrechtsberatung, Teil C. IX. Rn 111.
218 Vgl. *Troll/Gebel/Jülicher*, § 32 ErbStG Rn 27 m.w.N.; a.A. *Meincke*, § 32 ErbStG Rn 11.
219 *Groll*, Die Testamentsvollstreckung, in: Praxishandbuch Erbrechtsberatung, Teil C. IX. Rn 139; *Reimann*, ZEV 2010, 8; Palandt/*Weidlich*, vor § 2197, Rn 14 sowie § 2209 Rn 4 – nur soweit die Herausgabe der Erträgnisse der ordnungsgemäßen Verwaltung entspricht; *Zimmermann*, Testamentsvollstreckung, Rn 588; *Mayer/Bonefeld/Daragan*, 1. Aufl. 2000, Rn 865.
220 *Lorz*, in: MAH Erbrecht, § 19 Rn 303.
221 Palandt/*Weidlich*, Einf. vor § 2197 Rn 14.

4. Verfassungswidrigkeit der Erbschaftsteuerreform und vorläufiger Rechtsschutz

Der BFH hat mit Beschl. v. 27.9.2012[222] dem BVerfG die Frage vorgelegt, ob § 19 Abs. 1 ErbStG i.V.m. §§ 13a, 13b ErbStG wegen Verstoßes gegen den allgemeinen Gleichheitssatz (Art. 3 Abs. 1 GG) **verfassungswidrig** ist. Kernpunkt des Vorlagebeschlusses sind die Vergünstigungen des Betriebsvermögens, land- und forstwirtschaftlichen Vermögens sowie von Anteilen an Kapitalgesellschaften, die nach Ansicht des BFH zu einer verfassungsrechtlich nicht hinnehmbaren Überprivilegierung führen. Gemäß der gleichlautenden Erlasse der obersten Finanzbehörden der Länder vom 14.11.2012[223] ergehen Erbschaftsteuerbescheide derzeit vorläufig gemäß § 165 Abs. 1 S. 2 Nr. 3 AO.

99

Für den Testamentsvollstrecker kann sich die Frage stellen, ob die Zahlung der Erbschaftsteuer mit Hinweis auf den Vorlagebeschluss ausgesetzt werden kann. Der BFH bejaht in Abkehr von seiner früheren Rechtsprechung[224] grundsätzlich die Möglichkeit der **Aussetzung der Vollziehung** des Erbschaftsteuerbescheids, wenn ein **berechtigtes Interesse** des Steuerpflichtigen an der Gewährung des vorläufigen Rechtschutzes besteht.[225] Ein solches berechtigtes Interesse ist dann anzunehmen, wenn der Steuerpflichtige mangels Erwerbs liquider Mittel zur Entrichtung der Erbschaftsteuer eigenes Vermögen einsetzen oder die erworbenen Vermögensgegenstände veräußern oder belasten muss. Sollten die Voraussetzungen für die Aussetzung dem Grunde nach bestehen, ist vor dem Hintergrund einer Verzinsung der Steuerschuld in Höhe von 6 % p.a. bei endgültiger Erfolglosigkeit des Einspruchs und Klage abzuwägen, ob diese tatsächlich beantragt werden sollte.

VIII. Steuererstattungen

Merksatz: Steuererstattungen sind die Umkehrung des Steueranspruchs und unterliegen daher grds. den gleichen Regeln wie der Steueranspruch. Dabei ist allerdings zu beachten, dass bei einer umfassenden Testamentsvollstreckung die Verfügungsbefugnis für Nachlassvermögen dem Testamentsvollstrecker zusteht.

100

Steuererstattungen entstehen immer dann, wenn zunächst Überzahlungen auf eine Steuerschuld erfolgt sind. Die Steuererstattung i.S.d. § 37 Abs. 2 AO wird von der Finanzverwaltung durch **Abrechnungsbescheid** gem. § 218 AO festgesetzt.[226] Dabei handelt es sich ebenfalls um einen Steuerbescheid. Eine Ausschlussfrist für die Geltendmachung von Steuererstattungen besteht seit der Neufassung der AO 1977 nicht mehr;[227] es gilt nur noch die allgemeine zeitliche Grenze der Festsetzungs- und der Zahlungsverjährung.[228]

101

1. Erblassersteuern

In seinem Urteil vom 7.10.1970 meint der BFH,[229] der Erstattungsanspruch sei die **Umkehrung des Steueranspruchs**; daher sei derjenige Steuerpflichtige erstattungsberechtigt, gegen den der Steuerbescheid ergangen und für den die Steuerschuld bezahlt worden ist. Dieser

102

---

222 BFH Beschl. v. 27.9.2012, II R 9/11, BStBl II 2012, 899.
223 BMF, BStBl I 2012, 1082.
224 Vgl. z.B. BFH Beschl. v. 4.5.2011, II B 151/10, BFH/NV 2011, 1395.
225 BFH Beschl. v. 21.11.2013, II B 46/13, BStBl II 2014, 269, BFH/NV 2014, 269.
226 BFH Urt. v. 18.6.1986, BStBl II 1986, 704 = NJW 1987, 1039 = BB 1987, 959 = DB 1986, 2648 = DStR 1986, 693; *Drüen*, in: Tipke/Kruse, § 37 AO Rn 89.
227 Vgl. BFH Urt. v. 30.10.1996, Az. II R 108/93, BFH/NV 1997, 321.
228 *Drüen*, in: Tipke/Kruse, § 37 AO Rn 98 ff.
229 BFH Urt. v. 7.10.1970, BStBl II 1971, 119.

Ausgangspunkt würde grundsätzlich dazu führen, dass Erstattungen regelmäßig an die Erben zu erfolgen hätten. Diesen ursprünglich vertretenen Standpunkt hat die Rechtsprechung jedoch aufgegeben.[230] Von der h.M. ist inzwischen anerkannt, dass **Steuererstattungen auf Erblassersteuern** in den Nachlass fallen und damit bei der Dauertestamentsvollstreckung **an den Testamentsvollstrecker** oder an einen von ihm benannten Dritten zu zahlen sind.[231]

2. Erbschaftsteuer

103 Auch für überzahlte Erbschaftsteuer geht die h.M. davon aus, dass die **Erbschaftsteuererstattung an den Testamentsvollstrecker** oder an einen von diesem benannten Dritten zu erfolgen habe.[232] Der BFH knüpft in der Begründung zu seiner Entscheidung vom 18.6.1986 zunächst an seine Entscheidung vom 7.10.1970 an. Der Erstattungsanspruch sei die Umkehrung des Steueranspruchs und erstattungsberechtigt sei daher derjenige, gegen den der Steuerbescheid ergangen und für den die Steuerschuld bezahlt worden sei. Daraus folge zunächst grundsätzlich, dass der Erbe als primärer Steuerschuldner der Erbschaftsteuer Erstattungsberechtigter, also Gläubiger des Erstattungsanspruchs sei. Allerdings stehe die **Verfügungsbefugnis** in diesem Fall nicht dem Forderungsinhaber zu, sondern sei für die Dauer der Testamentsvollstreckung auf den Testamentsvollstrecker übergegangen, soweit es sich um Nachlassvermögen handele. Da die Erstattungsansprüche zum Nachlass gehören, unterliegen sie nach Meinung des BFH auch der Verfügungsbefugnis des Testamentsvollstreckers. Eine Auszahlung kann daher nur an den Testamentsvollstrecker oder an einen durch diesen benannten Dritten erfolgen. Allein an ihn kann das Finanzamt mit befreiender Wirkung zahlen.[233] Erbschaftsteuerliche Sondervorschriften stehen dem nach überzeugender Meinung des BFH nicht entgegen. **Anderes gilt jedoch,**[234] wenn die überzahlte **Erbschaftsteuer von den Erben aus deren freiem Vermögen geleistet** wurde. Dann steht der Erstattungsanspruch nicht nur den Erben zu, sondern unterliegt auch nicht den Verfügungsbeschränkungen des Testamentsvollstreckers. Die Zahlung kann daher dann mit befreiender Wirkung nur an die Erben erfolgen. Für die Finanzverwaltung bringt dies die missliche Situation mit sich, erst ermitteln zu müssen, aus wessen Geldern die Steuer beglichen wurde. Diese Auslegung ist dennoch geboten, da dem vom Testamentsvollstrecker verwalteten

---

230 Vgl. BFH Urt. v. 18.6.1986, BStBl II 1986, 704 = BB 1987, 959 = DB 1986, 2648 = NJW 1987, 1039 = DStR 1986, 693.
231 *Zimmermann*, Testamentsvollstreckung, Rn 580 unter Hinw. auf BFH Urt. v. 18.6.1986, BStBl II 1986, 704 (eigentlich zum ErbStG) = BB 1987, 959 = NJW 1987, 1039 = DB 1986, 2648 = DStR 1986, 693.
232 BFH Urt. v. 18.6.1986, BStBl II 1986, 704 = NJW 1987, 1039 = BB 1987, 959 = DB 1986, 2648 = DStR 1986, 693; FG München Urt. v. 23.8.2000, ZEV 2001, 287 = EFG 2001, 301; *König*, in: Pahlke/Koenig, § 37 AO Rn 24; *Zimmermann*, Testamentsvollstreckung, Rn 572; *Eisele*, in: Kapp/Ebeling, § 31 ErbStG Rn 19 a.E.; *Troll/Gebel/Jülicher*, § 32 ErbStG Rn 27; *Schuck*, in: Viskorf/Knobel/Schuck/Wälzholz, § 32 ErbStG Rn 17; *Tolksdorf/Simon*, ErbStB 2008, 360, 361; zweifelnd hingegen *Meincke*, § 32 ErbStG Rn 12.
233 BFH Urt. v. 18.6.1986, BStBl II 1986, 704, 706 = NJW 1987, 1039 = BB 1987, 959 = DB 1986, 2648 = DStR 1986, 693; FG München Urt. v. 23.8.2000, ZEV 2001, 287; *König*, in: Pahlke/Koenig, § 37 AO Rn 24; a.A. *Meincke*, § 32 ErbStG Rn 12; *Schuck*, in: Viskorf/Knobel/Schuck/Wälzholz, § 32 ErbStG Rn 17.
234 Dies deutet auch der BFH in seiner Leitentscheidung an, indem er maßgeblich in den Entscheidungsgründen darauf abstellt, dass die Steuer durch den Testamentsvollstrecker aus dem Nachlass beglichen wurde, BFH Urt. v. 18.6.1986, BStBl II 1986, 704, 706 = NJW 1987, 1039 = BB 1987, 959 = DB 1986, 2648 = DStR 1986, 693; ebenso wohl FG München Urt. v. 23.8.2000, ZEV 001, 287 = EFG 2001, 301; so auch *Lorz*, in: MAH Erbrecht, § 19 Rn 301; *Piltz/Holtz*, in: Bengel/Reimann, Kap. 8 Rn 91.

Nachlass ansonsten Vermögen zufließen würde, dass vollständig unabhängig vom Nachlassvermögen ist.

3. Nachlasserbensteuern

Hinsichtlich Steuerzahlungen für Steuern, die nach dem Todesfall durch die Erben verwirklicht wurden, hat die **Erstattung grds. an den oder die Erben** zu erfolgen.[235] Für eine Erstattung von Überzahlung an den Erben spricht, dass dieser regelmäßig die Überzahlung auf eigene Rechnung geleistet hat. Der Testamentsvollstrecker ist grds. in dieses Steuerschuldverhältnis in keiner Weise einbezogen. Dies gilt auch dann, wenn der Testamentsvollstrecker dem Erben aus dem Nachlass die hierfür **erforderlichen Mittel zur Verfügung gestellt** hat oder im Wege der Abkürzung des Zahlungsweges den Geldbetrag aus dem Nachlass unmittelbar an das Finanzamt überwiesen hat. Stellt sich nachträglich heraus, dass ein zu hoher Zahlbetrag an das Finanzamt überwiesen wurde, so wurde damit keine Verbindlichkeit des Erben getilgt. Daraus folgt der Erstattungsanspruch. Aus Sicht des Finanzamts handelt es sich bei dem Erstattungsanspruch nicht um einen Nachlassbestandteil. Das Finanzamt ist daher befugt, den Erstattungsbetrag an den Erben auszuzahlen.

104

Anderes gilt nur in den Fällen der **Fortführung eines Einzelunternehmens** als **Treuhänder**. Dann ist der Treuhänder-Testamentsvollstrecker selbst zur Abgabe der betrieblichen Steuererklärungen und zur Zahlung der darauf entfallenden Steuern verpflichtet; dann müssen ihm auch die dazugehörigen Erstattungsansprüche zustehen.

105

4. Der bevollmächtigte Testamentsvollstrecker

Soweit der Testamentsvollstrecker nicht für den Empfang von Steuererstattungen zuständig ist, die Erben ihn aber bevollmächtigt haben, ihre Steuerangelegenheiten über den gesetzlichen Umfang hinaus zu erledigen, so **umfasst** diese **Vollmacht** nach dem gesetzlichen Regelfall **nicht die Befugnis Steuererstattungen entgegenzunehmen** (§ 80 Abs. 1 S. 2 AO). Anderes gilt nur, wenn die Erben ausdrücklich zusätzlich zur Vollmacht eine entsprechende Auszahlungsanweisung zugunsten des Testamentsvollstreckers erteilen.[236]

106

---

235 Anders *Zimmermann*, Rn 588, der danach unterscheidet, ob die Erben selbst die Steuer bezahlt haben oder sie den Testamentsvollstrecker aufgefordert haben, den auf den Nachlass entfallenden Teil auch mit Mitteln aus dem Nachlass zu begleichen.
236 *Wünsch*, in: Pahlke/Koenig, § 80 AO Rn 40; *Drüen*, in: Tipke/Kruse, § 80 AO Rn 18 jeweils m.w.N.

IX. Die Ausübung steuerrechtlicher Wahlrechte

Übersicht

	Ausübung steuerlicher Wahlrechte
Erblassersteuern	Erblasser/nach dem Ableben der Testamentsvollstrecker für alle Steuerarten
Erbschaftsteuer	Erben
Nachlasserbensteuern – außer Betrieb	Erben
Vollmachtslösung	Erben oder Testamentsvollstrecker aufgrund Vollmacht für diese
Treuhandlösung	Erben für private Steuern (insbes. EStG); Testamentsvollstrecker für betriebliche Steuern (GewStG, UStG)

1. Einführung

Das Steuerrecht stellt dem Steuerpflichtigen in zahlreichen Lebenssachverhalten **Wahlrechte** zur Verfügung. Beispielsweise:[237]
- Gewinnermittlung durch Vermögensvergleich (§ 4 Abs. 1 EStG) oder Einnahmenüberschussrechnung (§ 4 Abs. 3 EStG)
- lineare oder degressive Abschreibung
- Bildung von Rücklagen (§ 6b EStG, R 6.6 EStR)
- Einzel-/Zusammenveranlagung von Ehegatten (§§ 26, 26a, 26b EStG)
- Versteuerung nach vereinnahmten Entgelten gem. § 19 UStG
- Verzicht auf die Steuerfreiheit nach § 9 UStG
- vollständige Steuerfreistellung für Betriebsvermögen (§ 13a ErbStG)
- das Wahlrecht nach § 6 Abs. 2 ErbStG
- Jahresbesteuerung oder Sofortbesteuerung für Renten, Nutzungen und Leistungen (§ 23 Abs. 1 ErbStG).

Die vorstehenden Wahlrechte spielen eine erhebliche praktische Rolle und binden die Steuerpflichtigen oft für die Zukunft. Aus diesem Grunde stellt sich die Frage, ob der Testamentsvollstrecker oder die Erben zur Ausübung der Wahlrechte befugt sind.

2. Erblassersteuern

Für Steuertatbestände, die noch vom Erblasser verwirklicht wurden, kann der **Testamentsvollstrecker** nach § 34 AO die steuerlichen Wahlrechte ausüben.[238] Der Testamentsvollstrecker ist **aus eigenem Recht befugt**, die entsprechenden Wahlrechte auszuüben. Er ist nicht verpflichtet, auf die Belange und steuerlichen Interessen der Erben Rücksicht zu nehmen; er ist nur dem Nachlass und seiner Verwaltung verpflichtet. Insoweit ist es nicht überzeugend, wenn teilweise in der Rechtslehre gefordert wird, der Testamentsvollstrecker sollte die Erben darauf hinweisen, in welcher Weise er das Wahlrecht ausüben wolle.[239] Dies mag

---

237 *Piltz/Holtz*, in: Bengel/Reimann, Kap. 8 Rn 15, 47.
238 *Groll*, Die Testamentsvollstreckung, in: Praxishandbuch Erbrechtsberatung, Teil C. IX. Rn 147.
239 *Piltz/Holtz*, in: Bengel/Reimann, Kap. 8 Rn 16; auch *Lorz*, in: MAH Erbrecht, § 19 Rn 285 empfiehlt zur Vermeidung von Regressforderungen, die Ausübung der Wahlrechte mit den Erben abzustimmen.

ein guter Service sein. Eine diesbezügliche Verpflichtung kann jedoch nicht angenommen werden. Bei Nichtabstimmung mit den Erben können daraus keine Haftungsansprüche nach § 2219 BGB gegen den Testamentsvollstrecker hergeleitet werden.

3. Erbschaftsteuer und Nachlasserbensteuern

Anders liegen die Dinge für die Erbschaftsteuer aus Anlass des Todesfalles und die nach dem Todesfall des Erblassers verursachten Steuern. Diesbezüglich ist der **Testamentsvollstrecker** nach ganz überwiegender Meinung **nicht befugt**, steuerliche Wahlrechte auszuüben. Die Möglichkeit der Ausübung entsprechender Wahlrechte steht den jeweiligen Begünstigten zu.[240] Problematisch sind die **Rechtsfolgen**, die **bei einem Verstoß** hiergegen eintreten. Übt der Testamentsvollstrecker ein erbschaftsteuerliches Wahlrecht für die Erben aus, ohne hierzu bevollmächtigt gewesen zu sein, und veranlagt die Finanzverwaltung dementsprechend, so wird teilweise die Auffassung vertreten, der Steuerbescheid sei **anfechtbar**;[241] teilweise wird sogar von der **Nichtigkeit des Steuerbescheides** ausgegangen.[242] Nichtigkeit setzt gem. § 125 Abs. 1 AO voraus, dass der Verwaltungsakt an einem besonders schwerwiegenden Fehler leidet und dies bei verständiger Würdigung offenkundig ist. Die bloße Ausübung von Wahlrechten durch den Testamentsvollstrecker trotz hierzu fehlender Zuständigkeit kann nicht als derartig schwerwiegender Fehler angesehen werden. Als Regelfall geht das Steuerverwaltungsrecht von der bloßen Anfechtbarkeit aus. Die Fälle der Nichtigkeit müssen auf gravierende Ausnahmefälle beschränkt bleiben. Ein solcher Fall liegt hier nicht vor. Die vorstehende Erkenntnis macht die Abgabe der Erbschaftsteuererklärung für den Testamentsvollstrecker jedoch nur haftungsträchtiger. Wäre der Steuerbescheid tatsächlich nichtig, so könnte die Finanzverwaltung hieraus keine Rechtsfolgen herleiten. Der Steuerbescheid wäre gegebenenfalls neu zu erlassen. Ist, wie hier angenommen wird, der entsprechende Steuerbescheid jedoch lediglich anfechtbar, so wird er mit Ablauf der Rechtsbehelfsfrist unanfechtbar und damit bestandskräftig. Erleiden die Erben oder sonstigen Begünstigten durch die Ausübung des Wahlrechts durch den Testamentsvollstrecker hieraus **Steuerschäden**, so **haftet der Testamentsvollstrecker** den Erben gegenüber dafür gem. § 2219 BGB. Der Testamentsvollstrecker sollte sich daher stets bei der Abgabe der Erbschaftsteuererklärung gem. § 31 Abs. 5 ErbStG mit den Erben hinsichtlich der Ausübung von **erbschaftsteuerlichen Wahlrechten** besprechen.[243] Gegebenenfalls sollte der Testamentsvollstrecker sich zur Ausübung der Wahlrechte bevollmächtigen lassen.[244]

X. Die Vollstreckung von Steuerschulden in den Nachlass

Grundsätzlich ist der **Steuerbescheid** verfahrensrechtlich selbst **Vollstreckungstitel**. Weiterer besonderer Vollstreckungsmaßnahmen bedarf es regelmäßig nicht. Besonderheiten gelten jedoch für die Durchsetzung des Steueranspruchs bei Anordnung von Testamentsvollstreckung.

---

240 *Seidenfus/Huber*, INF 2001, 385, 387; *Thietz-Bartram*, DB 1989, 798, 799; *Häfke*, ZEV 1997, 429, 432; *Wilms/Jochum*, § 31 ErbStG Rn 33 a.E.; *Pahlke*, in: Fischer/Jüptner/Pahlke/Wachter, § 31 ErbStG Rn 44; *Meincke*, § 31 ErbStG Rn 13; *Petzold*, NWB Fach 10 S. 635, 636; noch *Kapp*, BB 1981, 113, 115.
241 *Kien-Hümbert*, in: Moench, § 31 ErbStG Rn 12; *Pahlke*, in: Fischer/Jüptner/Pahlke/Wachter, § 31 ErbStG Rn 44.
242 So *Thietz-Bartram*, DB 1989, 798 ff.; *Eisele*, in: Kapp/Ebeling, § 31 ErbStG Rn 18; *Troll/Gebel/Jülicher*, § 31 ErbStG Rn 34.
243 In diesem Sinn auch *Sieber*, ZEV 2010, 121, 123.
244 Vgl. auch *Piltz/Holtz*, in: Bengel/Reimann, Kap. 8 Rn 51.

Zunächst stehen die Steueransprüche im Vordergrund, die noch vom Erblasser verwirklich wurden, sich also unmittelbar gegen den Nachlass richten. Insoweit gilt über § 45 Abs. 2 AO auch § 2213 BGB für das Finanzamt.[245] Nach § 2213 BGB kann ein Anspruch, der sich gegen den Nachlass richtet, **sowohl gegen den Erben als auch gegen den Testamentsvollstrecker** geltend gemacht werden. Dennoch genügt der bloße Erlass eines Steuerbescheides gegenüber den Erben nicht, um diese Steueransprüche zwangsweise gegen den vom Testamentsvollstrecker verwalteten Nachlass durchzusetzen.[246] Wird der Steuerbescheid den Erben bekannt gegeben und damit der Steueranspruch diesen gegenüber geltend gemacht,[247] so ist eine Zwangsvollstreckung in den Nachlass nach Meinung des BFH[248] nur aufgrund eines **gegen den Testamentsvollstrecker selbst gerichteten Titels** zulässig, der auf Leistung oder **Duldung der Zwangsvollstreckung** gerichtet sein kann, § 265 AO i.V.m. § 748 ZPO. Die Vollstreckung in den Nachlass wegen Steuerbelastungen aus der Zeit **vor** dem Ableben des Erblassers erfolgt daher aufgrund eines Steuerbescheides gegen den Erben sowie eines Duldungsbescheid gegen den Testamentsvollstrecker gem. **§ 191 AO**. Der **Duldungsbescheid** führt dabei – anders als der Haftungsbescheid – nicht zu einer persönlichen Haftung des Testamentsvollstreckers, sondern gebietet dem Testamentsvollstrecker, lediglich die Zwangsvollstreckung zu dulden. Die Verpflichtung zur **Anhörung der** jeweiligen **Berufskammer** bei Rechtsanwälten, Notaren, Steuerberatern und Wirtschaftsprüfern gem. § 191 AO ist hier **nicht erforderlich**. Eine Anhörung ist nur vor dem Erlass von Haftungsbescheiden vorzunehmen.

Für vor dem Todestag entstandene Steuern ist es alternativ auch möglich, den **Steuerbescheid unmittelbar an den Testamentsvollstrecker** zu richten und daraus gegen den Testamentsvollstrecker vorzugehen.[249]

113 Für die Vollstreckung der **Erbschaftsteuer**, die durch den Todesfall ausgelöst wurde, ist der Testamentsvollstrecker zwar der Bekanntgabeadressat des Steuerbescheides, nicht aber der Inhaltsadressat. Allerdings bestimmt § 32 Abs. 1 S. 2 ErbStG, dass der Testamentsvollstrecker für die Bezahlung der Erbschaftsteuer zu sorgen hat. Aus § 77 AO folgt demnach, dass der Testamentsvollstrecker deshalb auch die Vollstreckung in den Nachlass wegen der Erbschaftsteuer zu dulden hat. Will die Finanzverwaltung also wegen der rückständigen Erbschaftsteuer in den Nachlass vollstrecken, so kann sie dies, nachdem sie einen **Duldungsbescheid** i.S.d. § 191 AO gegen den Testamentsvollstrecker erlassen hat.[250] Kommt der Testamentsvollstrecker seiner Verpflichtung nicht nach, für die Begleichung der Erbschaftsteuerschuld zu sorgen, so kann die Finanzverwaltung den Testamentsvollstrecker nach § 219 S. 2, § 191 AO, § 69 AO auch persönlich durch Haftungsbescheid auf Zahlung der Steuern in Anspruch nehmen.[251]

---

245 BFH Urt. v. 20.4.1989, Az. IV R 346/84, BStBl II 1989, 782 = BB 1989, 1817 = DB 1989, 2002 = DStR 1989, 608; BFH Urt. v. 30.9.1987, Az. II R 42/84, BStBl II 1988, 120 = BFHE 151, 460.
246 BFH Beschl. v. 29.11.1995, BStBl II 1996, 322 = DStR 1996, 505 = BFH/NV 1996, 79 = BB 1996, 879 = DB 1996, 1117 zu einem Fall von Einkommensteuerbelastungen für die Zeiten nach dem Ableben des Erblassers.
247 Die Finanzverwaltung hat insoweit ein Wahlrecht, vgl. dazu bereits Rn 62.
248 BFH Urt. v. 30.9.1987, Az. II R 42/84, BStBl II 1988, 120 = BFHE 151, 460; BFH Beschl. v. 29.11.1995, BStBl II 1996, 322 = DStR 1996, 505 = BFH/NV 1996, 79 = BB 1996, 879 = DB 1996, 1117; BFH Urt. v. 20.4.1989, Az. IV R 346/84, BStBl II 1989, 782 = BB 1989, 1817 = DB 1989, 2002 = DStR 1989, 608; ebenso *König*, in: Pahlke/Koenig, § 34 AO Rn 35.
249 *Häfke*, ZEV 1997, 429, 431; BFH Urt. v. 30.9.1987, Az. II R 42/84, BStBl II 1988, 120 = BFHE 151, 460.
250 Vgl. hierzu *Purrucker*, ZErb 2011, 265.
251 So wohl auch *Troll/Gebel/Jüllicher*, § 32 Rn 33.

Steuern, die nach dem Tode des Erblassers entstehen, sind keine Nachlassverbindlichkeiten. Der Testamentsvollstrecker hat diese nicht zu erfüllen. Die Finanzverwaltung kann daher grds. keinen Steuerbescheid gegen den Testamentsvollstrecker erlassen (vgl. dazu bereits Rn 75). Ihr fehlt damit ein Vollstreckungstitel gegen den Testamentsvollstrecker. Auch ein Grund, die Vollstreckung in den Nachlass zu dulden, existiert nicht. Daher gilt auch für die Finanzverwaltung § 2214 BGB.[252] Nach dieser Vorschrift können sich Gläubiger der Erben wegen anderen als Nachlassverbindlichkeiten nicht an den vom Testamentsvollstrecker verwalteten Nachlass halten. Die Finanzverwaltung kann für diese Steuerschulden also keine Befriedigung aus dem Nachlass durch Vollstreckung erlangen. Selbst ein Haftungsbescheid nach §§ 191 Abs. 1, 219 AO scheidet i.d.R. aus, da der Testamentsvollstrecker in dieser Hinsicht grds. keine steuerlichen Verpflichtungen für die Erben zu erfüllen und die Steuer nicht zu entrichten hat (vgl. dazu Rn 99). Anders ist dies nur bei Fortführung eines Unternehmens oder Mitunternehmeranteils aufgrund der Vollmachts- oder Treuhandlösung (§§ 34, 35 AO).

114

XI. Sonderprobleme bei Vorhandensein mehrerer Testamentsvollstrecker

Zivilrechtlich ist es unstreitig möglich, **mehrere Testamentsvollstrecker gleichberechtigt nebeneinander** einzusetzen (vgl. dazu §§ 2197 Abs. 1, 2224, 2219 Abs. 2 BGB sowie § 4 Rn 1). Sind mehrere gleichberechtigte Testamentsvollstrecker eingesetzt, so hat das Finanzamt das **Wahlrecht**, sich an einen von beiden alternativ zu halten.[253] Es genügt also beispielsweise die **Bekanntgabe** des Erbschaftsteuerbescheides **gegenüber einem Testamentsvollstrecker** gem. § 32 Abs. 1 S. 1 ErbStG. Das Finanzamt ist nicht verpflichtet, sich an die Vereinbarungen der Testamentsvollstrecker im Innenverhältnis zu halten.[254] Dies gilt zumindest für **rein interne Absprachen** der Testamentsvollstrecker zur internen Aufgabenverteilung.[255] Hat der Erblasser jedoch bestimmte Aufgaben einzelnen Testamentsvollstreckern dahingehend zugewiesen, dass der jeweilige tatsächliche Verfügungs- und Verwaltungsumfang beider Testamentsvollstrecker sich unterscheidet (sog. **Nebenvollstrecker**[256]), so ist unseres Erachtens die Bekanntgabe eines Steuerbescheides nur gegenüber demjenigen Testamentsvollstrecker möglich, der die entsprechenden Verwaltungsaufgaben in steuerlicher Hinsicht hat. Ebenso könnte man bei zwei oder mehreren **Mitvollstreckern**, die **nur gemeinschaftlich handlungsbefugt** sind,[257] annehmen, dass ein Steuerbescheid nur beiden gemeinschaftlich wirksam bekannt gegeben werden kann. Dem steht jedoch der allgemeine Grundsatz entgegen, dass aktiv nur gemeinschaftlich vertretungsbefugte Personen hinsichtlich der **passiven Vertretung einzelvertretungsberechtigt** sind. Dementsprechend geht *Zimmermann*[258] davon aus, auch bei mehreren Mittestamentsvollstreckern könne einer allein wegen Steuerschulden verklagt werden. Dann muss erst recht die Bekanntgabe eines Steuerbescheides gegenüber einem Mittestamentsvollstrecker ausreichend sein.[259]

115

Begehen mehrere Testamentsvollstrecker eine zum Schadenersatz verpflichtende Handlung i.S.d. § 2219 BGB gegenüber den Erben, so haften sie beide als Gesamtschuldner, sofern

116

---

252 Ebenso *Loose*, in: Tipke/Kruse, § 34 AO Rn 29 a.E.; a.A. – unzutreffend – *Piltz/Holtz*, in: Bengel/Reimann, Kap. 8 Rn 153 i.V.m. Rn 41.
253 *Meincke*, § 31 ErbStG Rn 12; *Schuck*, in: Viskorf/Knobel/Schuck/Wälzholz, § 31 ErbStG Rn 14.
254 RFH Urt. v. 17.12.1924, RFHE 15, 146; *Piltz/Holtz*, in: Bengel/Reimann, Kap. 8 Rn 5.
255 Ebenso *Zimmermann*, Testamentsvollstreckung, Rn 208.
256 *J. Mayer*, in: Bamberger/Roth, § 2224 Rn 11.
257 *Zimmermann*, Testamentsvollstreckung, Rn 205.
258 *Zimmermann*, Testamentsvollstreckung, Rn 212.
259 Vgl. auch RFH Urt. v. 17.12.1924, RFHE 15, 146 zur „Brotversorgungsabgabe".

beide ein Verschulden trifft. Das Innenverhältnis des Gesamtschuldnerausgleichs richtet sich gem. § 426 BGB nach den Besonderheiten und Umständen des Einzelfalles.

XII. Sonderprobleme bei gleichzeitiger Nachlassverwaltung (§§ 1975 ff. BGB)

117 Auch in Fällen, in denen Testamentsvollstreckung angeordnet ist, kann daneben **Nachlassverwaltung** angeordnet werden. In diesem Fall geht die Verfügungsbefugnis über den Nachlass auf den Nachlassverwalter über und der Testamentsvollstrecker verliert nach § 1984 BGB – wie der Erbe – die Verfügungsbefugnis.[260] Aus diesem Grunde hat der Testamentsvollstrecker in diesem Fall auch keine steuerlichen Pflichten für die Dauer der Nachlassverwaltung zu erfüllen.[261] Die Pflichten treffen in diesem Fall vielmehr den Nachlassverwalter.

C. Informationspflichten und Auskunftsansprüche zwischen Erben und Testamentsvollstrecker

118 Der Testamentsvollstrecker ist zur Abgabe der Erbschaftsteuererklärung gem. § 31 Abs. 5 ErbStG darauf angewiesen, dass die Erben und sonstigen Beteiligten ihm Auskünfte erteilen. Dies gilt insbesondere für relevante **Vorschenkungen** im Rahmen des § 14 ErbStG. Teilweise wird davon ausgegangen, der Testamentsvollstrecker habe als Annexkompetenz zu § 31 ErbStG entsprechende **Auskunftsansprüche gegen die Erben** und sonstigen Begünstigten (vgl. Rn 42).

119 Umgekehrt ist bei der Dauertestamentsvollstreckung der Erbe, der selbst seine Steuererklärung erstellen und gegenüber dem Finanzamt abgeben muss, auf Informationen durch den Testamentsvollstrecker angewiesen, wenn dieser das für die Einkünfteerzielung verwandte Vermögen verwaltet. Die **Erben haben** gem. § 2218 i.V.m. § 666 BGB **Anspruch auf Erteilung der erforderlichen Auskünfte** und Übergabe der erforderlichen Unterlagen und Belege.[262] Insoweit besteht eine umfassende **Pflicht zu Rechnungslegung**.[263] Zutreffend dürfte sein, dass sich der Testamentsvollstrecker zur Vermeidung einer Schadenersatzhaftung nach § 2219 BGB die Erfüllung seiner Auskunftserteilungspflicht gegenüber den Erben beweiskräftig dokumentieren lassen sollte, ggf. sich die Aushändigung von Unterlagen quittieren lassen sollte.[264]

D. Besonderheiten bei der Betriebsaufspaltung

120 Eine Betriebsaufspaltung liegt vor, wenn Aktivvermögen eines **Besitzunternehmens** einem **Betriebsunternehmen** verpachtet oder auf anderer Weise zur Nutzung überlassen wird und zwischen beiden Unternehmen sowohl eine sachliche als auch eine personelle Verflechtung

---

260 Palandt/*Weidlich*, § 1984 Rn 2.
261 So auch *Troll/Gebel/Jülicher*, § 31 ErbStG Rn 25 zur ErbSt-Steuererklärungspflicht; *Meincke*, § 31 ErbStG Rn 12.
262 MüKo/*Zimmermann*, § 2118 Rn 9; *Zimmermann*, Testamentsvollstreckung, Rn 587; *Piltz/Holtz*, in: Bengel/Reimann, Kap. 8 Rn 158.
263 Vgl. ausführlich *Sarres*, ZEV 2000, 90 ff.; *Groll*, Die Testamentsvollstreckung, in: Praxishandbuch Erbrechtsberatung, Teil C. IX. Rn 124, 143 f.
264 *Piltz/Holtz*, in: Bengel/Reimann, Kap. 8 Rn 159.

gegeben sind.[265] Eine **sachliche Verflechtung** liegt vor, wenn dem Betriebsunternehmen eine wesentliche Betriebsgrundlage durch das Besitzunternehmen zur Verfügung gestellt wird.[266] Eine **personelle Verflechtung** liegt vor, wenn die hinter dem Besitzunternehmen stehenden Gesellschafter als Personengruppe ihren geschäftlichen Willen auch in der Betriebsgesellschaft durchsetzen können.[267] Im Todesfall sind Betriebsaufspaltungskonstruktionen durch den **Verlust der personellen Verflechtung** regelmäßig von der Auflösung und damit der Aufdeckung der stillen Reserven beim Besitzunternehmen bedroht, wenn aufgrund des Todesfalles die Durchsetzung des einheitlichen geschäftlichen Betätigungswillen nicht mehr gesichert ist.

Der Verdeutlichung der Betriebsaufspaltungsproblematik soll folgendes, auf einem BFH-Urteil[268] basierendes Beispiel dienen:

> **Beispiel**
> Die Erblasserin E war Alleingesellschafterin einer Hotel-GmbH und Alleineigentümerin eines Hotelgrundstücks, das an die GmbH verpachtet war. Bei ihrem Todesfall wurden die GmbH-Geschäftsanteile allein der Tochter T zu 100 % zugewiesen. Das Grundstück verblieb in der Erbengemeinschaft aus Tochter und Sohn, an der beide zu je 50 % beteiligt waren. Es sei unterstellt, dass Testamentsvollstreckung sowohl über die nicht auseinandergesetzte Erbengemeinschaft mit dem Grundstück als auch über die GmbH-Geschäftsanteile angeordnet war.

Problematisch ist an dem vorstehenden Beispielssachverhalt, ob durch den Todesfall die **personelle Verflechtung erloschen** und damit die Betriebsaufspaltung beendet ist. Dies führt regelmäßig zur Aufdeckung sämtlicher stillen Reserven im Besitzunternehmen sowie in den GmbH-Geschäftsanteilen. Zunächst sind die Voraussetzungen der personellen Verflechtung entfallen, da die Alleingesellschafterin der Betriebsgesellschaft nicht in der Lage ist, ihren geschäftlichen Betätigungswillen in der Erbengemeinschaft durchzusetzen. Denn hier ist sie lediglich mit 50 % beteiligt und kann die Entscheidungen daher nicht diktieren.[269] Es stellt sich daher die Frage, ob das **vermittelnde Bindeglied** zwischen Besitz- und Betriebsunternehmen im vorliegenden Beispielsfall **durch den Testamentsvollstrecker** begründet werden könne. **Dies lehnt der BFH** in seiner Entscheidung vom 13.12.1984 jedoch **ab**. Maßgeblich für die Durchsetzung des erforderlichen einheitlichen, geschäftlichen Betätigungswillens seien stets die an dem Unternehmen Beteiligten, nicht aber der Testamentsvollstrecker. Der Testamentsvollstrecker sei lediglich der Verwalter für den oder die Erben. Auf diesen könne daher nicht abgestellt werden. Inhaber seien nämlich die Erben bzw. Vermächtnisnehmer selbst. Etwas anderes folge auch nicht aus den Grundsätzen der faktischen Beherrschung.[270] Die Finanzverwaltung folgt der vorstehenden Meinung des BFH.[271]

121

Einen ähnlich gelagerten Fall hatte der BFH im Jahre 2008 zu entscheiden.[272] Die personelle Verflechtung von Besitzunternehmen und Betriebsunternehmen wurde bejaht, auch wenn hinsichtlich nur einer der Beteiligungen Testamentsvollstreckung angeordnet war, die Erben jedoch an beiden Unternehmen mehrheitlich beteiligt waren. Die hier vom BFH getroffene Entscheidung dürfte regelmäßig sowohl im Interesse des Erblassers an der Fortführung

---

265 Vgl. zum Ganzen *Micker*, DStR 2012, 589.
266 Schmidt/*Wacker*, EStG, § 15 EStG Rn 808.
267 Vgl. zum Ganzen *Carlé*, Rn 16 ff.
268 Sachverhalt nach BFH Urt. v. 13.12.1984, BStBl II 1985, 657 – leicht abgewandelt.
269 Ebenso BFH Urt. v. 13.12.1984, BStBl 1985, 657.
270 Vgl. BFH Urt. v. 29.7.1976, BStBl II 1976, 750; BFH Urt. v. 16.6.1982, BStBl II 1982, 662.
271 EStH 2005 15.7 Abs. 6 a.E.
272 BFH Urt. v. 5.6.2008, BStBl II 2008, 858 = DStR 2008, 1679 = DB 2008, 1836; *Knatz*, DStR 2009, 27 ff.

seines Unternehmens als auch im Interesse der Erben liegen, eine Zwangsbetriebsaufgabe wegen der Anordnung der Testamentsvollstreckung zunächst vermeiden zu können. Der BFH geht im vorliegenden Fall zu Recht davon aus, dass zivilrechtlich auch bei Anordnung von Testamentsvollstreckung die Erben Inhaber des Vermögens werden und sie die Wirkungen des Verwaltungshandelns treffen. Der Testamentsvollstrecker darf in seiner Stellung als Treuhänder gar keine eigenen Interessen verfolgen. Demzufolge kann er keinen von den Erben unabhängigen Betätigungswillen bilden. Mit der Annahme der Erbschaft ist der Erbe auch mit den durch die Ernennung eines Testamentsvollstreckers verbundenen Beschränkungen einverstanden. Somit sind im Rahmen der personellen Verflechtung auch die Anteile mit einzubeziehen, an denen der Erblasser Testamentsvollstreckung angeordnet hat.

E. Steuerliche Haftungsgefahren für den Testamentsvollstrecker

I. Allgemeines

122 Hinsichtlich der steuerlichen Haftungsgefahren des Testamentsvollstreckers ist zu unterscheiden zwischen der Haftung gegenüber den Erben gem. § 2219 BGB und der **Haftung für Steuerschulden** gegenüber dem Fiskus.[273]

123 Die **Haftung gegenüber den Erben** gem. § 2219 BGB kann vor allem aus folgenden steuerrelevanten Sachverhalten resultieren:
– Ausübung von **steuerlichen Wahlrechten** im Rahmen der Erbschaftsteuererklärung gem. § 31 Abs. 5 ErbStG, obwohl der Testamentsvollstrecker hierzu nicht befugt ist (vgl. dazu bereits oben Rn 44)
– Bekanntgabe des Erbschaftsteuerbescheides an den Testamentsvollstrecker, den dieser **nicht rechtzeitig** an die Erben zur Einspruchseinlegung **weiterleitet** (vgl. dazu bereits oben Rn 71)
– **Nichterteilung von Auskünften**, Unterlagen und Belegen hinsichtlich des Nachlasses, welche die Erben zur Erstellung ihrer persönlichen Steuererklärungen benötigen und angefordert haben (§ 2218 i.V.m. § 666 BGB)
– **Abgabe falscher Steuererklärungen**, die zu einer überhöhten Steuerfestsetzung führen.

124 Der Schaden des Erben kann im Zusammenhang mit Pflichtverletzungen des Testamentsvollstreckers zum einen in Form eines Eigenschadens entstehen. Zum anderen kann aber der Erbe aufgrund der Pflichtverletzung auch von Dritten (z.B. Vermächtnisnehmern) in Anspruch genommen werden und deshalb vom Testamentsvollstrecker Regress fordern. Eine Haftung des Testamentsvollstreckers setzt stets voraus, dass ein Schaden eingetreten ist und dieser Schaden auf der Pflichtverletzung **ursächlich** beruht. Ein Schaden ist kausal, wenn die Pflichtverletzung des Testamentsvollstreckers nicht hinweggedacht werden kann, ohne dass gleichzeitig auch der Schaden entfiele.[274] Die Haftung entfällt demnach, wenn bei pflichtgemäßem Verhalten des Testamentsvollstreckers der gleiche Schaden oder das gleiche steuerliche Ergebnis entstanden wäre.[275] Der Schadensersatzanspruch der Erben gegen den Testamentsvollstrecker gehört zum Nachlass.

---

273 Vgl. zum ganzen *Piltz*, ZEV 2001, 262 ff.; *Groll*, Die Testamentsvollstreckung, in: Praxishandbuch Erbrechtsberatung, Teil C. IX. Rn 176 ff.
274 Vgl. *Mösbauer*, DStR 1982, 123, 125; *Rüsken*, in: Klein, § 69 AO Rn 130 ff.
275 BFH Urt. v. 2.3.1993, BFH/NV 1994, 526; vgl. zum Ganzen auch *Piltz*, ZEV 2001, 262, 263.

Eine unmittelbare **Haftung** des Testamentsvollstreckers **gegenüber Dritten**, z.B. Pflichtteilsberechtigten, über § 2219 BGB kommt nicht in Betracht. Vielmehr finden hier nur die Regeln des Deliktsrechts Anwendung (§§ 823 ff. BGB).

125

Schadensersatzansprüche nach § 2219 BGB gegen den Testamentsvollstrecker **verjähren** nach Ansicht des BGH[276] bis zum 31.12.2009 gem. § 197 Abs. 1 Nr. 2 BGB **nach dreißig Jahren**. Seit dem Inkrafttreten der Erbrechtsreform gilt hingegen auch insoweit die allgemeine dreijährige Verjährung nach §§ 195, 199 BGB. Für die Übergangszeit ist die Übergangsbestimmung des Art. 2 § 21 EGBGB zu beachten. Soweit ein Anspruch ab dem 1.1.2010 entsteht, richtet sich die Verjährung nach neuem Recht. Soweit der Anspruch hingegen vor dem 1.1.2010 entstanden ist, ist die alte Verjährung mit der neuen Verjährung, die ab dem 1.1.2010 zu laufen beginnt, zu vergleichen. Die kürzere Frist ist dann maßgeblich.[277] Die vorstehenden Grundsätze gelten auch dann, wenn der Testamentsvollstrecker ein Freiberufler ist, für den berufsrechtlich eine kürzere oder andere Verjährung für Haftpflichtfälle gilt.

Die wichtigsten Haftungstatbestände, durch die der Testamentsvollstrecker in eine persönliche **Haftung gegenüber dem Fiskus** geraten kann, sind folgende:

126

– Haftung gem. **§§ 34, 69 AO** bei vorsätzlicher oder grob fahrlässiger Nichterfüllung der dem Testamentsvollstrecker obliegenden steuerlichen Verpflichtungen,[278] insbesondere auch bei Nichtkorrektur gem. § 153 Abs. 1 S. 2 AO
– Nichtsicherstellung der **Erbschaftsteuerleistung** gem. § 32 Abs. 1 S. 2 ErbStG
– **Vermögenstransfer ins Ausland** vor Sicherstellung der Erbschaftsteuerzahlung, § 20 Abs. 6 S. 2 ErbStG
– Haftung aufgrund **Steuerhinterziehung** oder **leichtfertiger Steuerverkürzung** gem. § 71 AO, auch bei Nichterfüllung der Berichtigungsverpflichtung nach § 153 AO.

II. Die Haftung gem. § 69 AO i.V.m. § 34 AO

Der Testamentsvollstrecker ist **Vermögensverwalter** i.S.d. § 34 Abs. 3 AO. Erfüllt er die ihm nach dieser Vorschrift obliegenden Verpflichtungen nicht, so kommt eine persönliche Haftung des Testamentsvollstreckers in Betracht. Eine persönliche Haftung des Testamentsvollstreckers erfolgt nur, soweit er tatsächlich nach § 34 AO zur Wahrnehmung der entsprechenden steuerlichen Aufgaben der Erben verpflichtet ist.[279] Hat der Testamentsvollstrecker beispielsweise ausschließlich die Aufgabe, ein Vermächtnis zu erfüllen, so kann er nicht allgemein nach §§ 34, 35 AO als Vertreter/Verwalter angesehen werden, sondern nur gegenständlich beschränkt auf den Vermächtnisgegenstand.[280]

127

Die Haftung des Testamentsvollstreckers als Vertreter i.S.v. § 34 AO richtet sich nach Maßgabe des § 69 AO. Die Finanzbehörde trägt dabei die **Feststellungslast** für das Vorliegen der Voraussetzungen.[281] Nach § 69 AO ist der Testamentsvollstrecker nur bei **Vorsatz**

128

---

276 BGH Urt. v. 18.9.2002, NJW 2002, 3773 = FamRZ 2003, 92 = MDR 2002, 1372 = ZNotP 2002, 478.
277 Siehe *Hieke*, FPR 2008, 553, 554. Zu den vergleichbaren Überleitungsbestimmungen des Schuldrechtsmodernisierungsgesetzes siehe BGH vom 23.1.2007 – XI ZR 44/06, NJW 2007, 1584.
278 Hessisches FG Urt. v. 23.2.1995, EFG 1996, 666 = ZEV 1996, 398; zurückhaltend hinsichtlich des Pflichtenumfangs bei steuerlichen Laien als Testamentsvollstrecker FG München Urt. v. 25.10.1999, DStRE 2000, 372 = UVR 2000, 113 = EFG 2000, 510 (Ls.) = ZEV 2000, 191 (Ls.); *Piltz/Holtz*, in: Bengel/Reimann, Kap. 8 Rn 92. Vgl. auch FG Rheinland-Pfalz Urt. v. 30.4.1963, DStZE 63, 370 f. (rkr.).
279 Vgl. *Rüsken*, in: Klein, § 34 AO Rn 26.
280 Vgl. FG Rheinland-Pfalz Urt. v. 30.4.1963, DStZE 63, 370 f. (rkr.).
281 *Rüsken*, in: Klein, § 69 AO Rn 135; BFH Urt. v. 11.7.1989, BStBl II 1990, 357.

oder **grob fahrlässiger Pflichtverletzung** Haftungsschuldner. Das Verschulden des Testamentsvollstreckers muss sich dabei nur auf die Pflichtverletzung beziehen, nicht jedoch auf deren Folgen. Das Auskehren des Nachlasses an die Erben, ohne Vorkehrungen für die Errichtung der Steuerschuld zu treffen, stellt immer eine grob fahrlässige Pflichtverletzung dar.[282] Das Vertrauen darauf, dass schon aus der Pflichtverletzung keine Schäden entstehen würden, entlastet den Testamentsvollstrecker damit nicht.[283] Die Haftung umfasst nach § 69 S. 2 AO auch die in Folge der Pflichtverletzung zu zahlenden Säumniszuschläge.

129 **Vorsatz** ist in drei unterschiedlichen Ausprägungen denkbar. Einerseits kann es sich um **dolus directus** handeln. Dies ist dann der Fall, wenn der Testamentsvollstrecker in Kenntnis der Pflichtverletzung den Schaden herbeiführt. Die Steigerungsform ist insoweit die **Absicht**.[284] Ausreichend ist zur Erfüllung der Tatbestandsvoraussetzungen des § 69 AO jedoch auch **bedingter Vorsatz**. Dies ist dann der Fall, wenn der Testamentsvollstrecker die Pflichtverletzung und den daraus resultierenden Schaden billigend in Kauf nimmt.[285]

130 **Grobe Fahrlässigkeit** nimmt der BFH an, wenn ein Testamentsvollstrecker die Sorgfalt, zu der er **nach den Umständen und seinen persönlichen Kenntnissen** verpflichtet und imstande war, in ungewöhnlich hohem Maße verletzt.[286] Die vorstehende regelmäßig vom BFH bemühte Formulierung ist insoweit überzeugend, als der BFH nicht für alle Testamentsvollstrecker den gleichen Sorgfaltsmaßstab anlegt, sondern auf die persönlichen Kenntnisse und Fähigkeiten des Pflichtigen abstellt.[287] Dieser milde Haftungsmaßstab wird jedoch dadurch relativiert, dass auch die Übernahme des Amtes ein Verschulden begründet, wenn der Testamentsvollstrecker sich die zur Erfüllung der Pflichten notwendigen Kenntnisse und Fähigkeiten nicht verschafft.[288] Demnach kann ein Testamentsvollstrecker bereits dann grob fahrlässig handeln, wenn er Aufgaben übernimmt, bei denen es sich ihm offensichtlich hätte aufdrängen müssen, dass er diesen Aufgaben nicht gewachsen ist. Dies kann beispielsweise der Fall sein, wenn ein **steuerlich völlig unbewanderter Testamentsvollstrecker** das Amt übernimmt und keinen Steuerberater einschaltet, obwohl es sich ihm offensichtlich hätte aufdrängen müssen, dass die Angelegenheit wichtige steuerliche Auswirkungen haben kann. Insoweit kann auch der Steuerlaie grob fahrlässig handeln, wenn er sich nicht der erforderlichen steuerlichen Beihilfe bedient.[289] Bei **Rechtsanwälten, Wirtschaftsprüfern und Steuerberatern** gelangt die Finanzverwaltung und Rechtsprechung fast immer zur groben Fahrlässigkeit, weil von diesen Personen erwartet werden könne, dass sie entweder die erforderlichen Rechtskenntnisse haben oder sich diese verschaffen.[290] Für steuerlich nicht bewanderte Testamentsvollstrecker wird eine grobe Fahrlässigkeit i.d.R. nur angenom-

---

282 *Volquardsen*, in: Daragan/Halaczinsky/Riedel, § 32 Rn 17; FG Hessen v. 23.2.1995, EFG 1996,666.
283 BFH Urt. v. 2.8.1988, BFH/NV 1989, 150; BFH Urt. v. 26.2.1991, BFH/NV 1991, 578.
284 Vgl. dazu BFH Beschl. v. 12.7.1983, BStBl II 1983, 655; *Piltz*, ZEV 2001, 262, 263.
285 *Piltz*, ZEV 2001, 262, 263.
286 *Rüsken*, in: Klein, § 69 AO Rn 32 unter Hinw. auf BFH Urt. v. 21.2.1989, BStBl II 1989, 491; BFH Urt. v. 12.5.1992, BFH/NV 1992, 785; BFH Beschl. v. 9.1.1996, BFH/NV 1996, 589; vgl. auch *Mösbauer*, DStR 1982, 123, 125.
287 Vgl. *Schwarz*, in: Schwarz, § 69 AO Rn 14.
288 Vgl. hierzu, jeweils zum Überwachungsverschulden von Geschäftsführern, BFH v. 5.3.1998, BFH/NV 1998, 1325; BFH Beschl. v. 8.5.1990, BFH/NV 1991, 12; BFH Urt. v. 29.5.1990, BFH/NV 1991, 283.
289 Vgl. zum Ganzen *Rüsken*, in: Klein, § 69 AO Rn 35.
290 Vgl. *Piltz*, ZEV 2001, 262, 264.

men, wenn der Testamentsvollstrecker vom Nachlassgericht bei Übernahme des Amtes auf seine steuerlichen Pflichten hingewiesen und darüber belehrt wurde.[291]

Ein Rechtsirrtum kann Vorsatz und grobe Fahrlässigkeit ausschließen, sofern es sich um einen **entschuldbaren Rechtsirrtum** handelt.[292] Wann ein Rechtsirrtum entschuldbar ist und die grobe Fahrlässigkeit ausschließt, ist eine Frage des Einzelfalls. 131

Zu den Besonderheiten der Haftung bei Verstoß gegen § 32 Abs. 1 S. 2 ErbStG siehe unter Rn 139.

Sind **mehrere Testamentsvollstrecker** bestellt, so kann jeder Testamentsvollstrecker für die Pflichtverletzungen haftbar gemacht werden, da grundsätzlich mehrere Testamentsvollstrecker gleichmäßig verpflichtet sind, die steuerlichen Pflichten gegenüber dem Finanzamt zu erfüllen.[293] Insoweit sind die Grundsätze für die Haftung mehrerer Geschäftsführer einer GmbH entsprechend anwendbar.[294] Eine interne Aufgabenverteilung zwischen mehreren Testamentsvollstreckern führt mithin nicht zu einer vollständigen Enthaftung des nicht für die steuerlichen Pflichten verantwortlichen Testamentsvollstreckers, wohl aber zu einer gewissen Begrenzung.[295] Die wirksame Aufgabenverteilung setzt nach den Rechtsprechungsgrundsätzen eine im Vorhinein getroffene, eindeutige und daher i.d.R. schriftlich zu treffende Aufgabenabgrenzung voraus. Diese dürfte aber auch den für steuerliche Angelegenheiten nicht zuständigen Testamentsvollstrecker nicht von einer **gewissen Überwachung** des zuständigen Testamentsvollstreckers befreien. Vielmehr hat er sich im Rahmen der gewissen Überwachung der Gesamttätigkeit der Testamentsvollstrecker auch um die Steuerangelegenheiten zu kümmern, insbesondere wenn Zweifel an der ordnungsgemäßen Erfüllung entstehen.[296] 132

Gemäß § 44 Abs. 1 S. 1 AO haftet der Testamentsvollstrecker neben dem Erben oder sonstigen Erwerber gesamtschuldnerisch.[297] Nach § 219 Abs. 1 S. 1 AO kann ein Haftungsschuldner jedoch grundsätzlich erst in Anspruch genommen werden, soweit die Vollstreckung in das bewegliche Vermögen des Steuerschuldners ohne Erfolg geblieben oder anzunehmen ist, dass die Vollstreckung aussichtslos sein würde. § 219 Abs. 1 S. 1 AO geht daher vom **Grundsatz der sekundären Inanspruchnahme des Haftungsschuldners** aus.[298] Diese **Schonung des Haftungsschuldners** gilt gem. § 219 S. 2 AO jedoch nicht, wenn die Haftung darauf beruht, dass der Haftungsschuldner Steuerhinterziehung begangen hat oder gesetzlich verpflichtet war, Steuern einzuziehen und abzuführen oder zu Lasten eines anderen zu entrichten. Letzteres ist in den Haftungsfällen nach § 69 AO der Fall. Der Testamentsvoll- 133

---

291 Vgl. FG München Urt. v. 25.10.1999, DStRE 2000, 372; Hessisches FG Urt. v. 23.2.1995, ZEV 1996, 398, aufgehoben durch BFH Urt. v. 13.5.1998, BStBl II 1998, 760 = ZEV 1998, 358 m. Anm. *Henssler*; vgl. auch *Piltz*, ZEV 2001, 262, 264.
292 *Rüsken*, in: Klein, § 69 AO Rn 40; BFH Urt. v. 26.4.1988, Az. VII R 105/85, BFH/NV 1988, 625; BFH Urt. v. 18.9.1981, Az. VI R 44/77, BStBl II 1981, 801 (zur Lohnsteuerhaftung des Arbeitgebers als Billigkeitsaspekt).
293 Vgl. zu entsprechenden Problemen bei Geschäftsführern und dem maßgeblichen Aspekten des Ermessens der Finanzverwaltung BFH Urt. v. 29.5.1990, Az. VII R 85/89, BStBl II 1990, 1008.
294 Vgl. dazu BFH Urt. v. 23.6.1998, Az. VII R 4/98, BStBl II 1998, 761 ff. = BFH/NV 1998, 1545 = BB 1998, 1934 = DB 1998, 2047 = DStR 1998, 1423; BFH Urt. v. 26.4.1984, BStBl II 1984, 776; *Intemann*, in: Pahlke/König, § 69 AO Rn 76 f.
295 Vgl. *Loose*, in: Tipke/Kruse, § 69 AO Rn 32; *Piltz*, ZEV 2001, 262, 265.
296 BFH Urt. v. 23.6.1998, Az. VII R 4/98, BStBl II 1998, 761 ff. = BFH/NV 1998, 1545 = BB 1998, 1934 = DB 1998, 2047 = DStR 1998, 1423 – zu Vereinsvorstand und Geschäftsführern.
297 *Rüsken*, in: Klein, § 69 AO Rn 4.
298 *Rüsken*, in: Klein, § 219 AO Rn 3.

strecker kann daher bei einer **Haftung nach § 69 AO auch ohne vorherige Zwangsvollstreckung oder aussichtslose Zwangsvollstreckung** gegen den Erben in Anspruch genommen werden. Das Leistungsgebot gem. § 254 AO kann also auch im Rahmen einer Ermessensentscheidung von Anfang gegen den Testamentsvollstrecker gerichtet werden.

Das Finanzamt hat damit die Möglichkeit, entweder den oder die Erben oder den Testamentsvollstrecker für die Begleichung der Steuerschuld in Anspruch zu nehmen. Hinsichtlich der Frage der Auswahl des Gesamtschuldners hat die Finanzverwaltung ein **Auswahlermessen**, das die Finanzverwaltung bei Erlass des Haftungsbescheides gem. § 191 AO zu begründen hat.[299] Wird der Testamentsvollstrecker in Anspruch genommen, so hat er einen Erstattungsanspruch gegen den Erben in voller Höhe gem. § 426 Abs. 1 S. 1 BGB.[300]

134 Bei Inanspruchnahme von **Rechtsanwälten, Wirtschaftsprüfern oder Steuerberatern** als Haftungsschuldner schreibt § 191 Abs. 2 AO vor, dass der Haftungsbescheid erst erlassen werden darf, nachdem die **zuständige Berufskammer** angehört wurde. Der BFH hat nunmehr entschieden, dass es der Anhörung stets bedarf, wenn ein entsprechender Berufsträger die Testamentsvollstreckung übernimmt. Es kommt daher nicht mehr darauf an, ob der Testamentsvollstrecker dieses Amt gerade als Rechtsanwalt, als Wirtschaftsprüfer oder als Steuerberater übernommen hat. Dieser Funktionszusammenhang wird vom BFH vielmehr überzeugend unterstellt.[301]

III. Haftung wegen Steuerhinterziehung gem. § 71 AO – einschließlich Strafrecht

1. Ausgangspunkt

135 Gemäß § 71 AO haften **Täter und Teilnehmer** einer Steuerstraftat für die verkürzte Steuer, die zu Unrecht gewährten Steuervorteile sowie für Hinterziehungszinsen. Haftende nach § 71 AO sind nicht die Steuerschuldner selbst, denn Steuerschuld und Haftung schließen sich aus. Somit kommen für die unbeschränkte, persönliche Haftung vor allem Personen in Betracht, die Steuersachen des Schuldners vorbereiten oder erledigen, insbesondere also auch Testamentsvollstrecker.

136 Anders als bei § 69 AO, der lediglich eine Sorgfaltspflichtverletzung im Zusammenhang mit steuerrelevanten Sachverhalten fordert, ist zur Verwirklichung des Tatbestandes nach § 71 AO die **Begehung einer Steuerhinterziehung, einer Steuerhehlerei oder die Teilnahme** an einer solchen Tat unerlässlich. Die Steuerhinterziehung ist in § 370 AO, die Steuerhehlerei in § 374 AO geregelt. Vorausgesetzt wird jeweils Vorsatz. Insoweit genügt wiederum bedingter Vorsatz, also das billigende Inkaufnehmen der Pflichtverletzung und der daraus folgenden Verkürzung des Steueranspruchs.[302] Die **leichtfertige Steuerverkürzung** gem. § 378 AO führt hingegen **nicht** zur Haftung nach § 71 AO, wohl aber im Regelfall zur Haftung nach § 69 AO.[303] Hinsichtlich der verfahrensrechtlichen Voraussetzungen und der Durchführung der Haftungsinanspruchnahme gelten die Ausführungen zu § 69 AO entsprechend.

---

299 *Piltz*, ZEV 2001, 262, 266; *Mösbauer*, DStR 1982, 123, 126.
300 Vgl. *Schwarz*, in: Schwarz, § 44 AO Rn 32.
301 BFH Urt. v. 13.5.1998, Az. II R 4/96, BStBl II 1998, 760 = ZEV 1998, 359 m. Anm. *Henssler*= NJW 1998, 2999 = DStR 1998, 1216 = BB 1998, 1677 = DB 1998, 1747.
302 *Piltz*, ZEV 2001, 262, 264; *Jäger*, in: Klein, § 370 AO Rn 171.
303 *Piltz*, ZEV 2001, 262, 263.

Da zur Erfüllung des Tatbestandes nach § 71 AO die Vollendung der Steuerstraftatbestände erforderlich ist, kann deren **Versuch** mangels Eintritt eines Haftungsschadens keine Haftung begründen.[304]

2. Strafbefreiende Selbstanzeige

Gemäß **§ 371 AO** kann durch die **Selbstanzeige**[305] eine bereits verübte Steuerhinterziehung straffrei bleiben. Die Selbstanzeige wirkt für jeden Täter oder Teilnehmer einer Steuerhinterziehung persönlich strafbefreiend. Somit können auch Haftungsschuldner i.S.v. § 71 AO eine Anzeige erstatten.

137

Grundsätzlich ist zur Straffreiheit die **Nachentrichtung der hinterzogenen Steuern** gem. § 371 Abs. 3 AO erforderlich. Im Rahmen der vom Testamentsvollstrecker zu erfüllenden steuerlichen Pflichten werden die entsprechenden Steuervorteile regelmäßig zugunsten der Erben, also nicht zugunsten des Testamentsvollstreckers persönlich eintreten. Hier stellt sich die Frage, inwieweit der **Testamentsvollstrecker** dennoch **verpflichtet** ist, z.B. den hinterzogenen **Steuerbetrag nach zu entrichten**. § 371 Abs. 3 AO spricht davon, dass der Anzeigende nur dann straffrei wird, wenn er die *„zu seinen Gunsten"* hinterzogenen Steuern innerhalb der ihm bestimmten angemessenen Frist entrichtet. Es entspricht einhelliger Ansicht und ist aus der Entstehungsgeschichte belegbar,[306] dass diese Formulierung auch denjenigen der Nachzahlungspflicht unterwirft, der nicht selbst Steuerschuldner war, zu dessen Gunsten die Steuerhinterziehung aber wirtschaftlich erfolgt ist. Zum einen wird hierzu vertreten, dass allein der unmittelbare steuerliche Vorteil die Nachentrichtungspflicht begründet, so dass der Testamentsvollstrecker hierzu nicht verpflichtet wäre, wenn er straffrei bleiben möchte. Allein die Selbstanzeige würde genügen.[307] Die h.M. vertritt jedoch die Auffassung, dass nicht der **steuerliche Vorteil maßgeblich** ist, sondern eine **wirtschaftliche Betrachtungsweise** anzuwenden ist, so dass derjenige nachentrichtungspflichtig ist, der durch die Tat einen unmittelbaren wirtschaftlichen Vorteil erlangt hat.[308] Danach soll ein nicht wirtschaftlich beteiligter Geschäftsführer einer GmbH als Organ nach § 34 AO ohne Nachentrichtung zur strafbefreienden Selbstanzeige befugt sein, wenn er keinerlei weitere unmittelbare Vorteile aus der Tat erlangt hatte;[309] dieser Ausgangspunkt ist für den Testamentsvollstrecker in der Praxis allerdings allenfalls dann von Bedeutung, wenn ein weiterer Testamentsvollstrecker die Tat ursprünglich allein begangen hatte. Denn der BGH[310] geht davon aus, die Hinterziehung sei stets zu eigenen Gunsten erfolgt, wenn der Betroffene aufgrund seines Vorverhaltens zur persönlichen Haftung herangezogen werden könne. Dies ist nach § 71 AO in den entsprechenden Fällen stets der Fall.

> **Beratungstipp**
> Dem Testamentsvollstrecker ist für den Fall einer strafbefreienden Selbstanzeige stets zu raten, für die Nachentrichtung der Steuer in angemessener Frist zu sorgen; anderenfalls

138

---

304 *Ehlers*, in: Beermann/Gosch, § 71 AO Rn 8.
305 Es sei an dieser Stelle erwähnt, dass die strafbefreiende Selbstanzeige ab 2015 nur noch unter deutlich engeren Voraussetzungen möglich ist. Zum einen sollen die Strafzuschläge in Abhängigkeit von der hinterzogenen Steuerschuld deutlich erhöht werden, zum anderen droht eine Ausweitung des Zeitraums der offenzulegenden Sachverhalte von 5 auf 10 Jahre.
306 Vgl. *Bringewat*, JZ 1980, 347 ff.
307 So z.B. *Bringewat*, JZ 1980, 347 ff.; *Dumke*, BB 1981, 117.
308 BGH Urt. v. 22.7.1987, wistra 1987, 343 = NStZ 1987, 514; BGH Urt. v. 4.7.1979, NJW 1980, 248; *Webel*, in: Schwarz, § 371 AO Rn 132 f.
309 *Webel*, in: Schwarz, § 371 AO Rn 130a ff.
310 BGH Urt. v. 19.2.1985, wistra 1985, 104 mit abl. Anm. *Joecks*, wistra 1985, 151.

ist seine Straffreiheit bedroht. In der Regel ist der Testamentsvollstrecker zur Begleichung der Steuern als Nachlassverbindlichkeiten oder nach § 32 Abs. 1 S. 2 ErbStG aus dem Nachlass befugt.

Im Übrigen bleibt die Haftung nach § 71 AO von der Selbstanzeige unberührt.[311]

IV. Haftung für die Bezahlung der Erbschaftsteuer, § 32 Abs. 1 S. 2 ErbStG

139 Soweit der Testamentsvollstrecker nach § 32 Abs. 1 S. 2 ErbStG verpflichtet ist, für die **Bezahlung der Erbschaftsteuer** zu sorgen, so **haftet er für die Erfüllung** dieser Verpflichtung.[312] Hinsichtlich der materiell rechtlichen Anforderungen kann auf die Ausführungen oben verwiesen werden. Problematisch ist insoweit vor allem die Frage, inwieweit der Testamentsvollstrecker sich auch auf spätere und nachträgliche Veränderungen eines Steuerbescheides einzustellen hat oder insoweit **Rückbehalte** zu tätigen hat. § 32 Abs. 1 S. 2 ErbStG stellt keine eigene Haftungsanspruchsgrundlage gegen den Testamentsvollstrecker dar. Eine Verletzung der Verpflichtung gem. § 32 Abs. 1 S. 2 ErbStG führt bei Vorsatz oder grober Fahrlässigkeit hingegen zur **Inanspruchnahme nach §§ 34, 69 AO**.[313] Grobe Fahrlässigkeit wird i.d.R. nicht zu bejahen sein, wenn der steuerlich und rechtlich unbewanderte Testamentsvollstrecker nicht vom Nachlassgericht auf die Pflicht nach § 32 Abs. 1 S. 2 ErbStG hingewiesen wurde.[314] Anders ist dies hingegen bei **Steuerberatern, Wirtschaftsprüfern und Rechtsanwälten**, von denen entsprechende Kenntnisse erwartet werden können.

140 Aufgrund des § 32 Abs. 1 S. 2 ErbStG hat der Testamentsvollstrecker regelmäßig ein gesteigertes Interesse daran, **möglichst schnell einen bestandskräftigen ErbSt-Bescheid** zu erhalten. Er kann daher beim Finanzamt ein beschleunigtes Verfahren anregen. Ein Anspruch darauf besteht hingegen nicht. Dies kann den Testamentsvollstrecker in eine missliche Lage zwischen dem Gebot des § 32 Abs. 1 S. 2 ErbStG und dem Verlangen der Erben nach baldiger Auskehrung des Vermögens bringen. Besonders unkalkulierbar sind Fälle der Steuerfestsetzung unter dem **Vorbehalt der Nachprüfung** oder der **vorläufigen Steuerfestsetzung, §§ 164, 165 AO**. Denn hier können sich gegenüber dem zunächst ergangenen Bescheid noch wesentliche Änderungen ergeben. Die Erben können gegen den Vorbehalt der Nachprüfung i.S.d. § 164 AO und die Vorläufigkeit mit dem Einspruch gegen den Gesamtverwaltungsakt vorgehen.[315] Speziell beim Vorbehalt der Nachprüfung kann informell auf beschleunigte Prüfung gedrängt werden. Solange diese Unsicherheiten nicht beseitigt sind, bleibt dem Testamentsvollstrecker zur eigenen Absicherung nur ein ausreichender **Sicherungseinbehalt**.

141 Das Problem hat sich mit Inkrafttreten des **neuen Erbschaftsteuergesetzes ab 2009** verschärft. Der Gesetzgeber hat mit der Umsetzung des Urteils des Bundesverfassungsgerichts vom 7.11.2006[316] auf der Bewertungsebene eine Angleichung aller Vermögenswerte an den

---

311 *Rüsken*, in: Klein, § 71 AO Rn 5.
312 *Eisele*, in: Kapp/Ebeling, § 32 ErbStG Rn 17; *Tolksdorf/Simon*, ErbStB 2008, 360, 363.
313 *Troll/Gebel/Jülicher*, § 32 ErbStG Rn 33; Hessisches FG Urt. v. 23.2.1995, EFG 1996, 666 = ZEV 1996, 398. Zurückhaltend hinsichtlich des Pflichtenumfangs bei steuerlichen Laien als Testamentsvollstrecker FG München Urt. v. 25.10.1999, DStRE 2000, 372 = UVR 2000, 113; *Piltz/Holtz* in: Bengel/Reimann, Kap. 8 Rn 92.
314 FG München Urt. v. 25.10.1999, DStRE 2000, 372 = UVR 2000, 113 = EFG 2000, 510 (Ls.) = ZEV 2000, 191 (Ls.).
315 Vgl. *Cöster*, in: Pahlke/König, § 164 AO Rn 81 ff.; § 165 AO Rn 57 ff.
316 BVerfG, BStBl II 2007, 192.

Verkehrswert (§ 9 BewG – gemeiner Wert) angeordnet, gleichzeitig durch ein System von großzügigen Verschonungs- und Freibetragsregelungen die Auswirkungen dieser Werterhöhungen für bestimmte Vermögensarten z.T. vollumfänglich suspendiert. Diese zunächst gewährten Steuervorteile werden jedoch an verschiedene Bedingungen geknüpft und entfallen teilweise rückwirkend, wenn der Steuerpflichtige dagegen verstößt. Durch die Kombination von hohen Ausgangswerten und zeitlich gestreckten Wohlverhaltensperioden entstehen im Vergleich zum alten Recht erhebliche **latente Steuerrisiken**.

Besonders deutlich wird dies, wenn sich im Nachlass Betriebsvermögen bzw. begünstigte Anteile an Kapitalgesellschaften befinden. Der Gesetzgeber gibt als Regelbewertungsverfahren das sog. vereinfachte Ertragswertverfahren (§ 199 BewG) vor, welches das „Stuttgarter Verfahren" ersetzt.[317] Die Verschonungsregelungen (§§ 13a, 19a ErbStG) können in Abhängigkeit von Verwaltungsvermögen (§ 13b Abs. 2 ErbStG), Lohnsummenregelungen (§ 13a Abs. 1, 4, 8 ErbStG) und Behaltensregelungen (§ 13a Abs. 1, 8 ErbStG) zu einer vollständigen Befreiung von der Besteuerung führen.

142

> **Beispiel zur Lohnsummenregelung**
> Im Nachlass befindet sich grundsätzlich begünstigungsfähiges Betriebsvermögen (Verkehrswert 10 Mio.). Das Verwaltungsvermögen soll gemessen am Gesamtwert (Ertragswert) nicht mehr als 10 % betragen. Die Ausgangslohnsumme, ermittelt aus dem Durchschnitt der Lohnsummen der letzten 5 Jahre vor dem Erwerb, beträgt 1 Mio. EUR. Am Ende der Wohlverhaltensperiode beläuft sich die kumulierte Lohnsumme auf 4,9 Mio. EUR.

Der Erwerber hat in diesem Beispiel das Wahlrecht per Option den gesamten Erwerb zunächst steuerfrei zu stellen, da das Verwaltungsvermögen nicht mehr als 10 % beträgt. Diese Option hat aber zur Folge, dass über einen Zeitraum von 7 Jahren der Betrieb im Wesentlichen unverändert fortgeführt werden muss (z.B. keine Verkäufe, keine Überentnahmen)[318] und zudem am Ende der 7 Jahre mindestens 700 % der Ausgangslohnsumme erreicht werden müssen. Ein Verstoß gegen diese Restriktionen führt zum (anteiligen) Wegfall der Vergünstigungen.

143

Berechnung:

Ausgangslohnsumme		1.000.000 EUR
Mindestlohnsumme	7 x 1.000.000 EUR	7.000.000 EUR
Kumulierte Lohnsumme		4.900.000 EUR
Erreichte Lohnsummenquote	(4.900.000 / 7.000.000) x 100	70 %
Ursprünglicher Verschonungsabschlag:		10.000.000 EUR
Korrektur Verschonungsabschlag:	(100 % – 70 %) x 10.000.000	3.000.000 EUR

Als Konsequenz aus dem Verstoß gegen die Lohnsummenregelung wird bezogen auf das Betriebsvermögen der ursprüngliche steuerpflichtige Erwerb rückwirkend um EUR 3.000.000 erhöht.

Verzichtet der Erwerber auf die Optionsregelung, wird der Bewertungsabschlag auf 85 % festgesetzt, d.h. 15 % des Unternehmenswertes gelten als steuerpflichtig erworben. Die

144

---

317 Voraussetzungen für das vereinfachte Ertragswertverfahren: keine Börsenwerte (§ 11 Abs. 1 BewG), keine zeitnahen Verkäufe vor dem Erwerb (§ 11 Abs. 2 BewG).
318 Als Verstoß gegen die Behaltensregelung gilt auch die Insolvenz.

Wohlverhaltensperiode verkürzt sich auf 5 Jahre, die mindestens zu erreichende Lohnsumme sinkt auf 400 % der Ausgangslohnsumme.

An diesem Beispiel wird noch einmal die zeitliche Dimension deutlich. Der Steuerfall kann erst abschließend beurteilt werden, wenn die Wohlverhaltensperiode abgelaufen ist und zudem, meist im Rahmen einer steuerlichen Betriebsprüfung, alle Feststellungen abschließend beurteilt wurden. Im Einzelfall besteht diese Unsicherheit über Zeiträume von mehr als 10 Jahren nach dem Erbfall fort.

145 In der erbschaftsteuerlichen Praxis wird deshalb über die Frage, inwieweit der Testamentsvollstrecker für eine entsprechende Nachsteuer in Anspruch genommen werden kann, kontrovers diskutiert, zumal Rechtsprechung zu diesem Problemkreis bislang nicht vorliegt.[319]

Konkret geht es darum, ob die Nachsteuer zu einer eigenständigen Steuerfestsetzung[320] oder ob die Verstöße als rückwirkendes Ereignis gem. § 175 Abs. 1 Nr. 2 AO zur Änderung der ursprünglichen Steuerfestsetzung führen. Nach überwiegender Auffassung in der Literatur wird durch das Auslösen eines Nachsteuertatbestands der ursprüngliche, unter Annahme einer entsprechenden Begünstigung erlassene Steuerbescheid, lediglich geändert.[321] Eine Korrektur der ursprünglichen Veranlagung würde somit eine grundsätzliche Verpflichtung des Testamentsvollstreckers begründen, auch für die Bezahlung der Nachsteuer zu sorgen.

146 Unseres Erachtens kann es nicht Aufgabe des Testamentsvollstreckers sein, für derartige Fälle der Nachversteuerung die Steuer einzubehalten,[322] da sich die Pflicht zur Sicherstellung der Steuer nur auf die anfänglich festgesetzte Steuer, nicht hingegen auf Steuererhöhungen wegen später eintretender Ereignisse bezieht. Dafür spricht auch, dass das Steuerrecht nicht über die zivilrechtlichen Befugnisse gestellt werden kann, mithin zu einer vom Erblasser nicht gewünschten Verlängerung der Testamentsvollstreckung führt.[323] Um in der Praxis jedoch Haftungsfragen und Vorwürfe zu vermeiden, ist es ratsam, insoweit eine einvernehmliche Lösung mit dem Finanzamt – ggf. als Kompromiss – zu erreichen und hilfsweise doch einen Sicherheitseinbehalt zu tätigen.[324]

147 Bei der **Abwicklungsvollstreckung** steht der Sicherheitseinbehalt des Testamentsvollstreckers gleichwohl im Widerspruch zur zügigen Abwicklung. Verzichtet der Testamentsvollstrecker daher auf einen Einbehalt, empfiehlt es sich, die Erben auf etwaige später eintretende negative Steuerfolgen hinzuweisen und auch dem Finanzamt anzuzeigen, dass ein Rückbehalt entsprechender Beträge nicht erfolgte. Eine nachträgliche Inanspruchnahme des Testamentsvollstreckers durch das Finanzamt dürfte dann daran scheitern, dass das Auslösen nachversteuerungsrelevanter Sachverhalte nach Beendigung der Testamentsvollstreckung alleine den Verursachern zuzurechnen wäre.[325]

---

319 Im Erbschaftsteuerrecht finden sich weitere Begünstigungsnormen, z.B. der Erwerb eines Familienwohnheims von Todes wegen, § 13 Abs. 4b, 4c ErbStG, die u.U. mit Wirkung für die Vergangenheit wegfallen können.
320 So *Purrucker*, ZErb 2011, 265, 266.
321 Vgl. z.B. *Riedel* in: Daragan/Halaczinsky/Riedel, § 13a Rn 163; *Troll/Gebel/Jülicher*, ErbStG, § 13a Rn 139; R E 13a.5 Abs. 1 Satz 4 ErbStR; *Blum/Schauer*, ZEV 2012, 93.
322 A.A. wohl *Lorz*, in: MAH Erbrecht, § 19 Rn 300 a.E.
323 *Piltz/Holtz* in Bengel/Reimann, Kap. 8 Rn 95b.
324 So auch *Lorz*, in: MAH Erbrecht, § 19 Rn 300.
325 Vgl. dazu auch R E 13a.1 Abs. 2 ErbStR 2011; im Rahmen von Schenkungen begünstigten Vermögens sind die Folgen eventueller Verstöße gegen die Verschonungsregelungen alleine von den Beschenkten zu tragen. Eine Inanspruchnahme des Schenkers erfolgt grundsätzlich nicht.

Bei der **Dauertestamentsvollstreckung** ist die Gefahr der Haftung ungleich größer, da der Testamentsvollstrecker die Verfügungsbefugnis über den Nachlass innehat. Während der Wohlverhaltensperiode sollte sich der Testamentsvollstrecker regelmäßig einen Überblick über die entscheidungserheblichen Parameter (Lohnsummenentwicklung, Umstrukturierungen etc.) verschaffen und Vermögen nur insoweit auskehren, als ausreichend Reserven erhalten bleiben.

148

Schließlich ist problematisch, in welchem Verhältnis die **Anordnung des Erblassers** zur unverzüglichen Erfüllung von Vermächtnissen zur steuerlichen Pflicht der Sicherung der Begleichung der Erbschaftsteuer steht. Unseres Erachtens ist insoweit auch bei ausdrücklicher entgegenstehender Weisung des Erblassers, der Testamentsvollstrecker zunächst verpflichtet, die gesetzlichen, zwingenden Sicherungsmaßnahmen zu ergreifen.[326] Eine entsprechende Anordnung des Erblassers vermag den Testamentsvollstrecker daher nicht von seinen steuerlichen Pflichten zu entlasten.

149

V. Die Haftung gem. § 20 Abs. 6 S. 2 ErbStG

§ 20 Abs. 6 S. 2 ErbStG beinhaltet einen **selbstständigen Haftungstatbestand**, für den nicht § 219 S. 2 AO, sondern § 219 S. 1 AO gilt. Danach kann das Finanzamt erst dann gegen den Testamentsvollstrecker vorgehen, wenn eine Vorgehensweise gegen den Erben chancenlos erscheint, es sei denn es läge gleichzeitig ein Fall der §§ 69, 34 AO vor. Die Haftung des § 20 Abs. 6 S. 2 ErbStG greift auch insoweit ein, als das Vermögen nicht durch den Testamentsvollstrecker verwaltet, sondern beispielsweise nur ein Vermächtnis oder ein Pflichtteil erfüllt wird.[327]

150

Nach § 20 Abs. 6 S. 2 ErbStG haften Personen, in deren Gewahrsam sich Vermögen des Erblassers befindet, in Höhe des ausgezahlten Betrages, soweit sie Vermögen vorsätzlich oder fahrlässig vor Entrichtung oder Sicherstellung der Steuer **in ein Gebiet außerhalb der Bundesrepublik Deutschland verbringen** oder außerhalb der Bundesrepublik Deutschland wohnenden Berechtigten zur Verfügung stellen.[328] Ein solcher Sachverhalt kann insbesondere verwirklicht werden, wenn der Testamentsvollstrecker im Rahmen der **Erbauseinandersetzung** oder **Vermächtniserfüllung** einem im Ausland ansässigen Begünstigten Vermögen überträgt und damit **dem Zugriff des deutschen Fiskus entzieht**. Der Testamentsvollstrecker hat danach die Aufgabe, den Zugriff des Fiskus zu sichern bzw. vor der Erfüllung von Vermächtnissen oder Erbauseinandersetzungen zugunsten im Ausland ansässiger Personen die Erbschaftsteuerschuld zu begleichen. Eine Haftung nach § 20 Abs. 6 S. 2 ErbStG setzt Verschulden voraus. Neben dem unbedingten und dem bedingten Vorsatz **genügt einfache Fahrlässigkeit**. Anders als nach § 69 AO bedarf es hier keiner groben Fahrlässigkeit. Die Steuerhaftung umfasst dem Betrage nach nicht nur diejenige Steuer, die auf den aus dem Gebiet der Bundesrepublik Deutschland verbrachten Vermögensgegen-

151

---

[326] Ebenso wohl *Piltz*, ZEV 2001, 262, 263, der darauf hinweist, dass der Erblassers den Testamentsvollstrecker nicht von seinen gesetzlichen steuerlichen Pflichten in irgendeiner Form befreien kann; vgl. zu einem Sonderfall FG Rheinland-Pfalz Urt. v. 30.4.1963, DStZE 63, 370 f. (rkr.).
[327] BFH Urt. v. 12.3.2009, Az. II R 51/07, BStBl II 2009, 783 (zu einer Bank und einen Vertrag zugunsten Dritter auf den Todesfall); OFD Karlsruhe 29.7.2009, S 3830/8 – St 341 (mit Vertrauensschutzregelung für Verträge zugunsten Dritter).
[328] *Richter*, in: Viskorf/Knobel/Schuck/Wälzholz, § 20 ErbStG Rn 28 f. Siehe dazu sehr restriktiv BFH v. 18.7.2007 – II R 18/06, BB 2007, 2051 = BStBl II 2007, 788.

stand entfällt, sondern die gesamte Erbschaftsteuer, auch soweit diese auf Personen entfällt, die sich in Deutschland aufhalten.[329]

152 Um dieses Haftungsrisiko zu vermeiden,[330] lässt man sich regelmäßig **vom Finanzamt ermächtigen**, das Vermögen auszukehren. Das Finanzamt wird regelmäßig einen Mindesteinbehalt festlegen, um für eventuelle Ausfälle gesichert zu sein. Dieses Procedere führt grds. zur Enthaftung des Testamentsvollstreckers. Anders hat der BFH jedoch in seinem Urteil[331] vom 18.7.2007 entschieden, als eine Bank sich ausdrücklich zur Verfügung hatte ermächtigen lassen, Bargeld ins Ausland zu transferieren, gleichzeitig aber auf dem Inlandskonto noch jahrelang Rentenzahlungen zu Unrecht gutgeschrieben worden waren, die zurückverlangt wurden. Nach der Rückforderung reichte das Barguthaben nicht mehr. Die Bank musste – unseres Erachtens zu Unrecht (!) – diesen Fehlbetrag dem Finanzamt nach § 20 Abs. 6 S. 2 ErbStG erstatten. Der BFH meint, die Bank müsse solche Fälle durch hinreichend qualifizierte Sachbearbeiter bearbeiten lassen, die die Möglichkeit der Rückforderung der Rente erkennen können müssen.

153 Wird Vermögen ins Ausland verbracht, das der Testamentsvollstrecker nie in Gewahrsam gehabt hat oder das sich im Gewahrsam des Testamentsvollstreckers befand, das jedoch durch einen Dritten ohne Zutun des Testamentsvollstreckers außerhalb der Bundesrepublik Deutschland verbracht wurde, so haftet der Testamentsvollstrecker hierfür nicht.[332] Dies gilt beispielsweise für Zahlungen durch eine Lebensversicherung, die als Erwerb neben dem Nachlass nie der Verfügungsgewalt des Testamentsvollstreckers unterlegen hat.

F. Besonderheiten bei Fortsetzung eines Unternehmens durch den Testamentsvollstrecker

154 Bereits oben wurde an verschiedenen Stellen auf die Besonderheiten hingewiesen, wenn ein Testamentsvollstrecker ein **Einzelunternehmen** oder den Anteil eines persönlich haftenden Gesellschafters fortführt. Hierbei ist zwischen der Vollmachtslösung und der Vollrechts- oder Ermächtigungstreuhand zu unterscheiden. An dieser Stelle sollen die Ergebnisse zusammenfassend dargestellt werden, um so die Besonderheiten dieser Konstellation besser erfassen zu können.

I. Vollmachtslösung

155 – Einkommensteuerrechtlicher, gewerbesteuerrechtlicher[333] und umsatzsteuerrechtlicher Unternehmer sind der oder die Erben.[334]
  – Der Testamentsvollstrecker ist nicht Mitunternehmer, seine Vergütung führt grds. zu Einkünften aus selbstständiger Tätigkeit i.S.d. § 18 Abs. 1 Nr. 1 bzw. Nr. 3 EStG.
  – Die Verpflichtung zur Abgabe der Steuererklärungen, Buchführung, Aufzeichnungen und Zahlungen der Steuern trifft primär die Erben.

---

329 Siehe BFH Urt. v. 12.3.2009, Az. II R 51/07, BStBl II 2009, 783; *Troll/Gebel/Jülicher*, § 20 ErbStG Rn 70; *Richter*, in: Viskorf/Knobel/Schuck/Wälzholz, § 20 ErbStG Rn 25.
330 BFH v. 18.7.2007, Az. II R 18/06, BStBl II 2007, 2016.
331 BFH v. 18.7.2007, Az. II R 18/06, BStBl II 2007, 2016.
332 *Troll/Gebel/Jülicher*, § 20 ErbStG Rn 70; BFH Urt. v. 11.8.1993, BB 1994, 205.
333 BFH Urt. v. 16.2.1977, BStBl II 1977, 481 für Gewerbesteuermessbescheide.
334 *Groll*, Die Testamentsvollstreckung, in: Praxishandbuch Erbrechtsberatung, Teil C. IX. Rn 153.

– Der Testamentsvollstrecker trägt jedoch auch eine Verantwortung für die Abgabe der Steuererklärungen, Buchführung, Aufzeichnungen und Zahlungen der betrieblichen Steuern – nämlich nach § 35 AO.[335]
– Die Berichtigungspflicht nach § 153 AO trifft grds. die Erben, den Testamentsvollstrecker jedoch auch nach § 35 AO.
– Steuererstattungen haben grds. an die Erben selbst zu erfolgen; diese unterliegen auch nicht der Verfügungsbeschränkung des Testamentsvollstreckers.
– Die Erben haften unbeschränkt und nicht beschränkbar mit ihrem ganzen Vermögen für die Steuerschulden, die ab dem Tode des Erblassers entstehen.

II. Treuhandlösung

– Ermächtigungstreuhand und Vollrechtstreuhand sind grds. gleich zu behandeln;[336] in beiden Fällen führt der Testamentsvollstrecker das Unternehmen im eigenen Namen aber auf fremde Rechnung.
– Der Erbe/Die Erben ist/sind in jedem Fall einkommensteuerrechtlich und gewerbesteuerlich[337] als Unternehmer anzusehen.
– Ob der Testamentsvollstrecker wegen seiner unbeschränkten Außenhaftung als (Mit-) Unternehmer anzusehen ist, ist nach inzwischen h.M. zu verneinen[338] (aber str.).
– Alle einkommen- und gewerbesteuerlichen Steuererklärungs- und Berichtigung- und Zahlungspflichten treffen den Erben und zusätzlich den Testamentsvollstrecker nach § 34 bzw. § 35 AO.[339] Ertragsteuerliche Steuererstattungen stehen den Erben zu.
– Der Testamentsvollstrecker ist umsatzsteuerrechtlicher Unternehmer und schuldet selbst unmittelbar die Umsatzsteuer; ihn treffen insoweit alle aus diesem Steuerschuldverhältnis entstehenden Rechte und Pflichten.[340]
– Der Testamentsvollstrecker hat, soweit er selbst dem Finanzamt Steuern schuldet, im Innenverhältnis einen Freistellungsanspruch gegen den/die Erben, für den diese wiederum als Treugeber unbeschränkt persönlich haften.

156

III. Besonderheiten bei Mitunternehmerschaften

Besonderheiten gelten bei einer Testamentsvollstreckung an einer Personengesellschaft; steuerlich handelt es sich dabei meist aber nicht zwingend um eine Mitunternehmerschaft.[341]

157

---

335 Die grds. restriktive Auslegung des § 35 AO, die reine Bevollmächtigte aus dieser Vorschrift ausnimmt (vgl. auch BFH Urt. v. 16.4.1980, BStBl II 1980, 605 noch zur RAO) steht dem nicht entgegen. Vgl. dazu auch *Rüsken*, in: Klein, § 35 AO Rn 2 m.w.N.
336 Siehe nur zum UStG der BFH Urt. v. 11.10.1990, BStBl II 1991, 191.
337 BFH Urt. v. 16.2.1977, Az. I R 53/74, BStBl II 1977, 481.
338 BFH Urt. v. 16.5.1995, Az. VIII R 18/93, BStBl II 1995, 714 = BB 1995, 1937 = DB 1995, 1943 = DStR 1995, 1423 = DStZ 1995, 724; dazu auch zustimmend *G. Söffing*, NWB Fach 3, 9675; BFH Urt. v. 24.9.1991, Az. VIII R 349/83, BStBl II 1992, 330 = BB 1992, 975 = DB 1992, 1324 = DStR 1992, 495 = DStZ 1993, 53; BFH Urt. v. 22.10.1991, BFH/NV 1992, 449 unter 2. der Entscheidungsgründe; BFH Urt. v. 17.10.1979, BStBl II 1980, 225 unter 1b) der Entscheidungsgründe; ebenso wie hier für den Regelfall Schmidt/*Wacker*, EstG, § 15 EStG Rn 301; *Groll*, Die Testamentsvollstreckung, in: Praxishandbuch Erbrechtsberatung, Teil C. IX. Rn 153; *Piltz/Holtz*, in: Bengel/Reimann, Kap. 8 Rn 110 f.
339 Ob dabei § 34 oder § 35 AO einschlägig ist, ist ungeklärt und strittig, vgl. *Loose*, in: Tipke/Kruse, § 34 AO Anm. 30; *Schwarz*, in: Schwarz, § 34 AO Rn 20; *König*, in: Pahlke/Koenig, § 34 AO Rn 35 a.E.
340 BFH Urt. v. 11.10.1990, BStBl II 1991, 191.
341 Vgl. aus zivilrechtlicher Sicht *Everts*, MittBayNot 2003, 427 ff.; steuerlich *Piltz/Holtz*, in: Bengel/Reimann, Kap. 8 Rn 108 ff.

Die Grundsätze für ein Einzelunternehmen lassen sich insoweit nicht uneingeschränkt auf diesen Fall übertragen. Es gelten folgende Abweichungen:
- Umsatzsteuerlicher Unternehmer ist und bleibt die Gesellschaft selbst; der Testamentsvollstrecker wird daher bei keiner der Lösungen selbst Unternehmer in diesem Sinne; er hat als Komplementär jedoch die steuerlichen Pflichten der Gesellschaft nach § 34 Abs. 1 AO zu erfüllen.
- Gewerbesteuerlicher Träger des Betriebes ist wiederum die Gesellschaft selbst, so dass auch insoweit der Testamentsvollstrecker nicht Inhaber des Betriebs werden kann – unabhängig davon, ob die Treuhand- oder die Vollmachtlösung gewählt wird.
- Ertragsteuerlich gelten hingegen wiederum die allgemeinen Grundsätze und werfen die noch nicht abschließend geklärte Frage auf, ob der Testamentsvollstrecker bei der Treuhandlösung selbst Mitunternehmer wird, oder ob nur der/die Erben Mitunternehmer sind. Nach h.M. ist im Regelfall der Erbe Mitunternehmer, nicht aber der Testamentsvollstrecker.[342]

G. Steuerliche Problemfälle der Tätigkeit des Testamentsvollstreckers

I. Grundsätze der Erbauseinandersetzung im Einkommensteuerrecht

158 Der Testamentsvollstrecker hat zahlreiche unterschiedliche Aufgaben für den Nachlass zu erledigen. Diese unterschiedlichen Tätigkeiten, wie die Verwaltung und Auseinandersetzung des Nachlasses lösen auf der Ebene des oder der Erben steuerliche Folgewirkungen aus, die der Testamentsvollstrecker stets mit im Auge behalten sollte, damit er sich in Problemfällen ggf. steuerlich beraten lassen kann. Aus diesem Grund werden im Folgenden einige klassische steuerliche Problemfälle behandelt, mit denen der Testamentsvollstrecker regelmäßig konfrontiert wird.

Mit dem Tod des Erblassers geht der gesamte Nachlass unentgeltlich im Weg der Gesamtrechtsnachfolge auf die Erbengemeinschaft über. Bis zur Auseinandersetzung wird die Erbengemeinschaft bezüglich der Überschusseinkünfte als Bruchteilsgemeinschaft (§ 39 Abs. 2 Nr. 2 AO), bei Gewinneinkünften als Mitunternehmerschaft behandelt. Mit der Auseinandersetzung über den Nachlass selbst können zusätzlich **einkommensteuerlich relevante Tatbestände** ausgelöst werden.

1. Erbauseinandersetzung über Privatvermögen

159 Bei der Erbauseinandersetzung über **Privatvermögen** führt eine Teilung des Nachlasses ohne Abfindungszahlungen nicht zur Entstehung von Anschaffungskosten oder Veräußerungserlösen.

160 Die Auseinandersetzung über den Nachlass mit Leistung von Ausgleichszahlungen eines Erben an einen anderen führt zu einem (teil-)entgeltlichen Veräußerungs- und Anschaffungsvorgang. Im Rahmen der Erbauseinandersetzung stellt die **Übernahme von Verbind-**

---

342 BFH Urt. v. 16.5.1995, Az. VIII R 18/93, BStBl II 1995, 714 = BB 1995, 1937 = DB 1995, 1943 = DStR 1995, 1423 = DStZ 1995, 724; dazu auch zustimmend G. Söffing, NWB Fach 3, 9675; BFH Urt. v. 24.9.1991, Az. VIII R 349/83, BStBl II 1992, 330 = BB 1992, 975 = DB 1992, 1324 = DStR 1992, 495 = DStZ 1993, 53; BFH Urt. v. 22.10.1991, Az. VIII R 64/86, BFH/NV 1992, 449 unter 2. der Entscheidungsgründe; BFH Urt. v. 17.10.1979, Az. I R 14/76, BStBl II 1980, 225 unter 1b) der Entscheidungsgründe; ebenso wie hier für den Regelfall Schmidt/*Wacker*, EStG, § 15 EStG Rn 301.

lichkeiten aus dem Nachlass dagegen **kein Entgelt** dar. Dies gilt auch bei einer Übernahme von Verbindlichkeiten in einer Höhe, die **über die Erbquote** des Übernehmers **hinausgeht**.

> **Beispiel**
> Der Vater verstirbt im Juli VZ 10 und wird von seinen beiden Söhnen S 1 und S 2 zu gleichen Teilen beerbt. Im Nachlass befinden sich zwei Grundstücke des Privatvermögens, die beide im VZ 08 vom Vater gekauft wurden. Das eine ist 700.000 EUR, das andere 900.000 EUR wert. Im Juli des VZ 15 setzen sich beide Brüder dahingehend auseinander, dass S 1 das eine und S 2 das andere Grundstück erhalten. Da S 2 das wertvollere Grundstück erwirbt, übernimmt er zusätzlich sämtliche Nachlassverbindlichkeiten in Höhe von 200.000 EUR.

Der Vorgang ist nach überzeugender Ansicht der Finanzverwaltung[343] **unentgeltlich**. Dies gilt auch, soweit durch die Realteilung eine ungleiche Wertverteilung entsteht. Anders als bei der vorweggenommenen Erbfolge stellt die **Übernahme von Nachlassverbindlichkeiten kein Entgelt** dar. Dies gilt selbst dann, wenn Schulden **über die Erbquote hinaus** übernommen werden. Die Erbauseinandersetzung hat folglich im Hinblick auf §§ 17, 20 Abs. 2, 23 EStG und die Veräußerung von Betriebsvermögen keine Auswirkungen. Die **Spekulationsfrist**, die durch den Ankauf der Grundstücke im VZ 08 durch den Vater in Gang gesetzt worden ist, **läuft** allerdings **für** jeden **Sohn unverändert** weiter. Der BFH[344] ist der vorstehenden Ansicht nunmehr entgegengetreten und sieht in der überproportionalen Übernahme von Verbindlichkeiten ein entgeltliches Veräußerungsgeschäft, das beim Veräußerer steuerpflichtig sein kann und beim Erwerber zu erhöhtem Abschreibungsvolumen führt. Die BFH-Entscheidung wurde jedoch mit einem Nichtanwendungserlass der Finanzverwaltung belegt.[345]

161

Riskant wird dieses Vorgehen in folgendem Fall:

> **Beispiel**
> A und B sind Erben je zur Hälfte. Im Nachlass befindet sich nur ein Mietgrundstück (Wert: 2 Mio. EUR), das bei Durchführung einer (teil-)entgeltlichen Erbauseinandersetzung zu einem erheblichen Veräußerungsgewinn nach § 23 EStG führen würde. Weiteres Vermögen ist nicht da. Eine Aufteilung nach dem WEG ist nicht möglich. A und B fragen ihren steuerlichen Berater, ob es nicht möglich wäre, als Erbengemeinschaft ein Darlehen zu 1.000.000 EUR aufzunehmen und am Grundstück abzusichern. A könnte dann Grundstück mit Verbindlichkeit in voller Höhe übernehmen und B könnte 1.000.000 EUR in bar erhalten.

Dies ist eindeutig **nicht möglich**. Unentgeltlichkeit ist nach Meinung des **BMF**[346] nur bei Übernahme von **Nachlassverbindlichkeiten** gegeben. „Dabei kommt es nicht darauf an, ob die Verbindlichkeit bereits im Zeitpunkt des Erbfalls bestanden hat oder ob sie erst im Zuge der Verwaltung des Nachlasses entstanden ist", heißt es dort. „Geht die Erbengemeinschaft dagegen im engen zeitlichen Zusammenhang mit der Erbauseinandersetzung Ver-

162

---

343 BMF – Schreiben zur Erbengemeinschaft und Erbauseinandersetzung v. 14.3.2006, Az. IV B 2 – S 2242 – 7/06, BStBl I 2006, 253, Tz. 23 f. und vom 30.3.2006, Az. IV B 2 – S 2242 – 15/06, DStR 2006 652; siehe dazu *Röhrig/Doege*, DStR 2006, 969 ff.; BMF v. 11.1.1993, BStBl I 1993, 62, Rn 23 ff.
344 BFH Urt. v. 14.12.2004, Az. IX R 23/02, BStBl BStBl II 2006, 296.
345 BMF v. 30.3.2006, Az. IV B 2 – S 2242 – 15/06, DB 2006 S. 812 = BStBl I 2006, 306 = DStR 2006, 652 = FR 2006, 439.
346 BMF – Schreiben zur Erbengemeinschaft und Erbauseinandersetzung v. 14.3.2006, Az. IV B 2 – S 2242 – 7/06, BStBl I 2006, 253, Tz. 25 und vom 30.3.2006, Az. IV B 2 – S 2242 – 15/06, DStR 2006 652. Früher BMF v. 11.1.1993, BStBl I 1993, 62, Tz. 27.

bindlichkeiten ein, um insoweit eine gewinnneutrale Realteilung zu ermöglichen, handelt es sich nicht mehr um Nachlassverbindlichkeiten (§ 42 AO)."

163 **Möglich** wäre es unter Umständen **aber in einer Art Zweikonten-Modell**, über beispielsweise zwei Jahre die Mieten des Grundstücks bar auf einem Konto zu sammeln und alle Ausgaben des Nachlasses (laufende Kosten, Renovierungen etc.) mit Kredit zu finanzieren. Nach einiger Zeit dürfte eine Situation erreicht sein, in der ausreichende Verbindlichkeiten und Barmittel für eine unentgeltliche Auseinandersetzung vorhanden sind. Die **Finanzgerichte**[347] sind einem solchen Verfahren jüngst jedoch **skeptisch** gegenübergetreten bzw. vertreten insgesamt eine strengere Ansicht.[348]

Wird eine Erbauseinandersetzung in mehreren Schritten als **Teilerbauseinandersetzungen** durchgeführt und ist ein Teil unentgeltlich aber ein anderer, nachfolgender entgeltlich, so haben der spätere Teilschritt Rückwirkung für den ersten und kann so eine Entgeltlichkeit begründen.[349]

Die **Ausschlagung** einer Erbschaft **gegen Nießbrauchsvorbehalt** oder angemessene **wiederkehrende Versorgungsleistungen** i.S.d. § 10 Abs. 1a EStG (bei Vorliegen entsprechender begünstigter Vermögenseinheiten) ist unentgeltlich.[350] Seit dem JStG 2008 ist zu beachten, dass es auf die Abänderbarkeit der Versorgungsleistungen nicht mehr ankommt. Allerdings sind nach § 10 Abs. 1 Nr. 1a EStG nur bestimmte, im Gesetz genau definierte unternehmerische Vermögenseinheiten begünstigt. Mitunternehmeranteile an gewerblich geprägten, aber sonst rein vermögensverwaltenden Personengesellschaften fallen daher beispielsweise nicht mehr in den Anwendungsbereich dieser Norm. Werden sie gegen Versorgungsleistungen übertragen oder gehen sie im Wege der Ausschlagung gegen Abfindung über, so ist der Vorgang entgeltlich und kann eine Gewinnrealisierung auslösen. Das Gleiche gilt bei **Übertragung eines Erbteils** unter den genannten Voraussetzungen.

2. Erbauseinandersetzung über Betriebsvermögen

164 Gehört zum Nachlass **Betriebsvermögen** und wird dieser ohne Zahlung von Abfindungen real geteilt, wird kein entgeltlicher Vorgang begründet, da weder ein Tausch von Miteigentumsanteilen an den einzelnen Wirtschaftsgütern noch ein Tausch eines Gesamthandanteils gegen Alleineigentum an den zugeteilten Wirtschaftsgütern erfolgt. Der übernehmende Miterbe führt die Anschaffungs-/Herstellungskosten des Erblassers gemäß § 6 Abs. 3 EStG bzw. § 11d Abs. 1 S. 1 EStDV fort. Wird der Betrieb nicht fortgeführt, ist ein dann entstehender Betriebsaufgabegewinn grundsätzlich nach §§ 16 Abs. 3 S. 1, 34 EStG begünstigt. Die Miterben haben die Buchwerte auch dann fortzuführen, wenn die bei der Aufteilung erworbenen Wirtschaftsgüter in ein anderes Betriebsvermögen übertragen werden.

165 Wird der Nachlass real geteilt und erhält ein Miterbe wertmäßig mehr als ihm nach seiner Erbquote zusteht, führt der geleistete Spitzen- oder Wertausgleich zu einem Anschaffungs- und Veräußerungsgeschäft.

---

347 FG Düsseldorf Urt. v. 11.4.2001, Az. 11 K 701/98 E, EFG 2002, 1031 = DStRE 2002, 989 f.
348 BFH Urt. v. 14.12.2004, Az. IX R 23/02, BStBl II 2006, 296.
349 Vgl. *Soyka*, in: Littmann/Bitz/Pust, § 23 EStG Rn 46.
350 Zu Versorgungsleistungen nach dem JStG 2008 siehe *Wälzholz*, FR 2008, 641, 646; *Wälzholz*, DStR 2008, 273 ff.; zum bisherigen Recht BFH Urt. v. 17.4.1996, Az. X R 160/94, BStBl II 1997, 32 ff. = FR 1996, 675 f. mit Anm. *Weber-Grellet*; BFH Urt. v. 4.6.1996, BStBl II 1998, 431 ff. (a.A. noch die Vorinstanz FG Düsseldorf Urt. v. 30.5.1994, Az. 8 K 6380/93, EFG 1994, 1039 f.); *Wälzholz*, NWB 2010, 1360 ff.; ohne Aussage hierzu der 4. Rentenerlass, BMF-Schreiben v. 11.3.2010, BStBl I 2010, 227 ff; vgl. zur ertragsteuerlichen Behandlung *Reich*, DStR 2011, 2030.

> **Beispiel**
> A und B sind Miterben zu je ½. Zum Nachlass gehört ein Betriebsvermögen, das aus 2 Grundstücken besteht. A erhält Grundstück 1 (Buchwert 200.000 EUR, Verkehrswert 2 Mio. EUR) und führt den Betrieb fort. B erhält Grundstück 2 (Buchwert 100.000 EUR, Verkehrswert 1 Mio. EUR) und bekommt von A einen Wertausgleich von 500.000 EUR. B überführt das Grundstück ins Privatvermögen.
> Der Erwerb von A ist in Höhe von 25 % (500.000 EUR / 2.000.000 EUR) entgeltlich und zu 75 % unentgeltlich. In Höhe von 150.000 EUR (75 % von 200.000 EUR) hat er den Buchwert fortzuführen. Der Abfindungsbetrag ist in voller Höhe zu aktivieren und führt u.a. zu einer neuen AfA-Reihe. Mit der Überführung des Grundstücks ins Privatvermögen verwirklicht B eine grundsätzlich begünstigte Betriebsaufgabe. Der Gewinn in Höhe von 1.350.000 EUR ermittelt sich wie folgt:
>
> | | |
> |---|---|
> | Entnahme des Grundstücks: | Teilwert abzgl. Buchwert = 1.000.000 EUR −100.000 EUR = 900.000 EUR |
> | Zzgl. Abfindungszahlung: | Abfindung abzgl. anteiliger Buchwert = 500.000 EUR − 25 % von 200.000 EUR = 450.000 EUR |

II. Die Erbauseinandersetzung im neuen Erbschaftsteuerrecht

Bisher war die Durchführung einer Erbauseinandersetzung für die erbschaftsteuerliche Behandlung bedeutungslos. Sie vollzog sich selbstständig nach dem Todesfall und wirkte nicht auf sie zurück. Dies galt unabhängig davon, ob die Nachlassteilung auf der Entscheidung der Erben, des Testamentsvollstreckers oder auf der Entscheidung des Erblassers aufgrund einer Teilungsanordnung beruhte. Dies hat sich mit der Erbschaftsteuerreform 2009 grundlegend geändert. Die Durchführung der Erbauseinandersetzung kann nunmehr zu erheblichen Verschiebungen der Erbschaftsteuerbelastung zwischen den Miterben führen.[351]

166

Befinden sich erbschaftsteuerlich bei der Bewertung privilegierte Vermögensgegenstände wie Unternehmen in einer Erbengemeinschaft, so führte die erbschaftsteuerliche Unbeachtlichkeit der Teilungsanordnung früher dazu, dass die entsprechenden Privilegien der Erbengemeinschaft insgesamt zugutekamen, auch wenn nur ein Miterbe im Wege der Teilungsanordnung das Unternehmen fortführte. Hieraus sind früher grundlegende Probleme resultiert:

> **Beispiel (Rechtslage bis 2009)**
> Erblasser E ist verstorben und hinterlässt seinen beiden Töchtern T1 und T2 ein Vermögen von 2 Mio. EUR. Sie werden Erben je zur Hälfte. Dieses Vermögen setzt sich zusammen aus Mietwohnimmobilien mit einem gemeinen Wert von 1 Mio. EUR und einem Betrieb mit einem gemeinen Wert von 1 Mio. EUR. T1 und T2 setzen sich dahingehend auseinander (egal ob aufgrund Teilungsanordnung oder freiwillig), dass T1 den Betrieb und T2 die Mietimmobilien erhält. T1 veräußert den Betrieb nach viereinhalb Jahren.

Nach bisherigem Recht war der ererbte Betrieb erbschaftsteuerlich T1 und T2 gemeinsam je zur Hälfte zuzurechnen. Ein Fall des § 13a Abs. 3 ErbStG a.F. lag nicht vor. Die Erbauseinandersetzung war erbschaftsteuerrechtlich gleichgültig – sogar wenn Ausgleichszahlungen

---
351 Siehe dazu *Wälzholz*, in: Viskorf/Knobel/Schuck/Wälzholz, § 3 ErbStG Rn 72 ff.; *Wälzholz*, ZEV 2009, 113 ff.; *Wälzholz*, NWB 2009, 2803 ff.

erbracht wurden. Die Nachversteuerungspflicht wegen Verstoßes gegen die 5-jährige Haltefrist des § 13a ErbStG traf daher bis zum Inkrafttreten des neuen Erbschaftsteuerrechts beide Erben, obwohl nur eine Miterbin den Verstoß nach der Auseinandersetzung begangen hat. Dieses Problem wurde mit Wirkung für Erbfälle ab dem 1.1.2009 beseitigt. An die Stelle der alten Gestaltungsprobleme[352] sind nun aber neue getreten.

167 Eine Sonderregelung ist nunmehr im Rahmen des § 13a Abs. 3 S. 2, § 13b Abs. 3, § 19a Abs. 2 ErbStG erlassen worden. Danach kommen bei einer Teilung unter Zuteilung von Vermögensgegenständen des Nachlasses dem jeweilgen Übernehmer grds. die ihm endgültig zufallenden Werte zugute und sind von diesem zu versteuern. Der Gesetzeswortlaut ist insoweit allerdings teilweise unklar.[353] Eine entsprechende Bestimmung enthält § 13c ErbStG und § 13a Abs. 1 Nr. 4b, c ErbStG (Familienheim).[354]

Verfahrensrechtlich führt die Neuregelung dazu, dass jede Erbauseinandersetzung mit Verteilung privilegierten Vermögens ein rückwirkendes Ereignis i.S.d. § 175 AO darstellt, das zu einer Neuaufrollung des ursprünglichen Erbschaftsteuervorgangs führt, da sich die Bewertung des jedem Erben zuzurechnenden Vermögens ändert.

Beispiel
Erblasser E ist verstorben und hinterlässt seinen beiden Töchtern T1 und T2 ein Vermögen von 2 Mio. EUR. Sie werden Erben je zur Hälfte. Dieses Vermögen setzt sich zusammen aus Barvermögen mit einem gemeinen Wert von 1 Mio. EUR und einem Betrieb mit einem gemeinen Wert von 1 Mio. EUR. T1 und T2 setzen sich dahingehend auseinander (egal ob aufgrund von Teilungsanordnung oder freiwillig), dass T1 den Betrieb und T2 das Barvermögen erhält.

T1 hat nach §§ 13a Abs. 3 S. 2, 13 b Abs. 3 ErbStG nur 15 % (bei Regelverschonung ohne Option), also 150.000 EUR zu versteuern, die durch den Abzugsbetrag nach § 13a Abs. 2 ErbStG in Höhe von 150.000 EUR vollständig steuerfrei gestellt werden. T2 erhält keinen Bewertungsabschlag. Die Steuerlasten verschieben sich wesentlich (T1 steuerfrei und T2 zahlt 90.000 EUR). Darauf sind die Miterben hinzuweisen.

168 Bei entgeltlicher Auseinandersetzung – also mit Ausgleichszahlungen – können Privilegien des neuen Erbschaftsteuerrechts verloren gehen.

Beispiel
Erblasser E ist verstorben und hinterlässt seinen beiden Töchtern T1 und T2 einen Betrieb mit einem gemeinen Wert von 6 Mio. EUR. Weiteres Vermögen ist nicht vorhanden. Sie werden Erben je zur Hälfte. T1 und T2 setzen sich dahingehend auseinander, dass T1 den Betrieb allein erhält und T1 einen baren Ausgleichsbetrag von 3 Mio. EUR aus ihrem Privatvermögen an T2 erbringt.

Ertragsteuerlich ist dieser Vorgang entgeltlich[355] und führt zu einer Gewinnrealisierung. Erbschaftsteuerlich ordnet § 13a Abs. 3 S. 2 ErbStG an, dass T2 die Begünstigungen der §§ 13a, 13b ErbStG nicht in Anspruch nehmen darf (negative Komponente[356]). Gleichzeitig regelt nunmehr § 13b Abs. 3 S. 1 ErbStG, inwieweit T1 den ganzen Betrieb versteuern muss

---

352 Früher war es ein Gebot der Gerechtigkeit, den abgebenden Miterben von Steuerlasten freizustellen, die der erwerbende Miterbe nach der Erbauseinandersetzung verursacht hat.
353 Siehe zu den Folgeproblemen auch *Wälzholz*, ZEV 2009, 113 ff.; *Wälzholz*, NWB 2009, 2803 ff.
354 Siehe *Jülicher*, ZErb 2009, 222; *N. Mayer*, ZEV 2009, 439 ff.; *Tiedtke/Schmitt*, NJW 2009, 2632 ff.
355 BMF v. 14.3.2006, Az. IV B 2 – S 2242 – 7/06, BStBl I 2006, 253 = DB 2006 Beilage 4/2006 = FR 2006, 438, Tz. 14 ff.
356 Siehe *Scholten/Korezkij*, DStR 2009, 73, 74.

und in den Genuss der §§ 13b Abs. 4, 13a Abs. 2 ErbStG gelangt. Die anteilige Übertragung der Vergünstigungen der §§ 13a, 13b, 19a ErbStG ist im vorliegenden Beispielsfall nicht vom Wortlaut des § 13b Abs. 3 S. 1 ErbStG gedeckt. Denn diese Vorschrift regelt nur die Fiktion des unmittelbaren Erwerbs hinsichtlich solchen Vermögens, das der hingebende Miterbe (hier T1) bereits vom Erblasser, also aus dem Nachlass erworben hatte. T1 gibt aber kein Nachlassvermögen hin, sondern erkauft sich den Miterbanteil mit Eigenvermögen. Dafür wird § 13b Abs. 3 S. 1 ErbStG nicht gewährt. Der vorliegende Fall ist daher so zu lösen, dass T1 nur für den hälftigen Betrieb die Vergünstigungen der §§ 13a, 13b ErbStG erhält und T2 3 Mio. EUR als anteiligen gemeinen Wert des Betriebs ohne Vergünstigungen zu versteuern hat (§ 13a Abs. 3 ErbStG). Eine zusätzliche Bereicherung tritt bei T1 durch den entgeltlichen Erwerb nicht ein. Die Begünstigung nach §§ 13a, 13b, 19a ErbStG für den halben Betrieb geht verloren.

Aus den vorstehenden Rechtsfolgen ergibt sich die Frage, ob der Testamentsvollstrecker bei der Aufstellung eines Teilungsplanes die eintretenden steuerlichen Wirkungen der Erbauseinandersetzung berücksichtigen und durch einen Ausgleich kompensieren darf. Würde also zwei Miterben grds. jeweils 1 Mio. EUR zustehen, durch die Erbauseinandersetzung aber bei einem Miterben eine erbschaftsteuerliche Mehrbelastung von 100.000 EUR eintreten, stellt sich die Frage, ob der Testamentsvollstrecker zum Ausgleich das Gesamtvermögen mit 550.000 EUR zu 450.000 EUR verteilen darf. Der Testamentsvollstrecker darf unseres Erachtens keine ungleichen Vermögensverteilungen herbeiführen, nur weil nach dem ErbStG seit 2009 die Erbauseinandersetzung zu erheblichen steuerlichen Belastungsverschiebungen führen kann. Dies sind vom Gesetzgeber angeordnete Wertentscheidungen, die der Testamentsvollstrecker nicht durch Ausgleichsanordnungen im Rahmen der Erbauseinandersetzung konterkarieren darf. 169

III. Ausschlagung gegen Abfindung mit begünstigtem Vermögen

Beispiel 1 170
Erblasser E hinterlässt einen Nachlass von 10 Mio. EUR, seine Ehefrau mit einem Eigenvermögen von 10 Mio. EUR und zwei bereits volljährige Kinder, die noch nicht über nennenswertes Vermögen verfügen. Aus alten Zeiten hinterlässt er gemeinsam mit seiner Ehefrau ein Berliner Testament. Als der Erbfall eintritt, sind alle Beteiligten über die eingetretene Erbfolge und deren Steuerfolgen schockiert. Der Berater Gschwind rät den Beteiligten, innerhalb der Sechswochenfrist eine Ausschlagung des Erbes durch die Ehefrau gegen Abfindung zu vereinbaren (§ 3 Abs. 2 Nr. 4 ErbStG). Dabei werden entsprechend der Ersatzerbeinsetzung die beiden Kinder K 1 und K 2 Erben je zur Hälfte. Da die länger lebende Ehefrau grundsätzlich hinreichend versorgt ist und keinerlei Nachlassbestandteile mehr benötigt, möchte sie als Abfindung für die Ausschlagung lediglich das bisher gemeinschaftlich bewohnte Familienwohnheim im Alleineigentum des Erblassers mit einem gemeinen Wert von 2 Mio. EUR erwerben, da sie dieses weiterhin als Familienheim gem. § 13 Abs. 1 Nr. 4b ErbStG nutzen möchte. Gesagt, getan.

Beispiel 2
Wie würde sich der vorstehende Sachverhalt ändern, wenn die länger lebende Ehefrau nicht das Familienheim, sondern den im Alleineigentum des Erblassers befindlichen Betrieb mit einem gemeinen Wert von 5 Mio. EUR als Abfindung für die Ausschlagung erhalten wollte?

Die Ausschlagung des Erbes führt dazu, dass die beiden Kinder K 1 und K 2 unmittelbare Erben werden. Alle Wirtschaftsgüter, die sie erben, gelten erbschaftsteuerlich als unmittelbar vom Erblasser erworben. Soweit die Kinder also das Familienheim und den Betrieb erben, so kommen sie in den Genuss der steuerlichen Vergünstigungen. Problematisch ist vor allem die Behandlung des Erwerbs durch die Ehefrau. § 3 Abs. 2 Nr. 4 ErbStG fingiert insoweit, dass das als Abfindung hingegebene Vermögen als vom Erblasser unmittelbar erworben gilt.[357] Zivilrechtlich vollzieht sich dabei der Erwerb in der Weise, dass das Vermögen zunächst auf die Kinder K 1 und K 2 aufgrund der Ausschlagung übergeht und anschließend dinglich durch Rückübertragung auf den Ehegatten erfüllt werden muss. So muss beispielsweise das Familienheim im erstgenannten Beispiel im Wege der Auflassung gem. § 925 BGB auf den länger lebenden Ehegatten übertragen werden. Ein „Vonselbsterwerb" tritt insoweit nicht ein. Dieser unmittelbare „Vonselbsterwerb" wird allerdings erbschaftsteuerlich fingiert.

171 Bezüglich der Frage, wem die steuerlichen Privilegien zustehen, ist zu unterscheiden. Nach Ansicht der Finanzverwaltung ist die Ausschlagung gegen Abfindung als haltefristschädlicher Vorgang beim abgebenden Erben zu werten, der zum Verlust der Begünstigungen und einer Nachbesteuerung des entsprechenden Vermögens führt.[358] Dies hat zur Folge, dass in den Beispielsfällen die Kinder bei Weggabe des Betriebs oder des Familienheims deren steuerliche Privilegien nicht erhalten können.

Ob der eigentliche Erwerber in den Genuss der Verschonungsregelungen der §§ 13 Abs. 1 Nr. 4b, 4c, 13a, 13b, 13c, 19a ErbStG gelangt, wurde lange Zeit kontrovers diskutiert. Nimmt man nämlich Bezug auf die ertragsteuerliche Sicht, dass die Ausschlagung gegen Abfindung einer Veräußerung gleichzustellen ist, würde auch der weichende Erbe gegen die Behalteregelungen verstoßen, mithin würden die Vergünstigungen vollständig ins Leere laufen.[359] Die Finanzverwaltung hat auf die Kritik gegen diese Sichtweise jedoch reagiert und in R E 13b.1 Abs. 1 Nr. 7 ErbStR 2011 geregelt, dass auch Erwerbe infolge Abfindung für die Ausschlagung der Erbschaft in den oben genannten Begünstigungskreis fallen. Der Ehefrau sind daher sowohl die Privilegien nach § 13 Abs. 1 Nr. 4b ErbStG (Familienwohnheim) als auch nach § 13a ErbStG (Betriebsvermögen) dem Grunde nach zu gewähren.

IV. Leistung an Erfüllungs statt und Pflichtteilserlass

172 Der Abschluss eines **Erb- und/oder Pflichtteilsverzichts** vor dem Tod des Betroffenen gegen Übertragung eines Grundstücks oder eines Anteils nach § 17 EStG wird nicht als entgeltliches Rechtsgeschäft betrachtet und erfüllt damit weder die Voraussetzungen der Anschaffung noch der Veräußerung i.S.d. § 23 EStG.[360] Gleiches gilt im Anwendungsbereich des § 20 Abs. 2 EStG. Der Verzicht auf einen bereits entstandenen Pflichtteilsanspruch **gegen**[361] Grundstücksübertragung oder Hingabe eines anderen steuerverstrickten Wirtschaftsgutes wird hingegen ähnlich der Leistung an Erfüllungs statt von der h.M. als entgeltliche Veräußerung i.S.d. § 23 EStG behandelt.

---

357 Weiterführend siehe *Uricher*, in: Daragan/Halaczinsky/Riedel, § 3 Rn 94; *Wälzholz*, in: Viskorf/Knobel/Schuck/Wälzholz, § 3 ErbStG Rn 225 ff.; *Wälzholz*, NWB 2010, 1360 ff.
358 R E 13a.5 Abs. 3 Nr. 1 ErbStR 2011.
359 BMF v. 14.3.2006, Az. IV B 2 – S 2242 – 7/06, BStBl I 2006, 253 Tz 50.
360 BFH Beschl. v. 16.3.2001, Az. IV B 96/00, ZEV 2001, 1075 = BFH/NV 2001, 1113 f.; BFH Urt. v. 7.4.1992, Az. VIII R 59/89, BStBl II 1992, 809 ff.; im BFH Beschl. v. 26.3.2013 wird ausdrücklich bestätigt, dass höchstrichterlich geklärt ist, dass ein vor dem Erbfalleintritt erklärter Erb- und/oder Pflichtteilsverzicht ein rein erbrechtlicher Vertrag ist, der nicht der Einkommensteuer unterliegt, BFH/NV 2013, 934; BFH Urt. v. 20.11.2012, Az. VIII R 57/10, BStBl II 2014, 56; BFH Urt. v. 9.2.2010, Az. VIII R 43/06, BStBl II 2010, 818.
361 Lässt ein Steuerpflichtiger jedoch seinen Pflichtteilsanspruch schlicht verjähren und erhält ein Grundstück geschenkt, so ist dies keine Veräußerung i.S.d. § 23 EStG. Die Grenzen sind schwierig zu ziehen.

Fraglich ist, ob die **Hingabe an Erfüllungs statt** ein entgeltliches Veräußerungsgeschäft darstellt.

> **Beispiel**
> A ist Alleinerbe seines Vaters V geworden. Der Bruder B wurde enterbt und macht seinen Pflichtteilsanspruch geltend. Da keine ausreichenden Barmittel zur Verfügung stehen, bietet der Testamentsvollstrecker B an Erfüllungs statt die Übereignung eines Grundstückes an, das vor 8 Jahren gekauft wurde. Steuerpflichtig?
> Der Vorgang unterliegt nach wohl h.M. [362] § 23 EStG. Dabei macht es keinen Unterschied, ob das hinzugebende Grundstück aus der Erbmasse stammt oder nicht. Dies hat der BFH in seinem Urt. v. 16.12.2004 ausdrücklich bestätigt.[363]

Das vorstehende Problem der entgeltlichen Gewinnrealisierung stellt sich ebenso bei Hingabe von Betriebsvermögen oder Anteilen i.S.d. § 17 EStG oder des § 20 Abs. 2 EStG als Leistung an Erfüllungs statt. Fraglich sind die **erbschaftsteuerlichen Auswirkungen** entsprechender Vereinbarungen.

173

> **Beispiel**
> Vater V hat seine Ehefrau M allein beerbt. Sein Sohn S fordert mittels eines Rechtsanwaltes den Pflichtteil ein. Da V das nötige Bargeld fehlt, überträgt er S zu notarieller Urkunde eine Eigentumswohnung an Erfüllungs statt gem. § 364 BGB für den Pflichtteilsanspruch.

Nach der früher h.M. führte der vorstehende Beispielsfall zu einer Ausnutzung der **niedrigeren Grundbesitzwerte**.[364] Dem ist der BFH jedoch 1998 entgegengetreten.[365] Danach ist in dem vorstehenden Beispielsfall von S der **Nominalbetrag des Pflichtteilsanspruchs** zu versteuern.[366] Der Grund hierfür besteht darin, dass die Erbschaftsteuer nach § 9 Abs. 1 Nr. 1b) ErbStG mit der Geltendmachung[367] des Pflichtteilsanspruchs i.S.d. § 3 Abs. 1 Nr. 1 3 Alt. ErbStG bereits entstanden ist und nachträgliche Vereinbarungen diese Steuer nicht mehr verändern können. Spiegelbildlich dazu kann V den Nominalwert des Pflichtteilsanspruchs bei seinem Erwerb nach § 10 Abs. 5 Nr. 2 ErbStG abziehen. Die Bedeutung dieser Unterscheidung ist mit der Erbschaftsteuerreform 2009 mit Wirkung ab dem 1.1.2009 drastisch gesunken, da seitdem die Steuerwerte für Immobilien weitgehend dem gemeinen Wert angenähert sind. Gleichwohl können sich im Einzelfall auch Unterschiede ergeben.

174

Diese häufig ungewollten **Konsequenzen lassen sich** durch eine entsprechende Gestaltung **vermeiden**.

---

362 Bejahend BFH Urt. v. 16.12.2004, Az. III R 38/00; BFH Urt. v. 15.2.1977, Az. VIII R 175/74, BStBl II 1977, 389 ff.; ebenso wohl BFH Beschl. v. 30.7.1998, Az. X B 92/98, BFH/NV 1999, 173 durch Bezugnahme auf das vorgenannte Urt.; ebenso wohl BFH Urt. v. 7.4.1992, Az. VIII R 59/89, BStBl II 1992, 809 ff.; *Musil*, in: Herrmann/Heuer/Raupach, EStG, § 23 Rn 350 „Zugewinnausgleich"; *Reich*, ZNotP 2000, 375, 377; a.A. *Wachter*, MittBayNot 2000, 162, 167; *Tiedtke/Wälzholz*, NotBZ 2000, 237 ff.; vgl. auch zu vergleichbaren Problemen aus dem familienrechtlichen Bereich OFD Frankfurt/M., Schreiben v. 5.2.2001 u. gleichlautenden Erlass der OFD München, Schreiben v. 26.6.2001, DB 2001, 1533 f. = DStR 2001, 1299 f.; vgl. dazu krit. *Tiedtke/Wälzholz*, RNotZ 2001, Heft 9 = DStZ 2002, 8 ff; unklar Schmidt/*Weber-Grellet*, § 23 EStG Rn 41 f.
363 BFH v. 16.12.2004, Az. III R 38/00, BStBl II 2005, 554.
364 So noch BFH Urt. v. 17.2.1982, Az. II R 160/80, BStBl II 1982, 350.
365 BFH Urt. v. 7.10.1998, Az. II R 52/96, BStBl II 1999, 23 = ZEV 1999, 34 m. Anm. *Daragan*.
366 Vgl. *Wälzholz*, in: Viskorf/Knobel/Schuck/Wälzholz, § 3 ErbStG Rn 153; *Geck*, in: Kapp/Ebeling, § 3 ErbStG Rn 198, 203; *Meincke*, § 3 ErbStG Rn 53; *Wälzholz*, ZEV 2007, 162 ff.
367 Vgl. dazu *Geck*, in: Tipke/Kruse, § 3 Rn 171 f., 203, 303.

Beispiel

Vater V hat seine Ehefrau M allein beerbt. Da die Freibeträge des Sohnes hinsichtlich der Mutter noch nicht ausgenutzt sind, möchte V anlässlich des Ablebens von M dem Sohn eine Eigentumswohnung mit einem Steuerwert von 400.000 EUR (Verkehrswert 500.000 EUR) übertragen gegen Verzicht des Sohnes auf dessen Pflichtteil. Eine Geltendmachung durch den Sohn ist nicht erfolgt.

175 Der Verzicht auf einen entstandenen, aber noch nicht geltend gemachten Pflichtteilsanspruch gegen Abfindung ist nach § 3 Abs. 2 Nr. 4 ErbStG steuerpflichtig. Im vorgenannten Beispielsfall ist die Abfindung selbst Gegenstand der Zuwendung, nicht hingegen der Pflichtteilsanspruch. Daher richtet sich nach allgemeiner Meinung der Wert der steuerpflichtigen Bereicherung nach den **Grundbesitzwerten** nach den §§ 176 ff. BewG.[368] Demnach ist im Beispielsfall die Zuwendung der Eigentumswohnung vollständig steuerfrei, da sie sich im Rahmen der Freibeträge des § 16 ErbStG bewegt. Als Kehrseite dieser Medaille kann Vater V das weggegebene Grundstück bei seinem eigenen steuerlichen Erwerb auch nur in Höhe des Steuerwertes absetzen. Die Übertragung gilt dabei als Zuwendung des Erblassers, also der Mutter M.[369] Die Freibeträge des Sohnes gegenüber dem Vater sind durch die Gestaltung im Beispielsfall nicht aufgezehrt worden. Nach dem neuen Erbschaftsteuerrecht ist im jeweiligen Einzelfall zu überprüfen, ob die Steuerwerte tatsächlich niedriger sind als der Verkehrswert. Denn in manchen Fällen führt das neue Bewertungsrecht auch zu Überbewertungen.

176 **Keine der beiden vorstehenden Alternativen ist per se besser oder schlechter.** Welche Gestaltung empfohlen werden sollte, hängt vom Einzelfall ab. Die Hingabe an Erfüllungs statt sollte beispielsweise gewählt werden, wenn ein Mann seine nichteheliche Lebensgefährtin zur Alleinerbin eingesetzt hat, während das gemeinschaftliche Kind noch nichts erhalten hat. Aufgrund der schlechten steuerlichen Bedingungen beim Erwerb von Partnern einer nichtehelichen Lebensgemeinschaft ist es vorteilhaft, den von der Partnerin zu versteuernden Wert soweit als möglich zu vermindern. Dabei hilft der Abzug des Nominalwertes der Pflichtteilsverbindlichkeit. Ein Verzicht gegen Abfindung empfiehlt sich dagegen, wenn bei den Eltern ein großes Vermögen vorhanden ist und aus Anlass des Ablebens des Erstversterbenden schon soviel Vermögen wie möglich steuerunschädlich auf die Abkömmlinge übertragen werden soll.

177 Die folgenden beiden **Muster** ermöglichen eine gezielte Beeinflussung der steuerlichen Folgen.

Muster: Nominalwertansatz (1. Beispiel)

Der Übernehmer hat den Pflichtteilsanspruch eindeutig und uneingeschränkt vom Erben eingefordert und damit geltend gemacht. Der Übergeber überträgt den vertragsgegenständlichen Grundbesitz an Erfüllungs statt (§ 364 BGB) für diesen geltend gemachten Pflichtteilsanspruch, was der Übernehmer hiermit annimmt.

---

368 *Meincke*, § 3 ErbStG Rn 54; *Troll/Gebel/Jülicher*, § 3 ErbStG Rn 332; *Wälzholz*, in: Viskorf/Knobel/Schuck/Wälzholz, § 3 ErbStG Rn 154; *Geck*, in: Kapp/Ebeling, § 3 ErbStG Rn 203.
369 *Geck*, in: Kapp/Ebeling, § 3 ErbStG Rn 304.

Muster: Ansatz des Grundbesitzwertes nach §§ 176 ff. BewG (2. Beispiel)

Der Übernehmer hat den Pflichtteilsanspruch noch nicht eingefordert und nicht geltend gemacht. Der Übernehmer verzichtet im Hinblick auf die Übertragung des vertragsgegenständlichen Grundbesitzes auf seinen Pflichtteilsanspruch am Nachlass von ▒▒▒▒▒▒, was der Übergeber hiermit annimmt.

Beide Varianten unterscheiden sich wesentlich unter Aspekten der **Grunderwerbsteuer**.[370]

V. Einkommensteuerliche Steuerermäßigung bei Belastung mit Erbschaftsteuer

Mit dem durch das ErbStRG 2008 eingeführten § 35b EStG verfolgt der Gesetzgeber das Ziel, die **Doppelbelastung mit Einkommen- und Erbschaftsteuer**, die auf wirtschaftlich gleichwertigen Sachverhalten beruhen, **abzumildern**. Die unklar formulierte Vorschrift ist dahingehend zu verstehen, dass auf Antrag die Einkommensteuer ermäßigt wird, wenn bestimmte Einkünfte gegenwärtig der Einkommensteuer unterliegen und die entsprechenden Tatbestände in früheren Zeitpunkten der Erbschaftsteuer unterworfen wurden.

Besondere Bedeutung erlangt die Vorschrift bei der Aufdeckung stiller Reserven bei Veräußerungs- und Aufgabevorgängen im Bereich der Gewinneinkunftsarten (§§ 14, 16, 17, 18 EStG), bei Veräußerung von Privatimmobilien (§ 23 EStG)[371] sowie bei gespaltener Tatbestandsverwirklichung im Rahmen der Überschusseinkünfte.

> **Beispiel**
> Ein Freiberufler mit Gewinnermittlung nach § 4 Abs. 3 EStG vererbt im Jahr 01 Forderungen, die den Erben im Jahr 02 zufließen.
> Die Forderungen unterliegen im Jahr 01 der Erbschaftsteuer. Im Zuflusszeitpunkt sind diese zusätzlich der Einkommensteuer (nachträgliche Betriebseinnahme) zu unterwerfen. Gegenstand der Ermäßigung ist die um sonstige Steuerermäßigungen gekürzte tarifliche Einkommensteuer, die auf diese doppelt belasteten Einkünfte entfällt. Eine Anrechnung ist nur möglich, wenn die Erbschaftsteuer festgesetzt ist. Wird der Erbschaftsteuerbescheid aufgehoben oder geändert, ist die Einkommensteuer über § 175 Abs. 1 S. 1 Nr. 2 AO anzupassen.

VI. Die Entnahme durch den Testamentsvollstrecker

Wird ein Wirtschaftsgut des Betriebsvermögens aus seinem betrieblichen Funktionszusammenhang gerissen, so ist dadurch eine **Entnahme** realisiert. Das Wirtschaftsgut ist dabei im Betriebsvermögen mit dem **Teilwert** anzusetzen. Die stillen Reserven werden also auch dann aufgedeckt und sind zu versteuern, wenn dem Nachlass keine Geldmittel zufließen. Eine entsprechende Entnahme kann vor allem dann realisiert werden, wenn bei der Realteilung des Nachlasses einzelne Wirtschaftsgüter vom Betrieb getrennt werden und Miterben zugewiesen werden, die das Wirtschaftsgut fortan zu privaten Zwecken nutzen.

Eine Entnahmebesteuerung greift unabhängig davon ein, ob der Testamentsvollstrecker die Entnahme freiwillig im Rahmen der Erbauseinandersetzung veranlasst oder hierzu durch die Anordnung eines Vermächtnisses gezwungen ist.

---

370 Leistung an Erfüllungs statt ist GrESt-pflichtig, BFH Urt. v. 10.7.2002, Az. II R 11/01, BStBl II 2002, 775; anders hingegen bei einer Abfindung für einen Verzicht; vgl. hierzu *Geck*, in Kapp/Ebeling, Einl. Rn 34 f.
371 Eine Ermäßigung bei der Veräußerung von Wertpapieren des Privatvermögens ist nur bei Antragsveranlagung möglich.

VII. Steuerliche Probleme bei der Erfüllung von Vermächtnissen

180 Wird einem Steuerpflichtigen in einer Verfügung von Todes wegen ein Sachvermächtnis zugewandt, wonach der Begünstigte die Übertragung eines Grundstückes verlangen kann, so war der Erwerb des Vermächtnisnehmers nach früher allgemeiner Meinung mit dem **Grundbesitzwert** nach den §§ 138 ff. BewG a.F. zu bewerten.[372] Unsicherheit herrschte diesbezüglich zwischenzeitlich jedoch seit der Entscheidung des **BFH vom 2.7.2004**,[373] wonach im Anwendungsbereich der §§ 138 ff. BewG a.F. dieser bisher angedachte Grundsatz zu überprüfen sei. Mit dem Inkrafttreten der Erbschaftsteuerreform 2009 hat sich dieses Problem gelöst, da die Bewertung von Grundbesitz nach den §§ 179 ff. BewG im Durchschnitt eine weitgehende Annäherung an den Verkehrswert erreicht. Es entspricht daher der h.M., dass für ein Grundstücksvermächtnis wieder der steuerliche Wert der §§ 179 ff. BewG anwendbar ist.

181 Hinsichtlich der **Hingabe von Grundbesitz zur Erfüllung** eines Barvermächtnisses nach § 364 BGB gelten nach h.M. die gleichen Grundsätze wie bei Pflichtteilsansprüchen. Demnach führt diese Fallkonstellation nicht zur Anwendung der steuerlichen Grundbesitzwerte nach den §§ 179 ff. BewG Der Vermächtnisnehmer hat den Nominalbetrag des vermachten Geldbetrages zu versteuern.[374] Der Erbe kann den Nominalwert des Vermächtnisses nach § 10 Abs. 5 Nr. 2 ErbStG bei seinem Erwerb abziehen. Ein als Barvermächtnis zu besteuernder Sachverhalt wird auch verwirklicht, wenn einem Vermächtnisnehmer der Verkaufserlös aus dem Verkauf eines Grundstücks des Nachlasses zugewandt wird.[375]

Diese Grundsätze gelten[376] auch dann, wenn ein Geldvermächtnis ausgesetzt wird mit der Bestimmung ein bestimmtes Grundstück zu erwerben. Die Grundsätze der mittelbaren Grundstücksschenkung wären hier demnach nicht anwendbar (zweifelhaft).

182 Anders liegen die Dinge, wenn der Vermächtnisnehmer das Vermächtnis **gegen Leistung einer Abfindung** beispielsweise in Form eines Grundstückes **ausschlägt**. Für diese Ausschlagung besteht mangels Verweisung auf § 1944 BGB keine Frist; das Vermächtnis darf lediglich vorher noch nicht angenommen worden sein, § 2180 BGB. Die Abfindung ist nach § 3 Abs. 2 Nr. 4 ErbStG steuerpflichtig. Da im Rahmen dieser Vereinbarung ein originärer Anspruch auf Grundstücksübertagung begründet wird, sind die **Grundbesitzwerte** der §§ 179 ff. BewG maßgeblich.[377]

Wird der Grundbesitz, wie beim Pflichtteilsanspruch, nicht an Erfüllungs statt übertragen, sondern **gegen einen Verzicht** auf den Vermächtnisanspruch, so ist auch hier der Grundbesitzwert bei Vermächtnisnehmer und Erbe maßgeblich. Diese Möglichkeit besteht nach

---

372 R B 9.1 Abs. 2 ErbStR 2011; *Troll/Gebel/Jülicher*, § 3 ErbStG Rn 172; *Geck*, in: Kapp/Ebeling, § 3 ErbStG Rn 170; vgl. BFH Urt. v. 15.10.1997, Az. II R 68/95, BStBl II 1997, 820, 823; zur Dogmatik siehe *Wälzholz*, in: Viskorf/Knobel/Schuck/Wälzholz, § 3 ErbStG Rn 24 f.
373 BFH Urt. v. 2.7.2004, Az. II R 9/02, BStBl II 2004, 1039.
374 BFH Urt. v. 25.10.1995, Az. II R 5/92, BStBl II 1996, 97 ff.; *Troll/Gebel/Jülicher*, § 3 ErbStG Rn 202; *Seifried*, ZEV 2004, 403, 404.
375 BFH Urt. v. 25.10.1995, Az. II R 5/92, BStBl II 1996, 97.
376 So *Moench*, in: Moench, § 3 ErbStG Rn 98; vgl. auch *Geck*, in: Kapp/Ebeling, § 3 ErbStG Rn 148 m.w.N.; siehe auch *Wälzholz*, in: Viskorf/Knobel/Schuck/Wälzholz, § 3 ErbStG Rn 21. Für eine Anerkennung der mittelbaren Zuwendung von Vermögen von Todes wegen *Gürsching/Stenger/Daragan*, § 3 ErbStG Rn 46.
377 BFH Urt. v. 25.10.1995, Az. II R 5/92, BStBl II 1996, 97 ff.; *Geck*, in: Kapp/Ebeling, § 3 ErbStG Rn 171; *Wälzholz*, in: Viskorf/Knobel/Schuck/Wälzholz, § 3 ErbStG Rn 26; vgl. auch *Troll/Gebel/Jülicher*, § 3 ErbStG Rn 201.

Annahme des Vermächtnisses allerdings nur in den Fällen des § 3 Abs. 2 Nr. 5 ErbStG, also bei aufschiebend bedingten oder betagten Vermächtnissen.

Grunderwerbsteuerlich ist es insoweit wohl wie beim Pflichtteil: Beim Erwerb durch Leistung an Erfüllungs statt gilt die Steuerbefreiung des § 3 Nr. 2 GrEStG nicht, wohl aber beim Verzicht/Ausschlagung gegen Abfindung.[378]

183

Werden die vorstehenden Gestaltungen angedacht, so ist stets zu beachten, dass diese Vorgehensweisen des Austausches eines Vermächtnisgegenstandes von der überwiegenden Ansicht (siehe bereits unter Rn 159) als **entgeltliches Veräußerungsgeschäft** angesehen werden. Entsprechende Steuerpflichten können auch beim **Kaufrechtsvermächtnis** ausgelöst werden.[379]

Hierzu folgendes, von einem BFH-Urteil[380] abgeleitetes Beispiel:

Beispiel
Vater V verstirbt unter Hinterlassung eines Erbvertrages und wird von seiner Frau M allein beerbt. Der erstehelige Sohn des V erhält neben anderen Vermächtniszuwendungen in Höhe von 200.000 EUR das Recht ausgesetzt, eine Eigentumswohnung des V mit einem Steuerwert von 400.000 EUR (Verkehrswert 450.000 EUR) gegen Zahlung von 200.000 EUR vom Erben erwerben zu können.

Mit Urt. v. 6.6.2001 hatte der BFH[381] vorläufige Klarheit für die Fälle geschaffen, in denen ein Erblasser vermächtnisweise einem Steuerpflichtigen das Recht eingeräumt hat, ein Grundstück vom Erben voll- oder teilentgeltlich zu erwerben. Nach Meinung des BFH bestand der Bereicherungsgegenstand nicht in erster Linie in dem Grundstück, sondern in dem Gestaltungsrecht, das Grundstück verbilligt zu erwerben. Dieses **Erwerbsrecht** sei kein Grundstück, sondern ein selbstständiges Recht, das nach § 12 Abs. 1 ErbStG i.V.m. § 9 BewG mit dem gemeinen Wert zu bewerten sei. Die Steuer entstehe – vergleichbar der Besteuerung des geltend gemachten Pflichtteilsanspruchs – erst mit der Ausübung des Gestaltungsrechts. Diese Sichtweise hat der BFH allerdings inzwischen wieder aufgegeben.[382] Erwerbsgegenstand eines Übernahme- oder Kaufrechtsvermächtnisses ist nunmehr wieder die aufschiebend bedingte Forderung des Vermächtnisnehmers gem. § 2174 BGB gegen den Beschwerten. Die Forderung aus Übernahme- oder Kaufrechtsvermächtnissen ist jedoch nicht mit dem Steuerwert des vermachten Gegenstandes zu bewerten, sondern mit dem gemeinen Wert. §§ 13a, 13b, 19a ErbStG stehen dem Vermächtnisnehmer jedoch auch bei einem Übernahme- oder Kaufrechtsvermächtnis zu.[383] Dies muss auch für §§ 13c, 13 Abs. 1 Nr. 4b, c ErbStG gelten.[384]

184

---

378 *Seifried*, ZEV 2004, 403, 404.
379 Siehe dazu BFH Urt. v. 13.8.2008, II R 7/07, BStBl II 2008, 987; LfSt Bayern v. 10.11.2009, S 3812 a.1.1 – 4 St 35, SIS 09 34 46; *Bruschke*, UVR 2006, 115; *Daragan*, DB 2004, 2389.
380 Vereinfacht nach BFH Urt. v. 6.6.2001, Az. II R 76/99, BFH/NV 2001, 1344 = BStBl II 2001, 605 = BB 2001, 2151 = DB 2001, 1916 = DStR 2001, 1432 = DStZ 2001, 710 = ZEV 2001, Heft 9.
381 BFH Urt. v. 6.6.2001, Az. II R 76/99, BFH/NV 2001, 1344 = BStBl II 2001, 605 = BB 2001, 2151 = DB 2001, 1916 = DStR 2001, 1432 = DStZ 2001, 710 = ZEV 2001, Heft 9; vgl. auch schon BFH Urt. v. 15.10.1997, Az. II R 68/95, BStBl II 1997, 820 ff.; *Meincke*, § 3 ErbStG Rn 44 auch zu den – teilweise ungereimten – Auswirkungen beim Erben.
382 BFH Urt. v. 13.8.2008, II R 7/07, BStBl II 2008, 987.
383 Zustimmend LfSt Bayern v. 10.11.2009, S 3812 a.1.1 – 4 St 35, SIS 09 34 46.
384 Zur genauen Steuerberechnung siehe *Wälzholz*, in: Viskorf/Knobel/Schuck/Wälzholz, § 3 ErbStG Rn 138 ff.

185 Die Erfüllung des Kaufrechtsvermächtnisses kann bei Privatvermögen und Anschaffung innerhalb von 10 Jahren vor der Ausübung des Kaufrechtsvermächtnisses zu **Spekulationsgewinnen** gem. § 23 EStG führen. Gleiches gilt bei anderem steuerverstricktem Vermögen – beispielsweise nach § 17 EStG oder nach § 20 Abs. 2 EStG. Aufgrund des Aufteilungsgrundsatzes bei **teilentgeltlichen Verträgen** kann ein steuerpflichtiger Gewinn auch bei einem Kaufpreis unter den Anschaffungskosten entstehen.[385] Bei **Betriebsvermögen** kann bei Erfüllung des Kaufrechtsvermächtnisses ebenfalls eine Steuerpflicht entstehen, wenn der Buchwert des vermachten Gegenstandes unter dem Betrag der Gegenleistung liegt; aufgrund der sog. Einheitstheorie bei Veräußerung von Betrieben und Teilbetrieben droht diese allerdings nur, soweit die Gegenleistung den Buchwert übersteigt.[386]

186 Bei Zuwendung eines **Vermächtnisses über einen Betrieb, Teilbetrieb oder Mitunternehmeranteil** ohne weitere Gegenleistung sind insoweit die Buchwerte nach § 6 Abs. 3 EStG fortzuführen. Dies gilt auch für einen Teilanteil an einem Mitunternehmeranteil; Sonderbetriebsvermögen muss nicht notwenig mitübertragen werden, soweit der Bezug zu der Mitunternehmerschaft insgesamt bestehen bleibt. Die **Übernahme von betrieblichen Verbindlichkeiten** ist keine entgeltliche Gegenleistung und steht damit der Buchwertfortführung nach § 6 Abs. 3 EStG nicht entgegen.

---

385 Vgl. auch *Tiedtke/Wälzholz*, ZEV 2000, 293 ff.
386 Vgl. zum Ganzen *Hörger/Stephan/Pohl*, Rn 528 ff.; *Spiegelberger*, Vermögensnachfolge, Rn 535 ff., teilweise krit.; siehe auch *Spiegelberger*, Unternehmensnachfolge, § 4 Rn 51 ff.

Stichwortverzeichnis

Fette Zahlen = §§, magere Zahlen = Randnummern

Abfindungsansprüche
– der Erben **19** 31
Abgeltungsvereinbarung 30 22
Ablehnung 6 4
Ablehnungserklärung 6 6
– Kosten **6** 10
Abnahmeprotokoll 30 21
Abrechnungsbescheid 46 101
Abwicklungsgesellschaft 19 30
Abwicklungsvollstreckung 3 2, **19** 7, **27** 1
Abwohnvereinbarung 30 22
Abzugsfähigkeit
– einkommensteuerlich **45** 39
Aktien 35 2
Altschulden 19 16
Amt
– Kündigung **28** 18
Amtsklagen 11 27
Amtsübernahme
– Internet **26** 3
– Internet, Homepage **26** 4
– Inventaraufnahme **26** 5
– Sicherung des Nachlasses **26** 2
Amtsübernahme, zu beachtende Umstände 26 1
Anerkenntnis 38 11
Anforderungsprofil des Testamentsvollstreckers 5 41
Anhörung der Erben 18 15 ff.
Anlageberatung durch Banken 9 13
Anlagen
– Antiquitäten **9** 79
– Derivaten, Warentermingeschäfte **9** 65
– Devisenterminoption **9** 70
– Edelmetalle **9** 78
– Effektengeschäfte **9** 61
– Futures **9** 67
– Investmentfonds **9** 71
– Kaufoption (call) **9** 66
– Kunstgegenstände **9** 79
– Sparanlagen **9** 64
– Verkaufsoption (put) **9** 66
– Warenterminoption **9** 70
Anlagetätigkeit
– Übertragung auf Dritte **9** 96
Annahme des Amtes 6 4, **22** 58

Annahmeerklärung
– Bestätigung dazu **7** 52
– Form **6** 8
– Inhalt **6** 6
– Kosten **6** 10
– Zeitpunkt **6** 9
Annahmefähigkeit 6 5
Annahmeverpflichtung 6 2
Annahmezeugnis 7 54
Anordnungen zur Testamentsvollstreckung
– Empirisches, Person des Testamentsvollstreckers **21** 7
Anscheinsvollmacht 5 42
Anzeigepflichten
– entfallene **46** 32
– erbschaftsteuerrechtliche **46** 30
– steuerrechtliche **46** 29, 31
Arbeitgeber 30 35
Asset Allocation 9 31
Aufgabenkreis
– Beschränkung **44** 11
Auflagen
– beim Behindertentestament **22** 103
Auflagenlösung 22 38
Auseinandersetzung
– Teilungsplan **46** 169
Auseinandersetzungsanordnung 18 6
Auseinandersetzungsgebühr 45 30, 39
Auseinandersetzungsplan 18 5, **40** 2
– bei Teilungsanordnung, Ausgleichung **40** 12
– Fehlerquellen beim **44** 20
– Feststellungsklage dagegen **18** 25
– Geltendmachung der Unwirksamkeit **18** 25
– Gestaltungsklage dagegen **18** 26
– Leistungsklage auf Aufstellung **18** 26
– Testamentsvollstrecker als Miterbe **18** 28
– Vollzug des Auseinandersetzungsplans **18** 27
Auseinandersetzungsreife 44 20
Auseinandersetzungsvereinbarung 18 21 ff., 29 ff.
– Vorteile **18** 30 ff.

Auseinandersetzungsvertrag 40 14
- Form 18 32
- Genehmigungserfordernisse 18 33
- Vollzug 18 34

Ausfallhaftung
- Vermeidung 19 57

Auskunftsanspruch 38 22
- gegen die Erben 46 118

Auskunftsbegehren
- gegenüber dem Testamentsvollstrecker 44 19

Auskunftspflicht
- Abgabe eidesstattlicher Versicherung 12 37
- Abgabe eidesstattlicher Versicherung, lückenhafte Auskunft 12 38
- Beschränkungen 12 24
- Form 12 34
- Grundsatz, Anlass 12 23
- Inhalt, Pflicht zur Wissensverschaffung 12 28
- Inhalt, Umfang 12 26 f.
- Kosten 12 32
- Miterben 12 36
- Verschwiegenheitspflicht 12 25
- Vorlage eines Bestandsverzeichnisses 12 29
- Vorlage eines Bestandsverzeichnisses, Gliederung 12 30
- Vorlage von Belegen 12 31
- Zurückbehaltungsrecht 12 33

Auslagen 45 65
Auslagengeschäft 45 66
Auslandsvermögen
- illegales 46 84

Auslegungsvertrag 31 10 f.
Ausnahme vom Voreintragungsgrundsatz bei Finanzierungsgrundpfandrechten 17 25
Ausschlagung 22 76
- gegen Abfindung 46 170

Ausschlagungsrecht 22 74 f.
- Überleitung auf Sozialleistungsträger 22 65

Außenprüfung 45 77
Auswechseln des Schlosses 30 21

Banken
- als Testamentsvollstrecker 9 53

Bankvermögen 29 2

Bausparverträge 29 11
Bedürftigentestament 22 117
- Abgrenzung zwischen Einkommen und Vermögen 22 123
- Ausschlagungsentscheidung 22 132
- einzusetzendes Vermögen 22 122
- Erbenhaftung 22 124
- gestalterische Grundüberlegungen 22 125
- Grundsicherung für Arbeitsuchende 22 118
- Grundsicherung für Arbeitsuchende – Grundstrukturen 22 120
- Herausgabevermächtnis 22 127
- negative Erbfreiheit 22 128
- Sittenwidrigkeit 22 128
- sozialrechtliche Anspruchsberechtigung 22 121
- sozialrechtliche Ausgangssituation 22 118
- Vor- und Nacherbschaft 22 126
- Vor- und Nachvermächtnis 22 126
- Wegfall der Bedürftigkeit 22 133

Beendigung der Testamentsvollstreckung 22 27
Befreiungsvermächtnis 20 28
Befugnisse
- konkurrierende 19 11
- zivilrechtliche 46 10

Behinderte 22 56, 59 f., 63 ff., 71 ff., 97
Behindertentestament 22 46, 48, 57, 82
- Abgrenzung Einkommen vom Vermögen 22 49
- Auflagen 22 103
- Ausschlagungsrecht, Überleitung auf Sozialleistungsträger 22 65
- Bewertung des Quotenvermächtnisses 22 110 f.
- Erbschaftslösung 22 51 ff.
- Erfüllungsbefugnis des Testamentsvollstreckers beim Nachvermächtnis 22 108
- Ersetzungsbefugnis 22 112
- Familienrechtssenat 22 67
- Implosion des Behindertentestaments 22 93
- Nacherbe 22 55
- Nachlassgröße 22 61
- Nachvermächtnis 22 107
- Nachvermächtnis und Kostenersatzanspruch 22 109

- Pflichtteil **22** 61
- praktischer Vollzug **22** 96
- Sittenwidrigkeit **22** 62 ff., 66 ff.
- sozialrechtliche Komplikationen aufgrund der Abgrenzung Einkommen/Vermögen **22** 92 ff.
- umgekehrte Vermächtnislösung **22** 115
- Vermächtnislösung **22** 102, 112
- Verwaltungsanordnung **22** 53 f.
- Verwaltungsanordnung – Entnahme der Betreuervergütung **22** 54
- Vorerbe **22** 55
- Wohnungsrecht **22** 104

Bekanntgabeadressat 46 58
Bekanntgabemangel 46 74
Belastung
- außergewöhnliche **45** 33

Benachrichtigungs- und Anhörungspflichten
- Architekt **12** 20
- besondere aufgrund berufsspezifischer Pflichten **12** 17
- Folgen ungenügender Benachrichtigung **12** 22
- Form **12** 21
- früher „sekundäre Schadensersatzverpflichtung" des Rechtsanwalts **12** 18 f.
- Grundsätzliches **12** 11
- Inhalt **12** 16
- Zweck, Umfang **12** 12 f.
- Zweck, Umfang: Rechtsprechung, Details **12** 14

Berichtigungspflicht 46 82
Berufshaftpflichtversicherung 28 33
Besitzrechte 30 21
Besserungsklauseln 22 33
- Auflagenlösung **22** 38
- Bedingungslösung **22** 35
- gestuftes Ausschlagungsrecht **22** 36
- Motivangabe **22** 34
- Nachtragsverteilungsverfahren **22** 40 f.
- Pflichtteilsbeschränkung in guter Absicht **22** 37
- Zusammenfassung **22** 42

Bestandsverzeichnis 33 4
Bestattung 28 40
- Kosten **28** 50
- Vorbereitung **28** 58

Bestattungsgeld 28 54

Betätigung
- vermögensverwaltende **45** 1

Beteiligung
- Einheitlichkeit der **19** 43

Betreuungsgericht
- Auseinandersetzungsvertrag **18** 33

Betreuungsgerichtliche Genehmigung 22 56
Betreuungsrecht 2 14
Betriebsaufspaltung 46 120
Betriebsausgaben 45 14
Betriebseinnahmen 45 14
Betriebsvermögen
- Begünstigungsvoraussetzungen **46** 95

BGB-Gesellschaft 19 33
Bilanzierung 45 13
Bottom-Up-Ansatz 9 31
Bruttoanordnung 45 71
Buchführung 45 13
Buchprüfer
- vereidigter **45** 80

Culpa in contrahendo 10 10

Dauertestamentsvollstreckung 3 3, **14** 9, **22** 52, 58, **45** 31
- uneingeschränkte **46** 10

Dreimonatseinrede 34 2

Eidesstattliche Versicherung 8 17, **28** 7
- Beurkundung **7** 14

Eigenanordnung
- Grundsatz der **4** 3

Einheitlich und gesonderte Gewinnfeststellung 46 52
Einkommensteuer 39 4, **46** 18
- Abzugsfähigkeit der Testamentsvollstreckervergütung **45** 30
- doppelte Belastung **45** 37, **46** 4

Einkunftserzielung
- Tatbestand **46** 23

Einspruch
- als Bevollmächtigter der Erben **46** 81

Einstimmigkeitsprinzip 35 10
Einstweilige Anordnungen gegen den Testamentsvollstrecker 2 12
Eintrittsrecht 19 32
Einzelunternehmen
- im Rahmen der Treuhandlösung **46** 54
- im Rahmen der Vollmachtslösung **46** 54

Entgeltliche Verfügungen 17 18 ff., 23 f.
- Ausstattung **17** 18 ff., 23
- Eigentümergrundschuld **17** 18, 22
- Einzelfälle **17** 24
- Fremdgrundschuld **17** 18 ff.
- Nachweis gegenüber dem Grundbuchamt **17** 18 ff.

Entlassungsantrag
- gegen einen Testamentsvollstrecker **44** 55

Entlassungsverfahren 44 58
- einstweilige Anordnungen **13** 19
- Entlassungsgrund **13** 25
- Entlassungsgrund – aus sonstigen Gründen **13** 29
- Entlassungsgrund – Feindschaft **13** 31
- Entlassungsgrund – Interessengegensatz **13** 32
- Entlassungsgrund – Unfähigkeit **13** 28
- Entscheidung **13** 20
- Gerichtskosten **13** 21
- grobe Pflichtverletzung **13** 26
- Internationale Zuständigkeit **13** 24
- Rechtsfrage **13** 23
- Rechtsmittel **13** 22
- Verfahrensfragen **13** 18
- Versagungsermessen **13** 33

Entlastung
- kein Anspruch auf **42** 18

Entlastungsanspruch 42 3

Entlastungsbeschluss
- in Form eines Vermächtnisses **42** 44

Entlastungsverweigerung 42 12

Entnahme 46 179

Entschädigung 45 67

Erbauseinandersetzung 18 1
- Anhörung der Erben **18** 15 ff.
- Anhörung gesetzlicher Vertreter **18** 16
- Anhörung minderjähriger Erben **18** 16
- Anordnungen des Erblassers **18** 6
- Auseinandersetzungsplan **18** 5
- Auseinandersetzungsvereinbarung **18** 21 ff., 29 ff.
- Auseinandersetzungsvertrag **18** 33
- Ausgleichspflichten, Beachtung **18** 10
- Ausschluss der Erbauseinandersetzung **18** 2
- Berichtigung der Verbindlichkeiten **18** 7
- Berichtigung von Pflichtteilsverbindlichkeiten **18** 8 f.

- Betreuungsgericht **18** 33
- Betriebsvermögen **46** 164
- Erbschaftsteuerrecht **46** 166
- Form des Auseinandersetzungsvertrags **18** 32
- Genehmigung durch das Familien- oder Betreuungsgericht **18** 19
- Genehmigungserfordernisse für Auseinandersetzungsvertrag **18** 33
- Nachlassteilung **18** 10
- Privatvermögen **46** 159
- teilbare Nachlassgegenstände **18** 12
- unteilbare Nachlassgegenstände **18** 13
- Unterbleiben **18** 4
- unterlassene Anhörung **18** 17
- Unwirksamkeit des Auseinandersetzungsplans **18** 24
- Verbindlicherklärung des Auseinandersetzungsplans **18** 23
- Verkauf **18** 14
- Versteigerung **18** 13
- Vollzug des Auseinandersetzungsvertrags **18** 34
- Widerspruch der Erben **18** 18

Erben 46 23
- Einspruch als Bevollmächtigter **46** 81
- Erstattung **46** 104
- Haftung gegenüber den **46** 123
- minderjährige **19** 17
- noch nicht ermittelte **46** 55
- öffentlich-rechtliche Pflichten **46** 51
- persönliche Haftung der **45** 42
- unreife **19** 38
- Zugangsvertreter **46** 71

Erbenermittlung 29 43

Erbfallverbindlichkeit 45 39

Erblasser
- ausländischer **29** 12

Erblassersteuern
- Steuererstattungen **46** 102

Erbrechtsreform und Testamentsvollstreckung 1 4

Erbschaftslösung
- Nachteil **22** 101
- Würdigung **22** 100

Erbschaftsteuer 45 34, **46** 21, 35
- Bezahlung **46** 139
- Doppelbelastung **45** 37, **46** 4
- Stundung **39** 11

Erbschaftsteuerbescheid
- Rechtsbehelfe 39 16

Erbschaftsteuererklärung
- Abgabefrist 39 7
- Unterzeichnung 46 49
- Vollständigkeit 46 46

Erbschaftsteuererstattung
- an den Testamentsvollstrecker 46 103

Erbschaftsteuerliche Wahlrechte 46 48

Erbschein
- Besonderheiten zur Verlautbarung der Testamentsvollstreckung 7 40
- Grundsätzliches zur Verlautbarung der Testamentsvollstreckung 7 36

Erbstatut 43 2

Erbteil
- Pfändung 16 10, 22 16
- Wirkungen der Pfändung 16 12 ff., 17 1

Erbteilspfändung 16 10, 22 16

Erbteilsvollstrecker
- Erbauseinandersetzung 16 6

Erbteilsvollstreckung 8 19
- Anordnung 16 1
- Befugnisse des Testamentsvollstreckers 16 8
- Durchführung der Pfändung 16 11
- Erbteilungsklage 16 7
- nach Nachlassteilung 16 5 ff.
- Nachlassverbindlichkeit 16 3
- Pfändung 16 10
- Verfügungsmacht des Miterben 16 9
- Verpflichtungsbefugnis 16 3 ff.
- Vollmachtserteilung 16 4
- Wirkung der Pfändung bzgl. der Verfügungsbefugnis des Testamentsvollstreckers 16 13 f.
- Wirkungen der Pfändung 16 12, 15, 17 1

Erbverzicht 46 172

Erfüllungs statt
- Hingabe an 46 172

Ermächtigungstreuhand 45 43

Ersatzansprüche 42 11

Ersatztestamentsvollstrecker 5 2, 22 58

Erstattung
- an die Erben 46 104

Erträge 22 53

Ertragsnießbrauch 45 47

Estate Planning 4 7

EU-ErbVO 43 5

FamFG und Testamentsvollstreckung 1 2

Festsetzungsverjährung
- Anlaufhemmung 46 45
- gem. § 169 AO 46 88

Feststellungsklage 42 2
- kein Feststellungsinteresse 42 31
- negative 42 27

Finanzamt 30 37

Fiskus
- persönliche Haftung gegenüber dem 46 126

Fortbestandszeugnis 7 55

Freiberufler
- gleichzeitig 45 77

Fristsetzung
- keine gegenüber dem Erben 46 39

Früchte 22 82

Funktion
- beaufsichtigende 19 37

Gebäudeversicherung 30 30

Gebührentatbestände 45 72

Geldanlageform 35 2

Gemeinschaftskonten und Testamentsvollstreckung 26 14 f.

Genehmigung durch das Familien- oder Betreuungsgericht 18 19

Generalbereinigung 42 23

Generalvollmacht 15 11, 15, 28 24, 44 7

Gesamtrechtsnachfolger 46 18

Geschäftsführung 19 38

Geschäftsordnung 35 10

Geschäftsvermögen
- Inhaber des 19 18

Gesellschaft
- Fortsetzung einer 19 33
- personalistisch strukturierte 19 64

Gesellschafter
- Interesse der übrigen 19 40
- Interesse des betroffenen 19 41
- Tod des stillen 19 48
- vollhaftende 19 44

Gesellschafterrechte
- höchstpersönliche 19 52
- Verdoppelung der 19 42

Gesellschaftsbeteiligung 9 75

Gesetzesübersicht 1 1

Gestaltungsrecht
- Ausübung des 46 184

Gewerbesteuer 46 19, 24

Gewerbesteueranrechnung 45 7
Gewerblichkeit
– Grenze zur 45 6
Gewinneinkunftsarten 45 24
Gewinnermittlung 45 13
Gläubiger 34 1
GmbH
– Eintragung der Testamentsvollstreckung 7 46
– Gründung einer 19 71
Grundbesitz
– Hingabe zur Erfüllung 46 181
– unentgeltliche Verfügungen 17 19
– Verfügungen 17 18
Grundbesitzwert 46 175, 180
Grundbuch 28 27
– Testamentsvollstreckervermerk 7 49
Grundbuchamt 30 44
Grundsicherung für Arbeitsuchende
– Abgrenzung zwischen Einkommen und Vermögen 22 123
– Grundstrukturen 22 120
Grundstückserwerb
– von Todes wegen 46 5
Grundstückserwerb vom Testamentsvollstrecker
– Notaranderkonto 17 10
Grundstücksschenkungen 46 5
Grundstücksverfügungen 17 8 f.

Haftpflichtprozess 20 33
– Beweislast 20 33
– örtliche Zuständigkeit 20 33
– Passivlegitimation 20 33
Haftpflichtversicherung
– private 30 31
Haftung 20 1
– Aufrechnung 20 27
– aus culpa in contrahendo 20 8
– aus Delikt 20 8
– Auswahlverschulden 20 21
– Banken 20 20
– Befreiung nach Eintritt des Erbfalls 20 29
– Befreiung von der 20 28
– Befreiungsvermächtnis durch Erblasser 20 28
– der Erben für Handlungen des Testamentsvollstreckers 20 34
– Ersatznacherbe 20 3

– Folgen 20 25
– gegenüber den Erben 20 3, 46 123
– gegenüber Dritten 20 8, 46 125
– gegenüber Vermächtnisnehmern 20 7
– Grundlagen 20 1
– Haftungsfreizeichnung des Rechtsanwalts 20 30
– Haftungsgläubiger 20 3 ff.
– Kausalität 20 24
– Klageänderung 20 25
– Konkurrenz zur unerlaubten Handlung 20 2
– mehrere Erben 20 6
– mehrerer Testamentsvollstrecker 20 32
– Mitverschulden 20 31
– mutmaßlicher Erblasserwille 20 16
– nach dem Tod des Testamentsvollstreckers 20 12
– Nacherben 20 3
– Nacherbentestamentsvollstreckung 20 4
– Nachfolgerbenennung 20 22
– Nachlasszugehörigkeit des Anspruchs nach § 2219 BGB 20 2
– objektive Pflichtverletzung 20 15
– objektiver Sorgfaltsmaßstab 20 19
– ordnungsgemäße Verwaltung 20 17
– persönliche gegenüber dem Fiskus 46 126
– Prozess 20 33
– rechtmäßiges Alternativverhalten 20 24
– Scheintestamentsvollstrecker 20 8, 13
– Schlusserbe 20 5
– Sorgfaltsmaßstab bei besonderer Qualifikation 20 20
– Stufenklage 20 25
– Tatbestandsvoraussetzung 20 2
– Tätigkeiten nach Amtsbeendigung 20 11
– Tätigkeiten vor Amtsannahme 20 10
– Überwachungsverschulden 20 21
– unternehmerisches Ermessen 20 18
– Verjährung 20 26
– vermeintlicher Testamentsvollstrecker 20 13
– Vermögenshaftpflichtversicherung 20 28
– Verschulden 20 19
– Vollmachten 20 11
– Voraussetzungen 20 14
– Vorhersehbarkeit des Schadens 20 23
– zeitliche Dimension 20 9
– Zurechnungszusammenhang 20 24

Haftungsbescheid 45 80
Haftungsbeschränkung 19 16, **34** 4
– beim Rechtsanwalt **23** 3
Haftungsgefahren
– steuerliche des Testamentsvollstreckers **46** 122
Haftungsgrundsätze
– des Handelsrechts **19** 4
Haftungsproblem
– für den Testamentsvollstrecker **46** 80
Haftungsrisiko 42 46
Haftungsschuldner 46 78
– bei grob fahrlässiger Pflichtverletzung **46** 128
– bei Vorsatz **46** 128
– Schonung des **46** 133
Haftungtatbestand
– selbstständiger **46** 150
Handelsgeschäft 19 3
Handelsregister 19 20, **28** 29
– Anmeldepflichten **7** 47
– Eintragung der Testamentsvollstreckung **7** 43, 46
– Nachweis der Testamentsvollstreckung **7** 48
Handelsregisteranmeldung 28 31
– Firmenfortführung **19** 20
Hartz IV
– und Testamentsgestaltung **22** 117
Hausratversicherung 30 32
Heimatrecht 43 3
HeimG 5 31
Herausgabeklage 36 1, 10
Hilfeempfänger 22 48

Identitätsbestätigung 29 29
Illegales Auslandsvermögen 46 84
Immobilien 9 76
Informationsansprüche
– Berechtigte **12** 2
– Berechtigte bei Pfändung **12** 8
– Berechtigte: mehrere Erben **12** 3 f.
– Berechtigte: Vermächtnisnehmer, Pflichtteilsberechtigte **12** 7
– Berechtigte: Vor- und Nacherbschaft **12** 5 f.
– Testamentsvollstrecker-Nachfolger **12** 9
– Verjährung **12** 10

Informationsansprüche, Informationspflichten
– Überblick **12** 1
Inhaltsadressat 46 57
Internet 26 3 f.
Inventaraufnahme 8 20
Inventarerrichtungsfrist 8 21

Kapitalanlageentscheidung
– Anlagerichtlinien **9** 20
– Anlageziele **9** 19
– des Testamentsvollstreckers **44** 28
– des Testamentsvollstreckers, Anlageziele **9** 18
– Nachlassverwaltung **9** 20
Kapitalanlagen 44 8
– Abbedingen der Auskunfts- und Rechenschaftspflichten **9** 95
– Pflichten **9** 80
Kapitalerhöhungen 19 56
Kapitalerhöhungsproblematik 19 58
Katasteramt 30 44
Kautelarpraxis 42 20
Kaution 30 21
Kernbereich 19 66
Kernrechtsproblematik 19 41
Kfz-Versicherung 30 32
Klage
– auf Mitwirkung **40** 11
– auf Vornahme einer Handlung **44** 34
Klagebefugnis 46 77
Klauselumschreibung 36 17
Kombination von Testamentsvollstreckung und Vor- und Nacherbschaft 22 8
Kommanditbeteiligung 28 31
– Eintragung der Testamentsvollstreckung **7** 43
Kommanditisten 19 45
Konstituierung 8 1
Konstitutionsgebühr 45 39
Kontoauflösungsantrag 35 5
Kostenersatz 22 55
Kostenersatzanspruch 22 109
Krankenhaus 29 41
Kriegsopferfürsorge 30 42
Kündigung
– des Testamentsvollstreckers **13** 11

Kündigungsbefugnis
– des Testamentsvollstreckers 13 11
Kürzungsrecht 38 5

Lebensversicherung 29 35
Leibrentenvermächtnis 22 113
Leistungsklage 42 2
Letztwillige Verfügung 28 2
Liquidationsansprüche 19 30
Luftfahrzeugregister 7 50

Mietverhältnis 30 2
Minderjährigenhaftungs-
 begrenzungsgesetz 19 17
Mitgliedschaft 30 28
Mittestamentsvollstrecker
– Bestimmung eines 28 21
Mitunternehmer 45 45
Mitunternehmergrundsätze 45 9
Mitunternehmerrisiko 45 45
Mitunternehmerschaft 45 8, 46 157
– Infektion 45 10
Mitunterzeichnung
– Verlangen der 46 47
Mitvollstrecker
– nur gemeinschaftlich handlungsbefugt 46 115
Mitwirkungsverpflichtung 40 8

Nacherbe 22 51, 55 f., 58
Nacherbentestamentsvollstreckung 3 5, 22 25
Nacherbenvermerk 22 28
Nacherbfall 22 52
– Dauertestamentvollstreckung 22 52
– Testamentsvollstrecker 22 52
Nacherbschaft
– Ziele 22 1
Nachfolge 28 15
Nachfolger
– Bestimmung eines 28 18
Nachhaltigkeit 45 52
Nachlass 22 48, 56, 81, 46 23
– Auseinandersetzung 40 1
– keine Haftung für die wertmäßige Erhaltung 9 58
– Leistung von Sicherheiten aus dem 46 93
– Verwaltung 35 4

Nachlassgegenstand
– partielle Freigabe 41 14
– Veräußerung 13 47
– Wert 39 15
Nachlassgericht 22 58, 28 7, 32 1
– Aufsicht gegenüber dem Testamentsvollstrecker 2 12
– Verhältnis zum Testamentsvollstrecker 2 12
Nachlassinsolvenzantrag 34 8
Nachlasskonto 28 39
Nachlasspfleger
– Bestellung eines 29 46
Nachlassplanung 4 6
Nachlassverbindlichkeiten 19 5
– Berichtigung 18 7
– Übernahme von 46 161
Nachlassverwaltung 9 16, 20
– Banken 9 13
– der dynamische Geschäftsführer 9 10
– Ermessensspielraum 9 9
– Kapitalanlageentscheidungen 9 18
– Organmitglieder von Kapitalgesellschaft 9 14
– Vermögensverwalter 9 15
– Vermögensverwaltungstheorien 9 35
– Verstoß gegen § 2216 Abs. 1 BGB 9 115
– weitere Maßnahmen 9 101
Nachlassverwaltung, ordnungsgemäße
– Gebot der produktiven Verwaltung 9 40
– Grundsätze 9 38 ff.
– Grundsätze der Wirtschaftlichkeit 9 39
Nachlassverzeichnis 33 1
– Abgrenzungsprobleme 8 6
– amtliches 8 11
– Beweisfunktion 8 9
– Erstellung 8 2
– Form 8 7
– Inventarerrichtungsfrist 8 10
– Stichtag 8 8
– typische Fehlerquellen 44 15
Nachlassvollmacht
– internationale 43 7
Nachprüfung
– Vorbehalt der 46 140
Nachtragsverteilungsverfahren 22 40 f.
Nachvermächtnis 22 107
– Erfüllung durch Testamentsvollstrecker 22 108

Stichwortverzeichnis 785

Nachweis des Amtes als Testamentsvollstrecker im Grundbuchverkehr
- bei Ernennung in öffentlicher Urkunde 17 13
- bei Ernennung in öffentlicher Urkunde, Prüfungsbefugnis 17 14
- Ernennung durch das Nachlassgericht oder einen Dritten 17 15
- Testamentsvollstreckerzeugnis 17 12

Nebenleistungspflichten
- persönliche 19 54

Nebenvollstrecker 46 115
Nebenvollstreckung 8 19
Negative Erbfreiheit 22 63 ff.
Negativzeugnis 7 53
Notar 22 97, 45 80
- als Testamentsvollstrecker 24 1
- Auswegslösungen für die Benennung des Urkundsnotars als Testamentsvollstrecker 24 9
- Benennung des Urkundsnotar als Testamentsvollstrecker 24 6 f.
- Mitwirkungsverbote des Notars 24 10
- Testamentsvollstreckervergütung 24 5
- Urkundsnotar als Bestimmungsberechtigter 24 8
- Versicherungsschutz 24 3

Notaranderkonto 17 10
Notarbestätigungen 17 11

Oder-Depot über Wertpapiere 26 18
Oder-Konto 26 14
Öffentlich-rechtliche Pflichten
- des Erben 46 51

OHG 19 33

Passivprozesse
- gegen den Nachlass 11 23
- Kosten 11 26
- Prozessführungsrecht 11 22
- Stellung des Testamentsvollstreckers 11 38
- Verfahrensfragen 11 38

Patentanwalt 45 80
Personengesellschaft 46 26
- Umwandlung in Kapitalgesellschaft 19 72

Pfändung 22 56
Pfändungsschutz beim Vorerben 22 9
Pflichtteil 22 51

Pflichtteilsanspruch 22 50, 38 10
- Berechnung des 38 21
- Geltendmachung 11 34

Pflichtteilsberechtigter 22 74 f.
Pflichtteilsbeschränkung in guter Absicht 22 37
Pflichtteilslast 38 18
Pflichtteilsverzicht 46 172
Pflichtteilsverzicht eines Behinderten
- Sittenwidrigkeit 22 63 f., 66, 68
- sozialhilferechtliche Sanktionen 22 64

Portfolio 9 31
Portfoliorevision 9 34
Postbank 29 10
Postnachsendeauftrag 28 59
Prognoserisiko
- Anlageentscheidungen 9 60

Prokura 15 15
Prozesse
- Klauselumschreibung 11 17
- Rechtskrafterstreckung 11 17
- Unterbrechung 11 14
- Verjährung 11 14

Prozessführungsrecht
- Einschränkung 11 12
- Umfang 11 10

Prozessgericht 36 6

Quotenvermächtnis 22 106

Rechnungsabnahme
- Vermittlung durch das Nachlassgericht 42 60

Rechnungslegung
- Allgemeines 12 39
- Art, Ausmaß 12 41 f.
- Belegvorlage 12 43
- Beschränkung des Anspruchs 12 50
- eidesstattliche Versicherung 12 48, 63
- Entlastungsanspruch 12 61
- Erben des Testamentsvollstreckers 12 45
- Frist zur Erfüllung des Anspruchs 12 52
- Frist zur Rechenschaftslegung 12 57 f.
- gegenüber mehreren Miterben 12 59
- jährliche Rechnungslegung 12 53 f.
- jährliche Rechnungslegung, Mindesterfordernisse 12 55 f.
- klagweise Durchsetzung 12 64
- klagweise Durchsetzung, Stufenklage 12 65

– Kontrolle durch das Nachlassgericht 42 59
– Kosten 12 60
– Meinungsverschiedenheiten zwischen Testamentsvollstrecker und Erben 12 62
– Minderjährige 12 47
– Pflicht zur 46 119
– unselbstständige Nebenpflicht 12 44
– Verhältnis zur Auskunftserteilung 12 49
– Verlangen zur 12 40
– Verzicht 12 46
– zeitliche Grenzen 12 51
Rechte
– steuerliche 46 1
Rechtliches Gehör 7 17
Rechtsanwalt 45 80
– als Testamentsvollstrecker 23 1
– Pflichten 23 1
– Prüfung der Annahme des Amtes 23 2
Rechtsbehelf 46 42
Rechtsbehelfsbefugnis 46 76
Rechtsdienstleistungsgesetz 5 34
Rechtshandlungen 19 51
Rechtsmittelbefugnis
– mangelnde des Testamentsvollstreckers 46 78
Rechtsschutzbedürfnis 42 28
Rechtsstreit
– Kosten 11 21
Regresshaftung 28 33
Rentenrechnungsstelle 29 33
Rentenservicestellen 29 33
Rentenversicherung
– gesetzliche 30 39
Restschuldbefreiung 22 39, 45
Risiken beim Grundstückserwerb vom Testamentsvollstrecker 17 8 f.
Rückbehalte 46 139

Säumniszuschlag 39 14
Schenkungen 22 84, 38 24
Schiffsregister 7 50
Schlüssel 30 21
Schonvermögen 22 48
Schuldanerkenntnisvertrag
– negativer 42 7
Selbstanzeige 46 137
Selbstmandatierung
– durch Rechtsanwalt 23 4
Sicherungseinbehalt 46 140

Silvesterverjährung 1 5
Sittenwidrigkeit 22 97
Sittenwidrigkeit des Behindertentestaments 22 60 ff., 66 ff.
Sozialhilfe 22 48, 50, 60, 63 ff., 76, 82
Sozialhilferecht
– Neuregelung 22 46
Sozialhilferegress 22 82
Sozialleistungsträger 22 74 f.
Sozietät
– als Testamentsvollstrecker 23 6
Sterbegeld 28 55
Steuer
– Nachentrichtung der 46 138
Steuerarten 46 16
Steuerberater 45 80
– als Testamentsvollstrecker 25 5
– als Testamentsvollstrecker, Grundsätzliches 25 1
– als Testamentsvollstrecker, Teil der Berufsausübung 25 4
– als Testamentsvollstrecker, Vergütung 25 8
– als Testamentsvollstrecker, Versicherungsschutz 25 6 f.
– als Testamentsvollstrecker – gewerbliche Tätigkeit 25 2
– als Testamentsvollstrecker – gewerbliche Tätigkeit, Ausnahmegenehmigung 25 3
– Hinzuziehung 46 50
Steuerberatungskosten 46 50
Steuerbescheid 46 112
– wirksame Bekanntgabe 46 57
Steuerbevollmächtigter 45 80
Steuererklärung 39 2, 46 34
Steuerermäßigung
– nach Einkommensteuergesetz 46 178
Steuererstattung 46 101
– auf Erblassersteuern 46 102
Steuerfestsetzung
– vorläufige 46 140
Steuerhinterziehung 46 88, 136
Steuerliche Wahlrechte 46 107
Steuern
– anlässlich des Todes 46 4
– nach dem Tode des Erblassers 46 114
Steuerschulden
– Begleichung der 46 91
Steuertatbestand
– bereits durch den Erblasser 46 3, 18

– nach dem Todesfall 46 6
Steuerverkürzung
– leichtfertige 46 88
Stiftungsrecht 9 49
Stimmrecht
– Ruhen 19 64
Stundungszinsen 39 14
Substitutionsverbot 44 4
Sukzessive Testamentsvollstreckung 20 32
– Haftung 20 32

Tarifermäßigung 45 23
Tarifverträge 30 35
Tätigkeit
– umsatzsteuerpflichtige 45 52
Teilkündigung 13 11, 41 13
Teilungsplan 40 2
Testament 22 59
Testamentsgestaltung
– Praxis 45 20
Testamentsvollstrecker 22 52, 58
– Aktivprozesse 11 2
– Alltagsaufgaben 26 6
– als Geschäftsführer 42 15
– als Vermögensverwalter 9 35
– als Vorstandsmitglied 42 15
– Anforderungsprofil 5 41
– Annahmeverpflichtung 6 2
– Außenverhältnis 5 42
– Ausübung der Ermächtigung 5 15
– Beginn des Amtes 6 1
– Behörde 5 33
– Besonderheiten bei Fortsetzung eines Unternehmens durch den 46 154
– bevollmächtigt in Steuerangelegenheiten 46 79
– Dauer des Bestimmungsrechts 5 9
– Durchführung der Bestimmung 5 5
– dynamischer Geschäftsführer 9 10
– Eingehung von Verbindlichkeiten 10 1
– Einsetzung eines Erben 5 38
– Einsetzung eines Miterben 5 38
– Einsetzung eines Vorerben 5 39 f.
– Eintritt der Amtsunfähigkeit 13 8
– einvernehmliche Kündigung 41 12
– Eltern als 8 19
– Entlassungsantrag 13 15
– Entlassungsgrund 13 25
– Entlassungsverfahren 13 18
– Erbschaftsteuererstattung 46 103
– Erfüllung der handelsrechtlichen Anmeldepflichten 7 47
– Ermächtigungsanordnung 5 14
– Ermessensentscheidung 5 24
– Ernennung 5 1
– Ernennung durch Dritten 5 3 ff., 9, 12
– Ernennung durch Nachlassgericht 5 22 ff., 29
– Ernennung eines Mitvollstreckers oder Nachfolgers 5 13 ff., 17 f., 20
– erweiterte Verpflichtungsbefugnis 14 10
– fehlerhafte Ernennung 5 26
– Fehlerquellen bei der Tätigkeit 44 14
– Freigaberecht 13 46
– gegenständlich beschränkt 46 37
– Gesellschaft bürgerlichen Rechts 5 32
– gewillkürte Prozessstandschaft 11 9
– gleichzeitig Freiberufler 45 77
– Grenzen der Ermächtigung 5 17
– grobe Pflichtverletzung 13 26
– Grundsätzliches 2 1
– gutgläubig 28 5
– Haftungsproblem für den 46 80
– HeimG 5 31
– Honorar 45 9
– Innenverhältnis 5 42
– Interessenskonflikt 2 9
– juristische Person 5 31
– Kapitalanlageentscheidungen des 44 28
– kein Verwaltungsrecht 11 33
– Kündigung 13 11
– Kündigungsbefugnis 13 11
– Kündigungsform 13 13
– Kündigungsschreiben 41 3
– mangelnde Rechtsmittelbefugnis 46 78
– mehrere 14 13, 28 21, 45 11, 46 115
– Nachlassgericht 5 33
– ordnungsgemäße Verwaltung 2 19
– Person 5 31
– persönliche Haftung 45 80
– Pflegschaft für den unbekannten 28 4
– Pflicht zur Umschichtung 9 56
– Pflichten 2 9
– Pflichtwidrigkeit 9 60
– Prozessführung 11 2
– Rechnungslegung 26 8
– Rechtsdienstleistungsgesetz 5 34
– Rechtsmittel 5 29
– Rechtsstellung 2 6

– Schiedsgericht **13** 15
– Sonderbefugnisse **14** 18
– steuerliche Haftungsgefahren **46** 122
– steuerliche Problemfälle **46** 158
– steuerliche Verpflichtung **46** 10
– steuerlicher Pflichtenumfang **46** 12
– Teilkündigung **13** 11
– Termingeschäfte, Hinweise **9** 68
– Tod **13** 6
– Verfahren **5** 23
– Vergütung **5** 42, **44** 39
– Verhältnis zu den Erben **2** 9
– Verhältnis zum Familiengericht **2** 14
– Verhältnis zum Nachlassgericht **2** 12
– Verlust Rechtsfähigkeit juristischer Person **13** 10
– vermeintlicher **5** 42
– Verpflichtungsbefugnis **10** 3
– Versagungsermessen **13** 33
– Voraussetzung **5** 4
– Wegfall bei Pflichtteilsberechtigung **2** 20
– Wirksamkeitsüberprüfung **5** 12
– Zeugnis **7** 12
– zugleich gesetzlicher Vertreter **42** 14
– Zuständigkeit **5** 23
– Zweck der Anordnung **2** 1
Testamentsvollstreckerakte 28 34
Testamentsvollstreckeramt
– Beendigung **41** 1
– Übernahme durch Rechtsanwalt **23** 1
Testamentsvollstreckeranordnung 44 9
Testamentsvollstreckernachfolger 28 17
Testamentsvollstreckerrecht
– Verpflichtungen aus den Sondervorschriften **14** 15
Testamentsvollstreckervermerk
– Eintragung im Grundbuch **7** 49, **17** 2
– Löschung **17** 2, **5** ff.
– Wirkung **17** 4
Testamentsvollstreckerzeugnis 7 2, **28** 11
– Abschriften **7** 27
– Amtsermittlung **7** 16
– Antrag **7** 10
– Antragsbegründung **7** 12
– Antragsrecht **7** 11
– Arten **7** 7
– Aufgabe **7** 3
– Berichtigung **7** 35
– Beschwerde **7** 25
– Beschwerdebefugnis **7** 26

– Beteiligter **7** 16
– Beurkundung **7** 14
– eidesstattliche Versicherung **7** 14
– Entscheidungsmöglichkeiten **7** 19
– falsches **44** 12
– Gesellschaftsrecht **7** 33
– Inhalt **7** 32
– Kosten **7** 27
– Nachweise **7** 13
– Prüfungsumfang **7** 18
– rechtliches Gehör **7** 17
– Rechtsmittel **7** 25
– Rückgabe **41** 6
– Sachentscheidung **7** 19
– streitiges Verfahren **7** 21
– unstreitiges Verfahren **7** 20
– Vermutungswirkung **7** 3
– Vorbescheid **7** 24
– Wirkung **7** 3
– Zuständigkeit **7** 8
– Zuständigkeit, internationale **7** 9
– Zwischenverfügung **7** 23
Testamentsvollstreckung 22 51, 56 ff., 84
– Annahme der **28** 1
– Annahmezeugnis **7** 54
– Anordnung **4** 1
– Anspruch auf Besitzeinräumung **8** 24
– Arten **3** 1, **14** 1
– Aufgabenstellung **2** 4
– Bankkonten **26** 9 f.
– beaufsichtigende **19** 38
– Beendigung **13** 1
– Befugnisse **14** 2
– Beschränkungen **14** 3
– echte **19** 47
– Endtermin **13** 34
– Fortbestandszeugnis **7** 55
– für die Nacherbschaft **22** 23
– für die Vor- und Nacherbschaft **22** 24
– für die Vorerbschaft **22** 22
– gegenständlich beschränkt **11** 31
– mit beschränktem Aufgabenkreis **3** 7
– Nachteile **2** 3
– Nachweis des Amtes **7** 1
– Negativzeugnis **7** 53
– Rechtsgeschäfte vor Amtsbeginn **6** 11
– Sicherung des Nachlasses **8** 23
– sonstige Zeugnisse **7** 51, 53 f.
– Unterschied zum Testamentsvollstrecker **4** 2

- Unwirksamkeit **4** 6
- Veräußerung des Erbteils **13** 44
- Verfügungen über Grundbesitz **17** 1
- verwaltende **19** 6
- Verwaltungsanordnung **22** 51
- Vorteile **2** 2
- Wirksamkeit der Anordnung **4** 6
- Zweck **2** 2

Testamentsvollstreckung und Erbrechtsreform 1 4
Testamentsvollstreckung und FamFG 1 2
Testamentsvollstreckung und Verjährung 1 5
Testamentsvollstreckung und Wirkungen nach § 2306 BGB 1 5
Thesaurierung 22 57, 82
Top-Down-Ansatz 9 31
Totenfürsorge 28 43
Trennungslösung 22 98
Treuhänder 19 14
Treuhandlösung 19 34
- Einzelunternehmen **46** 54

Treuhandtestamentsvollstreckung 45 43

Überleitung 22 50
Überschuldeter Erbe 22 8
- Entfallen der Beschränkungen bei Wegfall des Pfändungsrisikos **22** 31
- grundsätzliche Anordnungsmöglichkeiten **22** 31
- Vermächtnislösung **22** 43

Umgekehrte Vermächtnislösung 22 115
Umsatzsteuer 45 71, **46** 20, 27
Umsatzsteuergesetz
- Dauertestamentsvollstreckung **45** 55
- Entgelt **45** 64
- Kleinunternehmerregelung **45** 73
- Leistender i.S.d. **45** 56
- Leistungsort **45** 61 f.

Umsatzsteuerschuldner 45 59
Umwandlungsanordnung 19 24
Und-Konto 26 17
Unternehmen
- als Treuhänder, Umsatzsteuer **46** 28
- Besonderheiten bei der Fortsetzung durch den Testamentsvollstrecker **46** 154
- einzelkaufmännisches **19** 26
- mit beschränkter Haftung **19** 5

Unternehmensfortführung 19 18
Unternehmerbegriff 45 51

Unternehmertestament
- vorzeitiges **19** 1

Unwirksamkeit des Auseinandersetzungsplans 18 24
Urlaubsabgeltungsanspruch 30 35

Verbindlicherklärung des Auseinandersetzungsplans 18 23
Vereidigter Buchprüfer 45 80
Vereinsmitgliedschaft 30 28
Verfügung über Grundbesitz 17 1, 11
- Verfügungsbeschränkung **17** 17

Verfügungen
- unentgeltliche **19** 61
- Verbot unentgeltlicher **19** 41

Verfügungen und Insichgeschäfte 17 26
- Vermächtniserfüllung **17** 27

Verfügungsbefugnis 22 56
- Prüfungspflicht des Grundbuchamts **17** 16

Verfügungsverbot 36 6
Vergütung
- Abschläge, Fallgruppen **21** 76
- Abzugsfähigkeit bei der Einkommensteuer **45** 30
- angemessene **21** 16, **44** 47
- Äquivalenzgebot **21** 18 f.
- Arten/Gebührenmerkmale **21** 56
- Bemessungsgrundlage **21** 27
- Berliner Praxis **21** 43
- Bewertung der Tabellen **21** 47
- Bewertungszeitpunkt **21** 29
- Bezugsgröße **21** 31
- Bezugswert **21** 27
- Differenzierungsgebot **21** 18
- Differenzierungskriterien **21** 20
- Eckelskemper'sche Tabelle **21** 41
- Empfehlungen des Deutschen Notarvereins (neue Rheinische Tabelle) **21** 37
- Entnahme **21** 94
- Erfolgshonorar **21** 22
- Fallgruppen **21** 64
- Fallgruppen, Auseinanderfallen von Konstituierung, Verwaltung und Auseinandersetzung **21** 75
- Fallgruppen, besonders schwierige Abwicklungsvollstreckung **21** 69
- Fallgruppen, Normal-Nachlass **21** 65
- Fallgruppen, Schwierigkeiten in der Konstituierungsphase **21** 66

- Fälligkeit 21 93
- Gebührenpraxis der Banken 21 45
- Groll'sche Tabelle 21 44
- Grundmodelle 21 22 ff.
- Höhe 21 77
- keine schematische Handhabung 21 63
- mehrere Testamentsvollstrecker 21 99
- Mindestvergütung 21 62
- Möhring'sche Tabelle 21 40
- nach Gehältern 21 52
- nach Zeitaufwand 21 53
- Nachlassbewertung 21 30
- Ober- und Untergrenze 21 59
- Ober- und Untergrenze, Empfehlungen des Deutschen Notarvereins 21 61
- Ober- und Untergrenze – Verwaltungsvollstreckung 21 60
- Pauschalhonorar 21 22
- Rheinische Tabelle 21 34
- Schiedsrichterliche Tätigkeit 21 92
- steuerliche Behandlung 45 81
- Tabellenvergleich 21 46
- Testamentsvollstreckung mit Unternehmensbezug 21 50
- Tschischgal'sche Tabelle 21 42
- Umfang des Nachlasses 21 28
- unangemessen hohe 45 19, 32
- Verwaltungsgebühr 21 49
- Vorschuss 21 94
- Wertvergütung 21 22
- Zeitvergütung 21 22
- Zu- und Abschläge 21 54 f., 77
- Zufluss 45 29

Vergütungsanordnung 21 2
- Empirisches 21 5
- Empirisches, Vergütungsarten 21 6
- geringe Zahl, Gründe 21 3 f.
- sachliche Schwierigkeiten 21 9
- Zweckmäßigkeit 21 8

Vergütungsanspruch
- Aufwendungsersatz für Berufsdienste 21 87, 90 f.
- Auslagenersatz 21 78
- Auslagenersatz bei Erbteilsvollstreckung 21 80
- Auslagenersatz, Erstattungsfähigkeit 21 81
- Banken 21 91
- Einsatz von Hilfskräften 21 82

- Empfehlungen des Deutschen Notarvereins 21 90
- Rechtsanwalt, Notar, Steuerberater 21 87
- vermeintlicher Testamentsvollstrecker 21 104
- Verwirkung 21 96

Vergütungsausfall 27 1, 28 5

Vergütungsfragen
- Streitigkeiten über 44 47

Vergütungsklage 21 97

Vergütungsvereinbarung 21 15

Verjährung und Testamentsvollstreckung 1 5

Verjährungsfrist
- für die Haftung des Testamentsvollstreckers 42 40

Verkehrssicherungspflicht 30 23

Vermächtnis
- Erfüllung 38 1
- unbedingtes 45 20

Vermächtnis beim Behindertentestament
- Ausschlagung 22 110

Vermächtnisanspruch
- unbedingter 45 38

Vermächtniserfüllung 17 28
- Handeln für den Vermächtnisnehmer 17 29

Vermächtnislösung 22 102

Vermächtnisvollstreckung 3 6

Vermächtniszuwendung 45 15

Vermieter
- Schadensersatzansprüche 30 19

Vermieterpfandrecht 30 17

Vermögen 22 48, 56

Vermögenshaftpflichtversicherung 20 28

Vermögensverwalter
- Grundpflichten 9 16
- Verhaltenspflichten 9 15

Vermögensverwaltung
- Anforderungen 9 27
- Bedürfnisanalyse 9 29
- derivative Instrumente 9 49
- Gebot der Diversifikation 9 46
- gesamtwirtschaftliche Entwicklung 9 59
- Liquidität 9 25
- Portfoliostrategie 9 29
- Rendite 9 24
- Risikofaktoren 9 23
- Risikostreuung 9 48

– steuerliche Gesichtspunkte **9** 42
– Strukturierung des Vermögens **9** 30
– Totalverlust **9** 44
– Verbot der Spekulation **9** 43
– Vermögensanalyse **9** 28
– Ziel **9** 21
Vermögenswerte
– Erfassung **29** 1
Vermögenszuwachs
– von Todes wegen ohne Gegenleistung **45** 35
Verpachtung 19 26
Verpflichtung
– Einwilligung der Erben **10** 11
– steuerliche **46** 1
Verpflichtungsbefugnis 36 11
– Begründung **10** 15
– die erweiterte **10** 14
– Grenzen **10** 15
– Haftung der Erben **10** 9
– Rechtsfolgen **10** 9, 17
Versicherungsschutz
– beim Rechtsanwalt **23** 3
Versicherungsverträge
– Kündigung **30** 30
Verspätungszuschlag 46 43
Verständigung
– tatsächliche **39** 21
Vertrag zugunsten Dritter
– auf den Todesfall **46** 64
– Widerruf **26** 11, 13
Vervielfältigungstheorie 45 2
– Aufgabe **45** 3
Verwahrkonto 29 41
Verwaltung
– Gebot der ordnungsgemäßen **19** 41
Verwaltungsanordnung 2 19, **9** 116, **22** 51, 57 f., 81, **44** 31
– Auseinandersetzungsverbote **9** 117
– des Erblassers **9** 1
– Form **9** 123
– Rechtsfolgen **9** 124
– Zweck **9** 3
Verwaltungstestamentsvollstreckung 45 31
Verwaltungsvollstreckung 3 4, **13** 34, **19** 1
– und Pfändungsschutz **22** 31
Vollmacht 19 10
– Anscheins- oder Duldungsvollmacht **15** 9

– Arten **15** 1 f.
– Auflage **15** 12
– Ausland **15** 11
– Bedingung zur Beibehaltung **15** 12
– des Erblassers **15** 1
– Generalvollmacht **15** 15
– isolierte **15** 5
– kausale **15** 5
– postmortale **15** 3, 6
– Prokura **15** 15
– transmortale **15** 3
– Umfang **15** 8
– verdrängende **19** 11
– Verhältnis zur Testamentsvollstreckung **15** 3, 10
– vom Testamentsvollstrecker erteilte **15** 15
– Widerruf **15** 12
Vollmachtslösung 19 12, 34, **45** 42
– Einzelunternehmen **46** 54
Vollrechtstreuhand 19 19, **45** 43
Vollstreckung 46 62
Vollstreckungsbeschränkung 22 43
Vollstreckungsklausel
– Umschreibung **11** 40
Vollstreckungsmöglichkeiten
– Beschränkung der **19** 23
Vollstreckungstitel 46 112
Vollzug des Auseinandersetzungsplans 18 27
Vor- und Nacherbschaft
– allgemeine Testamentsvollstreckung für die Nacherbschaft **22** 23
– Aufgaben des Testamentsvollstreckers **22** 20
– Beendigung der Testamentsvollstreckung **22** 27
– Kombination verschiedener Testamentsvollstreckungen **22** 26
– Nacherbentestamentsvollstreckung **22** 25
– Nacherbenvermerk **22** 28
– Testamentsvollstrecker mit Normalbefugnissen **22** 21
– Testamentsvollstreckung für die Vor- und Nacherbschaft **22** 24
– Testamentsvollstreckung für die Vorerbschaft **22** 22
– Testamentsvollstreckung und praktische Anwendungsmöglichkeiten **22** 30

– zulässige Kombinationen des Testamentsvollstreckers **22** 29
Vorerbe 22 51, 55 f., 58
Vorläufiger Rechtsschutz 46 99
Vorsteuerabzug 45 72

Wahlrechte
– erbschaftsteuerliche **46** 48
– steuerliche **46** 107
Wart und Pflege 22 105
Weisungsauflagen 19 21
Weisungsgeberlösung 19 34
Werbungskosten 45 30
Wertpapieranalyse 9 37
Werttheorie 22 70
Widerspruch der Erben 18 18
Wiedereinsetzung in den vorherigen Stand 46 73
Wirtschaftsprüfer 45 80
Württembergisches Modell 22 19

Zeitungsabonnement
– Kündigung **30** 34

Zeugnis
– über das erloschene Amt **7** 56
Zivilrechtliche Befugnisse 46 10
Zugangsvertreter
– der Erben **46** 71
Zugriffsverbot
– Freigabe nach § 2217 BGB **22** 15
– Grenzen **22** 14 ff., 44, 58 ff., 70 ff., 83 ff., 105 f., 114, 116
Zugriffsverbot nach § 2214 BGB
– Insolvenz **22** 12
– Reichweite **22** 10 f., 13 ff., 17 f., 44, 58 ff., 70 ff., 83 ff., 99, 104, 109, 114, 116
Zustimmungsklage 36 13
Zwangsgelder 46 43
Zwangsvollstreckung 37 1
– Durchführung **11** 45
– Vollstreckungstitel gegen den Erblasser **11** 44
Zwecke der Testamentsvollstreckung 2 2
Zweikonten-Modell 46 163
Zwischenverfügung 7 23

Installations- und Benutzerhinweise

Installationshinweise zur CD-ROM

Auf der beiliegenden CD-ROM sind sämtliche abgedruckten Formulare als (Word-)Datei enthalten.

Systemvoraussetzungen: Windows XP, Vista oder 7. Für die optimale Funktionsweise wird außerdem Word 2003, 2007 oder 2010 benötigt. Für die Installation müssen Sie über Administrator-Rechte verfügen.

Um das Programm zum Anzeigen und Öffnen der Muster zu installieren, starten Sie bitte das Programm Setup.exe von der CD-ROM. Folgen Sie danach den Anweisungen auf dem Bildschirm.

Während der Installation wird die Programmgruppe „zerbverlag" eingerichtet. **Zum Öffnen der Anwendung genügt ein Doppelklick auf den Buchtitel in der Programmgruppe zerbverlag.**

Bei **Problemen bei der Installation** lohnt sich ein Blick auf unsere Homepage www.zerb.de unter der Rubrik Technik-Support.

Hinweis: Sollten Sie nicht mit dem Betriebssystem Microsoft Windows arbeiten oder das Programm zum Anzeigen und Öffnen der Muster aus anderen Gründen nicht installieren können/wollen, so können Sie, eine entsprechende Textverarbeitung vorausgesetzt, das gewünschte Muster auch direkt aus dem Verzeichnis \Muster der CD öffnen.

Benutzerhinweise

Der Formularbrowser stellt Ihnen sämtliche im Buch enthaltenen Muster zur Verfügung. Sie haben die Möglichkeit, durch Blättern oder Navigieren im Inhaltsverzeichnis ein bestimmtes Muster auszuwählen und dieses dann in Ihrer Textverarbeitung weiter zu bearbeiten. Für einige der Funktionen des Formularbrowsers benötigen Sie Word 2003 oder 2007/2010.

Die Aufteilung des Formularbrowserfensters

Das Fenster unterteilt sich in vier Bereiche:

Navigieren

Sie können über zwei Wege zum gewünschten Muster gelangen:

1. **Blättern von Dokument zu Dokument** mit Hilfe der Links-/Rechts-Dreiecke am „Dokument blättern"-Knopf im Bereich Dokumentnavigation:

2. Mausklick auf das gewünschte Muster im **Inhaltsverzeichnis** auf der linken Seite des Fensters im Inhaltsverzeichnis:

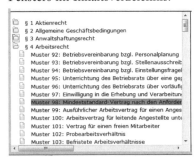

Dabei spielt es keine Rolle, ob Sie auf den Text („Muster ...") oder das vorangestellte Icon ( ) klicken. Das ausgewählte Muster wird im Inhaltsverzeichnis rot unterlegt und im Textfenster angezeigt.

Die einzelnen Ebenen des Inhaltsverzeichnisses können Sie wie gewohnt öffnen und schließen. Ein einfacher Mausklick auf das Icon „geschlossene Ebene" ( ) öffnet diese. Umgekehrt schließt ein einfacher Mausklick auf das Icon für die „geöffnete Ebene" ( ) diese. Beim Öffnen einer Ebene – dies kann auch durch Klicken auf den Text erfolgen – wird automatisch das erste Muster innerhalb des Kapitels aktiviert.

Kopieren von Texten aus dem Textfenster

Die einfachste Möglichkeit, Text aus einem der Muster in Ihre Textverarbeitung zu übertragen ist der klassische Weg über Markieren – Kopieren – Einfügen. Diese Möglichkeit bietet sich vor allem für kurze Textpassagen an. Bitte beachten Sie, dass hierbei die auszufüllenden Formularfelder als Leertasten kopiert werden und ggfs. Zeichenformatierungen verloren gehen.

Öffnen und bearbeiten eines Musters mit Word

Ein einfacher Mausklick auf den Knopf  stellt Ihnen das gerade aktive Muster in Word oder ggfs. einer anderen geeigneten Textverarbeitung zur Verfügung.

Funktionen innerhalb von Word

In Word 2003 und Word 2010 stehen Ihnen für die Bearbeitung der Muster jeweils die gleichen Funktionen zur Verfügung. In Word 2003 geschieht dies über eine zusätzliche Symbolleiste, die folgendermaßen aussieht:

In Word 2007/2010 gibt es einen zusätzlichen Eintrag in der Multifunktionsleiste:

nächstes Feld: Über diese Funktion erreichen Sie das nächste zum Ausfüllen vorgesehene Feld. Im Muster sind Felder durch „____" gekennzeichnet. Diese Feldmarkierung wird automatisch gelöscht und der Einfüge-Modus eingeschaltet, sodass Sie sofort mit dem Ausfüllen beginnen können.

Dokument kopieren: Hiermit wird das gesamte Muster in die Zwischenablage gestellt und kann in der Folge über Strg v bzw. die Funktion „Einfügen" in ein anderes Textdokument übertragen werden.

Original wiederherstellen: Falls Sie bei Ihren vorherigen Arbeiten das Dokument geändert und unter dem Originalnamen abgespeichert, also überschrieben, haben, können Sie hiermit den Originalzustand des Dokuments wiederherstellen.

Schließen: Schließt das gerade aktive Dokument und, abhängig von der Textverarbeitung bzw. Word-Version, ggfs. auch die Textverarbeitung.

Falls Sie Änderungen am Original-Muster vorgenommen haben, die noch nicht abgespeichert sind, erscheint eine Warnmeldung.

Fehlermeldung beim Öffnen eines Dokuments in Word, die Makros laufen nicht

Das Formularsystem stellt in Word via Symbolleiste bzw. Multifunktionsleiste zusätzliche Funktionen zur Verfügung (s.o.), die über sog. Makros ausgeführt werden. Diese Makros können nur ablaufen, wenn Sie dies Word vorher „erlaubt" haben. Dazu gibt es in den verschiedenen Word-Versionen unterschiedliche Wege:

Word 2007/2010: Speicherort der Formulardaten als vertrauenswürdig festlegen

Word 2010: Wählen Sie im Menü „Datei | Optionen | Sicherheitscenter" ...

Word 2007: Drücken Sie im Menü „Datei | Word-Optionen" den Knopf „Vertrauensstellungscenter" ...

... und dann „Einstellungen für das Sicherheitscenter". Sie können nun auf der linken Seite das Formular „Vertrauenswürdige Speicherorte" auswählen. Auf diesem können Sie mit Hilfe des Knopfs [Neuen Speicherort hinzufügen ...] den Speicherort Ihrer Formulare hinzufügen (unter Windows 7 üblicherweise C:\Program Files (x86)\zerbverlag\Name des Werks, unter Windows XP C:\Programme\zerbverlag\Name des Werks). Bitte schließen Sie nun Word und rufen Sie erneut ein Worddokument auf.

Word 2003: Makro-Sicherheit herabsetzen

In Word 2003 müssen Sie über „Extras | Makro | Sicherheit" ggfs. die Sicherheitsstufe auf „Mittel" oder „Niedrig" stellen. Bitte schließen Sie nun Word und rufen Sie erneut ein Worddokument auf. Hinweis: Bitte stellen Sie die Sicherheitsstufe nach Verlassen der Formularsammlung ggfs. wieder auf einen höheren Wert zurück.

Arbeiten ohne Makros

Sie können während der Bearbeitung der Muster in Word natürlich auch auf die Unterstützung durch die Symbolleiste/Multifunktionsleiste verzichten. Die mit dieser Anwendung gelieferten Word-Dokumente sind auch ohne zusätzliche Symbolleiste/Multifunktionsleiste bearbeitbar.

Bearbeiten der Formulare mit einer anderen Textverarbeitung und/oder einem anderen Betriebssystem

Das Formularsystem ist nicht an Microsoft Word als Textverarbeitung gebunden. Falls auf Ihrem PC eine andere Textverarbeitung für die Bearbeitung von .DOC-Dateien eingerichtet ist (beispielsweise Open Office oder LibreOffice), dann wird das gewünschte Dokument in dieser Textverarbeitung geöffnet. Die im vorherigen Abschnitt behandelten Makros stehen dann nicht zur Verfügung.

Sollten Sie den Formularbrowser nicht installieren können/wollen bzw. die DOC-Dateien nicht über den Formularbrowser öffnen können, so stehen Ihnen im Verzeichnis \Muster auf der CD alle Muster zusätzlich separat zur Verfügung. Bitte beachten Sie, dass Sie ggfs. nach dem Kopieren eines Musters noch das Attribut „schreibgeschützt" entfernen müssen (rechte Maustaste | Eigenschaften und dann bei Attribute das „Schreibgeschützt" aufheben).

Sonstiges

Ein Klick auf das zerb verlag-Logo in der Kopfzeile führt Sie auf unsere Homepage mit vielen interessanten Literaturvorschlägen und anderen Angeboten. Hinweis: Diese Funktion steht nicht bei allen Installationen zur Verfügung.